KB083645

이극로 전집

전집

II

남한 편

지은이

이극로(李克魯, Yi, Geugno, 1893~1978)_ 호는 물불·고루·동정, 독일명은 Kolu Li. 경남 의령 출신 한글학자·독립운동가. 마산 창신학교에서 수학하다가 일제강점 후 도만하여 환 인현 동창학교와 무송현 백산학교 교사를 지내고 상하이 동제대학을 졸업했다. 1922년 독일 베를린 프리드리히-빌헬름대학(지금의 훔볼트대학)에 입학해 1927년 「중국의 생사 공업」으 로 박사 학위를 받았다. 같은 해 벨기에 세계피압박민족대회에 한국 대표로 참가했고, 영국· 프랑스·미국·일본을 시찰한 뒤 귀국해 조선어학회 간사장을 지냈다. 1942년 조선어학회 사건으로 일경에 붙잡혀 6년형을 선고받고 옥고를 치렀다. 광복 후 『조선말 큰사전』 첫째 권 을 간행하고서 1948년 남북연석회의에 조선건민회 대표로 참석, 평양에 잔류해 북한 국어학 의 토대를 닦았고, 조국평화통일위원회 위원장 등을 역임했다. 묘소는 평양 애국렬사릉에 안 장되어 있다. 저서에 『한국의 독립운동과 일본의 침략정책』(독일어), 『한국, 그리고 일제에 맞선 독립투쟁』(독일어), 『고 투사십년』, 『조선어음성학』, 『국어학논총』, 『조선어 조 연구』가 있다.

엮은이

조준희(趙埈熙, Cho, Junhee)_ 평북 정주 출신 조현균 애국지사(광복회 평안도지부장·대한독립단 정주지단장)의 현손 으로, 연세대학교를 졸업하고 국학인물연구소 소장으로 재임 중이다. 이극로의 독일명이 Kolu Li임을 최초로 찾고서 다년 간 유럽(독일·프랑스·영국·이탈리아·체코·러시아·에스토니아)을 답사해 그의 친필 편지와 저술을 다수 발굴했 고, 2010년 독립기념관에 이극로 거주지, 유덕고려학우회 건물터, 피압박민족대회 개최지 등 「유럽지역 독립운동사적지 제안서」를 올려 모두 선정되었다. 주요 저서에 『대통령이 들려주는 우리 역사』, 『지구를 한 바퀴 돈 한글운동가 이극로 자서전-고투사십년』, 『만주 무장투쟁의 맹장 김승학』, 『근대 단군 운동의 재발견』, 『백봉전집』(2018 우수학술도서)이 있다. intuitio@hanmail.net

이극로 전집 Ⅱ 남한 편

초판 인쇄 2019년 9월 25일   초판 발행 2019년 10월 7일
지은이 이극로   엮은이 조준희   펴낸이 박성모   펴낸곳 소명출판   출판등록 제13-522호
주소 서울시 서초구 서초중앙로6길 15, 1층
전화 02-585-7840   팩스 02-585-7848   전자우편 somyungbooks@daum.net   홈페이지 www.somyong.co.kr

ISBN 979-11-5905-417-4 94080
       979-11-5905-415-0 (세트)

값 67,000원   ⓒ 조준희, 2019

잘못된 책은 바꾸어드립니다.
이 책은 저작권법의 보호를 받는 저작물이므로 무단전재와 복제를 금하며,
이 책의 전부 또는 일부를 이용하려면 반드시 사전에 소명출판의 동의를 받아야 합니다.

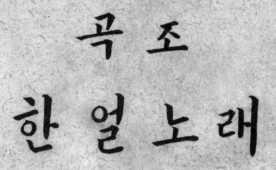

곡 조
한 얼 노 래

대종교 총본사
발 행

한글노래 속도

대종교총본사 발행

로

놀 이

머 리 ㅅ 말

한얼 노래는 배달교의 정신을 나타내어, 믿는 마음을 굳게 하며 사는 기운을 북게 하는 거룩하고 아름다운 노래는 노래다. 이 노래는 믿는이에게 큰 힘과 기쁨을 주는것이다.

한얼 노래는 돌아가신 스승님들이 지으신것을 본을 받아, 새로 스물 일곱장을 더 지어 보태어, 반포를 매겨 아니한 얼노래 한꺼번에 백곡을, 이것으로도 신앙과 수양과 예식에 편하게 되었다.

모두 쉰은 여섯장으로 되었다. 이것으로도 신앙과 수양과 예식에 편하게 되었다.

한 어래가지 노래가 다 갖추어 있다.

노래는 조선의 자국자로 이름이 높은 여러분의 노력으로써 이루어진것이다. 진실로 그 예술이 높은 부르는이나 듣는이의 마음을 기쁘고 슬프게 하여 진실로 엄숙하고 원대한 느낌을 준다.

개천 4399년 3월 3일

이극로

얼 노 래 (神歌)

Andante

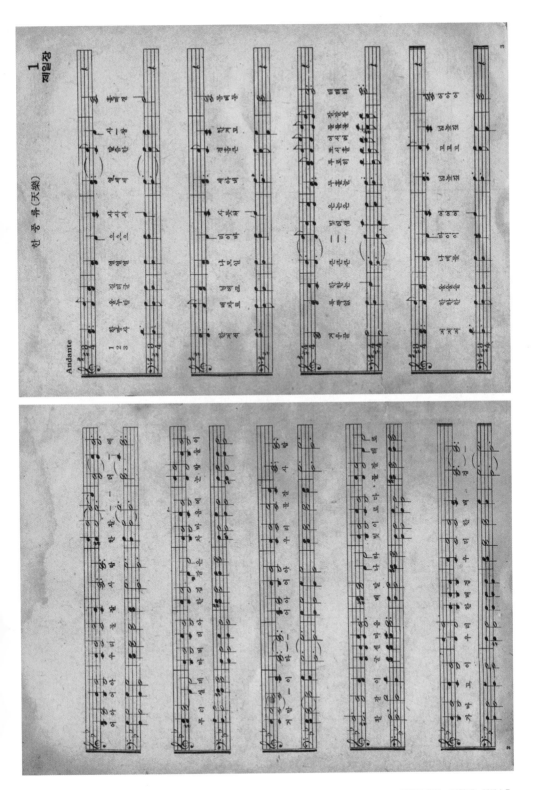

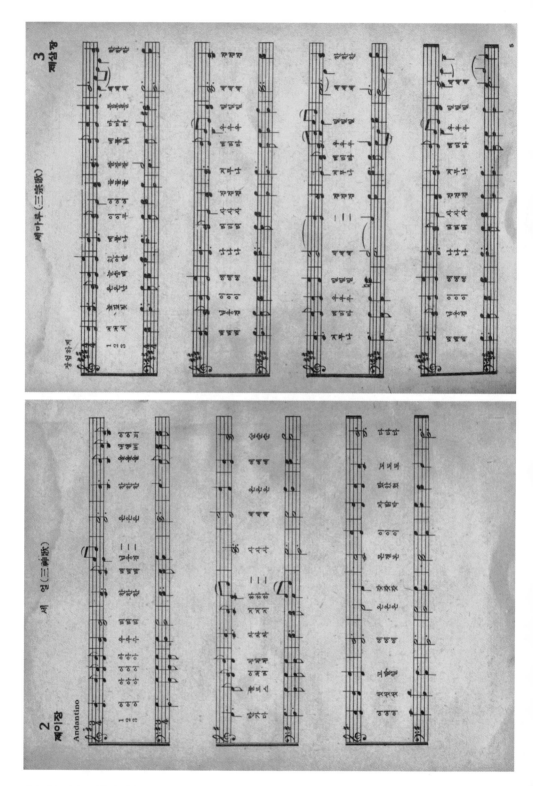

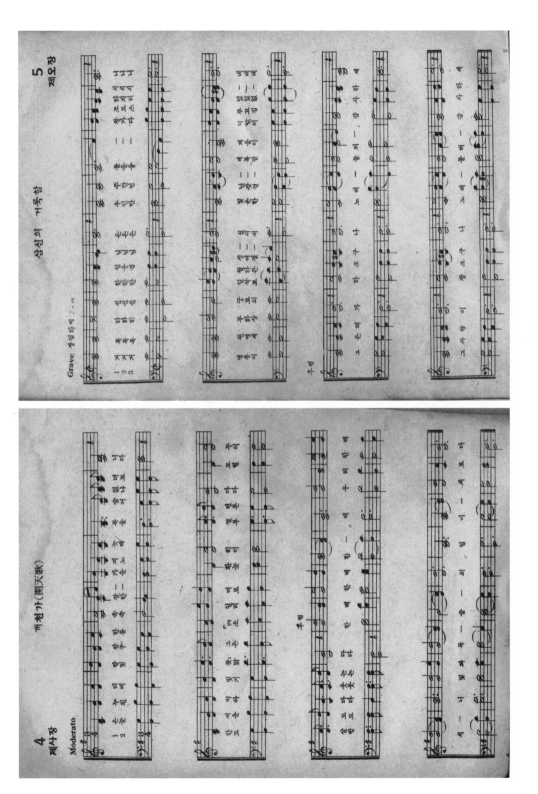

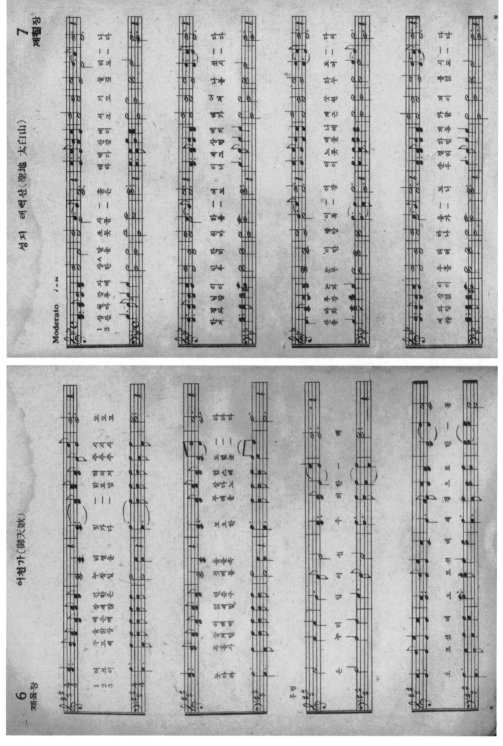

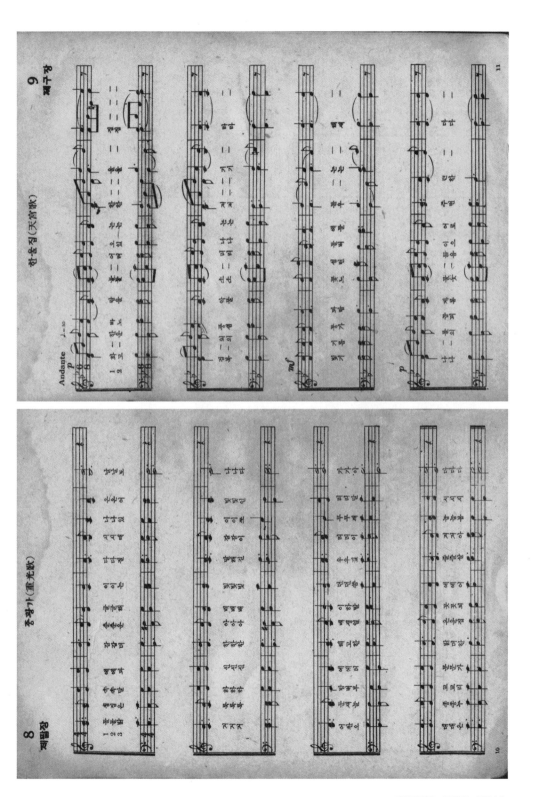

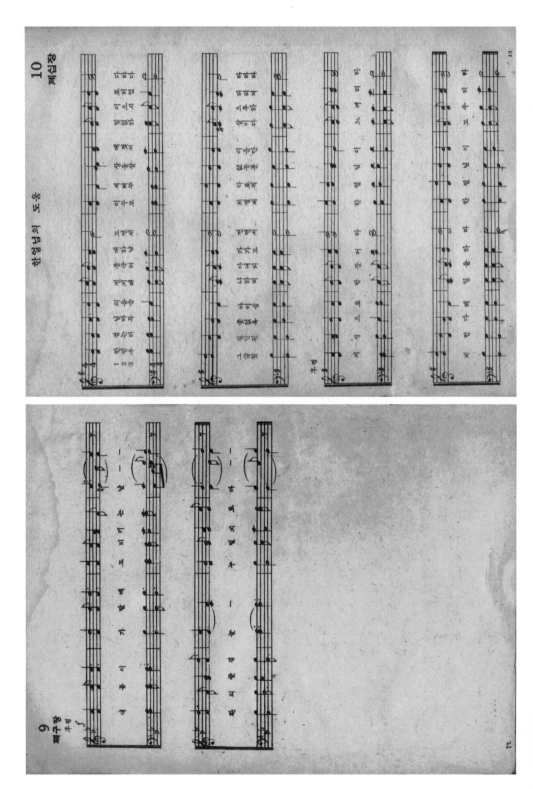

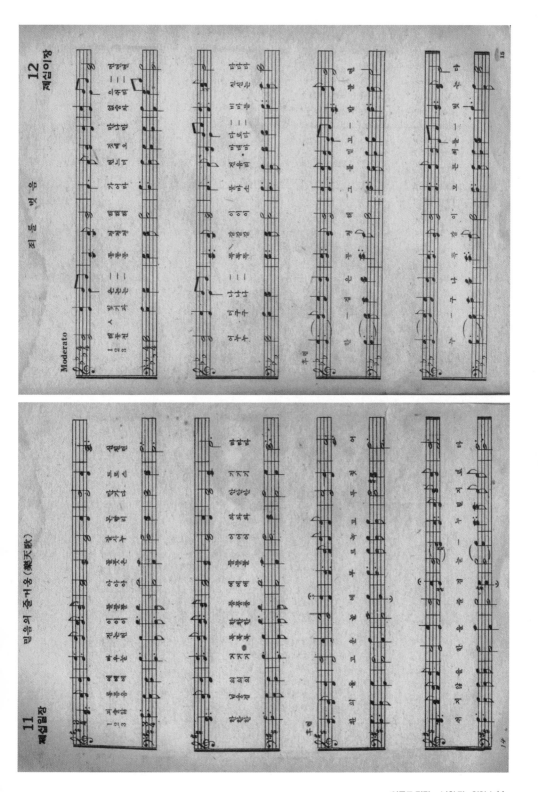

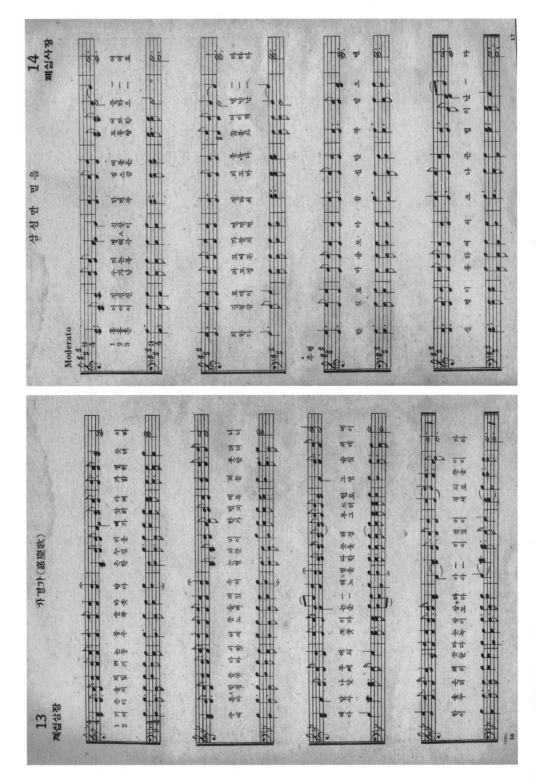

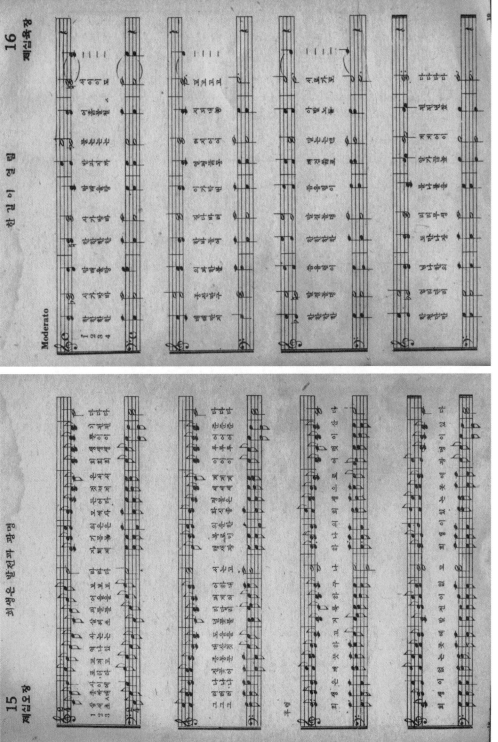

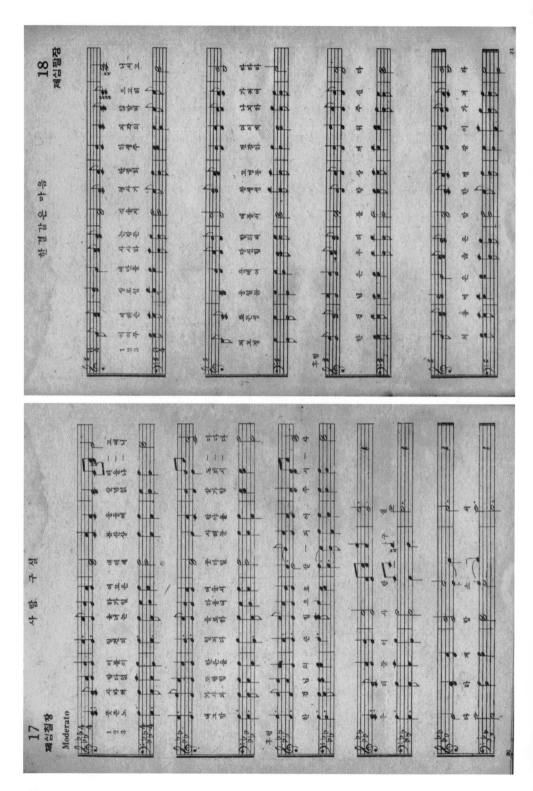

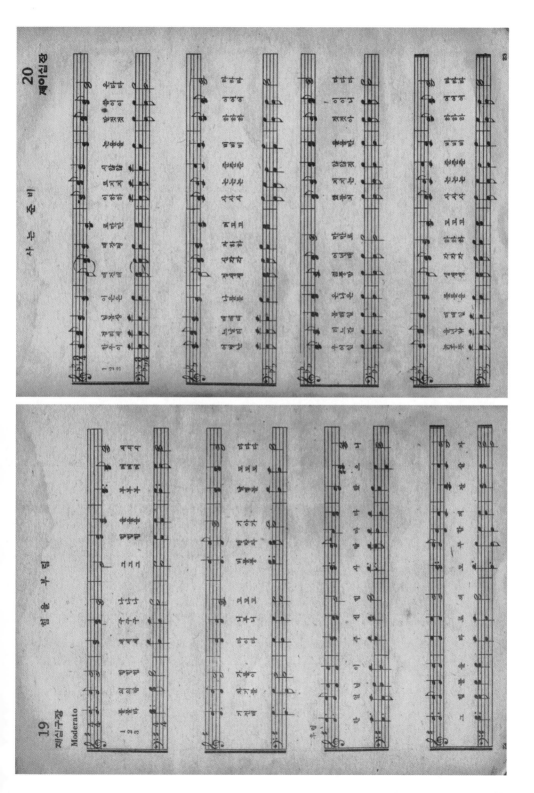

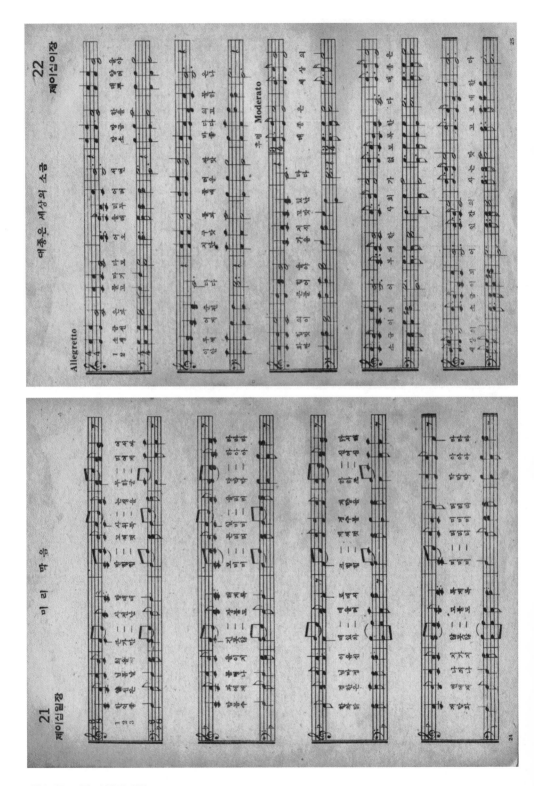

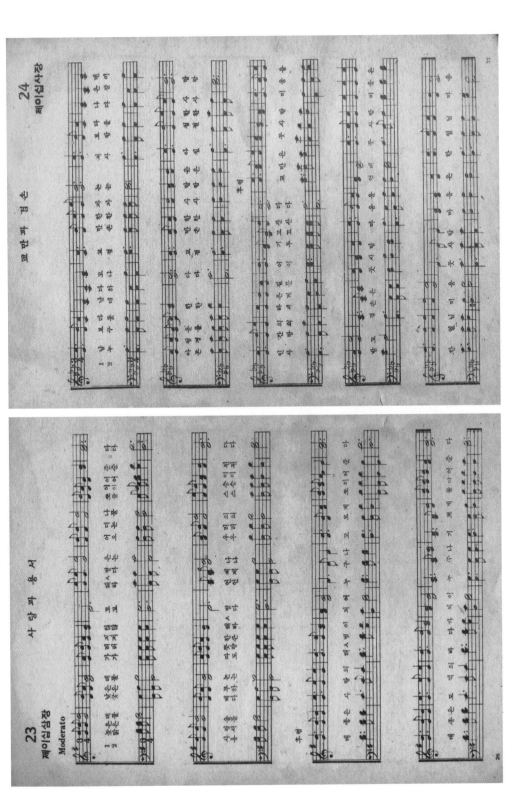

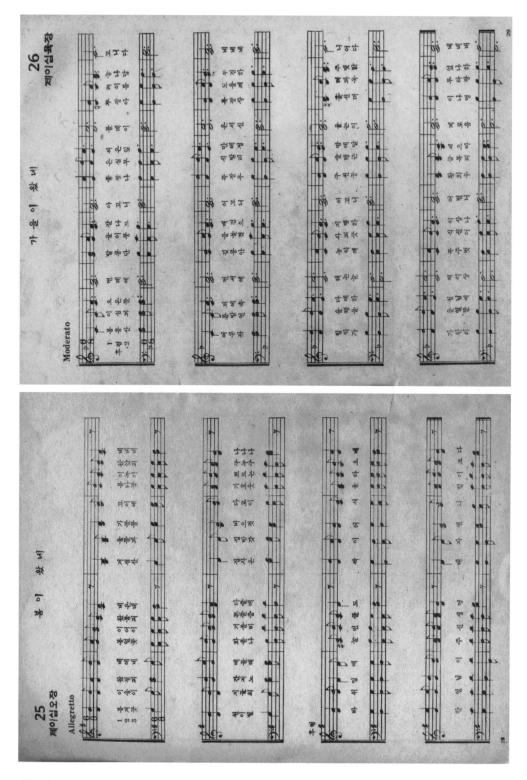

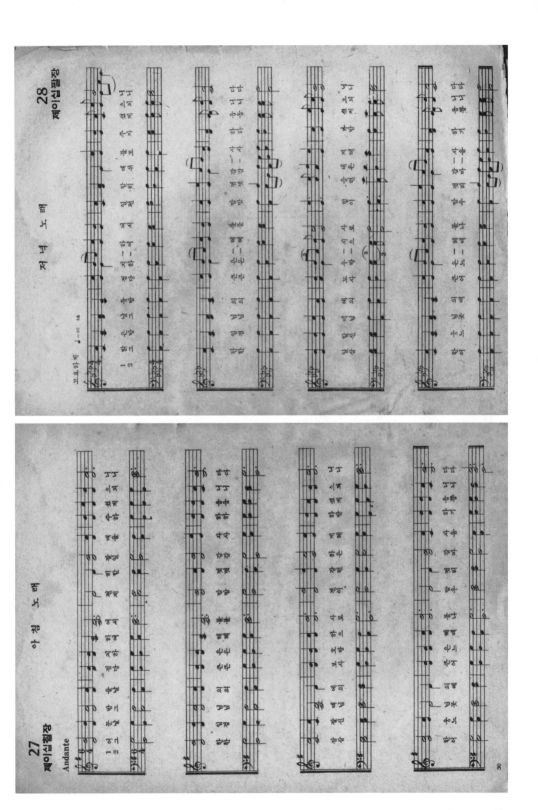

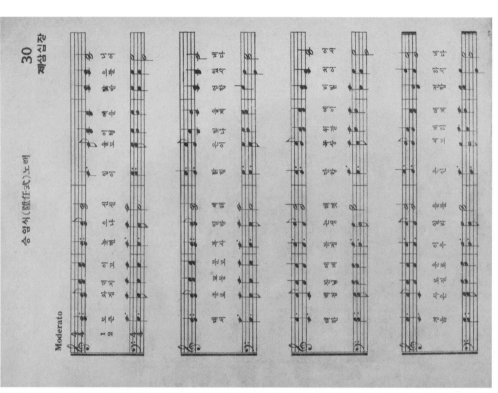

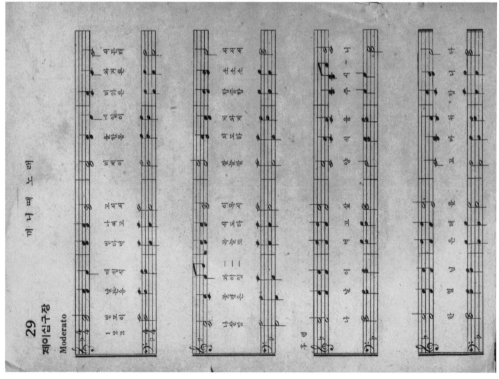

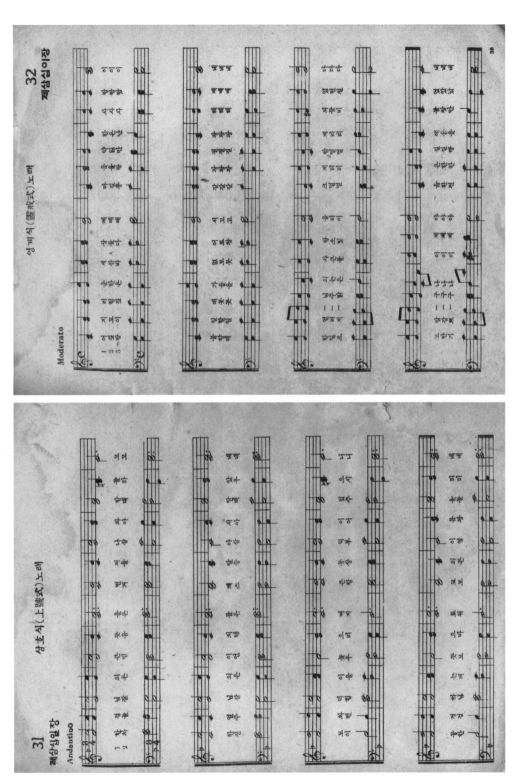

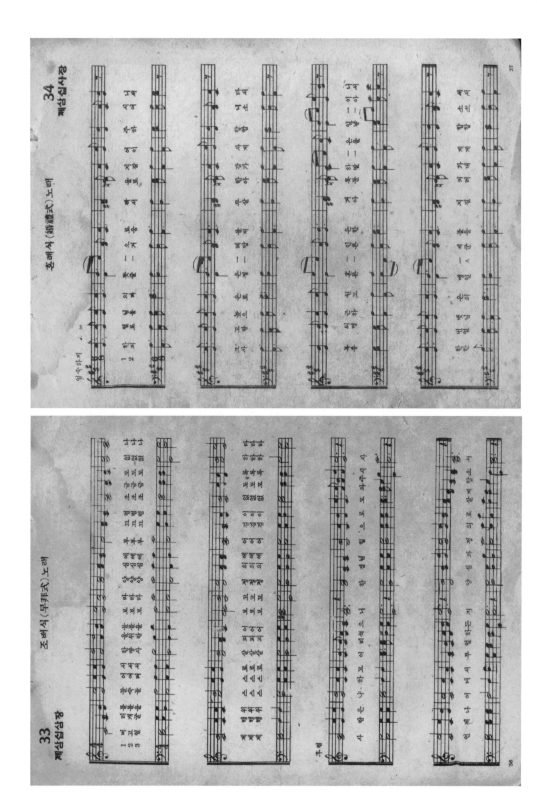

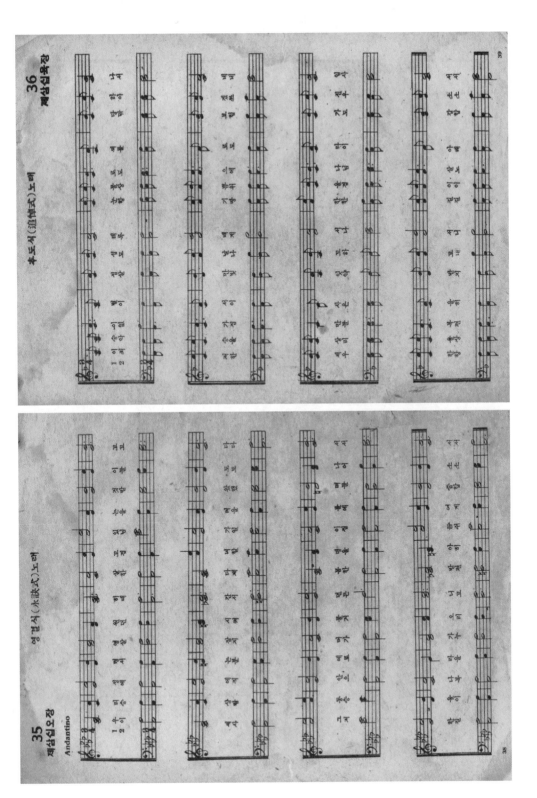

한얼 노래 (神歌)

康德 九年 五月 二十五日 印刷
康德 九年 六月 十 日 發行

編輯人　朝鮮 京城府 花洞町 一二九番地　李 克 魯

發行人　滿洲國 牡丹江省 寧安縣
　　　　東京城 街東區 第十六牌 十二號　安 熙 濟

印刷人　朝鮮 京城府 孝悌町 一三〇番地　金 田 純 一

印刷所　朝鮮 京城府 孝悌町 文化送オタイト印刷所 一三〇番地

發行所　滿洲國 牡丹江省 寧安縣
　　　　東京城 街東區 第十九牌 三號　大倧敎總本司

聲音學

李克魯 著

雅文閣

머 리 말

이 책을 쓰게 된 것은 내가 일찍이 베를린, 파리,
런던에서 여러 音聲學者로 더불어 朝鮮語 音韻을 論
한 바 있었는데 그 中에도 咋히 파리 大學 音聲學 實
驗室에서 西曆 一九二八年 봄에 一個月 동안 스다메로
教授의 指도로 나는 朝鮮語 音聲의 實驗 對象이 되어서
每日 六時間씩 實驗室에 앉았던 일이 있다. 그 때에 쓰
던 나의 人造 口蓋로써 發音 位置를 確定하는 材料와
또 카이모그라프(調音機)로 實驗한 材料를 얻었다. 그
리고 朝鮮語 學會에서 外來語 表記法 統一案을 배게 되
여 그 政策 委員의 一人이 되매 더욱 朝鮮語 語音의 科
學的 根據를 세우기에 게으를 수가 없었다. 그러나 아
직 우리 나라에는 音聲學 實驗室이 없는 것은 无介 아
한 實驗을 하지 못한 것만은 不完全한 것
이나마 國語 研究와 國語 敎育에 多少라도 도움이 될
다면 多幸으로 생각하는 바이다.

檀紀 四二八〇年 三月

지은 이 씀

目 次

一, 實驗 音聲學의 基礎

1. 音聲 實驗의 方法

實驗 音聲學은 말소리의 位置, 高低, 强弱, 長短, 淸濁, 주·緩·激 들을 硏究하는 自然 科學이다. 그 實驗 方法은 簡單한 人造 口蓋로부터 複雜한 機械에 이르기까지 여러 가지로써 測定하는 것이 있다.

이런 機械的 測定 밖에 發音하는 자리의 움직임을 손으로 보거나 소리를 키로 듣거나 또는 손을 대어서나 느끼어 보는 것이다. 우리가 소리의 淸濁을 알아 보려면 發音할 때에 손가락 끝을 목청 옆에 (붙어진 뼈의 위쪽 오목한 자리) 대면 음을 알 수가 있으나 淸音이면 떨림이 없지 아니하므로 떨리는 느낌이 조금도 없으나 떨음이면 마치 電氣가 通하는 것과 같이 찌르르하는 떨리는 느낌이 있다. 이 밖에 이마에 손을 대어 보거나 또는 손가락으로 귀구멍을 막아 보아도 떨리는 느낌이 있다. 發音의 세 程度는 發音할 때에 기운에 힘이 들임 앞에 가까이 대어 보아도 그 나오는 기운에 힘이라는 程度를 보아 잘 알 수 있다. 人造 口蓋는 齒科에서 쉽게 잘 만들 수 있다. 이 人造 口蓋는 大部分

의 홀소리(母音)나 닿소리(子音)의 나는 자리를 確定하는 데는 가장 重要한 器具이다.

(第 1 圖) 人造 口蓋

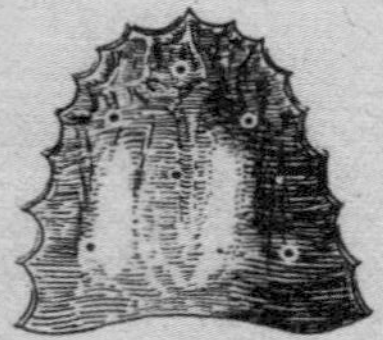

(第 2 圖) 人造 口蓋 圖章

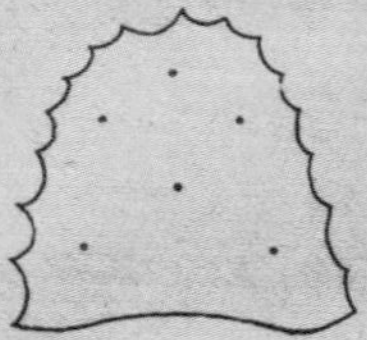

人造 口蓋는 石膏로 윗입천장의 模型을 만들어 그 위에 셀루로이드를 발라서 만든 물건인데, 發音할 때에 혀가 닿는 位置를 알고자 實驗하는 器具이다. 이 人造 口蓋에는 六個의 點이 있으니 이것은 位置를 나타낸 것인데·한가운데 있는 點은 硬口蓋와 軟口蓋의 境界點이요, 앞의 석 點은 앞잇몸의 位置이요, 뒤의 두 點은 어금잇몸의 位置이다. 이 點들을 보고 혀의 닿는 자리를 表示하게 된다. 이 人造 口蓋의 圖章을 새기어서 그것을 찍어 놓고 人造 口蓋를 입천장에 붙인 뒤에 發音을 實驗한다. 그 때

(第 3 圖)

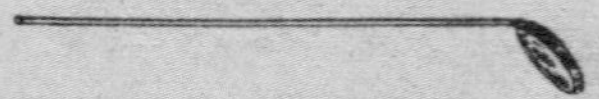

목 청 거 울
(聲帶觀察鏡)

에 혀가 닿아서 침이 묻은 자리를 보고 곧 人造 口蓋 圖章자리에 그位置를 그린다.

목청거울은 耳鼻 咽喉科에서 診察 器具로 쓰는 것과 같은 器具이니 가는 대 끝에 작은 明鏡을 붙인 것이다. 이것을 목젖 위에 대고 反射鏡을 비추어 보면 聲帶의 作用이 보인다.

2. 音聲의 生理

말소리의 生理的 關係와 物理的 關係와를 硏究하는 學問이 곧 音聲學이다. 이 自然 科學을 오늘날에 와서는 語學, 樂學, 醫學에서 모두 많이 應用하고 있다. 語學을 硏究하려면 먼저 音聲學의 基礎를 가지지 않고는 그 目的을 完全히 이루기가 어려울 것이다. 그래서 語音 硏究의 基礎가 되는 生理的 關係만을 말하려 한다.

1. 숨쉬는 자리
2. 소리 내는 자리와 고루는 자리
   (가) 울대머리(喉頭)
   (나) 입
   (다) 코

1. 숨쉬는 자리(呼吸器官)

소리를 내려면 먼저 物體를 振動시키는 힘이 있어야 된다. 사람의 말소리를 내는 힘은 곧 우리의 날숨(呼氣)이다.

가슴과 배의 사이를 가로 막은 橫隔膜은 가슴 쪽으

로 불룩하게 버티, 튀길 쉬(彈力)이 있는 筋肉層이다.
이 가슴 속의 큰 部分은 숨쉬는 부하(肺)가 차
지하고 있다. 左右 肺의 사이에는 위로부터 울대(氣管)
가 내려 와서 처음에는 左右 두 氣管技로 갈라
지고 그 다음에 다시 두 가지로 갈라져 肺로 들
어가서 많은 잔 가지가 생기었다. 이 잔 가지 끝에는 氣
胞가 달리어 있는데, 그 氣胞 안에서는 세로 들어온 空氣의
酸素와 피에서 돌리어 나오는 가스가 서로 바꾸어지게 된
다. 이 튀길 성이 있는 纖維는 肺로 하여금 細軟한 풀
무가 되게 한다. 이 풀무에는 가슴이 불러짐을 따라 다시
氣가 차 있다가 우스러짐을 따라 氣가 밀리어 나가게 되
나니, 이것이 곧 날숨이다.

예사 숨쉴 때에는 들숨(吸氣)에 베가 불러지는데, 그
때에 한 쪽으로는 橫隔膜을 눌러 구부하게 하고, 또 한
쪽으로는 갈빗대를 벌린다. 그래서 가슴 안이 커지고 空
氣가 氣管과 肺로 빨리어 들어가서 빈 가슴 앉이 온
전히 찬다. 날숨(呼氣)에는 橫隔膜과 갈빗대가 本來 狀
態로 돌아간다. 숨을 들이 쉬는 時間과 내 쉬는 時間은 거
의 같은데 다 똑같지는 않다.

이것은 숨쉬는 것이 좀 달리 된다. 숨쉬려고 '筋
肉을 特別히 쓰지 아니하고 그 날숨은 筋肉作用이 아닐수
리를 내게 筋肉 作用으로써 숨을 벌리 쉬고

또 숨을 내 쉬기 前에 잠깐 쉬는 동안이 예사 때보다
좀 길어진다. 要求에 따라 呼吸의 强度를 調節한다. 聲
帶가 다음에 모든 發音을 얕은 입 또 呼吸의 길이 된
다.

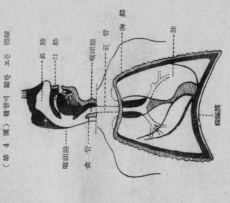

(第 4 圖) 發音에 關한 모든 器械

鼻腔 · 口腔 · 喉頭腔 · 氣管 · 肺 · 胸腔 · 橫隔膜 · 食管 · 咽頭腔

2. 소리 내는 자리와 고르는 자리

(가) 울대머리(喉頭)

부하(肺)에서 나오는 空氣의 힘으로 소리를 만드는 자
리는 울대(氣管) 위 쪽 끝에 붙은 울대머리(喉頭)다.

[10]

이 喉頭는 방패여린뼈(甲狀軟骨)와, 가락지처럼 된 가락지여린뼈(環狀軟骨)와, 묵청을 고루는 데에 쓰이는 고름여린뼈(調整軟骨)로 남으로 이루었다. 甲狀軟骨과 環狀軟骨 사이에 두 짤막띠(聲帶)를 질러매었고 두 環狀軟骨 틈을 소리문(聲門)이라 한다. 聲帶 틈의 音을 소리를 고루는 調整軟骨.

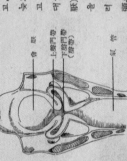

〈第 5 圖〉 술여뼈여린뼈

(其一)   (其二)

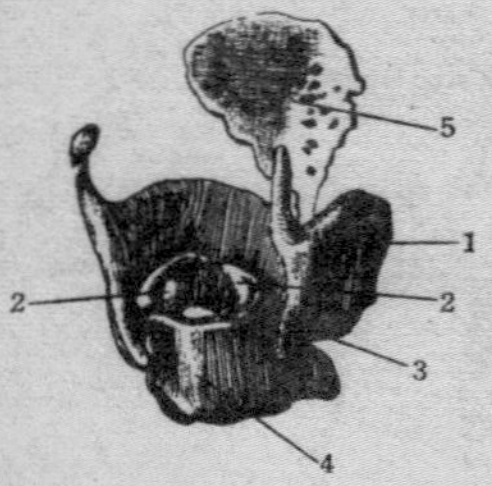

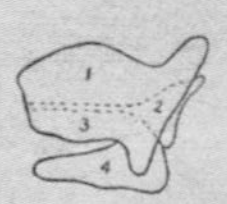

1. 방패여린뼈(甲狀軟骨)
2. 고름여린뼈(調整軟骨)
3. 녹골(軟骨)
4. 가락지여린뼈(環狀軟骨)
5. 술무뼈(舌骨)

〈第 6 圖〉
環狀軟骨의 正面

1. 氣管의 第一軒
2. 環狀 軟骨
3. 甲狀 軟骨
4. 술무 軟骨
m. 環 管

〈第 7 圖〉
上面에서 보는 環狀軟骨의 形
聲帶를 緊張하여 音調를 發할 상

[11]

의 伸縮함을 따라, 되어졌다가 늘어졌다가 하고, 또 環門은 聲帶의 늘고 됨을 따라, 열리고 닫힌다. 喉頭의 꼭대기에는 울머막게 덕개(會厭)가 있어 무엇을 덕을 때에 울머다리를 내려 닫어서 食物이 食道로 넘어 않고 喉頭를 넘어 앞길(食道)으로 들어가게 되고, 숨쉴 때에는 또 열려서 氣流가 저절로 숨구멍과 뭇구멍이 남으로 열리어서 때에는 그것이 열리어서 않음이 남으로 나온다.

우리가 예사로 숨쉴 때에는 環門이 넓게 열려 있음으로 그 틈으로 나름으로 아무 氣流가 일어나지. 못하되 한 번 목청이 壁에서 振動하면 樂음이 좁아져서 남음의 기음이 振動하시키면 樂音이 나나니 이것을 音聲帶에서 聲(Voice)이라고 한다. 目의 소리에는 聲帶 作用이 있는 것도 있고, 또 없는 것도 있다. 聲帶 作用이 세가지가 있나니 聲帶와 有聲과 無聲이요, 그 다음 聲子音의 關係로 가장 않은 作用은 振動이요.

音階에 不滅하다 音의 高低는 一般으로 厚
關係된 것이다. 그런데 低音이오, 없고 音階를 가지 長하며 男
나 목소리는 한 音階를 가진 女子
한 목청으로 各種 高低를 내는 것은 同一
고 兒童의 목청으로 낸 것은 담기 있다. 氣流의 强
또 氣流를 强하게 하는 메에 强弱이 强
弱에서 생긴 메에 强弱이 생긴 메에 强하여 保存하
더면 메긴 목청을 同時에 목청을 높추든지 하여
야 된다.

목청을 내는 것을 읽어 보는 소리 그림을 (Kymo
graph)로서 實驗하는 것이 가장 正確하다. 그러나, 우리
의 손을 가지고도 능히 알 수가 있다는 것을 앞에서
說明하여 두었다.

(나) 입 (口)

聲帶의 振動으로 생긴 소리는 한 가지로되 여러 가지 소
리를 입 밖에 낼 수가 있는 것은 여러 가지 共鳴管
의 모양을 만들어 내는 입의 작용이다. 또 떨거나 닫+
나 다처나 한 여러 가지 소리(子音)를 낸다. 이 複
雜한 소리를 만드는 입을 다음과 같이 갈라 본다.

(ㄱ) 입안(喉頭): 喉頭 위의 空間이나 울대, 밥닙, (食
管), 입, 코로 되진 것이다. 울대와 밥닙의 사이에는 울
대마개(會厭)가 있고 코의 입과 사이에는 목젖이 있다.

에는 聲帶를 줍히는 데에서 생기는 摩擦과 또 닫는 데
에서 생기는 破裂이다. 그런데 또 닫히나 또의 作用으
로 나는 聲多한 소리들은 예사 숨쉴 때에 아무
딴 짓은 없다.

喉門으로 심줄 소리근(筋肉喉門)과 여린뼈 소리근(軟骨喉門)
의 두 가지가 있다. 앞의 筋肉喉門 사
이 틈이요, 뒤의 것은 두 調整 軟骨의 사이에 생긴 틈
이다.

소근거리는 소리는 調整 軟骨의 變動이 있는 筋肉
喉門이다. 이것은 예수 중한 筋肉喉門으로나 죽은 喉門은
꽉 닫고 軟骨喉門 바미는 氣流로서 생기는 소리다.

(其一)　〔第 9 圖〕　(其二)

숨쉴 때의 목청　　소리낼 때의 목청
ㄱ 목청　ㄴ 소리근　ㄷ 되

사람이 목청으로 낼 수가 있는 高低의 標準은 大槪
四個 音階(E-e3)의 範圍에 든다. 그러나 個性에 딸어 一個나우의

ᄉ는 二個 乃至 二個半의 音階, 낮 양 때에는 一個半의

3. 악센트 (Accent)

音節과 音節과의 사이에 音의 強弱 高低의 關係 普
通 악센트가 있다는 것은 그 말의 악센트는 가운데에 高低,
나 혹은 強弱을 가리킨 말이다. 악센트에는 強弱, 高低,
混合(混和), 高低의 두 要素를 다 가진 '것'의 三種이 있
는데, 近世 西洋의 純粹한 強弱 악센트를 가지 않이는 그 日本語 獨逸語
와 같은 것은 純粹한 強弱 악센트를 가지었고, 日本語
와 같은 것은 大體로 高低 악센트를 가지었다고 言이 아니
또 악센트는 二音節 以上의 顯語에만 있는 것이 아니
다, 一音節의 單語 혹은 一 文에도 있다. 漢語의 平仄의
이나 또는 많은 西洋語의 詩들의 音律的 文法으로 八 二種이 이
應用한 것이다. 악센트 나
은 것인데 昻音符 ／ 低音符 ＼ 二種이 다르나.
다. 朝鮮語에 있어서는 악센트가 地方을 따라 다르나,
嶺湖나 湖南 악센트가 音節에 地方의 關北 地方의 音節에 있어는
지마는 嶺南이나 嶺北의 關北 地方의 音節은 大體로 있
에 있다.

4. 홀소리(母音) 發生의 理

홀소리는 聲帶 쯤 목청이 떨어서 일어난 音波가 입
안 (口腔) 쯤 共鳴管의 空氣에서 울리어 同律 相應하는

[14]

이 목안은 受動的 機能을 가질 뿐이요, 제 스스로 變動
이 없다.

(ㄴ) 혀(舌): 매우 運動的 筋肉이다 各樣의 位
置 變動이 可能하여금 各樣의 形態와 位
되게 한다. 그 자리를 혀뿌리, 혓바닥, 혀끝으로 나누나
니, 그 中에 처럼은 다욱 많은 作用이 있다.

(ㄷ) 입텩(口蓋): 여섯 자리를 얄아 본다. 목젖, 여린
입천장(軟口蓋), 센 입천장(硬口蓋), 잇몸, 이, 입술 들이
다. 여린 입천장과 센 입천장 사이는 손가락으로 만져
서 가라 볼 수가 있다.

(ㄹ) 코 (鼻):
코안은 목안의 윗 쪽에 있어 뒤는 목안으로 터지고
앞은 콧구멍 (第 10 圖) 흐이어는 음의 모든 거쳐
으로 固定된 共
鳴管으로 一 共
리날 때에 목
젖을 옮기어,
그리로 기운
이 흘하여 코
소리가 나게
된다.

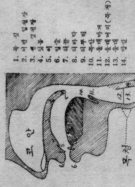

1. 목 젖
2. 여린 입천장
3. 센 입천장
4. 잇 몸
5. 이
6. 입술
7. 혀끝
8. 혀바닥
9. 혀뿌리
10. 목청
11. 울대머리
12. 울대머리(목젖)
13. 숨통
14. 밥줄

코 안
입 안
목 청

가운데 母音으로 ㅓ와 ㅡ의 中間에 자리를 잡은 母音이
서울을 中心한 中部 朝鮮語 안에 發展 되어 있다. 그리고
濟州 方音에는 이른바 아래 "ㆍ" 音이 訓
民 正音을 製定하던 當時의 音이 그대로 傳하여 이제도
질 소이고 있으므로 이 "ㆍ" 音價를 자세히 밝힌다.
여러 가지 說이 있는 한글의 "ㆍ" 音價를 가운데 가장 믿
調査와 硏究를 거듭하는 거기에 庶近에 發見된
訓民 正音 資本을 通하여 더욱 밝게 알 수 있게 되었
다. (52頁의 '圖解를 參考하라)

이 問題에 對하여 나는 幾年 前에 살信 第 五卷 人
驅에 한 번 小論文을 發表한 일이 있다. 當時에 그 音
韻 變遷의 經路를 살피어 濟州島 方音의 ㆍ 音을 일
는 곳에서 들을 수 古語에 적인 材料로 삼아 일
데 뒤 同時에 또 古語의 저런 材料로 斷作한 것을 일
이다. 그으로 別로 그럴 만한 材料를 가지 있던 판만
그 뒤로는 斷案을 내릴 自信을 가지지 못하여
더 留意를 아니 하고 그 가운데 이번에 實物의 새로
운 古文獻을 보게 되어 거기에서 얻은 材料로 믿었던 반
에 쓴 그 小論文을 그냥 證明하고 그래도 民 正音 制定當
그래서 이제 濟州 方音의 ㆍ 音을 一琴心하지 아니할
때 音인 이 "ㆍ" 音價을 正
더 音價를 一琴心하지 아니한다. "ㆍ" 音은

物理的으로 생긴 音律이다. 여러 가지 母音은 여러 가지 共
鳴管에서 울리는 소리다. 共鳴管이 여러 가지로 變
하게 되는 것은 形體가 여러 가지이다. 여러 筋肉은 여
러 方向으로 잘 움직이므로 空間의 變形을 많이 일으
킨다. 저 밖에는 또 턱을 별리는 勝角의 大小와 입술
파 軟口蓋와의 作用이다.
아래에 母音 共鳴管의 例를 보인다.

(第 11 圖)　(第 12 圖)　(第 13 圖)

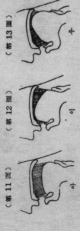

1. 母音(홀소리)의 種類

朝鮮 말의 母音은 十個의 單母音이
가 十個의 單母音의
아 가는 소리의 順序는 ㅏ, ㅐ, ㅓ, ㅔ, ㅗ, ㅚ, ㅜ, ㅟ, 의
숳이 가는 順序는 ㅏ을 中心하여 ㅓ의 앞이
가는 順序는 ㅏ, ㅡ, 그런데 이 母音들은 다 各各 그
普通의 소리보다는 긴 소리라 長母音은 ㅏ도 그
는 普通 길이가 되고 뒤 ㅏ는 長母音이 된다. 音의 長短으로
도 普通 소리라 相然한 位階 變動으로

이런 音價 說明을 가지고 이제 우리가 發明하고 있는
그 더 音價들을 對照하여 볼 때에 조금도 틀림이 없다.
그래서 우리는 ㆍ音의 音價인 低舌音을 確定할 수 있다.
母音의 音價인 四大 變素로써 볼 때에
는 後舌位의 低舌音이요, 또 大勝角의 圓脣音이다.
다는 母音과의 關係를 밝히기 爲하여 아래와 같은 圖
標를 보임.

勝角別	舌位別	高舌音	平舌音	低舌音	舌高別
小角音	後位音	ㅜ	ㅗ	ㆍ	
中角音	中位音	ㅡ	ㅓ	ㅏ	
大角音	前位音	ㅣ	ㅔ	ㅐ	
	音形別	圓脣音	平脣音	廣脣音	

確하게 말하면 後部 ㅏ보다 더 높은 舌位에 그 보
다도 더 큰 全開圓脣形으로 發音하는 單母音이다. 滿洲
語音의 끝의 母音인 "ɔ"의 音價와 닮은 소리다.
最近에 發見된 訓民正音 諺本의 制字解 가운데,

一 舌縮而 聲深.
ㅣ 舌不縮而 聲不深.
ㅡ 舌小縮而 聲不深不淺.
ㅗ 與ㆍ同而 口蹙.
ㅏ 與ㆍ同而 口張.
ㅜ 與ㅡ同而 口蹙.
ㅓ 與ㅡ同而 口張.

이렇게 母音의 音價를 說明하였다. 이것은 音 ㆍ 는 처음 조
음을 오그리어서 소리가가 응성깊으며, ㅡ 는 처음 조
음이 아니하고 오그리지도 아니하여서 소리가 옅지도
아니하며, ㅣ 는 처음 오그리지 아니하여서 소리가 옅은 바
닿리 쓰이어 있는 古音이 그대로 그 音價를 닿은 바
이에 ㆍ는 濟州 方言의 古音에 그 音價을 찾는
音價를 이제 濟州 方言의 古音에 닿있으니, ㅏ與ㆍ,
同而口張 하라 하였으니, ㅏ 보는 입술을 좀인 것
이요, "ㅗ與ㆍ同而口蹙" 이라 하였으니, ㅗ보다는 입술을
더 벌린 音이다. "ㅜ與ㅡ同而口蹙" 과 "ㅓ與ㅡ同而口張"

朝鮮語의 重母音은 ㅢ 하나 뿐이다. ㅑㅕㅛㅠ들은 半子音인 ㅣ(J)와 合한 한 音節들이요, 重母音은 아니다.

혀가 윗잇몸에 닿는 홀소리

(人造口蓋實驗圖)

(第 14 圖)

ㅓ

(第 15 圖)

ㅡ

(第 16 圖)

ㅐ

(第 17 圖)

ㅔ

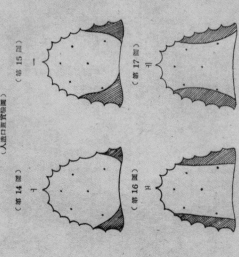

5. 닿소리 (子音) 發生의 理

(가). 子音은 發音 機關 곧 입술이나 혀나 목청(聲帶)이나 목젖을 붙이어서 터치거나 좁히어서 갈거나 붙이

었다가 떼었다가 하여 나는 소리다. 그리하여 子音은 그 作用에 依하여 破障音, 摩擦音, 顫動音, 破障 摩擦音 네 가지가 있고, 破障 同時에 콧구멍을 通하여 울리는 鼻音이 있고, 모든 子音은 목청을 떨지 아니하고 내는 淸音 밖에 목청을 떠는 音波를 同伴하여 내는 濁音이 있고, 破障音과 摩擦音에는 聲帶 破障音을 同伴하여 내는 硬音이 있고, 聲帶 摩擦音을 同伴하여 내는 激音이 있고, 聲帶 開放 氣流로 내는 平音이 있다. 아래에 朝鮮語의 子音 (닿소리)을 說明한다.

(1.) ㅂ, ㅃ, ㅍ, ㅁ은 다 두 입술을 붙이었다가 터치는 소리다. 그러나 ㅂ은 열린 목청에서 거침이 없이 나오는 空氣로 터치는 平音(예사소리)이며 淸音(맑은소리)이요; ㅃ은 닫힌 목청을 터치고 나오는 空氣로 터치는 硬音(된소리)이며 淸音이요; ㅍ은 좁힌 목청을 갈고 나

(第 18 圖)

ㅂ

(第 19 圖)

ㅃ

(第 20 圖)

ㅍ

(第 21 圖)

ㅁ

오는 空氣로 터치는 激音이며 淸音이요; ㅁ은 떠는 목청의 音波를 받아 나오는 空氣가 한 쪽으로는 막힌 자

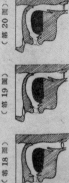

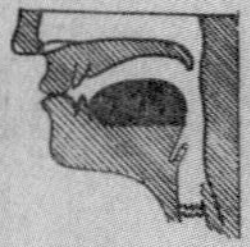

리를 터치는 同時에 목젖을 아래로 숙이어 콧구멍을 通하여 空氣를 내어 보내는 鼻音(코 소리)이며 濁音(흐린 소리)이다.

(2.) ㄷ, ㄸ, ㅌ, ㄴ은 다 윗잇몸에 붙인 혀끝을 터치는 소리다. 그러나 ㄷ은 열린 목청에서 거침이 없이 나오는 空氣로 터치는 平音이며 淸音이요, ㄸ은 닫힌 목청을 터치고 나오는 空氣로 터치는 硬音이며 淸音이요 ㅌ은 좁힌 목청을 갈고 나오는 空氣로 터치는 激音이며 淸音이요, ㄴ은 떠는 목청의 音波를 받아 나오는 空

(第22圖) ㄷ
(第23圖) ㄸ
(第 24 圖) ㅌ
(第 25 圖) ㄴ

(혀는 잇몸에 摩擦되는 자리가 꼭 같음을 보임.)

(第 26 圖) ㄷ
(第 27 圖) ㄸ
(第 28 圖) ㅌ

氣가 한 쪽으로는 막힌 자리를 터치는 同時에 목젖을 아래로 숙이어 콧구멍을 通하여 空氣를 내어 보내는 鼻

音이며 濁音이다.

(3.) ㄱ, ㄲ, ㅋ, ㅇ은 다 여린 입천장(軟口蓋)안 쪽에 붙인 혀뿌리(舌根)를 터치는 소리다. 그러나, ㄱ은 열린 목청에서 거침이 없이 나오는 空氣로 터치는 平音이며 淸音이요, ㄲ은 닫힌 목청을 터치고 나오는 空氣로 터치는 硬音이며 淸音이요, ㅋ은 좁힌 목청을 갈고 나오는 空氣로 터치는 激音이며 淸音이요, ㅇ은 떠는 목청

(第29圖) ㄱ
(第 30 圖) ㄲ
(第 31 圖) ㅋ
(第 32 圖) ㅇ

의 音波를 받아 나오는 空氣가 한 쪽으로는 막힌 자리를 터치는 同時에 목젖을 아래로 숙이어 콧구멍을 通하여 空氣를 내어 보내는 鼻音이며 濁音이다.

(4.) ㅅ, ㅆ은 다 혀끝을 윗잇몸에 틈이 있도록 약간 대고 나오는 空氣로 갈아 내는 소리다. 그러나 ㅅ은 열린 목청에서 거침이 없이 나오는 空氣로 갈아 내는 摩擦音이며 平音이며 淸音이요, ㅆ은 닫힌 목청

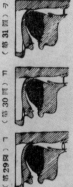

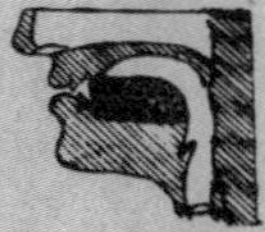

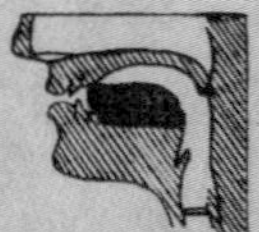

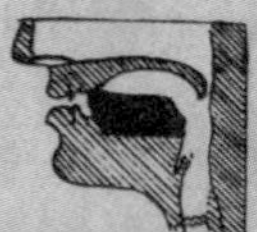

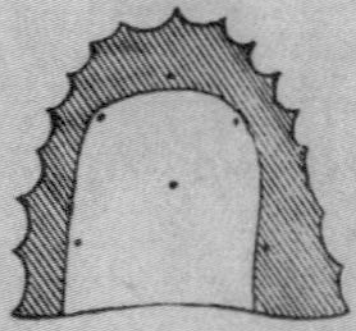

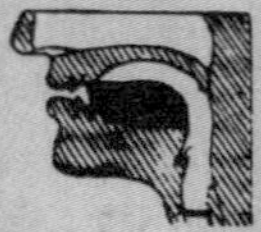

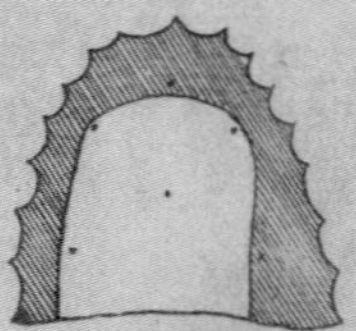

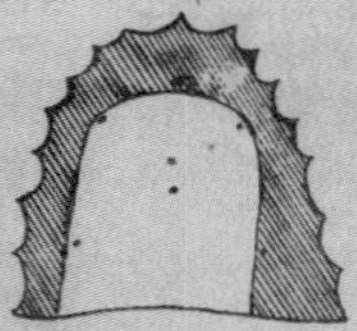

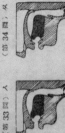

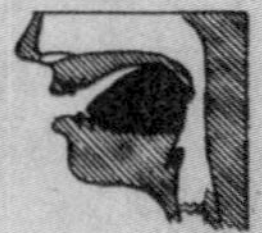

(第 33 圖) ㅅ
(第 34 圖) ㅆ

는 空氣로 터치면서 입아 내는 破障 摩擦音이며 激音이며 清音이다.

(6.) ㄹ은 翻舌音이다. 잇아와 잇잇몸에 혀끝을 한 번 쪽들언서 뒤치어 내었다가 떼는 소리다. 이 소리는 本來 朝鮮語 첫소리에는 母音 사이에만 쓴다. 그러나 이제는 西

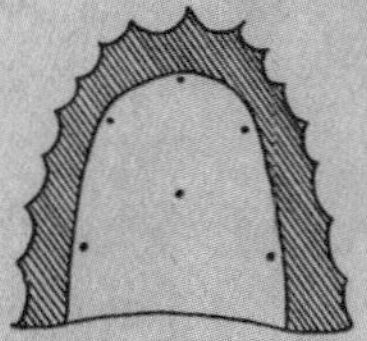

(第41圖) ㄹ

(第40圖) ㄹ

洋 外來語의 影響을 입어 敎育을 받은 사람은 첫소리에도 發音한다. 例를 들면 "라디오" 다.

(7.) ㄼ은 舌側音이다. 朝鮮語에는 中聲과 終聲에만 난다. 그런에 그 發音法은 舌側音에는 난다. 그런에 그 받침에는 ㄹ 받침을 뒤의 끝부분에는 ㄹ 初聲을 쓴다. 例를 들면, 올라, 들러, 그러나 받침에는 ㄹ 하나만 쓴다. 例를 들면 달, 술, 벌.

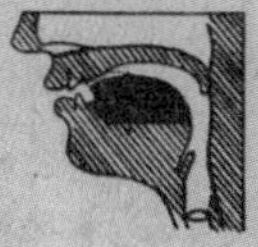

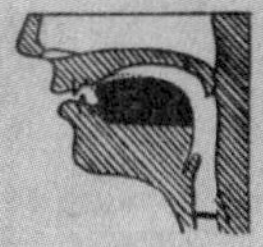

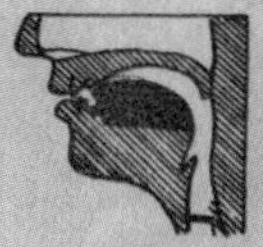

(第42圖) ㄼ

(8.) ㅎ, ㆆ, ㅇ은 다 喉音 곧 목청소리다. 그러나 ㅎ은 목청을 좁히어 그 가장자리를 닿아 내는 목청을 터치어 내는 소리 ㆆ은 목청을 ... ㅇ은 喉頭 摩擦音이며 清音이다.

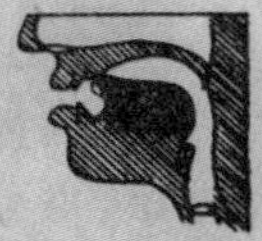

人 造 口 蓋 圖

(혀는 잇속에 齒齦과는 자비가 꼭 같음을 보임)

(第35圖) ㅈ   (第36圖) ㅉ

(第37圖) ㅈ   (第38圖) ㅊ   (第39圖) ㅊ

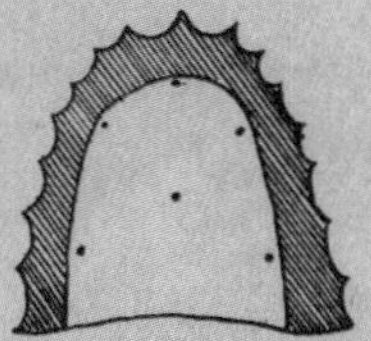

을 터치고 나오는 空氣로 입아 내는 摩擦音이며 清音이며 ㅆ이다.

(5.) ㅈ, ㅉ, ㅊ은 다 혀끝을 잇잇몸에 붙이었다가 메언서 터쳐서 입아 내는 소리다. 그러나 ㅉ은 空氣로 나오는 힘이 없이 나오는 ㅈ은 단단한 摩擦音이요; ㅈ은 단단한 摩擦音이며 硬音이다.

氣로 막인 자리를 터치면서 같이 나오는 破障 摩擦音이며 硬音이며 清音이요; ㅊ은 좀 센 목청을 받고 나오오

(27)

마찬가지로 다른 同一한 系統의 位置에서 나는 소리도 같

은 原理로 發音이 되나니, ㄱ, ㄲ, ㅋ 받침音도 그 破

障音 位置에서 固着시키고 함므로 ㄱ과 같고

ㅂ, ㅍ은 ㅂ과 같다

[26]

ㄴ이나, 破障音이며 硬音이며 淸音이다. 이 소리는 咸鏡道

사투리와 慶尙道 사투리에 들연 咸鏡道 담

에 하나, 하게(何), 히(此), 慶尙北道 담에 하나(不),

ㅇ은 訓民正音에 喉音으로 한 字音이다. 그런에 이제는

（第43圖） ㅇ 　（第44圖） ㆆ 　（第45圖） ㅎ

ㄴ과 ㅇ을 그 그 字形에 있어 ㅇ으로 쓴다. 곧 初

聲帶 振動音으로 母音을 만드는 音素가 되고 말다

慶에는 聲帶 서짜리를 더처는 고소리가 된다

慶에는 朝鮮

（9.） 朝鮮 語音의 받침은 西洋 語音의 그 자리에서 그 것과는 넘서서 함 準備 姿勢로

은 發音 位置에서 破障音은 그 자리에고 말다. 이것은 곧 비음 破障

音의 받침과 같이 固着시키고 그 位置의 破障音의 摩擦音은

破障音의 不安定한 姿勢의 位置이다. 그러므로 이게 安定한

우法에 ㄷ으로 쓰이는 ㄷ, ㅅ, ㅆ, ㅈ, ㅊ 여섯 받침과 이게 朝鮮語

破障 摩擦音인 ㅎ은 便宜으로 자리를 옮기어 ㄷ 位置

에서 ㄷ 받침이 되고 말다. 例를 들면 앋, 앗, 앗,

앚, 앛, 앟은 다 받침으로 發音이 되고 말으로 이와 마

[28]

二. 音의 相關性

마치 사람이 혼자 自由롭게 行動하는 것과 여럿이 서
로 牽制하여 行動하는 것이 아주 다른 것처럼 소리도
제 하나만 날 때와 여럿이 서로 관계되어 날 때가 아
주 다를 것은 環한 일이다.

조선 말의 홀소리의 音價는 이미 여 위에 말하였거니와,
이제는 그 소리들이 서로 만날 때에 어떻게 되는 것
을 말하려 한다.

1. 소리의 이음(連音)

받침의 넘어감이다 않은 한 音節에 받침이 바로 그
다음에 오는 母音 앞에 붙어서 한 새 音節을 이루는
것을 말하는 것이다.

音節은 音語 音節과 溶音 音節이 있나니, 前者는 語源,
語根, 語幹, 語尾, 單語末을 받하는 單語末을 말할 音
節이오, 後者는 글 읽거나 말할 때에 생긴 音節을 이닫
아 내는 實際 法則이므로 보기를 들면 어느 境遇에 닿
理의 自然 法則이므로 보기를 들면 어느 境遇에 있는 現
狀이다. 이제 받침 잉, 溶音 音節은 남버링 Numbering(音語 音
節을 남버 잉, 溶音 音節은 남버딩), Damper(音. 댐프 어,

[29]

發. 넘겨), Thankyou(音. 댕크 · 유, 發. 댕큐), 獨逸語에
Gruendung(音. 그륀드 · 웅, 發. 그륀둥), Himaus(音. 힌
아우쓰, 發. 히나우쓰), 1st er(音. 이스트 · 에르, 發. 이스트에르), Sans abri
佛語에 Mon ami(音. 몬 · 아미, 發. 모나미), Sans abri
(音. 산 · 아브리, 發. 상사브리), Il est ici(音. 일 · 에스트 · 이 ·
시, 發. 일례티시).

이제 朝鮮語의 連音 法則을 말하면, 세 가지 境遇가 있
다. (1) 原則語와 토와의 關係나 또는 語幹과 補助 語幹과
의 關係와 같이 으뜸이 되리어 쓰이므로 제 本 소리를
각각 가지리고 안쓴 받침이 그 다음에 오는 本音 價를 바꾸
지 아니하리고 안쓴 받침이, 안읽 받침이 그 다음에 오
는 母音으로 넘어가서 새 音節을 이루므로 本音價가 너
무 달라서 綜合 品詞나 各 熟語들이 있고, (3) 漢字語나,
漢字 제 ㅅㅅ로도 다 獨立한 單語나 單語에서는 單
語의 資格이 없으므로 漢字 綜合語가 되 때에는 徹조
선 말의 경우와 같이 各字가 제 音價를 바꾸지 아니하
는 받침이 없어서는 없고, ㄲ 고 ㅓ 앞에서는 다
그대로 發音이 된다. 위에 말한 세 가지의 實例는 다
음과 같다.

(1.) 으뜸과 붙음의 관계로 된 말,

갈(渴)　갈아다=까아라다　갈은을=가른을
잡(接)　잡아서서=자바서　잡을=자불
줏(拯)　줏아도=소사도　줏으므로=소스므로
맺(結)　맺으연=매젔다　빛으면=배즈면
좋(惡)　좋았다=조았다　좋은을=조흔을
답(知)　답아서=가타서　답은=가튼　답이=가티
높(高)　높아도=노파도　높은=노픈
놓(放)　놓았다=노핬다　놓으연=노흐면　좋인다=노 한다
까(刑)　까아다=까까라다　까있다=까깠다
앉(坐)　앉아도=안자도　앉은=안즌
많(多)　많으연=만호연　많아서=만하서
떫(澁)　떫아다=떫타라　떫은=떫은
긁(揶)　긁어다=긁터다　긁은지=긁짔다
밟(비)　밟아도=발타도　밟은=발븐
없(無)　없어도=업서도　없는지=읎는지
곯(潰)　곯아서=알하서　곯은연=낡그면　읎는다=읇슴
싫(厭)　싫어서=실허서　싫은제=싫을제　밟는다=발브다

(2.) 獨立한 單語가 그냥 만나서나 혹은 綜合 品詞가

숙어말이
言語音이
부엌안에(廚內)=[부여안에]=[부어간에]
젖안이=[저단이]
받안이=[바단이]
꽃안이(花內)=[꼬단이]=[꼬차네]

저자나

밭(畓)　밭이=바기　밭은=바튼　밭에=바테　밭에도=바세
손(手)　손이=소니　손은=소는　손에=소네
빗(梳)　빗이=비지　빗은=비슨　빗에=비세
달(月)　달이=다리　달은=다른　달에=다레
갈(楸)　갈아야=가까아야　갈은=가른　갈에도=가께아도　상이=사이
밤(栗)　밤이=바비면　밤은=바비　밤에=바메
이것(此物)　이것은=이거슨　이것이=이거시　이것에=이것에=이 거세
상(床)　상이=사예다　상을=사을　상에만=사예만
낮(晝)　낮이=나지　낮은=나즌　낮에만=나제만
꽃(花)　꽃이다=꼬치라도　꽃은=꼬즌　꽃에=꼬체
부엌(廚)　부엌이=부어기　부엌을=부어글　부엌에=부어게
밭(田)　밭이=바티　밭은=바튼　밭에도=바테도
앞(前)　앞이=아피　앞은=아픈　앞에도=아페도
꽠(魄)　꽠이=너지　꽠은=넉슨　꽠에는=넉세는
값(價)　값이=갑시　값은=갑슨　값에는=갑세는
낡(木)　낡이=남기　낡은=남근　낡에도=남게도
작(小)　작은=저근　작이=저그　작에만=절게만
군(固)　군은=구든　군어서=구더서　군에만=구데만
줄(縮)　줄이=주리　줄으면=주르르면　줄어야=주러야　줄인다=주린다

이는 소리를 이름이니, 그 갈래는 다음과 같다.

(1.) 센소리로 바꾸임 (激音化).

목청을 얹고 나오는 숨 끝 "ㅎ"소리로써 버는 破障音을 센소리라 한다. 그러므로 숨을 센소리 ㄱ, ㄷ, ㅂ, ㅈ에 ㅎ 소리가 섞인 것이다. 보기를 들면,

밝힌다=바킨다, 맞자=따차,
법인다=버린다, 둥베=다케,
밥한다=바판다, 땋다=따타,
옷한다=옷춘다, 좋고=조코,
곷고=맞춰, 놓다=노타.
각하(閣下)=가카.

(2.) 코소리로 바꾸임(鼻音化).

破障音(實際破裂音) 받임이 코소리 청소리로 된 鼻音 청소리로 바꾸어 난다. 그 까닭은 코소리가 빠진 자리의 밖에는 條件이 다 같으므로, 이제 코소리를 맞나에 젙로 그 코소리가 되는 것이니, ㄱ(代表音)은 ㅇ으로, ㄷ(代表音)은 ㄴ으로, ㅂ(代表音)은 ㅁ으로 變하여 난다.

막는다=망는다, 뒤는다=뒹눙,
한옷바=한웅눙, 밤는냐=밤느냐,
늦베=는네, 빗나=빈나,
밥먹고=밤먹고, 앉남=암남,
없남=엄남, 갔났다=강났다.

숫오른다(述)=(음오른다)=오오른다
밭언덕(畔丘)=(받언덕)=바던덕
앗웃지(罪悔)=(앋웃지)=아웃지
옷안(衣內皮)=(옫안)=오단
무릎위에(膝上)=(무릅위에)=무르뷔에
꼿안에(花內)=(꼳안에)=꼬다니
그꼬안주코는=(그꼰안주코는)=그가안주코는

오오른다
바던덕
가슴지
오 산
뭇사뤼
둘사뤼

(3.) 漢字音의 綜合할 때.

勤勞音節	發音不通 正音	發音不通 정음
各姓(각성)=가싱	各樣(각양)=가냥	가닝
隔日(격일)=겨길	甲日(갑일)=가빌	격닐
山羊(산양)=사냥	納入(납입)=나빕	산냥
肝油(간유)=가뉴	甲宴(갑연)=가변	간뉴
全然(전연)=저년	兼用(겸용)=겨묭	전년
監營(감영)=가명	剛毅(강의)=가늬	감녕
擔任(담임)=다밈	空日(공일)=고일	담님
日人(일인)=이린	講演(강연)=가녕	일닌
月曜(월요)=워료	相約(상약)=사약	월뇨
	惜人(석인)=서긴	석닌

2. 닿소리의 맞나 바꾸임 (子音接變)

두 소리가 맞나 때에 서로 影響을 주고 받아 바꾸

줄임

가아서ㅣ=가서,　사았다=샀다,　서어서ㅣ=서서,
너었다=섰다.　보.오.=보.　오.오.=오.
쏘.오.=쏘.

(2.) ㅡ가 ㅓ 위에서 죽어진다. 보기를 들면,
뜨어서=떠서,　쓰어서도=써도,
쓰었다=썼다,　크었다=컸다,
뜨어야=떠야,

(3.) ㅓ, ㅔ 밑에 오는 ㅓ로 시작 될 도움줄기의 ㅓ는
죽어진다. 보기를 들면,
깨어서=깨서,　매어서=매서,
때었다=떴다,　대어라=대다,
배었다=뱄다,　베어서=베서,
세었다=셌다,　헤어서=헤서,
보내었다=보냈다,　보내어도=보내도,
예었다=옜다,　예어야=예야,
서었다=섰다,　세어도=세도,
쌔었다=쌨다,　쩨어도=쩨도,

(3.) ㄷ이 ㄴ으로 바꾸임.
ㄷ이 ㄱ, ㅁ, ㅂ, ㅇ 밑에서 ㄴ으로 바꾸이는 것은 廣
韻語에만 있다. 本來 朝鮮 말에는 ㄷ 소리가 없다. 보
기를 들면.
백리(百里)=배니,　감로(甘露)=감노,　종로(鍾路)=종노,
압녁(壓力)=암녁,　옥루(玉樓)=옹누,　정영(正領)=정녕,
삼라(森羅)=삼나,　답례(答禮)=담녜,

(4.) ㄴ이 ㄹ로 바꾸임.
ㄴ이 ㄹ 위에서나 ㄹ 밑에서 音便으로 ㄹ로 바꾸인다. 이
것은 ㄹ 위에서나 發音 器官의 聯絡 關係로 생긴 音便이다. 보기를
들면.
만리(萬里)=말리,　찬로(餐路)=찰로,　불노름=불로름.
들나물=들라물,　삼년(三年)=삼년.

3. 소리의 줄거나 죽어짐 (略音과 默音)

音語 音節로부터 發音 音節로 바꾸일 때에 흔히 본디 音
價를 줄아 내는 소리가 줄기도 하고, 또는 죽어지기도 하되, 하되
제 音價를 가진 그 대로 保存하지 아니 하여서도 現象을 從屬的 關
係를 가진 音을 도나 도움줄기 따위의 어울림 때에 있는 規
像이니, 그 갈래는 다음과 같다.

(1.) 닮은 變音이 표께지면 하나는 죽어진다. 보기를

밝다=박다, 밝고=박고, 밝지=박지,
굵다=국다, 굵고=국고, 굵지=궁지,

(6.) 한 母音이 그 밑에 바로 오는 母音을 만나 複
母音이나 半母音이 한 音節이 줄어지는 것이니,

(가). ㅣ가 ㅓ를 만나서 ㅕ, 보기를 들면,
그리어서=그려서, 그리어라=그려라,
다니어도=다녀도, 다니어야=다녀야,
구미어라=구며라, 구미어라=구며라,
바치어서=바쳐서, 바치어도=바쳐도,
잡히었다=잡혔다, 잡히어야=잡혀야,
발이어서=발겨서, 들이어라=들겨라,
디디어도=디뎌도, 디디어야=디뎌야,
쎄비었다=쎄볐다, 쎄비어라=쎄벼라,
뭉기어서=뭉겨서, 뭉기어도=뭉겨도,
보이었지=보였지, 보이어라=보여라,

(나). ㅗ가 ㅏ를 만나서 ㅘ가 되는 것, 보기
를 들면,
보아라=봐라,
오아서=와서,
누어서=눠서,
쑤어라=쒀라,
구어라=궈라,

보이었다=보겠다, 보이어서=보이어,
에있다=엤다, 에이어야=에야,
세있다=셌다, 세이어도=세도,

(4.) 중音이 母音 사이에서 죽어진다. 보기를 들면,
닿아서=다아서, 닿았다=다았다, 닿아도=다아도,
넣었다=너었다, 놓아라=노아라,
좋아서=조아서, 좋았다=조았다, 좋은=조은,
많아야=마나야, 쌓여서=사여서, 싫은=시른,

(5.) 여러 子音이 한 데에 더 드러날 수가 없음으로
낱말이 그 아래 子音 첫소리로 된 音節을 만나면
그 中에 하나는 드러나지 아니하되, 齒音이나 流音이 締
한 關係로 죽어진다.

(가) ㄳ ㄵ ㅄ의 ㅅ이 죽는 것, 보기를 들면,
삯도=삭도, 삯만=상만,
넋도=넉도, 넋만=넝만,
값도=갑도, 값만=감만,
앉다=안다,
갓도=갇도, 갔다=갇다,
없다=업다, 없게=업게,

(나) ㄺ ㄼ ㄿ에 ㄹ이 거의 죽거나 또는 죽는 것,
보기를 들면,
닭 두=닥두, 닭도=닥도, 닭지=닥지,
넓다=넙다, 넓게=넙게, 넓지=넙지,
훑고=훋고, 훑다=훋다, 훑지=훋지,
밝다=박다, 밝고=박고,

이 ㄹ나게 된다. 그 까닭은 다음과 같다.

위에 이미 말한 바와 같이 絕音을 내어는 聲門을 막
는다. 그러므로 合音을 중하지 못한 다음에 ㅎ 처럼 ㅆ으로
牽音 ㅣ ㅏ ㅓ ㅗ ㅛ 넘 따려 하에 하여 소음을 ㅆ으로
찰 通할 수가 없어서. 그런데 쩌 位置에가 ㄴ 내는 자리,
의 調制가 제 音價들을 딸 變하려 하ㅁ으로 口蓋音 ㄴ
에 있고, ㅗ ㄴ 넘 때에 우구ㅁ이 설었으니, ㅁ
蓋音化한 ㄴ의 넘 것을 必然한 일이다. 보기를 들면,

쇠요=쇠묘   평웃=편웃   쇠녕=쳐녕
담요=담뇨   방읍=합닙   담엽=담뇨
가양=갓냥   집엽=집뇨   답엽=답뇨
젖유종=젖뉴종   꽃윳=꽃뉴   꽃엽=꽃뇨
부녀옆=부녀묘   낯엽=낯님   솥엽=솥뇨
받이랑=받니랑   곁엽=곁님
숨어소=숨너소
물여=물녀   딥요=딥묘   엄요=숨읍
뇌은=딋닙
고춧가루=고추까루   냇버=냇버
여닫은=여딛읍   가위밥=가위빱
버릇집=버루짓   뱃살=뱃쌀
울볏=울뼛   손볼=손뿔
꽃바람=꼿빠람   글방=글빵
     상방=샅빵

손이아=씨아, 무 었다=뒀다
미루어도=미뤄도, 미루어라=미뤄라

4. 소리의 겹음 (複音)

獨立한 品詞들이 모여서 總合 品詞가 되거나, 혹은 두
品詞가 그냥 前後하여 쯀 잇달아 쉽게 될 때에에 各
品詞에 제 音價들을 딸 變하려 하므로 소리가 各字가
品音이면 (모든 母音과 ㅁ, ㄴ, ㅇ, ㄷ) 그 소리를 갖자기
끝음이면 그 소리가 다음 소리에 影響을 주지 못하도록
하는 것을 絕音이다 갖자기 소리를 갖자기 끝는 때
에는 口音을 移動하면, 그 소리가 나는 자리를 일써 막
는 同時에도 聲門(우성)을 막고 聲門을 막는 때는 同
時에 口 便宜上 좋아 그 다음에 날 구음의 影響을 받
아서 그 구음의 앞 聲音이 변성이 되어서 그 자리에
서도 닿아 끝이 된다.

이 絕音을 우리가 中間 ㅅ으로써 적어 왔고 이제는
받침이 없는 말에는 그 들 音節을 ㅅ받침을 쓴다. 이제
까지 이 絕音은 絕音처럼 두 가지 發音 變化(ㄴ가 생기게 되
나니, 첫째는 絕音 위에 오는 닿소리가 후音이면 그겄
이 되소리(硬音)처럼 나고, 둘째는 ㅣ ㅏ ㅓ ㅗ ㅛ 끄면
ㄴ받침 말에는 그겄을 닮아서 口蓋音化한 舌側音 ㄹ이
ㄴ받침 나고, ㄴ받침 밖의 모든 받침 말에는 口蓋音化한 ㄴ
덥나고, ㄴ받침 말에는 받침 합친 합친 ㄴㄴ

6. 文字와 音聲 記號

字母는 本位로 한 音에 한 記號를 定한 文字이다. 그러므로 여러 字母의 音이 닿아서 한 音을 적기도 한다. 한 字母에 한 音을 적고 한 字母에 두 소리를 적기도 한다. 우리 東西洋 各國 文字에서 ㅑ(ㅣ+ㅏ), ㅕ(ㅣ+ㅓ), ㅛ(ㅣ+ㅗ), ㅠ(ㅣ+ㅜ)를 두 音으로 된 한 音符로 處理한다. 朝鮮 文字에도 그러하다.

나는 자리와 소리의 모든	예사소리(平音)	된소리(硬音)	센소리(激音)
입술소리	ㅂ	ㅃ	ㅍ
혀끝소리	ㄷ	ㄸ	ㅌ
혀뒤소리	ㄱ	ㄲ	ㅋ
잇소리	ㅈ	ㅉ	ㅊ
	ㅅ	ㅆ	

	앞	가운데	뒤
홀소리	ㅣ	ㅡ	ㅜ
	ㅔ	ㅓ	ㅗ
	ㅐ	ㅏ	

위에 벌려 두 자리가 줄곧이어서 나는 소리는 그 세로와 그 가로에 두 쪽이 다 관계 있다. 홀소리 쓰기는 세로에 있는 ㅗㅓㅜ 셋을 ( )요.

예사소리(平音), 된소리(硬音), 센소리(激音)의 서로 다른 점.

	단홀소리	겹홀소리
ㅗ	단홀소비	
ㅐ	닿홀소비	겹홀소비
ㅔ		닿홀소비
ㅟ	단홀소비	
ㅚ	닿홀소비	

이 위에 벌려 본 實際 發音 現象을 觀察하였다. 그러나 우리가 글을 쓸 때로만 쓰자는 것이 아니다. 소리 나는 경우 그대로만 쓴다면 이것은 文字가 아니다. 萬國 音聲 記號와 같은 純粹한 소리만 남은 적은 것은 아니다. 文字란 것은 말의 소리를 적는 同時에 또 語源的이나 語法的인 關係에서 생긴 뜻을 보아 字母法을 定한다. 소리를 精確히 源源이나 語法的인 音을 보이는 것은 語源의 統一性을 더 完하게 아니하는 것은 不合理한 것이다. 그러므로 이 한 字母法을 音聲과 뜻으로 서로 調和하는 것에 있을 것이다.

5. 조선 말 소리의 보기틀

나는 자리와 소리의 모든	입술소리	혀끝소리 ㄷ,ㄸ,ㅌ,ㄹ	혀뒤소리 ㄱ,ㄲ,ㅋ	목청소리
안울림소리	ㅂ,ㅃ,ㅍ			
울림소리	ㅁ	ㅅ,ㅆ	ㅇ	ㅎ
		ㅈ,ㅉ,ㅊ		
		ㄹ (흘림)		
		ㄹ		

홀소리	앞	가운데	뒤
	ㅣ	ㅡ	ㅜ(ㅜ)
	ㅔ	ㅓ	ㅗ
	ㅐ	ㅏ	

	단홀소리	겹홀소리
ㅗ	단홀소비	
ㅐ	겹홀소비	겹홀소비
ㅔ		닿홀소비
ㅟ	단홀소비	
ㅚ	겹홀소비	

는 字母들이요, 이와 反對로 ㅐ, ㅔ, ㅚ, ㅟ들은 二個 字母로써 一個의 單音을 적은 것이다.

朝鮮語音과 萬國 音聲 記號와의 對照

基準音				長音		

I 母音(홑소리)

前母音

ㅣ	i	밀	小麥	iː	밀	蠟
ㅟ	y	튀다	裂, 跳	yː	쉬다	休, 腐
ㅔ	ɛ	게	他, 彼處	eː	게	蟹
ㅚ	ø	되다	爲, 化	œː	되다	固, 困
ㅐ	æ	새	薪	æː	새	鳥
ㅏ	a	말	馬	ɑː	말	言

後母音

ㅜ	ʋ	굴	牡蠣	uː	굴	窟
ㅗ	o	돐	朞	oː	돌	石
(ㆍ)	ɔ	ㄱ시(鋏)〔濟州方言〕				

中母音

ㅡ	ɯ̈	들	庭	ɯ̈ː	들	野
(ㅓ)	ɜː	없다	無〔京畿方言〕			
ㅓ	ɘ	벌	干瀉地, 件	ɜː	벌	蜂

II 子音(닿소리)

첫소리					끝소리(받침)			
ㄱ	g̊	감	柿	g̊aːm	g̊˺	떡	餠	d̥'əg̊˺
ㄲ	g̊'	꿀	蜜	g̊'ul	g̊˺	밖	外	b̥ag̊˺
ㅋ	kh	칼	刀	khal	g̊˺	부엌	厨	b̥uəg̊˺
ㅂ	b̥	방	房	b̥a[illegible]	b̥˺	밥	飯	b̥ab̥˺
ㅃ	b̥'	뿔	角	b̥'ul				
ㅍ	Ph	팔	腕	Phal	b̥˺	앞	前	ab̥˺
ㄷ	d̥	대	竹	d̥æ	d̥˺	맏	昆	mad̥˺
ㄸ	d̥'	땀	汗	d'am				
ㅌ	th	털	髮	thəl	d̥˺'	밭	田	b̥'ad̥˺
ㅈ	J̊	집	家	Jlb˺	d̥˺	낮	晝	nad̥˺
ㅉ	J̊'	짝	匹	J'ag				
ㅊ	ch	차	車	cha	d̥˺	꽃	花	g̊'od̥˺
ㅅ	s	손	手	son	d̥˺	옷	衣	od̥˺
ㅆ	s'	쌀	米	s'al	d̥˺	있	有	id̥˺
ㅎ	h	호미		homi	d̥˺	놓	放	nod̥˺
ㄹ	ɾ	소리	音	sori	l	물	水	mul
ㄺ	ʎ	달력	月曆	d̥aʎəg˺	g˺			
ㄴ	n	나비	蝶	nab̥i	n	돈	錢	d̥oːn
	ɲ	그냥	其様	g̊ɯ̈ɲaŋ	ŋ			
ㅁ	m	물	水	mul	m	밤	夜	b̥am

를 뿐 아니라 내는 자리도 달라지나니, 소리가 달라지는 그
자리의 자리가 높아 가서 소리의 지나 길이 좁아진
다. 곧 時間의 長短도 時間의 길이 反比例로 된다.
그것은 소리가 흘러 나갈 구멍이 적어야 오래 끄을 수
있는 까닭이다. (닿은 소리를 낸다는 心運에서 소리 내
는 자리가 다르다 하여 萬國 發音 記號에도 記
號에 長音標를 두기도 하고 或은 딴 記號를 만들기도
하였다. 닿은소리의 長短은 닿은 소리 세로 가지고도 사
람을 따라 다름 다름으로도 닿은 사람으로도 말하는 경위
를 따라 저 소리를 比較하여 여기에 말하는 長短은 이
소리 저 소리를 比較하여 一般的인 것이다.

이제 朝鮮 닿은소리의 長短을 살펴 보면, 긴 소리, 예사
소리, 짧은 소리 세가 적실하게 있다. 보기를 들면, 발
(簾), 발(光), 발(足)과 닿은 것이다. 그러나 짧은 소리는
매우 적으니 큰 문제가 없다. 그 소리는 많으니 예사 소
리와 보낼간은 必要가 있다. 아주 딴 소리로 닿지 아니하여
도 괜찮다. 이 위에 닿은소리와 萬國 發音 記號와
의 對照한 데에서 닿의 實例를 보아도 말할 수 있을
것이다.

닿은 소리의 性質은 이 위에 이미 말하였으나, 그것은 다

ㅇ ㆁ ㅇ 鼻濁聲, bʰ 따: ㅂ ㅇ 大豆 khoɔ.
ㅇ 繫帶振動音 곧 母音素인데 이제 混同함.
ㅇ ㆆ 아니 Ɂaɲi Ɂani 不 [咸鏡道方言] 장고 作 ʃiʔŋo

朝鮮 말 소리의 萬國 音聲 記號와의 對照

홀 소 리

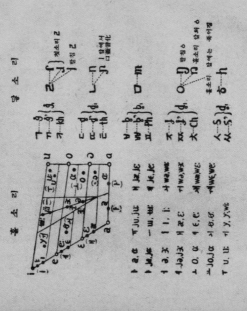

ㄱ—g
ㄲ—kʰ } 된소리 ㄹ
ㅋ—kʰ } 반혓소리 ㄹ

ㄷ—d
ㄸ—tʰ
ㅌ—tʰ

ㅂ—b
ㅃ—pʰ
ㅍ—pʰ

ㅈ—ɟ
ㅉ—cʰ
ㅊ—cʰ

ㅅ—s
ㅆ—sˀ

ㄴ—n ㅁ—m
ㅇ—ŋ 혓소리 ㅇ
ㅎ—h

---

7. 音의 長短, 單複, 口蓋音化

닿은 홀소리로 다르면 소리 비는 둥글만 다

리다. 조선 말의 앞의 구음(口音)에서의 첫소리(初聲)와 끝소리(終聲)
끝 소리 ㄱ 닦은 법이 서로 다른 것은 다른 것은 習慣과 智慧와 便宜와 動
이다. 소리를 내는 예에는 두 가지 階段이 있나니, 첫
째는 소리내어 소리를 표루어 完成하는 것이다. 조선 앞에 말소리는
作을 取하여 소리를 맞후는 까닭이다. 그러므로 닦은 자
그 소리의 準備 階段에 그치고 그러므로 비슷하거나 또는
리에서 나는 닦소리로 그 내는 것이 비슷하거나 또는 반가
生理的 連鎖 關係가 있으면 그 자리를 옮기어서 다 반가
지 소리로 내되 關係가 있으면 振動音과 摩擦音이 다 자리가 가리
定치 못한 狀態에 있는 것은 다 安定한 자리로 가려
고 법에서 자리를 다 붙이게 된다 그러므로, 摩擦音을
그래서, ㄴ 反齒音으로, 舌頭音(ㄹ)으로 舌開音은 안다
破障音으로, 頭舌音(ㄹ)은 舌開音(ㄹ)으로 變하고 안다
이 법에서는 ㄷ 소리로 내고, ㅂ, ㅁ으로 내고,
ㄱ, ㄲ, ㄱ은 ㄱ으로 된다 ㄷ는 ㄷ로 된다.

조선 말에도 口蓋音化하여 내는 구음이 상당히 많다.
ㄷ 중에도 ㄴ 닦은 것은 다른 音을 매심하여 을 수도
없이 많다. 그러나 이것을 낱소리로 당
오母音이 없는 것은 그것이 수母音 ㅣ(ㅣ)의 運發하
므로 自然한 現像인 까닭이더라.

조선 말소리에서는 다시 한번 分韻할 點이 있다.
ㄱ ㄷ ㅈ ㅂ ㄱ ㄷ ㅂ 것에 숨소리가 쉬이었으
므로 섞임이 거듭 소리다 하여 거듭소리로 보는 것도 一理
가 있다. 그것은 音理에 매우 분리한 까닭이라. 고 거듭을 들면,
說明하는 예에 매우 분리한 까닭이라. 좋다=조타.
막힌다=마긴다. 잡힌다=자핀다, 좋다=조타.
ㄲ ㅃ ㅉ 쌔는 짝서 거듭소리라 하여 거듭소리로 보
는 것도 一理다 一理다. 들리는 音理다. 이 닦소리를 빈
면, 빠가=ㅂㅂ가, 짭보=짜보, 닫다=다다라, 이가 있
스러다 한소 수母音을 逆着하는 것이 좋은 것은, 첫째는 音
이나 낱은 무母音을 逆着하는 것이 하나인즉, ㄱ ㄷ ㅈ ㅂ 한
理에 맞고, 들째는 소리가 하나가 되어야 合理하다. 이
이 두音 字形이 반 우母音 이루고 있다. 누가 시키지 아니
제 하실만치 그 理想을 이제 이러와 많이 절로 發達되는 것
은 學生들의 音 쓰는 가운데에서 을 수 있다. 또 ㄲ=ㄲ,
ㄷㄷ=ㅃ, ㅉ=ㅉ, ㅆ=ㅆ, 이 發達된 우母音을 본다면 당
우母音 字形에 한 점을 더한 것이니, ㅂ ㅅ 보다 한 점이
줄어을 뿐 아니라 소리에 평하고 字形이 얼마나 얼마나
特色이 있고 쉽고 알 수 있다.
받침이란 받은 한 소리다냥의 構飾이 을에 붙은 닦소

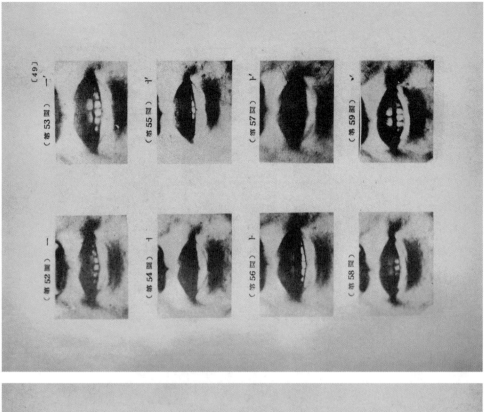

[49]

（第 52 圖）　ㅡ
（第 53 圖）　ㅡ′
（第 54 圖）　ㅓ
（第 55 圖）　ㅓ′
（第 56 圖）　ㅏ
（第 57 圖）　ㅏ′
（第 58 圖）　ㅐ
（第 59 圖）　ㅐ′

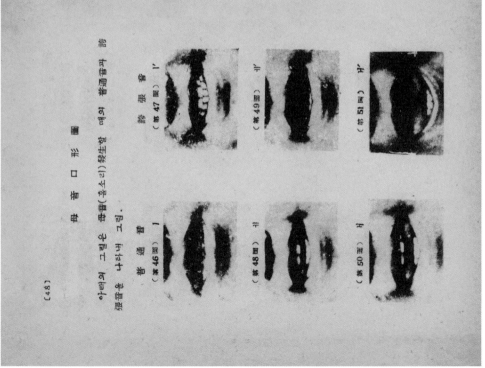

[48]

母 音 口 形 圖

아래의 그림은 母音(홀소리) 發生할 때의 普通音과 諧
張音을 나타내 그림.

普 通 音　　　　　　諧 張 音

（第 46 圖）　ㅣ
（第 47 圖）　ㅣ′
（第 48 圖）　ㅔ
（第 49 圖）　ㅔ′
（第 50 圖）　ㅐ
（第 51 圖）　ㅐ′

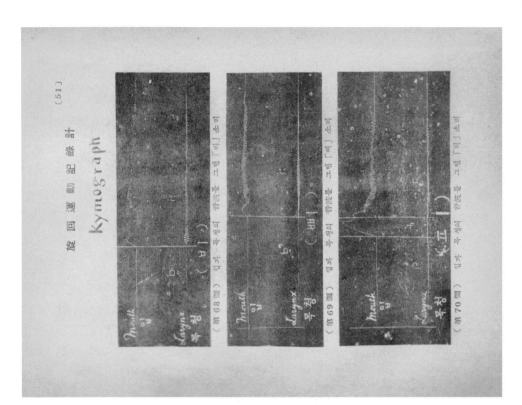

[51]

旋回運動記錄計

Kymograph

（ㅣ ㅏ ）

Mouth

Larynx 喉頭

（第 68 圖）

喉頭를 그린「베」조비

（ㅣ ㅓㅣ）

Mouth

Larynx 喉頭

（第 69 圖）

喉頭를 그린「베」소비

（ㅣㅗㅣ）

Mouth

Larynx 喉頭

（第 70 圖）

喉頭를 그린「베」소비

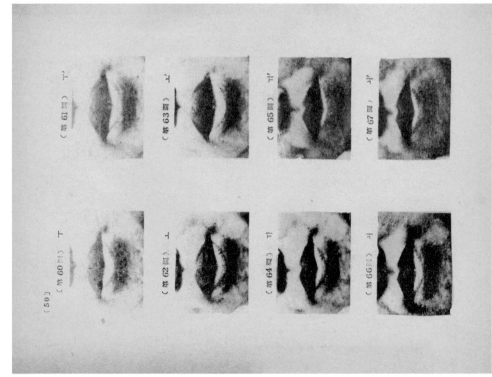

[50]

（第 60 圖） ㅜ

（第 61 圖） ㅜ'

（第 62 圖） ㅗ

（第 63 圖） ㅗ'

（第 64 圖） ㅓ

（第 65 圖） ㅓ'

（第 66 圖） ㅏ

（第 67 圖） ㅏ'

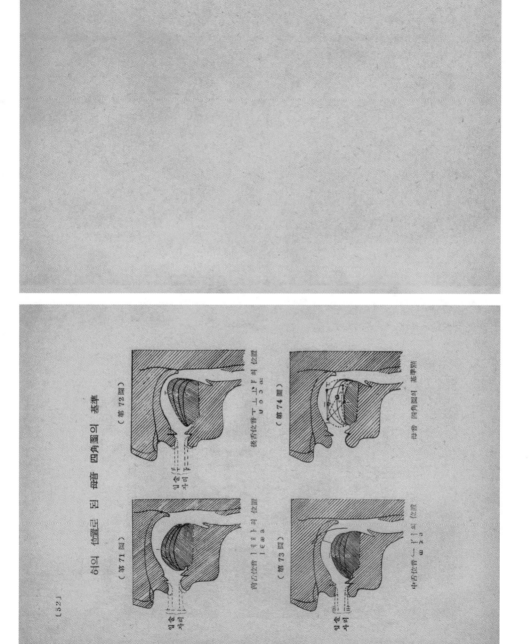

〔52〕

혀의 位置로 된 母音 四角圖의 基準

（第71圖）

（第72圖）

（第73圖）

（第74圖）

後舌位音 ㅜ ㅗ ㅏ 의 位置

ᵤ o ɔ ɑ:

前舌位音 ㅣ ㅔ ㅐ ㅏ 의 位置

i e ɛ a

中舌位音 ㅡ ㅓ ㅣ 의 位置

ɯ ɜ ə

母音 四角圖의 基準線

입술
사비

입술
사비

입술
사비

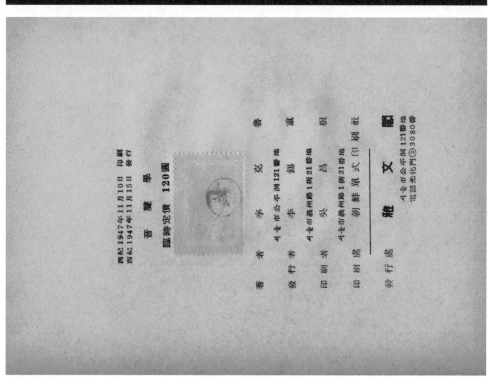

西紀 1947年 11月 10日 印刷
西紀 1947年 11月 15日 發行

音 聲 學
臨時定價 120圓

著　者　　李　克　魯

發 行 者　서울市 公平洞 121番地
　　　　　李　　錫

印 刷 者　서울市 義州路 1街 21番地
　　　　　吳　　昌

印 刷 處　서울市 義州路 1街 21番地
　　　　　朝 鮮 單 式 印 刷 社

發 行 處　正 音 閣
　　　　　서울市 公平洞 121番地
　　　　　電話光化門 ⑤ 3 0 8 0 番

國語學論叢

李克魯 著

正音社

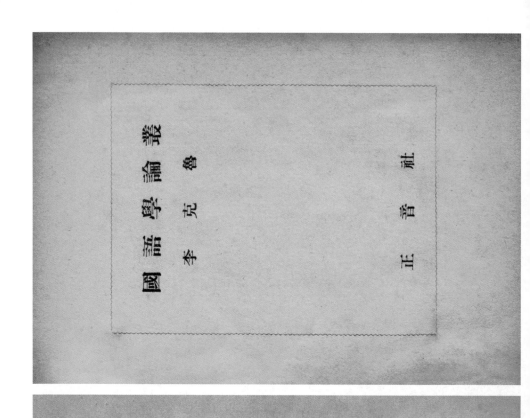

國語學論叢

李　克　魯

正　音　社

차 례

I 훈민 정음의 연구

II 조선 말의 특질

III 언어의 들머리

IV 우리나라 말과 다른나라 말

훈민 정음의 독특한 성음 관찰

1. 각국 표음 문자에 나타난 음성 관찰의 비교

훈민 정음 창제에 대하여 독창(獨創)한 것이냐? 혹은 의방(依倣)한 것이냐? 하여 여러 가지 많이 말이 많다. 따라나 정음의 특색을 알려면 먼저 각국 표음(表音) 문자에 나타난 성음 관찰을 서로 견주어 볼 필요가 있다.

1. 일본 문자는 한 소리 낱내에 한 기별(記別)을 준 순인 음철(音綴) 문자다. 소리를 낱낱에 보지 아니하였다. 그러나 자모(字母) 문자인 정음과는 비교거리가 되지 못했다.

2. 세미트 문자들은 낱내 모음(母音)자가 없었다. 그 중에 헤브리 문자와 아라비아 문자는 뒤에 와서 모음 부호가 생겨서 자음(子音) 자에 붙여 쓰게 되었으나, 사리한 분 자는 아직 그럼 부호도 없이 쓴다. 그렇니 쎄미트 문자에는 모음을 대쩨 문자의 모음식으로 보지 아니한 것이다.

3. 비바나나가리 문자(산스크리트) 즉 범문(梵文)은 자모음자(子母音字)를 각각 큰 바에, 또 모음 부호를 따로 두어서 자음 상우 좌우에 붙여 쓰게 하고, 딿은 모음이 독립

아

…이것을 얻어 보기 쉽게 음자를 쓸 수 있도록 「凡字必合而成音」이라 하였다.

3. 파동음이 공명관에서 울리어 나오는 「달리리」는 공명음이다. 발의 소리는 막힘이 발성체에서 생긴 음파가 공명좌하여야 된다. 그러므로, 훈민 정음 후음(喉音) ○(성대)로 발하는 모음은 목청 떠는 음파 되는 음파(音波)가 임장에서 된 오늘날,

그러나 비우하여 말하면, 날라리를 「뻬」나 「삐」로 소리는 파동음이 공명관에서 울리어 나오는 「날라리」는 공명음이다.

성대에서 진동음이 임에서 공명된 소리 같으면, 공명음이다. 몽양음이란 것은 음파가 「뻬」나 「삐」로 소리 같은 것이 울림소리 된다. 자모음과는 딴판이다. 파동음이 울림 소리도 그 소리 울림소리 된다.

그러나 그것이 칠 번 순류다 할 수 없다. 그러나 훈민 정음 의 첫소리 (破動音)와 울림소리 (非破音)를 가른 것은 오로 자음은 어떤 자리를 떨거나, 갉거나, 막히어 나오는 기류(氣流)가 입 밖으로 나올 때에 어떤 자리를 떨거나, 갉거나, 터뜨리거나 마찰하는 조음(噪音)이라 한다. 그러나 닿은 목청 소리로 마찰 하는 격조음(隔阻音)과 파장음(破障音)은 자음에 붙고, 진동음(振動音) 만 모음에 붙는다. 또 성대 진동은 자음에 붙어서 유성(有聲)자음 즉 탁음(濁音)이 될 때도 있으나. 갉은 자리와 갑은 것으로 된 가지 소리로 바탕도 되고, 또 모음의 바탕도 된다.

목청떨림+입술떨림 + 목청떨림+공좌음 ╴╴╴╴╴╴╴ = a (모음)

B (자음)

Ba= 목청떨림+입술떨림 + 목청떨림+공좌음

하거나 초성으로 쓰일 때에만 모음자를 쓰게 되었다. 이것은 모음 부호가 자음에 붙어서 한 소리 덩이가 되는 것을 보인 것이다.

4. 서상 문자는 그 대표로 라텐 문자들을 들어 말하자면 자모 음자가 각각 따로 있으나 모음자가 주체가 되고, 자음자는 거기에 종속이 되어 쓰인다.

5. 몽고 문자는 서상 문자와 같은 세계로 (소리로) 된 자모 문자다.

6. 훈민 정음이 어떠한 것은 다음에 자세히 하려니와, 먼저 말하여 둘 것은 정음이 생김 때에 어떤 자의 영향을 받았는가 하는 것은 문제다. 역사로 보아서 선왕 세미트(梵字)이나 몽고 문자는 그 때의 영향을 받지 않았을 법이 아니라 할 것이오, 발음 배열법(排列法)을 보아서 인도의 영향을 받은 것 같고, 자형을 보아서 한 몽고 문자를 참고한 듯하다. 그러나 몽고 문자를 세운 체계를 제외 이상적 표음 문자를 창조한 것은 의심할 수 없는 사실이다.

2. 훈민 정음의 성음 분류법

자료음을 가르는 법이 서상 문자의 임장에서 된 오늘날, 성음학에서 말하는 목청 떠는 음파(音波)가 공명

뒤에 벌리었으며, 음양성(陰陽性)의 관계로 조화되는 소리를 나란히 벌리었다.

3. 중요하게 본 후음 문제

발음 기관 중에 가장 심원하기가 어려운 자리인 것이고, 후음 문제는 성음학에 중요한 것이다. 근래 성음학이 발달되기 시작한 것도 1858 년에 체르마크(Czermak) 씨의 후성 거울(Laryngoskop)이 성공된 뒤로 부터다. 그런데, 무슨 방법으로 판출하였던지 후민 정음에는 ㅎ,ㆆ,ㅇ 와 같이 자형을 달리한 후음이 셋이오, 방서(旁書)로 된 ㆅ, ㅥ 까지 친다면 ㅇㅇ 까지 다섯이나 되나, 과연 그 음가는 무엇이던가? 이것은 예수비 있는 정음을 아는 정음학 넘어 오는 바이다. 정음의 후음을 판단하기 전에 먼저 우리가 후음이라고 말할 수 있는 소리를 오늘날 성음학에서 어떤가 잡았는가 암아 볼 것이나. 성음학에서는 마찰음 후음이 하나로서 밖에 없으니, 1.목청, 2. 목구멍 3. 목젖과 혀 뿌리 사이 4. 여린 입천장과 혀 뿌리 사이다.

이 자리가 다음 밖에 또 성비 진동의 유무를 따라 청음의 관계까지 분다면, 청음이나 다섯 다음의 관계이나 후음으로 동일된 마찰음으로 소리나는 자리의 훈이 생각

래와 같다.

정음식(正音式) 사 = ㅅ

성음학식
(聲音學式) Sa = ㅅ

그리므로, 어떤 과동음이든지, 그 끝에는 목청 떨림이 따르는 것이다.

과동음의 분류 배열은 과해적이다. 소리 나는 자리를 따라 나누고, 따르는 것을 따라 배열한 것은, 오늘날 성음학에서 하는 배열과 다르지 아니한다.

소리의 닳은 한자(漢字)를 인용(引用) 하여 「如某字初發聲」이라 하였는데, 그 배열한 순서와 인용된 한자는 다음과 같다.

	牙音	舌音	脣音	齒音	喉音	半舌音	半齒音
全淸	ㄱ君	ㄷ斗	ㅂ彆	ㅈ卽	ㆆ挹		
次淸	ㅋ快	ㅌ呑	ㅍ漂	ㅊ侵	ㅎ虛		
全濁	ㄲ虯	ㄸ覃	ㅃ步	ㅉ慈 ㅆ邪	ㆅ洪		
不淸不濁	ㆁ業	ㄴ那	ㅁ彌	ㅅ戌	ㅇ欲	ㄹ閭	ㅿ穰

공명음은 한자를 인용하여 「如某字中聲」이라 하였으니, 그 배열한 순서와 인용된 한자는 다음과 같다.

•	ー	ㅣ	ㅗ	ㅏ	ㅜ	ㅓ	ㅛ	ㅑ	ㅠ	ㅕ
呑	卽	侵	洪	覃	君	業	欲	穰	戌	彆

이 차례를 본다면, 단음(單音)을 먼저 벌리었고, 복음(複音)을

10

하는 바와 같이 한 자리에서 같음으로 나는 소리로서 나
혼하는 정도의 자리에서 생긴 것인가? (마츨 정도의 차이
만으로 두 번 소리를 같은 것을, 오늘날 성음학에서 날 수
없음). 또, 혹은 다른 연인이 있는가, 한 번 생각할 바이다.
같은 자리에서 격이 다르므로, 딴 소리가 될 수 있는 것은
마치 혀끝 가는 소리가 ㅅ이요, 터뜨리는 소리가 ㄷ이요, 내
뜨는 소리가 ㄹ인 것과 같이, 목젖도 가는 소리가 ㅎ이
요, 터뜨리는 소리가 ㅇ이요, 때는 소리가 ㄴ, ㅇ 아는 소리다,
그런데, ㅎ음 이제 쓰므로, 우리가 다 알 소리다, 셥
방을 요하지 않았고, ㅇ와 ㅇ 소리는 그 음가를 다음과 같
이 발혀 보고자 한다. ㅇ가 성에파상음(聲帶破膜音)인 것은

1. 한자음의 초발성으로 쓴 것이니, 이 된 소리는 성음학에서 목젖
   뜨리는 (정도는 다름) 소리(?)다 한다. 예 각 밝히어 쓴다. 한자음에는 평
   음(平音)과 경음(硬音)이 있어, 다 각자 밝히어 썼으나, 그
   뒤 중국에서는 평음이 경음으로 변하여, 이제는 대체로 경
   음만 남았고, 그 반대로 조선에서는 경음이 평음으로 변하
   여 이제는 평음만 남았다.

2. 한자음에 ㄹ, 졸 받침으로 없고, 다 ㄹ 받침으로 본다 있다. 그
   것은, 이제 우리가 읽는 한자음의 ㄹ 받침이 본디 우리 들 에
   소리가 아니라, 혀끝을 구을려서 갑자기 떼어버리는 ㄷ에
   가까운 소리다. ㄷ이 ㄹ과 혀 같은 혀를 소리로 변으읫상 ㄹ이

11

ㄷ으로 변하기 쉬운 것은 실비가 되어있다. 옆얼에 바들(海)이
바늘가 되었고, 이제 어린 아이들의 발소리에나 혀짜래기(혀
가 짧어 발을 잘 못하는 사람)의 발소리에는 흔히 「바람」이
을 「바달이」다 한다. 예 컷 한자음에 ㄹㄷ 발침한 것는 그 소
리가 변하여, 이제 조선에서는 ㄹ 발침으로 내고, 옛소리를
많이 보존한 중국 남방 광동(廣東)에서는 ㄷ 발침으로 내 버
고, 일본에서는 「ㄱ」로 바꿔 뵈니, 즘 ㄷ 발침으로 발 수
있다. 일례를 들면 「逸」이 조선음으로는 「일」, 광동음으로는
「얕」, 일본음으로는 「イツ」다. 소리를 버려내기 갈러지 않는
소리를 ㄷㅇ으로 쓴 것을 보면, 소리를 때는 가장 빠르고
수 있다. 에 그러나 하면, 소리를 끊는 때는 가장 빠르고
쉬운 것이 목젖을 닫는 것이니, 즘, 성에 파상음을 ㅃ르고
는 것이다.

3. 동일한 위치의 타음 소리들은 동일한 자리
   의 파상음을 쓰는 사이스 성에 방식에 의하여 ㅎ가 주음 ㅇ 입
   에 쓰인 것을 보아도, 성에 파상음인 것을 알 수 있다.

4. 학용에 의한 파도음의 배열(排列) 순서를 본다면, ㅎ가
   또한, ㄱ, ㄷ, ㅂ, ㅈ끼 함께 파상음의 옆에 들 것이다. 자
   리로도 주음에 들 있고, 것으로도 파상음에 들 있으니, 성에 파
   상음인 것을 알 수 있다.

   오즐날 성음하에서 성음하여서 발

1. 첫음의 ㅇ을 관본법에 의하여 오즐날 성음 전동음인 것은,
   음은 ㅇ가 성에 전동음인 것.

는 사이) 가는 소리(성음 부호의 X)로 낸다. 그런즉, 중 빵
사한 소리는 허파리와 여린 입천장 사이를 마찰하는 추음
이나 (X)이 아니었던가 생각한다. ㅇ의 방서는 두어 자 이
罷에 가면, 이에(以), 밖에(聚) 밖에 볼 수 없는데, 그 음가가 무
엇인 것은 아직 말하기 어렵다.

―（12）―

하던 모음도, 발성에의 작용인 괴통음과 그 공명음을 얻다
둘아야 된다. 현재 모음의 발성에의 작용은 성대 진동이고
이나......音을 우리가 실제로 모음으로 발성하나, 공명음 ㅜ
조인 ㅏㅑ 등을 빼고 닮은 ㅇ은 성대 진동 부호밖에 될 것
이 없다.

2. 한자의 모음순(母音順)에 반쳐 소리를 ㅇ으로 쓴 것이
나, 한자는 매양 한 음철인데, 이 한 음철에는 마땅히 초
중종(初中終) 삼성을 갖추는 것이 법칙으로 되어 있다. 이 법
체에 의하여 실제 모음의 한 음철에도 조중종을 삼성을
주게 되었다. 그런데, 모음 제 소리를 그대로 보존하도록
하는 발첨은 성대 진동음 ㅇ 밖에는 필만한 소리가 도무지
없다.

3. 괴트 작용을 분류하여 배열한 순서를 본다면, ㅇ, ㄴ, ㅁ
과 같이 터음―연성음에 들었고, 자리로는 추음에 들었으니
성대 진동음으로 보는 것이 가장 (可當) 하다. 끝으로 추음
방서 ㅎㅎ과 ●●에 대한 것이나, 청째로 ㅎㅎ은 어떤 소리가, 뱅
서의 현리로 보아서는 중의 된소리로 볼 수 있으니, 그것은
목청을 좁혀 마찰을 하고, 뽈, 목청을 설쩍 막았다가 메는 소
리다. 그런즉, 실제 음가를 그랬다는 것은 문제다. ㅎㅎ이 조선
말에 쓰히었던 흔적은 이제 볼에 기 소리로 변한 것이 있고,
우(又)가 음에 쳤던 것은 이제 ㅐ에로 조선에서는 중 소리로
변하였으나, 중국에서는 여린 입천장과 허파리 사이를(ㄱ ㅐ

인 자모 문자(子母文字)를, 꼭 같은 음가(音價)를 적는 따에 서로 다른 두 가지 부호(符號)를 만들 리가 없을 것이며, 둘째로 젊은 「ㅏ」라고 받던 사람도 있다. 그러나, 한글의 다른 홀소리에도 다 장단(長短)이 있건마는, 하나도 장단(長短)의 관계(關係)보는 딴 글자를 만든 것은 없다. 그러므로 실제(實際)로 음가(音價)가 다른 것이 사실(事實)일 것이다. 그런데, 여기에 대하여 주 시경(周 時經) 선생은 자기의 저서(著書)인 조선어 문법(朝鮮語文典)에 다음과 같이 말하였다.

「「ㅏ」를 선합(先合)하여 발(發)하면, 「ㆍ」되 선합(先合)하는 겹소리요, 「ㅏ」에 「ㅡ」를 후발(後發)하는 겹소리이다. 그러면 「ㅏ」에 「ㅡ」를 도 발(開發)함이요, 「ㅡ」는 「ㅏ」의 도 발(例發)함이다.」

이와 같이 그끄끄도 설명(說明) 마지막에 「ㆍ」도 설명(說明)하기를

「「ㅏ」를 선합(先合)하여 발(發)하면 「무엇」이니, 곧 ㅡ에 「ㅏ」를 후합(後合)하여 발(發)하면, ㅡ에 「ㅏ」를 후발(後發)하는 겹소리다. 그러므로 「무엇」은 나의 도 발(開發)함이요. ㅡ는 「무엇」의 도 발(開發)함이다.」

고 하였다. 그리고 사형호(字形號)를 취(取)하여 하여 거들졸소리다. 비횡(非橫)이라 하여 하여 만든 것이라 하여 하여 거들졸소리를 적는 부호(符號)를 만든 것이라 하였다.

「ㆍ」音 소리값에 대하여   (郭)

(1) 훈민정음(訓民正音) 28자(字) 가운데 「ㆍ」를 우리가 「아래ㅏ」라고 오랜 그 본래 소리는 무엇인가? 「ㆍ」音價에 대하여 몇 가지 설(說)이 있으나, 아직도 그 음가(音價)고 올바른 설(說)은 없다. 그래서 나는 이 음가(音價)를 밝혀 보리라, 한 쪽으로는 뒤지어 이음 조(語音)의 변천(變遷)을 살피고, 또 한 쪽 소리를 방언을 조사(調音)하여 이제 살아 있는 고어(古語)와 방언(方言)이 서로 비교(比較)하여 보았다. 이것은 고어(古語)와 방언이 서로 밀접(密接)한 관계(關係)를 가진 까닭이다. 교통(交通)이 편 한 지방(地方)에서는 여러 가지 영향(影響)을 받아서 말과 말소리가 변하겠지마는, 그렇지 아니한 지방(地方)에는 매양 보수적(保守的)으로 그냥 살아 있는 수가 많다. 옛 고서(古書)에 「ㆍ」를 쓴 당이 이제 말이 여러 가지 다른 홀소리로 변한 것은 사실(事實)이나, 고어(古語)와 방언(方言)의 「ㆍ」音과의 중합적(綜合的) 연구(硏究)의 결과(結果)는 이 「ㆍ」音과의 밖에 또 틀릴 을 밖에 없으리라 하는 중합(綜合)하는 바와 같은 것 한 틀림을 논(論)하는 것이 그다지 더 생각한다.

(2) 우리가 첫째 생각할 것은 소리를 적는 부호(符號)

음(音)을 관찰(觀察)하여 본 결과(結果)를 가지고 쓴 터인데, "ㆍ" 음(音)은 후부(後部) "ㅏ"와의 위 것(位置)과 쳇것(全開) 원구형(圓口形) 음(音)이니, 줄 민족 음성 기호(萬國 音聲 記號) "ㆍ"의 음(音)에 상당(相當)한 것으로 그 소리를 내리면 허는 낱을 수 있는 바로 낮추고, 뒤로 말 수 있는 대로 입을 벌리며, 입술은 조곰 둥글게 하여 "ㅗ" 보다도 더 많이 입을 벌리며 그러면, 간단(簡單)히 말하면, "ㅏ" 혀(舌)와 "ㅗ" 입술(脣)로 된 단음(單音)이다.

연구개(軟口蓋)는 위로 쳐들게 된다. 그런데 이 음(音)을 통틀게 영어에는 hot, not, pond, solid, sorry, dog, robe, Sonn 들과 같은 보기를 들면

그래서 어떻게 "ㅗ"도 않고, 또 어떻게 "ㅏ"도 않고 "ㅗ" 음(音)의 보기를 들면

독일어(獨逸語)에는 제주(濟州)에서

사설(調和)한 제주(濟州)에서

ㅅ여(讒) ㄹ린다(拜)
ㅈ(顔) ㄴ릭이(低) ㄴ다(飛)
ㄷ(月) ㄷ리(橋)
ㄷ야기(鷄卵) ㄷ는다(應) ㄷ스하다(溫)
ㄷㄷ다(走) ㄷ르다(隨)
ㄹ음(源) ㄷ음을(用) ㄹ(馬) ㄹ음(心)
ㅂ름(風) ㄹ서(已往) ㅂ린다(炙) ㅂㄱ다(燈)
ㅅ케(꾸에비의) 가음(胸) ㅅ다(穿)
ㅇㅇ자음 ㅇㅇ자사람(자징 차장)

비과학적(非科學的). 추상은 추상론(推想論)을 하였다.

(3) 초성 전설(小齊進宁)에서는 자기가 쓴 남부 조선 방언(方言)에 음(音)에 다음과 같이 말하였다.

"어원적으로 따하여 보기를 들면 말의 ㅁ를 쓴 말 다(馬), 죽(胳), 덫, (小豆), 우리의 같은 말은 어떤 지방(地方)에는 말, 쥐, 덫, 파리와 같이, 아 음(音)으로 변하였고, 어떤 지방(地方)에서는 말, 쥐, 덫, 포리와 같이 ㅗ 음(音)으로 변하였다.

"ㅇ"의 원음(原音)이 "ㅏ"와 "ㅗ"의 중간음(中期音)임을 말 하면, 간단히 "ㅇ"의 것으로 "ㅏ"도 "ㅗ"도 되고, 가 한 것으로서 조선어사상(朝鮮語史上)에 중요(重要)한 자 리(價値)를 차지하고 있다. 다만 제주도(濟州島)에서 "ㅇ"의 발음(發音)은 다른 지방(地方)보다 널리 쓰는 발음(發音)이다.

와 "ㅇ"와의 중간음(中期音)이 와 죠, 중요(重要)한 음으로 화한(和漢三才圖會)에는 "放乃留"하는데, ㅁ은 "ㅇ"의 화한삼제도회

(和漢三才圖會)를 "ㅇ"으로 되었다. 또

留(ㅁ, ㄹ)라고 쓴 것으로 보아서, "ㅇ"에 대하여 ㅂ(馬)을 음(音) 을 쓴 것이 많은 것을 보아서, "ㆍ" 음(音)이 에로부터 한 가지의 독질(特質)을 가진 것을 넉넉히 알 수 있다.

고 하였다. 이에 이제 내가 살아 있는 제주(濟州)의 이음(品) 音)을 찾아서 연구(硏究)의 대상(對象)을 삼은 것은 아주 새로 운 방법(方法)이 아니라고 할 수 없다. 그러나 따로 과학적(科學的)에 는 아직 그 음가(音價)에 대하여 바로 과학적(科學的) 설 명(說明)을 붙이어서 발표한 것이 없다.

(4) 이에 내가 역대 제주(濟州) 사람의 구음(口音)을 조

「ㆍ」의 소리값을 밝힘

글의 「아빠」 아「ㆍ따」라고 불리어지는 「ㆍ」의 바른 소리값없에 대하여는 여럿 가지의 설이 있어서 아직 이렇다는 결설이 없다. 여기에 대하여 을 연구와 조사를 거듭하는 가운데 나 처버 최근에 발견된 정음(訓民正音)의 진본을 웅하여 더욱 밝게 할 수 있어 자신을 얻게 되었다. 이 글에 비 하여 나는 몇 해 동에 한글 제 5 권 제 8 호에 한 번 짧 은 논문을 발표한 일이 있다.

그 때에 그 음을 쓴 동기는 제주도(濟州島)의 방언에 서 소리값을 찾아 실린 결과 다른 고장에서 어느 음을 수 없 는 독특한 홀소리(單母音)인 것을 알기 어 된 동식에 또 빛 밝게 적힌 것을 제보로 삼아 소리(音韻)의 바꾸어 써ᄃᆷ에 쓰임에 적 자쳐를 따름이 실린 바 「ㆍ」에와 「ㅗ」 입술의 소리, 름 「ㅏ」 름ㄱ턱音)인 「ㅗ」음을의 것으로 모 바릴 자신을 가정 깨닫이다. 그 위로는 별로 그럴 만한 새로운 체로, 이 번에 깨중한 새 첫 문헌을 아니하고 오는 거기서 얻은 새로는 면첫 번에 쓴 그 작은 논문을 그냥 그대로 증명할 수 있 을 같다. 그래서 이제 제주도의 방언 「ㆍ」의 소리값은은 처음 만든 그 때의 소리의 것을 조금도

ᄀ드다(成長)
ᄀ는다(等) 쫓ᄀ다(鹹)
ᄃᄃ다(混濁히)
ᄃ로(腎) 웃다(笑) 쫓다(醢)
ᄒ로(一日) 웃울다(祝) ᄒᄂ다(爲)
제주도(濟州島) 발음ᄋ로 한자음(漢字音)에 「ㆍ」음(音)
이 틀에 있는 보기는 다음과 같다.

ᄀ=開闢 쫓=潑氣, 너=內外
너=時代 軍隊 伯父, 人非 肇士,
盃 椒播 絆絣 皮桃 棱桃, 즈=剃客 紫色 遺擇, ᄋ=家宅 朝服
ᄋ,의=媒介 買賣 每日, 비=配
즈=遙萊, 스=思想, ᄌ=剃客 紫色 遺擇,
ᄌ=醯醢 柔色 黃任, ᄒ=無常 瑚璉
愷曖

값을 잘 아는 바, 위에 풀이한 몇 소리 그 머로가 울림은 없다. 그런데 "ㅇ"의 소리값은 이에의 제주도 방었어 그 소리값과 한가지로 된다.

위의 풀이에서, ""ㅏ"보다 입술을 줄인 것이오. "ㅗ"보다는 입술을 벌린 소리임을 알 수 있다. 그 불 아니라 이제 우리는 소리내고 있는 그 소리값을 비추어 볼 때에 몇 소리는 조음도 울림이 없음을 알 수 있다. 그래서 우리는 "ㅇ"의 혀 자리와 입술 움을 정확하게 정할 수 있다.

몇 소리의 혀 및 및 자리 (後舌位)의 낮은 혀 소리이다.

"ㅇ"는 혀 및 및 자리 (後舌位)의 낮은 혀 소리이오. 은 입아

ㄱ(大膀角)의 몇 소리와의 관계를 밝히기 위하여 아래와 같은 표를 만들어 본다.

의심스럽지 아니한다. "ㅏ"의 소리값을 정확하게 말하면 및 "ㅏ", 의 혀 자리에 "ㅗ"보다 더 크게 연 입술을 일을름 (全開) 의 혀 자리로 소리써는 홀홀소리이니, 말주 발 소리의 끝이 홀 소리인 "꽁"의 소리값과 같다. 히는버 발견된 발견된 정음의 전본의 "ㅇ"의 "금자 만든 풀이" (制字解) 가운데,

•는 혀를 움츠리고, 소리가 깊으며,
•舌縮而聲深)

ㅡ는 혀가 조금 움츠러지고, 소리가 깊지도 않고 얕지도 않으며,
•舌小縮而聲不深不淺)

ㅣ는 혀가 움츠러지지 않고, 소리가 얕으며,
•舌不縮而聲淺)

ㅗ는 •로 더불어 같되, 입이 오므라지며,
(ㅗ 與 •同而 口蹙)

ㅏ는 •로 더불어 같되, 입이 벌어지며,
(ㅏ 與 •同而 口張)

ㅜ는 ㅡ로 더불어 같되, 입이 오므라지며,
(ㅜ 與 ㅡ同而 口蹙)

ㅓ는 ㅡ로 더불어 같되, 입이 벌어진다.
(ㅓ 與 ㅡ同而 口張)

이렇게 홀소리의 소리값을 풀이하였다. "ㅣ"와 "ㅡ"의 소리 같은 이제 우리가 더러 쓰고 있는 소리인 만음 그 소리

훈민 정음의 "사이ㅅ" 표긔법

1, "사이ㅅ"의 음가와 표긔 문제

이 것은 연구의 대상으로 한 가지 두렷한 문제가 된다. 그러나 아직까지는 이 음가를 과학적으로 설명한 것도 없고, 그러한 것만은 또 반면에 그 표긔법도 이때까지 논의적 전개 발전이 없었다. 한글 맞춤법 통일안에 규정한 것도 한가지 제대로의 습관과 인례성의 적지 않은 연의를 돌보아 쳐 리함에 지나지 못한다. 통일안 제정 당시에도 "사이ㅅ"에 매한 학론을 바라가 많았으나, 나는 이제나 이 문제를 회적 으로 관심을 가지고 있는 바이다. 매우 훈민 정음을 연구 하는 입장에서는 이 문제를 등한하게 둘 수는 없다. "사이 ㅅ"은 무엇을 표긔하자는 것인가? 한갓 군호도 기호가 아니다. 소리에 관계되는 것을 표긔한 것임에는 틀림이 없는 사 실이다. 이 것은 성에 베 써음으로서 만든 음성 기호의 "ㅇ"에 매양한 음이다. 이 발음의 작용으로 두 음이 주고 받는 영 향을 막게 한다. 소리의 발합인 성음을 성마로써 막는 것 을 또는 소리를 중시시키는 끝과 뒷 음을 안 쪽을 바라하면 그렇야면 "사이ㅅ"이란 것은 혀 끝과 뒷 입을 안 쪽을 바라하는 "ㅅ"

이 하리로는 가장 합리하다고 본다. 그리 하지 말고 한 자 의 받도 변하지 아니하므로, 독서 상리에 도움이 되고 인쇄소 의 설비로는 "ㅎ" 자 하나이면 다 해결된다. 룡음인에 "하" 의 숨인 ㅅ자의 자리에는 "ㅎ" 자를 따로 쓰는 규칙을 인정한 것은 처리함에 썩 잘 될 것이 하나 하나도 인정하 는 바이다. 완전한 한 개의 음철이 아니라고 따로 못 쓴 다는 것은 이론으로나 실제로나 맞지 아니한다. 다른 언 서 문자에서도 한 개의 닿소리가 한 낱받이 되어 독립하 여 쓰이는 것이 없어 않는 것이다.

2. "사이ㅅ", 의 한자(漢字) 사이

훈민 정음에 "사이ㅅ" 표기법은 한자음 사이의 표기법과 조선말 사이의 자석음과 같이 되어 있다. 한자의 ... 한자의 고정된 자석음과 같이 한 개의 음을 고정시킨 것인만큼, 두 음 사이에서 일어나는 음의 현상을 표기하기 위하여 고정된 음철의 음철에 첨가하기 아니하고 그 음의 ... 따로 사이에 기 입하였는데, 여기에는 정연한 법식이 서 있다. 곧 위 위치의 예삿음을 사이에 두어서 그 자리에서 잡간 그 소 리의 상매를 취하였다가 그 다음 소리로 바므로 앞의 소 리가 뒤의 소리를 바꾸게 및 실체를 돕게 된다. 그 실체를 들면 아래와 같다.

君군ㄷ字쭝　　快쾡ㆆ字쭝

洪薯ㅎ님우쭝　　斗두ㅸ字쭝

음가를 가진 소리를 표기하는 것이 아니요, 다만 성문을 막 는 성음 기호로서 ㅅ 성매 예삿음이다. "사이ㅅ"이 든 말 을 발음할 때에 가만히 시험하여 보면 누구나 다 저절로 깨칠 것이라 믿는다. ㅈ, ㄷ, ㅅ 소리 자리에서 나는 "ㅅ", 소리들의 발음 위치가 다 같으므로 "사이ㅅ"은 그 소리 나 ㅅ 발음 위치 앞뒤 받고 또 자리에서 나는 다른 닿 소리 앞에서나 또는 홀소리 앞에서 나는 "사이ㅅ" 음은 ㅅ 소리 앞에서 ㅅ 음의 홀소리 및 받음과 같은 입음을 받을 것이다. 이에 아래와 같은 실례로 증명될 것이다.

강ㅅ가=강까(江邊).

상ㅅ밤=상빰(未食).

숨ㅅ기=숨끼(呼吸氣).

심ㅅ법=심뻡(心法).

세수ㅅ간=세수깐(洗面所).

두두ㅅ발=두두빨(洋靴足).

이 말들의 "사이ㅅ" 받음 현상은 뒤 성매로 성문을 잠간 닫아서 소리를 순간적으로 끊었다가 그 다음에 오는 소리 를 빠르므로 받소리의 음닿이 따라서 받음이 경음처럼 받음 되고 마는 것이다. 뒤에 말한 음연돈에 "ㅎ"의 예삿음인 "ㅎ"을 사이에 놓는 것 표기법을 논한다면 성매 예삿음인 "사이ㅅ"의

조선말 낱말 성립의 묘계선

조선말은 아직 낱말(單語)이 이루어지지 못하였다. 그래서 각인 각색으로 아무 매듭 없이 띄어 보아 쓴다. 그런데 사이 띄어쓰기(編隔)을 하는 때에는 이 낱말 띄중 문제가 나지 아니하면 된다. 그러므로 이제 씨가름(品詞) 공부에 매 닿는단은 다음 기회로 미루고, 그 밖의 몇 가지를 들어서 말하고자 한다.

1. 어떤씨(冠形詞)와 매긴가지(接頭語)와 거듭이름씨 (複合名詞)의 성질(性質)과 범위(範圍)

이 것을 밝히기 위하여 다음과 같은 몇매김(連語)을 써 고 갈매를 삼다 말한다.

① 어떤씨는 모든 이름씨(名詞) 아래에서 모가 없이 쓰이는 어떤씨(形容詞)이다. 보기를 들면:

"새, 이, 그, 저, 요, 고, 조, 어느, 무슨, 웬, 첫, 한, 두, 세, 네."

따위.

② 매긴가지는 어떤씨와 비슷하되 모든 이름씨에 두루 쓰이지 아니하는 말이다. 보기를 들면:

"메(조), 민(쌀), 민(대가리), 매(맨), 맨(손), 단(벌), 엪(게), 외(바지), 당(사향), 헛(사랑), 홰(감자), 앙(봉투), 맏(딸), 건 (주정), 강(다짐)"

따위.

3. "사이ㅅ" 의 소리를 조선말 사이에는 아주 불규칙으로 표기하게 되어 있다.

이 것은 맞춤법이 성립되지 못하고 또 낱말이 성립되어 못 한 당시에는 어찌할 수 없는 사정이다. 그런데 그 표기법 은 위아도 보아 혹은 중성으로 또 혹은 사이에 독립으로 쓰고 기호도는 "ㅅ"과 "ㅇ"으로 썼었다. 그 실례를 들면 아래와 같다.

佚鳴古字종

낮잇 닿ㅅ미 (剛之盜音이),

니르고저窒배 이셔도 (有所欲言하야도),

엄쏘리 (牙音),

齒頭ㅅ소리 (齒頭音).

위에 말한 것으로도 능히 춘민 정음의 "사이ㅅ" 표긔법 을 알 수 있다. 젼문가의 젼문으로, 연구의 걸음이 늦어 이가는 이때 학술 생활에 있어서 이 춘민 정음은 하자의 두렷한 선구 세계가 된다. 위에 드난 "ㅅ" 문제는 춘민 정음 연구의 한 모룽이를 보이는 때 지나지 못한다. 이 정음의 반포인인 한글날 시월 구일을 맞이하면서 이 음의 력사적 가치를 한 번 더 인식하는 바이다.

위의 이름씨가 아래 이름씨의 소유적(所有的) 관계를 가지고 쓰이는 것이라고 소유격(所有格) 흔히 이것을 자리로 [이것에게] 충당되었다고 해석하여 왔으나, 그러나 우리가 이것을 말에 공통한 어떤 씨 대는 씨(名詞)의 형식이 있으나, 그 서로 바꾸어 되었다고 부는 것이 흔히 변하고 또 사실일 것이다. 보기를 든다;

열 장사, 고기 장사, 나무 장사, 술 장사, 밥 장사, 종이 장사, 옷 장사.

소 가죽, 개 가죽, 말 가죽, 돼지 가죽, 너구리 가죽, 여우 가죽.

밥 그릇, 죽 그릇, 김치 그릇, 나물 그릇, 술 그릇, 장 그릇, 반찬.

2. 셈씨의 남말

이것은 사위일단(四位一單)으로 만드는 것이 합리하다. 큰 단(單), 십(十), 백(百), 천(千), 만(萬), 십만(十萬), 백만(百萬), 천만(千萬)……"으로 할 것이다. 이에 따라 쓴다면:

하나, 둘, 셋, 넷, 다섯, 여섯, 일곱, 여덟, 아홉, 열, 열하나, 열둘, 열셋, 열넷, 열다섯, 열여섯, 열일곱, 열여덟, 열아홉, 스물, 스물하나, 스물둘,……스물아홉, 서른, 마흔, 쉰, 예순, 일흔, 여든, 아흔, 백, 천, 만, 마흔셋, 마흔넷,……마흔아홉, 쉰하나, 쉰둘, 예순, 일흔, 여든, 아흔,……예순하나, 일흔둘, 일흔셋, 여든, 쉰……예순아홉, 일흔, 일흔하나, 일흔둘, 여든, 여든하나, 여든둘, 아흔둘, 아흔……

③ 거듭말(合成語)은 따위로 어울려진 밖에 거듭말 이른 남말의 뜻을 나는 뜻을 이른 남말의 남말의 뜻을 앞에도 이 어울린 앞뜻을 알 수 없는 것이다. 보기를 든다;

"꽁꼬리, 빈내교, 가루손, 노룸(놀음), 총밥, 걸음, 무부침, 관짐, 곰순, 인경다리, 손등, 오래발" 따위.

다만 남말의 남말의 뜻으로 어울린 일이라도 익어서 한 앞과 같이 쓰이는 것은 거듭말로 다룬다, 순편하게 꽤지" 따위.

"앞뒤, 아래, 며여섯, 바지저고리, 손발" 따위.

어떤씨는 본질적 미성적(未成的)과 본질적에 있는데, 본질적에는 세 어떤씨(數詞)과 어떤씨마다운 것과 셈씨마다운 셈씨마다운 것이 이름씨마다운 것이 이름씨마다운 것과 이 있다.

어떤씨는 "첫, 한, 두, 세, 석, 네, 너, 댓, 빗, 엿" 따위요,

예, 스무, 왼, 여러, 모든" 따위.

본질적으로 보아 이떤씨마다운 "세, 수, 닷, 어느, 무슨, 웬, 이, 그, 저, 요, 고, 조, 갖, 참, 거, 것, 공" 따위이다.

본질적으로 보아 셈씨마다운 것은 어떤씨는 다섯, 여섯번 되고, 그것과 응용(通用) 본질적 셈씨마다운 것은 수씨(數定形詞)가 바로 그것과 응용(通用)이 된다. 보기

"다섯 발 ¬ 닷 발, 여섯 되 ¬ 엿 되" 따위.

본질적으로 보아 이름 어떤씨마다운 이름씨적 관형사(冠形詞)는

아 쓰이는 이름씨이다 이것은 그 뜻과 쓰임으로 보아 어찌
씨(副詞)다운 설이름씨와 예사 설이름씨(普通不完全名詞)와의
두 가지로 가른다.

① 어찌씨다운 설이름씨의 보기를 들면:

"양"————느가 아는 양은 하려하지 아니한다.

"체"————무엇이나 다 아는 체를 하지 말라.

"척"————저래 뵈는 모든 척을 하고 있었지.

"둥"————나는 먹은 둥 만 둥을 하였나.

"제"————사과는 제철 제로 맞어야 좋다.

이 돈은 비가 있는 제로 마음 마로 잡으시오.

"마로"————을 마로 맘을 하시오.

② 예사 설이름씨의 보기를 들면;

"것"————당신이 가지신 것은 무엇이요?

"바"————내가 할 바는 공부이다.

"줄"————임 향한 일편 단심이야 가실 줄이 있으랴.

비가 써를랄 줄을 아느냐?

"이"————하느님은 스스로 돕는 이를 돕는다.

저기 앉은 이가 누구십니까?

"때"————학교 때가 우리 마음이요. 중 심은 때에 중
이 난다.

위에 말한 그 위의 말과 어울리어 한 남말로 만드는 것

아홉 씻,…아홉아홉, 백, 백하나, 백, 백열, 백열하나, 백열둠,…백
열아홉, 백스물, 백스물둠,…백스물아홉,…백아흔아홉, 이백, 이백
마흔,…삼백, 삼백아흔, 사백, 사백,…구백, 구백아흔아홉, 일천,
일천하나,…일천열둠,…오철오백에열십삼만 구천이백열열아홉,…이
와 같이 큰수 한 남말이 될 것이다.

3. 명수자(名數字)의 독립성 (獨立形詞) 그
명수자는 셀어떤씨 남말로 씨어 된다. 명수사의 보기는 다음과 같다.

대로므로 또 남말로 씨어 된다. 명수사의 보기는 다음과 같다.

돈(錢), 근, 양(兩), 전, 푼.

필, 자, 치, 이(里), 마일, 메드르.

뭇, 갓, 두름, 떼, 쾌, 동, 뭉.

단, 다발, 바리, 짝, 손, 매(煙草).

그릇, 동이, 사발.

장, 권, 쪽, 닢이.

거레, 벌, 죽자, 짐, 교, 술, 줌, 마디, 자웅, 모금, 아름, 웅금, 아름,
뿔, 발, 그루, 개, 상, 게, 배, 군, 꿈, 쿵짱이, 갈펄, 빈, 론, 께(次),
序), 침, 자욱, 짐, 도(度), 초(秒), 다스" 따위.

4. 설이름씨(不完全名詞)의 독립성 (獨立形詞)
설이름씨는 제 홀로 쓰이지 못하고 항상 어떤씨를 가지고

나흘날, 열닷새날(보름날),……스무날, 스무하룻날, 스무이틀날,……삼십날, 삼십일날" 따위.

다만 몇 날(재기間日)이라는 뜻으로 쓰는 것은 다음과 같이 쓴다.

"하루, 이틀, 사흘, 나흘, 닷새, 엿새, 이레, 여드레, 아흐레, 열흘,……열하루,……스무하루,……스무이흐레,……마흔 날(사십 일), 쉰 날(오십 일), 예순 날(육십 일),……쳇 날, 칠 날, 만 날" 따위.

④ "시(時)"는 셈어떤씨에서 매여 쓰는 것이 좋다. 그것은 "시(時)"의 이름으로 생각하는 것이 아니다. 몇 시를 생각하는 때에서 수를 두렷이 생각하는 까닭이다. 그럼으로 보기를 들면;

"오저 열한 시, 열두 시 반, 오후 세 시 사십이 분" 따위.

6. 「하다」를 붙여서 만드는 대이움즉씨(代이動詞)되기.

「하다」는 「것다, 만들다」의 뜻으로 일반 움즉씨에 대이(代用)하는 대신움즉씨(代身動詞)이다. 보기를 들면;

"밥 것다 못 것다. 국수 만들다. 국수 만든다"를 "밥 하다. 못 하다. 국수 하다" 로 마신움즉 하여 이 대신움 씨(代動詞)는 도움움즉씨(補助動詞)가 되어 행위(行爲)의 뜻으로 이름씨에 붙어서 그 이름씨가 움즉씨로 되는 것이다. 보기를 들면;

농사(勞事)하다. 연구(硏究)하다. 정리(整理)하다. 노동(勞動)하다. 운동(運動)하다.

이 변하다. 보기를 들면;

"이것, 저것, 그것, 노는이(遊食者), 지은이(作者), 젊은이(少者), 늙은이(老者)"

5. 연 월 일 시(年月日時)의 날말.

① "연(年)"은 어떤 기원(紀元)에서 잇따여 나가므로 한 일 셈어떤씨(數冠形詞)와 한 날말로 만들어 쓰면 그 날말이 무한히 늘어갈 것이요, 또 "연(年)"의 이름이 아니라 "해(歲)별 해" 라는 숫자(數字)를 먼저 생각한다. 그럼으로 셈어떤씨는 매여 쓰는 것이 좋다. 보기를 들면;

서력(西曆) 일천구백삼십육 년.

한은 반포(頒布) 사백구십 년 따위.

② "월(月)"은 한 날말로 쓰는 것이 좋다. 이것은 열두 달에 제한(制限)이 되여 있고, 또 셈어떤씨를 떠나서 열두달이 이름이 되여 있는 것을 보아서 달의 이름으로 일을 수가 있다. 그래서 다음과 같이 한 날말로 쓴다.

"일월, 이월, 삼월, 사월, 오월, 유월, 칠월, 팔월, 구월, 시월, 십일월, 십이월(동짓달), 시이월(섣달)" 따위.

③ "일(日)"도 한 날말로 쓰는 것이 좋다. 이것은 셈 어떤씨로 제한(制限)이 있고, 또한 셈어떤씨 식으로 될 것이 아니다, 아래와 같이 날의 이름으로 되었다. 여…

"하룻날, 이틀날, 사흘날, 나흘날, 닷샛날, 엿샛날, 이렛날, 여드렛날, 아흐렛날, 열흘날, 열하룻날, 열이틀날, 열사흘날, 열나흘날, 열…

34

리하다. 주장(主張)하다. 개혁(改革)하다. 보행(步行)하다. 부담(負擔)하다. 착취(搾取)하다. 방송(放送)하다. 호령(號令)하다. 권설(勸說)하다. 교수(敎授)하다. 수업(受業)하다. 청결(淸潔)하다. 소제(掃除)하다. 배척(排斥)하다. 운수(運輸)하다. 발제(拔除)하다. 인쇄(印刷)하다. 비웃(嘲笑)하다. 요리(料理)하다. 회의(會議)하다. 왕래(往來)하다. 회계(會計)하다. 농사(農事)하다. 출입(出入)하다. 약(藥)하다. 춘업(春業)하다. 개장(開場)하다. 입학(入學)하다. 진급(進級)하다. 주의(注意)하다. 고정(固定)하다. 발휘(發揮)하다. 퇴장(退場)하다. 진(進)하다. 비료(肥料)하다. 나무라다. 좋하다(好). 거름하다(棚). 괴하다. 계(計)하다. 글하다(文). 광하다(狂). 한잔하다(一盃). 지일하다. 생각하다. 섬하다(猜). 제주하다(技). 씨름하다. 쌈하다(鬪). 天하다." 따위.

7. 「하다」를 어떤 씨에 붙여서 한자(漢字) 밑에나, 다른 외래어(外來語)에 붙이어서 어떻씨 되기
보기를 들면;

"결백(潔白)하다. 신선(新鮮)하다. 견고(堅固)하다. 용감(勇敢)하다. 충실(忠實)하다. 비겁(卑怯)하다. 친밀(親密)하다. 경쾌하다. 괘쾌(快快)하다. 순리(順理)하다. 원만(圓滿)하다. 부당(不當)하다. 만족(滿足)하다. 정당(正當)하다. 평평(平平)하다. 담당(擔當)하다. 열렬(熱烈)하다. 명백(明白)하다. 활발(活潑)하다. 비겁(卑怯)하다. 건강(健康)하다. 충명(聰明)하다. 비안(未安)하다. 고상(高尙)하다. 고거(高貴)하다. 담담(淡淡)하다. 청나(淸)하다. 선(善)하다. 귀(貴)하다. 씨(氏)하다. 부(富)하다. 빈(貧)하다. 악(惡)하다. 부폐(腐敗)하다. 열리케이드(?)하다." 따위.

8. 「되다」를 붙여서 움직씨 되기.
「되다」는 「이루다」의 뜻으로 한 움직씨이다. 보기를 들면;

"일이 되다. 밥이 되다. 물이 얼음이 되다. 비가 한숨이 되다. 꿈병이든 메기가 되다." 따위.

그러나 이것은 그 본뜻을 가지고 또 도움움직씨 (補助動詞)가 되어 이름씨에 붙어서 그 이름씨가 움직씨로 되는 것이다. 보기를 들면:

"생각되다. 결합(結合)되다. 중단되다. 이(利)되다. 해되다. 운동되다. 중용되다. 감독(監督)되다. 방발되다. 완성되다. 발견되다. 반대되다." 따위.

9. 「되다」를 붙여서 어떻씨 되기
보기를 들면:

"실하다. 알되다. 힘되다. 양되다. 어중되다. 잉성되다. 쌍되다. 그릇되다. 덜되다. 못되다." 따위.

조선 말의 시간 표식법

1. 세계 각 민족의 말은 오랜 동안에 절로 발달되어 온 자연어(自然語)이요, 에스페란토와 같은 인조어(人造語)가 아니다. 그럼으로 그 발달된 형태는 제각기 형형색색으로 되었다. 그런데 이 세 가온 말로써 나타내는 매 가장 중요한 관계를 가진 시간 문제를 들어 말하고저 한다.

각 민족어(民族語)의 시간 표식법을 살피어 본다면 어떤 것은 단순한 말끝(語尾)으로, 어떤 것은 아주 딴 말로, 또 어떤 것은 여러 다른 말을 종합하여 한 가지의 시간을 표시하게 되었다. 그래서 복잡하고 불규칙하기가 짝이 없다. 그러나 우리가 돈리적으로 생각한다면 시간 표시에 두 가지 구별이 있다. 첫재는 말하는 사람의 처지(處地)를 표준삼은 주관적(主觀的) 시간이오, 둘재는 어떤 행동과 존재(存在)와의 처지를 표준한 객관적(客觀的) 시간이다.

우리가 어떤 지낸 일을 말하면, 그것은 다 과거(過去) 이 다. 그러나 그 방시의 여러 동작(動作)은 마땅히 선후가 있을 것이나, 흔 과거, 현재, 미래가 있을 것이다. 이와 마찬가지로 우리가 이제 일을 말한다면, 역시 여러 동작은 마땅히 선후가 있는 것이니, 흔 과거, 현재, 미래가 있을 것이다. 이러한 돈리에서 인조어 에스페란토에는 동사의

시간 표준법은 아홉 가지로 정하였으나 정하였으나 다음과 같다.

주관적(主觀的)시간, 객관적(客觀的) 시간

과거시(過去時)의 { 과거 현재 미태 }

현재시(現在時)의 { 과거 현재 미태 }

미태시(未來時)의 { 과거 현재 미태 }

2. 조선 말의 형용사(形容詞)의 시간의 보조 어간(補助語幹)은 현재를 제하고는 동사에 붙는 말하는 형용사가 없고, 동사(動詞)로 받아내리고, 조선 말에는 형용사를 비교하여 일 보고는 쪽 생각하고 한다. 시상 없이 동사와, 형용사로 일 를 생각하면 그럴 듯도 하다. 그러나 이 위에서 말한 에스 페란토의 돈리적으로 될 시간 표식을 가져고 한 번 견주 어 생각한다면, 얼마나 재미가 있는 것인가를 알 것이다.

조선 말의 형용사에 붙는 시간을 말하는 사람의 주관적 시간이나, 그 때에 그 전 상태로 있었다든지, 또 있겠다든 지 하는 뜻이다. 보기를 들면;

처음에는 이 중이가 희었고, 이제는 누르다. 그러나 이 뒤에는 검을 것이다.

날씨가 더웠고, 오늘은 따뜻하다. 그러나 내일은

출었다.

3. 조선 말의 관형어(冠形語) 만드는 토로써 또 시간을 간단 명료
이나 관형어를 만드는 토로써 또 시간을 나타내는 간단 명료
한발으로 되었다. 이제 관형어에 쓰이는 시간형의 보기를 들면.

받으면면 받는 베운
접은 접던 접운

의 「은, 던, 는, 을」을 가지고 본다 하여도 형용사에 쓰일 때
에는 그 위에 발한 바와 같이 발하는 사람의 주관적 시
간이오, 객관적 시간인 줄 동작적(動作的)은 나타내는 것이 아니다. 그
러므로 형용사에는 현재 진행(現在進行)의 시간과 「는다」를
쓰지 못하나니, 그 까닭은 형용사에는 진행적(進行的) 동의
(動態)의 시간 표시가 있을 수가 없고 그러한 상태로
이루어진 것만 나타내는 것이다. 그러므로 과거 와
현재 완료(現在完了)로 쓰이는 「ㄴ」으로써, 형용사에서는 현
재 상태를 나타내므로, 다시 발하면 겁은 것은 이제 우리
보는 사람의 눈 앞에서 겁어서는 것이 아니라 그 전에 벌
써 겁어진 것이다.

4. 독립적(獨立的)의 시간, 이것은 어떠한 시간들의 조상(互
相) 관계가 없이 제 홀로 현재나 과거거나 미래를 나타내는
시간 표시이니, 현재에는 어간(語幹)에 바로 토를랐으 보기
불고, 과거에는 보조 어간(補助語幹)「었 죽은 「앗」이 붙고,
미래에는 보조 시간 「겠」이 붙어 보기를 들면.

ㄱ. 사람이 금을 씁니까?
ㄴ. 사람이 금을 씁니다.
ㄱ. 사람이 고기를 잡았습니까?
ㄴ. 사람이 고기를 잡았습니다.
ㄱ. 사람이 베을 주었습니까?
ㄴ. 사람이 베을 주었습니다.
ㄱ. 사람이 밥을 먹었습니까?
ㄴ. 사람이 밥을 먹었습니다.

단(但) 어체를 나타내는 불규칙 도「드나」 보기를 들면, (받침 밑에),

「느냐」(홀소리 밑에), 보기를 들면.

서느냐, 서느다, 밥느다, 깁느다, 접느다, 벗느다, 빗느다,
찾느다, 찾느다.
간다, 딤다, 순다, 준다, 놓느다, 늦느다, 꾾느다.

5. 상관적(相關的) 시간, 이것은 두 가지 시간의 조상(互相)과
계를 가지고 나타내는 시간 표시이니, 아래와 같은 것들이다.

관형어의 시간	술어(述語)의 시간
—는	현재 계속 —섯 현재 완료
—ㄴ	과거 계속 —섰섯 과거 완료
—ㄹ	미래 계속 —겠겟 미래 완료

보기를,

이게 중성식에 학생들이 선생들에게 구별하는 때에 쓰여 출업

증서는 벌써 주었다.

이제 졸업식에 학생들이 선생들에게 작별하던 때에 졸업 증서는 벌써 주었다.

나일 졸업식에 학생들이 선생들에게 작별할 때에 졸업 증서는 벌써 주었다.

6. 이렇게 우리 말은 다른 나라 말에 비교하여 간명(簡明)한 조리(條理)를 가졌다고 할 수 있다. 우리 말 시간 표신법이 힘 구라파의 선진 제국의 말에 비하여 간단하다고 하여 발전상 훨씬 뒤진 것이라고 그릇 알기 쉬우나 사실은 그와는 정반대로, 훨씬 종합적이며, 실질적임을 알 수 있다.

41

조선말의 임자씨와 토

1. 먼저 알 것

1. 조선 말에 과학(科學)의 힘이 다 미처지 못한 곳이 많아서 아직 말본(語法)의 길이 다 켜이지 못한 것은 우리가 다 아는 바이거니와, 이 문제를 푸는 데에는 많은 학자의 힘을 빌어야 될 것이다. 그런데 몇 해 전에 조선어 학회에서 조선 말본의 이름을 두고자 여러 사람이 힘이 힘쓰다가, 맞춤법 통일안을 만들기에 바빠서 이 말본 문제는 그만 중지가 되었다. 이제 내가 쓰는 이 문제는 그 때에 만들어 두었던 것인데, 이제 조흔 다음아서 내어 놓는 듯은 한 쪽으로는 조선 말을 연구하시는 여러분께게 한 참고가 될까 하는 것이며, 다른 한 쪽으로는 조선 말을 배우고 가르치는 데에 도음이 될까 하는 것이며, 또 다른 한 쪽으로는 한글 맞춤법 통일안의 력처에 쓰인 씨가름의 까닭과 토의 세계를 쓰기로 하였슨즉, 로 전체를 조사하여 써표(語表)의 세계를 세울 필요가 있다고 생각한 것이다.

2. 조선 말 로 로 처리에는 세 가지 배도가 나타났다. 첫째는 모두 다 씨(品詞)로 잡고, 둘째는 씨울이(用言)으로 잡은 것은 이도 있고, 씨에는 도를 모로 씨를으로 잡은 이도 있다. 이 세 가지 생각이 나타난

를 붙여서 이름씨를 만들고, 또 모든 이름씨에 「이」를 붙
여서 풀이씨 (어떻씨)를 만드는 것이 온 법이 되나니, 이
것은 음힙（文章）을 짜는 때 말본의 힘으로의 대한 결으로 써
의 본이 주관인 것이요, 수풋은 보디 그때로 있는 것이다.

보기를 들면:

슬기가 좋다.

죄가는 모가 같다.

충실이요 명랑인 이 순신은 거룩한 사람이다.

「이」가 모든 이름씨 밑에 붙어서 풀이씨가 되는 것.
여기까지 이렇게 붙어서 온 일이 없었으므로, 여기에 대하여 (有
史 자세히 발음 필요가 있다. 이름씨와 풀이씨의 중정 (肯
定) 과 부정 (否定)의 뜻을 보아도 할 수가 있나니, 보
기를 들면, 숭직여와 어떻씨의 중정에는 말의 즐기게 바로
써를（語尾）이 붙고, 부정에는 부정사「아니하다」가 따로 쓰
인다. 이름씨가 풀이씨로 쓸 때에는「이」가 붙어서 써를이 바
로 풀이씨의 음으로 바꾸인 뒤에 중정에는 거기에 써를이 바
로 붙고, 부정에는「아니다」가 따로 쓰인다. 보기를 들면:

받이 ……간다.

받이 가다 아니한다 ……가는 말.

받이 ……온 말.

받이 ……아니다 ……아니한 말.

받이 동물이다 ……동물인 말.

것은 씨가름이 없어 써 오던 조선 말을 처음으로 가드고자
하나 자연히 간결할 이 자연친 간결할이 있을 것은 피하기가 어려운 생각하일
것이다. 붙여 임자써 밑에 다만 써도 같은 것은 풀이써를
를 매어 놓으면, 그 뒤는 임자써처럼 될 앓아놓을 수가 없
다는 것이다. 세계 토를 모두 써들 보두 써를으로 ... 토와 판
계되 그 잇 말을 갈라 놓는다면 토 제 스스로든 임자써 밑
에 것이나 풀이써 밑엣 것이나 다 제 줄로 설 힘이 없는
것은 꼭 답답는 것이다.

그러고 우리가 참고로 말이 ... 조선 말과 같은 겨
레 말은 우랄=알타이말들——몽고, 만주, 핀란드, 에스토니아,
말들이, 뒤르크, 좋아리 말들——의 말본을 본다면, 임자써
밑에 오는 토도 다 써들으로 잡아있는데, 풀이써에는 열
다섯 격(格)이 있고, 에스토니아 ... 열 여섯 격이 있다.
이 말들의 격을을 토로 반역한다면, 풀로 ... 권써사 (前
置詞)을 쓰기 된다.

3. 임자써 밑에 쓰이는 이제 조선 말의 씨를 써면에는 그
똑게 써 없게받은 것만 조선 말이라고 생각하며, 이제 그 격
위 하며, 임자써의 받가지 (接尾語)와 어 씨 조사와
의 본보기를 얼마씩 들어 보인다.

토를 쓰는 때에 근 관계가 있는 도움 줄기 (어떻써, 숭직써에
韓)를 말하려 한다. 또 모든 풀이써 (어떻써, 숭직써에)「기」

ㄱ) 두루법(一般法)은 두루 쓰이는 롤이다. ……가 (바침이
없는 자 밑에), ─이 (바침이 있는 자 밑에)
소가 누었다.
밤이 간다.

ㄴ) 남높임법(他尊法)은 말하는 사람이 남을 높이어서 쓰
는 롤이다. ……께서, ……께압서(더높임)
아버지께서 일하신다.
하느님께압서 천지를 창조하시었다.

ㄷ) 제높임법(自尊法)은 말하는 사람이 저를 스스로 높이
는 때 쓰는 롤이다. 나, 저
저는 남이외다. 여기에도 그것을 부르는 때 가지의
씀이 있다.

2. 부름토(呼格)……힐의 임자가 되는 자리를 따라 세 가지의
롤이니, 여기에는 그 쓰는 자리를 따라 세 가지의
씀이 있다.

ㄱ) 높사귀법(尊稱法)은 웃 사람에게 쓰는 것이다.
………─이시여.
하느님이시여, 저의 죄를 용서하옵소서.
아버지시여, 저를 도우소서.

ㄴ) 맞사귀법(平稱法)은 벗하는 자리에 쓰는 것이다.
─이여.
바위여, 이것을 보게.
락동이여, 저리 가게.

ㄷ) 낮사귀법(卑稱法)은 아랫 사람에게 쓰는 것이다. 또 두

밤이 식물이 아니다……식물이 아닌 밤.

4. 겹말(術語)을 조선 말로의 체계
를 풀어 말하는 데에는 한문자(漢文字)보다는 써 나은 점
이 많을 까닭이며, 또 수각가 생각할 것은 어느 과하술을
론하고 갚앒은 그 과학자가 일부러 지은 것이 원 치하이다.
갚앒을 지을 때에 한문의 바룻으로 다섯 자박이나 일곱 자박이
가믐을 지읏이 꼭 글자 수를 맞추어서 짓는 것은 조선 말
에는 너무 자연스럽지 못하게 되며, 그러므로 말이 생긴 그대로
한 소리멩이로 될 것도 있을 것이오, 또 여러 소리멩이로 된
것도 있을 것이다.

2. 임자씨의 밀자리토 (根本格)

이 임자리토는 스물 세 가지가 있으니, 이것을 벌려 크게
갈라 보자면, 풀이씨와 잇닿는토 (連用格)가 있고, 그 반대로
임자씨의 잇닿는토 (連體格)와 풀이씨와 잇닿는토로 있다.
또 임자토로 (主格)와 풀이않토로 (主品格)와 잇닿는토 (連品格)
는 꼭있음토로 (必需格)와 보탬토로 (補助格)가 있다.
맞머뭄토로 (相對格)와 마줌토로 (標準格)와 춤머로 (方法格)와 메로
(境遇格)와 고어름토로 (引用格)가 있다.

1. 임자토로 (主格)……임자씨를 한 월(文章)의 임자가 되게
하는 것이니, 여기에는 그 쓰는 자리를 따라 세 가지의
다름이 있다.

것을 나타내는 것

6. 풀림토(不定格) 두 사이에 서로 틀림을 나타내는 것
이다.
......보다.
아들은 아버지보다 낫다.

7. 끝토(限度格) 어디까지 미치는 것을 나타내는 것이다.
—만큼(=만치), —껏.
매도 순만큼 좋다.
형이 아우만 못하다.

8. 비슷토(似狀格) 거의 같음을 나타내는 것이다.
......처럼
철수가 사람처럼 생기었다.

9. 안남토(位置格) ... 곳에나 때에나 만나는 점을 나타내는 것
이나, 여기에는 숨은토법과 숨인토법(非顯物法)이 있다.
ㄱ) 숨인토법—......에(중지임을 아니 받음에), —에서(중지임을
받음에).
초가 들에 두었다.
아이가 방에서 핀다.
ㄴ) 숨은토법—......에게(게), —더러, —한데, —께(남존임).
학생에게 책을 준다.
나더러 일을 하라고.
아이한데 ... 주어.
아버지께 드리어라.

10. 떠남토(出發格)...곳에나 때에나 떠나는 점을 나타내써
... 여기에도 숨은토법과 숨인토법이 있다.

움법이 진다. ......아(홀소리 밑에), —아(닿소리 밑에)
복희야 오너라.
끝들이 뛰어라.
비야 그치어라.
바람아 불어라.

3. 전드림토(他動格) 힘의 임자가 남을 건드리는 것을
나타내는 토이다. ......를(홀소리 밑에), —을(닿소리 밑에).
아이가 개를 친다.
사람이 밥을 먹는다.

4. 한가지토(一致格). 풀이씨를 온전히 만드는 때에 꼭
있어야 될 힘의 조각에 붙는 것이니, 임자씨와 한가지가 되거
나, 또는 뒤바꿈임을 나타내는 토이다. ......가(홀소리 밑에),
—이(닿소리 밑에).
너는 학자가 되었다.
나는 병정이 되었다.
고래는 물고기가 아니다.
저가 사람이 아니다.

5. 견줌토(比較格)...무엇을 서로 견주는 때에 쓰는 것
이다. ......와(홀소리 밑에), —과(닿소리 밑에).
새 키는 내 키와 같다.
아우는 형과 다르다.
이 글씨는 저 글씨와 비슷하다.

7) 숨인씨끝법……에서 (-서).

나는 집에서 온다.

아침에서 저녁까지.

서울에 있다.

ㄴ) 숨은씨끝법……에게서, -한에서.

이 웃은 아들에게서 받았다.

받은 부모한에서 배웠다.

11. 베일도(方向格). 곳에나 때에나 매이는 숨인씨끝법이 있다.

ㄱ) 숨인씨끝법. ……(으)로.

집으로 간다.

학교로 보낸다.

봄으로 미룬다.

한시로 들어간다.

ㄴ) 숨은씨끝법. ……에게로, -한에로, -게로.

김씨에게로 넘긴다.

박선생한에로 돌린다.

한아버지께로 잦시다.

12. 부림도(使役格). 무엇을 부리어 쓰는 것을 나타버서

로이다. ……(으)로.

못으로 쓴다.

소로 받을 갈더라.

13. 따로도(隔立格). 다른 때에 베에지 아니함을 나타버는 것이다. ……대로.

내 마음대로 하겠다.

너는 너대로 해라.

14. 함께도(共同格). 여럿이 겹이 하는 것을 나타버는 것이다. ……끼리.

우리끼리 가자.

학생끼리 온다.

15. 끝바지도(極端格). 마지막 끝을 나타버는 것이다.……껏.

정성껏 하여라.

세주껏 만들었다.

16. 자리도(地位格). 어떤 자리를 나타버는 것이다.

……(으)로서.

임금으로서 나라 일에 게으를 수가 있나.

부모로서 자식을 가르쳐야지.

17. 구데도(旅行格).……(이)길래, -(이)완데,(완데).

어떤 사람이길래 남의 집에 함부로 들어 올까?

버길래 그 일을 하였다.

그 것이 무엇이왔데 사람을 파롭게 만들게 만들까?

18. 얼일도(條件格).……(이)면, -(이)거든.

소면 몸도로 사람이면 그런 것은 아니하리라.

어른이거든 돈을 받고, 애거든 받지 말아라.

19. 여김토(認定格). 그렇게 알아 주는 것을 나타내는 토이다. …—(이)거니, —(이)어니.

그 놈을 자식이거니 생각하였다.

이 사람을 학자어니 알았습니까?

20. 밖토(以外格) 그것은 말고 또 있음을 나타내는 것이다. …—밖에.

너밖에 사람이 없느냐.

감밖에 배도 있다.

21. 남의말토(間說格). 남의 말을 그대로 들어다가 쓰는 것을 나타내는 토이다. …—고.

「나는 공부를 마치었다고」 말하는 그 사람의 얼굴에 기쁨이 차 있더라.

22. 차지토(所有格). 어느 것이 다른 것의 차지가 되어 딸린 것을 나타내는 토이다. …—의(—와의, —과의).

친구의 집.

장군의 무덤.

소와 말과의 값을 견준다면.

23. 잇댐토(接續格). 여럿을 한데 달아 붙이는 것을 나타내는 토이다. …—와(홀소리 밑에), —과(닿소리 밑에), —(이), —하고.

나무와 돌, 솔과 대.

머루랑 다래, 떡이랑 술.

붓하고 종이.

임자씨의 밑자리토
- 풀이씨와 잇닿는토
  - 임자말토
    - 임자토…
      - 두 루 법…가. 이
      - 남 높 임 법…께서. 께압서
      - 제 높 임 법…서
    - 부름토…
      - 높 사 귐 법…(이)시여
      - 맞 사 귐 법…(이)여
      - (두 루 법)
      - 낮 사 귐 법…야. 아
  - 풀이말토
    - 꼭있을토…
      - 건드림토……………………를. 을
      - 한가지토……………………가. 이
      - 견 줌 토……………………와. 과
    - 보탬토
      - 맞대봄토
        - 튼 림 토……………………보다
        - 즘 토……………………만큼. 만치. 만
        - 비슷함토……………………처럼
      - 대중토
        - 만 남 토
          - 숨안탄몬법…에. 에서
          - 숨 탄 몬 법…에게. 더러. 한테. 께
        - 떠 남 토
          - 숨안탄몬법…에서. (서)
          - 숨 탄 몬 법…에게서. 한테서
        - 대 임 토
          - 숨안탄몬법…(으)로
          - 숨 탄 몬 법…에게로. 한테로. 께로
      - 솜씨토
        - 부 림 토……………………(으)로.
        - 따 루 토……………………대로
        - 함 께 토……………………끼리
        - 막바지토……………………껏
      - 매토
        - 자 리 토……………………(으)로서. (이)과테
        - 구 태 토……………………(이)길래. (이)완대
        - 만 일 토……………………(이)면. (이)거든
        - 여 김 토……………………(이)거니. (이)어니
        - 밖 토……………………밖에
      - 끄어옴토
        - 남의말토……………………고
- 임자씨와잇닿는토
  - 차 지 토(딸림)…………의(와의. 과의)
  - 잇 댐 토(맞섬)…………와. 과. (이)랑. 하고

3. 어찌씨의 보탬 도움토

(副詞的 添加補助格)

이 도움토는 어찌씨의 뜻을 가지고 토의 자리를 나타내

자기가 중이나 떡이나 사게.

그 발음은 웃음거리나 되겠다.

저것이 별이나 아닌가?

5. 잇감토（不擇格）. 무엇이나 무엇이든지 하나를 드러내는 경우를 로이
다. ......（이）든지, ─（이）라.

누구든지 오시오. 무엇이든지 좁다. 나는 경우를 따라
누구든지 병정이든지 되겠다.
당신의 것은 일이든지 장난이든지 아니다.
일사리라 가서라 지켜고 마네.

6. 달리토（特異格）. 특별히 다름을 나타내는 로이다.
......（이）라.

내야 그 일을 하겠나.
네가 그 일이야 하겠나.
그이가 정거가가 된다.
그이가 중심이야 아니다.

● 엎침토（가滿格）. 마음에 멸 한 것을 나타내는 로이
다. ......（이）나라.

그나마 있으면 좋겠다.
죽이나마 접수시오.
네가 교연이나마 되어라.
저 사람의 나의 친구이나마.

8. 닉낙함토（能能格）. 모사람을 나타내는 로이다.
......

닉낙함은 없음을 나타내는 로이다.

는 것인데, 아줌 가지가 있다.. 그렇게 임자토의 무릎법과 안
가지토와 견드림토는 제 하나만도 못과 자리를 다 나타내며, 그 밖
에는 모든 임자씨의 토에, 붙어서 어찌씨의 뜻한 나타낸다.

1. 또한토（亦如格）. 다른 것과 한가지임을 나타내는 로이
다. ......도.

나도 간다. 네가 짖도 먹나?
돌이 옳음도 된다. 그 것이 돌도 아니다.

2. 좇음토（推添格）. 그 것에 한정함을 나타내는 로이
다. ......만.

개만 있는냐. 학생이 둘만 있나?
올창이가 개구리만 된다.
최가 그 것만 아니다.

3. 가리킴토（指定格）. 특별히 집어 내어서 받는 로이
다. ......는(올소리 밑), ─은(닿소리 밑), ─（으）ㄹ중.

배는 무르다. 자네가 있은 하는가?
내가 학생은 되겠다. 씨가 학생은 아니다.
가거라.
아이가 세술곰 산다.

4. 가짐토（選擇格）. 여럿 가운데에 하나를 들어 받하는
로이다. ......（이）나.

다. ……(이)ㄴ들.

소경인들 그 길을 못 가겠습니까?

소경이 그 길인들 못 가겠습니까?

선생이 어제 도덕군자들 못 되리요?

그 놈이 習習군자인들 아니랴?

4. 셋못ㅅ强意格). 또한조와. 달리로 그 위에 己뱀는도

「丸」를 마하여 그 꼴못을 쓰게 맏드는 도이다. ……(이)라

도, —(이)라야.

아이들도 그 일은 알을 것이다.

아이가 그 일이라도 하겠다.

나는 누부라도 되겠다.

그 사람이 하는 일은 ?간이라도 비와야만 도

그 사람은 술이라야 먹는다.

4. 어찌씨의 홀로 도음도

(副詞的 單用 補助格)

이 도움도는 어찌씨의 뜻을 가지고 다만 임자ㅅ로의 두루법

과. 한가지로와 견도림도와 매충도와의 자리를 나타내는데,

그런 것이 네 가지가 있다.

1. 다.도(每每格). 하나도 빠짐이 없는 것을 나타내는 도이

다. ……마다.

밤정마다 움을 베인다.

순사가 사람마다 묻였다.

비가 날마다 온다.

2. 처음도(始初格). 맨 번처를 나타내는 도이다. ……부터

닭싯부터 앉으시오.

학생은 제무터 산다.

바람이 어제부터 분다.

3. 미침도(劑及格). 미치이 마임을 나타내는 도이다. ……까

지—조차, —서껸.

나까지 밥을 먹어요?

써가 밭까지 먹이, 요?

그 사람이 어디까지 갔나가?

니조차 나를 미워하나?

써가 나조차 미워하나?

도령이 서울조차 구경을 못하었습니까?

나서면 그 모임에 들넜습니까?

써가 그 모임서껸 말들 씨었느냐?

저부라는 그림 사람서껸 밤을 순다.

4. 마지믹도(最後格). 맨 끝을 나타내는 도이다. ……마서

끝마다 수레를 수레부터 있다.

저 선비도 김마서 떨이 있다.

그 친구는 아들마서 공부를 못 시키었다.

(56)

토의 모여 쓰이는 보기들 (본보기 하나씩만 씀)

어찌씨의보탬도움토 (9가지) / (15가지) 임자씨의밑자리토	또한토 도	홀로토 만	가리킴토 는, 은, (으)랑	가림토 (이)나	안가림토 (이)든지 (이)라	달리토 (이)야	덜참토 (이)나마	넉넉함토 (이)ㄴ들	센뜻토 (이)라고 (이)이라야
임자토 — 남높임법 께서, 께옵서	께서도	께서만	께서는	께서나	께서든지	께서야	께서나마	께서라도 께선들	께서라도
임자토 — 저높임법 서	서도	서만	서는	서나	서든지	서야	서나마	선들	서라도
겹줌토 와, 과	와도	와만	와는	와나	와든지	와야	와나마	완들	와라도
틀림토 보다	보다도		보다는	보다나	보다든지	보다야	보다나마	보단들	보다라도
쯤토 만큼, 만치, 만	만큼도	만큼만	만큼은	만큼이나	만큼이든지	만큼이야	만큼이나마	만큼인들	만큼이라도
비슷함토 처럼	처럼도	처럼만	처럼은	처럼이나	처럼이든지	처럼이야	처럼이나마	처럼인들	처럼이라도
만남토 에, 에서, 게, 에게, 더러, 한테	에도	에만	에는	에나	에든지	에야	에나마	엔들	에라도
떠남토 에서, (서), 에게서, 한테서	에서도	에서만	에서는	에서나	에서든지	에서야	에서나마	에선들	에서라도
매임토 (으)로, 에게로, 한테로, 께로	(으)로도	(으)로만	(으)로는	(으)로나	(으)로든지	(으)로야	(으)로나마	(으)론들	(으)로라도
부림토 (으)로	(으)로도	(으)로만	(으)로는	(으)로나	(으)로든지	(으)로야	(으)로나마	(으)론들	(으)로라도
자리토 (으)로서	(으)로서도	(으)로서만	(으)로서는	(으)로서나	(으)로서든지	(으)로서야	(으)로서나마	(으)로선들	(으)로서라도
따루토 대로	대로도	대로만	대로는	대로나	대로든지	대로야	대로나마	대론들	대로라도
함께토 끼리	끼리도	끼리만	끼리는	끼리나	끼리든지	끼리야	끼리나마	끼린들	끼리라도
막바지토 껏	껏도	껏만	껏은	껏이나	껏이든지	껏이야	껏이나마	껏인들	껏이라도
밖토 밖에	밖에도	밖에만	밖에는	밖에나	밖에든지	밖에야	밖에나마	밖엔들	밖에라도
남의말토 고	고도	고만	고는	고나	고든지	고야	고나마	곤들	고라도

(57)

쓰인다. 이 밑가지와 토를 죽 섞어 벌려 적정하여 아래에
이름씨의 밑가지의 보보기를 얼마 들어 보인다.

정(行爲)=선생질, 답을, 웁을, 웹잡질.
즘(程度)=한 답을, 십 리를, 세 근을.
짜리(價格)=십 원짜리, 닷냥 짜리.
씨(圖)=화무씨, 두 사람씨, 세 얼씨.
들(數數)=학생들, 농부들, 아이들.
따위(類)=나머위, 이 사람따위, 저 쳬따위.
님(尊稱)=아버님, 형님, 선생님.
네(自稱)=당신네, 댁네, 아낙네, 이로신네.
비(自饌)=...

불완전한 어제씨(不完全助動詞)

불완전한 어제씨로 붙여서는 제 홀로 쓰이지 못하고
매인 이름씨의 토와 함께 쓰인다. 아래에 보보기로 얼마 들
어 보인다.

하여금(使)=사람으로 하여금.
더블어(與)=너로 더블어.
써(以)=붓으로 써.

함께(共)=가 비와 함께, 너와 함께.
달로(別)=댕신이야 달로, 새우 달로.
부러(自)=집에서 부러, 서울로 부러.
커낭(反)=사람은 커냥 짐승도 없다.
씨름(反)=떡은 새로 씨름 받도 못 버렸다.

어제씨의 도움토가 모여 쓰는 보기들

어제씨의 보행도움토 (9)	도움토로	풀체로	풀체로	다	도	처음로	나중로	비들도
또	도	만	(야)나마	마	다도	까지	까지도	까지, 서정
한	로	만	나마	마다도	나데도		까지도	까지도
가 더 함 로	도	만	을		부터랑			까지야
는, 은, (으) ㄹ랑	로	만	을	마다는		부터는		까지는
가, 더 함 로	도나	만이나	마다나	부터나		까지나		
(이)	도야	만이야	마다야		부터야			까지야
안 가 함 로 (이)―트지, (이) 타	도	만	마다야		부터			까지야
당 로 (이)	마	만	마다아		부터아			까지아
열 (이)	만	다	마나마 부터마		부터마			까지마
너 남 함 로 (이)	도	만	마나아		부터아			까진다
버 ㄴ 로 (이)	로	만	마다는		부터는			까진다
베 로	도	뭇	마나아		부터야			까지야
(이)바도, (이)바도,	나이다		마나아도		부터마다도			까지마다도까지마지

[붙 임]

1. 이름씨의 밑가지(名詞의 接尾語)

뜻이 있으면서도 제 홀로 쓰이지 못하고 다른 말 끝에
붙어서 쓰이는 것이 밑가지다. 토는 밑가지 뒤에 붙어서

조선 말의 사투리

1. 서 언 (序言)

국어 교육이 발달한 나라에도 사투리가 없지 아니하다. 혹은 지리적(地理的) 환경을 따라, 혹은 정치 外 의 변동을 좇아, 혹은 이웃 문화의 접촉으로 말미암아 방 언의 발생과 존재는 자연의 리(理)이어니와, 또 사람 으로서의 개성 발달의 특징이 아니라 할 수 없다.

조선은 그리 크지 아니한 지역으로서, 방언이 상당히 다 르고, 또 많은 셈이다. 가령 두 다른 방언 지방 사람이 처음 만난 다면, 서로 넉넉지 못한 두 나라 방언 사람의 처음 만난 것과 같이 방언 지방 사람의 통정(通情)이 잘 못될 것은 뻔한 여러 가지 원인이 있기 때문이다.

산국(山國)의 조선이다, 교통 불편도 그 한 원인이오, 이 웃의 정치상이나 문화상으로 북(北)으로 녀진(女 眞), 노서아, 남으로 일본 眞=만주(滿洲), 몽고(蒙古), 중국(中國), 또 국내 이민 관계로도 (日本)의 영향을 받은 것이라든가, 고려 이조(李朝) 세종(世宗) 때에 윤 관(尹瓘)의, 이조(李朝) 세종(世宗) 때에 김 종서(金宗瑞)의 북정(北征)으로 녀진 죽음 함경도에서 한 반주로 몰리게되고, 중남(中南) 조선인, 특히 경상남도 사람들을

을 그 땅에 이민시키어 비결 영향을 준 것이라든가, 이런 것들이 모두 그 셈인이 되는 것이다. 그러나 시간적으로 방 언은 고음어(古音語)를 비교한 바, 대체로 시간적으로 변천 하여 생긴 것이 많다.

2. 방언 분포 구역

사투리를 류별(類別)하여 ㅎ 몇 복잡할 뿐 아니라, 오 및 동인 상세한 조사를 하지 않고는 불가능한 일이다. 그러므로 조선 방언을 소며 방언(五大方言)으로 대별(大別) 하여 말하건 한다.

(1) 관서(關西)   방언 ─ 옛이도 사루리 ─고구려   방언
(2) 호남(湖南)   방언 ─ 전라도 사루리 ─ 배제   방언
(3) 영남(嶺南)   방언 ─ 경상도 사루리 ─ 신라   방언
(4) 관북(關北)   방언 ─ 함경도 사루리 ─ 옥저(沃沮)방언
(5) 중부(中部)   방언 ─ 경기도 사루리 ─ 중성(中成)(退成)방언

이 다섯 가지 사루리의 지리 역사적(地理 歷史的) 관계를 말하자면, 관서 방언은 고구려 고지(故地)를 중심하였으니, 평안 남북도와 함께도 일부에 방언은 베에 셋 땅을 중심하였으니, 청라 남도에 보급되어 있 고, 영남 방언은 신라(新羅) 고지를 중심하였으니, 경상남 북도와 강원도 일부와 주문진(注文津) 이남, 청라 남도 에 인 일대에 방언이 보급되었고, 관북 방언은 옥저(沃沮) 고지로서

여진족(女眞族) 우거지(寓居地)이었고 그 후에 중남(中南)
조선의 식민이었던 함경 남북도에, 중부 방언은 경기를
중심하여 있었고, 신라 써 나라의 교과지(交過地)요, 또 고려조
와 이조의 서울의 소재지(所在地)로서 천 년 동안 정치의
중심지였던 경기도와 그 인접지(隣接地)인 충청 북도, 황해도
일부 (황해 黃海) 이북과 황해도 일부에도 황해와 함께도

3. 각 방언의 특색

어느 곳의 사투리나 다 여러 가지 특색이 있다. 죽은 이
위(漁能)가 나르고 죽은 어법(語法)이 나르며, 죽은 음운(音
韻)이 나르고, 죽은 어조(語調)가 나르다.
그러나 그 중에서도 방언 구별은 어조(語調)로써 결정되
는 것이다. 음운이나 어법이나 어휘는, 한 방언 안에서도 서
로 나르고, 또 다른 방언에서도 서로 같은 것은 많다.

1. 어조(語調). 조선 말해인 산악(山嶽) 왕아 어
조의 동 해에 산악(山嶽)보다 크게 나들 수 있다.
왜아 어조는 고저(高低)보다, 죽은 음색으로, 장단(長短)을 중히 여겨 머며 부
드럽고 고운 것이다. 그 각 사투리의 죽은 음색을 들면, 경기도, 평안도 사투리 어조
들이 여기에 속한다. 그 각 사투리의 죽은 음색을 들면, 경기도, 전라도 어조
는 '정서(情緒)의 미감(美感)이 있고, 경기도 어조는 사교(社
交)의 미감이 있고, 평안도 어조는 '활발(活潑)의 미감'의
다.

산악 어조는 장단보다 고저(高低)를 중히 여기는 것으로
억세고 똑똑한 것은 독색이다. 함경도와 경상도 사투리들이
여기에 속하는데, 각 도 사투리의 독색을, 함경도 어조
는 강인(剛靭)의 미감이 있고, 경상도 어조는 순진(純眞)과
미감이 있다.

2. 음운(音韻). 지방에 따라 말의 소리가 다르니 다음은 북
청하녀. 그러므로 중요한 몇 소리의 역사의 변천만을 방언
의 실비(實例)로서 말하려 한다.

모음(母音) 「·」 음가(音價)에 대한 여러 학설이 있으나,
그것을 여기에 소개함은 필요는 없고, 다만 고서(古書)에 씨
었던 그 소리가 여러 가지 음으로 변하는 가운데, ㅏ 와
ㅗ 음으로 변한 것만 말하려 한다. 대체로 전라 남도와 북부에
전라 북도 일부와 경상 남도 밖의 여러 지방에서는 ㅏ음
으로 변하였고, 그 밖의 여러 지방에서는 ㅗ을 음
으로 변하였다. 예를 들면

전자(前者)	후자(後者)
ᄆᆞᆯ(馬)	몰
ᄑᆞ리(蠅)	포리
ᄇᆞᆯ(蹄)	벌

자음(子音) 「ㅅ」 음가(喉音)는 영어의 乙와 비슷한 것인
데, 이제 「ㅇ」 음가「喉音」을 아주 흔이 자음 사리에 있
는 소리요 또 「ㅅ」 와 「ㅈ」의 두 소리로 변하였다.

바께로 보아서 중부(中部)와 관서 지방에서는 ㅇ으로 변
하엿고, 호남과 영남과 관북 지방에서는 ㅅ으로 변하엿다.
별음 들면, 가을, 겨을(秋)을 가슴, 겨슴(秋)을 거슬 구유(槽)를
구수, 가위(剪刀)를 가새 따위다.

자음 「ㅂ」ㅣ 음가는 독어(獨語)의 W 음과 비슷한 것으로,
이제 「우」와 「ㅂ」이으로 변하엿는데, 마케로 영남과 관북 지
방에서는 「ㅂ」으로, 그 밖의 지방에서는 「우」로 변하엿다.
예를 들면,

덥다,—더버서—더운 ;   덥다,   더워,   더운;
곱다,—고와서—고운 ;   곱다,   고와,   고운;
맵다,—매워서—매운 ;   맵다,   매워,   매운;

따뭐 줄ㅁ과 더뭐 줄이 지방에서 단드음화 (單脣音
化)하엿고, 그 밖의 지방에서는 구거음화 (口蓋音化)하엿다.

서ㅏ자(鋏子)   관서   서ㅏ방   기다 지방
연거ㅁ장(修軍場)   덩거ㅁ   젓거ㅁ
러ㅣ디(天地)   런ㅣ디   런ㅣ
힐로(鐵路)   힐로   헐로

3. 어법(語法) 이것도 각 지방에서 독특하게 쓰이는 토
많이 있으나, 이제 및 가지식 예를 들고저 한다.

(1) 관서 방언

ㄱ) 청양(請望)과 願望(원망)의 예를 들면 동사(動

詞) 밑에 쓰는 존경 종결(尊敬 終結) 로.

[ㄷ구요.]하시ㄷ구요(露), 경우시ㄷ구요(食), ㅇ시ㄷ구요(米), 동사 밑에 쓰이는 존경
의문(尊敬 疑問)로.

ㄴ) 명사(名詞), 형용사(形容詞)

[나요.ㅣ 사람이나요.? 회나요.?
검으나요.?(黑) 어나요.?

ㄷ) 명(名), 형(形), 동(動)사의 감, 종사 밑에 쓰이는 것
교(주석) 혹은 아랫 사람에게 쓰는 의문 로.

[습ㅁ니.ㅣ 모음 아래에는[ㅁㅂ니.]

[동사ㅣ 현재   과거   미래
먹습ㅁ니,   먹엇습ㅁ니,   먹겟습ㅁ니,
감ㅁ니(去),   갓습ㅁ니,   가겟습ㅁ니,
먹습ㅁ니,   먹엇습ㅁ니,   먹겟습ㅁ니,

[형용사ㅣ 놉습ㅁ니(高) 놋습ㅁ니(好) 함ㅁ니(寒)
[명사ㅣ 사람(人)임ㅁ니, 솜ㅁ니(牛), 조힘ㅁ니(新)

ㄹ) 과거 완료(過去 完了)를 나타내는 「잇잇」은 「잇엇으
로 씀.

來잇소(去), 먹엇잇소(食), 주섯잇소(給)

ㅁ) 주격(主格) 로 「가」를 「패」 혹은 「리」로 씀.
내패(내가), 넘에래(당신이), 깨ㅡ리(그 아이가)

(2) 호남 방언(湖南 方言) (전라도, 충청 남도)

ㄱ) 명사, 형용사, 동사의 각 종사 밑에 존칭(尊稱)으
로 문답어(問答語)에 응용하는 토 「ㅡ는가다오.」. (ㄴ)게다.

쓰는 토, 「꼬마」(구마, 구마).

하꼬마(하〔爲〕 할 제), 잤소꼬마〔끄러거니〕, 하겠소꼬마〔미 래〕, 쇠우꼬마(白), 검소꼬마(黑), 개우꼬마(犬), 사람이우꼬마(人).

ㄴ) 동, 형, 동사의 각 동사 밑에 존칭을 응용하는 존칭 토.
하습니더(미 래), 회제(白), 검습니더(黑), 잼 비(犬), 사람임비(人).
ㄷ) 동사 밑에 존칭으로 쓰는 존칭 토, 「습니더(미래).

람용(爲)〔할 제〕, 잤습듬〔끄러거〕, 하겠습비(미래).
ㄹ) 명, 동사의 각 동사 밑에 존칭으로 쓰는 토, 「ㅂ지비」.
비(爲)〔하〔끄러거니〕, 하겠술제비〔미래〕, 희우술제 비(白), 검으술제비(黑), 개우술제비(犬), 사람이울제비(人).
ㅁ) 목적격(目的格)을 「율」, 「를」을 「으」 혹은 「우」, 「르」 또는 「루」로 씀.

밥으 참수으오, 숙으 이는 입는다(着衣), 술우 먹는다(飮酒).

(5) 중부 방언(서울말)

ㄱ) 명, 형, 동사의 각 동사 밑에 쓰는, 낮은 사람이
은 사람에게 대답하는 토, 「사와요」, 「와요」.
그겄사와요, 먹겄사와요, 먹겄사와요, 먹사와요, 사람이와요.

와, 제사와요, 소(牛)이와요, 사람이와요.
ㄴ) 까담을 표시하는 토, 「ㅣ건두루」.

오, 」 「든그더라오」, 「든거더오」, 「든게더라오」」
하(爲)든게더라오〔할 제〕, 잤든게더라오〔끄러거〕, 하겠는게더라오〔미래〕, 사람인게더라오.
운소게더라오, 적소게더라오, 준희〔紙〕게더라오, 사람인게더라오 토.

ㄴ) 동사의 과거와 미래의 문답에 응용하는 존칭 토.
「서더요」
잤서더라오〔과거니〕, 하겠서더오〔미래〕.

ㄷ) 명, 형, 동사의 각 동사의 문답에 응용되는 존칭
토, 「게더라오」.

잤게더라오〔과거니〕, 하겠게더라오〔할 제〕, 희저더라오〔미래〕, 검게더라오〔黑〕, 사람이더라오(人).

(3) 영남 방언

ㄱ) 동, 형, 동사의 각 동사 밑에 존칭으로 쓰는
토, 「든기오」, 「느니」, (시기오, 등가)
하는기오〔할 제〕, 잤는기오〔끄러거〕, 하겠는기오〔미래〕, 흰기오,
검는기오〔할 제〕, 검기오(黑), 사람인기오(人), 게기오(犬).

ㄴ) 과거 실현 연접(連接)시키는 말, 「든데」로 끝으로 아뎌
조동사, 「하」를 합략하기오기오, 덥을 약하하기라
말, 합략한기오기오, 「와」나 「라」를 「라」오로 쓰는 것.
적수(接受)도 「와」나 「라」를 「라」오로 쓰는 것.
조란 딸앙〔소〔초〕 밀따〕, 나낭 니랑이나와 니와.

ㄷ) 까담을 표시하는 토.

(4) 호남 방언

ㄱ) 명, 형, 동사의 각 동사 밑에 존칭으로 대답하는 미

(6) 여수(狐)를 여희, 여수, 여시, 아시, 아수, 예수, 예수, 옛기, 얏광이, 얏겡이, 옂겡이, 엳겡이, 엳기, 엳수,

5, 결 론 (結論)

조선 말의 방언 상태는 위에 말한 바와 같이 문란하다. 그러나 우리는 그 방언이 딴음을 근심할 바가 아니오, 다만 표준어와 표준 철자(標準綴字)가 서지 아니한 것을 더청할 뿐이다.

조선 말은 저어도 독특한 제 글자로 적어 온 지가 이미 반천 년이 되었으니, 문헌(文獻)도 저치 아니쌓러나거니와, 또 이천 여만 인의 한 끝이 쓰고 있으니, 그 언어의 연 구 게로는 산 결이 쌓여 있다. 그러나 과학자의 개척(開拓) 의 힘이 아직 넉넉히 미처지 못한 것을 한탄하는 바이다.

표준어를 쓰어는 과학적 방법은 여러 방언 중에서 가장 세력 있는 하나를 가리어서 표준을 삼고, 부족한 점 과 잘못된 문헌이나 다른 방언으로써 보충하며, 결정 (旣正)하는 것이다.

그래서 우리도 이제 표준 조선어를 쓰어든 때는 서울 말을 표준으로 삼고 다른 지방의 방언과 또 녯 문헌으로써 보사람을 채우고, 잘못됨을 바로잡아서 국어(國語)의 과학적 기초를 쓰어는 것이 마땅한 일이다. 표준어와 표준 철자의 성립은 비춤내 표준 사전(辭典)이 완성되어야 할 것이다.

가〈솟〉너긴두루, 머으니깐두루.

4. 어 휘 (語彙)

이것은 대수 다른 점이 많으니, 그 까닭은 무엇보다도, 첫째, 동일한 어원(語源)을 가진 음운(音韻)의 변천을 따라 형형색색으로 달라졌으며, 죽은 말은 받을 가지고 아 주 안 뜻으로 쓰며, 죽은 말은 사문(邪物)에 딴 어씬의 받을 쓰기도 한다. 그 문헌(漢嶽)한 정도는 방언 구역 (區域)을 검난다 받을 수가 없으므로, 이제 몇 마디 받을 예 로 들어서 대게 조사된 바로 자 방언을 나열하여 참고(參 攷)코게 할 일이다.

(1) 할아버지(祖父)를 할아바지, 할아부지, 할아베, 할이베, 할아반, 할베, 할부지, 할베씨, 할밤, 할벵이, 한으방, 한 아씨, 은아바니, 아바이.

(2) 쇠(金)를 쇠, 쇄, 쎄, 새, 씨, 쎄, 시, 씨, 쉬, 쎄바닥, 쇠까닥.

(3) 기(旗)를 기, 지, 쳉이, 쳉이, 궤느제.

(4) 참의(甛瓜)를 춤위, 참외, 참웨, 참으, 참에, 참이.

(5) 잠자리(蜻蛉)를 잠자리, 자마리, 젠자리, 붐잔사리, 남 자리, 남아리, 살기, 쳉기, 쳉겡이, 쳉이, 쪼리, 쳉 내벵이, 쳉겡이, 쳉겡이, 소곰쟁이, 까렝이, 깨렝이, 밤벼리.

언어의 기원설

언어의 기원 문제는 언어 철학(言語哲學)의 한 특수한 문제다. 실제 언어의 실상(現象)과 별 쳐에 관한 말하는 것이 아니라, 다만 말이 어떻게 만들어졌을까 하는 것을 풀을어서 말하는 것이므로, 형이상학적(形而上學的) 일안(詭案)에 딸린 것이다. 그럼므로 주요. 문제가 말 안에 있는 것이 아니라, 말에 앞서 있는 것이다. 이 말의 기원 문제는 옛날에 그리샤 철학자들이 연구하였었고, 뒤에 와서 이 수교 성경(聖經)에는 아무 증명도 없이 없이 초자연적 (超自然的) 기원을 말하였다.

19 세기에 와서 어원학자(語源學者)들이 가가지 말의 이 두어침을 연구함으로써 말 비암아 억사 없는 배(無史期)의 억 시 말들이 속 서로 관련이 있음을 말하고, 그리고 언어 철학이 언어의 기원을 해결하려고 를 없다. 말은 자연 의 발성과 딸답이나가, 혹은 인쉬(人爲)로 규정하고, 딸답한 것 인가? 이 두 극단이 오늘날까지 논쟁(論爭)이 되어 있다. 말은 인쉬적 규정으로서 이루어졌다고도 생각할 수 있나, 그 것은 온 세계의 (體系的)으로 공통한 기호 (記 號)로 될 수 있고, 그 방법으로 규정이되고도 생 각할 수 있나나, 그 것은 온 말의 기원하고, 이상 아못한 것

이 나를 향조(嚮造)가 가이롭고 이상 아못한 것과 딸한 것은 까담이다. 그럼면 이 말의 자연 발생도 두 길이 있다고 보겠다.

첫째는 외계(外界)에서 받은 모방으로 생기었고,
둘째는 자연적 사람의 느끼어진 소리에서 철로 나온 소 리가 과반적 관찰(客觀的觀察)과 떨어진 것이다.

그래서 네 가지의 가설(假說)이 생기게 된다. 이 것은

1. 사람이 받을 있다는 썰
2. 신이 받을 있다는 썰
3. 객관적이라는 썰
4. 주관적이라는 썰

이라고 할 것이다. 딸리 말하면,

1. 받방함있다는 썰
2. 가서(命說)이다는 썰
3. 모방함있으리라는 썰
4. 자연의 소리에서라는 썰

이라고 할 것이다.

이 네 가지 학설이 가끔 시비적 문제가 되고, 혼하게 호롬이 되어서 섭립이서 혼롭다. 그리고 또 이 네 가지의 종합설(綜合說)이 없지도 아니하나. 또 이 기원설에 마하 여 따로 문제가 서 사람에게 딸어진다. 곧 사람에게 없지

개념의 발달을 따라, 그 것을 나타내는 말도 새로 지어 써 야
지 아니하면 아니 할 것은 자연한 일이다. 이제 새 말이
생기는 것을 살펴 본다면 서너 가지 길이 있다.

첫째는 항간에서 어디서 누구라 지정 지어 냈는지도 모르게 한 새
로운 개념을 잡아 가지고 어감(語感)에 맞도록 다른 말의
토막을 한데다가 써 말을 지어 쓰는 것이오,

둘째는 학자들이 학술적으로 독특한 새 개념을 발견할 때
에 거기에 맞은 새 말을 의식적(意識的)으로 짓는 것이오,

셋째는 문화의 수용을 따라 서로 외래어(外來語)가
세인다. 그래서 문화의 향상 발달(向上發達)을 따라 말도 복
잡하게 되어 번지는 것이다.

이성(理性)이 서로 떨어질 수가 없다면, 세 가지 문제가 생
긴다.

이성이 말에 앞서 있는가?

이성과 말이 앞서 있는가?

이성과 말이 한 때에 있는가?

여기에 이성이란 것은 사람의 정신적 발달이 생각 집중
과 다르다는 것을 못한 것이다. 그러나 사람과 집중과의 사
이의 차는 말이 있고 없고 하는 데 비해 집중
세계에도 그 사이에 서로 없는 정도나 차이(差異)가 있는
일이 보급되어 있다. 다만 문제는, 사람은 자기의 지각(知
覺) 정도가 얼맞게 맞는 동작을 받으로써 복잡하고
무상(無常形)한 생각 내용의 기호를 삼고 있는 것 뿐이다.
말은 사람의 표현 동작 전체 중의 하나이다. 본디 언어
사는 소리 그 자체(自體)가 아니라, 소리 내는 틀의 짓이
나, 혼 감각(感覺)의 한 가지인 동작을 그림므로 말을 따만 동
작)의 동작에 지나지 않는다 하여도 틀상일 뿐이일다. 그리고 차
작(動作論)에 따르오는 결과요, 혈상일 생양을 립에서 소리
로 나타낼 것이나, 그리 하는 가운데에 동부러기와 음성
과 도움되는 동작은 필요 없게 되었다.

이에 말한 바와 같이 말의 기원만은 원시적으로 단순하
게 되었을 것이다. 그러나 사람은 모든 원시적으로 마련

언어의 형태적 분류

言語의 形態的 分類

이 세계의 말을 그 짜임새로 보아서 틀 그 말본(語法)의 관계를 보아서 가르는 것을 형태적 분류라고 말한다.

이에 형태로 보아, 첨가어(添加語), 고립어(孤立語), 굴절어(屈折語), 포합어(抱合語), 집합어(揖合語) 의 다섯 가지로 가르는다.

1. 첨가어(添加語). 이에 딸린 말들은 중심 개념(中心概念)을 내는 말에 매리가지나 꼬리가지 따위가 들어 보조 개념(補助概念)을 붙이어 말뜻을 더하고 또 그 개념 상의 관계를 붙이어 조선말도 이에 든다. 조선말은 쉽가어의 대표로 보기를 다음과 같이 들수가 있다.

"쥐가 고양이에게 잡아 먹히엇습니다.

선생님들도 해로도 가시었다.

배를 타고 돌이를로 하나 돌이 울렁거리는구나!

꽃을 심어 꽃밭을 꾸미엇도 것이다. 막위
이 쉽가어에 딸린 말들은 수랄·알타이 겨레(語族)와 드라비드말과 돌리베시아 말들이 그것이다. 이 비도말과 똘리베시아 말은 수랄·알타이 겨레(語族)에 든다.

딸겨레(語族)에 딸린 것으로 중에는 사로이말 외도·우그리아말이 있고, 알타이의 말 중에는 뭉골로(蒙古)말 몽우드리아말과 떨킨 말이며 터키(土耳其)말 몽

고말, 퉁구즈말이 있는데, 이 퉁구즈 받침해 중의 조선 말, 만주말, 일본말이 딸리었다고 한다. 그러나 일본받과 조선 말은 수랄·알타이 받을 것인가, 혹은 아닌가가 문제되어 있으며, 또 여기에 붙이는 한사 중에도 이것을 일반이 말에 붙일 것인가, 또는 수랄·알타이 받과 따로 된 것인가가 일체되지 아니하는 바이다.

2. 고립어(孤立語) 이것은 단철어(單綴語)라고도 하는데, 음철(音節)마다 뜻을 가진 말로, 말의 형상(形狀)에 말뜻의 관계를 보이는 변화가 있어 아니하고 문장·조직(文章組織)에서 자리(位置)의 관계로 써 무슨 종류의 씨(品詞)인지 구별되게 된다. 보기를 들면, 漢語에 "쏠" 이란 말은 "좋다", "좋게", "좋은" 이 되는데, 이것이 그 자리에 말딸되는 것이 아니라, 그 꼬의 관계에 말에 따라서 말딸되어 쓰는 것이 없으나, 아무도 열어 써(助詞)를 써서 쓰는 것이 아니라있있다. 이 꼬립어(孤立語)에 딸린 말들은 거의 전부가 성조어(聲調語)란 성질을 가지고 있다. 漢語의 중주받에서 실비(賞例)를 들면 녹것(北京) 관좌(官話)에, 사성(四聲)의 구별이 있어, 아주 많은 같은 음(音)의 말을 높고 낮고 싱고 쓰고 짧고 짧아이는 서로 구별하기 된다. 이 음률적(音律的)의 관계로 많이는 중주말은 십암(西南)에 이것다. 이 딸리에 딸린 중국말 중에는 멀된도(緬甸)말, 섬라(暹羅)말, 백묘(白苗)말들이 있다.

—(76)—

3. 굴절어(屈折語). 이것은 개념을 나타내는 성분과 말본의 관계를 나타내는 성분이 아주 쉬이어 결합되어 버리었거나, 혹은 그 두 성분이 아주 말겹(密接)하게 결합(結合)하여 있는 말이다. 이 말겹어리에 딸린 말들은 그 꼴을 바꾸든지 혹은 씨뿌리(語根)에 가지(接辭)가 붙든지 하는 것이다. 씨끝(語尾)의 '형상(形狀)'에 나타난 굴절(曲折)은 외적굴절(外的曲折)이라 하고, 입겨레(語調音)의 속에 나타난 굴절(曲折)을 내적굴절(內的曲折)이라 한다. 보기를 들면, 영어의 '아이'는 '나'의 뜻이요. '미'는 '나에게, 나를', 의 뜻이요, '마인'은 '나의 것'의 뜻이요. '이스'는 '이다'의 뜻이요, '워스'는 '있었다'의 뜻이요. 도와쥐여 '예쎈'의 '예쎈'은 '에센'의 뜻이요, '아스'는 '르타게' 이 '드루'는 '드루고' 의 뜻이다. 도와쥐움이 '이히 가베' 는 '내가 간다'의 뜻이요, '두게스트'는 '너가 간다', '에르 게트' 의 뜻이요, '두게스트'는 '너가 간다', '에르 게트' 의 뜻이다. 이것은 모두 외적굴절(外的曲折)이다. 이 굴절은 모두 외적굴절(外的曲折)의 굴절이다. 이 굴절에 딸린 것은 첫째로 인도, 유럽 말겨레이요, 둘째로만 말들의 보기를 들면, 인도 말들이요, 도와쥐여 말, 곧 얼바니아 말, 이탈리아 말, 페르샤(波斯)말, 얼머니아 말, 영어, 도와쥐 말, 그리샤(希臘) 말, 라틴 말, 도 와쥐여 말, 얼바니아 말, 이탈리아 말, 로아쥐 말, 여러 말들이다.

—(77)—

말, 들이요, 둘째 것이는 셈겨레(閃米系) 말, 일부러 말, 히브리 말, 아디오피아말, 들들이다.

4. 포합어(抱合語). 이것은 멕시코(墨西哥)말이나 바스크 말들과 같이 한 문장(文章) 가온데의 중심어 가온데에 숨기어 관계의 여러 가지 성분을 포함(包含)시키는 성질의 말을 이름이다. 보기를 들면, 멕시코 말에 '카'는 '먹다'의 뜻을 가진 말인데, '나 ㄹ 카'라 하면, '내가 고기를 먹는다'의 뜻이 되며, '나 ㄹ 카' 란 '숨겨서 먹다' 란 '숨겨서 먹다'의 뜻이 된다. 그런데 '나 ㄹ 가'라 하면, '내가 고기를 먹는다'의 뜻이 되며, 부쳐서(附着的) 숨은 관계를 가진 것이며, 부쳐서(附着的)의 숨은 굴절(曲折)이라 할 만한 것이다. 그런데 이때에 '나 ㄹ 카, ㄴ 나 카 ㄱ 와 같은 것은 아니고, 한 문장의 미가저지가 같은 숨을여러고 볼 것은 아니고, 한 문장의 미가저지가 같은 숨을여러고 볼 것은 아니므로, 한 날말로 가까운 씹을 가진 것이다. 그러나 한 문장에 한 말로 나타난다고 볼 만한 판계는 또한 아니다. 다만 한 숨을여러움을 나타난다고 볼 만한 판계는 또한 아니다. 다만 한 숨을여로서 가온데의 문장의 어떠한 성분이 포함(包含)되었다는 정도에 지나지 아니하는 것이다.

5. 혼합어(綜合語). 이것은 포합어(抱合語)의 성질이 한층 더 복잡하게 된 것으로서, 맣은 성분이 서로 뭉치어 한 덩어리의 숨을여를 이루며, 다시 나아가서는 한 문장으로 이룸과 같은 숨을여를 가진 말을 이룸이다. 그러나 그 결합(結合)되는 성분을 가진 거의 물가능하게 되는 것이다. 말리 감은 성분을 가진 거의 물가능하게 되는 것이다. 말리 감은

94 | 이극로 전집—남한 편_영인

"짓"말(態語)에 대하여

말의 기원설(起源說)로 보나마 쓰는 말의 표시(表示)는 소리 그것이 아니라, 소리 내는 를(態勢)를 것이라고 하였다. 즉 짓말(態語)에서 소리말(音語)로 되어 변한 것이라고 한 것이다.

이 짓말은 곧 원시말(原始語) 인데, 이것도 초군임과 같이 이 말을 받았다. 야만주(野蠻族)에게는 것말이 널리 퍼져 있다. 그것은 소리말보다 뜻을 서로 통하게 못하는 것을, 이것으로써 능합 수 있는 까닭이다.

우선히 아메리카 홍인종(紅人種)에게 것말이 널리 퍼져 있다. 그들은 이미 오랜 세월을 무고 대대로 만듦이 정하여 오는 일정한 약속적(約束的) 신호(信號)로 되어 있다. 그런데, 문명족(文明族)으로 발하면 이제도 이탈리아 사람과 프랑스 남방 사람은 도하릴한도 사람이나, 영국 사람보다도 여러 가지 표정을 것말로써 많이 나타낸다. 사람의 귀로 생각을 남에게 알리는 데는 말과 것말이 있는데, 것은 귀로 것하고, 것말은 눈으로 보아서 아는 것으로는 종사에 충분과 얼마로 한 빛 지나가면 다시 못 만나는 것이므로는 충돌과 얼마도 이제 귀머거리와 벙어리의 사히 말과도 같다. 이 것말은 이 원시말의 교

하면 우리가 여러 남방을 보아서 한 운동을 만들어 좋은 그림 내용을 어떤 소리영으로 그냥 나타내는 셈이다. 이 성월을 국단으로 나타낸 보기는 남북 아메리카 홍인종(紅人種)의 말이라든지, 또는 에스키모말 에서 찾아 볼 수가 있다. 일코인말로 "수람포 시툭주순교체옹주"는 "그는 무릎을 꿇고서 그들을 경배(敬拜)합니다." 의 뜻이며, 에스키모말 로 "시임북시오크프로크"는 "그이는 비가 오는 가운데 밖에 있습니다." 의 뜻이며, 또 "아근옴째거가 아르드프수아르나프로크"는 "그이는 급히 저리로 가서 음을 쓰기에 노력합니다." 의 뜻이다.

아니라, 그 별차를 부분방 그린다. 그래서 노루를 별챙면 노루 꼬리를 이마에 그리고, 양(羊)은 그 수염을, 째는 그 꼬리를 손가락으로 나타낸다. 인다는 것을 손가락을 셰워 가지고 젓는 모양을 하며, 웃다는 것은 오른 팔로 제는 모양을 보이며, 검추는 것은 오른 손을 왼 쪽 젖가락에 붙는다. 정사를 인다는 것은 아무 것이나 마음 손으로는 둔 것을 받는 모양을 한다.

모의적으로 하는 것은 모방적으로 하는 것과 거의 같은 듯하다. 그 다른 점은 모방적은 사진처럼이오, 모의적은 도화(圖畫的)이다. 그래서 무엇을 전체로 비춰는 것이 아니다, 억지로 사기의 눈에 오는 그대로 비춰는 것이 모의적이다.

검은 속력을 자기의 표정 태상을 삼는 것이다.

나타낼 때에는 벌써 남겨는 지배자(交配者)의 자리에 있다는 것을 상징하였다.

상정적은 그 일반적 독성이 어느 한 한 꼴점(觀察点)을 나타 점으로 없어가는 것이다. 보기를 들면, 시간의 반향을 중간 空間(空間)에서 따가가 보는 것과 같은, 즉 아무 꼴 없는 개념(概念)으로 판험하는 것이다. 이에 내 아메리카의 종인종이라의 볘에서 귀머거리와 벙어리의 상정어(象徵語)에 두 손의 셋기 접가락을 앞으로 나..

속에 있어서 그 값어치가 매우 크다.

이 것을은 지시적(指示的)인 것과, 모방적(模倣的)인 것과, 모의적(模擬的)인 것으로 이루어진 것이며, 모방적은 다시 겹적으로 말하면, 순모방적(純模倣的)이 있다. 그리고 지시적과 모방적은 가장 기본적(基本的)으로, 일차적(一次的) 이 되고, 상정적은 형식이 조형적(造形的)과 지시적과 또 종합적(綜合的)으로 된 것이 이차적(二次的)이 된다. 위에 말한 모든 것을 좀 자세히 풀어서 아래와 같다.

지시적으로 된 것은 여대 가지 사실로 보아 가장 줄 벌 뿐 아니라, 또한 기원적(起源的)이다. 어린 아이들의 나타내는 동작 가운데, 얼리라는 목적으로 물건을 가리키는 것을 가장 먼저 하고, 또 저 존가락으로 보고서 철로 자리에 있다. 또 어떤 물건이나 바로 보고서 가리킬 자리에만 있다.

면, 손가락으로 바로 가리키는 것이 가장 정화하다. 우리가 곳(方向)을 받을 때에는 자기의 몸을 중심 삼아서 위이다, 아래다, 오른 쪽이다, 왼 쪽이다, 뒤이다 고 하는 것을 흔히 손가락으로 바로 가리킨다. 또 붉은 빛을 발하라면 붉은 것을 가리킨다.

순 모방적으로 하는 것은 어떠한 일과 물건을 그대로 나타낸다. 그래서 방으 모양을 네모꼴을 그리고, 연기는 손가락으로 구름 모양을 소리고동 말에서 위로 그리어 슨다. 어떤 물건을 그리는 것이 흔히 손에 있어서는 "두 동무"를 가리킨다. 이것이 더 나아가서 "형제자매(兄弟姉妹)"와 "부부(夫婦)"를 가리키게 되었다.

이 "형제자매"와 "부부"를 나타내는 것은 또한 흔히 집게손가락과 가운뎃손가락이나, 혹은 집게손가락과 엄지손가락으로 나타낸다. 그런데 이탈리아 나아가 가서 엄지손가락의 뜻을 마주 붙이어, 이것은 또 "임맞춘다"는 것을 보이고, 이것은 또 "여"에 "부부"를 가리킨다. 가장 센 엄지손가락과 가운뎃손가락으로 "임맞춘다"는 것을 보이고, 이것은 또 "여"에 "부부"를 가리키는 그 뜻과 작은 것을 나타내며, 한 반대됨으로 하여서, "성(性)"의 뜻을 나타낸다.

또한 이 집게손가락과 엄게손가락으로써 나타내는 것이 "숫숫교환(物物交換)"의 뜻에까지는 널리 퍼져 와서 나아간다. 그리하여 "성하게 사신다"는 것은 두 손의 집게손가락을 구부리어서 마주 건다. 그리고 아베리카 홍인종의 "첫날의 음월(蜜月)"의 보기를

"너의 어머니가 어디 계시냐?" 하는 음월을 집게손가락으로 나타낸다. 혹에도 "어머니"를 가리키는 데에는 손 집게손가락을 입 안에 넣는데, 이것은 곧 어린 아이를 못하는 것이다. 그 다음에는 오른손 집게손가락으로 상대방(相對方)을

을 가리키어서 "네"라는 뜻을 나타낸다. 그 다음에는 힘껏 손가락과 가운뎃손가락을 벌리어 가지고, 그 눈 앞에 와서 바으로 버어 벌린다. 이 것은 손바닥을 뒤쳐 가지고 가리키는 것은 하여 "없다" 하는 뜻이다. 그 다음 하여 "없다"는 뜻을 나타낸다. 이것은 상대방으로 향하여 사방을 방빙 둘러 본다. 이것은 "어디" 다는 뜻이다. 위에 말한 것을 꼬매로한 역어(譯語)로 하면,

"어머니, 너의, 보다, 없다, 어디?"가 되며, 다시 이 것을 바로 고치면, "너의 어머니가 내 눈에 보이지 아니하니 그가 어디 계시냐?"

하는 뜻으로 된다.

것발과 시늉 글자(象形 文字)와의 관계를 살피어 보면, 거기에는 값은 관계가 있음을 알 수 있다.

한 번 지나가면 알 수 없는 말, 그 것은 으로는 사람의 생각을 멀리 오래 전할 수 없고 또는 오래 전할 수 없으므로 "문자"로 되고, 시늉 글자로 있는 무슨 암호(暗號)를 만들어서 기억(記憶)을 남기게 되었다. 시늉 글자는 벌써 발로의 뜻을 나타낸다. 또한 현시적 예술 표현이 어렵더라 이루어졌다.

나고 볼 수 있다. 그러나 이 씨시 음자는 창인적(創作的)이 아니다, 자연적(自然的)이오, 공용적(共通的)인 발생 것발과 집게손가락 한 때에 생기어 나지 아니한 것은 우리가 어린 아이의 발달을 보아도 알 알

동물계의 언어 현상

(1) 동물은 다 말을 하는가? 이것은 심리학자(心理學者)와 동물학자(動物學者)들의 머리를 아프게 하는 문제의 하나이다. 동물의 소리는 심리학적으로 본다면 무엇을 나타내는 것의 한 가지이다. 특별히 근육적(筋肉的)으로 빈 입술(脣膣)과 목청(聲帶)과 입안(口腔)과 그 작용하는 근육(筋肉)과의 관계로 귀머거리와 벙어리가 시각(觀察)과 촉각(觸牙)으로 남의 발하는 뜻을 알아 빼는 것은, 나만 알 소리(語音)와 병행(遊行)하는 할 보이는 표현 동작(表現動作) 밖에 또 안으로 입인(口腔)과 혀뿌리(咽頭)의 운동이 따라오는 것을 한지서 느끼는 까닭이다. 소리 나는 동작은 홀 세 네 느낌과 하고자 함을 나타내는 것이다. 이 경에서 나타나는 소리는 남에게 무엇을 알리는 방법이 된다.

(2) 사람의 말 소리의 앞 계단(階段)은 모든 짐승의 소리 그것일 것이다. 짐승의 저서 나는 소리와 새는 소리를 살피어 본다면 여러 짐승 가운데 수룩 양서류(水陸兩棲類)에드는 개구리와 악어(鰐魚)와 거북 따위들이 있고, 특별히 조류(鳥類)와 포우류(哺乳類)는 너숙 발달된 소리가 있고, 또 허다한 벌루는 소리를 부낭(浮囊)에서 나오는 중기(空氣)로써

수 있다. 어린 아이가 넘어 달라든지, 졸음에 달라든지, 이 밖에 무엇이나 제 요구가 있을 때에는 손과 발을 써서 벌 적거나, 다리 것이나 다리 꼬개 께 것을 보인다.

그러나, 그림을 그려서 제 뜻을 보이는 때는 썩 뒤 일이다. 원시인의 ··· 본디 제 ··· 손에 지나지 아니한 것이, 처음 남이 알기 되고, 웅웅하게 암 ··· 된 것이다. 이 것이 ··· 붓 시작 ··· 글자의 발생이다. 보기를 들면 아메리카 ··· 좋은 중인 ··· 김 요를 돌 위에나 모래 위에 그리어 좋은 것이나, 고기 잡이 터(漁場)라는 것을 주의시키게 한다.

（5） 이 느끼는 소리는 때때로 여러 가지 경우에 나타
나게 된다. 청계로 주림을 느끼는 소리나, 배가 고프면 먹이
를 찾는 소리를 지른다. 이 배고픔을 자연히 먹이
（食物）를 잡으려 다니며, 무엇이 잡히는 때에 그 희생물
（犧牲物）과 서로 싸우게 된다. 이 때에 서로 지르는 소
리는 매우 격렬（激烈）하다. 이런 분노성（忿怒聲）이나 고통성
（苦痛聲）은 분노적（忿怒的）이므로, 사람의 말에도 다 거의
있다. 또래나 다음의 배우는 벗시에는 언레나 참우（遭遇）하
나가도, 심한 자극을 받거나 두려움（恐怖）을 느끼면, 갑자기
고통성（苦痛聲）을 낸다. 곤충류（昆虫類）는 원시적（原始形）
으로 내는 분노성（忿怒聲）이 꼬이기가 교미기（交尾期）에 특별히 땅이
나타난다. 이 때에 수컷들이 서로 싸움으로 내는 성욕성（性
欲）이 매우 격렬하다. 반대에 또 집승들의 성욕성 발달
쩐 이 나는 때에 사람을 나타내는 소리는 복잡하게 발달
되었는데, 그 가운데에는 모든 가조（歌調）들의 노래
하는 초리로 암컷을 부르는 소리는 꿰 발달되어 있다.

（6） 집승의 소리가 상당히 가락이 있게 되는 것은 우
리가 가축（家畜） 가운데에서도 들을 수 있다. 보기를 들면
개가 응응거리거나, 뭣는 초리리에는 꿰 복잡한 가락（調子）이
있다. 이보다도 현송이 가운데 아예리리에 있는 주원（吠猿）
같은 것은 목조（曲調）가 있게 노래한다. 그러나 음은 사람
처럼 언레나 규칙적으로도는 못 한다.

―（ 8 6 ）―

한다. 그리고 여러한 별레 소리는 날개를 흔드는 순동에
나 죽은 각질（角質）로 된 피부（皮部）를 서로 마찰하는 때
에서 나온다.

（3） 사람이나 포유류（哺乳類） 동물은 소리내를（發聲器官）
이 울대머리（喉頭）와 그것이 예수 변동이 많으므로, 여러 가지 를
을 이룬다. 그래서 복잡한 소리의 조절（調節）이 가능（可能）
하나. 그러나 가조（歌調）는 목청류（膣帶類）의 목청（膣帶）과
비슷하게 기관지（氣管枝） 두 쪽에 연결되어 붙은 음
악적（音樂的） 성질이 있는 소리를 이룰만 한 조직이 있다.
이 기관（器管）이 한 후 소리 고르는 때（調整部）로서 규격적이요
분별하는 음색（音色）을 이루고 있다. 그래서 마치 관악기（管樂
器）의 불법 형（不體形）의 조음부（調音部）와 비슷하다.

（4） 주관적 감각（主觀的感覺）의 표현（表現）은 집승도 공
통 생활（共同生活）에 요구되는 조건이다. 이 표적 처처
현동작（現動作）으로 즉 처음에 본능적 활동（本能的活動）이런 것이
로 여러 경우에 여러로 사용하는 표정 기구（表現器具）가 되
있다. 그래서 변다 나만 느끼는 소리（感覺聲）로 부르는 소
리（呼應聲）로 되는 다른 소리는 조건이 아니다. 안 부르는 소리와
되는 소리가 아무 목적이 없는 것이 아니다. 무슨 욕망（慾
望）이나 구원（救援）을 청하거나, 무슨 적（敵）이
로（哺乳類）의 방법이 되어 있다.

정을 것도 기초 공사가 튼튼하지 못하면 그 위의 건물이 위험할 것은 누구나 다 아는 일이다. 한 민족의 어문을 정리하려면 그 기초 공작이 힘든 것은 염려할 수 있는 것이다. 이 어문 정리의 기초 공작으로 첫째로 첫자별 통일안이 서야 되고 둘째는 표준어가 정하여져야 한다. 이 세 가지 가운데

七. 첫자별 통일안은 조선어 학자 십팔 인으로 조직되어 위원회에서 삼 개년 동안에 준비 회의와 개성의 일 독회와 화계사(華溪寺)의 이 독회를 지나 의와 화계사(華溪寺)의 이 독회를 지나 이 계작년 한글날에 비로소 사회에 반포되었다.

ㄴ. 우리 조선말은 아직 표준말이 서지 못하였고 서울 사투리로부터 각 지방 사투리까지가 난잡하게 쓰이므로 한 가지 사물에 대하여 여러 가지로 표시하고 있다. 이것은 언어 생활에 무한한 불편을 주어 사투리도 수년 간에 많은 재료를 모아 가지고 이 화회에서 수년 간에 많은 재료를 모아 가지고 의하기를 준비하는 뒤에, 금년 초에 발열 초의하기를 준비하는 뒤에, 금년 초에 발열 조의 온천(溫泉)에서 제일 독회를 열었고, 음천(溫泉)에서 제일 독회를 열었고, 여이 동초문(牛耳洞)에서 제이 독회를 열어 수이동(牛耳洞)에서 나서 수정하고 정리하는 중인데, 이 표준

조선 어문 정리 운동의 금후

훈민 정음 반포 제사 백 팔십 년을 맞는 올 조선 민중이 이 날을 반포 인식하고 기념식을 거행하여 오는 데 실회나, 훈 한글날 기념 제십 회 날이다. 이 날을 맞을 적의 신성의 한글날 기념 제십 회 날이다. 이 날을 맞을 적의 신성의 엄(嚴肅)을 주보(遵慕)하는 동시에, 또 우리의 앞으로 할 어문 정리 운동을 한 번 말하는 것도 이 한글날을 기념 하는 뜻이 될 것이다.

（１） 어문의 문란한 현상

（２） 어문(語文) 정리(整理)의 삼 대(三大) 기 초(基礎)공 작(工作)

이것은 무슨 원리 원칙 및 가치를 가지고 생각하여 가
면서 풀어 읽는 것이 아니라, 문자의 훈련으로도 능
통(能通)할 것이다. 그럼으로 철자 사전을 응하여 훈련을 받
은 뒤에라야 철자는 완전히 응용될 것이다. 이제는 누구나
철자 응용인을 찾는 태도만 취하면 되나니, 그 태도의 중
요을 배우지 아니하고도 아는 필요라를 된人으로 아니쓰고
않은 자모(字母)를 나타히 쓰는 몸 별서(逆體) 하는 때에
있다.

（四） 철자(綴字) 사전(辭典)

위에 말한 철자 사전을 응하여 문자의 형식 응용인 필
것이므로, 조선어 학회에서는 또한 수년 래도 철사 사전을
편찬(編纂)하고, 위에 말한 삼매 기초 공작이 끝이 나
면 정리하여 출판할 것이다. 이런 교육을 출판할 식 응용 필철자
응용에만 있는 것이 아니다. 말의 뜻을 바르게 알리는 것이 또
한 중요하게. 이 사명을 가진 것은 곧 말의 뜻을 밝히어 주해
(註解)한 대사전이다. 그럼으로 오 년 전에 조선어 사전 편
찬회를 조직하고 내 사정 편찬에도 노력하는 중인데, 이 사
전은 말의 뜻을 밝히는 것이므로, 각 방면 전문가의 지식
을 요구하게 된다. 그리하여 전문가 수십 명에게 자기 전문
에 관한 어휘(語彙) 등이 주석(註釋)을 다는 중이다.

（五） 출판체(出版體)의 필 요

이제 대서에는 응용인으로 색인되어 있다. 이것은 색인 색인 날

이 사정 위원은 서울말을 표준으로 삼는 것만큼, 서울 및 그
의 ... 위원이 전 위원 수의 반수가 되고, 그 외 각
의 반수는 각 도별로 또 인구 비례로 위원 수가 각
정비례로 되었다. 그럼데 제이 차원 위원은 ... 충
으로 되었다.

ㄷ. 외래어(外來語)를 다른 민족의 말이나 고유 명사를
우리 말 속에 섞어 쓰는 때는, 마땅히 우리 받ㄷ 갑
이 표준으로 철자법을 청하여야 될 것이다. 그러자면,
먼저 한글과 만국(萬國) 음성(音聲) 기호(記號)와의 대
조인 철자법을 만들어 가지고 ... 이 기호 하에서 각 외
래어의 철자법을 정할 것이다. 이것은 수년 전에 각 신
문사의 부탁을 받아 ... 나서 그 동안 일은 중에
있는데, 이것도 널리 ... 하면 완성될 것이다.

（３） 조선은 우리의 개념(槪念)이 분명하지 못한 점도 있고, 또
대서방은 음을 달아 쓰므로 한 단어를 만들어 쓰는 습관
이 없어 까닭이다. 한 개념을 한 단어로 만드는 한 법이므로
뒤어 ... 아니하므로 독서 ... 들이 나서 못한다. 왜 그러
냐 하면 우리가 자모(字母)냐, 마쳐 한문글자를 한 낱이 아
를 한 번에 보아서 그 뜻을 잡아, 내 뜻 자모문(字母文)
의 철자도 그리하여야 된다

中國
중국은 뜻 글자에서 소리 글자로

세계 위대한 구 문화(舊文化)의 하나인 반도 낸 중국 문화(文化)의 기초는 뜻글자(表意文字), 곧 한자(漢字)이다. 그런데 이것도 벌써 아세아 대륙(大陸)에서 황금 시대(黃金時代)가 지나가고 이제 처럼 국민 도서관 속에 기 총 고서(古書) 연구실로 옮겨 들어가게 될 비운(悲運)에 빠졌다. 그리고, 실진 따시(新羅人謌)의 새 세력을 가지고 나오는 새 소리 글자(表音文字)를 주음부호(注音符號)가 4억여 만의 인의 문화 생활(文化生活)의 무기(武器)가 되려는 것이나, 이 발표 결이 일어나는 새 문자 운동(文字運動)은 세계 문자사상(文字史上)의 한 새 기록을 이루고 있다.

이미 있는 좋은 글자로서 맞음과 정리나 하려는 것도 못내 일로서 어치 못하는 우리 조선 사람은 이런 발을 들을 때에 크게 깨닫는 바 있지 아니하지 아니 될 것이다.

1, 한자(漢字)의 발달(發達)

중국에 새 소리 글자가 창조(創造)되고 그 보급·운동(普及運動)이 맹렬한 싸움을 얻으면, 멀어 종래 글자의 발달과 현대 문화 생활(文化生活)에 그 적당하지 못한 것을 말할

중심으로 진열된 책은 출판 도서에 나타난 현자로서 증명되었다. 이제 학생들이 서점에서 사고파 할 때에, 먼저 그 책이 신 현자로 되었소?」하고 묻는다. 맞일 아니다 하면,「그 책을 어디 쓰겠소?」하고 돌아서 나간다. 이제는 신 현자법을 모르므로 새로운 책을 보드 믿 이에게 이러큼 이바음을 듣는다. 이제는 신 현자로 자정이다. 조선이 교과서의 신 현자인 이 흥음인보다 먼저 난 것임을 나보간 다른 점이 없지 아니하다. 그 때에의 정신은 한 가지다. 그래서 교과서로 나무 신문 참지 기타 일반 출판물이 다 신 현자법 쿼도 물론이라. 새로 나는 교육의 서적은 출판하게 되었다. 이제 아니와, 이제 성경까지 신 현자로 출판하게 되었다. 이제는 신 소설은 물론이어니와, 구 소설까지 신 현자로 아니 박이어서는 팔 길이 차차로 막혀가게 되었다. 그러므로 구소설을 많이 출판하는 서적상은 조선 사회에 의뢰(依賴)하여, 헌부 신 현자로 고치는 중에 있다. 한문 사적이 신 현자로 있고, 또 인쇄 중에 있는 것도 있다. 이 같은 판계의 추세(趨勢)를 보아서는 조선인 인쇄 학회 안에 한글 신 현자 교정자로 교정(校正)이 있다면 특설(特設)하고, 또 누구나 신 현자 학습을 요구한다면 수시(隨時) 응매(應賣)할 계획이 있다. 이런 때에 더불어 신 현자 발부 바비 이루어질 것을 받고 바라는 바이다.

하서 아니할 수가 없다.

（1） 창작（創作）의 원리（原理）—

뜻글자는 주장으로 생각의 수상（內容）을 나타내는 한 가지의 표（符標）이니, 마치 싸움의 지도（地圖） 위에 전장（戰場）, 광산（鑛山）, 절（寺刹） 따위의 기호（記號）와 비슷한 한자（漢字）의 기본（基本）은 시늉만이나, 그것만으로는 쓰임（事物）이 없으므로, 그 밖에 따른 준말（略合） 방법으로서 발달시킬 것이 곧 속자（六書）다.

속자는 곧 상형（象形）, 지사（指事）, 회의（會意）, 형성（諧聲）, 전주（轉注）, 가차（假借） 따위다. 그 가운데에 상형, 지사, 회의, 회성은 문자（文字）의 구조별（構造別）에 따른 것이요, 전주, 가차는 글자의 쓰는 법에 따른 것이며, 이미 만든 글자를 빌려서 그 뜻을 응용（應用） 뻗쳐요, 결코 글자의 본디 뜻을 속（取）한 것이 아니다. 그 순서를 따라 간단히 풀이하건대,

1. 상형（象形）은 물건의 꼴을 본떠서 그린 것이다. 보기를 들면 ⊙日, 米…水, 따위요.

2. 지사（指事）는 상형을 기초로 하고 여기에 첨가나 획을 덧거나 떼하거나 하여, 그 사물（事物）의 성질을 보인 것, 혹 있는 자리, 셈（數量）을 가리키 것이다. 보기를 들

면, 上, 下, 一, 二 따위요.

3. 회의（會意）는 바께 둘 이상의 이미 있는 글자를 묶어서 새 글자를 만든 것이다. 보기를 들면 信, 炎, 森, 屆, 多 따위요.

4. 해성（諧聲）은 둘 이상의 이미 있는 글자를 모아서 한 새 글자를 만드는 것은 회의（會意）와 똑 같으나, 다른 점은 그 한 쪽은 반드시 소리를 적기 위하여 어우름 것이다. 보기를 들면 鍒는 뉘에 鉃의 음（音）을 합한 것이요, 嘘는 □에 嗷의 음（音）을 합한 것이다. 이 해성（諧聲）은 속자（六書）의 거의 가장 주요한 것이므로, 글자 가운데 열에 여덟 아홉을 차지하였다.

5. 전주（轉注）는 한 뜻건을 때포하여 만포하게 써는（擴張）하여 그 뜻건이 관계가 있는 다른 뜻건까지 써表함을 이름이니, 한 글자를 인윰（援用）하여 다른 여러 음을 자를 주（注）하하며, 그 음（音）까지 전화（轉化）하는 것이다. 보기를 들면, 樂을 惡을 僧惡이라는 "惡"으로 쓰며, 악（樂）, 악惡…은…이라는 여러 소리, 여러 지 쓰인（轉用하는） 따위다. 한 글자에 여러 뜻이 뜻이 있는 것은 다 이 전주（轉注）의 작용이다.

6. 가차（假借）는 이미 말소리가 있고, 아직 그 정당한 글자가 없을 경우에, 그 소리에 부합（符合）하는 글자를 빌려 쓰되 그 뜻은 관제하지 아니하고 다만 그 소리만을 取하여 쓰는 것이다. 보기를 들면, 함을 "똘"은 竹简이니 재（取）하여 쓰는 것이다.

지은 때	지은 사람	「ㄷ」 자
自黃帝至周宣王阙里王時	倉頡其他	
周宣王時代	史籀	
秦始皇帝	李斯	
秦末漢初	程邈	
漢代	王次仲	
	劉德昇	

(3) 글자의 늘어 가는 수(數)

한자(漢字)는 뜻 글자인만큼 그 것수(字數)가 한없이 없고, 문자의 발달(發達)로 말미암아 새 사물(事物)이 생김을 따라 새 글자의 숫자(數字)가 생기고, 또 한 글자를 위하여 줄인 글자의 약자(略字)가 생긴다. 그래서 한 글자의 늘어 가는 것을 다 음 글자(數字)로써 줄 알 수가 있다. 음주 시대(殷周時代)에 쓰이는 글자의 수가 많지 않았으나 한 대(漢代)에(2000여 년 전)에는 9,500여 자(字)에 이르렀고, 이제에는 벌써 55,000여 자로 (字)에 이르렀다. 이제 새 글자와 숙자(俗字)가 생기는 보기를 들건대, 다음과 같다. 숙字(原字)의 수소(水素)는 가장 가벼운 기체(氣體)라 하여 "氣" 이라는 새 글자를 음 습 (習)을 따라 "간"이라 하고 쓴다. 고문(古文)의 "國" 자 는 "□" 인데 이것은 국경(國境)을 못한 것이요, 뒤에 와서 "□" 인데 "或" 자를 쓰는데, 이것은 봉건 시대(封建時代)에 국가(國家)의 중앙으로 그 주인공(主人公)인 제왕(帝王)이 둘 갈리게 되므로, 중字 미국(中華民國)이 된 뒤에는 "□" 인제 자를 써서 "國" 자를 만들어 많이 쓰는데, 이것은 국가는 백성의 소유물이라는 것을 뜻한 것이다.

의 "替"으로 가차(假借)하며, "皮"은 皮인데, 改革
의 "革"으로 가차(假借)하였는 따위다.

(2) 자체(字體)의 갈래(種類)

글자의 원리(原理)가 이렇고 묵고 내 세(來)에 것을 이미 말
하였거니와, 이제 수천 년 세(來)에 자체(字體)와
체를 보려면 여간 어려운 것이 아니다. 비록 에서 에서 에서
체계가 각 방면(各方面)으로 많이 쓰인다. 여기에 말하건대
는 서는 명조체(明朝體)나 청조체(淸朝體)니 하는 것은 획법 (劃
法)이 다른 것이나, 구상순(構想順)는 안진경체(安眞卿體)니
하는 것은 필법(筆法)이 다른 것들이 아니다, 아주 자형 (字
形)이 다른 것자(篆字)니 초서(草書)니 하는 것들만이다.
청렬(淸烈) 때에 제작(製作)하니 비로소 글자를 지어 내고,
그 뒤에 저자 여러 사람의 청조(創造)를 더하여 이른 바 고
문(古文)이 있었으니 아직 통일이 없었더니 주 선왕(周
宣王) 때에 사루(史籀)가 대전(大篆)을 만들어 통일
이 시게 되나, 이것이 호 유문(籀文)이다. 그 뒤로 수천
년 동안에 여러 가지 형태(形態)로 변하여진 자체(字體)의
종류(種類)는 다음과 같다.

차례	1	2	3	4	5	6	7	8
글씨체	古文	大篆	小篆	隸書	八分	草書	楷書	行書

포(華) 몇 십 자를 배우는 것에 견주어 본다면 보이서는 실제

나 그 배우기 어려움을 면할 수가 없다.

현대 문명(現代文明)은 인쇄 문명(印刷文明)과 타이프라이트로 (Type write) 문명이다. 이런 음자나 여기에 출판한 섬이 많다면 실용 문자(實用文字)의 자격을 얻는다. 한자(漢字)는 이런 의미에 말한 문자의 자격이 적지 아니하다. 또 전보 기호 (電報記號)를 붙이는 것 같이 실용 문자의 간단한 음부 부호(音符文字)가 되어, 그 자에 바로 붙이는 한자(常用文字) 자 같이, 그 글자를 불러다시 숫자(數字)로 번호(番號)를 붙이어 두고, 숫자의 기호를 가지고 그 음자의 번 호만 써 낸다. 그래서 전보를 받는 사람은 전보 음자 호서(電報文字符號隊)을 가지고 제가 음자를 찾아 보기가 된다.

이렇게 전에 생활에 불편을 주는 음자이니, 이제 비점(匪) 速)을 받지 아니하더라도 주음 부호(注音符號)가 새로 나가게 된 것은 자연의 형세이다.

3. 주음 부호(注音符號)와 국어(國語)

이에도 조선서 한자(漢字) 전폐로 운론(存廢論)이 나면 한문에 중독된 무리는 "불편하거늘 불가(不可)다"하고, 고변
으로 생각할 이가 많은 것이다. 또 한자(漢字)를 국문(國문, 國文)으로 쓰는 중국에서도 한자(漢字)는 전폐하고 주음 부호
文)으로 쓰는 중국에서도 한자(漢字)는 전폐하고 주음 부호

2. 한자(漢字)의 어려움(難問題)

글자를 배움이 한 살이(一生)의 직업이 되다면 그 일이 되거니 와, 글자를 몇 해 동안에 배워서 한 살이에 쓸 연장(道 具)을 작만하는 데에는 한자(漢字)를 쓸 수가 없다.

이에 일본에서나 중국에서나 상용 한자(常用漢字)를 몇 천 자를 일본에서나 중국에서나 상용 한자(常用漢字)를 몇 천 자를 자를 뽑아서 교육에 쓰기에 노력한다. 그러나 자

(４) 표음법(表音法)은 반절(反切)

한자(漢字)가 얼마 없는 뜻 글자이지마는 그 글자에 발음 법을 넣어 음을 베끼는 또한 소리 글자의 구실을 아니 할 수가 없다. 그래서 발음 글자마다 제 소리값(音價)을 베끼어 빈다.

섯낱에는 아무 자의 소리와 제 소리와 소리와 겹쳐서 비계 합하여, 한 나라(漢) 말년(末年)에 손 염(孫炎)이 비 로소 반절(反切)을 만들어 내게 되어, 그 전보다는 초음 전 보(前步)된 점이 있이 있으나, 음부 음자(音符文字)가 바로 없는 것만은 원시적(原始的)인, 표음 방식을 면하지 못하였다. 반 절은 큰 한자(漢字) 음을 음부법(音韻法)이니, 두 자의 음을 모 아서 한 음을 만드는 것이다. 위의 자는 첫소리만 따고, 아래의 자는 끝 소리를 따서 저의 차례 베로 붙여 읽는 것 이다. 보기를 들면 "다"는 "是(岐切)", 또 "丈(丈切)" (川園, 園令), 또 "胡綠切"(集韻 韻), "放調"(放訓, 刷韻), 韻 正園)이다 하였다.

또 가지고 中國(중국) 말을 쓴다 하면 거짓말로 알거나, 죽은 글은 무엇으로 알기에 그렇게 생각할 것이냐. 내게 음자라는 것을 생각해 볼까? 글자라는 낱말 받은 저는 부호에 지나지 않는 것이다. 위에 이미 말한 것이, 한자(漢字)가 비록 뜻 음자(表意文字)라 할지라도, 소리 음자(表音文字)의 노릇을 하고 있다. 줄이는 생각하는 사성(四聲), 한자(漢字)는 같은 음에도 사성(四聲)이 다름으로 사성(四聲)의 같은 음자에도 여러 낱말 음자가 여럿 있고, 또 낱말 음자에도 그렇게 되어서 소리 음자(表音文字)란 쓴다면 도리어 그 뜻을 알아 볼 수가 없다. 한자, 실로 예를 들음으로 일이 본다면 뜻에도 생각 알 수 없다. 그렇나 한 번 더 생각하여 보면 사실이 그렇지 않다. 실어 한자(音語學者)들로도 중국(中國) 말이나 그 낱말레(語族)에 붙는 받는말을 (섬든 말, 서상, 말) 낱말이다. 그것이 (四音語) 이다 혹은 고립어(孤立語)라 이름을 것는다. 그것이 일리(一理)는 있다. 그러나 낱말례(音語學者)마다 말의 뜻이 있는 (文法)이 한문만 보고 한 말이오, 최화(會話)의 말은 호 별최(白話)를 두고 한 받은 못 된다. 이는 나라 말이라도 속은 낱말례(單音語), 혹은 겁 낱말례(複音語)란 것이다. 중국 말에도 벌나오, 두 가지가 다 쉬이어 날 수 있는 것이다. 한음의, 이무 뜻도 없최(白話)에는 겁 낱말례(複音語)이 많은 음자가 여간 많은 것이 아니다. 그이 소리만 바 닿아 쓴 음자가 여간 많은 것이 아니다. 그

래서 있으므로는 거듭 낱소리(複音節)이 더 발달될 것을 말하며, 또 사성 배치로 (四際聲正論)까가 생기어 있다. 또 중국 말과 같은 말자례에 붙은 섬다 말이나 서상 받은 인도(印度) 가서에 은 소리 글자만 가지고 오백 동인 써 하도 아무 뜻빛이 없다. 이것은 보아는 중국의 주음 부호될 성공될 것을 받는다. 중국은 과연 웅일된 국어를 거저느가 하면 전혀로 보아서도 못 되었다. 과동(廣東), 북건(福建) 설강(浙江) 따위 동남(東南)은 제 각기 아주 외국어나 없는 사루리가 있고, 또 그 밖 의 마을 각 지방에도 서로 못 알아듣을 만한 사루리가 있는 것이 아니다. 그렇나 관화(官話)로 서로 통성은 할 수 가 있다. 이 관화는 베제로 북(北城語)을 중심한 관리에(官吏界)나 일반 사회(士冬都)에서 널리 쓰는 교제어(交際語)다. 주음 부호는 이 관화의 음을 표준하여 한는 것이다.

4. 주음 부호(注音符號)의 발달

(1) 음표(音標)의 창조

대터 첫 닌 동인에 표음 법(標音法)이 수일한이나, 이제 와서는 그것밖에 드려히 쓸 수가 없다. 서양 주음 부호의 비롯은 벌써 수로실 넌 전에 선교사고로(敎師고)가 비수교를 진도로 받을 배수게

고, 고침), 또 상용 한자(常用漢字) 7,200 개의 독음(讀音)을 사정(査定)하고 의회한 뒤에, 그 회 회 방 오 자 작(吳 敬 恒)을 회 원 및 박 사 석(朴 錫 治)들이 회 중에서 심정 담고, 또 그 밖에도 독음자(同音字) 6,500여 자를 더 뽑아서, 모두 1만 3천 7백여 자를 모아, 독음 자전(國音字典)을 역 어 엮었다. 1918 년에 교수부에서 주음 자모를 정식으로 공포하니, 이에 비로소 주음 자모가 국정 음표가 되었다.

주음 자모는 각 방면에서 시용(試用)한 바 결점(缺點)이 없지 아니하였다. 그래서 교육부 국어 통일 준비회(國語統一籌備會: 1919 년 4월에 성립됨)에서 각 방면의 의견을 모아서 수정과 보충을 하기에 되었다. 그래서 1920 년 5월에 그 임시 배열에서 새로 ㄓ ㄔ ㄕ 세 부호를 더 쓰기로 결의하였다.

(3) 주음 부호(注音符號)의 원리(原理)

소리를 적으는 부호를 새로 만들려고 하여도 만드는 음성 기호(英國音聲記號)와 같이 한 소리 한 부호로 될 것이만큼, 제 나라의 음운 조직(音韻組織)을 본위하여 적기에 편리한 체계(體系)를 외울 것이다. 그래서 음부(音符) 24 개와 운부(韻符) 16 개로 모두 40 개의 주음 부호를 만들었고, 그 가운데에는 한 부호가 낱내 음자(音節文字)자로 음소(音素文字)와의 자격...

되매 로마 자(Rome 字)로써 중국 각처의 사투리를 적게 될 것이다. 그 뒤에 향항(香港)의 왕 병요(王炳堯)가 중국 각 주음 부호를 만들어서 몇 해 동안 쓰다가 보다가 못 되었고, 30여 년 전에 해 석용(綿鏞)에 의하여 중국식 주음 부호를 만들어 보았으나, 또 한 중국식 부호를 만들어 보았다. 그 뒤에 또 조(王照)가 한자(漢字)의 방음(傍音)으로써 자모(字母)를 만들어 북경부(北京部)에 적게 되매 이 북방(北方)에 널리 보급되었고, 그 뒤에 절강성(浙江省)의 로 뻐신 력(勞乃宣)이 또 그것을 더 고쳐서 간자(簡字)를 만들매, 이 것은 남방(南方)에 음운 보급가들이 되니 주음 부호로 되었다. 그러나 비 되니 주음 부호가 통일되지 못하고, 각각 제 한 지방(地方)에 음운 조직 체계가 음운 표를 상해에서 인가가 50여 인 이나 되어서, 제 각각 신제하였다.

(2) 자모(字母)의 제정(製定)

서력 1912 년에는 교수부(敎育部)에서도 외부의 조류(潮流)에 이러한 것을 보고 특별히 독음 통일회(讀音統一會)를 조직하게 되었다. 1913 년 봄에는 교육부에서도 음운 체 계가를 초청(招聘)하여 회의를 밖 별 성(省)마다 각각 대표 두 사람을 파송(派送)하기에 되고, 몽고(蒙古)와 서장(西藏)과 최교(回敎)가 각각 대표 한 사람을 파송하게 되니, 회원이 모두 79 인이나 되었다. 이 모임에서 음부 와 사는 최교(回敎)가 각각 대표 한 사람을 파송하게 되니, 회원이 모두 79 인이나 되었다. 이 모임에서 24 개의 주음 자모(注音字母)를 의정(議定)하고, 국음 표준 중앙 정부에서 상무국에서 주음 자모 30 년에 국민의 의정...

음 가진 것이 많다. 그럼으로 쓰이는 '자리'를 따라 머리 소리의 떠듬(加音)이 있게 되나니, 비록 규칙을 있을지라도, 낱소리 낼 적이 없이 이었다. 그 부호들은 어떠한 이상적(理想的)정체(整體的)가 아니요, 매개 그 소릿을 알기 쉬운 연상(聯想)으로 써 (連想)을 떼어 오거나, 혹은 간단한 글자대로 그냥 들어다가 정한 것이다.

七. 성부(聲符)─(닿소리 낱씨) 24 개

ㄅㄆㄇㄈ 万 ㄉㄊㄋㄌ ㄍㄎ兀 ㄏ
ㄅ ㄆ ㄇ ㄈ (f)   ㄉ ㄊ ㄋ ㄌ   ㄍ ㄎ ㆭ ㄏ
ㄐㄑㄒ ㄓㄔㄕㄖ ㄗㄘㄙ
ㄐ ㄑ ㄒ   ㄓ,ㄔ,ㄕ,ㄖ ㆸ   ㄗ,ㄘ,ㄙ,ㆺ

[주의] ㄓ, ㄔ, ㄕ 는 조선말 소리의 짓 배에 가까운데, 최두음을 더한 것도 설면 아니요, 이 지음 짓 배에 齒點에 음절음을 더함 것은 순설음등 元素音이다. 齒頭音 아요, ㄗ,ㄘ,ㄙ에 齒頭에 ㄥㄥ 소리, 거듬홀소리, 낱씨 16 개

ㄴ. 운부(韻符)─(홀소리판) 7 개

1. 단순운(單純韻) 3 개
   A. 제 ㅎ로 순(全韻) 4 개
   B. 적 순(全韻) 4 개
2. 복합운 (複合韻) 4 개
3. 부성운 (附聲韻) 4 개
4. 권설음 (捲舌音) 1 개

ㄧ─(가로류귀기ㄧ) ㄨ ㄩ
ㄧ,이   ㄨ,우   ㄩ,뀌,웨

ㄚ ㄛ ㄜ ㄝ
ㄚ,아   ㄛ,오   ㄜ,어   ㄝ,에

ㄞ ㄟ ㄠ ㄡ
ㄞ,아이   ㄟ,에이   ㄠ,아오   ㄡ,어우

ㄢ ㄣ ㄤ ㄥ
ㄢ,안   ㄣ,언   ㄤ,앙,   ㄥ,엉,응

ㄦ
얼

[주의] 조선 음의 받침에으로도 쓰는 것은 받우소로 표시 하여요, 닿소리소으로 쓰는 것은 닿을 지느 자는 (字音) 과 달라여 쓰임 을 표시할 것이다.

한 낱씨를 만 개 부호로 쓰나니, 두 개 부호로도 쓰고, 많으면 세 개로 쓰게 되나니, 큰 개효(介號)를 중간에 놓아 부호들이다. 이제 그다 보기를 들면;

단개. 阿 ㄚ   哀 ㄞ   恩 ㄣ   目 ㄇㄨ
두개. 巴 ㄅㄚ   衣 ㄌ   勞 ㄌㄠ   目 ㄇㄨ
세개. 別 ㄅㄧㄝ   鳥 ㄋㄧㄠ   花 ㄏㄨㄚ   孝 ㄒㄧㄠ

5. 주음 부호(注音符號)의 보급 운동

주음 부호가 창제된지 20 년 동안에 부호와 그 자세(字勢)의 국음 자전(國音字典)을을 여러 차례 수정(修正)하여 벌 써 그 기초가 서게 되었다. 그 동안에 완성 방면과 미중 방면에서 얼마나 보급 운동에 노력하고 있는 것을 바게 말하려 한다.

(1) 완성 방면의 여행(力行)

1913 년 12월에 속해군(速海軍)의 기어(旗語)와 전보(電報) 기호를 주음 부호의 것으로 쓰게 한다. 1918 년에는 교육부 에서 북정(北京), 무창(武昌), 남양(南京), 광동(廣京), 광동(廣東), 성도(成都) 이 여섯 곳에 고등 사범 학교 (高等

師範學校)에 훈령(訓令)하여 국어 강습과(國語講習科)를 부설
하게 하여 국어 주음으로 주양을 보급하게 하였다. 1920년 1
월에는 전국 국민 학교에 훈령하여 1920년도부터는 국문과
를 국어과로 고치고 국어 주음으로 자모를 가르치게 하였다.

1920년 이후로 교육부에서 또 국어 강습회를 네 차례나
열게 되어, 강습생을 국중 속제(北京)에서 고쳐 양고하고,
속은 각성(各省)에서 고선(考選)하여 받송하였는데, 전국 22
성(省)에서 다 강습생을 보내게 되었다. 그래서 출업생이가 다
모두 400 여인이나 되었다. 1921년 3월에는 교육부에서 또
국어 각 사범 학교와 고등 학교에 국어 시간을 늘이게 하여
다 국문 학교에 통영(通令)하여 열기게 하다. 1930 년
4월에는 국민 정부(國民政府)의 중앙 집행 위원(中央執行委員) 결
제88 차 상무 회의 (常務會議)에서 주음 부호 보급을 결
의한 바, 각 당부 (各黨部), 정부 소속 기관(所屬機關), 각 교
육 기관은 다 주의하여 주음 부호를 학습하라 실행하라 하
였다. 1930 년 5월에는 교육부에서 각성(各省) 교육 청(敎育廳)
에 영령하여 주음 부호를 첩습하기 하고, 동시에 주음 부
호 국체 위운회(推行委員會)를 조직하게 하여 전국 각지에
보급 지도를 독촉하였다.

（2） 민중 방면(民衆方面)의 여행（力行）

1916년에 북경에서 중화 민중 국어 연구회를 조직하여 제 일배 재
최소(蔡育所)를 속경(北京)에 두고 제 일배 채원배(蔡元培)가 최장 촉

이 되어 봄마다 대회를 열어 차례씩 설립되었다. 1921년 11월부터는 정
기 총회를(定期川川服物)로 국어 월간(國語月刊)을 발행하였다.

1920년도부터 국민 학교의 고려로 놓으
나, 전국 출판계에서 국수(國粹), 국어의 회보(彙報)를 받아
쓰고, 또 일보, 남읍(前아) 각 상부(商阜) 국어 신문에 있는 국어 통
계(同感)가 각각 그 지방에서 순용회를 성립히 열것
는데, 모두 86 처(處)나 되었다. 또 산예(上海)에 서는 전국 국
어 교육 촉진회(全國國語敎育促進會)를 조직하여, 제 일배 퇴비 (燅
元培)가 회장이 되었고, 각 지방에서 분회(分會)를 두어 현태
(嵥絡)을 취(取)하였고, 1927년 1월부터는 월간 식(月刊雜誌)
로 국어 월보(國語月報)를 발행하였다.

핀란드(Finland)말의
音韻과 이름쎄이의 法
음운과 이름쎄이의 법

핀란드 말은 우랄 알타이 말겨레 발피네 자매어(姉妹語)의 관계를 가지어 있다. 이 말은 이제 핀란드에서 삼백여만의 사람들이 그 나라의 국어로 쓰고 있는 말이다. 이 말을 적는 글자는 로마 글자인데, 스물 하나의 글자는 그 고유한 발음 적는 데에 쓰이고 또 외래어와 홀로 이름쎄이(固有名詞)에만 쓰는 일곱 개의 글자가 더 있으므로, 모두 합하여 스물 여덟의 글자로 되어 있다.

제1. 음 운

[가] 글자와 그 소리값

① 순 핀란드 말에 쓰이는 글자:

a d e g h i j   k l m n o o
ㅏ ㄷ ㅔ ㄱ ㅎ ㅣ ("야"의 첫소리) ㄱ ㄹ ㅁ ㄴ ㄴ
p r
ㅍ ㄹ
s t u v y ä ö
ㅅ ㄷ ㅜ ㅜ ㅂ ㅑ ㅢ

② 외래어와 홀로 이름쎄이에만 쓰이는 글자:

b c f q x z   å
ㅂ ㅅ ㅎ ㅋ ㄲ ㅆ   ㅗ

"å"는 스웨덴(瑞典) 말에서 온 소리인데, "ㅓ"와 "ㅗ"와의 사이 소리로 들림. 그래서 조선의 옛 발소리에나 현재의 체루도 발소리의 "ㆍ"와 비슷한 듯함.

③ 긴 홀소리 (長母音):

aa ää ee ii oo uu yy
ㅏㅏ ㅑㅐ ㅔㅔ ㅣㅣ ㅗㅗ ㅜㅜ ㅓㅓ

④ 거듭 홀소리 (複母音):

ou yö ie au eu iu ou
ㅗㅜ ㅕㅗ ㅣㅔ ㅏㅜ ㅓㅜ ㅣㅜ ㅗㅜ
äu öy äi oi ei oi ui yi äi
ㅑㅜ ㅗㅣ ㅑㅣ ㅚ ㅔㅣ ㅚㅣ ㅜㅣ ㅓㅣ ㅕㅣ
öi öi
ㅚ ㅚ
ㅔㅣ, ㅚㅣ

이 거듭 홀소리들은 그 차례대로 각각 세 소리값을 낼 수 있도록 소리냄.

[나] 소리 울림(揚音)

모든 닿받침은 그 청에 음절에 음절에 소리 울림이 있다. 여러 음절인 경우에는 주로 첫째 음절에 소리 울림을 세게 하고, 그 다음에는 기수(奇數)인 3, 5, 7, 9 로 조음 소리 울림이 있게 하되, 짝 음절은 울림에 따라 세지 않는다.

[다] 홀소리 고룸 (母音調和)

홀소리 고룸의 관계로 홀소리를 세 가지로 가름.

① 굵은 소리 = 밝은 홀소리(陽性母音)……ㅏ ㅗ ㅜ ㅣ
② 대립 소리 = 여린 홀소리(陰性母音)……ㅓ ㅜ ㅓ ㅣ
③ 가벼운 소리 = 가벼운 홀소리(輕性母音)……ㅡ

홀소리 고룸은 밝고 여린 소리를 따라 엄하게 벌여 이 서 있다. 중립홀소리(綜合品調音)는 밝은 홀소리인 "ㅏ, ㅗ, ㅜ"는 여든 홀소리인 "ㅑ, ㅕ, ㅠ" 와는 한 낱말 안에서 같이 나지 못한다. 가운데 홀소리인 "ㅣ, ㅡ"는 어느 홀소리와 다 고루어질 수 있으나, 주로 여 린 홀소리와 고루어진다.

제2. 이름씨와 토

임자토도 말의 이름씨는 홑수(單數)와 겹수(複數)와의 둘이 있고, 이름씨에 붙이어 쓰는 15 토가 있다. 이것을 서양 말 로 나타낸다면 우로는 전차사(前置詞)를 쓰게 된다. 씨끝 (語 尾) 으로 빈 이 밖에도 이름씨의 토(格)인 토 한 홀겹의 씨끝 (詞) 안에서 이름씨의 구실을 나타내는 말에의 전차사와 또 후차사(後置詞)가가 있다.

이름씨에 씨끝으로 붙이어 쓰는 15 토

토	홑	겹	수
1. 임자발 토 (主語格)	ㅣ		

		홑	겹
2. 가름 토 (分別格)	a, ä, ta, tä	ia, iä, ita, itä
3. 차지 토 (所有格)	n	en
4. 붙힘 토 (目的格)	n	t
5. 자리 토 (處所格)	ssa, ssä	issa, issä
6. 비낌 토 (出發格)	sta, stä	ista, istä
7. 예 토 (向격格)	h-n	ih-n
8. 다다음 토 (臨近格)	lla, llä	illa, illä
9. 부터 토 (自近格)	lta, ltä	ilta, iltä
10. 받음 토 (接屬格)	lle	ille
11. 빠짐 토 (缺之格)	tta, ttä	itta, ittä
12. 위-꼴 토 (翻譯格)	ksi	iksi
13. 벼가리 토 (指明格)	na, nä	ina, inä
14. 드러남 토 (擧用格)	아니씀	ine
15. 부림 토 (他用格)	n	in

1. "임자발 토"는 한 월의 임자말됨을 나타낸다.

2. "가름 토"는 정함 없는 가룸인 임자말이나, 부림말 (客 語) 이나 또는 아니라고 잡은 풀힘의 목적을 나 타낸다.
   "누구가 이야기 한 책을 읽는다."

3. "예 토"는 쳐지하여 가짐을 나타낸다.
   "아버지한테 시계를 아니 산다."

4. "부림 토"는 임자말의 힘이 바로 미치는 사리를 나 타낸다.

에스페란토와 민족 말

말이 실제부터 이렇게 이루어졌는가 하는 문제는 일찍 가
지 수수께끼 가운데의 하나이다. 우리가 늘 생활에 필요한 만
역사 표시로써 없지 못할 받을 수 있는 역사가 진 빛 및 만
넌으로써 역사 있는 되도 수천 넌 동인 라연 생장적 (生
長的)으로 받을 발달하여 보호됨 그 여러 가지 갈래는 마개 일찍
오백 가지나 생기게 되었다.

이와 같이 여러 민족이 자기의 제 민족 받을 쓰게 되
므로, 민족과 민족과의 사이에는 서로 서로 말을 통하지 못
하는 형편에 있다는 것을 우리가 잘 아는 바 사실이다.
그렇으로 하여 우리의 말 생활에 있어서의 불편은 이로 받
할 수 없다. 그리하기 때문에 민족과 민족에서의 사이에서의
사상의 불통으로 말미암아 모든 문화 생활이 갈수록 어려
움과 괴로움이 심각(深刻)하여 가고 있다.

세계의 계속(繼續)이 발달하고, 진보하여 검에 따라 사람과 사
람과의 계속(交流)이 발달하여지고, 사실 교류(交流)의
가운데 남고 진보하고, 있는 과정에 있으나 세계의 어느 민
족을 물론하고 한 가지 받로써 각자의 의사를
나타낼 수 있는 세계 공통어의 필요를 절실히 느끼고 있는
데이다.

---

5. "사리 도"는 나타나 있는 곳을 나타낸다.

6. "떠남 도"는 좋아 나가 떠나는 곳을 나타낸다.

7. "메임 도"는 그 딸을 항하고 움직이는 곳을 나타낸다.

8. "나람음 도"는 그 점에나 가까이 나람음을 나타낸다.

9. "우러 도"는 점에나 가까운 곳에서 좋아 나람을 나타낸다.

10. "웃음 도"는 움직임의 관계를 한 군데 가리킴이니 "누
구에게, 누구를 위하여, 누구를 생기하여" 이렇게 웃음에
배하여 쓴다.

11. "빼침 도"는 없음을 나타낸다.
"눈 없이, 사람 없이."

12. "뒤바꿈 도"는 이 것을 저 것으로 끓가버 나타낸다.
"훈비 첫음을 당비 받도 써영한다."

13. "베가리킴 도"는 때를 가리켜 나타낸다.
"구월에, 수요일에."

14. "드램남 도"는 그 가운데서 드림남을 나타낸다.

15. "부림 도"는 수단과 방법을 나타낸다.

그러므로 나는 늘 생각하기를 밤의 응용으로 인류의 헛된 노력을 경제하자는 것이다. 이와 같은 방법으로 인류의 밤을 응용할 수 있다면 한 인류가 하루에도 수천만 시간의 노력 경제를 생각한다. 우리가 외국말을 배워·써·며 의사 소통(意思疏通)을 능히 할 수 있는 정도에까지 성명한 시일을 요한다. 될 수 있는 정도에까지 성명한 시일을 요한다. 될 수 없을 것이다. 한 나라의 말을 배우기에 몇 해 이상의 시간을 "얻은 게 될 터이니, 그 많은 시간의 불경제를 이때한 방법으로 없앨 수 있겠는가의 문제이다.

그러나 세계 공용어를 배우고 써 하.있다는 것은 하에 한 도 말한 바와 같이 각 민족이 자자의 민족어 이외에 한 가지의 공용어에 의하여 노력의 경제를 꾀할 뿐 아니라, 미래에 한 세계의 세계어 공민화(公民化)를 축진하는 근본이 될 것이요, 동시에 인류의 행복과 평화를 여기에서 찾을 수 있으리라고 믿는다.

세계의 모든 문화가 날로 통일한 선 위를 걷어가고 있는 현상이니, 필연적(必然的)으로 공통성을 가진 국제어 (國際語)의 발현이 없지 않을 수 없다. 그리고 고도(高度)의 문화적 생활을 뭇하는 사람이더라면 적어도 두 가지 이상의 말의 생활은 면주지 못할 것이나, 정통적(正統的)인 모어(母語)를 배우고 말아야 할 것은 두 말을 할 것 없거니와, 국제 공통어의 사교와 교육을 배홀지 않으면 안 되리라.

이와 같은 이상과 포부로서 생겨난 세계 공용어가 이미 발표된 것만 하여도 수십여 종이 있었다. 그러나 그 여러 가지 공용어 가운데 가장 널리 퍼지고 오랜 동안 쓴 인 것으로 자멘호프의 창안(創案)인 에스페란토(Esperanto)가 있다. 이 에스페란토는 그 탄립을 수로와의 여러 나라의 가장 공용된 말림을 찾아서 논리를 맞추어 구 민 것이다. 다시 말하면 말의 근본 단위가 얼마 되지 않아도 대림 가서로 활용할 수 있으며, 따라서 복잡한 것이 없게 되어 있게 될 수 있다. 가령 숙어 서의 배배 감(吧吧關淡示)을 을 보 터라도 할 수 있다.

(일정는 이의 시간) (주관적)		(행·동·사·의 시간) (객관적)
가 ··········	과 절 페	가 제 베
제 ··········	과 절 페	가 제 베
베 ··········	과 절 페	가 제 베

이와 같이 분류하여 서 사별 발생적인 민족어인 기혈적(嚙) 형식(形式)의 숙어 서의 배배 감에 의한 권주나 일마나 논리적 이요, 합리 적인 정확한 매김법 이리다고 할 수 있다.

외래어 표기에 대하여

우리는 재작년 한글날에 "한글 맞춤법 통일안"을 제정발표하였다. 그러나, 이 "맞춤법 통일안" 한 가지로는 우리가 쓰는 말의 전체의 "통일안"이 못 된다.

왜 그러냐 하면, 우리가 말하거나 글을 쓸 때에 외국어의 본음이나, 외래어를 빼지 못하는 것이 사실인데, 아직 여기에 대하여 "통일안"이 이루어지지 못한 까닭이다. 우리 맞춤법 통일안의 제6장 외래어 표기에 대한 것을 본다면 일정적인 태도만은 쓰지 않는다.

1. 새 글자나 부호를 적는다.

2. 소리대로 적는다.

우리 통일안의 태도를 자세히 훑어 말하자면 한 민족의 말은 그 민족의 음운으로 째인 것이다.

다른 민족 언어의 특수한 음운을 적기 위하여 새 글자나, 부호를 만들어 쓸 필요가 없고, 또 그 소리를 바로 듣지도 못 하고, 다만 눈으로 보아서 다른 말을 부르거나 글자에서 드리어 귀틀은 점이 많을 것이다. 다른 민족들이 하는 것을 우리가 일부러 흉내 내기 위하여 새 글자나 부호를 세로 만들어 쓰는 일은 없다. 일반은 외국어의 특수한 음운을 배울 필요도 없었

고 믿는다.

그렇다고 고유어(固有語)의 서넌이 아예 없는 것이 아니다. 이와 같은 공통어가 있음으로 해서 한 민족의 국어를 옹호할 수 있을 것이며, 정치적으로나 경제적으로나 수렴(收斂)한 강마한 민족어의 힘을 받아 쓸 수 있을 것이다. 그러므로 공통어는 정치적으로나 여러 가지의 공민적과 공존 공영(共存共榮)의 실현을 뜻한다면 바땅히 소학교 시대부터라도 공통어의 교육을 넣는 것이 필요하다고 생각한다.

인조어(人造語)인 에스페란토와 자연어(自然語)인 민족말과는 각각 독특이 있으나, 에스페란토가 과학적이고 논리적이며 예술적이고 다각적(多角的)이라고 할 수 있다.

보기를 들면,
　중국 사람은 아라비를 아라으로,
　일본 사람은 로서아를 로국으로 쓰며, 일본을,
　영국 사람은 게뻰이라 하고,
　도위쳬 사람은 야빤이라 한다.

또한 웅국음을,
　영국 사람은 촹이나라 하고,
　도위쳬 사람은 시나라 한다.

　영국 사람은 셔울이라 하고,
　도위쳬 사람은 셔울이라 한다.
　조선의 셔울을.

도위쳬 보아도 어느 것 하나 자기화(自己化) 안 한 것이
없음을 할 수 있다.

고, 또 배울 능력도 없다. 이럼 격서히 배워 익힌 제
에는 금순이 아니면 득별히 그 넘이 교육을 받기 제
에는 그 소리를 헛못 낼 뿐 아니라, 또 바로 듣지도 못
한다. 그 사실을 민족 심리학(民族心理學)에서 증명하는 바
이다.

자연의 소리를 똗는 보기를 들면, "뻐꾸기" 의 소리를,
　중국 사람은 "부꾸" 로
　일본 사람은 "호꼐꾜" 로
　도위쳬 사람은 "꾸꾸꾸" 로
　조선 사람은 "뻐꾹" 으로 듣는다.

이제 외국 발소리를 듣는 우리의 청각(聽覺)을 말제라도,
영어의 "고맙다" 는 말을

　"쌩큐" 로 듣는 이도 있고,
　"쌩유" 로 듣는 이도 있다.

도위쳬의 한 땅 이름인 "xxx" 를

　"샵, 사르" 로 죽은
　"쌉, 자르" 로 듣는 이도 있다.

그럼므로 다른 민족의 소리를 듣고 꾀대로 바로 제는다는 것
은 밸홀 수 없음만큼 어려운 일이다.
외태어가 우리 발에 들어 오는 때에는 우리 발로 바뀌
어져 비리는 것이 슒다. 이 것은 어느 민족의 발에나 의
레 이릏를 자기 발로 반을어 바리는 것이 실졔으로 뙤어 있다.

외래어 표기 통일의 어려움

교통의 발달과 문화의 교류를 따라 각국의 말이 서로서로 섞게 된다. 들어와 쓰는 말과 들어와 쓰는 외국 말과 좋은 이름과 이름에 ...는 개념(概念)을 너무 뜻으로 보면 외국 말의 ...를 통일이 어려운 것이다.

일반의 말로는 각국의 그 고유한 일이나 물건에 대한 것이라면 그대로 소리를 따 옮기어 쓸 수 있고, 제 나라 말에 있는 말이더라도 어감(語感的)으로 ... 외래어를 쓰게 되는 일이 적지 않다. 매우 일반으로 쓰는 말 쓰이에 좋은 이름에는 그냥 그대로 소리를 따 옮기어 쓰지 않으면 ... 안 될 일이다. 이 방면의 뜻 두지 않는 이는 외래어 표기 ... 것밖을 가지고 무엇을 그리 떠드느냐? 그저 소리대로 묻한 것이으면 고만인 것을......하는 이도 있을 것이다. 그러나 사실은 그런 것이 아니다. 말이 다르므로 소리도 다르고, 말과 레의 결태가 별별 ... 소리의 차이가 더 ... 것이다. 시로 사이가 먼 소리를 맞대어 표것방법을 ... 응일시키는 일 은 결코 쉬운 일이 아니다.

손리갑(音理學)의 원리에 따라 같은 소리를 ... 맞대고, 다음 되는 가장 가까운 소리를 맞대어 어느 정도로 가

... 협정적(協定的) 약속의 기호로 통일할지 못하게 나쁘지 아니할 못하게 되는 것이다.

조선 말 맞춤법도 전체적 ... 응일 가운데의 하나인 표음법과 맞음법과 함께 중대한 문제이다. 이제 조선의 "외래어 표것법 응일인"을 만들기 시작한 지 10여 년만에 매우 세상에 나오게 될 것은 그 일반이 이렇 점터 가를 중요하고도 또 외국의 좋은 이름에의 표것 ... 응일이 얼마나 어려운가의 ... 보기를 일본 사 ... 응일이 얼마나 어려운가의 이름을 일본 사 ... 도위에의 이름난 시인 괴테(Goethe)의 이름을 보 ... 람이 가나(假名)로 표기한 것이 자연 각색으로 29 종이나 되는 것은 아무배도 ... 을이 들리지 않는 것이다.

아래에 보이는 보기는 "外來語に ついて" 에서 옮겨 실은 것이

Goethe 百面相

1. ゴーテ (菊池大麓, 明治12)
2. ギョーテ (加藤弘之, 明治14)
3. ギョーテ (加藤弘之, 明治15)
4. ギョート (中江兆尾, 明治15)
5. ギョーツ (中江兆尾, 明治16)
6. ゴーテ (非上勤, 明治17)
7. ギョェテ (未松謙澄, 明治17)
8. ゴョーテ (品田太吉, 明治19)

國語學論叢
李克魯

定價 250圓
送料 30圓

1948년 11월 25일 인쇄
1948년 11월 30일 발행

正音社
서울市 會賢洞1街 3-2
登錄 No.106 · 日字 47.9.20
印刷 · 서울 印刷社
登錄 No.86 · 日字 47.9.30

ー(122)ー

9. ゴアタ（高田早苗, 明治19）
10. ダウイーテ（中根淑等, 明治21）
11. ダェーテ（稲本耳庵, 明治21）
12. ダェーテ（石橋忍月, 明治21）
13. ダェーテ（石橋忍月, 明治21）
14. ギョウテ（森鴎外, 明治22）
15. ギョーテ（森鴎外, 明治22）
16. ギョーテ（森鴎外, 明治22）
17. ギョーテ（森鴎外, 明治22）
18. ギョーテ（國府寺新作, 明治23）
19. ゴェーテ（矢嶋峨岡の舎, 明治23）
20. ギョーテ（市村費次太郎, 明治23）
21. ギョウテ（森鴎外, 明治23）
22. ギョオテ（森鴎外, 明治23）
23. ギョーテ（國民新聞, 明治23）
24. ギョーテ（内田魯庵, 明治25）
25. ゴェーテ（藤谷小萩, 明治25）
26. ダェーテ（上田敏, 明治28）
27. ギョエテ（烏輪藤村, 大正4）
28. ダイテ（石鬼信炎, 大正12）
29. ギョエテ（茅野蕭蕭, 昭和3）

上 : 「日本 京都 金泰鳳 수신 편지」 ☞ 본문 663쪽

여러번 주신 글월을 볼때마다 넘의
굳센 마음을멋보게됩니다, 모든어 련운고개
를넘어나가시는넘의앞건에늘 밝은빛이
잇을 뿐이니 거리에사 랐다운값이잇는것이
올시다. 한때의결심도 용한것이지마는 그
보다 그결심 을한 평생토록 꾸고나가는 것이
더욱 놀탑은일임니다, 무슨일이나 끝까지 붓 잡
고나가야만 이톰이잇는것을 꾹믿어야 함니다
한평생을 두고두고쓸몸라 마음라 지식을 닭아
나갈때니 아모조록 튼튼한 몸으로 공부 잘
하시며 여욱 높은인격을 일우시기를 마음껏
빌고바램니다 1932.4.4. 서울. 리극로,

정세 보게

경울 날이 추운 이때에 온 집안이 태평하
기를 멀리 있어 빌고 바라네. 마산 수연의
혼인 때에 못 가본 것이 섭섭하네. 세상 일에
박백하게 매여 지내는 몸이라 면 골을 한번 찾아
간다는 것은 뜻대로 되지 못하네. 음력 삼월
에나 한번 나려 가고저 하네.

오늘 억세 동생의 머실기로 이제 통지하니 곧
출생계를 하여 주게. 난 때와 이름은 다음과
같음 ᅳ

《大世 (대세)
昭和十二年一月九日
零時半 (子時)에 京城府 鐘岩町 四十畵地에서
나다.》

昭和　年　月　日

울ᄀ년 1월 9일. 서울
극로 아재 告

振替京城 一〇〇四四番

「(경남 의령) 정세 수신 편지」 ☞ 본문 664쪽

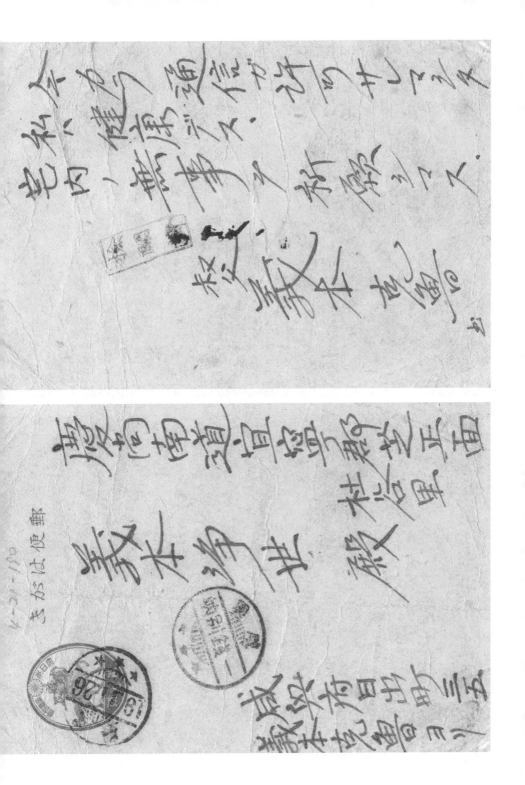

「義本淨世(이정세) 수신 편지」 ☞ 본문 667쪽

부록 노양근(下)과 오세억-이숙모 부부 ☞ 본문 682쪽

INTRODUCTION

Korean children to-day s and in great many needs. They are not properly cared for, all must agree, not only in their physical nourishment, training, and development, but also in their intellectual and spiritual growth, in spite of the well recognized fact that they are the only true foundations of social and national prosperity of to-morrow, Are they well fed, healthy, and strong both in body and mind？ Are they as happy as can be in their little world of imagination, curiosity, affection, and love？ The actual lack of care for them as we do find all round at the present moment really makes the lovers of children nearly cry

Bearing this in mind, we can best appreciate "the Flying Men," a piece of good work by Mr. Yang-Gün No, one of the well known authorities in our story land. It shows his wide range of interest, good judgment of materials, skilful method of presentation, and, above all, his love for children and perseverance in study. It is a good story book both interesting and instructive: easy, plain, and full of suggestions: beautiful in thought, taste, and expression. It meets one of the fundamental needs of the present day Korean children: their hunger for good stories.

The publication of this good work has been made possible by the kindly thought and generosity of Mr. Se-ŏg O of Hŏzu Hwang-hŏ Do, who, out of the savings of his recent marriage expenses made a generous contribution to the Korea Memorial Publication Society, the aim of which is "to help in building up the cultural life of Korea by the utilization of the economic means which have formerly been wasted on empty formalities and ceremonies; to divert these means from the traditional methods of commemoration to the publication of literature, the effect of which will be far more enduring. "This is the second publication of the Society, and Mr. O is sincerely congratulated upon his having done a great work both to the Korean children at large and to the Society in particular in commemoration of his happy marriage.

Dr. K. L. Li

July 15, Showa 13 (1938).

朝鮮健民會

綱　領

一　우리는民族意識을昂揚하야完全自主獨立國家建設을期함
一　우리는民主主義原則에서政界의動向을批判建議하야忠實한國民의道를지킴
一　우리는民族文化의向上을圖하야世界文化進展에貢獻함
一　우리는生存權確保의經濟均等制度를率先實踐함
一　우리는同志의總力量을民衆啓蒙運動에集中함

規　約

第一條　本會는朝鮮健民會라稱함
第二條　本會는本會의綱領을實踐함으로써目的함
第三條　本會는서울市에두고地方에는支部를둠
第四條　本會는本會綱領을贊同하는同志로本會員의推薦으로써組織部의承認을經由하야入會함
第五條　本會員은發言權　表決權　選擧權을가짐
第六條　本會에는左記部署를두고地方支部는此에準함

　　(1) 任員　委員長一人　　副委員長二人　　委員若干名
　　　　(其中責任委員若干名)　　幹事若干人
　　(2) 部署　總務部 組織部 研究部 文化部 經濟部 体育部 宣傳部 財政部
　　(3) 本會는委員會에서顧問及參與를若干人推薦함

第七條　本會는總會에서委員若干名을選出하야委員會를組織하되其中에서委員長一人
　　　　副委員長二人 責任委員若干名을互選함　幹事는委員會에서選任함
第八條　委員長은本會를代表하며會務를總轄하고副委員長은委員長을輔佐하며委員長이有故할
　　　　時에는그를代行함
第九條　委員은本會의執行機關을構成하고責任委員은各部署를擔當함
第十條　本會의定期總會는每年一次四月中에開催하고地方支部代表를召集出席케할
　　　　必要에依하야委員長이臨時總會를召集할수있음
第十一條　總會의職能은左와如함
　　(1) 本部의各部報告接受及實踐方途討議
　　(2) 地方支部建議事項討議
　　(3) 本會規約의改正補充
　　(4) 委員의選擧
　　(5) 決算報告及豫算審議
第十二條　本會總會는在京會員數의三分之一以上이라야開會할수있음
第十三條　委員長의任期는三年　副委員長의任期는二年　委員은一年으로함
第十四條　會員은本會綱領及規約一切의紀律을遵守할義務가있음
第十五條　左記의事項을犯한者는委員會決議로委員長이除名을宣告할
　　(1) 本會의名譽를毁損한者
　　(2) 本會의對하야背信行爲를犯한者
第十六條　會員은本會의諸問題를各其自由討論할수있으며한번決議한後에는一致實踐함

附　則

第一條　本規約의未備한點은委員會의決議에依하야行함
第二條　本規約은宣布日붙어施行함

「(朝鮮健民會) 綱領及規約」 ☞ 본문 701쪽

聲 明 書

同一한 目的을 두고 그 目的에 到達하려는 方向에 있어 反感과 對立으로 말미암아 冷靜한 理性을 却却하고 드디어 뜻하지 아니한 骨肉鬪爭의 悲劇을 招來함은 그 是非와 理由가 何方이어든 아직은 다 우리 民族의 基本的 欲求에서 脫線된 行動이라 아니할수 없다 오늘날 우리의 朝鮮의 國內現狀을 보면 民族의 至上 獨立의 大課題를 앞에두고 날이 갈수록 憎惡와 對立만이 深刻하여 가니 이것이 果然 우리가 찾으려는 獨立의 길인지 國民은 다 함께 冷靜한 批判을 加하지 아니하면 아니 될것이다 오늘날 우리의 苦痛와 協力은 오즉 祖國完成의 一點에만 傾注하여야 할것임에도 不拘하고 今日의 國內의 모든 現實은 오히려 獨立의 障害와 破壊의 行動만 誘發하고 있으니 左右 分裂은 도리어 우리祖國의 運命을 絶望의 奈落으로 밀고 들어가고 있다 回顧하라 八一五 以後 兩後輩格으로 統立한 數많은 政黨들이 各其 拍車를 속속 加하야 正反對의 路線을 달리고 있어 그 指向은 畢竟은 다 어느곳에도 우리의 獨立을 찾을수없는 運命을 內包하고 있음에도 不拘하고 所謂 指導者들은 무엇으로써 이 事實을 國民에게 隱蔽하려고 하는가 國際情勢에 眩惑한 朝鮮民族의 進路는 卓越한 事大主義와 漠然한 自我陶醉에 따져서 날뛰는 오늘날의 指導者들이 부르짓는 그것이 아니요 深刻한 苦惱와 永遠한 鬪爭이 우리에게 가로 놓이어 있는것을 알지 아니하면 안된다 이 簡單하고도 至極히 單純한 眞理의 事實을 指導者들은 알고도 모른다면 그는 民族의 反逆이요 陰謀野慾의 化神이 似而非 指導者라고 아니 할수없다 보라! 國家經綸의 現實과 將來는! 國民은 다만 指導者의 非良心的 指導로 말미암아 漠然한 獨立의 希望에만 날뛰어 暗黑한 政界의 渦動에 높이 어우러 生活安定의 길을 얻지못하고 있으니 朝鮮獨立의 消極的인 一面이라 根據 弱化되리라 하는 一大危機에 逢着하고 있다 現段階에 있는 우리 民族의 進路는 오즉 消極的이나마 健全한 國民生活의 基盤과 無窮한 民族文化의 發展에 依한 強堅한 民族精神과 진實한 肉體 發達의 길 以外에는 아모것도 없다는 것을 알어야 한다 그럼에도 不拘하고 國土는 兩分되어 三八의 障壁과 함께 物資 涸渇과 生産 減縮은 國民生活과 民族精神에 一大危急을 加하고 있다 指導者들은 이 國內의 實情을 冷靜히 把握하여 민족의 進路를 正常的 指導明示함이 없이 오히려 國民으로 하여금 關心을 다만 막연한 政治的 問題에만 集中케하고 生産을 度外하고 冷靜한 批判과 判斷도 없이 盲目的으로 無批判 無條件 主義의 盲從氣熱을 釀成醱生케만 하고 있으니 理論과 實踐의 貧困에 處한 今日의 國際營은 摧否와 傷礙를 아니 招來할수 없으니 國際 對立의 今日 自國의 不統一을 表明하야 外國의 干涉을 助長하는 길 밖에는 아모것도 아니다 指導者여! 注意하라 今日의 朝鮮이 世界的 地位와 國際的 關係를 絶對的인 世界平和과 永遠利 이 地球에 確立되지 않는限 이 나라의 對立이 그대로 소리없이 찾아질줄 아는가? 東洋의 발달은 어떠코 같가 朝鮮史와 興亡과 浮沈을 보며 그 어느곳을 其論하고 事大主義의 動立과 鬪爭이었으나 畢竟의 事大黨은 三十六年 우리의 歷史를 中斷하고 야 말지 않었든가 忠心과 悲憤을 禁하지 못하는바이다 指導者들이여 三千萬 민족의 顚落이 어데게로 主義와 主張의 暗鬪만이 있으며 獨立없는 이 나라에 무슨 政策이 其正한 민족精神과 愛國을 忘却하고 名譽와 地位의 慾望에 사로 잡히어 히덕 거리고 있으니 日帝下의 壓迫과 苦痛을 生覺하고 先烈 先輩의 遺恨을 回想할때 어찌 우리는 이 事態를 그대로만 둘것인가? 歷史를 痛嘆하고 先輩를 眶視하면 오늘의 後孫들이 도마지 忿懼와 恐怖를 千秋에 남기 두려워한다 同胞여 우리의 獨立은 永遠한 希望뿐 이제야 國本意識을 徹底히 昻揚하야 弱少民族의 依賴性을 撲滅하고 億兆萬 代後孫들이 讚揚과 禱歌를 울릴 羅立祭壇의 祭物로서 우리 三千萬의 피를 다 바칠것이다 보라 南에서 北에서 左에서 右에서 大衆을 잇고 홀로 춤추는 許수아비 산송장들을 우리는 爛心하고도 良心의革命鬪士와함께 그 周圍를싸고도는 似而非政客 指導者 謀利輩 陰謀者 이 一團의 고름들 무리들을 警戒 하려야한다 指導者여! 愛國者여! 靑年의 情熱과 鐵血이 있다면 建國의 礎石들을 追慕하여 大衆의 품안에 끌어들어가 민족 精神의 革命을 다시 소리쳐 불러 時局을 告하려는 鳴鐘이 울린다 東明이 오기前에 獨立門을 세워라 非常하고이 緊張한 이 歷史의 刹那에서 獨立을 바라보고 國民은 感激과 哀憤으로 흐느끼고 싶지 아니하느냐 祭文을 읽으라는 指導者들이여 獨立門을 裝飾하는 찬爛한 祭物에 榮스러운 그 마음을 混濁케 말어라 歷史는 도라서 反復하려하니 一切의 依賴心과 物慾을 막부시 민족運命의 開拓鍾을 울리자! 깊은 꾸엇이 우리에게 비치니 朝鮮민족의 나아갈 路線은 獨斷과 誤解가 相爭을 버리고 南北 左右의 민족이 團合하야 우리의 歷史性과 민족性을 찾아서 偏見과 固執없는 大雅量으로 민족自決과 獨步主義永遠한 不和와 互立魂을 驅歌하라! 이것이 곧 朝鮮민족의 基本路線이요 現段階에 있어 우리민족에게 남은 단 하나의 活路이다 事大主義思想을 막滅하고 안으로 뭉치고 밖으로 協調하야 世界平和에 寄與하고 민주社會國家의 新建設에遭進하라

檀紀 四二七九 年 六 月 廿 日

朝 鮮 健 民 會

「(朝鮮健民會) 聲明書」 ☞ 본문 703쪽

이극로 / 전집

남한 편 II

THE COMPLETE WORKS OF YI GEUGNO
VOL. II : SOUTH KOREA

조준희 엮음

소명출판

일러두기

1. 본서는 원문을 그대로 전산입력했다. 다만 세로쓰기는 가로쓰기로, 띄어쓰기는 현대 한글맞춤법에 따라 교정했다.

2. 판독 불가 글자는 ○로 표시했다.

발간사

본『이극로 전집』II는 남한 자료 편으로 '국학자'로서 박사의 사상을 엿볼 수 있는 '말'과 '글'에 초점을 맞추었다. 시기적으로 1929년 귀국해서 1948년 월북 이전까지 모든 저술, 기고글, 좌담회, 기타 문서를 총정리한 것이다. 제1부 단행본, 제2부 기고글(1.한글 관계 논설, 2.기타 논설·수필·설문 및 좌담, 3.여행기(백두산·만주·상하이·금강산), 4.시가(한글노래 등), 5.편지와 엽서, 명함, 6.서문·서명·성명서·축사), 제3부 기타 자료(타인 글)로 구성했다.

객관적 평가를 위해 흠결 기록도 누락시키지 않았으나, 단체 문건-이승만 위임 통치 청원 성토문(1921.4, 이극로 연서), 외래어표기법통일안(1941), 그리고 인터넷 열람이 용이한 분량 많은 원문 자료 — 고등법원 판결문,『苦闘四十年』및『朝光』기행문(『苦闘四十年』수록 글) 6편은 포함시키지 않았다.

처음에 자료를 그대로 영인하려고 했으나, 다수 사료의 원본 상태가 좋지 않고 글씨가 작아 읽을 수 없거나 요즘 쓰지 않는 단어, 맞춤법 문제, 결국 모두 전산 입력했다. 정부기관 옛 잡지 입력본의 많은 오류와 이미지 스캔 불량 탓에 가능한 한 원사료와 대조 안 보이는 글자들을 일일이 찾는 작업을 수 개월간 더 했다.

본서를 완성하는 데 먼저 생면부지임에도 흔쾌히 자료를 보내 주셨던 분들을 기록하고자 한다. 근대서지학회 오영식 편집위원장께서는『임시중등음악교본』을 제공해 주셨고, 전남대 사회학과 최정기 교수께서는『형정』사본을 보내 주셨고, 부산대 국어교육과 이순욱 교수께서는『한얼』소장처 정보를 소상히 알려주셨으며, 아단문고 박천홍 학예연구실장께서『한얼』창간호를 제공해주셨다. 연세대 정용서 연구교수께서는『장산』·『물산장려회보』사본을 지체 없이 보내 주셨다.

귀한 사진과 자료를 제공해 준 유족과 학자, 기관관계자들 — 특히 이극로 박사 종손 경남대 이승철 교수께서 가족사진을, 안희제 지사 손자 안경하 전 광복회 부산시지부장께서 박사의 일본 사진을, 춘해학원 김조영 이사장께서는 후한 대접과 함께 조부(해악 김광진)와 선친(김영소), 이극로 박사 관계 자료를 내어 주셨다. 해악 가문과 자료에 관해서는 발굴자 (사)나라얼연구소 조원경 이사장을 통해 알게 되었음을 밝히고, 동아대 박지현 박사는 『해악총서』 기증 및 김광진-김영소 부자에 대한 정보를 많이 알려주었다. 신성모 선생의 손녀 신한덕 여사께서는 한글날에 태어난 당신의 이름을 이극로 박사가 특별히 지어 주었다고 증언해 주셨다(박사의 차녀 세덕과 동갑이며 끝의 덕자가 같음). 을유문화사 고 정진숙 회장께서는 생전(2005.7.8)에 박사와 『큰사전』 출판 협의 당시의 일화를 들려주셨다. 몽양여운형기념관 장원식 박사께서는 『몽양여운형사진자료집』 기증 및 관련 사진 사본을 주셨다. 이외 국립중앙도서관(현예원 학예연구사), 국사편찬위원회, 독립기념관, 대종교총본사, 도산안창호기념관(유선애 팀장), 조선일보사, 춘해보건대학교 역사관, 한글학회 등 여러 기관 자료실과 고려대, 동국대, 연세대 등 대학 도서관의 협조를 받았다.

입수 자료에 대해 방암 김태진 선생께서 한시 번역을, 고전번역원 노성두 연구원께서 한자 초서 판독을 자문해 주셨다. 고헌 박상진 의사 증손 박중훈 선생께서는 광화문 조선어학회 한말글수호기념탑이 본래 '항일투쟁기념탑'으로 왜곡돼 추진되던 것을 편자와 함께 바로 잡는 데 힘을 보태 주셨고, 초서 판독 및 경남 방언을 조언해 주셨다. 일본어 번역과 자문은 독립기념관 한국독립운동사연구소 윤소영 연구위원과 일본 도호쿠대 선지수 선생께서 도와주셨다. 영문 서문과 관련 기사 번역은 영문학 전공자인 한국신교연구소 유영인 소장께서 맡아 주셨다.

경희대 사학과 신용철 명예교수와 문학평론가 차민기 박사의 격려, 그리고 한국교원대 장신 박사의 열성적인 조언은 고된 작업에 큰 힘이 되었다. 이근엽 연세대 명예교수와 안호상 박사 유족 안경홍 선생께서 격려 말씀을 아끼지 않았음도 기록해 두고자 한다. 편자의 『고투사십년』 복간본 초판을 북으로 전해 준 한민족운동단체연합 윤승길 사무총장과 이정희 사무국장의 노고에도 사의를 표한다. 오늘까지 완주할 수 있도록 성원을 보내 준 네이버 이웃블로거들에게도 감사의 마음을 전한다. 비록 전집간행위원회를 구성하지 못했지만, 이 모든 분들의 협력이 있었기에 본서가 잘 나올 수 있었다. 향후 본서에서 누락된 글이나 유실

되었던 자료가 발견된다면 개정판에 담을 것을 기약한다.

끝으로 출간을 위해 애써 주신 소명출판 박성모 사장님과 공홍 부장님, 정필모 선생님께 다시금 감사의 뜻을 전한다. 남북 화해의 분위기 속에서, 주시경의 사업을 완수하고 우리말글을 지키고자 누구보다 앞장섰던 ─ 이극로 박사의 업적이 남과 북에서 선양되고 본 『이극로 전집』의 가치가 국내뿐만 아니라 한국학을 연구하는 해외 학계에서도 필독서로 조명되고 평가받을 날이 오리라 확신한다.

2019년 9월 25일
조준희

목차

제3부 | 기타 자료(타인글)

이극로 전집 총목차

제1부 | 번역문

제2부 | 원문

천만 번 죽여도 죄가 남을 놈들!

전 민족의 숙원을 해결 하는 길

남조선에서 미일 침략자들을 몰아 내고 박 정희 매국 도당의 파쑈 테로 통치를 분쇄하며 조국의 자주적 통일을 촉진하기 위하여 더욱 완강히 투쟁하자!

남북련석회의때를 회고하여

일본 사또반동정부의 《외국인학교제도법안》 조작책동을 분쇄하자

진실을 외곡하여 제놈들의 추악한 정치적목적을 달성하려는 미제와 박정희파쑈악당의 범죄적인 《반공》 소동을 치솟는 민족적분노로 규탄한다

제3부 | 시·수필/기타 자료

제2부
기고글

—

朝鮮民族과 한글

『農民』 4-6, 朝鮮農民社, 1933.6, 24~25쪽.

一, 朝鮮民族과 한글을 말하기 前에 먼저 民族과 文化의 關係. 文化와 言語文字의 關係를 말하지 않을 수가 없다. 한 民族은 남다른 文化를 가진 것이니 곳 어떤 地理的 歷史的 環境 밑에서 物質生活로나 精神生活로나 남다른 生活方式을 이룬 것이다. 이 文化의 中心은 곳 말과 글이다.

二, 朝鮮民族이 半萬年이나 긴 歷史를 가지고 살아오는 가온대에 그 文化의 可히 자랑할 만한 點이 많겟지마는 그 中에도 한글은 온 世界 여러 文字 가온대에 가장 理想的으로 용하게 좋게 쉽게 된 글이라 우리나 남들이 다 가티 더할 나위 없이 그러는 바이니 과연 우리 조선民族의 보배요 장랑[1]거리다.

三, 世宗大王께서 한글을 만드신 動機는 訓民正音 序文과 같이 「우리나라 말이 中國말과 달라서 漢字와는 서로 通하지 못하므로 백성들이 할 말이 잇어도 마츰내 그 뜻을 써서 나타내지 못하는 이가 많은지라. 이것을 딱하게 생각하야 새로 스물여듧 글자를 만들어서 사람마다 쉽게 배어 날로 씀에 便安케 할 따름이라」는 거룩한 뜻에서 나온 것이다.

世宗大王께서 여러 선비로 더부러 여러 해 동안 硏究하야 만드신 한글(正音)은 마츰내 世宗二十八年 丙寅(四百八十七年 前)에 頒布되엇다. 이 한글이 頒布되매 臣下 가온대 漢文에 종이된 許多한 무리가 매우 反對하엿으나 임금의 權力이라 잡아서 獄에 가들 놈은 가두고 벼슬을 뗀 놈은 떼고 하야 한쪽으로는 反對者를 鎭壓하고 또 한쪽으로는 이 한글로써 公文書에도 다 쓰게 하고 吏曹의 吏科와 吏典을 取才할 때에도 試驗을 보게 하야 힘껏 獎勵하엿다. 그래서 이때로부터 四五百年來에 儒書 佛書 詩歌 小說 醫藥 卜筮 種樹之書힐 것 없이 漢文 書籍이란 것은 거이 다 한글로 옴겨 놓앗으니 곳 무슨 諺解 무슨 諺解하는 것들이 그것이다. 또 譯學이 發達된 조선이라 漢語 倭語 蒙古語 滿洲語하는 모든 말 배우는 책들은 다 한글

---

1 [편쥐] 장랑: '자랑'의 오식.

로 지엇다. 그래서 知識階級에서도 다 한글을 써 온 것이 事實이며 漢文에 無識하다는 大衆은 그 中에도 더욱 婦女들[24]은 自己의 唯明한 行文으로 日常生活에 써 왓다. 그러다가 歐米文的이 들어오는 그 때부터는 한글이 조선민족의 一般으로 쓰는 으뜸 되는 글이 되어서 보는 出版物이 다 나게 되고 最近 十餘年 來에는 한글 文學이 相當히 發達되엇다. 한글이 誕生한지 五百年 동안에 많은 壓迫을 받아 오면서도 이렇게 널리 퍼저쓰히게 된 것은 偶然한 일이 아니다.

그러나 오래동안 잘 매어 가꾸지 못한 한글은 너무나 거칠게 되엇다. 그래서 이제 와서는 많은 科學者의 손을 빌지 아니하고는 아니 될 지경이다. 그런데 돌아가신 周時經先生으로붙어 이제 朝鮮語學會를 中心한 여러 한글學者들까지 四十年 來에 꾸준히 하여 가는 한글 整理의 科學的 努力은 世上이 다 아는 바어니와 더욱 各 教育機關 言語機關 宗教機關에서 年來에 이 한글 普及運動에 熱誠을 다하는 것 은 우리가 날로 보는 일이다. 오늘날은 한글 復興時代라고 하겟다.

四, 제 뜻을 나타내는 데에는 제 말처럼 完全한 것이 없고 제 말을 적는 데에는 제 글처럼 完全한 것이 없다. 한글로 적는 조선말이오 조선말을 적는 한글이라 이 말과 글로써 우리 生活의 힘이 되는 모든 知識과 技術을 가르치며 배우는 것은 正 當의 正當한 일이다. 한글은 조선民族 文化生活의 唯一한 道具요 武器인 것을 잊어서는 아니 된다. [25]

조선어학회의 발전

『한글』3-6, 朝鮮語學會, 1935.8, 1쪽.

이제 조선어학회라 하면, 해내 해외를 물론하고 조선말을 연구하는 학술단체로 뚜렷하게 알리어진 것이 사실이다. 이 학술단체는 어떻게 되어 왔나. 간단히 적으려 한다.

조선 사람도 현대 문명의 맛을 본 뒤로 문화의 기초인 말과 글을 먼저 정리하여야 될 것을 깨달았다. 이것을 먼저 알고 나선 이는 세상이 다 아는 바와 같이 돌아가신 주시경 선생이다. 선생이 동무들을 데리고 한글 연구에 조직적으로 움즉이게 되었으나, 상당한 연구실 한간을 가지게 못 되었고, 다만 이십여 년을 책보에 싸가지고 돌아다니는 연구회가 되었었고, 그 뒤로도 늘 그리고 지내어 왔다. 그리다가 이제로 육년 전에 비로소 서울 수표정 사십이번지 조선교육협회 집안에서 방 한간을 얻어 가지고 곁방살이로 문패를 붙이게 되었다. 그 뒤로 우리는 사전(辭典) 편찬, 잡지 간행, 철자법 통일안 작성, 이 밖에 여러 가지 사업이 진행되고 있다.

그런 가운데 장산사 사장 정세권(鄭世權) 씨로부터 서울 화동 일백 이십구번지 이층 양옥 한 채를 조선어학회 회관으로 감사히 제공하게 되었다. 그래서 금년 칠월 열하로 날에 이 집으로 회관을 옮기게 되었다. 조선어학회가 딴 문패를 붙이고 독립한 호주가 된 것은 창립 이후 이번이 처음 일이다. 이 학술단체가 독립한 호주가 되도록 성장한 것은 오직 조선어학회 회원의 노력에 있는 것이 아니라, 이미 이 과학적 사업에 대한 조선 사회의 많은 동정이 있은 까닭이다.

끝으로 우리 조선어학회는 조선 사회에 대하야 특별히 정세권 씨에 대하야 감사함을 마지아니하는 동시에, 우리는 적은 힘이나마 더욱 정성을 다하야 여러분의 바라는 바를 이루도록 힘쓰려 한다. (이극로)

한글 發達에 對한 回顧와 및 新展望 – 確乎한 그의 進展을 必期함(上)

『朝鮮中央日報』, 1936.1.1.

一, 朝鮮에 漢文이 들어온 지가 여러 千年이 된 것은 누구나 다 아는 바어니와 우리가 漢文을 그대로써 오다가 그것으로써 우리 조선말을 쓰려고 시험하기는 新羅 때이니 吏讀가 곧 그것이다. 表音文字가 아니고 表意文字인 漢文으로써 우리 말을 적으려 하매 그 不充分하고 不便할 것은 떳떳한 일이다. 그런 不便을 느끼어 오던 가온데 李朝 世宗大王께옵서 한글創造에 努力을 하시게 되었다. 大王께서 한 글을 지으실 때에 宮中에 正音廳을 두고 集賢殿 學士들과 議論도 하시고 또는 明 나라 선비 黃瓚에게 漢文音韻에 對한 問議를 하려 成三問으로 하여금 汽車와 飛行 機가 없는 그때지마는 遼東을 열세번이나 다니어 오게 하신 것만 보아도 얼마나 애쓰신 것을 잘 알 수 있다. 그리하야 한글을 다 만드시기는 世宗二十五年 癸亥十 二月이었다. 그러나 오히려 미비한 점이 있을가 두려워하야 더 두고 보시다가 마 츰내 二十八年 丙寅(四百九十年 前) 九月에 와서야 頒布하신 것이다. 이것이 곧 訓 民正音이다.

그러나, 이 頒布하시는 것을 퍽 反對하는 이가 있었다.

副提學 崔萬理, 直提學 辛碩祖, 直殿 金汶, 應敎 鄭昌孫, 副敎理 河緯地, 副修撰 宋 處億, 著作郎 趙瑾 따위가 곧 그들인데, 모다 義禁府에 가두었다가 그 다음 날에야 내놓았고, 鄭昌孫은 罷免까지 시키었다.

二, 한글이 頒布된 뒤에는 實用을 퍽 獎勵하야 公文書에도 다 쓰게 하고, 吏曹의 吏科와 吏典을 取才할 때에도 이것으로써 試驗을 보게 하였다. 그리고 한쪽으로 는 撰述과 一[1]譯을 굉장하게 하였다. 例를 들면, 龍飛御天歌, 月印千江之曲, 東國正 韻, 洪武正韻, 四聲通攷, 佛經諺解 等이 오로지 世宗께서 시키신 일이다.

世祖 七年에는 刊經都監을 두고 楞嚴經, 妙法蓮華經, 阿彌陀經, 圓覺經, 金剛心 經, 六祖解金剛經, 永嘉集, 等을 翻譯하였는데, 이 冊들은 이제도 다 남아 있으며,

---

1 [편쥐 一 : '翻'의 오식.

또 그밖에 武經七書諺解며 初學字會도 있었다고 한다.

그리고 成宗 때에도 撰述, 또는 翻譯한 것이 퍽 많으니 內訓, 五大眞言, 杜詩諺解, 聯珠詩格, 黃山谷詩集, 七書諺解, 鄕藥集成方, 樂學軌範 等이 곧 그것이다. 그런데 그 前의 책들은 다 木刻板이었으나, 이때에 出版된 金剛經三家解, 證道歌南明繼頌, 杜詩諺解들은 모다 鑄字로써 박인 것이 더욱 놀랠 만한 일이다.

三, 우에 말한 밖에도 歷代의 撰述과 翻譯이 많았으나 그것을 여기에 다 쓸 수 없으므로 그만 두고, 이제는 最近 朝鮮語文 整理運動에 關한 것을 簡單히 쓰고저 한다. 이미 말한 바와 같이 世界에 第一되는 文字를 創造하였고 또 各種 撰述과 翻譯이 그렇게 많았것마는 朝鮮語法이나 朝鮮語辭典만은 한 책도 없었다. 그 結果는 오늘날 한 글자를 가지고 各人各色으로 아니한 사람으로도 이 張 저 張이 다르게 쓰는 不統一이 생긴 것이다.

한글 發達에 對한 回顧와 및 新展望―確乎한 그의 進展을 必期함(下)

『朝鮮中央日報』, 1936.1.4.

語文을 整理하랴면 三大 基礎工作이 있어야 된다. 첫재는 綴字統一案이 서야 하고 둘재는 標準語가 定하여저야 하고 셋재는 外來語가 査定되어야 한다. 이 세 가지 가운데에 (1) 綴字統一案만은 한글學者 十八人으로 組織된 委員會에서 三個年 동안에 京城에서 準備會議와 開城會議와 華溪寺會議를 지나고, 또 修正委員會를 지나서 再昨年 한글날에 社會에 頒布하였다. (2) 標準語査定은 數年間에 語彙를 準備하여 가지고 今年 一月에 忠南 溫陽溫泉에서 第一讀會를 열었고, 今年 八月에 牛耳洞에서 第二讀會를 열었고, 京城에서 修正委員會를 여러 번 열어서 늘 整理하는 中인데 앞으로는 또 三讀會를 열 豫定이다. 그런데 이 標準語査定委員은 京城語를 標準語로 삼은 것만큼 京城及 近畿委員이 全委員數의 半數가 되고, 그 外의 半數는 各 道別로 또 人口 比例로 委員人數가 配定되었다. 그래서, 完全한 標準語를 方言과 久別하여 보도록 한 것이다. (3) 外來語査定이니, 곧 다른 民族의 말이나 固有名詞를 우리말 속에 섞어 쓰는 때에는 마땅이 우리말과 같이 標準語와 綴字法을 定하여야 될 것이다. 그리하자면 한글과 萬國音聲記號와의 對照案을 만들어 가지고 外來語의 綴字를 固定시킬 것이다. 이것도 三四年來에 準備하여 오는 中이다.

우에 말한 三大 基礎가 다 이루어지면 綴字辭典을 編纂할 것이다. 朝鮮語는 아즉 單語가 確定되지 못하였다. 이것은 우리의 槪念이 分明치 못한 點도 있고 또 大部分은 글을 달아 쓰므로 한 單語를 成立시키는 習慣이 없는 것이다. 한 槪念을 한 덩이로 묶어 한 單語를 만들어 쓰지 아니하므로 讀書能率이 매우 不足하다. 웨 그러냐 하면 우리가 글을 읽을 때에 字母마다 읽어서 소리를 내고 들은 뒤에 아는 것이 아니라 마치 漢文字를 한 덩어리를 한 번에 보아서 그 뜻을 잡아내듯이 字母文의 綴字도 한 덩이로 보아 내어야 된다. 이것은 무슨 原理原則 몇 가지를 가지고 생각하여 가면서 쓸 것이 아니라 文字의 訓練과 習慣으로만 能通할 일이다. 그러므로 綴字辭典이 나와서 그것으로써 거기에 確定한 대로 字字이 배워 訓練된 뒤에라야 綴字統一이 될 것이니 이때를 우리는 訓文期라고 말한다. 어느 **나라**를 勿論하고 國語敎育을 學校에서 七八年 동안이나 시키는 것은 사람마다 그만한 時日의 訓文期를 치르게 하는 것이다. 世上에 어느 國民이 字母만 배우고 國語敎育을 다 받았다 하야 말을 바로 쓰든가? 조선 사람은 한글 反切 열넉 줄만 배우면, 글과 말을 다 배운 줄로 생각하여 온 때문에 **한글**을 하로아침글이라고 하는 말이 생기었다. 文字의 形式統一 곧 綴字統一만은 綴字辭典을 通하야 잘 시킬 수가 있다. 그러나, 言語敎育은 綴字形式統一에만 있는 것이 아니라 뜻을 바루 알리는 것이 本來 辭典의 使命이다. 그러므로, 朝鮮社會에서는 五年 前에 朝鮮語辭典編纂會를 組織하고 朝鮮語學會와 함께 註解大辭典 編纂을 着手하였다. 그 뒤로 各 方面 專門家에게 付託하야 自己 專門에 關係된 語彙를 뽑아서 註解를 달고 있는 中이다. 그리고, 우리는 한글學者들의 個人으로 여러 해 동안 辭典語彙를 모으고 註解하여 오던 原稿를 集中한 것만큼 總決算的으로 編輯을 完成할 것이다. 그리하야 言語生活의 **寶庫**를 얻게 될 것이다.

四, 綴字統一에는 出版界를 統制할 必要가 있다. 大勢를 살펴본다면 統一基礎가 잡힌 것이 事實이다. 오늘날 글 쓰는 사람으로서 新綴字法에 依하야 글을 쓰지 아니하면 時代의 落伍者가 된다는 생각은 一般化하였다. 各 書籍業者에게서 말을 들으면, **책을** 사러 온 사람은 먼저 묻기를 이 책이 統一案綴字로 되었소 하는 것이다. 만일 아니라 하면, 그 책을 어대 쓰겠소 하고 나간다고 한다.

이제 새로 出版되는 것은 물론 統一案에 의하여 되는 것이다 라고 하여도 틀림이 없을 것이다. 朝鮮語敎科書가 **統一**案에서 크게 다른 것이 없이 되었으며 各 新聞 雜誌 그밖의 一般 出版物이 모두 그러하고 또 거이 예수敎 聖經이 新綴字로 나게 되었으며 舊小說을 또한 新綴字로 고처내지 아니하여서는 아니 되겠다는 書籍業者의 뜻이므로 朝鮮語學會에서는 그 校正事務를 도웁기로 한다.

漢文字典도 이미 新綴字로 出版된 것이 있고 또 印刷 中에 있는 것도 있다. 오늘날 出版界의 趨勢를 따러 朝鮮語學會에서는 한글新綴字校正事務所를 그 會舘 내에 特設하고 누구나 原稿校正을 依賴한다면 應할 計劃이 있다. 이러한 統制 밑에서 한글綴字法이 하루 바삐 統一될 것을 믿고 바란다. 그리고 누구나 또 新綴字法 訓練받기를 要한다면 아무 때에나 應하여 드리기로 생각한다.

言語의 起源說[1]

『한글』5-6, 朝鮮語學會, 1937.6, 1~2쪽

言語의 起源 問題는 言語哲學의 한 特殊한 問題이다. 實際 言語의 現狀과 法則에 關한 것을 말하는 것이 아니라, 다만 言語가 어떻게 成立이 되었을까 하는 것을 통틀어서 論하는 것이므로, 形而上學的 領域에 屬한 것이다. 그러므로, 主要 問題가 言語 內에 있는 것이 아니라, 言語 前에 있는 것이다. 이 言語 起源 問題는 古代에 希臘 哲學者들이 硏究하였고, 뒤에 와서 예수敎 聖經에는 아무 證明도 없이 超自然的 起源을 말하였다. 十九 世紀에 와서 語源學者들이 各種 言語의 成立을 硏究함으로 말미암아 無史期의 原始語들이 혹 서로 關聯이 있음을 말하게 되었다. 그리고, 言語哲學이 言語의 起源을 解決하려고 들었다.

言語는 自然의 發生과 發達인가, 혹은 人爲로 規定하고 發明한 것인가, 이 兩 極端이 오늘날까지 論點이 되어 있다. 言語는 人爲的 規定으로써 成立되리라고도 생각할 수 있나니, 그것은 곧 體系的으로 規定된 創案한 記號로 볼 수 있고, 그 反對로 神의 規定이라고도 생각할 수 있나니, 그것은 곧 言語의 奇異하고 不可思議한 것이 다른 創造가 奇異하고 不可思議한 것과 똑같은 까닭이다. 그런데, 이 言語의 自然發生도 두 길이 있다고 보겠다.

첫째는, 外界의 自然音에서나, 其他 感受性에서 받은 模倣으로 생기었고, 둘째는, 自然的 사람의 感動音에서 절로 나온 소리가 客觀的 觀察과 結合된 것이다.

그래서 네 가지 假設이 생긴다. 이것은 人造起源과 神造起源으로 客觀的과 主觀的이다. 달리 말하면, 發明說과 奇蹟說과 模倣說과 自然音說이 그것이다. 이 네 가지 學說이 가다금 時代的 問題가 되고, 또 哲學的 潮流가 되어서 交流한다. 그리고 또 이 네 가지 起源의 綜合說이 없지 아니하다.

또 이 起源說에 對하여 따로 問題가 三重으로 成立된다. 곧 사람에게 言語와 理

---

1 [편쥐 「언어의 기원」, 『중등국어교본』 하—5 · 6학년 소용, 군정청문교부, 1947.5.17, 31~35쪽; 「언어의 기원설」, 『國語學論叢』(1948) 재수록.

性이 서로 分離될 수가 없다면, 세 가지 問題가 可能하다. 理性이 言語 前에 있는 가? 言語가 理性 前에 있는가? 理性과 言語 1 가 同時에 있는가? 여기에 理性이 란 것은 사람의 精神的 發達이 禽獸와 다르다는 것을 뜻한 것이다. 그러나, 사람 과 짐승과의 사이의 差는 言語가 있고 없는 데에 있는 것이 아니다. 禽獸에게도 그 사이에 서로 無數한 程度의 差異가 있는 말이 普及되어 있다. 다만 問題는 사람 은 自己의 知覺 程度가 適合한 表示 動作을 語音으로써 複雜하고 無刑한 생각 內容 의 記號를 삼고 있는 것뿐이다.

言語는 사람의 表現 動作 全體 中의 하나이다. 本來 言語 表示는 音 그 自體가 아 니라, 發音機關의 動作이니, 곧 感覺의 一種인 槪念을 表示하는 擬容의 動作에 不 過하다. 그러므로, 言語는 다만 動作語에 따라오는 結果요, 現象일 뿐이다. 그리 고 次次로 人類의 繼續的 共同生活의 影響 밑에서 音語로 獨立된 것이니, 그리하는 가운데에 擬容的과 身振의 補助動作은 必要가 없게 되었다.

위에 말한 바와 같이, 言語의 起源만은 原始的으로 單純하게 되었을 것이다. 그 러나, 사람은 모든 事物에 對한 槪念의 發達을 따라 그것을 表示하는 말도 새로 지 어내지 아니하면 아니 될 것은 自然한 일이다. 이제 새 말이 생기는 것을 살펴어 본다면, 서너 가지 길이 있다. 첫째는 鄕間에서 절로 생기는 것이니, 누가 어느 때 에 지어 내는지도 모르게 한 새로운 槪念을 잡아 가지고 語感에 맞도록 다른 말의 토막을 잘라다가 새 말을 지어내는 것이요. 둘째는 學者들이 學術的으로 獨特한 새 槪念을 發見할 때에 거기에 對한 新 術語를 意識的으로 짓는 것이요. 세째는 文 化의 流通을 따라 서로 서로 外來語가 생긴다. 그래서 文化의 向上 發達을 따라 言 語도 複雜하게 發達되는 것이다. 2

(朝鮮學界總動員 夏期特別論文(16)) 한글發達史

『朝鮮日報』, 1940.8.3.

 氏는 慶南 宜寧 出生, 四十五歲, 大正五年 中國 上海로 건너가 獨逸人 經營의 同濟醫工大學에 入學하여 同九年 同大學 豫科를 卒業하고, 다시 獨逸로 건너가 大正十一年 伯林大學 哲學科, 政治, 經濟科에 入學하여, 同昭和二年 同大學을 卒業하고 눌러서 同大學에서 哲學博士學位를 밧고, 昭和四年에 歸國하여 以來 十年을 一日가치 朝鮮語學會에 主務하면서 朝鮮語大辭典 編纂을 爲하여 가즌 苦楚를 달게 여기며 全力을 다하고 잇는 盤石가튼 意志의 人이다.

한글 發達史를 말하기 前에 먼저 한말슴 할 것은 한글이 나기 前에는 조선 사람이 무슨 글을 썻는가 하는 問題이다.

[漢字]가 數千年 前부터 쓰이어 온 것도 事實이고, 이 땅에서 따로 생긴 文字로는 實際의 內容이 傳하지 못하엿으니 古代文字가 잇섯다 하고, 이제까지 그 內容이 傳한 것으로는 吏讀文字와 口訣文字인데, 吏讀는 漢字를 그냥 쓰되 漢字의 音은 새김(訓)으로 조선말을 적는 것이오, 口訣은 漢字를 略하여 한 符號로 쓰되 漢字 사이에 吐로만 쓴 것이다. 그래서 純漢文과 吏讀와 口訣이 석기어서 ○○한 現象의 文字生活을 하여 온 것이다. 이런 가운데 새 光明이 나타난다. 訓民正音 한글이다.

한글의 歷史的 發展을 叙述하는 데는 다음과 가튼 네 時代를 갈라 보는 것이 便利하다.

第一, 創定期(正音時代)

第二, 沈滯期(諺文時代)

第三, 復興期(국문時代)

第四, 整理期(한글時代)

第一, 創定期

조선글이 처음으로 制定되어 訓民正音이란 이름으로 世上에 頒布된 世宗二十八年 丙寅으로부터 成宗 末年까지 五十年間을 創定期 또는 正音時代라 하나니 곳한글이 創定되어 널리 普及되는 時期이다.

[世宗]大王께서 局을 禁中[1]에 設置하시고 訓民正音을 지으실 새 그 聖旨를 體得하여 이를 協贊한 이는 鄭麟趾, 成三問, 申叔舟, 崔恒 等 여러 文臣들이다.

訓民正音을 頒布함에 對하여 中華 文物을 버리고 즐겨서 스스로 夷狄[2]이 되려는 것이라 하는 理由로써 頑强히 이를 反對한 몃몃 臣下가 잇섯스니 그는 곳 副提學 崔萬理를 先鋒으로 하여 辛碩租, 金汶, 鄭昌孫, 河緯地, 宋處億, 趙瑾 따위이엇다. 世宗大王은 이 ○理를 모르는 愚頑한 反對를 抑制하기를 爲하여 이 反對者들을 모두 義禁府에 가두기까지 하섯다가 翌日에 釋放하섯고 鄭昌孫은 벼슬까지 罷免되엇다. 그러고서 訓民正音을 頒布하섯다.

한글의 便用을 爲하여 多方面의 運動이 잇섯나니

一, 文學 方面에는 鄭麟趾 等 여러 文臣을 시켜 尊嚴한 龍飛御天歌를 지으섯스며 또 首陽君을 시켜 月印千江之曲을 짓게 하시고, 또 몸소 證道歌南明繼頌 三千餘 首를 翻譯하섯다.

二, 學術 方面에는 崔恒 等 여러 文臣을 시켜 東國正韻, 洪武正韻을 撰하게 하시고 申叔舟로 四聲通攷를 撰하게 하섯다.

三, 首陽大君을 시켜 여러 가지 佛經과 儒經을 翻譯하게 하섯다.

사, 한글을 公文書에도 쓰게 하고 吏曹의 吏科와 吏典을 取才함에도 이 글로써 試驗을 보게 하섯다.

世祖 때에 와서는 佛經의 飜譯事業이 거의 다 完成되어 刊行되엇스니 妙法蓮華經諺解, 圓覺經諺解, 金剛經諺解, 楞嚴經諺解, 阿彌陀經諺解, 永嘉集 等이 그것이다.

[成宗] 때에도 여러 가지 한글 書籍이 刊行되엇스니 첫째 친히 五大眞言을 飜譯하시며 杜詩諺解(曺偉, 柳允謙 等의 譯), 黃山谷詩集諺解(徐居正, 盧思愼 等의 譯)

---

1 [편쥐] 금중: 궁중.
2 [편쥐] 이적.

가튼 重大한 文學書類가 飜譯되었다.

第二, 沈滯期

한글 發展은 燕山君朝에 이르러 큰 厄運을 만낫다. 燕山君의 淫蕩殘虐한 罪惡을 ——이 들어 한글로 榜을 써서 길거리에 부틴 匿名書[3]의 事件이 일어나서 그 犯人 을 찾기 爲하여 筆蹟을 調査하엿으며 또 民間에 諺文 가르치기를 嚴禁하엿다. 이 런 厄禍를 준 燕山君 때로부터 高宗 三十年까지 四百年間은 한글이 迫害와 凌蔑의 속에서 겨우 그 生命을 保存하여 閨中 婦女의 通信文으로, 下流階級의 치부文으로 使用하여왓다. 이 동안을 沈滯期라고 한다. 그러나 이 長久한 歲月에는 多少의 發 展이 잇섯스니 中宗朝에 崔世珍의 編纂인 訓蒙字會와 英祖 時의 申景濬(旅菴)의 訓 民正音圖解와 純祖 時의 柳僖(方便子)의 諺文志가 가장 重要한 것이며, 이 時期에 各種의 諺解가 나왓다. 그 重要한 것을 들면 經書의 諺解로는 中宗朝 柳崇祖의 七 書諺解가 그 처음이오, 宣祖朝에 李栗谷의 四書諺解, 小學諺解가 完成되엇다. 이박 게[4] 中宗朝의 續三綱行實, 農書諺解, 瘡疹方[5]諺解, 朴通事諺解와 宣祖朝의 家禮諺解 와 仁祖朝의 馬經諺解와 英祖朝의 唐本女四書諺解와 正祖朝의 增修無冤錄諺解, 武 藝圖譜諺解 等이 그 重要한 것이다.

文學 方面에서 한글을 愛育한 이는 時調作家와 小說家이니 [時調]作家로는 中宗 朝의 黃眞伊, 明宗朝의 鄭澈(松江歌辭), 仁祖朝의 尹善道(孤山別集), 孝宗朝의 金天 澤(靑丘永言 撰者), 金壽長(海東歌謠 撰者)들이 그 가장 有名한 者이오, 小說家로 는 孝宗朝의 金萬重(九雲夢), 英祖朝의 李庭綽[6](玉麟夢), 純祖朝의 南益薰(玉樓夢) 들이 그 有名한 者이다.

---

3 [편쥐 匿名書 : 익명서.
4 [편쥐 이박게 : 이밖에.
5 [편쥐 瘡疹方 : 창진방.
6 [편쥐 李庭綽 : 이정작.

第三, 復興期

甲午更張 以後로 朝鮮社會에도 世界의 新風潮가 들어오매 思想도 따라 一變하게 되었다. 여러 百年 漢文崇尙의 迷夢은 깨어지고 쉬운 제 文字에 對한 尊仰心도 절로 생기게 되었다. 그리하여 甲午年으로부터 庚戌年까지 十七年間은 한글의 復興期가 되었다.

한글 愛用의 先驅者는 故 兪吉濬先生이다. 그가 歐洲留學을 마치고 도라와서 『西遊見聞』의 大著를 지으니, 이것이 實로 最近世의 朝鮮文化史에 잇서서 朝漢文體의 嚆矢이다.

乙未年에는 『法律과 命令은 다 한글로써 本을 삼고 漢譯을 附하며 혹 朝漢文을 混用홈』이란 勅命을 發하였고, 丙申年에는 純한글 新聞 『독립신문』이 나오고 戊戌年에 朝漢文 交用의 『皇城新聞』과 純한글體의 『帝國新聞』이 나오고, 新敎育을 設施하는 學校에서는 조선글로써 重要한 學科를 삼게 되고 書籍과 雜誌가 朝漢文의 交用 또는 純한글로 나오게 되니 新羅 以來 千餘年間의 頑强한 漢文의 멍에도 時代的 要求에서 절로 풀리게 되고, 四百年間 沈滯하엿던 한글은 復興의 氣勢를 보이엇다.

周時經氏는 國文學校를 새로 設立하여 敎育에 힘썻고, 池錫永氏는 『新訂國文』을 編成하여 [學部의 審議를 거처 實施의 件을 公布하였다. 光武十一年에는 當時 學部大臣 李載崐氏의 請으로 因하여 學部안에 國文硏究部를 設置하였다.

이 한글復興期에 잇서서 한글의 普及에 큰 功績을 끼친 것은 基督敎의 宣敎事業이니 聖經과 讚頌歌와 其他 敎會 刊行物이 쏘다저 나온 것이다. 聖經의 누가 福音과 요한 福音이 한글로 飜譯되기는 甲申政變 三年 前인 辛巳年(一八八一年)이엇다. 그러나 聖經 飜譯의 本格的 事業은 甲申政變 翌年에 米國 宣敎師 언더우드, 아펜설라 두 牧師가 온 뒤에 進行되어 庚子年(一九〇〇年)에 新約全書의 飜譯이 完成되고 그 뒤 十年에는 舊約全書의 飜譯이 完成되엇다.

第四, 整理期

新時代의 要求에 應하여 나오는 한글의 書籍, 雜誌 [新聞은 顯著한 發展을 보이 엇다. 그러나 各人各色으로 쓰는 글과 말은 亂麻와 가타여 그 不統一이 말할 수 업 시 되엇다. 이에 조선말의 語法을 研究하며 한글의 整理運動을 시작한 이는 故 周 時經先生이엇다. 우리는 庚戌年으로부터 이제까지 三十年 동안을 한글의 整理期 라고 말한다.

大正十年 十二月에 組織된 朝鮮語學會는 朝鮮語文整理의 事業을 十數年來에 착 착 進行하는데 昭和八年에는 『朝鮮語綴字法統一案』을 發表하엿고 昭和十一年에 는 『査定한 朝鮮語標準말 모음』을 發表하엿다. 이것은 모두 이제 進行 中에 잇는 朝鮮語大辭典의 基礎工作으로 된 일이다. 그리고 朝鮮言文雜誌 月刊 『한글』은 朝 鮮語學會의 發行으로 第八卷이 發行되고 잇다.

한글날을 맞으며

『한글』 11-1, 한글社, 1946.4, 33쪽.

오늘은 한글날입니다. 이 한글날은 어느 때부터 사회적으로 기념날로 지키게 되었느냐 하면, 서력 1926년 병인년부터입니다. 그해는 훈민정음 곧 한글이 반포된, 세종대왕 이십 팔년 병인으로부터 꼭 팔회갑 곧 사백팔십 주년이 되는 해이었습니다. 그해 음력 구월 이십구일(양력 십일월 사일)에 조선어학회와 신민사와의 공동 주최로 서울 식도원에서 사계학자들을 비롯하여 사회 각 방면의 명사들과 관민 및 내외국인으로 사백여명이 모이어 당시에 드물게 보는 성대한 기념식을 거행하였습니다.

그 자리에서 이 기념날을 명절로서 부를 이름이 있어야 하겠다는 의논이 나서 어떤 분이 『가갸날』이라 함이 어떠냐 하는 말이 있었으므로 신문지상에 『가갸날』이란 명칭을 쓰게 된 까닭에 수년 동안 이날을 『가갸날』로 부르다가 뒤에 차차 『한글날』로 부르게 되어 1928년 이래 훈민정음 반포기념일을 『한글날』이라고 일컫는 것이 고정되게 되었습니다.

그런데 원래 세종께서 훈민정음을 반포하신 그 날짜에 대하여는 사록에 명확하게 기재되지 아니하고 세종실록 병인 구월 조에 『이달에 훈민정음이 이루다.』라고 적히어 있을 뿐입니다.

이와 같이 하여 육년 동안을 늘 음력으로 기념하여 오다가 1932년부터는 우리 문화생활이 모두 양력으로 표준 하는 현대에 『한글날』만을 음력으로 지킴은 불편한 일이므로 『한글날』도 양력으로 지킴이 마땅하다 하여 세종 이십팔 년 음 구월 이십구일이 양력으로 어느 날이었던가 함을 질정하기 위하여 수학 전문가들에게 이 날짜의 양력 환산을 의뢰하였던 바, 그 날은 양력으로 시월 이십구일에 해당하는 점에 일차되므로 그해부터는 양력 시월 이십구일로 기념식을 거행하고, 그 다음 해도 그대로 하였습니다.

그리다가, 1934년에 이르러는 음양력 환산 방법에 다소의 의문이 생기어서 양력 시월 이십구일이라는 날짜를 재고하게 되었습니다. 그래서 조선어학회에서는 다시 여러 전문가에게 의뢰하였던 바, 그 환산만은 틀림이 없으나, 이제 조선에서 현용하는 양력은 서력 1582년 이후로 재정된 그레고리력인즉 조선에서는 도무지 시행된 일이 없던 율리우스력을 기준 삼을 것이 아니고 현용력을 기준삼아 고급 계산함이 옳다 하여, 그대로 한 결과, 양력 시월 이십팔일이 되었습니다.

여러 해를 지키어 오던 『한글날』은 지나사변이 난 뒤로는 지키게 못되었습니다. 그런 가운데 또 1942년 사월에 조선어학회 회원이 함남 홍원서에 검거되어 함흥형무소에서 다년간 지나게 되었던 관계로 이 『한글날』기념식도 중지되어 있다가 금년부터 처음으로 시월 구일을 『한글날』로 정하여 지키게 된 것은 연전에 경북 안동군에서 나타난 훈민정음 원본에서 구월 상한이라고 한 것으로써 그 해 음 구월 상한의 끝날, 곧 구월 십일이 양 시월 구일임을 알았기 때문입니다. 금후로는 해마다 이 날을 우리의 한글날 명절로 지킬 것입니다.

이 한글날은 우리나라의 경사스러운 날입니다. 이 날을 정성껏 지키는 것이 우리의 도리입니다. (시월 구일, 제499주년 한글날 기념 방송 원고)

한글에 바친 一生-桓山, 曉蒼을 悼함

『朝鮮週報』 4, 朝鮮週報社, 1945.11, 6〜8쪽.

惡魔와 같은 제國主義 日本은 우리나라를 뺏고도 不足하야 또 다시 우리의 生命이요 우리의 思想이요 우리의 자랑인 말까지 빼섯다. 이 暴虐 밑에서 가진 壓迫과 고초를 받으며 한결 같이 우리말을 爲하야 싸워오다가 드디어 他鄕의 차디찬 獄中에서 永遠히 잠드신 桓山, 曉蒼 두 先生의 前日을 回想하니 感慨無量하고 새삼스러운 悲憤을 느낀다.

입으로는 文明을 지껄이면서 頭惱는 未開地 野蠻人들과 조곰도 다름없는 日本人들은 우리나라를 強奪한 後로 우리말 敎育에는 自由를 차차로 剝奪하기 시작하야 마침내 지금으로부터 七年前, 一九三八年에 이르러서는 各學校의 朝鮮語課目을 全廢하고 말았던 것이다. 授業時間에는 더 말할 것도 없거니와 運動場에서 질겁게 뛰놀 때라던가 或은 몹시 놀내거나 感動된 때 本能的으로 나오는 우리말에 對해서 까지 疑惑을 품고 純眞한 兒童들에게 견딜수 없는 酷毒한 體罰을 주는 것은 日常事이요 停學 退學處分까지 하였다. 우리말 한마디 했다고 罰金까지 받은데 이르러서는 오히려 ○○의 苦笑를 禁치 못할 지경이었다. 이 같은 野蠻的 暴行은 우리 文明水準에 잇는 사람들의 常識으로서는 到底히 理解키 어려운 바이니 一種 變態性에서 오는 行動으로 解釋할 수밖에는 없다.

이와 같이 朝鮮사람의 머릿속에서 朝鮮사람이란 意識을 뺏고 한갓 無能한 奴隸를 맨들려는 虐政속에서 꿋꿋하게 우리말과 한글을 직혀 우리 民 6 族에게 民族的意識과 希望을 주어오시든 두 분 先生의 功績은 이루 다 말할 수 없다.

桓山 李允宰先生은 高宗二十五年 十二月二十四日에 慶南金海에서 誕生하시였다. 大邱 啓星學校를 卒業하시고 오랫동안 敎育에 힘써 오시다가 東京에 二年間 留學하시고 다시 歸國하시여서 敎鞭을 잡으섯고 三·一運動 때 獄中生活 五年을 거처 다시 敎育界로 登場하시였다가 北京大學에서 三年間 史學을 硏究하고 도라오

섯다. 이때부터 朝鮮語學會와 關係를 맺으시고 한글의 硏究와 普及 統一에 큰 功績을 남기시었으며 또 培材中學, 中央中學, 監理敎 神學校 延專등 各學校에서 國史와 國語科目을 가르치섯다. 一九三八年 六月에 修養同友會事件으로 獄中에서 五年을 보내시고 그 後 基督敎新報 編輯主筆로 계시다가 一九四二年 十月一日에 朝鮮語學會 事件으로 檢擧되어 三年동안 鐵窓에서 呻吟하시다가 드디어 獄中에서 別世하섯다.

先生은 한글을 몹시 사랑하시고 한글에 對하여 큰 情熱을 품고 계섯다. 일을 퍽 좋아하시고 또 熱情家이섯기 때문에 늘 先生의 力量에 지나치게 일을 많으심으로 늘 밤을 새이시게 되고 그래서 낮이면 冊床에 안즈서서 졸고 계시는 일이 많았다. 일을 많이 하고져 하시는 欲望이 크고 誠意가 많으며 無理를 하시는 까닭에 過勞로써 健康에는 大端히 조치 못하였다. 元來 數次의 獄中生活에 身體가 퍽 衰弱하신데다가 가진 惡刑에 老體가 견디기 어려워 哀惜히도 世上을 떠나시고 말은 것이다.

先生은 우리 朝鮮에서 社會敎育家의 先驅者요 國語運動者의 元老이시다.

曉蒼 韓澄先生은 今年 六十歲, 서울 태생으로 漢文에 能하시고 時代日報 中外日報 朝鮮中央日報에서 記者生活을 하시면서 朝鮮語學會와 關係를 맺으시고 우리말의 硏究와 朝鮮語辭典編纂에 많은 努力을 하섰다.

先生은 얌전한 선비시고 現代敎育을 얼마 받지 안흐섯으나 朝鮮學 辭典이라고도 할만치 博識하신 분이시었다. 여러 百年 서울에 내려오는 舊家인만큼 우리말을 퍽 많이 아심으로 朝鮮語辭典編纂에는 ○놀 수 없는 重要人物이시었다.

先生의 性格은 特히 柔順하시고 퍽 規模的이시어서 私生活에 들어가서 極히 規模的이다. 時間을 嚴守하시고 物資를 所重히 역이시는데는 탄복안하는 사람이 없다.

先生의 설합 속은 언제던지 깨끗이 整頓되어 있고 다른 사람 같으면 ⑦ 벌써 휴지통에 버렸을 鉛筆찌끄레기가 얌전히 保管되어있었다. 조흔 意味에서 經濟觀念이 두터우시고 日常生活에 규모가 있어서 우리들에게 模範되는 點이 적지 않았다.

一見 消極的인 性格인 것 같지만 自己의 義務와 責任에 對하여서는 누구보다도 忠實하시고 熱誠的이시었다. 이것이 第一 아름다운 先生의 特徵이시다.

元來 體質이 몹시 蒲柳質¹이어서 健康하시지는 못하였으나 마음은 누구보다도 强하섰다.

結局 酷毒한 栲²問과 榮養不足으로 全身에 피 한 點 없이 氣盡脈盡하셔서 아깝게 獄中에서 돌아가시었다.

———◇———

桓山, 曉蒼 두 先生은 永遠히 가셨다. 그러나 그 거룩하신 靈魂은 暫時도 이 땅을 떠나지 않고 우리들을 돌보아 주실 것이다.

눈을 헤치고 비바람을 避하며 뿌려주신 한 알의 보리알이 인제는 數萬알로 느러날 때가 돌아왔다.

피에 주린 이리와 같은 安刑事³의 끔직〱⁴한 栲問에도 泰然히 信念을 잃지 않고 最後까지 節介를 지키신 두 先生의 崇高하신 遺志를 바뜨러 섬기지 않으면 않된다.

一個 女學校의 些少⁵한 問題로부터 期於히 語學會에 까지 魔手를 뻗치어 없는 罪를 있다고 맨드러가지고 國寶的인 두 先生과 여러 先輩 同志들의 忠誠에서 나온 珠玉 같은 文獻을 불살나버린 것을 생각하면 血液이 逆流함은 느낀다. 잊지마자 이 哀痛한 朝鮮語學會事件을.

解放의 오늘날, 기쁨에 떨리는 우리들은 두 先生을 追慕하는 마음 더욱 간절하다. 地下에 계신 두 先生께서도 이제야말로 고요히 눈을 감으실 수 있것다.

길이 두 先生의 冥福을 빌어 마지않는다. [8]

---

1   [편쥐] 蒲柳質 : 포류질. 체질이 허약함을 갯버들(포류)에 비유.
2   [편쥐] 栲 : '拷(고)'의 오식.
3   [편쥐] 安刑事 : 고등계형사 안정묵(창씨명 야스다).
4   [편쥐] 끔직〱 : 끔직끔직
5   [편쥐] 些少 : 사소

朝鮮語學會의 苦鬪史

『自由新聞』, 1946.10.9.

한글을 반포한지 반천 년의 오백주년을 마지하여 그동안 한글의 파란곡절을 회고하여 볼 때 느끼는바 적지 아니하다. 지금으로부터 오백년간 세종대에는 한문이 ○[1]행되엇을 뿐만 아니라 고대문자 이두문 구결문 따위가 잇슴에도 불구하고 세종 이십팔년 구월(음력)에 훈민정음을 세상에 반포하여 전 국민에게 실행하게 된 것이다. 그러나 한글이 반포된 지 겨우 오십구 년 만에 연산군의 폭정으로 말미아마 민중은 배우지도 안코 배운 사람도 우리글을 쓰지 아니하게 되엇스므로 우리 조선문화발전에 잇어서 크다란[2] 파문이라 아니할 수 업다. 더욱 왜정시대에 잇서서 폭악무도하게도 우리말과 우리글을 말살하려고 배우는 신성한 학원까지 우리글을 업새버리고 한글의 운명도 고요히 걸어갈 수가 업섯다. 결국은 一九四二年 十月 一日 한글 연구와 보급운동은 문화적 민족적 운동임과 동시에 조선독립운동의 한 형태라 하여 二十여년 양으로 음으로 문자정리와 통일보급을 하여 오던 조선어학회도 그대로 지낼 수 업시 풍파 속에 덥처서 四년동안 회원 대부분은 함흥 형무소에서 가진 고문을 당하다가 동지 환산 이윤재 씨와 효창 한징 씨 두 분의 희상[3]을 보게 되엇다. 그리하여 一九四五년 八월 十五일 우렁찬 해방의 종소리에 철창문을 두다리고 나오게 된 것이다.

반천 년 역사를 가진 한글은 그동안 발전상에 잇어서 연산군의 폭정과 왜정의 최후적 발악으로 우리글과 우리말을 폭력으로 탄압하여 왓스나 세종대왕의 성스러운 위대한 공적은 우리와 겨레로 하여금 더욱 더욱 빛내게 할 뿐이다.

왜정이 물러간 뒤에 삼천리 방방곡곡에서 우리글 우리말 찾기에 배우기에 노

---

1 [편쥐] 원문 훼손되었으나 '집'이나 '답'자로 보임. 문맥 상 '집행'.
2 [편쥐] 크다란 : 커다란.
3 [편쥐] 희상 : 희생.

소남녀를 물론하고 밤낮을 모르고 애를 쓰는 겨레를 볼 때마다 감개무량한 여 옷 깃이 저즌 바도 한두 번이 아니엇다.

그러나 왜정이 발자취를 감춘 지 일 년이 지난 오늘날 우리글과 우리말은 어떠케 되어 갈까?

열 사람이 쓰는 글은 열 사람이 다 각각 다르니 한글이 반포된 지 백년이란 장구한 세월을 걸처 아직 우리글을 바로 쓰지 못함은 매단 유감한 일이다.

조선어학회는 二十여년 동안 한글의 통일과 정리보급을 위하여 꾸준히 힘써왓스니 왜정의 탄압으로 말미암아 일반에 대하여 힘찬 보급을 시킬 수가 업섯던 것이다. 여기에 더욱 성스러운 한글반포 오백주년을 마지하여 세종대왕의 성덕을 추모하든 동시에 삼천만 겨레의 각자가 책임을 늣끼어야 될 것이다.

그동안 조선어학회의 걸어온 길을 회고하여 볼까 한다. 一九二一년 十二월 三일 휘문학교에서 조선어연구회를 조직한 것이 우리글 우리말이 연구의 첫 출발이다. 一九二六년 十一월 四일(음 九월 二十九일) 훈민정음 반포 여덟번재 회갑 기념식을 거행하고 이날을 한글날로 정하여 해마다 지키어 왔다. 그러나 이미 인정한 한글기념날도 엄중한 경찰 ○○[4] 거행하기가 여간 어려운 일이 아니었다.

一九二七년 二월 十일부터 한글誌를 처음으로 사회에 간행하여 일반 민중에 대하여 한글의 의식과 지식을 주어왔다. 一九二九년 十월 三十一일 사회유지의 발기로 조선어사전편찬회를 조직하여 우리글의 원천을 밝히려고 어휘를 모아 일를[5] 박혀 세상에 발표할려다가 어학회 파란 속에 사전 원고까지 형무소에 차압되가치 가게 되엇다. 一九三○년 十二월 十三일 한글맞춤법통일안 제정위원을 선정하여 삼년 동안 연구 토의한 결과 一九三三년 十월 二十九일 비로소 한글맞춤법통일안을 발표하엿다. 그리하여 휴학기를 이용하여 지방순회 강습회를 개최하여 철자법통일보급과 아울러 계몽운동에 힘써왓다. 一九三一년 一월 十일 조선어연구회의 이름을 고처 조선어학회라고 명칭을 변경하는 동시에 한글연구와 보급에 인칭 사명을 달성하기에 노력하엿다. 이 명칭을 변경한 것은 그 당시 일본인이 우리글을 연구하는 단체가 우리 연구회와 가끼 때문에 이름을 고친 것이다.

---

4 [편쥐 '밋테(밑에)'로 보임.
5 [편쥐 일를: '이를'의 오식.

一九三五년 一월 二일 조선어표준말사정회 제일독회를 열어 그 다음 一월 二十일 査定한 조선어표준말 모음을 발표하여 우리말의 통일에 힘써왓다. 一九四二년 十월 一일 조선어학회 사건으로 일반회원과 찬조회원의 대부분이 검거되어 홍원경찰서에 수감 당하여 가진 악형의 고문을 밧고 一九四三년 十二월 八일 이윤재 씨가 옥사하고 一九四四년 二월 二十二일 한징 씨가 옥사하여 두 분의 귀중한 희생을 보게 되엇다. 우리의 글과 말은 해방되엇스나 우리말과 글을 위하여 끗까지 꾸준히 싸워 주신 동지 두 분의 명복을 빌어 마지아니하는 바이다. (사진은 이극로 씨)[6]

---

6 [편쥐 인쇄 상태가 매우 좋지 않아 싣지 못함.

한글 頒布 五百周年 記念日을 마즈며

『學生新聞』, 1946.10.9.

十月九日은 우리나라 最大의 자랑인 訓民正音 곧 "한글"이 頒布된 지 滿五百年을 맞이하는 榮光스럽고 意義 깁흐며 擧族的으로 祝賀記念할 날입니다.

民族이 있을진대 말이 있을 것이고 말이 있을진대 반드시 글이 있어야 할 것입니다.

말은 民族의 精神이요 글은 民族의 生命입니다. 精神과 生命이 있을진댄 그 民族은 永遠不滅할 것이니, 또한 幸福은 必然的일 것입니다.

우리 民族에게 生命을 주신 聖君 世宗大王께서 正音을 頒布하시게된 聖德을 이제 常時의 訓民正音의 序文을 밧드러 追慕하고자 하는 것입니다. 곳『우리나라 말이 중국과 달라 한자와는 서로 통하지 못하므로 백성들이 말하고자 하는 바 있어도 제뜻을 잘 나타내지 못할 사람이 만은지라. 내 이를 딱하게 여기어 새로 스물여덟 글자를 만드노니 사람마다 쉽게 익히어 날마다 쓰기에 편하게 하고자 할 따름이니라.』

그런데 한글은 말소리를 잘 적을 수 있는 과학적으로 된 세계적으로 우수한 글이오 조선 민족의 가장 큰 보배이엇으나 모진 비바람을 맛앗음은 이로 다 헤아릴 수 없습니다. 간단하나마 한글이 걸어온 가시길을 더듬어 보기로 하겟습니다.

한글이 처음으로 創定되어 訓民正音이란 이름으로 頒布된 世宗二十八年 丙寅으로부터 成宗 末年까지 이르는 五十年間(1446-1494 A · D)은 當初에 事大慕華의 精神과 漢化主義에 中毒된 臣下들의 反對를 입엇으나 世宗大王께서는 聖德을 가지신지라. 다만 한글의 創製와 頒布로써 決코 滿足하지 아니하시고 遠大한 聖慮로써 한글이 타고난 天職을 다 이루게 하기 위하여 또 한글 運動의 본을 보이셨던 것입니다. 곳 文學, 學術, 宗敎, 政治 等 各 方面에 밋치어 한글의 標準化 整理, 統一, 普及의 運動을 하시게 된 것입니다. 그러던 것이 燕山君 朝에 이르러 온 厄運을 當하겟 된 것입니다.

燕山君이 처음에는 한글을 매우 獎勵하여 曆書에까지 한글을 쓰게 하더니 뒤에 淫肆無道함을 따라 文政에 留意하지 아니하였던 것입니다. 成宗이 廢妃 尹氏(燕山君의 生母)에게 承旨를 시켜 諺文傳敎를 내리다가 드디어 賜藥까지 한 일을 알고 激怒하여 그 때의 이 일에 關係한 사람들을 모두 虐殺하는데 한글 아는 사람을 다 죽이엇던 것입니다.(燕山君 十年 甲子大禍) 그리고 어떤 사람이 燕山君의 淫蕩殘虐한 罪惡을 낱낱이 들어 한글로 榜을 써서 길거리에 붓친 事件이 일어나서 그 犯人을 찾기 위하여 한글 아는 사람의 筆跡을 調査하는 等 별별 手族과 함께 無限한 苦痛을 느끼여 흙 속에서 呻吟햇던 것입니다. 그리다가 解放의 鍾소리가 온 누리를 울리자 우리 民族과 함께 巨步를 내디디게 된 것입니다. 解放! 오로지 말과 글의 解放입니다. 우리 民族의 새 生命이 약동하고 있습니다. 다만 한글 頒布 五百年을 정성껏 記念하여 感慨無量한 가운데서 더욱 우리는 우리의 生命을 永遠히 保存하지 아니하면 안 되겟다고 구디[1] 밋습니다.

---

1 [편쥐 굳이.

이미 세상을 떠난 朝鮮語學者들

『京鄉新聞』, 1946.10.9.

[周時經先生]

세종대왕은 우리의 말소리에 맞는 글이 있어야 되겠다는 거룩한 뜻으로 한글을 만드시었거니와 열사람이면 열사람이 다 각각 달리 쓰는 문자를 바로잡아 보겠다는 뜻으로 조선말의 과학적 연구를 시작한 분은 주시경 선생이라고 할 수 있다.

선생은 불행히 서른아홉의 장년으로서 이승을 떠나셨으나 그의 일생은 오로지 조선말과 조선글의 연구와 정리를 천직으로 알고 사생활의 노고를 돌보지 안았으며 세상 사람들의 비방에도 개의하지 안코서 문자통일의 이상을 위하여 용감하게 나아가신 분이시다. 오늘에 있어서 문자통일을 꾀하고 나아가게 됨도 또한 직접으로 간접으로 주선생의 가르침을 받은 이들로 이루어지고 있다고 할 수 있다.

[李允宰先生]

이윤재 선생도 주선생과 마찬가지 일생을 통하여 조선말과 조선글을 연구 보급하기에 일생을 마치신 분이다. 서울 시내만 하더라도 칠팔 학교의 교직에 계시는 한편 신문사 각 출판사와도 간접으로 인연을 맺고 우리글의 통일과 보급을 위하여 갖은 애를 쓰시었다. 만일 조선어학자 가운데 문자의 통일과 보급을 위한 실제 운동에 있어서는 이윤재 선생이 으뜸이요 이 선생의 공로는 후세에 길이길이 빛날 것이다.

이 선생은 조선어학회의 초창기부터의 중진으로 계시다가 一九四二年 조선어학회사건에 관련하여 함경남도 홍원경찰서에 검거되어 그 이듬해 십이월 팔일 함흥형무소에서 경찰관의 갖은 고문을 견디다 못하여 옥중에서 한 많은 세상을 떠나시었으니 실로 그의 공은 크다.

[申明均先生]

　신명균 선생도 역시 조선어학회의 초창 당시부터의 중진으로서 여러 학교에 계시는 한편 출판사에 관계하여 한글의 정리와 보급을 위하여 몸을 바치신 분이다. 신선생의 성품이 강직하고 굳센 분이라 무슨 일이나 뜻한 일을 끝까지 이루는 실행가이다. 그의 공로는 후세의 학도들에게 남음이 많을 것이다.

[韓澄先生]

　한징 선생은 일직부터 여러 곳의 신문사에 관계하여 실제적으로 조선말과 조선글의 통일에 공헌하신 분이다. 한징 선생은 조선어사전 편찬사업에 종시일관 관계하여 사전편찬에는 누구보다도 그의 공로가 크다고 하지 안흘 수 없다. 한선생 역시 조선어학회사건에 관계되어 함경남도 홍원경찰서에 구검되었다가 다시 함흥으로 옴기어 一九四四年 이월 이십이일 함흥형무소에서 옥사하시었다.

어문운동의 회고

『한글문화』 창간호, 광주 : 한글문화보급회,[1] 4280(1947).4, 1~2쪽.

서력 1929년 1월에 나는 십년 만에 그립던 고국 부산항에 도착하였다. 이 해 4월에 조선어 연구회(어학회 전명)에 입하였다. 내가 처음 서울에 오자 조선어 교육의 현상을 조사하였다. 왜 그리 하였느냐 하면 나는 이 언어문제가 곧 민족문제의 중심이 되는 까닭에 당시 일본 통치하의 조선민족은 이 언어의 멸망이 곧 따라 올 것을 보았기 때문이다. 그리하여 어문운동이 일어나지 아니하면 아니 되겠다는 것을 여러 동지들에게 말하였다. 이것으로써 민족의식을 넣어 주며 민족혁명의 기초를 삼고자 함이다. 그리하여 먼저 조선어문을 학술적으로 천명하려면 난마와 같은 불통일의 철자를 통일시키며 방언적으로만 되어 있는 말을 표준어를 사정하여 외국어 고유명사와 외래어의 불통일은 그 표기법을 통일시키지 아니 하고는 사전도 편찬할 수 없기 때문에 경제적 기초를 세우기 위하여 조선어사전편찬회를 조직하였다. 그리하여 일면으로는 이 편찬회로서 어휘 수집에 착수 진행하고 다른 일면으로는 어학회로서 어문통일 공작을 착수 진행하여 삼년간에 일백 수십 회의 토의회로 조선어 철잣법 통일안을 내고 이년간의 토의로 조선어 표준어집을 내었으며 십년을 두고 연구토의로 외래어 표기법의 통일안을 내었다. 그리고 월간잡지 『한글』을 내어 조선어 연구의 글을 내며 재료를 제공하여 조선어문 교육의 지침이 되게 하였다. 이 한글 운동이야말로 민족적 총동원이 되지 아니하면 아니 되겠으므로 교육계 언론계 종교계 학생계를 총망라하여 다년간 『한글』 강습회를 열어 방언을 조사하며 『한글』 토론회를 열며 조선어문 출판을 활발히 하며 [1] 또 널리 출판물을 퍼트리기 위하여 조선기념도서출판관을 조직하였다. 그리하여 온갖 방법으로서 조직적으로 어문운동이 심각화하며 활발하여 지게 되매 당시 일정당국은 탄압을 개시하며 『한글』 강습회의 금지 『한글날』 기념의 금지 경찰서의 호출 결국 1942년 10월에 조선어학회 검거사건이

---

1   [편쥐 주소는 광주부 성남동 122번지(편집 겸 발행인은 김건철).

생기었다. 그리하여 동지 중 생명의 희생도 나고 말았다. 내가 조선 땅에 들어선 날부터 국어운동에 심력을 바치게 되므로 나의 가정생활이란 너무도 등한하였다. 조선어학회의 경제적 기초가 서지 아니한 것만큼 나의 가정뿐만 아니라 편찬실 동인들의 가정은 다 굶는 때가 가다금 있었던 것도 사실이다. 그러나 이런 과거는 다 우리에게 한 시험기로 보면 그만이다. 해방 조선은 무엇보다도 우리의 어문을 해방하였다. 이제 숨을 조금 쉬게 되니 안심이다. 그러나 우리의 할 일은 이제부터이다. ②

한글整理는 어떻게 할가(十三) 一 斯界專門家의 意見

『朝鮮日報』, 1929.6.20.

一, 子音 全數를 받힘(終聲)으로 쓰어야 되겠다. 그러하지 아니하면 朝鮮語法을 科學的으로 說明하지 못할 것이다.

二, 된ㅅ자를 다 竝音하여야 좋겠다. 本是 된소리가 決코 ㅅ音勢를 加하야 나는 것이 아니라 목청구멍을 막았다가 떼면서 그 本來 發音機關의 作用을 더 힘 있게 하야 發하는 한소리다.

三, 漢文音은 歷史的 記音보다 通俗的 記音이 좋겠다. 例를 들면 디(地)=지 텰 (鐵)=철 (샤)社사.[1]

---

1 [편주] '샤(社)=사'의 오식.

조선말소리갈(朝鮮語音聲學)

『新生』3-9, 新生社, 1930.9, 28~29쪽.

우리는 흖이 글씨(字母)된 그것으로써 말소리의 갈래를 갈라 보는 수가 잇으므로 이제 그 그릇됨을 밝히고저 하다.

소리갈(音聲學)에서는 과학상부호(科學上符號)로 한 소리에 한 글씨를 지어 정하얏으나 말을 적는 나날이 쓰는 글씨에는 그와 달라서 혹은 력사적 관게로 혹은 편리함을 좇아서 되기 때문에 한 소리를 여러 글씨로써 적기도 하고 여러 소리를 한 글씨로써 적기도 하는 것이다. 여러 나라 글씨 가온대 그 본보기로 몇 가지를 들자면 영어에 sh(ˢㅅ), th(ˢㄷ), ng(ˢㅇ)나 독일 말에 sch(ˢㅅ), ph(ˢㅍ)는 여러 글씨를 모아서 한 소리를 적는 것이오, 영어나 독일 말에 x(ㄱㅅ)나 로서아 말에 Ш(ㅅˢㅊ), Я(ㅑ), Ю(ㅠ)나 중국 주음자모(中國注音字母)에 ㄝ(ㅖ), ㄠ(ㅏㅜ), ㄋ(ㅏㄴ), ㄣ(ㅓㅇ)은 다 한 글씨로써 여러 소리를 적는 것이다. 우리 조선글씨에도 그런 것이 잇으니 곧 ㅑ ㅕ ㅛ ㅠ(ㅈ ㅊ ㅌ)는 글씨로는 하나이로되 소리로는 둘이오 ㅐ ㅔ ㅆ ㄸ ㄲ는 글씨로는 둘이로되 소리로는 하나이다.

소리결(音理)을 좇아서 조선말소리의 갈래를 말하면 이러하다.

조 선 말 소 리
조선말소리의 보기틀

내는 법			나는 자리	두입술	허끝과 니몸	혀몸과 센입웅	혀뿌리와 여린입웅	목청
닿소리	다막음	터짐소리	맑은	ㅂ,ㅃ,ㅍ	ㄷ,ㄸ,ㅌ		ㄱ,ㄲ,ㅋ	ㆆ
		코소리	흐린	ㅁ	ㄴ		ㆁ	
	덜막음	갈이소리	맑은		ㅅ,ㅆ			ㅎ
		불갈이소리	맑은		ㅈ,ㅉ,ㅊ			
		떨갈이소리	흐린		ㄹㄹ			
		떨림소리	흐린		ㄹ			
		반홀소리	흐린	̆ㅜ		̆ㅣ	(ㅜ)	

내는 법 \ 나는 자리		두입술	허끝과 니몸	혀몸과 센입웅	혀뿌리와 여린입웅	목청
홀 소 리	닫홀소리	(ㅟ,ㅜ)				
	반닫홀소리	(ㅚ,ㅗ)	흐린			
	반열홀소리					
	열홀소리					

한때에 두 자리가 움지기어서 나는 소리는 제각각 그 매인 두 자리에 다 같이 쓰되, 주장이 못 되는 [28] 교정 자리에 것은 괄호를 ( ) 침.

여듧 홋홀소리

ㅏ ㅓ ㅗ ㅜ ㅡ ㅣ ㅔ ㅐ

스물둘 홋닿소리

ㄱ ㄲ ㅋ ㅇ ㄷ ㄸ ㅌ ㄴ ㅂ ㅃ ㅍ ㅁ ㅅ ㅆ ㅈ ㅉ ㅊ ㄹ ㄹㄹ ㅎ ㅜ(w) ㅣ(y)

ㅚ, ㅟ는 홀소리로 내는 대가 잇으나 널리 쓰는 것으로 보아서는 ㅚ는 ㅜ 반홀소리와 ㅔ로 내며 ㅟ는 ㅜ 반홀소리와 ㅣ로 내는 한 낱소리(音綴)이다.

ㅝ, ㅘ는 거듭홀소리(重母音)로 내는 대가 잇으나 거이 다 ㅘ는 ㅜ 반홀소리와 ㅏ로 내고, ㅝ는 ㅜ 반홀소리와 ㅓ로 내는 한 낱소리이다.

ㅢ는 ㅡ와 ㅣ의 거듭 홀소리이다.

ㅑ, ㅕ, ㅛ, ㅠ, ·, ㅒ, ㅖ는 ㅣ 반홀소리와 ㅏ, ㅓ, ㅗ, ㅜ, ㅡ, ㅣ, ㅐ, ㅔ 홀소리와 어울러 내는 한낱소리 들이다. 그러나 이것들을 혹 거듭 홀소리라고도 할 수 잇다.

· 는 이제 쓰지 아니한다.

내는 힘의 갈래 　 소리의 갈래	나는 자리 소리의 갈래	혀뿌리와 여린입천 장의 꼭 막음	혀끝과 이몸의 꼭 막음	두 입술의 꼭 막음	혀끝과 이몸의 꼭 막았다가 덜 막음	혀끝과 이몸의 덜 막음
예사 숨쉴 때에 나오는 숨	예사소리	ㄱ	ㄷ	ㅂ	ㅈ	ㅅ
막은 목청을 터떠리는 날숨(ㆆ)	된소리	ㄲ	ㄸ	ㅃ	ㅉ	ㅆ
좁힌 목청을 갈는 날숨(ㅎ)	센소리	ㅋ	ㅌ	ㅍ	ㅊ	

ㅋ, ㅌ, ㅍ, ㅊ는 ㄱ, ㄷ, ㅂ, ㅈ에 ㅎ 소리가 섞이엇으므로 섞임거듭 소리라 한다. 이 소리들을 거듭소리로 보는 것도 괜찮음은 소리의 결(音理)에도 그리 틀림이 없고 우리말본(語法)풀이에 매우 편리한 까닭이다. 보기를 들면

　　막힌다＝마킨다, 좋고＝조코, 벋힌다＝버틴다, 좋다＝조타, 밥한다＝바판다, 않밖
　　＝안팎, 맞훈다＝마춘다, 좋지＝조치.

　조선말소리의 받힘법은 특별하야 그 소리 나는 자리만 취하고 그 소리의 짓은 아니하므로, 같은 자리에서 나는 소리로 특별한 소리빛(音色)을 가지지 아니한 소리면 받힘에는 다 한 가지로 들리나니 ㅈ＝ㄷㅅ, ㅉ＝ㄸㅅ, ㅊ＝ㅌㅅ 이 석자는 소리를 낼 때에 혀끝과 니몸을 다 막앗다가 덜 막으면서 내는 두 가지 짓을 하는 것으로 보아서는 덧거듭소리로 볼 수도 잇으나 그 두 가지 짓이 한 가지 짓이나 다름이 없이 빨리 붙이고 또 그 자리가 같으므로 홋소리로 보는 것이다.

　　덧거듭닿소리 바침
　　ㄳ 앉(坐), ㄲ 낡(木), ㄶ 많(多), ㅄ 없(無), ㄹㄱ 닭(鷄), ㄹㅁ 젊(少), ㄹㅂ 밟(踏), ㄹㅌ 핥(舐), ㄹㅁ 읊
　　(吟), ㄹㅎ 옳(可)

　ㅅ, ㅆ, ㅈ, ㅉ, ㅊ, ㅌ, ㄸ, ㄷ 들은 다 같이 받힘에는 ㄷ 소리를 내고, ㅂ, ㅃ, ㅍ 들은 다 ㅂ과 같이 내고, ㄱ, ㄲ, ㅋ은 다 ㄱ과 같이 낸다. 보기를 들면

벗(脫)＝볃(延), 낫(鎌)＝낯(晝)＝낱(面), 덥(署)＝덮(盖), 묵(陳)＝묶(束)

그러나 그 자들 밑에 첫소리가 홀소리로 된 토가 오면 그 받힘들은 그 밑에 홀소리와 어울리어서 새낱소리를 일우므로 제 근본소리를 다 들어낸다. 그러므로 벗(脫)어서＝버서서, 볃(延)어서＝버더서, 낫(鎌)이＝나시, 낯(晝)이＝나지, 낱(面)이＝나티(나치), 덥(署)으면＝더브면(경상도에서), 덮(盖)으면＝더프면, 묵(陳)엇다＝무것다, 묶(束)엇다＝무껏다. ―(끝)― 29

말소리는 어디서 어떠케 나는가

『한글』1-2, 朝鮮語學會, 1932.6, 43~45쪽.

말소리의 生理的 關係와 物理的 關係와를 硏究하는 學問이 곧 聲音學이다. 이 自然科學을 오늘날에 와서는, 語學, 樂學, 醫學에서 모도 많이 應用하고 잇다. 語學을 硏究하려면, 먼저 聲音學의 基礎를 가지지 않고는, 그 目的을 完全히 이루기가 어려울 것이다. 그래서, 語音 硏究의 基礎가 되는 生理的 關係만을 말하려 한다.

　一, 숨 쉬는 자리
　二, 소리 내는 자리와 고루는 자리
　　1. 울대머리(咽頭)
　　2. 입
　　3. 코

一, 숨 쉬는 자리(呼吸器官)

소리가 나려면, 먼저 物體를 振動시키는 힘이 잇어야 된다. 사람의 말소리를 내는 힘은, 곧 우리의 날숨(呼氣)이다.

가슴과 배의 사이를 가루 막은 橫隔膜은 가슴 쪽으로 불룩하게 내민, 튀길 힘(彈力)이 잇는 筋肉板이다. 이 가슴 속의 큰 部分은 숨쉬는 器官인 부하(肺)가 차지하고 잇다. 左右 肺의 사이에는, 우로부터 울대(氣管)가 나려 들어 와서, 처음에는 左右 두 氣管枝로 갈라지고, 그 다음에 다시 左右 두 가지로 갈라져 肺로 들어 가서, 많은 잔가지가 생겻다. 이 잔 가지 끝에는 氣胞가 달리엇는데, 그 氣胞 안에서는 새로 들어온 空氣의 酸素와 피에서 몰리어 나갈 까스가 서로 바꾸어지게 된다. 이 튀길힘이 잇는 纖維는, 肺로 하여금 無數한 풀무가 되게 한다. 이 풀무에는 가슴이 불러짐을 따라 空氣가 찻다가, 우물어짐을 따라, 다시 밀리어 나가게 되느니, 이것이 곧 날숨이다.

예사 숨 쉴 때에는, 들숨(吸氣)에 배가 불러지는데, 그 때에 한쪽으로는 橫隔膜을 눌러 平平하게 하고, 또 한쪽으로는 갈비대를 벌린다. 그래서, 가슴 안이 커지고 空氣가 氣管과 肺로 빨리어 들어가서, 빈 가슴 안이 온전히 찬다. 날숨(呼氣)에는 橫隔膜과 갈비때가 本來 狀態로 돌아간다. 숨을 들여 쉬는 時間과 내쉬는 時間은 거이 같은데, 다 코구멍으로 쉰다.

말할 때에는 숨 쉬는 것이 좀 달리 된다. 숨 쉬려고 筋肉을 特別히 쓰지 아니하고, 그 날숨을 應用하야 말소리를 내게 된다. 筋肉作用으로써, 숨을 빨리 들여 쉬고, 또 숨을 내쉬기 前에, 감간 쉬는 동안이, 예사 때보다 좀 길어진다. 要求에 따라, 呼吸의 强度를 調節한다. 聲帶 다음에 모든 發音을 맡은 입은 또 呼吸의 길이 된다.

二, 소리 내는 자리와 고루는 자리

1. 울대머리(咽頭)

부하(肺)에서 나오는 공기의 힘으로 소[43]리를 만드는 자리는, 곧 울대(氣管) 우쪽 끝에 붙은 울대머리(咽頭)다. 이 咽頭는 방패처럼 된 방패여린뼈(甲狀軟骨)와, 가락찌처럼 된 가락찌여린뼈(環狀軟骨)와, 목청을 고루는 대에 쓰이는 고룸여린뼈(調整軟骨) 두 낱으로 이루엇다. 甲狀軟骨과 調整軟骨의 사이에, 두 질긴띠(勒帶)를 목청(聲帶)이라 하고, 두 성대 틈을 소리문(聲門)이라 한다. 聲帶는 調整軟骨의 伸縮함을 따라, 되어졌다가 늘어졌다가 하고, 또 聲門은 聲帶의 늦고 됨을 따라, 열리고 닫힌다. 咽頭의 꼭대기에는 울대마개(會厭)가 잇어, 무엇을 먹을 때에 울대머리를 나려 닫아서, 食物이 咽頭를 넘어 밥길(食道)로 들어가게 되고, 또 숨 쉴 때에는 곧 일어 열리어서, 氣流가 제절로 숨구멍과 코구멍으로 나들게 되고, 말할 때에는 그것이 열리어서 날숨이 입으로나 혹은 코구멍으로 나온다.

우리가 예사로 숨 쉴 때에는, 聲門이 너르게 열린 때문에, 氣流가 아무 것침없

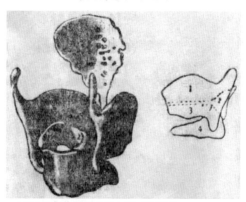

(첫 그림) 울대머리 여린뼈

1,방패여린뼈(甲狀軟骨) 2,고룸여린뼈(調整軟骨)
3,목청(聲帶) 4,가락찌여린뼈(環狀軟骨)
5,울대마개(會厭)

이 그 틈으로 나들므로, 아무 振動이 일어나지 못하되, 한번 목청이 켱겨서 聲門이 適當하게 좁아져서 날숨의 기운이 聲帶를 振動시기면 樂音이 나느니, 이것을 聲音學에서 聲(Voice)이라고 한다.

말의 소리에는 聲帶作用이 잇는 것도 잇고, 또 없는 것도 잇다. 聲帶作用은 세 가지가 잇느니, 母音과 有聲子音의 關係로 가장 많은 作用은 振動이오, 그 다음에는, 聲帶를 좁히는 대에서 생기는 摩擦과 또 닫는 대에서 생기는 破裂이다. 그러나, 또 입이나 코의 作用으로 나는 許多한 소리에는, 예사 숨 쉴 때와 같고, 아무 딴 짓은 없다.

聲門은 힘줄소리문(筋肉聲門)과 여린뼈소리문(軟骨聲門)의 두 가지가 잇다. 앞에 것은 筋肉으로 된 목청사이 틈이오, 뒤에 것은 두 調整軟骨의 사이에 생긴 틈이다.

소곤거리는 소리(耳語)는 高低의 變動이 없는 噪音이다. 이것은 매우 좁힌 筋肉聲門으로나, 혹은 筋肉聲門은 꼭 닫고, 軟骨聲門으로 내미는 氣流에서 생기는 것이다.

사람이 목청으로 낼 수가 잇는 高低의 標準은, 大槪 四個 音階(E—e3)의 範圍에 든다. 그러나, 個性에 잇어서는 二個 乃至 二個半의 音階, 말할 때에는 一個半의 音階에 不過한다. 音의 高低는, 一般으로 목청의 長과 厚에 關係된 것이다. 그런데,

(둘재 그림)

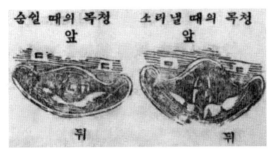

ㄱ 목청 ㄴ 소리문 ㄷㄷ 혀

길고 두터운 목청을 가진 男子의 목소리는 低音이요, 짧고 엷은 목청을 가진 [44] 女子나 兒童의 목소리는 한 音階쯤 높게 내게 된다. 同一한 목청으로 各種 高低를 내는 것은, 목청을 緊張시기고 또 氣流를 强하게 하는 대에 달리엇다. 氣流의 强弱에서 소리의 强弱이 생길 때에, 같은 高低를 保存하려면, 켕긴 목청을 同時에 되게 하든지 늦후든지 하여야 된다.

소리청이 떠는 것을 알아보는 법은 소리그림틀(Kymograph)로써 實驗하는 것이 가장 正確하다. 그러나, 우리의 손만 가지고도 능히 알 수가 잇는 法은 다음과 같다.

(1) 喉頭에 똑 불거진 자리 우쪽에 손가락 끝을 대면, 그 손가락에 떠는 것을 느낌.

(2) 정수리 우(頂上에) 손바닥을 대면, 그 손바닥에 떠는 것을 느낌.

(3) 귀구멍을 손으로 막으면, 머리속에 떠는 것을 느낌.

2. 입(口)

聲帶의 振動으로 생긴 소리는 한 가지로되, 여러 가지 소리를 입 밖에 낼 수가 잇는 것은, 곧 여러 가지 共鳴管의 모양을 만들어 내는 입의 짓이다. 또 떨거나, 갈거나, 터치거나 하야, 여러 가지 소리(子音)를 낸다. 이 複雜한 소리를 만드는 입을 다음과 같이 갈라볼 수가 잇다.

(1) 목안(咽頭), 喉頭 우의 空間이니, 울대(氣管), 밥길(食道), 입, 코로 터진 곳이다. 울대와 밥길의 사이에는, 울대마개(會厭)가 잇고, 입과 코의 사이에는 목젓

(셋재 그림) 소리 내는 틀의 모든 자리

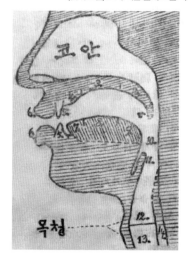

1. 목젖
2. 여린입천장
3. 센입천장
4. 이몸
5. 이
6. 입술
7. 혀끝
8. 혀바닥
9. 혀뿌리
10. 목안
11. 울대마개
12. 울대머리
  (목청)
13. 울대
14. 밥길

이 잇다. 이 묵[1] 안은 受動的 機能을 가질 뿐이요, 제 스스로 變動이 없다.

(2) 혀(舌), 매우 發達된 筋肉이니, 各樣의 形態와 位置變動이 可能하야 입안으로 하야금, 各樣의 共鳴管이 되게 한다. 그 자리를 혀뿌리, 혀바닥, 혀끝으로 나눌 수가 잇으니, 그 중에 혀끝은 더욱 많은 作用이 잇다.

(3) 입벽(口壁), 여섯 자리를 갈라 볼 수가 잇으니, 목젖, 여린입천장(軟口蓋), 센입천장(硬口蓋), 이몸, 이, 입술들이다. 여린입천장과 센입천장 사이는 손가락으로 만져서, 가려 볼 수가 잇다.

3. 코(鼻)

코안은 목안의 우 앞쪽에 잇어, 뒤는 목안으로 터지고 앞은 코구멍으로 터졋느니, 한 固定된 共鳴管으로 소리 낼 때에 목젖을 떼면, 그리고 기운이 통하야 코소리가 나게 된다. 45

---

1 [편쥐 '목'의 오식.

조선말의 홋소리(朝鮮語의 單音)

『한글』 1-4, 朝鮮語學會, 1932.9, 156~160쪽.

一. 먼저 알 것

二. 홀소리의 내는 법

三. 닿소리의 내는 법

四. 조선말소리의 보기틀

五. 조선말소리와 萬國音聲記號와 맞대보기

六. 홀소리의 長短, 닿소리의 單複, 받침法, 口蓋音化에 對한 것

一. 먼저 알 것

조선말소리는 서울말소리를 中心한 널리 一般으로 쓰이는 것을 標準함이요, 사투리의 特殊한 소리를 다 걷어 넣은 것은 아니다.

이제 말하고저 하는 말의 소리는 聲音生理를 標準한 홋소리(單音)요, 字母를 標準한 音價는 아니다. 字母란 것은 實用文字를 만들고저, 어느 나라 말이나 그 音韻組織에 맞도록 便宜를 돌보아, 여러 소리를 한 字母로 적기도 하고, 혹은 한 소리를 여러 字母로 적기도 하는 것이다. 보기를 들면, 한글의 ㅑㅕㅛㅠ, 俄語의 Я ㅑ, Юㅠ, Щㅅㅊ, 라텐文字의 Xㄱㅅ, 中國 注音符號의 ㄉ ㅏ ㄴ, ㄥㅓ ㅇ, 又 ㅓㅜ들은 두 소리를 한 字母로 적는 것이요, 한글의 ㄲㄸㅃㅆ ㅐㅔㅚㅟ, 英語의 sh th, 獨語의 sch ph들은 한 소리를 여러 字母로 적는 것이다.

거듭소리(複音)는 소리 내는 자리가 먼저와 내종이 아주 다른 두 딴 소리를 잇대어 한 덩이처럼 내는 것이요, 홋소리는 주로 다만 한 자리에서 내는 소리다. 그런데, 子音에는 흔히 主되는 자리의 作用밖에 附屬作用의 關係로 흐린소리(濁音), 된소리(硬音), 센소리(激音), 분간이 잇다. 그러나, 그런 것을 거듭소리로 보지는

아니한다.

　조선 말소리는 아직 設備 잇는 硏究機關에서 完全한 科學的 基礎를 닦지 못하엿다. 그러나, 우리의 直接 觀察과 複音 比較로써 알아보아도 이 밑에 말한 소리의 값이 크게 틀리지는 아니하리라고 생각한다.

二. 홀소리의 내는 법

　소리의 性質에 따라서 홀소리(母音)와 닿소리(子音)로 나눈다. 홀소리는 부하(肺)에서 나오는 空氣 곧 날숨(呼氣)이 켱긴 목청을 울리어서, 울음이 된 空氣가 아무 거침없이 소리고루는대(調聲管) 곧 입을 지나오는 것이다. 그런데, 이 홀소리가 여러 가지로 들리게 되는 것은 혀와 입술과 턱의 짓으로 여러 가지 꼴을 이룬 共鳴管에서 共鳴하는 꼴이 달라진 까닭이다. 이제 조선말의 홀소리의 셈은 ㅏ ㅓㅗㅜㅡㅣㅐㅔㅚㅟ 열이다.

　이제 共鳴管의 꼴을 좀 자세히 말하자면, ㅏ는 혀를 가장 낮게 하고 입술을 예사로 두고 턱을 가장 크게 벌리는 소리요, ㅓ는 혀를 가운데로 좀 올리고 입술을 예사로 두고 턱을 좀 크게 벌리는 소리요, ㅗ는 혀를 뒤로(목구멍 쪽) 올리고 입술을 둥글게 옴으리어 앞으로 좀 내밀고 턱을 좀 적게 벌리는 소리요, ㅜ는 혀를 뒤로 가장 높게 올156리되 소리가 갈리지 아니하도록 하고 입술을 둥글게 더 옴으리어 앞으로 좀 내밀고 턱을 가장 적게 벌리는 소리요, ㅡ는 혀를 가운데로 가장 높이 올리되 소리가 갈리지 아니하도록 하고 입술을 예사로 두고 턱을 가장 적게 벌리는 소리요, ㅣ는 혀를 앞으로 가장 높이 올리되 소리가 갈리지 아니하도록 하고 입술을 예사로 두고 턱을 가장 적게 벌리는 소리요, ㅐ는 혀를 앞으로 좀 올리고 입술을 예사로 두고 턱을 좀 크게 벌리는 소리요, ㅔ는 혀를 앞으로 올리되 ㅣ보다는 낮게 ㅐ보다는 높게 하고 입술을 예사로 두고 턱을 좀 적게 벌리는 소리요, ㅚ는 혀를 올리는 것과 턱을 벌리는 것은 ㅔ처럼 하고 입술은 ㅗ처럼 하는 소리요, ㅟ는 혀를 올리는 것과 턱을 벌리는 것을 ㅣ처럼 하고 입술은 ㅜ처럼 하는 소리다.

三. 닿소리의 내는 법

닿소리(子音)는 날숨(呼氣)이 입 밖으로 나올 때에 막힌 자리를 터떠리거나 좁힌 자리를 갈거나 켱긴 대를 떨치거나 하야 나는 소리니, 조선말의 닿소리는 ㄱㄲㅋㄷㄸㅌㅂㅃㅍㅈㅉㅊㅅㅆㄹㄹㄹㅇㄴㅁㅎㆆㅣㅜ 스물셋이다.

이것을 좀 자세히 설명하자면, ㅂㅃㅍㅁㅜ는 나는 자리가 두 입술인데, 그 가운데에 ㅂㅃㅍ는 다 같은 터지소리(破裂音)로, ㅂ은 예사 숨 쉴 때에 나오는 날숨으로 막힌 두 입술을 터떠리는 맑은 소리(淸音)요, ㅃ은 닫은 목청을 터떠린 날숨으로 막힌 두 입술을 터떠리는 맑은 소리(淸音)요, ㅃ은 닫은 목청을 터떠린 날숨으로 막힌 두 입술을 터떠리는 맑은 소리요, ㅍ은 좁힌 목청을 갈는 날숨으로 두 입술을 터떠리는 맑은소리다. ㅁ은 두 입술을 막고 목젖으로 막앗든 코길을 틔우고 목에서 나오는 소리를 코구멍으로 내어 보내는 흐린소리(濁音)다. ㅣ는 반홀소리(半母音)의 성질이 잇는 흐린소리니, 거의 다 막게 된 두 입술을 목에서 나오는 소리로, 갈듯말듯하는 것이다. 이 소리는 ㅗ와 ㅜ로 써 적게 되나니, 곧 ㅘ ㅙ ㅝ ㅞ(ㅟ)들과 같은 것이다.

ㄷㄸㅌㄴㅅㅆㅈㅉㅊㄹㄹㄹ은 그 나는 자리가 혀끝과 웃니몸이다. 그런데 ㄷㄸㅌ는 같은 터지소리로 ㄷ은 예사소리 숨 쉬는 날숨으로 이몸에 붙은 혀끝을 터떠리는 맑은 소리요, ㄸ는 막은 목청을 날숨으로 이몸에 붙은 혀끝을 터떠리는 맑은 소리요, ㄸ는 막은 목청을 터떠린 날숨이 이몸에 붙은 혀끝을 터떠리는 맑은 소리요, ㅌ은 좁힌 목청을 갈는 날숨으로 이몸에 붙은 혀끝을 터떠리는 맑은 소리다. ㄴ은 혀끝을 이몸에 붙여 막고 목젖으로 막은 코길을 틔운 뒤에 목에서 나오는 소리를 코구멍으로 내어 보내는 흐린소리다. ㅅ은 예사 날숨으로 붙을듯말듯한 혀끝과 이몸 사이를 갈는 맑은 소리요, ㅆ은 막은 목청을 터떠린 날숨으로 ㅅ 자리를 갈는 맑은 소리다. ㅈ은 예사 날숨으로 이몸에 붙은 혀끝을 터떠리어 틈을 내면서 곧 그 사이를 갈는 맑은 소리요, ㅉ은 막은 목청을 터떠린 날숨으로 ㅈ 내는 것과 같이 내는 맑은 소리요, ㅊ은 좁힌 목청을 갈는 날숨으로 ㅈ 내는 것과 같이 내는 소리다. ㄹㄹ은 혀끝을 우쪽 안으로 조금 굽으려 떨는 듯이 이몸에 붙이고 목에서 나오는 소리가 혀바닥 옆과 어금니 쪽 사이로 흘러나오면서 갈는 흐린

소리니, 조선말에는 이 소리를 初聲으로는 쓰지 아니하나, 中聲과 終聲으로는 많이 쓰는데, 終聲에는 ㄹ 하나만 쓴다. ㄹ은 목에서 나오는 소리가 혀끝을 이몸 가에서 한두 번 떨고 흐르는 흐린소리니, 조선말에는 中聲으로만 쓰인다. ㅣ는 반홀소리의 性質이 잇는 흐린소리니, 목에서 나오는 소리로 혀몸(혀앞바닥)과 센입천장 사이를 갈듯말듯하는 것이다. 한글에는 ㅣ소리와 어울려 한 字母를 만들엇나니, 곧 ㅑ(=ㅣㅏ), ㅕ(=ㅣㅓ), ㅛ(=ㅣㅗ), ㅠ(=ㅣㅜ)들이다. 157 ㄱㄲㅋㆁ의 나는 자리는 혀뿌리(혀뒤바닥)와 여린입천장인데, ㄱㄲㅋ은 같은 터지소리로 ㄱ은 예사 날숨으로 여린입천장에 붙은 혀뿌리를 터떠리는 맑은소리요, ㄲ는 막은 목청을 터떠리는 날숨으로 ㄱ자리를 터떠리는 맑은소리다. ㆁ은 혀뿌리를 여린입천장에 붙이고 목적으로 막은 코길을 틔우고 목에서 나오는 소리를 코구멍으로 내어보내는 흐린소리다.

ㆆㅎ은 목청소린데, ㆆ은 막은 목청을 날숨으로 터떠리는 맑은 소리요, ㅎ은 좁힌 목청을 날숨으로 가는 맑은 소리다. (이 목청소리에 對하야, 이다음에 따로 한번 자세히 쓰겟으므로 여기에는 줄임).

四. 조선말소리의 보기틀

내는 법		나는 자리		두입술	혀끝과 니몸	혀몸과 센입웅	혀뿌리와 여린입웅	목청
닿소리	다막음	터짐소리	맑은	ㅂ,ㅃ,ㅍ	ㄷ,ㄸ,ㅌ		ㄱ,ㄲ,ㅋ	ㆆ
		코소리	흐린	ㅁ	ㄴ		ㆁ	
	덜막음	갈이소리	맑은		ㅅ,ㅆ			ㅎ
		불갈이소리	맑은		ㅈ,ㅉ,ㅊ			
		떨갈이소리	흐린		ㄹㄹ			
		떨림소리	흐린		ㄹ			
		반홀소리	흐린	ㅜ		ㅣ	(ㅜ)	

내는 법 \ 나는 자리		두입술	혀끝과 니몸	혀몸과 센입웅	혀뿌리와 여린입웅	목청
홀소리	단홀소리	(ㅓ,ㅜ)			흐린	
	반단홀소리	(ㅚ,ㅗ)				
	반열홀소리					
	열홀소리					

앞 사이 뒤
ㅣ ㅟ ㅡ ㅜ
ㅔ ㅓ ㅗ
ㅐ ㅓ
ㅏ

한때에 두 자리가 움지기어서 나는 소리는 제각각 그 매인 두 자리에 다 같이 쓰되, 주장이 못 되는 자리에 것은 괄호를 ( ) 침.

예사소리(平音) 된소리(硬音) 센소리(激音)의 서로 다른 점

내는 힘의 갈래 \ 소리의 갈래 \ 나는 자리		혀뿌리와 여린입천장의 꼭 막음	혀끝과 이몸의 꼭 막음	두 입술의 꼭 막음	허끝과 이몸의 꼭 막았다가 덜 막음	허끝과 이몸의 덜 막음
예사 숨쉴 때에 나오는 숨	예사소리	ㄱ	ㄷ	ㅂ	ㅈ	ㅅ
막은 목청을 터떠리는 날숨(ㆆ)	된소리	ㄲ	ㄸ	ㅃ	ㅉ	ㅆ
좁힌 목청을 갈는 날숨(ㅎ)	센소리	ㅋ	ㅌ	ㅍ	ㅊ	

158

五. 조선말소리와 萬國音聲記號와 맞대보기

ㅣi	밀 小麥	ㅡθ	뜰 庭	ㅍph	풀 草
ㅣi:	밀 蠟	ㅡθ:	들 野	ㅈʤ	잠 睡眠
ㅔe	게 他, 彼處	ㅚØ	되다 爲,化	ㅉʤ'	짝 隻
ㅔe:	게 蟹	ㅚØ:	되다 固,困	ㅊʧh	춤 舞
ㅐæ	새 薪	ㅟy	뛰다 裂,跳	ㅅs	손 手
ㅐæ:	새 鳥	ㅟy:	쉬다 休,腐	ㅆs'	쌀 米
ㅏa	말 馬	ㄱg	감 柿	ㅇŋ	공 球
ㅏɑ:	말 言	ㄲg'	꿀 蜜	ㄴn	내 我
ㅗo	돌 朞	ㅋkh	칼 刀	ㅁm	몸 身
ㅗo:	돌 石	ㄷd'	돈 錢	ㄹㄹl	흘러 流, 달 月
ㅜu	굴 牡蠣	ㄸd'	딸 女息	ㄹr	보리 麥
ㅜu:	굴 窟	ㅌth	털 毛	ㅎh	해 日

| ㅓㅏ ə
ㅓㅏ ə: | 벌 干瀉地, 件
벌 蜂 | ㅃb
ㅃb' | 방房
뿌리根 | ㆆ?
ㅡw
ㅣj | 짖다 作
원 郡守, 왓다 來
여호 狐, 요 褥, 此 |

(主意) ㅇ에 잇는 標는 萬國音聲記號에 없으나, 여기에 그 標로 써 圓口形音이 아님을 標함.

六. 홀소리의 長短, 닿소리의 單複, 받침法, 口蓋音化에 對한 것

같은 홀소리로 長短이 다르면 소리 내는 동안만 다를 뿐 아니라, 내는 자리도 달라지나니, 소리가 길스록 그 혀의 자리가 높아가서 소리의 지내갈 길이 좁아진다. 곧 時間의 長短은 通路의 廣狹과 反比例로 된다. 그것은 소리라 흘러나갈 구멍이 적어야 오래 끄을 수 잇는 까닭이다. (같은 소리를 낸다는 心理에서). 소리 내는 자리가 다르다 하야, 萬國標音記號에도 같은 記號에 長音標를 두기도 하고, 혹은 딴 記號를 만들기도 하엿다. 말소리의 長短은 같은 말을 가지고도 말하는 사람을 따라 다를 것이요, 같은 사람으로도 말하는 경위를 따라 다를 것이다. 그러나, 여기에 말하는 長短은 이 소리 저 소리를 比較하야 一般的으로 느끼는 것을 標準한 것이다.

이제 조선 말소리의 長短을 살펴보면, 긴소리, 예사소리, 쩌른소리 세 층이 확실히 잇다. 보기를 들면, 발(簾), 발(丈), 발(足)과 같은 것이다. 그러나, 쩌른소리는 매우 적으니, 큰 문제가 없고, 긴소리는 많으니, 예사소리와 분간할 必要가 잇다. 그러나, 같은 소리겨레(phoneme)에 붙은 것이니, 아주 딴 소리로 잡지 아니하여도 괜찮다. 이 우에 조선 말소리와 萬國標音記號와의 對照한 대에서 말의 實例를 보아도 잘 알 수 잇을 것이다.

거듭소리의 性質은 이 우에 이미 말하엿으나, 그것을 조선 말소리에서는 다시 한 번 主意할 点이 잇다.

ㅋㅌㅍㅊ는 ㄱㄷㅂㅈ에 ㅎ소리가 섞이엇으므로, 섞임거듭소리라 하야 거듭소 159 리로 보는 것도 一理가 잇다. 그것은 音理에 흘림이 없고, 또 조선말론(語法)

을 說明하는 대에 매우 편리한 까닭이다. 보기를 들면, 먹힌다=머킨다, 잡힌다
=자핀다, 좋다=조타.

ㄲㄸㅃㅉㅆ을 짝거듭소리라 하야, 거듭소리로 보는 것도 一理가 잇는 것은 같
은 닿소리를 잇대어 내면 된소리로 들리는 音理가 잇는 까닭이다. 보기를 들면,
박가=바까, 잡보=자뽀, 닫다=다따. (이 된소리를 된ㅅ이라 하야, 아직도 ㅅㄱ ㅅㄷ
ㅅㅂ ㅅㅈ ㅅㅅ로 쓰는 이가 잇으나, 같은 字母를 並書하는 것이 좋은 것은, 첫재는 音理
에 맞고, 둘재는 소리가 하나인즉, ㅋ는 ㅍ,ㅊ와 같이 平音字形에 가깝게 한 字母
가 되어야 合理하다. 이제 並書는 그 理想을 이루고 잇다. 누가 시기지 아니하엿
것마는, 이제 이미 아래와 같이 절로 發達되는 것을 學生들의 글 쓰는 가온대에서
볼 수 잇다. ㄲ=ㄲ, ㄸ=ㄸ, ㅃ=ㅃ, ㅉ=ㅉ, ㅆ=ㅆ. 이 발달된 字母를 본다면, 平
音 字母에 한 획을 더한 것이니, 된ㅅ보다 한 획이 줄엇을 뿐 아니라, 쓰기에 얼마
나 편하고 字形이 얼마나 特色이 잇고 整齊하고 아름다운 것을 알 수 잇다.)

받침이란 것은 한 소리덩이(音節)의 끝에 붙은 닿소리다. 조선말의 子音이 첫
소리(初聲)에서와 끝소리(終聲) 곧 받침에서 나는 法이 서로 다른 것은 音便과 習
慣이다. 소리를 내는 데에는 두 가지 階段이 잇나니, 첫재는 소리 내는 자리를 고
루어 만드는 準備요, 둘재는 動作을 取하야 소리를 完成하는 것이다. 조선말에 받
침은 그 소리의 準備 段階에 끊지고 만다. 그러므로, 같은 자리에서 나는 닿소리
로 그 내는 짓이 비슷하거나 또는 生理的 連鎖關係가 잇으면, 자리를 옮기어서 다
한 가지 소리로 내되 摩擦音이나 振動音과 같이 자리가 安定치 못한 狀態에 잇는
것은 다 安定한 자리로 가려고 벌어진 자리를 다 붙이게 된다. 그러므로, 摩擦音
은 破障音으로, 流音(r)은 付着流音(ㄹㄹ)로 變하고야 만다. 그래서 ㄷ,ㄸ,ㅌ,ㅈ,ㅉ,
ㅊ,ㅅ,ㅆ,ㅎ(激音化 外에), ㆆ(硬音化 外에)들은 다 같이 받침에는 ㄷ소리로 내고,
ㅂ,ㅃ,ㅍ,ㅜ은 다 ㅂ으로 내고, ㄱ,ㄲ,ㅋ은 다 ㄱ으로 내고, ㄹ은 ㄹㄹ로 내고 만다.

조선말에도 口蓋音化하야 읽는 子音이 상당히 많다. 그 중에도 ㄴ 같은 것은 다른
자를 대신하야 쓸 수도 없이 많이 實用하게 된다. 그러나, 이것을 딴 소리로 잡을 必
要가 없는 것은 그것이 半母音 ㅣ(J)와 連續하므로 自然한 現狀인 까닭이다. 160

소리들이 만나면 어찌 되나—音의 互相關係

『한글』1-9, 朝鮮語學會, 1933.8, 364~369쪽.

一. 소리의 이음(連音)

二. 닿소리의 만나 바꾸임(子音接變)

三. 소리의 줄거나 죽어짐(略音과 默音)

四. 소리의 끊음(絶音)

마치 사람이 혼자 자유롭게 行動하는 것과 여럿이 서로 統制하야 行動하는 것이 아주 다른 것처럼 소리도 제 하나만 날 때와 여럿이 서로 관계되어 날 때가 아주 다를 것은 환한 일이다.

조선말의 홋소리의 音價는 이미 本誌 第四號에 한 번 말하엿거니와, 이제는 그 소리들이 서로 만날 때에 어떠케 되는 것을 말하려 한다.

一. 소리의 이음(連音)

바침의 넘어감이라 함은 한 音節의 바침이 바로 그 다음에 오는 母音 앞에 붙어서 한 새 音節을 이루는 것을 말하는 것이다.

音節은 言語音節과 發音音節이 잇나니, 前者는 語源, 語幹, 語尾, 單語 等을 밝히는 綴字의 規定으로 된 것이오, 後者는 글 읽거나 말할 때에 言語音節을 잇달아 내는 實際 發音에서 생긴 音節이다. 이것은 發音生理의 自然法則이므로 어느 겨레의 말에나 다 있는 現狀이다. 이제 보기를 들면 英語에 Numbering(言語音節은; 남버잉, 發音音節은 남버링) Damper(言 · 댐프 어, 發 · 댐퍼) Thank you(言 · 댕크 유, 發 · 댕큐), 獨逸語에 Gruendung[1](言 · 그륀드 웅, 發 · 그륀둥) Hinaus(言 ·

---

1 [편주] Gruendung : Gründung(건축).

힌 아우쓰, 發·히나우쓰), Ist er(言·이스트 엘, 發·이스텔), 佛語에 Mon ami (言·몬 아미, 發·모나미), Sans abri[2](言·산 아브리, 發·상사브리), Il est ici (言·일 애쓰트 이시, 發·일레티시).

이제 조선말의 連音法則을 말하면, 세 가지 境遇가 잇다. (1) 原詞와 토와의 關係나 또는 語幹과 補助語幹과의 關係와 같은 으뜸에 딸리어 쓰이므로, 제 本소리를 각각 가지려고 애쓰지 아니하는 것이 잇고, (2) 獨立한 資格을 가지고 만난 品詞들이 제 各各 本소리를 바꾸지 아니하려고 하는 것이니, 만일 바침이 그 다음에 오는 母音으로 넘어가서 새 音節을 이루므로 本音價가 너무 달라서 뜻이 흐리게 되는 것을 피하려고 代表音으로써 내는 綜合品詞나 各 單語들이 잇고, (3) 漢字語니 漢字 제 스스로는 다 獨立한 조선말에서는 單語의 資格이 없으므로 漢字綜合語가 된 때에는 純 조선말의 경우와 같이 各 字가 제 音價를 바꾸지 아니하려는 純音現狀이 ㅣㅑㅕㅛㅠ 앞에서는 없고, 그대로 連音이 된다. 우에 말한 세 가지의 實例를 다음과 같이 들겟노라.

1. 으뜸과 붙음의 관계로 된 말,

言語	發音 音節	音節 音節	言語 發音	音節 音節
박(匏)	박이＝바기	박은＝바근	박에＝바게	
손(手)	손이＝소니	손은＝소는	손에＝소네	
빚(債)	빚이＝비디	빚은＝비든	빚에＝비데 [364]	
핥(舐)	핥아라＝할타라	핥은＝할튼	핥을지＝할틀지	
달(月)	달아＝다라	달은＝다른	달에＝다레	
감(柿)	감이야＝가미야	감을＝가믈	감에도＝가메도	
밥(食)	밥이면＝바비면	밥은＝바븐	밥에＝바베	
이것이(此物)	이것이＝이거시	이것은＝이거슨	이것에＝이거세	
상(床)	상에만＝사에만	상을＝사을	상이＝사이	

---

2 [편주] Sans abri : 'Sans-abri(이재민)'의 오식.

낮(晝)	낮이=나지	낮은=나즌	낮에만=나제만
꽃(花)	꽃이라도=꼬치라도	꽃은=꼬츤	꽃에=꼬체
부엌(廚)	부엌이=부어키	부엌을=부어클	부엌에=부어케
밭(田)	밭이=바티	밭으로=바트로	밭에=바테
앞(前)	앞의=아픠	앞을=아플	앞에도=아페도
넋(魂)	넋이=넉시	넋을=넉슬	넋에는=넉세는
돐(朞)	돐이=돌시	돐을=돌슬	돐에는=돌세는
낢(木)	낢이=남기	낢은=남근	낢에도=남게도
닭(鷄)	닭아=달가	닭의알=달긔알	닭에만=달게만
적(小)	적은=저근	적어도=저거도	적이=저기
굳(固)	굳은=구든	굳어서=구더서	굳이=구디
줄(縮)	줄으면=주르면	줄어야=주러야	줄인다=주린다
감(捲)	감아라=가마라	감은들=가믄들	
잡(執)	잡아서=자바서	잡을=자블	
솟(聳)	솟아도=소사도	솟으므로=소스므로	
맺(結)	맺앗다=매잣다	맺으면=매즈면	
좇(從)	좇앗다=조찻다	좇은들=조츤들	
같(如)	같아서=가타서	같은=가튼	같이=가티
높(高)	높아도=노파도	높은=노픈	높이=노피
놓(放)	놓앗다=노핫다	놓으면=노흐면	놓인다=노힌다
깎(削)	깎아라=까까라	깎앗다=까깟다	
앉(坐)	앉으면=안즈면	앉아도=안자도	앉을=안즐
많(多)	많으면=만흐면	많아서=만하서	많은=만흔
핥(舐)	핥아라=할타라	핥은=할튼	핥을지=할틀지
읊(咏)	읊어라=을퍼라	읊을=을플	읊엇다=을펏다
옳(可)	옳아도=올하도	옳은지=올흔지	옳을=올흘
없(無)	없어도=업서도	없을=업슬	없엇다=업섯다
맑(淸)	맑아서=말가서	맑으면=말그면	맑은=말글

밟(踏)　　　밟아야＝발바야　밟을지＝발블지　밟은＝발븐

2. 獨立한 單語가 그냥 만나거나 혹은 綜合品詞가 될 적.

言語音節		發音音節	發音不通
부엌안(廚內)	＝	(부억안에) ＝ 부어가네	부어카네
젖안이(乳內)	＝	(젇안이)＝저단이	저자니 [365]
옻오른다(漆中毒)	＝	(온오른다)＝오도른다	오초른다
밭언덕(岡丘)	＝	(받언덕)＝바던덕	바턴덕
갓웅지(冠帽)	＝	(간웅지)＝가둥지	가숭지
옷안(衣內)	＝	(온안)＝오단	오산
무릎우에(膝上)	＝	(무릅우에)＝무르부에	무르푸에
돐안에(茅內)	＝	(돌안에)＝도라네	돌사네
그값안주고는	＝	(그갑안주고는) ＝ 그가반주고는	그갑산주고는

3. 漢字音의 綜合할 적.

작인(作人)＝	자긴	작닌
각양(各樣)＝	가걍	각냥
격일(隔日)＝	겨길	격닐
산양(山羊)＝	사냥	산냥
간유(肝油)＝	가뉴	간뉴
전연(全然)＝	저년	전년
감영(監營)＝	가명	감녕
담임(擔任)＝	다밈	담님
일인(日人)＝	이린	일린
월요(月曜)＝	워료	월료
절용(節用)＝	저룡	절룡
갑일(甲日)＝	가빌	갑닐
납입(納入)＝	나빕	납닙

갑연(甲宴)=	가변	갑년
잡용(雜用)=	자붕	잡눙
강유(剛柔)=	강유	강뉴
공일(空日)=	공일	공닐
강연(講演)=	강연	강년
상약(相約)=	상약	상냑
정인(情人)=	정인	정닌

二. 닿소리의 만나 바꾸임(子音接變)

두 소리가 만날 때에 서로 影響을 주고받아 바꾸이는 소리를 이름이니, 그 갈래는 다음과 같다.

1. 센소리로 바꾸임(激音化).

목청을 갈고 나오는 숨 곳 「ㅎ」 소리로써 내는 破障音을 센소리라 한다. 그러므로 센소리 ㅋㅌㅍㅊ는 ㄱㄷㅂㅈ에 ㅎ소리가 섞인 것이다. 보기를 들면,

박힌다=바킨다, 각하(閣下)=가카, 좋고=조코, 닿게=다케,
벋힌다=버틴다, 닫힌다=다틴다, 놓다=노타, 빻다=빠타,
밥한다=바판다, 십호(十戶)=시포, 앓밖=안팍, 숳범=수펌,
멎훈다=멎춘다, 맞훈다=마춘다, 땋자=따차, 많지=만치.

2. 코소리로 바꾸임(鼻音化).

破障音(實際 發音) 바침이 鼻音 첫소리로 된 音節을 만나면 그 破障音이 같은 자리의 코소리로 바꾸여 난다. 그 까닭은 코소리가 빠진 밖에는 條件이 다 같으므로 이제 코소리를 만나매 절로 그 코소리가 되는 것이니, ㄱ(代表音)은 ㅇ으로, ㄷ(代表音)은 ㄴ으로, ㅂ(代表音)은 ㅁ으로 變하야 난다. 보기를 들면,

먹는다=멍는다, 닭는다=당는다, 우녘놈=우녕놈, 한몫놓다=한몽놓다.

받느냐＝반느냐, 맡는다＝만는다, 벗니＝번니,   있는＝인는. 366

밥먹고＝밤먹고, 앞날＝암날,   값낫다＝감낫다, 없네＝엄네

3. ㄹ이 ㄴ으로 바꾸임.

ㄹ이 ㄱㅁㅂㅇ 밑에서 ㄴ으로 바꾸이는 것은 漢字語에만 잇다. 本來 조선말에는 ㄹ 첫소리가 없으므로 가장 가까운 소리 ㄴ으로 바꾸어 내는 것이다. 보기를 들면,

백리(百里)＝백니, 옥루(玉樓)＝옥누, 삼라(森羅)＝삼나, 감로(甘露)＝감노,

압력(壓力)＝압녁, 답례(答禮)＝답녜, 종로(鐘路)＝종노, 정령(正領)＝정녕.

4. ㄴ이 ㄹ로 바꾸임.

ㄴ이 ㄹ 우에서나 밑에서 舌側音 ㄹ로 바꾸이니, 이것은 發音器官의 聯絡關係로 생긴 音便이다. 보기를 들면,

만리(萬里)＝말리, 환로(宦路)＝활로, 불노름＝불로름, 들나물＝들라물, 살년(殺年)＝살련.

三. 소리의 줄거나 죽어짐(略音과 默音)

言語音節로붙어 發音音節로 바꾸일 때에 흔히 音便을 좇아 소리가 줄기도 하고, 또는 죽어지기도 하되 제 音價를 고대로 保存치 아니하여도 괜찮을 從屬的 關係를 가진 토나 도움[3]줄기 따위와 어울릴 때에 잇는 現狀이니, 그 갈래는 다음과 같다.

1. 같은 母音이 포개지면 하나는 죽어진다. 보기를 들면,

가아서＝가서, 사았다＝샀다, 서어서＝서서, 서었다＝섰다, 보오＝보, 오오＝오, 쏘오＝쏘.

2. ㅡ가 ㅓ 우에서 죽어진다. 보기를 들면,

---

3 [편쥐]'도음'의 오식. 도움줄기＝보조어간.

뜨었다=떴다, 뜨어서=떠서, 쓰어도=써도, 쓰었다=썼다, 크어서=커서, 크었다 =컸다, 트어야=터야, 트었다=텄다.

3. ㅐㅔ 밑에 오는 ㅓ로 시작된 도음줄기나 토의 ㅓ는 죽어진다. 보기를 들면,

개엇다=갯다	개어서=개서	보내엇다=보냇다	보내어도=보내도
대엇다=댓다	대어라=대라	매엇다=맷다	매어야=매야
배엇다=뱃다	배어서=배서	새엇다=샛다	새어도=새도
재엇다=잿다	재어야=재야	채엇다=챗다	채어도=채도
캐엇다=캣다	캐어라=캐라	보태엇다=보탯다	보태어서=보태서
패엇다=팻다	패어도=패도	메엇다=멧다	메어야=메야
배엇다=뱃다	베어서=베서	세엇다=셋다	세어도=세도,
해엇다=햇다	해어서=해서		

4. ㅎ음이 母音 사이에서 죽어진다. 보기를 들면,

닿아서=다아서	닿앗다=다앗다	넣어도=너어도	넣엇다=너엇다
놓아라=노아라	놓아서=노아서	좋아서=조아서	좋앗다=조앗다
많은=만는	많아야=마나야	싫은=시른	싫어서=시러서

5. 여러 子音이 한 때에 다 드러날 수가 없으므로 겹바침이 그 아래에 子音 첫 소리로 된 音節을 만나면 그 中에 하나는 드러나지 아니하되, 摩擦音이나 流音이 弱한 關係로[367] 죽어진다.

(1). ㄳㄵㅄ의 ㅅ이 죽는 것. 보기를 들면,

삯도=삭도,	삯만=삭만	넋도=넉도,	넋만=넉만
돐도=돌도,	돐만=돌만	옰도=올도,	옰만=올만
값도=갑도,	값만=갑만	없다=업다,	없게=업게

(2). ㄹㄱㄹㅁㄹㅂ의 ㄹ이 죽는 것. 보기를 들면,

닭국=닥국, 닭만=닥만, 닭도=닥도 밝다=박다, 밝지=박지, 밝고=박고
넓다=넙다, 넓게=넙게, 넓지=넙지 밟다=밥다, 밟고=밥고, 밟지=밥지
굶다=굼다, 굶고=굼고, 굶지=굼지, 젊다=점다, 젊고=점고, 젊지 점지

6. 한 母音이 그 밑에 바로 오는 母音을 만나 複母音이나 半母音이 되어서 한 音 節이 주는 것이니,

(1). ㅣ가 ㅓ를 만나서 變 하는 것이니, 보기를 들면,

그리어서=그려서, 그리어라=그려라　맡기어서=맡겨서, 맡기어라=맡겨라

다니어도=다녀도, 다니어야=다녀야　디디어도=디뎌도, 디디어야=디뎌야

꾸미엇다=꾸몃다, 꾸미어라=꾸며라　허비엇다=허볏다, 허비어라=허벼라

바치어서=바쳐서, 바치어도=바쳐도　뭉키어서=뭉켜서, 뭉키어도=뭉켜도

잡히엇지=잡혓지, 잡히어야=잡혀야　보이엇지=보엿지, 보이어라=보여라

(2). ㅗ나 ㅜ가 ㅏ나 ㅓ를 만나서 變하는 것이니, 보기를 들면,

보아라=봐라　　보아도=봐도　　쏘아라=쏴라　　　쏘아도=쏴도

오아서=와서　　오아야=와야　　구어서=궈서　　　구어라=궈라

두어서=둬서　　두어라=둬라　　부어야=붜야　　　부엇다=붓다

주어야=줘야　　주엇다=줫다　미루어도=미뤄도　미루어라=미뤄라

四. 소리의 닳음(絶音)

獨立한 品詞들이 모여서 綜合品詞가 되거나, 혹은 두 딴 품사가 그냥 前後하야 곳 잇달아 읽게 될 때에 各 品詞가 제 音價를 덜 變하려 하므로 앞의 소리가 濁音이면(모든 母音과 ㅁ,ㄴ,ㅇ,ㄹ) 그 소리를 갑자기 끊어서 그 소리가 다음 소리에 影響을 주지 못하도록 하는 것을 絶音이라 한다. 내는 소리를 갑작이 끊는 대에는 子音終聲이면, 그 소리가 나는 자리를 힘써 막는 同時에 聲門(목청)을 막고 母音이면 聲門을 막는 同時에 또 便宜를 좇아 그 다음에 날 子音의 影響을 받아서 그 子音이 앞 母音의 바침이 되어서 그 자리에서도 막아 끊게 된다. 이 絶音을 우리가 中間ㅅ으로써 적는다. 이 絶音 結果로 두 가지 發音變化가 생기게 되나니, 첫재는 絶音 뒤에 오는 닿소리가 平音이면 그것이 된소리(硬音)처럼 나고, 둘재는 ㅣㅑㅕㅛㅠ면 ㄹ바침 밑에는 그것을 닮아서 ㅁ蓋音化한 舌側音 ㄹ이 덛나고, ㄹ바침 밖의 모든 바침 밑에는 ㅁ蓋音化한 ㄴ이 덛나게 된다. 그 까닭은 다음과 같다.

우에 이미 말한 바와 같이 絶音할 때에는 聲門을 막는다. 그러므로 숨을 통하지 못한 다음에 또 혀끝 狹窄音 ㅣㅑㅕㅛㅠ音을 내려 하매 숨을 입으로 잘 通할 수

가 없어서 코구멍을 열게 되는 것은 生理의 自然이다. 그런데, 혀 位置가 口蓋音ㄴ내는 자[368]리에 있고, 또 ㄴ을 낼 때와 같이 코구멍이 열렷으니, 口蓋音化한 ㄴ이 날 것은 必然한 일이다. 보기를 들면,

속잎=속닙	떡잎=떡닙	편윳=편늇	힌엿=힌녓
담요=담뇨	밭일=받닐	집옆=집녚	탑옆=탑녚
갓양=갓냥	옷입다=옷닙다	콩윳=콩늇	방옆=방녚
젖유종=젖뉴종	낮일=낮닐	꽃잎=꽃닙	옻옆=옻녚
부엌옆=부엌녚			
밭이랑=밭니랑	겉일=겉닐	앞일=앞닐	숲옆=숲녚
숯염소=숯념소			
물약=물략	불옆=불렵	털요=털료	솔잎=솔립
뒤ㅅ일=뒷닐	예ㅅ일=옛닐	우ㅅ역=웃녁	아래ㅅ역=아랫녁
고추ㅅ가루=고추가루	내ㅅ내=낸내	갈비ㅅ대=갈빋대	머리ㅅ말=머림말
가위ㅅ밥=가윕밥	배ㅅ살=뱃살	벼루ㅅ집=벼룻집	산ㅅ불=산뿔
손ㅅ독=손똑	물ㅅ결=물껼	글ㅅ방=글빵	갈림ㅅ길=갈림낄
봄ㅅ바람=봄빠람	상ㅅ밥=상빱	공ㅅ돈=공똔	

이 우에 벌린 바 實際 發音現狀을 觀察하엿다. 그러나 우리가 글을 發音되는 대로만 쓰자는 것이 아니다. 소리 나는 경우 그대로만 쓴다면 이것은 文字가 아니라, 萬國聲音記號와 같은 單純한 소리만 적은 符號에 지나지 아니한다. 文字란 것은 말의 소리를 적는 同時에 또 語源的이나 語法的 關係에서 생긴 뜻을 돌보아 綴字法을 定하게 된다. 소리를 精密히 적으므로 語源이나 語法의 統一性을 깨트리거나 語源이나 語法을 너무 重하게 여기므로 記寫된 소리가 音理的 說明이 되지 아니하는 것은 다 不合理한 것이다. 그러므로 合理한 綴字法은 表音과 表意가 서로 調和를 잃지 아니하는 대에 잇는 것이다. [369]

二講 — 조선말소리(朝鮮語聲音)

『한글』 2-5, 朝鮮語學會出版部, 1934.8, 3 · 5쪽.

첫재 조선 자모의 이름

1, 조선글 자모의 이름은 아래와 같다.

ㄱ기역 ㄴ니은 ㄷ디근 ㄹ리을 ㅁ미음 ㅂ비읍 ㅅ시옷 ㅇ이응 ㅈ지읒 ㅊ치읓 ㅋ키읔
ㅌ티읕 ㅍ피읖 ㅎ히읗 ㅏ아 ㅑ야 ㅓ어 ㅕ여 ㅗ오 ㅛ요 ㅜ우 ㅠ유 ㅡ으 ㅣ이 ㄲ쌍기역
ㄸ쌍디근 ㅃ쌍비읍 ㅆ쌍시옷 ㅉ쌍지읒 ㅐ애 ㅒ얘 ㅔ에 ㅖ예 ㅚ외 ㅟ위 ㅢ의 ㅘ와 ㅝ워
ㅙ왜 ㅞ웨

둘재 말소리의 갈래

I 홀소리와 닿소리

2, 홀소리는 허파에서 나오는 숨이 입을 지나 몸 밖으로 나올 적에 다만 목청을
떨어 울려서 나는 소리다. 곧 ㅏ ㅓ ㅗ ㅜ ㅡ ㅣ ㅐ ㅔ ㅚ ㅟ

3, 닿소리는 홀소리 밖에 모든 소리니 곧 날숨이 몸 밖으로 나올 적에 막힌 자
리를 터떠리거나 좁은 자리를 갈거나 켱긴대를 떨치거나 하여 나는 소리다. 곧
ㅂㅃㅍ ㄷㄸㅌ ㄱㄲㅋㅈㅉㅊ ㅁㄴㅇㄹ ㅅㅆㅎ

II 소리의 홋과 겹(音의 單複)

4, 홋소리는 내는 자리의 입꼴이(입술의 둥그런 모양, 턱의 버팀, 혀의 높낮임
따위) 바뀌지 아니하고 나는 소리다. 조선말의 홋소리는 우에(2와 3) 말한 모든
소리다.

5, 겹소리는 홀소리나 닿소리가 항상 끼리끼리 묶겨 다니는 소리다.

홀소리. ㅓ

닿소리. ㄹㄱㄹㅂᄀ̇ㅅㄴㅈㄴㅎㅁㄲㄹㄹㄲㄹㄹᄒᄡ

주의. ㅑㅕㅛㅠ놔ㅝㅙㅞㅖ들은 한 낱내요(音節)

ㅈㅉ츠ㅋㅌㅍ들은 홋소리(單音)

셋재 소리의 닮음

I 홀소리의 고름(母音調和)

6, 밝은소리(陽聲). 말의 줄기 ㅏ ㆍ 밑에는 ㅏ가 온다.

보기. 瘉나 耕갈 坐앉 會모 好좋 可옳 } 아 참고. 달랑달랑 촐랑촐랑

7, 어둔 소리(陰聲). 말의 줄기 ㅓ ㅜ ㅣ ㅐ ㅔ ㅚ ㅟ 밑에는 ㅓ가 온다.

보기. 食먹 與주 聞듣 匍기 拔빼 離떼 爲되 執줘 } 어 참고. 덜렁덜렁, 출렁출렁, 질질,
쟬쟬, 뒤룽뒤룽, 으릉으릉, 에면데면하다

II 닿소리의 이어바꿈(子音接變)

8, ㄱㄲㅋ이 ㄴㄹㅁ 우에서 ㅇ으로.

보기. 먹는다 → 멍는다

국리(國利) → 궁리(궁니)

떡메 → 떵메 벅문 → 벙문

깎는 → 깡는

9, ㅂ,ㅍ이 ㄴㄹㅁ 우에서 ㅁ으로.

보기. 밥내 → 밤내 법령 → 범령

입맛 → 임맛 옆내 → 옘내

앞문 → 암문

10, ㄷㅅㅈㅊㅌ이 ㄴㅁ 우에서 ㄴ으로.

보기. 믿 벗 찾 좇 맡 } 는다 → 민 번 찬 존 만 } 는다

낟 옷 낯 꽃 밭 } 마다 → 난 온 난 꼰 반 } 마다

11, ㄴ이 ㄹ의 우에서나 앞에서 ㄹ로.

　　보기. 천리(千里) → 철리

　　　　　팔년(八年) → 팔련

12, ㄹ이 ㄱㅁㅂㅇ 앞에서 ㄴ으로

　　보기. 박리(薄利) → 박니(방니)

　　　　　감로(甘露) → 감노

　　　　　압력(壓力) → 압녁(암녁)

　　　　　종로(鐘路) → 종노

13, ㅂㄷㄱㅈ이 ㅎ의 우에서나 앞에서 ㅍㅌㅋㅊ으로.

　　보기. 잡힌다 → 자핀다

　　　　　앓박 → 안팍

　　　　　걷힌다 → 걷인다 → 거친다

　　　　　좋다 → 조타

　　　　　막힌다 → 마킨다

　　　　　놓고 → 노코

　　　　　꽂힌다 → 꼬친다

　　　　　놓지 → 노치

넷재 구개음과 바침 원칙

I 구개음(口蓋音)

14, 구개음 ㄷㅌㄹㄴㅎㄱ이 ㅣ들(야 여 요 유) 만나면 ㅈㅊㄹㄴ̃ㅅㅈ으로 바뀐다.

　　보기. ㄷ → ㅈ 맏이(昆) → 마지

　　　　　듕(中) → 즁(중)

　　　　　ㅌ → ㅊ 같이 → 가치

　　　　　텰 → 쳘(철)

　　　　　ㄹ → ㄹ̃ 빨리 하려고 → 할려고

ㄴ→ㄴ 하니→하늬 가느냐→가느냐

ㅎ→ㅅ 힘→심 효도→쇼도(소도)

ㄱ→ㅈ 길→질 곁→졑(졀)

註. ~ 符號는 구개음 표

II 바침 원칙

15, 조선 말소리의 터침소리(破裂音)와 갈림소리(摩擦音)가 바침으로(낱내의 끝에) 쓰일 적에는 제 자리의 불완전한 터침소리로 나고, ㄹ이 바침으로 오면 ㄹㄹ 로 나며, ㄴㅁㅇ은 제대로 난다. 다못 ㅎ만은 ㄷ자리로 바뀐다.

16, 홋바침

ㅂㅍ

ㄷㄹㅈㅊㅅㅆㅎ-→불완전한 ㄱ

ㄹ-→ㄹㄹ

17, 겹바침

ㄳ→불완전한 ㄱ

ㄵ→ㄴ+불완전한 ㄷ

ㄺ→불완전한 ㄱ

ㄻ→ㅁ

ㄼ→불완전한 ㅂ 혹은 ㅌ

ㄿ→불완전한 ㅂ

ㄽ→ㄹ+불완전한 ㄷ

ㄾ→ㄹ+불완전한 ㄷ

ㅩ→홀소리 토 우에서만 쓰임

ㅄ→불완전한 ㅂ

ㄶ→ㄴ(흐린소리 사이) 혹은 ㄴ+불완전한 ㄷ(ㄷㄱㅂㅈ 따위 앞)

ㅀ→ㄹ(흐린소리 사이) 혹은 ㅌ+불완전한 ㄷ(ㄷㄱㅂㅈ 따위 앞)

(조선 말소리 보기틀은 五페지에) 3

(第三 페지에서 이음)

조선말소리의 보기틀

내는법		나는 자리	두입술	혀끝과 니몸	혀몸과 센입웅	혀뿌리와 여린입웅	목청
닿소리	다막음	터짐소리 맑은	ㅂ,ㅃ,ㅍ	ㄷ,ㄸ,ㅌ		ㄱ,ㄲ,ㅋ	ㆆ
		코소리 흐린	ㅁ	ㄴ		ㆁ	
	덜막음	갈이소리 맑은		ㅅ,ㅆ			ㅎ
		불갈이소리 맑은		ㅈ,ㅉ,ㅊ			
		떨갈이소리 흐린		ㄹㄹ			
		떨림소리 흐린		ㄹ			
		반홀소리 흐린	ᅮ		J	(ㅜ)	
홀소리	단홀소리		(ㅟ,ㅜ)				
	반단홀소리	흐린	(ㅚ,ㅗ)				
	반열홀소리						
	열홀소리						

(비고) 다막음(閉鎖音), 덜막음(狹窄音), 터침소리(破裂音), 코소리(鼻音), 갈림소리(摩擦音), 터져갈림소리(破裂摩擦音), 흐림소리(側音), 떨음갈림(振動音), 반홀소리(半母音), 단홀소리(閉口母音), 반단홀소리(반폐모음), 열홀소리(開口母音)

5

한글 바루 쓰고 바루 읽는 법(一)

『朝鮮中央日報』, 1935.10.11.

緒言

우리는 우리의 말과 글을 잘 배울 機會가 적은 것만큼 또 在來에 하루아츰글이라 하야 反切 十四行만 배우면 글은 다 배운 줄 알고 지내던 觀念까지 있는 것만큼 이제 와서 글을 배우는 대에 크게 힘스지 아니하면 아니 될 것이다. 朝鮮語學會에서 비로소 한글綴字法統一案을 낸 이때에 있어서 더욱 힘쓸 필요가 있다. 제가 말은 바르하면서도 글은 그르게 쓰며 남이 글은 바르게 쓰엇는데 그것을 그르게 읽는다. 이런 것을 校正하려면, 무엇보다도 조선말의 音聲原理를 먼저 알면, 잘 理解하리라고 생각하는 대에서 이 글을 쓴다.

　　第一章 單音
　　　一, 母音의 發聲法 二, 子音의 發聲法
　　第二章 音의 互相關係
　　　一, 連音 二, 子音接變, 三, 略音과 默音 四, 絶音
　　附錄 새바침 一覽

第一章 單音

單音은 聲音生理를 標準한 一個音이요 字母를 標準한 音은 아니다. 어떤 民族의 文字를 勿論하고 字母란 것은 實用文字라 그 言語의 音韻組織에 맞도록 便宜를 돌보아 數個의 音을 一個의 字母로 記寫하기도 하고 혹은 數個의 字母로 一個의 音을 記寫하기도 한다. 例를 들면 朝鮮文字의 ㅑㅕㅛㅠ 中國注音字母의 ㄅ(ㅏ ㄴ) ㄴ (ㅓ ㅇ) ㄡ(ㅓ ㅜ) 露語의 Я(ㅑ), Ю(ㅠ), Щ(ㅆ), 라텐文字의 X(ㄱㅅ)는 數個音을 一

個 字母로 記寫함이오 朝鮮文字의 ㄲㄸㅃㅆㅐㅔㅖㅟ 英語의 sh·th 獨逸語의 sc h·ph들은 一個의 音을 數個의 字母로 記寫하는 것이다.

複音은 發音 位置가 아주 다른 두 音이 先後 連發하야 언제나 한데 붙어 다니면서 한 덩어리처럼 되는 것이오 單音은 주로 다만 一處에서 發하는 音이다. 그런데 子音에는 흔히 主되는 位置의 作用밖에 附屬作用의 關係로 淸音, 濁音 硬音의 別이 있다. 그러나 그런 것이 複音 激音은 아니다.

一, 母音의 發聲法

母音은 肺에서 나오는 空氣가 緊張된 聲帶를 振動시켜 생긴 音波가 아무 障碍를 받지 아니하고 調聲管인 곳 口腔을 通過하야 나오는 소리다. 母音이 各樣으로 나는 것은 舌, 脣, 齶[1]의 動作으로 말미암아 形態가 各異한 共鳴管에서 共鳴하는 까닭이다. 이제 朝鮮語音의 母音은 ㅏㅓㅡㅣㅐㅔㅖㅟ 十個다.

이제 共鳴管의 形態를 좀 詳細히 說明하자면 ㅏ는 舌을 最低의 位置에 두고 脣을 普通으로 두고 齶을 最大 開放하는 音이오 ㅓ는 舌을 中部로 좀 올리고 脣을 普通으로 두고 齶을 좀 크게 벌리는 音이오 ㅡ는 舌을 中部로 最高로 올리되 摩擦音이 되지 아니하도록 하고 脣은 普通으로 두고 齶은 最小로 開하는 소리오 ㅗ는 舌을 後方으로 (咽喉方) 올리고 脣을 圖形으로써 앞으로 좀 내밀고 턱을 좀 적게 開하는 소리오. ㅜ는 舌을 後方으로 最高로 올리되 소리가 摩擦이 되지 아니하도록 하고 脣을 圓形으로 매우 오므리어 앞으로 좀 내밀고 齶을 最小로 벌리는 소리요, ㅣ는 혀를 앞으로 가장 높이 올리되 소리가 갈리지 아니하도록 하고 입술을 예사로 두고 턱을 가장 적게 벌리는 소리오, ㅐ는 혀를 앞으로 좀 올리고 입술을 예사로 두고 턱을 좀 크게 벌리는 소리오, ㅔ는 혀를 앞으로 올리되 ㅣ보다는 낮게 ㅐ보다는 높게 하고 입술을 예사로 두고 턱을 좀 적게 벌리는 소리오, ㅚ는 혀를 올리는 것과 턱을 벌리는 것은 ㅔ처럼 하고 입술은 ㅗ처럼 하는 소리고, ㅟ는 혀를 올리는 것과 턱을 벌리는 것은 ㅣ처럼 하고 입을 ㅜ처럼 하는 소리다.

---

1 [편쥐 악 : 잇몸.

二, 子音의 發聲法

子音은 날숨이(呼氣) 입 밖으로 나올 때에 막힌 자리를 터떠리거나 좁힌 자리를 갈거나 켱긴 대를 떨치거나 하야 하는 소리니, 조선말의 子音 ㄱㄲㅋㄸㄷㅌㅂㅃㅍㅈㅉㅅㅆㄹㄹㅇㄴㅁㅎㆆㅣㅜ 스물셋이다.

이것을 좀 자세히 說明하자면, ㅂㅃㅍㅁㅜ는 나는 자리가 두 입술인데, 그 가운데에 ㅂㅃㅍ는 다 같은 터지는 소리로(破障音), ㅂ은 예사 숨 쉴 때에 나오는 날숨으로 막힌 두 입술을 터떠리는 맑은 소리요(淸音), ㅃ은 닫은 목청을 떠떠리는 날숨으로 막힌 두 입술을 떠떠리는 맑은 소리요, ㅍ은 좁힌 목청을 가는(摩擦) 날숨으로 두 입술을 터떠리는 맑은 소리다. ㅁ은 두 입술을 막고 목젖으로 막았던 코구멍길을 띄우고 목에서 나오는 소리를 코구멍으로 내어 보내는 흐린소리다(濁音). ㅜ는 반홀소리(半母音)의 성질이 있는 흐린소리니, 거의 다 막게 된 두 입술을 목에서 나오는 소리로 갈듯말듯하는 것이다.

한글 바루 쓰고 바루 읽는 법(二)

『朝鮮中央日報』, 1935.10.12.

이 소리는 이제 우리가 ㅗ와 ㅜ로써 적게 되나니 곳 ㅘㅙㅝㅞㅟ들과 같은 것이다.

ㄷㄸㅌㄴㅅㅆㅈㅉㅊㄹㄹ은 그 나는 자리가 혀끝과 웃니몸이다. 그런데 ㄷㄸㅌ는 같은 터지는 소리도 ㄷ은 예사 숨 쉬는 날숨으로 이몸에 붙은 혀끝을 터떠리는 맑은 소리요, ㄸ은 막은 목청을 터떠리는 날숨이 이몸에 붙은 혀끝을 터떠리는 맑은 소리요 ㅌ은 좁힌 목청을 가는 날숨으로 이몸에 붙은 혀끝을 터떠리는 맑은 소리다.

ㄴ은 혀끝을 이몸에 붙여 막고 목젖으로 막은 코구멍길을 틔운 뒤에 목에서 나오는 소리를 코구멍으로 내어 보내는 흐린소리다. ㅅ은 예사 날숨으로 붙을듯말듯한 혀끝과 이몸 사이를 가는 맑은 소리요 ㅆ은 막은 목청을 터떠린 날숨으로 ㅅ자리를 가는 맑은 소리다. ㅈ은 예사 날숨으로 이몸에 붙은 혀끝을 터떠려 틈을 내면서 곳 그 사이를 가는 맑은 소리요, ㅉ은 막은 목청을 터떠린 날숨으로 ㅈ과 같이 내는 맑은 소리요, ㅊ은 좁힌 목청을 가는 날숨으로 ㅈ과 같이 내는 소리다. ㄹㄹ은 혀끝을 우쪽 안으로 조금 좁으려 웃이몸에 붙이고 목청을 떨면서 나오는 날숨이 혀바닥 옆과 어금이 쪽 사이로 흘러나오면서 가는 흐린소리니, 조선말에 이 소리를 初聲으로는 쓰지 아니하나, 中聲과 終聲으로는 많이 쓰는데 終聲에는 ㄹ 하나만 쓴다. ㄹ은 목청을 떨고 나오는 날숨이 웃이몸에 닿은 혀끝을 한두 번 떠는 흐린소리니, 조선말에는 中聲으로만 쓰인다.

ㅣ는 半母音의 性質이 있는 흐린소리니, 목청을 떨고 나오는 날숨이 혀옹과(혀 앞바다) 센입천장 사이를 갈듯말듯하는 것이다. 한글에는 ㅣ와 어울려 한 字母를 만들엇나니, 곳 ㅑ(ㅣㅏ) ㅕ(ㅣㅓ) ㅛ(ㅣㅗ) ㅠ(ㅣㅜ)들이다.

ㄴ[1]ㄲㅋㅇ은 그 나는 자리가 혀뿌리와(혀뒤바다) 여린입천장 뒤쪽인데, ㄱㅋㄲ은 같은 터지소리로 ㄱ은 예사 날숨으로 여린입천장 뒤에 붙은 혀뿌리를 터떠

---

1 [편쥐] ㄴ : 'ㄱ'의 오식.

리는 맑은 소리요, ㄲ은 막은 목청을 터떠리는 날숨으로 ㄱ자를 터떠리는 맑은
소리요, ㅋ은 좁힌 목청을 가는 날숨으로 ㄱ자리를 터떠리는 맑은소리다. ㅇ은
혀뿌리를 여린입천장 뒤 붙이고 목젖으로 막은 코구멍 길을 틔운 뒤에 목청을 떨
고 나오는 날숨이 코구멍 안에서 울리는 흐린소리다.

ㅎㅎ은 목청소리인데 ㆆ은 막은 목청을 날숨으로 터떠리는 맑은 소리다. 또 이
것은 된소리를 이루는 바탕이 된다. 이 소리는 이제 初聲으로는 咸鏡道와 慶尙道
의 方言에 적지 아니 쓰힌다. 된母音이 곳 그것이다. 바침으로는 일반으로 적지
아니 쓰히나 이것을 이제 ㅅ바침으로 써 기사한다. 例를 들면 긐다를 긋다(劃)로,
낭다를 낫다(勝瘉)로, 장다를 잣다(繰)로, 젖다를 젓다(披)로 죻다를 좃다(啄)로,
붕다를 붓다(倒注)로 짖다를 짓다(作)로, 잉다를 잇다(繼)로 쓰며, 또 ㅀ바침에는
ㄹ만 쓴다. 例를 들면 싫다를 실다(載)로, 셚다를 설다(悲)로 쓴다. ㅎ은 좁힌 목
청을 날숨으로 가는 맑은 소리다. 또 이것은 센소리를(激音) 만드는 바탕이 된다.
이것은 이다음 子音의 만나 바꾸임(子音接變)에 자세히 말하겟다.

註, 平音, 硬音, 激音과의 서로 다른 점은 그 音理를 말하였거니와 그 字形에 대
한 것을 말하자면 된소리를 아즉도 된ㅅ을 부쳐쓰는 사람이었다. 그러나 歷史上
으로 보면 訓民正音으로 부쳐 그 뒤에 오래 동안 並書 곳 같은 字母를 나라니 써
오다가 中間에 와서 된ㅅ을 쓴 것이다. 그러니 처재[2]는 並書가 歷史的이오, 둘재
는 音理에 맞은 것이니 곳, 우에 말한 바와 같이 平音, 硬音, 激音은 다 單音이다.
한소리를 한 字母로 쓰는 것은 가장 科學的인데 激音의 字母가 基本形인 平音의 字
母에 한 劃을 더하야 縱으로 두 字母를 어울러 한 字母를 만든 것이 그 大體의 原理
인즉 그와 같이 硬音도 한 字母를 만들랴면 基本形인 平音의 字母로써 만들되 激
音의 字形과 반대로 橫으로 두 字母를 어우를 것이오 또 한 劃을 더하야 한 덩이를
만드는 것이 가장 理想的인데 이제 學生들의 글씨 는 것을 調査하야 본다면 時間
과 勢力을 經濟하야 心理에서 우에 말한바 理想과 같이 自然發達로되어가는 것이
事實이다. 곳 아래와 가티 쓴다. ㄲ,**ㄲ**,ㄸ,**ㄸ**,ㅃ,**ㅃ**,ㅉ,**ㅉ**,ㅆ,**ㅆ**,

바침이란 것은 한 소리덩이의(音節) 끝에 붙은 子音이다. 조선말의 닿소리가

---

2 [편쥬] 처재: '첫째'의 오식.

첫 소리에서와 (初聲) 끝소리 (終聲) 곳 바침에서 나는 법이 서로 다른 것은 音便도 잇고 習慣도 있다. 소리를 내는 데에는 두 가지 階段이 있나니, 첫재는 소리 내는 자리를 고루어 만드는 準備요 돌재³는 動作을 取하야 소리를 完成하는 것이다. 조선말에 바침은 그 소리의 準備段階에 끊지고 만다. 그러므로 같은 자리에서 나는 닿소리로 그 내는 것이 비슷하거나 또는 生理的 連鎖關係가 있으면 자리를 옮기어서 다 한 가지, 소리로 내되 摩擦音이나 振動音과 같이 자리가 着定치 못한 狀態에 잇는 것은 다 安定한 자리에 가려고 벌어진 자리를 다 부치게 된다. 그러므로 摩擦音은 破障音으로 流音(r)은 付着流音(e)으로 變하고 만다. 그래서 ㄷ,ㅌ,ㅊ,ㅅ, ㅆ,ㅎ(激音化 外에) ㆆ(硬音化 外에)는 다 가티 바침에는 터치지 아니하는 ㄷ소리로 내고, ㅂ,ㅍ, 우는 다 ㅂ으로 내고, ㄱ,ㄲ,ㅋ,은 기⁴으로 내고, ㄹ은 ㄹㄹ(e)로 내고 만다.

예사소리(平音) 된소리(硬音) 센소리(激音)의 서로 다른 점

내는 힘의 갈래 \ 소리의 갈래	나는 자리	혀뿌리와 여린입천 장의 꼭 막음	혀끝과 이몸의 꼭 막음	두 입술의 꼭 막음	혀끝과 이몸의 꼭 막았다가 덜 막음	혀끝과 이몸의 덜 막음
예사 숨쉴 때에 나오는 숨	예사소리	ㄱ	ㄷ	ㅂ	ㅈ	ㅅ
막은 목청을 터떠리는 날숨(ㆆ)	된소리	ㄲ	ㄸ	ㅃ	ㅉ	ㅆ
좁힌 목청을 갈는 날숨(ㅎ)	센소리	ㅋ	ㅌ	ㅍ	ㅊ	

---

3 [편쥐] 돌재: '둘째'의 오식.
4 [편쥐] 기: 'ㄱ'의 오식.

한글 바루 쓰고 바루 읽는 법(三)

第二章 音의 互相關係

사람이 제 혼자 自由로 行動하는 것과 여럿이 서로 統制하야 行動하는 것이 아주 다른 것처럼 소리도 제 하나만 날 때와 여럿이 서로 關係되어 날 때가 아주 다르다.

一, 소리의 이음(連音)

한 音節의 바침이 바로 그 다음에 오는 母音 앞에 붙어서 한 새 音節을 이루는 것을 소리의 이름이라 한다.

音節은 言語音節과 發音音節이 있나니, 前者는 語源, 語幹, 語尾, 單語 等을 밝히는 綴字의 規定으로 된 것이오, 後者는 글 읽거나 말할 때에 言語音節을 잇달아 내는 實際 發音에서 생긴 音節이다. 이것은 發音生理의 自然法則이므로 어느 겨레의 말에나 다 있는 現狀이다. 例를 들면 英語에 Numbering(言語音節은 남버 잉, 音節은 남버링) Damper(言語 댐프 어, 發音 댐퍼) Thank you(言語 댕크유, 發音 댕큐) 獨逸語에 Grundung[1](言語 그룬드웅, 發音 그룬둥) Hinaus(言語 힌아우쓰, 發音 히나우쓰) Ist er(言語 이스트엘, 發音 이스텔) 佛語에 Monami[2](言語 몬아미, 發音 모나미) Sansabri[3](言語 산아브리, 發音 산사브리) Elestici[4](言語 일애쓰트이시, 發音 일레티시).

이제 조선말의 連音法則을 말하면 세 가지 境遇가 잇다. (1) 原詞와 토와의 關係나 또는 語幹과 補助語幹과의 關係와 같은 으뜸에 딸리어 쓰히므로, 제 本소리를

---

1 [편쥐 Grundung : 'Gründung(건축)'의 오식.
2 [편쥐 Monami : 'Mon ami'의 띄어쓰기 잘못.
3 [편쥐 Sansabri : 'Sans-abri(이재민)'의 오식.
4 [편쥐 Elestici : 'Il est ici'의 오식.

各各 가지려고 애쓰지 아니하는 것이 있고, (2) 獨立한 資格을 가지고 만난 品詞들이 제 各各 本소리를 바꾸지 아니하려고 하는 것이니, 바침이 그 다음에 오는 母音으로 넘어가서 새 音節을 이루므로 本音價가 너무 달라서 뜻이 흐리게 되는 것을 避하려고 代表音으로써 發音하는 綜合品詞나 各 單語들이 잇고, (3) 漢字語니 漢字제 스스로는 다 獨立한 것이나 조선말에서는 單語의 資格이 없으므로 漢字의 綜合語가 된 때에는 純 조선말의 경우와 같이 各 字가 제 音價를 바꾸지 아니하려는 純音現狀이 ㅣㅑㅕㅛㅠ 앞에서는 없고 그대로 連音이 된다. 우에 말한 세 가지의 實例를 다음과 같이 들겟다.

1, 으뜸과 붙음의 關係로 된 말.

◇言語 發音 音節

박(匏)	박이	바기	박은	바근	박에	바게
손(手)	손이	소니	손은	소는	손에	소네
빋(債)	빋이	비디	빋은	비든	빋에	비데
달(月)	달이	다리	달은	다른	달에	다레
감(柿)	감이	가미	감은	가믄	감에	가메
밥(食)	밥이	바비	밥은	바븐	밥에	바베
이것(此物)	이것이	이거시	이것은	이거슨	이것에	이거세
상(床)	상이	사이	상은	사은	상에	사에
낮(晝)	낮이	나지	낮은	나즌	낮에	나제
꽃(花)	꽃이	꼬치	꽃은	꼬츤	꽃에	꼬체
부엌(廚)	부엌이	부어키	부엌은	부어큰	부엌에	부어케
밭(田)	밭이	바티	밭은	바튼	밭에	바테
앞(前)	앞이	아피	앞은	아픈	앞에	아페
닭(鷄)	닭이	달기	닭은	달근	닭에	달게
낡(木)	낡이	남기	낡은	남근	낡에	남게
넋(魂)	넋이	넉시	넋은	넉슨	넋에	넉세
돐(茅)	돐이	돌시	돐은	돌슨	돐에	돌세
값(價)	값이	갑시	값은	갑슨	값에	갑세

적(小)	적었어야	저거써야	적은	저근	적을	저글
막(防)	막었어야	마거써야	막은	마근	막을	마글
굳(固)	굳었어야	구더써야	굳은	구든	굳을	구들
받(受)	받았어야	바다써야	받은	바든	받을	바들
검(黑)	검었어야	거머써야	검은	거믄	검을	거믈
담(盛)	담았어야	다마써야	담은	다믄	담을	다믈
굽(曲)	굽었어야	구버써야	굽은	구븐	굽을	구블
잡(執)	잡았어야	자바써야	잡은	자븐	잡을	자블
벗(脫)	벗었어야	버서써야	벗은	버슨	벗을	버슬
웃(笑)	웃었어야	우서써야	웃은	우슨	웃을	우슬
낮(低)	낮았어야	나자써야	낮은	나즌	낮을	나즐
맺(結)	맺았어야	매자써야	맺은	매즌	맺을	매즐
좇(從)	좇았어야	조차써야	좇은	조츤	좇을	조츨
같(如)	같았어야	가타써야	같은	가튼	같을	가틀
맡(任)	맡았어야	마타써야	맡은	마튼	맡을	마틀
높(高)	높았어야	노파써야	높은	노픈	높을	노플
갚(報)	갚았어야	○○○○[5]	갚은	가픈	갚을	가플
좋(好)	좋았어야	조하써야	가파[6]	좋은	조흔	좋을	조흘
낳(産)	낳았어야	나하써야	낳은	나흔	낳을	나흘
묶(束)	묶었어야	무꺼써야	묶은	무끈	묶을	무끌
낚(釣)	낚았어야	나까써야	낚은	나끈	낚을	나끌
있(有)	있었어야	이써써야	있은	이쓴	있을	이쓸
맑(淸)	맑았어야	말가써야	맑은	말근	맑을	말글
밟(踏)	밟았어야	발바써야	밝은	발븐	밟을	발블
없(無)	없었어야	업서써야	없은	업슨	없을	업슬
가엽(憐)	가엾어야[7]	가엽서써야	가엾은	가엽슨	가엾을	가엽슬

---

5 [편쥐 원문 '가파써야' 누락.
6 [편쥐 오식(바로 윗줄에서 밀린 것으로 보임).

앉(坐)	앉었어야	안자써야	앉은	안즌	앉을	안즐
엱(置上)	엱었어야	언저써야	엱은	언즌	엱을	언즐
핥(舐)	핥았어야	할타써야	핥은	할튼	핥을	할틀
훑(摩)	훑었어야	훌터써야	훑은	훌튼	훑을	훌틀
읊(詠)	읊었어야	을퍼써야	읊은	을픈	읊을	을플
많(多)	많았어야	만하써야	많은	만흔	많을	만흘
끊(絶)	끊었어야	끈허써야	끊은	끈흔	끊을	끈흘
옳(可)	옳았어야	올하써야	옳은	올흔	옳을	올흘
끓(沸)	끓었어야	끌허러써야	끓은	끌흔	끓을	끌흘

(2) 獨立한 單語가 그냥 만나거나 혹은 綜合品詞가 될 적

言語音節		發音音節	發音不通
부엌안(廚內)	부엌안	부어간	부어칸
옷안(衣內)	올안	오단	오산
갓옹지(冠帽)	=간옹지	=가둥지	가숭지
빚없이(無債)	=빋없이	=비덥시	비젭시
젖안(乳內)	=젇안	=저단	저잔
숯위(炭上)	=숟위	=수뒤	수취
옻오른다(漆中毒)	=옫오른다	=오도른다	오초른다
밭언덕(岡丘)	받언덕	=바던덕	바턴덕
팥알(豆粒)	=팓알	=파달	파탈
무릎아래(膝下)	=무릅아래	=무르바래	무르파래
잎위(葉上)	=입위	=이뷔	이퓌
돍안(畓內)	=돌안	=도란	돌산
값없이(無價)	=갑없이	=가법시	갑섭시

---

7 [편쥐] '가엾었어야'의 '었' 탈자.

한글 바루 쓰고 바루 읽는 법(四)

『朝鮮中央日報』, 1935.10.15.

(3) 漢字音의 綜合할 적

言語音節	發音音節	發音不通
작인(作人)=	자긴	작닌
격일(隔日)=	겨길	격닐
각양(各樣)=	가걍	각냥
흑연(黑鉛)=	흐견	흑년
적요(摘要)=	저교	적뇨
석유(石油)=	서규	석뉴
안일(安逸)=	아닐	안닐
산양(山羊)=	사냥	산냥
전연(全然)=	저년	전년
만용(蠻勇)=	마뇽	만뇽
간유(肝油)=	가뉴	간뉴
일인(日人)=	이린	일린
설야(雪夜)=	서랴	설랴
절용(節用)=	저룡	절룡
출영(出迎)=	추령	출령
월요(月曜)=	워료	월료
물욕(物慾)=	무룍	물욕
설유(說諭)=	서류	설류
담임(擔任)=	다밈	담님
겸양(謙讓)=	겨먕	겸냥
감영(監營)=	가명	감녕

겸용(兼用)＝　겨뭉　　　겸뇽

섬유(纖維)＝　서뮤　　　섬뉴

갑일(甲日)＝　가빌　　　갑닐

납입(納入)＝　나빕　　　납닙

섭양(攝養)＝　서뱡　　　섭냥

갑연(甲宴)＝　가변　　　갑년

잡용(雜用)＝　자봉　　　잡뇽

집유(汁油)＝　지뷰　　　집뉴

정인(情人)＝　저인　　　정닌

공일(空日)＝　고일　　　공닐

당일(當日)＝　다일　　　당닐

상약(相約)＝　사약　　　상냑

강연(講演)＝　가연　　　강년

중요(重要)＝　주요　　　중뇨

등유(燈油)＝　드유　　　등뉴

二, 子音의 만나 바꾸임(子音接變)

두 子音이 만날 때에 서로 影響을 주고받아 바꾸이는 소리를 이르는 것이니 그 갈래는 다음과 같다.

(1) 센소리로 바꾸임

(激音化)

목청을 갈고 나오는 숨 곳 『ㅎ』소리로써 내는 破障音을 센소리라 한다. 그러므로 센소리 ㅋㅌㅍㅊ는 ㄱㄷㅂㅈ에 ㅎ소리가 섞인 것이니, 實例는 다음과 같다.

박힌다＝바킨다,　　넉넉하다＝넉너카다

닿게(接)＝다케,　　좋고(好)＝조코

벋힌다(撑)＝버틴다,　닫힌다(閉)＝다틴다

놓다(放)＝노타,　　빻다(搗)＝빠타

밥한다(作飯)＝바판다,　십호(十戶)＝시포

안밖(內外)＝안팍,　　숭범(雄虎)＝수펌

갖훈다(備)＝가춘다,　　맞훈다(相接)＝마춘다

땋자(絳)＝따차,　　많지(多)＝만치

(2) 코소리로 바꾸임

(鼻音化)

破障音(實際 發音) 바침이 鼻音 첫소리로 된 音節을 만나면 그 破障音이 같은 자리의 코소리로 바꾸여 난다. 그 까닭은 코소리가 빠진 밖에는 條件이 다 같으므로 이제 코소리를 만나매 절로 그 코소리가 되는 것이니, ㄱ(代表音)은 ㅇ으로, ㄷ(代表音)은 ㄴ으로, ㅂ(代表音)은 ㅁ으로 變하야 난다. 例를 들면,

ㄱ-ㅇ, 먹는다＝멍는다, 닦는다＝당는다, 우녘＝우녕, 한몫놓다＝한몽놓다.

ㄷ-ㄴ, 받느냐＝반느냐, 맏는다＝만는다, 늦네＝는데, 벗니＝번니, 있는＝인는.

ㅂ-ㅁ, 밥먹다＝밤먹다, 앞날＝암날, 값낫다＝감낫다, 없네＝엄네.

(3) ㄹ이 ㄴ으로 바꾸임

ㄹ이 ㄱㅁㅂㅇ 밑에서 ㄴ으로 바꾸이는 것은 漢字語에만 있다. 本來 조선말에는 ㄹ이 母音의 사이가 아니면 나지 아니하므로 ㄹ에 가장 가까운 소리 ㄴ으로 바꾸어 내는 것이다. 例를 들면,

옥루(玉樓)＝옥누, 백리(百里)＝백니.

삼라(森羅)＝삼나, 감로(甘露)＝감노.

압력(壓力)＝암녁, 답례(答禮)＝답녜.

정령(正領)＝정녕, 종로(鐘路)＝종노.

(4) ㄴ이 ㄹ로 바꾸임

ㄴ이 ㄹ 우에서나 밑에서나 舌側音 ㄹ로 바꾸이나니, 이것은 發音器官의 聯絡關係로 생긴 音便이다. 例를 들면,

만리(萬里)＝말리, 환로(宦路)＝활로.

불노름＝불로름, 들나물＝들라물, 살년(殺年)＝살련.

한글 바루 쓰고 바루 읽는 법(五)

『朝鮮中央日報』, 1935.10.16.

三, 소리의 줄거나 죽어짐(略音과 默音)

言語音節로부터 發音音節로 바꾸일 때에 흔히 音便을 좇아 소리가 줄기도 하고 또는 죽어지기도 하되 제 音價를 고대로 保存치 아니하여도 괜찮을 從屬的 關係를 가진 토나 補助語幹 따위와 어울릴 때에 있는 現狀이니 그 갈래는 다음과 같다.

(1) 같은 母音이 포개지면 하나는 죽어진다. 例를 들면,

가아서＝가서,　　사았다＝샀다.

서어서＝서서,　　서었다＝섰다.

보오＝보,　　　오오＝오.

(2) ㅡ가 ㅓ 우에서 죽어진다. 例를 들면,

뜨어서　떠서　뜨었다　떴다

쓰어서　써서　쓰었다　썼다

크어서　커서　크었다　컸다

트어서　터서　트었다　텄다

(3) ㅐㅔ 밑에 오는 ㅓ 첫소리로 된 補助語幹이나 토의 ㅓ는 죽어진다. 例를 들면

개어도　개도　개었다　갰다

보내어도　보내도　보내었다　보냈다

대어도　대도　대었다　댔다

매어도　매도　매었다　맸다

배어도　배도　배었다　뱄다

세어도　세도　세었다　샜다

재어도　재도　재었다　쟀다

채어도　채도　채있다　챘다

캐어도　캐도　캐었다　캤다

| 보태어도 | 보태도 | 보태었다 | 보탰다 |

| 패어도 | 패도 | 패었다 | 팼다 |

| 메어도 | 메도 | 메었다 | 멨다 |

| 배어도 | 베도 | 베었다 | 벴다 |

| 세어도 | 세도 | 세었다 | 셌다 |

| 해어도 | 해도 | 해었다 | 했다 |

(4) ㅎ음이 母音 사이에서 죽어진다. 例를 들면,

| 닿아서 | 다아서 | 닿았다 | 다았다 |

| 넣어서 | 너어서 | 넣었다 | 너었다 |

| 놓아서 | 노아서 | 놓았다 | 노았다 |

| 좋아서 | 조아서 | 좋았다 | 조았다 |

| 많아서 | 만아서 | 많았다 | 만았다 |

| 싫어서 | 실어서 | 싫었다 | 실었다 |

(5) 여러 子音이 한 때에 다 드러날 수가 업슴으로 겹바침이 그 아래에 子音이 첫소리로 된 音節을 만나면 그 中에 하나는 드러나지 아니하되 摩擦音이나 流音이 弱한 關係로 죽어진다.

1, ㄳㄵㅄ의 ㅅ이 죽는 것. 例를 들면,

| 삯도 | 삭도 | 삯만 | 삭만 | 삯조차 | 삭조차 |

| 넋도 | 넉도 | 넋만 | 넉만 | 넋조차 | 넉조차 |

| 돐도 | 돌도 | 돐만 | 돌만 | 돐조차 | 돌조차 |

| 옰도 | 올도 | 옰만 | 올만 | 옰조차 | 올조차 |

| 값도 | 갑도 | 값만 | 갑만 | 값조차 | 갑조차 |

2, ㄺㄻㄿ의 ㄹ이 죽는 것. 例를 들면,

| 닭국 | 닥국 | 닭만 | 닥만 | 닭도 | 닥도 |

| 밝고 | 박고 | 밝다 | 박다 | 밝지 | 박지 |

| 넓고 | 넙고 | 넓다 | 넙다 | 넓지 | 넙지 |

| 밟고 | 밥고 | 밟다 | 밥다 | 밟지 | 밥지 |

| 굶고 | 굼고 | 굶다 | 굼다 | 굶지 | 굼지 |

젊고 점고 젊다 점다 젊지 점지

(6) 한 母音이 그 밑에 바로 오는 母音을 만나 複母音이나 半母音이 되어서 한 音節이 주는 것이니

1, ㅣ가 ㅓ를 만나서 變 하는 것이니 例를 들면,

맡기어서	맡겨서	맡기어라	맡겨라
다니어서	다녀서	다니어라	다녀라
디디어서	디뎌서	디디어라	디뎌라
그리어서	그려서	그리어라	그려라
꾸미어서	꾸며서	꾸미어라	꾸며라
비비어서	비벼서	비비어라	비벼라
부시어서	부셔서	부시어라	부셔라
보이어서	보여서	보이어라	보여라
가지어서	가져서	가지어라	가져라
바치어서	바쳐서	바치어라	바쳐라
잡히어서	잡혀서	잡히어라	잡혀라

2, ㅗ나 ㅜ가 ㅏ나 ㅓ를 만나서 變하는 것이니 例를 들면,

보아도	봐도	보아야	봐야	보아라봐라
쏘아도	쏴도	쏘아야	쏴야	쏘아라쏴라
오아도	와도	오아야	와야	오았다왔다
두어도	둬도	두어야	둬야	두어라둬라
미루어도	미뤄도	미루어야	미뤄야	미루어라 미뤄라
주어도	줘도	주어야	줘야	주어라줘라

四, 소리의 절음(絶音)

獨立한 品詞들이 모여서 綜合品詞가 되거나 혹은 두 딴 品詞가 그냥 앞뒤에 있어서 곳 잇달아 읽게 될 때에 各 品詞가 제 音價를 덜 變하려 하므로 앞의 소리가 濁音이면(모든 母音과 ㄴㅁㅇㄹ) 그 소리를 갑자기 끊어서 그 소리가 다음 소리에 影響을 주지 못하도록 하는 것을 絶音이라 한다.

한글 바루 쓰고 바루 읽는 법(完)

『朝鮮中央日報』, 1935.10.17.

내는 소리를 갑작이 끊는 때에는 子音終聲(바침)이면 그 소리가 나는 자리를 힘써 막는 同時에 또 便宜를 좇아 그 다음에 오는 子音의 影響을 받아서 그 子音이 앞 母音의 바침이 되어서 그 자리에서도 막아 끊게 된다. 이 絶音을 우리가 中間 ㅅ으로써 적었다. 이 絶音 結果로 두 가지 發音變化가 생기게 되나니 첫재는 絶音 뒤에 오는 子音이 平音이면 그것이 된소리(硬音)처럼 나고 둘재는 ㅣㅑㅕㅠ면 ㄹ 바침 밑에는 그것을 닮아서 ㅁ蓋音化한 舌側音 ㄹ이 덧나고 ㄹ바침 밖의 모든 바침 밑에는 ㅁ蓋音化한 ㄴ이 덧나게 된다. 그 까닭은 絶音할 때에 聲門을 막음으로 숨을 통하지 못하였는데 또 혀끝 狹窄音 ㅣㅑㅕㅛㅠ音을 내려 하매 숨을 입으로 잘 통할 수가 없어서 코구멍을 열게 되는 것은 生理의 自然이다. 그런데, 혀 位置 가 ㄴ내는 자리에 있고, 또 ㄴ을 낼 때와 같이 코구멍이 열리었으니, ㅁ蓋音化한 ㄴ이 날 것은 必然한 일이다.

1, 平音이 硬音처럼 들리는 例

　　고추ㅅ가루=고추까루. 내ㅅ내=낸내. 갈비ㅅ대=갈비때. 머리ㅅ말=머림말. 가위 ㅅ밥=가위빱. 배ㅅ살=배쌀. 벼루ㅅ집=벼루찝. 손ㅅ독=손똑. 산ㅅ불=산뿔. 글ㅅ 방=글빵. 물ㅅ결=물껼. 봄ㅅ바람=봄빠람. 갈림ㅅ길=갈림낄. 공ㅅ돈=공똔.

2, ㄹ바침 밑에 오는 ㅣㅑㅕㅛㅠ의 앞에는 ㅁ蓋音化한 舌側音 ㄹ이 덧난다. 例 를 들면,

　　물약=물략.　　불옆=불렵.

　　털요=털료.　　걸웊=걸룾.

　　솔잎=솔맆.

3, ㄹ바침 밖의 모든 바침 밑에 오는 ㅣㅑㅕㅛㅠ의 앞에는 ㅁ蓋音化한 ㄴ이 덧 난다. 例를 들면,

　　속잎=속닢.　　벽옆=벽녚.

편웃=편늣.　　흰엿=흰녓.

담요=담뇨.　　받일=받닐.

집이웃=집니웃.　탑옆=탑녚.

갓양=갓냥.　　옷옆=옷녚.

콩웃=콩늣.　　방옆=방녚.

젖유종=젖뉴종.　낮일=낮닐.

꽃잎=꽃닢.　　숯옆=숯녚.

부엌일=부엌닐.　부엌옆=부엌녚.

끝일=끝닐.　　밭옆=밭녚.

옆일=앞닐.　　늪옆=늪녚.

附錄 새바침 一覽

語法整理와 또 表音文字의 表意化하는 必要로 ㄷ ㅈ ㅊ ㅋ ㅌ ㅍ ㅎ ㄲ ㅆ ㄳ ㄵ ㄶ ㄺ ㄾ ㄿ ㅀ ㅁ ㅄ의 十八 바침을 더 쓰기로 한다.

ㄷ바침 걷다(收) 곧다(直) 굳다(固) 낟(穀) 닫다(閉) 돋다(昇) 뜯다(摘) 맏(昆) 묻다(埋) 믿다(信) 받다(受) 벋다(延) 뻗다(伸) 쏟다(瀉) 얻다(得)

ㅈ바침 갖다(備) 꽂다(揷) 궂다(凶) 꾸짖다(叱) 낮(晝) 낮다(低) 늦다(晩) 맞다(迎) 버릇다[1](爬) 부르짖다(叫) 빚(債) 빚다(釀) 맺다(結) 애꿎다 잊다(忘) 잦다(涸) 젖(乳) 젖다(濕) 짖다(吠) 찢다(裂) 찾다(尋)

ㅊ바침 갗(皮膚) 꽃(花) 낯(顔) 닻(錨) 돛(帆) 몇(幾) 빛(光) 숯(炭) 옻(漆) 좇다(從) 쫓다(逐)

ㅋ바침 녘(方) 부엌(廚)

ㅌ바침 같다(如) 겉(表) 곁(傍) 끝(末) 낱(個) 돝(猪) 맡다(任) 머리맡(枕邊) 뭍(陸) 밑(底) 밭(田) 밭다(迫) 배앝다(吐) 볕(陽) 부릍다(腫) 붙다(付) 샅(股間) 솥

1　[편주] 버릇다 : 버릇다(파서 헤집어 놓다). 爬는 긁을 파.

(鼎) 숱(量) 앝다(淺) 옅다(淺) 팥(豆) 흩다(散)

ㅍ바침 갚다(報) 깊다(深) 높다(高) 늪(沼) 덮다(蓋) 무릎(膝) 섶(薪) 숲(林) 싶다(欲) 앞(前) 엎다(覆) 옆(側) 잎(葉) 짚(藁) 짚다(杖) 헝겊(布片)

ㅎ바침 낳다(産) 넣다(入) 놓다(放) 닿다(接) 땋다(辮) 빻다(碎) 쌓다(積) 좋다(好) 찧다(舂)

ㄲ바침 깎다(削) 꺾다(折) 겪다(經) 낚다(釣) 닦다(拭) 덖다(垢) 묶다(束) 밖(外) 볶다(炒) 섞다(混) 솎다(抄) 엮다(編)

ㅆ바침 겠다(未來) 았다(過去) 었다(過去) 있다(有)

ㄳ바침 넋(魄) 몫(配分) 삯(賃) 섟(결)

ㄵ바침 게²얹다(撒) 앉다(坐) 얹다(置上)

ㄶ바침 끊다(訂) 괜찮다 귀찮다 끊다(絶) 많다(多) 언짢다 점잖다 하찮다

ㄺ바침 곬(向方) 돐(朞) 옰(代價)

ㅀ바침 곯다(未滿) 곯다³(跪) 끓다(沸) 닳다(耗) 뚫다(穿) 싫다(厭) 앓다(病) 옳다(可) 잃다(失)

ㄽ바침 핥다(舐) 훑다

ㄿ바침 읊다(詠)

ㅁㄱ바침 굶(穴) 낡(木)

ㅄ바침 값(價) 가엾다(憐) 실없다(不實) 없다(無)

---

2 [편주] 게 : '끼'의 오식.
3 [편주] 곯다 : '꿇다'의 오식.

課外講義(二) 한글通俗講座[1]

『朝鮮中央日報』, 1936.7.2.

(3) 默音. 여러 子音이 同時에 다 發音되기가 어려우므로 겹바침이 그 아래에 子音 첫소리로 된 音節을 만나면 그 中에 하나는 들어나지 아니하되 摩擦音이나 流音이 弱한 關係로 죽어진다.

(一) ㄳㄽㅄ의 ㅅ이 죽는 實例는 다음과 같다.

삯도(賃)=삭도, 삯만=삭만　넋도(魄)=넉도,　넋만=넉만

돐도(朞)=돌도, 돐만=돌만　곬도(向)=골도,　곬만=골만

값도(價)=갑도, 값만=갑만

(二) ㄺㄼㄻ의 ㄹ이 죽는 實例는 다음과 같다.

닭도(鷄)=닥도, 닭만=닥만,　밝다(明)=박다,　밝지=박지

넓다(廣)=넙다, 넓지=넙지　밟다(踏)=밥다,　밟고=밥고

젊다(少)=점다, 젊고=점고　굶다(饑)=굼다,　굶고=굼고

二, 바침 알아보는 法

(ㄱ) 體言의 바침

(1) 첫재, 그 體言을 單獨으로 發音하야 봄. 例, 먹(墨), 불(火), 옷(衣),

(2) 다음에, 그 體言 아래에 토『은』을 붙여서 發音하면『은』은 그 위의 體言의 바침을 받아서『즌, 츤, 큰, 튼, 픈』따위로 變함. 例

낫(鎌)은=나슨, 낮(晝)은=나즌,　　　낯(面)은=나츤.

(3) 끝으로, 補助法으로 토『이』를 붙여 봄. 例

1　[편주]「課外講義(一) 한글通俗講座」은 유실되었다. 그러나「한글 統一運動의 社會的 意義」,『朝光』2-11, 朝鮮日報社出版部, 1936.11월호와 대부분 겹치는 것으로 미루어 "(1) 連音 (2) 激音化" 내용이 있을 것으로 사료됨.

낫이＝나시,　　낮이＝나지,　낯이＝나치.

(ㄴ) 用言의 語幹의 바침

(1) 그 語幹 아래에 어미『다』를 붙여 봄. 例

　　좋다(好)＝조타, 넣다(入)＝너타.

(2) 語尾『아』나『어』를 붙여 봄. 例

　　집어(拾)＝지버, 짚어(杖)＝지퍼

(3) 語尾『으니』를 붙여 봄. 例

　　맞으니(迎)＝마즈니,　　　　맡으니(任)＝마트니.

以下에 列擧한 例를 보고 練習알[2] 것.

ㄷ바침 體言의 바침

　　만(昆),만은,만이　　　　낟(穀),낟은,낟이

用言의 語幹의 바침

　　걷다(捲),걷어,걷으니　　　곧다(直),곧아,곧으니

　　굳다(固),굳어,굳우니　　　돋다(昇),돋아,돋으니

　　닫다(閉),닫아,닫으니　　　뜯다(破),뜯어,뜯으니

　　묻다(埋),묻어,묻으니　　　믿다(信),믿어,믿으니

　　받다(受),받아,받으니　　　벋다(延),벋어,벋으니

　　뻗다(伸),뻗어,뻗으니　　　쏟다(瀉),쏟아,쏟으니

　　얻다(得),얻어,얻으니

ㅈ바침

體言의 바침

　　낮(晝),낮은,낮이　　　　빚(債),빚은,빚이　　젖(乳),젖은,젖이

用言의 語幹의 바침

2　[편쥐 알 : '할'의 오식.

갖다(備),갖아,갖으니 　 꽂다(揷),꽂아,꽂으니

궂다(惡),궂어,궂으니 　 낮다(低),낮아,낮으니

늦다(晩),늦어,늦으니 　 맞다(迎),맞아,맞으니

맺다(結),맺어,맺으니 　 빚다(釀),빚어,빚으니

애꿎다,애꿎어,애꿎으니 　 잊다(忘),잊어,잊으니

잦다(涸),잦아,잦으니 　 젖다(濕),젖어,젖으니

짖다(吠),짖어,짖으니 　 찢다(裂),찢어,찢으니

찾다(尋),찾아,찾으니 　 버릇다(爬),버릇어,버릇으니

꾸짖다(叱),꾸짖어,꾸짖으니 　 부르짖다(叫),부르짖어,부르짖으니

ㅊ바침

體言의 바침

갗(皮膚),갗은,갗이 　 꽃(花),꽃은,꽃이

낯(面),낯은,낯이 　 닻(錨),닻은,닻이

돛(帆),돛은,돛이 　 몇(幾),몇은,몇이

빛(色),빛은,빛이 　 숯(炭),숯은,숯이

옻(漆),옻은,옻이

用言의 語幹의 바침

좇다(從),좇아,좇으니 　 쫓다(逐),쫓아,쫓으니

ㅋ바침

녘(方),녘은,녘이

ㅌ바침

體言의 바침

겉(表),겉은,겉이 　 곁(傍),곁은,곁이

끝(末),끝은,끝이 　 낱(個),낱은,낱이

뭍(陸),뭍은,뭍이 　 밑(底),밑은,밑이

밭(田),밭은,밭이 　 볕(陽),볕은,볕이

샅(股間),샅은,샅이 　 솥(鼎),솥은,솥이

팥(豆),팥은,팥이

用言의 語幹의 바침

　　같다(如),같아,같으니　　　맡다(任),맡아,맡으니

　　밭다(迫),밭아,밭으니　　　묽다(粘),붙어,붙으니

　　옅다(淺),옅어,옅으니　　　짙다(濃),짙어,짙으니

　　흩다(散),흩어,흩으니

課外講義(三) 한글通俗講座

『朝鮮中央日報』, 1936.7.4.

ㅍ바침

體言의 바침

늪(沼),늪은,늪이   섶(薪),섶은,섶이

숲(林),숲은,숲이   앞(前),앞은,앞이

옆(側),옆은,옆이   잎(葉),잎은,잎이

짚(藁),짚은,짚이   무릎(膝),무릎은,무릎이

헝겊(布片),헝겊은,헝겊이

用言의 語幹의 바침

갚다(報),갚아,갚으니   깊다(深),깊어,깊으니

높다(高),높아,높으니   덮다(蓋),덮어,덮으니

싶다(欲),싶어,싶으니   엎다(覆),엎어,엎으니

짚다(杖),짚어,짚으니

ㅎ바침

用言의 語幹의 바침

낳다(産),낳아,낳으니   넣다(入),넣어,넣으니 놓다(放),놓아,놓으니

닿다(接),닿아,닿으니   땋다(辮),땋아,땋으니 빻다(碎),빻아,빻으니

쌓다(積),쌓아,쌓으니   좋다(好),좋아,좋으니 찧다(舂),찧어,찧으니

ㄲ바침

體言의 바침

밖(外),밖은,밖이

用言의 語幹의 바침

깎다(削),깎아,깎으니   꺾다(折),꺾어,꺾으니 겪다(經),겪어,겪으니

낚다(釣),낚아,낚으니   덖다(坿),덖어,덖으니 묶다(束),묶어,묶으니

볶다(炒),볶아,볶으니　　　　섞다(混),섞어,섞으니　슈다(抄),슈아,슈으니
엮다(編),엮어,엮으니

ㅆ바침(ㅆ바침은 未來, 過去 有의 셋밖에는 없다)

겠다(未來),겠어,겠으니　　　　았다(過去),았어,았으니
었다(過去)었어,었으니　　　　있다(有),있어,있으니

ㄳ바침

넋(魄),넋은,넋이　몫(配分),몫은,몫이　삯(賃),삯은,삯이　섟(결),섟은,섟이

ㄵ바침

끼얹다(撒),끼얹어,끼얹으니　앉다(坐),앉아,앉으니　얹다(置上),얹어,얹으니

ㄶ바침

끊다(批),끊아,끊으니　　　　끊다(斷),끊어,끊으니　많다(多),많아,많으니
않다(不),않아,않으니　　　　언짢다,언짢아,언짢으니　점잖다,점잖아,점잖으니
괜찮다,괜찮아,괜찮으니　　　귀찮다,귀찮아,귀찮으니　하찮다,하찮아,하찮으니

ㄺ바침

곬(脈路),곬은,곬이　　　　　돐(朞),돐은,돐이　옰(償),옰은,옰이

ㄾ바침

핥다(舐),핥아,핥으니　　　　훑다(扱),훑어,훑으니

ㄿ바침

읊다(詠),읊어,읊으니

ㅀ바침

곯다(胺),곯아,곯으니　　　　끓다(沸),끓어,끓으니　닳다(耗),닳아,닳으니
뚫다(穿),뚫어,뚫으니　　　　싫다(厭),싫어,싫으니　앓다(病),앓아,앓으니
옳다(可),옳아,옳으니

ㅄ바침

體言의 바침

값(價),값은,값이

用言의 語幹의 바침

없다(無),없어,없으니　실없다(不實),실없어,실없으니　가엾다(憐),가엾어,가엾으니

(3) 單語問題

우리 조선글은 從來의 記寫法에서는 單語形式을 찾아 써보지 못하였었다. 모든 文字 特히 表音文字에 있어서 單語形式을 잘 갖후어 쓰는 것은 讀書의 能率에 또는 教育의 便宜에 實로 必要한 條件의 하나이다.

單語形式을 갖후어 쓰자하는 데는 먼저 單語成立의 分界線을 알아야 하겠으므로 이것을 아래에 대강 말하려 한다.

먼저 冠形詞, 接鞱[3]詞, 合成語의 각각 다른 點을 살펴보는 것이 必要하다.

一, 冠形詞. 모든 名詞 위에서 토가 없이 쓰이는 形容語이니 例를 들면

이,저,그,요,고,조,어느,무슨,첫,한,두,세,네,스무,온,여러,모든,새,수,암…

二, 接頭詞. 冠形詞와 비슷하되 모든 名詞에 두루 쓰이지 아니하는 말이니 例를 들면,

단(박),대(번),찰(벼),차(조),맨(손),민(머리),당(사향),왜(감자),양(봉투),얼(간),건(주정),생(떼),딴(말),별(소리),외(대)…

三, 合成語. 結合된 各個 單語의 뜻 以外에 다른 뜻을 이룬 말이니 例를 들면,

문고리,눈물,콩 · 밥,칼 · 춤,가죽 · 신,안장 · 코,칼 · 집,안경 · 다리,손 · 등,흙 · 손,두부 · 집,담배 · 대,추고[4] · 장…

---

3   [편쥐 鞱:'頭'의 오식.
4   [편쥐 추고:'고추'의 오식.

한글 바루 아는 법

『批判』 6-5, 批判社, 1938.5, 68~71쪽.

우리는 한글을 科學的으로 배울 機會가 적다. 그뿐 아니라 또 從來에 하루아츰 글이라 하야 反切 十四行만 배우면 글은 다 배운 줄 알고 지나던 觀念까지 있다. 그러므로 우리는 이제 한글을 바루 배우려면 그릇된 觀念부터 바루 잡고 크게 힘 쓰지 아니하면 아니 될 것이다. 말과 글을 바루게 쓰는 文明한 國民은 一般이 적어도 學校에서 語文教育을 十年은 받았다. 그럼에도 不拘하고 우리는 겨우 字母 練習에 不過한 反切 十四行을 배운 것으로서 語文教育을 다 받은 양으로 알고 있는 形便이다. 아무 標準語의 統一도 없고 또 綴字法의 統一도 없이 겨우 反切로써 제 各各 되어 가는 대로 함부러 적어 놓고 읽을 때에는 音의 加減을 하면서 말을 研究하여 가면서 글을 본다. 이러고야 어찌 讀書의 能率이 나며 말의 誤解가 없으리오. 諸般 科學을 담을 그릇인 語文 그 自體가 科學的 整理가 없다면 그 얼마나 矛盾된 일인가.

文字와 國際音聲記號와는 그 本質이 아주 다르다. 文字는 言語學的 使命을 가진 것이오 音聲記號는 音聲學的 使命을 가진 것이다. 그러므로 오늘날 各國 國際教育은 音聲記號를 通하여 正確한 統一的 發音教育을 시킨다. 여기에서 우리는 文字란 것이 말소리를 그대로 받아 적어 놓은 것이 아닌 것을 알겠다. 그런데 우리는 그저 反切만 가지고 소리대로 적어만 놓으면 말과 글이 바루 된 줄 알고 있다. 제가 말은 바르게 하면서 글은 그르게 쓰며 남이 바르게 쓴 글은 제가 그르게 읽는다. 이런 피를[1] 덜기 爲하여 아래에 조선말의 音聲原理를 조금 仔細히 말하고 그 다음에 새 바침 一覽과 바침 알아보는 法을 보이겠다.

---

1 [편주] 피를: '것을'의 오식.

第一章 單音

單音은 聲音生理를 標準한 一個音이요 字母를 標準한 音은 아니다. 어떤 民族의 文字를 勿論하고 字母란 것은 實用文字이라 그 言語의 音韻組織에 맞도록 便宜를 돌보아 數個의 音을 一個의 字母로 記寫하기도 하고 혹은 이와 反對로 一個의 音을 數個의 字母로 記寫하기도 한다. 例를 들면 朝鮮文字의 ㅑㅕㅛㅠ, 中國注音字母 (68)의 ㄢ(ㅏㄴ) ㄥ(ㅓㅇ) ㄡ(ㅜㅣ) 露語의 Я(ㅑ), Ю(ㅠ), Щ(ㅏ²), 羅馬字의 x(ㄱㅅ)는 數個音을 一字母로 記寫함이오 한글의 ㄲㄸㅃㅆㅒㅖㅢㅟ, 英字의 sh th 獨逸字의 sch ph들은 一個音을 數個의 字母로 記寫하는 것이다.

單音의 性質을 分明히 알려면 複音의 性質을 알아야 된다. 單音은 한 가지 口形으로 내는 소리요 複音은 두 가지 口形으로 내되 두 다른 發音 位置가 先後 聯絡되어 언제나 한 音群으로 몰리어 다니는 것이 마치 北斗七星이 一定한 位置를 가지고 돌아다니는 것과 같다. 그런데 子音에는 主要 位置의 作用밖에 附屬作用의 關係로 濁音 間音 激音의 別이 있다. 그러나 이런 두 가지 관계로 된 소리를 複音이라고는 아니한다.

一, 母音의 發音法

母音은 肺에서 나오는 空氣가 緊張된 聲帶를 振動시겨 생긴 音波가 아무 障碍를 받지 아니하고 調聲管인 곧 口腔을 通過하여 나오는 소리다. 母音이 各樣으로 나는 것은 舌, 脣, 齶의 作用으로 말미암아 形狀이 各異한 共鳴管에서 울리는 까닭이다. 이제 標準朝鮮語의 單母音은 ㅏㅓㅗㅜㅣㅐㅔㅚㅟ 十個다. 이 母音들의 共鳴管의 形狀을 좀 자세히 說明하자면 ㅏ는 舌을 平平하게 最低의 位置에 脣을 普通으로 두고 齶을 最大 開放하여 내는 소리오 ㅓ는 舌의 中部를 좀 올리고 脣을 普通으로 두고 齶을 좀 크게 벌리어 내는 소리오 ㅡ는 舌의 中部를 最高로 리되올³ 입천정에 摩擦이 아니 되도록 하고 脣은 普通으로 두고 齶은 最小로 開하여 내는 소리오 ㅗ는 舌을 後方으로 (咽喉方) 좀 올리고 脣을 좀 둥글게 하야 앞으로 좀 내밀고

---

2 [편쥐]'ㅆ'내지 'ㅅㅊ'의 착오
3 [편쥐]리되올 : '올리되'의 오식.

顎을 좀 적게 開턱하여 내는 소리오 ㅜ는 舌을 後方으로 最高로 올리되 소리가 뒤입천정에 摩擦이 아니 될 程度로 하고 脣을 좀 圓形으로 매우 오므리어 앞으로 좀 내밀고 顎은 最小로 벌리어 내는 소리오 ㅣ는 舌을 前方으로 앞입천정에 摩擦이 아니 될 程度로 높이 올리고 脣을 兩側으로 좀 벌리는 듯 하고 顎을 가장 적게 벌리어 내는 소리오 ㅐ는 舌을 앞입천정 쪽으로 올리고 脣을 普通으로 두고 顎을 좀 크게 벌리어 내는 소리오 ㅔ는 舌을 앞으로 올리되 ㅣ보다는 낮게 ㅐ보다는 높게 하고 脣을 예사로 두고 顎을 좀 적게 벌리어 내는 소리오 ㅚ는 舌을 올리는 것과 顎을 벌리는 것은 ㅔ처럼 하되 脣만은 ㅗ脣보다 좀 적게 하고 또 옆으로 좀 벌리어 내는 소리오 ㅟ는 舌을 올리는 것과 顎을 벌리는 것은 ㅣ처럼 하되 脣만은 ㅜ脣보다 좀 적게 하고 또 옆으로 좀 벌리어 내는 소리다.

二, 子音의 發音法

子音은 肺에서 나오는 空氣가 입 밖으로 나올 때에 막힌 자리를 터떠리거나 좁힌 자리를 摩擦하거나 켕⟨69⟩긴 것을 震動하여 내는 소리니 이제 標準朝鮮語의 單子音은 ㄱㄲㅋㄷㄸㅌㅂㅃㅍㅈㅉㅊㅅㅆㄹㄹㅇㄴㅁㅎㅣㅜ 二十二個다.

이 子音들의 내는 法을 좀 자세히 說明하면 ㅂㅃㅁㅜ는 다 같이 나는 자리가 兩脣 間인데 그 가운데에 ㅂㅃㅍ는 다 같은 破障音으로 ㅂ은 普通 呼吸할 때에 나오는 空氣로 막힌 두 입설을 터떠리어 내는 淸音이니 이것은 平音이오 ㅃ은 닫은 목청을 떠떠리고 나오는 空氣로 막힌 두 입설을 떠떠리어 내는 淸音이니 이것은 硬音이오 ㅍ은 좁힌 목청을 擦하고 나오는 空氣로 입설을 터떠리고 나오는 淸音이니 이것은 激音이다. ㅁ은 두 입설을 막고 목젓으로 막은 코구멍길을 열고 목에서 나오는 소리를 코구멍으로 내어 보내는 濁音이다. ㅜ는 두 입설을 거의 막고 開放된 목청에서 나오는 空氣로 마찰할 듯 말 듯 하는 半母音이다. 이 半母音은 이제 우리가 ㅗ와 ㅜ로써 적게 되나니 곧 ㅘㅙㄱㅔ들의 初聲과 같은 것이다.

ㄷㄸㅌㄴㅅㅆㅈㅉㅊㄹㄹ들은 그 發音 位置가 혀끝과 웃잇몸이다. 그런데 ㄷㄸㅌ은 같은 破障音으로 ㄷ은 普通 呼吸할 때에 나오는 空氣로 웃잇몸에 붙은 혀끝을 터떠리는 淸音이니 이것은 平音이오 ㄸ은 막은 목청을 터떠리고 나오는 空氣로 웃잇몸에 붙은 혀끝을 터떠리는 淸音이니 이것은 硬音이오 ㅌ은 좁힌 목청을

摩擦하고 나오는 空氣로 웃잇몸에 붙은 혀끝을 터떠리는 淸音이니 이것은 激音이다.

ㄴ은 혀끝을 웃잇몸에 붙이고 목젓으로 막은 코구멍길을 튼 뒤에 목청을 떨고 空氣로 입안과 코구멍에서 울리어 나오는 소리니 이것은 濁音이다. ㅅ은 普通 呼吸할 때에 나오는 空氣로 붙을 듯 말듯한 혀끝과 웃잇몸과의 사이를 摩擦하는 淸音이오 ㅆ은 닫은 목청을 터떠리고 나오는 空氣로 더 좁힌 ㅅ자리를 摩擦하는 淸音이오 ㅈ은 먼저 ㄷ音을 시작하여 가지고 이어서 ㅅ音을 내는 淸音이니 이것은 平音이오 ㅉ은 먼저 ㄸ音을 시작하여 가지고 이어서 ㅅ音을 내는 淸音이니 이것은 硬音이오 ㅊ은 먼저 ㅌ을 시작하여 가지고 이어서 ㅅ音을 내는 淸音이니 이것은 激音이다. ㄹ은 普通 呼吸할 때에 나오는 空氣가 웃잇몸에 다은 혀끝을 한두 번 떠는 淸音이니 조선말에는 中聲으로만 쓰힌다. ㄹㄹ은 혀끝을 웃쪽 안으로 조금 우무리어 웃잇몸에 붙이고 목청을 떨고 나오는 날숨으로 혀바닥 옆과 어금이 쪽 사이로 흘러 摩擦하는 濁音이니 조선말에 이 소리를 初聲으로는 쓰지 아니하나 中聲과 終聲에는 많이 쓰는데 終聲에는 ㄹ로만 表記한다.

ㅣ는 날숨으로 혀 앞바닥과 센 입천장 사이를 摩擦할 듯말듯하는 半母音이니 이것은 濁音이다. 한글 字母에는 ㅣ와 어울려 한 字母를 만들었나니 곧 ㅑㅕㅛㅠ 들이 그[70] 것이다.

ㄱㄲㅋ은 그 發音 位置가 혀뿌리와 軟口蓋 뒤쪽인데, ㄱ은 날숨으로 센 입천정 뒤쪽에 붙은 혀뿌리를 터떠리는 淸音이니 이것은 平音이오 ㄲ은 닫은 목청을 터떠리고 나오는 空氣로 ㄱ자리를 터떠리는 淸音이니 이것은 硬音이오 ㅋ은 좁힌 목청을 摩擦하고 나오는 空氣로 ㄱ자리를 터떠리는 淸音이니 이것은 激音이다. ㅇ은 목젓으로 막은 코구멍길을 열고 ㄱ소리를 내는 濁音이다. ㅎ은 좁힌 목청을 날숨으로 摩擦하는 淸音이니 이것은 平音이 激音化하는 音素가 된다.

바침이란 것은 한 소리덩이(音節) 끝에 붙은 子音이다. 조선말의 子音이 初聲과 終聲에 달리 나는 것은 音便도 있고 習慣도 있다. 소리를 내는 데에는 두 가지 階段이 있나니 첫째는 發音 位置를 고루어 準備하는 것이오 둘째는 動作을 取하여 소리○[4] 完成하는 것이다. 조선말의 바침은 그 소리의 準備階段에 그치고 만다. 그러므로 같은 자리에서 나는 子音이 그 내는 것이 비슷하거나 또는 生理的 連鎖

關係가 있으면 자리를 옮기어서 다 같은 소리로 내되 摩擦音과 震動音과 같이 자리가 着定하지 못한 狀態에 있는 것은 다 安定한 자리에 가려고 사이가 뜬자리를 다 부치게 된다. 그러므로 摩擦音은 破障音으로 震動音은 流音으로 變하고야 만다. 그래서 바침에는 ㄷㅌㅈㅊㅅㅆㅎ은 다 같이 破裂시기지 아니한 ㄷ소리로 내고 ㅂㅍ은 破裂시기지 아니한 ㅂ소리로 내고 ㄱㄲㅋ은 破裂시기지 아니한 ㄱ으로 내고 ㄹ은 ㄹㄹ로 낸다. (계속)[71]

---

4 [편쥐 '를' 탈자.

한글 바루 아는 법(二)

『批判』6-6, 批判社, 1938.6, 44~47쪽.

第二章　音의 關係性

우리는 이 위에 各個의 單音價를 알았다. 그러나 實際 言語에 있어서 音의 複雜한 關聯性을 모르면 글을 바루 읽고 바루 쓰기에 困難한 點이 많을 것이다. 이러한 音의 關聯性은 혹 서루 다른 點은 있을이언정 어느 民族의 말을 勿論하고 다 있는 法이다.

一, 連音

한 音節의 바침이 바루 그 다음에 오는 母音 앞에 붙어서 한 새 音節을 이루는 것을 連音이라고 한다. 音節은 言語音節과 發音音節이 있나니, 前者는 語源, 語幹, 語尾, 單語 等을 밝히는 綴字의 規定으로 된 것이오, 後者는 글 읽을 때에 言語音節을 連續하여 내는 實際 發音의 音節이다. 이제 조선말의 連音法則을 말하면 세 가지 境遇가 잇다.

1, 原辭[1]와 토와의 關係나 또는 語幹과 補助語幹과의 關係와 같은 으뜸 되는 말에 딸리어 쓰히므로 제 本소리를 各各 따로 가지려고 애쓰지 아니하는 것이 있고,

2, 獨立한 資格을 가지고 만난 品詞들이 제 各各 本소리를 바꾸지 아니하려고 하는 것이니 만일 웃말의 바침이 그 아래에 오는 母音으로 넘어가서 本音價대로 連音이 되어 새 音節을 이룬다면 그 만들의 본 音價가 너무 變하여 그 뜻을 알아 볼 수 없게 된다. 그러므로 代表音으로써 發音하는 綜合品詞나 各個 單語들이 있고,

3, 漢字語이니 漢字 제 스스로는 다 獨立한 것이나 朝鮮말에서는 單語의 資格이 없으므로 漢字의 綜合語의 實例를 다음과 같이 들어 보인다.

---

1 [편주] 原辭: 원사, 원어.

1, 으뜸 되는 말과 거기에 붙어 쓰히는 말과의 關係로 된 것. 44

	言語 音節	發音 音節	言語 音節	發音 音節	言語 音節	發音 音節
빅(匏)	박이	바기	박을	바글	박에	바게
돈(錢)	돈이	도니	돈을	도늘	돈에	도네
만(昆)	만이	마디	만을	마들	만에	마데
벌(蜂)	벌이	버리	벌을	버를	벌에	버레
담(墻)	담이	다미	담을	다믈	담에	다메
밥(食)	밥이	바비	밥을	바블	밥에	바베
붓(筆)	붓이	부시	붓을	부슬	붓에	부세
병(甁)	병이	병이	병을	병을	병에	병에
낮(晝)	낮이	나지	낮은	나즌	낮에	나제
꽃(花)	꽃이	꼬치	꽃은	꼬츤	꽃에	꼬체
웃녘(上方)	웃녘이	웃녀키	웃녘은	웃녀큰	웃녘에	웃녀케
밭(田)	밭이	바티	밭을	바틀	밭에	바테
옆(側)	옆이	여피	옆은	여픈	옆에	여페
닭(鷄)	닭이	달기	닭은	달근	닭에	달게
넋(魂)	넋이	넉시	넋은	넉슨	넋에	넉세
돐(芽)	돐이	돌시	돐은	돌슨	돐에	돌세
값(價)	값이	갑시	값은	갑슨	값에	갑세
적다(小)	적었다	저겄다	적은	저근	적을	저글
막다(防)	막았다	마갔다	막은	마근	막을	마글
굳다(固)	굳었다	구덨다	굳은	구든	굳을	구들
받다(受)	받았다	바닸다	받은	바든	받을	바들
검다(黑)	검어서	거머서	검은	거믄	검을	거믈
담다(盛)	담아서	다마서	담은	다믄	담을	다믈
굽다(曲)	굽어서	구버서	굽은	구븐	굽을	구블
잡다(執)	잡아서	자바서	잡은	자븐	잡을	자블

솟다(聳)	솟아도	소사도	솟은	소슨	솟을	소슬
웃다(笑)	웃어도	우서도	웃은	우슨	웃을	우슬
늦다(晩)	늦어도	느저도	늦은	느즌	늦을	느즐
맺다(結)	맺아도	매자도	맺은	매즌	맺을	매즐
좇다(從)	좇아라	조차도	좇은	조츤	좇을	조츨
쫓다(逐)	쫓아라	쪼차라	쫓은	쪼츤	쫓을	쪼츨
같다(如)	같아서	가타서	같으면	가트면	같을지	가틀지
맡다(任)	맡아서	마타서	맡으면	마트면	맡을지	마틀지
높다(高)	높아서	노파서	높으면	노프면	높을지	노플지
갚다(報)	갚아서	가파서	갚으면	가프면	갚을지	가플지
좋다(好)	좋아야	조하야	좋은들	조흔들	좋을가	조흘가
낳다(産)	낳아야	나하야	낳은들	나흔들	낳을가	나흘가
묶다(束)	묶어야	무꺼야	묶은들	무끈들	묶을가	무끌가
낚다(釣)	낚아야	나까야	낚은들	나끈들	낚을가	나끌가
있다(有)	있어야	이써야	있은들	이쓴들	있을가	이쓸가
먹었다(食의 過去)	먹었어도	머거써도	먹었으니	머거쓰니	먹었을가	머거쓸가
먹겠다(食의 未來)	먹겠어도	먹게써도	먹겠으니	먹게쓰니	먹겠으면	먹게쓰면
맑다(淸)	맑아도	말가도	맑으니	말그니	맑을지	말글지 [45]
긁다(爬)	긁어도	글거도	긁으니	글그니	긁을지	글글지
넓다(廣)	넓이	널비	넓으니	널브니	넓을지	널블지
밟다(踏)	밟아	발바	밟으니	발브니	밟을지	발블지
없다(無)	없어	업서	없으니	업스니	없을지	업슬지
가엾다(憐)	가엾어	가엽서	가엾으니	가엽스니	가엾을지	가엽슬지
앉다(坐)	앉아	안자	앉으면	안즈면	앉을가	안즐가
얹다(置上)얹어	언저	얹으면	언즈면	얹을가	언즐가	
핥다(舐)	핥아	할타	핥으면	할트면	핥을가	할틀가
훑다(摩)	훑어	훌터	훑으면	훌트면	훑을가	훌틀가
읊다(咏)	읊어라	을퍼라	읊으면	을프면	읊을가	을플가

많다(多)	많아	만하	많으니	만흐니	많을	만흘
끊다(評)	끊아	끈하	끊으니	끈흐니	끊을	끈흘
끊다(絶)	끊어	끈허	끊으니	끈흐니	끊을	끈흘
옳다(可)	옳아	올하	옳으니	올흐니	옳을	올흘
앓다(通)	앓아	알하	앓으니	알흐니	앓을	알흘
끓다(沸)	끓어	끌허	끓으니	끌흐니	끓을	끌흘

2, 獨立한 單語들이 그냥 만나거나 혹은 綜合品詞가 될 적

言語 音節	代表 音價	發音 音節	本音의 連音은 아니 됨
옷안(衣內)	온안	오단	오산
갓웅지(冠帽)	갇웅지	가둥지	가숭지
젖안(乳內)	젇안	저단	저산
빚없다(無債)	빋업다	비덥다	비접다
꽃안(花內)	꽃안	꼬단	꼬찬
숯위(炭上)	순위	수뒤	수춰
옻오른다(漆中毒)	온오른다	오도른다	오초른다
벅안(廚內)	벅안	버간	버칸
밭언덕(岡丘)	받언덕	바던덕	바턴덕
솥안(鼎內)	솥안	소단	소탄
팥알(豆粒)	팥알	파달	파탈
무릎아래(膝下)	무릅아래	무르바래	무르파래
잎위(葉上)	입위	이뷔	이퓌
돍안(彝內)	돌안	도란	돌산
값아홉돈(價九錢)	갑아홉돈	가바홉돈	갑사홉돈
넋없다(無魂)	넉업다	너겁다	넉섭다
삯[2]안주다(賃金不給)	삭안주다	사간주다	삭산주다

2,³ 漢字音의 綜合될 적

言語 音節	發音 音價	絶音讀法은 아니 됨
작인(作人)	자긴	작닌
격일(隔日)	겨길	격닐
각양(各樣)	가걍	각냥
흑연(黑鉛)	흐견	흑년
적요(摘要)	저교	적뇨
석유(石油)	서규	석뉴 46
안일(安逸)	아닐	안닐
산양(山羊)	사냥	산냥
전연(全然)	저년	전년
만용(蠻勇)	마뇽	만뇽
간유(肝油)	가뉴	간뉴
철인(哲人)	처린	철린
설야(雪夜)	서랴	설랴
절용(節用)	저룡	절룡
출영(出迎)	추령	출령
월요일(月曜日)	위료일	월료일
물욕(物慾)	무룍	물뇩
설유(說諭)	서류	설류
담임(擔任)	다밈	담님
겸양(謙讓)	겨먕	겸냥
감영(監營)	가몋	감녕
겸용(兼用)	겨묭	겸뇽
섬유(纖維)	서뮤	섬뉴

---

2   [편쥐 샀 : '샀'의 오식.
3   [편쥐 2 : '3'의 오식.

갑일(甲日)	가빌	갑닐
납입(納入)	나빕	납닙
섭양(攝養)	서뱡	섭냥
갑연(甲宴)	가변	갑년
잡용(雜用)	자봉	잡뇽
집유(汁油)	지뷰	집뉴
정인(情人)	정인	정닌
공일(空日)	공일	공닐
당일(當日)	당일	당닐
상약(相約)	상약	상냑
강연(講演)	강연	강년
중요(重要)	중요	중뇨
등유(燈油)	등유	등뉴 [47]

한글 바루 아는 법(三)

『批判』 6-7, 批判社, 1938.7, 54~56쪽.

二, 子音接變

두 子音이 만날 때에 서루 影響을 주고받아서 바꾸이는 소리를 이르는 것이니 그 種類는 다음과 같다.

1, 激音化 聲帶를 摩擦하고 나오는 소리 「ㅎ」으로써 내는 破障音을 激音이라고 말한다. 그러므로 激音인 ㅋㅌㅍㅊ은 平音인 ㄱㄷㅂㅈ에 ㅎ소리가 섞인 것이다. 그 實際 發音의 例는 다음과 같다.

ㄱㅎ…먹힌다(食)=머킨다 각하(閣下)=가카

ㅎㄱ…쌓고(積)=싸코 좋게(好)=조케

ㄷㅎ…걷힌다(收)=거틴다 닫힌다(閉)=다틴다

ㅎㄷ…놓다(放)=노타 닿다(接)=다타

ㅂㅎ…잡힌다(捕)=자핀다 십호(十戶)=시포

ㅎㅂ…(않밖)(內外)안팎 (숳범)(雄虎)=수펌

ㅈㅎ…갖훈다(備)=가춘다 맞훈다(相接)=마춘다

ㅎㅈ…짚[1]자(春)=찌차 옳지(可)=올치

2, 鼻音化 破障音 바침이 그 다음에 오는 鼻音 첫소리로 된 音節은 만나면 그 破障音은 그 자리의 鼻音으로 變하여 난다. 그 까닭은 鼻音이 빠진 밖에는 모든 發音 條件이 똑같으므로 언제나 그 다음에 오는 鼻音만 만나면 自然히 제 鼻音이 되고 만다. 그래서 鼻音인 ㄴ이나 ㅁ이나 ㅇ을 만나는 ㄱ은 ㅇ으로 ㄷ은 ㄴ으로, ㅂ은 ㅁ으로 變하여 發音되고 만다. 例를 들면 다음과 같다.

ㄱ이 ㅇ으로…국물(湯水)=궁물 목마(木馬)=몽마 먹는다(食)=멍는다 박니(印)=
방니

---

1 [편취]짚 : '짛'의 오식.

ㄷ이 ㄴ으로…받나(受)=반나 돋느냐(昇)=돈느냐

ㅂ이 ㅁ으로…밥물(飯水)=밤물 잡말(雜談)=담말 뽑나(拔)=뽐나 잡느냐(執)=잠

느냐

3, ㄹ이 ㄴ으로 變함. ㄹ이 ㄱㄲㅁㅂㅇ 밑에서 ㄴ으로 變하는 것은 漢字語에만 있

다. 本來 조선말에는 ㄹ이 母音의 사이가 아니면 제 本 音價를 내지 못하므로 ㄹ에

가까운 소리 ㄴ으로 變하여 내는 것이다. 例를 들면 [54]

옥루(玉樓)=옥누   백리(百里)=백니

삼라(森羅)=삼나   감로(甘露)=감노

압력(壓力)=압녁   답례(答禮)=답녜

정령(正領)=정녕   종로(鐘路)=종노

4, ㄴ이 ㄹ로 變함. ㄴ이 ㄹ 위에서나 밑에서나 舌側音 ㄹ로 바꾸이나니 이것

은 發音器官의 聯鎖關係로 생긴 音便이다. 例를 들면

만리(萬里)=말리   환로(宦路)=활로

불노름=불로름   들나물=들라물

살년(殺年)=살련

三, 默音과 略音

固定된 綴字의 言語音節로이 實際로 소리를 내는 發音音節로 바꾸일 때에는 或

이 音便을 좇아 소리가 줄기도 하고 또는 죽어지기도 하되 제 音價를 고대로 保存

하지 아니하여도 괜찮을 從屬的 關係를 가진 토나 補助語幹 따위가 그 위에 있는

主張되는 말을 만나서 되는 現狀이니 그 種類는 다음과 같다.

(1) 같은 母音이 만나면 하나는 죽어진다. 例를 들면

아사서=사서   사았다=샀다

가아서=가서   가았다=갔다

자아도=자도   자았다=잤다

서어서=서서   서었다=섰다

보오＝보   오오＝오.

(2) ㅡ가 ㅏ 위에서 죽어진다. 例를 들면

　　뜨어서＝떠서   뜨었다＝떴다

　　쓰어서＝써서   쓰었다＝썼다

　　크어도＝커도   크었니＝컸니

　　트어도＝터도   트었니＝텄니

(3) ㅐㅔ 밑에 오는 ㅓ로 시작된 補助語幹이나 토의 ㅓ는 죽어진다. 例를 들면,

　　개어도＝개도   개었다＝갰다

　　보내어도＝보내도   보내었다＝보냈다

　　대어도＝대도   대었다＝댔다

　　매어도＝매도   매었다＝맸다

　　배어도＝배도   배었다＝뱄다

　　새어서＝새서   새었니＝샜니

　　재어서＝재서   재었니＝쟀니

　　채어서＝채서   채었니＝챘니

　　캐어서＝캐서   캐었니＝캤니

　　보태어서＝보태서   보태었니＝보탰니

　　패어도＝패서   패었니＝팼니

　　메어도＝메도   메었다＝멨다

　　배어도＝베도   베었다＝벴다

　　세어도＝세도   세었다＝셌다

　　해어도＝해도   해었다＝했다 〔55〕

(4) ㅎ음이 母音 사이에서 죽어진다. 例를 들면

　　닿아서(觸)＝다아서   닿았다＝다았다

　　넣어서(入)＝너어서   넣었다＝너었다

　　좋아서(好)＝조아서   좋았다＝조았다

　　많아서(多)＝만아서   많았다＝만았다

　　끓아서(批)＝꼰아서   끓았다＝꼰았다

닳아도(耗)=달아도　닳았지=달았지

옳아도(可)=올아도　옳았지=올았지

싫어도(厭)=실어도　싫었지=실었지

잃어도(失)=일어도　잃었지=일었지

(5) 여러 子音이 同時에 다 드러나지 못하므로 겹바침이 그 아래에 오는 子音이 첫소리로 된 音節을 만나면 그 中에 하나는 잘 드러나지 아니하되 摩擦音 ㅅ이나 流音 ㄹ이 弱한 關係로 죽어진다.

1, ㄳㄽㅄ의 ㅅ이 죽는 것. 例를 들면,

샋[2]도(賃)=삭도	샋만=삭만	샋조차=삭조차
넋도(魄)=넉도	넋만=넉만	넋조차=넉조차
곬로(脈路)=골도	곬만=골만	곬조차=골조차
돐도(朞)=돌도	돐만=돌만	돐조차=돌조차
값도(價)=갑도	값만=갑만	값조차=갑조차
없다(無)=업다	없고=업고	없지=업지

3,[3] ㄺㄼㄻㄿ ㄹ이 죽어지는 例를 들면,

닭과(鷄)=닥과	닭만=닥만	닭도=닥도
밝다(明)=박다	밝고=박고	밝지=박지
넓다(廣)=넙다	넓고=넙고	넓지=넙지
밟다(踏)=밥다	밟고=밥고	밟지=밥지
굶다(餓)=굼다	굶고=굼고	굶지=굼지
젊다(少)=점다	젊고=점고	젊지=점지
읊다(詠)=읖다	읊고=읖고	읊지=읖지

(6) 한 母音이 그 아래에 오는 母音을 만나 半母音이 되어서 한 音節이 주어지게 된다.

1, ㅣ가 ㅓ를 만나서 半母音化하여 ㅕ가 되는 例를 들면

2　[편주] 샋: '삯'의 오식.

3　[편주] 3: '2'의 오식.

맡기어서(任)＝맡겨서　　맡기어라＝맡겨라

다니어서(行)＝다녀서　　다니어라＝다녀라

디디어서(踏)＝디뎌서　　디디어라＝디뎌라

그리어서(畫)＝그려서　　그리어라＝그려라

꾸미어서(飾)＝꾸며서　　꾸미어라＝꾸며라

비비어서(混)＝비벼서　　비비어라＝비벼라

부시어도(洗)＝부셔도　　부시어라＝부셔라

보이어도(示)＝보여도　　보이어라＝보여라

가시어도(潔)＝가셔도　　가시어라＝가셔라

떨치어도(振)＝떨쳐도　　떨치어라＝떨쳐라

잡히어도(捕)＝잡혀도　　잡히어라＝잡혀라

2, ㅗ가 ㅏ를 만나서 ㅘ로 ㅜ가 ㅏ[4]를 ○○○[5] ㅝ로 半母音化하는 例를 들면

보아도(見)＝봐도　　　보아라＝봐라

쏘아도(射)＝쏴도　　　쏘아라＝쏴라

오아도(來)＝와도　　　오았다＝왔다

두어서(置)＝둬서　　　두어라＝둬라

미루어서(推)＝미뤄라[6]　미루어라＝미뤄라

주어서(給)＝줘서　　　주어라＝줘라 [56]

4　[편쥐 ㅏ : 'ㅓ'의 오식.

5　[편쥐 원문 '만나서' 탈자됨.

6　[편쥐 미뤄라 : '미뤄서'의 오식.

課外講義(四) 한글通俗講座

『朝鮮中央日報』, 1936.7.5.

위에 말한 單語에 關한 세 가지 가운데 冠形詞는 한 獨立한 品詞로 언제나 제 홀로 쓰힐 것이나, 接頭辭와 合成語는 各各 關係된 그 밑에 말과 合하야 한 單語를 이룬다. 合成語는 各個 單語의 뜻 以外에 다른 뜻을 이룬 말이란 것은 즉 그 各個의 뜻을 알아도 合成한 뜻을 알 수가 없는 것이다. 例를 들면, 문을 알고 또 고리를 알았자 문고리 그 事物 自體는 알 수가 없다. 그래서 마땅이 한 單語를 만들어서 辭典에 넣고 따로 註解를 하여야 그 말의 뜻을 알 수 있는 말이다.

冠形詞는 本質的과 轉成的이 있는데 本質的에는 數詞的과 形容詞的이 있고, 轉成的에는 數詞的과 名詞的이 있다.

本質的으로 된 數詞的 冠形詞는 첫, 한, 두, 서, 석, 세, 너, 넉, 네, 닷, 댓, 엿, 예, 스무, 완, 여러, 모든, 들이오,

本質的으로 된 形容詞的 冠形詞는 새(신), 수, 암, 풋, 홋, 겸, 덧, 골, 맏(곤), 참, 거짓, 공, 어느, 무슨, 웬, 이, 그, 저, 요, 고, 조, 들이다.

轉成的으로 된 數詞的 冠形詞는 일곱 以上의 모든 數詞가 그대로 된다. 그리고 數詞로 다섯 여섯은 本質的 數冠形詞가 따로 있으나, 또 數冠形詞로 通用이 된다.

轉成的으로 된 名詞的 冠形詞는 위의 名詞가 아래 名詞의 所有的 關係를 가지고 쓰히는 것이다.

우리는 흔히 이것을 所有格 토의 『의』가 줄었다고 解釋한다. 그러나, 朝鮮말에 훌륭한 冠形詞라는 品詞形式이 있으니 品詞로 轉成되었다고 푸는 것이 훨신 便하고 事實이다. 例를 들면 엿장사, 고기장사, 나무장사, 술장사, 밥장사, 종이장사, 먹장사, 붓장사, 소가죽, 개가죽, 말가죽, 도야지가죽, 너구리가죽, 여우가죽, 밥그릇, 국그릇, 장그릇, 김치그릇, 나물그릇, 물그릇.

四, 基數詞의 單語. 우리가 이 數詞를 어떤 標準에서 한 單語로 잡아서 쓸가. 이 數詞의 單語標準은 各國語가 다르다. 그런데 우리 조선말에서는 四位로 一團을 잡

아서 單語를 만드는 것이 合理할 것이다. 例를 들면 하나 둘 셋……아홉 열 열하나 열둘 열셋……열아홉 스물 스물하나 스물둘 스물셋……스물아홉 설흔 마흔 쉰 예쉰 일흔 여든 아흔 아흔하나 아흔둘 아흔셋……아흔아홉 백 백 백하나 백둘 백셋……백아홉 백열 백열하나 백열둘……백열아홉 백스물 백설흔……백아흔 아홉 이백 이백하나……이백아홉 이백스물 이백아흔 이백아흔아홉 삼백 사 백……구백하나 구백쉰 구백쉰아홉 구백아흔아홉 일천 일천하나 일천둘 일천구 백아흔아홉 일만 일만하나 일만아홉 일만열 일만아흔 일만열 일만아흔아홉 삼천 오백칠십이억 오천육백팔십삼만 구천이백열 아홉.

  五, 分數詞에 분지(分之)는 한 單語로 따루 쓸 것이다. 例를 들면, 이 분지 일, 사 분지 삼, 십일분지 구, 팔백구십오분지 팔십칠, 구만 삼천칠백삼십이 분지 이천 육백오십사.

  六, 名數詞는 單語로 數詞에서 따루 分離하야 쓸 것이다. 例를 들면 뭇 갓 두름 떼 쾌 동 통 단 짝 손 바리 다발 자루 벌 켜레[1] 덩이 권 축 장 疋 兩 圓 錢 分 斤 噸 꼭 지 접 코 줄 마리 줌 아름 뼘 발 個 모금 우쿰[2]……

---

1 [편쥐] 켜레 : 켤레.
2 [편쥐] 우쿰 : 움쿰.

課外講義(五) 한글通俗講座

『朝鮮中央日報』, 1936.7.9.

七, 年月日時의 單語 標準.

(1) 年은 數冠形詞와 分離하야 獨立한 單語로 쓸 것이다. 年은 어느 紀元에서 無限히 늘어가는 것이므로 그것을 부쳐서 한 單語로 만들면 單語도 또한 無限이 이어갈 것이다. 그리고 또 紀元에 對한 年의 數字를 묻는 것이므로 數는 年에 대한 數冠形詞이다. 그러므로 떼어서 쓰는 것이 理論으로도 正當하다. 例를 들면 西曆 一千九百三十六年.

(2) 月에 對하야는 一月 二月 하는 것이 어느 달의 이름이다. 그러므로 한 單語로 쓰는 것이 옳다. 十月을 상달 十一月을 동지달 十二月을 섣달이라고 하는 것을 보아도 달의 이름인 것을 잘 알 수가 있다. 그리고 또 一年에 열두 달은 制限이 되어 있으므로 그 달 이름에 對한 單語도 限定이 있다. 이것이 다 연과는 다른 점이다. 그래서 月은 다음과 같이 한 單語로 쓸 것이다.

一月 二月 三月 四月 五月 六月 七月 八月 九月 十月 十一月(동지달[1]) 十二月(섯달[2]).

(3) 日도 月과 같이 그 날의 이름이다. 그러므로 다음과 같이 한 單語로 쓸 것이다.

하룻날 이틋날 사흗날 나훗날 닷샛날 엿샛날 이렛날 여드렛날 아흐렛날 열흘날 열하룻날 열이틋날……열닷샛날(보름날)……스무날……스무하룻날……스무닷샛날…삼십일 삼십일일(그믐날).

(4) 時는 年과 같이 數冠形詞와 分離하야 쓸 것이다. 이것은 때에 對하야 먼저 數字를 생각하는 것이 年의 그것과 같다. 그래서 때에 關한 時 分 秒는 한 獨立한 單語로 쓸 것이다. 例를 들면

한時 두 시 세 시……다섯 시……열한 시 열두시. 일分 이 분 삼 분 ……십 분

---

1 [편쥐 동지달: 동짓달.
2 [편쥐 섯달: 섣달.

십일 분……십오 분……이십 분 이십일 분 삼십 분 삼십일 분 사십 분 오십 분 육
십 분. 일 秒. 이초 삼초……십 초 십일 초……이십 초 이십일 초……삼십 초 사
십 초 오십 초 육십 초.

八, 不完全 名詞도 한 單語로 쓴다. 예를 들면, 바(갈 바를 모른다), 수(하는 수
가 없다), 줄(볼 줄 은 안다), 이(오는 이가 누구요), 터(하야 볼 터이다), 나름(일
은 할 나름이다), 대(있는 대로 주시오), 체(하는 체만 한다.)

九, 『하다』를 부쳐서 用言化. 하다는 本動詞의 뜻은 만들다 짓다의 뜻으로 쓰히
는 獨立한 單語이다. 그러나, 그것은 또 補助辭[3]가 되어서 다른 動詞性을 가진 主
로 漢文語의 名詞에 붙어서 그 말이 본 뜻 그대로 다만 品詞만 바꾸이어서 動詞化
하고 또 形容詞性을 가진 역시 主로 漢文語의 名詞에 붙어서 그 말의 본 뜻대로 形
容詞化한다. 모두 다음의 例와 같다.

(一)動詞化, 運動하다 勞働하다 研究하다 整理하다 主張하다 改革하다 統治하다
步行하다 負擔하다 搾取[4]하다 放送하다 號令하다 觀察하다 敎授하다 掃除[5]하다 排
斥하다 印刷하다 會議하다 出入하다 主意하다 나무하다 풀하다(草) 풀하다(糊) 거
름하다 꾀하다 글하다 절하다 생각하다 지랄하다 한잔하다 꾸중하다.

(二)形容詞化, 潔白하다 新鮮하다 堅固하다 勇敢하다 忠實하다 卑怯하다 燦爛하
다 純眞하다 滿足하다 正當하다 堂堂하다 烈烈하다 明白하다 肥鈍하다 未安하다
健康하다 聰明하다 高尙하다 惡하다 善하다 貴하다 賤하다 富하다.

十, 『되다』를 부쳐서 用言化.

本動詞 成의 뜻으로 獨立하야 單語로 쓰힌다. 그러나 그밖에 또 다른 品詞에 붙
어서 動詞化하고 形容化한다. 例를 들면, 運動되다 傳染되다 榮光되다 結合되다
團體되다 興奮되다 孤立되다 損害되다 利되다 害되다 망녕되다 욕되다 망발되다
헛되다 참되다 어중되다 왕청되다 잡되다 그릇되다 쌍되다 일되다 늦되다

十一, 토는 關係된 웃말에 부쳐서 한 單語로 쓸 것이다. 조선말의 토는 文法의
職能을 나타내는 것이므로 언제나 從屬的으로 쓰히는 말이다. 그리고 부쳐 써야

---

3 [편주]辭 : '詞'의 오식.
4 [편주]搾取 : 착취.
5 [편주]掃除 : 소제.

實用에 便하다. 이 토는 名詞, 代名詞, 數詞, 形容詞, 動詞 밑에 붙어서 그것을 活用시킨다. 例를 들면

이(사람이 밥이 손이 발이 꽃이 상이), 가(소가 개가 벼가 귀가 이마가), 에(집에 마당에 산에 내에), 만(책만 붓만 나만 너만), 까지(학교까지 열까지 스물까지), 습니다(먹습니다 갚습니다), 아라(보아라 잡아라 감아라), 어(누어 기어 쉬어 재), 게(살게 오게 가게 읽게), 면(자면 깨면 데면 쥐면).

이 한글 通俗講座는 이것으로써 끝을 마치기로 한다. 講座의 內容이 그리 많지는 못하다마 實用에 關한 重要한 問題만은 대강 말하였으니, 主意하야 읽으시면 多少의 도움이 되리라고 생각한다. (끗)

조선말의 사투리

『東光』29, 東光社, 1932.1,[1] 9~12쪽.[2]

---

1 [편쥐 1932년 1월호인데, 판권지 상 실제 발행일은 1931년 12월 27일.

2 [편쥐 『學海』 創刊號(1937.12)에 재수록 ▭원문은 『國語學論叢』 II-4 참조.

質疑應答

『한글』1-5, 朝鮮語學會, 1932.10, 218쪽.

【물음】 1. 貴紙에 나타난 울대머리, 부하, 튀길힘 等 語句는 創作입니까, 古語를 찾아낸 것입니까, 어느 地方語입니까, 以上 말들이 생겨난 經路를 알려주시오.

2. 貴紙 四六頁에 적힌 「늦」과 「다리우」는 咸鏡道 地方에서는 常用하는 말이온데, 늦이 아니고, 늦으로 發音합니다. 「例하면, 자네의 꿈은 生男할 늦이로세」 늦, 늦 어느 것이 좋을까요, 늦은 어느 地方의 發音입니가.

3. 갇과 게면떡[1]의 뜻을 알려주시오.

4. 저녁이란 말을 咸平[2] 兩道에서는 나조라고 씁니다. 저녁이란 말보다 나조라는 말을 普通으로 씁니다. 이 나조라는 말 以外에도 이런 例가 多하오니, 한글統一上에 꼭 저녁으로 統一하여야 되겠읍니가, 尊見을 듣고 싶습니다.

(咸州郡[3] 金濟鵬)

【대답】 1. 울대머리, 부하, 튀길힘은 創作도 아니요, 古語도 아니요, 方言도 다 아니오, 이제 널리 쓰히는 조선말입니다. 肺臟을 부하(부화, 부아) 혹은 허파라고 하고, 氣管을 울대, 喉頭를 울대머리라 하고, 彈한다를 튀긴다, 彈力을 튀길힘 혹은 튀기는 힘이라고 합니다. (李克魯)

2. (…중략…) (李熙昇)

3. 갇과 게면떡을 한마디로 알고 물으셨는지는 모르겠으나, 만일 두 마디로 갈라서 대답을 한다면 「갇」은 이것이 제 것과 같다는 서로 맞아 틀리지 아니한 것을 뜻함이요, 게면떡은 굿한 끝에 무당이 구경군에게 돌리어 주는 먹는 떡입니다. (李克魯)

---

1 [편쥐] 게면떡 : 계면떡.
2 [편쥐] 咸平 : 함경도와 평안도
3 [편쥐] 咸州郡 : 함주군. 함경남도 중부에 있는 군으로, 함흥시 서쪽에 인접함.

4. 咸平 두 道에서 저녁을 나조라 하는 것이 普通이라고 그 말이 조선말의 標準語가 되겟느냐 하면, 그럴 것 같지 않습니다. 웨 그러냐 하면, 標準語는 여러 가지 關係로(文化, 交通 等) 서울말을 中心 삼고, 各 地方말을 參考하야 定한다는 것이 原則이 되는데, 이제 서울말에 저녁이라 하고, 또, 八道 中에서 六道가 저녁이라 하니, 저녁이란 그 말이 標準語의 資格이 分明히 잇고, 나조는 方言이 되겟읍니다. 그런데, 方言이라고 辭典의 語彙 資格이 없는 것은 아닙니다. 方言도 쓸 일이 많은 까닭입니다. (李克魯)

訓民正音과 龍飛御天歌

『新東亞』6-4, 新東亞社, 1936.4, 22~40쪽.

一, 來 歷

訓民正音은 世宗二十五年(西曆一四四三年) 癸亥 陰十二月에 制定하야 三年을 지난 二十八年(西曆一四四六) 丙寅 陰九月에 中外에 頒布하야 國人으로 하여곰 使用하게 하신 것이다. 世宗大王께서는 一國의 自然 語音을 적음에는 반드시 그 나라에서 만든 文字를 써야 될 것이라 하야 宮中에 正音廳을 特設하고, 鄭麟趾, 成三問, 申叔舟, 崔恒 等 여러 學者들로 하여곰 研究를 더하야, 二十八 字母를 創作하신 것이니 이는 世界 各種 文字 中에 가장 科學的으로 된 것이다. 이것을 完成하기까지에 얼마만한 苦心과 努力이 들었다는 것은 여러 가지 事實을 보아서 잘 알 수 있다. 大王께서 眼疾이 나서 政事를 두시고 淸州溫泉으로 休養하시러 가시면서도 訓民正音의 研究材料와 原稿만은 가지고 가신 것이라든지 漢文音韻을 [22] 밝히고 蒙古文字를 알아보랴고 成三問을 滿洲 遼東에 귀양 와 있는 明나라 선비 黃瓚에게 十三번이나 다니어 오게 하심을 보든지, 이것이 다 그 좋은 例가 된다. 訓民正音 起源說에 對하여는 여러 가지 말이 있으나 그것은 다 臆測[1]에 지나지 아니한 것이오 當時의 鄰近 文化的 關係를 보아서 梵字나 蒙古字의 參考가 있었을 것은 事實일 것이다.

龍飛御天歌는 權踶, 鄭麟趾, 安止 等의 奉命撰으로 訓民正音 頒布 前 一年에 頒布된 것이다. 이 책은 李氏 朝鮮의 遠祖인 穆祖, 翼祖, 度祖, 桓祖와 太祖, 太宗(潛邸時)의 六代 事蹟을 歌謠體로 만들어서 朝, 祭와 宴享에 쓰던 것이다. 百二十五章의 原文과 漢文註釋으로 되었는데 한글로 된 文章으로는 이것이 嚆矢이다. 한글을 制定한 뒤에 그것으로써 먼저 이 龍飛御天歌를 지어 實用을 試驗하고 確實性이 있는 것을 본 뒤에 비로소 한글을 全國民에게 頒布하신 것이다.

---

1   [편주] 臆測 : 억측.

二, 訓民正音의 聲音分類法

正音의 子母分類法은 라텐文字의 立場에서 된 오늘날 聲音學의 그것과는 아주 딴판이다. 또 세미트文字들이나 梵字의 子母分類法과도 같지 아니하다. 세미트文字들은 본래 母音字가 없더니 그 中에 헤브래文字와 아라비아文字만은 뒤에 와서 母音記號가 생기어서 子音字에 附屬記號로 붙여 쓰게 되었다. 梵字는 字母音字를 各各 둔 밖에 또 母音記號를 따로 두어서 子音字의 上下左右에 附 [23] 屬的 記號로 붙여 쓰게 하고 다만 母音이 獨立하거나 初聲으로 쓰힐 때에만 母音자를 쓰게 하였다. 그런데 訓民正音의 分類法은 獨特한 學理에 根據를 두었다. 聲音學에서 말하는 母音은 聲帶振動하는 音波가 共鳴管인 口腔(調聲管)을 아무 거침이 없이 울리어 나오는 樂音이오 子音은 氣流가 어떤 發音器官을 破裂하거나 摩擦하거나 振動하야 된 噪音이라 한다. 그러니 같은 聲帶音으로 摩擦音과 破裂音은 子音에 屬하고 振動音만은 母音에 屬한다. 또 聲帶振動은 子音에 붙어서 有聲子音 곧 濁音이 될 때도 있으니, 같은 자리에서 같은 動作으로 된 같은 소리라 子音의 音素도 되고 또 母音의 音素도 된다. 그러니 그것이 잘된 分類라고 할 수 없다. 그러나 訓民正音에 子母를 音素와 口腔形과의 二種의 記號로 가른 것은 참 科學的이다. 語音은 그 音素만 갖이고는 우리 귀에 여러 가지로 들리지 못한다. 마땅히 어떤 音素가 어떤 形을 이룬 口腔이란 共鳴管에서 울린 뒤에 그 共鳴音이 비로소 語音을 이룬다. 이러한 原理에서 訓民正音에 말하기를 「凡字必合而成音」이라 하였다. 이제 聲音學에서 말하는 子音에는 訓民正音式으로 보아서는 그 끝에 다 聲帶振動의 音素가 붙었다.

訓民正音의 文字分類와 排列은 참 科學的이다. 發音位置를 따라 나누고 또 發音動作을 따라 차례로 벌리었다. 音價는 充分한 說明을 하지 아니하고 다만 漢字를 引用하야 音素記號는 「如某字初發聲」이라 하고 口腔形 記號는 「如某字中聲」이라고만 하였다. 그 排列順序와 引用된 漢字는 다음과 같다. [24]

(1) 音素記號

		牙音	舌音	脣音	齒音	喉音	半舌音	半齒音
短促音	平音	ㄱ君	ㄷ斗	ㅂ彆	ㅈ卽	ㆆ挹		
	激音	ㅋ快	ㅌ呑	ㅍ漂	ㅊ侵	ㅎ虛		
連長音	濁音	ㆁ業	ㄴ那	ㅁ彌	ㅅ戌	ㅇ欲	ㄹ閭	△穰

(2) 口腔形 記號

·	―	ㅣ	ㅗ	ㅏ	ㅜ	ㅓ	ㅛ	ㅑ	ㅠ	ㅕ
呑	卽	侵	洪	覃	君	業	欲	穰	戌	彆

이 口腔形 記號의 順次를 본다면 單語形을 먼저 羅列하고 複音形을 뒤에 羅列하였으며 陰陽性의 關係로 調和되는 소리를(ㅗㅏ, ㅜㅓ) 隣方에 排置한 것을 알 수 있다.

三, 訓民正音의 音價闡明

이제 우리가 쓰는 子母 가온데도 어떤 것은 그 音價를 疑心할 것이 없지 아니하니 그것을 밝히어야 되겠으며 아직 쓰지 아니하고 둔 子母들은 더욱 밝힐 必要가 있다. 그것을 밝히는 가온데 우리 文字의 25 價値를 더 높이기 爲하야 이제 아니 쓰는 것을 혹 더 써야 할 必要를 느끼게 되리라고 생각한다.

1, 喉音, 發音器官 中에 가장 살피기가 어려운 것은 喉音의 자리다. 그 까닭은 다른 發音位置와 같이 直接으로 觀察할 수가 없는 것이다. 近代 聲音學이 발달되기 시작한 것도 一八五八年에 체르마크(Czermark)[2]氏의 목청거울(Laryngskop[3])이 成功된 뒤로부터다. 그런데 무슨 方法으로 觀察하였던지 訓民正音에는 ㆆㅎㅇ

---

2 [편주] 체르마크(Czermark) : 얀 체르마크(Jan Nepomuk Čermák, 1828~1873).
3 [편주] Laryngskop : 'Laryngoskop'(라링고스코프)의 오기.

와 같이 字形을 달리한 喉音이 셋이오 並書로 된 ㆅㆀ가 둘이니, 모두 다섯 가지나 된다. 이 喉音들의 音價는 무엇인가? 이것은 매우 興味있는 問題다. 訓民正音을 아는 世界 聲音學者와 言語學者는 그 精密한 喉音 觀察에 對하야 驚歎하야 마지아니한다. 正音의 喉音을 말하기 전에 먼저 우리가 喉音이라고 생각하는 소리를 오늘날 聲音學에서는 몇 가지나 잡았는가 알아 볼 것이다. 聲音學에서는 摩擦喉音이 位置로서 네 곳이 있으니, 1 목청(聲帶) 2 목구멍(咽喉) 3 목젖과 혀뿌리 사이 4 여린입천장과 혀뿌리 사이다. 이 位置가 다른 밖에 또 거기에 聲帶 振動의 有無를 따라 淸濁의 關係까지 본다면 八音이나 된다. 혹은 淸濁에서 생기었을가. 그러하지 아니하면 흖이 생각하는 바와 같이 同一한 位置에서 同一한 作用으로 發音되는데 다만 摩擦程度의 差異에서 생긴 것인가(作用程度의 差異로는 聲音學에서 別個音으로 잡지 아니함) 또 혹은 다른 原因이 있[26]는가. 한번 研究할 問題다. 그런데 同一한 位置에서 作用이 다르므로 딴소리가 될 수 있는 것은 마치 옷이 ㅅ몸에 혀끝이 摩擦되는 소리가 ㅅ이오 破裂되는 소리가 ㄷ이오 振動되는 소리가 ㄹ이다. 그와 같이 목청도 摩擦하는 소리가 ㅎ이오 破裂하는 소리가 ㆆ이오 振動하는 소리가 ㅇ가 될 수 있다. 그런데 ㅎ은 이제 쓰므로 우리가 다 잘 아는 소리니 說明할 必要가 없고 그 外의 것은 좀 仔細히 說明하여야 되겠다.

ㆆ이 聲帶 破裂音인 것은

(1) 漢字音에 初聲으로 쓴 것이니 이 소리들은 다 된(硬)母音으로 읽는다. 이 된소리는 聲音學에서 聲音破裂音(記號는 ?)이라 한다. 옛날 漢字音에는 母音에 平音과 硬音이 있어 訓民正音으로 各各 밝히어 썼으나 그 뒤에 와서 漢字音이 中國에서는 平音이 대개 硬音으로 변하였고 朝鮮에서는 硬音이 平音으로 變하였다.

(2) 漢字音에 ㄹ바침은 없고 ㅭ바침만 있다. 그것은 이제 우리가 읽는 漢字音의 ㄹ바침이 본래 우리 ㄹ소리가 아니라 혀끝을 굴리려다가 갑작이 끊어버리는 ㄷ음에 가까운 소리다. ㄹ과 ㄷ이 같은 位置의 소리로 作用의 差異가 있으나 便宜上 ㄹ이 ㄷ으로 變하기 쉬운 것은 實例가 많다. 古語의 바롤[27](海)이 「바다」가 되었고 이제 어린 아이나 혀짜래기⁴의 말소리에는 흖이 「바람」이 「바담」이 된다.

---

4 [편쥬] 혀짜래기 : 혀짤배기(혀가 짧아서 'ㄹ', 'ㅅ', 'ㅈ' 발음을 제대로 하지 못하는 사람).

옛날 漢字音에 ㆆ바침을 한 字는 그 소리가 變하야 이제 조선에서는 ㄹ바침으로 내고 漢字의 古音을 많이 保存한 中國南方(廣東)에서는 ㄷ바침으로 내고 日本에서는 ツ나 チ로 내게 되니 곧 ㄷ바침이다. 一例를 들면「逸」이 朝鮮音으로는「일」, 廣東音으로는「얕」日本音으로는「イツ」다. ㄹ소리를 내려다가 갑작이 끊는 소리를 ㆆ으로 쓴 것을 보면 ㆆ이 聲帶破裂音인 것을 알 수 있다. 웨 그러냐 하면 소리를 끊는 대는 가장 빠르고 쉬운 것이 목청을 닫는 것이니 곧 聲帶破裂音의 準備作用을 하는 것이다.

(3) 同一한 位置의 濁音소리를 끊는 대는 同一한 位置의 破裂音을 쓴 中間ㅅ(絶音)法則에 依하야—君군 ㄷ자 侵임ㅂ자 穰 샹 ㄱ자 虛 헝ㆆ자—ㆆ이 喉音 ㅇ 밑에 쓰힌 것을 보아도 聲帶破裂音인 것을 알 수 있다.

(4) 發音作用에 依한 音素記號의 排列順次를 보아도 ㆆ이 또한 ㄱㄷㅂㅈ과 함끼 破裂音의 列에 들었다. 位置로는 喉音에 들었고 作用으로는 破裂音에 들었으니 聲帶破裂音인 것을 알겠다.

ㅇ가 聲帶振動音인 것은

(1) 訓民正音의 聲音 觀察法에 依하야 보면, 이제 聲音學에서 말하는 母音은 發音體의 作用인 音素가 어떤 口腔形에 가서 共鳴된 것이다. 母音의 發音體의 作用은 聲帶 振動이오「아야」줄은 우리가 實際로 母音으로 發音하니 共鳴管 곧 [28] 口腔形의 記號인「ㅏㅑ」를 빼고 남은 ㅇ는 聲帶振動의 記號 밖에 될 것이 없다.

(2) 漢字의 母音韻에 바침을 ㅇ으로 쓴 것이다. 漢字는 매양 한 音節인데 이 한 音節에는 마땅히 初中終 三聲을 갖훈 것이 法則이 되어 있다. 이 法則에 依하야 一個 母音의 한 音節에도 初中終 三聲을 갖후게 되었다. 그런데 母音 제 소리를 그대로 保存하도록 하는 바침은 聲帶振動音素 ㅇ 외에는 될 것이 없다.

(3) 音素記號를 分類하야 排列한 順次를 보면, ㅇㄴㅁ과 같이 濁音 줄에 들었고 位置로는 喉音에 들었으니, 聲帶振動音素로 보는 것이 可當하다.

ㆅ이 舌根과 軟口蓋 後面과의 摩擦音인 萬國聲音記號의 x인 것은

(1) 古書에 ㆅ으로 쓴 말은 이제 그 音의 位置는 變하지 아니하고 다만 摩擦音이 破裂音으로 되어서 ㅋ으로 變하였거나 혹은 ㅋ과 ㅎ으로 通容된다. 例를 들면 起란 말「니르혀니」는「이르키니」로 되었으며 點燈이란 말「혀다」는「켜다」또는

「켜다」로 되었다.

(2) 漢字音에 썼던 것은 이제 조선 音에서는 ㅎ으로 變하였으나 中國音에서는 아직도 大槪는 本音대로 發音한다.

ᅇᅇ이 무슨 소리든가? 아직 確實히 밝혀지었다고 말하기 어렵다. 그 用例가 매우 적은 것이 알기 어[29]려운 한 原因이 된다. 그러나 아래의 事實을 보아서 證明이 近似하다고 생각된다. 다음의 말들이 그 用例다. 히ᅇᅧ(使) 미ᅇᅧ(繫) 쥐ᅇᅧ(握) 이것을 이제 말로 본다면, 해여, 해서, 매여, 매서, 쥐여, 쥐서로 「ᅇᅧ」는 「여」 혹 「서」로 되었다. 그런데 ᅘᅘ을 한 喉音의 位置變動으로 보드시 ᅇᅇ도 一種 喉音의 位置變動으로 보아서 前舌面과 硬口蓋 前面과의 摩擦音으로 곧 ㅎ의 口蓋音化한 ㅅ 비슷한 音이 아닌가(萬國音聲記號의 ç) 생각한다. 그 까닭은 用例에 보는 바와 같이 그 위의 소리가 「이」音과 같이 그 다음 소리를 口蓋音化시킬 可能性이 많은 「애」 「위」로만 되었고 또 「여」는 口蓋化의 音素를 가지고 있는 것이다.

2, ·音(아래 ㅏ라고 부르는 것). 이것은 訓民正音의 音價를 밝히는 가온데 오래동안 問題되어 오는 것이다. 여러 가지 說이 있으니 世上은 아직도 確實性이 없다고 생각한다. 그러나 나는 여기에 對하야 큰 疑問은 가지지 아니한다. 먼저 말슴할 것은 周時經先生의 說에 ·를 ㅣㅡ의 複音이라고 한 것을 疑心하는 일이다. (1) 訓民正音의 字形과 排列順次로 보아서 複音이 될 수 없고, (2) ·音이 ㅣ나 ㅡ로만 變한 것이 아니라, ㅏㅗㅜ로도 變하였고, (3) ㅣㅡ의 複音이라면, ㅓㅜㅡㅣ와 調和되지 아니하고 도리어 ㅏㅗ와 調和되는 것이고, (4) 어째서 「아래ㅏ」라고 부르게 되었는가 하는 것이다. ·音이 ㅏㅗ의 間音이 되리라고 생각하는데 그것은 다음과 같은 條件이 있다. (1) 이제 ·音을 산 言語에 쓰고 있는 곳은 濟州島인데 나는 그곳 사람에게 이 音을 調査한 일이 있다. 나의 觀察에는 確[30]實히 後部 ㅏ音의 혀 位置도 ㅗ音의 口形보다 좀 廣大한 圓口形으로 發音하는 것을 알았다. (2) 암만 하여도 ㅏ音에 가까이 들리게 되므로 「아래ㅏ」라고 불리온 것이다. (3) 圓口形의 音인 때문에 ㅗ나 ㅜ로도 들린 것이오 平舌 位置와 圓口形의 特殊한 綜合性은 其他 音韻變遷의 岐路가 複雜하게 되었다.

3, ㅇ, ㅿ, ㅸ, ㆆ 復活問題. 한글의 高貴한 價値를 더 드러내랴면 訓民正音은 거의 없어질 것이며 表音文字로 單語의 特色이 더욱 나타날 것이다. 그런데 그 各音

價를 밝히어서 實用의 例를 들고저 한다.

(1) ㅇ音은 이제 우리가 ㅇ으로 쓰고 있다. 그러나 두 가지를 갈라서야 될 것이다. 母音줄을 쓰랴면 ㅇ을 쓰고, ㄱ의 鼻音을 쓰려면 初終聲을 勿論하고 ㆁ을 써야 옳다. 終聲에만 ㆁ을 쓸 것이 아니라 初聲에도 써야 된다. 事實로 우리말에 ㆁ初聲이 있는데 이제 우리가 그것을 畸形的으로 標記한다. 例를 들면, 「ㅇㅡㆁ 운다」를 「웅웅 운다」로 「아 그런가」를 「아 그런가」로 쓰고 있다. 古書에는 ㆁ을 初聲으로 썼다. 例를 들면 솞바올(松子).

(2) △은 그 音價가 ㅅ의 濁音인데 얼른 드르면 ㄹ(r)과도 비슷하다. 만일 이것을 이제 말에 쓴다면 다음과 같은 말에 쓰힌 것이다. 묻다(問) 듣다[31](聽), 걷다(步), 늦다(焦), 붓다(潤). 古書에 쓰힌 例를 들면 ㄱᅀᆞ술(秋), ᄀᆞᆯ(江), 우ᅀᅵ(上).

(3) ㅸ은 脣輕音이니, 그 音價가 W音과 같다. 이것을 이제 말에 쓴다면 다음과 같은 말에 쓰힌 것이다. 갑다(近), 춥다(冷), 맵다(辣), 덥다(暑). 古書에도 우의 것과 같다.

(4) ㆆ의 音價는 이 우에 喉音問題에서 仔細히 論하였으므로 여기에는 約하고[6] 이제 말에 쓴다면 다음과 같은 말에 쓰힌 것이다. 붗다(倒注), 낳다(瘉勝), 싫다(載), 섧다(悲). 古書에 쓰힌 例를 들면 가싫 저긔(去時), 도둟時節(돈을 時節).

主意. 여기에 우리가 알아둘 것은 ㆆ이 硬音素가 되므로 平音이 이것을 만나면 硬音化한다. 또 여기에 聯絡的 關係로 알아둘 것은 ㅎ이 激音素가 되므로 平音이 이것을 만나면 激音化한다. 以上 두 가지의 實例를 들면 다음과 같다.

言語	發音	言語	發音	言語	發音
音節	音節	音節	音節	音節	音節
낳고(瘉)	나꼬	붗고(注)	부꼬	싫고(載)	실꼬
낳다	나따	붗다	부따	싫다	실따
낳소	나쏘	붗소	부쏘	싫소	실쏘
낳지	나찌	붗지	부찌	싫지	실찌
좋고(好)	조코	쌓고(積)	싸코	많고(多)	만코

---

5 [편쥐 가: '갑'의 오식으로 보임.
6 [편쥐 約하고: 줄이고

| 좋다 | 조타 | 쌓다 | 사타 | 많다 | 만타 [32] |
| 좋지 | 조치 | 쌓지 | 사치 | 많지 | 만치 |

숭범(熊虎)수범 앓박(內外)안팎

4, 並書. 된소리 卽 硬音은 같은 子母 둘을 나라니 쓴 것이 예로부터 이제까지 各種 文獻에 나타나 있다. 그런데 硬音은 두 종류로 갈라 볼 수 있나니 (1) 本質的 硬音이오 (2) 影響的 硬音이다. 硬音의 平音과 또 激音과 서로 다른 主要點은 소리를 만드는 動力 곧 氣流의 性質에 關係되는 것이다. 平音을 내는 氣流는 聲帶 開放 時에 聲門을 順通하야 나오는 숨이오 激音을 내는 氣流를 聲帶 狹窄 時에 聲帶를 摩擦하고 나오는 숨이오 硬音을 내는 氣流는 聲帶 閉鎖 時에 聲帶를 破裂하고 나오는 숨이다. 本質的 硬音은 單獨으로 그러하게 發音하는 것이오 影響的 硬音은 앞에 있는 다른 閉鎖音의 影響을 받아서 平音이 硬音化한 것이다. 그것은 閉鎖音을 낼 때에는 瞬間的으로 聲門을 닫는 까닭이다. 文字와 實際 發音이 꼭 같지 아니한 말의 實例를 다음에 들어 보인다.

녹(漉)-다→꼬, -다→따, -소→쏘, -지→찌, 각박→각빡
닫(閉)-고→꼬, -다→따, -소→쏘, -지→찌, 돋보기→돋뽀기
집(執)-고→꼬, -다→따, -소→쏘, -지→찌, 합법→합뻡 [33]
웃(笑)-고→꼬, -다→따, -소→쏘, -지→찌, 깃브다→깃쁘다
맞(適)-고→꼬, -다→따, -소→쏘, -지→찌, 낮브다→낫쁘다

硬音을 並書로 標記한 것은 조선 말소리에나 漢字音에나 其他 外國語音에나 古今에 다 쓴 것이 事實이다. 最近으로는 天主敎 宣敎師가 朝鮮에 傳道하려와서 처음에 翻譯한 聖經에는 된소리를 모두 並書로 標記하였다. 그들은 語文硏究의 方法이 있어서 적어도 古今을 通하야 모든 關係된 文獻을 다 찾어서 參考한 뒤에 책 한 장이라도 翻譯하기 시작하였을 것이다.

古書의 硬音標記法을 본다면, 本質的 硬音은 勿論 並書로써 標記하였고 影響的 硬音은 當時에 大體로 發音音節式 綴字法에 依하야 標記한 것만큼 웃音節의 바침이 나려와서 붙기도 하고 또 中間의 補助音이 나려와서 붙기도 하야 形形色色으

로 나타나 있다. 以上에 말한 여러 가지의 實例를 좋은 參考가 되겠으므로 龍飛御天歌와 訓民正音에만 아니라 其他 여러 古書와 經書諺解에 나타난 것을 具備하게 들어 보이겠다.

蚪굼, 覃땀, 步뽕, 慈쯩, 아ᄉ불끼(識), 혼 사래 뻬니(一箭에 徹하니), 마쯘븨예 [34] (迎見), 그 뼈(其時), 初禪天에 뙤야(初禪天에 죄야), 뻐러디니(落), 쓸빗(鴛色), 새쁘든(雀意), 내뜯(我情), 더워 ᄢ는듯한 짜해(炎蒸地에), 내뽀쳣ᄂ(放逐한), 거프리 뗘려 나디 아니ᄒ고(不甲坼), 뜬구룸(浮雲), 쯰(帶), 쑤미고(裝하고), 흙무저글 ᄲ리니(破塊하니), 문과 뜰(戶延), 혼ᄢ 가면(同歸하면), 이쪠(如今), 나무뻘기(叢), 가히뻐(可以), 實삼을꺼시(爲實할 것이), 싱각홀띤댄(생각할진댄), 믈쓰라고 쓸며(酒掃하며), 거슬쁘게 말을 띠니(罔或悖), 활쏘기(弓射), 명디 깁 ᄲ며 다회 ᄣ(織紅組細), 쓸게담(膽), 쓸풀강(榻), 뽈착(鑿), 뿔탄(彈), 뻬벌(筏), 벌뽈셕(鱉), 블뿔비(焙), ᄣ즐스(撕), 픠울류(餾), 삘증(蒸), 쁠고(苦), 뻐딜함(陷), ᄢ구(垢), ᄣ디(對), 삥글추(皺).

우에 쓰힌 實例 中에서 이러한 것을 알아낼 수 있다. 影響的 硬音은

(1), 그 앞에서 影響을 주는 破裂音이나 摩擦音이 硬音化할 그 音과 함끽 한 音節로 發音하게 될 때에는 바침 法則에 依하야 다 閉鎖形으로 口形을 取하야 그 다음 소리를 내게 되는 것이오 破裂作用이나 摩擦作用을 取하지 아니한다. 例를 들면, 「ᄣ」對은 「브짝」이 아니라 「읍짝」이 되는 것이오, 「쯰」는 「스띄」가 아니라 「읏띄」가 되는 것이다.

(2), 聯絡되는 우의 말의 끝이 바침을 할 수 있는 [35] 것이면 發音 時에 그 音이 바침이 된다. 例를 들면 「쓸」(米)은 「찹쌀」이오 「나무뻘기」(叢)는 「나뭅뻘기」다.

(3), ㅂ이나 ㅅ이 다 제 音價를 가지고 쓰힌 것은 다음의 例로써 證明된다. 左便에 부쳐 쓰히었다고 해서 硬音記號가 아니다. 그 까닭은 音理上으로 硬音化못할 激音에나 또 이미 硬音化한 것에도 부친 것이다. 例를 들면 뿔탄(彈), 뻐뎌(坼), 뻬니(徹하니), ᄲ리니(破하니).

(4) 덧붙는 소리가 境遇를 따라 나는 대도 있고 아니 나는대도 있을 것이다. 그러나 綴字를 固定시기기 爲하야 언제든지 한 貌樣으로 쓴 것이다.

(5) 音節식으로 綴字하는 우리 文字에 中間에 떠있는 ㅂ이나 ㅅ을 웃 音節에나

아래 音節에 부쳐 서야 할 것인데 이제 사람은 웃글자의 바침으로 부쳐 쓰지마는 發音音節에 依하야 바침을 밑으로 내려쓰기를 좋아하던 옛 사람은 아래 글자의 첫내리에 부쳐 쓴 것이다.

5, 絶音(中間ㅅ) 標記法. 이 標記法을 말하려면 먼저 絶音의 本質을 簡單히 말하여야 되겠다. 獨立한 品詞들이 모여서 綜合品詞가 되거나 혹은 두 딴 品詞가 그냥 前後하야 잇달아 읽게 될 때에 各 品詞는 제 音價를 덜 變하려 하므로 앞에 소리가 濁音이면 (모든 母音과 ㅁㄴㅇㄹ) 그 소리를 갑자기 끊어서 그 소리가 다음 소리에 影響을 못 주도록 하는 것을 絶音이라 한다. 내는 소리를 갑자기 끊는 대에는 子音終聲이면 그 소리가 나는 자리를 힘써 막는 同[36]時에 또 聲門(목청)을 막고 母音이면 聲門을 막는다. 그런데 이 絶音을 標記하는 方法은 古今 書籍을 通하야 본다면 매우 不規則으로 되었다. 位置로 본다면 (1) 獨立的으로 中間에 두는 것 (2) 웃글자에 바침으로 부친 것 (3) 아래 글자의 첫소리에 부친 것이오. 記號로 본다면 (1) 同一한 影響을 줄 웃자의 바침과 位置의 破裂音으로 한 것 (2) ㅅ으로 한 것 (3) ㅿ으로 한 것 (4) ㆆ으로 한 것 (5) ㄷ으로 한 것 (6) 並書로 한 것이다. 우의 말한 것의 實例를 들면 다음과 같다.

1, 中間에 둔 것.	오늜 나래(今日에)
君군 ㄷ字	술윗 란간(轓)
斗듛 ㅸ字	도쇓제(昇際)
侵침 ㅂ字	드욄相(될相)
洪뽕 ㄱ字	믈우횛 龍(水上之龍)
虛헝 ㆆ字	빗 시울(舷)
2, 위로 부친 것.	가온딧 소리(中聲)
아바닚	뒤헤(父後에)
3, 아래로 부친 것.	
샹새(凡鳥)	엄소리(牙音)
믌결(浪)	니쏘리(齒音)
눖므를(淚를)	혀쏘리(舌音)
厚ퟢ바(所厚者)	입시울 쏘리(脣音)

오싏 저긔(오실 저긔) 산쏘싀(山間)

님긆 말(君命) [37]

이 위에 우리는 여러 가지 絶音標記方法을 보았다. 끝으로 하나 더 알아둘 것은 絶音 結果로 硬音化한 것을 並書로써 標記한 것이다. 實例를 들면 알꺼시리다(알 것이니라). 입홀빠롤(立할 바를), 구홀디니라(구할지니라).

古書에 絶音을 中間ㅅ으로 標記한 대에는 세 가지 境遇가 있다. (1) 漢字의 사이에 (2) 漢字의 위에 (3) 漢字의 아래에. 이밖에는 原則的으로 윗字의 바침으로 부쳐 쓰었다.

絶音標記法에 對하야 이만큼 論하였은즉 나의 個人의 希望을 한마듸 쓰는 것도 그리 無意味한 것은 아니다. 조선文字의 價値를 더 높이랴면 또는 綴字法을 더 科學化하랴면 絶音의 標記가 必要한 곳만은 聲帶破裂音記號인 곧 硬音素인 ㄱㅎ을 中間ㅅ 대신에 獨立的으로 中間에 두어서 絶音의 標記法을 統一시기는 것이 좋겠다. 한글綴字法統一案에 이미 激音素인 「ㅎ」을 獨立的으로 中間에 두기로 된 것은 賢明한 處理가 아니라 할 수 없다. 그 處理에 依하야 進一步하는 態度만 取한다면 絶音標記法은 「中間ㅎ」으로 統一할 수 있다. 혹은 말하기를 홀로 소리가 잘 나지도 못하는 子音 하나를 獨立하여 쓰는 재미가 없다고 한다. 그런 말은 一種 無識으로 생각한다. 첫재는 訓民正音에 絶音標記로여러 子音을 獨立的으로 中間에 쓴 것이 있으며 이제도 우리가 흔히 中間ㅅ을 쓰지 아니하는가. 둘재는 世界 各國語에서도 子音 하나만이 單語로 獨立하야 쓰히는 것이 적지 아니하다. 이것은 露語에서 더욱 많이 實例를 볼 수 있다. [38]

四, 龍飛御天歌는 訓民正音의 첫 實用.

어느 民族을 勿論하고 文字使用의 歷史보다는 單語成立의 歷史는 日字가 너무도 옅다. 조선도 文字를 만들어 서 온지는 벌서 半千年이 되었다. 그러나 우리의 말은 아직도 單語를 다 만들어 쓰지는 못한다. 그러니 訓民正音 創作 當時에야 더 말할 것도 없다. 語法思想이 發達못된 그 때에 文字의 첫 實用인 만큼 綴字法은 勿論 言語音節식으로 된 것이 아니라 發音音節식으로 된 것이 大體 그것을 이제 사람의 눈으로 보면 多少 幼穉하다는 느낌이 없지 아니하다. 그러나 이제도 雙바침은 發音이 아니 되느니 하야가면서 發音音節식 中心으로 文字를 整理한다는 어리고 無識한 생각을 가진 사람이 없지 아니하다. 이런 대에 견주어 본다면 龍飛御天歌의 綴字法은 훨신 나아갔다. 語音標記의 正確性이라든지 雙바침을 認定한 것이라든지 어느 點으로 보아도 훌륭하다. 다음에는 言語의 變遷과 歌謠體와 綴字法과의 參考됨직한 좋은 例를 그 책에서 뽑아 적겠다.

(1) 海東六龍이 ᄂᆞᄅᆞ샤 일마다 天福이시니 古聖이 同符하시니(海東六龍飛, 莫非天所扶, 古聖同符). (2) 불휘 기픈 남ᄀᆞᆫ ᄇᆞᄅᆞ매 아니 뮐씨 곶 됴코 여름 하ᄂᆞ니(根深之木, 風亦不扤, 有灼其華, 有蕡其實). 시미 기픈 므른 ᄀᆞ 39 ᄆᆞ래 아니 그츨씨 내히 이러 바ᄅᆞ래 가ᄂᆞ니(源遠之水, 旱亦不竭, 流斯爲川, 于海必達).

(3) 千世 우희 미리 定ᄒᆞ샨 漢水北에 累仁開國ᄒᆞ샤 卜年이 ᄀᆞ업스시니(千世默定漢水陽, 累仁開國卜年無疆). 聖神이 니ᅀᅳ샤도 敬天勤民ᄒᆞ샤ᅀᅡ 더욱 구드시리이다(子子孫孫聖神雖繼, 敬天勤民迺益永世). 님금하 아ᄅᆞ쇼셔 洛水예 山行 가이셔 하나빌 미드니잇가(嗚呼!嗣王監此, 洛表遊畋皇祖其恃).

하ᄂᆞᇙ 뜯(天心), 先考ㅎ 뜯(考心), 兄ㄱ 뜯(兄心), 平生ㄱ 뜯(素志), 사ᄅᆞᇜ 뜯(人意), 아ᄃᆞ닚긔(아ᄃᆞ님께), ᄌᆞ걋긔(自己께), 나랏일홈(國號), 天子ᅀ 모 믈(帝之衷을), 後ᅀ날(後日), 숣거니(稱美하니 歎服하니), 긼ᄀᆞ샛 百姓(路傍田叟), 이기싫算(勝籌之籌), 오ᄂᆞᆳ나래(今日에), 눖므를(淚를), 어마님 山陵(戀妣山陵), 쒸을(雉를), 니ᄌᆞ시리잇가(忘하리잇가), 엇더ᄒᆞ니잇고(何如오), 도ᄫᆞ시니이다(贊하시다).

끝으로 한 말슴 부칠 것은 위에 論한 全體 問題는 그 範圍가 퍽 廣大하다. 그러나 紙面關係로 이 廣大한 問題를 더 詳細히 論하지 못한 것이 遺憾이다. 이 短篇論文에 한글 硏究의 重要한 中心 問題는 槪論하였은즉 한글硏究에 뜻을 두신 분은 한번 主意하야 읽어보신다면 도움이 없지 아니하리라고 생각한다. 40

(讀書餘響-新秋燈下에 읽히고 싶은 書籍) 龍歌와 松江歌辭

『東亞日報』, 1937.9.4.

우리 文學과 語學을 硏究하는 대에 가장 좋은 資料가 되는 龍飛御天歌와 松江歌辭는 어떠한 책인가. 이제 簡單히 紹介하면 다음과 같다.

李克魯氏

龍飛御天歌는 權踶, 鄭麟趾, 安止들이 임금의 命令을 받들어 지은 책으로 訓民正音 頒布 前 一年인 世宗二十七年(西紀 一四四五年)에 頒布된 것이다.

이 책은 李氏 朝鮮의 遠祖인 穆祖, 翼祖, 度祖, 桓祖와 太祖, 太宗(潛邸 時)의 六代 事蹟을 歌謠體로 만들어서 朝, 祭와 宴享에 쓰던 것이다. 百二十五章의 **原文**과 漢文 註譯으로 되엇는데 한글로 된 文章으로는 이것이 嚆矢이오 우리 文學과 語學硏究에 매우 좋은 資料로 치는 것이다. 龍飛御天歌의 例를

들면 다음과 같다.

海東六龍이 ㄴㄹ샤 일마다 天福이시니 古聖이 同符ㅎ시니(海東六龍飛, 莫非天所扶, 古聖同符), 불휘 기픈 남ㄱ 브ㄹ매 아니 뮐쎄 곶 됴코 여름 하ㄴ니(根深之木, 風亦不杌, 有灼其華, 有蕡其實), 싀미 기픈 므른 ㄱㅁ래 아니 그츨쎄 내히 이러 바ㄹ래 가ㄴ니(源遠之水, 早亦不竭, 流斯爲川, 于海必達)…… 世子롤 하놀히 ᄀᆞᆯ히샤 帝命이 ㄴ리어시놀 聖子롤 내시니이다(維我世子, 維天簡兮, 帝命旣降, 聖子誕兮)…… **千世** 우희 미리 定ㅎ샨 漢水北에 累仁開國ㅎ샤 ㅏ年이 ᄀᆞ엄스시니(千世默定漢水陽, 累仁開國, ㅏ年無疆), 聖神이 니ᅀᅳ샤도 敬天勤民ㅎ샤ᅀᅡ 더욱 구드시리이다(子子孫孫, 聖神雖繼, 驚天勤民, 迺益永世),

松江歌辭는 松江 鄭澈이 지은 것으로 宣祖時代(ɖ金 畧 三百五十年대)의 한글 代表的 著述이다. 時調, 歌曲 等이 우리 文學의 가장 普通의 形式인 中에도 더욱이 松

江歌辭는 훌륭한 文學的 價値를 가졌다 할 수 있으니 그것은 邦語土風으로 咏歎[1] 해서 漢文의 色味를 띰이 比較的 적은 까닭이다. 그래서 **西浦** 金萬重 같은 이는 左海(東國)의 眞文章은 이 歌辭뿐이라고까지 讚歎하였다. 金西浦의『西浦漫筆』가운데 一節을 例로 들면 다음과 같다.

松江의 關東別曲과 前後 美人歌[2]는 乃我東之離騷而 以其不可以文字로 寫之라 故로 惟樂人輩ㅣ 口相授受하며 或 傳以國書而已라. 人이 有以七言詩로 翻關東曲[3]而 不能佳라. 或謂 澤堂少詩作이라하나 非也라. 鳩摩羅什이 有言曰天竺이 俗最尙文하야 其讚佛之詞ㅣ 極其華美어늘 今以譯奏言[4]하니 只得其意오, 不得其辭로다 함은 理固然矣로다. 人心之發於口者ㅣ **爲言**하고 言之有節奏者ㅣ 爲歌詩文賦하나니 四方之言이 雖不同이나 苟有能言者ㅣ 各因其言而 節奏之則皆足以動天地通鬼神이오 不獨中華也라. 今我國詩文은 捨其言而學他國之言하니 設令 十分相似라도 只是鸚鵡之人言이라. 而 閭巷間樵童汲婦의 咿啞而相和者를 雖曰鄙俚나 若論眞贋則 固不可與學上大夫의 所謂詩賦者로 同日而論이온 況此 三別曲者는 有天機之自發而 無夷俗之鄙俚리오. 自古로 左海의 眞文章은 只此三篇이로다. 然이나 又就三篇而論之則 後美人이 尤高하니 關東과 前美人은 猶借文字語하야 以飾其色耳라.

이제 續美人曲의 한 部分을 例로 들면 다음과 같다.

> 데 가는 뎌 각시 본 듯도 ᄒ뎌이고.
> 天텬上샹 白빅玉옥京경을 엇디ᄒ야 離니別별ᄒ고,
> 히 다 뎌 져믄 날의 눌을 보라 가시ᄂ고.
> 어와 네여이고 내 ᄉ셜 드러 보오
> 내 얼굴 이 거동이 님 괴얌즉 ᄒ가마ᄂ

---

1 [편쥐 咏歎 : 영탄.
2 [편쥐 美人歌 : '思美人歌'의 탈자.
3 [편쥐 翻關東曲 : '關東別曲'의 탈자.
4 [편쥐 今以譯奏言 : 원본은 '奏語'.

엇딘디 날 보시고 네로다 녀기실시

나도 님을 미더 군뜨디 전혀 업서

이리야 교틱야 어즈러이 구돗썬디

반기시는 눗비치 녜와 엇디 다른신고……

기나긴 밤의 줌은 엇디 자시는고.

님다히 消쇼息식을 아므려나 아쟈 ᄒ니

오늘도 거의로다. 너일이나 사롬 올가.

내 ᄆᆞᆷ 둘 디 업다. 어드러로 가쟛 말고.

잡거니 밀거니 **놉픈** 뫼희 올라가니

구롬은 ᄏ니와 안개는 므스일고.

山산川천이 어둡거니 日일月월을 엇디 보며

咫지尺척을 모르거든 千쳔里리롤 ᄇ라보랴.

출하리 믈ᄀᆞ의 가 비길히나 보쟈 ᄒ니

ᄇ람이야 믈결이야 어둥졍 된뎌이고.

샤공은 어뎌 가고 븬 비만 걸렷ᄂ니.

江강天텬의 혼쟈 셔셔 디는 ᄒᆡ롤 구버보니

님다히 消쇼息식이 더옥 아득ᄒ뎌이고.

茅모簷쳠 츤 자리의 밤듕만 도라오니

半반壁벽靑쳥燈등은 눌 위ᄒᆞ야 불갓는고.

오른며 ᄂ리며 헤쓰며 바니니

져근덧 力역盡진ᄒᆞ야 픗줌을 잠간 드니

精졍誠셩이 지극ᄒᆞ야 꿈의 님을 보니

玉옥 ᄀᆞ툰 얼굴이 半반이나마 늘거셰라…….

松江의 短歌 例를 들면 다음과 같다.

어버이 사라신 제 셤길 일란 다ᄒᆞ여라.

디나간 後후면 이돕다 엇디ᄒ리.
平평生셩애 고텨 못홀 일이 잇뿐인가 ᄒ노라.

재 너머 成셩勸권農롱 집의 술 닉닷 말 어제 듯고,
누은 쇼 발로 박차 언치 노하 지즐ᄐ고,
아ᄒ야 네 勸권農롱 계시냐, 鄭뎡座좌首슈 왓다 ᄒ여라.

鶴학은 어듸가고 亭뎡子ᄌᄂ 뷔엿ᄂ니
나ᄂ 이리 가면 언제만 도라올고
오거나 가거나 나듕에 훈잔 자바ᄒ쟈.

語學的으로 본「林巨正은 鮮語鑛區의 노다지

『朝鮮日報』, 1937.12.8.

무엇이나 한 가지 물건을 가지고도 그 보는 點을 따라서 달리 말할 수가 잇다. 그런데 이『林巨正』의 內容이 義俠心을 일으키는 偉大한 힘을 가진 것은 내가 여기에서 길게 말하고저 아니하는 바이다. 다만 나는 語學的 見地에서 다음의 두어 가지 點을 들어서 적어볼가 한다.

첫재로 훌륭한 맨 조선말의 語彙가 만흔 것이다. 나는 年來에 朝鮮語辭典編纂의 使命을 가지고 지나는 것만큼 무슨 책이거나 조선말로 된 책이면 거기에 새로운 語彙가 잇나 하고 살핀다. 마치 鑛夫가 金鑛 속에서 金덩이를 살피듯이 主意한다. 그런데 이『林巨正』이라는『語鑛區』안에는 깨끗한 조선말 語彙의 다노지[1]가 쏟아지는 것을 종종 發見할 수 잇다. 요사이 젊은 사람의 글에 흔히 조선말 갓치 아니한 純全하지 못한 語彙가 석기어 글이 濁하여 지는 그런 대에 견주어 본다면 天壤之間의 다름이 잇다.

둘째로 推想이 全體的 脈絡이 잇스면서도 編編이 獨立한 딴 책을 읽는 느낌을 준다. 이 點은 참 읽는 사람으로 하여곰 만흔 자미를 보게 한다. 마치 花園을 몰 때에 거기에 各種 花草가 아무 整理가 업시 散亂하게 심어지엇다면 그 花園은 보는 사람에게 매우 지리한 느낌을 줄 것이다. 그러나 이와 反對로 花園에는 모든 花草를 分類 整理하여 심엇슴으로 처음으로부터 끗까지 늘 새로운 느낌을 엇게 된다. 이와 가티 글도 그러한 것이다. 『林巨正』이란 글에는 編編이 새로운 힘과 느낌을 엇게 된다.

以上에 말한 두 가지 點은 確實히 이 책의 價値라고 보겟다. 그러므로 조선말을 만히 배우려거든 또 글 짓는 法을 잘 알려거든 누구나 이『林巨正』을 읽지 아니할 수 업슬 것이다.

---

1 [편쥐] 다노지: '노다지'의 오식.

九萬語彙로 完成된 朝鮮語大辭典 登梓, 개성 리상춘씨의 칠년 로력, 修正만 하여 印刷한다

『중외일보』, 1929.11.15.

시내 수표뎡에 잇는 조선교육협회(朝鮮敎育協會) 안에 조선어사전편찬회(朝鮮語辭典編纂會)가 성립되엿다 함은 루보하엿거니와 동회에서는 각 방면으로 어휘(語彙)모집에 로력중인 요지음 개성송도고보(松都高普) 조선어 교수로 잇는 리상춘(李常春)씨에게로부터 전이십팔권(全二十八卷) 팔만 구천팔백이십 페지(八萬九千八百二十頁)의 대원고가 도착되엿는데 이것은 이외에도 완료(完了)되엿다고 불안한 조선어사전(朝鮮語辭典) 원고인바 동회에서는 놀라는 한편에 내용이 완성함에 감탄할뿐아니라 이 저술자인 리상춘씨의 로력에 대하야 동회 간부 리극로(李克魯)씨는 다음과 가티 말하더라.

『실로 놀라운 보물이올시다. 이것은 리상춘씨가 온전히 개인의 힘으로 더구나 낫에는 학교일로 온전히 밤 시간에만 하엿다고 합니다. 지금으로부터 칠 년 전(七年前) 계해(癸亥) 정월부터 착수하엿고 이속에 모힌 말수가 구만 어휘(九萬語彙)가 넘음으로 총독부에서 십여 인이 십일 년간에 맨든 조선어사전이 겨우 오만여 어휘(五萬餘語彙)에 불과하는데 비하여 내용이 얼마나 충분하며 딸하서[1] 씨의 로력을 상상할 수 잇습니다. 이와 가치 다소 수정만 가하면 씨 개인의 사업으로 완전한 사전 하나를 인쇄할 수 있는 원고임에 불구하고 통일적 사전 하나를 위하여 그처럼 심혈을 짜아 대성한 원고를 우리에게 아모 보수도 업시 내여놓는 것을 우리 간부 일동은 눈물겨움의 감사할 뿐 안이라 압흐로 우리의 로력도 임이 반성(半成)한 즐거움이 잇슴이다』하더라.

─────
1 [편쥐] 따러서.

朝鮮語辭典과 朝鮮人

『別乾坤』4-7, 開闢社, 1929.12, 156~157쪽.

우리 朝鮮에는 모든 方面이 다 荒蕪地라 할 수 잇다. 그러나 그 가온대에도 朝鮮語 方面에는 더욱 開拓 못된 荒蕪地다. 우리가 쓰는 우리의 말이 퍽 만컷마는 누가 그것을 한번 調査하야보앗는가. 海邊 漁民에게서 들어보라. 모든 물고기와 모든 조개들의 이름이 다 잇으며 窮鄕僻村[1]에 사는 樵童牧竪[2]에게서 들어보라. 우리가 普通 모르는 물, 숯, 나무 이름을 얼마나 알게 되는가. 이 모든 말은 다 그들의 혀 쓰테만 돌아다니고 아즉 감이 것는 學術的 말이 되지 못하얏다. [156]

다른 自然科學이나 工藝가 남보다 뒤떨어진 것은 그러케 부끄러운 것은 아니다. 그러나 無史 幾萬年과 有史 四五千年에 한 곳에서 文化生活을 하야 오는 一大 民族으로 自己의 뜻을 通하고 一般文化의 基礎가 되는 말 하나를 整理 못하고 살아오는 것은 참아 남의 압헤 얼골을 들지 못할 부끄럼이 아니라 할 수 업다. 어느 사람은 한번 酒席에서 某國人에게서『너이는 字典도 한권 업는 것들이 무슨 큰소리냐!』하는 侮辱을 當하고 字典事業에 奮鬪[3]하기로 決心하얏다 한다. 執筆者도 年前에 伯林大學에서 四年間 朝鮮語講座를 맛타 볼 때에 朝鮮語 標準字典이 업서서 참아 못 當할 苦痛과 羞恥를 만히 當하얏다. 이런 苦痛과 羞恥를 어찌 한 두 사람만 當하얏으리오. 얼골 가죽이 두텁어서 부끄럼은 업슬는지 모르지마는 누구나 글 슬 때에 苦痛은 다 잇스리라고 생각한다. 보라. 저 蒙古沙漠에서 遊牧하는 蒙古族에게도 白頭山 森林속에서 狩獵하든 滿洲族에게도 여러 百年동안 써오는 標準字典이 잇다.

新羅에 薛聰[4]이 吏讀文[5]으로써 或朝鮮 말을 썻스며 李朝에 世宗大王이 朝鮮文字

---

1 [편쥐 窮鄕僻村 : 궁향벽촌(궁벽한 시골에 있는 외진 마을).
2 [편쥐 樵童牧竪 : 초동목수(나무하는 아이와 목동).
3 [편쥐 奮鬪 : 분투.
4 [편쥐 薛聰 : 설총.
5 [편쥐 吏讀文 : 이두문.

를 만들어 朝鮮 말을 記錄케 하시매 經傳과 其他 多少의 諺解가 낫스며 或創作도 잇엇스나 그때에도 辭典은 만들지 못하얏다. 그 뒤에는 더욱 數千年 동안에 漢文 威力에 壓伏된 無知한 무리는 朝鮮語 開拓에는 쑴도 쑤지 못하얏다. 처음에 佛蘭西 宣敎師들이 天主敎를 傳하려 朝鮮에 와서 朝鮮말을 배호게 되매 그 副産物로 그들의 손에서 韓佛字典이 一八八○年에 巴里에서 出版되엿고 其後 一八九○年에 英人 언더우쓰의 韓英字典이 橫濱에서 出版되엇스며 一八九七年에 英人 쌔일[6]의 韓英字典이 쏘 橫濱[7]에서 出版되엇고 大正九年[8]에 朝鮮總督府에서 朝鮮語辭典을 出版하얏다. 이 우에 말한 것은 다 外人이 朝鮮語를 배호랴고 만든 冊이다. 그러니 朝鮮 사람이 朝鮮 말을 배호고저 쓴 字典은 아즉 하나도 出版되지 못하얏다. 그러나 우리도 勞力을 아니하는 것은 아니다. 十七八年 前에 光文會에서 金枓奉, 李奎榮, 權悳奎 諸氏가 朝鮮語辭典 編纂에 着手하야 多年 勞力하얏스며 三年 前에 啓明俱樂部에서 崔南善, 李允宰, 鄭寅普, 林圭, 卞榮魯, 韓澄 諸氏가 同一한 事業에 勞力하얏고 上海의 金枓奉氏가 六七年 來에 數萬 語彙를 蒐集하얏스며 開城의 李常春氏가 亦是 數多의 語彙를 蒐集하얏다 한다. 그러나 아즉 出版되지 못하얏스니 말할 것도 업고 外人이 만든 그것들도 多少의 語彙를 刊行함에 不過하고 참 標準字典이라고 말하기는 어렵다.

우리의 辭典編纂은 다른 나라에서 그것과 다른 點이 잇다. 다른 나라에서는 이미 標準語와 綴字法이 定하야젓슴으로 所用에 짤하서[9] 字典 內容만 伸縮[10]하야 編纂할 쑨이지만은 우리말은 아즉 모든 것이 定하야지지 못하야슴으로 어느 째에나 統一이 되어서 權威 잇는 標準字典이 나아 될 것이다. 그러자면 적어도 統一機關을 特設하여야 되겟다. 그러므로 우리는 이번에 朝鮮語辭典編纂會를 組織하게 된 것이다. 우리의 事業은 決斷코 첫거름부터 걸어가는 것이 아니오 여러 先輩들의 二十年來에 努力하야 오는 積功을 總決算하자 함이며 數多의 權威로부터 一大 權威를 세우자 하는 것이다. [157]

---

6   [편주] 쌔일 : 제임스 게일(James S. Gale, 1863~1937).
7   [편주] 橫濱 : 횡빈(요코하마).
8   [편주] 大正九年 : 1920년.
9   [편주] 짤하서 : 따라서.
10 [편주] 伸縮 : 신축(늘이고 줄임).

(한글硏究家 諸氏의 感想과 提議 - 사백여든넷재돌을 맞으며) 知識과 物質로 援助하라

『東亞日報』, 1930.11.19.

標準語가 서고 綴字法이 統一된 字學이 成立되어야 비로소 한글이 제값을 가지게 될 것입니다. 그러자면 辭典이 나야 됩니다. 이 辭典은 一個 學者의 智力으로 되는 것이 아니라 權威잇는 各方面 專門家의 知識을 빌어야 되는데 더욱 朝鮮語學 權威者의 討議處理가 많아야 될 것입니다. 그래서 오랫동안에 많은 努力을 쓸 것이므로 相當히 많은 物質을 요구합니다. 그러므로 이 事業을 爲하야는 知識과 物質의 援助가 없어서는 아니 됩니다.

標準文法과 標準辭典

『朝鮮日報』, 1930.11.19.

우리가 한글을 가진 것은 큰 幸福으로 생각하고 또 한글을 끝없이 자랑도 한다. 그러나 標準語가 서고 綴字法이 統一된 字學이 이루어지기 前에는 한글이 제 값을 가지게 못된다. 그 字學이 이루어질랴면 먼저 標準文法과 標準辭典이 나지 아니하면 아니 될 것이다.

朝鮮말은 아즉 開拓者의 손을 다 지나지 못하였다. 歷史上으로는 新羅 때에 薛聰이 吏讀文으로써 朝鮮말을 적게 시작하야 來까지 流行이 되었으나 그것은 朝鮮말과 넘으도 멀음으로 더 길게 말할 餘地도 없고 李朝의 世宗大王이 한글을 내시매 그 글로써 朝鮮말을 적게 되어서 노래와 이야기책도 짓고 편지도 쓰고 經傳도 飜譯하야서 이제 널리 퍼졌다. 그러나 그것도 또한 朝鮮의 標準語가 될 만한 程度까지 말을 開拓한 것은 아니다. 달리 말하면 朝鮮사람의 입에서 나오는 말을 다 글자로 써 놓지도 못하얏으며 써 놓은 글자도 整理와 統一이 못 되었다. 아즉 朝鮮사람이 朝鮮말을 배호기 爲하야 朝鮮말로써 뜻을 새긴 朝鮮語辭典 한 卷이 없다는 말이다. 漢文을 배호기 爲하야 漢字를 朝鮮方言으로 飜譯한 玉篇은 있고, 東西交通이 터진 뒤로 外國 사람이 朝鮮말을 배호기 爲하야 多少의 朝鮮方言을 모아서 外國말로 飜譯한 字典은 韓佛字典 韓英字典 韓日字典) 몇 가지가 없지 아니하다.

標準될 文法과 辭典이 哯으로 한사람이 쓴 글 가온대에 같은 글자로 우에 쓴 자와 아래에 쓴 자가 다르고 같은 事物에도 이곧 저곧의 말이 달라서 서로 뜻을 通하지 못하는 것이 적지 아니하다. 이와 같이 거친 말을 開拓하랴고 數十年來에 努力하는 學者가 적지 아니하나 아즉 우리가 바라는 그 말의 科學이 서지 못하얏다. 十數種의 朝鮮語文典이 出版되었으나 그 內容을 簡單히 批評하자면 或은 西洋말 文法틀에 或은 日本말 文法틀에 朝鮮 말을 그냥 끼웠으며 或은 純粹한 科學的 方法으로 試驗하얏으나 實際를 넘우 돌보지 아니한 弊도 있거니와 理論自體도 充分치 못한 點이 적지 아니하다. 그리고 字學問題로 綴字法이나 辭典의 文獻은 空이나 다름이 없으니 더 말할 것도 없다.

　人類文化生活에 關한 온갖 事物의 말을 文字化시키어서 그 소리와 뜻을 밝히는 것임으로 辭典編纂은 더욱 쉬운 일이 아니다. 標準文字를 定하는 대는 各 方言의 語音 語意 語法 語感 語源을 精密히 調査比較하야(서울말을 大體로 標準 삼음) 法則的 統計的 歷史的 關係와 價值를 詳考하야 學習하기가 쉽고 讀書하기가 便利하고 印刷하기가 簡易한 三大條件을 가진 合理的 文字를 만들어야 된다. 그러자면 얼마만한 科學的 頭腦를 쓰며 精密한 努力이 들어야 될 것을 생각지 않을 수 없다. 그럼으로 한 사람의 **知識**과 努力으로 到底히 못할 것이오 各 方面 專門家의 知識을 빌어야 되는 가온데에 더욱 朝鮮語研究者의 精神과 努力이 集中되지 아니하고는 아니 될 것이다.

外來語의 淨化

『東亞日報』, 1931.1.1.

各民族의 文化는 交通發達을 딿아서 서로 融和되나니 거긔에 딿아서 오는 것은 곧 言語다. 그러므로 어떤 民族을 勿論하고 純全한 自國語만 가지고 쓰지는 몯한 다. 그러나 文化强弱의 程度를 딿아서 外來語를 쓰는 程度도 各各 다른 것이다. 燦 爛한 로마文明은 라텐말로 하여금 近世佛蘭西文明은 佛語로 하여금 게르만民族語 와 슬라브民族語를 壓倒하게 하엿다. 그러나 그 民族들은 自己文化의 發達을 딿아 서 **外來語를** 淨化하엿다. 이를 터면 獨逸語에 外來語의 勢力은 넘우도 크던 것인 데 次次 많이 自國語로 外來語를 飜譯하야 그들 말을 對立시기어서 國民을 敎育하 야 畢竟은 自國語의 基礎를 세우고 外來語를 淨化하엿다. 朝鮮말로 그런 例를 들 면『旅行券』이라든지 或은『몸글』(俄領에서는 朝鮮사람이 쓰는 말)이라 하는 것 이다.

朝鮮語는 本來 基礎가 서기 前에 漢文의 큰 中毒을 받아서 精神을 몯차리게 되 엇는데 거긔에다가 또 東에서 西에서 밀어오는 外來語야말로 朝鮮語에 雪上加霜 格이 되엇다. 우리가 朝鮮語整理에 努力하는 이때에 外來語精華問題가 또한 큰 問 題이다. 이것을 廣意的으로 말하면 **漢文語制**限問題도 들엇 狹意的으로 말하면 漢 文語밖에 오든 外來語處理問題다. 무엇이거나 의問題를 풀라면 첫재로 外來語의 量을 줄이는 것이니 그 方法은 (一)事大心이나 好奇心에서 外國語使用을 좋아하는 무리의 마음자리를 바로잡게 하야 外來語普及을 防止할것이오 (二)될 수 잇는 대 로 外來語를 朝鮮語로 飜譯하야 쓰도록 힘쓸 것이며, 둘재로 朝鮮말이 없어서 不 得已하야 外來語를 쓴다면 그 말이 좇아온 그 國語音에 가장 가까운 朝鮮말소리로 써 綴字를 一定케 統一시길 것이다. 그런데 西洋語가 日本語化한 것이 朝鮮에 들 어와서 이미 널리 퍼진 것은 이를 터면『컵』을『고뿌』라든지『비어-』를『비루』라 는 따위는 그대로 쓰려니와 이제 새로 들어오는 것은 이를 터면『택시』를『다구 시』라는 따위는 本音대로 쓰는 것이 옳다. 그러고 地名이나 **人名 같은** 固有名詞는 될 수 잇는 데까지 本音대로 쓰도록 하여야 될 것이다. 그러자면 적어도 勢力 잇는 西洋 몇 나라 말소리 곧 英, 獨逸, 佛蘭西, 西班牙, 露西亞 等 國語音은 가장 가까운 朝鮮말소리로써 對定하여 두어야 되겟고 其外의 一般으로는 英語音을 많으는 것이 좋을 것이다. 朝鮮 말소리에 없는 外國語音을 억지로 그 口音대로 쓴다고 애를 쓰는 것은 不可能할뿐만 아니라 또 不必要하다. 이를 터면 F音을 ˚프로 V을 ˚ㅂ로 sh음을 ˚ㅅ으로 th음을 ˚ㄷ로 쓰는 것을 ㅍ,ㅂ,ㅅ,ㄷ로 쓰는 것이 좋다. 웨 그러냐 하면 外國語를 배흔 몇 사람을 爲하여아는 좋겟지만은 外國語音을 한 번도 못 들어본 **一般國民**은 어떻게 써놓앗을지라도 첫재는 무슨 소리인지 모를 것이오 둘재는 假定音理는 잘 안다고 할지라도 實際發音은 몯할 것이니 空然히 쓸데없는 符號만 두고 使用에 不便하게 할 것은 없다.

讀者 여러분께 보내는 名士 諸氏의 年頭感─年賀狀 代身으로 原稿着順

『別乾坤』36, 開闢社, 1931.1, 64쪽.

新年에는 우리 朝鮮語文字統一及整理運動에 더욱히 積極的으로 힘을 쓰겟습니다.

(日集－時人時話) 朝鮮語辭典編纂

『新東亞』1, 新東亞社, 1931.11, 61쪽.

○ **李克魯氏** 가로되, 朝鮮語辭典編纂은 語彙調査는 다른 분이 만드러노흔 것도 잇서 比較的 쉬웁게 됩니다. 그러고 只今은 註釋整理 中이요 한 便으로 形式整理 方針을 세우는 中이외다. 언제 出版될는지는 모르겟소이다마는 今秋부터는 더한 層 힘을 씁니다.

交叉點

『三千里』3-11, 三千里社, 1931.11, 66~67쪽.

누구시든지 어느 분에게 뭇고십흔 말슴이 잇것든 本社에 投稿하여 주십시요. 本社 旗手가 受信할 분에게 그 便紙를 分傳하여 回答을 바다다가 本誌에 發表합니다.

1 用紙는 葉書에

2 意味가 簡單하게

3 內容은 社會公衆에 關係되는 것

一, 朝鮮語辭典

朝鮮 사람이 朝鮮말을 배우고저 쓴 辭典은 아즉 出版되지 못하얏다고 그러지요. 매우 遺憾합니다 그려! 그러나 再昨年度에 朝鮮語編纂會가 組織되엿다드니 그 事業은 얼마나 나아갓스며 出版은 何時. 그리고 價格은 얼마나 될 모양임니까?

二. 文藝雜誌

朝鮮에 文藝雜誌란 獨立된 것이 잇슴니까? 잇삽거든 下敎하시요.

慶州 金 成 澤

答

一. 國語의 科學的 基礎를 세움은 그리 容易한 일이 아닙니다. 朝鮮語辭典編纂會가 成立된 以後로 斯界의 專門學者들이 [66] 繼續 努力한는 中이나 아즉은 出版時期와 冊 價格을 말할 수는 업습니다.

冊이 나게 되는 째에는 미리 新聞에 廣告가 될 터이니 그째까지 기다리시기를 바랍니다.

朝鮮語辭典編纂會

李克魯 [67]

(한글綴字에 대한 新異論 檢討) 後日에 嚴正批判

『東光』 32, 東光社, 1932.4, 54·57쪽.

朝鮮語文法은 아직 統一되지 못하야 한글 表現에 對한 異論은 분분하고 그 統一될 바를 아지 못한다. 이것은 統一過程의 一現象으로 不可避한 일이나 우리는 實地에 則한 眞摯한 研究로 이 解決을 爲하야 最大의 努力을 繼續하야 하겟다. 이제 한글에 對한 異論의 中心問題 中 左記 二三을 提示하고 斯界 篤學者 諸位의 嚴正한 意見을 求하엿으니 이것을 비롯하야 한글統一運動의 促進을 期하고저 한다.

一, ㄲ ㄸ ㅃ ㅉ 等 幷書가 不可하고 된시옷을 符號化하야 使用함이 可하다는 說.

二, 「ㅎ」를 바침으로 쓸 수가 없다는 意見.

三, 「먹」(食) 「믿」(信)을 語根으로 看做할 것이 아니라 「머그」 「미드」를 語根으로 看做하고 「먹, 머거」 「믿, 미더」를 그 變化로 看做할 것이라는 意見.

四, 其他의 意見.

右에 대하야 朴勝彬, 金允經, 李常春, 白南奎, 李克魯, 崔鉉培, 趙潤齊, 金在喆, 李奎昉, 申明均, 權悳奎, 金台俊, 李允宰, 李熙昇 等 諸氏(無順)에게 嚴正한 批判을 求하얏는데 回答을 주신 分만 左에 揭載하기로 한다. 斯界의 先輩, 篤學者 諸氏에게 미처 ──이 批判을 求하지 못하엿으나 日後라도 한글에 對하야 많은 意見과 批判을 寄稿하여 주시기를 바라마지 안는다. 〔原稿到着順 54〕

後日에 嚴正批判

이 問題는 몇 마디 말로 간단히 說明하야 풀 수는 없다. 상당히 긴 論文을 써야 하겟는데 오래지 않아 「한글」 잡지에 자세한 또 嚴正한 批判이 날 것을 미리 말하고 이제 여기에는 다만 ㅅ을 된소리 부호로 쓴다는 것과 ㅎ를 바침으로 쓸 수가 없다는 것과 머그(食) 미드(信)를 語根으로 본다는 것이 그른 것을 말하야 둔다. 57

『한글』使用의 正確은 民族的 重大責任, 文筆從仕者 講習會을 大大的 計劃

『朝鮮日報』, 1933.10.28.

한글 철자법을 넓히 민중에게 보급시켜야 할 것이 이로부터 노력해야 할 문제인데 무엇보다도 먼저 신문 혹은 잡지기자 학교교원 가튼 직접 문필에 종업하고 교육의 중임에 잇는 이들을 모아 간단한 강습회를 개최하고 쏘는 달은 일반 성의 잇는 이들을 모아서 특별한 강습을 시켜서 일반 민중에게 넓히 사용되도록 할 작정이다. 그러고 쏘 인쇄소 가튼 곳에 우리 어학회원이 직접 가서 인쇄물의 교정도 보아주기도 하야 한글을 바로 쓰기에 힘을 드릴 작정이다. 우리 어학회에서는 어학회대로 보급에 힘쓸 것이나 일반 민중들도 쏘한 민족의 한 사람 된 책임을 가지고 우리글을 바로 쓰도록 힘써서 이번의 통일안을 쓰도록 하여주기를 바라는 바이다.

朝鮮語辭典編纂에 對하야

『한글』1-1, 朝鮮語學會, 1932.5, 12~14쪽.

첫말슴

朝鮮語辭典編纂會가 組織된 그 다음날부터 혹은 맞나는 자리에서, 또 혹은 新聞 이나 雜誌를 通하야 辭典이 언제 나느냐고 묻는 이가 날로 많다. 이제야 제 말의 辭典을 찾는 것은 너무나 더 너무나 늦은 일이다. 그러나 이제라도 그것을 그리 워 찾는 것만큼은 매우 고맙고 반가운 現狀이다. 이제 辭典編纂에 對하야 굼[1]금히 여기시는 여러분 때문에도, 몇 말슴을 아니할 수가 없다고 생각하므로, 이 글을 쓰게 된 것이다.

---

1 [편쥐 굼: '궁'의 오식.

一. 過去의 朝鮮語辭典編纂

四五千年 文化生活의 歷史를 가진 朝鮮民族에게, 제 말과 글을 배우는 辭典 한 卷이 없다는 것은 너무나 섭섭하고 부끄러운 일이다. 世宗大王께서 한글을 내신 뒤 五百年 동안에, 그 글로써 儒書, 佛經 그밖에 여러 가지 漢文書籍을 풀어 새긴 諺解가 잇으며 편지, 이야기책, 노래 따위도 지엇고 별별 것을 아니 쓴 것이 없건마는 조선말을 배우는 辭典은 한 卷을 쓴 것이 없다.

처음에 西洋人 宣敎師들이 예수敎를 傳道하기 爲하야, 朝鮮말을 배울 目的으로 辭典을 만들게 된 것이다. 그래서, 西曆 一八八〇年에 佛國 宣敎師의 손으로 佛國 巴里에서 韓佛字典이 出版되니, 조선말이 語彙로 字典에 실리기는 이것이 맨 처음이다. 그 다음으로 一八九〇年에 英國人 宣敎師 언더우드氏의 손[2]으로 韓英字典이 橫濱에서 出版되엇고, 또 一八九七年에 英國人 宣敎師 게일氏의 손으로 또한 韓英字典이 橫濱에서 出版되엇다. 그리고, 또 日本말로 解釋한 朝鮮總督府의 朝鮮語辭典이 一九二〇年에 出版되었다. 그러나 우에 말한 네 가지 字典은 다 外國 사람이 조선말을 배우려고 外國말로 註解한 책이요, 또 標準될만한 合理的 統一이 서지 못한 辭典들이다. 그러면, 조선 사람은 오늘까지 辭典을 爲하야 아무 힘쓴 바가 없느냐 하면, 그런 것은 아니다. 이제로 한 二十餘年 前에, 朝鮮廣文會에서 故 周時經氏를 中心으로 하야, 朝鮮語辭典編纂을 시작한 바이 있으니, 이것이 조선 사람으로서는 朝鮮語辭典編纂을 着手한 嚆矢가 되는 것이다. 그러나, 그 事業은 마침내 이루지 못하고, 中途에서 말게 되엇으며, 그 뒤에도 이 일에 힘쓰는 이가 없지는 아니하나, 아직은 하나도 完成된 것이 없다.

二. 辭典의 重大性 [12]

말과 글이 없고야 人類의 文化가 어디에서 생기며, 또 그것이 어떠케 퍼질 수가

---

2 [편쥐] 英國人 : H. G. 언더우드(1859~1916)는 영국 태생의 미국인 장로교 선교사.

있으리오. 그러므로, 文化의 基礎는 곳 말과 글이다. 「아는 것이 힘, 배워야 산다」는 요사이 많이 돌아다니는 標語를 보아도, 사는 힘이 아는 대에 잇고, 알려면 배워야 되고, 배우려면 말과 글이 들어야 되는 것은, 누구라도 환히 아는 일이다. 말과 글이 우리에게 이와 같이 큰 관게를 가진 것이므로, 文化를 가지고 잘 살려고 애쓰는 民族으로서, 제 나라 말과 글을 바루 잡아 統一이 잇게 만들어, 標準辭典을 編成하지 아니한 이가 없다.

말과 글은 그 言語生活을 하는 사람들의 서로 뜻을 通하는 約束符號로, 그들의 共用物이요, 또 共有物이다. 그러므로, 꼭 統一을 要하는 것이다. 이 統一이 잇는 標準辭典은 다른 책과 달라 一部人의 一時的 讀物이 아니고, 사람마다 늘 두고두고 보는 책이니, 우리의 쓰는 말과 글이 옳고 그른 것을 質正하는 最高裁判官이다. 그러므로, 어디에도 견줄 수가 없는 威信問題가 붙는 것이, 곳 一國語의 標準辭典이다.

三. 辭典編纂의 難關

이 우에 말한 바와 같이, 一國語의 標準辭典이 그러케 重大한 것만큼 編纂의 困難한 点도 많은 것이다.

1. 綴字法과 語法과의 統一案을 要하는 것이다. 무엇이나 統一이라는 것은 그리 쉬운 일이 아니다. 强制의 힘을 가지고도 쉬운 일이 아니거든, 하물며 自由研究에 맡긴 科學的 體系에 對한 統一이야 얼마나 더 어려울 것은 누구라도 다 짐작할 수가 잇다. 작은 것 같은 問題 하나라도 討論에 걸리면, 뜻밖에 긴 세월을 要하게 되고, 또 서로 充分한 理解와 妥協[3]이 못되는 点도 없는 것이 아니다.

2. 統一案에 依하야 處理하는데 紊亂한 狀態에 빠진 우리의 語音, 語意, 語法, 語感, 語源을 낱낱이 調査하야 標準語를 세우는 것이다.

3. 一般 著書와 다른 것은 어떤 한 問題를 中心하야 다루는 것이 아니라, 人類文

---

3   [편쥐 妥協 : 타협.

化生活 全體에 關係된 온갖 事物을 말하는 百科全書다. 그러므로, 암만 多聞博識者라도 한 두 사람의 知識으로는 能히 할 수 없는 일이므로, 맞당히 여러 方面 專門家의 知識을 빌어야 되는 것이다.

4. 말의 材料를 求하는 데에는, 縱으로 古今書籍을 훑어보아야 되며, 橫으로 各地方 사람의 혀끝에서 떨어지는 方言을 調査하여야 되니, 그 募集의 範圍가 매우 廣漠한 것이다.

辭典編纂이 어려운 것은 남이 한 例를 보아도 알 수가 잇다. 日本말 辭典의 始祖인 言海는, 國力과 大槻文彦[4]氏의 專心으로 十年만에(明治八年 二月로 十七年 十二月까지) 四萬 未滿의 語彙로 編纂되엇고, 日本語로 註解한 朝鮮語辭典은 그 앞서 난 韓佛字典과 韓英字典과의 參考가 基本이 되엇건마는, 朝鮮總督府의 힘으로 十數名이 八年만에(明治四十四年 四月로 大正八年 三月까지) 五萬八千餘 語彙로 編纂되었다.

四. 朝鮮語 統一機關인 朝鮮語學會와 朝鮮語辭典編纂會

辭典의 重大性과 그 編纂의 難關을 보아서 決코 一二個人 學者의 책상머리에서 혼자 머리나 앓고 硏究하는 것[13]만 가지고는 解決할 問題가 못 되고, 맞당히 어떤 組織 밑에서라야 될 것이다. 그러므로 이 重大한 問題를 풀려고, 일즉이 數十年 前에 朝鮮語의 硏究와 統一을 目的한 朝鮮語學會가 組織되어서, 朝鮮語學界의 權威家가 網羅되엇고, 또 그 目的을 이루기 爲하야, 一九二九年 가을에는 各 社會를 網羅하야 民族的으로 權威를 세운 事業機關이 組織된 것이 곳 朝鮮語辭典編纂會다. 한 民族의 言語와 文字와의 統一을 目的하는 機關인 것만큼, 이 두 機關은 絶對性을 가진 것이다.

---

4 [편주] 大槻文彦 : 오쓰키 후미히코(1847~1928).

五. 辭典編纂의 進行方針

우에 말한바 두 機關은, 計劃的으로 다음과 같이 일을 하야 간다.

1. 朝鮮語辭典編纂會의 常務編纂員 四人(當分間)이 努力하는 밖에

2. 專門 性質을 가진 語彙와 그 註解는 各 方面 專門家 三十餘人에게 囑託하야, 일을 잘 進行하며

3. 語音, 語法, 綴字法 等 여러 가지 統一案을 세우는 것은 朝鮮語學會의 月例會, 週會, 特別討議會에서 斯界 權威家가 모여서, 꾸준히 힘써 일하는 中이며

4. 方言調查는 京鄕 各地의 多數한 敎員과 學生에게 委託한 바, 이미 많은 收穫이 잇엇고, 또 더욱 奮鬪努力하는 가운데 잇다.

六. 辭典編纂의 段階

辭典編纂은 다음과 같은 階段이 잇다.

一. 카드 起草

가. 內容整理
1. 語彙募集
    (分擔者의 일)
2. 語彙註解

나. 形式整理
1. 綴字 及 語法 統一
    (朝鮮語學者의 일)
2. 가나다順 批列

二. 原稿作成(原稿紙에 正書함)

먼저 各各 맡은 部分의 語彙를 뽑아 카드에 올리고, 그 다음에 뜻을 달아, 內容을 完全히 整理한 뒤에는 朝鮮語學者가 統一案을 가지고, 語彙로부터 註解까지 綴字와 語法을 完全히 整理한 뒤에, 가나다順으로 批列하야, 카드 起草가 다 된 뒤에는, 그것을 그냥 原稿紙에 올리어서, 完全한 原稿를 作成하여야 될 것이니, 카드 起草의 일이 十의 八九나 될 것이요, 原稿 作成은 아주 적은 部分의 일이 될 것이다.

끝말슴

다른 사람들의 辭典 만든 歷史를 보아서, 우리도 힘잇게 일하야, 적어도 十年 歲月은 犧牲하여야 辭典이 되겟는데, 이제는 辭典의 基礎 될 만한 여력가지 參考도 잇으려니와, 또 우리의 힘으로 하여 오든 여러 사람의 原稿를 모은 까닭에, 우리가 이제 가지고 잇는 業績이 벌서 十年 歲月은 희생한 셈이다.

그러나, 아직도 카드 起草 中에 잇으니, 앞으로도 몇 해는 더 희생하여야 原稿를 作成하며, 印刷가 되어서, 우리의 目的하는 標準辭典이 世上에 나오리라고 믿는다.

(一九三二年 三月 三日
朝鮮語辭典編纂會 編輯室에서) [14]

內容發表는 保留, 신중한 태도로 하겠다는 朝鮮語學會 李克魯
氏 談

『朝鮮日報』, 1932.12.24.

이에 대하야 조선어학회의 리극로씨는 다음과 가치 말한다.

이번 모임은 실로 조선어학게에 중대한 의의를 가진 모임입니다. 종래의 연구
한 것을 될 수만 있으면 정리하야 엇더한 표준을 질정하랴 하는 것임으로 우리들
로서도 퍽 중대하게 생각합니다. 그리하야 이번에 각 부문의 ㅅ것이 모다 결정이
날지 혹은 일부만 될는지도 모릅니다. 그리고 이번 모임에서 질정되는 내용을 곳
사회에 발표하게 되지는 못할 것입니다. 그것은 우리 회로서 결정은 하엿다 할지
라도 좀 더 신중한 태도를 가지고 완전하다는 자신이 생기기 짜지는 발표하기가
어려울 것입니다.

最終的 一致는 무엇보다 깃분 일

『朝鮮日報』, 1933.1.6.

이에 대하야 동회에 참석하얏든 조선어연구회 리극로(李克魯)씨는 말하되 『무엇보다도 한글을 최종적으로 일치 식힌 데에는 깃브기 한량이 업습니다. 토의 결정된 내용에 대하여는 아즉 수정 전이니까 무에라고 말슴할 수 업스나 요킨댄¹ 한글의 표음화(表音化)의 표의화(表意化)에 대한 량 극단을 서로 갓가히 하여 조절 합리화한 것입니다. 머지안허² 이 토의한 것을 완전히 수정하여 발표할 날이 잇겟사오니 더 자세한 내용은 말씀키 어렵습니다. 그리고 금번 이 회답에 대하여 개성인사 제씨들이 물질적 정신적으로 많이 원조해주신 것을 일동을 대표하야 감사의 의를 표합니다』 운운.

---

1   [편쥐 요킨댄 : 요컨대.
2   [편쥐 머지안허 : 머지않아.

(새 철자법 사용에 대한 각계 인사의 감상과 히망) 철자법 채용엔 물론 찬성입니다

『東亞日報』, 1933.4.6.

첫재 감사할 바는 오랜 시일의 많은 노력과 거대한 경비로 신철자법과 신활자를 채용하야 신철자의 대중화를 힘쓰심에는 오로지 민중의 선도자로의 자격이 잇다 봅니다. 철자법에 대해서는 찬성하나 활자 즉 금번 귀사에서 채용하신 활자에 대해서는 적지 않은 불만이 잇읍니다. 즉 실험심리학(實驗心理學)적으로 보면 이 신활자는 심리학적 근거가 부족한 데서 고안되고 선택되지 않엇나 하는 느낌을 줍니다.

문자의 특색은 문자 상호 간에 혼동을 피함에 잇고 문자의 미관은 문자의 요소에 극히 적은 부분이 됩니다.

또 개량을 요하는 점은 명조체의 한문 활자를 닮은 까닭에 속에 가로 긋는 확이 가늘어서 혼동되는 일이 많습니다. 그것과 또 ㅌ받힘 같은 것은 ㄹ과 혼동되는 일이 잇으니 고첫으면 좋겟습니다.

나는 조선어 운동자 중의 한사람으로 이번의 철자법 변경에 당하야 활자불완전으 철자법에도 비난을 받는 것은 매우 유감 되는 바입니다.

朝鮮語辭典編纂에 對하여

『學燈』 5, 漢城圖書株式會社, 1934.5, 12~14쪽.

一, 過去의 朝鮮語辭典編纂

二, 辭典의 重大性과 編纂의 難關

三, 朝鮮語 統一機關인 朝鮮語學會와 朝鮮語辭典編纂會

四, 辭典編纂의 進行方針

一, 過去의 朝鮮語辭典編纂

半萬年 文化生活의 歷史를 가지고 오는 朝鮮民族에게 제 말과 글을 배우는 辭典 한 卷이 없다는 것은 너무나 섭섭하고 부끄러운 일이 아니라 할 수 없다. 世宗大王께서 한글을 내신 뒤 五百年 동안에 그 글로써 儒書, 佛經 그밖에 여러 가지 漢文書籍을 풀어서 색인 諺解가 있으며 편지, 이야기책, 노래, 편지 따위도 지었고 별별 것을 아니 쓴 것이 없건마는 조선말을 배우는 辭典은 한 卷을 쓴 것이 없다.

처음에 西洋 宣敎師들이 예수敎를 傳道하고 朝鮮말을 배울 새 그 目的으로 辭典을 만들게 된 것이다. 그래서 西曆 一八八〇年에 佛蘭西 宣敎師의 손으로 巴里에서 韓佛字典이 出版되니 조선말이 語彙로 字典에 실리기는 이것이 맨 처음이다. 그 다음으로 一八九〇年에 米國 宣敎師 언더우드氏의 손으로 韓英字典이 橫濱에서 出版되엇고 또 一八九七年에 英國 宣敎師 게일氏의 손으로 또한 韓英字典이 橫濱에서 出版되엇다. 그러고는 또 國語[1]로 註解한 朝鮮總督府의 朝鮮語辭典이 一九二〇年에 出版되었다. 그러나 우에 말한 네 가지 字典은 다(此間畧[2]) 조선말을 배우려고(此間略) 註解한 책들이오 또 標準될만한 合理的 統一이 서지 못한 辭典들

---

1 [편주] 國語 : 초고에는 "日本말".
2 [편주] 此間畧 : 차간략(이 사이는 생략).

이다. 그러면 조선 사람은 오늘까지 辭典을 爲하여 아무 힘쓴 바가 없느냐 하면 그런 것은 아니다. 이제로 近三十餘年 前에 朝鮮廣文會에서 故 周時經氏를 中心으로 하여 朝鮮語辭典編纂을 시작한 바이 있으니 이것이 조선 사람으로서는 朝鮮語辭典編纂을 着手한 嚆矢가 되는 것이다. 그러나 그 事業은 마침내 이루지 못하고, 中途에서 말게 되었으며 그 뒤에도 이 일에 힘쓰는 이가 없지는 아니하나 아직은 하나도 完成된 것이 없다. [12]

二, 辭典의 重大性과 編纂의 難關

말과 글이 없고야 人類의 文化가 어디에서 생기며, 또 그것이 어떻게 퍼질 수가 있으리오. 그러므로 文化의 基礎는 곧 말과 글이다. 이것이 우리에게 이와 같이 큰 관계를 가진 것이므로 文化를 가지고 잘 살려고 애쓰는 民族으로서 제 나라 말과 글을 바루 잡아 統一이 있게 만들어 標準辭典을 編成하지 아니한 이가 없다.

말과 글은 그 言語生活을 하는 사람들의 서로 뜻을 通하는 約束符號로 그들의 共有物이오 또 共用物이다. 그런 까닭으로 꼭 統一을 要하는 것이다. 이 統一이 있어야 되는 標準辭典은 다른 책과 달라서 一部人의 一時的 讀物이 아니라 사람마다 늘 두고 보는 책이나 우리의 쓰는 말과 글이 옳고 그른 것을 質正하는 最高裁判官이다. 그러므로 어디에도 견줄 수가 없는 威信問題가 붙는 것이 곧 一國語의 標準辭典이다.

이 우에 말한 것과 같이 一國語의 標準辭典이 그렇게 重大한 것만큼 編纂의 어려운 點도 퍽 많은 것이다.

1, 綴字法과 語法과의 統一案을 要하는 것이니 무엇이나 統一이라는 것은 그리 쉬운 일이 아니다. 强制의 힘을 가지고도 쉬운 일이 아니거든 하물며 自由研究에 맡긴 科學的 體系에 對한 統一이야 얼마나 더 어려울 것은 환한 일이다. 얼른 보기에는 아주 적은 問題 같은 것이라도 討論에 걸리면 뜻밖에 긴 세월을 要하게 되고 또 서로 充分한 理解와 要協[3]이 잘 못되는 點도 없지 아니하다.

2, 統一案에 依하여 處理하는데도 아직 紊亂한 狀態에 빠진 우리의 語音, 語意, 語法, 語感, 語源을 낱낱이 調査하여 標準語를 세우는 것이다.

3, 一般 著書와 다른 것은 어떤 한 問題를 中心을 삼아 가지고 다루는 것이 아니라 人類 文化生活 全體에 關係된 온갓 事物을 말하는 百科全書다. 그러므로 제 아무리 多聞博識者라도 한 두 사람의 知識으로는 到底히 할 수 없는 일이므로 마땅이 여러 方面 專門家의 知識을 빌어야 되는 것이다.

4, 말의 材料를 얻는 대에는 縱으로 古今 書籍을 훑어보아야 되며 橫으로 各 地方 사람의 혀끝에서 굴러 나오는 方言을 調査하여야 되니 그 募集의 範圍가 매우 廣漠한 것이다.

끝으로 한 말슴 붙이어 할 것은 辭典編纂이 얼마나 어려운 것을 남들의 한 前例를 보아서 알 수 있는 것이다. 國語辭典[4]의 始祖인 言海는 國力과 大槻文彦[5]氏의 專心으로 十年만에(明治八年 二月로 同 十七年 十二月까지) 四萬이 못되는 語彙로 編纂이 되었고 國語[6]로 註解한 朝鮮語辭典은 그 앞서 난 韓佛字典과 韓英字典과의 參考가 基本이 되었건마는 朝鮮總督府의 힘으로 [13] 十數名이 八年만에(明治四十四年 四月로 大正八年 三月까지) 五萬八千餘 語彙로 編纂이 되었다.

三, 朝鮮語 統一機關인 朝鮮語學會와 朝鮮語辭典編纂會

辭典의 重大性과 그 編纂의 難關을 보아서 決코 한 두 學者의 책상머리에서 혼자 머리나 앓고 硏究하는 것만 가지고는 풀릴 問題가 못 되고 마땅이 어떤 組織 밑에서라야 될 것이다. 그러므로 이 重大한 問題를 解決하려고 일즉이 數十年 前에 朝鮮語의 硏究와 統一을 目的한 朝鮮語學會가 組織되어서 朝鮮語學界의 權威家가 網羅되었고 또 그 目的을 이루기 爲하여 一九二九年 가을에는 各 社會를 網羅하여

---

3   [편주] 要協 : '安協(타협)'의 오식.
4   [편주] 國語辭典 : 초고에는 "日本말 辭典".
5   [편주] 大槻文彦 : 오쓰키 후미히코(1847~1928).
6   [편주] 國語 : 초고에는 "日本語".

民族的으로 權威를 세운 事業機關이 組織된 것이 곧 朝鮮語辭典編纂會다. 한 民族의 言語와 文字와의 統一을 目的하는 機關인 것만큼 이 두 機關은 絶對性을 가진 것이다.

四, 辭典編纂의 進行方針

우에 말한 두 機關은 計劃的으로 다음과 같이 일을 하여 간다.

1, 朝鮮語辭典編纂會의 常務編纂員 三人이 當分間 努力하는 밖에

2, 專門 性質을 가진 語彙와 그 註解는 各 方面 專門家 三十餘人에게 囑託하여 일을 잘 進行하며

3, 綴字法, 語法 等 여러 가지 統一案을 세우는 것은 朝鮮語學會의 月例會, 週會, 特別討議會에서 斯界 權威家가 모이어서 꾸준히 힘써 일하는 中에 한글綴字法統一案은 昨年 十月에 이미 發表되었으며

4, 方言調査는 京鄕 各地의 많은 學生과 敎員에게 委託하여 이미 많은 收穫이 있었고 또 더욱 奮鬪努力 中이다.

(一九三四年 四月十九日 朝鮮語辭典編纂會 編輯室에서) [14]

(社會人이 본 朝鮮言論界) 朝鮮新聞雜誌 長點短點

『新東亞』4-5, 新東亞社, 1934.5, 87쪽.

　　장점은 될 수 있는 대로 또 아는 대로는 한글 맞춤법(신 철자법)대로 쓸려고 애를 쓰는 것이다. 단점은 어떤 것을 물론 하고 조선 사람이 읽을 것은 맨 한글만 쓰어야 할 것인데 그렇지 아니하니 잘못이다. 더구나 우수운 것은 신문에 일반이 보는 사회면이라 하야 맨 한글로만 쓰는 대에도 표제만은 흔히 한문을 섞어 쓰니 그런 것은 큰 모순이 된다.

(한글날 第四百八十八回) 한글綴字法統一案 普及에 對하야

『東亞日報』, 1934.10.28.

한 國家나 한 團體를 勿論하고 統一이란 것은 決코 그 國民 全體나 또 그 團體人 全體가 合心된 것은 아니다. 多數나 혹 一部가 支配能力을 가지고 다만 그 國家나 그 團體를 거느려 가는 것을 이름이다. 君主專制政治에는 한 사람이 自己 마음대로 한 國家를 다스려 統一하엿으며 議會政治에는 代議士의 多數의 뜻을 따라서 한 國民의 統一된 뜻이라고 쫓아가지 아니하는가. 한 國家를 볼지라도 統一 初期에는 언제나 反動分子가 잇는 法이다. 그러므로 甚한 것만 討伐을 하고 그밖의 것은 時間이 問題를 解決하는 것이므로 撫摩와 放任主義를 쓴다. 오늘날 한글綴字法 統一도 統一인 것만큼 이런 點이 없지 아니할 것이다.

한글이 난지가 半千年이 되엇으나 漢文 勢力 밑에서 글 行勢를 잘못하고 왔다. 그러므로, 여태까지 綴字法統一이 없이 反切 열녁 줄만 배우면, 글은 다 배운 줄 알고, 말은 함부로 적어서, 열 사람이 써도 같은 글자를 가지고, 이줄저줄이 다르고, 또 한 줄에서도 우에 것과 아래에 것이 다르다 그리것마는, 어떤 標準이 잇어서 누가 올으니 그르니하는 사람이 없고, 제 各各 다 스스로 올핫다. 그러케 지내오다가 뜻밖에 法을 세운 綴字統一案이란 것이 나서 그것에 맞추어 보고 올으니 그르니 正誤를 말하게 되어, 이것이 웬일이야 하고 그 案이 잘 되엇느니 못 되엇느니 보다도 그 案이 標準이란 데에서 不平을 품게 된다. 漢字는 얼마나 嚴한 標準 밑에서 正誤를 말하는가. 보기를 들면, 天과 夫, 未와 末, 已와 己, 이와 같이 劃의 長短만 조금 달라도 딴 字가 된다.

法律生活을 아니하던 野蠻人에게 約法三章이라도 지키라면, 그들은 無限한 苦痛을 느낀다. 그러나, 오늘날 複雜한 法律 속에 사는 文明人에게 한 時間만 法律이 없이 지낸다면, 그 世界는 修羅場이 되고 말 것이다. 汽車는 軌道가 없고, 배의 航路가 없다면, 잘못 가고 危險할 것은 이제 어린 小學生이라도 잘 알 일이다. 글로서 綴字法이 없다면, 다른 것은 두고라도, 字典에서 글자 한 字를 잘 찾을 수가 잇

을가.

글이란 것은 배우는 동안과 써먹는 동안을 견주어 본다면, 배우는 동안이 너무도 쩌르고,[1] 또 배우는 苦痛과 써먹는 享樂에 견준다면, 享樂이 너무도 크다.

苦痛의 값이 享樂이라면, 苦痛이 없이 享樂을 求하는 것은 無理다. 앞날에 선비 行勢를 하고저, 또는 科擧할 慾心으로 나이가 二十이 되도록 漢文을 읽다가도 文理를 못 얻는 사람이 얼마나 많핫으며, 이제 各國의 義務敎育 七八年이란 것은 다른 知識을 배우는 것보다도 그 基礎가 되는 말과 글을 배우는 것이다. 그런데 우에 말한 바와 같이 우리는 겨우 字母와 그 單純히 부치는 法 몇가지로서 글을 다 배운 줄 알고, 『하로아침글』이라고 한다. 이것이 얼마나 잘못된 생각인 것을 우리는 깊이 깨다라야 될 것이다.

中國 革後에 孫逸仙이 訓政期와 憲政期를 갈라 말한 것과 같이, 우리 한글統一案을 普及시키는 데에도 訓文期와 憲文期가 잇을 것이다. 글을 쓸 때에 누가 統一案 第 몇 章 第 몇 節에 依하야 쓴다고 字字이 생각할 수가 잇겠느냐. 글이란 것은 字字이 배워서 習慣이 된 뒤에 習慣行動으로 쓰는 것이다. 그러므로, 一般은커녕 그 案을 만든 委員이라도 到底이 글자마다 다 統一案에 맞추어 올케 쓰리라고 장담할 수가 없는 일이다. 朝鮮語學會에서 이제 編纂하고 잇는 綴字辭典이 난 뒤에 그 책을 가지고 공부하야 訓文期를 지낸 뒤에 비로소 사람사람이 똑같이 바른 綴字를 쓰게 될 것이다. 이제는 다만 統一精神과 態度만 가지고 힘써 나가는 데에 그칠 것이니 그 態度가 作定된 證據는 在來에 된ㅅ을 並書하는(ㅺ=ㄲ, ㅼ=ㄸ, ㅽ=ㅃ, ㅆ=ㅉ)데에 잇다. 이것만은 한번 드르면 곧 記憶하고, 누구나 언제든지 틀림없이 쓸 수가 잇는 까닭이다.

---

[1] [편주] 쩌르고: '짧고'의 경남 방언.

한글마춤법통일안解說 — 第五章・第六章・第七章・附錄

『한글』2-8, 朝鮮語學會出版部, 1934.11, 19~23쪽.

第五章 略語

【解說】 말이 줄어서 間斷히 되는 것은 두어 가지 原因이 있으니, 첫재는 努力 經濟 心理 에서, 둘재는 發音 原理에서 생긴 것이다. 이것은 어떤 民族의 말에나 다 있는 現狀이다. 畧語는 使用의 必要를 따라 쓰게 될 것이다.

第五二項 말의 끝 音節의 끝 홀소리가 줄어지고 닿소리만 남은 것은 그 우의 音 節에 바침으로 적는다. (甲을 取하고 乙을 버린다.)

例본말	甲	乙
아기야	악아	아가
기러기야	기럭아	기러가
애꾸눈이야	애꾸눈아	애꾸누나
어제저녁	엊저녁	어쩌녁
가지고	갖고	갓고
미치고	및고	밋고
디디고	딛고	딧고
온가지	온갖	온갓

【解說】 發音대로만 쓴다면 乙과 같이도 쓸 수가 있으나, 甲과 같이 한 것은 語源을 밝 히어 [19] 서 表意化하는 까닭이다.

「아가」가 줄어 「악」으로, 「기러기」가 줄어 「기럭」으로, 「가지」가 줄어 「갖」으로, 「미 처」가 줄어 「및」으로, 「디디」가 줄어 「딛」으로, 「온가지」가 줄어 「온갖」으로 이렇게 홀소리(母音) ㅣ 하나가 준 것임과, 「어제」가 줄어 「엊」으로 이렇게 홀소리 「ㅔ」가 준 것임과, 「애꾸눈이」가 줄어 「애꾸눈」으로, 이렇게 「이」 한 개의 音節이 준 것임을 기억할 것이다.

第五三項 토만이나 또는 토와 名詞가 함께 줄어진 것은 소리대로 적는다.

例본말	준말	본말	준말
나는	난	나를	날
너는	넌	너를	널
무엇을	무얼	무엇은	무언
그것은	그건	그것을	그걸

【解說】 이것은 다만 소리 나는 그대로 쓸 뿐이므로 說明할 必要가 없다.

第五四項 語幹의 끝 홀소리 ㅡ가 「어」 소리를 만나서 줄어질 적에는 준대로 적는다.

例본말	준말	본말	준말
건느어	건너	크어	커
기쁘어	기뻐	건느었다	건넜다
크었다	컸다	기쁘었다	기볐[1]다
그것은	그건	그것을	그걸

【解說】 이깃은 音理의 관계되는 것이니, 「ㅡ」와 「ㅓ」가 다 같이 혀의 가운데가 높은 홀소리인데, 「ㅡ」가 「ㅓ」보다 혀가 더 높은 소리이므로, 그 다음에 오는 「ㅓ」소리로 받우고 만 것이다.

---

1 [편쥐 볐 : '뼜'의 오식.

第五五項 홀소리로 끝난 語幹의 밑에 「이 사² 어」가 와서 어우를 적에는 준대로 적을 수도 있다.

例(1)본말	준말	(2)본말	준말
뜨이다	띄다	쓰이다	씌다
보이다	뵈다	건느이다	건늬다
(2)가아서	가서	부어	붜
오아	와		

【解說】 例(1)에 「이」가 다른 홀소리(母音) 밑에서 잇달아 낼 적에 發音機關의 關係로 ㅣ와 같이 되어서 한 새로운 소리를 이루는 것이다.

例(2)에 같은 홀소리들이 만나면, 하나는 흔히 줄게 된다. ㅗ와 ㅏ가 「와」로 되고 ㅜ와 ㅓ가 「워」로 되는 것은 音理도 있고, 또 「와워」 줄을 읽는 버릇이다. ㅣ와 ㅓ가 ㅕ로 되는 것은 ㅣ가 반홀소리(半母音)가 되어서 子音性을 띤 까닭이다.

第五六項 語幹의 끝 音節 「하」의 ㅏ가 줄어질 적에는 ㅎ을 中間에 놓기를 原則으로 하고, 또 우의 音節에 바침으로 씀도 許容한다.(甲을 原則으로 하고 乙도 許容하고 丙은 버린다.)

例본말	준말	본말	준말
가하다	가ㅎ다	갛다	가타
부지런하다	부지런ㅎ다	부지렇다	부지런타
정결하다	정결ㅎ다	정겷다	정결타
다정하다	다정ㅎ다	다젛다	다정타

【解說】 甲을 原則으로 한 것은 「하」의 ㅏ가 줄고 남은 「ㅎ」이니, 본래 「하」자리에 그냥 두는 것이 ㅏ가 줄었다는 것을 나타내는 同時에 이 累語로부터 생기는 퍽 많은 ㅎ바

---

2 [편쥐 시 : '야'의 오식.

침을 덜게 되어 위선은 印刷에 매우 편하게 된다. 남의 글의 例를 볼지라도, 줄은 글자의 자리에는 點을 찍어서라도 표하는 것이 原則이다. 乙을 許容함은 ㅎ바침을 쓰니 여기에도 쓰는 것이 좋으며 表意化하는 것으로 보아서 더욱 좋다.

第五七項 다음의 말들은 그 語源的 原形을 밝히지 아니하고 소리대로 적는다. (甲을 取하고 乙을 버린다.)

例甲	乙	甲	乙
결코	겳고	하마트면	하맣드면

【解說】 이 말들은 한마디로 이루어진 어찌씨(副詞)이요, 다른 토들과 一般으로 活用되는 씨(品詞)가 아니다.

第五八項 「시 지 치」로 끝난 語幹에 「어」가 와서 소리가 줄어 音節이 줄어질 적에는 甲을 原則으로 하고 乙을 許容한다.

例본말	甲	乙
오시어	오셔	오서
가지어	가져	가저
치어	쳐	처

【解說】 첫재 文法上으로 보면 「오시」 「가지」 「치」가 語幹(그중 「시」는 補助語幹)이요, 「어」가 語尾니, 이를 區別하여 적을 必要가 있고, 둘재 聲音學的으로 보면, 「시 지 치」의 ㅣ가 ㅓ를 만나서 반홀소리(半母音)가 되어 ㅕ를 이룬 것이므로, 甲을 原則으로 한 것이요, 「셔 져 쳐」가 實際는 「서 저 처」도, 發音이 되므로 乙을 許容한 것이다.

그 發音에 대하여 좀 자세히 말하면, 「셔 져 쳐」가 「서 저 처」로 나는 까닭은, ㅅㅈㅊ이 혀끝과 앞입천장 摩擦音이요, ㅕ에 들어 있는 반홀소리인 ㅣ가 또한 摩擦性을 가진 혀끝과 앞입천장 소리인데, 같은 자리에서 거의 같은 짓으로 나는 소리가 둘이 잇달아 나게 되매, 하나는 音便上 절로 줄게 된 것이다.

第五九項 複合名詞 사이에 있는 「의」의 ㅡ가 줄어지고 ㅣ가 우니 아래의 홀소리에 섞어서 날 적에는 소리대로 적는다.

例 쇠고기(소의고기)　　　　달걀(닭의알)

【解說】 이것을 分析的으로 보면, 대단히 서툴[20]어 보이겠으니, 綜合的으로 한 이름씨(名詞)가 되었다는 것으로 보면, 별 문제가 없다.

第六章 外來語 標記

第六〇項 外來語를 標記할 적에는 다음의 條件을 原則으로 한다.

(一) 새 文字나 符號를 쓰지 아니한다.
(二) 標音主義를 取한다.

【解說】 다른 民族들의 말소리를 一般 사람에게 도저히 가르칠 수도 없고, 또 가르칠 必要도 없다. 그러므로, 조선 文字만 가지고 소리가 들리는 대로 가장 가깝게 적을 뿐이요, 그 말의 綴字法을 돌보지 말 것이다.

外來語 表記法은 따루 안을 맨드는 중이므로, 여기에는 그 案의 精神만 보인 것뿐이다.

第七章 띄어쓰기

第六一項 單語는 각각 띄어 쓰되, 토는 웃말에 붙여 쓴다.
(一) 名詞와 토

例(1) 사람은. 밥으로만.

　(2) 악아. 애꾸눈아.

(二) 用言의 語幹과 語尾

　例(1) 가면서 노래한다. 먹어 보아라.

　(2) 갖고. 밎고. 했으니.

(三) 副詞와 토

　例 퍽은. 늘이야. 잘이야.

　【解說】 우리가 대체 토라고 생각하는 것을 어떤 이는 모두씨(品詞)로 잡고, 어떤 이는 그 중의 한 部分인 곧 이름씨(名詞) 밑에 關係된 것만 씨(品詞)로 잡는다. 그러나 토 自體가 獨立性이 없는 것은 이름씨(名詞) 밑에 것이나 풀이씨(說明語＝用言) 밑에 것이나 다 一般이다. 조선말의 토란 것은 말의 職能을 나타내는 語法的 關係를 말함이므로, 關係된 그 웃말에 붙여 쓰는 것이 正當한 것이다.

第六二項 補助의 뜻을 가진 用言은 그 우의 用言에 붙여 쓴다.(甲을 取하고 乙을 버린다.)

	例甲	乙	甲	乙
	먹어 버린다	먹어 버린다	열어보다	열어 보다
	잡아보다	잡아 보다	보아오다	보아 오다
	견뎌내다	견뎌 내다		

但 對立의 境遇에는 띄어 쓴다.(甲을 取하고 乙을 버린다.)

	例甲	乙	甲	乙
	집어 버리다	집어버리다	열어 보다	열어보다

【解說】形式으로 보아서는 獨立한 풀이씨(用言)가 되나, 그 뜻으로는 그 웃말의 뜻을 도우려고 붙어 쓰이는 대에 지나지 아니하므로 이런 것은 모두 관계된 웃말에 붙어 쓴다.

第六三項 다음과 같은 말들은 그 웃말에 붙어 적는다.

例(1) 갈바를. 할수가. 없는줄은. 될터이다. 가는이.
    (2) 하는대로. 될성싶은. 될듯한. 하는체.

【解說】「바, 수, 줄, 터, 이」의 말들을 形式으로 보아서는 명사와 같이 되었으나, 獨立으로 쓰이는 뜻이 없고, 그 우에 있는 附加語에 붙어서 쓰이므로 따루 떼어 쓰지 못한다.

第六四項 命數詞는 그 웃말에 붙어 쓰기로 한다.

例 한채 두자루 붓 닷동 한개 네사람
   삼원 오십전 석자 한치 한그람

【解說】不完全한 名詞에는 제 홀로는 쓰이지 못하고, 數冠形詞가 붙어야 쓰인다.

第六五項 數를 우리글로 적을 적에는 十進法에 依하여 떼어 쓴다.

例 일만 삼천 구백 오십 팔

【解說】조선말의 數詞는 十進이 됨을 따라 새 이름이 생기었으니, 즉 열 스물 설흔……아흔들과 같은 것이다. 이것을 보아도 十進法에 의지하여 單語를 잡는 것이 옳다.

附錄 一 標準語

一, 무릇 어떠한 品詞를 勿論하고 한 가지 뜻을 나타내는 말이 두 가지 以上 있음을 特別한 境遇에만 認定한다.

例 서 석 세(三)

【解說】 쌀 서되. 베 석자. 우리 세 사람.

二, 一定한 語根이나 語幹이 혹은 곱이 脫落되고 혹은 군소리가 더하여 다른 品詞로 익어 버릴 적에는 그 語根이나 語幹을 밝히어 적지 아니한다.

例 나비(幅) 뭇(束)

【解說】 나비는 넓이 變形語요, 「뭇」은 움즉씨(動詞) 「묶다」(束)의 變形語다.

三, 用言이 活用할 적에는 그 語幹의 끝 音節의 홀소리가 ㅏ나 ㅗ일적에는 바침이 있거나 없거나 그 副詞形 語尾는 「아」로, 過去 時間辭는 「았」으로 定하고, 그 홀소리가 ㅓ ㅜ ㅡ ㅣ ㅐ ㅔ ㅚ ㅟ ㅓ일적에는 「어」나 「었」으로만 定한다.(甲을 取하고 乙을 버린다.)

例(1)甲		乙	
나아	나았다	나어	나었다
막아	막았나	막어	막었다
보아	보았다	보어	보었다
돌아	돌았다	돌어	돌었다 [21]
例(2)甲		乙	
저어	저었다	저아	저았다

주어	주었다	주아	주았다
그어	그었다	그아	그았다
피어	피었다	피여	피였다
개어	개었다	개여	개였다
베어	베었다	베여	베였다
되어	되었다	되여	되였다
쉬어	쉬었다	쉬여	쉬였다
의어	의었다	의여	의였다

【解說】ㅏㅑㅗ는 ㅓ와, 그 밖에 모든 홀소리(母音)는 ㅕ와 조화가 되나니, 이것은 發音生理의 關係로 생긴 홀소리고름(母音調和)의 法則이다. 그리하여 소리를 내기가 便 하고 듣기가 順한 까닭이다.

ㅓㅐㅔㅣㅚㅟㅓ는 다 혀 앞이 높은 홀소리들이라, ㅕ를 만날 때에 音便을 좇아 혀 앞이 가장 높은 반홀소리(半母音) ㅣ소리가 조금 덧나서 ㅕ로 조금 發音이 되는 듯하나, 이것은 發音의 自然인즉, 綴字를 그렇게 하여 不通一을 일으킬 必要는 없다.

四, 語幹의 끝 音節이 닿소리 ㅅ ㅈ ㅊ의 바침으로 끝났을 적에는 語尾의 ㅡ 소리가 ㅣ로 나는 일이 있으나, 이것은 모두 ㅡ로 통일한다.(甲을 取하고 乙을 버린다.)

例甲	乙	甲	乙
갖은	갖인	있으니	있이니
좇으나	좇이니	앉으니	앉이니
궂은	궂인		

【解說】ㅣ가 ㅅ ㅈ ㅊ와 같이 혀끝소리이므로, 조금 音便이 있어서 ㅡ를 ㅣ소리로 내기도 하나, 語法의 統一을 깨트리는 크게 불리한 점이 있다.

五, 漢字語나 純 朝鮮語나를 勿論하고 副詞의 끝 音節이 「이」나 「히」로 混同될

적에 限하여 그 말이 語源的으로 보아 「하다」가 붙을 수가 있는 것은 「히」로 하고, 그러지 아니한 것은 「이」로 한다.

    例 히 − 심히 자연히 감히 심심히 덤덤히
      이 − 헛되이 반가이

    【解說】「심하다, 덤덤하다」와 같이 「하다」가 붙은 것이다.
    [附記一] 分明히 「이」나 「히」로만 나는 것은 나는 대로 적는다.

    例 이−적이 히−극히 작히

    [附記二] 分明히 「히」나 「이」의 두 가지가 다 있는 것은 上記 規則에 맞는 것을 原則으로 하고 그러ᇹ지 아니한 쪽의 말은 許容한다.(甲을 原則으로 하고 乙도 許容한다.)

    例甲   乙   甲   乙
     답답히   답답이   똑똑히   똑똑이

    六, 「이요」는 接續形이나 終止形이나 全部 「이요」로 하고, 「지요」는 「지요」로 統一한다.

    例 이요−이것은 붓이요, 저것은 먹이요, 또 저것은 소요.
      지요−갈 사람은 가지요.

    【解說】接續形은 「이요」로, 終止形은 「지요」로 갈라 쓰는 것이 語法上으로 좋다는 主張이 있었으나, 實際 發音이 같으니, 一般에게 語法的 關係를 밝히어서 쓰라 하기는 어려우므로 發音대로 한 가지로만 쓰게 되었다. 「지요」는 흔히 「지오」로도 쓰므로, 語法과 發音이 다 맞은 「지요」로만 統一한 것이다.

七, 다음의 말은 甲을 原則으로 하고 乙을 許容하고 丙을 버린다.

例甲	乙	丙
삭이다		삭히다
시기다	시키다	식히다
박이다(使役)		박히다
박히다(被動)		박이다

〔主意〕 단순한 能動 「박다」의 뜻으로 「박이다」, 「박히다」들을 씀은 認定하지 아니한다.

【解說】 말할 때에는 丙과 같이 하는 일이 있을지라도, 글 쓸 때에는 반듯이 甲을 표준 삼을 것이다.

八, 다음의 말들은 여러 가지가 있으나, 甲만 取하고 그 밖의 말들은 다 버린 다.(甲欄의 並記 括弧는 許容을 뜻하고, 下記 括弧는 註釋을 뜻한다.)

甲	乙	甲	乙
가까스루	가까스로	(가)	
가로(橫)	가루	거꾸루	거꾸로
가루(粉)	가로	거두다	걷우다
가슴	가심	(걷다)	
가로되	가르대	거든	거던
가만히	가마니	겨우	겨오
가운대	가온데	계시다	게시다
가진(各色)	가즌	계집	게집
고루(均)	고로	너희	너이
고저	고자	다음	다암
골고루	골고로	(담)	
곳(處)	곧	더니	드니

구름	구룸	더라	드라
나누다	노느다	더라도	드라도
(논다)	더러	다려	
너무	너모	던	든
(넘어)	대(處)	데	
데치다	뎃치다	데리고	다리고
도루	돌오	마저	마자
도리어	도로혀	마주	마조
되우(심히)	되오	마침(適)	마츰
든지	던지	만나다	맛나다
려(보러 가다)	라	매우	매오
려고	랴고	먼저	몬저 22
마땅히	맞당이	먼지	몬지
마디	마듸	며느리	며누리
마음	마암	며칠(幾日)	몇일
모두	모다	뼈(骨)	뻬
바늘	바눌	볏(犁)	볕
배우다	배호다	볕(陽)	볏
뺨	쌤	보리(麥)	버리
버선	보선	비다(空)	뷔다
뻗치다	뻐치다	비로소	비롯오
벗(友)	벋	비추다(他動)	빛우다
베다(枕)	비다	비취다(被動)	빛외다
베다(斬)	버히다	비치다(自動)	빛이다
베(布)	뵈	빗(梳)	
사슴	사심	사뢰다	살외다
싸우다	싸호다	심다(植)	
살갗(皮膚)	살갓	(시므다)	

새로	새루	아래	아레
서다(立)	스다	아뢰다	알외다
섬기다(事)	성기다	아버지	아바지
세로(縱)	세루	아직	아즉
세우(힘써)	세오	아침	아츰
소금	소곰	어디	어듸
소서	쇼셔	어머니	어마니
송곳(錐)	송곳	어찌	으찌
여덟	여듧	얼굴	얼골
여우	여호	없다	읎다
오늘	오날	자주	자조
오줌	오좀	자취	자최
오직	오즉	저희(저의 複數) 저의	
오히려	오이려	전혀	전여
외다(誦)	오이다	절루	절로
위(上)	웋	젓(醢)	
(우)		종이(紙)	조희
웁니다	음니다	처음	처엄
(습니다)		(첨)	
이루	이로	케	케
자루(柄)	자로	키(높이)	크
하늘	하날	하는	하난
하랴(반문)	하매	함애	
하루	하로	하므로(「하다」의 接續形) 함으로	
합니다	함니다	(하는)데	대
홀로	홀루	행여	행혀
혹여	혹혀		

【解說】이것은 우선 必要한 말 몇만 例로 보인 것에 지나지 아니하나, 표준말 全體에 대하여는 不遠에 出版될 綴字辭典에 의지할 것이다.

附錄 二 文章 符號

文章에 쓰는 重要한 符號는 大略 다음과 같이 定한다.

【解說】글의 뜻을 分明히 하고, 讀書 能率을 내는 대에는, 文章 符號가 必要하다.

1.　文章의 끝난 것을 나타낼 적에 그 끝에 쓴다.

　　例 한글은 가장 잘된 글이다.

2·　西洋의 同一 人名이나 地名 사이에 쓰기로 한다.

　　例 카알·막스 센트·헤레나

3,　停止하는 자리를 나타낼 적에 그 말 다음에 쓴다.

　　例(1) 정성이 지극하면, 하늘이 느끼신다.
　　　(2) 달은 밝고, 기러기는 운다.

4:　大體로 對等의 말을 並列할 적에 그 사이에 쓴다.

　　例(1) 때: 十月 二十九日. 곳: 서울 水標町 四二番地.
　　　(2) 사람은 自體가 타고난 樂器이다: 흥이 나면, 발로 마루바닥을 쿵쿵 울리며, 손으로 손벽을 딱딱 치며, 목청으로 소리가락을 뽑아낸다.

5 ;　한 文章이 끝났으나 다음 文章과 意味上 連結이 있을 境遇에 그 사이에 쓴다.

例(1) 儒敎의 三綱은 다음과 같다; 임금은 신하의 벼리가 되고; 아비는 자식의 벼리가 되고; 제아비(사내)는 제어미(안해)의 벼리가 된다.

(2) 우리는 空中에 나는 새와 같이 自由롭게 살겠다; 一生을 걱정 없이 이리저리 快樂하게 옮겨 다니겠다.

6『』　引用을 나타낼 적에 쓴다.

例　속담에 이르기를 『부뚜막에 소금도 집어넣어야 짜다.』

7「」　二重 引用을 나타낼 적에 쓴다.

例　孟子에 이르대「孟子가 梁惠王을 보신대, 王이 가르사대『叟가 千里를 멀리 여기지 아니하시고 오셨으니, 또한 우리나라에 이로움이 있으리까?』孟子가 대답하여 가르사대『王은 어찌 꼭 利만 말씀하나이까. 또한 仁과 義가 있을 따름입니다.」

8 !　感歎을 나타낼 적에 그 말 다음에 쓴다.

例　거룩하신 世宗大王! 저 웅장한 白頭山!

9 ?　疑問을 나타낼 적에 그 말 다음에 쓴다.

例　오늘 학교에 가오?

10 =　單語의 中絶된 것을 나타낼 적에 쓴다.

例 사=람 (다음 줄로 넘어갈 적에)

11 — 「곧」(卽)의 意味로 쓴다.

例 조선말이 된 漢字例—英雄 人心 故鄕 論理學에 말한바—善惡은

12 -- 우의 말을 다시 解釋하고 넘어갈 적에 쓴다.

例 社會制度가 完全化할 때까지는--完全化한다는 것은 一個의 妄想일는지는 모르나--姑息的이나마 飢寒으로 우는 乞人에게 銀錢 한 푼이라도 주는 편이 낫지.

13 …… 말은 끝내고 뜻을 말 밖에 나타낼 적에 쓴다.

例 그 까닭은 묻지마시오…… 네……

이 밖에도 ( ) [ ] { } 等 符號를 쓴다.

14 固有名詞를 表示하고저 할 적에는 縱書에서는 左傍에 單線을 긋고, 横書에서는 下線을 긋는다.

例 [illegible] 平壤 [illegible] 李舜臣 [illegible] 하와이 [illegible] 아인스타인

15 疊用을 表示할 적에는 筆記에 限하야 쓰되, 縱書에는 〃를 쓰고, 횡서에는 〈 를 쓰기로 한다.

例 [illegible] 펄〈 [illegible] 출렁〈 [illegible] 구비〈

16 長音票는 두 點을 글자의 왼쪽에 찍되, 다만 字典이나 聲音論 같은 대에

聲音 符號로만 쓴다.

例 발 말 경성(鏡城)

但 行文에서는 長音 符號를 特別히 表示하지 아니함을 原則으로 하고, 다만 外來語나 模倣語 等을 特別히 表示할 必要가 있을 境遇에는 홀소리를 거듭 쓴다.

例 쇼오(人名) 22

한글運動

『新東亞』 5-1, 新東亞社, 1935.1, 84~86쪽.

첫 말슴

한글運動은 조선말과 글을 科學化하는 거이니, 곧 그것을 統一하며, 널리 알리는 것이다. 統一이란 것은 언제나 한 中心機關에서 指導하며, 努力하지 아니하면 아니 되는 것이다. 그런데 이 使命을 爲하야 생긴 機關이 곧 故 周時經先生을 비롯하야 組織이 된 뒤로 風風雨雨 四十年 歷史를 가지고 온 이제 朝鮮語學會다. 이 團體가 오래동안 적지 아니한 功을 쌓어 오다가 最近 五六年 來에는 더욱 그 運動이 組織化하였으며, 强力化한 것은 自他가 共認하는 바이다.

이 語學機關은 斯界 專門家의 學術團體로서 自己의 役割을 다하고저 會員 中에는 各各 硏究의 部分이 다르다. 그래서 古語, 方言, 語法, 漢文語, 姉妹語, 聲音學, 言語學 等 科學的 陣容이 대체로 整備되었다. 그리고 靑年學者를 養成하는 대까지 손을 뻗혀 올봄에는 會員 金善琪 씨를 佛蘭西 巴里大學에 派送하야 言語學을 專攻케 하는 중이다.

가, 科學的 努力

一, 朝鮮語綴字法統一案 作成… 말과 글은 그것을 쓰는 사람들의 共同 約束인 것만큼 統一이 있어야 할 것이다. 그런데 여태까지 같은 말을 가지고도 各人各樣으로 쓰며, 한사람으로도 우에와 아래가 다르게 써서 아무 統一이 없이 오다가 一九三〇년부터 三個年 동안에 準備委員會와 開城會議의 第一讀會와 華溪寺會議의 第二讀會와 修整委員會 等 前後 一百二十五回의 會合에 四百三十三時間을 犧牲한 十八委員의 努力으로 統一案이 이루어진 것이다.

二, 實驗聲音學的 收穫… 글은 말을 적은 것이오, 말은 사람의 목에서 나오는 소리로 된 것이다. 바른 글을 만들랴면 소리를 바르게 알어야 될 것이므로, 本會에서는 會員 鄭寅燮 씨를 昨今 兩年에 두 번이나 東京에 派送하야 聲音實驗室에서 조선말소리를 科學的으로 밝히었다. 이것은 今秋에 本會 主催로 된 朝鮮語學圖書展覽會에 出品이 되었다.

三, 方言調査… 말을 바루 잡고, 말의 수와 內容을 豊富하게 하랴면, 方言을 많이 調査하여야 된다. 그러므로 本會에서 數年間 京鄕 各地의 여러 學校의 敎員과 學生들에게 부탁하야 實物採集 方言調査와 語彙調査 두 가지 方法으로 많은 材料를 얻었다.(今秋에 열린 朝鮮語學圖書展覽會에 出品이 되었음).

四, 조선말소리와 萬國聲音記號와 로마字와의 對照案 作成과 外國固有名詞辭典 編纂… 이것은 數年 前에 各 新聞社의 부탁을 받어서 特別委員會가 組織되어 일을 進行하는 中인데, 멀지 아니한 將來에 세상에 나올 것이다.

五, 綴字辭典編纂… 文字의 形式 統一은 곧 綴字統一이다. 이 우에 말한 바와 같이 綴字統一案은 이미 世上에 發表되었다. 그러나 그 안은 한갓 原則뿐이오, 우리가 쓰는 말 全 [84] 體를 낯낯이 處理한 것은 아니다. 그러므로 누구나 글 쓸 때에 늘 그 統一案을 외면서 쓸 수는 없을뿐더러 또 어느 項에 依하야 서야 될 것도 境界가 흐린 것이 있고, 더구나 標準語 問題 같은 것은 個別 處理로 될 것이라, 그 統一案만 가지고는 應用할 수가 없다. 그러므로 마츰내 그 統一案은 原則으로 삼은 綴字辭典이 나야 된다. 그래서 사람사람이 그것을 가지고 이키어서[1] 習慣行動으로 글자를 써야 된다. 암만 綴字統一이 된지가 오랜 文明國이라도 綴字辭典이 따로 있다. 더구나 綴字統一 初期에 있는 우리로야 그 必要는 더 말할 것이 없다. 그러므로 우리는 綴字法統一案이 난 뒤로 곧 이어서 綴字辭典을 編纂하고 있는 중이다. 이것도 멀지 아니한 將來에 出版될 것을 미리 말하여 둔다.

六, 朝鮮語大辭典編纂… 조선말이 語彙로 辭典에 실리기는 佛蘭西 宣敎師會에서 編纂하야 一八八〇年에 巴里에서 出版이 된 韓佛字典이다. 그 다음에는 一八九〇年에 英國人 宣敎師 언더우드[2]氏의 손으로 韓英字典이 橫濱에서 出版되었고, 또

---

1 [편쥐 이키어서 : 읽히어서.
2 [편쥐 호러스 그랜트 언더우드(Horace Grant Underwood, 1859~1916)는 영국 태생의 미국 장로교

一八九七年에 英國人 宣教師 게일氏의 손으로 또한 韓英字典이 橫濱에서 出版되엇다. 그리고, 또 日本말로 解釋한 朝鮮總督府의 朝鮮語辭典이 一九二〇年에 서울에서 出版되었다. 그러나, 우에 말한 네 가지 字典은 다 外國 사람이 조선말을 배우려고 外國말로 註釋한 곧 對譯한 책들이오 綴字로나 標準語로 보아서 合理的 統一이 서지 못한 책들이다. 朝鮮 사람도 朝鮮語辭典編纂을 爲하야 힘쓴 바가 있었고, 또 이제도 힘쓰는 中이다. 이제로 近三十年 前에 朝鮮廣文會에서 故 周時經先生을 中心으로 하야 朝鮮語辭典編纂을 시작한 바이 있으니, 이것이 조선 사람으로서는 朝鮮語辭典編纂을 着手한 嚆矢가 되는 것이다. 그러나, 그 事業은 마침내 이루지 못하고 中途에서 말게 되었으며, 그 뒤에도 이 일에 힘쓰는 이가 없지는 아니하였으나, 하나도 完成된 것은 없다. 그리다가, 一九二九年에 이르러 朝鮮語學會를 中心하야 全 朝鮮 各界 有志를 網羅하야 朝鮮語辭典編纂會가 組織되어 그 編纂에 힘쓰는 中이다.

이런 辭典을 編纂함에는 어려운 點이 퍽 많다. 그것은 우리 言語生活 全體에 關係된 온갖 말의 內容을 밝히어서 쓰는 것만큼 단순히 朝鮮語學者로만 할 일이 못되고, 各 方面 專門家의 힘을 빌리지 아니하면, 아니 된다. 그러므로 各 方面 專門家 三十餘人에게 囑託하야 일을 進行한다.

七, 月例會와 特別討議會… 朝鮮語學에 關係된 一切 問題는 朝鮮語學會의 月例會와 特別討議會에서 쉬지 아니하고 다룬다.

나, 普及運動

一, 朝鮮語學會의 機關雜誌인 月刊 「한글」은 우리 綴字法統一案으로 大衆을 敎養하는 雜誌다. 그러므로 坊坊曲曲에서 누구나 이 雜誌를 通하야 先生이 없이 혼자 한글 공부를 잘하게 된다.

二, 한글講習會… 新聞社, 敎會, 其他 一般社會團體의 主催로 京鄕 各地에서 해

선교사.

마다 자조 열리는 한글講習會에 本會에서 늘 講師를 派送한다.

三, 新聞, 雜誌, 字典… 其他 一般 書籍 出版物을 한글統一案에 準하야 本會에서 校正을 도운다. 그 效果로 統一案 發表한 뒤 一年동안에 出版物이 거이 行하여 가게 되었다. 이것은 今秋에 열린 朝鮮語學圖書展覽會에 出品된 書籍으로 證明된 바이다.

四, 朝鮮語學圖書展覽會…朝鮮語綴字法統一案이 發表된 한 돌을 맞는 今年 한글날을 中心하야(十月 二十七日—二十九日) 朝鮮語學會의 主催로 서울에서 열린 朝鮮語學圖書展覽會에 처음 되는 特別한 展覽會다. 그런 것만큼 京鄕 85 各地에서 온 觀覽客이 數千名이나 지내갔다.

끝 말 슴

朝鮮語綴字法統一案이 世上에 나오매 一般은 잘 順應한다. 그런 中에도 혹은 不合理한 點이 많으니, 혹은 어렵다니, 別別 소리를 다 한다. 그런, 그것을 우리는 그다지 怪異한 現象이라고는 생각하지 아니한다. 무엇이나 처음 當하면 그런 것은 人之常情이다. 여태까지 反切 열넉 줄만 배워 가지고 되는대로 함부로 써도 다 제各各 옳은 줄만 알았는데 뜻밖에 統一案이란 것이 나서 그 標準에서 옳으니 그르니 말을 하게 되니 그 法則生活에 얽매이기 싫다는 소리다.

그 統一案을 만든 委員들도 그 안을 부체[3]님처럼 모시어나 둘려고 만든 것은 아니오 적어도 一般大衆이 가치 行하기를 바라는 것이다. 그 委員들도 제 집에서 혼자 硏究하는 것으로써 娛樂的 消日거리로만 생각한 사람은 하나도 없고, 또 大槪는 朝鮮語敎鞭을 잡고 數十年 동안이나 밥을 벌어먹는 사람들이다.

그래서 學者的 自我標準 밖에 또 世上을 생각하는 敎育家的 態度를 더 많이 가진 것이 事實이다.

아직 朝鮮語綴字辭典이 없는 것만큼 全體로 訓鍊이 없는 것은 그 統一案을 만든

---

3 [편주] 부체 : 부처.

委員이나 그밖의 大衆이나 만찬가지다. 이제는 다만 그 統一案을 좇아 행하겠다는 態度와 精神만 가지면 그만이다. 그 表示만은 누구라도 한번만 드르면, 곧 記憶하고 쓸 수가 있는 된ㅅ을 並書하는 것이다. ㅅㄱ=ㄲ, ㅅㄷ=ㄸ, ㅄ=ㅃ, ㅆ=ㅉ. [86]

朴勝彬氏에게, 合作交涉의 顚末

『한글』3-3, 朝鮮語學會, 1935.3, 27쪽.

年來에 朝鮮語學會에서 朝鮮語文 統一運動에 對하야 힘써 오는 것은 世人이 다 아는 바어니와, 이제 여기에 對하야 朴勝彬氏와 前後 數次 交涉한 顚末을 말하고저 한다.

이 交涉은 언제나 내가 하였던 것이다. 우리 朝鮮語學會에서는 語文統一에 愼重한 態度를 가지기 爲하야 언제든지 큰 일이 있으면, 會員外의 各 方面 人士를 委員으로 推薦[1]하야 討議 協定하는 뜻으로 語學研究에 直接 힘쓰지 아니하는 人士와도 함께 協議하거든, 하물며 朝鮮語學을 오래동안 研究한다는 분이야 물론 連絡하며 協議할 것은 常識으로도 알 일이다.

그런데 나는 數年 前 朝鮮語學會에서 朝鮮語綴字法統一案을 만들 準備로 자주 討議할 때에, 朴勝彬氏를 訪問하고 함께 힘쓰시기를 懇切히 請하였으나, 그는 여러 가지 말을 하다가, 마지막에 말하기를, 「朝鮮語學會 會員은 周時經氏의 門徒인데, 내가 거기에 갔다가는 朴說(自學說)이 周說(周時經 學說)에 홀닥 녹아내릴 것이니, 자리를 가치 할 수 없다」고 하였다. 이것은 朴勝彬氏가 지은 朝鮮語講義 要旨에 「朴說에 曰」 「周說에 曰」이 얼마나 많은 것을 보아서도, 氏가 普通 談話 中에도 朴說, 周說을 얼마나 많이 말하는 것을 잘 알 수 있다. 이 宗派心理를 엿본 나는 그때로부터 「그만 둡시다」라는 한마디로 끊고, 다시는 그 問題에 對하야 입을 열지 아니하였다.

그래서 數年 지나오다가, 今年 一月에 朝鮮語標準語査定委員會를 溫陽溫泉에서 열게 되었을 때에 다시 한 번 氏를 찾았다. 그리하야 여러 가지 事情을 말하고 委員이 되기를 請하매, 그는 말하기를, 「첫재는 名詞 部分만 討議할 일, 둘재는 討議案 全體를 먼저 보이어 달라」하였다. 이것은 곧 名詞 處理는 比較的 서로 같은 點이 많다는 뜻이며, 討議案 全體를 먼저 보고야 한다는 것은 우리의 內容을 다 알고

---
1 [편쥬] 推薦: 추천.

난 뒤에 協同한다든지 아니한다든지 判斷하겠다는 뜻이다.

이 말을 듣고 나는 對答하기를 「名詞 部分만 한다는 것은 到底히 아니 될 것이니, 말 全體를 處理하여야 될 것인데 어찌 한 部分만 討議하리오, 그리고 討議案 全體를 먼저 보여 달라 하나, 그것은 準備가 다 되기나 하면 곧 보여주겠다고 하였다」 그러나 事實인즉 그 討議案은 오래동안 準備하여 왔으나, 會議 中에도 일변 整理에 奔忙하였던 것이다. 그러니 어찌 討議案 全體를 朴氏에게 먼저 보일 수 있었으랴. 會議 場所 溫陽溫泉에로 떠나기 卽前 다시 그에게 함께 떠나기를 懇請하였으나, 굳이 拒絶하고 말었다.

그래서 氏는 絶對不合作을 古調[2]하고 언제나 唯我獨尊이란 意識으로 따루 놀기를 좋아하신다.

---

2 [편쥐] 古調 : 고조

朝鮮語文整理運動의 今後

『朝鮮日報』, 1935.10.28.

訓民正音 頒布 第四百八十九回날은 卽 朝鮮民衆이 이날을 認識하고 記念式을 擧行하여 오는 第十回니 곳 한글날 記念 第十回날이다. 이 날을 맞아 先聖의 勳業을 追慕하는 同時에 또 우리의 앞으로 하여갈 語文整理運動을 한번 말하는 것도 이 한글날을 記念하는 뜻이 될 것이다.

一, 語文의 紊亂[1]한 現狀.

거룩하신 世宗大王께옵서 크게 깨다른바 있어 여러 선비로 더불어 여러 해 동안 苦心에 苦心을 더하야 한글을 創製하신 뒤에 頒布하시사 그 글로써 우리말을 바로 적고 널리 쓰게 하시매 當時에는 이 語文에 對한 努力이 많았던 것을 創作과 翻譯을 보고도 넉넉히 알 수 있는 것이다. 그러나, 漢文에 中毒이 된 自覺이 업는 썩은 선비들의 한글 賤待는 한글學者가 날 수 없었다. 그러므로, 朝鮮語文의 科學的 努力이 中斷되고만 結果는 語法이나 辭典 한 권이 나지 못하고 말았다. 그 結果는 오늘날과 같이 한 글자를 가지고 各人各色 아니한 사람으로도 이 줄 저 줄이 다르게 쓰는 不統一이 생긴 것이다.

二, 語文整理의 三大 基礎工作.

집을 짓는 대도 基礎工事가 튼튼하지 못하면, 그 우에 建物이 危險할 것은 누구나 다 아는 일이다. 한 民族이 쓸 語文을 整理하랴면 그 基礎工作이 힘들 것은 짐작할 수 있는 것이다. 이 語文整理의 基礎工作으로 첫재는 綴字法統一案이 서야 되고, 둘재는 標準語가 定하여저야 되고, 셋재는 外來語가 査定되어야 된다. 이 세 가지 가온대 (1) 綴字法統一案은 朝鮮語學者 十八人으로 組織된 委員會에서 三個年 동안에 準備會議와 開城의 一讀會議와 華溪寺의 二讀會議와 修整會議를 지나서 再昨年 한글날에 비로소 社會에 頒布되었다. (2) 우리 朝鮮말은 아직 標準語가 서지 못하였고 서울 사투리로부터 各 地方 사투리까지 亂雜하게 쓰이므로 한 가

---

1 〔편쥐〕紊亂 : 문란.

지 事物에 對하야 여러 가지로 表示하고 있다. 이것은 言語生活에 無限한 紊亂을 일으킨다. 그리하야 朝鮮語學會에서 數年間에 많은 材料를 모아가지고 討議하기를 準備한 뒤에 今年 一月初에 忠南溫陽溫泉에서 第一讀會를 열었고, 今年 八月初에 東小門外 牛耳洞에서 第二讀會를 열었고, 또 修整委員들이 나서 修正하고 整理하는 중인데, 압흐로 또 第三讀會가 열릴 것이 豫定이다. 이 標準語査定委員은 京城語를 標準語로 삼은 것만큼 京城及 近畿委員이 全委員數의 半數가 되고 그 外의 半數는 各 道別로 또 人口 比例로 委員數가 配定되었다. 그런데, 第一讀會의 委員 總數는 四十八人이오, 第二讀會의 委員總數는 七十八人으로 되었다. (3) 外來語 곳 다른 民族의 말이나 固有名詞를 우리 말속에 섞어 쓰는 때에는 마땅이 우리말과 같이 標準語와 綴字法을 定하여야 될 것이다. 그러자면, 먼저 한글과 萬國音聲記號와의 對照案을 만들어 가지고, 이 基礎 우에서 各 外來語의 綴字法을 定할 것이다. 이것은 數年 前에 各 新聞社의 부탁을 받아 委員이 나서 그동안 立案 中에 있는데, 이것도 멀지 아니한 將來에 完成될 것이다.

　三, 朝鮮語는 아지 單語가 이뤄지지 못하였다.

　이것은 우리의 槪念이 分明치 못한 점도 있고 또 大部分은 글을 달아 쓰므로 한 單語를 만들어 쓰는 習慣이 없는 까닭이다. 한 槪念을 한 單語로 만들어 한 덩이로 묶어 쓰지 아니하므로 讀書能率이 나지 못한다. 왜 그러냐 하면, 우리가 글을 읽을 때에 字母마다 읽어서 소리를 내고 들어서 아는 것이 아니라 마치 漢文字를 한 덩어리를 한 번에 보아서 그 뜻을 잡아내듯이 字母文의 綴字도 그리하여야 된다. 이것은 무슨 原理原則 몇 가지를 가지고 생각하여 가면서 풀어 읽는 것이 아니라 文字의 訓鍊과 習慣으로만 能通할 것이다. 그러므로, 綴字辭典이 나와야 될 것이다. 이 綴字辭典을 通하야 訓鍊을 밧은 뒤에라야 綴字는 完全히 統一될 것이다. 이제는 누구나 綴字統一案을 쫓는 態度만 取하면 되나니 그 態度의 發明은, 배우지 아니하고도 아는 된소리를 된ㅅ으로 아니 쓰고 같은 字母를 나라니 쓰는 곳 並書하는 대에 있다.

　四, 綴字辭典

　우에 말한 綴字辭典을 通하야 文字의 形式統一이 될 것이므로 朝鮮語學會에서는 또한 數年來에 綴字辭典을 編纂하고 있다. 우에 말한 三大 基礎工作이 끝이 나면, 곳 整理하야 出版할 것이다. 言語敎育은 形式統一 곳 綴字統一에만 있는 것이 아니라, 말의 뜻을 바루게 알리는 것이 또 重要하다. 이 使命을 가진 것은 곳 말의 뜻을 밝히어 註解한 大辭典이다. 그러므로, 五年 前에 朝鮮語辭典編纂會를 組織하고 大辭典 編纂에도 努力하는 中인데, 이 辭典은 말의 뜻을 밝히는 것이므로 各 方面 專門家의 知識을 要求하게 된다. 그리하야 各 專門家 數十名에게 自己 專門에 關한 語彙를 맡기어어[2] 註釋을 다는 中이다.

五, 出版界 統制의 必要

이제 大勢는 벌서 統一案으로 統一되었다. 이것은 昨年 한글날 中心으로 열리었던 朝鮮語學圖書展覽會에 出品된 最近 出版圖書에 나타난 綴字로써 證明되었다. 이제 學生들이 書店에서 책을 사고저 할 때에 먼저 『그 책이 新綴字로 되엇소』하고 묻는다. 만일 아니라 하면, 『그 책을 어대 쓰겠소』하고 돌아서 간다는 말을 書籍商에게 잇다금 듯는다. 이제는 新綴字法을 모르면 時代의 落伍者로 自滅할 지경이다. 朝鮮語敎科書의 新綴字案이 統一案보다 먼저 난 것만큼 多少間 다른 점이 업지 아니하나 그 大槪의 精神은 한가지다. 그래서 敎科書로부터 新聞 雜誌 其他 一般 出版物이 다 新綴字法 軌道로 굴러간다. 새로 나는 예수敎會의 書籍은 勿論이어니와 이제 聖經까지 新綴字로 出版하게 되었다. 이제 나는 新小說은 勿論이어니와 舊小說까지 新綴字로 아니 박이어서는 팔 길이 차차로 막히게 되었다. 그러므로 舊小說을 만히 出版하는 書籍商은 朝鮮語學會에 依賴하야 全部 新綴字로 곤치는 中에 있다. 漢文字典이 新綴字로 된 것이 있고, 또 印刷 中에 있는 것도 있다. 이 出版界의 趨勢를 보아서는 朝鮮語學會 안에 한글 新綴字校正事務所를 特設하고 누구나 原稿校正의 依賴가 잇다면 應하여 주고 또 누구나 新綴字 學習을 要한다면, 隨時 應對할 計畫이 있다. 이런 統制 밑에서 綴字統一이 하루 바삐 이루어질 것을 믿고 바라는 바이다.

---

2 [편쥐] 맡기어어 : '맡기어서'의 오식.

朝鮮語文整理運動의 今後計劃

『新東亞』 6-1, 新東亞社, 1936.1, 156∼159쪽.

一, 語文의 紊亂狀態

無史幾萬年 有史四五千年에 그 言語生活을 하여 오는 한 民族으로서 이제까지 辭典 한 卷이 없다는 것은 그 言語의 紊亂을 證明하는 것이다. 말의 歷史는 오래자마는 文家의 歷史는 比較的 얕다. 新羅의 薛聰이 漢文으로써 吏讀를 만들어 조선말을 적기 시작한 제는 千百餘年이나 되었다. 그러나 그런 것으로 말을 正確하게 적지 못할 것은 환한 일이다. 이렇게 文字化를 하지 못하고 나려오든 조선말은 大運이 通하야 李朝에 와서 聖主 世宗大王을 만나게 되었다. 大王께옵서는 萬年의 앞길을 내다보시고 크게 깨다르신바 있어 宮中에 正音廳을 特設하시고 여러 선비로 더불어 한글을 創製하실 때에 그 苦心이야 어찌 말로써 다 하리오. 이 苦心에서 이루어진 한글을 世宗二十八年 丙寅에 (距今 四百八十九年 年[1]前) 中外에 펴시고 이것을 普及시기기[2] 爲하야 이 글로써 科擧를 보이시며 各種 漢文書籍을 飜譯케 하시며 또 이 글로써 많은 創作이 난 것을 보아 當時 大王의 努力이 얼마나 많았던 것을 잘 알 수 있다. 그러나 漢文에 中毒된 自覺없는 썩은 선비들의 한글 賤待는 한글學者가 날 수 없었다. 그러므로 모처럼 생기었던 朝鮮語文의 科學的 努力은 中斷이 되고 말았다. 그 結果는 朝鮮語나 朝鮮語辭典 한 권이 나지 못하고 말았다. 그래서 이제 같은 말을 各人各色으로 아니 한 사람으로도 이 張 저 張이 다르게 쓰는 不統一이 생긴 것이다.

---

1   [편쥐 年 : '年'은 중복 오식.
2   [편쥐 시기기 : 시키기.

二, 語文整理의 三大 基礎

집을 짓는 대에도 基礎工事가 그 집 全體의 安全과 壽命을 맡는 것은 누구나 다 아는 바어니와 모든 일이 다 그러하다. 그런데, 우리 語文整理의 基礎工作은 첫재 綴字法統一案 作成이오, 둘재 標準語查定이오, 셋재 外來語查定이다. 이 세 가지 가온대 綴字法統一案은 朝鮮語學者 十八人으로 組織된 委員會에서 三年 동안에 準備會議와 開城, 華溪寺 兩大 會議와 또 修整委員會議를 거처 再昨年 한글날에 社會에 頒布되었다. 標準語查定은 數年間에 準備한 뒤에 今年 一月 溫陽溫泉에서 第一讀會를 열었고, 今年 八月에 牛耳洞에서 第二讀會를 열었고, 또 前後에 修整委員會을 여러 번 열었고 열겠다 그래서 앞으로 三讀會를 할 豫定이다. 그런데 이 標準語查定委員은 總數가 七十人인데 京城語를 標準語로 삼은 것만큼 京城及 近畿委員이 總委員數의 半數가 되게 하였고 그 外의 半數는 方言參考의 必要로 各 道別을 하고 그 道의 人口比例로 委員數를 配定하였다. 外來語 곧 다른 民族의 말이나 固有名詞를 우리 말속에 섞어 쓰는 것은 世界交通이 發達되고 人類文化가 交叉되는 오늘날에는 避치 못할 事情이다. 그러니 이 外來語도 標準語와 綴字法을 定하여야 된다. 그리하자면 먼저 한글과 萬國音聲記號와의 對[156]照案을 만들어야 된다. 外國固有名詞統一問題는 누구보다도 나날이 그것을 많이 쓰고 있는 新聞社에서 늘 느끼어 오는 까닭에 四年 前에 各 新聞社의 부탁으로 朝鮮語學會에서 各 外國語의 修養이 깊은 數十名을 招待하야 協議한 結果 모든 進行方針을 朝鮮語綴字學會에 一任하기로 되어서 그 會에서는 成案委員 三人을 뽑아 그 일을 맡기었는데 그 案을 만드는 基礎工作으로 成案委員 中의 一人인 鄭寅燮氏를 두 번이나 東京에 派送하야 實驗音聲學室에서 朝鮮語音을 實驗音聲學的으로 밝히었다. 그 基礎 우에서 案을 만드는 中인데 멀지아니한 將來에 完成될 것이다. 이 案이 나오면 外來語及 外國固有名詞辭典이 編纂될 것이다.

三, 語法과 單語와의 成立

朝鮮語는 아직 語法上으로 統一된 品詞分類가 없다. 이 問題도 五年 前에 朝鮮語學會에서 研究委員 五人을 뽑아 맡기었는데 將次 그 體系가 完成될 것이다. 오늘날까지 우리글은 한 줄에 죽 달아 쓰는 習慣이 있으므로 글자로서 로서[3] 單語가 成立되지 못하였다. 한 單語는 한 概念을 한 덩이로 묶어 쓴 것인데, 이 單語가 이루어지지 아니하였으므로 讀書能率을 내지 못한다. 웨 그러냐 하면 우리가 글을 읽을 때에 字母마다 읽어서 소리를 내고 들어서 아는 것이 아니라 마치 漢文 글자를 한 덩어리로 한 번에 보아서 그 뜻을 잡아내듯이 字母文의 綴字도 말 한마디를 한 덩어리로 보아서 字母를 分晳하지 아니하고 끔 말의 뜻을 알아낸다. 또 心理學에서 證明하는 바 우리 視覺의 鑑別力은 한 焦點의 視野에 한 가지를 보는 것이나 어느 程度까지는 여러 가지를 보는 것이나 同一한 時間과 努力을 要한다. 實例를 들면 한번 보아서 가리어 내는 時間과 努力은 꽃 한 송이가 있는 單純한 그림 한 폭을 보는 것이다. 혹은 꽃과 나무와 돌과 집과 사람이 있는 複雜한 그림 한 폭을 보는 것이나 똑같다는 것이다.

우리가 글 쓸 때에 무슨 原理則 몇 가지를 가지고 생각하여 가면서 綴字를 하는 것이 아니라, 文學의 訓鍊과 習慣으로만 統一된 綴字를 能通할 것이다. 그러므로 綴字辭典이 나와서 그것으로서 사람사람이 訓鍊을 받은 뒤에라야 마츰내 綴字는 統一될 것이다. 이제는 다만 綴字統一의 精神과 態度만 가지고 나아갈 뿐이니 그것은 배우지 아니하고도 알 수 있는 된소리를 된ㅅ으로 쓰지 아니하고 雙書 곧 같은 字母 두 字를 나라니 쓰는 것으니 ㅅㄱ=ㄲ, ㄷㅅ=ㄸ, ㅅㅂ=ㅃ, ㅅㅈ=ㅉ.

四, 綴字辭典編纂

綴字辭典은 그 目的이 말의 뜻을 밝히는 것이 아니라 바른 綴字를 알리는 것이

3 [편주] 로서 : 중복 오식.

다. 그러므로 簡單한 뜻을 혹 달기도 하고 一般이 알 수 있는 것은 도모지 뜻을 달지 아니한다. 이런 綴字辭典은 統一이 된 제가 오래요, 國民教育이 發達된 文明國에도 있다. 우리 조선말과 같이 綴字統一 初期에 들어서야 綴字辭典이 第一 必要하고 急하다. 이 책은 그 말과 그 글을 쓰는 사람이면 누구나 다 한 冊식 가저야될 것이다. 이 책이 世上에 빨리 나와야 그것으로써 사람사람이 訓鍊을 받고 이訓文期가 지나야 語字統一이 完全히 될 것이다. 그러므로, 朝鮮語學會에서는 우에말한 綴文[4]整理의 三大 基礎工作을 하는 同時에 綴字辭典編纂을 進行하고 있다. 基礎工作이 끝이 나면, 그 基礎로써 곧 整理하야 綴字辭典이 世上에 나올 것이다. 157

五, 註解大辭典 編纂

이 大辭典은 編纂하기가 어려운 點이 綴字辭典과 아주 르다.[5] 綴字辭典은 綴字의 形式統一과 標準語統一이 目的인 것만큼 一般의 意思를 一致 시기는 것이 어려운 일이다. 그 反面에 註解辭典은 各 方面 專門家들의 知識을 要求하지 아니하고는 編纂할 수 없는 것이다. 웨 그러냐 하면, 註解辭典이란 것은 一種의 百科全書다. 암만 多聞博學이라도 몇 사람의 知識으로는 도저히 그 뜻을 다 바르게 밝힐수가 없는 까닭이다. 朝鮮語學會에서 朝鮮語辭典編纂會와 協力하야 註解朝鮮語大辭典 編纂을 着手한 제가 六年이 지났다. 이 辭典編纂을 시작한 뒤에 專門性質을 가진 語彙만은 各 方面 專門家 二十餘人에게 囑託하야 自己 專門에 屬한 語彙를 뽑아서 註解하야 아직 進行 中인데 語彙選擇範圍의 標準과 註釋方式及 程度의 標準을 說明하고 實例를 들어 보인 主意書를 박이어서 나누어 드리었다. 그런데 今年부터는 이 註解辭典編纂에 積極的으로 努力할 作定이다.

---

4 [편쥐] 綴文 : '語文'의 오식.
5 [편쥐] 르다다 : '다르다'의 오식.

六, 한글 學習

朝鮮 사람이 朝鮮말과 글을 어떻게 배워 왔나. 우리가 다 아는 바와 같이 말은 서로서로 들어서 배우고, 글은 아모한테나 反切 열넉 줄말[6] 배우면 그만이다.

오늘날 文明 各國의 學制를 보라. 國民教育은 적어도 學校에서 八九年을 시킨다. 그것은 곧 義務教育年限을 말한 것이니 初等小學, 高等小學, 職業學校의 教育이다. 國民義務教育인데, 이 모든 義務教育을 받는 동안은 맞으막[7]까지 國語科가 있으며 또 다른 一般學科도 한쪽으로는 國語科를 兼한 셈이니, 그것은 다만 그 學科의 知識만 배우는 것이 아니라 그 學科에 關係된 말까지 배우는 까닭이다. 우리가 조선말과 글을 바르게 가르치고 배우려면 먼저 適當한 學習書가 나와야 될 것이니 急先務로 세 가지는 出版이 되어야 한다. 첫재는 初等兒童에게 文字를 가르치는 책이니, 그 材料가 趣味本位라야 되고, 둘재는 初等 年長者에게 文字를 가르치는 책이니, 實用本位로 材料를 取하여야 될 것이오 셋재는 文字解得者를 標準한 책 正寫正讀法의 原則과 그 應用材料를 取하여야 될 것이다. 이 三種의 한글 學習書도 우리는 準備 中에 있으니 綴字辭典만 끝이 나면 그 뒤를 이어서 出版할 豫定이다.

七, 한글師範講習所와 師範講習會

需要者가 있다면 供給者가 있어야 할 것은 事理의 當然한 것이다. 이제 數千萬 사람이 그 말을 하고 그 글을 쓰는 以上에는 바로 배우려고 하는 사람이 많은 것은 事實이다. 그러나, 이제 한글을 바르게 가르칠 사람이 얼마나 되겠느냐 하면, 배울 사람 數보다는 너무도 적을 것이다. 그러므로 우리는 한글 師範講習을 시킬 必要가 있다. 이 必要에 適應하려면 첫새는 적어도 中央地인 서울에는 한글 師範講習所가 한 곳은 常設되어야 할 것이다. 이 講習所의 學科는 朝鮮文字史, 한글綴

6　[편쥐 말:'맔'의 오식.
7　[편쥐 맞으막:마지막.

字法統一案, 朝鮮語法, 實驗音聲學 原理, 한글教授法, 朝鮮語學, 其他 補助學科가 있어야 될 것이오 學習期間은 적어도 一年은 잡아야 될 것이다. 둘재는 서울에나 重要한 地方에나 몇 곳은 해마다 夏期나 冬期休暇를 應用하야 한글師範講習會를 열고 教員 其他 一般에게 短期師範講習을 시키어야 될 것이니 그 學科는 大體로 이 우에 말한 바와 같은 것이다. 158

八, 出版界 統制

무슨 統一이나 統一에는 統制가 必要하다. 自然成長에 맡기어 두어도 아니 되는 것은 아니나 時間이 오래 끄으는 폐가 없지 아니하다. 그러므로 우리는 組織的으로 出版界를 統制하여야 되겠다. 이제 出版界를 살피어 본다면, 大勢만은 벌서 한글 綴字法統一一[8]案에 쫓아서 글을 쓴다. 만일 統一案을 좇지 아니하면, 落伍者가 된다는 생각을 가진 것이 一般의 생각이다. 各 書店에 책을 사러 온 사람들은 먼저 묻기를 『이 책이 統一案綴字로 되었소』한다. 만일 아니라고 하면 『그 책을 어대 쓰겠소』하며 던지고 나간다는 各 書店主人의 말을 각다금 듣는다. 새로 出版되는 書籍들은 거이 다 新綴字로 되는 것을 우리는 알고 앉았다. 昨年 한글날을 中心하야 열린 朝鮮語學圖書展覽會에 出品되었던 近年 新出版物이 新綴字法普及의 事實을 證明하였다. 朝鮮語教科書가 統一案과 크게 틀림이 없이 되었으며, 各 新聞雜誌 其他 一般 出版物이 다 新綴字를 좇고 예수教 聖經이 新綴字로 나게 되었으며 舊小說을 또한 新綴字로 곤치어 내지 아니하면, 아니 되겠다는 書籍業者의 뜻이 되어 있다. 그래서, 이제 부탁을 받아 舊小說의 舊綴字를 新綴字로 곤처주는 中이다. 韓語字典이 新綴字로 이미 出版된 것이 있으며 또 印刷 中에 있는 것도 있다. 오늘날 出版界의 趨勢를 보아서는 朝鮮語學會 안에 한글 新綴字校正事務所를 特設하지 아니하고는 到底히 各 方面의 校正 부탁을 다 應할 수가 없다. 그러므로 우리는 여기에 對하야 相議 中에 있는바 한글 新綴字校正事務所를 京城府 花洞 一九二

---

8 [편쥐 一 : '一'은 중복 오식.

番地 朝鮮語學會 會館 內에 附設하고 校正專任을 두어서 누구나 校正을 請하면 應하여 주기로 하고 또 누구나 新綴字校正法을 學習하고저 하는 분이 있다면 아무 때에나 便宜를 보아 드리고저 한다. [159]

辭典 編纂이 웨 어려운가?

『한글』4-2, 朝鮮語學會, 1936.2, 1~2쪽.

　　책을 짓는 가운대 가장 어려운 것이 辭典編纂이다. 그 까닭은 첫재로 人類文化
生活의 基礎가 되는 言語 全體의 뜻을 밝히는 것만큼 一般 常識으로 못되고, 各 方
面 專門家의 知識을 總動員시기지 아니하면 아니 된다. 辭典이란 것은 말뜻의 옳
고 그름을 마지막으로 判決하는 知識의 最高 裁判所다. 그러므로 朝鮮語學會에서
는 朝鮮語辭典編纂會와 함께 辭典編纂을 着手한 뒤에 各方面 專門家에게 부탁하
야, 自己 專門에 關係된 語彙를 뽑아서 註解를 달고 있는 중이다. 둘재로 單語成立
의 標準이 어려운 것이니, 이제까지 조선말은 單語가 完成되지 못하였다. 본래 單
語 成立은 어느 民族을 물론하고 그냥 文字 標記보다는 매우 늦게 되었다. 그 까닭
은 單語의 槪念은 論理와 語法과의 思想이 發達된 다음의 일인 것이다. 文字란 것
은 原始人에게도 있으니, 이제 아푸리카 土種으로 數를 열 以上을 더 세지 못하는
그들에게도 結繩[1]과 刻木으로 記憶을 表示하는 것이 곧 一種의 文字다. 이것은 中
國 歷史에 나타난바, 太古에는 結繩爲政이라고 한 것이라든지, 朝鮮歷史에 刻木記
事라고 한 것이 다 文字 發生의 始初다. 이렇게 사람은 記憶을 남기기 위하야 文字
創造에 努力을 시작한제는 太古때다. 이런 必要에서 各種 文字가 創造되었으며,
또 發達되어 왔다. 그러나 아직도 모든 槪念이 朦朧하야 自己가 하는 말을 그냥 줄
줄 달아서 쓸 뿐이지, 그것을 한 槪念 덩이라고 하는 것을 가리어서 分明한 境界線
을 지우지 못하였으니, 곧 單語를 만들지 못하였다. 이것은 옛날 梵書[2]와 라텐 말
과의 書籍을 보아도 잘 알 수 있고, 漢字는 이제도 우리가 나날이 보는 것이다. 例
를 들면, 漢字語의 政府, 世上, 倫理, 椅子, 自働車, 祖父, 校長, 先生, 學者, 道德家들
이 漢字로는 두 자나 석 자가 모여서 되었지마는, 槪念으로는 다 각각 하나이니,
곧 말로 보아서는 다 각각 한 單語다. 이제 中國에서도 單語成立運動이 생기어서,

1　[편쥐 結繩: 결승.
2　[편쥐 梵書: 범서.

單語마다 띄어 쓰도록 하는 것이 그들의 힘쓰고 있는 바이다. 우리 朝鮮語에도 單語成立의 必要를 느낀 제는 數十年이 되었다. 그래서 누가 쓰었든지 語法 책에는 잘 되었거나 못 되었거나 品詞 分類를 하였으며, 또 글 쓰는 사람이면, 語法 觀念이 깊거나 옅거나 一定한 標準도 없이 이 句節 저 句節, 이 宇 저 宇 함부러라도 말을 띄어 쓰는 사람이 많아지는 것은 事實이다. ①

그러나 여태까지 우리가 單語를 統一的으로 完成시기지 못한 까닭은 첫재로 語法의 見解가 다른 것과 둘재로 辭典이 編纂되지 못한 것이다. 그런데 最近 五六年 동안에는 研究와 討論을 거듭하야 統一運動에 애써 오는 것만큼 言語統一의 基礎工作인 綴字統一案은 이미 世上에 頒布되었고, 그밖에 標準語査定과 萬國音聲記號 對照案 制定이 不遠間에 完成될 것이다.

科學的 基礎의 原理와 原則을 잘 應用하야 單語成立을 시기는 것도 語學者가 아니면 매우 어려울 뿐만 아니라, 오히려 危險性이 많다. 우에 말한 바와 같이, 單語成立과 語意 註解는 一二個人의 知識과 短時日의 努力으로 이루지 못하는 것이 辭典編纂이다. 不完全이라기보다 오히려 그릇됨이 많은 辭典이 나온다면, 世上에 어떠한 害毒을 기칠 것은 우리의 常識으로도 잘 알 수 있는 일이다. 俗談에 『木手는 자(尺)에 속고, 風水는 쇠(指南針)에 속는다』하는 말과 같이, 一般 사람은 辭典에 속을 것이니, 그 얼마나 危險한 것이며, 또 罪惡일가.

다른 사람의 前例를 보라. 日本語辭典의 始祖인 言海는 國力과 大槻文彦氏의 專心으로 十年만에(明治八年 二月로 同 十七年 十二月까지) 겨우 四萬 未滿의 語彙로 編纂되었고, 註解보다는 매우 쉬운 對譯이 많지마는, 일본말도 만든 朝鮮語辭典은 그 앞서 난 韓佛字典과 韓英字典의 參考가 基本이 되었는대도 不拘하고, 朝鮮總督府의 힘으로 十數名이 八年만에(明治四十四年 四月로 大正八年 三月까지) 겨우 五萬八千餘 語彙로 編纂되었다. 그런데 우에 말한바 辭典들은 外國 사람이 조선말을 배우려고 만든 對譯 辭典이다. 그러나 조선말로 뜻을 새긴 註解 朝鮮語辭典은 아직 나오지 못하였다. 故 周時經先生으로부터 金枓奉氏, 李常春氏, 其他 여러분의 朝鮮語辭典編纂에 대한 努力이 없지 아니하였으나, 아직 成功은 되지 못하였고, 다만 諸氏의 努力하신 大部分의 原稿만은 朝鮮語學會에 넘기어 주시어서 共同協力을 하고 있다. 그래서 우리는 先輩들의 數十年 努力의 業績을 총집中하야 멀지 아니한 將來에 辭典編纂의 總決算을 하려고 한다. 그리하여 우리는 言語生活의 寶庫를 얻게 될 것이다.

世界에 著名한 辭典들

英國의 最新英語辭典(A New English Dictionary on historcal[3] Principles(1888-1928)은 四十年만에 完成.

獨逸의 獨逸語辭典은 (Deutsches Worterbuch[4]) 五十年만에 完成.

佛蘭西의 最新佛語辭典은 五十年만에 完成. 去年 九月에 初版 發行.

美國의 웹스터大辭典(Webster's Dictionary)은 二十八年만에 完成. 〔2〕

3　[편주] historcal : historical의 'i' 탈자.
4　[편주] Worterbuch : 'Wörterbuch'의 오식.

한글 所感

『中央』 4-3, 朝鮮中央日報社, 1936.3, 26~27쪽.

本質的으로 본 한글

朝鮮文化의 世界的 자랑거리가 퍽 많겠지마는 그 가운데 첫재로 世界 第一을 자랑할 것은 한글이다. 그 까닭은 다른 字母文字와 같이 原始的 象形에서 이리저리 굴러와서 함부로된 文字가 아니라 學者들의 여러 해 동안 苦心硏究하야 創案한 바 科學的으로 된 것이다. 이런 소리는 自慢心에서 나온 虛風이 아니라 世界 學者들이 다 같이 알아주는 바이다. 天主敎 神父로 朝鮮에서 十四年동안 朝鮮말을 硏究한 獨逸사람 에카르트氏는 自己가 쓴 朝鮮語會話文法 序文에 다음과 같이 말하였다. 『만일 한 民族의 文化程度를 그 말과 글로써 測定한다면 朝鮮民族의 文化가 世界에서 第一位로 갈 것이다. 그 簡單하고도 音의 表現性이 豐富한 規則的으로 된 字母와 또는 그 날카로운 觀察力으로 無數한 擬聲擬態語를 만드는 것은 누구나 歎服하지 아니할 수 없을 것이다』 또 누구나 놀라지 아니할 수 없는 것은 訓民正音 곧 한글 創製 當時에 喉音을 精密히 觀察하여 그 標記 [26] 의 字母를 具備하게 定한 것이다. 發音器官 中에 가상[1] 살피기가 어려운 자린 것만큼 喉音問題는 音聲學에 重要한 것이다. 近代 音聲學이 發達되기 시작한 것도 一八五八年에 쎄르마크(Czermark)[2]氏의 목청거울(Laryngakop[3])이 成功된 뒤로부터다. 그런데 무슨 方法으로 觀察하였던지 이제로 約 五百年 前에 한글을 創製할 때에 喉音을 다섯 가지나 갈라 보고 標記하게 하였으니 그 音價는 아직도 다 알기가 어렵다. 아는 대로 말하자면, ㆆ은 聲帶破障音이오, ㅎ은 聲帶摩擦音이오, ㅇ은 聲帶振動音이다. 이 三個 基本 字母 밖에 또 二個의 並書가 있나니 곧 ㆅ와 ㅇㅇ가 그것이다. ㅇㅇ은

---

1 [편쥐] 가상 : '가장'의 오식.
2 [편쥐] 쎄르마크(Czermark) : 얀 체르마크(Jan Nepomuk Čermák, 1828~1873). 생리학 및 조직학 교수, 후두경 검사 창시자.
3 [편쥐] Laryngakop : 독일어 'Laryngoskop'(라링고스코프)의 오기. 영어는 'Laryngoskopie'.

舌根과 軟口蓋後部의 摩擦音이니 萬國音聲記號 x로 對照되는 소리다. ㅇㅇ는 그 音價를 아직 밝히지 못하였다. (이 喉音問題에 대한 것을 좀 仔細히 알려면, 「한글」第一卷 第二號에 『訓民正音의 獨特한 聲音觀察』이라는 題目으로 쓴 나의 小論述을 參考하라)

運動的으로 본 한글

數年來에 朝鮮文化運動의 中心이 한글 整理運動에 있는 것은 감출 수 없는 事實이다. 이것은 現代 科學生活에 눈을 뜬 우리에게 必然的으로 올 運動이다. 다른 事物에 다 科學이 있는 以上 그 事物에 記錄하는 말과 글이 먼저 科學化하여야 될 것은 常識으로도 넉넉히 알 일이다. 한글學者들의 語文整理에 對한 科學的 努力도 速力을 다하려니와 그래서 이루어진 대로는 實行에 躊躇하지 아니하는 大衆도 速力을 다하야 나아가고 있다. 이것은 무엇보다도 반가운 現象이다. 賢明한 것은 大衆이라 언제나 제갈 길은 바루 가고 만다.

教育的 運動으로 보아서 最近의 한글運動에만 限할 것이 아니라 거슬러서 半千年을 치⁴살핀다면 한글은 조선 사람에게 義務教育처럼 普及이 되었다. 물론 사람사람이 다 그 文字를 解得하였다는 것은 아니다. 世界에서 義務教育이 가장 發達된 獨逸에도 文盲이 있다. 한글이 난 뒤에 그것으로 써 여러 가지 創作도 많이 났으며, 또 諸般 漢文書籍의 諺解가 났으며 그밖의 다른 말들의 책도 적지 아니 翻譯되었다. 그래서 事實은 한글을 賤待하던 腐儒⁵들부터 諺解를 보기 爲하야 한글을 힘써 공부하였다. 男女老幼 上下貴賤을 勿論하고 한글을 배워서 聖經, 賢典, 政治, 經濟, 軍事, 詩歌, 小說, 편지, 醫藥, 卜筮,⁶ 種樹之書까지, 공부하는 것이 事實이다. 27

---

4 [편쥐 치: '치살피다'라는 표준어는 없으나, '치'를 접두사로 본다면 '위로 올려 살핀다'는 뜻으로 여겨진다.

5 [편쥐 腐儒: 부유(생각이 낡고 완고하여 쓸모없는 선비).

6 [편쥐 卜筮: 복서.

朝鮮語文整理運動의 現狀

『四海公論』 2-5, 四海公論社, 1936.5, 62~67쪽.

一, 語文의 混亂

　四千年 歷史를 가진 民族으로서 이제까지 辭典 한 卷이 없다는 것은 너무나 큰 民族的 羞恥가 아니라 할 수 없다. 辭典이 없이 言語生活을 하여가는 結果는 語文의 混亂을 일으킨다. 우리가 이제 나남이 여기저기에서 볼 수 있는 것은 똑같은 뜻을 가진 말이 여러 가지 말로 쓰히는 것이나 또 한 가지 말이 여러 가지 綴字로 쓰히는 것이다. 例를 들면 하느님을 하늘님 하날님 하나님 하늘님 하누님으로 쓰는 것이나, 런던을 로돈, 논돈, 윤돈으로 쓰는 標準語가 서지 못한 證明이오, 사람을 사룸, 스람, 살암, 술암으로, 많다를 만타로, 빨리를 쌜니로, 있읍니다를 잇슴니다로 쓰는 것은 綴字가 統一되지 못한 證明이다. 이러하게 混亂하고야 어찌 말과 글의 값이 있으리오.

　本來 어느 民族을 勿論하고 言語의 歷史는 오래지마는 文字의 歷史는 짜르다.[1] 그것은 우리 朝鮮에도 그러하다. 新羅의 薛聰이 漢字로써 吏讀을 만들어 조선말을 적기 시작한 제는 벌서 千百餘年이나 되었다. 그러나 그런 文字로 말을 正確하게 적지 못할 것은 잘 알 수 있는 일이다. 그래서 文學化를 하지 못하고 나려오던 조선말은 비로소 큰 運數가 트이어서 李朝 聖主 世宗大王을 만나게 되었다. 大王께옵서는 萬年의 앞길을 내다보시고 크게 깨다른 바 있어 宮中에 正音廳을 特設하시고 여러 선비로 더불어 한글을 創制하실 때에 그 苦心이야 어찌 말로써 다하리오, 이 苦心努力으로 이루어진 한글을 世宗二十八年 丙寅에(距今 四百九十年 前) 中外에 頒布하시고 이 글을 普及시키기 爲하야는 한글科擧를 보이시며 各種 漢文書籍을 한글로 翻譯하게 하시며 또 한글로 創作을 많이 내게 하신 것을 보아서 當時에 大王의 熱心努力이 얼마나 많았던 것을 잘 알 수 있다. 世宗大王때뿐 아니라

1　[편쥐] 짜르다 : 짧다.

그 뒤 數代의 帝王이 역시 한글에 對한 努力이 많았것마는 워낙 漢文에 中毒되고 [62] 自覺없는 썩은 선비들이 朝野에 많아서 마츰내 한글은 賤待를 받고야 말았다. 그러니 한글學者가 못날 것은 환한 일이다. 그러므로 모처럼 생기었던 朝鮮語文의 科學的 努力은 그만 中斷이 되고 말았다. 그 結果는 이제까지 朝鮮語辭典 한 卷이 못 나게 된 것이다.

二, 語文整理의 基礎와 單語成立

어떠한 事物이나 基礎工作이 그 全體의 安全의 責任을 진 것은 누구나 다 아는 바이다. 우리 語文整理에도 그러하다. 이 基礎工作은 綴字法統一案 作成과 標準語 査定과 外來語査定과 語法統一이니 이 基礎 위에서 單語가 成立되어야 한다. 이 일의 重大한 使命을 가진 朝鮮語學會는 다음과 같은 役割을 하여 간다.

1, 綴字法統一案은 朝鮮語學者 十八人으로 組織된 委員會에서 三年 동안에 準備 會議와 開城, 華溪寺 兩大 會議와 또 修整委員會를 거쳐 三年 前 한글날에 社會에 頒布되었다.

2, 標準語査定은 數年間에 準備한 뒤에 昨年 一月에 溫陽溫泉에서 第一讀會를 열었고, 昨年 八月에 牛耳洞에서 第二讀會를 열었고 또 前後에 修整委員會를 여러 번이나 열었고, 또 멀지 아니한 將來에 三讀會를 열 豫定이다. 그런데 이 標準語査 定委員은 總數가 七十人이다. 京城語를 標準語로 삼은 것만큼 京城 及 近畿委員이 總委員數의 半數가 되게 하였고, 그 외의 半數는 方言 參考의 必要로 各道別을 하고 그 道의 人口比例로 委員數를 配定하였다.

3, 外來語 곧 다른 民族의 말이나 固有名詞를 우리 말속에 섞어 쓰게 되는 것은 世界 交通이 發達되고 人類文化가 交叉되는 오늘날에는 避하지 못할 事情이다. 그러므로, 이 外來語로 標準語와 綴字法을 定하지 아니할 수가 없다. 그리하자면 먼저 한글과 萬國音聲記號와의 對照案을 만들어야 된다. 外國固有名詞 統一問題는 누구보다도 나날이 그것을 많이 쓰고 있는 新聞社에서 늘 느끼어 오는 까닭에 五年 前에 各 新聞社의 부탁으로 朝鮮語學會에서 各 外國語의 修養이 깊은 數十名을

招待하야 協議한 結果 모든 進行方針을 朝鮮語學會에 一任하기로 되어서 그 會에서는 成案委員 三人을 뽑아 그 일을 맡기었는데, 그 案을 만드는 基礎工作으로 成案委員 中의 一人인 鄭寅燮氏를 二次나 東京에 派送하야 實驗音聲學室에서 朝鮮語音을 實驗音學的으로 밝히었다. 그 基礎 위에서 63案을 만들었는데 멀지 아니한 將來에 發表할 것이며, 이 對照案에 依하야 外來語及 外國固有名詞辭典을 編纂할 것이다.

4, 語法統一도 語文整理의 基礎 가운데 하나이다. 이 統一이 없고는 單語의 標準이 설 수가 없다. 例를 들면, 토 處理 하나를 볼지라도 어떤 이는 토 全部를 獨立한 品詞로 잡았고, 또 어떤 이는 名詞 밑에 쓰히는 것만 獨立한 品詞로 잡았고, 形容詞나 動詞 밑에 쓰히는 토는 語尾活用으로 잡았으므로 한 데 부치어서 한 單語로 쓴다. 그러나, 또 어떤 이는 토 全部를 語尾活用으로 잡아서 토는 다만 文法的 活用이오, 獨立한 單語는 될 수 없다는 것이다. 그래서 朝鮮語는 아직 品詞의 統一이 없고, 다만 朝鮮語綴字法統一案의 總論에 實用을 本位하야 토는 關係된 곳 말에 부쳐 쓴다는 한 條文을 두어서 單語成立의 基礎만은 定한 것이다. 이 文法統一 問題를 解決하려고 六年 前에 朝鮮語學會에서 研究委員 五人을 뽑아 맡기었는데, 將次 그 文法體系가 완성될 것이다.

이 위에 말한 네 가지 基礎가 서야 비로서 單語가 完成될 것이다. 오늘날까지 우리글은 한 줄에 죽 달아 쓰는 習慣이 있어서 글 읽을 때에 臨時로 아래위 字母를 加減하면서 單語를 찾아내는 것이다. 한 單語란 것은 한 概念을 한 덩이로 묶어 쓴 것인데, 이 單語가 이루어지지 아니하였으므로 讀書能率을 내지 못한다. 웨 그러냐 하면, 우리가 글을 읽을 때에 字母마다 읽어서 소리를 내고 들어서 아는 것이 아니라, 마치 漢字를 한 덩어리로 한 번에 보아서 그 뜻을 잡아내듯이 字母 文字의 綴字도 말 한마디를 한 덩어리로 보아서 字母를 各各 分析하지 아니하면 곧 말의 뜻을 알아낸다. 이것은 心理學的으로 證明하는 바이니 우리 視覺의 鑑別力은 한 焦點의 視野에 한 가지를 보는 것이나 어느 程度까지는 여러 가지를 보는 것이나 同一한 時間과 努力을 要한다. 實例를 들면, 한 번에 보아서 識別하는 時間과 努力은 꽃 한 송이가 있는 單純한 그림 한 幅을 보는 것이나, 꽃과 나무와 돌과 집과 사람이 있는 複雜한 그림 한 幅을 보는 것이나 똑같다는 것이다.

三, 綴字辭典 編纂

綴字辭典은 그 目的이 말의 뜻을 밝히는 것이 아니라, 바른 綴字를 알리는 것이다. 그러므로, 簡單한 뜻을 달아서 무슨 字이라는 大綱만 알리면 그만이다. 이러한 綴字 64 辭典은 綴字統一이 된 조² 가 오래요 國語教育이 發達된 文明國에도 있다. 우리 朝鮮말과 같이 綴字統一이 못된 말에 얼마나 綴字辭典이 必要하고 急한 것은 누구라도 알 일이다. 이 綴字辭典은 그 말과 그 글을 쓰는 사람은 누구나 다 한 책식³ 가져야 될 것이다. 이 책이 世上에 나와야 그것으로써 사람사람이 訓鍊을 받고 이 訓文期가 지나야 綴字統一은 完成될 것이다. 그러므로 朝鮮語學會에서는 위에 말한 基礎工作을 하는 同時에 綴字辭典編纂을 進行하고 있다. 基礎工作이 끝나는 날에는 그것으로써 곧 整理하야 綴字辭典을 完成할 것이다.

四, 註解辭典 編纂

이 註解辭典의 編纂은 어려운 點이 綴字辭典 그것이 比할 것이 아니다. 여기에는 말의 뜻을 밝히는 註解가 있는 까닭에 各 方面 專門家의 知識을 빌지 아니하면 編纂하기가 어렵다. 註解辭典은 一種의 百科全書로 볼 수 있다. 그러므로 암만 多聞博識이라도 몇 사람의 知識으로는 도저히 그 많은 말의 뜻을 바르게 밝히어 내기는 어려울 것이다. 그래서 朝鮮語學會에서는 七年 前에 組織된 朝鮮語辭典編纂會와 協力하야 註解辭典 編纂을 시작한 뒤로 一般語彙는 專任編纂員에게 맡기고 專門語彙만은 各 方面 專門家 三十餘名에게 囑託하야 自己 專門에 屬한 語彙를 뽑아서 註解하게 하였는데, 語彙 選擇 範圍의 標準과 그 註釋 方式과 程度와의 標準을 說明하고 들어 보인 主意書를 박여 드리어서 거기에 依하야 일을 한다. 그러나 그 동안 事情에 따라 일이 잘 進行되지 못하엿다가 이제부터는 다시 專任 四五人의 編纂員을 두고 이 註解辭典 編纂에 積極的으로 努力하게 되었다.

---

2 [편쥐 조 : '지'의 오식.
3 [편쥐 식 : '씩'의 오식.

五, 한글 學習書 刊行

朝鮮語學會의 機關雜誌인 月刊『한글』은 普通 다른 雜誌와 달라서 그 目的이 한글 敎養에 있는 것만큼 內容이 一種 學習書로 되었다. 語文에 對한 硏究 發表로 좋은 論文도 있고, 新聞 雜誌 其他 書籍에서 材料를 取하야 그 잘못된 綴字를 校正하야 對照 硏究하게 한 것도 있고, 文士들의 좋은 文藝作品도 있고, 歷史 講座도 있고, 其他 趣味 記事도 있어 字字 句句이 파고 읽으면 우리의 語文을 잘 공부할 수 있게 되었다.

各 敎會 各 新聞社에서 啓蒙運動으로 文字普及에 쓰던 또 쓰는 65 한글 學習書 는 그 種類를 낱낱이 들기가 어렵다. 이런 책들은 거의 다 朝鮮語學會 會員에게서 校正을 받은 것이다. 이 밖에 書籍業者의 出版物로 勞働讀本이니 農民讀本이니 하 는 한글 學習書도 적지 아니하다.

六, 한글講演會와 講習會

夏期나 冬期나의 休暇를 應用하여 各 新聞社의 主催로 京鄕 各地에 한글講演會 나 講習會를 많이 연 것은 世上이 다 잘 아는 바어니와 이때에 演士나 講師는 다 朝 鮮語學會의 會員이였다. 學生文字普及隊가 動員令을 받기 前에 主催한 그 新聞社 에서는 朝鮮語學會의 會員을 請하야 몇 時間이라도 한글師範講演을 그 隊員에게 들리어 주어서 한글을 가르칠 때에 從來의 묵은 식으로 아니하고 新綴字法으로 語文整理를 目標하고 가르치게 하였다. 이 밖에도 小規模로 敎會나 社會團体에서 主催하야 열리는 한글講演會는 京鄕 各處에 從從 있다.

七, 文藝家의 奮鬪

누구보다도 文藝家는 말과 글이 自己의 生命인 것만큼 語文整理 運動에 直接으 로 努力을 아니할 수 없다. 그래서 그들의 作品을 본다면 例外가 없이 新綴字法을

進行하고 있다. 再昨年에 平時 우리 語文研究에 特別한 素養이 없는 一部 人士가 或種 誤見과 計劃을 품고 우리 語文整理 運動에 對하야 反對의 妄動이 出할 제 文藝家 諸位는 率先하야 일어나서 그 不純한 動機에 由因한 蠢動을 膺懲하는 聲明書를 社會公眼下에 飛檄하였다.

八, 出版界의 協力

아직 新綴字의 訓鍊期가 지나지 못한 것만큼 사람사람이 글자를 다 바루 쓰느냐 하는 것은 別問題다. 新綴字를 좋아 쓰지 아니하면 時代의 落伍者가 되는 줄은 누구나 다 알고 있다. 書店에 책을 사려 온 사람들은 먼저 그 책이 新綴字法으로 된 줄을 알아야 산다고 한다. 만일 新綴字法된 것이 아니면 책을 쥐었다가도 던지고 나간다고 한다. 이러한 大勢는 出版業者로 하여금 우리 語文整理 運動에 參加하지 아니할 수 없게 되었다. 그래서 各 新聞 雜誌 其他 一般出版物이 다 新綴字로 나오고 舊小說까지도 차차 新綴字로 곤쳐서 낸다. 漢字典은 벌서 新綴字로 出版된 것이 있고 이제 印刷 中에 있는 66 것도 있다. 朝鮮語學會에서는 新綴字 校正 부탁을 늘 받게 되는데 그것을 다 應하여 드리라면, 校正事務所를 特設하고 專任을 두지 아니할 수 없게 되었다.

九, 大衆의 總動員

『한글』雜誌에 늘 실리는 質疑應答을 보면, 누구나 다 알 일이다. 處處에서 通信 敎授를 받는 것이니 무슨 바침은 어떻게 쓰느냐 하는 물어보는 편지가 나날이 들어온다. 京城 市內에서는 電話敎授를 받는 사람이 적지 아니하다. 雜誌原稿를 쓰다 못쓴 綴字에 대하야 조곰만 疑心이 나면, 그만 朝鮮語學會로 電話를 걸고 있다. 이것은 다 文化人의 文化的 良心에서 울리여 나오는 動力이오, 또 大勢다.

(丙子 三月十八日) 67

"文筆方面에서 먼저 活用하기를", 大任을 完成한 後에 李克魯氏 談

『朝鮮日報』, 1936.10.29.

　　조선어학회 간부 중 특별히 리극로(李克魯) 씨와 몃 분은 밤을 새우고 점심은 물론 저녁까지도 만히 굴머[1]가면서 조선문화운동에 『파이롯트』가 될 조선말연구와 표준어사정을 위하야 십년 동안을 여일히[2] 전심전력하야 오늘에 비로소 귀중한 결과를 짓게 되엿는데 그들의 헌신적 노력의 리면을 아는 사람들은 누구나 눈물겨우며 감사하기 마지안는다. 『표준어모음』을 발표한 이십팔일 밤에 조선어학회 간부 리극로씨는 긔자에게 가장 겸손한 태도로 다음 가티 감상담을 간단히 이야기하엿다.

　　우리가 노력한 결과 비로소 사정한 표준말을 발표하게 됨에 당하야 이와 가티 각게 명사들이 만히 참석하게 된 것은 조선어표준어 발포에 대하야 그만큼 만흔 긔대를 가지고 잇섯슴을 알게 되엇습니다. 아프로 이 표준어대로 일반 대중이 사용하여 주엇스면 조선어문(語文) 통일에 만흔 효과가 잇슬 것은 물론이겟지마는 더욱이 문필에 종사하는 여러분들이 이 표준어를 꼭 준행하여 주어야만 일반 민중에게 빨리 보급되리라고 밋습니다. 그리된다면 우리가 오래동안 애쓴 보람은 더 빗나게 될 줄로 압니다.

1　[편쥐 굴머 : 굶어.
2　[편쥐 여일히 : 처음부터 끝까지 한결같이.

한글 統一運動의 社會的 意義

『朝光』2-11, 朝鮮日報社出版部, 1936.11, 53~63쪽.

一, 人類文化는 말과 글을 通하야 發達된 것이다. 空間的으로 時間的으로 생각을 널리 펴고 오래 전 하는 것은 오직 말과 글의 힘이다. 이와 같이 重大한 使命을 가진 語文이 複雜한 생각을 나타낼 적에 조곰이라도 分明하지 못한 點이 있다면 讀者에게 얼마나 큰 害를 끼칠 것은 환한 일이다. 말은 사람의 소리로써 事物을 나타내는 共同 約束이오 글은 말을 적은 共同 約束의 記號이다. 그러므로 말과 글은 마땅히 統一을 要한다.

朝鮮民族이 四五千年 文化生活에 語文整理를 한 번도 못하여 본 것만큼 그 紊亂한 現狀은 이제 우리가 當하고 잇는 그 모양이다. 그러나 때는 萬般 科學이 發達된 二十世紀이다. 이 萬般 科學을 적은 語文 그 自體가 科學化하지 못하였으니 이제 우리에게 科學運動이 急하다면 語文科學運動이 第一로 急할 것이다. 우리도 이 科學運動을 시작한 제는 四十年이 넘었다. 그 동안에 簡單한 語法은 몇 가지가 나왔고 辭典은 編纂을 혹 시작하였으나 아직 하나도 結果를 얻지 못하였다. 이것은 무엇보다도 그 基礎工作이 完成되지 못하였으니 建設이 못 될 것은 常識으로도 잘 알 일이다. 辭典의 基礎工作은 綴字法統一案 作成 標準語査定 語法統一案 作成 外來語査定과 綴字法統一의 基礎로 朝鮮語音과 萬國音聲記號와의 對照案 作成[53]이다. 이 위에 말한 것은 모두 語文 自體에 대한 科學的 努力이오 그 다음에는 讀法統一 問題이니 이것은 곧 敎育問題이다.

二, 綴字法統一. 이것은 字形統一을 이르는 것이니 音理와 語法과 語源을 살핀[1]어서 綴字하는 法을 統一을 시기어야 비로소 말과 글의 價値를 나타내게 된다. 文字라는 것은 萬國音聲記號와 달라서 어느 말이나 그 쓰는 法이 같아야 되는데 變格이면 變格 그대로 한 法이 되는 것이다. 곧 變格이란 것은 큰 法則에서 떠러저 나온 적은 法則이다. 萬國音聲記號는 말의 모든 關係를 떠나서 單純히 發音의 現

---

1 [편쥐 편:‘피’의 오식.

狀을 正確히 적는 것이 그 使命이다. 文字와 音聲記號와의 다른 性質을 알아야 綴字法의 原理를 잘 理解할 것이다. 이제 實例를 들면,

文字式				萬國音聲記號式		
빗(梳)이	빗은	빗도	빗만	비시	비슨	빗도	빗만
빚(債)이	빚은	빚도	빚만	비지	비즌	빗도	빗만
빛(色)이	빛은	빛도	빛만	비치	비츤	빗도	빗만
업다(負)	업고	업어	욉은	업다	업고	어버	어븐
엎다(覆)	엎고	엎어	엎은	업다	업고	어퍼	어픈
없다(無)	없고	없어	없은	업다	업고	업서	업슨

心理學的으로 본 讀書 能率의 關係는 매우 크다. 누구나 말하기를 漢字는 읽기가 便하다고 한다. 그것은 事實이다. 漢字가 배우기는 어렵지마는 읽기는 쉽다. 웨 그러냐 하면 글자마다 字形이 달라서 各各 特色이 있으므로 한번 얼른 보면 눈에 펏듯² 띠이는 까닭이다. 그러나 表意記號文字로 된 漢字는 배우기 어려운 것과 읽기 쉬운 것을 比較한다면 어려운 點의 害가 더 많은 까닭으로 누구라도 贊成하지 못한다. 字母文字는 綴字法의 統一과 固定으로써 各字의 特色을 나타내어서 讀書의 便宜를 준다. 다음의 實例를 보아서 잘 알 수 있다.

낫 鎌	입 口	집 家
낮 晝	잎 葉	짚 藁 54
낯 面		
낟 穀	돌 石	목 項
낱 個	돐 朞	몫 配分
골 邑	벗다 脫	집다 取
곬 脈路	벋다 延	짚다 杖

---

2 [편쥐] 펏듯 : 퍼뜩.

굳다 固	잇다 繼	짓다 作
궂다 惡	있다 有	짖다 吠
	잊다 忘	짙다 濃
찢다 裂	좇다 從	갖다 備
찧다 舂	좋다 好	같다 如

三, 標準語統一. 어느 民族을 勿論하고 標準語가 있는 反面에 方言 곧 사투리가 있다. 조선말은 여태까지 標準語가 없이 말을 함부로 쓰고 있다. 그런데 朝鮮語學會에서 數年 前에 綴字法統一案을 完成하고 이어서 標準語查定에 着手하였다. 그래서 世上이 다 아는 바와 같이 昨今 兩年에 溫陽溫泉에서 第一讀會와 牛耳洞에서 第二讀會와 仁川에서 第三讀會를 열었고 또 前後에 數十次의 修整委員會를 朝鮮語學會 안에서 열었다. 그리고 이제 整理 中에 있는데 이 가을에는 그 標準語를 社會에 頒布하려 한다. 이 標準語查定이 얼마나 어려웠던 것은 查定會議 當時에 말 한마디를 가지고 몇 時間을 討論한 일이 있는 것을 보아서도 잘 알 수 있다. 京鄕을 網羅한 各界 人士 七十三名의 委員이 모여서 그만한 時日을 犧牲하야 查定한 것만큼 愼重히 處理되었다고 생각한다. 다음에 그 查定에 올린 語彙의 例를 든다. (처음에 있는 말이 標準語로 뽑힌 말)

갈구리 鉤	자국 迹痕	나중 終
갈고리	자곡	나종 [55]
갈쿠리	자욱	내종
갈코리	자옥	낭중
갈구지	자죽	야종
갈쿠지	자족	야중
갈고랑이		양중
갈코렁이		양종
갈구장이		
갈쿠장이		
아주버니 娚叔	상치 萵苣	방아깨비 螽蟖[3]

아즈버니	상추	방가지
아자버니	상취	방개비
아지버니	생치	방과치
생취	방아메뚜기	
아주머니 叔母	부루	땅개비
아즈머니	구멍 穴	광개비
아자머니	구먹	황개비
아지머니	구멍	황그래비
구녁	왕치	
구녕	버레 蟲	
버러지		
구무	벌러지	
구머	벌거지 벌레	
나누다 分	흠뻑 洽足	먼저 先 56
난호다	흠씬	몬저
나느다	흠썩	먼저
노느다	흠쪽	먼첨
논호다	얼른 束히	
논다	얼핏	먼점
	어핀	
골막하다 不充	얼풋	
골짝하다	얼뜬	
골싹하다		
고름하다		

四, 語法統一. 이것은 첫재 品詞의 分類가 統一이 되어야 할 것이다. 그런데 이

---

3 [편쥐] 蟊螽 : 번종.

제까지 나타난 品詞 分類의 態度는 여러 가지가 있는데 그 中에서 몇 가지 例를 들면 다음과 같다. 첫째로 隆熙二年에 發行된 周時經氏의 朝鮮語文法에는 九品詞로 나누었는데 임(名詞), 엇(形容詞), 움(動詞), 겻(助詞), 잇(接續詞), 언(冠形詞), 억(副詞), 놀(感歎詞), 곳(終結詞)이 그것이다.

여기에 부치어서 말할 것은 그 뒤에 發行된 金枓奉氏의 조선말본에도 또한 九品詞로 나누었는데 그것은 周氏의 것과 큰 差異가 없다.

둘째로 昭和五年에 發行된 崔鉉培氏의 朝鮮語文研究에는 十品詞로 나누었는데 이름씨(名詞), 대이름씨(代名詞), 셈씨(數詞), 움즉씨(動詞), 어떻씨(形容詞), 잡음씨(指定詞), 어떤씨(冠形詞), 어찌씨(副詞), 느낌씨(感歎詞), 토씨(助詞)가 그것이다.

위에 보인 두 가지의 品詞 分類를 살펴보건대 토 處理가 큰 問題이다. 하나는 토 全體를 品詞로 잡고 다른 하나는 토의 一部인 名詞 밑의 것만 딴 品詞로 잡았다. 그런데 조선말에 形動詞[4] 밑에 쓰이는 토를 語尾活用으로 다룬다면 名詞 밑에 쓰이는 토도 語尾活用으로 다룰 수가 있다. 그래서 朝鮮語綴字法統一案 總論에 『文章의 各 單語는 띄어 쓰되 토는 그 웃말에 붙여 쓴다.』고 態度를 定한 것이다. 또 西[57]洋말에 語尾로써 格을 나타내는 것을 생각하여도 괜찮을 것이다. 또 이제 參考로 알아둘 것은 조선말과 같은 語族에 붙은 우랄알타이 말들―만주, 몽고, 핀랜드, 에스토니아, 딸딸이,[5] 토이기,[6] 흉아리[7]―말들의 語法을 본다면 名詞 밑에 오는 토도 다 語尾로 잡았는데 핀랜드 말에는 十五格이 있고 에스토니아 말에는 十六格이나 있다. 이 말들의 格들을 西洋말로 飜譯한다면 前置詞를 代用하게 된다.

五, 單語統一. 品詞分類가 統一된다 하여도 單語統一 問題는 그냥 남아 있다. 品詞 分類에 依하야 單語를 分하는 것은 勿論이지마는 이밖에도 單語成立의 分界線을 밝히어야 될 點이 여럿이 있다. 이제 大槪를 論하면 다음과 같다.

가, 冠形詞와 接頭語와 複合語와의 各各 그 性質과 範圍.

---

4 [편쥐] 形動詞:形容詞・動詞.
5 [편쥐] 딸딸이:타타르족(韃靼人)과 그들이 사는 러시아의 타타르스탄 공화국을 지칭하는 듯 여겨진다.
6 [편쥐] 토이기:터키.
7 [편쥐] 흉아리:헝가리.

(1) 冠形詞는 모든 名詞 위에서 토가 없이 두루 쓰이는 形容語이므로 獨立한 品詞이다.

例를 들면 이, 그, 저, 요, 고, 조, 어느, 웬, 무슨, 첫, 한, 두, 세, 네, 새, 헌, 올, 돌.

(2) 接頭語는 冠形詞와 비슷하되 모든 名詞에 두루 쓰이지 아니하고 特殊한 境遇에만 쓰이는 말이므로 獨立한 品詞가 아니라 다른 말 위에 붙어서 쓰인다. 例를 들면,

메(조), 합(쌀), 맨(손), 민(대가리), 핫(옷), 단(벌), 대(번), 얼(개화군), 돌(배), 외(달), 왜(못), 당(사향), 양(봉투), 강(다짐), 건(주정).

(3) 合成語는 大體로 結合된 各個 單語의 뜻 밖에 다른 뜻을 이룬 말이므로 各個 單語의 뜻을 알아도 이 合成된 語意를 알 수가 없는 것이다. 例를 들면,

문고리, 가죽신, 빈대코, 콩밥, 칼춤, 누물(淚), 두부집, 칼집, 흙손, 안경다리, 손등, 모래밭, 상밥

但 各個 單語의 뜻만으로 結合된 말이라도 익어서 한 말과 같이 쓰이는 것은 合成語로 다룬다.

例를 들면,

앞뒤, 아래위, 바지저구리, 손발, 개돼지, 바람물결, 눈비 구름안개.

나, 命數詞의 獨立性, 命數詞는 數冠形詞 밑에 쓰이는 名詞이다. 그러므로 딴 單語로 써야 된다. 命數詞의 例는 다음과 같다.

뭇 갓 두름 떼 쾌 동 통 단 다발 바리 짝 섬 말 되 홉 돈(吻) 근 양 전 푼 필 자 치 이 [58] (里) 마일 미돌 그릇 동이 사발 장 권 축 덩이 벌 켜레 꼭지 접 코 줄 줌 마리 자옹 웅큼 모금 아름 발 뼘 그루 개 상 짐 자루 번 째(次序).

다, 不完全名詞의 獨立性. 不完全名詞는 제 홀로 쓰이지 못하고 항상 冠形語를 가지고야 쓰이는 名詞이다. 이것은 그 뜻과 쓰임으로 보아 副詞性 不完全名詞와 普通不完全名詞와의 두 가지로 가른다.

(1) 普通不完全名詞의(主語로도 쓰임) 例는 아래와 같다.

것, ─ 자네가 잡은 것이 무엇인가.

당신은 큰 것을 사시오.

바, ─ 네가 할 바는 공부이다.

나는 갈 바를 모른다.

줄, ― 임 향한 一片丹心 이야 가실 줄이 있으랴.

　　내가 농사할 줄을 안다.

이, ― 여기 앉은 이가 누구십니까.

　　가는 이를 붓잡는다.

대, ― 禮拜堂 있는 대가 우리 마을이오.

　　콩 심은 대에 콩이 난다.

위에 말한 것 가운데 더러는 境遇를 따라 그 위의 말과 合하야 한 單語로 만드는 것이 便하다.

例를 들면,

　　이것, 저것 그것, 젊은이, 늙은이, 노는이

라, 數詞의 單語. 이것은 四位를 一單으로 만드는 것이 合理하다. 곧 單十百千 萬十萬百萬千萬, 億十億百億千億, 兆十兆百兆千兆로 할 것이다. 이에 依하야 쓴다면,

　　하나 둘 셋 넷 다섯 여섯 일곱 여덟 아홉 열 열하나 열둘 열셋 열넷 열다섯 열여섯 열일곱 열여덟 열아홉 스물 스물하나 스물둘 스물셋……스물아홉 설흔하나 설흔둘……설흔아홉 마흔 마흔하나……마흔아홉……쉰 쉰하나……예순 예순하나……예순아홉 일흔 일흔하나……일흔아홉 [59] 여든 여든하나 여든아홉 아흔 아흔하나……아흔아홉 백 백하나 백둘……백열 백열하나 백열아홉 백스물 백스물하나……백스물아홉 백설흔 백마흔 백쉰 백예순……백아흔 이백 삼백……구백 구백하나……구백아흔아홉 일천 일천하나……일천열둘……일천구백아흔아홉 이천……구천구백아흔아홉 만 이만 삼만사천오백팔십삼억 오천이백사십칠만 팔천륙백스물여덟.

마, 年月日時의 單語.

(1) 年은 어떤 紀元에서 繼續하야 나가므로 만일 數冠形詞와 한 單語로 만들어 쓴다면, 그 單語가 無限히 늘어 갈 것이오 또 年의 이름이 아니라 몇 째 해라는 數字를 먼저 생각한다. 그러므로 數冠形詞는 떼어 쓰는 것이 옳다. 例를 들면,

　　西曆 일천구백삼십륙 년

　　한글 頒布 사백구십 년

(2) 月은 한 單語로 쓰는 것이 옳다. 이것은 열두 달에 制限이 되어 있고 또 數冠

形詞를 떠나서 딴 이름이 있는 것을 보아서도 달의 이름으로 알 수가 있다. 그래서 다음과 같이 한 單語로 쓴다.

일월 이월 삼월 사월 오월 류월 칠월 팔월 구월 시월(상달) 십일월(동짓달) 십이월(섯달)

(3) 日도 한 單語로 쓰는 것이 옳다. 이것이 역시 單語 數의 制限이 있고 또한 數冠形詞 식으로 된 것이 않이라 아래와 같이 날의 이름으로 되었다.

하룻날 이틋날 사흣날…열흘날 열하룻날…열닷샛날(보름날)……스무날……스무아흐렛날 삼십일 삼십일일(그믐날)

(4) 時는 數冠形詞에서 띠어 쓰는 것이 옳다. 그것은 時의 이름으로 생각하는 것보다는 몇 時라고 하는 數字를 따로 생각하는 點이 더 많다. 그래서 다음의 例와 같이 쓴다.

오전 열한 시 삼십오 분.

오후 일곱 시 반.

마, 「하다」와 「되다」를 붙여서 動詞化와 形容詞化. 그 例는 다음과 같다.

運動하다 勞働하다 硏究하다 整理하다 主張하다 出入하다 말하다 나무하다 풀하다(糊) 절하다 생각하 **[60]** 다 씨름하다.

潔白하다 新鮮하다 勇敢하다 忠實하다 圓滿하다 正當하다 平平하다 惡하다 물렁하다 얼룩하다 델리케이트하다

생각되다 흥분되다 이되다 해되다 욕되다 반대되다 운동되다 영광되다.

참되다 잡되다 헛되다 망령되다 어중되다 쌍되다 덜되다 못되다 그릇되다.

六, 外來語의 標準語와 밋 그 綴字法統一. 世界交通의 發達을 따라 各 民族의 文化가 서로 接觸되고, 또 그것을 따라 말이 서로 섞일 것은 避하지 못할 일이다. 그러므로 이 外來語도 標準語를 定하고 綴字法을 統一시기지 아니하면 아니 될 것이다. 그런데 이 外來語라는 것은 一般의 말과 固有名詞 두 가지를 통털어 이른 것이다. 朝鮮語文 整理의 使命을 가진 朝鮮語學會에서는 年來에 이 問題를 크게 關心하고 硏究 中에 있다. 이제 各 出版物에 나타난 그 統一되지 못한 現狀을 다음의 實例를 들어 보이고저 한다.

택시, 다꾸시. 모던, 모단. 라듸오, 라지오, 고부, 컵. 쩬틀맨, 쩬틀맨.(紳士). 리퍼블릭, 우리퍼불릭(共和制).

논돈, 론돈. 런던, 란던. 윤돈(英京).

백림, 벨린, 베르린, 벌린(獨京).

모스코, 모스크봐, 막사과(露京).

와싱톤, 싱와, 싱워싱톤, 워싱턴, 화성돈(米京).

쏘베트, 로서아, 아라사(蘇聯邦).

하와이, 포와(布哇).

멕시코, 묵서가(墨西哥).

中國, 支那.

옥스포드, 牛津(英國 地名).

비스마르크, 비스맑, 비사맥(比士麥).

나폴레온, 나파륜(拿破崙) 61

七, 讀法統一. 이 讀法이 統一되지 못하면 言語의 紊亂과 變遷이 생길 것은 환한 일이다. 이 統一은 發音敎育問題나 發音原理만 理解하면 되는 것이다. 이제 그 大體를 말하면 다음과 같다.

(1) 連音. 으뜸 되는 말과 거기에 딸리어 쓰이는 토나 補助語幹과의 關係니 위에 있는 으뜸 되는 말의 바침이 그 아래에 있는 母音(卽 아야줄)이 처음 시작되는 토나 補助語幹에 나려와 붙어서 發音되는 것이다. 그런데 두 個 바침인 境遇에는 끝의 바침 하나만 나려온다. 實例는 다음과 같다.

이것(此物), 이것이　　　이거시, 이것을 이거슬, 이것에 이거세.

낮(晝), 낮이＝나지, 낮은 나즌, 낮에 나제.

앞(前), 앞이＝아피, 앞으로 아프로, 앞에서 아페서.

넋(魂), 넋이＝넉시, 넋을 넉슬, 넋에 넉세.

돐(朞), 돐이＝돌시, 돐은 돌슨, 돐에 돌세.

닭(鷄), 닭아＝달가, 닭은 달근, 닭에게 달게게.

적다(小), 적은＝저근, 적어도 저거도, 적이 저기.

굳다(固), 굳은＝구든, 굳어도 구더도, 굳이 구디.

솟다(聳), 솟아서＝소사서, 솟으면 소스면.

맺다(結), 맺아서＝매자서, 맺으면 매즈면, 맺았었다　　　매자썼다.

좇다(從), 좇아=조차, 좇은 조츤, 좇았다 조찼다.
같다(如), 같아=가타, 같은 가튼, 같이 가티.
좋다(好), 좋아=조아, 좋은 조흔, 좋으면 조흐면.
깎다(削), 깎아=까까, 깎은 까끈, 깎인다 까낀다.
앉다(坐), 앉아서=안자서, 앉으면 안즈면, 앉은 안즌.
많다(多), 많아서=만하서, 많은 만흔, 많이 만히.
핥다(舐), 핥아=할타, 핥았다 할탔다, 핥은 할튼.
없다(無), 없어서=업서서, 없을 업슬, 없으면 업스면. [62]

(2) 激音化, 聲帶를 摩擦하고 나오는 氣流 곧「ㅎ」소리로써 내는 破障音을 激音이라고 한다. 그러므로 激音「ㅋㅌㅍㅊ」는 平音=ㄱㄷㅂㅈ에 ㅎ소리가 先後 없이 섞인 것이다. 實例는 다음과 같다.

각하(閣下) 가카. 박힌다=바킨다. 놓고=노코 걷힌다=거틴다. 닫힌다=다틴다. 좋다=조타. 빻다=빠타. 업힌다=어핀다. 잡힌다=자핀다. 십호(十戶)=시포. 맞힌다=마친다. 땋자=따차. 많지=만치.

(3) 默音. 여러 子音이 同時에 다 發音되기가 어려우므로 겹바침이 그 아래에 子音 첫소리로 된 音節을 만나면 그 中에 하나는 드러나지 못하되 摩擦音이나 流音이 弱한 關係로 죽어지는데 摩擦音(ㅅ)과 流音 ㄹ이 서로 만나면 그 中에는 摩擦音인 ㅅ이 죽어진다.

一, ㄳㄽㅄ의 ㅅ이 죽어지는 實例는 다음과 같다.

삯도(賃)=삭도, 삯만=삭만, 조삯차[8]=삭조차.
넋도(魄)=넉도, 넋만=넉만, 넋조차=넉조차.
돐도(朞)=돌도, 돐만=돌만, 돐조차=돌조차.
옰도(絲線)=올도, 오라[9]만=올만, 올[10]조차=올조차.
값도(價)=갑도, 값만=갑만, 값조차갑=조차.[11]

8 [편주] 조삯차 : '삯조차'의 오식.
9 [편주] 오라 : '옰'의 오식.
10 [편주] 올 : '옰'의 오식.
11 [편주] 값조차갑=조차 : '값조차=갑조차'의 오식.

二, ㄺㄼㄻ의 ㄹ이 죽어지는 實例는 다음과 같다.

닭국=닥국, 닭도=닥도, 닭만=닥만, 닭조차=닥조차.

밝다=박다, 밝고=박고, 밝지=박지, 밝소=박소.

넓다=넙다, 넓게=넙게, 넓지=넙지, 넓소=넙소.

밟다=밥다, 밟게=밥게, 밟자=밥자, 밟소=밥소.

굶다=굼다, 굶고=굼고, 굶지=굼지, 굶소=굼소.

젊다=점다, 젊고=점고, 젊지=점지, 젊소=점소.

—끝— (63)

(한글記念四百九十週年) 標準語 發表에 際하야[1]

『朝鮮日報』, 1936.11.1.

一, 朝鮮語辭典編纂의 한 基礎工作으로된 朝鮮語綴字法統一案은 三年 前에 이미 頒布되엇고 또 그 基礎工作의 하나로 査定한 朝鮮語標準語는 이번 한글날에 頒布하게 되엇다. 統一案 完成도 三個年의 **歲**月이 들엇거니와 이번 標準語査定도 또한 三年이란 歲月이 허비되엇다. 그래서, 前後 六年 동안은 辭典編纂의 基礎工作에 힘을 쓴 것이다.

우리는 四千餘年의 歷史를 가지고 이 言語生活을 하여 온다. 그러나, 이제까지 아무 整理와 統一이 업는 方言을 써왓을뿐이다. 이러한 言語生活은 오늘 世上에는 到底히 허락하지 아니한다. 現代 文明은 모든 것이 다 標準化한다. 鐵道軌道의 輻[2] 은 世界的으로 共通化하엿스며 적은 쇠못으로부터 큰 機械에 이르기까지 어느 것 이나 大小의 號數가 잇서 國際的으로 共通된 標準이 업는 것이 업다. 무엇이나 共同 生活에는 共通的 標準이 잇서야 될 것은 두말 할 必要가 업거니와 더욱이 한 民族社 會 안에서 생각을 서로 通하는 言語에 잇서야 統一된 標準이 업지 못할 것은 환한 일이다. 그러므로 各 民族은 제 각각 標準語統一에 **努**力하엿고 또 努力하고 잇다. 대저 方言이 構成되는 原因은 여러 가지가 잇다고 하겟스나 人文 및 地理上의 障害 가 가장 重大한 作用을 하는 것이다. 그러나 近代의 交通發達과 文化學術의 交換이 盛行됨과 또 出版文化의 發達에 따라 標準語制定運動이 盛行하게 되엇다.

어떤 文明族에라도 標準語와 方言이 同時에 併行한다. 標準語는 가장 勢力잇는 方言을 擇하야 文字化한 것이오 方言은 大概 口頭語로 된 것이다.

二, 民族語의 標準語를 査定함은 그 使命이 무거운 것이다. 그러므로 이 使命을 다하기 爲하야는 合理한 組織과 愼重한 態度가 업스면 아니 될 것이다. 朝鮮語綴

---

1 [편쥐] 이 글은 「標準語 發表에 際하여」라는 제목으로 『한글』 4-12, 朝鮮語學會, 1936.12, 13~14쪽에 동일하게 수록되어 있다.
2 [편쥐] 輻 : 폭(바퀴살).

字法統一案 總論에 『標準語는 大體로 現在 中流社會에서 쓰는 서울말로 한다』고 하엿다. 이 精神에 依하야 標準語査定委員은 各 文化事業機關에서 從事하고 또 言語方面에 趣味를 가진 사람으로 京城에나 近畿에서 生長한 분을 **全**委員數 七十三人의 過半數로 뽑고, 그 박게 約 半數는 各道에 人口比例를 따라 配分하야 뽑앗다. 그래서 中央委員으로 査定하지 못하는 말은 地方委員들이 努力하야 地方말을 參考하야 査定하게 되엇다.

이 標準語査定委員會는 昨年 一月에 溫陽溫泉場에서 第一讀會가 열리엇고, 昨年 八月에 牛耳洞에서 第二讀會가 열리엇고 今年 七月에 仁川에서 第三讀會가 열리엇다. 그리고 매양 大會에서는 修整委員을 뽑아서 修整의 責任을 지우엇다. 이 修整委員은 大會의 委託에 依하여 修整委員會를 달과 날을 이어 열고 그 案을 修整하야 비로소 完成하는 대에 이르럿다.

이 査定된 標準語集은 大體로 二部에 分하엿는데 第一部는 全等語이니 이것은 뜻이 꼭 갓고 말이 다른 것이오, 第二部는 類似語이니 얼른 보면 가튼 말로 보이나 자세히 그 뜻을 살펴보면 거의 가튼 뜻을 가지고 쓰히다기도 마즈막에 어느 한 點이라도 다르다. 그래서 各位語가 된다. 一讀會와 二讀會까지 全等語로 오던 말이 第三讀會에 와서 各位語로 넘어간 것이 적지 아니하다. 全等語로서 十餘個의 말까지 잇는 것이 잇다. 그 가운데에서 여러 사람의 뜻을 一致시켜 標準語 하나를 가리어 내기는 매우 힘드는 일이엇다.

三, 査定된 標準語彙는 學的 研究를 爲하야 前編은 討議査定한 方法대로 體系的으로 編纂하엿다. 그러나 이제 編纂하야 나올 後編은 그 語彙를 다시 가나다順으로 編纂한 뒤에 前編과 合本하야 一般에게 索引의 便宜를 돕고저한다.

이 標準語가 頒布되기까지 이른 것은 오로지 教育界 특히 言論界 其他 各 方面 有志人士의 끈임 업는 援助와 激勵로 말미암은 것은 틀임 업는 事實이다. 이러하게 힘써 이루어진 標準語를 이제 社會에 頒布하게 되엇스니 이 말과 이 글을 쓰는 사람은 누구나 協力하야 實用에 熱을 내어 준다면 感謝함을 마지아니할 일이다.

外國辭典 못지 안케 內容의 充實을……, 朝鮮語學會 李克魯氏 談

『朝鮮日報』, 1937.5.2.

조선어사전편찬 사업을 위하야 독일에서 돌아온 후 조선어학회 내에 잇서 오늘까지 사업의 중추가 되어 온 리극로 씨는 다음과 가티 말하엿다.

이 사업이야말로 우리민족의 어느 사업보다도 적지안흔 대사업입니다. 결코 어느 한 사람의 사업이 아닙니다. 그런데 그 동안 팔년간 여러분들이 가티 협력하여 오는 동안에는 난관이 만히 잇섯다고 할 수 잇스나 이제 사업의 완성의 날을 삼년 후로 예정할 수 잇슬만큼 된 것은 실로 깃분 일입니다. 그간의 난관이라면 금후도 그러하겟지만 재정의 문제입니다. 재정의 기초는 크지 못해도 다소 얼마간이라도 여유가 잇섯드라면 좀 더 빨리도 진행되엿슬 것입니다. 그러나 대사업이므로 함부로 날을 재촉만 할 수 업습니다. 사업의 내용인 어휘에 대해서 그간 수집 정리한 바로 십이삼만 어의 채록이 가능할 것으로 예정되고 잇습니다. 외국사전도 어휘가 칠 만에서 십만 내외인 것으로 보아 우리 것이 완성된다면 상당한 내용을 가즐 것으로 밋고 잇습니다. 일상실용어의 주해도 여간 힘든 것이 아니어서 시시로 어학회의 위원이 회동하여 자주 협의를 하는 중인데 특히 전문어에 대하여서는 우리 학게 각 방면의 인사 사십여 분이 담당케 된 것은 더욱 뜻깁흔 일입니다. 물론 금후 삼년의 시일이 이 사업을 위하여서는 더욱 귀중한 때임으로 배전[3]의 노력이 잇서야 할 것을 각오하고 우리 조선어학회는 거듭거듭 열성을 다하려고 하는 터입니다.

---

3 [편쥐 배전 : 倍前(이전의 갑절).

標準語와 辭典

『한글』 5-7, 朝鮮語學會, 1937.7, 10~11쪽.

一, 우리는 이제 조선말에 標準語가 있어 거기에 準하여 말을 하는 것도 아니요, 또 辭典이 있어 거기에 의하여 글을 쓰는 것도 아니다. 다만 되는 대로 제가 아는 대로 함부로 말하며 글을 쓰는 터이다. 萬般 科學이 發達된 이 時代에 앉아서 그 科學을 적을 말과 글이 이러하게 整頓이 없는 것은 한 奇異한 現狀이 아니고 무엇일가.

어떤 民族語를 勿論하고 言語란 것은 몇 사람이 短時日에 協定하여 만든 것이 아니라, 無史期로부터 自然發生하여 긴 歲月에 消長變遷의 關係가 매우 複雜한 것만큼 본래 무슨 標準語가 있을 것은 아니다. 다만 空間的으로 또는 時間的으로 共同 社交生活에서 統一의 必要를 느끼는 데에서 절로 나온 整理心의 要求에 依하여 一致하여진 意識的 혹은 無意識的으로 된 約束에 지나지 아니한다.

二, 辭典으로 말하면, 그 性質과 所用 目的을 따라 種類가 많다. 첫째는 主로 字形 統一을 爲하여 綴字辭典이 있고, 둘째는 主로 語意 確定을 爲하여 註解辭典이 있다.

綴字辭典이란 것은 一般 常用語를 모아서 字形인 곧 綴字法을 알리고저 하는 것이므로, 그 말의 뜻은 여러 가지가 있을지라도 簡單히 代表的으로 한가지씩만 달아서 그 말이 무슨 말인 것을 알리면 그만이다. 이 뜻을 다는 데에는 제 말로 註解를 하거나, 혹은 널리 아는 다른 글로 例를 들면 漢字로 對譯을 하여도 괜찮다.

註解辭典이란 것은 常用語나, 專門語를 勿論하고 그 말의 뜻을 바르게 알리고저 하는 것이므로, 綴字統一은 勿論이요, 이 밖에 말의 뜻을 자세히 調査하여 밝히는 것이다. 그런데, 一般辭典은 常用語彙를 모으고 또 多少의 널리 쓰이는 專門語彙를 더하여 編纂한 것이다. 이와 反對로 特殊辭典은 普遍的으로 쓰이는 語彙밖에 特殊하게 쓰이는 語彙를 모아서 編纂한 것이다. 위에 말한 두 가지를 달리 말하면 一般辭典은 常用語 辭典이요, 特殊辭典은 專門語 辭典이라고 부른다. 이 特殊辭典

은 그 部門을 따라 얼마든지 細分할 수가 있으나, 이제 흔히 나오는 特殊辭典을 들면 哲學辭典, 法律辭典, 經濟辭典, 博物學辭典, 理化學辭典, 工學辭典, 農學辭典, 醫學辭典, 古語辭典, 方言辭典, 語源辭典, 外來語辭典, 地名辭典, 人名辭典, 歷史辭典, 敎育辭典, 文藝辭典, 百科辭典 等이다.

위에 말한 一般辭典이나, 特殊辭典을 勿論하고 語彙 收容의 量이나, 10 혹은 註解의 詳細한 程度를 따라 大辭典과 小辭典과의 分別이 있다. 또 使用의 範圍를 따라 갈라 본다면, 一般 標準語 辭典에 收容된 말은 標準語로서 한 文化 單位의 民族語요, 各種 方言辭典에 收容된 말은 方言으로서 그 한 地方 人民이 쓰는 사투리요, 古語辭典에 收容된 말은 古語로서 어느 옛날 그 時代 사람이 쓰던 이제 죽은 말이다. 그러므로 古語는 縱으로 時間的 差異에서 생기었고, 方言은 橫으로 空間的 差異에서 생기었다. 그러나, 이 古語와 方言과는 密接한 關係가 있다. 어느 地方 사투리라고 하는 것은 흔히 옛날 어느 時代의 古語이다. 본래는 같은 말이었지마는, 오늘날과 같이 言語敎育이 發達되지 못한 때이라, 文化와 政治와 交通과의 變遷을 따라 言語의 變遷도 생길 것은 환한 일이다. 그래서 어느 古語가 어느 地方에서는 그대로 傳하여 와서 이제 그 地方의 方言이 되어 있다.

標準語는 同一한 地方에 同一한 時代에 同一한 事物에 여러 가지 말이 있는 것을 그 中에 하나만 뽑아서 標準을 잡은 말이다. 그러므로, 標準語를 잡은 그 地方 말이라도 標準語에 뽑히지 못한 말은 勿論 한 方言이 되고 마는 것이다. 音韻과 語感을 爲하여 혹 複標準語의 必要를 생각할 수도 있다. 그러나, 그것은 議論과 實際가 다 맞지 아니한다. 만일 音韻과 語感을 爲하여 複標準語를 둔다면, 그 目的을 爲하여는 二個 以上 얼마든지 둘 수가 있을 것이니, 畢竟에는 標準語가 없다는 말밖에 남을 것이 없다. 만일 詩人이 音韻을 가릴 必要가 있는 때에는 自己가 쓰고저 하는 말의 類似語를 取하는 法이다.

三. 標準語와 辭典과의 關係는 어느 다른 著者와의 關係보다 크다. 그것은 모든 말의 뜻을 辭典에 와서 알아 가는 까닭이다. 그러므로, 어떤 種類의 辭典이거나, 그 註解語만은 다 標準語를 써야 된다. 이 標準語를 通하여 標準語가 아닌 古語나 方言의 뜻까지도 다 알게 만드는 까닭이다. 다른 地方의 方言과 古語와를 相對하여 본다면 우리가 쓰는 말이 모두 標準語가 되지마는, 狹義的으로 생각하면 標準

語를 잡은 그 地方 곧 서울 말 中에서도 한 事物에 對한 여러 가지 말이 있는데, 그
가운데서 하나를 가리어 잡은 것들이 査定한 朝鮮語 標準말이다. 이 査定된 標準
語만이 우리에게 가장 많이 問題되는 것만큼 이 語彙만을 뽑아서 子母 順을 따라
索引으로 編纂한 것이 곧 一般에게 標準語 使用의 便宜를 주는 一種의 標準語 辭典
이 된다. [11]

完成途程의 朝鮮語辭典(上)

『東亞日報』, 1938.1.3.

이제 朝鮮語辭典을 編纂하는 問題는 다른 先進國에서 그 나라말의 辭典을 編纂하는 問題와는 形便이 매우 다르다. 웨 그러냐 하면 이미 國語學이 발달된 나라에는 말과 글에 대한 모든 基礎가 다 이루어지엇다. 그러므로 그 터 위에서 다만 제 마음대로 [必要]를 따라 이러케도 編纂하고 저러케도 編纂하는 것뿐이니 비유할 것 같으면 다 닦아 노흔 집터 위에 材木店에서 사온 다 마련하여 노흔 마른 材木을 가지고 제 趣味대로 設計하여 다듬어 세이는 셈이다. 그러나 이와 反對로 우리 朝鮮語의 辭典編纂은 모든 基礎工作부터 하지 아니하면 아니 될 形便에 잇다. 곧 집을 한 채 짓는데 山을 파고 바다를 메이어서 터를 닦으며, 材木工場을 차리고 森林 속에서 생나무를 베어다가 먼저 材木부터 작만하고, 벽돌工場을 차리고 생흙을 파다가 먼저 벽돌부터 만들어 구워야 되며, 鐵鑛과 製鐵工場까지 直營을 하여야 되는 것과 같은 셈이다. 이와 같이 朝鮮語辭典編纂의 基礎工場은 綴字法 統一案 作成과 標準語查定과 萬國音聲記號와 한글과의 [對照]안 作成이며 外來語查定과 또 語法統一 等이 그것이다.

모든 物件은 맞춤과 날림이 잇다. 맞춤은 어떤 努力과 物質이 犧牲될지라도 良心과 責任이 잇게 그 物件의 完全을 도모하는 것이오, 날림은 이와 反對로 市場을 相對하는 無責任한 商品이라 겉으로 얼른 보아서는 맞춤과 다른 것을 알아내기가 어렵다. 그러나 其實은 天壤의 差異가 잇다. 그러기에 先進國의 辭典을 볼지라도 책장 사이에 책과 學術機關의 책과는 그 質에 잇어서 대단히 다르다. 이 質이 다른 것만큼 여기에 犧牲된 노력이 다르다. 그러므로 例를 들어 近年에 各國의 辭典을 본다면 英國의 『最新英語辭典』은 四十年만에(一八八八年에서 一九二八年까지), [獨逸]의 『獨逸語辭典』은 五十年만에, 佛蘭西의 『最新佛語辭典』은 五十年만에, 美國의 『웹스터大辭典』은 二十八年만에 完成되엇다. 이것을 볼지라도 責任잇는 辭典編纂이란 얼마나 힘드는 것을 짐작할 수 잇다.

現代學者의 著述事業이란 一般 著書로 보아서도 自己 혼자의 努力으로 되는 것이 아니라 만히는 合作으로 된다. 마치 原始的으로 分工이 못된 곳의 木手는 建築設計家인 工程師인 同時에 木工技手이다. 그러므로 제 손으로 設計하고 톱질하고 대패질하고 끌질한다. 그러나 現代建築師는 다만 設計家일뿐이오 톱질, 대패질, 끌질은 다 [木工]技手가 하는 일이다. 이와 마찬가지로 오늘날 著述家는 著書의 設計家에 不過하다. 그러므로 책을 한 권 짓는 대에는 問題를 잡아 먼저 體系의 大槪를 세워 가지고 內容을 指示하며 거기에 關聯된 材料를 調査하는 데에는 여러 助手를 依賴하며 部分部分에 專門家의 힘을 빌며 自己는 마지막으로 整理修辭한 뒤에 寫字生의 書役으로 책이 되어 나온다. 一般著書도 이러하거든 하물며 一種의 百科全書인 辭典이야 두말 할 것 없이 여러 專門家의 助力과 여러 編纂員의 專力이 아니면 그 成功을 쉽게 바라지 못할 것이다.

[조선] 말의 辭典編纂은 이미 말한 바와 같이 言語文字의 基礎工作부터 시작하게 되엇으므로 여기에 만흔 努力이 들게 된다. 곧 綴字法統一案을 만들기에는 朝鮮語學者의 知力을 모아 三個年의 歲月을 犧牲하엿으며 標準語를 査定하기에는 各 方面 知識層을 網羅하여 또한 三個年 동안을 努力하엿다.

이밖에 一般 外來語와 外國 固有名詞와의 統一整理를 爲하여는 그동안에 만흔 音聲學的 實驗과 調査를 이 方面 專門學者의 손을 빌어서 多年間 進行中에 잇는데 未久에 原案도 完成되고 여기에 準하여 外國 固有名詞와 一般 外來語를 整理統一할 것이니 말과 글의 [全體]的 形式統一은 이에 비로소 完成될 것이다. 이 全體統一이야말로 難産의 難産物이다. 그것은 學者의 意見統一만은 權力統一이 아니오 認識統一이므로 利로도 할 수 없고 力으로도 할 수 없는 까닭이다.

辭典의 專門語彙를 常識人의 손으로 註解한다는 것은 安心할 수 없는 일이다. 그러므로 專門語彙만은 모두 우리 學界의 權威들에게 註解의 손을 빌게 되엇다. 그래서 各 方面 專門家는 모두 協力하고 잇는데 벌서 만흔 收穫이 되엇으며 또 收穫 中에 잇다. 이 專門家의 손으로 되어 나온 [註解]만은 참 우리 辭典의 權威요 價値요 자랑이 될 것이다. 이제 專門語彙 註解의 實例를 들면 다음과 같다.

完成途程의 朝鮮語辭典[1]

『東亞日報』, 1938.1.4.

李王職雅樂部 樂師長 咸和鎭[2]氏가 하여 보내신 雅樂에 關한 말의 一例를 들면 『운라【雲鑼】(名) 놋쇠로 만든 소라(小鑼) 열 개를 틀에 달고 방망이로 처서 음이 다 같지 아니한 소리를 내는 악기』作曲家 蔡東鮮氏가 하여 보내신 音樂에 關한 말의 一例를 들면『협화현【協和鉉】(名) 한 때에 소리를 내는 여러 소리가 안정된 소리로 상쾌하게 들리는 화현(和絃)』, 民俗學者 孫晋泰氏가 하여 보내신 [朝鮮]民俗에 關한 말의 一例를 들면『영등할머니(名) 경상도와 전라도 한쪽에서 섬기는 바람귀신, 음력 이월 초하루날부터 보름께까지 집집이 이 신에 대하여 제를 지낸다』, 佛敎布敎師 宋秉璣氏가 하여 보내신 佛敎에 關한 말의 一例를 들면『수라장(修羅場)(名) 아阿수修라羅왕王이 제帝석釋천天과 싸운 마당』普成專門學校 敎授 陳承錄氏가 하여 보내신 法律에 關한 말의 一例를 들면『배임죄(背任罪)(名) 남을 위하여 그의 사무를 처리하는 자가 자기 또는 세삼자의 이익을 도모하며 또는 본인에게 [損害]를 더 할 목적으로 그의 임무에 어기는 행위를 하야 본인의 재산에 손해를 입힘으로써 구성되는 죄』, 醫學博士 李甲秀氏가 하여 보내신 醫學에 關한 말의 一例를 들면『뇌일혈(腦溢血)(名) 뇌안에 생기는 피, 대개 마흔 살 이상 되는 남자 특별히 뚱뚱하게 살진 체질에 만히 생기는 것, 흔히 동맥경화증으로 말미암아 생김, 갑자기 졸도되어 인사 불성됨, 발작하는 동안에 심장이 마비되어 곧 죽는 일이 잇음, 또 나흔 뒤에는 반신불수에 이르는 일이 잇음』, 朝鮮中央基督敎靑年會 柔道部 師範 張權氏와 朝鮮硏武館 普成專門學校 師範 李景錫氏가 하여 보내신 [柔道]에 關한 말의 一例를 들면 『유도(柔道)(名) 공격과 방어를 목적하고 정신과 몸의 힘을 가장 효과 잇게 쓰는 술법, (1) 광의적 유도는 방어와 공격을 목적하는 기술을 훈련하면서 정精력力선善용用과 자自타他공共영榮의 정신을 수양하는

---

1 [편주] 朝鮮語辭典 : 원문 '(下)' 탈자.
2 [편주] 咸和鎭 : 함화진(1884~1949). 1932년 제5대 아악사장(雅樂師長) 역임, 1939년에 은퇴.

것, (2) 협의적 유도는 기술 단련을 주로 하는 것』, 普成專門學校 敎授 安浩相氏가
하여 보내신 哲學과 倫理에 關한 말의 一例를 들면『범주(範疇)(名) 더 가를 수 없
는 근본 槪念으로서 모든 존재와 [칸트]는 다음과 같이 열 두 범주를 들어 말하엿
다. (1) 分量이니 單一性, 數多性, 全體性 (2) 性質이니 實在性, 否定性, 制限性, (3)
關係이니 實體性, 因果性, 交互性 (4) 樣相이니 可能性, 現實性, 必然性』이 위에 것
은 들어온 專門語彙 中에서 몇 분의 것만 實例로 들어 보이는 대 지나지 아니한다.
이제 一般語彙는 常務編纂員 四人의 손으로 註解를 校正補修하는 中이다.

이제 註解된 語彙의 [**實例**]를 들면 다음과 같다. 『알은 체(名) (一) 일에 대하여
관게하는 태도를 가짐, (二) 사람을 보고 인사하는 표정을 나타냄.[3]『안도리지도
리(名) 험한 산길에 안고 돌고 지고 돌게 된 곳』, 『아이구(感) 아플 때, 힘들 때, 놀
랄 때 원통할 때의 부르짖는 소리』, 『애오라지(副) 좀 부족하나마 그대로 아직 우
선 적이 아쉬운 대로』『떠벌리다』『오똑오똑하다(形) 여럿이 말쑥하게 따로따로
서다, (우뚝우뚝하다의 작은 말)』, 『엷다(形)(一) 두께가 적다, (二) 물감이 만히
들지 아니하게 빛깔이 되다 (三)하는 것이 빤히 드러다 보이다』가배절【嘉排節】
(名) 한가위 명절 [**신라**] 유리왕 때에 나라 안의 여자를 宮庭에 모아노코 두 패로
나누어 임금의 딸 두 사람으로 각각 한패씩 거느리고 칠월 열나흗날로부터 팔월
한가위날까지 어느 편이 만히 짯는 내기를 하야 진 편에서 酒食을 내어 가지고 춤
추고 노래하며 여러 가지 유희로 질김』, 이러한 十數萬 語彙가 제각기 카드 張 위
에서 먼저 內容이 整理되면 그 카드를 가나다順에 좇아 編纂하여 가지고 原稿紙에
벳길 것이다. 이 原稿整理 作成도 큰 힘이 들 것이다. 그러나 [語彙]調査註解에 比
하면 쉬운 일이다. 이 書役만 하여도 해가 작지 아니할 것이니 우리가 말하는 바
이 標準朝鮮語辭典은 아직도 數年 後에라야 그 얼굴이 世上에 나타날 것이다. 우
리가 이제 가지고 잇는 여러 個人의 近十年 동안 앞날에 努力한 辭典原稿를 收合
한 것과 또 八年 前에 朝鮮語辭典編纂會가 組織되어 거기에서 數年 동안 編纂의 事
業을 進行하던 것 또 이 會의 事業을 朝鮮語學會에서 引繼하야 繼續한 제도 벌
서 二年이 가까워 온다. 남들이 [**辭典**]編纂을 半世紀를 두고 한 歷史를 보아 우리

---

3 [편쥐!:'⅃'의 오식.

는 그 時日이 길지 아니하다고 하겟으나 그래도 前後에 關係된 것을 다처 본다면 近二十年이란 歲月을 犧牲하고 잇다. 이 荒蕪地 開拓의 過去를 돌아보고 다시 앞을 내어다 본다면 多少의 安心이 된다고 생각한다.

朝鮮語技術問題座談会

『朝鮮日報』, 1938.1.4.

出席者

金珖燮 李克魯 柳致眞 松錫夏 趙潤齊 崔益輪 崔鉉培 (가나다順)

(本社側)—編輯局次長 咸尙勳, 學藝部長 洪起文

咸尙勳　○[1]末이 되어 바쁘실 테요 또 日氣도 조치 못한데 여러분께서 이처럼
　　　　와주시니 고맙습니다. 지금 여러분을 모시고 이야기하고시픈 바는 朝
　　　　鮮語를 어떠케하면 잘 쓰랴하는 問題인데 그것도 標準語라든지 綴字
　　　　라든지 그런 問題 이외 外來語標音問題, 符號 等 極히 實際的問題에 局
　　　　限한 것입니다. 그럼 司會는 本社 學藝部長 洪起文氏가 마터하시겟습
　　　　니다. 좋은 意見을 만히 들려주시기 바랍니다.

洪起文　요사이 言語學界에는 言語를 技術的 方面으로 硏究하는 새로운 傾向이
　　　　생긴 것 갓습니다. 現下의 우리 朝鮮語로 보아서는 그것을 理論으로
　　　　硏究하는 것도 勿論 必要하겟지만은 그런 便으로 硏究하는 것이 더 한
　　　　層 ○○의 急務가 아닐까고 합니다. 지금 여러분께 여쭈어보고자 하
　　　　는 것도 學理問題보담 技術問題요 技術問題 中에서도 가장 淺近한 몇
　　　　가지입니다. 위선 그 中의 하나로 書寫方法인데 흔히 죽 달아 쓰는 사
　　　　람도 잇고 따로따로 떼어 쓰는 사람도 잇는데 어쩐 便이 더 조켓습니
　　　　까. 萬一 떼어 쓰는 便이 조타면 어떠한 標準으로 떼어 쓸는지 卽 接續
　　　　詞本位로 뗀다든지 單語本位로 뗀다든지 一定한 標準이 잇어야 할 것
　　　　아니겟습니까.

1　[편쥐 문맥 상 '年'.

書寫方法에 對하야

松錫夏 單語마다 떼는 것이 조타고 생각합니다. 和文을 쓸 때 죽 달아 쓰다가 군데군데 떼고 點을 찍는데 물론 서툴러서 그러치만은 퍽 困難하게 될 때가 만트군요, 朝鮮語는 單語마다 떼어 쓰는 것이 조치 안습니까. 위선 보는 사람에게도 便하니까요.

柳致眞 讀者의 便으로 보아서는 말마다 떼어 쓰는 것이 조흔데 그건 純粹한 朝鮮文의 境遇이요 漢文을 석거 쓸 때는 한 쎈텐쓰마다 떼는 것이 조치 안할가고 합니다. 點을 치는 것은 統一이 업서서 거북할 때가 만습니다.

李克魯 글세요. 그것도 그러케 簡單한 問題는 아닙니다. 單語本位로 떼어 쓰는 것이 勿論 조흐나 거기는 다시 어떠한 것을 한 개의 單語로 보랴 하는 問題가 생깁니다.

(…중략…)

洪起文 萬若 單語마다 떼어 쓴다면 『一千三百六十五』라든지 『一二三四』라든지는 各個의 말이 모두 한 單語인데 어떠케 써야 하겟습니가.

趙潤濟 아니 이 자리에서 말하는 것이 外來語本位인지 朝鮮語本位인지 그걸 몬저 明白히 해 주십시요.

洪起文 朝鮮語를 本位로 해서 이야기하자는 것입니다.

金珖燮 그런 것은 한 개의 槪念으로 보아서 부처 쓰는 것이 조켓습니다.

李克魯 四位數까지 부처 쓰고 그 다음은 떼어 쓰는 것이 數의 槪念을 明確히 하는데 조치 안흘까요.

金珖燮 그러면 千까지만 부처 쓰고 萬 以上은 떼자는 것입니까.

李克魯 그러치요, 또 萬에서 千萬까지 부처 쓰고……

金珖燮 그것은 부기 가튼데 數字만을 쓰는 데는 몰라도 技術에는 不必要하고 또 不便합니다.

李克魯 두마듸 합해서 한 慣行語로 된 것은 부처 쓰고 또 따로 따로 떼어서도 無妨한 것은 떼어 쓰는 것이 조흘 줄 압니다.

李克魯　實地問題로는 그런 것도 떼 써야 합니다.

(…중략…)

外來語標音問題

洪起文　外來語標音에 잇서서 K는 ㅋ, P는 ㅍ, T는 ㅌ를 取하는데 우리 音의 『ㄱㄷㅂ』을 보통 늘 『KPT』로 標音하는 것과 比較해 보아서 矛盾이 아닙니까.

金珖燮　果然 가가, 자차 等의 音이 混同되어서 困難합니다.

松錫夏　左右間 어디로든지 一定하게 써야만 할 것입니다.

李克魯　그것은 全體的으로 決定하여야 할 問題지 그러케 斷片的으로 決定할 것은 못됩니다.

金珖燮　『ㄱㄷㅂ』은 『GDB』로 標音하는 것이 좃습니다.

洪起文　英語의 Z音을 사行音으로도 쓰고 자行音으로도 쓰는데 그 어느 便이 그래도 近理하겟습니까. 거기는 地方的 差異도 잇는 듯합니다만.

趙潤濟　자行音에 가깝지 안할까요.

李克魯　나는 사行音을 씁니다. 내 생각에는 역시 사行音에 가까우니까요.

柳致眞　오히려 사行音과 近似하지요.

崔鉉培　音理로는 勿論이요 實用으로도 사行音을 取해 쓰는 것이 올흘줄 압니다.

洪起文　ㄹ音은 初聲에서 L音을 내고 終聲에서 R音을 내는데 外來語의 L과 R音은 어떠케 분간해야 합니까.

李克魯　初聲의 L을 單純히 『ㄹ』로 表示하랴가 問題입니다.

洪起文　아니 母音 아래 R도 그냥 L과 가티 ㄹ바침을 해두랴, 『ㄹ』라고 쓰랴 卽 홀몬이라고 쓰랴 호르몬이라고 쓰랴가 問題되지 안습니까.

李克魯　그건 호르몬으로 쓰는 것이 조흘 듯합니다.

金珖燮　初聲의 L은 ㄹ을 쌍으로 쓰는 것이 조흘 듯합니다.

李克魯　그러케까지 억지로 區別할 것은 업슬줄 압니다.

洪起文　우리말에는 長音을 表示치 안습니다. 그래서 쇠다리(牛足)나 쇠다리
　　　　(鐵橋)나를 쓰기는 마찬가지로 쓰고 잇습니다. 그런데 外來語에는 이
　　　　長音을 表示키 위해서의 符號를 쓰는데 그것도 困難한 點이 잇습니다.
　　　　즉 音의 長短은 母音에나 잇는 것이니까 -를 지르고 다시 그 아래다가
　　　　바침을 해야 되는 것입니다. 『머-르리』와 가티. 그런 것은 어쌧스면
　　　　조켓습니까.

李克魯　그럴 必要가 잇슬까요. 어차피 그 사람네 語音대로 내지 못할 바에야
　　　　長音을 꼭 表示할 것도 업습니다.

趙潤濟　最大限度로 그 語音을 가찹게 내자니까 말이지요.

松錫夏　그러지요.

李克魯　字典에는 몰라도 普通 技術에는 必要가 업슬줄 압니다.

符號存廢의 問題

(…중략…)

洪起文　引用句는 " ", 『 』等의 符號로도 表示하고 一字를 나리키어 써서도 表
　　　　示하는데 그 어느 便이 조흘까요.

金珖燮　『 』가 普通 만트군요. 또 보기에도 제일 낫구요.

崔益輪　橫書에는 " "가 조코 縱書에는 『 』이 조흔데 아조 分明히 하기 爲하야는
　　　　「 」보담 『 』가 조치 안흘까 합니다.

李克魯　그러지 안해도 「 」는 ㄱㄴ과 混同되기 쉬우니까 그건 事實로 『 』가 좃
　　　　습니다.

(…중략…)

洪起文　外國의 人名과 地名은 어떠케든지 따로 表示를 해야겟는데 그건 어떠
　　　　케 表示하면 조켓습니까.

柳致眞　나는 傍點을 처보앗습니다.

洪起文　요사이 漢文에는 …… 等의 線으로 表示하고 잇습니다.

松錫夏 傍線은 冊을 볼 때 퍽 보기 실트군요.

柳致眞 그러면 活字의 모냥을 좀 달리하면 어떨까요.

金奎澤[2] 꼬직[3]體로 쓰면 될까요.

趙潤濟 꼬직보담은 차라리 傍線이 낫지 안켓습니까.

李克魯 傍線을 그으려면 朝鮮文에서는 오른편보담 왼편에다가 그어야 할 줄 압니다. 그건 왜 그런고한즉 오른편『ㅣ』가 부터잇서 그와 混同되기 쉽습니다.

橫書와 縱書의 是非

洪起文 倫敦 紐育 等 론돈 뉴욕으로 읽는 것은 어떳습니까.

李克魯 그런 것은 斷然 업새야 합니다.

金珖燮 업새는 게 좃습니다.

洪起文 모치아이나 모도리 等의 말은 漢字를 取하야 保合 또는 戾라고 쓰는데 이런 例는 어떳습니까. 비단 市場에만이 아니요 딴 部門에도 和語 그대로 만히 들어왔는데 그런 것을 和文式의 漢字로 表示해서 朝鮮의 漢字音으로 읽어 노흐면 도리어 不合理하지 안습니까.

趙潤濟 말 그대로 쓰는 것이 좃습니다.

洪起文 橫書에 대해서는 어떠케들 생각하십니까.

松錫夏 글짜를 쪼개서 橫書하는 것보담도 글짜 그대로 橫書하는 것도 좃습니다.

李克魯 理論으로 글짜를 모도 뜨더가지고 ○○하여야 하겟지만은 그것은 實用上 어렵습니다.

(…하략…)

---

2 [편쥐] 金奎澤 : '金珖燮'의 착오.
3 [편쥐] 꼬직 : 고딕.

(越圈批判(3)) 朝鮮의 文學者일진댄 朝鮮말을 알라

『東亞日報』, 1938.5.24.

語學과 文學과는 가장 가까운 關係를 가지고 잇다. 그러므로 文學者로서 語學者에게 부탁할 말슴이 잇을 것이고 또 語學者로서도 文者[1]에게 부탁할 말슴이 잇을 것은 彼此에 一般이다. 그런데 이제 누구나 朝鮮語學者로서 朝鮮文學者에게 부탁하며 바랄 것이 없지 아니하리라고 생각한다.

文學者는 情緒와 思想을 想像의 힘을 빌어서 말과 글로써 表現하는 藝術家이니 곧 詩歌, 小說, 物語戲曲, 評論, 隨筆 等 大衆 讀物을 쓰는 사람들이니 狹義的으로 말하면 곧 文士이다. 이들의 붓끝의 힘은 [能]히 뭇사람을 이리저리 끌어 움직일 수 잇는 그만한 偉大性을 띠웟다. 이러한 重大한 使命을 가진 文學者가 어찌 남다른 非常한 修養과 努力이 없고야 그 使命을 다하리오. 戱弄으로 한 世上을 보내고 말겟다면 別問題어니와 적어도 自己의 타고난 才質을 發揮하여 民衆에게 精神의 糧食을 주고 아름다운 生活을 指導하려면 邪와 正을 가리는 慧眼을 떠야 하고 누구보다도 正義感이 세어야 된다. 武士道의 正義感은 不義를 볼 때에 서리 빛이 나는 칼날을 빼기어 조금도 躊躇하지 아니하는 것과 같이 文士의 正義感은 不義를 볼 때에 날카로운 붓끝을 빼어 들고 筆誅를 애끼지 아니하여야 비로소 文士의 氣質이라고 말하게 될 것이다. 正義感이 없는 怯한 文士는 正義感의 없는 [卑]怯한 武士보다도 더 더럽다 오늘은 朝鮮語文整理 時代이다. 이 整理의 큰 使命을 가지고 勇氣잇게 앞서 나가 싸울 자는 筆鋒를 든 文士가 아니고 누구냐.

文學者의 生命은 말과 글에 달린 것만큼 語文에 對하여 누구보다도 가장 만흔 關心을 가져야 될 것은 두 말할 것도 없다.

마치 大學에서 무슨 學科를 專工하든지 그 主科밖에 또 主科에 關聯이 만흔 副科를 맞당히 공부하여야 되는 것과 같이 文學者는 自己의 專工인 文學밖에 맞당히 語學을 副科로 硏究하지 아니하면 아니 될 것이다.

1　[편주] 文者: '文學者'의 '學' 탈자.

이제 特別히 朝鮮語學과 朝鮮文學에 對하여 말하고저 한다. 우리가 다 아는 바와 같이 오늘날은 朝鮮語文 整理期다. 整理를 부르지지는 소리가 到處에 들린다. 그래서 各人各色으로 쓰던 綴字法과 標準語는 이제 完全히 異口同聲으로 朝鮮語學會에서 뭇 선비로 더불러 [多]年間 努力하여 이루어진 한글철자법統一案과 査定한 朝鮮語標準語를 쓰자고 외친다. 이것은 科學文明이 極致에 이른 이 時代에 必然의 形勢이다. 科學文明의 特色은 標準化에 잇다. 이것은 世界交通發達을 따라 共同生活에 適應한 統一을 要하는 까닭이다. 그래서 例를 들면 鐵道軌道의 넓히나 繰絲못의 號數는 世界的으로 統一되어 잇다. 이런 것이 이러하거던 하물며 複雜한 사람의 생각을 서로 通하기 爲하여 그리어 내는 말과 글을 어찌 標準化하는 統一이 없으리오. 時代의 落伍도 分數가 잇지 여태까지 語文統一도 시키지 못하고야 어찌 文化人의 體面을 維持하리오.

먼저 綴字法과 單語化에 對한 것을 말하겟다. 一, 으뜸 되는 말과 거기에 딸리어 쓰히는 토를 한데 풀어서 字形을 어지럽게 하며 二, 音理에 맞도록 쓰면 字形이 달라질 것도 音理에 어그러지게 쓰므로 [字]形이 만히 같아지며 三, 말을 띠어서 單語化를 시키면 말이 各各 뚜렷할 것도 이것을 구슬 꿰듯이 달아 붙여 쓰므로 말미암아 音節加減讀書式이 되어서 거기에서 생기는 誤解와 疲勞는 말할 수 없다. 위에서 말한 이 세 가지 條件은 讀書能率에 重大한 關係를 가지고 잇다.

띠어 쓰는 이 問題는 標準點을 어떠게 잡을 것인가 한 個의 單語는 各各 한 個의 獨立한 槪念을 가지고 잇으므로 實際的 槪念을 가진 單語에 토를 붙여 쓰는 것이 가장 合理하다고 본다. 토라는 것은 곧 助詞이니 그 自體가 獨立한 槪念을 가지고 잇지 못하고 다만 文法上의 職能 곧 文章上의 關係를 規定하는 能力만을 表示하는 까닭이다.

끝으로 朝鮮文學者에게 바랄 것은 [朝]鮮語의 淨化問題이다. 이제 朝鮮말의 刊行物을 본다면 조선말 같지 안혼 것이 만히 섞여서 濁流를 만든다. 조흔 조선말 두고도 혹은 好奇心에서 혹은 조심을 아니하는 데에서 함부로 주워다가 쓴다. 이것은 무엇보다도 가장 警戒할 일이다. 말이 不足하다면 方言과 古語를 만히 硏究하야 거기에서 뽑아다가 補充할 수 잇는 것만은 補充하고 없으면 勿論 어떤 外來語를 쓰는 것도 마땅한 일이다. 그래서 方言學도도 나고 新羅鄕歌, 杜詩諺解, 春香

傳, 沈淸傳 等 博士들이 나야 될 것이다. 오늘의 조선은 갸륵한 文學家와 偉大한 文豪를 기다린다.

辭典 註解難

『한글』 6-7, 朝鮮語學會, 1938.7, 13~26쪽.

첫말. 일찌기 辭典 編纂에 對하여 一般的으로 難點을 論한 일이 있다. 그 때에는 形式 統一 問題인 綴字法 統一과 標準語查定 問題를 中心하여 쓴 것이다. 그러나 이제 쓰고자 하는 것은 말의 뜻을 밝히는 問題이다. 말의 뜻을 밝힌다는 것은 곧 그 말의 定義를 낸다는 것이다. 定義란것은 할 말을 한마디를 빼어도 못 쓰고 또 아니할 말을 한 마디를 더하여도 못쓰는 것이다. 그래서 그 말의 뜻을 더도 덜도 아니하게 꼭 잡아내어야 한다. 그러므로 辭典의 價値는 註解가 바로 맞게 된 語義 正確性에 달리었다.

槪念과 言語는 各 民族 사이에 꼭 같이 發達된 것이 아니다. 그러므로 우리는 남의 辭典을 보고 함부로 翻譯할 수도 없다. 우리의 말은 우리 스스로 어떻게 쓰는 것을 말말이 그 뜻을 調査하여 밝히는 밖에 다른 道理가 없다. 이렇게 하는 데에는 많은 時間과 努力이 들지 아니하면 아니 된다.

얼른 생각하면 다 잘 아는 말이므로 그 뜻을 分明히 아는 것 같지마는 다 잡아물으면 무엇이라고 대답을 못할 것이 많다. 더구나 類似語는 이 뜻이 저 말의 뜻도 같고, 저 뜻이 이 말의 뜻도 같아서 그것을 서로 分揀하기가 매우 困難하다.

조선말의 形動詞[1]나 副詞는 다른 어떤 民族 말의 그것보다도 가장 奇妙하게 發達된 點이 많다고 함은 數十年 동안 朝鮮語 硏究에 努力 獨逸 神父 에카르트氏가 일찌기 驚歎한바이다. 다음에 類似語 註解의 例를 들어 그 方法을 보이고자 한다.

---

1 [편주] 形動詞(형동사, 형용사·동사).

一. 斑紋²의 여러 가지에 對한 形容詞

○ **아롱아롱하다** 같은 빛갈이나 다른 빛갈로 된 점이나 줄이 규칙적으로 이룬 무늬가 배다. ("어룽어룽하다"의 작은말)

○ **아로롱하로롱하다** 같은 빛갈이나 다른 빛갈로 된 점이나 줄이 규칙적으로 이룬 무늬가 성기다. ("어루룽어루룽하다"의 작은말)

○ **알롱알롱하다** 곱고 깨끗한 같은 빛갈이나 다른 빛갈로 된 점이나 줄이 규칙적으로 이룬 무늬가 배다. ("얼룽얼룽하다"의 작은말)

○ **알로롱알로롱하다** 곱고 깨끗한 같은 빛갈이나 다른 빛갈로 된 점이나 줄이 규칙적으로 이룬 무늬가 성기다. ("얼루룽얼루룽하다"의 작은말)

○ **알록알록하다** 같거나 다른 짙은 [13] 빛갈로 된 점이나 줄이 규칙적으로 이룬 무늬가 배다. ("얼룩얼루하다"의 작은말)

○ **알로록알로록하다** 같거나 다른 짙은 빛갈로 된 점이나 줄이 규칙적으로 이룬 무늬가 성기다. ("얼루룩얼루룩하다"의 작은말)

○ **알락알락하다** 같거나 다른 얕은 빛갈로 된 점이나 줄이 규칙적으로 이룬 무늬가 배다. ("얼럭얼럭하다"의 작은말)

○ **알쏭알쏭하다** 같은 빛갈이나 다른 빛갈로 함부로 된 줄이나 규칙적으로 무늬를 이루다. ("얼쏭얼쏭하다"의 작은말)

 이 위에서 말한 것은 모두 規則的으로 된 斑紋을 表示하는 말들이다. 그러나 이 아래에 쓴 말은 모두 不規則的으로 된 斑紋에 對한 말이다.

○ **아롱다롱하다** 같은 빛갈이나 다른 빛갈로 된 점이나 줄이 불규칙적으로 이룬 무늬가 배다. ("어룽더룽하다"의 작은말)

○ **아로롱다로롱하다** 같은 빛갈이나 다른 빛갈로 된 점이나 줄이 불규칙적으로 이룬 무늬가 성기다. ("어루룽더루룽하다"의 작은말)

○ **알롱달롱하다** 곱고 깨끗한 같은 빛갈이나 다른 빛갈로 된 점이나 줄이 불규칙적으로 이룬 무늬가 배다. ("얼룽덜룽하다"의 작은말)

---

2 [편쥐 斑紋 : 반문(얼룩무늬).

○ 알로롱달로롱하다	곱고 깨끗한 같은 빛갈이나 다른 빛갈로 된 점이나 줄이 불규칙적으로 이룬 무늬가 성기다. ("얼루룽덜루룽하다"의 작은말)
○ 알록달록하다	같거나 다른 짙은 빛갈로 된 점이나 줄이 불규칙적으로 이룬 무늬가 배다. ("얼룩덜룩하다"의 작은말)
○ 알로록달로록하다	같거나 다른 짙은 빛갈로 된 점이나 줄이 불규칙적으로 이룬 무늬가 성기다. ("얼루룩덜루룩하다"의 작은말)
○ 알락달락하다	같거나 다른 얇은 빛갈로 된 점이나 줄이 불규칙적으로 이룬 무늬가 배다. ("얼럭덜럭하다"의 작은말)
○ 알쏭달쏭하다	같은 빛갈이나 다른 빛갈로 함부로 된 줄이 불규칙적으로 무늬를 이루다. ("얼쑹덜쑹하다"의 작은말)

이 斑紋에 對한 큰 말의 註解는 위에 보인바 작은 말의 그것과 꼭 같이 하고 다만 끝에 괄호 안에 작은 말을 들어서 그것과 꼭 같이 하고 다만 끝에 괄호 안에 작은 말을 들어서 그것의 큰 말이라고 쓴다. 例를 들면:

○ 어룽어룽하다	같은 빛갈이나 다른 빛갈로 된 점이나 줄이 규칙적으로 이룬 무늬가 배다. ("아롱아롱하다"의 큰말)
○ 어룽더룽하다	같은 빛갈이나 다른 빛갈로 된 점이나 줄이 불규칙적으로 이룬 무늬가 배다. ("아롱다롱하다"의 큰말)

....

....

이 斑紋에 對한 말은 규칙적 斑⎡14⎤紋의 八個와 不規則的 斑紋의 八個를 合하면 十六語나 되고 또 이것은 各各 大小語를 計算하면 都合이 三十二語나 된다.

二. 얽은 形狀에 對한 여러 가지 形容詞

○ 얼금얼금하다	굵고 옅게 얽은 자국이 성기다. ("알금알금하다"의 큰말)
○ 얼금숨숨하다	굵고 옅게 얽은 자국이 배다. ("알금솜솜하다"의 큰말)

○ 얽둑얽둑하다	굵고 깊이 얽은 자국이 성기다. ("앍둑앍둑하다"의 큰말)
○ 얽벅얽벅하다	굵고 깊이 얽은 자국이 배다. ("앍박앍박하다"의 큰말)
○ 얽적얽적하다	잘고 굵은 것이 섞이어서 옅게 얽은 자국이 성기다. ("앍작앍작하다"의 큰말)
○ 얽죽얽죽하다	잘고 굵은 것이 섞이어서 깊이 얽은 자국이 성기다. ("앍죽앍죽하다"의 큰말)
○ 알금알금하다	잘고 얕게 얽은 자국이 성기다. ("얼금얼금하다"의 작은말)
○ 알금솜솜하다	잘고 얕게 얽은 자국이 배다. ("얼금숨숨하다"의 작은말)
○ 앍둑앍둑하다	잘고 깊이 얽은 자국이 성기다. ("얽둑얽둑하다"의 작은말)
○ 앍박앍박하다	잘고 깊이 얽은 자국이 배다. ("얽벅얽벅하다"의 작은말)
○ 앍작앍작하다	잘고 굵은 것이 섞이어서 얕게 얽은 자국이 배다. ("얽적얽적하다"의 작은말)
○ 앍죽앍죽하다	잘고 굵은 것이 섞이어서 깊이 얽은 자국이 배다. ("얽죽얽죽하다"의 작은말)

이 얽은 形狀에 對한 말은 大小語를 合하면 十二語가 된다.

三. 물건이 물에 떨어지는 여러 가지 소리에 對한 動詞

○ 털벙하다	밑바닥 둥근 큰 물건이 깊은 물을 한번 쳐서 소리가 나다. ("탈방하다"의 큰말)
○ 탈방하다	밑바닥 둥근 작은 물건이 깊은 물을 한번 쳐서 소리가 나다. ("털벙하다"의 작은말)
○ 털벙털벙하다	밑바닥 둥근 큰 물건이 깊은 물을 자꾸 쳐서 소리가 나다. ("탈방탈방하다"의 큰말)
○ 탈방탈방하다	밑바닥 둥근 작은 물건이 깊은 물을 자꾸 쳐서 소리가 나다. ("털벙털벙하다"의 작은말)
○ 털벙거리다	밑바닥 둥근 큰 물건이 깊은 물을 자꾸 소리 나게 치다. ("탈

방거리다"의 큰말)

○ **탈방거리다**   밑바닥 둥근 작은 물건이 깊은 물을 자꾸 소리 나게 치다. ("털벙거리다"의 작은말)

○ **틸벙대다**   "털벙거리다"와 같음.

○ **탈방대다**   "탈방거리다"와 같음.

○ **철벙하다**   밑바닥 넓은 큰 물건이 깊은 물을 한번 쳐서 소리가 나 15 다. ("찰방하다"의 큰말)

○ **찰방하다**   밑바닥 넓은 작은 물건이 깊은 물을 한번 쳐서 소리가 나다. ("철벙하다"의 작은말)

○ **철벙철벙하다**   밑바닥 넓은 큰 물건이 깊은 물을 자꾸 쳐서 소리가 나다. ("찰방찰방하다"의 큰말)

○ **찰방찰방하다**   밑바닥 넓은 작은 물건이 깊은 물을 자꾸 쳐서 소리가 나다. ("철벙철벙하다"의 작은말)

○ **철벙거리다**   밑바닥 넓은 큰 물건이 깊은 물을 자꾸 소리 나게 치다. ("찰방거리다"의 큰말)

○ **찰방거리다**   밑바닥 넓은 작은 물건이 깊은 물을 자꾸 소리 나게 치다. ("철벙거리다"의 작은말)

○ **철벙대다**   "철벙거리다"와 같음.

○ **찰방대다**   "찰방거리다"와 같음.

○ **털벅하다**   밑바닥 둥근 큰 물건이 옅은 물을 한번 쳐서 소리가 나다. ("탈박하다"의 큰말)

○ **탈박하다**   밑바닥 둥근 적은 물건이 옅은 물을 한번 쳐서 소리가 나다. ("털벅하다"의 작은말)

○ **털벅털벅하다**   밑바닥 둥근 큰 물건이 옅은 물을 자꾸 쳐서 소리가 나다. ("탈박탈박하다"의 큰말)

○ **탈박탈박하다**   밑바닥 둥근 작은 물건이 얕은 물을 자꾸 쳐서 소리가 나다. ("털벅털벅하다"의 작은말)

○ **털벅거리다**   밑바닥 둥근 큰 물건이 옅은 물을 자꾸 소리 나게 치다. ("탈

박거리다"의 큰말)

○ **탈박거리다**   밑바닥 둥근 작은 물건이 얕은 물을 자꾸 소리 나게 치다.
("털벅거리다"의 작은말)

○ **털벅대다**   "털벅거리다"와 같음.

○ **탈박대다**   "탈박거리다"와 같음.

○ **철벅하다**   밑바닥 넓은 큰 물건이 옅은 물을 한번 쳐서 소리가 나다.
("찰박하다"의 큰말)

○ **찰박하다**   밑바닥 넓은 작은 물건이 얕은 물을 한번 쳐서 소리가 나다.
("철벅하다"의 작은말)

○ **철벅철벅하다**   밑바닥 넓은 큰 물건이 옅은 물을 자꾸 쳐서 소리가 나다.
("찰박찰박하다"의 큰말)

○ **찰박찰박하다**   밑바닥 넓은 작은 물건이 얕은 물을 자꾸 쳐서 소리가 나다.
("철벅철벅하다"의 작은말)

○ **철벅거리다**   밑바닥 넓은 큰 물건이 옅은 물을 자꾸 소리 나게 치다. ("찰
박거리다"의 큰말)

○ **찰박거리다**   밑바닥 넓은 작은 물건이 얕은 물을 자꾸 소리 나게 치다.
("철벅거리다"의 작은말)

○ **철벅대다**   "철벅거리다"와 같음.

○ **철박대다**   "철박거리다"와 같음.

○ **털버덕하다**   밑바닥 둥근 큰 물건이 옅은 물을 한번 쳐서 요란한 소리가
나다. ("털바닥하다"의 큰말)

○ **탈바닥하다**   밑바닥 둥근 작은 물건이 얕은 물을 한번 쳐서 요[16]란한
소리가 나다. ("털버덕하다"의 작은말)

○ **털버덕털버덕하다**   밑바닥 둥근 큰 물건이 옅은 물을 자꾸 쳐서 요란한 소리가
나다. ("탈바닥털바닥하다"의 큰말)

○ **탈바닥탈바닥하다**   밑바닥 둥근 작은 물건이 얕은 물을 자꾸 쳐서 요란한 소리가
나다. ("털버덕털버덕하다"의 작은말)

○ **털버덕거리다**   밑바닥 둥근 큰 물건이 옅은 물을 요란한 소리가 나게 자꾸

치다. ("털바닥거리다"의 큰말)

○ **탈바닥거리다**　　밑바닥 둥근 작은 물건이 얕은 물을 요란한 소리가 나게 자꾸
치다. ("털버덕거리다"의 작은말)

○ **털버덕대다**　　"털버덕거리다"와 같음.

○ **탈바닥대다**　　"탈바닥거리다"와 같음.

○ **철버덕하다**　　밑바닥 넓은 큰 물건이 옅은 물을 한번 쳐서 요란한 소리가
나다. ("찰바닥하다"의 큰말)

○ **찰바닥하다**　　밑바닥 넓은 작은 물건이 얕은 물을 한번 쳐서 요란한 소리가
나다. ("철버덕하다"의 작은말)

○ **철버덕철버덕하다**　　밑바닥 넓은 큰 물건이 옅은 물을 자꾸 쳐서 요란한 소리가
나다. ("찰바닥찰바닥하다"의 큰말)

○ **찰바닥찰바닥하다**　　밑바닥 넓은 작은 물건이 얕은 물을 자꾸 쳐서 요란한 소리가
나다. ("철버덕철버덕하다"의 작은말)

○ **철버덕거리다**　　밑바닥 넓은 큰 물건이 옅은 물을 요란한 소리가 나게 자꾸
치다. ("찰바닥거리다 의 큰말)

○ **찰바닥거리다**　　밑바닥 넓은 작은 물건이 얕은 물을 요란한 소리가 나게 자꾸
치다. ("철버덕거리다 의 작은말)

○ **철버덕대다**　　"철버덕거리다"와 같음.

○ **찰바닥대다**　　"찰바닥거리다"와 같음.

○ **텀벙하다**　　크고 넓은 물건이 깊은 물을 한번 쳐서 소리 나면서 들어갔다
가 나오다. ("탐방하다"의 큰말)

○ **탐방하다**　　작고 넓은 물건이 깊은 물을 한번 쳐서 소리 나면서 들어갔다
가 나오다. ("텀벙하다"의 작은말)

○ **텀벙텀벙하다**　　크고 넓은 물건이 깊은 물을 쳐서 소리 나면서 자꾸 들어가고
나오고 하다. ("탐방탐방하다"의 큰말)

○ **탐방탐방하다**　　작고 넓은 물건이 깊은 물을 쳐서 소리 나면서 자꾸 들어가고
나오고 하다. ("텀벙텀벙하다"의 작은말)

○ **텀벙거리다**　　크고 넓은 물건이 깊은 물을 자꾸 소리 나게 치면서 들어가고

나오고 하다. ("탐방거리다"의 큰말) [17]

○ **탐방거리다**   작고 넓은 물건이 깊은 물을 자꾸 소리 나게 치면서 들어가고
                   나오고 하다. ("텅벙거리다"의 작은말)

○ **텀범대다**   "텀벙거리다"와 같음.

○ **탐방대다**   "탐방거리다"와 같음.

○ **툼벙하다**   크고 좁은 물건이 깊은 물을 한번 쳐서 소리 나면서 들어갔다
                   가 나오다. ("톰방하다"의 큰말)

○ **톰방하다**   작고 좁은 물건이 깊은 물을 한번 쳐서 소리 나면서 들어갔다
                   가 나오다. ("툼벙하다"의 작은말)

○ **툼벙툼벙하다**   크고 좁은 물건이 깊은 물을 쳐서 소리 나면서 자꾸 들어가고
                   나오고 하다. ("톰방톰방하다"의 큰말)

○ **톰방톰방하다**   작고 좁은 물건이 깊은 물을 쳐서 소리 나면서 자꾸 들어가고
                   나오고 하다. ("툼벙툼벙하다"의 작은말)

○ **툼벙거리다**   크고 좁은 물건이 깊은 물을 자꾸 소리 나게 치면서 들어가고
                   나오고 하다. ("톰방거리다"의 큰말)

○ **톰방거리다**   작고 좁은 물건이 깊은 물을 자꾸 소리 나게 치면서 들어가고
                   나오고 하다. ("툼벙거리다"의 작은말)

○ **툼벙대다**   "툼벙거리다"와 같음.

○ **톰방대다**   "톰방거리다"와 같음.

○ **펑덩하다**   크고 넓은 물건이 깊은 물에 떨어져 소리 나면서 들어가다.
                   ("팡당하다"의 큰말)

○ **팡당하다**   작고 넓은 물건이 깊은 물에 떨어져 소리 나면서 들어가다.
                   ("펑덩하다"의 작은말)

○ **펑덩펑덩하다**   크고 넓은 물건이 깊은 물에 자꾸 떨어져 소리 나면서 들어가
                   다. ("팡당팡당하다"의 큰말)

○ **팡당팡당하다**   작고 넓은 물건이 깊은 물에 자꾸 떨어져 소리 나면서 들어가
                   다. ("펑덩펑덩하다"의 작은말)

○ **펑덩거리다**   크고 넓은 물건이 깊은 물에 자꾸 소리 나게 떨어져 들어가

다. ("팡당거리다"의 큰말)

○ **팡당거리다**　　　작고 넓은 물건이 깊은 물에 자꾸 소리 나게 떨어져 들어가
　　　　　　　　　　다. ("펑덩거리다"의 작은말)

○ **펑덩대다**　　　　"펑덩거리다"와 같음.

○ **팡당대다**　　　　"팡당거리다"와 같음.

○ **풍덩하다**　　　　크고 좁은 물건이 깊은 물에 떨어져 소리 나면서 들어가다.
　　　　　　　　　　("퐁당하다"의 큰말)

○ **퐁당하다**　　　　작고 좁은 물건이 깊은 물에 떨어져 소리 나면서 들어가다.
　　　　　　　　　　("풍덩하다"의 작은말)

○ **풍덩풍덩하다**　　크고 좁은 물건이 깊은 물에 자꾸 떨어져 소리 나면서 들어가
　　　　　　　　　　다. ("퐁당퐁당하다"의 큰말)

○ **퐁당퐁당하다**　　작고 좁은 물건이 깊은 물에 자꾸 떨어져 소리 나면서 들어가
　　　　　　　　　　다. ("풍덩풍덩하다"의 작은말)

○ **풍덩거리다**　　　크고 좁은 물건이 깊[18]은 물에 자꾸 소리 나게 떨어져 들
　　　　　　　　　　어가다. ("퐁당거리다"의 큰말)

○ **퐁당거리다**　　　작고 좁은 물건이 깊은 물에 자꾸 소리 나게 떨어져 들어가
　　　　　　　　　　다. ("풍덩거리다"의 작은말)

○ **풍덩대다**　　　　"풍덩거리다"와 같음.

○ **퐁당대다**　　　　"퐁당거리다"와 같음.

○ **덤벙하다**　　　　큰 물건의 몸이 물 위에 가벼이 닿았다가 뜨다. ("담방하다"
　　　　　　　　　　의 큰말)

○ **담방하다**　　　　작은 물건의 몸이 물 위에 가벼이 닿았다가 뜨다. ("덤벙하다"
　　　　　　　　　　의 작은말)

○ **덤벙덤벙하다**　　큰 물건의 몸이 물 위에 자꾸 가벼이 닿았다 떴다 하다. ("담
　　　　　　　　　　방담방하다"의 큰말)

○ **담방담방하다**　　작은 물건의 몸이 물 위에 자꾸 가벼이 닿았다 떴다 하다.
　　　　　　　　　　("덤벙덤벙하다"의 작은말)

○ **점벙하다**　　　　큰 물건의 한끝이 물 위에 가벼이 닿았다가 뜨다. ("잠방하다"

의 큰말)

○ **잠방하다**   작은 물건의 한끝이 물 위에 가벼이 닿았다가 뜨다. ("점벙하다"의 작은말)

○ **점벙점벙하다**   큰 물건의 한끝이 물 위에 자꾸 가벼이 닿았다 떴다 하다. ("잠방잠방하다"의 큰말)

○ **잠방잠방하다**   작은 물건의 한끝이 물 위에 자꾸 가벼이 닿았다 떴다 하다. ("점벙점벙하다"의 작은말)

○ **철썩하다**   밑바닥 넓은 큰 물건이 물의 웃바닥을 한번 쳐서 소리가 나다. ("찰싹하다"의 큰말)

○ **찰싹하다**   밑바닥 넓은 작은 물건이 물의 웃바닥을 한번 쳐서 소리가 나다. ("철썩하다"의 작은말)

○ **철썩철썩하다**   밑바닥 넓은 큰 물건이 물의 웃바닥을 자꾸 쳐서 소리가 나다. ("찰싹찰싹하다"의 큰말)

○ **찰싹찰싹하다**   밑바닥 넓은 작은 물건이 물의 웃바닥을 자꾸 쳐서 소리가 나다. ("철썩철썩하다"의 작은말)

○ **철썩거리다**   밑바닥 넓은 큰 물건이 물의 웃바닥을 자꾸 소리 나게 치다. ("찰싹거리다"의 큰말)

○ **찰싹거리다**   밑바닥 넓은 작은 물건이 물의 웃바닥을 자꾸 소리 나게 치다. ("철썩거리다"의 작은말)

○ **철썩대다**   "철썩거리다"와 같음.

○ **찰싹대다**   "찰싹거리다"와 같음.

이 물에 떨어지는 소리에 對한 動詞는 모두 九十六語나 된다.

四. 笑形과 笑聲의 여러 가지 對한 副詞

웃는 꼴과 소리에 對한 말은 너무도 複雜하다. 그러나 이것을 硏究하여보면 奇妙하기 짝이 없다. 이것만으로도 能히 우리의 超越한 感情 發達을 證明할 수 있다.

그런데 이 感情의 發露는 形形色色으로 表現되어 무겁고 연한 關係와, 여무[19]지
고 부드러운 關係와, 自然的인 和氣와 意識的인 妙味와의 關係 等 여러 가지가 縱
橫錯雜하다. 이 웃음에 對한 副詞를 다음에 차례로 벌리어 註解하겠다.

(一) 笑形에 對한 副詞

○ 방긋방긋　소리 없이 입을 주장으로 움직이어 잇달아 웃는 꼴이니, 무겁고 여
　　　　　　무지고 自然的인 和氣를 나타내는 웃음. ("벙긋벙긋"의 작은말. "빵긋
　　　　　　빵긋"의 본말)

○ 벙긋벙긋　소리 없이 입을 주장으로 움직이어 잇달아 웃는 꼴이니, 무겁고 여
　　　　　　무지고 自然的인 和氣를 나타내는 웃음. ("방긋방긋"의 큰말. "뻥긋
　　　　　　뻥긋"의 본말)

○ 뱅긋뱅긋　소리 없이 입을 주장으로 움직이어 잇달아 웃는 꼴이니, 무겁고 여
　　　　　　무지고 意識的인 妙味를 나타내는 웃음. ("빙긋빙긋"의 작은말. "빵긋
　　　　　　빵긋"의 본말)

○ 빙긋빙긋　소리 없이 입을 주장으로 움직이어 잇달아 웃는 꼴이니, 무겁고 여
　　　　　　무지고 意識的인 妙味를 나타내는 웃음. ("뱅긋뱅긋"의 큰말. "뻥긋뻥
　　　　　　긋"의 본말)

○ 방글방글　소리 없이 입을 주장으로 움직이어 잇달아 웃는 꼴이니, 무겁고 부
　　　　　　드럽고 自然的인 和氣를 나타내는 웃음. ("벙글벙글"의 작은말. "빵글
　　　　　　빵글"의 본말)

○ 벙글벙글　소리 없이 입을 주장으로 움직이어 잇달아 웃는 꼴이니, 무겁고 부
　　　　　　드럽고 自然的인 和氣를 나타내는 웃음. ("방글방글"의 큰말. "뻥글뻥
　　　　　　글"의 본말)

○ 뱅글뱅글　소리 없이 입을 주장으로 움직이어 잇달아 웃는 꼴이니, 무겁고 부
　　　　　　드럽고 意識的인 妙味를 나타내는 웃음. ("빙글빙글"의 작은말. "빵글
　　　　　　빵글"의 본말)

○ 빙글빙글　소리 없이 입을 주장으로 움직이어 잇달아 웃는 꼴이니, 무겁고 부
　　　　　　드럽고 意識的인 妙味를 나타내는 웃음. ("뱅글뱅글"의 큰말. "뻥글뻥
　　　　　　글"의 본말)

○ **방실방실** 소리 없이 입을 주장으로 움직이어 잇달아 웃는 꼴이니, 무겁고도
연하고 부드럽고 自然的인 和氣를 나타내는 웃음. ("벙실벙실"의 작
은말. "빵실빵실"의 본말)

○ **벙실벙실** 소리 없이 입을 주장으로 움직이어 잇달아 웃는 꼴이니, 무겁고도
연하고 부드럽고 自然的인 和氣를 나타내는 웃음. ("방실방실 "의 큰
말. "뻥실뻥실"의 본말)

○ **빵실빵실** 소리 없이 입을 주장으로 움직이어 잇달아 웃는 꼴이니, 무겁고도
연하고 부드럽고 意識的인 妙味를 나타내는 웃음. ("빙실빙실"의 작
은말. "뻥실뻥실"의 본말)

○ **빙실빙실** 소리 없이 입을 주장으로 움직이어 잇달아 웃는 꼴이니, 무겁고도
연하고 부드럽고 意識的인 妙味를 나타내는 웃음. [20] ("뻥실뻥실"의
큰말. "뻥실뻥실"의 본말)

○ **상긋상긋** 소리 없이 눈을 주장으로 움직이어 잇달아 웃는 꼴이니, 연하고 여
무지고 自然的인 和氣를 나타내는 웃음. ("성긋성긋"의 작은말. "쌍긋
쌍긋"의 본말)

○ **성긋성긋** 소리 없이 눈을 주장으로 움직이어 잇달아 웃는 꼴이니, 연하고 여
무지고 自然的인 和氣를 나타내는 웃음. ("상긋상긋 "의 큰말. "썽긋
썽긋"의 본말)

○ **생긋생긋** 소리 없이 눈을 주장으로 움직이어 잇달아 웃는 꼴이니, 연하고 여
무지고 意識的인 妙味를 나타내는 웃음. ("싱긋싱긋"의 작은말. "쌩긋
쌩긋"의 본말)

○ **싱긋싱긋** 소리 없이 눈을 주장으로 움직이어 잇달아 웃는 꼴이니, 연하고 여
무지고 意識的인 妙味를 나타내는 웃음. ("생긋생긋"의 큰말. "씽긋씽
긋"의 본말)

○ **상글상글** 소리 없이 눈을 주장으로 움직이어 잇달아 웃는 꼴이니, 연하고 부
드럽고 自然的인 和氣를 나타내는 웃음. ("성글성글"의 작은말. "쌍글
쌍글"의 본말)

○ **성글성글** 소리 없이 눈을 주장으로 움직이어 잇달아 웃는 꼴이니, 연하고 부

드럽고 自然的인 和氣를 나타내는 웃음. ("상글상글"의 큰말. "씽글씽글"의 본말)

○ **생글생글** 소리 없이 눈을 주장으로 움직이어 잇달아 웃는 꼴이니, 意識的인 妙味를 나타내는 웃음. ("싱글싱글"의 작은말. "쌩글쌩글"의 본말).

○ **싱글싱글** 소리 없이 눈을 주장으로 움직이어 잇달아 웃는 꼴이니, 意識的인 妙味를 나타내는 웃음. ("생글생글"의 큰말. "씽글씽글"의 본말).

○ **상긋방긋** 소리 없이 눈과 입을 고루 움직이어 잇달아 웃는 꼴이니, 연하고도 무겁고 여무지고 自然的인 和氣를 나타내는 웃음. ("성긋벙긋"의 작은말. "쌍긋빵긋"의 본말)

○ **성긋벙긋** 소리 없이 눈과 입을 고루 움직이어 잇달아 웃는 꼴이니, 연하고도 무겁고 여무지고 自然的인 和氣를 나타내는 웃음. ("상긋방긋"의 큰말. "썽긋뻥긋"의 본말)

○ **생긋방긋** 소리 없이 눈과 입을 고루 움직이어 잇달아 웃는 꼴이니, 연하고도 무겁고 여무지고 意識的인 妙味를 나타내는 웃음. ("싱긋벙긋"의 작은말. "쌩긋빵긋"의 본말)

○ **싱긋벙긋** 소리 없이 눈과 입을 고루 움직이어 잇달아 웃는 꼴이니, 연하고도 무겁고 여무지고 意識的인 妙味를 나타내는 웃음. ("생긋방긋"의 큰말. "씽긋뻥긋"의 본말)

○ **상글방글** 소리 없이 눈과 입을 고루 움직이어 잇달아 웃는 꼴[21]이니, 연하고도 무겁고 부드럽고 自然的인 和氣를 나타내는 웃음. ("성글벙글"의 작은말. "쌍글빵글"의 본말)

○ **성글벙글** 소리 없이 눈과 입을 고루 움직이어 잇달아 웃는 꼴이니, 연하고도 무겁고 부드럽고 自然的인 和氣를 나타내는 웃음. ("상글방글"의 큰말. "썽글뻥글"의 본말)

○ **생글방글** 소리 없이 눈과 입을 고루 움직이어 잇달아 웃는 꼴이니, 연하고도 무겁고 부드럽고 意識的인 妙味를 나타내는 웃음. ("싱글벙글"의 작은말. "쌩글뺑글"의 본말)

○ **싱글벙글** 소리 없이 눈과 입을 고루 움직이어 잇달아 웃는 꼴이니, 연하고도

무겁고 부드럽고 意識的인 妙味를 나타내는 웃음. ("생글방글"의 큰 말. "씽글뺑글"의 본말)

이 위에 벌린 것은 모두 잇달아 웃는 꼴을 나타내는 말들이다. 그런데 이 모든 말들의 한번 하는 動作의 緩急을 表示할 수 있으니, 그 例는 다음과 같다.

○ 빙긋   "빙긋빙긋"과 같은 뜻으로 다만 한번 잠간 지나가는 웃음.

○ 빙긋이   "빙긋빙긋"과 같은 뜻으로 다만 은근하게 지긋이 한번 웃는 꼴.

○ 빙글   "빙글빙글"과 같은 뜻으로 다만 한번 잠간 지나가는 웃음.

○ 빙그레   "빙글빙글"과 같은 뜻으로 다만 은근하게 지긋이 한번 웃는 꼴.

위의 例와 같이 은근하고 지긋함을 나타내는 말의 "ㅅ"받침 밑에는 "이"가 붙고 "ㄹ"받침 밑에는 "에"가 붙는다.

된소리로 된 말들은 여기에 벌리어 놓지 아니하나, 例外가 없이 다 말이 된다. 그런데 된소리로 된 말은 뜻이 서로 다른 것이 아니라, 다만 語感과 語勢가 셀뿐이다. 이 밖에 또 웃는 꼴이 있으니;

○ 해쭉   걸어가며 힐끗 보면서 웃는 꼴. ("히쭉"의 작은말)

○ 해쭉해쭉 걸어가며 힐끗힐끗 보면서 자꾸 웃는 꼴. ("히쭉히쭉"의 작은말)

○ 히쭉   걸어가며 힐끗 보면서 웃는 꼴. ("해쭉"의 큰말)

○ 히쭉히쭉 걸어가며 힐끗힐끗 보면서 자꾸 웃는 꼴. ("해쭉해쭉"의 큰말)

그런데 위에 벌린 笑形 副詞 (笑聲은 말고)에 對하여 專用하는 말의 數가 몇 마디나 되는가 누구라도 궁금할 것이다. 놀라지 말라. 그 數를 計算하면 모두 一百四十語나 된다. 이 많은 말 가운데는 勿論우리 日用 言語 習慣을 따라 親疏[3]가 있으므로 서투른 말은 있을 것이다. 그러나 어느 말을 絶對로 아니 쓰인다고 누가 장담하지는 못 할 것이다.

(二) 笑聲에 對한 副詞

이 笑聲에 對한 副詞는 疑聲語로서 여러 가지 웃음소리를 고대로 본떠서 하는 말이 많다. 그러[22]나 또 그냥 말로 된 것도 있다. 이제 그것을 모두 다음과 같이

3　[편쥐 親疏 : 친소(친함과 소원함).

적는다.

○ **깔깔**　　가벼운 웃음이 갑자기 터지는 소리. ("껄껄"의 작은말)

○ **껄껄**　　무거운 웃음이 갑자기 터지는 소리. ("깔깔"의 큰말)

○ **깰깰**　　숨어 피하면서 입을 가리우고 웃는 소리. ("낄낄"의 작은말)

○ **낄낄**　　숨어 피하면서 입을 가리우고 웃는 소리. ("깰깰"의 큰말)

○ **하하**　　"하"소리로 되바라지게 웃는 것이니, 대개 여자의 웃음소리에 많다.

○ **허허**　　"허"소리로 웅성깊게 웃는 것이니, 대개 남자의 웃음소리에 많다.

○ **호호**　　"호" 소리로 어이없이 웃는 말.

○ **흐흐**　　"흐" 소리로 어이없이 웃는 말.

○ **헤**　　싱겁게 한번 웃는 소리.

○ **헤헤**　　싱겁게 여러 번 웃는 소리.

○ **히**　　마음에 넉넉함을 느끼어서 "히" 소리로 한번 웃는 말.

○ **히히**　　마음에 넉넉함을 느끼어서 "히"소리로 여러 번 웃는 말.

○ **해**　　마음에 넉넉함을 느끼어서 "해" 소리로 한번 웃는 말.

○ **해해**　　마음에 넉넉함을 느끼어서 "해"소리로 여러 번 웃는 말.

○ **아하하**　　이 말의 소리대로 허리가 부러지도록 웃는 말.

○ **어허허**　　이 말의 소리대로 허리가 부러지도록 웃는 말.

○ **오호호**　　이 말의 소리대로 허리가 부러지도록 웃는 말.

○ **우후후**　　이 말의 소리대로 허리가 부러지도록 웃는 말.

○ **으흐흐**　　이 말의 소리대로 허리가 부러지도록 웃는 말.

○ **이히히**　　이 말의 소리대로 허리가 부러지도록 웃는 말.

○ **흠흠**　　늙은이가 웃는 소리의 말.

○ **흥흥**　　남을 따라서 시들하게 웃는 소리의 말.

○ **쌕**　　웃기를 꺼리되 이 말의 소리대로 한번 저절로 터지어 나오는 웃음.

○ **쌕쌕**　　웃기를 꺼리되 이 말의 소리대로 여러 번 저절로 터지어 나오는 웃음.

○ **씩**　　웃기를 꺼리되 이 말의 소리대로 한번 저절로 터져 나오는 웃음.

○ **씩씩**　　웃기를 꺼리되 이 말의 소리대로 여러 번 저절로 터지어 나오는 웃음.

○ **살살**　　억지로 발라맞후는 뜻에서 이 말의 소리대로 자꾸 나오는 웃음.

○ **실실**	아무 뜻도 없이 실없이 이 말의 소리대로 자꾸 나오는 웃음.
○ **자글자글**	이 말의 소리대로 목에서 끓는 듯한 단숨에 웃는 웃음.
○ **지글지글**	이 말의 소리대로 목에서 끓는 듯한 단숨에 웃는 웃음.
○ **킥킥**	이 말의 소리대로 참을 수 없[23]이 자꾸 절로 나오는 웃음.
○ **피**	이 말의 소리대로 무슨 不滿을 나타내는 뜻에서 한번 웃는 웃음.
○ **피피**	이 말의 소리대로 무슨 不滿을 나타내는 뜻에서 자꾸 웃는 웃음.
○ **픽**	可笑로운것을 보고 한번 터지어 나오는 웃음.
○ **픽픽**	可笑로운것을 보고 자꾸 터지어 나오는 웃음.

이 위에 보인 바와 같이 笑聲에 對하여 專用하는 副詞는 그 數가 三十五語나 된다. 그리고 보니 笑形과 笑聲에 對한 專用하는 副詞는 勿驚[4] 總計가 一百七十五語나 된다.

五. 沸形과 沸聲에 對한 副詞

물 끓는 모양과 소리에 對한 副詞는 다음과 같다.

○ **우르르**	많은 물이 좁은 면적으로 갑자기 끓어오르는 소리. ("오르르"의 큰말)
○ **오르르**	적은 물이 좁은 면적으로 갑자기 끓어오르는 소리. ("우르르"의 작은말)
○ **워르르**	많은 물이 넓은 면적으로 갑자기 끊[5]어오르는 소리. ("와르르"의 큰말)
○ **와르르**	적은 물이 넓은 면적으로 갑자기 끓어오르는 소리. ("워르르"의 작은말)
○ **우그르르**	많은 물이 좁은 면적으로 야단스럽게 끓어오르는 소리. ("오그르르"의 큰말)
○ **오그르르**	적은 물이 좁은 면적으로 야단스럽게 끓어오르는 소리. ("우그르르"의 작은말)
○ **워그르르**	많은 물이 넓은 면적으로 야단스럽게 끓어오르는 소리. ("와그르르"의 큰말)

---

4 [편쥐] 勿驚 : 물경(놀랍게도).
5 [편쥐] 끊 : '끓'의 오식.

○ **와그르르** 적은 물이 넓은 면적으로 야단스럽게 끓어오르는 소리. ("워그르르"의 작은말)

○ **우글우글** 많은 물이 좁은 면적으로 야단스럽게 자꾸 끓는 소리. ("오글오글"의 큰말)

○ **오글오글** 적은 물이 좁은 면적으로 야단스럽게 자꾸 끓는 소리. ("우글우글"의 작은말)

○ **워글워글** 많은 물이 넓은 면적으로 야단스럽게 자꾸 끓는 소리. ("외글와글"의 큰말)

○ **외글와글** 적은 물이 넓은 면적으로 야단스럽게 자꾸 끓는 소리. ("워글워글"의 작은말)

○ **부르르** 많은 물이 좁은 간격으로 갑자기 끓어오르는 꼴. ("보르르"의 큰말. "푸르르"의 본말)

○ **보르르** 적은 물이 좁은 간격으로 갑자기 끓어오르는 꼴. ("부르르"의 작은말. "포르르"의 본말)

○ **버르르** 많은 물이 넓은 면적으로 갑자기 끓어오르는 꼴. ("바르르"의 큰말. "퍼르르"의 본말)

○ **바르르** 적은 물이 넓은 면적으로 갑자기 끓어오르는 꼴. ("버르르"의 작은말. "파르르"의 본말)

○ **부그르르** 많은 물이 좁은 면적으로 야단스럽게 끓어오르는 꼴. [24] ("보그르르"의 큰말)

○ **보그르르** 적은 물이 좁은 면적으로 야단스럽게 끓어오르는 꼴. ("부그르르"의 작은말)

○ **버그르르** 많은 물이 넓은 면적으로 야단스럽게 끓어오르는 꼴. ("바그르르"의 큰말)

○ **바그르르** 적은 물이 넓은 면적으로 야단스럽게 끓어오르는 꼴. ("버그르르"의 작은말)

○ **부글부글** 많은 물이 좁은 면적으로 야단스럽게 자꾸 끓는 꼴. ("보글보글"의 큰말)

○ **보글보글**   적은 물이 좁은 면적으로 야단스럽게 자꾸 끓는 꼴. ("부글부글"의 작은말)

○ **버글버글**   많은 물이 넓은 면적으로 야단스럽게 자꾸 끓는 꼴. ("바글바글"의 큰말)

○ **바글바글**   적은 물이 넓은 면적으로 야단스럽게 자꾸 끓는 꼴. ("버글버글"의 작은말)

○ **푸르르**   많은 물이 좁은 면적에서 갑자기 넘을 듯이 끓어오르는 꼴. ("포르르"의 큰말. "부르르"의 거센말)

○ **포르르**   적은 물이 좁은 면적에서 갑자기 넘을 듯이 끓어오르는 꼴. ("푸르르"의 작은말. "보르르"의 거센말)

○ **퍼르르**   많은 물이 넓은 면적으로 갑자기 넘을 듯이 끓어오르는 꼴. ("파르르"의 큰말. "버르르"의 거센말)

○ **파르르**   적은 물이 넓은 면적으로 갑자기 넘을 듯이 끓어오르는 꼴. ("퍼르르"의 작은말. "바르르"의 거센말)

○ **풀풀**   많은 물이 좁은 면적으로 자꾸 넘을 듯이 끓는 꼴. ("폴폴"의 큰말)

○ **폴폴**   적은 물이 좁은 면적으로 자꾸 넘을 듯이 끓는 꼴. ("풀풀"의 작은말)

○ **펄펄**   많은 물이 넓은 면적으로 자꾸 넘을 듯이 끓는 꼴. ("팔팔"의 큰말)

○ **팔팔**   적은 물이 넓은 면적으로 자꾸 넘을 듯이 끓는 꼴. ("펄펄"의 작은말)

○ **설설**   많은 물이 넓은 면적으로 천천히 고루 끓는 꼴. ("살살"의 큰말)

○ **설설**   적은 물이 넓은 면적으로 천천히 고루 끓는 꼴. ("설설"의 작은말)

○ **절절**   많은 물이 넓은 면적으로 좀 세게 고루 끓는 꼴. ("잘잘"의 큰말. "쩔쩔"의 본말)

○ **잘잘**   적은 물이 넓은 면적으로 좀 세게 고루 끓는 꼴. ("절절"의 작은말. "짤짤"의 본말)

○ **쩔쩔**   많은 물이 넓은 면적으로 꽤 세게 고루 끓는 꼴. ("짤짤"의 큰말. "절절"의 센말)

○ **짤짤**   적은 물이 넓은 면적으로 꽤 세게 고루 끓는 꼴. ("쩔쩔"의 작은말. "잘잘"의 센말)

○ **지그르르**　　　물기나 기름기의 많이 있는 것이 타는 듯이 끓어오르는 소[25]리.
　　　　　　　　　("자그르르"의 큰말)

○ **자그르르**　　　물기나 기름기의 약간 있는 것이 타는 듯이 끓어오르는 소리. ("지그
　　　　　　　　　르르"의 작은말)

○ **지글지글**　　　물기나 기름기의 많이 있는 것이 자꾸 타는 듯이 끓는 소리. ("자글
　　　　　　　　　자글"의 큰말)

○ **자글자글**　　　물기나 기름기의 약간 있는 것이 자꾸 타는 듯이 끓는 소리. ("지글
　　　　　　　　　지글"의 작은말)

이 물 끓는데 대한 副詞는 모두 四十二語가 된다.

끝말. 위에 벌리어 놓은 말들의 註解가 바로 되었다고 어찌 斷言하리요마는 相
當한 時間을 들이어서 語意를 調査한 것인 만큼 크게 틀림이 없으리라고 믿는다.
우리가 이런 類似語를 註解할 때에는 마땅히 關聯된 말을 全部 한 곳에 모아 놓고
그 서로 사이에 뜻의 差異點을 發見하여야 된다. 만일 그리 아니하고 흩어 놓고
註解를 한다면 뜻이 모두 서로 같은 수도 있고 또는 서로 바꾸일 수도 있다. 그러
나 얼른 보아서는 이런 틀린 點을 發見하기는 그리 쉽지 못하다. [26]

바른 글과 바른 말을 쓰라

『四海公論』 4-7, 四海公論社, 1938.7, 25〜27쪽.

文化人의 體面을 보아서도 말과 글은 바르게 써야 된다. 아직도 一般으로 보아서는 조선말과 조선 글을 제대로 다 바로 쓰지 못한다. 이것은 語文整理期에 있는 現狀인 것만큼 어찌할 수 없는 일은 일이다. 그러나 이 語文을 바루 아는 대에 조금 努力만 하면 큰 效果를 낼 것은 確實히 아는 일이다. 일을 아니하고 잘 살기를 바라는 사람은 惡人이다.

知識을 얻는 대로 努力이 들어야 되지 절로 될 理가 없다. 사람사람이 生而知之를 바라는 것은 至極히 어리석은 일이다. 學而知之도 쉬운 일이 아니오 凡人은 困而知之를 한다는 것은 옛날 聖人의 말슴이다.

事實은 一生을 두고 써먹을 寶物인 말과 글을 조그만한 努力도 드리지 아니하고 절로 잘 깨치기를 바라는 것이 너무 無理가 아니냐.

法은 미워하고 겁낼 것이 아니라 사랑하고 친할 물건이다. 社會生活에 必要한 것이 法인줄 누구라도 否認하지 못할 것이다. 알고 보면 좋은 것은 法이다. 法은 곧 安全이다. 그러므로 이 宇宙 大自然 그것이 곳 法則으로 된 것이다. 만일 그러하지 아니하다면 이 星世界는 서로 부디쳐 다 깨어지고 말 것이다. 萬物은 法則 속에 있고 또 法則 때문에 있는 것이다. 萬物의 靈長인 人間은 새 法則을 만든 것이 아니라 있는 法則을 찾기에 언제나 努力하고 있다.

이 努力의 結果는 이제 우리가 汽船 汽車 飛行機를 타게 되었고 電信, 電話, 라디오를 주고받게 되었다. 사람〱[1]이 다니기 좋기 爲하야 피, 땀을 흘리면서 山을 파고 바다를 메이어서 坦々大路를 닦은 사람도 있는데 남이 닦아 놓은 그 길로 다니는 [25] 努力도 하기 싫다면 그는 論할 餘地도 없다. 努力의 人은 進步의 人이오 進步의 人은 努力의 人이다. 生을 爲하야는 努力하고 進步하여야 된다. 모든 일에 그리하고 또 말과 글에도 그러하다.

---

1 [편쥐] 사람〱 : 사람사람.

생각건대 조선말과 글은 野生花草처럼 自然에 어放하여 두엇다가 이제 겨우 園藝花草로 옴기어 오게 된 셈이다. 그래서 그것은 이제 비로소 合理한 科學的 方法으로 整理하게 되엿다.

任느[2] 民族의 말을 勿論하고 自然語로 發展된 것이다. 文化語가 되자면 적어도 綴字法이 統一되고 標準語가 査定되고 單語가 成立되여야 한다.

綴字法의 統一과 單語의 成立으로 말미암아 表音文字의 表意化가 되는 것은 文字學上으로 보나 心理學上으로 보아서 分明한 事實이다. 漢字가 배우기는 매우 어려우나 배운 뒤에는 讀書에 매우 便한 것은 表意文字로 된 까닭이다. 그리고 標準語가 서지 아니하면 同一한 事物에 數個나 數十個의 말이 섞이어 쓰히므로 말을 배우는 대에 쓸대없는 負擔이 많을 뿐만 아니라 뜻의 誤解도 적지 아니하다.

이 위에 말한 세 가지 얼굴을 다음에 例를 들어 보이고저 한다.

一, 新舊 綴字의 對照

新式… 낫(鎌), 낮(畫), 낯(面), 낱(個), 낟(穀)

舊式… 낫(鎌), 낫(畫), 낫(面), 낫(個), 낫(穀)

新式… 잇다(繼), 있다(有), 잊다(忘)

舊式… 잇다(繼), 잇다(有), 잇다(忘)

新式… 덥다(署), 덮다(盖), 묵다(陳), 묶다(束)

舊式… 덥다(署), 덥다(盖), 묵다(陳), 묵다(束)

新綴字法으로 여러 가지 바침을 쓰게 된 理由는 그래야 語法의 統一이 서고 音理에 맞고 또 字樣이 달라서 表意化된다.

이 여러 가지 바침을 實際로 試驗하여 보려면 母音인 卽「아야」줄의 字가 처음 시작되는 토를 그 밑에 붙이어서 위의 바침과 合하야 發音하면 우리가 하는 말과 소리가 들어맞는다.

例를 들면「묵(陳)으면」은「무그면」으로 發音이 되고,「묶(陳[3])으면」은「무끄면」으로 된다.

──────────

2　[편쥐] 任느 : '어느'의 오식.

3　[편쥐] 陳 : '束'의 오식.

二, 査定된 標準語와 非標準語

標準語…　　종달새(雲雀)

非標準語…　종다리, 노고저리, 무당새, 쌉죽새.

標準語…　　애초(當初)

非標準語…　애시, 애국, 애적, 애저녁, 애전, 아시.

標準語…　　만들다(製造)

非標準語…　맨들다, 망글다, 맹글다. 26

여기에 標準語와 비標準語는 다 京畿를 中心하고 一반으로 쓰히는 말이다.

만일 各道 사투리를 다 줏어모은다면, 한 가지 事物에 몇 十마디의 말이 있을 것을 잘 짐작할 수 있다.

三, 單語를 띄어 쓰고 아니 쓰는 關係

「오늘밤나무사온다」는 대단히 짧은 語句이지마는 그 解釋은 다음과 같이 複雜하다.

(甲) 오늘밤 나무사 온다. (今夜 羅武士 來).

(乙) 오늘밤 나무 사온다. (今夜 買柴 來).

(丙) 오늘밤 나 무 사온다. (今夜 我 買청[4]根 來).

(丁) 오늘 밤나무 사온다. (今夜 買栗木 來).

(戊) 오늘 밤 나무 사온다. (今日 柴與栗買來).

(己) 오, 늘 밤나무 사온다. (噫, 常買栗木來).

(庚) 오, 늘 밤 나무 사온다. (噫, 常買栗與柴來).

말을 單語化하여 쓰지 아니하므로 모든 글에 얼마든지 여러 가지 解釋을 부칠 수 있다.

그러므로 語意를 分明히 하고 讀書의 能率을 내려면 單語의 띄어 쓰는 것이 가장 合理한 方法이다.

끝으로 한 말씀 붙여 들 것은 現대는 專門家 信賴 時대이다. 적어도 言語과學이 한 專門家의 일인 것만큼 綴字法統一案이나 標準語를 믿고 遵行하는 것이 文化道

4　[편쥐 청 : 菁.

德과 社会道德의 正當한 態度이라고 생각한다.

그러나, 얼마든지 批評的으로 當事者에게 意見을 보이며 材料를 제공하는 것만은 그 과學의 進步를 爲하여 고맙게 여기고 歡迎하는 일이다. [27]

한글 바루 아는 법(完) ─ 第三章 받침 알아보는 法과 새받침 一覽

『批判』 6-8, 批判社, 1938.8, 82~84쪽.

一, 받침 알아보는 法

한글을 바루 쓰려면 받침 알아보는 法을 알아야 한다. 이 法만 알면 조금도 틀림없이 바른 綴字를 쓸 수 있다. 그런데 알고 보면 이 法은 너무도 簡單하다. 그것은 다음과 같다.

1. 體言의 받침

體言 아래에 母音이 시작되는 토. 例를 들면 「은」을 붙여서 發音하면 「은」이 그 위의 體言의 받침을 받아서 例를 들면 「근, 큰, 슨, 즌, 츤, 븐, 픈」 따위로 變한다. 例를 들면 국(羹)은=구근, 부엌(廚)은=부어큰, 맛(味)은=마슨, 낮(晝)은=나즌, 빛(色)은=비츤, 밥(飯)은=바븐, 잎(葉)은=이픈

2. 用言의 語幹의 받침

1, 語幹 아래에 平音으로 시작되는 語尾 例를 들면 「다」를 붙여서 發音하면 「다」가 激音인 「타」로 變하는 것이 있다. 이런 것은 모두 「ㅎ」받침이 있는 말이다. 例를 들면 좋다(好)=조타, 낳다(産)=나타, 많다(多)=만타, 옳다(可)=올타.

2, 語幹 아래에 母音이 시작되는 語尾. 例를 들면 「으니」를 붙여서 發音하면 「으니」가 그 위의 語幹의 받침을 받아서 例를 들면 「드니, 트니, 즈니, 츠니, 스니, 새니, 브니, 프니, 그니, 끄니」 따위로 變한다. 例를 들면 굳으니(固)=구드니, 맡으니(任)=마트니, 맞으니(迎)=마즈니, 좇으니(從)=조츠니, 벗으니(脫)=버스니, 있으니(有)=이쓰니, 좁으니(狹)=조브니, 갚으니(報)=가프니, 적으니(小)=저그니, 볶으니(炒)=보끄니

二, 새받침 一覽 82

從來에 쓰던 받침 以外에 ㄷㅈㅊㅋㅌㅍㅎㄲ○[1]ㄳㄵㄶㄽㄾㄿㅀㅁㄱㅄ의 十八個의 받침을 더 쓴다.

ㄷ받침＝ 걷다(捲) 곧(卽) 곧다(直) 굳다(固) 낟(穀) 뜯다(摘) 닫다(閉) 돋다(昇) 뜯다(摘) 맏(昆) 묻다(埋) 묻다(染) 믿다(信) 뻗다(伸) 받다(受) 벋다(延) 쏟다(瀉) 얻다(得)

【變格用言】

깨닫다(覺) 걷다(步) 겯다(編) 긷다(汲) 눋다(焦) 닫다(走) 다닫다(臨) 듣다(聽) 묻다(問) 붇다(殖) 싣다(載) 일컫다(稱)

ㅈ받침＝ 꽂다(揷) 갖다(備) 꾸짖다(叱) 궂다(凶) 낮(晝) 낮다(低) 늦다(晩) 맞다(迎) 맞다(適)

맞다(被打) 맺다(結) 버릊다(爬) 부르짖다(叫) 빚(債) 빚다(釀) 찢다(裂) 잦다(頻) 잦다(後傾) 잦다(涸) 젖(乳) 젖다(濕) 젖다(後傾) 짖다(吠) 찾다(尋) 애꿎다(不幸) 잊다(忘)

ㅊ받침＝ 꽃(花) 갗(皮膚) 낯(面) 닻(錨) 덫(捕獸機) 돛(帆) 몇(幾) 빛(色) 숯(炭) 쫓다(逐) 좇다(從) 옻(漆) 윷(柶)

ㅋ받침＝ 녘(頃) 부엌(廚)

ㅌ받침＝ 끝(末) 같다(同) 겉(表) 곁(傍) 낱(個) 맡다(任) 맡(嗅) 머리맡(枕邊) 뭍(陸) 밑(底) 바깥(外邊) 밭(田) 밭다(迫) 밭다(濾) 뱉다(吐) 볕(陽) 부릍다(腫) 붙다(付) 샅(股間) 솥(鼎) 숱(量) 짙다(濃) 팥(豆) 홑(單) 얕다(淺) 엳다(淺)

ㅍ받침＝ 갚다(報) 깊다(深) 높다(高) 늪(沼) 덮다(蓋) 드높다(宏壯) 무릎(膝) 섶(薪) 숲[2](藪) 싶다(欲) 짚(藁) 짚다(杖) 헝겊(布片) 앞(前) 엎다(覆) 옆(側) 잎(葉)

ㅎ받침＝ 낳다(産) 넣다(入) 놓다(放) 땋다(辮) 닿다(接) 빻다(碎) 쌓다(積) 찧다(舂) 좋다(好)

【變格用言】

거멓다(黑) 기다랗다(長) 깊다랗다(深) 높다랗다(高) 누렇다(黃) 둥그렇다(圓) 벌겋다(赤) 써느렇다(冷) 자그맣다(小) 커다랗다(大) 퍼렇다(靑) 허옇다(白)

---

1 [편주] 원문 'ㅆ' 누락.

2 [편주] 숲 : '숲(林)' 또는 '늪(藪)'의 오식.

ㄲ받침＝ 깎다(削) 꺾다(折) 겪다(經) 낚다(釣) 닦다(拭) 덖다(添垢) 묶다(束) 밖(外) 볶
다(炒) 섞다(混) 솎다(抄) 엮다(編)

ㄳ받침＝ 넋(魄) 몫(配分) 삯(賃) 셧(결)

ㄵ받침＝ 끼얹다(撒) 앉다(坐) 얹다(置上)

ㄶ받침＝ 꼲다(批) 끊다(絶) 괜찮다(無妨) 귀찮다(厭苦) 많다(多) 끊다(訂) 점잖다(偉)
하찮다(不大) 언짢다(不好)

ㄽ받침＝ 곬(向方) 돐(朞) 옰(代價)

ㅀ받침＝ 꿇다(跪) 끓다(沸) 곯다(未滿) 뚫다(穿) 닳다(耗) 쓿다(搗米) 싫다(厭) 앓다
(病) 옳다(可) 83 잃다(失)

ㄾ받침＝ 핥다(舐) 훑다(挾扱)

ㄿ받침＝ 읊다(詠)

ㄻ받침＝ 굵(구멍의 非標準語) 낡(나무의 非標準語)

ㅄ받침＝ 값(價) 가엾다(憐) 맥없다(無聊) 부질없다(漫) 상없다(悖常) 실없다(不實) 시
름없다(愁) 없다(無) 열없다(小膽)

ㅆ바침＝ 겠다(未來) 았다(過去) 었다(過去) 있다(有).

끝 말

이 위에서 적힌 것이 이른바 새받침이란 것으로 그 全部를 벌리어 놓은 것이
다. 이 한 페지 남짓한 이 글자들만 理解하면 世上에서 이르는바 「한글」이란 것은
通達하게 된다. 이 위에 이미 말한 바와 같이 받침을 알아보는 方法은 그렇게도
至極히 簡單하고 또 새받침에 關係된 말의 數爻가 몇 마디가 못 되는 이것을 聰明
한 사람이면 한번만 생각하여도 깨칠 것이오 凡人이라도 몇 번만 힘쓰면 알아낼
수 있는 이 問題를 한번 알아볼 마음이 없다면 世上에 할 일이 무엇인가 누구나 自
己의 良心에 한번 물어볼 일이다. 누구나 이 글이 어렵다고 덮어놓고 남을 원망하
는 사람은 자다가도 깨거든 雜念이 적을 그 때에 暫間이라도 이 問題를 한번 생각
하여 보아라. 참 마음에 스스로 부끄럼이 생길 것이다.

한글을 바루 쓰는 法은 綴字法에만 限할 것이 아니라 또 낱말을 만들어서 띄어 쓰는 것이 重要하다. 이 띄어 쓰는 問題는 單語成立 問題인데 곧 語法的 品詞分類에 對한 것이다. 다른 民族의 言語文字의 歷史를 보아도 例를 들어 梵語나 라텐語나의 古書를 본다면 우리에게 이제도 流行하고 있는 한글 古小說 책에 구슬을 꿴 듯이 줄줄 달아 쓴 그것과 독³같이 그냥 작대기 글로 막 나려 썼다. 이러던 것이 言語科學과 語法學과의 發達을 따라 近代에 와서 비로소 單語가 成立되어 띄어 쓰게 되었다. 줄줄 달아 쓴 글을 읽는 우리는 「音節加減讀法」을 使用한다 이것은 곧 글을 읽는 그 卽時에 말이 되도록 아래위 音節을 붙였다가 떼었다가 생각이 오락가락하면서 바쁘게 글의 뜻을 찾아 읽는 것이다. 그리하노라니 그 讀書의 疲勞는 어떠하며 語意의 誤解는 얼마나 많을 것인가. 그래서 받는 讀書能率上 損害는 너무도 크다. 그러니 이제 한글 科學化의 重要한 問題의 하나가 單語를 띄어 쓰는 것이다. 그런데 그 方法은 綴字法統一案 總論에 말한 그대로 토는 그 웃말에 붙여 쓰는 것이 옳다. 그리고 말은 査定한 標準語를 쓰는 것이 옳다. —(끝)—84

---

3 [편쥐 독: '똑'의 오식.

語文整理와 出版業

『博文』 1, 博文書館, 1938.10, 8~10쪽.

어느 때 어느 곳을 勿論하고 그 語文生活에 있어 한번은 땀을 흘리면서 語文整理의 努力이 없지 못할 것이다. 이것은 다른 여러 民族의 歷史를 보아도 잘 알 수 있는 일이오 이제 우리가 當하고 있는 事實로도 넉넉히 짐작할 것이다. 말과 글이란 것은 뜻을 서로 通하는데 共同 約束으로 쓰는 것이기 때문에 先決問題가 統一이다. 이 統一이 없다면 意思疏通에 여러 가지 困難이 닥친다. 이런 困難을 當하고도 그것을 깨닫지 못하는 사람도 말할 수 없는 사람이어니와 이 困難을 알면서도 統一工作에 協力을 아니하거나 또는 協助의 精神조차 없다면 그런 사람은 더구나 말할 수 없는 사람이다. 우리는 이런 사람이 적어지기를 바라며 또 없어지도록 指導와 努力을 애끼지 말아야 되겠다.

語文整理에 들어서는 三大連帶責任者가 있다. 첫째는 그 語學者로서 科學的 努力을 할 일이니 研究에 研究를 더하여 말과 글의 整然한 體系를 세우고 모든 法則을 發見하여 實用에 合理化할 것이오. 둘째는 이렇게 語學者가 整理한 語文을 가지어다가 自己의 作品에 그대로 應用할 사람은 文藝家들이다. 이들의 日常生活이 글 짓는 데 있는 것만큼 누구보다도 語文整理 實行에 있어 先鋒이 아니 될 수 없다. 그러나 마즈막으로 큰 責任者는 出版業者이다. 이 出版業者는 原稿가 책이 되어 世上에 널리 讀者의 눈앞에 나오게 하는 任務를 가진 분들인 것만큼 그 責任이 크다는 말이다. 이들은 經濟的 能力을 가진 事業家인 것만큼 認識과 誠意만 있으면 能히 그 理想을 達할 수 있을 것이다. 만일 出版業者로 앉아서 自己가 求하는 原稿는 마땅히 統一案에 準할 綴字와 標準語에 準할 말로 쓴 것이라야만 된다고 條件을 딱 붙인다면 良心이 있는 文士로 앉아서는 그리 못하셌나고 벋힐[1] 사람은 별로 없을 것이다. 왜 그러냐 하면 統一案 新綴字 때문에 책이 팔리느니 아니 팔리느니 하던 出版業者가 새롭고 바른 認識을 가지고 言正耳順하게 말하는 데야 所謂

---

1   [편쥐 벋힐 : 버틸.

文筆家로 앉아서 廉恥없게 이러니 저러니 긴말을 못할 것이다.

나는 大膽하게도 出版者業[2]에게 말한다. 만일 이제 새로 出版되어 나오는 책이 在來式 乾麻와 같은 綴字와 아무 標準이 서지 못한 말로 함부로 구슬 꿰듯이 작대기 글로 써서 박이어 8 놓았다가는 書籍商으로는 失敗할 것이다. 그런데 이와 反對로 만일 從來에 널리 普及되어 있는 舊小說, 舊歌詞 等을 統一案 綴字로 고치고 작대기 글을 또박또박 떼어서 單語化하여 出版한다면 讀書界의 많은 歡迎을 받을 것이다. 이것은 나의 空想論이 아니다. 事實에 있어 요사이 新綴字로 單語化하여 쓴 小說을 보다가 전날 舊小說을 읽어 보면 누구라도 절로 깨달아 알 것이다. 답답하여 한숨을 쉬고 책을 덮고 말 것이다. 우리가 왜 統一案 新綴字를 부르지지고 또 單語化한 글을 좋아하느냐 하면 한갓 好事家의 趣味로 생각하는 것이 아니라 文字學的 또는 心理學的 事實이 비쳐어 切實히 要求되는 바이다. 文字란 것은 萬國音聲記號와 같이 다만 物理的인 音聲만 正確하게 標記하려는 目的이 아니라 言語學的 立場에서 語源 語法 等 여러 가지 다른 條件이 붙어서 適當한 合理的 處理를 要하는 것이다. 그러므로 字母文字를 가진 西洋 各國에서도 文字敎育을 시키는 同時에 그 正確한 音韻敎育은 따로 萬國音聲記號를 사용한다. 이 記號는 아무 다른 關聯이 없이 모든 境遇의 單獨性을 따라 個個이 그냥 그대로 表記할 뿐이다.

그러나 文字란 것은 위에 말한 여러 가지 關聯性에서 語音 그 自體가 相互關聯性이 있다. 그래서 音韻法則을 따로 배우지 아니하면 아니 된다. 우리 조선말에 있어서는 音韻法則이 整然하여 알기가 어렵지 아니하다. 알아볼 생각만 가지면 큰 힘을 드리지 아니하고도 能히 깨달을 수 있다.

在來에 함부로 쓰던 舊綴字와 이제 整然한 新綴字를 對照할 때에나 또는 외줄의 작대기 글과 또박또박 떼어 쓴 單語를 比較하여 볼 때에 누구에게나 天壤의 느낌이 있을 것이다. 이제 다음의 實例를 들어서 證明하고저 한다.

統一案의 新綴字로는 낟(穀), 낮(晝), 낯(面), 낱(個)이 各各 다른 字形을 가지었는데 함부로 쓰던 舊綴字로는 「낫」 하나로 쓰며, 新綴字로 있다(有), 잇다(繼), 잇

2 [편쥐] 者業: '業者'의 오식.

다(忘)는 舊綴字로 「잇다」하나로만 쓴다.

작대기 글로 「나물좀다오」는 「나물 좀 다오」와 「나 물 좀 다오」되고, 「예수(耶蘇)가마귀쫓았다」는 「예수가 마귀(魔鬼) 쫓았다」와 「예수 가마귀(烏) [9] 쫓았다」가 된다. 그래서 이 작대기 글 한 줄이 아주 딴 뜻을 가진 두 가지 文章이 되고 만다. 이밖에도 짧은 작대기글 한 줄이 七八가지의 딴 뜻을 가진 文章을 이루는 것이 적지 아니하다. 그래서 이 떼어 쓰는 問題 곧 單語化하는 問題는 우리 語文整理에 있어 重大한 것의 하나이다. [10]

地下의 周時經氏 기뻐하겟지요—朝鮮語學會 李克魯氏 談

『朝鮮日報』, 1939.1.18.

거창한 사업을 우리들이 마터[1] 가지고 이만치라도 완성에 가깝도록 해노코[2] 보니 질거웁습니다.[3] 지금까지에도 조선어전이 나오지 안흔 것은 아니나 표준어로서 정리된 사전이라고는 이번이 처음으로 이 사업을 위하야 당무에 종사할 우리의 고심도 고심이거니와 이것이 진행되도록 도와주신 여러분의 노력도 컷습니다. 생전에 이것을 완성시키려고 애쓰다가 이루지 못한 고인 주시경 선생도 지하에서라도 이로써 기뻐하실 줄 압니다.

1 　[편쥐 마터 : 마쳐.
2 　[편쥐 해노코 : 해놓고
3 　[편쥐 질거웁습니다 : 즐겁습니다.

한글은 한 時間에

『朝光』5-2, 朝鮮日報社出版部, 1939.2, 169쪽.

　世上에 말하는바 한글은 새로운 바침을 붙이는 綴字式을 가리키는 것이다. 그런데 이 바침을 알아내는 法은 事實上 너무 쉬워서 걱정이다. 여러 사람을 가르쳐 본 나의 經驗에 依하면 한 時間으로 充分하다. 이것은 거짓말 같은 참말이다. 한 時間의 努力으로 一生을 두고 無窮하게 쓸 寶物을 얻는다면 그런 幸福이 어데 또 있으랴. 이런 幸福을 爲하여 一時間의 努力을 애끼는[1] 사람은 가엾은 양반이다.

1　[편쥐] 애끼는 : 아끼는.

(朝鮮語辭典 完成段階에! 一部, 出版許可申請) "하루라도 빨리", 語學會 李克魯氏 談

『朝鮮日報』, 1940.3.8.

사전원고의 일부를 오늘(칠일) 총독부 도서꽈에 제출한 것은 사실입니다. 그러나 사전이 세상에 나오기까지는 알리지 안흘 작정이엇는데 어떠케 벌써 아섯습니까. 이유는 별반 업습니다마는 다만 완성된다 된다 소문만 나고 여러 가지 사정으로 이때까지 내노치 못하여 너무나 여러분의 기대에 어그러젓슬뿐더러 저이로서 세상에 대한 면목도 업고 하여서입니다. 지금 얼마나 진행되엇느냐고요? 지금 뭇지 말아주십시요. 또 언제나 완성될는지 알 수 업습니다. 그저 저이의 힘이 자라는데 까지 하루라도 빨리 끗내겟습니다. (사진은 『조선어사전』 원고)

大方의 批判을, 朝鮮語學會 李克魯氏 談

『朝鮮日報』, 1940.6.8

외어표기법 등 발표에 대하여 조선어학회 이극로(李克魯)씨는 다음과 가치 말한다.

저이[1]로서는 가장 오랫동안 힘을 들여서 만든 안입니다. 이 안을 만들기까지에 십년 이상을 요햇습니다. 참고 국어로 치더라도 십여 개국의 말을 참고로 하여 만국음성기호에 따라 만든 것인데 이를 만드는 동안 위원 중에도 각기 견해가 달라 수십 차식 토론하고 연구하고 햇습니다.『시간이 모든 것을 해결한다』는 말과 가치 십년나마를 연구심의 한 끄테 통일을 보아 인제야 발표를 보게 되엇습니다. 중임을 마튼지 십년나마라 늦다고도 하겟스나 전력을 다하여 신중히 조사 연구한 결정입니다. 특히 이 일을 위하여 곤란을 무릅쓰고 힘써 주신 분으로는 정인섭(鄭寅燮)시와 김선기(金善琪) 등이 게십니다.

저이는 상당히 자신을 가지고 발표한 것이나 혹은 힘이 모자라 잘못된 것이 적지 안흐리라 생각하므로 각 방면의 여러분이 엄정히 비판해 주서야겟습니다. 이 시안(試案)은 그 비판을 거처서야만 완전한 안이 되겟습니다.

---

1 [편쥐 저이 : 저희.

朝鮮語 敎育 廢止에 대한 감상

『한글』13-1, 한글사, 1948.2, 70쪽.

이곳에 싣는 글은 지난 해 섣달 대목날 조선어 학회 대소제 때에 나온 글로서 이극노 박사께서 당시 일본 제국주의 침략 정치의 회오리바람이 몰아치는 암담한 세월에 용감히 사전 편찬에 고투하시던 역사적 기록물입니다.

이 글을 보는 이는 누구나 뜨거운 감격의 눈물이 흐를 것입니다.

오늘날 오히려 일신의 부귀만을 위해 아첨과 매국을 일삼는 무리는 마땅히 참사해야 할 것입니다. (위정)

──京城 鐘路 警察署 高等係의 물음에 대한 대답

言語 生活은 經濟 生活이나 宗敎 生活이 나와 같은 사람의 一種 生活 現象이요 또는 事實입니다.

數千萬人의 커다란 生活의 現象과 事實을 無視하는 것은 決코 賢明이 아닙니다.

만일 이것을 賢明이라고 하는 사람이 一人이라도 있다면 그는 精神의 異常이 있는 사람이거나 그렇지 아니하면 良心을 속이는 奸邪輩일 것을 나는 確信합니다.

(1935년 1월 23일)

(共學制와 各界輿論(三)) 共學制度가 實施되면 朝鮮말은 업서진다

『朝鮮日報』, 1935.10.9.

결론부터 말하면 단연 불찬성입니다. 더욱히 내가 조선어학연구회의 한 사람이라는 립장에서 볼 때는 공학제도의 결과가 조선어의 교육을 폐지하게 된다는 것만 가지고도 절대로 반대입니다. 우리가 조선어학회라는 조직을 가지고 눈물겨웁게도 애를 써 나가는 것은 죽은 말을 연구하는 것이 아니라 말의 연구는 한 수단이요 우리 조선말을 연구정리하여 가지고 그것을 넓히 보급 식히며 영구히 유지하자는 데 잇는 것입니다. 그리하야 그 보급과 유지의 대상은 학교와 학생인데 일단 공학제가 되고 조선말외 학과가 업서저 바린다면 우리는 그 동안 가지고 잇든 중요한 한 수단을 일케 되니 어찌 가석치 아니하겠습니까. 좌우간 이러한 국한된 립장으로서만이 아니라 조선 사람으로 도대체 반대입니다. 그 리유야 여기에 설명할 수 업스니 피합니다. 또 가령 그와 가튼 확충된 공학제가 실시되엇다고 하고 그 결과를 생각하면 여러 가지 지장이 만해서 당국자가 소기하든 성과와는 전연 반대되는 결과를 비저내고 말 것이 신상[1]이겟습니다. 왜 그러냐 하면 우리가 조선 사람에게 대하야 일본내지인과 동일한 일반 시설을 요구할 때에 당국자는 흔히 경제적 사정의 미급을 말합니다. 사실 그런 점이 잇습니다. 그런데 이 경제사정의 차이가 현저한 데도 조선 사람과 일본내지인이 한 학교 한 강당에서 공부를 하게 된다면 한편이 경제가 넉넉하야 생활의 윤택이 심지어 「변또」그릇 하나에까지도 반영되는 반면 한편은 그것이 여의하지 못하니까 그 수준에까지 자제를 올려 노흐려는 학부형들의 고통도 크겟지만 학생 자신은 은연중에 거기에서 무엇보다 압서서 가난한 자와 부자에 대한 감정의 격화가 비지어지고 말 것은 보지 아니하여도 잘 알 일입니다. 이러

---

1 [편쥐] 신상: 문맥 상 '실상'.

한 것으로만 보아도 반대이거든 하물며 문제의 핵심을 자버가지고 볼 때에는 두 말도 할 것이 업시 반대입니다.

(사진은 리극로 씨)

建國과 文化提言 ― 朝鮮文化와 한글(上)

『中央新聞』, 1945.11.1.

한글은 朝鮮의 固有文字다. 文字가 思想을 發表하는 道具임은 周知하는 바이거니와 그러면 朝鮮文化發展과 不可分離의 關係를 가지고 잇는 우리 한글은 大體 어떠한 것인가.

그 나라 國民의 知識水準을 向上식키려면 무엇보다도 知識向上의 基本인 文字가 누구나 다 손쉽게 解得할 수 잇도록 平易해야 하는 것이 가장 重要한 條件인데 우리 한글은 世界 어느 나라의 文字보다도 가장 쉬운 동시에 合理的이고 科學的인 것이다. 이러케 훌륭한 文字를 가젓다는 것은 朝鮮民族의 커다란 자랑일 뿐 아니라 다시없는 幸福이 아닐 수 없다.

國民敎育의 基本인 文字 敎育을 普及 식히는 데 잇서서 科學的이고 合理的인 한글은 여러 가지로 便宜를 엇게¹ 된다.

國民義務敎育을 實施하는 데 잇서서 文字 敎育이 그만치 容易하니만큼 거기서 남은 時間과 努力을 知識敎育에 기우릴 수 잇고 그에 따라 效果的으로 向上될 수 잇는 것이다. 나는 일즉부터 漢文全廢運動을 主張하여 왓는데 그 理由는 우리가 漢字를 使用함으로써 賦課되는 負擔이 너무나 크기 때문이다. 거이 無制限하다고 할만치 數多한 漢字를 解得하느라고 우리는 過去에 얼마나 만은 精力을 소모하여 왓는가를 生覺해 볼 데 참으로 놀라지 안홀 수 업다. 그러면 그만한 精力을 消費해서 배운 漢字를 消費한 精力에 比例해서 그만치 文化를 向上식혓느냐 하면 決코 그러치 못하다.

漢字가 아니면 안 된다는 것은 過去에서부터 내려오는 積年의 慣習이지 事實에 잇서서는 漢字를 使用치 안고 우리는 한글만으로도 漢字를 使用할 때와 맛찬가지로² 우리의 思想을 充分히 發表할 수 잇고 文化를 向上식힐 수 잇는 것이다. 漢字

---

1   [편쥐 엇게 : 얻게.
2   [편쥐 맛찬가지로 : 마찬가지로.

는一般 國民에개 文字 普及을 시키는데 잇서서 얼마나 만흔 負擔을 질머지우는가는 漢字의 母國인 中國에서도 漢字廢止說을 主張하는 것으로도 짐작할 수 잇다. 그러므로 나는 漢字全廢를 提唱하는 同時에 只今까지 漢字解得에 기우럿든 精力을 知識敎育에 傾注하기를 主張하는 바이다.

×

다음에는 한글과 朝鮮民族의 관게를 더듬어 보기로 하자.

漢字經書 즉 儒敎 書籍이나 佛敎 書籍가튼 것을 한글로 飜譯할 것을 諺解라고 하는데 이 諺解는 한글이 文字로 創製된 지 얼마 안해서부터 出版되기 시작하엿다. 이 點으로 미루어 보면 오랜 옛날부터 朝鮮의 漢學者들이 한글을 崇尙햇슴을 짐작할 수 잇고 또 一般大衆의 文化를 向上 發展시키기 위해서는 무었보다도 것[3]을 그들 漢學者가 깨닷고 잇섯다고 볼 수 잇다.

---

3 [편쥐 원문에는 빈틈이 없으나 앞에 1글자가 탈자된 듯 보임.

今後의 義務教育 — 朝鮮文化와 한글(下)

『中央新聞』, 1945.11.2.

上記한 古典書籍飜譯物 外에 一般으로는 國民이 부르는 노래란던가 이야기책이라던가 편지 치부가튼 文字를 必要로 하는 部分은 모두 한글을 使用하엿슴을 알 수 잇스니 이로 따저보면 옛날 우리 祖上들은 階級의 上下나 家勢의 貧富를 莫論하고 모두 한글을 배워왓슴을 알 수 잇는데 最近 七八十年來로 西洋文化가 流入된 後 教會聖書를 배우기 위해 宗教書籍을 한글로 널리 刊行하게 되면서 한글은 加一層 全般的으로 普及되엿다. 以上 事實를 볼 때 朝鮮民族은 가장 쉬운 한글文字를 가젓기 때문에 義務教育制가 아니면 서로 이미 國民義務教育을 實施한 어느 國家에 비겨도 조곰도 遜色이 업슬만치 自發的으로 義務教育을 만들어 온 셈인데 그것도 한글이라는 文字가 그만치 쉬윗든 德澤이라 안을 수 업다. 한글 創定 以來 近五百年 동안에 한글은 그만큼 朝鮮民族에게는 밥을 먹고 옷을 입는 것과 갓치 生活化햇다고 말할 수 잇다. 그 點으로 보면 조선에는 無識層이 업다고 해도 過言이 아닐 것시다. 文化向上의 基礎인 한글이 이처럼 普及되여 잇는 만큼 압흐로 어떤 知識을 너어주는 대도 우리는 事半功大의 有利한 處地에 잇는 것이다.

이러케 義務教育的으로 普及될 한글이야말로 偉大한 精神生活의 基礎요 무엇에도 比길 수 업는 朝鮮民族의 和器이다. 이 和器는 朝鮮固有의 文化를 向上 發展시키는 데 잇서서 커다란 役割을 할뿐 아니라 압프로 外國文化를 輸入해 그것을 우리 것으로 만드는 데 잇서서도 굿센 힘인 것이다.

朝鮮語學會의 任務

『民衆朝鮮』創刊號, 1945.11, 44~45쪽.

長久한 時日 그 正當한 發展이 阻害[1]되엿든 우리말은 再生하였다. 自今 以後 朝鮮民族은 아모 거리낌 없이 自己 自身의 言語와 文字에 自己의 思想 感情을 담는다. 일로써 우리 文化는 眞正한 基礎를 얻고 洋洋한 將來의 門은 열렸다.

그러니 現下 國民의 言語生活은 어떠한가. 우리말이 쉽사리 건질 수 없는 混亂 狀態에 빠저있다는 것은 否定할 수 없는 事實이다. 過去 日本語의 害毒은 그 뿌리가 깊었더니 만큼 速히 淸算이 안 되고 多數한 靑少年層은 文字를 잃어 헤메인다. 이러한 狀態下 이 歷史的인 母語 再出發의 날을 當하야 반벙어리된 怨恨을 새삼스리 늦기지안는 者 果然 드물 것이고, 그리고 우리말 建設에 다시곰 發憤치 안는 者 없을 것이다. 아나나 다를까, 이 熱意는 本學會로 그리고 講習場으로 殺到[2]하는 사람의 물결로서 爆發되었다. 이때를 當하야 朝鮮語學會에 負荷된 바 任務야말로 크다. 社會人士의 熱烈한 期待에 우리는 무엇으로 對答할 것인가. 아니 그보다도 어떻게 해야 國家建設에 微力이나마도 액낌없는 助力을 할 수가 있을 것인가.

當面한 일이 重且大한만큼 우리는 愼重히 討議를 거듭한 結果 第一着手로 한글 講習부터 始作하였다. 이것은 될 수 있는 대로 많은 사람에게 急한대로 爲先 基礎 知識이라도 주어 將次 한글普及의 第一步를 삼자는 意圖다. 適當한 敎師와 機關이 具備되는 날까지 우리는 이것을 繼續할 것이다. 그러나 勿論 우리는 이것으로 滿足할 수는 없다. 말과 글을 바르게 쓰는 國民은 一般이 적어도 十年은 學校에서 語文敎育을 받는다. 二三週日의 講習으로 能히 되는 것이 아니다. 우리말도 亦是 一般일 것이다. 이런 意味로 師範學校가 時急히 絶對로 必 44 要하다. 朝鮮의 語文硏究와 普及에 一生을 받일 程度의 熱血之士를 多數히 모아, 眞正한 우리말을 硏究 體得시키고 아울러 우리 朝鮮精神의 精粹를 진이게 하야서 敎育界로 進出시키는

---

1 [편쥐] 阻害 : 조해. '沮害(저해)'의 잘못.
2 [편쥐] 殺到 : 쇄도(세차게 몰려듦).

것이다. 이것이 實現되어야 우리말도 비로소 軌道를 찾는다고 할 것이다. 文學會는 첫 事業으로 萬難을 무릅스고 師範學校 建設에 努力하겠다.

다음 우리가 할 일은 書籍出版이다. 卽 一般大衆에게 正確한, 科學的인 語文을 가르키는 한글雜誌 適當한 讀物에 주린 兒童들에게 끊임없이 新鮮하고 豐富한 知識을 供給하는 雜誌와 其他 出版物, 그리고 勞働者 農民에게 보내는 簡易雜誌이다. 셋재로는 講習會다. 이것은 勿論 한글의 普及이 主眼이지만 아울러서 一般의 社會教育도 있어야 할 것이다.

넷째는 校正部다. 이것은 本學會에 두어 一般希望者에게 한글을 校正하여 주는 機關이다. 前에도 한번 有料로 實施한 일이 있었는데, 各新聞, 雜誌, 單行本 等의 需要者가 過多함으로 應키 不能하여 不得已 中止한 일이 있었는데, 이번에는 萬全을 期하여 그런 일이 없도록 하겠다.

다음 또 우리의 할 일로 飜譯問題가 있다. 앞으로 外國文學의 飜譯도 勿論 必要하지만, 우리의 文化遺産의 거의 全部가 不幸하게도 漢文으로 되어 있느니만큼 爲先 이런 것을 平易한 現代語로 飜譯하야 大衆에게 읽혀야 할 것이다.

本學會의 當面任務는 대강 上述한 바와 같지만 어느 것 하나를 가지고 보아도 大事業 아닌 것이 없다. 이러한 것을 하나하나 實行하여 나가자면, 실로 莫大한 人材와 資金이 必要할 것이다. 其中에도 資金은 特히 必要不可缺한 것으로 時急한 解決이 要望되는 데도 不拘하고, 語學會란 本來가 貧窮한 선비의 모임으로, 이렇다 할 方途를 못 찾든 中, 向者[3] 多幸히 氏의 百萬圓, 官吏 諸君의 五十萬圓 等의 喜捨가 있었다. 이것을 基礎로 하야 將次는 確固한 財團을 만들랴고 着着 進行中이다.

우리는 勿論 힘 있는 데까지는 奮鬪한다. 그러나 우리의 일이란 社會全般의 熱烈한 支持와 援助없이는 到底히 일우어질 性質의 것이 아니다. 뜻있는 人士의 一考를 懇切히 바라는 바이다. 45

---

3 [편주] 向者 : 향자(지난번).

한자 폐지에 대하여

『한글문화』 創刊號, 한글문화보급회, 1946.3, 13~19쪽.

요사이 한짜폐지에 대한 시비논난이 대단히 높아진 것 같은데, 만일 이것에 대한 시비를 삼천만 대중에게 가부표결로 한다면 어림컨대 폐지 찬성자가 적어도 이천오백만은 되리라고 믿는다. 그 까닭은 한짜를 모른대서 무식쟁이 서름 받는 사람이 많기 때문이다. 과연 아무것도 아닌 사람이 한짜 좀 안다고 해서 전체하는 사람이 얼마나 많으냐. 그리고 그런 섯부른 한문쟁이 치고 국어를 멸시하지 아니하는 사람 없고, 따라서 국어를 옳게 쓰는 사람 없다. 그리고 한문 안다는 자랑으로 언문으로 쓴 것은 알아볼 수가 없더라 한다. 조곰도 서슴지 않고, 또 부끄러운 줄 모르고 이런 말을 한다. 이런 무조건하고 한문만이 좋은 사람들은 물론 한짜폐지에 대하여 반대할 것이다. 왜그러냐하면 한짜를 아니 쓰면 자기네 전지식인 한짜지식이 쓸데가 없으니 남다른 포재를 가진 자랑이 없어질 것이오, 또 갑자기 국문을 쓰자니 거기 대한 소양이 없으니 잘못하면 자기 무식이 폭로될 염려가 있다. 그러니 자기체면을 유지하자면 한짜를 아니 쓰는 세상이 되어서는 도저히 아니 될 것이다. 그러나 이런 반대자의 수가 얼마 아닌 것은 짐작으로 알 수 있다. 그러니 이 얼마 안 되는 모화사상자 때문에 죄 없는 대중이 무식에서 울어야 하나, 또는 돌담 같은 한짜 앞에서 무릎을 꿇어야 하나. 대중은 그것을 원치 아니할 것이다.

혹 한짜를 모르는 대중 가운데서도 공연히 한짜를 존중하고 턱없이 국문을 멸시하는 분자도 있을 것이다. 그것은 오랜 문견이 반성 없는 성질이 되어 가지고, 마치 묵은 습관이 유해무해 간에 새습관을 멸시하는 것과 같은 것이다. 그네는 문짜를 모르기 때문에 문짜의 사명도 모르고 거저 남이 좋다니까 좋고. 남이 낯브다니까[1] 낯븐 것이다. 인습이란 좋고도 낯븐 것이오, 정답고도 무서운 것이다. 우리는 언제까지든지 대중을 기만하여 진수렁에 빠지게 할 양심 없는 의사를 되

---

1 [편쥐] 낯브다니까 : 나쁘다니까.

푸리² 할 것인가. 그것을 용서할 시대인가. 듣건대 요사이 어느 시골에서는 학교에 다니는 자녀들을 떼어 내다가 사[13]숙에서 한문을 가르친다 한다. 그 이유는 그까짓 언문이야 하루아침글이 아니냐, 어미나 할미도 가르칠 수 있다. 언문 가르치자고 학교를 보내. 하는 것이다. 식자 여러분 이 일을 어떻게 보는가. 불상한 것은 조선 사람이 아니라, 이 명예스러운 인생들을 싣고가는 조선 땅이라고 생각하지 아니할 수 없다. 그런데 이런 분들은 이렇게 생각한다. 한문에는 천지조화──곧 만 가지 이치가 들어 있다고. 천지조화는 한문에 들어 있는 것이 아니라, 천지조화는 조화대로 천지간에 제대로 있는 것인 줄을 모른다. 가령 한문에, 그 말대로 천지조화가 실려 있다 하자. 그래 수천 년을 두고 숱한 사람이, 숱한 조선 사람이 한짜를 애써 배워 왔지마는, 이 한짜를 통해서 천지조화를 얼마나 포착하였는가, 한평생 두고두고 애써 한짜를 배우다가 아무 실익도 얻지 못하고 거꾸러진 사람만이 아니었던가. 말하자면 끝도, 없는 한짜의 바다를 한정 없이 노를 저어 가다가 만 것일 뿐이다.

아이들을 학교에서 떼어내다가 한문을 가르치는 어리석은 사람들은, 마치 해방이 되자 깎었던 머리를 다시 길구어 상투를 쫗는³ 미치꽹이들과 무엇이 다르랴. 쉬운 글로 어려운 이치 배울 생각을 못하고 어려운 글을 어떻게 배우다가 그야말로 만 가지 이치는 손도 못대고 마는 그리면서 그것이 학문인줄 아는 가련한 사람들, 그이 네보다도, 그이네로 그렇게 생각하게 한 식자 여러분, 아직도 그런 꿈속에 있는 이들 스스로 죄책을 느껴야 할 것이다.

이때에 우리는 소위 조선 개화시대에 신학문이란 것이 들어올 때의, 그때의 부로들의 태도를 이제 다시 되푸리하여 보는 느낌을 가진다. 자녀를 학교 보내기를 반대하고, 머리 깎는 것을 큰일로 생각하던 그때의 일이, 어제같이 새로운 기억이 난다. 오늘에 있어 학교의 존재를 부인하는 그이들이야말로, 오늘날에 B29호를 부인하고 라디오를 부인하는, 웃어 좋을지, 울어 좋을지 모르는 한심한, 남이 일가 두려운 사실이나. 그런데 그네가 아이들을 학교에서 떼어내 가는 이유는 한짜를 페지하리라 해서가 아니라, 일본말을 가르치지 아니하고 조선말만 가르치

---

2 [편취 되푸리 : 되풀이.
3 [편취 쫗는 : '뚫는'의 오식.

니 배울 것이 없다는 것이다. 이것을 무식한 사람의 일이라 하여 웃음거리로 밀고 말 것이 아니다. 이것이 조선의 현상을 엄숙히 말하는 유력한 재료이다. 오늘날 한짜폐지를 어렵게 [14] 아는 여러분, 일본말을 아니 가르치니 배울 것 없다고 생각하는 어리석은 사람을 웃지 말기 바란다. 시간의 장단관계뿐이다.

어느 잡지기사인 논문 가운대 오늘날 한짜폐지를 주장하는 것이 어느 의미에서 세종대왕 당시의 국문반대자 "최만리"와 같다는 의견을 쓴 것을 보았다. 그에 대한 구체적 혹은 논리적 설명의 발전이 없으므로 그 진의를 알 길이 없다. 도로혀 우리는 훈민정음이 생긴 오백년 후의 오늘에 있어 한짜폐지를 반대하는 하고많은 최만리가 있음을 설워하는 바이다.

또 어느 잡지에 난 여러 지명지사의 의견 가운데 한짜폐지를 일종 국수운동으로 말하신 분이 있다. 나는 국수주의의 정의를 모르기는 한다. 영인이 영문을 쓰고 지나인이 한문을 쓰고, 서양 사람이 서양의복을 입고 서양음식을 먹는 것이 모두 국수주의이냐. 그렇다면 국수주의는 낮븐 것이 아니다. 의례 있어야 할 것이다. 그렇다면 조선 사람이 조선 글을 쓰자는 것이 물론 국수주일것이요. 국수주의인 것이 흉될 것 없는 것이다. 그런데 국수주의라면 있지 못할 물건 일종 비방적 태도를 말하는 것 같은 눈치가 있는 것 같으니 알 수 없는 일이다. 영인은 영어를 쓰고, 양복을 입고, 양식을 먹어도 험이 아닌데 조선 사람은 조선 글을 쓰고, 조선의복을 입고, 조선음식을 먹는 것이 죄가 되는 모양이니 알 수 없다. 국수주의란 그런 것이냐. 대중을 위하여 어려운 한짜 버리고 우리글로 평이하게 쓰자는 것이 국수주의라고 배척하면, 그러면 조선 사람은 장차 무슨 글을 쓰고 무슨 말을 하여야 국수주의에서 떠나게 될 것인가.

또 같은 잡지에 실린 의견으로서 한짜폐지가 이상은 좋은데 시기가 상조라고 하였다. 말하자면 오백년 전에 벌서 한짜폐지의 이상을 가지신 이가 세종대왕이라 하겠고, 오십년 전에 유길준 선생은 국문순용의 이상을 가졌고, 사십년 전에 지석영 선생은 한짜폐지 실행운동을 하여 당국의 인허까지 얻었었다. 오백 년 전 생각이, 오십 년 전 이상이, 사십 년 전 실행운동이, 오백년 후, 오십년 후 사십년 후인 오늘에 있어 아직도 시기가 상조라 하면 과연 언제가 적절한 시기인가. 시기가 상조라 하지마는 지금보다도 훨신 먼저부터 국문순용이 실행되고 있지아니한가. 촌가 머슴방에서 겨울이면 고성대독하는 춘향전, 조웅[15]전, 충렬전, 삼국지에, 또 동네집 늙으신 네 앞에서 새댁 네가 읽어 들리는 심청전, 구운몽, 창선감의록 옥루몽에, 어대 한짜가 섞였냐, 또 그것을 읽는 이들이 한짜를 아는 이들뿐인가. 예수교에서는 복음서가 순국문으로 되었기 때문에 신도의 신앙도 두텁고 신도도 늘어 가는 줄 안다. 예수교에서 한짜 배울 것을 필수조건으로 하였더라면 신도는 아마 훨씬 적었으리라고 믿는다. 시기상조가 아니다, 지금이 부적 실행하여야 할 때이다. 모든 과학——자연과학이고, 사회과학이고——과, 국문학과, 철학이 평이한 우리 순국문으로 출판되어야 할 때이다. 이에 대하여 술어를 어찌하느냐가 문제되는 것 같으나 그것은 문제가 아니다. 우리말로 옮기어야 할 것은 옮기고 한짜음을 취할 것은 한짜음을 취할 것이다. "법율" "경제" "문학" "철학" "화학" "물리학" "방정식" "삼각형" "원" "점" "선" 이라고 쓰면 모르고, 꼭 한짜로 표시하여여 안다는 이유가 어대 있을가.

어느 식자가 말하기를 "영어"나 "법어"나 "덕어" 에도 라팅, 기리샤 말이 섞여 있지 아니하냐고 한다. 그렇다 섞여 있다. 그러나 영어에 섞인 라팅, 기리샤 말을 라팅 문짜 기리샤 문짜로 표시하는 것은 주석 이외의 섞어 쓰는 예를 보지 못하였다.

어떤 이는 말하기를 한짜를 아니 쓰면 "원서" 란 말을 어떻게 쓰느냐 한다. 하필 원서뿐이랴 "학교"도 그러하고 "수신" 도 그러하다. 원서를 원서라고 써서 웨 모르랴. 다만 "원서" 가 서양말 책이란 말이냐 학교입학에 관한 원서냐 하는 문제는 있겠지마는 그것은 기술적으로 얼마든지 완화시킬 수 있는 것이다. 가령 "서양원서" "한문원서" 라든지 "입학원서" "퇴학원서" 라든지 하면 알 것 아니냐.

그리고 어떤 이는 우리는 외교상 한문을 아니 배우지 못한다 한다. 우리 앞에 사억 만 이란 지나 대중이 있다는 것을 잊어서는 안 된다 한다. 그렇다 우리는 지나 대중과의 접촉을, 그리고 문화의 교류를 생각지 아니할 수 없다. 그러면 과거의 조선식 한문학이 얼마나 현대의 지나 민중과의 접촉상, 지나 현대 문화와의 교류를 얼마만한 영향이 있는가. 과거의 조선식 한문학이란 것은 죽은 학문이었다. 현대의 지나를 이해하는데 아무 도움이 없었다. 요—순, 우—탕, 문—무, 주공, 공장, 맹[16]자, 정명도, 정이천, 주자를 배우고 이해하는 데는 유효하였는지 모르지마는 그 후의 학문 그 후의 시대를 이해하는데 얼마나 도움이 되었는가. 그러나 우리는 한문학을 버리라는 주장이 아니고, 우리말은 우리글로를 주장할 뿐이니까 한문을 배울 이는 얼마든지 배워 좋으나, 배울 테면 차라리 교린상 아무 소용없는 과거식 한문을 배우지 말고, 현대의 산 지나 말로부터 배워서 그런 연구로 들어가게 할 것이다 한다. 그리하면 그야말로 일거양득이어서 현대지나 사람과의 감정도 소통하여 그야말로 문화의 교류도 되고 한편 고전도 연구하여 그야말로 온고지신도 될 것이다. 실상 우리의 목표로 하는 한짜폐지운동은 듣기에 거북할는지 모르나 한짜폐지가 아니라 국문순용이오 한짜축출이 아니라 국문해방이다.

또 어떤 이――아니 어떤 이가 아니라 한짜 없새지 못한다는 주장을 가진 이는 모두 한짜는 얼른 눈에 들어오지마는 언문이야 어디 그렇게 얼른 들어오느냐. 이 것을 뜯어보아야 비로소 의미를 알지 아니하느냐 한다. 그것은 지당한 말이다 그 것은 반드시 그분들의 고견이아니라 세상의 정평이다. 그것이 한문의 특징이다. 그러나 영어 배운 이의 말을 드르면 그 단자가 눈에 썩썩 들어온다 한다. 글씨의 성질로 보아 영어나 우리글이나 한가지이다. 그런데 영어는 한짜에 지지 않게 눈에 썩썩 들어오지 아니하고 뜯어보아야 의미를 안다. 이것은 우리글의 죄가 아니라 우리글을 가진 조선 사람의 죄이다. 하나는 우리글을 천대하여 이것을 정리하여 법있게 쓰지 아니한데 있고 또 하나는 역시 천대하여 쉬운 글 하잘 것 없는 글이라 하여 애써 공부하고 습숙하지 아니한 데 있다. 내 경험으로는 우리글도 습숙하면 얼마든지 눈으로 읽을 수 있는 글이라고 확신한다.

또 어떤 이는 말하기를 표의문짜인 한짜는 문화를 지구 보존하는 힘이 있지마는 표음문짜인 우리글은 그것이 없다. 가령 삼국시대의 한문은 오늘도 그 뜻을 알 수가 있지마는 그 시대의 향가 같은 것은 오늘에 그 뜻을 알 수 없지 아니하냐 한다. 그것도 지당한 말이다. 그러나 반드시 그런 것도 아니니, 우리 향가 같은 것은 이두문짜란 불완전한 더구나 남의 문짜를 빌어서 표시한 것이기 때문에 실상은 오늘 말고 삼국시대의 신라 사람들로도 그 읽는 법이 구구[17] 하여 일정하지 못하였으리라고 생각되나니, 다행이 그때에 있어 오늘의 한글과 같은 문짜가 있었다면 오늘날 이두문짜의 향가를 읽는 것과 판이한 데가 있으리라고 한다. 만일 말하는 이의 말이 참이라면 서양의 고대문학이란 것은 오늘날 도모지 연구할 길이 없을 것 아닌가. 또 한짜라고 반드시 의미가 고정한 것 아니니 만일 고정하여 영구불변할 성질이 있는 것이라면 사서오경의 주석이 필요 없을 것 아닌가. 그뿐 아니라 현대 지나 말에 있어 "동안" 혹은 "시간" 이란 의미로 "工夫" 라 쓰고 거지란 의미로 "花子"라고 쓰니 그 한짜에서 그 의미를 발견할 수 없지 아니한다. 더구나 앞으로의 세상에 있어서는 적어도 문화를 가진 민족의 말이라면 반드시 "사전" 이란 책을 만들어 말의 의미를 보존하여갈 것이니, 문화지구력이 표음문짜라고 없을 리가 없는 것이다.

그런데 어떤 이는 우리말에서 한짜를 빼면 말이 발달하지 못하리라고 걱정하는 이가 있다. 그 견해는 우리와 반대이다. 그 말의 발달이란 의미가 모호한데 말 수효가 늘지 못한단 말인가 혹은 맛있는 말이 생기지 못한단 말인가 알수 없지마는 하여간 이 두가지 의미를 가진 말이라 치고, 첫째 말의 수효가 어째서 늘지 못할가. "남포등" "도락구" "잉키" "펜" "라디오" "키네마" "껌" "베빠" "하이야" "에레베타" "케-키" "베루" "후록코트" "오-바슈스" "스케-트" "아이스케─키" "오─토바이" "오텡" "가마보교" "스시" "구두" "기사미" "하부다이" "사꾸라" "인두" "화차" "윤선" "영국" "덕국" "법국" "아라사" 따위, 얼마든지 필요하면 늘일 수 있는 것인데, 하필 영어는 영짜로 일어는 가나로 한어는 한짜로 표시하여야 할 이유가 어대 있나. 또 맛있는 말, 아닌 게 아니라 한짜로 된 말 같은 데에는 간단하고 함축 있는 말이 많이 있다. 그러나 그것은 반드시 한어뿐이 아니라 다른 문화와 접촉하여 사상이 진보하면 제나라 말이 미처 그것을 못 따라갈 적이 많다. 가령 "이데오로기" "로맨틱" "데리케-트" "구로테스크" "데모구라시" 따위 일일이 번역한 말로 쓸 필요가 없는 것은 한짜로 된 말에 있어서도 마찬가지니 한짜음으로 된 말이라 하여 한짜로 쓰지 아니하면 아니 될 이유는 없는 줄 안다. 여기 한 가지 재미 있는 현상이 있다. 오늘날 우리말에 "짐생" 혹은 "짐승" "짐성" 이 [18] 란 말이 있는데 이것은 아마 누구든지 순수한 조선말로 알리라. 그러나 옛 기록을 보면 "짐생" "짐승" "짐성" 중 어느 아무것도 아니고 "즁생" 이라 하였다. 그래서 (禽)을 "날즁생" (獸)를 "길즁생" 이라 하였다. "즁생" 은 "衆生" 이다. 자비한 부처님 눈에는 초목금수와 인간 만물이 모두 중생인 것이다. 만일 옛 기록이 중생을 한짜로

만 기록하여 왔다면 "즘생" "즘승" "즘성" 까지 발달하지 못하였으리라. 우리의 한 짜페지 곧 국문순용운동은 이것을 노리고 있는 것이다. "즁생" 이 "즘승"까지 가서 아무 냄새 없이 아무 의심 없이 쓰게 되면 그것이 우리만의 발달이 아니고 무엇이냐.

그런데 한짜페지운동 반대자 중에 문인 시인이 거지반인 것은 의외이다. 자기네가 쓰고 짓고 하는 것은 아모쪼록 널리 누구나 보고알고, 하게 할 목적이면 으설픈[4] 한짜 좀 섞어서 한짜 모르는 이에게 관문을 만들 필요가 없는 것 아닌가. 그뿐 아니라 요사이 떠뜨는 정당, 단체들이 쓰는 선전문들, 무슨 생각으로 써내는 것인 줄을 모른다. 말은 민주민주하면서 하나도 민중을 게도[5]하려는 생각은 없는 것 같다. 왜 그런고 하니 대중이 알만한 글로 쓴 선전문은 보지를 못하였기 때문이다. 모든 선전문은 남에게 알리기 위한 것이 아니라 자기의 울분만 토하면 그만이라는 것 같다. 웃으운 일이다.

가장 영리한 사람은 가장 영리한 방법을 취하리라고 생각한다. ⎡19⎦

---

4 [편쥐] 으설픈 : 어설픈.
5 [편쥐] 게도 : 계도

(한글) 머리ㅅ말

『한글』11-1, 한글社, 1946.4, 1쪽.

동아의 풍파, 아니 세계적 풍사 속에 "한글"의 운명도 곱게 지낼 수는 없었다. 일본 제국주의 말로에는 무소불위의 학정이 덮치었다. 그런 가운데 한글운동은 조선 독립운동의 근본이란 죄명으로 조선어학회 사건이 생기었다. 192년[1] 시월에 함경남도 경찰부의 손에 걸리어서 회원 다수가 검거되어 함남 홍원경찰서에서 취조를 당하고 함흥 형무소로 넘어가서 있었다. 그런 관계로 그 동안에 본회는 문을 닫고 지내다가 이번에 조선이 해방되는 동시에 우리들도 자유의 사람이 되었다. 그러나 검거 당시에 사전원고와 서책들이 압수를 당하였으며, 수색하는 가운데 어지럽게 되어서, 사전 원고 정리는 착수하였으나 국어교육이 살아난 이때라 교육자에나 일반에게 국어강습을 시키는 것이 시급한 문제이므로 그 일을 진행하느라고 "한글" 속간이 늦었다. 그러나 "한글"잡지도 이제는 새로운 이 강산에 새로운 기분으로 다시 출발하여 힘차게 나아가기로 하니 우리의 국어 발전을 위하여 "한글"을 편달하여 주며 이전보다 더욱 사랑하여 주기를 간절히 바라마지 아니한다. (고루)

---

1 [편쥐] 192년 : '1942년'의 '4' 탈자.

專門學校의 國語 入學試驗에 對하여

『한글』11-3, 한글社, 1946.7, 25~26쪽.

대저 入學試驗이란 말부터가 敎育이 發達되어 施設이 完備한 나라에는 들을 수 없는 말이다. 入學이란 것은 모르는 것을 배우러 들어가는 것이다. 처음 배우러 들어온 小學校 入學生에게 무슨 入學試驗이 있겠는가.

小學校의 卒業證書가 곧 中學校의 入學資格을 證明하는 것이니 入學試驗이 무슨 필요가 있겠는가. 또 中學校의 卒業證書가 高等中學校의 入學資格을 證明하는 것이니 거기에 入學試驗이 무슨 필요가 있겠는가. 또 高等中學校의 卒業證書가 大學에 入學資格을 證明하는 것이니, 거기에 또 入學試驗이 무슨 필요가 있겠는가. 본래 入學試驗이란 없는 법이다. 試驗이란 것은 배운 지식의 정도를 알아보고자 물어보는 것이다.

入學試驗의 제도가 생긴 것은 곧 학교 施設이 부족하기 때문의 入學志願者를 다 수용할 수 없으므로 떨어뜨리기 위한 淘汰[1]試驗이요, 총명한 學生을 選擇하려는 목적이 아니다. 이러한 형편에 있는 朝鮮의 現實을 누구나 잘 알고 있을 것이다. 向學熱이 불꽃 같이 일어나는 이때에 어떻게 하면 學校를 많이 設立하여 志願者를 다 收用할까. 울면서 겨자 먹기로 갑자기 學校를 많이 세울 能力이 없으니, 별 수 없이 入學試驗으로 뽑을 수밖에 아무 다른 길이 없다. 이 사정만은 누구라도 認定 아니할 수 없을 것이다. 그러나 入學試驗을 보는 이상에는 다 좋은 成績으로 뽑히도록 하는 것이 기분도 좋고 新興 朝鮮國民의 원기를 旺盛하게 하는 것이라고 생각한다. 試驗委員이 自己의 知識만 標準하거나 하는 것은 더 나아가서 自己의 知識을 자랑하려고 試驗問題를 窮壁한 데서 끌어내어다 受驗者에게 곤난이나 고통을 주는 것은 敎育者의 精神이 아니라고 생각한다.

우리 겨레는 日本帝國의 壓迫 밑에서 多年間 朝鮮語 敎育이 그 자취를 잃었던 것만큼 당시에 初等學校 中等學校에서 敎育을 받던 분들은 朝鮮語 敎育을 받지 못

---

1 [편주] 淘汰 : 도태.

하였던 것이다. 그런 분들이 이제 조선말을 一般的으로 잘 쓰리라고 생각할 수 없다. 그러므로 우리는 國語 敎育이 [25] 다시 살아난 이때에 그것을 잘 붙들어 돕지 아니하면 아니 될 것이다. 본래 어느 文明 國民을 물론하고 普通 敎育과 職業 敎育까지 約 十年이란 敎育을 받고도 바른 文字를 다 쓴다고 말할 수 없다. 中等敎育을 받았다고 하여도 稀貴한 方言이나 古語를 잘 알리라고 말하지 못할 것이다. 이것은 國語學에 있어서도 特別한 部分인 까닭이다.

우리가 이제 專門學校의 國語 入學試驗을 보일 때에 그 표준을 어떠하게 정할까 하는데 대하어² 깊이 考慮하지 아니하면 아니 될 것이다.

우리는 現在 實用語를 중심하여 實生活에 관한 實用語와 實用文을 가르쳐야 되겠으므로 試驗問題를 내되 언제나 이 점을 주의하지 아니하면 아니 될 것이다. 그래서 나는 國語 試驗 問題에 대하여 아래와 같은 본보기를 든다.

[ㄱ] 다음 말의 뜻을 說明하라.

독립운동, 진보적 사상, 해방, 민주주의 정치, 동맹파업, 노동쟁의, 노자협조, 자본주의,

[ㄴ] 다음 ( )에 석낭한 말을 넣으라.

(1) 소가 밭( ) 장기( ) 골( ) 탄다.

(2) 사람( ) 일( )하고 살( ) 된다.

(3) 나라( ) 없는( )은 인생( ) 가장 큰 ( )이다.

(4) 비가 오( ) 땅이 ( )다.

[ㄷ] 다음 속담의 뜻을 적으라.

(1) 범에게 물리어 가도 정신만 차리면 산다.

(2) 땅 짚고 헤엄치기.

(3) 소 잃고 오양ㅅ간 고치기.

(4) 하늘이 무너져도 솟아날 구멍이 있다.

[ㄹ] 다음 글의 == 표 있는 말의 뜻을 알기 쉽게 말하다.

<u>청산</u> 속에 묻힌 옥도, <u>갈아야만</u> 광채 나네.

<u>낙락</u> 장송 긴 나무도, 깎아야만 <u>동량</u> 되네.

---

2 [편쥐 대하어 : '대하여'의 오식.

<u>산곡</u> 간에 흐르는 맑은 물ㅅ가에, 저기 앉은 저 <u>표모</u> 방망이 들고,

이 옷 저 옷 빨 적에 하도 바쁘다, 해는 어이 짧아서 <u>서산</u>을 넘네.

[ㅁ] 다음 단어 전부를 이용하여 한 마디 말을 만들라.

　꽃이, 바람도, 들에, 새가, 핀다, 잘, 울고, 있다, 벌을, 하고, 노래를, 떨어진다.

[ㅂ] 作文, "국민의 권리와 의무", "서울 구경", "부모의 은덕을 논함",

　"한짜 폐지론(漢字廢止論)", "사대주의(事大主義)를 배척함",

　"세계적 공원인 금강산". [26]

漢字 廢止의 可否

『朝鮮日報』, 1947.4.2.

　朝鮮民族이 漢字를 쓰는 것이 옳고 그른 것을 論하게 된 것은 너무도 늦은 일이다. 地球 위에 한 民族이 二種文字混用生活을 하는 者는 朝鮮民族과 日本民族뿐이다. 우리 民族이 한글을 써온 제가 半千年이 되었는데 한글이 全世界의 여러 文字 中에 가장 發達되어 科學的인 것을 世人이 共認하는 바이다. 그리고 여러 百年 동안에 한글의 普及은 國民義務敎育을 시킨 것이나 다름이 없이 되어 있다. 이것은 訓民正音 序文에 할한 바 「사람마다 쉬배워 날로 씀에 편하게 할 따름이라」한 精神에 依하여 된 것이다. 한글을 아니 배운 사람이 別로 없으니 漢學者는 儒家나 佛家나 勿論하고 儒書나 佛書나 그 諺解를 보기 위하여 배웠고 漢字에 無識한 大衆은 自己生活의 必要로 거의 다 배웠으니 純한글로 써 편지와 제문과 이야기책과 노래와 치부와 소송장(訴訟狀)을 썼다. 더구나 西洋文明이 들어온 뒤에는 예수敎의 聖經과 讚頌歌와 傳道文을 모두 한글로 아니 쓴 것이 없다. 그리하여 愚民이라도 다 그 道를 받는 데 便하게 만들었다. 이렇게 國民全體가 쓰고 있는 훌륭한 文字를 두고 무슨 까닭으로 어려운 漢字를 섞어서 사람마다 읽지 못하는 出版物을 만드는 것이야말로 길을 두고 메로 간다는 것이다.

　漢字廢止를 漢字語 廢止와 混同하지 말라. 漢字는 文字만을 말한 것이오 漢字語는 漢字로 된 말만을 말한 것이다. 地球 위에 어느 民族을 勿論하고 自己民族의 固有한 말만 쓰는 民族은 하나도 없다. 다른 民族과 接觸합을 따라 절로 말이 섞이게 된다. 野蠻族의 말도 文明族의 말에 섞이는 것이 얼마든지 있다. 우리가 漢字語를 廢止하자는 것은 絶對로 아니다. 다만 國語淨化運動에서 우리말을 두고 漢字語를 濫用[1]하는 것을 막논[2] 것이며 또는 우리말로도 學術語를 지을 수 있다는 精神을 보이는 것이다. 朝鮮語化한 漢字語는 愚民이라도 알아듣는다. 귀로 알아듣는

1　[편주] 濫用 : 남용.
2　[편주] 막논 : '막는'의 오식.

말을 써 놓으면 눈으로 못 볼 理가 없다.

漢字廢止運動은 朝鮮에서 먼저 생긴 것이 아니라 그 原籍地인 中國에서부터 시작이다. 中國은 三十餘年 前에 새로 注音字母를 만들어 國語教育을 시키면서 漢字廢止運動을 힘쓰고 있다. 웨 自己의 固有한 唯一無二한 國文인데도 不拘하고 이 廢止運動을 일으키는가. 그 까닭은 다른 民族의 文字와 같이 簡單한 音符文字라면 며칠 동안에 文字教育만은 마칠 것인데 一生을 두고 배워도 文字教育이 끝나지 못하는 그 文字를 베울 수 없으며 電報記號를 붙일 수가 없으므로 常用漢字 數千字를 뽑아서 글字마다 番號를 붙이어서 그 番號의 數字만 電報用紙에 써서 준다. 이 것을 番號冊에서 찾아보고 비로소 電報文을 알게 된다. 이런 글을 가지고도 現代文化生活을 하겠는가. 이것은 小學生이라도 判斷할 일이다.

우리 文字生活에 漢字를 廢止하면 漢字의 習慣이 있는 極小[3]數의 사람은 一時의 不便을 느낄 것은 事實이다. 그러나 多數의 民衆과 子孫千萬代에 큰 弊害를 끼치는 罪惡은 생각하지 못하는가. 그렇게 自我本位의 利己主義者인가.

漢字廢止로 말미암아 漢學者의 地位向上은 勿論이다. 이제까지는 몇 字의 漢字를 아는 一般人 때문에 漢學者가 專門家의 대접을 받지 못하였다. 이제부터는 漢學者의 使命은 더욱 커진다. 國家에서는 飜譯局을 두고 우리 祖上이 數千年을 두고 써 놓은 모든 文獻을 한글로 飜譯하여야 되며 中國文化를 輸入하고 또 中國의 國交가 있는 限 그 일을 하여야 된다. 高級專門家의 優待받을 漢學者의 ○[4]金時代가 왔다.

---

3 [편쥐 小: '少'의 오식.
4 [편쥐 원문 훼손. 문맥 상 '黃'.

(소년에 대한 바람) 極端으로 하라

『新少年』8-1, 新少年社, 1930.1, 22쪽.

　나는 무엇이던지 해보랴면 미직지근하게 말고 긋까지 즉 극단으로 하여야 될 거슬 주장하는 사람이다. 그러므로 만히 본밧고 만히 배워야 할 우리 少年들은 미직지근한 사람을 본 쓰는 것보다 차라리 한 가지 능(能)이라도 극단으로 실행하는 짐승이나 새나 버레들을 본밧기를 바란다.

　개가 주인을 짤코 범이 색기를 보호하는 사랑이라던지 꼭 째맛쳐 우는 닭의 지각이라던지 개미의 호상부조(互相扶助)며 소똥버레의 저축성(貯蓄性) 이 짜위들을 본바다 완전한 사람이 되기를 바란다.

自作自給의 本義

『朝鮮物産獎勵會報』1-2, 朝鮮物産獎勵會, 1930.1, 12~14쪽.

一, 自作自給이라 하는 것은 곳 제 쓸 것을 제가 한다는 것이다. 이 뜻을 잘못 알면 이 商工業 時代인 現代經濟生活에 矛盾되는 소리로 알기가 쉽다. 그러므로 그 本義를 말하자면 첫재 國際貿易과 自作自給의 關係를 알아야 된다. 天産物의 關係나 쏘 그로 말미암아 特殊히 發達된 製造品의 關係로 서로 貿易하는 것은 나라마다 서로 업는 것을 補充키 위한 全人類經濟生活에 업디 못할 일이다. 例를 들면 熱帶地方인 브라실[1]에는 고무가 만이 나고 溫帶地方인 獨逸에는 고무는 아니나나 鐵과 石炭이 만이 나고 쏘 그것이 한 原因이 되어서 機械工業이 發達되엇다. 그러므로 獨逸은 브라실로붙어 고무 原料를 사오고 브라실은 獨逸로붙어 機械나 鐵物을 사오는 것이 오히려 合理할 일이다.

一個人이 늘 빗장이로 살 수 업는 것텨럼 一國民도 늘 빗을 지고는 살아갈 수가 업다. 그러므로 어느 째에나 收支가 맛게 살아갈랴면 他國으로붙어 輸入 식히는 것만콤 自國으로붙어 輸出을 식히어야 될 것이다. 만일 外國으로붙어 物品을 輸入디 못할 形便이면 自作自給을 아니할 수가 업는데 物品의 性質과 種類를 딸아서 세 가지 解決策이 잇다. 첫재는 그와 같은 物品을 만들어 쓸 것이오 둘재는 그 대신에 다른 것을 쓸 것이오 셋재로는 도모다 아니 쓸 것이다. 例를 들면 金剛石 반지나 香水 같은 奢侈品은 아니 써도 돗코 고무신 대신에는 집신[2]을 신어도 돗코 琉璃瓶 같은 必需品은 만들어 써도 돗다.

二, 이제 自作自給의 內容을 밝게 말하자면 여러 가지로 갈라 볼 필요가 잇다. 範圍로난 個人的과 社會的과 國家的이 잇고 時間으로는 一時的과 永續的이 잇고 物品으로는 特種과 一般이 잇고 方法으로는 積極的과 消極的이 잇고 程度로난 絶對的과 相對的이 잇다. 無人絶島에 漂流되어서 四年동안이나 혼자 살든 로빈손이

---

1 [편쥐 브라실 : 브라질.
2 집신 : '짚신'의 잘못..

나 戰爭 中이 敵國에게 封鎖를 當한 나라에서 [12] 는 그 境遇의 支配를 받아서 一時的으로 모든 것을 自作自給 아니할 수 업다. 그러나 自己의 所有를 팔아먹을 디라도 아즉 남의 物品으로서 살 수가 잇으되 生活의 安全을 永遠히 얻기 爲하야 應當히 繼續的으로 自作自給을 하게 하는 것은 곳 國家에서 保護關稅政策을 서가면서 自國의 物産을 獎勵하는 것이다.

方法에 들어서는 現代科學과 技術을 應用하는 積極的 生産方法을 取티안코 消極的으로 在來式 그대로만 나아가는 것은 産業發達에 妨害될 뿐 아니라 한 國家로서나 한 民族으로서 늘 그리한다면 生存이 問題될 것이다. 實例를 보면 米洲紅人種은 白人種을 接觸한 데가 四五百年이 되엇으되 白人 文化를 조곰도 學得티 아니하고 그 生活 狀態는 原始的 그대로 自作自給을 힘쓴다. 그러므로 그들은 오늘날에 거의 淘汰를 當하고 말앗다. 그러나 現代 商工業이 발달된 나라에도 家族的으로는 産業革命 前의 그 生産方法으로써 自作自給을 하는 것이 업디 안타. 그것은 다름이 아니라 암만 商工業이 發達되엇다 할디라도 사람〈³이 다 큰 會社나 工場에서 自己의 勞力을 팔아먹을 자리가 업겟고 또 農村에 사는 農民은 閑暇할 때가 種々 잇으므로 家庭副業도 잇으려니와 더욱 自家用은 하기가 쉽다. 나의 視察한 바로써 例를 들자면 至今으로 四年 前에 栢林에서 約 三十里되는 獨逸 農村 채크리크라는 골에서 한해 여름을 디나게 되어서 그 곧 農村情形을 알게 되엇다. 거긔 大多數의 農家에서는 電氣 動力과 機械로써 타작을 하는대 거긔에도 貧農이나 或은 農業을 副業으로 하는 집에서는 돌으개로써 타작을 하고 女子들은 洋을 처서 그 털을 깍아서 물래에 실을 잣아서 洋襪과 속옷을 뜬다. 그들의 生産能率을 現代 機械와 分業的으로 하는 大規模의 生産能率에 比한다면 果然 몇푼어치 되디 안이한다. 그러나 自作自給하는 데에는 相關이 업는 것이다.

三, 朝鮮은 本來 商工業이 發達 못된 건만콤 家族的 自作自給이 우리의 經濟生活을 크게 支配하야 왓다. 그러나 그 精神도 이제는 衰類⁴하야딘 것이 감출 수 업는 事實이다. 밖으로서 물밀 듯이 밀고 들어오는 모든 商品은 어는 것이 우리의 生活을 便利케 아니하는 것이 업다. 그러므로 내일은 生覺디 아니하고 위선 편리하니

---

3 [편쥐] 사람〈 : 사람사람. 원문 '〈'는 중복 부호.
4 [편쥐] 衰類 : 쇠류, '衰頹(쇠퇴)'의 오식으로 보임.

그대로 쓰게 된다. 우리 몸에 닙힌 모든 것이 우리가 쓰는 모든 것이 어는 것이 다 남의 손으로붙어 오디 안이한 것이 업다. 우리가 남의 것을 사 쓰는 것만큼 맞당이 우리 것을 남에게 파는 것이 잇을 것이다. 그것이 무엇인가[13] 우리의 勞力인가 혹은 우리 勞力의 結果로된 商品인가. 그것이 다 아니오. 다만 파는 것은 우리가 가진 土地나 或은 거긔에서 나는 穀物 뿐이다.

自作自給의 精神이 不足한 實證을 들겟다. 이제 朝鮮에는 고무신 洪水가 낫다 더 窮鄕僻村에 사는 農夫들이 山에 나무하러 갈 째에도 고무신을 신고가게 되엇다. 그들이 집신 삼는 대신에 다른 일이 잇어서 돈을 벌어 가지고 고무신을 사서 신는다면 물논 그리하는 것도 돗타마는 그런 것이 아니고 다만 편한 것을 取할 싸름이다. 담비만 더 퓌고 閑談만 하고 안저서 겨울을 한 習性만 더 길울 뿐이다. 朝鮮女子의 일로는 배를 짜서 옷을 하야 닙고 방아를 띠어서 밥을 하야 먹는 것이 큰일이엇는데 이제는 그 두 가지가 다 없어디게 되어 간다. 그러면 그 일을 아니하는 대신에 다른 일이 잇어서 女子의 職業 길이 열리느냐 하면 그런 것이 아니고 다만 그 일을 아니할 뿐이다. 그 結果로 一時에는 便하디마는 貧窮은 곳 壓迫한다. 經濟組織이 우리보다 여러 곱이나 發達된 나라에서도 家族的으로는 未開時代의 生産方法 그대로 自作自給을 하거든 하물며 오늘날 朝鮮經濟 形便으로는 더 問題될 것도 업다. 우리는 勿論 朝鮮民族的 自作自給을 힘쓰되 生産方法은 現代的으로 하여야 된다. 그러나 個人이라도 在來式 그대로라도 自作自給만 하면 勝利다. 이 消極的 方針도 우리에게는 오히려 一時로는 積極的 方針이 될 것이다. [14]

(新春 멧세이지) 有形財産과 無形財産

『別乾坤』 5-2, 開闢社, 1930.2, 10~11쪽.

우리는 財産을 有形財産과 無形財産으로 갈라 본다. 이 두 가지는 性質上 各其 長點과 短點이 잇서서 서로 不足한 點을 도아야 된다. 有形財産은 곳 田畓이나 家屋이나 金錢 等이오 無形財産은 곳 勞働力이나 技術이나 知識 等이다. 이 두 가지 가온대 한 가지 財産만 가지고는 安全한 經濟生活을 한다고 할 수 업다. 암만 조흔 田畓이나 家屋이나 金錢이 잇다 하야도 洪水나 火災 盜賊을 맛나거나 所有權의 法律的 保障이 變動된다면 곳 貧窮의 威脅을 밧을 것이니 그때에는 無形財産을 가저야 곳 벌어먹고 살 것이오 암만 조흔 勞働力이나 技術이나 知識이 만타하야도 病이 나거나 老衰하야 일을 할 수 업스면 다 갑시 업시되고 말 것이니 그때에는 (以下 十頁¹ 下段에 繼續) ⑪

(十一頁 上段에서 繼續)

貯蓄되엿든 有形財産이 잇서야 살 것이다.

사람이 向上을 하랴면 제 허물을 곳처야하고 허물을 곳치랴면 허물을 알아야 한다. 나는 이제 우리 經濟生活에 對하야 缺點만 몃 가지를 말하려 한다. 大體 朝鮮 사람은 節約心과 貯蓄心과 繼續力과 抵抗力이 不足한 것은 가리울 수 업는 事實 이다. 勿論 節約 貯蓄을 못할 사람이 만흔 것을 누구나 모르는 것은 아니다. 그러나 할 수 잇는 사람으로 아니하는 것이 만흐니 말이다. 中國 勞働者나 商人이 朝鮮에 와서 成功하는 것을 보아도 알 수 잇고 海外에서 사는 朝鮮 사람의 實情을 들어서도 證明할 수 잇다. 六七十年 移住 歷史를 가진 海外 數百萬 僑民 中에 五十萬元 財産을 가진 이가 업다 하고 二三十 ⑩ 年을 돈 번다고 돌아다니어도 마즈막에는 故鄕으로 돌아갈 幾十元의 車費가 업서서 辱보는 이가 적지 아니하다. 우리들은 흔히 돈 못 모으는 것을 政府의 後援이 업고 큰 資金이 업는 것을 큰 原因으로 안다. 그 두 가지가 들어서 돈을 잘 모을 수도 잇지마는 돈을 모으는 데는 맛당히 그

---

1 [편주] 十頁 : 십엽(10쪽).

條件이 들어야만 되는 것은 아니다. 實證을 들자면 中國 勞働者가 赤手空拳으로 外國에 가서 成功하야 數百萬 巨富가 되는 것을 만히 볼 수 잇다. 그 主要原因은 勤儉貯蓄이다.

노끈에 나무가 끈허지고 물방울에 돌이 쭐어진다. 씌끌 모아 태산이라(繩鉅木斷 水滴石穿 塵合泰山)하는 俗談이 成功의 秘訣이다. 勤儉貯蓄은 經濟生活의 큰 妙術이다. 12

헤매기 쉬운 갈림길

『新少年』8-4, 新少年社, 1930.4, 5~6쪽.

길가는 사람은 가다금 가다금 갈림 길을 맛나게 된다. 이런 갈림길에서 자기가 갈 곳의 바른 길을 일코[1] 이리저리 헤매다가는 욕을 보는 것이다. 사람이 한평생을 살아 지나는 것도 이와 갓타야 한번 갈림길에 들어서 잘못 헤매다가는 誤平生을 하기가 쉽다.

우리 少年들은 어쩌한 順路를 밟아가야 될가. 勿論 한 가지 順路만 잇는 것은 아닌즉 먼저 뜻을 세워야 된다. 무슨 공부를 하겟다든지 或은 무슨 職業을 가지겟다든지 그것은 다 自己의 資質과 性格과 家庭形便을 알아서 定할 것이다. 意志가 아주 굿은 사람이면 逆境을 征服할 수 업는 것은 아니나 그것이 그럿케 쉬운 일이 아니므로 흔이 失敗하는 수가 잇다. 그러므로 一般으로 보아서는 逆境으로 가는 것보다는 萬能性이 잇는 順路를 取하여야 될 것이다. 大學校까지 工夫할 수 잇는 사람이면 勿論 中學校로 들어갈 것이나 中學이나 마치고 말 形便이면 實業學校에 들어가는 것이 올타. 우리는 都市職業生活을 너무 조화할 것이 아니다. 우리 朝鮮에는 農[5]業이 主業인 것만큼 農業에 만히 從事하면서 農村兒童에게 글 한자이라도 가르키어[2] 주는 것이 매우 조흔 일이다. [6]

---

1 [편쥐 일코 : 잃고.
2 [편쥐 가르키어 : 가르치어.

(우리가 가질 結婚禮式에 對한 名士의 意見-各界 名士의 意見) 壯嚴**한** 古典
的 儀式

『別乾坤』28, 開闢社, 1930.5, 3쪽.[1]

現代 生活方式과 思想의 變遷을 딸아서 禮節도 變遷이 아니 될 수는 업다. 그러나 말을 타는 旅客이 汽車를 탄다는 것과 나무 열매 기름으로 등불을 켜든 집에서 電燈을 켜는 것과 갓흔 實生活의 變遷과는 매우 다를 것이다.

自我를 忘却하고 남의 것을 盲從하는 것처럼 危險한 것이 업다. 强者의 것이라고 다 올코 조흔 것은 決코 아니다. 本來 우리에게 婚禮가 업거나 或은 우리의 婚禮가 조치 못하야 다른 民族의 婚禮를 輸入시킬 必要는 업다. 다만 우리의 婚禮 中에서 實生活에 矛盾되는 煩雜한 禮를 덜고 意味 잇는 몃가지를 選擇하야 現生活에 맛도록 合理化할 뿐이다.

勞農로서아 外交委員長 「치체린」[2]이 蒙古衣冠을 하고 蒙古代表를 마지한 것은 어썬 必要로 認定하는 特別한 境遇의 짓이오, 쏘 어썬 사람이 寫眞館에 가서 海車[3] 大將의 正服을 빌어 입고 海軍大將인체 하면서 寫眞을 백이는 것은 好奇心을 가진 사람의 짓이다. 이와 가치 누구나 必要로 생각하거나 或은 好奇心에서 例를 들면 西洋禮服을 입고 新婦의 손가락에 指環을 끼우고 팔을 끼고 나오는 洋式婚禮를 幾個人이 模倣한다면 問題를 삼을 것도 아니나 그것을 올타고 좃는 이가 잇다면 不可與論이다.

各民族은 形形色色이 그 個性을 發揮한 特殊한 禮節이 잇는 것이니 그것은 人類文化上에 매우 趣味 잇는 것이다. 萬一 온 世上에 한 가지 文化만 잇다면 마치 일종의 쏫[4]만 심은 큰 花園과 가타서 그 世界는 乾燥無味할 것이다.

---

1 [편쥐] 經濟學博士 李克魯, 「朝鮮の結婚と意見(一)-莊嚴な古典的儀式」, 『朝鮮通信』49-1241, 京城 : 朝鮮通信社, 1930.5.6, 35쪽에 일본어로 번역되어 실림.
2 [편쥐] 치체린 : 게오르기 바실리예비치 치체린(1872~1936). 소련 정치가로서 1918년~1930년 외무인민위원 역임.
3 [편쥐] 車 : '軍(군)'의 오식.
4 [편쥐] 쏫 : 꽃.

人類生活이란 것은 橫으로 今人과는 社會的 關係를 가진 것과 가치 縱으로 古人과는 歷史的 關係를 가진 것은 事實이다. 무엇이나 묵은 것이라 하면 흔이 다 몹쓸 것으로 알지만은 그런 것이 아니라 六陳良藥은 묵을스록 藥效가 더 나는 세음으로 儀式은 古典的일수록 더욱 莊嚴하다.

나 個人 생각인 結婚式 大要

一, 朝鮮固有한 禮服을 입을 것.

一, 相見禮는 朝鮮절로 맛절⁵을 한번 할 것.

一, 結婚誓約書를 交換할 것.

---

5 [편쥐 맛절 : 맞절.

自作自給

『農民』1-1, 朝鮮農民社, 1930.5, 21쪽.

농민들의 주업(主業)에 대하야 보다 더 힘쓸 것은 말할 것도 업거니와 부업을 힘쓰지 안으면 안 될 줄 밋습니다. 농민이 시간이 업서서 고무신을 사 신느냐 하면 결코 그러치 안습니다. 놀면서도 고무신 사서 신을 것이 한갓 편리하다는 뎜에서 고무신 신고 신을 삼어 신지 안는 것이올시다. 또는 의복감도 삼을 길삼거나 목화로써 무명을 쌀 시간이 업서서 외국서 드러오는 것을 사 입느냐 하면 그런 것도 안이올시다. 중국 사람들은 한 푼이라도 벌면 내해라는 굿은 생각으로 잠시도 놀지 안습니다. 농민들이 다른 일이 분주하여 할 수 업는 경우이면 모르거니와 할 것이 업서 논다면 신을 삼어 신고 무명 베옷을 스서로 싸 입어야 하겟습니다.

관혼상제(冠婚喪祭)에 대하야 너무 명도[1]를 지나치게 굉장히 하는데 일 년간에 우리 농민이 멧천 멧만호가 이것으로 말미야마 파산을 당하고 못살게 되는지 알 수 업습니다. 나는 이러케 말하고 십습니다. 자기 생활명도를 표준하야 제사를 츠리거나[2] 혼인잔치를 하되 아조 자기 생활이 곤란할 것 갓흐면 제사는 아조 페하여도 좃켓습니다. 혼사에도 간단하게 돈 덜 드리고[3] 하여야 하겟습니다. 암우리[4] 굉장하게 츠린다 해도 그 집안 살림이 위험하게 된다면 이것이 결코 레절[5]이 안이올시다. 사람이 먹은 뒤에야 레절이지 먹을 것 업는데 레절만 잘 직힌다면 인간생활에 큰 모순(矛盾)이올시다. 농촌에서 실지로 농민운동 하는 지도자의게 바라고 십흔 것은 경제덕 조합운동을 일으키기를 바랍니다. 이것이 갑자기 전됴선덕[6]으로 실현은 어려우나 이름을 협동조합(協同組合)이라든지 농민사 알선

---

1 [편쥐] 명도 : 정도
2 [편쥐] 츠리거나 : 차리거나.
3 [편쥐] 드리고 : 들이고.
4 [편쥐] 암우리 : 아무리.
5 [편쥐] 레절 : 예절.
6 [편쥐] 전됴선덕 : 전조선적.

부(斡旋部)라든지 만드러서 주로 의복감 석유 고무신 철물(농구) 만주좁쌀 소금[7] 갓흔 것을 공동으로 사서 논은다든지 공동으로 장사하면 잘될 수 잇슴니다. 내의 고향에서 시작하엿는데 그 성적이 매우 조아서 성공하엿다 함니다. 이 조합운동을 일으키되 몬저 크게 주의할 것은 경영자의 훈련이올시다. 그 조합에 일을 맛흔[8] 이가 자긔의 일보는 것과 갓치 공덕심(公德心)이 이서야 할 것임으로 지방에서 일하는 이들의 특히 주의할 일이라고 생각합니다.

---

7 [편쥐 소곰: 소금.
8 [편쥐 맛흔: 맡은.

生産과 愛用의 調和

『朝鮮物産獎勵會報』1-10, 朝鮮物産獎勵會, 1930.10, 5·9쪽.

宇宙의 모든 것이 그 調和를 일으면 各其 效力을 다 나타내디 못하는 法이다. 濕度와 溫度와 氣壓의 調和가 잇은 뒤에 비로소 비가 오는 것이다. 우리 經濟破滅의 救濟도 朝鮮物産의 生産과 愛用이 그 調和를 일티 아니하여야 큰 힘을 나타낼 것이다.

經濟生活은 法律生活이나 道德生活이 아니므로 누구나 무슨 物件을 사고져 하면 義務觀念이 들기 전에 몬져 利害觀念이 반듯이 생기게 된다. 그러므로 암만 土産愛用을 勸하여도 直接 利害關係가 잇스면 그것을 잘 行하디 아니 하는 것이다. 그러나 이 利害關係를 써나서도 外貨를 쓰는 것이 퍽 만타. 이제 外貨쓰는 原因을 찻즈면 一, 不得已 二, 信用心 三, 習慣性 四, 奢侈心[1] 五, 好奇心 六, 慕他心 이 여섯 가지에 지내디 아니할 것이다. 慣習性이나 奢侈心이나 好奇心이나 慕他心에서 原因된 것은 그 허물이 愛用者에게 잇거니와 信用心이나 不得已한 대에서 原因된 것은 그 허물이 生産者에게 잇는 것이다.

이제라도 愛用者에게 잇는 그 허물을 곳친다면 勿論 土産品을 쓸 것이 만을 뿐 아니라 적어도 外貨를 아니 쓸 수는 잇다. 例를 들면 正宗이나 麥酒나 호썩을 먹거나 洋服을 입고 구두를 신거나 日本雨傘[2]을 쓰고 日本부채를 부쳐야만 꼭 사는 것이 아니다. 제 것을 바리고 남의 것을 즐겨 쫏는 것은 慕他心이 만흔 됴션 사람에게 감출 수 업는 缺點이다. 됴흔 제 나라 말이 잇것마는 그것을 바리고 저 씨리도 外國語 짓거리기를 조곰도 써리디 아니 하는 것이나 甚하면 外國 사람이 조선 말하는 그 본까지 取하는 것이나 이 박게 여러 가지 다른 것도 남에게 쌀아 가기를 조아 하는 心-

以下는 九頁 下段의 續-[5]

---

1   [편주] 奢侈心 : 사치심.
2   [편주] 日本雨傘 : 일본우산.

-四頁[3]으로붓터 續-

理를 보아서는 암만 됴흔 朝鮮物産이 잇다 하여도 外貨 쓰기를 됴아할 것이다. 어느 点을 보아도 물론 愛用獎勵가 必要하다. 그러나 우리 土産品으로는 愛用者가 꼭 需要하는 그 物品이 업거나 그 品質이 낫고 그 갑이 비싸거나 쏘 그것을 信用할 수 업다면 남의 것이라고 아니 쓸 수가 업을 것이다. 다른 것은 그만 두고라도 우리가 아니 쓸 수 업는 옷감을 우리의 經營으로 生産되는 것이 겨우 全需用의 百分之四에 不過하다. 하니 生産者도 한번 깁히 생각할 餘地가 잇디 아니한가. 이에 企業家는 同心協力하야 現代生産方法을 쫏차서 需要에 供給할 만큼 生産하여야 될 것이다. 그러니 愛用者나 生産者가 다갓티 覺醒하야 그 步調를 一致케 아니리 못할 것이다. ⑨

---

3 [편쥐 四頁 : '五頁'의 오식.

科學的 管理法과 勞働能率(一)

『獎産』 2-1, 1931.1, 10~12쪽.

一, 緒言 二, 適材採用 三, 科學的 作業 四, 勞働報酬 五, 結論

現代物質文明과 經濟生活과 社會問題와의 眞面目을 알랴면 무엇보다도 먼저 製造業界 곧 工場을 視察 아니할 수 업다. 내가 數年間 歐米諸國과 日本과 朝鮮에서 여러 가지 工場을 만히 視察하든 째에 느씬 바가 잇섯기로 이 問題를 擇한 것이다.

一, 緒言

사람이 살랴면 일은 하여야 된다. 그러나 일을 가지고 움즉이는 것만 보아서는 다 같이 일을 한다고 하겟지마는 能率낸 結果를 比較한다면 한 사람은 참으로 일을 한 것이고 한 사람은 空然히 일을 붙잡고 밧브기만 한 것이다.

大槪 十六世紀부터 歐洲人의 經濟生活에 體系가 잇는 經營法이 시작되어슨데 農業이나 鑛業의 經營보다는 工業의 그것이 퍽 늦게 시작되엇다. 近世 自然科學의 發達로 말미암아 모든 經營法이 새 方法을 取하게 되엇으니 物的 方面에 對한 設計와 處置는 발서[1] 自然科學的 方法으로 行하는 各種 工藝學이 짜로〈[2] 發達되어서 農業學者나 鑛山學者나 工程師들의 專門家 일이 되엇다. 그러나 內部組織과 人件에 대한 設計와 處置는 最近까지 自然科學的 方法으로 行하지 아니하다가 千九百 年頃에 이르러 이것도 그 方法에 좇아서 硏究케 되었다. 이것이 有名한 米國工程師 프리드리크, 윈쓸로, 테일로 (千八百五十五年 出生 千九百十五年 死去)의 創案인 科學的 管理法이[10]다. 그것은 世界産業界에 産業能率에 對한 새 刺戟을 주게

---

1 [편쥐] 발서 : 벌써.
2 [편쥐] 짜로〈 : 짜로짜로. 원문 '〈'는 중복 부호.

된 바 許多한 사람이 그 研究에 腦를 쓰게 된 것이다.

各 個人은 自己의 經驗으로써 最高經濟目的에 이르도록 各自로 合理하게 作業할 수는 잇다. 그러나 管理法으로 보면 이런 合理的 作業을 科學的이라고는 못한다. 科學的이라 하면 主觀的 個性을 써나서 經驗으로나 實驗으로 얻은 바를 客觀的 抽象的 普遍的 性質로 化한 法則 곧 公式이 되어서 한 工場이면 그 全工場에서 그 規定된 法則대로 일을 하여야 비로소 그 作業이 科學的이라고 한다. 이제 科學的 管理法 研究의 內容과 要領을 들면 (1) 動作과 時間과를 낫낫치 實驗하야 作業正規의 基本을 삼으며

(2) 心理學的 實驗으로 가) 適材를 쏩아서 適所에 配置하고 나) 疲勞를 測定하여 勞働의 持續과 休息과의 標準을 세우며

(3) 組織을 研究하야 最適한 空間을 應用하고 運搬의 正路를 엇고 作業을 整頓하고 監督을 嚴密히 하며 (4)機械와 器具와 材料를 適當한가 實驗하야 使用에 便利케하는 것이다.

二, 適材採用

무슨 일에나 좋은 成績을 내랴면 그 일에 適當한 사람을 쏩아 써야 된다. 그러므로 한 工場에도 勞働者로붙어 總經理까지 各々 그 일을 標準하야 嚴密히 適材를 採用하여야 된다. 사람을 쓰는 대는 이제도 普通은 證書나 紹介狀이나 이박에 다른 여러 가지 形式을 본다. 甚하면 人情이나 黨派까지도 적지 아니한 影響을 준다. 그러므로 일 自體를 爲하야 適材를 採用치 못하는 것이 事實이다. 그러나 테일러는 여긔에 벗어나서 特別히 二種方法 곧 實[11]踐과 心理學的 實驗으로서 모든 사람을 採用하얏다.

1, 實踐 테일러式 工場에는 勞働者나 事務員이나 工程師를 勿論하고 大概는 무슨 證書나 試驗을 要求치 아니하고 實際로 일을 시켜 봐서 作業設計室에서 規定하야 놓은 日課를 여러 날 繼續하야 能行하여야 비로소 그 일에 그 사람을 쓴다.

2, 心理學 實驗 무슨 한 가지 일을 하는 대에 한 사람에게 잇는 精神이나 肉體의

各 部分을 다 쓰는 것이 아니고 일을 짤아서 其中에 特別히 쓰이는 部分이 잇다. 사람에게 精神이나 肉體의 各 部分이 均一히 發達 못되어서 어떤 사람은 眼力이 좋고 어떤 이는 손이 빠르며 어떤 이는 記憶力이 좋고 쏘 어떤 이는 硏究力이 세다. 그러니 各各 그 發達된 部分에 맞은 일을 하여야 일 能率을 가장 많이 내는 것이다.

이제 實例를 들면 <u>테일러</u>가 米國 自轉車球 工場에서 實驗한 일이 잇다. 自轉車球를 檢査하는 대는 特別히 빠른 觀察力과 判斷力과 큰 注意力을 要求한다. 科學的으로 女職工을 採擇한 結果에 그 前에 一百二十人이 十時間半에 하든 일을 이제 三十五人이 八時半에 能行하엿고 그 가온대에도 四次의 適當한 休息時間이 들엇다. 그 女職工들은 그 前 賃金의 八割로 十割 까지 되는 賃金을 더 밧앗다. 다만 그 일에 꼭 要求하는 觀察力과 判斷力과 注意力의 不足으로 말미암아서 이 嚴密한 科學的 實驗 끝에 聰明하고 부즈런하고 正直한 女職工을 많이 잃게 되엇다. 그러나 그 일 自體를 爲하야는 그리 아니할 수 없다. 모든 일에 다 이와 같이 科學的 方法으로 사람을 採用한다면 다 그 生産能率을 크게 增大할 수 잇다고 <u>테일러</u>는 말하엿다.

(下以는 次號에 續) [12]

學校選擇體驗談 先輩諸氏

『東光』18, 東光社, 1931.2, 76 · 78쪽.

百가지 理論보다 한 가지 體驗이 더욱 귀하외다. 우리는 學生 諸君의 一大 苦悶問題인 上級學校 選擇에 對하야 貴重한 體驗을 가지신 先輩諸氏의 實際談을 들어 봄이 가장 값잇는 길이라 하야 다음과 같은 물음을 보내엇습니다. 그들의 回答은 다 우리들에게 크게 參考가 될 것인 줄 압니다. 무엇보다 먼저 先輩의 體驗談을 읽고 뒤에 沈思熟慮하십시다.

設問

一, 先生은 어느 學校 出身이십니까.

二, 그 學校를 擇하신 理由가 무엇입니까.

三, 지금 그 選擇이 잘 되엇다고 생각하십니까 혹은 잘못되엇다고 後悔하십니까.

四, 그 理由는? 以上 76

趣味인 까닭에

一. 李克魯는 伯林大學 經濟科를 마치엇읍니다.

二. 經濟學에 趣味를 가진 까닭입니다.

三. 이 科를 가린 것을 勿論 좋앗다고 생각합니다. 그것은 趣味인 까닭입니다. 78

科學的 管理法과 勞働能率(三)[1]

『獎産』2-2, 1931.2, 9~11쪽.

三, 科學的 作業

(1) 現代에 分業은 참 놀램 직하게 늘어 간다. 한 工場 안에서 하는 일도 甚히 分工이 되어서 그 前에 技師가 하든 일도 이제는 여러 專門技師가 分擔하야 各各 한 部分식만 하게 되엿고 그 밑에 職工은 더 部分의 部分的 한 가지 아주 單一한 動作의 일만 專門하게 된다. 例를 들면 주머니칼 工場에서 九十種 專門職工으로 分工이 되엿고 普通 手工으로 하는 洋靴工場에서는 十六種 專門職工이 잇으나 新式機械로 하는 洋靴工場에는 벌서 九十六種이나 되엿다.

(2) 作業設計와 實行을 <u>테일러式</u> 工場에는 嚴密히 分하야 놓앗다. 그렇므로 作業設計室을 特別히 設置하얏으니 곧 作業參謀다. 여긔에는 大槪 科學者와 큰 經驗家가 앉아서 그 工場 안에서 행할 온갖 일을 모다 設計하야준다. 그렇므로 어떠한 作業이나 그 動作을 分析하야 그 必要한 時間을 機械로써 測定한 뒤에 어떠한 條件下에서 그 動作을 最短時間에 能行할 것을 預定하야 正規를 삼는다. 例를 들면 쇠ㅅ덩이 한 개를 땅바닥에서 일하는 상 우에 올려놓는 겄도 正規가 잇어서 마치 動作의 番數와 次序가 잇는 體操와 같이 動作이 一定하다. 作業設計室에서 모든 作業을 늘 計劃的으로 觀察하는 中에 優秀한 職工이 많은 經驗으로 各各 얻은 價值잇는 모든 作業方法은 모조리 精密히 調査하야 科學的으로 試驗하[2] 뒤에 正規를 作成하야 一般職工에게 實用케 한다. 普通性을 가진 正規밖에 [9] 各個 特殊性까지 다 法則을 定하야 作業全體案을 作成하므로 全工場에서 統一的 體系가 잇게 모든 作業을 進行하게 된다. 그렇므로 적은 塊鐵 한 덩이라도 工場 안에 들어오기 前에 그것이 製造될 物品과 그 物品의 記號와 어느 時間에 어느 機械와 어느 사람을 經由하

---

1 [편주] 목차에는 '(二)'로 되어 있으나, 본문에서 '(三)'으로 잘못되었다. 이후 편도 하나씩 밀림.
2 [편주] 하: '한'의 오식.

야 製造될 것과 이밖에 모든 細瑣한 것이 처음으로붙어 끝까지 設計 中에 미리 다 作定되고 잇다. 設計 中에는 모든 쓸대 없이 무엇을 기다리고 찾고 무르며 또 이리저리 彷徨하여서 생기는 모든 헛 動作은 미리 다 除去하얏다.

作業案이 하³번 나오기만 하면 聯結的으로 此에 關한 機械나 사람은 다 自動的으로 强制的으로 作業을 進行하는데 人工은 겨우 機械에 불리는 적은 補助物의 하나이 되어서 산 사람의 動作이라고 조곰도 自由가 없다. 마치 複雜한 機械에 어느 齒輪 하나이 돌면 거긔에 連帶한 다른 모든 齒輪도 順次로 다 아니 돌면 全體가 破壞되는 그 强制的이오 自動的인 動作과 같이 그 人工은 온전히 機械化한 體系가 잇는 動作이 된다.

(3) 테일러式 工場에는 可能한대로 人工代에 機械를 쓰고 熟鍊職工代에 未熟鍊職工을 쓰는 것이 原則이다. 未熟鍊職工을 쓰자면 分工이 가장 必要하다. 細分된 그 動作은 아조 單純하야 學習이 없는 者라도 몇 번만 보면 能히 할 수 잇으므로 普通 다른 工場에서 行하는 勞働見習生 制度를 廢止하얏다. 조곰 어려운 特別한 勞働은 職工長이나 專門職工이 잇어[10]서 代行한다. 例를 들면 機械輪 돌리는 調帶까지도 걸어 주고 대패나 칼 같은 연장도 다 갈아준다. 그러니 職工에게는 精神 自體만 남앗고 생각은 다 빼앗기어서 設計室에서 나오는 조희⁴조각에 文字로 化하야 作業時에 職工은 그대로만 順從할 뿐이오 自己의 생각은 조곰도 할 必要가 없고 또 생각하야서는 아니 된다.

(4) 作業에 對한 사람의 一般動作을 이렇케 科學的 實驗에 依하야 行할 때에는 材料와 機械와 器具들은 더 嚴密한 科學的 實驗에 依하야 쓸 것이다. 그렇므로 鍾柄 하나이라도 一定한 長과 粗와 形狀과 重量을 實驗한 結果에 딸아서 만들게 된다.

(5) 모든 機械나 器具나 人工을 다 正規가 잇게 하랴면 첫재 製造되는 物品도 個性을 떠나서 統一的 標準이 잇어야 된다. 그렇므로 例를 들면 裁縫針 機械가 그리 많아도 大小는 겨우 數種에 不過하다. 이와 같이 標準한 物品을 製造하게 되므로 한 部分的 物品을 專門으로 만드는 工場을 經營하게 된다.

(6) 作業能率의 實例를 들면 <u>테일러 弟子 길브레트⁵</u>는 벽돌 싸는 일을 여러 해

---

3 [편쥐] 하: '한'의 오식.
4 [편쥐] 조희: 종이.

동안 觀察하야 硏究하얏다. 그 方法은 勿論 모든 精密한 實驗을 要한 바 一糎[6]까지 正確한 計算으로 積功이 가지게 適當한 자리에 벽돌을 놓아야 되며 싸올라 가는 벽은 積工의 발에서 얼마나 높아야 되며 한 번에 벽돌은 몇 장이나 積工의 옆에 놓아야 되며 이밖에 모든 것을 다 最適한 動作을 取케한 結果로 그 일에 손 놀리는 數를 十八番에서 五番으로 減下하얏고 能率은 二倍半 乃至 三倍나 늘게 하얏다. 該 氏는 말하기를 벽돌 積工 三十人이 努力을 더 아니할지라도 그 前에 百人이 하든 일을 能히 하며 全建築費는 비록 賃金을 꽉 많이 주엇으나 그 前 것의 절반이 몯된 다고 하얏다. [11]

---

5   [편쥐] 길브레트 : 프랭크 길브레스(Frank Bunker Gilbreth, 1868~1924).

6   [편쥐] 一糎 : 1리(1cm).

科學的 管理法과 勞働能率(四)

『獎産』2-3, 1931.3, 13~14쪽.

四, 勞働報酬

勞働力도 다른 物質과 같이 極度로 利用하는 것이 現代資本主義의 根本精神인데 그 利用方法은 또 科學的으로 賃金制度를 쓰는 것이다.

첫재 큰 趨勢는 作業時間만 標準한 日給制度가 作業成就만 標準한 都給制度로 次次 變更하야 發達된 것이다. 이 都給制度로써 勞働力을 많이 利用한 것은 事實이나 普通 생각하고 바라는 바와 같이 못된 것도 事實이다. 웨 그러냐 하면 都給賃金도 內容인즉 日給賃金과 같이 製造되는 物品에 들이는 勞働時間과 勞働者의 日常生活費를 標準하야 定하는 까닭이다. 그러니 雇主는 都給賃金을 雇工이 제 힘끝[1] 하야내는[2] 最高勞働能率을 닳아서 늘 減少한다. 그러고 보니 都給으로 일하는 雇工도 自護策으로 賃金이 減少될 程度에 미치면 能力을 다하야 일을 더 빨니 아니한다. 이 缺點을 補充하는 方法은 作業時間과 作業成就의 두 가지 標準을 合用하는 複式制度로 몇 가지 形式의 賃金制度가 생기어서 勞働者를 刺戟시키는 것이다.

作業의 種類가 複雜함을 딿아서 테일러式 工場에도 여러 가지 賃金制度를 다 쓰게 된다.

(1) 賞給日給制 科學的으로 經營하는 工場에는 特別한 境遇 곧 作業時間을 測定키 매우 어렵든지(質을 取하는 作業) 或은 할 수가 잇어도 測定費가 많아서 損害가 나든지(자조 바꾸어지는 일)하는 일이 아니면 日給制를 쓰지 아니한다. 單純한 日給制를 쓰면 監督은 암만 嚴密히 하야도 雇工 이하는 일은 雇主에게 滿足을 주지 못하므로 일 잘 하는 것을 보아서 日給外에 賞興金을 주어서 일 많이 하도록 勞働者를 刺戟시긴다. [13]

1　[편쥐] 힘끝: 힘껏.
2　[편쥐] 하야내는: 해내는.

(2) 割增配當制 이 賃金制度는 作業成就의 時間을 作定하야준 한 都給賃金인데 定한 時間을 다 아니 들이고 일을 마치면 그 時間經濟로 얻은 利益은 雇工과 雇主가 一定한 比例로 (雇工에게 大概는 賃金의 三分之一이나 二分之一을 줌) 分配하고 그 定한 時間을 지나서 일을 마치면 一定한 時間을 賃金만 준다. 假令 어떤 物品을 六時間에 製造할 것이오 一時間 賃金은 二十錢이라 하면 그 物品製造에 먹힌 賃金이 만일 都給制면 一圓二十錢이라 雇工은 四時間이나 五時間이나 六時間이나 或 더 많은 時間을 들이어서 그것을 만들엇을지라도 그 全賃金은 一圓二十錢만 받는다. 만일 時間賃金制면 五時間에 마치엇으면 一圓이오 七時間에 마치엇으면 一圓四十錢이다. 그러나 이 割增配當制에는 六時間보다 더 많은 時間을 들이고 마치엇으면 時間賃金으로 計算하야 주지마는 六時間 以內에 마치엇으면 그 經濟한 時間은 時十賃金의 二分之一(下表에 依함)을 計算하야 주므로 都給보다는 적고 時間拂보다는 많다. 그 詳細한 것은 不[3]表에 보인다.

製造時間	都給	割增配當 (時間賃金의 二分之一配當)	時間拂
三時間	一,二0錢	九0	六0
四時間	一,二0錢	一,00	八0
五時間	一,二0錢	一,一0	一,00
六時間	一,二0錢	一,二0	一,二0
七時間	一,二0錢	一,四0	一,四0
八時間	一,二0錢	一,六0	一,六0

(3) 速力本位制 이 우에 말한 바 賃金制度들은 賃金時間을 經驗하야 얻은 槪算으로 定함에 不過하나 이 速力本位制에는 科學的으로 實驗한 一等職工의 最大 能率을 標準하야 製造時間을 定한 것이다. 여긔에는 階段的 都給과 特賞時間拂외 二種이 잇어서 假令 어던 物品을 八時間에 十個를 만들어야 階段的 都給에는 一個에 十六錢을 주며 그 定한 個數를 다 못만들면 一個에 十五錢만 준다는 것이오 特別時間拂에는 一時間에 十五錢을 計算하야 주고 또 特別賞金으로 四十錢을 더 주며 그

---

3 [편쥐 不: '下'의 오식.

定한 個數를 다 못 만들면 特別賞金은 아니 주고 時間賃金만 준다는 것이다. 勞働報酬가 이와 같이 오르나리게 되므로 職工은 强制로 일을 아니할 수 없는 것만큼 能率은 많이 내나 健康에는 害가 없지 아니하다. [14]

제2장
기타 논설/
설문·좌담/
수필

科學的 管理法과 勞働能率(五)[1]

『獎産』2-5, 1931.5, 28~29쪽.

五, 結論

가, 科學的 管理法이 米國에서 낫고 또 거긔에서 發達된 것은 그 나라 國情이 特別히 그러하게 된 까닭이다.

(1) 英語를 不通하는 未熟練 勞働者가 各民族으로부터 複雜하게 모혀들엇슴으로 (米國鑛夫組合에서 規則을 十七種 言語로 박이게 되엇다) 그들을 다 熟練 勞働者로 가르치기는 매우 어렵게 되므로 單純한 그 肉體 勞動力만도 아니 쓸 수 없다.

(2) 아즉도 新開拓地의 性質이 잇어서 人工이 貴하고 賃金이 비싸므로 人工을 經濟하고저 合理한 作業을 아니 할 수 없고 또 될 수 잇는 대로 機械를 아니 쓸 수 없다.

(3) 巨大한 資本國이라 모든 새 經營을 經濟上 큰 障礙가 없이 能히 實行할 수 잇다.

(4) 人民의 生活이 豐富하야 奢侈品도 民衆化하므로 모든 製造品의 販路는 國內 市場만도 廣大하고 安全하야 모든 物品은 集團製造를 할 수 잇다.

나, 歐洲諸國의 工業界는 이 科學的 곧 테일러式 管理法에 對하야 어떠한 態度를 取하는가.

찻재로 勞農로서아는 여러 가지 特殊事情으로 自國의 工業을 發違[2]시키고저 當時에 레닌이 큰 [28] 趣味를 가지고 이 管理法을 많이 鼓吹하얏섯다. (1) 國內市場이 넓은 까닭 (2) 熟練工이 不足한 까닭 (3) 큰 工場은 國家가 直接 經營하므로 資金調達이 困難치 않은 까닭이다.

그러나 西歐의 老大工業國 곧 英德 其他 諸國에서는 그 式으로 하기가 어려운

---

1 [편쥐 五 : 착오
2 [편쥐 發違 : '發揮(발휘)'의 오식.

点이 많다. (1) 熟練職工을 다 淘汰시기고 未熟練職工을 代用할 수 없으며 坐 熟練職工으로서 제 생각을 배앗긴 單一한 機械的 肉體勞働만은 아니하고저 한다. (2) 묵은 施設을 걷어치우고 새 施設을 하기는 經濟上으로 許諾지 못한다. 그러나 世界市場의 競爭 때문에 生産方法을 漸進的이라도 아니 곤치지는[3] 않는다.

다, 이 科學的 管理法은 物質이나 人工을 모도 極度로 利用하야 生産을 많이 하고 또 헐하게 하는 利点이 잇는 反面에 害点이 없을 수 없으니 그것은 사람이 機械化하는 것이다. 그러나 이 缺陷은 補充할 수 없는 것이 아니라 精銳한 機械와 器具의 使用이나 合理한 科學的 作業의 그 自體가 사람 사는 데 罪惡이 아니다. 다만 그것을 行하는 目的에 딸아서 善惡의 判斷이 날 것이다. 現代資本主義로 個人利得을 目的하여 一部 勞働者만 長時間 일을 시기고 그 나머지 사람은 일이 없어서 굶게 된다면 이것은 勿論 罪惡이다. 그러나 人類의 共存共榮을 目的하고 社會經濟의 必要에 對한 供給을 標準하고 사람마다 일하여 作業時間을 줄이고 넉々한 餘暇를 주어서 모든 勞働者가 自由로 精神生活을 하게 된다면 그것은 곧 人類의 幸福이다. [29]

---

3 [편쥐] 곤치지는: 고치치는.

(朝鮮人의 經濟的 活路) 一鬪一得主義로 不斷努力 農業을 爲主로 商工業을 併進

『東光』31, 東光社, 1932.3, 60쪽.

【設問】

一, 朝鮮人이 現在 環境밑에서는 經濟的으로 自活할 可能性이 없을까.

二, 環境關係를 마음대로 할 수 잇다고 假定하면 朝鮮人의 産業的 復興策 如何.

三, 現在의 環境下에서 生存을 위한 經濟運動의 目標, 方法 如何.

四, 朝鮮은 今後라도 農을 爲主할까 不然이면 商工業으로 轉換할까. (順序 原稿 到着順)

一, 一民族이나 一社會나 一個人의 興亡이 他方에서 오는 外的 條件에 關係가 없는 것은 아니나 大体로는 自我에서 생기는 內的 條件에 매인 것이다. 實證을 들면 同一한 外的 條件 밑에서 어떤 地方은 어떤 地方보다 썩 或은 좀 낫으니 그 差異는 內的 條件에서만 온 것이다.

至極히 적은 것이 곳 至極히 큰 것이니 방울물이 바다를 일우는 眞理를 잊어서는 아니된다. 우리는 「一鬪一得主義」로 不斷努力을 하면 살게 될 것이다.

二, 土地와 資本을 社會化하므로 모든 産業을 合理化할 수 잇고 合理化하므로 復興될 것이다.

三, 協同組合을 目標하고 먼저 消費組合을 發達시켜 消費者를 얻는 곳 市場問題를 解決하면서 生産組合과 信用組合을 發達시킬 것이다.

四, 農業을 爲主하고 商工을 并進할 것이다.

小作制度改善에 對한 諸氏의 意見!!

『農民』 3-3, 朝鮮農民社, 1932.3, 6쪽.

一, 小作料는 멧 割로 하는 것이 가장 適宜하겟슴니가?

二, 小作權은 엇더케 하면 자조 異動의 弊가 업게 하겟슴니가?

一, 小作料는 四割制로 하는 것이 適宜하겟슴이다.

二, 小作權은 團體契約으로써 小作權을 確立하여야 되겟슴이다.

(歡樂境인 카페-와 카페-出入의 學生問題) 學生들의 「카페-」 出入을 社會的 制裁로 斷絕케

『실생활』 3-7, 獎産社, 1932.7, 3쪽.

요새 「카페-」가 여기저기 늘어가며 젊은 청년들과 학생이 출입하면서 향락을 탐하는 것은 우리의 장래를 위하여 크게 우려할 현상입니다. 「카페-」라는 것은 무슨 고상한 오락장소도 아니며 음식을 먹으로 드러가는 것도 못되고 녀자의 우슴에 끌려 잠시 「카페-」 녀자하고 담소 화락하다가 돈버리고 나오는 곧이라 하겟지요, 그러니만큼 「카페-」가 조선ㅅ사람 사는 곧을 중심하야 처처에 느러가고 여기 출입하는 사람이 많어가는 것은 요컨대는 조선사회가 각각으로 망해드러가는 것을 뜻하는 것이라고 할 것이외다. 우리 사회의 젊은 사람들이 좀 자각 잇는 사람이 잇다면 그런 「카페-」에는 출입을 안 할 것입니다. 그러나 「카페-」 출입을 론난[1] 하게 된지도 오래이건만 「카페-」 출입은 점점 더해가는 모양입니다. 여론(輿論)으로나 선배(先輩)들의 경고가 그 얼마나 여러 번이엇습니까. 그러나 그들은 쇠귀에 경읽기로 드르러하지 안습니다. 학생들의 「카페-」 출입은 더욱 통탄할 현상입니다. 학교당국에서도 될 수 잇는 대로 경계를 해야겟습니다. 지금 지도 않고 또 경계한 대로 학생들이 몰내 자유로 출입하는 모양이니까 청소년 학생의 「카페-」 출입에는 사회적 제재로써 못가도록 함이 좋을가 합니다. 경고해서 아니드르면 최후 수단으로 즉 폭력으로써 제재한다면 한동안은 「카페-」에의 출입이 끊어지리라고 믿습니다. 나는 폭력을 예찬하지 안치만 쓸 대는 써도 무관하겟지요.

---

1 [편쥬] 론난: 논란.

1932年 紀念塔

『第一線』 2-11, 개벽사, 1932.12, 41쪽.

　나도 關係者의 한사람으로 보아서 社會的으로는 『한글』雜誌를 내는 것입니다. 이것은 朝鮮말과 글을 硏究하며 整理統一을 目的한 朝鮮語學會의 機關雜誌로 今年 五月부터 月刊으로 나는데 여러 한글學者들의 오래동안 硏究하여오는 새로운 學說이 만히 發表되엿스며 또 民衆에게 한글敎養의 조흔 材料와 方法을 적지 아니 이바지한 것입니다.

　個人的으로 살님에 對하야는 菜蔬의 自作自給 장작을 패여 째는 것입니다. 이것은 東大門外 복바위라는 農村에 집을 두고 살게된 바 터밧이 한 七十坪됨으로 거기에 여러 가지 菜蔬를 골고루 심어서 다섯 食口가 넉넉히 먹습니다. 이 농사는 꼭 내 손으로 똥을 만지고 씨를 뿌리고 김을 매여서 지은 것이지요.

잊을 수 없는 어머니 말씀

『新家政』1, 新東亞社, 1933.1, 41쪽.

「크게 옳은 일에는 네 목숨까지도 바치어라」―나는 이 말씀을 잊지 못합니다. 이 말씀으로 내 가장 큰 생활 리상을 삼습니다.

(朝鮮經濟樹立에는 重工? 重商? 重農?) 千年古土를 固守함에 意義가 잇다

『農民』4-7, 朝鮮農民社, 1933.7, 8~9쪽.

널피 世界를 通察함에 世界經濟는 難破船과 가타여 破滅危機에 直面하얏음으로 지금 英國 론돈에는 世界經濟會議가 얼녓읍니다. 朝鮮經濟인들 엇지 世界經濟와 關聯이 업겟읍니가마는 생각컨댄 우리는 世界經濟會議가 良好한 結果를 어들이라고도[1] 企待되지 아니하며 設使 世界經濟會議가 어느 程度의 成功이 잇더라도 그 成功이 우리 朝鮮經濟의 進路를 打開할 수는 萬無할 것입니다. 朝鮮는 工業으로 商業으로 農業으로 金融으로 아직 基礎도 서지 못하얏읍니다. 封建 經濟의 土垈 우에 資本經濟의 侵襲과 資本經濟의 下向期的 不景氣는 더욱 조선경제를 倒壞[2]식히고 잇읍니다. 朝鮮 사람의 살 길은 朝鮮經濟樹立에 잇거니와 草創期에 잇어 圓滿을 圖할 수는 업고 農工商 어느 方面으로 몬저 打開함이 捷經일가 함이 쪼한 緊且急한 問題입니다. 이에 經濟專門家의 意見을 發表하여 朝鮮經濟樹立에 도움이 될가 합니다. (文責在記者)

朝鮮民族의 現實에 處하야 그 經濟生活의 活路를 打開함에 잇어 農, 工, 商 어느 것이 必要치 않음이 없을 것이오 또 假使[3] 朝鮮民族의 한 個人으로서 그 生計를 求한다면 商業을 하거나 工業을 하거나 鑛山을 하거나 무엇이라도 좋다고 하려니와 적어도 民族 全體의 經濟問題에 就하야 말할 것 같으면 斷然코 農業에 致重하여야 할 것이다. ⟦8⟧

그 理由는 民族 全體의 大部分이 農民이오 朝鮮民族은 數千年來에 農業生活을 하얏음으로 그 方面이 熟手한 것과 또는 朝鮮 사람의 現實的 連命策으로 보던지 將次 그 生活基礎를 세움으로 보아서 農業에 致重할 것외다.

朝鮮民族 對 商工業의 關係로 본다면 朝鮮 사람이 商工業을 經營하기에 不可能

---

1 [편쥐] 어들이라고도 : 얻으리라고도.
2 [편쥐] 倒壞 : 도괴(무너뜨림).
3 [편쥐] 假使 : 가사(가령).

한 것이 아니라 商工 時代는 벌서 지내갓다고 할 수 잇읍니다. 工場을 經營하잠녀 技術者가 없는 것도 아니오 資本이 없다고도 할 수도 없지만 工業의 目的은 國內 消費에 잇는 것이 아니오 海外 輸出함에 잇는 것이니 이제 朝鮮에서 商工業을 振興 하야 海外販路를 獲得하기는 想像不到할 것이외다.

數百年의 긴 歷史를 밟아 온 歐米商工業을 보더라도 그들은 資本의 基礎確立이 며 技術의 發達과 아울어⁴ 各各 相當한 植民地가 잇어 販路를 삼아 오다가 歐洲大 戰에 際하야 植民地에 工業發達의 機會를 주어스며 또는 宗主國 資本家들이 直接 植民地에 가서 企業을 經營케 됨으로 宗主國 商工業이 그 役割를 잃게 되얏으며 大 戰 當時의 食糧 杜絶의 危險에 鑑하야 그들은 지금 重農主義를 高唱하야 食糧의 自 作自給을 꾀하거늘 우리 朝鮮에 잇어서는 더욱 말할 것도 없을 것이라 합니다.

그리하야 全世界의 經濟政策은 市場爭奪戰으로부터 自作自給 政策을 取합니다. 勿論 現代의 經濟機構는 原料技術 其他 여러 가지 關係로 純自作自給을 꾀하기는 困難하지만 엇잿든지 全世界는 市場爭奪戰 關稅戰를 避하야 自作自給策을 取하는 것이 事實이외다.

世界大勢에 鑑하야 朝鮮의 實事情에 依據하야 朝鮮民族은 農業에 致重할 것이 외다. 現實의 할 수 없는 事情에서는 滿洲가 좋다느니 하와이가 좋다느니 하야 그 生道를 다른 곧⁵에 구하게 되지만 數千年 生活하든 그 땅 因緣 깊은 그 땅에서 못 사는 民族이 어대⁶ 가서 살 수 잇겟읍닛가? 오직 땅을 붙잡어야 할 것이외다. 千年 古土를 굳세게 붙잡어야 할 것이외다.

우리가 農業에 致重하랴면 爲先 指導가 必要한 것이니 小學校을 卒業한 少年으 로부터 最高學府를 나온 靑壯年들이 지금과 같이 就職運動에 헤매지 말고 農村으 로 들아가⁷ 一般農民에게 精神的 指導를 爲始하야 技術的 指導며 經營에 對한 指導 를 할 것이외다. 그리하야 收穫增收에 힘쓸 것이니 아직도 우리의 江山에는 西北 으로 開拓할 餘地가 많으며 우리의 農土는 改良을 必要로 늣김니다.⁸

4   [편쥐 아울어 : 아울러.
5   [편쥐 곧 : 곳.
6   [편쥐 어데 : 어디.
7   [편쥐 들아가 : 들어가.
8   [편쥐 늣김니다 : 느낍니다.

다음에는 우리가 農業에 致重하기 爲하야는 農業을 獎勵하고 農業을 保護하는 法律的 立策을 세울 것이니 例하면 오늘날과 같은 小作條件 밑에서 無理한 搾取을 當하게 되면 農業의 振興을 期할 수 없는 것이오 그런 것 等을 防止하기 爲하야는 可當한 農業 立法을 세워야 할 것입니다.

다음으로 農業을 保護하기 爲하야는 間接으로 搾取를 當하는 商工業者의 農村 侵食을 防止할 것이외다. 現下 農民들은 消費品 購入에 搾取를 當하며 農産物 販賣에 搾取를 當하나니 여기 對한 對策이 없으면 十年 積功도 處地에 돌아가는 格이 되고 말 것이외다.

그 對策으로는 다른 나라의 協同組合運動과 같이 組合運動으로서 農民의 購入 販賣에 그 利益을 擁護할 것입니다. 9

(迷信打破策具體案) 몬저 民智를 열어야

『新東亞』4-6, 新東亞社, 1934.6, 132쪽.

迷信이 橫行하는 것은 民智가 열리지 못한 證明이다. 그러므로 講演이나 演劇이나 印刷物로써 어리석은 백성을 깨우는 것이 第一 좋겠다. 이것을 하는 데에는 아무 때에라도 좋겠지마는 特別히 適當한 때로 迷信打破날(데이)을 定할 것과 學生隊를 應用할 必要로 夏期休暇가 좋겠다. 講演이나 演劇이나 小冊子의 內容은 (1) 科學的 常識 (2) 무당 소경 풍수의 하는 짓 (3) 宗敎 類似의 團體 內幕 이 세 가지로 하는 것이 좋겠다. 그러고 끝으로 한 가지 方法을 부처 말하자면 爲政當局의 迷信取締가 嚴하였으면 더욱 좋겠다.

地球는 人類文化의 公園

『新東亞』 4-11, 新東亞社, 1934.11, 111~112쪽.

人類文化는 一루一夕에 이루어진 것이 아니오 적어도 無史 幾萬年 有史 四五千年에 無數한 努力으로 이루어진 것이다. 그러므로 그만한 時間에 그만한 努力의 犧牲으로 된 것만큼 그만한 값이 다 있는 것이다. 우리가 野蠻이라 하는 그네들이 몇 百마디로 쓰는 말이나 나뭇잎으로 局部를 가리우는 그 마음은 결코 一朝一夕에 생긴 것이 아이오 또한 無史 몇 萬年에 되어온 것이다.

人類文化가 發達된다는 것은 곳 複雜化한다는 것이다. 全體와 個性이 서로 分離치 못할 互相關係는 어느 事物에나 마찬가지다. 現代 各種 科學이 가지가지로 따로따로 發達되는 反面에는 認識의 全體를 統率하고 批評하는 哲學이 더욱 發達되지 아니하는가. 全人類의 共通語를 要求하는 대에서 에쓰페란토가 發達되는 反面에는 方言學이 얼마나 發達되어 가는가. 그냥 言語學 研究의 對象만이 아니라 方言으로써 詩를 쓰며 小說을 쓰며 哲學을 쓰며 모든 것을 다 111 쓴다.

萬人의 享樂을 爲하야 된 公園을 보라. 거기에는 가진 꽃과 나무와 풀들이 있지 아니한가. 만일 어떤 사람은 솔나무를 좋아한다고 그것만 남기고 다른 모든 것은 다 뽑아바리거나 또 어떤 사람은 대를 좋아한다고 그것만 두고 다른 것은 다 뽑아치운다든지 또 어떤 이는 蘭草를 좋아한다 하야 그것만 세우고 다른 것은 다 없이 한다면 솔밭이나 대밭이나 蘭草밭은 될지언정 아름다운 公園은 못 될 것이다.

文明人 生活은 새로운 것과 다른 것을 늘 要求한다. 그러므로 옷에는 모던(시체[1])이 생기는데 그것을 만들기에 專門家들이 얼마나 골을 앓는가. 또 딴스홀(무도장)에서 추는 춤은 필경 野蠻人 世界까지 가아서 그들의 춤을 다 배워 온다. 그래서 自己의 滿足을 얻는다. 나는 이런 말을 드른 記憶이 난다. 어떤 人類學者는 말하기를 世界에 한 民族만 산다면 나는 自殺을 하고 말겠다. 또 어떤 言語學者는 世界에 말이 한 가지만 있다면 또한 自殺을 하고 말겠다고 말하였다. 이 世界에는

---

1 [편쥐] 시체 : 時體(그 시대의 풍습이나 유행).

形形色色으로 되어 있는 그 모든 것이 들어서 우리에게 滿足을 준다.

人類가 漸漸 啓蒙이 되어가는 것을 보라. 타쓰마니아[2] 사람으로 最後 一人이던 그가 론돈에 와서 保護와 供養을 받다가 죽은 뒤에 許多한 사람이 얼마나 많은 눈물을 흘리었는가. 오늘 아메리카 土人인 紅人種은 許多한 部落이 滅種이 되었다. 그래서 米國 政府에서 保護政策을 쓰는데 그 紅人種 部落에는 白人種이 들어가 살지 못하게 特別區域을 定하였다. 蘇俄에서는 西比利亞에 사는 土種들에게 文字가 없는 그들에게 라텐文字로써 그들의 말을 적어서 그것으로써 敎育을 시키어 그 民族性을 保存하기에 애를 쓰지 아니하는가. 그러면서 宗敎問題는 私事라 하는 것과 같이 民族文化 問題도 私事라고 한다. 우리가 共存共榮하는 政治問題(例를 들면 國防이나 交通 같은 것)나 같이 걱정할 것이지 무엇 때문에 各 民族의 固有한 文化 곧 言語 風俗 習慣에까지 干涉하거나 甚至於 그 淘汰까지 힘쓸 必要가 어디 있는가. 뿐만 아니라 人類文化의 罪人이 될 까닭은 없다는 것이다.

이 現狀을 보아서는 人類는 相當히 政治的 啓蒙이 된 모양이다. 마치 中世紀에 基督敎徒의 宗敎戰爭의 結果는 信敎自由를 부르짖고 그것을 許諾한 것과 같이 오늘 世界에는 民族文化 自由를 다 許諾한 셈이다. [112]

---

2 [편주] 타쓰마니아 : 태즈메이니아(Tasmania).

送舊迎新의 感懷

『新東亞』 5-1, 新東亞社, 1935.1, 9~10쪽.

一, 가장 큰 弊風이라고 생각하시는 點

二, 實行하시는 일로 남에게 勸告하시고 싶은 일

三, 가장 좋아하시는 賢哲의 訓言

四, 新年의 所感

-回答順 9

一, 婚喪禮의 浪費로 經濟的 壓迫을 받는 것.

二, 肉體勞働.

三, 己所不欲, 勿施於人.[1] (論語, 顏淵)

四, 希望을 가지고 사는 사람처럼 幸福스러운 사람은 없을 것니다.[2] 10

---

1 [편주] 己所不欲, 勿施於人 : 기소불욕, 물시어인(내가 하고자 하지 않는 바는 남에게 억지로 시키지
   말아야 함).
2 [편주] 것니다 : '것입니다'의 '입' 탈자.

新春移動座談會 우리의 病根打診(二) ― 安逸病

『東亞日報』, 1935.1.3.

接客하며 양말 깁기

力行이 獨逸의 精神

"노자 노자 젊어 노자"가 우리의 病

◇朝鮮語學會 李克魯氏 談

우리가 노는 것을 두 가지로 갈라보아야 한다.

첫재로는 일을 하다가 피곤하여서 쉬노라고 노는 것, **둘재**로는 언제나 노느라고 노는 것이니 이것이 곳[1] 겨으르다는[2] 것이다.

우리가 서양 사람의 사는 것을 볼 때에 편히 노는 사람이 여간 만하 보이지 아니하나 그러나 그들은 우에 말한 바와 같이 일을 만히 하다가 쉬노라고 노는 것이오 놀기 위하야 쉬는 것이 아니다. 이와 반대로 우리 조선 사람들의 노는 것을 볼 때에는 놀기 위하야 노는 것이 어느 계급[3]을 통할지라도 더 만타하고 단언할 수 잇다.

이중에서도 또다시 두 가지로 구분할 수가 잇으니 위선[4] 제가 **먹을** 것이 잇으니 일을 아니하여도 먹고 살 수가 잇다는 것과 가난한 사람이 쉴 사이 없이 늘 일을 하되 일의 능율이 없어 그 결과가 노는 것과 같게 되는 수가 잇다는 것이다.

이것을 심리학 상으로 본다하면 사람의 능율은 한정이 잇는 것이므로 어느 정도에 이르러서는 일이 잘되어지지 못한다. 그때에는 마땅히 쉬어야 원상을 회복할 수가 잇다는 것이다.

그런대 내가 이제 말하는 『논다』는 것은 과노[5]에 의하야 쉬는 것이 아니오 놀

---

1   [편쥐 곳 : 곧.
2   [편쥐 겨으르다는 : 게으르다는.
3   [편쥐 계급 : 계급.
4   [편쥐 위선 : 우선.

기 위하야 노는 즉 안일병(安逸病)을 말하자는 것이다.

조선 사람과 중국 사람이 일하는 **능율**을 비교하야 본다하면 중국 사람보다 조선 사람이 훨신 높은 것이 사실이나 조선 사람의 약간의 것이 잇으면 일을 하지 아니하여 결국 중국 사람에 떠러지나 결과를 맺게 된다는 것은 이미 평판이 되어 잇다.

날마다 먹어야 사는 사람이니 누구라도 살야면 일을 하여야 할 것인데 조선 사람은 이 원리를 모르는 바도 아니언만 자기네의 허물을 고치지 못하는 못난 자가 되

려는 것 같은 관습을 갖고 잇는 것은 참으로 우리 전체의 큰 병통이라 아니할 수가 없는 것이다.

내가 독일 갓을 때에 가장 크게 느낀 것은 여자들이 손(客)을 안처노코도 입으로는 대접하고 손으로는 양말을 깁는 등 조금도 쉬지안코 일을 하며 전차(電車)나 **기차**를 타고 여행을 하면서도 서로 일을 하야 노는 모양이 보히지 안흐며 남자도 역시 무슨 일이나 끈힘없이 하고 잇는 것뿐이엇섯다.

아마 조선에서 이리하면 실예[6]가 된다고 큰 문제거리가 될 것이외다.

그리고 그곳의 대학생들의 의복으로 본다할지라도 노동자와 틀림이 없이 양복에 구멍이 꾸역꾸역 나오고 잇으며 시컴언 「빵」 조각을 양복 주머니에 뿌듯이 느코[7] 휴식 시간에 뚝뚝 떼어 먹어 가며 무엇을 생각하는 것이나, 경제사상이 어찌나 발달이 되엇든지 「성양[8]」 한 가치[9]로 +인 이상이 **담배불**을 부치는 것이라

---

5 [편쥐] 과노: 과로.
6 [편쥐] 실예: 실례.
7 [편쥐] 느코: 넣고.

든가 등화 기타를 조절하는 것 등야 모다 근면과 조직적 정리, 충실 그것이 그 국민성을 그대로 표현하고 잇는 것이엇섯다.

이 독일 국민의 국민사상 즉 국민성을 그대로 표현한 시가(詩歌)가 잇으니 「사람」의 신체구조에 「눈」이 둘이오 「입」이 하나인 것은 눈으로 보는 것을 입으로 하는 일보다 배나 더하여라. 「손」이 둘이오 입이 하나인 것도 손으로 하는 일을 입으로 하는 일보다 배나 더하라는 것이오, 「발」이 둘인 것도 입으로 하는 일보다 배나 더하는 것이라고 부르고들 다닌다. 이 뜻을 다시 음미하면 입으로 하는 말이나 먹는 것보다 실행을 더 만히 하고 **몇 배나** 일을 하여야 된다는 것이다.

그 반면에 조선 사람의 노래를 들어보면 「노세 노세 젊어 노세 늙어지면 못 노나니 아니 놀고 무엇하리」란 구절은 어느 소리에서나 한 구절식을 들을 수가 잇다. 이것은 확실히 일을 하다가 생리적으로 놀어야 할 쉬움의 뜻이 아니오 놀기 위하야 놀자는 일종의 노는 병에 걸린 소리니 모든 힘을 다하야 일하여도 살찌 말찌한 이 세상에서 노는 것을 최고 이상으로 하는 것은 단연히 배격하고 어느 의미의 독일 국민의 민족성을 본바다야 될 줄로 확신하는 바이다.

　(사진은 이극노 씨)

8　[편쥐] 성양 : 성냥.
9　[편쥐] 가치 : '개비'의 잘못.

(家庭으로부터 出發할 우리의 新生活運動(其三) 結婚披露宴의 是非, 인습과 폐풍을 버리고 실질 잇는 생활로) **일생 一차의 경사 형편대로 질길 것**

『東亞日報』, 1935.1.3.

시집가고 장가가는 일은 사람 한 평생에 매우 기쁘고 큰일의 하나다. 그러므로 마땅이 잔치를 할 것이다. 조혼 일이 잇으면 잔치를 베풀고 잘 먹고 서로 질기는 것은 예나 이제나 동양이나 서양이나 제절로 발달되어 온 떳떳한 일이다. 이것을 없애느니 두느니 하는 것은 본래 문제될 것이 아닌데 다만 문제는 가난한 조선 사람에게 경제형편이 어렵다는 것뿐이다. 그러나 나는 이 점에 대해서도 이러케 생각한다. 무엇이나 너무 소극적으로 나간다면 한정이 없는 것이다. 한평생에 보통 한 번 잇는 혼인잔치를 아니하고 또 못한다면 그밖에 무슨 잔치가 잇을 것인가. 이러케 소극적으로 나간다면 다 자살할 생각밖에는 남을 것이 없으리라. 사람이 힘서 일하는 마음은 잘 살자는 것이오 잘 사는 데에는 즐김을 보자는 것이다. 즐김이 없는 데에는 나아감이 없다. 다만 문제는 이런 잔치를 하되 다 제 터수대로 할 것이니 형편을 딸아 제 집에서나 요리집에서나 아모 데에서나 제멋대로 할 것이다.

絶對로 必要한 것

『新家庭』3-3, 新東亞社, 1935.3, 40쪽.

유치원은 있는 것이 좋다. 근대에 모든 것이 발달됨을 따라 아이들 가르치는 법도 발달된 것이다. 우리가 상식으로 생각하여도 알 수 있는 것은 유치원 보모도 몇해동안 그것을 전문으로 공부한 사람이 아닌가. 또 생각할 것은 유치원이 조선에만 있는 것이 아니오 온 세계 여러 나라에 다 있는 것인즉 그 많은 사람들이 왜 쓸데없는 짓을 하로 이틀도 아니고 늘 하겠는가. 여기에는 마땅이 그것이 있을 필요가 있는 것을 증명한 것이다. 부모가 암만 제 자식을 잘 가르치고 싶은들 거기에 대한 지식과 경험이 모자라니 할 수가 없다. 그래서 아이를 유치원으로 보내는 것이다.

이 문제가 우리 조선의 남다른 사정에서 생기었다 하여도 본래 문제가 잘 못난 것이다. 첫재 가난한 조선에서 학교 공부도 잘 못 시키거든 유치원이 다 무엇이냐고 말할는지 모르나 그것도 그런 것은 아닌 것이 그래도 자식을 유치원에나 보낼만한 터수가 되는 사람이 적지 아니할 것이다. 둘재, 아이를 잘 가르쳐 주는 것이 아니라 보통학교의 입학 준비를 시키노라고 어린아이의 머리를 버려놓는다고 한다. 이것은 유치원의 죄가 아니라, 조선에 교육긔관이 모자라는 죄다. 아이의 머리를 잡아놓는 것이 걱정이거던 다른 나라의 유치원처럼 하였으면 그만이다. 셋재, 나쁜 집 아이들과 함께 놀므로 악한 영향을 받는다고 한다. 이것도 지내치는 걱정인 것이 유치원에 올만한 아이면 그 집안은 그래도 괜찮은 집안이다.

아이들이 놀기 좋도록 특별히 만든 곳에서 모여 놀기 좋아하는 아이들이 좋은 지도를 받고 함께 모여 지내니 무엇이 잘못될 리가 있으리오.

社會科學振興에 對한 諸大家의 高見

『朝鮮日報』, 1935.7.8.

設問

一, 社會科學을 硏究하는 學會의 建設及擴充策

一, 社會科學을 硏究하는 專門雜誌의 發刊策

朝鮮語學會는 周時經先生이 斯界의 學者와 함께 朝鮮語硏究에 힘을 다하시던 때로부터 四十年來에 여러 學者가 奮鬪努力하여 오는 中에 더욱 最近 五六年來에는 이 科學的 事業이 强化한 結果로 數年前에는 한글綴字法統一案이 이미 發表되엿스며 또 標準語査定과 로마字對照案作成과 한글綴字辭典編纂 等 모든 일이 잘 進行되어 가는 中이다. 우리는 이 發展을 딸아 더욱 會勢 擴張에 努力하는 바 地方에 友會의 設置가 文筆家의 聯絡과 新出版物의 新綴字校正 等에 힘쓰고 잇다.

朝鮮語學會의 機關紙인 『하¹글』雜誌는 六七年來에 社會의 鞭鞳과 協力을 밧아 잘 發展되어 가는데 그 內容에 잇서 過去에는 專門硏究雜誌이엇스나 綴字統一案이 發表된 뒤에는 通俗化한 敎養雜誌로 變하엿는데 압흐로 한글硏究의 講論도 실으려니와 더욱 實際問題에 對한 材料를 만히 取할 것이다. 그래서, 남의 不統一한 글을 校正對照하는 것과, 趣味讀物로 文藝家들의 名作을 記載하야 朝鮮諸敎科書의 複褶材料가 되도록 할 생각이다.

---

1 [편취 하: '한'의 오식.

我觀「蔣介石, 간듸, 트로츠키」

『三千里』7-8, 三千里社, 1935.9, 38 · 43쪽.

이 세 人物은 이제는 過去史上의 人物이 되엇는가, 쏘는 再起가 기대되는가? [38]

蔣介石과 간듸는 앞으로 할일이 더 만코, 대중은 그를 더 期待할 것입니다. 그러나 트로츠키는 過去史上의 人物이 된 줄로 생각합니다. [43]

短彩錄

『三千里』7-9, 三千里社, 1935.10, 50쪽.

제2장
기타 논설/
설문·좌담/
수필

石田耕牛[1]

---

1 [편쥐 石田耕牛 : '자갈밭을 가는 소'라는 뜻으로 인내심 강하고 부지런한 성격을 이르는 말.

새해를 맞으면서 우리의 抱負

『四海公論』 2-1, 四海公論社, 1936.1, 49~51쪽.

이제 朝鮮의 文化事業 中에 急하고 緊한 것은 朝鮮語文整理運動이니 語文은 一般文化의 基礎가 되는 까닭이다. 이 語文整理의 運動은 첫재로 辭典編纂을 할 것이오 둘재로 出版界 統制를 할 것이다.

一, 辭典編纂. 이것은 두 가지가 있나니 綴字辭典과 註解辭典이 곧 그것이다. 綴字辭典은 말의 뜻을 밝히는 것이 目的이 아니라 글자 바루 쓰는 法을 가르치는 것이 目的이다. 이런 綴字辭典은 綴字統一이 된 제도 오래고 國語敎育이 發達된 나라에도 있나니 그것은 누구나 바른 綴字만 알고저하는 때가 많은 까닭이다. 다른 나라로의 綴字辭典을 본다면 그 語彙를 알아볼 정도로 그 말뜻[49]의 代表的 뜻 하나식만 註解하든지 혹 쉬운 것은 註解가 없다. 우리 朝鮮語에 있어서는 아즉 語文統一의 科學的 事業이 끝나지 아니한 것만큼 語文統一의 學習과 訓練을 할 期會가 없었다. 그러므로 앞으로는 訓文期가 오겠는데 이 訓文期의 寶典은 綴字辭典이다. 이 책은 朝鮮말과 朝鮮글을 쓰는 사람이면 누구나 다 한 卷식 가지어야 될 것이다. 朝鮮語學會에서 여러 해 동안 準備하고 있는바 朝鮮語綴字辭典은 標準語 옆에 간단히 漢字 對譯을 한다. 이 책은 明春에 世上에 나올 것이다.

註解辭典은 말의 뜻을 밝히는 것만큼 編纂이 여러 專門家의 知識을 要求하게 된다. 웨 그러냐 하면 註解辭典은 一種의 百科全書다. 암만 多聞博識이라도 몇 사람의 知識으로는 말의 뜻을 다 바르게 解釋할 수 없는 까닭이다. 朝鮮語學會에서는 그 妹姉[1]機關인 朝鮮語辭典編纂會와 協力하야 註解朝鮮語大辭典 編纂을 着手한 제가 벌서 六年이 지났다. 이 辭典編纂의 囑託 執筆者는 各 方面 專門家 三十餘名이 網羅되어 있다. 우에 말한 바 綴字辭典編纂이 끝나면 註解大辭典 編纂을 積極的으로 힘쓸 것이다.

二, 出版界 制統[2] 무슨 統一이나 統一에는 統制가 없어서는 아니 된다. 그러므

---

1 [편주] 妹姉 : '姉妹'의 오식.

로 우리는 朝鮮語文의 統一을 爲하야 組織的으로 出版界를 統制할 必要가 있다. 오늘날 出版界를 살피어 본다면 大勢는 벌서 한글 綴字法統一案에 좇아서 글을 쓰는 것이 實事이다. 그것을 좇지 아니하면 時代의 落伍者가 되는 것을 一般은 認識한다. 各 書舖[3]에 책을 사러온 사람들은 먼저 『이 책이 統一案綴字로 되었소』 묻는다. 만일 아니오 하면 『그 책을 어데 쓰겠오』 하며 던지고 나간다는 事實을 각 書舖의 主人은 우리에게 종종 말한다. 새로 出版되는 書籍들은 거이 다 新綴字로 나오는 것을 벌서 우리는 잘 알고 앉었다. 昨年 한글날 記念으로 열린 朝鮮語學圖書展覽會에 出品이 되었던 近年의 新出版物이 新綴字法 普及의 事實을 證明하였다. 朝鮮語敎科書의 綴字가 統一案과 크게 틀림이 없이 되었으며 各 新聞 雜誌 其他 一般刊行物이 다 [50]新綴字法을 좇고 各 宗敎書籍이 新綴字法에 依하야 出版되는데 예수敎 聖經이 特히 또 新綴字法에 依하야 出版하게 되었다. 가장 많은 大衆이 보는 舊小說을 또한 新綴字로 곤치어 내지 아니하면 팔아먹을 길이 이 앞으로는 차차 막힐 것을 觀察하고 朝鮮語學會에 부탁하야 舊小說을 新綴字로 곶이게 한 書籍業者도 있다. 漢字字典이 新綴字로 出版된 것이 있으며 또 印刷 中에 있는 것도 있다. 그래서 이제 出版界의 趨勢를 보아서는 朝鮮語學會 안에 한글 新綴字校正事務所를 特設하지 아니하고는 到底히 各 方面의 原稿校正 부탁을 다 應할 수가 없다. 그러므로 우리는 여기에 對하야 相議 中인데 來年에는 한글 新綴字校正事務所를 京城府 花洞一二九番地 朝鮮語學會 會舘 內에 附設하고 校正專任을 두어서 누구나 한글 新綴字校正을 請한다면 應하여 주기로 하고 또 누구나 新綴字校正法을 學習하고저 하는 분이 있으면 아무 때에나 便利를 보아 드릴 생각이다. [51]

(나의 스승─各界 諸氏의 스승 禮讚記) 剛毅의 人, 尹檀崖 先生

『朝光』 2-1, 朝鮮日報社出版部, 1936.1, 53~54쪽.

나에게 가장 많은 感化를 주신 어른은 檀崖 尹世復 先生이다. 先生은 大倧敎의 第三世 都司敎로 第一世 弘岩 羅喆 先生과 第二世 茂園 金獻 先生의 뒤를 이어서 大道 建設에 努力하시는 中인데 이제 北滿洲 東京城에 大倧敎 總本司를 두시고 이제 거기 계신다. 先生의 春秋는 今年에 五十五歲인데, 風波 많은 三十年의 生涯를 지나신 오늘에도 氣力이 康健하시다는 消息을 最近에 들었다.

내가 先生을 만나던 때와 곳은 이제로 二十四年 前 壬子年[1] 봄이오, 西間島 桓仁縣이다. 그 때에 거기에서 先生은 大倧敎 布敎에 努力하시면서 東昌學校를 創設하시고 朝鮮靑少年 敎育에 心血을 다하시었다. 나는 世上 風波에 밀리어서 그 때에 二十 未滿의 어린 靑年으로 西間島를 가서 다행히 尹先生을 만나 先生이 經營하시던 東昌學校에서 함께 敎鞭을 잡게 되었다. 그 때로부터 四年동안 寢食을 가치하면서 風波에 밀리어서 이리 저리 다니다가 聖地 白頭山 밑에서 最後로 拜別한 때는 지금으로부터 二十年 前 十二月이었다.

나는 그 先生을 잘 안다. 참 崇拜할 人格者다. 첫재로 鐵石과 같이 굳은 意志를 가지신 어른이라 한번 作定하신 일이면 始終이 如一하게 하여 가신다. 둘재로 보름달과 같이 환하고 둥근 性格을 가지신 어른이라 어디에나 한쪽으로 치우치지 아니하시고 또 컴컴한 짓이 없다. 셋재로 膽大한 어른이라 千兵萬馬가 덮치어도 눈[53]도 깜작 아니하신 것이다. 넷재로 犧牲的 精神이 많은 어른이라 累巨萬[2]의 私財도 公을 爲하야 犧牲하고 弊衣破笠[3]으로 放浪生活을 하실 때에 三旬九食을 하시어도 조곰도 不平과 不滿과 不安을 느끼지 아니하신다. [54]

1　[편주] 壬子年 : 서기 1912년.
2　[편주] 累巨萬 : 누거만(매우 많은 액수).
3　[편주] 弊衣破笠 : 폐의파립(해어진 옷과 부서진 갓. 초라한 차림새를 비유적으로 이르는 사자성어).

西間島 時代의 申采浩先生

『朝光』2-4, 朝鮮日報社出版部, 1936.4, 213~214쪽.

나는 丹齋 申采浩씨를 一九一四年 十月에 西間島 桓仁縣에서 처음으로 맞나[1] 보았다. 그러나 몇일을 사괴지[2] 못하고 나는 다른 곳으로 가게 되었다. 그랫다가 五年 後 一九一九年에 上海에서 만나 한동안 相從하였고 그 다음해에 北京에서 만나 자주 사괴다가 마즈막으로 作別하던 때는 一九二一年 첫 여름이다. 나는 先生을 사괴는 동안에 그 長處와 短處 곧 그의 特性을 보았다. 그것으로써 내가 본 丹齋를 쓰겠다.

❶ 能文, 不能筆.[3] 先生의 文名은 十三歲에 七書를 다 읽은 神童이라 한 것과 成均館 修學 時代로부터 그 뒤 韓國 末[213]年에 大號[4] 每日申報 主筆로 있을 대에 벌서 朝鮮天地를 흔들던 것은 이제 새삼스럽게 말할 必要도 없거니와 先生은 언제나 붓을 들어 事物을 論하게 되면 神이 動한다. 그러나 先生의 글씨는 어린 아이의 처음 배우는 글씨와 같다. 能文又能筆이면 聲名이 動四方[5]이라는 말이 있으나 事實은 그러하기가 어렵다고 하기보다 오히려 不可能이라고 하는 것이 옳을 줄로 생각한다. 우리의 經驗과 心理學的 事實로 보아서 글은 思考的 表現으로 頭腦에 關係된 것이오, 글씨는 美術의 技藝로 手巧[6]에 關係된 것이니 그 두 方面 中에 어느 한 方面이 特別히 發達되면 다른 한 方面은 特別히 發達이 못되는 듯하다.

❷ 能座談 不能演說. 先生은 어느 座席에나 話題를 내어 가지고 談話를 하게 되면 그야말로 靑山流水格이다. 그래서 聽衆으로 하여곰 歲月 가는 줄을 모르게 하며 興趣를 일으키며 感化를 준다. 그러나 演壇에 올라서서 聽衆을 相對하고 演說

---

1 [편주] 맞나 : '만나'의 오기.
2 [편주] 사괴지 : 사귀지.
3 [편주] 能文, 不能筆 : 능문, 불능필(문장에는 능하나, 글씨는 능하지 못하다).
4 [편주] 號 : '韓'의 오식.
5 [편주] 能文又能筆이면 聲名이 動四方 : 능문우능필 성명동사방(문장도 잘 짓고 또 글씨도 잘 쓰면, 명성이 사방을 동요케 한다).
6 [편주] 手巧 : 수교(손재주).

을 하게 되면 天井만 처다보고 一分 동안에 말 몇 마디를 못하며 또는 말씨가 들리지 아니한다. 그래서 누구나 그 演說을 듯고는 조울지[7] 아니할 사람이 없을 것이다.

❸ 讀書할 때에는 冊장을 헤는 것과 같이 빨리 읽는다. 무슨 책을 하나 손에 들면 남 보기에는 책장을 헤는 것과 같이 설설 넘긴다. 그러나 끝장까지 넘기고 책을 덮으면 그 책의 內容을 熱讀한 사람처럼 이야기를 한다. 참 天才다.

❹ 自習으로 英文을 能通하였다. 先生이 英語會話는 한 마디를 못한다. 그러나 英文書籍은 能히 본다. 언제나 컴컴한 房에서 英語字典을 펴어서 손에 들고 앉았다가 누었다가 하는 동안에 英語單字는 벌서 그의 머릿속으로 다 들어가고 말았다.

❺ 剛直한 史筆. 歷史家로서 申采浩는 才士로서 申采浩보다 이름이 더 높이 난 것이 事實이다. 그의 筆鋒이 向하는 자리에는 正邪가 절로 밝혀진다. 朝鮮歷史의 잘못됨을 바루 잡기 爲하여 先生은 늘 애를 쓰었다. 歷史談만 하게 되면 三國史記 著者 金富軾의 罪惡을 痛論한다. 千秋에 容恕하지 못할 것은 高麗 仁宗으로 하여금 元金을 滅하고 稱帝建元하면 三十六國이 來朝한다고 부르지지던[8] 國粹主義者 僧 妙淸의 亂을 金富軾이 大元師가 되어서 討平하고 事大主義를 主張한 일이다.

丹齋先生은 鐵血主義를 부르지지[9]는 主戰論者다. 그래서 언제든지 花郎의 精神을 高叫[10]하였다. 214

---

7 [편쥐] 조울지 : 졸지.
8 [편쥐] 부르지지던 : 부르짖던.
9 [편쥐] 부르지지 : 부르짖는.
10 [편쥐] 高叫 : 고규(소리 높이 외침).

學生들은 어떠한 書籍과 雜志가 必要한가?

『新東亞』6-4, 新東亞社, 1936.4, 137쪽.

設問

一, 學生들에게 어떠한 書籍과 어떠한 雜誌를 보라고 勸하고 싶으십니까.

二, 貴下의 子女教育 計劃 如何.

三, 十年間 實行해 오시는 主義

一, 제各各 程度와 趣味에 맞는 書籍이나 雜誌를 보되, 다만 野鄙[1]한 軟文學[2]만은 避하도록 할 것이며 主로 朝鮮語文으로 된 책을 읽으라고 勸합니다.

二, 慈愛, 嚴肅, 自由, 이 三大主義를 等邊三角的 調和로 指導합니다.

三, 十年間만 아니라, 二十四年 以來로 이제까지 實行하는 것은 누구를 勿論하고 朝鮮語文을 아는 사람에게는 個人書信에 限하야 純한글로 쓰는 것인데 數字만은 아라비아 數字를 씁니다. 不得已한 境遇가 있으면 相對者를 많아 漢文者나 혹 其他 文字로 괄호 안에 註解합니다.

李克魯

---

1 [편쥐 野鄙 : 야비.
2 [편쥐 軟文學 : 연문학(연애 중심의 문학).

나의 警句

『朝光』2-4, 朝鮮日報社出版部, 1936.4, 206쪽.

一. 肉體의 安樂을 爲하야 精神의 苦痛을 사지 말라.

二. 每事에 제 責任을 다하라

三. 時間約束은 軍隊式으로 正刻을 지켜라.

四. 사람마다 長處와 短處가 있는 것이니 每事에 남의 短處는 不關하고 長處만 取하라.

五. 個人一生의 活動이 社會永生의 繁榮에 一點이라도 도움이 된다면 다행이니 제 生前에 무슨 結果를 볼여고 區區하지 말라.

(어린이 相互間에 敬語를 쓸가) 너무 形式的이 된다

『朝光』 2-6, 朝鮮日報社出版部, 1936.6, 291~292쪽.

　모든 민족의 말은 제 각각 특색이 있게 발달된 것이 사실이다. 조선말은 한 문장을 짜서 내랴면 마땅히 끝막는 토가 있는데 그것은 사괴는[1] 자리를 따라 혹은 높이고 혹은 낮히고 혹은 평등으로 하여 달리 나타낸다. 이것은 곧 조선말의 특색이다. 그러므로 어린이들이 서로 높이는 말을 쓰는 것이 필요로 하지 않이할 뿐만 않이라[2] 그래서는 도리여 자연스럽지도 않이하고 말의 성질로 보아서 되지 못한 것이다.

　공경하는 말은 본래 형식적 예절에서 생긴 것이다. 그러므로 어린 아이들이 서로 만만하게 가까이 사괼 때에는 경어가 맞지 아니하다. 늙어도 가까운 친구이면 경어를 않이 쓰고 농담을 많이 한다. 큰 어른으로도 사랑이 많은 어머니에게는 경어를 잘 않이 쓰는 지방과 집안이 있다. 이것은 결코 예절을 몰라서 그런 것이 아니다. 매우 친절한 데에서 생긴 자연이다. 공경하는 말은 셈[3]이 들면 절로 알게 되는 것 [291] 이니 어리어서 경어를 않이 배웠다고 커서도 남에게 불경한 말을 쓰는 일은 절대로 없다. [292]

1　[편주] 사괴는 : 사귀는.
2　[편주] 않이라 : 아니라.
3　[편주] 셈 : '철'의 유의어.

戀愛 · 結婚 · 新婚

『新東亞』 6-7, 新東亞社, 1936.7, 240쪽.

戀愛는 울음 날에 웃음씨로 짠 비단이다.

結婚은 神聖不可侵의 約束이다.

新婚은 아츰해빛에 香氣를 피이는¹ 薔薇花²이다.

---

1 [편쥐] 피이는: 피우는.
2 [편쥐] 薔薇花: 장미화.

仁川 海水浴行

『朝鮮日報』, 1936.7.31.

仁川 海水浴場에나 한번 가조저 합니다.

서울에서 하고 잇는 朝鮮語辭典編纂을 그냥 進行할 것입니다.

한쪽으로는 嚴冬의 氷雪을 생각하고 다른 한쪽으로는 三伏 中에 紅爐 여페서[1] 일하는 사람을 생각하면서 마음으로 滌暑[2]하는 공부를 하는 것이 第一 좃습니다.[3]

---

1 [편주] 여페서 : 옆에서.
2 [편주] 滌暑 : 척서(더위의 기운을 씻어 버림).
3 [편주] 좃습니다 : 좋습니다.

잊이 못할[1] 그 山과 그 江

『朝光』 2-8, 朝鮮日報社出版部, 1936.8, 202쪽.

一, 獨逸의 라인 江이다. 獨逸 사람은 詩를 써도 라인 江 노래를 불러도 라인 江 하는 風景 좋기로 유명한 江이다. 괼은[2] 市로부터 뿐[3] 市를 지나서 上流로 거슬러 올라가는 沿岸의 山野는 그림 같다.

二, 瑞西의 알프스 山이다. 利太利 도모도쏠라[4] 停車場으로부터 알프스 山을 넘어 瑞西 서울 베른으로 가는 鐵道 沿線은 그야말로 仙境이다. 그 中에도 융프라우 少婦峰[5]은 『美人丹粧出屛』格으로 되었다.

---

1 [편취 잊이 못할 : '잊지'의 오식. 참고로 목차의 설문 제목은 "내가 잊지 못하는~"으로 다르게 되어 있음.

2 [편취 괼은 : 쾰른(Köln).

3 [편취 뿐 : 본(Bonn).

4 [편취 도모도솔라(Domodossola).

5 [편취 少婦峰 : 융프라우(Jungfrau, 해발 4,158m)는 '젊은 처녀'라는 뜻이다.

知名人士의 避暑플랜

『新東亞』6-8, 新東亞社, 1936.8, 84 · 93~94쪽.

問 1, 今年 夏休에는 어데 가십니까? 2, 避暑地는 어데가 좋읍니까?

李 克 魯

一, 나에게는 여름이라고 특별한 휴가가 없읍니다. 그러므로 어디에 간다는 예정이 없읍니다.

二, 東萊 海雲臺나 元山 松濤園 같은 좋은 바다가도 있고 金剛山 같은 아름다운 山도 있지마는 根本的으로 避暑를 할려면 白頭山으로 가는 것이 제일 좋습니다. 그것은 三[93]伏中에도 어름과 눈이 쌓여있으므로 겨을¹옷을 입어야 되는 까닭입니다. 그러나 여기는 天幕을 치고 지내는 冒險避暑地입니다. [94]

---

1 [편쥐 겨을: 겨울.

잘 때에는 전등을 끄라

『新東亞』6-8, 新東亞社, 1936.8, 251쪽.

정한 불 값만 주면 밤새도록 불을 켜도 전기 회사에서는 말하지 아니한다고 불을 켜고 자는 집이 많다. 이런 몰상식한 짓은 꼭 아니하여야 된다. 모두가 해롭고 하나도 이로운 것이 없는 짓이다.

첫째는 위생에 매우 해롭다. 눈은 암만 감았으되 불빛은 눈알을 쑤시어서 괴롭게 하는 까닭이다.

둘째는 도적을 맞는 큰 원인이 된다. 도적놈은 껌껌한 밖에서 환한 안을 살피기 좋은 때문이다. 셋쩨¹는 사회경제로 보아서 못할 짓이다. 쓸대없는² 불을 쓸대있는 불보다 더 많이 켜는 셈이니 하늘에서 절로 오는 불이 아닌 이상에는 그 불 값을 누가 무느냐 하면 일반 대중이 갈라 무는 것이다.

---

1 [편쥐 셋쩨 : 셋째.
2 [편쥐 쓸대없는 : 쓸데없는.

가을의 探勝處

『朝光』2-10, 朝鮮日報社出版部, 1936.10, 382쪽.

　　조선은 全體가 한 天然公園이라고 世上이 다. 말하는 바이다. 그 中에도 金剛山을 代表的으로 생각한다. 香水방에 늘 있는 사람이 香내를 모르드이 서울에 늘 사는 사람은 서울 附近의 아름다운 경치를 잘 모른다. 보라!

　　牛耳洞 골로 들어서 道詵菴을 지나 白雲臺로 올라가는 三角山의 一帶와 天竺寺를 中心한 道峯山은 물 돌, 단풍, 文字 그대로 造化翁의 畫筆이 아낌없이 도라간 느낌을 주는 곳들이다.

혼례식은 구식, 다시 차질 민요와 가사, 버릴 것은 경제적 폐해 잇는 것

『朝鮮日報』, 1937.1.4.

버릴 것도 하도 만흐니 무엇을 꼬집어 말하기가 곤난합니다.

이것은 전통 속에서 버릴 것이 아니라 요사히 조선 사람으로서 대부분이 가지고 잇는 잘못된 생각이 그저 가난하고 병든 조선 사람에게는 무엇이나 옛날 것은 모두 때려 부시고 버리여야 한다는 것을 버려야겠지요.

병든 사람에게라고 그저 모두가 못 쓸 것만 남아 잇는 것이 아니요 건강한 사람이라고 모두가 조흔 것만 가젓다고 보아서야 되겟습니까.

이러한 것은 너무 추상적인 의론이겟스나 례를 드러서 말하면 무엇이던지 실생활에 비처보아서 경제적으로 폐가 잇는 것은 여지업시 부시여 버리기로 하는 것이 좃습니다. 가령 조선 사람의 굴건제복 가튼 것은 하등의 리로움이 업고 경제상으로는 폐가 만흐면 이것을 가추어가지고 삼년동안 여막을 직히고 안젓다가는 사람의 몰이려나와 굶어 죽어 버릴 것입니다.

차즐 것도 만습니다.

내가 평소부터 절실히 차저야 되겟다고 생각해온 것은 혼례식에 대한 것입니다.

아무리 문명이 발달된 나라에서도 혼례식이라면서 그 외의 제반 식차 가튼 것은 그 나라의 고유한 전통을 직혀서 엄숙하게 합니다. 다시 말하면 고대원시로부터 내려오던 그들을 가지고 하는 것이 보통이며 사실에 잇서서 이것이 올흔 것입니다. 그러나 조선서는 이것을 되는대로 취급하는 경향이 잇습니다.

그 다음으로 차즐 것은 조선 문학에 잇서서 제일 중한 것들인 가사(歌詞)라던지 민요 가튼 것입니다.

조선 문학은 전통이 업다고 말은 하나 실지에 잇서서 전통이 업는 것이 아니라 잇는대도 불구하고 찻지 안습니다. 가사 가튼 것이 조흔 전통이 아니고 무엇입니까. 이 방면에 좀 더 연구를 하야 다시 살릴 방책을 강구하도록 하지 안흐면 안될 줄로 생각합니다.

文化問答

『朝光』3-2, 朝鮮日報社出版部, 1937.2, 190쪽.

一, 朝鮮文化에 關한 書籍을 몇 卷이나 가지셨읍니까. 二, 朝鮮古蹟地 中 가 보신 곳? 三, 世界歷史上, 어느 時代, 어느 民族의 文化가 훌륭하다 보십니까. 四, 朝鮮에 새 文化를 建設할 方法은?

一, 數十卷. 二, 慶州, 扶餘, 開城, 江華島, 咸興, 輯安縣(南滿인데 高句麗 古蹟地), 東京城(北滿인데 渤海 古蹟地). 三, 羅馬[1]文化입니다. 四, 各種 學術研究機關 設立.

---

1 [편주] 羅馬 : 로마.

趣味問答

『朝光』3-2, 朝鮮日報社出版部, 1937.2, 195~196쪽.

一, 室內를 어떻게 裝飾하셨읍니까. 二, 花草盆은 무엇을 두셨읍니까. 三, 娛樂은 무엇입니까. 四, 한 달에 映畫구경 몇 번이나 가십니까. 五, 무슨 레코-드를 좋아하십니까. [195]

一, 寫眞과 花盆으로 裝飾합니다. 二, 봄에는 진달래, 여름에는 무궁화, 가을에는 菊花, 겨울에는 水仙花올시다. 三, 높은 山에서 너른 들을 바라보는 것입니다. 四, 過去 七年 동안에 두 번 갓읍니다. 五, 朝鮮雅樂이올시다. [196]

渡世問答

『朝光』3-2, 朝鮮日報社出版部, 1937.2, 217~218쪽.

一, 무엇으로 處世訓을 삼으십니까. 二, 돈 모으실 생각은 없으십니까. 三, 生死를 가치할 만한 친구가 있습니까. 四, 先生은 세상에 무엇을 남기고 가시렵니까. 五, 아주 朝鮮을 떠나고 싶지는 아니합니까.

一, 어려운 것을 견딜 것, 남을 원망하지 말217 것. 말이 적을 것. 二, 없읍니다. 三, 적지 아니합니다. 四, 내 뜻을 남기려 합니다. 五, 끝날까지 朝鮮에서 살고저 합니다. 218

生活問答

『朝光』 3-2, 朝鮮日報社出版部, 1937.2, 267쪽.

一, 理想的 結婚의 相對 異性은 어떤 이입니다. 二, 子女에게 무엇을 가르치고 싶습니까.
三, 土産으로 만든 朝鮮 옷을 입으십니까. 四, 朝飯은 어떻게 잡수십니까.

一, 몸이 튼튼하고 마음이 바르고 어려운 것을 잘 견뎌내고 부지런한 사람입니다. 二, 責任心과 整理性과 勤勵[1]性입니다. 三, 무명베 조선 옷을 많이 입습니다. 四, 定食으로 밥을 먹습니다.

---

1 [편주] 勤勵 : 근려(근면하게 힘씀).

유모아問答

『朝光』3-2, 朝鮮日報社出版部, 1937.2, 381~382쪽.

一, 萬一 先生에게 百萬圓이 생긴다면? 二, 前英皇帝의 態度는 可乎否乎? 三, 萬一 先生에게 汽船 一隻이 생긴다면? 四, 萬一 鐘路 네거리가 先生의 私有地라면? 五, 죽어서 다시 무엇으로 태어나시랴오? 六, 三日間 天地가 캄캄해진다면? 七, 人體 中에 한 가지를 더 가지신다면 무엇을 願하십니까?

一, 學術研究機關을 設置하야 天下英才의 活動舞臺를 만들겠읍니다. 二, 可否相半. 三, 사람 같지 아니한 놈은 다 실어다가 太平洋 섬 속에 귀양을 보내겠읍니다. 四, 世界에 第一 높은 집을 지어서 米國 뉴욕市에 있는 摩天樓를 나려다 보게 하겠읍니다. 五, 白雪 中에 우뚝 선 푸른 소나무가 되겠읍니다. 六, 電燈會社가 혼이 나도록 일을 시기지오. 381 七, 일을 많이 하도록 손을 하나 더 가지겠읍니다. 382

心境設問

『朝光』3-3, 朝鮮日報社出版部, 1937.3, 170·175쪽.

一, 三年前 三月에 先生은 어느 곳에서 무엇을 하셨읍니까? 二, 三月에 잊지 못할 일은 없으십니까. 三, 눈 오는 겨울과 비 오는 봄밤을 先生은 어떻게 지내십니까? 四, 무슨 꽃을 좋아하십니까? 五, 梅蘭菊竹 中에 어느 것이 先生의 맘과 같다 생각하십니까? 170

1, 서울에서 朝鮮語學會에서 朝鮮語標準語를 整理하였읍니다. 2, 어릴 때에 우리 마을 앞 山에서 진달래꽃을 꺾던 일입니다. 3, 글을 읽습니다. 4, 진달래꽃입니다. 5, 竹입니다. 175

유모어設問

『朝光』3-3, 朝鮮日報社出版部, 1937.3, 246·250쪽.

一, 愛人이 떠날 때 上半身의 한 部分을 떼여두고 간다면 무었을 要求하겠읍니까? 二, 戀愛는 할 것입니까? 안할 것입니까? 三, 女子나 둥생¹이 萬一 自由戀愛를 하는 때 어떻게 하겠읍니까? 四, 사랑하는 안해가 있는데 아름다운 女性이 戀愛를 하자면 어떻게 하시렵니까? 五, 絶海孤島에서 親友 두사람이 단 하나의 異性을 만난다면 어떻게 하시렵니까? 246

1, 눈썹 한 낫²입니다. 2, 참 戀愛는 할 것입니다. 3, 철이 있게 自由戀愛를 한다면 放任할 것입니다. 4, 當해 보아야 判斷하겠읍니다. 5, 그 異性에 自由에 맡길 것입니다. 250

---

1 [편쥐] 둥생: '동생'의 오식.
2 [편쥐] 낫: '낱'의 잘못.

讀書設問

『朝光』3-3, 朝鮮日報社出版部, 1937.3, 259쪽.

一, 朝鮮文壇의 文學書 中에서 感銘 깊게 읽으신 것. 二, 外國文學 中 感銘 깊게 읽으신 것. 三, 한 달에 讀書하시는 頁數.[1] 四, 藏書 中의 보배는 무엇입니까.

一, 鷺山[2]時調集. 二, 괴테 詩集. 三, 一定하지 못합니다마는 平均 千餘 페이지는 될 것입니다. 四, 돈만 있으면 다 살 수 있는 책들이니 특별히 보배라고 할 만한 책은 없습니다.

---

1 [편주] 頁數 : 엽수(페이지 수).
2 [편주] 鷺山 : 노산(이은상의 호).

人生設問

『朝光』3-3, 朝鮮日報社出版部, 1937.3, 328·333쪽.

一, 요즘 日常生活 中 보고 드르신 것 中에 感銘된 것 하나. 二, 누구를 爲하야 사신다고 생각하심니까? 三, 삶의 기쁨을 痛切히 느낀 것은 어떤 때입니까? 四, 重病이나 貧困의 不幸에서 어든 貴하신 體驗은 무엇입니까? 五, 健康, 名譽, 金錢 中 어느 것이 더 좋을가요? 328

1, 世上에 自殺하는 사람처럼 弱하고 싱겁고 罪많은 사람은 없을 것입니다. 2, 참나(眞我)를 위하야 산다고 생각합니다. 3, 언제가 매우 어려움을 이기고 나서는 그 때입니다. 4, 마음을 편안하게 가지는 것입니다. 5, 健康입니다. 333

空想設問

『朝光』3-3, 朝鮮日報社出版部, 1937.3, 334·339쪽.

一, 다시 공부를 하신다면 어느 學問을 하시겠읍니까? 二, 女子(男子)가 되셨다면 무엇부터 하시겠읍니까? 三, 旅行 中에 봉변한 일은 없읍니까? 四, 永住地를 擇한다면 南쪽? 北쪽? 五, 世界漫遊를 하신다면 어디서 오래묵고 싶습니까? 334

1, 言語學을 專工하겠읍니다. 2, 난봉을 부리는 男子를 특별히 懲罰하는 法律을 내도록 하겠읍니다. 3, 男子로서 旅行 中에 봉변은 흔이 花柳街의 女子에게서 當하는 것인데 제 말을 아니 듣는다고 입에 못 담을 욕을 하여 주고 숨어 버린 것입니다. 4, 北쪽에서 가리겠읍니다. 5, 오스트리아¹(濠洲)대륙입니다. 339

---

1 [편쥐 오스트리아 : '오스트레일리아'의 잘못.

生活設問

『朝光』3-4, 朝鮮日報社出版部, 1937.4, 234・237~238쪽.

一, 物價가 騰貴하는데 先生은 이 對策을 어데케 세섯습니까? 二, 先生宅은 멧 食口이며 生活費는 얼마나 드십니까? 三, 한 달에 外食은 몃번이나 하십니까. 四, 只今껏 잇치지 못하는 飮食이 잇습니까? 五, 家庭生活에서 緊急히 고칠 點은 무엇입니까? ²³⁴

一, 돈이나 많으면 對策이 있겠습니다마는 그런 形便이 못되니 대책을 생각하지도 아니합니다. 二, 食口는 일곱 사람이오 生活費는 五六十圓이 듭니다. 三, 數三次에 지나지 아니합니다. 四, 北滿洲에서 사흘을 굶은 뒤에 어²³⁷느 農家 문 앞에서 얻어먹던 꽁꽁 얼어붙은 좁쌀떡입니다.

五, 無秩序한 것을 바리고 모든 물건을 제자리에 있도록 整頓할 것입니다. ²³⁸

演藝設問

『朝光』3-4, 朝鮮日報社出版部, 1937.4, 239·243쪽.

一, 中學生들에게 映畫를 보히잔는 것이 올을가요?[1] 二, 先生은 映畫에서 어든 것이 무었입니까? 三, 演劇을 보신 일이 있습니까? 그것을 보신 中 感銘깊은 것은? 四, 小說을 몇 篇이나 읽으셨습니까? ○[2] 239

一, 未成年者에게 害로운 映畫를 보이어서는 않이 됩니다. 그밖의 것이야 勿論 보이어야 됩니다. 二, 여러 가지 知識입니다. 三, 演劇을 본 일이야 적지 않이 합니다. 그中에 感銘 깊은 것은 昨年에 劇藝術研究會에서 한 春香傳 劇입니다. 四, 春香傳밖에는 한 卷을 다 읽어본 것이 없읍니다. 五, 金삿갓詩와 鷺山時調集과 杜詩입니다. 243

---

1 [편쥐 올을가요 : 옳을까요
2 [편쥐 5항 원문 누락. 앞뒤 정황 상 "五, 最近의 愛誦詩가 있다면?"으로 유추됨.

유모-어設問

『朝光』3-4, 朝鮮日報社出版部, 1937.4, 246~247쪽.

一, 先生께서 만일 먹지 안코 살 수 있다면 그 代身으로 무얼 하시겠읍니까? 一, 先生이 만일 날개가 달려 空中을 훨훨 날 수 있다면 어떤 일을 하겠읍니까? 一, 先生께서 萬若 世界를 一週하시고 도라 오신다면 어떤 선물을 가지고 도라오시겠읍니까? 一, 先生은 언재 도적을 한번 마저본 경험은 없읍니까?**246**

一, 그것만은 모아서 貧民救濟機關을 만들겠읍니다. 二, 近視眼을 가지고 世上을 너무 걱정하는 사람만 航空旅行을 시기어 世上을 좀 멀리 내다보므로 그의 胸襟이 열리도록 하겠읍니다. 三, 全世界에 僞善者의 탈박아지(假面)를 모조리 벗기어 갖이고 오겠읍니다. 四, 한번 먹으면 늙지 아니하는 藥을 硏究하겠읍니다 .五, 내 半生에 꼭 한번 도적을 맞은 일이 있는데 참 우슴거리입니다. 이제로 十七年 前일인데 上海에서 北京으로 가는 길에 汽車 가운데서 어떻게 困하게 조울었든지 귀가 덮히도록 눌러쓴 겨울 帽子를 어떤 놈이 벗기어갓읍니다. **247**

旅行設問

『朝光』3-4, 朝鮮日報社出版部, 1937.4, 251·253쪽.

一, 旅行하실 때 先生은 몇等車를 타심니까? 二, 車中에서는 무엇을 잡수심니까? 三, 車中에서 讀書는 안하심니까? 四, 車가 速力을 내어 달어날 때 느끼는 일은 없읍니까? 五, 車中에서 맺은 로-맨스는 없읍니까? [251]

一, 三等車입니다. 二, 普通은 변또[1]밥을 먹습니다. 三, 或 讀書를 합니다. 四, 이런 車가 없을 때에도 사람이 活動을 하고 살았나 하는 것입니다. 五, 생각 아니 납니다. [253]

---

1 [편쥐 변또 : '도시락'의 일본어.

○ 李克魯, 「愛情設問」, 『朝光』 3-4, 朝鮮日報社出版部, 1937.4, 391・393쪽.

一, 親舊나 愛人에게 배반 當한 일이 있읍니까? 二, 友情이나 戀情 때문에 괴로운 일을 當한 일은 없습니까? 三, 세상에서 가장 앗기고[2] 사랑하는 게 무엇입니까? 四, 先生의 同窓(小, 中, 專, 大) 中에서 가장 먼 곧에 가 있는 분이 게십니까? 五, 國際結婚을 어떻에 보십니까? 391

一, 참 親舊나 참 愛人이야 배반할 理가 있겠습니가. 있다면 거짓 親舊와 거짓 愛人이겠지오. 二, 눈물 흘린 일도 있지오. 三, 믿는 親舊입니다. 四, 가장 먼 곳이라야 地球星 위인데 中學이나 大學 同窓生을 통털어서 본다면 東西洋 天涯萬里 이곳저곳에 두루 흩어저 있습니다. 五, 交通發達을 따라 國際結婚이 절로 있을 것은 避하지 못할 事情입니다. 그러나 일부러 勸할 必要는 없습니다. 393

2　[편쥐] 앗기고 : '아끼고'의 잘못.

(종아리 맞은 이야기) 문쥐노름한다고

『少年』1-1, 朝鮮日報社出版部, 1937.4, 54~55쪽.

나도 어릴 때에 서당에서 한문을 조곰 배웠습니다. 그전 서당이란 것은 요사이 학교와는 아주 반대되는 것이 많았습니다. 학교에서는 일부러 유희와 운동과 수공을 힘써 가르치지마는 그 때 서당에서는 그런 것을 다 못하게 하는 것이었습니다.

그런데 하로는 동무들과 함께 서당 뒷산 흙구덩이[54]에 가서 흙으로 개와 말을 만들고 있는데 그때 마침 훈장이 와서 보고는 그만 돌벼락을 나리더니 모두 잡아다가 종아리가 붓도록 매를 때려주셨습니다.

또 한 번은 훈장이 없는 틈을 타서 여러 동무들과 함께 서로 뒤꽝무니[1]를 붙들고 찍찍하면서 문쥐노름[2]을 하다가 들켜서 또 종아리가 터지도록 맞았습니다. [55]

---

1 [편쥐] 뒤꽝무니 : 뒤꽁무니.
2 [편쥐] 문쥐놀음 : 여럿이 서로 뒤를 이어 옷을 잡고 문쥐(서로 꼬리를 물고 다니는 쥐)처럼 줄을 지어 돌아다니면서 쥐 소리를 내는 옛 아이들 놀이.

鄕愁設問

『朝光』3-5, 朝鮮日報社出版部, 1937.5, 91쪽.

一, 先生의 故鄕은 어디십니까? 二, 거기 이즐[1] 수 없는 風景 한 가지? 三, 先生의 나신 집이 지금은 어떻게 되었읍니까? 四, 故鄕을 그리는 때는 어떤 때입니까?

一, 慶尙南道 宜寧郡 芝正面 杜谷里올시다. 二, 洛東江과 南江(晉州 앞에서 흘러오는 江)과의 合流린沿岸인데 나의 鄕里에서 約 三里가 되며 昌寧郡 南旨市[2]에서도 約 三里가 되는 地點입니다. 三, 내가 난 집은 안채가 草家三間이었고 사랑채가 草家五間이었읍니다. 이재도 우리 큰집이 그 집에서 사는데 몸채만은 數十年 前에 草家四間을 새로 지었읍니다. 四, 내 故鄕의 特産이 감입니다. 그러므로 가을 감철이 그립습니다.

---

1 [편쥐 이즐: 잊을.
2 [편쥐 南旨市: '南旨面'의 잘못. 현재는 남지읍.

日記設問

『朝光』3-5, 朝鮮日報社出版部, 1937.5, 221~223쪽.

一, 先生은 日記를 쓰십니까? 언제부터? 二, 어느 날 日記 하나를 적어 보내주십오.[1] [221]

一, 今年까지 二十二年이 됩니다. 二, 炳悶[2] 가운데 있는 某靑年에게 보낸 글인데 그게은 다음과 같은 것으로 今年 一月三十一日 日記에 적히어 있습니다.

(1) 複雜한 世上 일은 누구나 제뜻대로 아니 되는 것이 오히려 原則이다.

(2) 立志 努力 奮鬪 忍耐 支續 이 다섯 가지가 調和되면 每事에 成功한다.

(3) 世上에 가장 愉快한 일은 逆境을 [222] 突破하고 나가는 것이다.

(4) 凡人은 自己의 成功을 보고야 기뻐하지마는 참 偉人은 自己의 세운 뜻대로 움지기어 보는 대에 큰 기쁨이 생긴다.

(5) 쓸 대 없는 炳悶을 물리치어라. 그래야 마음과 몸을 다 튼튼하게 할 수 있다. [223]

---

1   [편쥐 보내주십오: '주십시오'의 '시' 탈자.
2   [편쥐 炳悶: '煩悶(번민)'의 오식.

유모어設問

『朝光』3-5, 朝鮮日報社出版部, 1937.5, 216쪽.

一, 노아의 洪水처럼 京城이 물속에 잠긴다면 어떻게 하시렵니까? 二, 先生에게 갑자기 百萬圓이 생겼읍니다. 그러나 깨고 나니 그것은 꿈이었읍니다. 그때 心境을 말씀해 주십시오. 三, 歐米 某國에서 先生을 首相으로 招聘합니다. 가시렵니까. 四, 先生에게 같이 살고 죽을 百名의 兄弟가 있읍니다. 무슨 일을 하시겠읍니까.

一, 첫째로 京城 각 다리 밑에서 사는 十世 前 거지 아이들을 救援하고 둘째로 李王職雅樂部의 樂士를 救援하고 그 다음에는 닦치는 대로 人命을 救援할 것입니다. 洪水 後에는 朝鮮 第一都市의 터를 마땅히 옴기어야 되겠는데 그 候補地는 無山平野 한복판인 黃海道 載寧平野 中央地帶가 되었으면 좋겠읍니다. 二, 좀 섭섭합니다. 三, 三顧草廬한다면 그 人民들을 불상히 여기어 가보겠읍니다. 四,[1]

---

1 [편쥐 원문 공란.

(새少年讀本—다섯째課) 제자리

『少年』1-6, 朝鮮日報社出版部, 1937.9, 38~39쪽.

사람이 사는 대에는 날마다 여러 가지 물건을 관계하게 됩니다. 그러므로 이 물건을 제자리에 두지 아니하면 시간과 노력의 손해가 적지 아니할 뿐만 아니라 가끔 일이 낭패될 때가 있습니다. 모든 물건을 적당한 자리에 두지 아니하므로 잃어버리거나 상하거나 하는 것은 두 말을 할 것이 없습니다. 남이 탐내기 좋은 물건이나 상하기 쉬운 물건은 특별히 안정한 곳에 두어서 남의 손이 거기에 쉬 미치지 못하도록 할 것입니다. 이보다도 더욱 주의할 것은 우리가 쓰는 물건은 다 각각 제자리에 두어야 됩니다. 모자도 제 것을 거는 자리가 따로 있어야 하고 신도 제 것을 벗어 놓는 자리가 따로 있어야 하고 책도 제 책을 두는 자리가 [38] 따로 있어야 합니다. 그래서 어둔 밤중에 자다가 일어나서 찾아도 곧 그 자리에 가서 바로 얻을 수가 있도록 되어야 편할 것이 아닙니까. 모든 물건을 쓸 때에는 필요하니까 애써 찾지마는 쓰고 난 뒤에는 제자리에 가지어다가 두지 못하고 그만 쉽게 아무 대에나 두는 것이 흉이 하는 짓입니다. 그것은 그 때의 생각에 멀리 제자리를 찾아가서 두는 것이 쓸대없는 군짓 같아 보이는 까닭입니다. 사실은 쓰고 난 뒤에 제자리에 바로 두지 아니하였다가 그 다음에 찾노라고 열 배나 백배나 시간과 노력이 더 드는 것입니다.

우리의 생활을 살피어 본다면, 문명할스록 사물이 복잡하여지고 사물이 복잡할스록 정돈이 필요합니다. 이 정돈은 곧 모든 것이 다 제자리에 있어야 된다는 것입니다. 생각하여 보시오. 여러 백만 권이나 되는 책이 쌓인 도서관에 어떠한 분류에 또 분류를 따라 각각 순서대로 제자리에 정리하여 두지 아니하였다면 그 책들은 찾지못하야 다 응용 못하는 죽은 책이 되고 말 것입니다.

또 우리가 장판에 나가서 물건을 살 때에는 늘 볼 수가 있는 일입니다. 물고기전은 물고기전대로 싸전[1]은 싸전대로 과실전은 과실전대로 곳곳에 몰리어 있지

---

1 [편주] 싸전 : 쌀과 기타 곡식을 파는 가게.

아니합니까. 그것은 사고파는 사람이 다 편리한 까닭입니다. 모든 것이 다 제자리에 있게 되는 것은 참 훌륭하고 아름다운 일입니다. 해와 달과 무수한 별들이 다 제자리가 있게 돌아다니므로 서로 부디쳐 깨어지지 아니합니다. 그래서 우리는 마음 놓고 걱정 없이 이 지구라고 하는 땅덩이 위에서 잘 살고 있습니다.[39]

제2장
기타 논설/
설문·좌담/
수필

(나의 一年總決算) 나는 언제나 成功뿐

『朝光』 3-12, 朝鮮日報社出版部, 1937.12, 36~37쪽.

나는 언제나 成功뿐입니다. 다못 目的을 向하여 邁進할 뿐이죠. 設或 失敗가 있다할지라두 그것은 瞬間的이오 窮極에 있어서는 成功이 있을 뿐입니다.

그러가 今年 一年 동안에 나의 成功을 말하라시면 몇가치[1] 이야기하겠읍니다. 朝鮮語學會의 事業이 順調로 進行하는 것두 한 가지 成功이지만은 第一 첫재로 말씀드릴 것은 내가 年來로 活動하여오는 「朝鮮紀念圖書」가 第一着의 豪華版을 내게 된 것입니다. 再昨年에 여러 有志의 後援으로 「朝鮮記念出版舘」이라는 것을 設立하고 朝鮮篤學者들의 좋은 著作을 社會有志의 後援으로 紀念出版하여 江湖에 널리 配付하는 同時에 朝鮮文化를 宣揚하자는 趣志[2]를 가지고 적지 않게 治動[3]하였습니다. [36] 이것이 비로소 열매를 맺어 辯護士 李仁氏가 兩親의 回甲祝賀費를 節約하고 그 節約金으로 金允經氏의 「朝鮮文字及語學史」라는 大著作을 出版하게 되어 不遠間 나오게 되였읍니다. 그리하여 이러한 良書를 江湖의 同志와 各文化機關에 無料配付하게 된 것은 今年中 나의 큰 成功으로 생각하고 기뻐하여 마지아니하는 바입니다.

이외에 成功으로는 내 家庭일인데 自手로 우리 집 첨하밑 空間을 利用하여 房을 한 間 드리고 또는 마루를 應用하여 書齋를 만든 것두 내 成功의 하나입니다. 그다음으로 가장 實用的 價値가 있는 科學的인 장롱을 내손으로 만든 것두 내 成功의 하나죠. 이 장롱은 밤중에라두 門만 열면 불빛이 없이두 양말이면 양말 帽子면 帽子―맘대로 찾을 수 있게 가장 科學的 分類를 한 장롱입니다. 이 농을 만들어서 家庭에서 大好評을 산 것두 내 成功의 하나인데 左右間 愉快하기 끝이 없습니다.

---

1 [편쥐] 몇가치 : 몇가지.
2 [편쥐] 趣志 : 趣旨.
3 [편쥐] 治動 : 活動의 오기.

그러나 이와 反對로 실패한 것은 하나두 없습니다. 모다 成功이죠. 成功 못하면 어데 살수 있읍니까? 今年의 失敗로는 양 한 마리를 따려 죽인 것밖에 없습니다. 나는 언제나 奮鬪的 意氣를 가지고 살뿐입니다. 37

나의 十年計劃

『朝光』4-1, 朝鮮日報社出版部, 1938.1, 220~221쪽.

計劃이란 것은 함부루 말하는 것이 아입니다. 하물며 十年計劃을 함부루 말하겠습니가. 이제로 十年 뒤에 나의 行動이 歷史化한 그때를 기다리어 주시[220]기를 바랍니다. [221]

(生活의 文化化, 科學化, 經濟化) 舊慣陋習打破―社會各界人士의 高見

『東亞日報』, 1938.1.1.

생활개선의 소리는 부르짖어진 지 오래다. 생활의 문화화, 과학화, 경제화가 완전히 되는 날 우리의 생활이 완전히 개선되엇다 할 것이로되 이 문화화, 과학화, 경제화란 일조일석에 될 것이 못되므로 기회 잇는 대로 우리는 이를 부르짖어서 그 기운(機運)을 촉성하는 데에 오라지 힘써 오는 터이다. 이번에 또한 이것을 내걸고 사회 각게 인사의 고견을 듣기로 하엿거니와 이에는 한걸음 구체적인데 나아가서 실제적인 문제를 화제로 삼엇다. 구관누습의 타파는 우리의 생활개선의 소극적 방면이기는 하지마는 이 또한 당면의 문제로서 이 의제가 곧 생활개선에의 일보전진임에 틀림없음을 믿는 바이다.

座談要目…生活의 文化化, 生活의 科學化, 生活의 經濟化

가, 白衣廢止-色服着用 나, 蓄髮禁止-斷髮斷行 다, 陽曆施行-二重過歲廢棄

라, 早婚禁止-適齡婚獎勵 마, 其他 冠婚喪祭 諸儀의 開善

出席者=朴勝彬, 徐光卨, 李克魯, 宋錫夏, 尹日善, 金善, 朴恩惠, 孫貞圭, 金用茂, 李萬珪(無順)

▲本社側=白寬洙, 徐恒錫

백관수. 연말에 더욱이 각반 사무가 바쁘신데 이러케 와주서서 여간 감사하지 안습니다. 이번 본지 신년호에 『구관누습』의 타파에 대한 여러분의 고견을 실어 우리의 생활개선에 도움이 되게 하려 하오니 평일에 생각하신 바를 기탄없이 말슴해 주시기를 바랍니다.

서항석. 이제부터 좌담을 시작하겟읍니다. 이 좌담회의 주제는 『구관누습』 타파입니다. 세목은 미리 각각 보내드린 좌담요항(座談要項)에 쓰인 바와 같이 생활의 과학화(生活의 科學化), 생활의 경제화(生活의 經濟化), 생활의 문화화(生活의 文化化) 세 가지오나 이것은 너무 추상적이므로 좀 구체적인 것으로 『백의를 페지하고 색복을 착용』하는 것이라든지 『축발을 금지하고 단발을 실행』하는 것이라든지『양력 시행을 하야 이중 과세를 폐기』하는 것이라든지『조혼을 금지하고 적령혼(適齡婚)을 장려』하는 것이라든지 기타『관혼상제 제의(諸儀)에 대한 개선』등에 대하야 말슴하시되 우선 백의의 폐지와 색복 착용부터 말슴해 주십시오.

박승빈. 다가치 아는 것이고 다가치 겪는 일이라 이론(異論)이 잇을 것이 아닙니다. 지금 말슴하신 다섯 가지가 다 올타고 생각합니다. 다만 문제는 이것을 어떠케 구체적으로 실행하느냐 하는 것이겟지요. 내가 관계하는 계명구락부(啓明俱樂部)에서 이런 것을 생각한 일이 잇엇고 또 결정해 논 일이 잇읍니다. 그런데 이런 문제는 결국 실행 문제인데 이것에 대해서는 당국도 만히 생각하고 잇는 터로 아무쪼록 여러분도 이 촉진운동을 하서야 할 줄 압니다. 그러고 유력한 신문사 같은 데서 그 키를 잡어주어야 할 줄 압니다.

언론기관이 먼저 백의동포이니 백의의 무엇이니 하는 백의에 대한 용어부터 쓰지 말고 또 개인 간에도 그랫으면 합니다, 양력 시행에 대해서는 시장일 기타 기념일은 시행되는 모양인데 일반 가정에서만 시행치 안흐나 이것도 곧 시행되겟지요,

혼과상에 대해서는 소화 九년에 중추원(中樞院)에서『의례준측』(儀禮準則)이라고 하는 것이 낫는데 그것을 잘들 시행하는지요? 확실히 혼례와 상례라는 것은 종래의 것으로는 경제적으로 보나 시간적으로 보나 너무 번잡하므로 유력한 언론기관, 기타 단체에서 지도해가고 개량해가지 안흐면 안된 줄 압니다.

白衣廢止＝色服着用

김선. 문제는 실행방법에 잇는 줄 압니다. 첫째로 일반 민중이 색의를 입어야 하고요. 색의를 입자면 값이 싸고, 빛이 바래지 안홀 튼튼한 옷감을 맨드러 내야 할 것입니다. 흔히는 집에서 자조 염색을 해 입으면 돌이어 쉬 떨어지는 일이 잇읍니다.

장산사(裝産社)에서 맨드는 것을 물을 들여 입어보앗는데 잘되지 안트군요. 경제가 허하는 한에서는 가정부인네들이 위선 검정치마를 입엇으면 합니다, 그리고 남자 두루악이 같은 것도 세탁은 아니하고 동정 같은 것만 딱고 입을 만한 튼튼한 감을 맨들어야 하겟세요. 그리고 남자 여름 양복의 힌 것도 속히 폐지해

야 하겟세요. 二,三일만 입어도 빨게 되니 그런 불경제가 어디 잇습니까.

송석하. 백의는 물논 페지해야 될 줄 압니다마는 그것을 강제적으로는 할 수 없겟지요. 그저 색의를 장려하는 정도로 조켓지요. 백의로 말하면 사적(史的)으로 볼 때는 二,三百년 전이 아니고 기천년 전인 줄 압니다. 수서(隨書)에도 송서(宋書)에도 조선 사람이 백의를 입은 것이 나오고 지어 성호새설(星湖僿說) 같은 대도 백의의 이야기가 잇는데 힌 것은 서방색(西方色)이라 하여 조선 사람은 푸른 옷 곧 동방색(東方色)을 입어야 한다고 하엿습니다. 그러나 이론상으로는 백의를 페지하는 것이 올흔 일이라 하더래도 백의를 입는다는 남의 자유를 아주 뺏을 수는 없는 것입니다.

서광설. 색의를 입는 것이 경제상으로 유리한 점이 잇다 할지라도 법령을 제정하여 꼭 입으라고 하는 것이 아닌 이상 속히 실시는 아니 될 것입니다마는 그래도 차차 죄다 색의를 입으리라고 생각됩니다, 그러나 남의 옷에다 먹칠을 한다든가, 잉크 물을 뿌린다는 것은 지나친 일이겟지요. 이것은 상규에 넘치는 것이라고 생각합니다.

박승빈. 빈민 게급은 대개 광목을 입는데 광목은 실용적인 외에 검은 물을 드려 입으면 오래 입을 것은 사실이나 어디 중산 게급 이상은 광목을 입나요. 따라서 백의 페지운동이라는 것도 나는 빈민 게급을 상대하고 장려하는 것 보다 차라리 중산 게급에 하고 싶읍니다. 백의를 입는 것은 꼭 중산 게급에서 몸맵시 내려고 입는 것이라고 보입니다. 더욱이 서울 부인네들이 힌 옷을 만히 입습니다. 시골은 벌서 힌 옷은 상제 외에는 없다고 생각합니다.

김선. 서울 녀자와 중산 게급 녀자들이 힌 옷을 입는다고요. 어디 교육받은 여자가 힌 옷을 입는 것을 보섯읍니까. 선각자이신 여러분의 부인네들부터 먼저 색의를 입으셔야 하지 안흘까요.

서광설. 앗가 어느 분께서 여름에도 색의를 입으라고 하신 듯한데 여름에 색의를 입는다는 것은 위생 상 조치 못하다고 생각합니다.

김용무. 나는 벌서 백의가 다 페지되엇다고 생각합니다. 어디 힌 옷을 누가 입읍니까. 힌 옷이라면 잠자리 옷이나 여름 옷이겟지요. 백의 페지라 하지만 요컨대 원측으로 백의를 입지 말라는 것이겟지 여름에도 색의를 입으라는 것은 무리입니다.

리만규. 여름 양복을 힌 것으로 입지 안흐려고 연전에 고심해 받는데 돌이어 힘만 들고 돈만 더 들고 하엿읍니다.

송석하. 색복을 장려하드래도 좀 깊이 들어 말한다면 단색(單色)으로 입느냐 아롱아롱한 것을 입느냐 하는 것도 문제되겟는데 그럿타면 색의 입는 것도 그러케 용이한 일은 아닙니다만 하여튼 색복 착용이 조흔 일임은 두말 할 것 없는 일이겟읍니다.

김선, 이만규 선생님, 앗가 여름 양복을 입는데 힌 것을 안 입으려고 고심하시다가 힌 양복을 입으신 모양인데 너무 세탁 값이 만히 들지 안허요.

이만규. 세탁야 집에서 해야지요. 이루 세탁소에 주면 그 노릇을 어떡하게요.

서광설. 힌 옷이 예복으로도 되는 듯한데 예컨대 혼인식에서 힌 면사포를 쓰고, 또 힌 옷을 신부로부터 들러리까지 차리고 한 것을 보면 역시 힌 옷이 조킨 하드군요.

박승빈. 그야 예복에도 색의를 쓴다면 생각해볼 일이지요. 대개 백색을 쓴다는 것은 순결을 의미해 쓰는 것이니까.

서광설, 허나 비애에도 백색을 쓰는 줄 압니다. 상제의 옷이 히지 안습니까.

박승빈. 물론 그러치요. 백색이란 순결뿐 만 아니라 비애, 섬약 등의 의미도 잇다고 할 수 잇지요. 허지만—

송석하. 그러나 동양 례식에는 원래 백색이란 것이 없엇읍니다.

이극로. 백색이 비애를 표시한다고 해도 할 수 없지요. 서양에서는 상복이 흑색이 아닙니까. 그러니까 서양에서 혼례식에 백색를 사용한다고 조선에서도 그것을 따를 필요는 없을 것입니다.

석하. 요컨대 그것도 민족성(民族性)에 따라 할 것이지오.

서광설. 백의 페지라도 힌 빛을 죄다 없앤다는 것은 아닐 줄 압니다.

서항석. 백의 페지의 가부론보다 구체적인 실행 방법을 말슴해 주섯으면 합니다.

박승빈. 구체적 방법을 하나 말슴하겟습니다. 그저 백의 입는 것을 흉을 보게 하여야지요. 흉을 보게 하는 방법은 위선 기생이나 기타 천한 사람들을 백의를 입힐 것입니다. 그러면 기생과 혼동되는 것을 실혀하야 가정부인은 죄다 색의를

◇······舊慣陋習打破 座談會 光景······◇

입을 것입니다.

(이때 박승빈 씨 사고로 퇴출)

리만규, 그 의견이 그럴 뜻 합니다. 그런데 색의들 입으면 자조 내의를 가라입어야 하지오. 그러치 안흐면 비위생적일 것입니다.

서항석. 색복 장려를 강제적으로 하지 안코는 다른 실행방법이 잇을까요.

김선. 앗가도 말슴드럿지만 무산대중이 입을 색 옷감을 맨드러 내야 할 것입니다.

박은혜. 언론기관 같은 데서 백의가 불경제이니 입지 말라고 자조 선전하고 또 목세루 같은 것이 값이 좀 싸게 되엇으면 합니다. 그리고 광목 같은 것을 색으로 짯으면 자연 색의 장려가 되겟지요.

손정규. 힌 옷이 경제적으로 더 들기도 하거니와 힌 옷을 입으면 초초해 보이어 기풍 상으로도 조치 못합니다. 그러니까 차차로는 색의가 만들 것은 더 말할 것 없읍니다.

蓄髮禁止＝斷髮斷行

서항석. 축발(蓄髮)도 구관누습의 하나입니다. 이것은 상투 문제인데 상투같이 구관누습 중에 심한 자는 없읍니다. 이것에 대하여 말슴해 주십시오.

리극로. 이런 것은 그 실행에 잇어서 강제적으로라도 실행시켜야 합니다. 곧 그저 막 베여 버릴 것입니다.

리만규. 그럿치요. 막 버여 버려야 할 것입니다마는 이 누습은 시대의 진운에 따라 그리 오래 갈 것은 아닌 상 싶습니다. 내 친구의 한 사람이 서울 올라와서 벼슬을 하다가 그 벼슬을 그만둔 후 무슨 생각이 들엇든지 싀골 가서 상투를 짜코 머리를 기르는 일방 자기의 아들들까지 상투를 짜케 하엿는데 그 아들들이 나종에 가만히 다라나서 죄다 깍거버리드군요.

김선. 아즉두 상투가 문제가 될까요. 나는 그러케 상투짠 이를 못 보앗는데요.

서광석. 아직도 노인들의 상투는 물론이오 젊은 사람들까지 상투를 가진 사람이 잇습니다.

송석하. 충청도 선산에서 머리를 까끄라고 하여 자살한 『넌센스』도 잇지오마는 그런 것은 『넌센스』니까 문제 박이고, 노인네들이 만히 머리를 깍지안코 자질까지도 머리를 못 깍게 하는 일이 만흔데 우리 집안에 종조 되시는 분이 머리를 깍지 안코 그 자손도 못깍게 하드니만 그 분이 돌아가시니까 대번에 죄다 깍드군요. 그러니까, 상투는 아마 얼마 지나지 아니하여 없어지고 말 것입니다.

리극로. 나는 돌이어 여자단발이 오히려 문제될 것 같은데 그것은 구관누습이 아니니까 별문제이지요.

서광설. 그럿치요. 지금 안저서 상투야 문제 안 되고 돌이어 여자 단발이 문제될 수 잇는데 그것은 구관누습은 아니지요.

陽曆施行＝二重過歲廢棄

서광설. 그러면 지금부터는 음력을 폐지하고 양력을 시행하는데 대하야 말슴해 주십시오.

송석하. 최근 내가 려행 중에 들엇엇는데 어느 곳에서는 음력을 폐지하고 양력을 시행시키기 위하야 음력 설날에 대청결을 시키드군요. 이러케 몇 해만 하면 자연 양력설이 시행될 것이라고 생각햇읍니다.

윤일선. 그것 그럴뜻한 묘안인데.

서광설. 시골서 이중 과세는 또 물으겟는데 서울서도 거의 죄다 이중 과세가 되는 모양입니다. 학교에서까지도 음력 설날은 학생을 일즉 보내주거나, 늦게 오라거나 하여 설 쇠는 여유를 주는 모양인데 그것은 조치 못한 줄 압니다.

리만규. 새해에는 그러케 되지 안흘걸요.

서광설. 그리고 차례 같은 것도 아주 양력으로 지냇으면 음력은 문제없이 폐지될 것 같습니다.

리만규. 또 한 가지 잇습니다. 노인네들께 세배 다니는 것도 양력에 하고 음력에는 그만두엇으면 합니다.

박은혜. 세찬 같은 것도 양력 연말에 하고 음력 연말에는 하지 안헛으면 합니다.

김선. 그보다도 음력설이 되면 빨래를 한다 옷감을 새로 떠온다 해가지고 안에서 아이들을 설비음이라고 옭웃붉웃하게 해 입혀 가지고 야단을 하는 통에 음력설이 시행되는 것이 아닌가 생각됩니다. 오는 해에는 위선 이것부터 못하게 하면 자연 양력설이 시행되겟지요.

박은혜. 양력설에는 고향에 가는 학생이 만흔데 이 학생들을 위하야 음식을 채리고 재미잇게 지내면 자연 양력설이 잘 쇠여질 줄 압니다.

서광설. 양력에는 학생도 집으로 돌아오고, 다른 공사로 일보는 사람도 다 집에 잇게 되니 그때에 과세하는 것이 퍽 자미도 잇고, 유리도 할 것입니다.

리극로. 어린아이들이 음력설에 새 옷을 달라 하는 것도 사실이나 설사 울며 졸르드래도 그만 내버려두면 그만 아닙니까.

리만규. 역시 어린아이들이 새 옷을 입고 어른을 찾아오면 귤이라는 등, 배라는 등 먹을 것을 주거나 세배 값을 주니까 오게 되는데 그런 것을 아니 주면 자연히 음력은 시행되지 안흘 것입니다.

서광설. 음력에는 또 밤이라, 호두라, 잣 같은 것을 가지고『보름』이라 하여 보름을 세는 일이 잇는데 이것도 역시 양력으로 시행하면 자연히 양력이 시행될 것입니다.

이만규. 그럿읍니다. 음력으로 시행하는 것을 죄다 양력으로 닥어만 하면 잘 시행되리라고 생각합니다. 그리고 이런 것은 강행할 것 없이 조선 가정에서 그대로 잘 시행만 한두 번 해보면 부지중 그리될 줄 압니다.

서항석. 여러 시간을 말씀들 하셔서 피곤하시겠습니다. 지금 만찬의 준비가 다 된 모양이니 그 문제는 그만하고 식사 후에 다음 문제를 계속하기로 하지오.

(때는 六시반)—(계속)—

舊慣陋習打破(中)―各界人士의 高見

『東亞日報』, 1938.1.4.

早婚禁止-適齡婚獎勵

서항석. 이번은 조혼을 금지하고 적령혼을 장려함에 대하야 말슴해 주십시오. 조혼 금지에 대하야 법률상으로는 어찌 되어 잇습니까.

서광설. 어느 정도까지는 법률 상으로 금지되엇다고 봅니다. 남자는 十七세, 여자는 十五세 이내는 절대로 결혼이 못 되지요, 역시 의학상으로도 그럴 줄 생각하는데―.

윤일선. 의학상으로는 남자는 그 十四,五세, 여자는 十七,八세면 대개 적령혼이라고 할 수 잇지요.

서광설. 법률상으로는 나이가 차기 전의 부부관게는 내연관게(內緣關係)라고 하지요.

서항석. 조혼의 력사적 근거는 어찌 되엇나요.

송석하. 력사상으로 보면 조선은 도리어 만혼이고 근래에 조온이 되엇지요. 력사 상에는 고려 때 황(黃)이라는 대사가 중국으로 조선 색시를 보내게 한 일이 잇자 三남에서는 거기 빼와 가는 것이 실혀서 十一, 十二세 되는 어린 여자를 함부로 조혼 시킨 일이 잇고 고려 말에는 원(元)나라와 관계가 깊어지자 원나라 대신들이 첩으로 조선 여자를 소망하는 일이 만히 잇어 원사(元使)가 나올 때 여자를 데려가므로 원사가 나온다는 말만 잇으면 十二, 十三세만 되어도 조혼시킨 일이 잇지오. 또 그리고 불효 중에는 무후가 제一이므로 효도를 하려면 일즉 결혼하여 속히 생산을 하려고 한 까닭인가 합니다. 그러고 또 황해도에는 예부제도(豫婦制度), 함경도에는 솔서제도(率婿制度)가 잇는데 이것은 만히는 경제적 이유로서도 된 듯합니다.

리극로. 밋며누리나 데릴사위라는 것은 역시 경제적인 것이 주인이나 그곳에도 어떤 시대적인 환경, 곧 난리가 낫다든가 세상이 소란하니 자식들이나 성취해

노하야 겟다고 결혼을 시키어 조혼이 되는 일도 만흘 듯합니다.

송석하. 三남에서는 인생의 낙을 몰라서는 아니 된다고 하는 요컨대 재미 보자고 조혼을 행하는 일도 만습니다.

서광설. 조혼의 폐해란 이루 말할 것이 없을 정도로 만흔데 대개는 웬만한 가정에서는 일즉이 장가 드린다는 것을 한 자랑거리로 여겨 남자가 二十만 되면 늦엇다 하고 여자가 十五세만되면 시집 준비를 하여 불야불야 서드러서 혼인해 논 결과 축첩도 생기고 이혼도 생기고 심지어는 행세하는 집안에서 추문이 흘러나오는 것이지오.

송석하. 조혼의 폐야 그뿐입니까. 남자의 밥그릇에다 양잿물을 넛는 일이 시골에는 만흔데 그것도 역시 조혼 때문에 그러케 되는 것이라 할 수 잇지요.

서광설. 그것은 조혼으로 인연해 되는 일도 잇지오마는 이혼이 아니 되어서 그러케 되는 일도 만습니다,

서항석. 옛날에도 이혼이라는 것이 잇든가요.

서광설. 옛날에는 이혼이란 것이 없지요. 七거지악(七去之惡)이란 것이 잇어 출처(出妻)는 하엿지요.

송석하. 그러나 행세하는 집안에서는 출처를 하면 그 사람의 전정이 그릇되니까 한편에 두어두고 먹엇지요. 곧 질투한다든가 불효한다든가, 악질이 잇다든가 하면 뒷방에다 가두워 넛코 밥이나 먹이어 살려왓지요.

서항석. 정령 결혼을 장려하는데 구체적 방법이 듣고 싶습니다.

김선. 조혼을 금지하고 적령혼을 려행되게 하려면 무엇보다 조선 부모에게 각성을 주워야 될 줄 압니다. 조선에서는 남자가 좀 나[1]만 먹게 되면 총각으로 늙는다 하야 학생 모자도 채 벗기 전에 데려다 혼인을 하지요. 또 여자는 학교를 다니다가도 혼처만 잇으면 학교를 그만두고 혼인을 하지요. 이런 문제는 무슨 기관이 잇어서 금지하여야 하것는대 우선 당면하여서는 농촌진흥회 같은 데서 조혼을 못하도록 방지하엿으면 합니다.

송석하. 옛날에 시골서 잘못하는 일이 잇으면 북을 질머지고 조리를 돌리는 일

---

1 [편쥐 나: '나이'의 탈자.

이 잇지마는 어디 농촌진흥회에서 남의 결혼 방해야 할 수 잇나요.

서광설. 사회적으로 남자들이 二十四, 五세 이내에는 결혼을 하지 안허야 한다는 어떤 주장이 서노흐면 단연 그 이내는 결혼이 안 될 터이지요. 또한 이와 동시에 한 누습이라고 할 수 잇는 "재혼"에 대한 차별 인식도 갱정할 필요가 잇다고 생각합니다.

리만규. 력사 상으로는 재혼을 오히려 초혼보다 낫다고 생각한 때도 잇엇지요, 그것은 성인(成人)이 되겟다는 의미로서이지요. 허나 재혼에는 어린아이가 늘 문제이지요.

김선. 하여간 청년 남녀가 조혼의 폐해를 깊이 인식하고 정신적으로 먼저 이를 거부하고 다음 그대로 실행할 것이라고 생각합니다. 그러기 위하여는 무엇보다 여자교육을 힘쓰되 오늘의 교육 형태보다도 좀 더 실제적인 곳으로 하면 될 줄 압니다.

리만규. 그럿치요. 그러나 현대여자교육이란 도리어 결혼하기 위하야 교육받는 현상입니다. 장가 글을 읽히듯이 지금은 시집 글을 읽히는 경향이 잇습니다.

서광설. 하기야 법률로 조혼을 절대금지하면 퍽 효과적이것지마는 그러케 되면 법률이 사회생활에 너무 간섭하는 것이 되겟지요.

冠婚喪祭 諸儀의 開善

서항석. 그러면 관혼(冠婚)에 대하야 말씀해주십시요.

서광설. 실제상 관은 없어지지 안헛읍니까.

리만규. 그러치요마는 그 대신 약혼(約婚)이란 것이 생겻지요.

서광설. 관은 없고 혼,상,제뿐인데 다른 사회에서 보면 혼인식에는 친족들만이 출석하는 것이 보통이엇만 조선에는 웬 손님이 그러케 만흔지요.

리만규. 하기는 나도 우리 집에서 두어 번 혼인을 치럿는데 그러케 아니 되드군요. 처음에 친족 또는 당사자를 가르친 선생들만 청하려 햇으나 그저 한사람 청하면 또 그 사람은 청하고 다른 친한 사람은 아니 청할 수 없어 청하게 되드군요. 그래도 나중에 빠진 사람이 잇어 말을 들엇읍니다.

리극로. 다른 일과 달러서 혼인이라고 하면 청첩을 발행하고 청첩을 받으면 아니 갈 수 없어 가기만 하면 반일은 공연히 허비하게 되드군요.

손정규. 혼인은 인생에게 단 한번인데 될 수 잇으면 엄숙히 하엿으면 합니다. 근래의 혼인은 엄숙한 것이 적은 것이 만허요.

서광설. 그도 그러려니와 나는 큰 상 같은 것을 단연 폐지하엿으면 조켓드군요. 그런 불경제가 어디 잇어요. 먹지도 안는 것을 고배를 하여가지고…….

손정규. 큰 상 같은 것 말구도 폐지할 것이 여간 만치 안슴니다. 경성하면 경성에만 국한되든 풍속이 이제는 전조선으로 퍼지게 되어 폐해를 일으키는 일이 만슴니다. 례하면 물건을 해주는 것 같은 것입니다. 혼인할 때에는 무엇이든 물건을 만히 해가지고 가는 것을 자랑으로 아니 이런 폐해가 어디 잇읍니가. 다 폐지햇으면 합니다.

리만규. 약혼식의 금반지 주는 것도 없애버렷으면 합니다.

손정규. 그것도 그래요. 다만 사주를 피차 보내면 그만이 아닐까요. 또 그 혼서지라는 것도 없애버렷으면 해요.

리만규. 『의례준측』에도 혼서지는 없지요. 또 그 채단이란 것도 없애쓰면 합니다. 아무 짝에 쓸데없는 것은 채단인 듯합니다. 또 사배 절하는 것도 단배로 햇으면 합니다.

김선. 저는 혼례에 잇어 청첩 같은 것은 말고 통지서 같은 것을 나종 보냇으면 합니다. 또 옷 같은 것 해가지고 가지 말고 돈을 주워 자기 맘대로 옷이면 옷 또 세간이면 세간 그런 것을 해 쓰게 햇으면 합니다.

리극로. 혼인하는데 폐해라는 말은 실생활에서 너무나 떨어저 빗을 저가며 하는 까닭인데 만일 재산이 잇어 넉넉하다면 할 수 잇는 데까지 하는 것이야 관게치 안켓지요. 그러고 그 넉넉하게 쓰는 것을 무슨 사회사업에 기부하야 기념하도록 하는 것도 조켓지요.

리만규. 재산이 잇다 해도 실생활에 먼 것을 만히 한다는 것은 취할 일이 아니지요. 웨 옛날 정묘조(正廟朝) 때 정홍순(鄭弘淳) 정승이 취한 혼인 때 절약햇다 논을 사준 일이라던가 동고 리준경(東皐 李浚慶) 선현의 五세손되는 리기만(李○晩) 참판의 목면(木綿)채단과 축첩하지 말라는 유훈은 다 우리가 본받을 만한 일이라 생각합니다. (계속)

(계속)

舊慣陋習打破(下) ― 各界人士의 高見

『東亞日報』, 1938.1.6.[1]

冠婚喪祭諸儀改善

서항석. 상(喪)과 제(祭)에 대해 말씀해 주십시오.

이만규. 주자(朱子)가 례를 본받아 조선에도 三년상 제도가 생긴 줄 아는데 三년상은 너무 긴 것 같습니다. 의례준측에는 十四일동안 거상을 하고 소, 대상은 그대로 되어 잇드군요.

이극로. 三년상을 옛날 모양으로 집상하고 틀어안젓으면 패가하기 알맛지요. 허례 중에는 三년 집상하고 잇는 것 같이 허례는 없을까 합니다.

이만규. 三년상은 직히기 어려운 것입니다. 주위 환경이 그러케 되어 잇으니까 직히랴고 하여도 직힐 수 없지요. 관청 방면에서는 二十일을 보아주드군요.

송석하. 상례라는 것은 력사 상으로 보면 가장 말성을 만히 일으킨 것으로 이곳에서 어떠케 무엇을 정한다는 것은 어려울 것입니다. 역시 三년상이 너무 길다는 것만 알면 다소 참작이 잇겟지요.

손정규. 三년상도 그러치오마는 장례에 잇어 매당보다 화장이 간결하고 깨끗하지 안흘지요.

이극로. 물론 화장이 조흔 것입니다. 지금 조선의 현실로 보드래도 화장을 아니하고 아니 될 것입니다. 서양에서도 화장이 점차 성행하고 잇읍니다. 어느 친구가 런던에서 딸아이가 죽엇는데 화장이 실혀서 공동묘지에 매장을 하려고 해서 수속을 다 밟어놋코 장사날 가보니 큰 구덩이를 파고 여러 송장을 한 구덩이에다 막 쓰러 너트랍니다. 그래서 매우 후회하는 것을 보앗읍니다.

서광설. 참 철저한 공동묘지로군! (일동웃음)

김선. 그런데 또 삭망이라는 것이 잇지안허요. 그것도 그만뒷으면 해요.

리만규. 역시 그것도 이처럼 바쁜 시대에 아니할 일이지요. 또 이런 것을 직히

---

1 [편쥐 내용 발췌.

기 위하야 다른 사람을 시키는 것은 더 실례고요. 개성서 왕목사라는 서양 사람이 어떤 친한 사람이 재상하여 밤낮 울으므로 안되엇다 생각하고 주인을 찾으니 주인은 그때까지 자드랍니다. 그리고 이때까지 울든 사람은 대곡하는 사람이드랍니다. 그 모양이 어찌되엇겠읍니까.

송석하. 그것은 비단 개성뿐이 아닙니다. 처처에 잇는 일입니다.

김선. 또 제사에 대해서도 얼굴도 못 본 조상제사는 그만두엇으면 해요.

리만규. 조선에서는 사대봉사가 보통인데 그것은 어쩔 수 없는 일일 것입니다. 그것은 할아버지가 살어 게시다면 할아버지의 할아버지를 제사하게 되면 자연 그것은 면치 못하게 됩니다. 나는 도리어 제사는 소극적이니 그만 두고 조상의 생일날을 기념하는 것이 추모도 되고, 또 새로운 방식일 것입니다.

송석하. 제사 지내는 것도 시대의 진운에 따라 달러질 것입니다.

리만규. 제사는 일 년에 온 조상을 하루에 한데 모아 한번 지내는 것이 어떨까요.

송석하. 일테면 합동제로군요. 그것도 조치요.

× ×

其他

서항석. 상과 제에 대해서는 이만 해주시고 이외에도 구관누습이라 생각하시는 것이 잇으면 하나씩 말슴해 주십시오.

리만규. 축첩을 아니햇으면 합니다.

손정교. 동감입니다.

박은혜. 동감입니다.

김선. 동감입니다.

서항석. 축첩은 여성되시는 분들은 다 반대십니다 그려(일동웃음)

리만규. 둘째는 전처 아들이 잇는데 만약 일즉이 상처를 하고 재취를 할 경우에는 전처 아들은 별거해서 따로 길럿으면 합니다.

이극로. 두 살림을 배치한다는 것은 좀 어려울 걸요. 될 수 잇으면 게모어머니는 게모어머니란 관념 밑에서 키운다면 돌이어 분쟁이 없지 안흘까요.

서항석. 또 구관누습이라 생각하신 것이 없으십니까.

김선. 요리집 가는 일을 페지햇으면 합니다.

손정규. 요리집도 가게 되면 가지마는 나는 남자가 어디 가거든 여자도 가치 갓으면 합니다. 아무리 교양 못 받은 여자라도 남편과 몇 번 가치 다니면 훌륭히 례의범절을 알리라고 생각합니다.

서항석. 조흔 말슴을 만히 들려주서서 여간 감사하지 안습니다. 밤도 늦고 하여 좌담회는 이것으로 끝을 막겟읍니다.

(九時五十五分 폐회)

(꿈의 巡禮) 아부지 棺 앞에서, 그러나 깨니 一場春夢

『朝光』4-2, 朝鮮日報社出版部, 1938.2, 264~265쪽.

나는 어려서 故鄕을 떠나 滿洲로 西伯利亞로 또는 上海로 放浪生活을 하고 다시 歐洲로 건너가서 獨逸서 四五年을 지내고 瑞西 英國 等을 求景하고 美洲를 거처 歸國하였지오. 이렇게 海外에서 二十餘年을 지나는 동안에 언제나 故鄕이 그리웠고 또는 父母가 그리웠습니다. 그러나 나는 元來 生理上 條件이 그런지 꿈이란 別로 없었습니다. 여간해선 꿈이란 꾸지 않어요. 一年에 한두 번두 꾸는 [264] 일이 없습니다. 그런데 벌서 十七八年 前[1] 일이죠. 내가 滿洲에 있을 때입니다. 하루밤은 꿈을 꾸었구려. 그때 宜寧 杜客[2]에 게신 아부지가 突然히 도라가셨다는 訃告가 왔습니다. 그래서 나는 밤낮 客地에서 放浪生活만 하다가 아부지 도라가시는 것두 보지 못하였으니 이런 不孝의 子息이 어디 있느냐고 울며불며 총총이 滿洲를 떠나 집으로 갓섰지오. 그래서 아부지棺 앞에 없디려 몸을 텅텅 부시며 「아부지 아부지……」하고 목을 노코 울었지요. 나는 六男妹中 제일 끝재 아들로 아부지에게 귀염을 받든 터이다.

「아부지 克魯가 왔습니다」

눈에 눈물이 비 오듯 하며 生前에 아부지를 한 번 더 뵈옵지 못한 것을 뼈가 아푸도록 느끼며 울었습니다. 그러나 어느듯 깨고 보니 꿈이구려. 나는 여전히 滿洲 某處의 쓸쓸한 客窓에 누어있고 자리에는 눈물이 축축이 저젓두군요. 어찌나 맘이 앞으고 괴로운지오. 或이나 아부지가 도라가시지나 않었나하고 별의별 생각이 다 나두구려. 그래서 각급한 마음에 그 자리에서 편지를 썼지오. 집에는 一年에 한번두 편지를 아니하는 나이지만은 그 편지를 붙이고 回答이 오기를 一日이 如三秋로 기다렸습니다. 그러나 한 二十日만에 편지가 왔는데 아부지는 健康

---

1   [편쥐] 1920~1921년으로 기억하였지만 이때는 상해 유학 시기고 만주 시기는 1912~1915년이다. 참고로 부친 이근주의 작고연도는 1923년.
2   [편쥐] 杜客: '杜谷(里)'의 오기.

하시다는 편지였습니다.

　그때야 비로소 맘을 노았죠. 所謂 꿈이란 虛忘한 것으로 알었습니다.

　꿈에 사람이 죽는 것을 보면 좋다고하드니 꿈이란 正反對두군요. 믿지 못할 것은 꿈입니다.

　나는 꿈이란 꾸지두 안치만은 또는 생각지두 않읍니다. 265

(制服을 벗는 智識女性에게―社會 各方面 先輩들의 懇篤한 訓托) 家庭으로
드러가는 女性들에게

『女性』 3-3, 朝鮮日報社出版部, 1938.3, 65~66쪽.

학교에서 공부할 때의 생각 같아서는 천하의 별별 일을 혼자 다 할 것만 같고
여러 가지 理想世界를 많이 세워본다.

허나 실상은 별별 일이나 理想世界가 따로 있는 것도 아니다. 가정은 곧 社會의
기초단위요 개인의 안정처이다. 그러므로 그 重要性은 길게 말할 必要도 없다. 한
家庭을 잘 다스리는 것은 곧 社會業의 한 가지를 하는 셈인 것을 잊어서는 아니
된다.

二, 家庭에 현대교육을 받지 못한 家族이 있다면 그에 對하여 우월감을 가지지
말라. 本來 우월감이란 것은 못난 인간이 가지는 惡德의 하나이다.

제가 알면 몇 푼어치나 알며 닦기어 났으면 얼마나 빛이 나게 닦기어 났다고
남을 함부로 깔볼 수가 있으리오. 이런 되지 못한 우월감이 가정불화의 원인이
되는 수가 종종 있다.

三, 사람은 처지에 순응하여야 된다. 근축[1]물을 볼 지라고 지방 형편을 따라 근
축재료가 다르다. 돌이 많은 곳에서는 돌로써 집을 짓고 나무가 많은 곳에서는
나무로써 집을 짓고 진흙이 많은 곳에서는 진흙으로써 집을 짓는 것이 地理的 관
계로 사는 生活狀態이다. 사람은 언제가 제 환경과 처지를 따라 몸을 가지고 마음
[65]을 써야 개척이 있고 진보가 있고 成功이 있다. 沙漠에 려행[2]하는 旅行隊는 天
幕 속에서 잠잘 것을 미리 覺悟하여야 된다.

만일 그 沙漠 가운데서 좋은 旅舘을 찾는다면 그것은 夢想이오 失敗이다. 이 沙
漠을 지난 뒤에 燦爛한 시설이 있는 都市에 가서 좋은 호텔에서 留宿할 것은 마땅
히 가질 希望이다. 자기가 가진 布望[3]과 세운 理想 따문에[4] 언제나 努力하고 奮鬪

---

1 [편주] 근축 : 건축.
2 [편주] 려행 : 여행.

하여야 그 앞에 광명이 있을 것이다.

四, 子女教育에 熱心을 다할 것이다. 人類文化가 교육으로써 오늘날과 같이 燦爛하여진 것은 우리가 다 아는 바이다. 思想을 전달하는 소개물이 말과 글인 것만큼 言語敎育이 모든 교육의 기초이다. 이 言語 基礎敎育의 책임자는 어머니가 아니고 누구랴. 그러므로 어머니는 모든 文化의 창조와 발전과의 最初 責任者이다. 언제나 이 責任感을 잊어서는 아니 될 것이다. 어린 아기가 어머니 무릎⁵에 앉아서 젖꼭지를 물고 어머니 입설⁶을 잡아 뜯으면서 재롱을 피울 때에 부르는 엄마 엄마 소리는 天使의 소리와 같이 신성하다.

어머니된 사람은 누구나 다 같은 責任이 있지마는 그런 가운데도 교육을 받고 家庭으로 드러가는 女性들에게는 子女 言語敎育에 남다른 責任이었다. [66]

---

3 [편쥐 布望 : '希望'의 오식.
4 [편쥐 따문에 : 때문에.
5 [편쥐 무릅 : 무릎.
6 [편쥐 입설 : '입술'의 전라도 방언.

資源으로 開發되는 金剛山─金剛山을 資源으로 開發해도 좋은가

『朝光』4-3, 朝鮮日報社出版部, 1938.3, 92쪽.

金剛山 金剛山 天下名山인 金剛山 이런 名勝地를 破壞한다는 것은 말붙어[1] 아니 될 말이다. 오늘날 金剛山은 朝鮮의 金剛山이 아니오 적어도 世界의 金剛山이다. 이 金剛山 때문에 朝鮮을 구경하려 오는 사람들이 많다. 金剛山이 없다면 朝鮮山水는 빛을 잃을 것이다.

오늘날 人類와 文化는 적어도 先代의 古蹟을 守護할 줄 알고 또 自然의 名勝地를 保存할 줄 아는 그 程度에는 이르렀다. 現代 文化人으로서 위에 말한 두 가지를 行하지 못한다면 적어도 體面 問題가 생길 것이다. 利만 爲하여 文化道德의 損傷되는 것은 考慮하지 아니할 수 없다. 資源開發은 一時的 利益에 그치고 名勝地 保存은 永久的 惠澤을 받는 데 있다. 金剛山은 朝鮮의 아니 世界의 公園이오 修道院이다.

文化와 政治를 따로 갈라 보지 못하던 未開時代를 도라보라. 征服者는 故意로 被征服者의 古蹟을 破壞하지 아니하였던가, 이와 反對로 現代 文明族은 古蹟이나 名勝地를 살리기 爲하여는 鐵道를 둘러놓고 한 길을 廢하지 아니하는가. 藥에 쓴다고 부처님 코를 떼어가는 것은 迷信이 아니면 없을 일이오, 世界大戰 後에 獨逸에서는 栢林公園 안에 선 有名한 藝術品인 銅像으로 된 사슴의 뿔을 가만이 끊어간 도적놈이 있었으니 이것은 窮境에 處한 變態心理者의 짓이 아니면 없을 일이다. 사람이 甚히 窮하면 못할 이 없지마는 變態心理에 이르지 아니한 程度이면 人間의 體面도 좀 지키어야 될 것이다.

---

1 [편쥐 말붙어 : 말부터.

(나의 困境時代의 안해를 말함) 金비녀 金반지가 流質이 돼도

『女性』 3-4, 朝鮮日報社出版部, 1938.4, 53쪽.

나의 個人生活에 있어서는 어떠한 困境에 빠지어도 무슨 물건을 손에 들고 典當鋪로 가는 성미가 아니다. 그러나 어떠한 責任感에서는 입은 옷이라도 벗어들고 典當鋪로 나가기를 조금도 躊躇하지 아니한다.

이제로 六年前 일이다. 그때에 나는 어떠한 責任感을 가지게 된 어느 날에 典當鋪 出入을 아니할 수 없게 되었다. 나에게 무슨 값진 물건이 있으리오마는 그런 가운데도 寫眞機 하나와 望遠鏡 하나가 있었다. 이것들은 나에게 功이 많고 精이 두터운 물건으로 一生을 같이 하려던 사랑하던 물건이었다. 나의 旅行 中에는 언제나 동무가 되어서 다니던 것으로 埃及에 金字塔과 瑞西에 알프스山과 米國에 그랜드 캐니언(地下 金剛)과 하와이에 火山口…… 들을 가까이 바라보며 寫眞을 찍던 機械들이다. 이 두 가지는 數百圓의 價格을 가진 물건이다. 그런데 이것을 가지어다가 값의 十分의 一도 못되게 典當을 잡히고는 곧 집으로 도라와서 또 안해에게 金비녀와 金가락지를 典當 잡히겠으니 달라고 請하였다. 그는 勿論 나를 잘 안다. 料理 집에 향기로운 술을 먹으러 갈 準備로나 百貨店에 빛난 옷을 사려갈 準備로서 비녀와 가락지를 빼어달라는 것이 아닌 줄 알고 빨리 가지고 가라 하면서 선선이 내어주었다. 그래서 그것마자 典當鋪로 갔다. 그 뒤로 한 半年동안 다달이 高利貸金의 利子를 물면서 지나오다가 한 달은 바른 가운데 利子낼 期日을 잊어버리고 있다가 서너 週日 뒤에 갔더니 典當鋪 主人은 典當票를 보고 난 뒤에 未安하지마는 期日이 지났으므로 다 處分을 하였다고 말한다. 그래서 나는 별 수 없이 그냥 집으로 도라와서 그 流質된 事實을 안해에게 말하였다. 그 말을 듣던 그는 원 世上에… 일도 일이지마는 하더니 한번 웃고 만다. 그러나 나는 너무도 未安하여서 『내 이 다음에 그보다 더 좋은 가락지와 비녀를 사서 드릴 터이니 용서하시오』하고 마주 한번 웃고 말았다. 나의 안해는 착한 사람이다. 나 때문에 고생하는 일이 한 두 가지가 아니다. 그러나 그는 나를 원망하는 일이 도무지 없고 언제나 기쁜 마음으로 우리 家庭을 爲하여 힘써 일한다.

設問

『朝光』4-6, 朝鮮日報社出版部, 1938.6, 123·124·179·183·212쪽.

一, 就寢, 起寢 時間. 二, 健康增進策으로 成功하신 經驗. 三, 손수 각구어 보신 花草. 四, 先生의 餘技[1]는 어떤 것입니까? [123]

一, 저녁 열한時에 자고 아츰 다섯時半에 이러납니다. 二, 規則生活과 勤勉生活입니다. 三, 鳳仙花와 菊花입니다. 四, 農業과 木工입니다. [124]

一, 아침, 점심, 저녁에 인사하는 좋은 말이 없겠읍니까? 二, 이즈음 무슨 冊을 읽으섯읍니까? 三, 感銘 깊은 作品上의 男女主人公 하나. [179]

一, 生活에 있어 寢食이 가장 重要한 것만큼 여기에 對한 말로써 인사를 하는 것이 가장 좋겟는데 事實은 우리말이 그렇게 되어 있읍니다. 이른 아침에는 『안영히 주무시었읍니까』 아츰 밥때를 지나면 『아츰 잡수시었읍니까』 점심 밥때를 지나면 『점심 잡수시었습니까』 저녁 밥때를 지나면 『저녁 잡수시었읍니까』 二, 朝鮮語辭典編纂에 바쁜 것만큼 다른 책은 읽을 겨를이 없읍니다. 다만 辭典編纂에 參考되는 言語學, 音聲學, 文法學, 方面의 책을 읽게 됩니다. 三, 春香傳에서 본 春香이와 李道令입니다. [183]

一, 지나가는 自動車가 흙탕물을 끼언고[2] 갔을 때 가질 態度. 二, 電車나 버스 깐에서 발등을 앞으게[3] 밟혔을 때 가질 態度. 三, 車, 船中의 奇緣 한 도막. 四, 絶海孤島나 深山 中에서 生命을 救해준 異性이 結婚을 하자면?

---

1 [편쥐] 餘技 : 여기(취미로 하는 기술이나 재간).
2 [편쥐] 끼언고 : 끼었고.
3 [편쥐] 앞으게 : 아프게.

一, 얼굴에 不快한 빛을 가지고 『엣? 길도 하나 못닦아놓고 사는 세상』. 二, 늙은이나 어린이나 병든 이로서 自己 몸을 바루 걷우기가 어려운 사람이면 모른 척하고 있겠습니다마는 그런 弱子가 아닌 사람이 밟는다면 正色을 하여 가지고 『여보 精神 좀 차리오』하고 꾸짖겠읍니다.[4] 三, 不幸히 그런 奇緣이 없었읍니다. 四, 만일 장가를 아니 갔고 또 그 女子가 마음에 든다면 勿論 結婚을 하겠읍니다마는 그렇지 아니한 境遇에는 그 請을 드를 수가 없고 다만 사랑하는 친구로 사귈[5] 뿐입니다. 212

제2장

기타 논설/
설문·좌담/
수필

---

4 [편쥐] 꾸짖겠읍니다 : 꾸짖겠습니다.
5 [편쥐] 사귈 : 사귈.

(나 사는 곳) 꽃농사를 짓는 북바위 동네

『少年』2-6, 朝鮮日報社出版部, 1938.6, 20쪽.

내가 사는 마을 이름은 북바위라고 부릅니다. 지난해에 경성부에 들어왔는데 이제는 종암정(鍾岩町)이라고 이름이 변했습니다. 이곳은 아직도 반 농촌인데 나물(채소)과 꽃농사를 많이 합니다. 이뿐 아니라 경기도 종묘장이 있어 갖은 나무를 길러서 각 지방으로 많이 보냅니다. 올 봄에는 새로 개인이 경영하는 규모 있는 동산나무밭(植木園)이 생기어서 그 구경이 좋습니다. 이 마을 가운데 종암 공립 심상소학교가 있는데 이 학교는 농사지도학교라 학생들에게 농사의 지식과 경험을 많이 넣어 줍니다. 이 마을 앞은 청량리 뒤에 있는 총독부 임업시험장이요 북쪽으로 멀리 그림 병풍처럼 둘러선 산은 삼각산과 도봉이라 그 풍경이 참 훌륭합니다. 옆 산등 넘어에는 영도사 절이 있어 새벽 종소리에 정신이 새로워집니다.

참 살기 좋은 이상촌입니다.

講演(廿六日後八, ○○) ― 씨름이야기

『每日新報』, 1938.7.26.[1]

먼전 씨름을 역사적으로 보며는 자연발달기(自然發達期)와 과학적 연구기(科學的 研究期)의 두 시대로 나누어 볼 수 잇고 씨름의 종류를 보며는 샵바[2]씨름 씌씨름 왼씨씨름[3] 이러케 난홀[4] 수 잇고 긔술(技術)로 보며는 배지기 외궁둥잡이 안오[5]걸이 둥치기 안々지기 압다니[6] 이러한 것을 난홀 수 잇습니다. 이러한 씨름에 대한 해설을 먼저 말씀하고 다음에 그 체육적 가치(體育的 價値)라든가 쏘는 이것의 보편장려방책(普遍獎勵方策)에 대한 의견도 좀 말씀해보고자 합니다. (쯧)

---

1 [편쥐 『동아일보』, 1938.7.27일 자에도 똑같이 실림.
2 [편쥐 샵바 : 샅바.
3 [편쥐 왼씨씨름 : '왼씨름 바른씨름'의 오식.
4 [편쥐 난홀 : 나눌.
5 [편쥐 오 : '옥'의 오식. 참고로 안옥걸이의 표준어는 '안걸이'.
6 [편쥐 압다니 : '앞다리'의 오기로 여겨짐.

(一家言) 씨름의 体育的 價値

『四海公論』 4-9, 四海公論社, 1938.9, 71쪽.

옛날로부터 이제까지 朝鮮에 널리 퍼진 民俗的으로된 運動은 씨름이다. 이 씨름은 体育的으로 보아 큰 價値가 잇다. 男性的으로되 全身運動으로서 短시간에 勝負를 決하게 됨으로 筋肉의 痲痹性을 일으키지 아니하는 것을 썩 조혼 일이다.

柔道와 같이 力學原理를 應用하여 體力을 善用하는 것은 우리의 精神修養上 매우 必要하다.

特別한 設備와 準備가 없이 아무 데나 그냥 할 수 잇으므로 普及性이 가장 많다.

흔히는 江邊沙場에나 들 가운데서 裸体와 같은 몸으로 씨름을 하므로 日光浴과 空氣浴을 自然히 하게 되는 것은 保健運動上 썩 必要하다.

新年의 願望

『高麗時報』, 1939.1.1.

一, 憂國願豊. 옛날 詩人의 글에도 憂國願豊年이란 말이 있다. 이것은 우리의 生命이 衣食에 달린 것만큼 東西古今을 勿論하고 언제나 共通的 祈願이다. 그러므로 새해를 맞날 때마다 그 해의 願望中에 첫째로 가는 것이다. 雨順風調하여 百穀이 登豊하는 大自然의 惠澤을 사람사람이 입어지이다.

二, 勤勉當職. 天必助自助者란 말은 이름난 格言의 한마디다. 우리가 암만 자연의 惠澤을 입으려고 希望하여도 人力을 다하지 아니하면 幸福을 받지 못하는 것이다. 우리 俗談에 부뚜막에 있는 소금도 집어넣어야 짜다 하는 말이 있다. 天福이 곧 바로 떨어진다 할지라도 人力이 들어서 받아 드리어야 될 것이다. 사람은 各各 自己의 職業에 부지런하고 誠意를 다하여야 自他가 가치 福을 받는다.

三, 信義尊重. 人間社會에는 信義가 第一이다. 信義가 없는 것은 道德이 腐敗한 것을 證明하는 것이다. 道德이 腐敗하고는 滅亡하지 아니하는 法이 없다. 이것은 人類歷史가 證明하는 바이다. 社會의 繁榮을 爲하여는 同心協力을 아니하면 아니된다. 建築物의 벽돌장을 쌓올리는 데에는 회삼물이 들어야 된다. 社會生活에 信義라는 회삼물이 들어야 비로소 健全한 社會를 이룬다.

(朝鮮固有運動競技의 現代化·大衆化－各界 人士의 提言❷) 音樂의 協調가 必要

『東亞日報』, 1939.1.3.

賞金制로 하고 物質的으로 後援

朝鮮語學會 李克魯 氏

一, 여기에 말하는 朝鮮固有의 運動競技라는 것은 이 땅에서 發生되어 잇는 種類만을 이르는 것이 아니오. 어디서 왓거나 적어도 여러 百年 동안 傳하여온 民俗을 이룬 그런 運動競技를 말하는 것이다. 이제 그 重要한 것을 들어 말하면 씨름, 그네뛰기, 널뛰기, 활소기, 줄다리기, 장치기, 擊球들이 그것이다.

이 씨름의 體育的 價値는 全身運動이오 勝負를 빨리 내므로 筋肉의 痲痺를 일으키지 안코 運動場所가 大體로 들 밖의 모래밭이므로 日光浴과 空氣浴을 하게 되니 健康上 썩 조흔 運動이다. 또 特別한 場所의 施設도 없고 器具나 衣服의 準備도 없이 하게 되는 것만큼 經濟的 制服을 만이 받지 아니하는 것으로 보아 더욱 大衆的 運動의 性質이 잇다.

그네뛰기는 특히 여름철에 活潑하고 輕快한 運動으로 四肢의 筋肉을 鍛鍊하는 理想的 運動이다.

줄다리기는 協同心을 養成하는 群衆의 運動이다.

널뛰기는 특히 女子들의 運動으로 注意力과 冒險性을 기르고 力學的 常識을 늘리는 運動이다.

장치기는 男性的 運動으로 南道에서 만히 流行하는 것이다. 큰 주먹만 한 나무공을 하나 가지고 몇 十名이 두 便을 갈라서 공채로 쳐서 限界線 밖으로 내어 보내는 것으로 勝負를 決하는 것이다.

擊毬는 이제 없어진 運動이다. 장치기가 곧 이 運動의 後身이라고 할 수 잇다.

이 擊毬는 말을 타고 달리어 가면서 공을 받아치는 것인데 서울에서 四通五達한 큰 길거리에서 大規模로 행하던 運動이니 李太祖는 當時에 이 擊毬選手로 이름이 높앗다.

활쏘기 곧 弓術은 歷史가 證明하는바 조선이 世界에 第一이엇엇다. 이것은 運動이면서 또 武術이기 때문에 古代에는 戰鬪力의 强弱이 곧 이 弓術에 달리엇던 것이다.

이상에 말한 일곱 가지는 朝鮮民俗의 重要한 고유한 運動이다.

二, 組織的 活動의 必要, 이제 朝鮮의 固有한 運動競技의 振興策을 말하는 데는 組織이란 것을 먼저 말하지 아니할 수 없는 것이다. 在來와 같이 散漫하게 버리어 두고는 아니 된다. 各種 運動 方面의 權威가 제 各各 自己 方面대로 모이어서 그 運動의 精神을 鼓動하며 技術을 硏究하여 그것이 現代化하고 普遍化하도록 힘쓸 일이다.

三, 音樂的 協助가 必要하다. 사람의 活動的 氣分을 도우는 데는 音樂이 큰 힘을 가지고 잇다. 어디나 音樂 소리가 들리면 길 가는 사람도 어깨가 으쓱거리고 발을 놀리어 그곳으로 向하여 모이어든다. 이러한 사람의 本能的인 音樂에 대한 興趣를 善用하여 모든 運動競技의 處所에 樂隊를 두고 音樂소리만 낸다면 거기에는 사람이 물끓듯이 끓을 것이다. 그래서 그 모이어든 사람은 그 競技를 한번 보고 自己도 하고 싶은 생각이 잇을 뿐 아니라 남에게 서로 勸하여 自然이 宣傳이 되고 절로 振興이 될 것이다. 이 樂隊란 것은 洋樂隊만 말하는 것이 아니라 오히려 朝鮮樂隊를 말하는 것이니 이 音樂이 가장 朝鮮 사람의 귀에 익고 잘 알아듣는 까닭이다.

四, 有志의 物資的 後援은 絶對必要

사람의 生活은 單純한 것이 아닌 것만큼 事業方面에 잇어도 무슨 會社나 學校 等에만 投資할 것이 아니라 조금 눈을 크게 떠서 文化 全體의 視野에 눈동자를 돌리어야 한다. 그러면 이제 말하는 朝鮮固有의 各種 運動競技의 獎勵發展을 爲하여 有志의 物資的 後援은 絶對로 必要하다.

五, 商品과 賞金制

人間社會에는 賞罰이 分明하여야 된다. 잘하는 사람에게 賞을 주는 것은 當然

한 일이다. 賞에는 物品과 金錢의 두 가지로 갈라 볼 수 잇으니 이것은 受賞者로 하여금 多少라도 物質生活의 直接 도움이 되게 하는 것이다.

그래서 그 貴重한 身體의 健康增進을 圖하게 할 것이다. 世界에 이름이 들난 노벨學術賞金은 人類文化에 큰 貢獻이 만흔 것을 우리는 잘 하는 바이 아닌가.

六, 記念圖書出版으로 그의 功勞를 永遠히 또는 世界的으로 널리 記念하게 할 일이다. 人間의 記念心理는 賢愚를 勿論하고 共通的이다. 名勝古蹟을 當하면 그냥 지나는 사람이 적다. 집이면 기둥에나 들보에나 세가래[1]나 벽에나 記念方式에 잇어서는 形形色色의 여러 가지가 잇으니 우리가 잘 아는 碑石, 銅像, 記念塔, 記念閣 等이 그것이다. 그러나 이런 方式은 다 地域的으로 制限이 되어 잇고 또 時間的으로도 風磨雨洗[2]로 그 壽命이 그리 길다고 말할 수 없다. 그런데 이제 말하는 記念圖書는 널리 또는 오래 알리어지는 것으로 가장 理想的 새로운 記念方式이니 한쪽으로는 個人의 記念이 되는 同時에 또 한쪽으로는 社會의 實益을 주는 것이다.

七, 一般이 敬意를 標示할 것,

이 敬意란 것은 人間社會에 큰 美德이다. 이 運動界에 잇어서도 그 指導者와 技能者에 對하여 一般은 敬意로써 對할 것이다. 그래서 그들은 大衆에게 늘 무슨 큰 부탁을 받은 느낌을 가지고 잇게 하여야 된다. (寫眞은 李克魯氏)

---

1 [편쥐 세가래 : 서까래.
2 [편쥐 風磨雨洗 : 풍마우세(바람에 갈리고 비에 씻김).

나의 趣味·娛樂 淨化策(四)

『東亞日報』, 1939.2.2.

二, 화초배양

朝鮮語學會 李克魯

一, 사람은 趣味잇는 娛樂을 하여야 몸이 健康하고 마음이 和平하다. 그러나 個性을 따라서는 趣味잇는 娛樂이 多方面으로 될 수 잇다. 그래서 그 方面으로 할 수 잇다. 그래서 그 方面을 잘못 가리면 心身이 다 해롭다. 娛樂이 너무 娛樂的으로만 되면 害를 받게 된다. 그러나 娛樂이면서 知識을 얻게 된다면 一擧兩得으로 가장 理想的 娛樂이 될 것이다. 그런데 最近에 新案發明으로 나온 「자마춤딱지」는 語學, 數學, 博物, 地理, 繪畵 等 여러 가지 知識을 얻게 되는 가장 現代式 文化娛樂이 된다. 이런 社會的으로 有利한 것은 서로서로 傳하여 束히 퍼지게 힘쓸 일이다.

二, 위에 말한 바와 같이 知識을 바루 얻게 되는 자마춤딱지 노리[1] 같은 것이나 登山臨水의 散步가 곧 나의 趣味잇는 娛樂이다.

---

1 [편쥐] 노리 : 놀이.

名士漫問漫答

『朝光』5-3, 朝鮮日報社出版部, 1939.3, 167·170~171쪽.

一, 先生은 요지음 어떤 書籍을 읽으십니까.

二, 今春卒業生에게 주는 金言하나.

三, 이 世上에서 第一하고 싶은 것은 무엇입니까?

四, 只今으로부터 十年前 三月에 先生은 어듸서 무엇을 하고 게셨읍니까.

五, 先生이 지금 結婚하신다면 어떤 분과 하시겠읍니까.

六, 先生이 가장 좋아하시는 動物은 무었입니까?

七, 洋藥으로 治癒치 못한 痼疾을 漢藥으로 고치신 經驗은 없으십니까?

八, 今年 나이 얼마나 되시며 몇 살까지 살고 싶습니까? [167]

一, 特別히 一定한 책을 읽지 못합니다. 다만 한글辭典編纂에 關한 여러 가지 參考書를 찾아볼 뿐입니다.

二, 모든 일을 良心과 誠心과 熱心으로 할뿐입니다.

三, 가난한 學者와 技術者에게 먹고 살길을 열어주는 것입니다.

四, 八個月동안 十三道旅行을 計劃하고 다니던 中 [170]인데 三月은 旅行떠난지 셋째 달로 江華島와 京義線 沿線 各地에서 文化와 經濟를 視察하였습니다.

五, 健康하고 才德이 兼備한 사람과 하겠읍니다.

六, 動物中에 犧牲心이 가장 많은 羊입니다.

七, 없읍니다.

八, 이것은 絕對 秘密입니다. [171]

(나의 苦學時代) **인단장수·머슴살이**

『少年』3-3, 朝鮮日報社出版部, 1939.3, 14~16쪽.

경상남도 의령 고을은 나의 조상 때로부터 사백여년을 살아오는 고향이다. 나는 팔남매의 끝으로 위로 형님 다섯 분과 누님 두 분이 있었다. 내가 나서 자라난 곳은 의령 고을 동쪽 끝으로 낙동강 가에서 한 삼십 리 쯤 되는 곳에 있는 듬실(杜谷)이라고 부르는 농촌이다. 그래서 이 낙동강 가의 들에서 농사를 짓게 된다. 내가 살던 마을에서는 서당이 있어 한문을 읽는 사람이 많아서 집안에 선비가 적지 아니하였지마는 내가 자랄 때에는 집안 살림이 넉넉지 못하여 농사를 지어서 겨우 살아가게 되었다. 그러므로 일곱 살 때에 서당에 들어가서 한문을 배우기 시작하였으나 온전히 글만 읽을 형편이 못 되어서 소도 먹이고 지게를 지고 풀도 나무도 베고 기음도 매고 모도 심으로 벼도 베고 방아도 찧고 짚신도 삼고 이런 일 저런 일을 다 하게 되었다. 그러나 틈틈이 또는 특별히 겨울 철 조금 한가한 철의 시간을 응용하여 한문짜나 배운 것이 쉬운 글이나 뜯어보게 되었다. 이럭저럭 일을 하여 먹고 지내노라니 어느 덧 나이가 열다섯 살이 지내었다. 이때에 나는 동리에 오는 신문을 늘 읽어서 세상 소식을 조금 알게 된 것이 나로 하여곰 밤에 아무도 모르게 도망을 쳐서 육십 리나 되는 마산을 항구로 가서 거기에 예수교회에서 경영을 하는 창신(昌信)학교에 들어가서 땋은 머리를 싹 깎아버리고 입학을 하였다. 그러나 빈주[14]먹으로 들어간 것이다. 며칠 뒤에 집안에서 알고 찾아와서 벼락불이 떨어졌다. 그러나 끝끝내 나는 버티고 그 학교에서 이태 동안 공부를 하는데, 집에서 줄 돈도 없을 뿐 아니라 완고한 가정의 양해를 얻지 못하여 곧 고학생이 되고 말았다. 그래서 인단과 영신환 약봉지를 들고 이집 저집 돌아다니게 되었다.

모든 형편은 나로 하여곰 돈 없이 걸어서 만주 서간도로 가게 만들었다. 이 서간도에서 이태 동안이나 조선 소학교 교원으로 지내다가 또 공부의 길을 찾아서 돈 없이 걸어서 시비리아 치따까지 가서 거기에서 학비를 벌려고 농가에 머슴살

이를 한 해 동안 하였다. 이 일삯을 받아가지고 그 때에 노서아 서울인 피득보[1]로 간다고 작정을 한 것인데, 뜻밖에 세계 대전쟁이 나서 그만 못 가고 다시 중국으로 돌아오게 되었다. 그래서 상해로 가서 독일 사람이 경영하는 동제(同濟)대학 옛과에 입학을 하니 때는 대정 오년 사월이었다. 겨우 입학금 이원만 가지고 입학 수속은 되었으나, 개학한 뒤 두주일 안으로 그 학기의 수업료와 기숙사비로 일백 이십 원을 바치라, 아니 내는 사람은 퇴학을 시긴다고 게시판에 게시가 딱 붙었다. 그래서 나는 그 기한이 다 되도록 그 학비를 구하지 못하여 미리 병청가를 하고 학교 기숙사를 떠나서 빈민굴에 가서 하루에 삼십 전씩 주는 여관에 들어 머물면서 주선[2]하여 가지고 다시 학교로 들어가서 공부를 하게 되었다.

그러나 그 다음 학기부터는 별 수 없이 고학생으로 자처하고 나설 수밖에 없이 되었다. 그래서 학교 안에서 타입라이트도 찍어주고 등사판도 밀어주고 이런 일을 하여주면서 그 옛과 일학년을 마츨 때에 성적도 우등이었으므로 학교 면비생이 되었다. 그 뒤로는 학교 안에서 일을 조금 하였으나 안심하고 공부를 하게 되어 옛과 사년을 맞추고 공학부에 입학이 되어서 한 해 동안 수업하고 사정에 따라 독일 백림 대학에 입학이 되니 때는 대정 십일 년 사월이었다. 이 대학에서 나는 경제와 철학과 인류학과 어학을 중심하여 다섯햇 동안 공부를 하여 철학박사라는 학위를 받았다. 이 공부도 제대로 학비를 가지고 한 것이 아니라 백림 대학에 조선엇과를 창설하게 하고 강사가 되었기 때문에 특전을 입어 학비를 [15]얼마 내지 아니하였고, 또 나 개인 생활은 빈민촌에 가서 빵 굽는 집 위층에 일 년에 별도 한번 아니 드는 전등 가설도 없고 석유등불만 켜는 구룻간[3] 같은 방에서 글을 읽고, 검은 빵에 삶은 감자에, 저린 배추에, 짠 소금만 사다가 제 방안에서 먹고, 이렇게 지내는 것도 부득이한 형편에는 찬물만 마시고 한 이틀식은 굶어야 되는 때가 없지 아니하였다. 그러나 나는 다섯햇 동안에 연구실의 시간까지라도 한 시간을 빠져본 일은 없다.

학위 논문은 공개 강연을 하자 우등으로 통과되어서 이 논문 원고를 대학의 소

1　[편쥐] 피득보 : 상트페테르부르크.
2　[편쥐] 주선 : 입학금을 준 이는 예관 신규식.
3　[편쥐] 구룻간 : 구류간(구류에 처한 범인을 가두어 두는 곳).

개로 서점에 팔아서 그 원고료로 학위시험 수속비를 물어주었다. 그 뒤에 구술시험을 맞추고 학위 수여식을 하던 날은 소화 이년 오월 스무닷샛 날이었다.

나의 학위 수여식에 참석하려고 영국 서울 런던에 있는 신성모(申性模) 함장은 거기서 일부러 백림까지 와서 축하의 뜻을 보이어주었다. 그래서 그는 나를 런던으로 초대하여 동행을 청하기에 정든 백림대학을 떠나서 같이 런던으로 갔다. 그래서 유월부터 신 씨가 있는 런던 항해대학 기숙사에서 한 햇 동안 같이 머물게 되었다. 이 해 곧 소화 이년 겨울 학기에는 런던대학 정치 경제 연구실에 들어가서 지나게 되었다. 이것으로써 나의 꿈같이 지나온 학생 생활은 막을 닫치었다. [16]

(아까운 동무들 어쩌다 그렇게 되었나?) **엿장수가 되고 농부가 되고**

『少年』3-4, 朝鮮日報社出版部, 1939.4, 20~21쪽.

공부나 일이나 성공을 한다는 것은 재주에 달린 것이 아닙니다. 세상에 재주 있는 사람은 많으나 성공하는 사람은 비교적 적습니다. 성공은 큰 포부와 굳은 뜻에 대체로 달린 것입니다. 그러므로 성공한 사람은 먼저 큰 포부와 경륜을 세우고 굳은 뜻으로 자신이 있게 앞만 보고 나아가는 것입니다. 이것이 성공의 원측[20]이기 때문에 나는 어릴 적에 동부 가운데 글 짓는 재주, 혹은 글씨 재주, 혹은 기억력이 남보다 썩 뛰어난 이를 더러 보았으나 그들의 뒤를 살피어본다면 혹은 엿판을 지고 이 마을 저 마을 돌아다니는 행상이 되었으며, 혹은 아주 농부가 되었으며, 혹은 듬짐장수[1]가 되었습니다.

이것은 다 경륜과 포부가 없고 뜻이 굳지 못한 까닭입니다.[21]

---

1 [편쥐 듬짐장수: 등짐장수.

名士漫問漫答

『朝光』5-5, 朝鮮日報社出版部, 1939.5, 321·324쪽.

第一問 過飮을 못하게 하는 方法은 없읍니까 (李克魯氏 出題)

第二問 朝鮮飮食 中 무엇이 第一 맛있다고 믿으십니까 (柳子厚氏 出題)

第三問 제 마음대로 사람이 되어 날 수 있다면 어떤 사람이 되기를 바라십니까 (高義東
氏 出題)

第四問 안해로 就職하는 것이 좋다고 생각하십니까? 그르다고 생각하십니까 (無名氏
出題)

第五問 自己 못났다고 말하는 사람을 보신 적이 있읍니까 (朴慶浩氏 出題)

第六問 「鄭」氏를 왜 당나귀라고들 부르십니까 (鄭寅燮氏 出題)

第七問 어떻게 編輯을 하면 發行部數 二千萬部를 持續할 수가 있겠읍니까 (金東仁氏 出
題) 321

一, 이 問題는 生活改善의 重大한 것의 하나이다. 그러므로 마땅이 運動的으로
하여야 되겠는데 一年에 적어도 春夏秋冬에 飮食道德 週間을 定하고 衛生的과 經
濟的과 法律的과 道德的 問題로 各 專門家를 請하여 公開講演을 시기고 또 가다금[1]
座談會를 열고 酒客과 술파는 飮食營業者와 宗敎家와 經濟學者 等을 招待하여 生
活改善策을 法律家와 講究할 일이다.

二, 김치

三, 왼[2] 世上을 누를 만한 덕이 있는 사람이 되기를 바란다.

四, 아이를 나아서 기르고 살림을 살아야 될 안해로 就職한다는 것은 無理다.
그러나 『何不食肉米[3]오』하는 말은 世上 맛을 모르는 有閑階級의 잠꼬대다. 就職

---

1   [편쥐 가다금 : 이따금.

2   [편쥐 왼 : '온'의 잘못.

3   [편쥐 肉米 : '肉米'는 '肉糜'의 착오. 부자가 가난한 이의 사정을 헤아리지 못하고 '왜 고기죽을 먹지
    않느냐'고 한 것을 비꼬는 말.

이 生活戰線에 나선 鬪爭이라면 그것은 神聖한 일이다.

五, 『사람은 제 잘난 맛에 산다』는 俗談이 있지마는 그래로 혹 어떤 사람은 자기가 못난 것을 알고 말한다.

六, 支那 鄭땅에 所産이 당나귀므로 그 껍질를 鄭皮라고 쓴다는 데서 생긴 말이라고 하는데 내가 생각하기는 朝鮮에서 꾀많은 짐승을 당나귀라고 하는데 鄭氏가 대개 재주가 많으므로 꾀많은 당나귀의 別名을 붙인 것 같다.

七, 이것은 編輯技術 問題가 아니라 조선말을 아는 사람 數가 많이 느는데 달린 것인즉 이 말로 敎育을 받은 사람이 二千萬의 十倍만 부르면 可能性이 있을 것이다. 324

飮食道德

『博文』7, 博文書館, 1939.5, 2~3쪽.

飮食은 必需品으로 우리에게 하루를 떠나기가 어려운 물건이다. 이러한 重要性을 가진 것만큼 여기에 對한 道德觀念을 사람사람이 마땅이 가지어야 할 것이다. 그러나 우리 社會의 生活現狀을 살피어 본다면 飮食에 대한 道德이 不足한 것을 느끼게 된다. 이 問題는 마땅히 한번 社會問題化하여 生活改善의 標語가 되어야 할 것이다.

누구나 飮食을 한 戱弄物이나 害毒物로 생각할 사람은 하나도 없을 것이다. 그러나 事實인즉 우리 社會에 流行되고 있는 飮食 차리는 式이나 먹는 式을 본다면 飮食은 한 戱弄物이나 害毒物化하고 마는 수가 많다. 이것은 첫째로 經濟觀念이 없고 둘째로 衛生觀念이 엇고 세째로 飮食 먹는 秩序가 없고 네째로 飮食 賤待가 너무도 甚한 까닭이다. 이런 惡習을 고치지 아니한다면 到底히 나아가는 社會를 이루기가 어려울 것이다.

먼저 料理집에서 飮食 차리는 式과 飮食 먹는 式을 말하고저 한다. 勿論 어려운 선비들이 어떤 會合을 爲하여 會費를 내어 가지고 簡單한 料理床을 차리어 먹는 데야 그런 弊端이 없을 것이다. 그러나 一般으로는 料理집에서 飮食을 먹는다면 여러 가지 弊害가 일어난다. 그 차리는 分量을 본다면 一般 飮食은 그 分量이 適當한 食量의 三倍가 普通일 것이오, 술의 分量은 適當한 酒量의 十倍는 普通일 것이다. 이렇게 準備를 하기 때문에 過食過飮을 하여 며칠식 알른 사람이 적지 아니하고 또 過食過飮으로 말미암아 平生의 痼疾을 얻을 뿐만 아니라 生命을 短縮하는 일이 드물지 아니한 것이 事實이다. 이 過飮의 常習化로 마침내 敗家亡身의 悲慘한 地境에 빠지는 수가 적지 아니할 것이다. 술 먹는 데 對한 이야기가 많기도 하지마는 흔히 하는 말이 『처음에는 사람이 술을 먹고, 그 다음에는 술이 술을 먹고, 마지막에는 술이 사람을 먹는다』고 한다. 그래서 술이 사람을 먹는 程度에 이르러야 비로소 술을 먹은 보람이 있다고 하는 같지 않은 말을 한다. 술자리를 보면 마치 祭祀의 退酒 그릇에 술을 붓듯이 입에는 대어 보지도 아니한 술 ②잔을 쏟기 시작하여 한 잔을 먹으면서 수석 잔은 의례히 방바닥에나 재떨이에나 아무 그릇에나 닥치는 대로 쏟아 버리어 가면서 먹는 殺風景이 나게 된다. 그래서 飮食 먹는 자리가 아니라 한 修羅場이 되고 만다. 이런 것을 그래도 豪氣스러운 生活風으로 알고 있다. 게다가 또 二次會이니 三次會이니 하여 가지고 밤을 세우기를[1] 例事로 알게 되어 飮食 자리에서 十餘 時間을 지내니 이것이 餓鬼의 놀음이 아니고 무엇일까?

料理業者는 그 食量의 三倍의 分量을 차린 먹다가 남은 飮食物을 어떻게 處置하는가. 물론 마른 것이나 過히 더럽히지 아니한 飮食物만은 다시 應用하리라고 생각한다. 그러나 그 먹다가 남은 飮食을 암만 깨끗이 다시 整理하여 다른 床에 應用한다 할지라도 外形만은 괜찮을는지 모르나 衛生上으로는 누구나 贊成하지 못할 것이다. 그리고 게다가 또 아주 못 쓰고 버리게 될 飮食이 적지 아니할 터이니 이것은 얼마나 不經濟的인가 생각하여 볼 일이다. 한 잔 술이나 한 접시 나물이나 한 점 고기도 공중에서 절로 떨어진 것이 아니오, 여러 사람의 피땀에 피땀을 더하여 그 食卓 위에 오른 것을 생각한다면 어찌 敢히 한 방울 술이나 한 잎 나물인들 함부로 내어 버릴 수가 있으리오. 이 飮食에 對한 經濟 衛生 賤待 問題는 料理집에만 限한 것이 아니라 一般 飮食집에나 旅舘에나 家庭에나 똑같이 關聯된 問題인 것을 잊어서는 아니 된다.

飮食 招待의 沒常識과 無秩序, 이것은 흔이 名節 때에 보고 當하는 問題이다. 사람의 胃腸은 限이 있다. 결코 들어오는 물을 다 받아들이는 바다와 같이 된 물건은 아니다. 우리의 胃腸은 量的으로 얼마 限定이 있고 또 消化 期間이 있어서 아무 때에나 얼마든지 먹을 수가 없는 것은 常識으로도 다 아는 일이다. 그런데도 不拘하고 飮食 자리를 이집 저집에서 間斷없이 벌리고 이 집에서 저 집으로 곧 옮기어서 앉도록 招待를 하는 일이 있으니 이것은 飮食 솜씨를 구경시키자는 뜻인지 혹은 招待하였다는 인사나 닦고 말자는 것인지 그 本意를 알 수 없거니와 어느 것이나 勿論하고 無秩序 沒常識한 짓이다. 이미 손님을 招待할진대 서로 時間 關係를

---

1 [편쥐 세우기를: '새우기를'의 잘못.

살펴어서 效果的이며 親切하도록 하지 못하고 도리어 귀찮게 생각하도록 하며 또 招待의 結果는 過食過飮으로 욕을 보게 하고 또 失禮를 하게 만드니 그것은 결코 人事가 아니다. 以上에 말한 것이 모두 社會生活에 있어 마땅이[2] 서로 主意할 일이다. ③

제2장
기타 논설/
설문·좌담/
수필

---

2 [편쥐] 마땅이 : 마땅히.

(시방 생각해도 미안한 일) 때린 아이 집에 불을 놓으려고

『少年』 3-5. 朝鮮日報社出版部, 1939.5, 17쪽.

나는 어릴 때에, 큰 아이들과 싸우다가 힘이 모자라서 얻어맞기만 하면 집으로
쫓아와서 누이님에게 성냥을 달라고 성화를 대었다. 이 성냥을 가지고 가서 나를
때린 놈의 집에 불을 지른다고 한 것이다. 그런 때에는 누이님이 나를 달래노라
고 한참동안 애를 쓰시었다. 언제가 눈에 눈물이 어리어가지고 들어오면서, 성냥
만 찾으면 누이님은 이맛살을 찌푸리며『저놈 또 큰 아이들과 싸웠고나.』하시며,
나의 성을 풀어주시기에 땀을 흘리시었다. 그래서 시방도 내가 그 누이님만 만나
면, 어릴 때에 애먹이던 생각을 하고 미안하다고 말을 한다.

(나의 主張) 행복된 가정

『家庭之友』 20, 朝鮮金融聯合會, 1939.5, 4~5쪽.

행복된 가정은 어떤 집안일까. 돈이 만흔 사람의 집안일까. 지위가 놉흔 사람의 집안일까. 학식이 만흔 사람의 집안일까. 혹은 이것을 가 갓춘 사람의 집안일까. 물론 이것들이 다 행복의 조건이 아닌 것은 아니다. 그러나 돈이나 학식이나 지위가 만코 놉흐면 얼마나 만코 놉하야 행복이라고 말할 것인가.

이것은 표준을 잡아 말하기 어려운 문제다. 만타 적다 크다 작다 놉다 낫다 하는 말들은 다 상대적이니 표준을 잡아 말하기에 달린 것이다. 그러므로 결국 행복이란 돈에 달린 것도 아니오 학식에 달린 것도 아니오 지위에 달린 것도 아니다. 오직 만족(滿足)에만 달린 것이다.

이 만족이야 말로 행복이다. 만족이 업는 사람은 불행한 사람이다. 행복스러운 사람은 몸이 편하고 마음이 편한 사람을 가리킨 것이니 몸이 편하고 마음이 편한 것은 돈이나 학식이 만코 지위가 놉흔 사람에게만 잇는 것이 아니라 가난하고 무식하고 천한 사람에게도 얼마든지 잇슬 수가 있다. 이 행복이란 것은 객관적 형태보다도 주관적 느낌에 만히 달린 까닭이다. 4

만족의 반대는 허욕이다. 세상에 불행한 사람은 허욕이 만흔 사람이다. 이 허욕은 사람으로 하여금 도덕상 범죄는 물론이오 법률상 범죄를 하게 하는 마귀다. 이 사실은 우리가 신문보도를 보고도 부자형제 숙질간의 인륜에 어기는 행동을 만히 알 수 있다.

인간은 한정이 업는 욕망을 가지고 있다. 언제나 고통을 느끼게 된다. 옛날에 희랍[1]나라의 철학자 시아네쓰[2]가 에피라쓰 왕[3]에게 물어 가로되 임금님께옵서 만일 이태리를 쳐서 어드신다면 그 다음에는 무엇을 하시겟습니까. 왕이 대답하

---

1 [편쥐 회랍 : 그리스.
2 [편쥐 시아네쓰 : 키네아스(Cineas)의 잘못.
3 [편쥐 에피라쓰 왕 : 에페이로스 왕(피로스 1세).

여 가로되 시시리를 쳐서 엇겠노라. 그 다음에는 무엇을 하시겟습니까. 왕이 또 대답하여 가로되 아프리카를 치겟노라. 또 물어 가로되 왕이 만일 세계를 다 쳐서 엇는다면 그 뒤에는 무엇을 하시겟습니까. 대답하여 가로되 몸과 마음을 편안히 쉬어서 썩 쾌락하게 지나겠노라. 이 말씀을 들은 그 철학자는 마지막으로 뭇기를 그러면 대왕은 이제라도 몸과 마음을 편안히 쉬시어서 썩 쾌락하게 지나지 아니하고 무슨 까닭으로 그런 욕망의 고통을 바드십니까고. 그때에야 비로소 왕은 자기의 어리석은 것을 느끼시었다. 무릇 만족을 모르는 사람은 맹목적으로 제 욕심에 끌리어 번민과 불평으로 하로를 편안히 지나지 못한다. 언제나 만족을 아는 사람은 고통을 벗어나서 산다.

행복은 현재의 만족으로만 되는 것이 아니라 이다음의 희망에도 달린 것이다. 그러므로 장래를 준비하고 있어야 된다. 속담에 이르되 풍년에도 흉년을 생각하랫다고. 건강할 때에는 병들 때를 생각하고 젊을 때에는 늙을 때를 생각하고 언제나 준비가 잇게 지내가야 마음과 몸이 편안하여 행복스러운 가정이 될 것이다. ⑤

(中等學校 入學難과 그 對策) 根本策과 臨時策

『朝光』5-6, 朝鮮日報社出版部, 1939.6, 131~132쪽.

入學難이란 말만 들어도 現代에 있어서 한 奇聞[1]이다. 中等學校에 入學志願者가 많다면 그 數가 얼마나 될 것인가. 이 많다는 것은 勿論 한 相對的 말이니 施設되어 있는 學校의 收容力보다 많다는 뜻이다. 人口의 增殖을 따라 또는 教育熱의 늘어 감을 따라 거기에 適應한 教育機關이 增設되어야 할 것은 아무리 어리석은 사람이라도 다 알 일이다. 다른 先進國에 있어서는 入學難이란 말이 없다. 첫째는 稅金을 받아 國立 또는 公立으로 學校를 많이 세우고 둘째는 私立으로 쉽게 세우게 되니 언제나 需要에 따라 供給이 된다.

그런데 이제 朝鮮에 있어 中學校 入學難을 解決하려면 그 對策이 뻔하다. 첫째는 根本 解決策이요 둘째는 臨時 救濟策이니 첫째 것으로 말하면 人口增殖과 向學熱을 따라 學校增設이니 그 經費는 特別 教育稅를 받아서 할 수 있고, 그 다음에는 私立을 쉽게 하여 財産家로 하여금 教育投資를 많이 시키면 能히 될 것이다. 둘째 것으로 말하면 이제 小學校를 臨時 救濟策으로 午前班 午後班을 갈라서 二部制로 하므로 이미 設備되어 있는 學校만으로도 二倍를 收容하게 되었으니, [131] 그것이 훌륭한 案이다. 小學校를 이렇게 하는데 中學校인들 이 方法을 못 쓸 理가 없다. 이제 施設되어 있는 中學校를 應用한다면 곧 倍를 收容할 것이니 그것이 훌륭한 救濟策이다. 施設은 이렇게 解決되려니와 先生은 어디서 갑작이[2] 倍가 생길 수 있나하면 그것은 더 쉬운 일일뿐만 아니라 一擧兩得格으로 될 것이다. 첫째는 專門學校 出身으로 就職을 못하고 지내는 人員만 動員시키어도 넉넉할 줄 생각한다. 만일 모자라면 이제 就職하여 있는 先生들의 남은 時間을 應用하여도 한 補充이 될 것이다. 그러면 知識 군의 就職 問題가 同時에 解決되고 薄俸으로 生活苦를 당하는 現在 先生들의 生活 補助가 될 것이니 이것이 一擧兩得이 아니고 무엇이랴,

---

1 [편주] 奇聞 : 기문(기이한 소문).
2 [편주] 갑작이 : 갑자기.

그러니 中學校 入學難 問題解決은 不爲也언정 非不能也[3]니라. 132

結婚當日의 感激─誓約文을 交換하던 날

『朝光』5-7, 朝鮮日報社出版部, 1939.7, 231∼234쪽.

一, 이날은 이제로 꼭 十年前인 昭和四年 섣달 二十四日이었다. 씩씩한 겨울날 눈이 온 다음날이라 白雪이 滿乾坤하여 造化翁이 들어온 世界를 大掃除한 다음날이었다. 그래서 깨끗한 世界에 太陽의 光明이 찼을 뿐이다. 이때에 눈의 潔白과 해의 光明은 사람의 마음을 밝고 조촐하게 만들어 주었다. 이런 大自然 속에서 結婚날을 當하게 된 것은 나에게 無限한 幸福이었다. 따뜻한 봄날에 꽃이 피고 잎이 피어 天地를 단장하고 벌의 노래와 나[231]비의 춤으로 自然의 風樂을 울리는 그런 和暢한 때보다는 나에게는 오히려 嚴肅하고 凜凜하고 씩씩한 겨울날이 썩 좋게 느끼어지었다.

二, 나는 일찍이 이 땅에 早婚의 弊風을 걱정하였다. 그래서 나는 自己의 活動을 위하여는 結婚이란 그물 속에 들지 아니하여야 될 줄을 알았다. 故國을 떠나 十七年 동안 外國에서 生活을 하면서도 個人의 修養과 學業生活에 專心하였을 뿐이오 結婚生活이란 단꿈은 생각도 아니하여 보았다. 이 나의 決心만은 끝까지 한 戒命으로 지키었다. 그리고 故國에 돌아온 나는 비로소 結婚問題를 내게 되었다. 우리에게 流行性인 早婚의 立場으로 본다면 晩婚의 느낌이 없지 아니하였으나 西洋風으로 본다면 適當한 婚期라고 할 수 있는 三十餘歲이었다. 이 年齡에 장가를 가게 되니 그 기쁨이야 어찌 다 말하리오.

三, 나는 結婚前에는 家庭에 對한 責任을 가지어 본 일이 없었다. 六兄弟의 끝의 동생이라 위로는 父母를 모실 責任이 없었고 아래로는 子女를 거느리는 責任이 없었다. 그래서 마치 靑空에 날아다니는 새처럼 것침없이 제 마음대로 이리저리 혼자 돌아다니기를 좋아하는 性格을 가진 사람이라 世上에 아무 거리낌이 없이 勇氣있게 지내왔다. 그리다가 結婚生活이란 굴레를 쓰게 되니 한쪽으로는 이제부터 不自由의 몸이란 것을 느끼게 되었다. 그러나 다른 한쪽으로는 내[232]가 이제부터는 正規的 人間生活을 하게 된다는 것을 느끼게 되매 다만 기쁨이 솟을 뿐

사진은 李克魯氏와 金恭享氏

이었다. 夫婦는 二姓之合이니 生民之始오 百福之源이란 옛날부터 일러오는 格言을 생각할 때에 마땅이 嚴肅과 喜悅과 感謝로써 이날을 맞어야 되겠다는 良心의 動員令이 내리었다.

四, 舊式을 主로 한 獨創的인 結婚式은 當時에 新聞 學藝面의 페지를 채웠다. 人間社會에 있어 正重한 儀式으로 보는 結婚式은 마땅이 古典味가 있는 民俗的이라야 될 것이다. 요사이 우리 社會에 流行되는 結婚儀式은 民俗을 아주 떠나는 現象이 많다. 본래 儀式이란 것은 實生活 問題가 아닌 것만큼 歷史性을 가진 古風이 있어야 俗되지 아니하고 嚴肅한 精神이 나타난다. 그래서 現時에도 各國 帝王들의 戴冠式은 그 建國時의 歷史的 儀式을 많이 遵守한다. 곧 그 當時의 衣服 宮殿 節次들을 따르는 것이다. 勿論 民俗的 古風이라고 虛禮에 빠지는 弊端이 많은 것을 無條件으로 그대로만 좇으라는 것은 아니다. 다만 고칠 것은 고칠지라도 古風을 아주 떠나서는 아니 된다. 하물며 現代에 輸入된 洋風이 더 消費的인 데야 말할 것도 없다.

當時에 나의 結婚式은 내가 스스로 考案한 것인데 禮服은 舊式 고대로 新郎은 紗帽冠帶를 하고 新婦는 圓衫 족두리를 하고 나 233 왔다. 式場은 京城中央에 있는 天道敎堂 內의 記念講室 안에 차리었는데, 卓子 위의 左便에는 솔가지를 꽂은 白瓶[1]을 놓고 右便에는 대까지를 꽂은 白瓶을 놓았다. 그래서 솔 앞에는 新郎이 서고 대 앞에는 新婦가 섰다. 卓子 앞에는 花紋席을 펴었는데, 그 左右에 마주 서서 主禮의 指導에 따라 新郎과 新婦는 相見禮로 한번 맞절을 하였다. 그리고는 제 各各 自筆로 써서 가지고 온 誓約文을 主體와 來賓 앞에서 各各이 朗讀을 하였다. 그 다음에는 솔가지가 꽂힌 白瓶과 대까지가 꽂힌 白瓶을 自手로 交換하였다. 이것

---

1 [편주] 白瓶: 백병.

은 곧 松竹의 節槪로 써 盟誓하는 것을 뜻하는 것이다. 이 松竹交換으로써 婚姻이 이루어진 것을 證明하였다. 이제 新郎은 대까지의 白瓶을 두 손으로 들고 新婦는 솔가지의 白瓶을 두 손으로 들고 나라니 서서 退場하였다. 이때에 나는 家庭生活이란 責任을 느끼게 되었다. 하루의 길동무도 서로 愛護의 책임이 있겠거든 하물며 一生의 苦樂을 가치할[2] 夫婦生活의 길을 떠나게 되니 그 責任感이야 어찌 다 말씀하리오.

五, 求婚地域의 擴大, 交通이 發達되지 못한 앞날에는 數十里 以內나 멀어야 百里를 넘기지 못한 곳의 結婚을 하게 되었다. 이것은 가마를 타고 말을 타고 다니던 當時의 不得已한 事情이다. 그러나 오늘날 汽車나 自動車 汽船이나 飛行機를 타고 다니는 世上에 살면서 東西南北人이 數千里 밖에서 모이어 들어 서로 사괴고 지내는 이 時代에 앉아서 社交의 地域이 縮小된 이 生活現象을 보면서도 婚姻의 길을 가까운 제 地方에서만 求하는 것은 나의 생각에는 時代의 落伍라고 여긴다. 그래서 나는 配匹을 求할 때에 내가 南道인 慶尙道 사람인 것만큼 北道의 女子를 條件付하여 求하였다. 이것은 地方特性을 綜合하여 新家庭의 調和와 將來에 올 新人性을 爲한 까닭이다. 또 나의 數十年 社交生活의 經驗은 어떤 地方性이나 또는 個性일지라도 能히 包容할 雅量과 自信이 있는 것을 믿은 까닭이다. 그래서 求하고 보니 平安南道 江西郡의 한 新女性으로 小學校의 訓導로 있던 教育者이다. 그 健康한 身體와 아름다운 容貌와 才德이 兼備한 것이 다 滿點이라고 생각되었다. 그런데 世評이 나에게 妻福이 있다고 많이 말하였다. 나 個人도 滿足을 느끼었다. 이 結婚生活의 結果는 이제 三男一女를 두게 되었으니 그만하였으면 結婚 當日의 感激이 滿點인 것은 조금도 틀림이 없다. 234

---

2 [편쥐] 가치할: 같이할.

(나는 무엇이 되려고 했나) 放浪客

『朝光』5-8, 朝鮮日報社出版部, 1939.8, 164쪽.

나는 少年時代에 放浪客이 되려고 늘 꿈을 꾸었다. 그런 생각을 늘 가지기 때문에 어려서부터 모르게 다라나는 도망군으로 이름이 났다. 어릴 때에 높은 山을 올라 四方을 나려다보면 山外山不盡 路中路無窮,[1] 이란 글이 생각하여 지면서 그냥 자꾸자꾸 가고만 싶었다. 그래서 世界는 너르고 크니 마음대로 도라다니어 보았으면 속이 시원하겠다는 생각뿐이었다. 形形色色으로 사는 人類는 나를 가장 愉快하게 하는 구경거리로 생각한 까닭에 放浪客을 꿈꾸었다.

---

1 [편주] 山外山不盡 路中路無窮 : 산외산불진 노중로무궁(산 밖에 산이 있어 다함이 없고, 길 가운데 길이 있어 끝이 없도다).

(座談會) 朝鮮飮食에 對하야

『女性』 4-9, 朝鮮日報社出版部, 1939.9, 20~26쪽.

出席人士

李克魯(朝鮮語學會)

方信榮(梨專家事科長)

洪承嫄(朝鮮料理大家)

洪善杓(朝鮮饌研究所)

本社

李勳求(主幹) 外 記者

主幹— 날이 이렇게 더운데 여러분이 이처럼 참석해 주시어서 대단히 감사합니그 전문 방면에 계시는 이만큼 여기에 대해서 생각하시는 점과 연구하신 것이 많을 줄 압니다. 그것을 기탄없이 이 자리에서 말슴해주시와기 기회에 이런 방면에 진보가 있고 개선이 있게 되었으면 본사로선 여간 다행한 일이 아니겠읍니다. 이제, 지휘는 여성 편집자로부터 하겠읍니다.

記者— 조선 음식의 유래라든가 조선 음식의 개량문제라든가 이런 데 대해서 말슴해주셨으면 좋겠읍니다. 먼저 一반 문제로서 우리가 먹는 음식은 언제부터 시작되었는지 그 유래부터 말슴해주시기 바랍니다.

方信榮—그런 문제에 있언 서적도 없고 따라 연구도 깊지 못해 말슴 못드리겠읍니다. 이 문제엔 홍 선생(선표)께서 연구가 깊으실 테니까 말슴하시죠.

洪善杓—아까 처음으로 왔어 사람으로도 이야기를 하다만 일이 있지만 저도 그런 것을 좀 아러보려고 서적도 이것저것 많이 뒤저보았읍니다만은 알수가 없었읍니다. 게다가 산애[1]가 되어서 손수 음식을 만드러 보지를

---

1 [편쥐] 산애 : 사내.

못해서 경험이 아주 부족합니다. 그래 좌담회 통지를 받고 직전 제 손으로 밥을 한번 지어 보았지요. 그런데 작년 겨울에 이상한 점을 한아[2] 얻었읍니다. 조선의 어디서나 밥을 지을 때엔 솥에다 쌀을 두고 물을 붓고는 손을 그 우에 놓아 보는 것입니다. 거기엔 손의 후박(厚薄)도 있고 대소도 있을 것으로 측량할 수가 없을 것인데 어디서나 다 그런 방식을 쓰는 것을 보면 하여간 그것이 밥 짓는데 무슨 깊은 관계가 있기는 있다고 보나 그건 도무지 문헌상에도 가고[3]할 길이 없고 하야 알 길이 없는 것입니다. 그리고 한 가지 기묘한 것은 조선 솥하면 어떠한 종류를 물론하고 그 솥의 중동에 금이 났는데 그게도 기묘한 것입니다. 밥을 그 금까지 세이고 밥을 지어 놓으면 밥이 그 솥으로 한아이 꼭 알맞게 되는 게거든요. 처음에 뉘가 그 솥을 그렇게 만드러 냈는지 모르나 기하학적으로 된 것입니다. 그리고 근련[4]에 간장을 망기 보았는데 메주가 되, 콩이 한 되, 거기에 물을 여덟 되를 두어서 모두 한말을 만드렀다가 태양에 쪼여서 물 두되를 없이하면 간장이 되는 것입니다. 이 八이란 數는 고기를 담그는 데도 역시 드러가는 것으로 약념이 八분에 一이 드러가야 되는 것입[20]다. 그 밖에도 모든 것이 다 그렇게 八數를 요하게 되는 것입니다. 이 八이라는 數와 음식과의 관계는 참 기묘한 것입니다.

記者— 인종이 생긴 이후부터 밥이 생기게 된 것인데 조선외사에 보면 삼한 이전에 땅은 五곡에 적당하다 하고 그 뿐 아니라 수도에도 적당하다고 하였읍디다. 백제에 시작도전[5]이라는 것이 있는데 그것으로 보면 벼[6] 이후에 밥이 생긴 것 같습니다.

李克魯—역사적으로 그것을 참고하기는 어려울 것 같습니다.

記者— 밥을 먹는 민족은 어느 민족 어느 민족입니까.

主幹— 내가 이야기하지요. 중국 남부지방, 마래군도, 비유빈 등 등 극동제국

---

2 [편쥐 한아 : 하나.
3 [편쥐 가고 : 可考, 참고.
4 [편쥐 근련 : 근년(요 몇 해 사이).
5 [편쥐 시작도전 : 始作稻田.
6 [편쥐 벼 : '벼농사'의 '농사' 탈자로 보인다.

과 그밖에 서반아, 이태리 남부, 미국이라든지 영국이라든지 이런 곳의 남부에서도 가끔 밥을 먹으나 方北에는 인연 없습니다.

李克魯—그것들은 입살밥만 먹는 곳이지 입살밥만 밥입니까. 조선 민족도 三分에 一밖에 입살밥을 못 먹습니다.

洪善杓—문헌에는 없어 자세히는 모르나 李朝初 이후 곧이 三百六十一郡이었는 데 임금에게 음식을 진상하는데 한 곳에서 한가지식 딴 음식을 진상하 였다고 하니 그 음식 종류가 三百六十여 종이 되는 것은 미리워[7] 알 수가 있습니다. 찰밥이라는 것은 임오란 이후에 쌀을 분배할 때 쌀이 모자라 서 팥을 섞거 분배 하였든 관게로 그게 되었다고 그런 말이 있읍디다. 무슨 문헌에 있는 것은 아니지만.

李克魯—서울에서 팥밥 먹을 이유는 많죠, 대개 썩은[8] 밥을 먹었으니까 三分에 二는 다 그걸 먹었을걸요.

洪承嬹—三分에 一은 잡곡과 보리를 먹었습니다. 北方에서는 좁쌀을 먹고 아마 그랫조,

方信榮—감자는 어떻게 됩니까.

洪承嬹—조선 사람이 이 근년에 다 힌밥을 먹지 예전엔 무슨 관가에서가 아니고 는 대개는 힌밥을 먹지 않고, 일반으로선 잡곡밥을 먹었든 것이 아닌가 생각됩니다.

記者— 반찬은 南北이 서루 다릇습니까.

李克魯—그 지방의 산물에 따라서 물론 다르게 되겠죠.

主幹— 반찬은 대개 남선 지방에선 맵구 짠걸 먹구, 북선 지방에선 그와 반대루 승겁게[9] 먹지.

李克魯—그렇죠. 기후 관게겠죠.

洪善杓—반찬을 파라 보니 四十 이상은 짠 걸 먹구, 四十 이하는 싱거운 걸 먹드군 요(笑聲).

7　[편쥐] 미리워 : 미루어.
8　[편쥐] 썩은 : '섞은'의 방언.
9　[편쥐] 승겁게 : '싱겁게'의 평안도 방언.

記者—　음식에 있어 중국 계통도 있고, 로씨아 계통도 일본 계통도 있는데 조선은 어느 음식 계통에 속합니까.

李克魯—독특한 계통이죠.

洪承嫄—그럼요. 독특한 계통이죠.

記者—　음식만 독특합니까.

洪承嫄—의복을 봐두 그렇고 무었으로 보든지 조선 것은 참 다 독특해요.

主幹—　밥을 먹는 기구로 숙갈[10]이라는 것은 조선밖에 없습니다. 내지도 저가락밖에 없고, 남양 인도에 가면 저도 없이 제 손구락[11]으로 집어 먹죠, 그리고 중국에도 없는 것인 게 숟가락은 우리 조[21]선에만 한해 있는 독특한 것입니다. 신라 때에 숟갈을 보면 배처럼 상겼읍니다.

李克魯—손가락으로 집어먹으면 더럽구 뜨거워서 어떻거나?

主幹—　그러기 손을 싯구 먹는 모양이야. 그리고 음식은 또 손으로 집어먹이에 적당하게 만들구.

洪善杓—조선음식에 있어 채소두 그 종류가 三百여 종이나 있었는데 山川이 많으니까 그런 채소가 무진장이었죠. 그런 것이 지금은 전해 나려오지를 안어서 다 없어지고 마렀읍니다. 그 원인이 다 음식을 해 먹을 줄 모르는 데서 생긴 일이죠. 한 七八十년 전 어떤 사람이 어리굴젓 여덜 통을 남대문 시장에 가져다 놓고 파러 보았는데 그것이 통 무었인지를 몰나 사가지를 않어서 내에 버린 일이 있죠. 그리고 멜치젓이 또 여간 맛있는 것이 아닌데 서울서는 그것을 도모지 무었인지 모릅니다. 그리고 또 갓무 달린 것으로 깍두기를 만드러 먹으면 맛이 여간이 아닌데 이것도 모르지요. 적은 돈으로 맛있게 잘 먹을 수 있는 것을 거○[12]에 대한 관심이 없었어 그렇게 없어지는 것입니다. 요새 한참 흔한 수박껍질도 버린지 말고 말려서 무처먹으면 이만 저만한 맛이 아닙니다.

李克魯—전문으로 연구하시는 분이 없어 그렀읍니다.

10　[편쥐] 숙갈 : '숟갈'의 잘못.
11　[편쥐] 손구락 : '손가락'의 방언.
12　[편쥐] '거기'의 '기' 탈자.

主幹— 이전[13] 가사과에 이런 음식을 연구하는 기관이 있읍니까.

方信榮—그렇게 학리적으로 연구하는 것은 없읍니다. 생각은 있지만 못합니다.

洪善杓—내지에선 明治維新시대에 모든 진흥학자들이 음식이 이래서는 一등국
민이 못되겠다고 맷맷이 도라단이면서 개량을 하야 놓았다는데 그 공
헌이 지금 여간 큰 것이 아닙니다.

主幹— 여기에 대해선 일반여성들이 부끄러운 일입니다.

洪承嫄—부끄러운 일이 어디 그것뿐이겠어요.

方信榮—요즘 연구를 하시랴는 분은 상당히 많은 모양인데 어떠한 기관이 있었
어 전문적으로 연구를 하면 상당한 효과가 있을 줄 압니다만은 그런 기
관이 있었야죠.

主幹— 이전 가사과에 전문선생이 있었이 지도하는 게 가장 첩경 같습니다.

方信榮—생각은 있으면서도 그렇게 되지를 않아요.

洪承嫄—음식 같은 것은 종래로 女子의 손에 맡겨 왔기 때문에 그렇게 개량이 못
된 것 같애요. 첫재 문맹으로 글을 모르니 무슨 문헌이 있다해도 그것을
볼 수도 없고, 서양서야 음식을 한 가지를 만들 때에도 물이 몇 컵 무엇
이 몇 돈에 이렇게 꼭꼭 근과 치수를 따지어 과학적으로 만드는데 우리
조선서야 그저 눈어림 손어림이죠. 그러니까 음식 맛이 집집마다 다 달
러요. 부인생활개선 강연차로 지방에들 단녀보았는데 글쎄 김치 맛이
집집마다 다르더군요. 장을 둔다든가 이런 양념에 분량이 눈짐작들이
니 일치하지 못한 까닭이죠.

方信榮—그렇죠. 가사과에서 가르칠 때에 가령 장 같은 분량도 얼마면 된다고 가
르칩니다. 그러나 분량을 마출 수가 없어요. 어떤 집 장은 짜고 어떤 집
장은 싱겁고 해서 그런 것은 우선 장 문제부터 해결하지 않고는 할 수가
없는 일이에요.

洪承嫄—장두 그 담그는 분량은 같이 둔다 해도 절기에 따라서 장이 달러지니까
그건 할 수 없어요.

---

13 [편쥐] 이전 : 梨專(이화여전).

李克魯―그렇지. 화학관게니까.

洪承嫄―그러니까 무엇이나 그저 많이 만드러보아 손에 익어야 될 것입니다. 그
　　　러나 사람에 따라 서로 짜게 먹는 사람 싱겁게 먹는 사람이 또 있지 않어
　　　요. 그러니 이걸 대중해서 맞추기란 여간 힘들 것이 아닙니다.

方信榮―대체 이만했음은 된다는 그것만 常識的으로 알고 할밖에 없어요. [22]¹⁴

洪承嫄―음식두 이전보다는 퍽 퇴보한 것 같습니다. 이전에는 西洋 사람보다 조
　　　선 사람이 음식 내먹는 것을 퍽 많이 생각했다고 보는데 겨울에 복숭아
　　　도 내오고 오이두 내오구 하는 것을 보드래도 음식에 대한 관심은 많이
　　　들 가지고 있었든 것 같아요. 그런데 이걸 내 집에서만 할 줄 안다는 재
　　　주로만 알고 전하지를 안고서 숨겨 들 왔기 때문에 자연히 그런 것이 퇴
　　　보했나 보아요,

主幹―　게¹⁵로 열여섯 가지의 요리를 만드는 것을 보면 조선 요리가 얼마나 발
　　　달이 되었다는 것을 알 수가 있는 것입니다. 언제 남경대학 총장의 초대
　　　를 받어 본 일이 있는데 게란 한 알로 七十여 가지 음식을 만든다고 합듸
　　　다. 우리 조선에두 음식 종류가 많기는 상당이 많었는데 그것을 비밀이
　　　감초아두고 있었기 때문에 전해지지를 못하고 없어지고만 것입니다.
　　　아까 홍선표 씨는 三百六十 종류는 되는 것이 확실하다고 했지만 그보
　　　다도 수가 퍽 많을 줄로 압니다.

洪承嫄―저두 그보다는 퍽 많었을 줄로 짐작해요.

李克魯―무엇이나 미개한 인종은 다 그렀습니다. 하필 으식에 있었을뿐이 아니
　　　라 자기가 연구한 것은 비밀을 지키고 내놓지를 않습니다. 그것을 서적
　　　화하구 대중화하여야겠는데…….

方信榮―그러습니다. 의술도 그래요.

記者―　조선음식의 영양 가치는 어떠습니까.

洪善杓―영양이 부족할 것은 없습니다. 분석을 해보지를 않어서 자세이는 모르
　　　지만 남에게 칭찬 받을 것이 만을 줄 압니다. 증편 같은 것은 누구에게

14　[편쥐] [23] 은 味の素(아지노모도, 광고)
15　[편쥐] 게 : '계(닭)'의 오기.

나 칭찬받으리라 압니다.

洪承嫄—증편은 참 많이 생각해서 만든 음식이에요.

主幹— 딱터 짭이라는 독일 사람이 조선 김치를 맛을 보드니 한 사발을 다 먹는 것을 보았습니다.(一同笑)

李克魯—하와이에서 조선 가정에 한번 초대를 받어 본 사람은 김치 깍두기 소리를 잊지 않고 합디다.

洪善杓—김장 때 통김치를 담을 적에 조기젓 새우젓 같은 것을 넣치만 생새우를 소금과 같이 겹겹이 까라 놓으면 그게 도리어 젓을 두는 것보다 더 맛이 남니다. 그러면 그것이 그 속에서 자연이 새우젓이 되어 특별한 맛을 내이는 것입니다.

李克魯—강습소를 만드러 갓이고 유명한 집에는 대게 그 음식 만드는 방법이 있을 것이니까 그것을 집집이 조사하여 과학화 시키고 보급화 시켜야 할 것입니다.

方信榮—저 역시 그런 것을 아러보고[16] 싶은 마음은 늘 있지만 자연이 시간이 없구해서 그저 생각뿐이고 거기에 실제로 손은 못대고 있습니다.

記者— 영양문제에 관해서 좀 더 말슴해주십시오. 조선 사람의 체력은 외국 사람의 체력에 비하여 떨어지지 않습니까.

洪承嫄—떠러진다고 보지는 않습니다.

主幹— 조선 사람은 먹는 것도 비과학적이죠. 내가 미국 있을 대인데 어떤 목사부인이 딸에게 음식을 주는데 너는 체중이 얼마다 그러니까 밀크 二〇〇칼로리 빵이 얼마 또 무엇이 얼마 이렇게 먹어야 한다고 이르는 말을 드렀읍니다. 그만치 그 사람들은 음식 먹는데도 과학화해 버렸읍니다. 참 생활이 과학화에 놀랐어요.

李克魯—그것은 과학화의 극치를 말슴하시는 것이구…

主幹— 조선 사람은 가령 밥이라든가 김치 같은 것을 먹는데 얼마나 먹어야 자기에게 적당할 것인지 이러한 계산도 없읍니다.

---

16 [편쥐 아러보고 : 알아보고.

李克魯—그러나 실제 생활에 있어서는 自然이 지배하니까 염려 없을 것입니다. 실제는 그것을 다 떠나서도 괜치 않습니다. 가령 음식을 먹으면 섭취하는 분량이 있어서 過食이라는 것이 문제[24]가 되지 않는 것입니다. 이렇게 음식은 먹는 분량이 있는 것인데 조선음식은 한사람 앞에 그 분량의 三배나 나오고 술은 十배가 나옵니다. 그래서 그 음식을 다 먹지를 못하고 버리게 되는 것입니다. 생선 한 접씨 고기 한 점이 우리의 식탁에 오르기까지의 그 드린 정성과 로력을 생각할 때 그것을 그래도 먹지도 못하고 더럽히어 결국은 벌이게 되는 것이니 그것이 대체 무슨 법입니까. 내가 요리집에서 그 먹다 남은 음식을 다 이렇게 처지를 하는 것인가를 조사하여 보았드니 좀 나은 것은 골나서 다른 상으로 넘기나 대개는 쓰레기통 속으로 드러가게 되니 되지 입으로 드러간다는 것입니다. 웨 사람은 다 먹는 분량이 있는데 그렇게 삼배식이나 차려놓았다 버리는 것입니까. 금년 正月 초하룻날 나는 음식으로 해서 죽을 번하다 사러났읍니다.[17] 어떤 소학교 교장의 집에 초대를 받었는데 게서 먹고 나니 같이 초대를 받었든 그 학교 수석 교원이 또 자기의 적으로 초대를 하는 것이겠죠. 그러니 방금 먹고 낫는데 어떻게 또 먹습니까. 아니 그것만이 아니었읍니다. 그 길로 새 집에서 초대를 받었는데 이것은 대접이 아니라 욕입니다. 도무지 음식에 대한 도덕을 모르는 때문입니다. 웨 같은 값이면 그 다음 날이라든가 따로 따로이 초대를 하지 아니하고 그렇게들 하는 겐지 이런 것은 당연이 개선할 필요가 있는 것입니다.

洪善杓—李 선생님 말이 올키는 다 올치만 그것은 조선에만 한해 있는 일이 아니고 어느 나라에도 다 있는 일인 줄 압니다. 조선에서 음식을 그렇게 분량에 넘게 내오는 것은 다른데 있는 것이 아니라 전에는 하인을 다리고 단었는데 손님만 대접하고 하인은 대접을 아니하였기 때문에 손님이 먹다 남기면 그것을 하인을 주는 습관이 내려와서 그렇게 되지 않었나 생각됩니다.

---

17 [편쥐] 사러났읍니다 : 살아났습니다.

洪承嫄—제가 생활문제 개선 차 [25] 로 전라도를 가 보았는데 모두 멕이고 입히고 싶었습니다. 지금 李克魯 선생님 말씀하신 것이 물론 올은 말슴은 올은 말슴이지만 그렇게 먹는 사람은 우리 조선민족 전체로 보아 몇만 분에 一밖에 않 될 것입니다. 그러니 음식 같은 것을 그들에게 제한을 하라고 싶지는 않습니다.

李克魯—그렇게 특수한 게급에 있기 때문에 음식에 대한 도덕을 더 아려야 할 것입니다.

主幹— 요리집에서뿐이 아니라 일반 가정에서도 먹으리만치 차리지 아니하고 많이들 차려서 경제적으로 손해가 많다고 봅니다. 또 비위생적이구…

洪承嫄—생활개선회에서 음식을 제정한 것이 있는데 일곱가지 이상은 만들지 않도록 하고 손님을 초대하기로 되었읍니다. 오첩 칠첩 십첩 이렇게 있는 데서 그 중용으로 칠첩을 따서 제정한 것이죠. 간단하게 아츰에는 국이면 국, 김치면 김치로 이렇게 제정을 하면 좋겠어요. 낮은 일곱 가지, 저녁에는 다섯 가지.

主幹— 부인문제연구회에서 중산게급을 표준으로 하고 아츰 두 가지 낮에 일곱 가지 저녁에 다섯 가지 이렇게 조직적으로 제정을 해갖이고 一週日의 가정생활 푸로그람을 정해 줬으면 좋겠읍니다.

洪承嫄—아주 곤다데[18]를 세밀이 한다면 三百六十日 을 전문적으로 하지 않고는 그런 여유를 갖인 부인이 없을 것입니다. 메뉴제정은 어렵고 가지 수만 제정이라고 했으면 얼마나 고마울가 합니다. 그런데 절라도[19]에 갔을 때 공동식탁을 하도록 권했드니 과연 한 딸과도 같이 손님과 공동식탁에 먹어야 되느냐구 질문을 하드군요. 그런 것은 別 문제지만 공동식탁은 꼭 해야 해요.

洪善杓—고추장 한 통에 원료가 고추가루 석 되, 메주가루 석 되, 꿀 한말, 게피가루 한 되, 마늘을 찌어서 석 되를 넣는데 이렇게 넣어서 한 六七개월 지나면 아주 색태가 좋와집니다. 꿀이 드러가서 부패하지두 않구…

---

18 [편쥐] 곤다데 : '준비'의 일본어.
19 [편쥐] 절라도 : 전라도.

洪承�고추장은 아무 때나 당거두 될 수 있는 것을 지나 보았읍니다.

洪善杓—고추장 같은 걸 장사를 하면 폭리를 남깁니다. 일원 짜리를 拾圓… 혹은 삼십 원을 남깁니다. 이것이 모두 음식을 만들 줄을 모르는 데서 그렇게 비싸게들 주고 사는 것입니다.

記者— 장에 종루[20]가 많다고 하는데 몇 종류나 됩니까.

洪善杓—저는 그 종류를 알 수 없읍니다.

洪承嬟—간장을 여름에 당거서 여름 한 철을 먹을 수 있읍니다.

洪善杓—재래 진간장이라는 것이 좋은 겁니다.

洪承嬟—제게 한 四十여年된 장이 좀 있는데 자꾸 되지구, 증발이 되어서.

方信榮—제 어머니 집에 한 五十年된 장이 있는데 갈숟[21]에 무치면 숟갈에 뭇어서 잘 내리지를 않아요. 장은 묵을수록 좋다는 말이 있는데 그것도 아마 어느 정도까지겠죠. 아마.

李克魯—포도주는 참 오래 둘수록 좋다는데 그것이 과연입니까. 내가 백림 국빈만 초대하는 캠핀스키라는 곳에서 그 지하실에 장치해둔 한 삼십 년 되었다는 포도주를 요만한 잔으로 「보통의 소주잔을 가라치며」 한 잔을 먹었는데 이틀을 개지 않읍니다. 사탕 물처럼 달큼한 것이 그렇게 취합니다. 학생들이 여기 견학을 많이 오는데 오면 견본으로 그 포도주를 조곰식 조트군요.

洪承嬟—음식에 고기가 드러가지 않으면 맛이 없다고 하는데 고기를 않넣고는 만들 수 없읍니까.

洪善杓—생선에 고기를 넣으면 생선 맛이 없어집니다. 고기가 생선 맛을 제거해 버리는 것입니다.

記者— 이렇게 더운데 늦도록 좋은 말슴 많이 하여 주서서 대단이 감사합니다. [26]

---

20 [편쥐] 종루:'종류'의 오식.
21 [편쥐] 갈숟:'숟갈'의 오식.

葉書回答―近日の感激

『家庭之友』25, 朝鮮金融聯合會, 1939.10, 11쪽.

한재와 수재를 막자.

근년에 조선의 가물과 물난리는 상당하다.

이 한재와 수재는 우리의 생활을 위협하고 잇다. 이 한수재를 막는 방법이 도무지 업느냐하면 그런 것은 아니다. 사람의 꾀와 힘은 어느 정도까지 자연을 정복할 수 잇다. 이 재앙을 막는 데는 나무를 만히 심어 잘 기르는 것이 가장 조타. 큰 수풀이 기후를 고르게 함은 과학이 증명한다. 큰 수풀을 기르는 데는 계획적이고 과학적이오 장기적이라야 된다. 그러므로 어느 나라나 산림 양성은 나라의 직접 감독 밋헤 있다.

재목이 되도록 나무를 기르려면 적어도 삼십년은 잡아야 된다. 조선은 산이 만흔 땅이다. 이 산을 모두 나무 밭을 만들면 한재와 수재는 절로 문너갈 것이다.

(各界人士들의 賢答-나의 生活哲學) 學術研究機關

『東亞日報』, 1939.11.26.

一, 先生의 座右銘, 二, 하지 안키로 決心하신 것, 하기로 作定하신 것. 三, 思慕하는 偉人
은 누구며, 그에게 배운 바는 무엇. 四, 愛讀하시는 書籍은 어떤 것입니까? 五, 남기고 싶
으신 事業은 무엇입니까?

李克魯

❶, (1) 信義는 人格의 生命이다. (2) 逆境을 征服하라. (3) 立志的으로 살고 方便
的으로는 살지 말라. ❷, 肉身의 安樂을 爲하여 精神의 苦痛을 받을 일을 아니하기
로 決心함, 朝鮮語文의 科學的 整理를 하기로 作定함. ❸, 아브함 · 링컨, 그에게 弱
者愛護 하는 正義感. ❹, 偉人의 座右銘集. ❺, 貧寒한 朝鮮學者의 救濟事業 大規模
의 學術研究機關 (朝鮮語學會)

학생에게 조흔 숙소를 주자! 학생과 숙소문제 좌담회

『東亞日報』, 1940.1.4.

제2장
기타 논설/
설문·좌담/
수필

완전한 사람을 만들자면

질적 교육이 필요

숙소는 학업과 동격으로 중요하다

우리 사회에는 각양의 사업가가 만습니다. 학교건설을 위하야 수십만 원을 애끼지 안는 독지가를 가젓음을 우리는 자랑하야 마지 안습니다.

그러나 그들이 취학함에는 절대로 조흔 숙소가 잇어야 한다는 것을 느끼는 분이 독지가 중에는 없습니다. 해종일 학교에서 시달린 몸을 끌고 하숙으로 돌아오는 학생에게 어떠한 따뜻한 손이 기다립니까. 방은 차고 밥을 대하면 영양부족에 마땅하고 누가 반갑게 맞어주는 이 없으니 책보를 하숙방에 내던지고 문밖으로 나서면 갈 길이 어디메입니까. 책상에서 참고서가 차차 줄고 외투가 없어지는 이 결과는 다시 상상치 안코도 관심하는 사람으로 하여금 두려움을 느끼게 합니다. 따뜻하게 보호할 수 잇는 숙소를 그들에게 주는 것이 무엇 보다 급선무입니다. 조흔 숙소를 준 후에 학업의 여하를 말하는 것이 순서입니다. 학생 숙소문제를 실제화 시키는데 적은 도움이라도 되고저 여러분 관계자를 뫼시고 조흔 말슴을

【사진은 좌담회 광경】

듣기로 햇습니다.

座談會出席者氏名

李萬珪 羅似均(女商) 兪珏卿 金義衡(同德) 李克魯 趙瑛河(普成) 高凰京 李圭鉉(徽文) 張龍河
(培材) 徐雄成(養正) 任哲宰(報聯)

本社側

高在旭 丁來東 異河潤 朴承浩 趙中玉 梁孝孫

高在旭 　이 자리에 여러분들을 와줍시사 한 것은 숙소(宿所)를 중심으로 한 학
생지도문제에 대한 여러분들의 고명한 말슴을 들어 지면에 발표하므
로써 학교와 가정과 사회가 협력하야 이 문제를 다시금 연구하고 개선
해 나가는 기회를 삼기 위함인데 다망하신 중 이러케 만히 와주시어 감
사합니다.

우리는 자녀를 교육함에 잇어서 관심을 두 가지 방면으로 가지지 안흐
면 아니 될 줄로 믿습니다. 첫째 우리는 양적으로 만흔 자녀를 교육하지
안흐면 안 될 것입니다. 즉 배움을 뜻한 우리의 자녀를 전부 가르처야
하겠읍니다. 그러기에 우리는 다년간 입학난의 해소를 절규해왓으며
그 결과 적지 안흔 효과를 보아왓읍니다. 그러나 우리는 배움에 뜻하는
자녀를 전부 교육해야만 되는 동시에 질적으로 건전 유위[1] 자녀를 만들
지 안흐면 아니 될 것입니다. 오히려 양적 방면보다도 이 질적 방면에
더욱 유의해야 될 것입니다. 그런데 이점에 잇어서는 우리의 뜻대로 되
지 안흔 유감스러운 점이 왕왕 발견케 됩니다. 더욱이 학생들의 숙소가
불비 되어 잇기 때문에 이것을 중심으로 생기는 폐단이 만타는 것을 생
각할 때에 우리는 여기에 큰 관심을 가지지 안흐면 아니 될 줄 믿습니
다. 하로바삐 학생들에게 조흔 숙소를 주어 그 불비로 말미암아 생기는
폐단을 막어야만 되겠습니다. 이에 본사에서는 이점에 착안하야 여러

1　[편쥐] 유위(有爲) : 능력이 있어 쓸모 있는.

분들과 이 자리에서 학생들에게 조흔 숙소를 주고 그러므로써 거기서 생기는 폐단을 막을 방책을 연구하는 동시에 이것을 기회로 여론을 환기코저 합니다. 조흔 이견을 만히 말심하시어 조흔 우리 자녀를 만드는 데 도움이 되게 하시기를 바라는 바입니다.

朴承浩 지방에 게신 학부형들은 입학난이 심한 때 천만다행으로 입학이 되면 이에 감격할 뿐이오 경성에 보내는 것을 위주 할뿐이지 내 자제를 경성에 四, 五년간 두면서 숙소를 잘 정하고 못 정하는 것이 공부에 어떠케 영향이 미치느냐는 것은 생각지 안흐시는 부형이 만흐십니다. 몸을 둘 곳이 불완전하면 학업도 불완전하다는 것을 느끼는 부형이 적다는 것을 알 수 잇는 증거는 경성과 인천 방면 중심으로 해서 책임을 진 하숙 주인이 없이 맘대로 이리저리 옴겨다니는 학생이 수만 명이라고 하니까 적어도 이 수만 명의 학부형은 자제의 숙소를 전혀 무시하시는 것이라고 볼 수 잇읍니다.

오늘 여기 모히신 여러 선생님은 사회칙으로 또는 부형칙으로 또는 학교당국자칙으로서 언제나 이 문제에 대하야 관심하시는 분만 모히엇으니 내 자제만은 염려 없다 마시고 지방에 게신 부형들의 정성을 생각하셔서 내 자제나 다름없는 생각으로 이 숙소 문제의 해결책을 주시면 감사하겟습니다.

먼저 여학생은 전부 기숙사에 수용시키는 것이 어떠켓습니까.

가정형편이 재미없으면 기숙사 수용이 필요

李萬珪 전부 수용에 대한 가부(可否)와 그 실현방법을 론의함이 조흘 것 같습니다.

李克魯 물론 이상론(理想論)으로서는 전부 수용시키는 것이 조흘지도 모르겟으나 그 실현방법에 잇어 경성 시내에 가정을 가진 학생들도 수용한다는 것은 좀

이극노 씨

곤난하지 안흘가요.

張龍河 전부 기숙사에 보낸다는 수용론(收容論)이 반드시 올타고만 속단하기 어려울테지오. 혹 불완전한 가정의 학생이라면 모르겟으나…….

朴承浩 가정이 기숙사만 못갈 때는 그러할 터지요.

金義衡 일본내지의 내량(奈良) 지방고등사범학교를 시찰한 일이 잇엇는데 그 학교에서는 학교 부근에 가정을 가진 학생까지도 모조리 기숙사에 수용시켯는데 성적이 퍽 양호하엿읍니다. 그리고 조선에서도 공주(公州)에 잇는 사범학교가 그런 제도입니다. 동교 당국자의 경험담을 들으면 아주 성적이 양호하다고 합니다. 경제만 허락한다면 기숙사를 세워가지고 수용할 것으로 학부형들도 대찬성치 안흘가요.

張龍河 저는 그러케 전적으로 찬성할 수는 없읍니다. 이것은 한 예외(例外)일지는 모르겟으나 저의 경험한 바에 의하면 가정에 잇어서나 기숙사에 잇어서나 모두가 감독 여하가 결정한다고 생각합니다. 실지 감독이 어떤 곳이 나흘가요. 특히 여학생을 가정에서 분리(分離)시켜 기숙사에서 기계적 공동생활을 하게함은 여러 가지 불완전한 점이 적지안타고 봅니다. 즉 그 실례로서는 기숙사에 잇으면 한 학생이 나뿌면 곧 다른 학생에게 전염하는 위험성이 만습니다. 예를 들면 기숙사에서는 학생이 활동사진을 조하하면 다른 학생들도 곧 사진관을 출입하게 되는 일이 적지 안읍니다.

또한 가정에서 통학하면 가정의 일상생활을 배우는 특전이 잇지 안흘가요. 기숙사에 잇으면 규칙적 생활만은 조흐나 그 하나로서 가정에서 통학하는 장점을 부정할 수는 없다고 생각합니다. 그러므로 적당한 곳만 잇다면 가정에서 통학시키는 것이 조타고 생각합니다.

金義衡 전부 학생을 기숙사에 수용한다는 것은 폐단도 잇으나 기숙사에서는 밥 해먹는 것도 자취(自炊) 제도가 되어 자치제(自治制)를 실시하고 잇읍니다. 가정에서 배우는 이상으로 조흔 점이 만타고 생각합니다. 一반 가정에서는 부형들의 명령에 의하야 행동하지만 기숙사에서는 독단(獨斷)으로 자기의 생각에 따라 하니까 자기가 책임을 진다는 것이 퍽

조혼점이라고 생각합니다. 다만 어려운 점은 어린애를 기르는 법을 배우는 점은 좀 곤난할테지요.

(高凰京氏 出席한다.)

兪珏卿　그러기에 이화전문기숙사에서는 한때 송월정에 육아(育兒)실습소를 두고 어린아이 키우는 법을 가사과 학생에게 가르켯읍니다. 그러나 제가 공부할 때 배운 육아법을 실지 어린애를 나서 응용하려 할 때 꼭 이론적으로만은 되지 안습니다. 그러니까 차라리 가정에서 통학시켜 육아법 등 모든 여자의 배위두어야 할 것을 체험시키는 것이 조타고 생각합니다. 그리고 지방에서 오는 학생을 될 수만 잇다면 전부 기숙사에 수용하는 것가 이상적일 것입니다. 제가 십여 년을 두고 지방에서 올라오는 학생들을 위한 대규모의 기숙사를 맨들겟다 두구두구 생각하엿으나 지금까지 실현치 못하야 한 개의 공상으로 남어잇습니다.

徐雄成　현하의 실질방법으로는 지방에서 올라오는 학생들 전부 기숙사에 너코 경성에 가정을 가진 학생은 전부 통학을 하도록 가는 것이 죠다고 생각합니다. 그것은 가정에서 다니는 학생은 매일 가정의 미풍 혹은 일상생활 등을 배워 여러 가지 후일의 도움이 되는 일이 적지 안타고 봅니다. 그러므로 될 수만 잇다면 지방에서 온 학생이라도 친척집 혹은 동무집 등에서 다니게 하여 매일 가정과 접촉시키는 것이 차라리 조흘 것입니다. 뿐만 아니라 풍기 문제로서 본다 하여도 가정교육이 없는 사람이 탈선행위를 만히 하고 또한 기숙사생활을 하는 학생 중에서도 가정교육이 적은 학생이 탈선행위를 만히 하는 것을 보앗읍니다. 따라서 학부형이 매일 가정에서 감독하는 것이 이상적일 것입니다.

친척과 동거해도 마음 놓 수 없다

趙瑛河　제가 체험한 바에 의하면 시골에서 올라온 남학생이 처음에는 품행도 단정하고 성적도 조핫다가 차차 나뻐지는 것을 보고 숙소를 조사하니

누님이 다리고 잇으므로 안심하고 잇엇더니 더욱 악해가기만 함으로
철저한 조사를 하엿던 바 그 학생이 자기 누이를 상급학생에게 소개하
야 여기서부터 점차 탈선에 물들기 시작한 것을 발견하고 톡톡한 주의
를 시켯습니다. 그리고 시골학생이 탈선하는 제二의 원인은 시골에서
돈 못쓰던 학생이 일단 상경하면 돈을 자유롭게 쓰게 되니 자연 탈선할
기회가 잇다고 봅니다. 그러니까 기숙사에서나 혹은 감독하는 학부형
은 학생들에게 돈을 주지안코 일일히 쓸 곳만을 선택하야 주도록 하는
것이 조타고 생각하는데 이러케하면 여러 가지 핑게로 돈을 얻어낼 방
법을 궁리합니다.

자기 집에서 다니게 하는 것이 조치만 그러치 못하면 방에서 온 학생은
전부 기숙사에 수용시켜 그 학비 사용에 톡톡한 감독을 하는 것이 조타
고 생각합니다.

李萬珪   교육이란 될 수만 잇다면 자연 그대로 맺기는 것이 이상적이라고 생각
합니다. 그러기에 기숙사 수용론은 그같이 찬성키 어렵습니다. 기숙사
에서는 자연 부자연(不自然)한 규칙적 생활이 만흐나 가정에는 좀 더
자유로운 생활을 할 수 잇고 따라서 이상적 교양을 받을 수가 잇습니다.
그러기에 될 수만 잇다면 가정에서 통학 하도록 할 것입니다.

李吉敍 학교를 졸업할 때는 그 二十 전후로 제법 자기 판단이 설 수가 잇는 때입니
다. 그러므로 아직 자기 판단이 서지 안흔 하급생(下級生)들은 기숙사
에 수용하여 선도[2] 선도(善導)하도록 하고 상급생은 기숙사에서 나와
가정에서 좀 더 자율적(自律的)으로 자립한다는 밑에서 모든 것을 취사
습득(取指習得)하도록 하는 것이 조치 안흘가요.

羅似均   저는 사감(舍監)선생으로 잇기는 잇으나 원체 학생이 만코 또한 어수선
하야 그다지 깊은 경험은 없습니다마는 저의 체험에 의하면 가정에서
다니게 하야 되도록 여자의 일상생활(日常生活)을 배우게 하는 것도 조
흐나 그보다 차라리 가정의 생활을 기숙사에서 좀 더 규률적(規律的)으

---

2   [편쥐 중복 오식.

로 훈련시키는 것이 조치 안흘가는 가정과 기숙사에서는 다 가치 여자의 할 바를 배우나 기숙사의 생활이 가정에서 배우는 것보다 우월(優越)한 점은 단체적이요 대아적(大我的)의 좀 더 고도(高度)한 생활일 것입니다. 그러므로 될 수만 잇으면 기숙사에 수용시켜 훈련 지도시키는 것이 조치 안흘가요.

兪珏卿　경성에 가정이 잇는 학생들도 한학기만은 기숙사에 두게 하는 것이 조흘 것입니다. 현재 조선 여성의 일반적 폐단은 가정에서 자라 가정에서 통학한 후 가정에 도라갓기 때문에 공동생활(共同生活)에 대한 관념이 히박하고 따라서 이기주의적(利己主義的) 행동을 하는 일이 적지 안습니다. 그러므로 조흔 가정에서 다니는 학생일지라도 三, 四학년이 되엇을 때는 한학기만은 기숙사에서 공동생활을 배우게 하는 것이 조타고 생각합니다.

李圭鉉　결국 이 문제는 물질문제이라고 생각합니다. 돈만 잇으면 남녀학생을 물론하고 기숙사를 지어 전부 수용케 하는 것이 최선의 이상론일 뜻합니다.

金義衡　학생들의 성적을 검토하여도 환경이 나쁜 통학은 성적이 나쁘고 기숙사의 학생은 비교적 성적이 불량한 학생이 극히 적으니까 가정의 환경이 조치 못한 학생들은 전부 기숙사에 너는 것은 다시 논급할 여지가 없다고 생각합니다.

기숙사경영이 긴급한 사업이

朴承浩　그러면 작금 더욱 시급 중대화한 남자 중학 기숙사의 필요 여부를 말슴해 주십시오.

李[3]義衡　경성여자고등학교에는 대개 기숙사가 잇는데 남자 중학에는 경복(景

3　[편쥐 李 : '金'의 오식.

福)중학교 경성사범학교가 잇을 뿐으로 남자 중학은 전연 기숙사가 없습니다. 여자들같이 정적(靜的)으로 되지 못하고 항시 동적(動的) 행동을 하려는 경향이 만하 곳잘 동맹 휴학(同盟休學) 책동의 본거가 되는 일이 적지안허 기숙사가 잇던 학교도 모두 폐지하여 버린 듯합니다.

李克魯 제 생각에는 어떤 독지가가 나와 기숙사 사업을 한다면 교육적에의 뿐만 아니라 영리적(營利的)으로도 그다지 손은 없으리라고 생각합니다. 학생 기숙사 사업을 하려면 구역(區域)을 나누어 학교 하나를 중심으로 대규모적 기숙사를 세워야 할 것이며 또한 그곳에는 선생 이상의 인격자(人格者)를 공동사감(舍監)으로 두어야 할 것입니다.

(장내가 모다 참 조흔 의견이라고 대찬성)

李吉敍 그것은 저도 평소에 만히 생각한 바입니다. 경성을 사구 혹은 오구(五區)로 나누어 각각 큰 학생공동기숙사를 건축하면 숙소난이 차라되 더 시급하게 된 작금에 의의는 중대하다고 생각합니다. 이러한 독지가가 단 한사람이라도 어서 속히 나와주엇으면 합니다.

(계속)

(年頭頌)[1] 緊張한 生活

『東亞日報』, 1940.1.5.

제2장
기타 논설/
설문·좌담/
수필

東西古今에 偉大한 人物과 偉大한 民族은 다 緊張한 生活을 하는 이들이다. 이와 반대로 萎靡[2]한 個人이나 民族은 모두 解弛[3]한 生活을 하는 이들이다. 아무리 太平聖代일지라도 生活의 精神과 態度는 늘 緊張하고 잇어야 强者가 된다. 제 아무리 目前의 繁榮이 잇을지라도 벌서 生活의 精神과 態度가 解弛하다면 그는 벌서 滅亡의 길로 들어선 것을 우리는 斷言할 수 잇다.

활은 그 줄이 緊張한 뒤에 세차게 내쏠 힘잇고 거문고는 그 줄이 緊張한 뒤에 아름다운 소리를 發한다. 사람도 그 肉體와 精神 곧 筋肉과 神經을 緊張한 뒤에 모든 能力을 發揮하는 것이다. 제 아무리 能力者요 聰明한 素質을 타고 낫다 할지라도 生活을 緊張하게 못하고 解弛하게 한다면 그는 一種의 산송장이다. 理想도 欲望도 希望도 없다면 그에게는 緊張은커녕 生의 原動力이 끈허진 셈이니 勿說活動의 能力이 없을 것이다. 個人이나 社會나 이러한 現狀에 잇다면 그것이야 말로 가장 可憐한 일이다.

健康의 秘方은 緊張이다. 精神과 육체가 緊張하여 잇는 동안에는 病이 나지 못한다. 이것은 抵抗力이 세어서 疾病의 侵入을 막는 까닭이다. 보라! 全國民이 늘 緊張하여 國防에 마음을 놋치 아니하는 國家에는 그 領土 內에 敵兵의 그림자도 보지 못하는 法이다.

緊張은 마음과 行動이 언제나 整備狀態에 잇는 것이다. 日常生活이 모두 그래야 된다. 저 英國 사람들은 아츰마다 洗手할 때에 먼저 面刀를 한다. 이것은 絶對로 그들이 愛人을 찾어가려고 모양을 내는 것이 아니라 自己의 精神과 肉體를 가다듬는 整備다. 앞날에 舊學者가 아츰부터 저녁까지 衣冠을 整齊하고 지내는 것

---

1 [편쥐] 年頭頌 : 연두송(정초에 새해를 예찬해 지은 글).
2 [편쥐] 萎靡 : 위미(시들고 느른해짐).
3 [편쥐] 解弛 : 해이.

은 決코 虛禮가 아니라 역시 肉體와 精神을 가다듬는 整備다. 곧 이것이 모두 生活의 緊張이다.

軍隊는 언제나 敵兵을 만난 듯이 총칼을 닦고 背囊을 싼다. 消防隊는 언제나 火災가 난 듯이 불 自動車를 곧 내어 몰 姿勢를 取하고 잇다. 이것은 모두 自己의 任務를 다하고저 하는 精神과 行動이다. 사람은 이리하고야 사는 것이다. 사람사람이 日常生活의 모든 方面을 消防隊 精神化하고 軍隊精神化하여야 사는 世上이다.

우리 家庭 카드

『三千里』 12-3, 三千里社, 1940.3, 109쪽.

一, 先生 氏名 李克魯 (年齡) 四四 (故鄉) 慶南 宣寧 (學歷) 上海同濟大學, 伯林大學 卒業.

令夫人 氏名 金恭淳 (年齡) 三一 (故鄉) 平南 江西 (學歷) 平壤女高, 京城師範 卒業.

★두 분께서는 戀愛結婚 하섯습니까, 媒約結婚 하섯습니까.

媒約 結婚.

★結婚式은 멋해 전, 어느 地方서, 그때 主禮는, 祝辭한 人士는, 主要한 來賓은?

十年 前에 京城에서 兪鎭泰씨 主禮로, 寅[1]熙濟氏와 金起田氏 祝辭로, 來賓은 崔麟氏, 李浩然氏, 崔鉉培氏, 趙基栞氏.

★新婚旅行은 어느 地方으로 멋츨 동안이나 가섯습니까.

新婚旅行은 아니 갔읍니다.

二, 貴家庭의 家訓

우리보다 잘 사는 사람이 많은 것만 생각 말고, 우리보다도 더 못 사는 사람이 더 많은 것을 생각하고 언제나 마음에 滿足을 가지라, 마음이 넉넉한 사람이 복 많은 사람이다.

★멋 十年 后 先生이 長逝하실 때 遺言 又는 墓誌銘은.

아직은 생각하여 두지 아니하였읍니다.

---

1 [편쥐] 寅: '安'의 오식.

나의 二十歲 靑年時代(二) 西間道에서 赤手로! 上海 가서 大學에 入學, 三錢짜리 勞働宿泊所의 身勢로, 스믈時節을 말하는 李克魯氏

『東亞日報』, 1940.4.3.

내 나히 二十세 되는 때가 아마도 一九一六년인 것 같습니다. 나는 十六세 되는 해 봄에 열열한 기백과 불타는 이상(理想)을 가지고 서간도(西間島)에 건너가서 스무살 되는 一월까지 백두산(白頭山)림 무송현(撫松縣)에 잇는 우리네들 소학교(小學校)에서 교편을 잡고 지냇습니다. 그러다가 내가 나히가 二十세라는 전도 萬里 같은 조흔 때이므로 고국에 돌아와서 좀더 정규적(正規的) 교육을 받어보랴고 정든 학교와 작별하고 안동현(安東縣)까지 왓습니다. 그런데 안동현서 친구 박광(朴洸)[1]씨를 만나게 되어 조선에 돌아가는 것보다도 상해(上海)에 가는 것이 조켓다는 권유를 받고 깨다른 바 잇어 곧 배(船)를 타고서 상해로 갓습니다.

상해에 가서 독일(獨逸)사람 경영인 동제대학(同濟大學) 예과에 입학하엿습니다. 그런데 그때 나는 그야말로 적수공권(赤手空拳)으로 상해에 갓는데 나의 학비를 부담키로 말이 잇던 이씨(李氏)[2]가 급한 사정으로 조선으로 돌아가게 된 만큼 나는 일껏[3] 동제대학 예과에는 입학이 되엿으나 입학비를 낼 수 없어서 거짓병을 핑게로 一주일동안 휴가를 얻엇습니다. 그러고 하는 수없이 하룻밤 숙박료 三전 내는 노동자 숙박소에 가서 입으로 형언치 못할만한 거막한 생활을 하엿읍니다. 궤짝 속에 들어가서 잠자고 허기진 창자를 어르만지게 一주일돼서 겨우 여러 선배들의 진력으로 학교에도 입학하게 되엇고 三전짜리 잠도 면하게 되엿읍니다. 그 때에 나의 학자금융동에 가장 힘쓰신 분이 신규식(申圭植)씨엇읍니다.

동제대학 재학 시에 무슨 자미잇는 에피소트가 없느냐고요? 잇읍니다. 중국인

---

1 [편쥐 박광(朴洸) : 1882~1970. 경북 고령 출신 독립운동가로 중국 안동현에서 곡물무역상을 가장 한 아지트 신동상회(信東商會) 경영.
2 [편쥐 이씨(李氏) : 이우식(李祐植, 1891~1966).
3 [편쥐 일껏 : '일껏(모처럼 애써서)'의 방언(강원).

학생에게 철권[4]세례(鐵拳洗禮)를 주던 것이 기억에 남어있읍니다. 그때가 바로 세계대전(大戰) 당시인만큼 친독열(親獨熱)과 배독사상(排獨思想)이 굉장하엿던만큼 동제대학의 입학열이 굉장하엿습니다. 그래서 고학생 가운데는 별에별 불량학생이 만엇습니다. 그런데 그때 신입학생들은 기숙사 설비관게로 우천체조장(雨天體操場)에 가설한 임시기숙소에 잇게 되엇습니다. 재수가 없느나로 이루 형용치 못할만큼 악성(惡性)부량자인 중국학생 장가(張哥)와 책상을 마조하게 되엇습니다. 그 장가라는 자는 남의 물건 도적질하고 연애만 하는 자인데 게다가 내가 조선사람이라고 기회 잇는대로 멸시하기가 일수엿습니다. 그러다가 어느날 밤에 전기불 가지고 말썽이 생겨 장가가 소위 조선사람을 욕하는 "까오린"이라는 말을 하기에 그 자를 철권으로 벽여대고 의자로 그자를 개패듯 햇지요. 자 이러고보니 수백명 중국학생이 싸홈 구경한다고 몰려들지 않햇겟오? 그때 그 학교에 조선학생은 겨우 세 사람뿐이엿습니다. 그러나 그 장가라는 위인이 중국학생들 사이에서도 인심을 일흔 불량자 학생이엿던만큼 이구동성으로『저 장가놈 때려죽여라』는 소리가 요란하엿습니다. 이것이 나의 二十세 시대의 무용담(武勇談)이라하는지요?

무슨 "로맨스"가 없느냐고요? 절대로 없습니다. 그때는 그와 같은 개인적 요망이라든지 또는 허영적 물질적 생활을 근본적으로 一축하는 공기와 분위기가 강열하엿습니다. 그리고 본래가 나는 엄격한 생활을 나의 생활신조(生活信條)로 삼엇기 때문에 그 같은 것은 꿈에도 생각지 안헛습니다. (사진은 이긍노씨)

---

4 [편쥬] 철권 : 쇠뭉치같이 굳센 주먹.

世界大戰은 어떻게 되나─名家諸氏의 興味있는 諸觀測(六月十日 回答 全部 到着分)

『三千里』12-7, 三千里社, 1940.7, 79·85쪽.

時局問答

一. 歐洲大戰은 獨逸側이 勝戰할 것 같습니까, 英佛聯合軍側이 勝戰할 것 같습니까, 또 大戰 將來의 豫測은 如何?

二. 伊太利, 米國, 蘇聯은, 參戰할 것 같습니까, 또 그 時期는 如何?

三. 和平建國의 旗幟下에 着着 建設되여가는 南京國民政府 治下의 「新支那」에 旅行하실 豫定이 없습니까, 가신다면 主로 어떤 施設을 보며, 어느 方面의 人物을 主로 對하고 십습니까. [79]

一. 歐洲大戰은 어느 쪽이 이길는지 모르겠습니다.

二. 伊, 米, 蘇의 參戰如何는 모르겠습니다.

三. 新支那에 旅行할 豫定이 없습니다. [85]

斷想

『博文』19, 博文書館, 1940.7, 6~7쪽.

때는 陰五月十四日 새벽 세時오 곳은 서울 花洞 朝鮮語學會 編纂室이다. 나는 본래 저녁잠이 많은 사람이라 困氣[1]를 풀기 爲하여 暫間 누었다가 일어난다는 것이 눕고 보니 잠이 깊이 들어서 한숨 잘 자고 일어났다. 이때에 맑아진 精神에 문득 생각이 나는 것은 數日前에 「博文」의 原稿로 隨筆 一篇의 부탁을 받은 일이다. 그래서 原稿紙를 앞에 놓고 붓대를 잡았다. 그러나 아직 題目을 定하지 못하고 가만이 앉았다. 이 지음에 문득 들리나니 닭소리다. 이런 都市 中心地에서 닭소리란 참으로 貴한 것이다. 그런데 또 때는 마침 陰曆으로 五月 보름 前날이라 거의 滿月인 밝은 달이 天心處를 지내어 西天에 조금 가까운 곳에 떠 있었다. 혹 엷은 [6] 구름 덩이가 있어 달은 그 속에 숨었다가 나타나고 또 나타났다가 숨는다. 이때는 모든 것이 잠자고 쉬는 때라 가장 고요하였다. 이때의 나의 心境을 붓으로 그리어 낸다는 것은 도리어 어리석은 일이다. 그러나 글을 쓰기 爲하여 붓대를 들었으니 그 한 모퉁이를 그리고저 한다. 赤壁賦의 一句인 哀吾生之須臾 羨長江之無窮[2]이란 글과 我東 詩人의 塵緣未覺前生夢, 世味初諳兩鬢霜[3]이란 글이 생각났다. 이 글들은 모두 우리 人生의 蜉蝣[4] 같음을 恨歎한 것이다. 億千萬劫의 時間 線上에서 본다면 우리 人生의 一生이란 電光石火의 刹那間도 못된다. 그러나 이 하루살이 같은 人生의 生活도 決코 偶然한 現象은 아니다. 永遠한 社會 生命線이 刹那의 個人 生命點으로 이루어 진 것은 틀림이 없다. 그러므로 그 偉大性을 認定 아니할 수 없다. 人生의 偉大性과 樂은 『成』에 있다. 이 『되어감』을 樂을 삼는 것은 努力

---

1 [편주] 困氣: 곤기.
2 [편주] 哀吾生之須臾 羨長江之無窮: 애오생지수유 선장강지무궁(애닯다! 짧디 짧은 우리의 삶, 부럽다! 끝 없는 장강이여).
3 [편주] 塵緣未覺前生夢, 世味初諳兩鬢霜: 진연미각전생몽 세미초암양빈상(이승의 인연은 전생의 꿈을 알지 못하고, 세상의 온갖 일들 처음으로 깨달으니 이미 귀밑머리 희끗하구나, 방암 김태진 역).
4 [편주] 蜉蝣: 부유(하루살이).

心理의 根源이 된다. 農夫는 심은 곡식이 싹이 크고 잎이 돌고 이삭이 피는 그 되어 감을 보고 얼마나 기뻐하며, 冶匠[5]은 벌겋게 달군 쇠덩이를 쳐서 연장이 하나하나 되어 감을 보고 얼마나 기뻐하며 木手는 짓는 집이 한 間 한 間 되어 감을 보고 얼마나 기뻐하며, 文士는 짓는 글이 한줄 한줄 되어 감을 보고 얼마나 기뻐하느냐. 이 모든 되어감이란 우리에게 가장 질거운[6] 느낌을 주는 일이다. 永遠한 時間에 宇宙 全體를 通하여 본다면 언제나 되어 감이 있을 뿐이다. 구비치는 濁浪[7]이 山언덕을 문어뜨리고[8] 나가는 것을 破壞라고 보겠지마는 立場을 달리하여 보면 그것은 다른 곳에서 새로운 언덕을 이루거나 平地를 돋우는 建設을 하는 것이다. 이 되어감 곧 成의 樂을 알면 그 人生은 幸福스럽다. [7]

---

5 [편쥐 冶匠 : 야장(대장장이).
6 [편쥐 질거운 : 즐거운.
7 [편쥐 濁浪 : 탁랑(흐린 물결).
8 [편쥐 문어뜨리고 : 무너뜨리고

文化の自由性

『モダン日本』朝鮮版(第11巻 第9號), モダン日本社, 1940, pp.77~78.[1]

제2장
기타 논설/
설문·좌담/
수필

　동서양을 불문하고 인문이 미개한 시대에는 인지가 발달하지 않아서 모든 이해력이 부족하고 감정이 이성을 지배하고 있었다. 그리하여 정복자는 피정복자의 지역 내에서 모든 문화시설의 파괴를 감행했다. 즉 역사를 불사르고 고적을 파괴하고 또한 정당한 신앙도 압박했다. 그러나 인문이 발달함에 따라 중세 구주의 종교전쟁 결과, 마침내 신앙의 자유를 허락하게 되었고 현대 국가는 그 지역 내에서 어떠한 문화이던지 그 고적 보존에 국력을 아끼지 않게 되었다.

　이는 오로지 인류가 인류의 문화를 조장하고 발전시킬 의무가 있음을 깨닫고 또는 인류의 행복이 문화 발전에 따라 증진한다는 것을 이해한 까닭이다.

　현대인의 생활은 자기의 향토적 혹은 전통적[77] 문화에만 만족해서는 이루어지지 않는다. 따라서 다양한 심리가 발전하며 한편에서는 자연의 발달에만 맡기는 것이 아니라 창안가는 의복, 음식, 주택 등 시시각각으로 새로운 고안을 내놓으려고 애쓰고 있고, 발명가는 새로운 진리를 발견하는 데에 열중함으로써 신문화 발달을 촉진시키고 있다. 다른 한편으로 문명과 야만의 구별 없이 문화가 상호교류하고 있다.

　따라서 문명족의 문화가 미개족에게 수입되는 것은 당연한 이치며, 반대로 미개족의 미개문화나 원시족의 원시문화가 문명족 쪽으로 수입되는 것도 적지 않다.

　예를 들면 아메리카 홍인종의 수공업 토기나 직물과 같은 양식이 구미국(歐美國)에 수입되는 것이나 아메리카 흑인종의 무용이 백인의 댄스홀에 수입되어 인기를 끄는 것은 우리들이 주지한 바다.

　비유하자면 지구는 인류문화의 화원이다. 화원에는 당연히 모든 꽃이 구비되어 있지 않으면 안 된다. 이 화원을 단순히 모란 꽃밭이나 국화밭, 난꽃밭 일색으

1　[편쥐] 모던일본사,『일본잡지 모던일본과 조선 1940－영인『모던일본』조선판 1940년』, 어문학사, 2009, 87~88쪽.

로 해서는 안 된다.

일국 내에서도 여러 가지 문화의 병존 발전이 가능하다. 아니, 여러 문화가 병존 발전할 때 비로소 대국이 될 수 있는 것이다. 오히려 일 문화 단위로만 이루어진 국가는 대개 약소국이다.

〈필자는 조선어학자〉 [78]

윤소영 역[2]

2 [편쥐 번역 및 저서 제공(홍선영·박미경·채영님·윤소영 역,『일본잡지 모던일본과 조선 1940
   -완역 모던일본 조선판 1940년』, 어문학사, 2009, 117~119쪽).

文化の自由性

洋の東西を問はず人文の未開な時代に於ては、人智が低劣だつた故、總る理解力が不足し感情が理智を支配してゐた。而して征服者は被征服者の地域内にて總る文化施設の破壞を敢行した。即ち歷史を焚燒し、古蹟を破壞し、又は正當なる信仰をも壓迫した。併し人文の發展に伴ひ中世紀に於ける歐洲の宗敎戰爭の結果は、畢竟信仰自由をも許すやうになり現代國家は、其の境内に於て如何なる文化であれ、其の古蹟保存に國力を惜しまくなつた。

此れ偏へに、人類が人類の文化を助長發展せしむべき義務を知り、又は、人類の幸福が文化の發展に從ひ增進される事を理解した所以である。

現代人の生活は、自己の鄕土的、又は傳統的文化のみに滿足しては居られない。故に總ゆる心理發が發展し、一方に於ては自然發達にのみ任されず、創案家の努力に依つて、衣服飮食、住宅等を時々刻々に新しく考案を凝し發明家は新しき眞理を發見するに熱中し斯くして新文化發達を促進して居る。他の一方に於ては文野の別なく、文化が相互交流して居る。

故に、文明族の文化が未開族に輸入されるは當然な理であり、此れと反對に未開族の未開文化や、原始族の原始文化が文明族の方に輸入される事實も少く無いのである。

例を上げるとアメリカ紅人種の手工業なる土器や織物の如き樣式が、歐米國に輸入される事や、アメリカ黑人種の舞踊が白人のダンス・ホールに輸入されて人氣を引くのは、我等の周知する所である。

例へるに地球は人類文化の花園である、花園には當然總ゆる花が具備されねばならめ。此の 花園を只單に、牧丹畑や、菊畑や、蘭畑のみにしてはいけない。

一國内にも數多の文化が並存發展する事が出來得る、否、數多の文化が並存發展して始めて大きな國家に成り得る。むしろ文化單位のみにて成れる國家は、大概、弱小國である。

〈筆者は朝鮮語學者〉

我觀『近衛首相』

『三千里』 12-8, 三千里社, 1940.9, 36쪽.

「我觀[1] 近衛首相[2]」

힘찬 사람.

---

1 [편쥐 我觀 : 내가 보는
2 [편쥐 近衛文麿 : 고노에 후미마로(1891~1945). 1937~1939년 제34대, 1940~1941년까지 제38·39
대 일본 내각총리대신을 지냈다.

我觀『히틀러總統』

『三千里』12-8, 三千里社, 1940.9, 40쪽.

「我觀힛틀러總統」

세찬 사람.

奢侈品禁止令과 時局下生活刷新 — 名士의 葉書回答

『家庭之友』20, 朝鮮金融聯合會, 1940.9, 27쪽.

사치품을 만들지 말라 하는 것은 태평한 째에도 마짱이 부르지즐 일이다. 하물며 이 비상한 째를 당하여 물자가 귀하고 사람의 노력이 귀한 이 째에 사치품보다 더 급하고 긴한 생활필수품도 못 만드는 것이 적지 아니하거늘 사는데 업서도 괜찬홀 사치품을 어찌 만들게 하리오.

한 사회나 한 개인이나 사치가 심하면 거기에 따려[1] 오는 것은 부패라고 하는, 사람을 망하게 하는 무서운 현상을 일운다.[2] 이 어찌 두렵지 아니하리오.

아름다운 데도 사치의 미와 순박미가 잇다. 순박한 생활이랄 것은 우리 육체와 정신을 언제나 건전하게 만든다.

---

1 [편쥐 따려 : 딸려.
2 [편쥐 일운다 : 이른다.

京城改造案

『三千里』12-9, 三千里社, 1940.10, 94쪽.

東京 大阪이나 다른 外國 大都市에 比하여 우리 서울에 不足한 施設과 고칫스면 하고 생각되는 말슴 等.

一, 敎育機關의 施設이 急합니다. 小學으로붙어[1] 大學까지 어떤 種類의 學校를 勿論하고 學校數가 모자라 공부를 못하는 이가 있다는 것은 그 말붙어가[2] 現代 文明國家의 體面에 좀 자미가 없습니다.

二, 學者 養成機關의 施設이 急합니다. 文化發展의 責任者인 學者가 날 곳이 없다면 그야말로 서운한 일입니다. 學者는 절로 되는 것이 아닙니다. 個人의 生活이 安定되고 書庫 속에 앉어야 됩니다. 文明한 社會에는 國家의 施設로 된 學術硏究機關도 많으려니와 이 밖에 財産家의 個人의 惠施로 된 機關도 많아서 學者가 곳곳이 安心하고 들어앉게 됩니다.

---

1 [편쥐 小學으로붙어 : 小學으로부터.
2 [편쥐 말붙어가 : 말부터가.

交通道德

『高麗時報』, 1941.1.1.

사람의 活動의 複雜한 것만큼 交通問題는 重大하다. 現代의 水陸空으로 發達된 交通機關의 行動은 우리 日常生活이 되고 있다. 그것이 우리 生活化한 以上 거기에 따라 나오는 問題는 道德이다. 原始時代에나 未開時代에 가진 交通道德은 맞지 아니한 것도 있을 것이고 또는 부족한 점이 많을 것이다. 그러므로 이 時代의 交通道德을 가저야 될 것이고 또는 그것을 지켜야 될 것이다.

交通道德의 關係者로 말하면 첫째는 交通線上에 通行하는 大衆의 사람이오, 둘째는 交通器具를 맡아 부리는 사람이오, 셋째는 交通機關으로 管理하는 會社와 監督官廳이다.

都市의 複雜한 네거리에서 信號를 따라 行動하지 아니하다가 흏이 다치거나 죽거나 하는 일이 있으며, 시골에서는 無知하기도 여름철에 鐘路의 軌道를 베고 잠자다가 汽車에 갈리어 죽는 일까지 있다. 또 所謂 現代 都市生活人으로서 電車나 뻐스를 탈 때에 좀 整然한 秩序와 敏活한 行動을 取하였으면 좋겠는데 아직도 그렇지 못하여 눈 거친 일이 往往 있다. 어찌 바쁜 都市人으로서 그렇게 昇降에 굼되게 몸을 움직이며 더욱 寒心한 것은 쉬 내리겠다는 自己의 생각만 하고 車의 中間에는 텅 비어 놓고 出口에만 몰리어서서 出入에 妨害되게 하는 일이 많다. 또 자리를 整理하여 앉을 줄 모른다. 어중되게 여기저기 흩어저 앉아서 여러 사람을 못 앉게 만든다. 더욱 道德觀念이 不足한 것을 느끼는 일은 老弱 곧 老人이나 弱한 女人이나 어린 아이들이나 不健康者에게 자리를 讓步할 줄을 모르는 이가 적지 아니한 것이다.

左側通行을 嚴守할 일이다. 가고 오는 사람이 있는 以上 서로 맞부디치지 아니하도록 方向을 달리하여야 될 것은 常識으로도 알 수 있는 일이다. 사람의 行路에만 이러한 秩序가 있는 것이 아니다. 저 微物 昆虫인 개미나 벌도 그 行路의 秩序가 整然하여가는 길이 있고 오는 길이 있게 다니어 조금도 紊亂하지 아니하다.

끝으로 말씀할 것은 交通器具를 直接으로 運轉하는 運轉手와 그들을 監督하는 機關이다. 이들은 乘客의 生命의 安危를 責任진 사람들이다. 그러므로 自己의 職務에 當할 때에는 언제나 맑은 精神과 씩씩한 힘을 내여서 運轉하며 일을 하여야 될 것이다. 그러나 들리는 말에 依하면 술잔이나 마시고 醉한 뒤에나 혹은 몹시 興奮된 뒤에나 또는 너무 疲困한 때에 흖이 交通事故를 일으킨다고 한다. 여기에 對하여는 嚴重한 取締가 必要하다. 그리고 交通當局에 선 사람이나 通行大衆을 勿論하고 法規的 制裁보다도 道德的 自律이 더욱 必要하다.

公衆道德

『文章』3-1, 文章社, 1941.1, 109~110쪽.

　우리는 흔히 그 사람은 公德心이 없다 또 그 國民은 公德心이 不足하다. 이렇게 말들을 한다. 이 公德이란 것은 곧 公衆道德을 말한 것이다. 公德은 私德과 다른 點이 무엇인가. 그것은 그 行爲의 結果의 善惡이 한 個人의 몸에 미치고 마느냐 또는 社會 여러 사람에게 미치느냐 하는 데 있다. 例를 들면 어떤 不良한 사람이 한 女子의 貞操를 깨트리었다고 하면 그것은 그 女子의 한 몸에 관계된 일로 個人道德의 問題이다. 그러나 이와 반대로 公園에서 한 송이 꽃이나 한 낱의 잎을 따는 것은 公衆道德의 問題이다.

　公衆道德에 關한 實例를 몇 가지 들어 말하겠다. 우리가 봄철에나 가을철에 三角山에나 逍遙山에 올라가면 길모퉁이에 서서 붙인 揭示板의 글을 읽을 수 있다. 『꽃이나 나무를 꺾지 말라, 꺾으면 嚴罰을 쓴다』 이것은 곧 公德心이 부족한 사람들에게 主意를 시킨 것이다. 하루도 여러 百名의 探勝客이 지나가는데, 만일 한 사람이 한 가지씩만 꺾어도 그 나무들은 결단[1] 나고 말 것이다. 그런데 山林監守의 눈을 避하여 가면서 어데서 꺾든지 흔히 손에 꽃다발과 丹楓 가지를 들고 나려오는 사람이 적지 아니하다. 여기에 우리는 한번 對照하여 생각할 必要가 있다. 어느 때에 하루는 한 東洋 사람이 獨逸 伯林에서 한 公園을 지나다가 거기에 있는 나무잎을 하나 땄더니 그것을 본 獨逸 小學生은 그를 보고 하는 말이 『당신이 이에 伯林의 人口數를 아느냐 만일 여기에 사는 사람들이 한 사람이 한 잎식만 딴다면 이 公園의 나무는 결단나고 말 것입니다』 하고 꾸지람을 하였다고 합니다.

　우리는 서울 큰길가에 심은 街路樹의 껍질을 벗기어서 죽거나 병신이 된 나무를 가끔 보게 된다. 이와는 正反對로 英國 런던 아이들은 公園의 풀잎 하나, [109] 밟기를 어렵게 생각한다. 하루는 런던 어느 公園 가에서 한 어린 小學生이 울고 섰는 것을 본 어른이 그 우는 까닭을 물은즉 대답하는 말이 『公園의 풀을 밟지 말

1　[편쥐] 결단나: '결딴'의 잘못.

라고 하였는데 이제 재 帽子가 바람에 날리어 저 풀밭에 떨어졌으니, 들어가서 집을 수도 없고 이 밖에서는 손이 닿지 아니하여 끄어 낼 수도 없으니 이 일을 어떻게 합니까』고 하였다. 이 말을 들은 그 어른은 自己가 가진 지팽이[2]로써 그 아이의 帽子를 끄어내어 주었다.

하루는 비오는 날에 乃木大將[3]이 비를 맞고 젖은 옷으로 電車를 탔다. 大將은 앉지 아니하고 電車 가운데 서서 있었다. 여러 사람은 乃木大將인줄 알고 자리를 讓步하여 드리었으나 끝끝내 앉지 아니하고 感謝하다는 答으로 자꾸 敬禮만 하였다. 그 앉지 아니한 까닭은, 그가 비에 젖은 옷을 입고 다른 사람 가운데 앉아서 남의 옷을 버리어 주거나 남에게 不快한 느낌을 주는 것은 公衆道德上 하지 아니할 일이라고 생각한 것이다.

어느 社會나 健全한 發展은 그 社會의 公德心의 發達과 直接 關係가 되어 있다. 社會道德이 腐敗한 뒤에 그 社會가 滅亡되는 것은 東西의 歷史가 證明하는 바이다. [110]

---

2 [편주] 지팽이 : 지팡이.
3 [편주] 乃木大將 : 노기 대장.

說問

『朝光』7-4, 朝鮮日報社出版部, 1941.4, 164・170쪽.

說問

一, 귀 故鄕에서는 어떤 것이 民衆의 娛樂 또는 慰安꺼리가 되어 있습니까.

二, 民衆의 娛樂 또는 慰安에 對하야 어떤 希望을 가지고 게십니까.

三, 民衆的 娛樂 또는 慰安꺼리를 어떻게 指導해야 하겠습니까. (倒着順) 164

一, 윷놀이, 줄다리기, 공치기, 널뛰기 農樂으로 풍물치기.

二, 鄕土的 民衆의 娛樂꺼리를 널리 調査하여 學究的으로 研究하여 科學化하며 著書가 나와서 그것을 通하여 一般이 그 知識과 藝術을 學得할 수 있기를 바랍니다.

三, 朝鮮鄕土娛樂講習所를 設立하여 여러 가지 學科를 두고 自己 趣味와 才能을 따라 自由選擇을 하게 하되 最小限度도 一人一技主義를 普及시킬 일. 170

(鄕土藝術과 農村娛樂의 振興策) 씨름은 體育的 藝術

『三千里』 4, 三千里社, 1941.4, 225~227쪽.

一

씨름은 武藝의 한 가지로 그 發達普及될 原因이 두 가지가 있다. 첫째는 護身的으로 防禦와 攻擊의 必要에서 생긴 것이오, 둘째는 技藝的으로 興行이 되어 다른 演劇이나 映畫와 같이 구경군을 모아놓고 재미있게 구경하게 하는 運動으로 생긴 것이니 全朝鮮 어느 곳에나 씨름을 아니하는 곳이 없다.

二

씨름을 史的으로 考察하면 古代로부터 民俗的으로 되어온 武藝의 한가지이니 特別히 獎勵하기는 歷史上에 나타난바 이제로 約八百年前인 高麗毅宗때에 尙武主義가 澎漲하여 文臣을 撲滅하고 武臣을 尊崇할 때에 當時 서울인 松都 안에 公衆運動場이 百餘處나 있었는데 여기에 씨름이 重要한 運動種目으로 行하여지었다. 世宗實錄을 볼지라도 五月 端午날은 곧 運動날이 되어 서울에도 편싸움이 있었는데 택견, 擊毬, 其他 여러 가지 武藝의 試合이 있을 때에 씨름이 또한 重要한 種目으로 들었다. 軍隊에서는 매양 宴會 끝에 餘興으로 씨름을 하였다.

이렇게 民間에서 널이 行하여오는 朝鮮固有의 運動인 씨름은 近年에 와서 비로서 다른 現代的인 運動과 같이 組織的으로 科學化하게 되었다. 이 方面의 先輩인 姜普求, 姜樂遠, 徐相天, 韓診熙, 張權, 金東瀅 諸氏의 努力으로 애쓴바 많았으니 十三道의 學生들에게 一定한 方法을 주어 씨름의 種類와 方法을 調査시키어 硏究의 材料를 삼아 競技規定이 作定되어서 옷, 삽바,[1] 試合法, 審判員, 記錄員 等이 있는

---

1 [편쥐] 삽바: 샅바.

近代的 方法이 있게 되었다. 그리고 이제로 十餘年前에 朝鮮씨름協會를 組織하게 되었다. 그래서 第一次로 京城에 徽文中學校 運動場에서 씨름大會가 열리게 되었다. 昭和十二年에는 金潤根, 李仁德, 高鳳梧 諸氏의 活動으로 朝鮮씨름協會는 더 組織化하여 새로운 發展이 있게 되었으니 昭和十二年에 第一回 全朝鮮씨름選士權 大會가 서울 朝鮮日報社 大講堂에서 225 열리었고 그 뒤로 이어서 이 大會가 해마다 回數를 따라 열렸는데 昭和十四年부터는 京城運動場에서 열게 되어서 漢城의 人氣를 끌게 되었다.

江邊이나 川邊의 沙場에서 하는 씨름이 興行的으로 비로소 劇場에 나타나기는 이제로 約 三十年 前 일이다. 이것은 故朴勝弼氏의 活動으로 서울 光武臺에서 正初에 十餘日間 씨름을 하게 되었다.

三

씨름하는 期日은 地方을 따라 다르다. 京畿 以南의 各道에서는 秋夕을 中心한 가을철에 많이 하고 或은 正初에도 한다. 그러나 西北道에서는 四月八日과 五月端午와 七月七夕 같은 날에 많이 하게 된다. 前日에는 地方的으로 便씨름을 많이 하였다. 그래서 大概는 어느 江이나 내를 中心하여서 그 江의 南北이나 東西를 갈라가지고 江邊에나 들에서 하게 되었다.

勝負와 褒賞은 요사이 大都會에서는 優勝盃, 優勝旗, 金一封하는 것이 있으나 地方에서는 優勝旗도 있지마는 소, 廣木, 洋傘,[2] 洋襪, 手巾 따위의 實用品을 준다. 그래서 優勝한 사람은 優勝旗를 들고 그 소를 타고 나간다. 便씨름에는 이기는 便에서 賞을 타는 反面에 지는 편에는 罰로서 부끄럼을 주기 爲하여 얼굴에 먹칠을 하여 주는 일이 있다.

---

2 [편주] 洋傘 : 양산.

四

씨름의 種類와 技術은 여러 가지가 있다. 왼씨름은 삽바를 바른 다리에 끼고 어깨는 왼편에 대고 하는 것이오, 바른 씨름은 이와 反對로 삽바를 왼다리에 끼고 어깨는 바른편에 대고 하는 것이다. 이 바른 씨름은 京畿道와 全羅道에만 普及되었고 그 밖의 各道에는 왼씨름이 널리 普及되어 있다. 그러므로 共同試合의 必要로 이 왼씨름이 統一性을 가지고 있다. 손잡이를 따라서는 삽바씨름과 띠씨름의 分揀이 있다. 삽바씨름은 무명으로 다리를 걸도록 만든 삽바를 다리에 끼어 허리에 둘러매고 그것을 잡고 하는 것이오, 띠씨름은 허리에 띠를 매고 그것을 잡고 하는 것이다. 이 띠씨름은 忠淸道와 慶尙道에서 하고 그 밖의 다른 道에서는 삽바씨름을 한다. 그러므로 삽바씨름이 統一性을 가지고 있다.

技術에 있어 여러 가지가 있으나, 몇 가지를 들면 相對方의 배를 지고 넘기는 배지기가 있는데 왼배지기, 바른배지기, 들배지기가 있다. 손을 어 226 깨 넘에로 넘기어 잡고 메어치는 등치기가 있다. 걸어서 당기거나 미는 기술로 걸이가 있는데 안옥걸이, 밧걸이, 덧걸이, 혹치기걸이가 있다. 무릎을 치는 무릎치기가 있는데 앞무릎과 뒤무릎이 있다. 相對方에서 치려오는 것을 防備하는 번지기가 있는데 안번지기와 밧번지기가 있다. 相對方에서 들어오는 힘을 應用하여 自己가 뒤로 재번음하면서 넘기는 자반뒤지기가 있다. 이밖에 조금 危險한 技術로 코걸이, 턱걸이, 발등걸이들이 있으나 이런 것은 이제 禁한다.

五

씨름의 體育的 價値, 위에 말한바 여러 가지로 보아 씨름은 朝鮮의 民衆的 運動으로 體育的 價値가 있다. 全身運動이 되며 精神統一이 되는 것과 勝負를 빨리 내게 되므로 筋肉의 痲痺性이 없는 것과 運動場所가 大槪는 空氣와 日光이 좋은 들이나 川邊이나 江邊이므로 健康上 매우 좋을 뿐만 아니라 場所의 設備와 準備에 돈이 特別이 들지 아니하므로 經濟的 問題가 붙지 아니하는 點에 있어 民衆의 體育 向上을 위하여 씨름을 더욱 獎勵하여야 될 것이다. 227

善惡의 觀念

『家庭之友』43, 朝鮮金融聯合會, 1941.5, 6쪽.

사람은 마쌍히 善惡의 觀念을 가져야 된다. 짐승과 特別히 다른 點도 여기에 잇다. 天地 사이에 萬物 가운데 오직 사람이 가장 貴하다는 것은 五倫이 잇는 싸닭이라 함도 곳 사람은 善惡觀念을 가젓다는 뜻이다. 東西古今에 哲人들의 善惡觀에 대한 것을 여긔 簡單히 紹介하고저 한다.

東洋에서는 여러 千年동안 問題되어 오는 孟子의 性善說과 荀子의 性惡說을 들수 박게 업다. 告子가 말하기를 人性은 물과 가타서 東으로 트면 東으로 흐르고 西으로 트면 西으로 흐르는 것과 갓치 人性은 善도 不善도 아니다. 다만 指導에 짜라서 善으로 가고 惡으로도 간다는 것이다. 여기에 對하야 孟子는 말하기를 물이 東西의 分은 업슬지언정 上下의 分도 업느냐고 하엿다. 水性은 언제나 아래로 흐르는 것과 갓치 人性은 언제나 善한 것이라고 하엿다. 이에 反對로 荀子는 人性이 본래가 惡한 것이라고 말하엿다.

獨逸 哲學者 『칸트』는 存在의 世界와 當爲의 世界로 갈라서 보앗다. 이 存在의 世界는 善惡이 업는 自然世界요, 當爲의 世界는 神聖한 世界 곳 價値의 世界요 理想的 世界라는 것이다. 그러나 그 뒤에 新칸트派는 善惡觀을 修正하여 『自然의 理想化』 곳 人間은 神과 獸의 사이에 서서 잇기 째문에 神獸의 調和性을 가져야 된다는 것이다.

獨逸 哲學者 『니체』는 『强은 곳 善이오, 弱은 곳 惡이다』하는 善惡觀을 말하엿다. 이것은 곳 適者는 生存하고 不適者는 滅亡한다는 自然陶汰說의 原理가 되는 것이다.

亞米利加主義의 善惡觀은 『最大 多數의 最大 幸福이 곳 善이다』하는 功利主義的 立場을 말하엿다.

儒敎는 五倫說로써 善惡의 標準을 세웟다. 곳 君臣有義, 父子有親, 朋友有信, 長幼有序, 夫婦有別이 그것이다. 이것을 잘 지키면 善이오, 못 지키면 惡이다.

佛教는 十善說로써 善惡의 標準을 세웟다. 곳 殺生, 偸盜,[1] 邪婬, 妄語(無意한 雜談), 兩舌(離間 붓침), 惡口(辱說), 綺語(甘言利說), 貪欲, 瞋恚[2](성내는 것), 邪見(占術, 巫)―이것을 하면 惡이오, 아니하면 善이다. 그래서 今世에서 이 十善을 行한 사람은 來世에 天子로 태어난다고 하야 天子 곳 임금을 가리켜 十善의 君이라고 한다.

우리는 이제 價値와 價格이란 經濟學的 術語를 빌어서 善惡의 價値論과 價格論을 말할 必要가 잇다. 善의 價値는 最高가 『殺身成仁』이다. 이것은 그 稀貴性에 잇서 마치 金이 貨幣의 本位가 되듯이 사람의 行爲에 잇서 殺身成仁이란 稀貴한 일이다. 그러므로 이것을 善惡測定의 尺度를 삼는 것은 가장 正確하다. 이 仁에서 차차 써러저서 그 行爲가 自他共榮의 善惡 平均水準에만 이른대도 社會生活의 秩序와 發展이 잇슬 것이다. 그러나 道德率이 自他共榮의 밋흐로[3] 써러지면 벌서 惡의 境域에 빠진 것이다. 그래서 最惡은 墨翟[4]의 道로 拔一毛 利天下 不爲也[5]라는 點에 미친다. (끗)

1　[편쥐] 偸盜 : 투도(도둑질).
2　[편쥐] 瞋恚 : 진에.
3　[편쥐] 밋흐로 : 밑으로
4　[편쥐] 墨翟 : '묵자'의 본명.
5　[편쥐] 拔一毛 利天下 不爲也 : 털 하나 뽑는 작은 일로써 천하를 이롭게 할 수 있는 것도 하지 않는다, 자기 이익에 사로잡혀 타인의 일은 조금도 생각하지 않는다는 뜻.

朝鮮住宅問題座談

『春秋』 2-7, 朝鮮春秋社, 1941.8, 80~86쪽.

◇出席者(無順)

孫亨淳(前 總督府 營繕係 技師, 現住宅營團 囑託), 李克魯(朝鮮語學會), 李聖鳳(京城府民病院 小兒科長), 林和(評論家)

本事側(梁在廈, 張鉉七, 李根榮, 李仁布)

◇場所 京城雅叙園 ◇時日 六月二日 午後五時半

[梁在廈] 時間이 너무 오래 지나가서 未安합니다. 公私間 바쁘신 중, 또 이처럼 雨中에 와주셔서 大端히 感謝합니다. 오늘 밤에 先生님들을 오십시사 한 것은 이미 書字로 말씀 드린 바와 같이 住宅問題를 中心으로 좋은 말씀을 해주십시사 한 것입니다. 勿論 住宅이라면 衣·食과 함께 우리 日常生活에 있어서 가장 重要한 것이면서 너무 不凡한 問題이기 때문에 이제 새삼스럽게 問題 삼을 것이 없읍니다마는, 요사이 農村都市를 通해서 住宅難이 深刻한 바 있다하고 또 요즘 總督府에서는 住宅營團制를 實施했고-, 아무튼 우리의 衣·食·住 세 가지 中에서 住宅이 衣·食에 比해서도 뒤떨어져 있다고 할 수 있읍니다. 여러 角度로 80 보신 先生님들의 意見을 너무 形式에 치우치지 마시고 말씀 해주시면 감사하겠읍니다.

[梁在廈] 먼저, 孫先生께서 住宅營團 이야기를 해주시지요.

[孫亨淳] 住宅營團 이야기는 山田氏가 放送하시드만요-. (…중략…) 生産力 擴充이 必要한 이때에, 어디서 사람을 쓰려고 데려와도 있을 데가 없으니 그래서 內地에서는, 五個年 計劃으로 三十萬戶를 짓기로 되었는데 朝鮮서는 一萬戶를 四個年 計劃으로 짓기로 된 것입니다.

[李克魯] 一戶의 建坪은 몇 坪식이나 됩니까.

[孫亨淳] 예-大槪 六, 七坪 以上으로 二十坪 內外지요. 터는 建坪의 三倍가량인데 그것은 最少限度로죠. (…중략…) 81 82 83

[李克魯] 내 보기에는 文化住宅도 뭐 그리 不便할 거 같지 않습디다. 洋屋式으로 지은 것 같으면 窓과 테불과, 다 맞게 짓는 것처럼, 文化住宅도 그것은 문제될 것 없을 터이고, 比例를 맞추면 될 것입니다. 林先生은 反對하시는 것 같으나.

[林和] 뭐, 반드시 반대하는 건 아닙니다.(一同笑)

[李克魯] 내가 처음부터 뜯어고쳐야 된다고 부르짖는 것이 溫突房입니다. 나는 外國 갔다가 돌아오면서 제일 먼저 느끼고 부르짖은 것이 朝鮮집은 짓는 것이 아니라, 땅에다 집을 바른다고 했습니다. 왜 이 넓은 空間 우에 다 立體的으로 얼마던지 올라갈 수가 있는데 하필 땅에 납작하게 붙어서 땅에 엎드려 땅에 발리워 있느냐 말입니다. 조선집은 짓기 前에 먼저 뚜드려 부서야 합니다.(一同笑)

[李克魯] 二層만 짓는다하더라도 얼마나 建築하는 맛이 나는 것입니까. 取溫이 問題라고 하겠지마는 사람이 取溫하는 期間이 一年中에 불과 四五個月인데 그동안을 爲해서 왜 이 좋은 自然의 溫度속에 살 수 있는 것을 희생해버리느냔 말씀이오, 사람의 自然的 體溫을 保全만 하면 될 것인데, 왜 그 溫突을 짊어지지 못해 안달이냔 말입니다.(一同笑) 않그렇습니까? 내가 집을 設計한다면 溫突은 꼭하나 治療室로 둘렵니다. 病治療하기 爲하여서는 溫突을 使用할지나, 그밖에 健康한 사람은 구들장을 지지말라 하고 싶습니다. 溫突은 우리 體溫에 加溫밖에 아무 것도 아닙니다. 되려 그걸로 말미암아 弱해져서 번쩍하면 感氣들기 쉽고-나는 根本的 84 으로 溫突을 否認합니다. 溫突 때문에 層집을 못 짓는다고 요즘, 머, 層집 우에다, 溫突 놓을 硏究를 한다던가.

[梁在廈] 半島호텔 우에도 있는데요.

[李克魯] 溫突이 뭐 그리 못잊어워 層上까지 떠 짊어지고 올라가는지?「노서아」에 가보면 베치카¹라는 것을 장치했는데 벽원통에다가「베치카」를 장치하고 불을 넣어서, 그 놉이 달아 왼 방안이 더웁고 또 壁으로도 使用하니 理想的일뿐더러, 西伯利亞 같은 데에도 추운 줄 모르니 만큼 더웁다합니다. 溫突로는 도저히 房 全體를 원만히 더웁게 할 수는 없지요. 앉기 適當하게 땔려면 웃 空氣가 차고 空氣를 덥힐려면 房바닥이 타고-왜 非衛生的으로 溫突을 질머질려느냐는 말씀입니다.(一同笑) 改良해야지요. (…후략…) 85 86

---

1 [편쥐 베치카: 러시아 벽난로.

나의 資源愛護

『每日新報』, 1941.10.8.

資源愛護에 對하여 이 非常時만 아니라 平常時에도 큰 問題로 생각하는 것이 잇다. 그것은 곳 鐵筆鏃을 再生하는 것이다. 이 펜은 毛筆과도 달라서 끗이 조금만 달아서 가지가 벌어지면 버리게 되는 물건이다. 그래서 그 全體가 그만 無價値로 쓰레기통으로 들어가고 만다. 統計數字를 볼 것 업시 全國民의 一年에 쓰는 數量은 相當할 것이다. 그런데 이것을 모는 方法이 問題이다. 一般家庭은 그만두고라도 官廳 會社 學校 其他 機關에는 다 廢펜筒[1]을 두고 回收하여야 될 것이다.

---

1 [편주] 筒：통.

(結婚을 勸하는 書(上)) 독신은 국책위반─국가의 번영을 위하야 적령기
를 노치지 말자

『每日新報』, 1941.10.22.

저번 후생성(厚生省)에서 국민의 결혼장려협의회(結婚獎勵協議會)를 만들고 전 국민에게 결혼을 장려하게 되엇다는 신문기사는 저도 읽엇습니다. 그때도 생각했지만 이것은 당연한 일이지요. 아니 우리나라의

★국책상★으로 봐선 도리혀 느젓다고 생각됩니다. 사변 이후에 잇서 우리나라가 인구정책으로 『나어라 늘려라』라는 국책을 써왔는데 이것은 당연히 결혼을 장려하는 데서부터 시작해야 될 것이니까요.

이것은 역시 근대 구라파의 개인주의의 향락적인 나쁜 경향을 본바든 것이겟지만 근래의 젊은이들 그중에도 지식층의 젊은 남녀들은 어덴지 결혼을 주저하고 잇는 경향이 눈에 씌입니다. 그래서 제가 아는 여자 중에서도 혼기를 노친 분이 메분 잇습니다. 이것은 현대에 사는 우리들의 생활 태도에 잇어 가장 소극적인 태도라고 봅니다. 더구나 요지음 와서 인구를 늘니는 것이 국민의 큰 임무가 되어 잇는 이째에 이런 소극적 태도는 국민된 자의 취할 길이 아닌 줄 암니다. 아마 이번 국가에서 특히 결혼장녀회를 만들게 된 것도 그런 점에서 온 것이 아닐까요. 하여튼 이번 기회에 우리

★국민 중★에 결혼적령기(適年期)에 잇는 분은 한 사람도 싸지지 말고 결혼을 하도록 해야 할 것입니다. 물논 결혼에는 리상도 잇고 사정도 잇겟지만 무슨 일이나 만전을 기할 수는 업으니까 이만하면! 하는 정도에서 각기 배필을 정하면 어쩌리까! 다만 여기에 한 가지 짝한 사정은 결혼은 하고 시퍼도 경제가 허락지 안는 경우올시다. 이런 사정 째문에 못하는 분도 퍽 만흔 것입니다.

그러니까 이런 사정에 대해서는 국가에서 국책적으로 어느 방도를 차려주엇스면 조켓드군요. 쏘 이번에 후생성에서 구체적으로 결혼을 장려해간다면 자연히 그런 방책도 가지게 될 것입니다. 그런데 이 결혼장려는 유독히 우리나라만이

아니라 외국에서 벌서부터 장려하고 잇는 것입니다. 결혼을 장려하는 적극적인 정책으로 첫재 누구든지

★결혼비★ 저축을 정부에서 강제적으로 시키게 됩니다.

수입의 멋분지일은 의례히 결혼을 압두고 저금해야 하는 것입니다. 둘째는 인구정책상으로 보아서 국가에서 대부 형식과 보조형식을 취해서 결혼하게 권합니다. 그러면 당장 결혼비 문제 뿐이 아니라 주택문제도 결혼문제와 즉접 관계가 깁흐니까 사회 정책상 보고해주고 완화시킴니다.

그리고 애를 날 것 갓으면 보조비를 줍니다.

★이것도★ 일종의 생활구조이니까요. 그 뿐 아니라 산아 장려하는 의미에서 가족 수당이라고 잇어서 본봉보다 만이 주니까 결혼을 하면 어느 독신자의 고등관 봉급보다 만은 수가 만습니다. 우리나라에서도 우에서 든 것과 가치 여러 가지로 결혼을 장려하는 의미에서 결혼을 장려하는 한 방법으로 강제저축을 시킨다든지 결혼비용을 대부한다든지 주택문제를 완화시킨다든지 가족수당을 준다든지해서 적극적인

★원조를★ 해주엇으면 조켓다고 생각합니다. 하여튼 적령기에 잇는 젊은 분들은 각기 국책에 응하야 결혼을 하도록 하서야 합니다. 오날 이 시국에 잇어 독신주의란 잇슬리도 업겟지만 독신으로 지나는 것은 국책에 위반되는 일입니다.
(사진은 이씨)

(새 朝鮮當面의 重大課題－偉大한 建國은 教育에서) 言語 써나 教育 업다,
兒童에겐 國語부터－初等部＝李克魯氏 談

『自由新聞』, 1945.10.11.

국민교육의 기초라고 할 소학교 교육에 대하야 조선어학회 이극로(李克魯)씨
는 다음과 같이 말한다.

소학교 교육은 무엇보다 먼저 국어교육을 중심으로 하지 안흐면 아니 됩니다.
어느 나라이고 간에 중학교까지는 국어교육이 중심이라고 해도 과언이 안입니
다. 웨 그러냐 하면 어느 학문을 물론이고 언어를 떠나서는 잇을 수 업슴으로 언
어교육 즉 국어교교[1]을 떠나서는 소학교육은 잇슬 수 업다고 하겟습니다. 더군다
나 우리나라는 지금까지 국어교육을 중단당하고 잇섯슴으로 더군다나 여기에 힘
을 쓰지 안흐면 안 되겟습니다.

둘재로 교육방침은 실제적이라야 합니다. 소아교육 그것이 곳 실생활에 응용
될 수 잇고 생활능력이 될 수 잇는 실제적인 것이라야 교육의 보람이 잇습니다.
실제를 떠나 이름에 흘으고 개념적인 교육은 아모 소용이 업습니다.

그와 동시에 어린이들로 하야금 종래의 국가에 대한 관념을 고처가지도록 지
도를 해주어야 하겟습니다. 아직도 「국어」나 「국가」라는 말에 대하야 「일본말」
「일본」을 연상한다면 큰일입니다. 국가의 주체가 박귀엇다는 것은 즉 「국가」는
우리 조선 나라 국어는 우리 조선말이라는 개념을 똑똑하게 갖도록 지도할 것입
니다.

끗으로 선생들의 태도입니다. 소학교 선생은 항상 희망적이요 락관적이며 적
극적이라야 합니다. 개인의 성격은 똑같을 수 없으나 교단에 설 때마는 적극적인
태도를 갓지 안허서는 아니 됩니다.

정국을 비관한다든지 보기 실흔 곳에 우울을 느낀다든지 하는 자기 개인의 주
관을 교단 우에서 나타내는 사람은 절대로 아동을 지도할 수 없읍니다. 희망에

---

1   [편쥐 교교 : '교육'의 오식.

넘치는 락천적인 태도 적극적인 정신 이것이 아동을 지도하는 원동력이 되어야
만 굿세고 튼튼한 의지를 가진 제二세를 키워낼 수 잇다고 생각합니다.

제2장

기타 논설/
설문·좌담/
수필

쓰는 것과 呼稱을 統一, 二重式 서울市名의 矛盾 업세라—朝鮮語 學會 李克魯氏 談

『自由新聞』, 1945.11.18.

우리는 한문글자 건폐[1] 운동을 전개하고 잇스며 현재 교과서도 이러한 방침 아래 편찬되고 잇다. 쓰기도 서울 불으기도[2] 서울이라고 해야 할 것은 말할 것도 업다. 한문글자로 써야 하겟다는 주장은 무식하기 짝이 업다. 문제 삼기도 부끄러운 일이다.

---

1 [편쥐] 건폐 : '전폐'의 오식.
2 [편쥐] 불으기도 : 부르기도.

(여성에게 보내는 말) 어머니의 責務

『女性文化』創刊號, 女性文化社, 1945.12, 8쪽.

어느 世代 어느 空間을 勿論하고 한 나라의 國民動態에 있어서의 가장 重大한 觀點은 무엇보다도 먼저 그 나라의 國民敎育 그 中에도 幼時敎育 換言하면 어머니의 敎育形態에 두지 않을 수 없을 것이다. 例를 樹木에 들어 그 溫床이 不良하여 보라. 마침내 그 葉芽는 調節을 잃고 그대로 枯杇[1]하는 結果에 逢着하고 말지 않는가. 古今의 偉人의 어머니가 다 子息을 爲하여 犧牲을 애끼지 아니하였으니 栗谷 先生 母堂의 苦心, 孟母三遷之敎의 哲理가 또한 이런 까닭에 嚴存하다 할 것이다. 男性의 進角을 無盡藏으로 넓히는, 한 나라의 國民을 期於히 隆盛시키는 女性의 힘 어머니의 責務는 그 休戚[2]의 끼치는 바 成敗가 도리여 男性보다 더욱 厖重[3]하다 할 것이다.

過去의 어머니들은 일을 가지고 말을 못하였던 대신 도리여 意識을 離脫하는 속임의 敎育을 營爲하였다. 그러나 그것은 이미 過去다. 이 江湖에 曙雲[4]이 被掩[5]하였으니 모름지기 어머니들은 그 가진 바 至高理念을 오로지 子女訓育에 두어 將來할 우리 國民에게 決定的인 壓力을 鼓舞할 것이며 나아가서는 過去에 自己 僞瞞[6]에의 贖罪까지도 이로써 다해야 할 것이다.

그러나 叙上 子女敎育이 決코 容易히 計上되지 아니함은 例外 없는 原則이다. 努力에 秩序가 없다든지 運營에 制約이 弱해자기고는 到底히 信念의 安當性을 發見치 못할 것이다. 내가 다음 세 가지 標語[7]를 列擧하는 所以 또한 이에 있는 것이다.

---

1 [편쥐 枯杇 : 고후(말라 썩음).
2 [편쥐 休戚 : 휴척(편안함과 근심).
3 [편쥐 厖重 : 방중(두텁고 소중).
4 [편쥐 曙雲 : 서운(새벽녘 구름).
5 [편쥐 被掩 : 피엄(엄습).
6 [편쥐 僞瞞 : 위만(거짓으로 속임).
7 [편쥐 標語 : ① 하느님이 느끼는 정성스러운 마음(감천지성심), ② 힘써 이룬 오로지 능한 힘(연성전능력), ③ 함께 잘 사는 큰 공중도덕(공영대공덕).

一, 感天至誠心

二, 硏成專能力

三, 共榮大公德

이 말은 子女訓育 뿐만은 아닌 모든 人生航程에 있어서의 必需性을 가진 말이리라. 사람에게 誠과 能이 있어야 한다함은 或은 常識化한 말일 것이다. 그러나 誠과 能만 具備하였다 하야 決코 完成된 사람이라 할 수는 없을 것이니 例를 들어 여기 盜賊이 있다고 하자. 그의 自身을 庇護하는 誠과 自身의 利益을 추구하는 能은 가히 無難이다 할 것이다. 그러나 누가 盜賊을 完成된 人間이라 하랴. 그리하여 이 때문에 誠과 能의 缺陷이 指摘되는 바이니 그 誠과 能의 長點이 반듯이 公에 있어야 할 것이다. 勿殺無罪虫, 不折方長木[8]이라는 古語도 있거니와 우리가 共榮하는 公德 곧 宇宙의 本意를 忘却하고 무슨 理道를 찾을 것이랴.

모든 工事가 그 基礎의 跪弱性을 否定하는 것처럼 모든 生長에 있어서도 역시 그 胎動에서부터 벌서 敬虔한 度量을 肥培[9]치 아니하면 안 될 것이다. 더구나 建國

途上에 있는 우리들의 지금의 어머니는 그 責務 實로 前古에 없이 重大하다 아니 할 수 없는 바이니 國家의 運命이 우리 子女의 雙肩에 짊어졌다 할진대 그 짐을 지도록 힘을 부어 주는 이 바로 그 어머니이기 때문이다. 그리하야 弱小民族이던 우리 國民을 모름지기 武斷의 覇道를 찾는 冒險을 敢行케 하기보다 앞서 學術 國是의 大旗幟[10]을 굳게 세워 文化의 나리[11]였던 우리 面貌를 새로운 呼吸과 抱負로써 全世界에 提示치 아니하면 안 될 것이다.

---

8 [편쥐] 勿殺無罪虫, 不折方長木 : 물살무죄충, 부절방장목(죄 없는 벌레를 죽이지 말고, 한창 자라는 나무를 꺾지 말라).
9 [편쥐] 肥培 : 비배(거름을 주고 가꿈).
10 [편쥐] 大旗幟 : 대기치.
11 [편쥐] 나리 : '나라'의 오식으로 보임.

그날의 表情

『民聲』 1-1(創刊號), 高麗文化史, 1945.12, 6쪽.

設問 (1) 八月十五日 正午 日本皇帝가 降服放送을 할 때 貴下는 어디서 무었을 하고 계시었습니까? (2) 그때의 感想은?

咸興刑務所 監房에서 讀書도 하고 作業도 하엿습니다. 監房生活인 것만큼 放送은 듣지 못하엿습니다. 看守에게서 降服했다는 말을 듣고 豫想에 벗어나지 아니한 것을 느꼈읍니다.

國民大會와 無關, 李克魯博士 聲明

『自由新聞』, 1945.12.27

조선어학회 李克魯박사는 二十六日 국민대회와 헌법기초회에서 아무런 승낙도 업시 위원 중의 한사람으로 성명을 열기[1] 발표한데 대해서 다음과 가튼 성명을 하얏다.

나는 조선어학회와 정치운동자원호회와 조선연무관에 관계를 가지고 잇는 외에는 다른 정당이나 단체와는 아무런 관계가 업슴에도 불구하고 국민대회와 헌법기초위원회에서 내 일흠을 도용 나렬[2]하야 신문지상에 발표한 것은 유감이며 이는 정치적으로 또는 사회적으로 질서를 물난하게 하는 것이라고 생각한다. 나는 그런 도명단체와 일체의 관계가 업슴을 성명하고 일반의 오해가 업기를 바라는 바이다.

---

1 [편쥐] 열기 : 죽 벌여서 적음.
2 [편쥐] 나렬 : 나열.

(죽엄으로 信託統治에 抗拒하자─各界人士들의 抗議) 다만 血戰主義로.
손을 맞잡고 民族統一, 李克魯氏 談

『朝鮮日報』, 1945.12.29.

내가 늘 부르짓는 혈전주의(血戰主義)를 인제야 실천으로 행동에 옮길 시대가 도라왔다. 쏘한 남녀노소를 막론하고 쏘한 우(右)니 좌(左)니 할썻 업시 손에 손을 맞잡고 우리의 민족통일과 자주독립국가 건설에 싸울 쌔는 왔다. 조선은 결국 조선이다. 그리고 조선 사람은 필경 조선 사람이다. 생각하여 보라. 대체 八월 十五일 이전 아니 三十六년간이란 기나긴 동안 일본제국주의 철쇄 미테서 우리 三천만 겨레가 한결갓치 바라고 바라던 눈물의 호소와 절규가 무엇이엇든가. 기미(己未)년 독립선언 발표 당시를 되푸리¹ 회상하면서 이제 이러한 벽력갓흔 신탁통치설을 듯고보니 오장육부는 설레이구 피쓸른² 청춘시대에 도라간다. 싸워야 되겟다. 젓먹이 어린애 여읜 할 것 업시 손을 이끌고 최후의 피 한 방울 남을 쌔까지 싸우지 안으면 안 된다. 진정한 쌍과 ○○³ 쏘 사람을 이른⁴ 조국이란 잇슬 수 업다. 쌍과 역사와 사람의 三대요소를 탈태(脫胎) 당한 국가란 생각할 수 업는 것이니 지금 이 위기에 처한 우리 三천만 겨레는 진실로 조국의 쌍을 역사를 사람을 사랑한다면 크게 깨닷지 안흐면 안 될 것이다. 우리의 아페는 다만 민족통일이 잇슬 쑌이니 그를 토대로 삼지 안흔 엇더한 체재도 여하한 인사의 존재도 용납할 수 업다. 하로 쌜리 민족통일을 결속 전개하라. 사상이니 이론이니 게급이니 할 쌔가 아니다. 우선 차즐 것을 차저 노코 통일이 아닌가. 어찌 쏘 조국이 업는 가엽슨 생을 지속할 수 잇겟느냐. 그러타면 차라리 죽음을 택하는 것이 국민으로서의 최대의 의무다. 싸우자. 어데까지 싸우지 안흐면 안 된다. 우리 전진 목표는 다만 혈전주의(血戰主義) 쑌이다.

---

1 [편쥐] 되푸리 : 되풀이.
2 [편쥐] 피쓸른 : 피 끓는.
3 [편쥐] '역시'로 보임.
4 [편쥐] 이른 : 잃은.

(信託統治反對特輯) 4千年의 歷史가 있다

『大潮』 創刊號, 大潮社, 1946.1, 208~209쪽.

　　朝鮮을 信託統治한다는 것은 참으로 不可思議한 일이요, 怪奇하기 짝이 없는 일이다. 「포스탐」과 「카이로」 이 두 會議에서 그렇게도 明言하고 이제 와서 信託統治라니 이 무슨 말인가?

　　信託이라는 術語부터가 甚히 不愉快한 말인데 이제 우리에게 信託을 强行한다 하니 우리는 三千萬이 總集結하여 이와 싸호지 않으면 안 된다. 朝鮮은 아직 自主獨立할 能力이 없어서 信託統治를 한다는 것은 우리의 歷史를 無視하고 우리 民族을 侮辱하(208)는 말이다. 朝鮮은 三十六年 前까지 獨立國이었던 四千餘年의 歷史가 있었고 事實에 있어서 우리는 지금 獨立國家로서 넉넉히 살아나갈 自信이 있다. 그런데도 不拘하고 朝鮮에는 지금 五十餘 政黨이 亂立하였으니 秩序가 破壞되었으니, 하여서 信託統治를 한다면 그것은 誤解에 지나지 않는다. 洋의 東西와 時의 古今을 通하여 어느 國家를 莫論하고 建國 當初에는 그만한 混沌은 當然히 있는 법이다. 그러므로 萬若 어느 나라이던지 우리의 獨立을 許諾지 않는 나라가 있다면 그것은 큰 誤解일 것이다. 우리 三千萬은 한맘 한뜻으로 熱과 誠을 다하야 託治와 싸호지 않으면 안 된다.

　　지금 우리는 左派니 右派니 하고 派黨 싸홈을 할 때가 아니요 네가 잘 났느니 내가 잘 났느니 하고 우리끼리 티각[1] 거릴 때가 아니니 그저 한 덩어리로 뭉처서 한 目的으로 싸워 이기도록 해야 할 것이다. 朝鮮은 結局 朝鮮이요 朝鮮 사람은 畢竟 朝鮮 사람이다. 朝鮮 사람이 朝鮮 사람인 이상, 그가 진실로 朝鮮 사람인 이상 朝鮮 땅을 사랑하지 않을 理 없고 朝鮮 사람과 朝鮮 歷史를 사랑치 않을 理 없으니 사랑은 卽 싸호는 힘이다. 오늘 이 民族全体를 위한 神聖한 싸홈에서 一步라도 退却하는 者 있다면 그는 벌서 우리 同胞가 아니요 우리의 敵이다. 祖國이 없는 곳에 무슨 自由며, 무슨 平和이냐? 우리는 진실로 自由와 平和를 사랑하는 民族이기에

1　[편쥐 티각: 티격.

生命을 내여놓고 모든 誠意를 다할 覺悟를 三千萬 同胞의 이름으로 盟誓하는 바다. 209

士道三素

『나의 抱負와 希望—名士名位의 말씀』, 新生活協會出版部, 1946.1.1, 119~124쪽.

朝鮮語學會 李 克 魯 先生
士 道 三 素 [119] [120]
一, 感天至誠心 二, 研成專能力 三, 共榮大公德

士란 萬에 能通熟達함을 意味함이며 專能熟達한 境地의 萬能을 말함이니 騎馬에 能하면 騎士라 하고 文章에 能하면 文士라 하드시 研磨에서 通達한 能者를 士라 稱함이니 士에는 三道가 있다.

즉 첫재 感天至誠心 至誠이면 感天이라고 萬事에 努力과 誠力이 없으면 成熟不能인 法이며 苦鬪와 至極한 研磨가 없는 普通 誠力으로는 成熟이 어려운 法이다. 至極한 誠力이 있슴으로써 偉大한 實行이 있을 것이며 實行으로써 世上에 빛나는 結果가 있는 法이다.

둘재 研成專能力 能力이라는 것은 最低의 어느 程度 누구든지 다가지고 있으나 努力과 奮鬪로써 熟達한 研磨가 안니면 오즉 最大의 偉大한 能力을 發揮 [121] 치 못할 것이다. 어느 程度의 研磨를 自稱自贊[1]하는 贋物의 腐儒[2]가 되어서는 안 된다. 心頭滅却又火凉이라할 만한 火中에서도 精神統一의 三昧境의 入禪할 때엔 熱度도 滅却할만치 精神修養한 사람이 않이면 最高의 精神修養에 研磨한 能力者라 稱하지 못할 것이다.

셋재 共榮大公德 一과 二는 目的과 達成을 爲한 秩序잇는 段階의 手段方法의 完成뿐이며 使命에 있어 善과 惡의 區別을 作定치 않엇다. 誠心이로되 惡을 爲한 誠心이라면 無價値한 것이며 能力을 使用하되 惡을 爲한 能力이라면 亦是 無價値한 것이다. 오즉 誠心과 能力도 善을 爲한 自身을 爲한 利己主義에서 超越하야 社會

---

1 [편주] 自稱自贊 : '贊'의 오식.
2 [편주] 腐儒 : 부유(생각이 낡고 완고하여 쓸모없는 선비).

를 爲한 人類를 爲한 隨喜[3]隨慘의 大公德心 施行함으로써 完全한 士며 士道三素에 缺陷없는 士일 것이다. 心 力 德을 마음이 있으되 誠心이라야 하며 力이로되 能力이라야 되며 德이로되 善德을 行하야 비로소 士라 할 것이며 所謂 人格者일 것이다. 人間은 먼저 人格的 修養向上에 硏磨해야 할 것이다.[122]

오늘날 우리 民族이 彼此 紛爭과 是非를 區別하며 統一되지 못함도 亦是 이 人格的 不足으로써 喚起함이다. 香水는 아모리 密藏해 두어도 香散되며 寶物은 地下에 埋藏돼었어도 發掘되는 法이니 能力 없는 人格者가 能力者라 行世할 진댄 必히 失手하는 法이다.

各自가 率先하야 權威者가 되고저 鬪爭할 것이 않이라 먼저 各自가 自己完成의 人格者가 되고저 努力함이 思惟잇는 志士며 良心잇는 志士일 것이다.

他人을 誹謗하며 阿諛[4]와 卑陋[5]한 捏造[6]의 謀策으로써 他人을 謀害함이 엇지 士며 人格者이랴. 人格的 精神修養이 없는 사람은 傀儡[7]의 不倒翁과 같은 것이다.

堅固치 못한 軌道는 破壞되기 쉽다. 修養없는 우리들은 失手하기 쉽다. 全民族은 먼저 人格的 修養 向上에 主力할 것이며 全民族의 修養 向上이 익어갈수록 우리들 前途엔 반다시 圓滿한 社會와 自主獨立도 이루어질 것이다.[123]

人格者가 않인 우리들이 엇지 人格者의 行世를 할 것인가. 不倒翁과 같은 紛爭은 한갓 作亂일 뿐이다. 三千萬 民族은 最高人格者가 指導함으로써 引導될 것이며 참된 人格者가 없다면 各自가 人格修養을 硏磨하야서 疆土建設에 完璧을 期할 것이다. 바라건대 三千萬 民族이 다 人格者가 되어 주기를 바라는 바이다.[124]

---

3 [편주] 隨慘 : 수희(다른 사람의 좋은 일을 자신의 일처럼 따라서 함께 기뻐함).
4 [편주] 阿諛 : 아유(아첨).
5 [편주] 卑陋 : 비루.
6 [편주] 捏造 : 날조.
7 [편주] 傀儡 : 괴뢰.

藝術과 道德

『女性公論』創刊號, 女性公論社, 1946.1, 34~35쪽.

人間生活 가운데 藝術生活이 큰 要求의 하나이다. 信仰生活의 要求에서 宗教, 知識生活의 要求에서 科學, 創作生活의 要求에서 藝術이 생기었다. 이 天地에 이미 있는 모든 것을 가지고라도 사람의 巧妙한 創作力으로 形々色々의 아름다운 것을 만들어 내어 그것으로써 우리의 精神的 快感[1]의 滿足을 얻고 또 筋肉의 緊張한 使用을 일으키어 圓滿한 人間生活을 圖謀하는 것이 곧 藝術이다. 그러므로 이 藝術生活은 저 原始人으로부터 文明人에 미치기까지 어느 때에 어느 곳에나 程度는 다를지라도 다 있는 것이다. 藝術의 範圍를 말하면 創作品의 全體를 말하는 것인데 그것을 나누어서 말하면 美術 方面의 그림과 彫刻, 音樂方面의 聲樂과 器樂, 文藝方面의 노래와 演劇 따위이다. 한 個性이란 것은 思想, 咸精,[2] 趣味, 嗜好들의 一種의 心的 體系이다. 이것은 어데서부터 생기느냐하면 心的 體系는 行動 體系의 反映에 지나지 아니한다. 그런 까닭으로 藝術上의 個性 問題는 直接 社會性의 問題의 解決을 促進하는 것이 된다. 그래서 個性과 社會性은 그마큼 密接한 連鎖關係를 가지고 있다. 發達한 藝術적 鑑賞이 藝術家의 行動의 模倣없이 「鑑賞」이 되었다는 것은 또한 特殊한 理由가 있다. 藝術的 心境이 複雜한 內容을 가짐에 同伴하여 이에 應하는 一般的 社會人의 咸精生活의 內容의 複雜이 所謂 凡庸의 사이에까지 成立하지 아니하면 아니 된다. 藝術的 動作을 反覆함이 없이 다만 聽覺이나 視覺으로부터 받은 刺戟만을 가지고 藝術家의 複雜한 內容을 이편이 받어드린[3] 까닭이 아니오 이편의 心境의 心的 條件이 一端에 닿는 것으로 因하여 複雜한 藝術的 心境을 提起할 수 있을 만큼 內容的으로 같게 複雜하여진 까닭이다. 어떠한 個의 音의 組成이 複雜한 咸精 內容을 불러일으킨다는 것은 畢竟 社會人의 咸精 內容이

---

1 [편주] 快咸 : 快感.
2 [편주] 咸精, : 感情.
3 [편주] 받어드린 : 받아들인.

그 複雜이 內藏이 되어 있고 그 一定한 音의 組成에 依하야 그것이 直接 움지길 수 있는 地位에 놓이어 있는 때문이다. 그리고 그 社會人의 複雜[34]한 感精 內容을 藝術家의 藝術的 表現은 가장 잘 그것을 具現된 音이나 色이나 形으로 表現하고 있는 것이다. 이것은 마치 가장 훌륭한 代議士가 選擧民의 마음속을 가장 잘 代言하는 境遇와 같이 一般은 도리어 自己에게 있는 것을 藝術家의 藝術的 表現에 依하야 自己의 눈앞에서 發見하는 것이다. 곧 藝術家의 藝術的 心境을 이편에 成立시키기 爲하야 動作의 反覆을 必要하지 아니하게 되었다는 것은 一般으로 그 心境이 藝術家의 行動의 暗示에 依하야 直時[4] 깨달을만한 地位에 놓이[5] 있는 까닭이다. 音樂家가 樂譜를 한번 훑어보는 것만으로 귀를 通하지 아니하고도 그 音樂的 效果를 感受[6]할 수 있다는 것은 畢竟 그 音樂家의 音樂的 行動의 生活經驗의 蓄積에 依한 것이다. 그와 마찬가지로 文明人이 文明한 藝術을 鑑賞할 수 있는 것은 다만 마음의 修鍊뿐만 아니라 그들의 生活經驗에 있어서도 그 藝術的 心境을 낳을 만한 生活行動을 體驗하고 있는 까닭이다.

母性에 關한 藝術的 表現을 가장 잘 받어드릴[7] 수 있는 사람은 子息을 가진 어머니라는 것도 이와 꼭 같은 理由이다. 藝術家의 態度와 良心에 對하여 말하자면 위에 말한 바와 같이 政治生活에 있어 代議士가 自己를 뽑아준 選擧民의 뜻을 받을어서[8] 良心的으로 代言하여 주어야 되듯이 藝術家도 人間의 바른 情緖를 잘 일으킨 만한 良心的 作品을 社會에 내어 보내어야 된다. 그렇지 아니하면 마치 代議士가 남의 代言의 付託받은 權利를 惡用하여 얼마든지 政治를 腐敗하게 만들 수 있는 것과 마찬가지로 큰 害毒을 社會에 끼치게 된다. 學者들은 이 말하기를 現代는 藝術다운 藝術이 없다고 한다. 그 理由는 現代資本主義의 思想에서 藝術이 商品化한 까닭이라는 것이다. 그것은 곧 먼저 보기를 얼마 價格의 물건을 만들가 하는 것이다. 前에는 繪畵나 彫刻이나 音樂이 大體로 宗敎的 信仰心에서 많이 되었기 때문에 無價藝術主義로 되었든 것이다. 우리가 이제 慶州 石窟岩의 佛像이나 京城

4　[편쥐 直時 : 직시(즉시(卽是)).
5　[편쥐 놓이 : '놓여'의 오기.
6　[편쥐 感受 : 感受.
7　[편쥐 받어드릴 : 받아들일.
8　[편쥐 받을어서 : 받들어서.

바고다 公園의 石塔이나 江西 古墳의 壁畫를 그마큼 못 만드는 理由로 여기에 있
다. 西洋에서도 古代 寺院의 彫刻이나 그림이 藝術의 價値로 보아 現代人의 미치
지 못할 점이 많다는 것이다. 量으로 보아 勿論 현대 藝術的의 作品이 썩 많을 것
이지마는 質에 있어서는 商品化한 까닭으로 썩 떨어진 것을 慨嘆하는 바이다. 時
代의 바뀌는 돌고 있는지라. 今後에는 藝術에도 새로운 道德의 建設을 民衆은 바
라고 있다. 35

敎育의 機會均等要求, 民族의 한 權利다

『自由新聞』, 1946.1.1.

　　의무교육제도는 三천만 동포 그 누구나 반대하지 안을 것이다. 일본인도 물론 동화(同化)정책상 필요 햇겟지만 금년부터 실시할 계획을 세윗는데 그들도 가능하길래 계획을 세윗슬 것이다. 교육 밧는 것은 조선 사람의 한 권리다. 유산자의 자제만이 배우고 무산대중의 자녀는 못 배운다면 이는 민주국자의 본위가 아닌 동시에 대중이 무식하여서는 국가가 강해질 수 업다. 따라서 전체의 질을 향상시킬랴는 의도에서 어찌해서든지 의무교육제를 실시할랴고 노력하야 방금 가능한 구체적이며 수자적인 초안을 작성하얏다. 이는 불원간 발표되겟지만 우선 그 대략을 말하면 다음과 갓다. 우선 금년 九월이 신학기로 제정되어 시간적 여유가 생긴 것도 말하지 안흘 수 업다.

　　의무교육제도를 실시함에 잇서 교원문제와 경비문제가 가장 큰 문제인데 다음 같은 해결책을 강구할랴 한다.

　　(一)교원문제—중학교 이상의 각 학교 졸업생 중 몃 활을 의무적으로 선생이 되게 할 생각이다. 과거에 일본인에게는 강제로 징병 징용 등으로 끌려 다니기도 햇는데 청년들이 국가백년대게를 위하야 몃해동안 교편을 잡는데 반대할 리는 업스리라고 밋는다. 재학시대에 어느 정도의 사범교육을 시키면 된다. 그러고 지방에 잇는 중학 이상 졸업생을 그곳에서 교원으로 채용한다면 비록 완전치는 못하나 구급책은 될 것이다.

　　(二)경비문제—앞으로는 건국 기채를 모집하게 되겟지만 그의 일부로 교육 기채를 모집하면 경비문제는 해결할 수 잇다고 밋는다. 이상 갓은 방책으로 일본인 교육기관을 위시하야 각종 공공시설을 이용한다면 금년에 여섯 살 되는 적령자는 전부 입학식길 수 잇스며 여유를 내어 연령이 넘은 애로 될 수 잇는 데로 다수 수용할 예정이다.

　　만일 의무교육제를 금년부터 실시 못한다면 일반대중이 가마니 잇슬 리 업다.

그리되면 그 책임을 들어 教育審議會에서 지게 될 것으로 만난을 제거하고 반드시 실시할 결심이다.

民衆의 소리를 들으라! 獨立 아니어든 죽음으로, 피로써 擊碎[1]

『民聲』 2-2, 高麗文化社, 1946.1, 2쪽.

1. 信統을 어떻게 생각하는가?

2. 이 責任은 어디 있나?

3. 어느 政黨을 지지하는가?

4. 이제 우리는 어떻게 해야겠는가?

一, 怪奇한 所聞이다. 朝鮮民族에 대한 侮辱이다. 信託統治란 朝鮮이 獨立할 能力이 없다는 것이다. 우리는 獨立하고도 남을 能力이 있다. 建國初에 있어서 或은 政黨의 亂立이나 黨爭 派爭은 어느 나라에나 있는 것이다. 個人의 移徙[2]에도 始初에는 整頓이 못되는 것인데 하몰며[3] 一國의 建國에 어찌 처음부터 整然한 秩序가 있을 수 있으랴. 外國의 例를 보더라도 西班牙 이란 等은 五個年 以上의 時間을 要치 않았는가? 朝鮮獨立을 妨害하는 者가 있다면 最後의 一人까지 피를 흘리겠다. 朝鮮民族은 正義을 爲하여 敵의 生命을 없새버린 일이 있지 않은가? 義烈士가 國敵의 목을 벤 果敢한 行動을 하였었다. 그만큼 勇氣와 義憤이 있다.

二, 責任은 聯合國에 있다.

三, 朝鮮國民總動員으로.

四,(가)當分間 各 政黨의 門標를 떼어라.

(나)前衛隊는 獨立運動家로서 監獄生活을 하였거나 아니하였거나 莫論하고 變節없이 오늘까지 運動해온 사람들이 그 資格者다. 그를 알기 위해서는 그들의 平生生活을 審査하는 審査委員會를 組織하여 合格者을 選出해야 된다.

---

1 [편쥐] 擊碎: 격쇄.

2 [편쥐] 移徙: 이도(이전).

3 [편쥐] 하몰며: '하물며'의 오식.

(새조선의 문화는 어쩌케−獨自的의 「얼」을 찻자) 國民의 質的向上 — 國
語, 李克魯氏 談

『朝鮮日報』, 1946.2.18

국민문화향상의 기본은 국민의 의무교육에 잇스며 국민교습득에 잇육은[1] 국어
다. 글을 쓰고 글을 읽을 줄 알어야 사상을 소통할 수 잇스며 국민의 문화는 향상될
수 잇다. 이러기 위해서는 사람사람마다 의무교육을 통해야만 국민의 일반지식의
향상되며 곳 국민의 강한 힘을 주는 기본이 되는 것이다. 우리의 교육건설은 적 일
본제국주의의 통치 아래에 잇서서 침체되엿고 언어는 극도로 파탄되엿스나 해방
된 오늘날에 잇서서 나라의 정사(政事)로서 국어부흥의 문제야말로 무엇보다도 제
一급선무가 되어야 할 것이다. 나는 늘 생각하는 것이엇스니 우리는 조선의 현실은
령토확장주의(領土擴張主義) 인구증식주의(人口增殖主義)와 가튼 수자적 량(量)
을 쌀리는 정책은 잇슬 수 없는 것이라고 생각한다. 우리의 현실은 국세(國勢)가 량
으로서의 국토확장이나 인구증식으로 강력해지는 것이 아니라 그 반면인 국민의
질(質)의 향상에 의하야서만 비로서 이루워질 수 잇는 것이라고 생각한다. 교육을
통하야만 국민의 지식을 향상시킬 수 잇고 국세를 강력히 할 수 잇다고 생각한다.
그러므로 국민도덕, 국민지식의 향상이야말로 신국가건설의 제일요체(要諦)인 것
이다 짜라서 나는 국민의 인격향상에 잇서 국민지도리념(國民指導理念)으로 사도
(士道)를 주창하는 바이다. 사라는 것은 방면전능자(方面專能者)즉 권위자를 말함
이다. 사도에는 다음의 삼소(三素)가 잇스니 一, 感天至誠心, 二, 硏究專能力, 三, 共
榮大公德 이 三소를 완전히 공유해야만 비로서[2] 완전한 인격자가 되며 국민의 도덕
국민 문화는 향상된다고 밋는 바이다. (사진은 이극로 씨)

1　[편쥐] 국민교습득에 잇육은 : '국민교육습득에 잇은'의 오식.
2　[편쥐] 비로서 : '비로소'의 잘못.

國家·民族·生活·言語

『生活文化』2, 生活文化社, 1946.2, 16쪽.

國家는 單一民族國家가 있고 民族分離國家가 있으며 數個의 民族으로써 結成된 民族合成國家의 三種이 있다.

民族은 共通文化를 가진 集團體이고 國家는 政治單位의 集團體를 말함이오 가장 理想的으로 본다면 單一民族國家가 合理的 國家라 하겠다.

民族分離國家는 共通文化를 가지면서 獨逸과 같은 英雄主義에서 생긴 國家이겠고 偉大한 民族으로는 民族合成國家를 形成한 쏘비에트와 大英같은 國家가 있다.

그리고 單一民族國家라면 土耳其같은 나라이겠으며 朝鮮은 純粹한 民族單一國家라 하겠다.

民族이라는 것은 生活方式이 共通되게 發達되어온 他民族이 가지지 못한 獨特한 生活方式을 所有한 民族을 말함이다. 勿論 그 優劣을 말한다면 國家 民族 生活 言語에 대해서 各各 主觀性과 客觀性에 依한 批判 如何에 있다고 말할 수 있을 것이며 自己가 理解를 가지고 못 가지는 데서 誤解된 感情을 가지게 된다.

生活은 언제가 固定되어 있지 아니하고 나날이 生活하는 體驗에서 發展과 改善이 要求된다. 그리고 人間의 心理的 要求만은 언제나 잘, 산다는 것이다. 그러나 先祖의 古式的 形態를 固守한다는 것은 民族의 滅亡을 말함이다. 이것은 모-든 宇宙萬物(生物)이 다 그러하다. 特히 生活의 發展과 改善 向上이 없는 國家 民族이란 더욱 그러하다. 言語는 민족의 基本이다. 無史期 前 言語의 起源은 몰으겠으니 民族의 中心核은 곧 言語라 하겠다.

言語를 純化하고 發達시킨다는 것은 民族文化를 發達시키는 것이겠으며 言語가 亡한다면 民族이 亡하는 것이라고 보겠다. 그러므로 言語生活이 文化生活의 中心이 되겠고, 以上의 重大한 相互間의 關聯이 國家的으로나 民族的으로 重要한 要素가 되는 것이니 新興朝鮮國家는 民族問題에서 生한 獨立이니까 朝鮮固有의 生活方法과 言語를 改善하며 發展시켜야 할 것이다.

(庭訓巡禮) 우리 집의 庭訓, 朝鮮語學會 李克魯氏 宅

『保育』創刊號, 朝鮮保育社, 1946.4, 6쪽.

조선국민의 지도리념(指導理念)인 「士道」 곧 人格의 道의 三大要素를 가지고 살고 있습니다.

一, 感天 至誠心

二, 研成 專能力

三, 共榮 大公德

우리는 誠心의 人 能力의 人 公德의 人 이 三人主義로 가자! 이러한 믿음으로 애 든도 길러볼까 합니다

卑俗한 洋風逐出, 朝鮮語學會 李克魯氏 談

『中外新報』, 1946.5.24.

나는 시국문제에 대해서 큰 관심을 갖이고 라디오를 듣는다.

우리는 지금 모든 묵은 때를 떠러버리고 새로운 국가살림사리를 준비하고 있으니만치 라디오방송에 있어서도 비속한 흥행방송은 좀 고만두고 위대한 지도자를 통하야 정치 경제 법률의 상식을 풍부하게 하고 또 대중교양을 안목으로 해주었으면 좋켓다. 조선사람됨을 잊지 말고 서양 것이라고 아모 것이나 집어생키랴는 몰상식하고 事大적인 생각을 버려야 할 것이다. 요즘 방송은 비속한 양풍이 지나침을 느긴다.

文化統一에 支障, 朝鮮語學會 李克魯氏 談

『現代日報』, 1946.6.7.

　우리 民族은 根本的으로 한 덩어리인 것이요 두 쪽이 아니였다. 萬一 南朝鮮에 單獨政府가 서면 北朝鮮에도 또 單獨政府가 不得已 설 것이요 이러면 朝鮮은 確然히 兩分되지 않는가. 이 두 토막으로 짤리우는 現狀은 政治 經濟 文化 各 領域에 있어서 不利한 影響을 줄 것은 事實이다. 이리하야 우리 民族은 深刻한 不幸에 빠질 것이다. 이것은 政治運動者들의 熱意가 不足한 것이요 생각이 拙劣[1]하기 짝이 없는 것이다.

1　[편쥐] 拙劣 : 졸렬.

(美蘇 援助 업시 獨立 不能, 兩國 輿論 能動的으로 誘導하자) 續開될 줄 민는
다, 朝鮮語學會 李克魯氏

『釜山新聞』, 1946.6.15.

續開된다고 믿는다. 그러나 언제 續開될는지 時日은 豫側하기 어렵다. 今後도
會議는 一瀉千里로 結論에 到達하리라고는 豫想하기 어렵다. 卽 會議 中 休會 續開
는 몇 차레고 되푸리하게 된 것이라고 生覺한다.

全的 廢止 要望 朝鮮健民會 李克魯氏談

『中外新報』, 1946.6.19.

美軍政은 民衆의 여론調査를 細密히 하고 있을 터이니 七十二號 法令을 對하는 民意의 所在를 잘 알았을 것이다. 이 法令은 一部 修正이나 加削에 끝일 것이 아니고 全廢해야 할 것이다.

그들만의 것, 朝鮮健民會 李克魯氏 談

『中央新聞』, 1946.7.1.

民族統一總本部라는 名稱부터가 어색하나 左右間 李承晚博士로서는 死滅한 中協에다가 法統을 두고 再生을 圖謀한 것으로 보인다. 그러나 이것이 어쩌한 機能을 發揮할까 하는데 對하야서는 그 構成人物로 보든지 李博士 自身이 이것을 認定하야 달라고 懇願하는 聲明을 낸 것으로 보아 넉넉히 짐작될 것이라고 생각한다. 나로서는 그들을 中心으로 그들을 認定하는 사람들만은 그 率下에 모히리라는 程度로 말할 수바께 업다.

民主主義 精神에 矛盾, 朝鮮語學會長 李克魯氏 談

『獨立新報』, 1946.7.16.

국립종합대학(國立綜合大學)을 리사회(理事會)에서 운영한다는 것은 중앙집권적이며 전체적이며 학자 단독적으로 활동할 수 있는 학원에 민주화를 부르짖어야 할 것이다. 학원의 자유가 있는 곳에 학술에 자유가 있는 것이다. 이번 조치는 민주주의국가에 민주정신과 인간에 자치성은 인간의 본능이라고 보는 점에서 반대한다.

歷史的 事實로 보아 自主獨立할 能力 잇다, 朝鮮語學會 李克魯氏 聲名

『東光新聞』, 1946.7.16.

【서울 十三日發 朝鮮】朝鮮語學會 李克魯氏는 요즘 論義되여 잇는 左右合作 問題와 自主獨立 問題에 對하야 다음과 같은 歷史的 實證을 드러 우리 民族은 能히 自主獨立홀 힘이 잇다는 것을 强堅히 聲明하엿다.

朝鮮의 歷史를 回顧할진데 四千餘年 間 國家의 統治權을 傷失혼 일은 韓日合併으로 말미아마 三十六年 間 쑨이다. 이것은 朝鮮民族의 一時 이 失墜에 不過하다. 언재나 朝鮮땅은 朝鮮사람이 다스리엇다. 이 嚴然한 事實은 곳 朝鮮民族의 自主獨立性을 證明하는 것이다. 韓日 關係로 보아도 祖國의 國權을 일캐될 때부터 얼마나 싸워온 것을 世人이 다 아는 바 安重根의 伊藤博文을 哈爾賓驛頭에서 刺殺한 것과 上海埠頭와 東京皇宮門 中에서 이러난 여러 義烈士의 忠誠은 愛國의 至情이 안이고 무엇인가. 쏘는 朝鮮의 國權을 일게될 때부터 滿洲를 中心하여 義兵이 倭賊과 不斷히 싸워오든 中에 今次 世界大戰에는 諸所에서 聯合國과 같이 印度洋에서 太平洋에서 倭賊과 싸워오지 안엇든가. 이것이 모도 祖國에 光復을 爲함이 안이고 무엇인가. 一國家의 獨立은 그 國土의 大小나 人民의 多少에 달인 것이 아니오 오즉 그 國民의 獨立精神에 달인 것이다. 四千年의 固有한 文化는 어느 固有文化民族에 써러지지 안는 것은 事實이다. 朝鮮民族과 朝鮮歷史的 事實은 以上의 明示함과 같이 朝鮮의 獨立이 업고는 世界의 平和는 업을 것이다.

(먼저 政府를 세우자, 비록 記念塔이 億千이라도 無用) 八·一五記念行事
에 擧族的으로 해야할 일이 무엇인가?

『東亞日報』, 1946.7.30.

解放記念으로 三千萬은 누구나 다 우리 한글을 깨처 文盲을 없새였으면 합니
다. 아는 것은 힘입니다.

(開學期를 압두고 浮浸하는 國大案) 人民의 反對, 李克魯氏 談

『現代日報』 1946.8.31.

所謂 『국립서울大學案』은 人이라는 官選된 理事 小數가 敎授의 任命權을 갖고 獨裁的으로 朝鮮의 最高 學園을 專斷하게 된 것임으로 이것은 絶對 非民主主義다. 따라서 學園의 自由及연究의 自由를 저害한 것임으로 學生은 平等的으로 進學치 못할 것이요 發[1]授 亦是 安心하고 연究치 못할 것임은 明若觀火의 事實이다. 此 안은 全人民이 임이 反對의 決議를 表明하였다. 絶對 정府樹立 前에는 實施 不可能한 것이다.

---

1 [편쥐] 發 : '敎'의 오식.

左右合作原則批判…諸氏[1]─設問

『民聲』2-10, 高麗文化社, 1946.9, 12쪽.

①左右의 合作原則을 어떻게 생각하는가?

②左翼의 三黨合同을 어떻게 보는가? 누가 主導權을 가질 것인가?

③共産黨 韓民黨의 非難派 乃至 脫黨派에 對한 感想은?

④立法機關을 어떻게 할 것인가?

一, 원칙은 집어치우라. 조선 사람이면, 그리고 성의가 있으면, 조선 문제를 해결할 수 있을 것 아닌가.

二, 무릇 합하는 건 좋다. 주도권은 양심에 맡긴다.

三, 이어가기 위한 분규와 안 되어 가는 분규의 두 가지가 있을 터인데, 그 어느 것에 속하는지는 당 밖 사람으로서 속단하기 어렵다.

四, 임시정부 수립이 제일 급하다고, 사람이면 모두 생각하고 말하고 하는 차제에, 응당 그 뒤의 문제일 입법기관 말을 내놓는 뜻을 나는 이해할 수가 없다.

---

1 [편주] 목차에는 제목이 있으나, 본문에는 제목 없이 '設問'으로만 되어 있음.

左右合作은 可能한가?

『新世代』 1-4, 서울타임스社出版局, 1946.9, 59쪽.

一, 左右合作을 可能視하는가?

二, 左右合作에 對한 秘策

新聞轉載

一, 이번 合作運動이 成功하리라고는 斷言할 수 없으나 民衆이 左右合作으로 말미암아 臨政이 樹立되기를 渴望하고 잇는 것은 事實이다.

二, 現今 合作의 癌은 內部的인 것보담 外部的인 關係라고 생각한다. 合作의 原則問題는 朝鮮民族의 良心만이 發露되면 된다. 親日派 民族叛逆者에 對해서는 지금이라도 委員會같은 것을 組織해서 곳 若斷하는 革命精神과 手段이 必要한줄로 안다.

七月十四日 서울신문

前進하는 民族

『中外情報』 創刊號, 中外情報社, 1946. 9. 2~3쪽.

出版物이 하나씩 는다는 것은 대단히 기쁜 일이다. 建國途上에 있어서 유독 文化運動의 歷史的 使命이 크다는 點에서 더욱 必要하다. 그리고 그것이 言論의 公正을 完全히 期할 수만 있다면 그야말로 더할 나위 없이 반가운 일이다.

그러나 어떤 편에서는 刊行物이 너머 많다고들 꺼리는 弊端이 없지도 않다.

이것은 대단히 잘못이다.

왜 그런고 하니 言論機關이 많으면 많을수록 公正을 期하기에 좋은 계제는 될 찌언정 결코 그것이 言論의 障碍가 된다고는 생각되지 않는 까닭이다.

그래서 나는 어떤 會席에서던가 이런 말을 한 일이 있다.

解放 後 물결처럼 쏟아져 나오는 新聞 雜誌 等 出版物에 對해서 그 種類가 너머 많다고들 誹謗하는 분들을 가끔 보지만 이것은 쓸데없는 걱정이다. 많이 나와야 할 것이 못나오게 된 것은 過去 倭政의 壓迫으로 因한 것이지 그 數가 決코 適當量이 하[1]니란 것을 알아야 할 뿐이다.

獨逸은 州마다 新聞을 發行하여 全國을 通해서는 數千百種을 혜일 수가 있지만 누구 한사람 그 數가 많다고서 탓하는 사람은 없다. 많으면 많을수록 國民의 文化水準은 높아가고 따라서 出版物은 출판물로서의 文化的 任務를 完遂하는 것이다.

問題는 그 言論機關이 얼마만큼 人民의 眞實을 傳하며 얼마만큼 輿論의 公正化를 도모하느냐 하는데 있다.

萬一 어떤 機關이 自己의 偏狹한 主觀과 責任性없는 文字 遊戲에만 그친다면 그런 出版物은 많으면 많을수록 民衆을 迷遑하게 하고 民族文化의 發展을 그만큼 阻害[2]하는 것이다.

우리는 同族을 愛情으로써 抱擁할 줄 모르는 文筆이나 輕兆[3]浮薄[4]하야 다만 값

1　[편주] 하 : '야'의 오식.
2　[편주] 阻害 : 조해.

싼 興味心만 자아나게 하는 三文 쩌내리즘은 이것을 斷然 경계하여야 할 것이다.

왜 그러냐 하면 이런 것들은 大衆의 文化水準의 高度化를 到底히 꾀할 수 없을 뿐 아니라 오늘날과 같이 모든 文化意識이 急進的으로 要望되고 있는 때에 있어서는 더욱이 그 害毒의 큼을 알게 되는 때문이다.

여기에 우리들은 敗戰日本을 좋은 거울로 하여 깊이 內省할 必要가 있으리라 생각한다. ②

그들의 文化政策을 살펴보면 잘 알 것이다. 戰爭期間 中은 그것이 던⁵욱 露骨化했으니 모든 獨尊的인 暴君主義 文化政策이 그들 國民의 머리를 닥치는 대로 때려 中毒者처럼 眩遑⁶하게 했다.

그들의 國土는 가장 神秘한 天神이 그 主宰者로 되어 있고 八紘一宇의 精神은 當然히 全世界를 感化指導해야 한다 하였고 皇統도 世界第一이요 사구라가 世界第一인 꽃치요 富士山이 世界第一인 山이요 심지어 草芥沙土에 이르기까지 그 어느 것 하나 世界第一 아닌 것이 없다 하여 마침내 그 病的인 優秀民族 自尊心으로 하여곰 世界를 콩낱만큼 얕잡아 보게 되었고 그리서 自繩自縛 오늘날의 悲劇을 가져오고 만 것이다.

謙虛할 줄 아는 民族은 發展하는 民族이다.

內省할 줄 모르는 民族은 滅亡하는 民族이다.

悠久한 歷史를 가진 우리 民族은 世上에 들래⁷어 떳떳이 자랑할 만한 것이 한두 가지가 아님은 勿論이다.

그러고 어느 民族보다도 앞설 수는 있을찌언정 결코 뒤떨어질 民族이 아님도 잘 알고 있다.

그러므로 우리들은 어제ㅅ날의 자랑에 취해 있는 것보담은 내일의 歷史創造에 마음을 다할 것이며 오늘의 즐거움에 滿足하기보담은 久遠한 民族將來의 福利를 위하여 마땅히 礎石이 될 覺悟를 하여야 할 것이다.

3　[편쥐 兆 : '佻'의 오식.
4　[편쥐 輕兆浮薄 : 경조부박(말과 행동이 신중하지 못하고 가벼움).
5　[편쥐 던 : '더'의 오식.
6　[편쥐 眩遑 : '眩慌(현황, 정신이 어지럽고 황홀함)'의 잘못으로 여겨짐.
7　[편쥐 래 : '레'의 오식. 들레어(야단스럽게 떠들어).

우리는 다시 한 번 日本사람들의 國民意識을 詳考해 볼 必要가 있다.

버티고 뽑[8]내기에만 정신이 팔려서 世界動態와 客觀情勢가 제대로 認識되지 않는 民族은 滅亡을 意味하는 民族이다.

그 反對로 恒常 自身을 內省할 줄 알고 謙虛한 態度로써 다른 國家, 民族의 좋은 點을 正當히 받아드리고저 努力하는 民族은 곧 前進하는 民族을 말함이다.

主觀에만 盲醉됨이 없이 恒常 民衆의 大流와 함께 나아가는 言論機關이야말로 우리가 最初부터, 또한 最後까지 바라마지 않는 理想的인 것이다. ③

8　[편주] 뽑 : '뽐'의 오식.

民族 將來를 爲하야

『新生』4, 新生社, 1946.10, 30~31쪽.

우리는 國家 有無를 不聞하고 民族 將來를 爲하야 健全한 指導者가 필요하다. 健全 民族精神과 健全한 民族文化와 健全한 民族體質을 養育하야 後日 建國에 對備하는 것이 오날의 우리 任인가 생각한다. 말하자면 基本 國民運動을 進展하면서 建國을 待期하는 것이 우리 民族 指導者의 誠意 있는 指導가 아닌가 한다. 이것은 防波堤 格의 政黨의 外廓体가 아니고 純粹한 運動 自体가 目的이요 本体가 되어서 一路邁進하여야 할 것이다. 우리 肉体를 살니는 것은 生活이니 生活을 本位로 한 經濟運動과 精神을 本位로한 文化運動을 兩大 原基로 하고 다시 좀더 体鍊을 爲하야 体育運動까지를 包含한 健民運動을 힘쓰려구 합니다. 政權을 目的하는 벼슬아치의 醜惡性을 떠나서 좀더 道德的이고 非支配的인 訓育의 一面에 힘쓰겠습니다. 우리가 늘 말하는 바이지만 大聖賢이나 偉人達士가 自己 情熱이 남보다 지나침이 있어 이 情熱을 옳은 곧과 바른 곧 宇宙와 人間社會의 總体的인 그 目的을 向하야 傾注하였을 때 當時 人類의 救世的 一面이 되고 나아가서 能率的인 公價를 收하야 와서 비로소 吾人의 史公으로 尊敬을 받는 것입[30]니다. 그런데 이 情熱을 쓰는 곧에 따르고 方向에 따라서 正統에 非正統 順流에 逆流하는 部分이 있스면 이는 그 情熱을 다른 手法으로 天才를 살려보는 意味로 意義있는 일은 일이지만 孔孟과 老莊이 角度를 달니한 다―큰 情熱家이었으며 地와 時를 달니한 釋迦, 基督이 다―큰 情熱家이었음니다. 우리는 이 情熱을 뭉쳐서 큰 熔鑛爐로서 造林家로서 靑年을 이 熱에 訓鍊하려 합니다.

實踐綱領

一, 手工業의 發達을 助長 (經濟部門)

一, 한글普及의 徹底 (文化部門)

一, 規律忍耐生活의 体鍊 (体育部門)

一, 悲歌, 惰性 等 撲滅 (藝術部門)

一, 科學思想의 普及 (文化部門)

一, 宇宙의 犧牲原理의 体達, 殺身成仁을 修養의 極으로 함 (宗教部門)

一, 人間과 社會의 生活原理를 動物性에서 文化性에 길잡는 至善至美를 透觀하야 그 生의 要素와 成의 要素를 助長 發展함 (倫理的 修養部門)

一, 約束生活嚴守 (規律生活)

一, 緊張生活 (精神生活)

우리 民族性의 改良의 一面으로 三大主義를 提唱함.

一, 大規模主義 (空間)

一, 大緊張主義 (時間)

一, 大雅量主義 (德)

이 外에 나는 士道主義를 力說합니다.

가, 感天至誠

나, 研成專能力

다, 大公德心

의 三大要素가 人間 人格 要素로 생각하고 社會敎養의 一面에 資하고저 합니다. 31

三頭政治論

『民聲』2-13, 高麗文化史, 1946.12.1, 1쪽.

자유를 누릴 수 있고 생존권을 주장할 수 있는 것은 인류 고유의 특장이다.

일체의 생물은 각기 제 생명과 겨레의 발전을 위하여 투쟁하는 것이니, 이것은 「아메바」에서 일류에게 이르기까지 구유한[1] 본능인 것이다. 이 특장과 본능을 능히 발휘하는 무리는 흥왕하고 어려움을 당하여 고개 돌려 물러나는 무리는 우승일 때 적자생존의 엄연한 천리 아래 패망하고 마는 것이다.

조선민족은 동방문화의 개척자로 스스로 문화민족임을 인식하며, 또한 새로운 ㅁ누화를 육성하여 세계 문화의 위에 위대한 공헌을 이바지하고자 응분의 분투를 함으로써 그 타고난 역사적 사명과 짐 진 현실적 책무를 환수해야 할 중대한 전기에 직면해 있다.

곧 이의 완수를 위하여 그 생존권과 자유권을 온전히 발휘해야 할 것이니, 해방 이후 두해가 지나는 사이 과연 조선 사람은 능히 그 하늘에서 이어 받은 권리와 세계사적으로 이루어야 할 당위에 대하여 지선의 분투를 다하였던가. 스스로 돌아볼 때 오늘날 우리 민족의 앞날에는 과거 수천 년의 우리 역사상 일찍이 경험하지 못한 위급한 난국이 가로놓여 있는 것이다.

국제적으로 약속된 국가의 주권과 민족의 자유는 어찌하여 우리 손에 쥐어지지 않는가?

흔히 말하기를, 이것은 좌익 우익의 사상분립으로 인한 국제세력의 델리케이트한 관계의 불행이라 하지만, 나는 그렇지 않다고 생각한다. 사상의 분립은 오늘날 세계적인 현상이다. 좌, 우익으로 갈려진 나라에도 정부가 있고, 주권이 있고, 인민의 자유가 있지 않은가? 문제는 좌우익 사상 분립에만 있음이 아니다. 정치 운동가의 도덕이 세련되지 못한 것과 인민의 정치 훈련이 넉넉하지 못함에 있는 것이다.

1　[편취 구유한 : 성질, 자격을 갖추고 있는.

정부가 못 서는 원인은, 지도자로 자임하고 인민 앞에 나서서 호령만 하고 스스로 행동하지 못하는 겁쟁이 정치운동의 부패성에 있다.

그러면 구제책은 없는가? 있다! 나는 오늘날 조선의 구제책은 저「로마」의 삼두정치를 상기함으로써 새로운 삼두정치의 수립만이 국가의 주권과 인민의 자유 생존을 보장하는 주춧돌[2]이라 믿는다.

제일회 삼두정치는 오직 세 사람의 사사로운 결합이었으나 둘쨋번 삼두정치는 인민의 결의에 따라 이루어졌던 것이니, 그들은 원로원, 의원 백삼십 명, 귀족 이천 명을 내어 쫓고 그 대다수를 죽이고 또「피이립비」[3]의 싸움(기원전 四二年)에「카스시우스」및「브루투스」를 쳐부수고 통치했다. 때와 곳은 다를지언정 현실은 엄연히 우리 앞길을 막고 있으니 이 역사를 아니 배울 수 없다.

건국 방략은 명백하다. 두 나라는 이미 우리나라를 분단 점령하였다. 이미 한편만의 주장이 통하지 않고 한편만의 신임만으로는 통일 정부 수립은 되지 않는다. 그러므로 소련의 신임 받는 사람 하나, 미국의 신임 받는 사람 하나, 조선 인민이 신임 하는 사람 하나, 도합 세 사람을 뽑아「로마」의 삼두정치를 배워 쏜살처럼 정책을 단행하라. 이 임시 파도 정부가 안정되거던 그 뒤에 인민의 총의를 따라 보선에 의한 완전 정부를 수립하라.

그렇지 않은 일방적인 편당은 구제의 길을 그르칠 뿐이다. 더구나 어떠한 한 나라 만에 기대어 제 주장만을 세우고 인민의 부르짖음에 귀를 기울이지 않을진대 그것은 소리의 큼에 견주어 스스로만의 무덤을 팔 뿐 아니라 나아가서는 민족 천고의 죄인이 될 것이다.

정치를 말하고 지도자로 자인하는 사람들은 스스로 민족을 건지고 국가를 살리려는 한 조각 단심이 있을지니, 삼경 고요한 밤 가슴에 손을 얹고 우리 민족의 앞날을 생각하라.

진실로 뜨거운 눈물이 옷깃을 적시리니, 과연 새벽별 가물거리는 하늘을 눈 우러러보라. 매운 얼음 속에 울부짖는 것 바람소리뿐일까 보냐!

(十二월 二十四일)

2　[편쥐 주춧돌이 : 주춧돌.
3　[편쥐 피이립비 : 필리핀.

美蘇共委 促開와 나의 提言(五) 急務는 障壁撤廢, 民族叛逆者排除
도 絶對條件

『獨立新報』, 1946.12.10.

美蘇共委를 再建하야 朝鮮에 南北을 統一한 臨時政府를 樹立하여 달라는 것은 男女老少를 莫論하고 三千萬 同胞가 다 같이 바라는 바이다. 元來 朝鮮半島는 數千 年 동안 單一民族이 살고 있는 땅임으로 三八線으로서 갈라놋는 것은 우리의 한 몸동이[1]의 허리를 잘라 논 것과 갓다. 그럼으로 朝鮮民族을 살릴려면 첫재[2] 이 三 八線을 없애야 한다. 三八線을 없애는 具體的인 方途가 美蘇共委 續開로 統一政府 를 樹立하는 것이다. 이 統一政府가 서야 비로소 民生問題도 解決될 것이다. 聯合 國에서는 지금 南朝鮮 民衆이 飢餓線上에 울고 있다는 것을 알아주어야 할 것이 다. 곧 人道問題가 생긴 程度라는 것을 알고 人類愛로서도 朝鮮에는 나라가 卽時 建設되여야 하겠다는 것을 알어주기 바란다. 우리나라를 세우는 데는 思想의 左 右라는 것이 何等 建國의 支障이 되는 것이 아니다. 이 地球上 어느 나라를 勿論하 고 左右의 두 路線이 없는 나라는 없다. 우리나라를 建設하는데 오직 한 가지 妨害 物은 日帝時代의 親日하고 民族을 叛逆하든 무리들의 策動인 것이다. 우리나라가 解放된 것이 主體的인 革命勢力으로만 된 것이 아니요 聯合國의 對日戰勝이 가저 온 解放이 긴 까닭에 革命黨이 革命黨으로서 充分한 職能을 다 하지 못하게 되었 든 까닭에 親日派 民族叛逆者는 軍政을 없고 一部 革命鬪士를 없고 가진 謀略을 다 하야 建國을 妨害하고 있는 것이다. 勿論 이와 가치 親日派 民族叛逆徒黨이 發惡을 하게 된 것은 革命黨들이 最初부터 親日派 民族叛逆者 處斷을 豫言하였기 때문에 그들에게 防禦戰을 展開할 餘裕를 주었기 때문이라는 것도 事實이다. 그러나 우 리나라의 主體的인 日帝에 대한 抗爭이 없었든들 또한 우리는 解放되지 못하였을 것이다. 따라서 나는 美蘇共委에 對하야 臨時政府를 組織할 수 있는 資格者를 革

---

1 [편쥬] 몸동이 : 몸뚱이.
2 [편쥬] 첫재 : 첫째.

命鬪士와 孤節主義者의 二種에 制限하기를 提言한다. 卽 前者는 朝鮮의 自由獨立을 爲하여 鬪爭한 歷史가 있고 그로 말미아마 敵에게 刑을 받앗고 끝까지 變節치 아니한 者와 朝鮮의 自由獨立을 爲하야 鬪爭한 歷史가 있고 그로 말미아마 敵에게 刑을 받은 일은 없으나 끝까지 變節하지 아니한 者요 後者는 朝鮮의 自由獨立을 爲하여 鬪爭한 歷史는 없으나 憂國之士로서 끝까지 變節치 아니한 者의 三者에 所屬된 人士로서 臨時政府 樹立을 一任할 것이다.

이렇게 하야 臨時政府가 民主主義的으로 나가게만 한다면 親日派 民族叛逆者 等은 徹底히 肅淸될 것이며 나라는 훌륭히 發展될 것이다. 애初부터 누구나 다 가치 民主主義를 하자고 하면 親日派 民族叛逆者 等이 다시 政府에 潛入하야 國家 萬年의 恨이 되는 씨를 뿌리게 될 것이다. (筆者는 朝鮮健民會 委員長)

(要路者에게 보내는 忠告의 말슴) 政治道德 높이고 三頭政治로 臨政

세우라─朝鮮健民會 李克魯氏 談

『京鄉新聞』, 1946.12.24.

[政治] 해방된 지 一년반이 경과된 오늘날 아직까지 우리가 갈망하는 임시정부는 수립되지 못하고 정게는 혼란 상태에 빠진 채로 있으며 따라서 민생의 도탄상태는 극도에 달하고 있다. 그러면 무엇 때문에 임시정부가 수립되지 못하고 있는 것일까? 일반은 말하기를 사상적으로 좌우가 분립되어 각자의 노선을 고집하는 곳에 임시정부가 서지 못하는 원인이 있다고 하나 나는 그렇지 안다고 본다. 사상의 좌우분립은 세계적인 현상이다. 좌우익으로 갈려진 나라에도 정부는 있지 않은가? 요는 좌우익의 사상이 문제가 아니라 좌우익 정치인들의 정치도덕이 저열한 때문이다. 그러므로 나는 정부가 서지 못하는 원인이 정치도덕의 저열에 있다고 본다. 그러면 건국구제책은 무엇일가? 내가 정치인들에게 강경히 말하고저 하는 것은 엄동설한인 이때 각자가 벌거벗고 어름짱¹ 우에서 수도(修道)를 하라는 것이다. 수도하므로써 부페성²을 청산하고 정치도덕의 수준을 향상시키라는 것이다. 건국방략에 있어서 말하면 우리나라에 二대 외국세력이 와 있는 것은 엄연한 사실인 만큼 외국세력의 신뢰를 받는 사람과 조선민중이 신뢰하는 대표자가 나와서 공동책임을 지고 과도임시정부를 세우기에 힘을 써 라. 구체적으로 말하면 미국의 신뢰를 받는 사람 一명 「쏘련」의 신뢰를 받는 사람 一명 그리고 조선민중의 신뢰를 받는 사람 一명 도합 三명이 나와서 「로-마」대의 삼두정치(三頭政治)를 하라. 이것만이 과도기의 혼란된 정국을 수습하는 방도일 것이다. 이들 세 사람의 정치로 정국이 안정되거든 그 후에 민의에 쪼차 보선에 의한 완전정부를 수립하라. 거듭 강조하노니『좌우정치인의 수도(修道)와 「로-마」 삼두정치를 실시하라』고 부르짓고 싶다.

---

1 [편쥐 어름짱 : 얼음장.
2 [편쥐 부페성 : 부패성.

(民族的 大反省과 奮鬪) 爲公忘私로서 經國의 道를 踐實, 李克魯氏 談

『漢城日報』, 1947.1.1

每年 同一한 新年을 마지하지만 所感은 年々히 새롭고 다를 것이다. 今年에는 恒常 내 標語로 직히고 있는 『爲公忘私 經國之道』를 내세우고 實踐하고 십다. 解放 後 오늘까지의 우리들의 生活은 爲私忘公의 生活이였다. 이것을 反省하고 淸算하여야 民主獨立國家 建設도 容易히 될 것이다. 于先 그 第一步로 三八線을 徹[1]廢하여야 한다. 이것은 政治問題뿐만 아니라 人道的으로 民生問題로도 躁急한 問題이다. 列國에 要望하고 십은 것은 朝鮮問題가 政治問題뿐만 아니라 道義的 問題임을 잊어서는 안 된다는 것이다. 우리 人類全體는 自由의 神이 降臨하시기를 希願하고 있는 것을 世界의 政治家는 알어야 한다.

---

1 [편쥐 徹: '撤'의 오식.

設問

『京鄕新聞』, 1947.1.1.

1 過去 一年間 出版된 書籍 中에서 貴下가 推薦하시는 書名 2 「나의 新年計劃」 3 「나의 도야지 觀」

1 한글맞춤법解說(金炳濟 著) 한글맞춤법강의(李熙昇 著) 忠武公一代記(李殷相 著) 訓民正音 影印本(한글社 發行)

2 가, 朝鮮語學會의 編纂인 朝鮮語大辭典 刊行 나, 朝鮮 基本 國民運動인 健民 運動의 促進-곧 誠心人 能力人 公德人이 되도록 하는 일-이런 健民이 있어야 完全獨立이 될 수 있는 까닭입니다.

3 利己主義者를 도야지 같다고 한다. 제 배만 채우고 제 살만 지게 하는 짐승이라. 그러나 그 살을 그냥 죽어 썩히려는 목적이 아니오 남에게 희생물이 되어 다시 남을 살지게 하는 목적이 따로 있으니 참 거룩한 짐승이다.

航海大王「申性模」

『京鄕新聞』, 1947.4.3.

　　이분은 故國을 떠난 지 너무 오래되어서 이제 우리 國內에서 널리 알지 못할 것이다. 그러나 朝鮮民族은 누구나 마땅히 알아야 될 人物이다. 그러므로 簡單히 소개하고자 한다.

　　申性模氏의 雅號는 少滄이오 年齡은 五十七歲이오 故鄕은 慶南 宜寧邑이다. 氏는 어릴 때에 鄕里에서 漢文을 읽다가 韓國 末年에 測量學을 공부하고 土地와 山林을 測量하려 그 故鄕의 村으로 다닐 때에 우리 洞里에 왔으므로 내가 어릴 때에 그를 알게 되었고, 또 그 뒤 一九一二年 곧 壬子年 三月에 내가 滿洲로 갈 때에 서울에서 그를 作別하게 되었다. 그 때에 申氏는 普成專門學校 夜學部에 다니었다. 이때는 韓日合倂과 中國 辛亥革命 卽後라 朝鮮靑年의 기승에는 오직 뜨거운 피가 뛸 뿐이다. 『우리는 祖國의 光復을 爲하여 滿洲로 中國으로 가자. 거기에서만 우리가 그 準備를 할 수 있다. 後日에 滿洲나 中國에서 만나』하고 눈물을 흘리면서 갈리었다. 그리고 一九一六年 여름에 내가 上海 同濟大學에 있을 때에 申氏는 南京海軍學校에서 공부하였다. 여름放學에 上海로 와서 여러 해 만에 반갑게 만났다. 그 뒤로 上海 北京 伯林 倫敦 東京 等地에서 오래동안 한 房에서 함께 머물면서 知識交換도 하고 朝鮮民族의 將來일을 計劃도 하였다.

　　中國 辛亥革命 後에 朝鮮學生은 많이 中國으로 留學을 가게 되었다. 申氏도 一九一二年에 배를 타고 上海로 가는데 배 위에서 얻은 感想이 自己는 海軍이 되겠다는 것이다. 그 理由는 우리의 敵國인 日本이 島國이고 또 우리나라가 半島國이니 언제가 海戰이 있어야 되며 海洋의 國防이 굳지 아니하면 아니 된다는 것이나 그 때에 上海에 모인 朝鮮留學生의 入學志願을 물으매 大部分이 陸軍이오 그 다음에

는 法政인데 申氏 한 분만이 海軍이었다. 처음 中國 간 사람이라 數個月동안 中語를 공부한 뒤에 吳淞에 있는 準海軍學校인 商船學校에 入學하게 되었다.

吳淞商船學校에서 一年을 공부한 뒤에 校長의 推薦으로 南京海軍士官學校로 轉學이 되어 無線電科를 專攻하였다. 이 學校를 卒業한 뒤에 海軍 士官으로 軍艦의 乘務員이 되었는데 中國海軍을 建設한 薩鎭氷 海軍元師를 모시게 되었다. 그래서 數年間 服務한 뒤에 다시 北京으로 가서 交通部의 直營인 無線電信學校에 數年間 공부하여 卒業하였다.

無線電信을 專攻한 申氏를 薩鎭氷元師는 自己의 가장 믿는 弟子인 同時에 親아들과 같이 사랑하였다. 그래서 軍事의 通信局인 北京 吳淞 崇明島 等地의 無線電信局에 就任시키었으니 때는 己未三一運動 前後 數年 동안이었다. 申氏는 將來 朝鮮의 海軍建設을 自任하는 壯志를 품은 사람이라 英國 留學을 準備하려고 一九二一年에 故鄕으로 돌아와 竹馬故友인 李祐植氏를 만나서 留學後援을 請하여 約束된 뒤에 倫敦으로 건너가서 一九二二年에 倫敦航海大學에 入學이 되었다. 이때에 나는 伯林大學 政經科에 在學中이었다. 그래서 자주 通信하고 지내던 中에 一九二七年 봄에 내가 伯林大學에서 卒業을 하고 學位授與式을 하게 된다는 말을 듣고 그는 나를 祝賀하기 兼 獨逸을 遊覽하려고 伯林으로 와서 여러 해 만에 반가히 만났다. 數日 뒤에 나는 申氏와 同伴하여 獨逸 라인 地方의 工場都市와 第一次世界大戰의 戰地이었던 佛國 베르당要塞를 視察하고 巴里로 가서 數日間 구경한 뒤에 倫敦으로 건너가서 그뤼위치 天文臺 附近에 있는 航海大學 寄宿舍에 申氏와 함께 一年 동안 한 房에서 居處하게 되었다.

申氏가 世界的으로 航海王의 이름을 얻게 된 것은 倫敦 어느 銀行에서 카나다 어느 港口에 대인 여러 배에 電報하여 뉴욕에 있는 金塊를 먼저 실고 倫敦으로 도라오는 배에 대하여 賞을 주겠다고 하였는데 이 電報를 받은 여러 배는 서로 다투어 競爭을 하게 되었다. 이때에 申氏는 그 艦長과 相議한 바 暗礁가 많아서 危險한 길이나 捷徑인 航路를 취하여 밤에 冒險을 하고 다른 배보다 三四時間을 先着하여 싣고 떠났다. 그래서 倫敦에 대이니 市民은 熱情的으로 이 배를 歡迎하였다. 그때에 이 배의 艦長은 이번 航海 競走 勝利의 首功을 申氏에게 돌리었다. 그래서 有名하여진 것이다. 내가 倫敦에 있을 때에 그는 自己의 抱負를 늘 말하였다. 薩鎭氷

元師가 죽기 前에 내가 中國으로 가서 渤海灣 適當한 곳에 航海學校를 建設하고 朝鮮青年을 불러다가 朝鮮의 將來를 準備하겠다는 것이다. 내가 朝鮮에 도라온 뒤에 그는 英國商船을 타고 大西洋 太平洋 印度洋을 돌아다니게 되었는데 一九三二年에 그의 電報를 받고 나는 橫濱에 가서 그를 만났다. 역시 朝鮮航海界의 將來를 計劃한 것이다. 나는 그의 부탁을 많이 받았고 또는 그 뒤에도 書信으로 혹은 人便으로 朝鮮民族의 航海事業에 對한 計劃을 많이 들었으나 日帝時代라 그 일에 對하여 어찌 꿈인들 꿀소냐. 다만 답답할 뿐이었다.

朝鮮의 자랑 아니 世界의 자랑 申艦長은 이번 世界大戰에 어떤 活躍이 있었을 것은 事實인데 아직 國際交通의 不便으로 消息이 없으니 참 답답한 일이다. 그의 初志를 貫徹할 때가 왔으므로 鎭海灣 波濤는 躍動하여 그를 기다리고 있다. (寫眞은 申氏)

民族將來를 憂慮, 李克魯氏 談

『獨立新報』, 1947.4.5.

왜적을 총칼로 뭇찔름으로서 조국해방에 반생을 바처온 若山 金元鳳장군이 소위 해방 되였다는 조국에 도라와 군정재판을 받게 된 데 대하야 健民會 委員長 李克魯씨는 四일 다음과 같은 담화를 발표하였다.

金元鳳氏는 義烈團々長으로 조국광복을 위하야 오랜 정의의 투쟁사를 갖인 장군임은 세인이 다 아는 바이며 이러한 혁명투사를 천대함은 민족전도를 그르칠 우려가 있다. 나는 인도와 정의가 있다면 이번 군정재판에 물론 현명한 처사가 있을 것을 믿는 바이다.

『人道와 正義를 確信』, 金元鳳氏 等 軍裁에 李克魯氏 談

『民報』, 1947.4.5.

조선건민회 위원장 李克魯씨는 金元鳳씨 등이 군정재판에 회부된 데 대하야 四일 다음과 같이 말하였다.

金元鳳氏는 義烈團단장으로 조국광복을 위하야 오랜 정의의 투쟁사를 갖인 장군임은 세인이 다 아는 바이며 이러한 혁명투사를 천대함은 민족전도를 그르칠 우려가 있다. 나는 인도와 정의가 있다면 이번 군재(軍裁)에는 물론 현명한 처사가 있을 것을 믿는 바이다.

非公開裁判은 不當, 朝鮮健民會 李克魯氏 談

『獨立新報』, 1947.4.17.

　최근 행하여진 二十四시간 파업관게 비공개 재판은 과거에 유례가 없는 만큼
一반에게 불안과 충격이 컸다고 본다. 비공개 재판을 하게 된 경위는 아마 이들
을 처단할 司法측의 버립리[1]적 완벽성이 없었기 때문일 것이다. 이러한 법재판은
앞으로도 계속될 우려가 있으므로 그 부당성에 차제에 철저히 지적되여야 한다.

1　[편쥐 버립리 : '법리'의 오식.

共委續開와 左右輿論

『民聲』3-4, 高麗文化社, 1947.5, 3쪽.

(1)美蘇共委의 再開와 그 結果는? (2) 萬一 合意를 보게 된다면 臨政構成에 있어서의 左右比率? (3) 決裂되는 境遇에는 南朝鮮 單政을 어떻게 보며 그 歸趨는? (到着順)

一, 共委가 열릴 수는 있으리라고 본다. 그러나 우리가 眞心으로 期待하는 好結果가 오느냐는 疑問이다.

二, 左右가 어느 한쪽이 어느 한쪽을 征服하여 政府 세우는 건 國際情勢로도 不可能한 오늘의 형편이고 보면, 左四, 右四, 無所屬二로 하기를 主張한다.

三, 決裂된다면 北은 北대로 굳어지고, 南은 南대로 美國 支持 밑에서 親美派의 勢力으로 單獨政府가 서는 同時에, 美國 資本이 太平洋의 洪水처럼 밀려들어 올 것이다. 그리고는 統一國家建設을 期하는 民衆의 反抗과 그에 對한 彈壓이 여러 번 反覆될 것이다.

美蘇公約을 實踐, 美쏘共委 促成, 李克魯 談

『中央新聞』, 1947.5.15

　全民族이 苦待하고 喝望하는 美쏘共委가 再開되니 大端히 感謝하다. 朝鮮獨立을 約束한 國際公約을 美쏘 兩國이 忠實히 實踐履行하야 朝鮮의 完獨全立[1]을 達成하여 주기를 願하는 同時에 共委 成功을 爲하야 兩國이 始終一貫 誠意로써 努力하여 주기 바란다. 國家의 建設과 獨立政府樹立은 思想의 對立에는 아모 關係가 업는 것이다. 우리 政府樹立에는 單獨政府와 聯立政府의 두 形態박에는 업는데 國內外 情勢를 잘 살펴보면은 單政은 絶對不可能한 것이요 聯立政府만이 可能한 現實이다. 그러므로 우리는 끗가지 美쏘가 公約을 實踐하는 데 協調할 것이나 萬若 이것을 履行치 안는 때에는 民族的 精神으로 憤起하고 世界에 正義感을 呼訴할 것이다.

1　[편쥐 完獨全立 : '完全獨立'의 오식.

故 李允宰氏 長男 等 極刑求刑, 李克魯博士 特別辯論

『家政新聞』, 1947.6.12

　　작년 十월 二十일 廣州에서 발생한 경찰서습격사건관계자로 지목된 李元甲 외 十六명에 대한 제二회 공판은 十일 본 법원 법정에서 개정되었는데 曹在千 검찰관으로부터 다음과 같은 구형이 있었다. 李元甲 朴東圭 양 명은 사형 徐鎬徹 金大容 辛榮敎 외 三명은 十년 증역 崔用玉 외 四명은 七년 증역 외 二명은 五년 내지 十년의 구형이 있었다. 이날 조선어학회 회장 李克魯씨의 특별변호가 있었는데 요지는 다음과 같다. 인간 생활은 법율적 조문으로만 생각할 수 없다. 피고 李元甲군은 三·一운동, 興士團사건 그리고 一九四二년 二월 洪原에서 발생한 조선어학회 사건에 조선민족의 재부흥을 위하여 싸우다 옥사한 애국열사 李允宰 선생의 장남이며 元甲군의 성격과 가정상태를 보아도 도저히 방화 살인은 않았을 것이다. 습격한 원인으로는 어학사건 때 洪原경찰서 고등계형사로 있던 자가 廣州사건 당시 광주경찰서에 근무한 것도 이유의 하나일 것이다. 우리 민족의 애국열사의 유가족을 보호치는 못하나마 이러한 극형에 처한다는 것은 민족으로 유감된다.

反託 除外는 當然, 健民會 李克魯氏 談

『獨立新報』, 1947.7.8.

　제十一호 성명 발표 전에 反託투쟁위원회에 들어갓든 정당사회단체를 共委협의 대상에서 제외할 것은 물론 贊託을 가장하고 공위파괴를 목적으로 하는 자 친일파가 주동적인 정당사회단체는 법리적으로 자연 배제될 것이라고 확신한다. 민족적 수치일 유령단체는 엄격히 조사하야 제외할 것은 물론 처벌할 방법이 있다면 처벌하기를 주장하는 바이다.

(幽靈反託團體除外, 本報 設問에 中間及右側主張) 反託鬪委系列 除外, 健民
會 李克魯氏 談

『朝鮮中央日報』, 1947.7.8.

어떤한 團體를 共委協議對象에서 除外해야된다고 생각하십니까. 그 團體名에 對해서
具體的으로 貴黨의 意見을 말슴하야 주시길 바랍니다.

一 十一號 聲明書 發表 前의 「반託鬪爭委員會」 參加政黨團體는 法理的으로 一切
除外해야 할 줄로 믿으며 親日派 民族叛逆者 集團을 一切 除外해야 한다.

一 參加團體는 嚴密히 調査하야 整理함은 勿論 郡民會 飮食店組合 등을 除外해
야 할 것이다.

合委와 共協意見, 團體整理當然, 共協主席 李克魯博士 談

『朝鮮中央日報』, 1947.7.19.

一, 商工會議所 醫師會 佛教研究員院 等의 團體는 直接 政治性을 띠고 政治的 活動을 하는 것이 아니니 重大한 協議對象에 參加하는 것은 他에 利用될 危險性이 있으니 整理하는 것이 좋다.

二, 「協議資格」과 「協議對象으로 承認」은 當然히 區別하여야 할 것이다. 五號聲明에 捺印하였다고 別々 團體를 協議에 參加시키는 것은 도로혀[1] 홀난[2]을 이르킬 念慮가 있다. 資格審査는 어떠한 社會에도 있다. 하물며 이러한 國家民族의 運命을 決하는 會合에 參加할 資格을 嚴格하게 定하는 것은 當然한 일이다.

三, 兩側 代表가 承認하는 것과 拒否權을 行使하는 것은 別差異는 없다. 그렇나[3] 兩側이 承認한 後에 名簿를 作成하는 것이 順序로서 옳을 것이다.

---

1 [편쥐] 도로혀 : 도리어.
2 [편쥐] 홀난 : '혼란'의 오식.
3 [편쥐] 그렇나 : '그러나'의 오식.

單政은 亡國을 意味, 美蘇共委는 期必코 成功, 愛國者 投獄·親日
派執權은 곧 顚覆, 來釜한 李克魯氏 記者에 所信披瀝

『釜山新聞』, 1947.8.19.

朝鮮健民會々長 李克魯박사는 사적 용무로 고향 宜寧에 가는 도중 피곤한 심신
을 휴양하기 위하야 수일간 釜山에 체재하기 되었는데 왕방한 기자와 회견하고
다음과 같은 문답을 하였다.

문 해방 三년을 마지하야 과거 二주년간의 회고 감상은.

답 조선을 사랑하는 양심적 애국자는 일제의 탄압으로 투옥 망명 피신 생활을
해나오다가 해방과 동시에 자유로운 몸이 되었다. 그러나 장기간에 걸친 투옥 등
탄압생활에서 갑작히 버서난 탓으로 일신이 최약햇을뿐만 아니라 사회상식이 결
여되어 活동할 수가 없었다. 그 틈을 타서 조선의 모든 분야에 있어서는 또다시
과거의 친일파들이 직권을 남용하여 비양심적 비민주적 정책을 꾀하여 민중들에
게 더욱 불만과 불평을 주게 하여 혼돈을 거듭하여왔다. 그렇기 때문에 조선의
장래는 참으로 암담하다 할 수 있다. 그러나 이제 양심적 인물이 등용될 조선의
정々기(整整期)가 닥처왔다. 이러한 변동기에 있어서 친일파는 단연코 물러가게
될 것이며 양심적 애국자가 총동원될 것이다.

문 정돈상태에 있는 미蘇공위에 대한 박사의 견해는?

답 절대낙관이다. 작금의 美蘇공위는 소련이 많은 양보를 하고 있다. 국제공약
은 말할 것도 없거니와 반다시 성공할 시기가 올 것이다. 그리고 사양하는 편이
최후의 승리를 획득할 것이다.

문 李承晩박사 중심 우익계통의 단정수립설에 대한 견해는?

답 그것은 이론을 떠나 상식적으로 판단해도 단정이 수립 되여서는 않된다. 조
선과 같이 혈통적 단일민족이 단정수립으로 인하야 三八線은 영원히 철폐되지
않는다면 고대조선의 南北조선시대와 三國시대와 똑같은 국내 전란을 면치 못할
것이다.

문 박사의 정치이념은?

답 정치에 있어는 선진미국과 같은 민주ㅆ의적 정책을 최고 이렴을 하되 경제면에 있어서는 쏘련의 사회주의 경제정책을 전폭 지지 실천시켜서 양자를 절충하야 조선을 재건하자는 것이 지상주의다.

문 언론 출판 교육 등 모든 문화기관에 있어서 한글의 수준이 현재 어느 정도인가.

답 우리 語學會에서는 해방 후 一년 동안에 한글보급에 전력을 바쳤다. 현재 조선전교육계는 한글애 능통한 교육자가 배치되어 있고 모든 문화기관에 있어서도 급진적 발전을 보게 되어 현재에는 대단히 좋은 결과를 보게 되어 그 수준은 타국 국어에 손색이 없다.

문 민족문화수立에 대한 박사의 복안은?

답 나는 방금 文政부를 통하야 에쓰페란드 語를 소학교 필수과목에 너흘 것을 주장한다. 그 이유는 五十년 이내에 반듯이 세계대전이 두 번 이상 발ㅆ(勃發)되어 일원세계화(一圓世界化) 될 것이다. 그리고 각국 ㅆ어는 지방어가 될 것을 예언해 둔다. 그것은 내가 과거에 연구한 철학을 통해서 확고한 신염을 갖이고 있다.

朝鮮國民運動의 理念과 靑年運動의 指針(一) 健民主義

『東光』 42, 東光社, 1947.9, 1~6·26쪽.

序 論

1, 解放後 朝鮮國民運動의 回顧

八,一五 以後 解放된 朝鮮은 政黨의 渦中에서 秩序를 차리지 못하였다. 大同小異한 政綱 政策을 내걸고 수많은 群小 政黨들은 雨後竹筍格으로 亂立하여 政論의 對立으로 날을 보냈다. 그들은 朝鮮에 獨立政府 樹立이 在邇함을 누구나 疑心하지 아니 하였다. 그렇던 中 美蘇兩軍이 三八線을 境界하여 南北으로 進駐하게 되자 政黨의 動向은 緊張하여지고 騷然[1] 紛々하여졌다. 이때에 거듭하여 幕府三相會議 決定 中 信託問題가 朝鮮에 報道되자 國民의 猛烈한 反對와 憤怒는 爆發하여 一九四七年 一月 五日 自然發生的인 國民示威運動이 全國的으로 展開되었던 것이다. 그러나 이 問題에 대한 見解의 差異를 말미암아 左翼陣營에서는 同決定의 總體的

---

1 [편주] 騷然 : 소연(떠들썩하게 야단법석으로).

支持를 表明하였음을 契機하여 左右翼의 分裂과 對立은 드디어 深刻化되고 말았다. 그러고 이 分裂과 對立은 마침내 思想的으로 感情的으로 憎惡와 相剋을 招來 ①하여 同族相殺과 自相천책의 悲劇을 演出하게 하였다.

이와 같이 우리의 過去의 國民運動史를 回顧할 때 그 理由와 原因이 那邊에 있는가를 深刻하게 생각하지 아니할 수 없는 것이다. 우리의 目的은 獨立에 있다. 民族의 主權을 배워서 國家를 確立하고 統治權을 掌握하여 政治를 施行하는 것이다. 勿論 日帝下의 民族獨立과 오늘날의 民主獨立에 對한 獨立의 理念은 多少 다르다할지언정 獨立 아닌 事實은 共通이요 獨立을 念願하는 目的은 同一하다. 따라서 政黨도 個人도 團體도 그 指向과 目的은 모다 이 커다란 全體 目的인 國家의 獨立에 있는 것만은 事實이요 또한 疑心할 수 없는 일이다. 따라서 獨立課程에 處한 國民運動의 方向과 進路는 이 至上至淳한 一大擧族的인 民族理念에 있을 것이요 決코 어느 黨派나 한 陣營의 意圖나 目的에 從屬 또는 左右될 것이 아니다. 그럼에도 不拘하고 우리의 過去의 國民運動史가 그 後面에 不純한 努力과 使嗾[2]이 潛伏하여 그 本質과 軌道를 逸脫하고 政治 努力의 對立과 暗鬪의 前衛的 形態로서 出現하게 되었다 함은 實로 遺憾이라 아니할 수 없는 일이다.

앞으로 우리의 運動은 確固不動한 理念과 體系에서 國家目的과 理念에 隨應하는 强力한 全民族의 單一體로서의 推進力이 되지 아니하면 아니 될 것이다.

2, 朝鮮國民運動의 基本問題

朝鮮의 國民運動은 朝鮮民族의 生態의 描寫이요 朝鮮國民의 熾然[3]한 國家的 情熱行動의 表現이다. 특히 半世紀에 가까운 主權의 喪失은 民族意識의 稀薄化와 民族經濟의 破壞를 根本的으로 招來하여 解放 朝鮮은 經濟的 再建과 自立이 不能한 狀態에까지 빠지고 말았던 것이다. 그 위에 政治的으로 文化的으로 民主主義의 氣勢는 물밀 듯 氾濫하여 잠자고 있던 朝鮮民族의 머리를 精神차릴 사이도 없이 支配하였기 때문에 그 結果는 民主主義의 濫稱과 함께 畸形的인 民主主義의 文化面 道德面이 나타나게 되었던 것이다.

---

2 [편쥐] 使嗾 : 사주.
3 [편쥐] 熾然 : 치연.

이것은 朝鮮의 國民運動이 理論과 實踐의 貧困에서 確固한 體系와 方向을 定하지 못하고 無原則 無計劃的인 指導에 따른 結果라 할 것이다. 앞으로 逢着할 深刻한 民生苦와 朝鮮獨立의 多角性을 깊이 豫測하고 밖으로 國際協助와 안으로 民族協心으로 産業經濟의 再建設과 國民生活의 安定을 圖謀함으로써 外力의 制約性을 가진 朝鮮獨立이 民族의 希望과 勇氣를 喪失케 함이 없이 歷史的 過程을 能히 克服하고 나아갈 수 있음을 把握 認識하는 데서 朝鮮國民運動의 本質과 進路는 明示될 것이다. 半萬年 朝鮮의 文化와 傳統을 基盤하여 革命期의 思想的 文化的 經濟的 諸般段階를 愼重하게 밟으면서 混亂과 激動을 抑壓하여 나아가는 一便 항상 生新한 希望과 方向을 明示하여 國民個個의 主體的이요 自發的인 義憤과 感激을 基調로 한 猛烈한 運動이 國民自體에서 솟고 끓어올라야 한다.

이와 같이 國民運動의 本質은 國民의 協力運動이 國民의 主體性과 自發性에 依하여 推進되는 것이요 항상 間斷없는 客觀的 反省과 批判의 對象이 되어야 한다. 이것 없는 運動은 한날 內容없는 行事的 形式에 지나지 아니한 것이다. 政黨은 政權을 獲得하여 自黨의 政策을 그 國家나 社會에 施行하려 하는 一種의 政權運動團體이나 民族이 國權을 回復하여 國家를 形成하고 國政을 實施할 수 있는 權利와 自由가 保障될 때에 비로서 政黨運動도 政權獲得도 바라볼 수 있는 것이다.

지금 우리의 主權이 아직도 恢復되지 못한 民族의 念願은 오직 獨立一路에 邁進하는 民族的 課業의 遂行에 있는 것뿐이다. 따라서 國民運動 亦是 이 大路와 指針에서 逸脫하여서는 아니 될 것이요, 現在에 모든 움직임에 對하여 우리는 이를 凝視하고 批判하여 그 가운데서 本格的인 國民運動의 出發을 指摘하고 이를 培養育成하여 커다란 朝鮮의 國民運動線이 顯現되어야 할 것이다.

3, 朝鮮國民運動의 特殊性

十八, 九世紀가 個人主義와 議會政治의 時代라고 하면 現二十世紀는 國內運動과 國民組織의 時代라고 할 것이다. 國民運動과 國民組織을 참으로 體得하고 發展시키는데 成功한 나라가 二十世紀 以後에 覇를 잡고 이것을 놓치고 떨친 國家는 時代의 落伍者가 되는 수밖에 없는 것이다. 未來 世紀의 關鍵은 이 國民運動과 國民組織 가운데 있다는 것을 우리는 잊어서는 안 될 것이며 確實히 凝視하여야 할 것이다. 이런 意味에 있어서 이 時代는 確實히 組織時代요 國民運動時代이다. 國民運動과 國民組織을 들고서는 나라 ②는 일어설 수 있으나 이 基盤과 土台없는 나라는 衰亡한다. 그것은 마치 十八, 九世紀에 있어서 封建制度를 빨리 脫却하고 個人의 自由와 權利를 許容하여 議會政治를 樹立한 나라가 近代國家의 偉容을 갖추고 그렇지 못한 나라는 時代에서 脫落된 것과 같이 이것은 偉大한 歷史의 必然的 發展과 轉換이 아닐 수 없다.

이와 같이 朝鮮의 國民運動도 우리는 어떻게 하면 우리의 뒤떨어진 모든 面貌를 하로 速히 再建하여 近代國家로서의 偉容을 具有하느냐 하는 것이 特히 朝鮮의 國民運動과 國民組織에 要請되는 最大의 基本問題라 할 것이다. 우리의 過去生活은 政治와 完全히 遊離하고 沒干涉하엿던 까닭에 國民大衆이 政治에 對한 訓鍊과 認識을 가질 機會가 없던 위에 日帝의 暴政에 呻吟하는 人民은 어느 듯 政治에 對한 憎惡와 惡感만을 가지게 되었다. 따라서 民主主義를 謳歌[4]하는 오늘에 있어서도 朝鮮人民의 多大數는 아직도 國事는 志士에게 맞기고 政治는 政治家가 하는 것이라고 하는 잘못된 생각을 가지고 있어 政治를 忌避하고 敬遠[5]하는 態度를 보이고 있는 것은 國民의 이에 對한 知的 水準의 不及을 表明하는 것 밖에는 아무 것도 아닌 것이다. 아모리 民主主義의 方法과 實踐을 高揚한다한들 民主主義가 무엇인가를 모르는 사람이 어찌 그것을 實踐하고 實現할 수 있으랴?

우리는 하로 빨리 敎育을 通하여 大衆을 啓蒙하고 敎化하여 國民의 質的 向上과 高度化를 企圖하여 眞正한 獨立의 捷徑이요 國家富强의 對策이라 할 것이니 人民이 人民의 權利와 義務를 完全히 分別 履行하고 道德과 知能이 發達하여 國家文明을 世界에 顯揚케 하는 것이 곧 朝鮮國民運動의 基本理念이라 할 것이다. 따라서 朝鮮의 國民運動은 遼遠하고도 無限한 努力과 苦鬪가 世代를 通하여 連結되지 아니하면 아니 될 것이다. 政治面 經濟面 文化面 모든 部分에 革命的 再建設과 創造와 生成의 一大促進을 急要하는 朝鮮의 國民運動이 複雜多難한 이 大任務를 앞에 두고 그 出發을 國民의 啓蒙으로부터 始發하지 아니하면 아니 될 國民運動으로서의 初段階的 一步에 있음은 解放 朝鮮의 기쁨[6]과 同時에 悲哀라 아니할 수 없다.

---

4 [편주] 謳歌: 구가(여러 사람이 입을 모아 칭송하여 노래함).
5 [편주] 敬遠: 경원(공경하되 가까이하지는 않음).

이 英雄的 一大 課業을 遂行하려하는 朝鮮國民運動은 不純한 動機 複雜한 形式 固陋한 因習 等 모든 過去와 封建的 殘滓를 一掃하고 本格的인 國民運動이 躊躇없이 堂々하게 眞心과 信念을 가지고 愛國의 情熱과 努力을 傾注하여 勇敢하게 發進하지 아니하면 아니 될 것이다. 따라서 朝鮮國民運動의 特殊性은 以上에 論한 바와도 같거니와 어디까지나 指導 啓蒙 敎導的 性格을 가지면서 推進하여 나가지 아니하면 아니 되는 것이다. 그와 同時에 國民의 總意와 峻烈한 客觀的 批判과 反省으로 主觀的 偏見을 防止하며 資善과 加鞭이 强烈한 民族的 團結과 愛國的 協力을 加一層 凝結하여 나가면서 最高의 識見과 知識과 有能이 恒常 生生하게 躍動하고 살아있지 아니하면 아니 된다. 따라서 指導者는 大衆 속에 깊이 뛰어 들어가서 大衆과 함께 共鳴하고 實踐하는 熱誠과 愛國心이 없이는 朝鮮 國民運動은 한낱 理論이나 知識의 戲弄에 不過한 것이요 偉大한 事業은 偉大한 實踐者를 通해서만 그 歷史를 짓게 하는 것이다.

朝鮮의 國民運動이여! 그대의 偉大하고 嚴肅한 첫 出發에 勝利의 榮光을 받으라!!

本 論

A 精神面(健民精神)

民主主義 國家建設은 三千萬이 다 念願하는 共同한 理念이다. 그러나 民主主義의 政治形態는 그 나라의 民族性 國民性에 依한 固有한 文化와 傳統의 特殊性에 따라 제 各己 다르게 攝取되어 있으니 이것이 民主主義의 偉大한 普遍性이다.

더욱이 朝鮮과 같이 政治睡眠期에 잠겼던 나라는 固有한 文化 道德 習慣 傳統 等의 周圍와 環境에서 飛躍的인 民主主義의 實現을 期함은 도리어 矛盾과 混沌을 誘發할 뿐이요 民主主義 實踐의 發展段階에 있어서 그 過渡期的 制約을 받음은 朝鮮 歷史의 必然的 轉換과 같이 또한 當然한 일이 아닐 수 없다. 이 歷史的 大轉換 ③ 時期에 있어서 우리는 健全한 國民精神을 培養하여 堅實한 國家發展에 對處하지

---

6 〔편주〕기뿜 : '기쁨'의 오식.

아니하면 急轉한 思想 文化의 衝擊에 克服할 수 없는 破滅의 運命이 올 것을 覺悟하여야 할 것이다.

이에 우리들이 가져야할 國民精神과 民族的 進路와 態度를 明示하려 한다.

(一) 個人觀

이 땅에 또 다시 새로운 事態는 展開되어 가고 있다. 그러나 民族은 예나 이제나 또한 앞으로나 無限한게 이어 갈 것만은 事實이다. 따라서 새로운 人生觀과 世界觀을 가지고 個人 民族 國家를 보고 나아가지 아니하면 아니 된 것이다. 在來의 우리가 생각튼 國家觀은 지금에 있어서 실수 없는 世界의 흐름을 冷靜하게 把握하고 우리 民族이 千年 萬年 살어갈 態度와 方式을 決定하는 가운데 비로서 國民運動도 靑年運動도 그 理念과 進路가 確立할 수 있는 것이다.

그러면 우리는 어떠한 態度로 살어가야 할 것인가?

이하 個人觀 民族觀 國家觀 世界觀을 論述하여 結論을 맺으려 한다.

1, 士道主義(士道 三要素)

誠心 能力 公德을 가르켜 士道三要素라고 한다. 士道는 新羅의 花郎道 英國의 紳士道와 같이 선비의 道라는 말이니 선비의 道는 中庸의 道를 말함이요 中庸의 道는 文武의 均一兼全을 말하는 것이다.

國家의 興亡盛衰가 다 어느 나라를 莫論하고 文弱과 武强으로 서로 亡하고 興하였으니 우리도 文武兼全의 人格을 갖추어서 自主獨立의 精神과 獨立 獨行의 儼然한 氣品과 勇氣를 가저야 할 것이니 이런 個人이나 民族은 事大主義도 없고 卑屈性奴隷性이 없는 까닭에 外力이 干涉이나 支配를 받으려 들지 않고 不幸이 他의 侵略을 받을 境遇에는 憤烈 蹶起하여 이를 막어 물리치어 그 自主性을 喪失하지 아니하는 것이다.

ㄱ,誠心力

誠心과 能力과 公德의 세 가지 要素가 完全하게 갖추어야 선비라 할 수 있는 것이다.

個人에 對한 일이나 國家에 對한 일이나를 莫論하고 사람이 움직이는 데는 마땅히 誠心을 다 하여야 할 것이니 誠心없는 사람은 믿을 수 없는 사람이요 誠心없는 社會는 冷情한 社會가 되고 마는 것이다. 民主主義의 참다운 精神도 곧 誠心이니 人類社會의 平和와 發展은 誠心의 發露에서 眞正한 實現을 期할 수 있는 것이다.

ㄴ, 能力人

士道의 둘째 要素는 能力이니 사람은 저마다 한 가지 能을 가지어서 國家나 社會에 貢獻할 수 있는 사람이 되어야 한다. 우리가 저마다 能力人이 되는 것이 나라를 强하게 하는 것이요 世界에 寄與하는 길이니 無爲徒食하는 4 사람이 되지 말고 科學 藝術 文化 모든 方面에 能力을 發揮하여 國力과 生産을 振興케 하는 것이 國民의 道理요 義務이라 할 것이다.

ㄷ, 公德人

公德은 人間의 價値와 善惡을 區別하는 標準이 되는 것이니 아모리 誠心과 能力을 가젓다고 하더라도 社會에 公德이 되지 못하는 誠心과 能力은 善이 못되고 도로혀 惡이 되는 것이다.

世上에는 自己의 悲常한 才操와 能力과 誠心을 逆用하여 一個人의 利益에 沒頭하여 國家 社會에 害毒을 끼치는 일이 있으니 그러한 誠心과 能力은 惡이라고 斷定하는 것이다. 그뿐 아니라 能力 또한 誠心을 갖추어야 하니 世上에는 흔히 有名한 能力家이면서도 人格的으로는 誠心이 없어서 信望을 잃은 일이 한 두 사람이 아니니 完全한 人格 곧 士道는 以上의 세 가지 素要를 具有하는 것이다. 따라서 人間敎育의 理念은 士道主義를 宣揚實現하는 것이요 誠心人 能力人 公德人을 만드는 데 있는 것이다.

2, 三大主義

士道의 實踐面에 있어서 三大主義가 있으니 大規模主義 大緊張主義 大雅量主義는 社會性을 띤 人間으로서의 取할 바 能度이다.

1, 大規模主義(空間的)

民族의 態度와 性格은 世界觀을 構成하는 文化財와 共通性이 共通한 世界觀을

通하여 次代의 民族과 結合할 때에 形成하는 것이며 民族的 性質 곧 國民性을 意識한다. 우리는 民族의 現文化와 世界觀을 結付하여 新文化를 建設하는 同時에 이를 次代에 自覺시켜 民族과 個人의 精神的 成熟과 國家 社會와의 結合에 誘導하는 데에서 民族과 國家의 新發展과 建設進步가 發足된다.

우리의 過去와 現在의 生活形態는 곧 우리의 表現이니 모든 일에 規模를 크게 하는 데서 雄大한 國民性과 發展的인 民族性을 涵養할 수 있는 것이다.

大陸的인 規模와 積極的인 文化의 建設은 民族의 生活意識을 새로운 方向으로 誘致하니 모든 일의 設計를 濶達한 生活意慾의 向上 發展을 圖謀할 것이다.

2, 大緊張主義(時間的)

個人的으로나 國家的으로나 新事態의 展開 生活의 危機 勃興運動 等의 運命的 課題가 全體的 課題로서 賦課될 때에 이에 따라 새로운 世界觀과 意志와 勇發的 精神의 必要하다.

그러나 이 全體的인 責任과 義務를 完遂하는 解決道程은 相當히 긴 時間을 要하며 이에 必要한 모든 精神的 財를 새로운 方向과 形式으로서 生新한 精神的 所有와 能力으로 이끌어 나아가지 아니하면 아니 된다. 悠久한 四千年의 歷史를 지난 오늘의 朝鮮이 모든 新事態와 世界觀에 直面한 이 現實的 事實을 直視하고 이 5 課業을 遂行하는 任務와 責任을 앞에 두고 一大 民族的인 大緊張과 憤發이 있지 아니하면 아니 된다. 個人的 生活面이나 또는 社會的 生活面에 있어서 國民의 大緊張과 奮起가 있을 때 國家發展의 强大한 힘의 膨脹을 보인다. 이 根本 推進力이 되는 國民의 精神的 緊張을 激勵하여 우리의 一切의 生活面에 躍動하여야 한다.

우리의 約束生活, 時間生活, 訓鍊生活 團結生活, 組織生活 그 밖의 規律 節制 言語 行動 決議 等의 모든 實踐生活이 우리의 生活向上과 社會發展을 促進할 수 있는 깃이다. 偉大한 民族課業을 앞에 둔 우리는 獨立의 大課業에 國民生活의 一大 革新과 國民精神의 大緊張을 要請하는 것이다.

3, 大雅量主義(社會的)

淸水洗面併洗心

明鏡對面併對心(李克魯『修養訓』에서)

나라를 잃은 백성은 먼저 良心을 잃은 백성이다. 그러므로 나라를 세우려면 그 백성이 먼저 良心을 찾어야 된다. 良心을 찾는 사람이라야 참 健民이 될 수 있다. 사람이 世上에 살어가는데 불타는 私利私慾으로 말미아마 共存共榮의 社會的 大公德을 잃른 수가 있다. 사람은 얼굴에 때가 묻는 것보다도 物慾으로 마음에 때가 묻기가 더 쉽고 또 얼굴을 바루 못 가지는 것보다도 마음을 바루 못가지기가 더 쉽다.

그러므로 우리가 아침마다 한 번씩 세수하고 거울을 보는 그때에는 몸의 겉모양만 볼 것이 아니라 마땅히 속마음도 同時에 살피어서 혹 良心을 잃은 일이 없는가 警戒하지 아니하면 아니 될 것이다.

以善包惡 處事之法

爲公忘私 經國之道(李克魯『修養訓』에서)

사람의 行動을 批判한 때에 主觀的으로도 善과 惡이 있겠지만은 客觀的으로도 善과 惡이 分明히 있다. 누구나 自己가 善이라고 確信할 때에는 相對方을 惡이라고 判斷한다. 그러나 그런 境遇에 處事만은 包容力에서 惡이 善의 包圍를 當하여 더 發作하지 못하게 하는 것이 上策이다.

사람은 혼자 사는 것이 아니라 커다란 國家社會를 이루어 가지고 사는 以上에는 公衆을 위하여 個人인 私를 잊는 것이 나라를 經營하여 가는 國民의 道理이다. 社會的 存在인 人間은 社會의 制約性을 떠날 수 없다. 個人 民族 國家의 커다란 社會性은 個個의 個性과 特質의 區別이 없이 그 意志와 方向의 範疇를 形成한다. 우리는 모든 社會面의 因緣性을 認識하고 謙讓과 雅量으로 大國民의 襟度를 가지고 理解와 親善으로서 融和을 圖謀하고 摩擦과 感情과 對立을 避할 것이다. 더욱이 新國家建設의 課程에 있어서 政治的思想的 軋轢[7]과 混沌은 이 雅量으로서 모든 것을 包攝하고 讓步하여 共同의 目的으로 나아가지 아니하면 아니 된다.

政治道德이 世界에서 가장 發達한 英國은 英國國民의 大雅量主義와 包容性이 그들의 國家經營을 理想的으로 發

---

7 [편쥐 軋轢 : 알력.

(二十六頁에 계속) 6

(6頁에서 繼續)

展示켜 가는 것이다. 그들은 言論과 思想의 自由는 徹底하여 英國의 소위 思想 市場은 다른 나라에서 볼 수 없는 紳士的 政治道德을 보이고 있는 것이다. 日曜日 이나 그밖의 公休日에 보면 큰 거리에나 公園에는 마치 夜市場 露天가게를 죽 벌리어 놓듯이 곳곳이 各 政黨에나 各 宗敎團體나 그밖의 社會團體는 各各 露天 演台[8]를 차리고 自己의 主義를 宣傳하는 것은 勿論이요 英國植民地 백성들이 와서 自己의 獨立演說을 하는 演台까지 나타난다. 그리하면 오고가는 사람들은 여기저기 돌아다니면서 제 마음대로 들어서 思想을 啓發하여 社會情勢와 國際情勢를 通察하게 된다. 그 結果는 英國사람으로 하여금 모든 일에 批判의 態度로 나가게 하고 盲從的 態度를 없이 한다. 그뿐 아니라 自己의 主義主張과 思想을 氣焰万丈[9]하게 群衆 앞에서 吐하는 데 그들은 靜肅하게 들을 뿐이요 反對黨과 反對黨이 서로 마주보면서 正正堂堂하게 自己의 主張을 發表하고 서로 『야지』[10]를 부르는 일은 볼 수 없다. 英國은 言論도 自由이려니와 判斷도 自由이다. 그들은 서로 拍手와 喝采로서 共鳴하는 主張을 歡迎한다. 選擧 時에도 그들은 이와 같이 하여 各 政黨의 主張을 다 들어보고 最後에 自己의 判斷에서 옳다고 생각하는 데 따라서 一標를 던지게 되는 것이다. 이것은 英國國民의 神聖한 權利요 義務라고 생각하는 同時에 英國을 사랑하는 마음에서 暴力이나 破壞를 아니한다. 그들은 유리창 하나를 깨는 것도 大英帝國의 損失이라는 것을 잘 알고 있다.

이리하여 英國의 國家運動과 政策變革은 英國 國民의 判斷에 맡기어 그 結果에 따라 施行되는 것이요 決코 分裂이나 對立 感情이 없다.

오늘날 우리 國內의 現狀을 볼 때 얼마나 偉大한 現狀이냐? 우리는 이 英國의 紳士道와 大國民性을 본받어 우리나라의 基本을 삼을 것이요 우리 國民은 다 같이 이 雅量과 包容力을 가질 것이다. (次號 繼續) 26

8　[편주] 演台 : 연대.
9　[편주] 氣焰万丈 : 기염만장(기세가 대단히 높음).
10　[편주] 야지 : '야유'의 일본어.

民聯 發足에 關하야, 宣傳局長 李克魯氏 談

『朝鮮中央日報』, 1947.10.16.

民族自主聯盟 準備委員會 宣傳局長 李克魯氏는 十五日 記者團과 會見하고 다음과 같은 一問一答을 하였다.

問 民聯 發足 後에 있어서 合委 待[1]協 共協 獨戰[2] 等은 어떠케 되는가?

答 民聯 構成은 四團體로만 된 것은 않이다. 앞으로 民聯이 正式으로 發足하고 組織化되면 四團體는 自然히 潑展的 解消를 하게 될 것이다.

問 民聯의 構成 人物로서 民聯을 純粹한 右翼이라고 指摘한 사람이 있는데 그에 對한 見解와 政治的 性格 如何.

答 個人의 意見發表는 自由이나 民聯은 純粹한 右翼도 아니고 左翼도 아니다. 民聯은 어떠한 獨點的인 政治路線을 排擊하나 左翼이나 右翼을 排擊하는 것은 아니다.

---

1 [편쥐 待: '對'의 오기.
2 [편쥐 合委 對協 共協 獨戰 : 좌우합작위원회·시국대책협의회·미소공동위원회 대책협의회·민주주의독립전선.

(祖國의 運命은 어데로, 朝鮮問題의 兩個提案, 各界輿論은 이렇다) 南北會合 同時 撤兵하라, 民聯 李克魯氏

『朝鮮中央日報』, 1947.10.21.

제2장
기타 논설/
설문·좌담/
수필

一, 民族自決主義 立場에서 干涉없는 自主的 政權을 세우는 것이 原則이다.

二, 撤兵問題는 理論的으로 實地的으로 左記로 三分할 수 있다.

(가) 臨政樹立 後에 撤退한다. (나) 撤退 後에 臨政樹立한다. (다) 撤退와 政權樹立이 同時한다.

그러나 나는 南北朝鮮의 政治人이 一堂에 모여서 政府樹立會議를 開催하는 한 날 한 때에 南北朝鮮駐屯軍은 撤退開始한다는 聲明이 있기를 要望한다.

兩軍撤兵을 要求, 單政前提의 總選擧는 反對, 民聯 李克魯氏 談

『獨立新報』, 1947.10.30

民族自主聯盟 結成準備委員會 宣傳局長 李克魯氏는 廿九日 出入記者團 定例會見 席上에서 記者團 質問에 大要 다음과 같이 答辯하였다.

問 近間 中間系列에서 軍政延長을 提議하였다는 說이 있는데.

答 그것은 모다 中傷과 謀略이다.

問 南朝鮮 總選擧에 對한 見解 如何.

答 南朝鮮單獨政府樹立을 前提로 하는 總選擧라면 絶對反對한다.

問 南北政治要人會談說이 있는데 이에 對한 意見 如何.

答 現段階의 朝鮮情勢가 民族自主的 立場에서 統一할 機會라고 보는 까닭에 이는 原則的으로 絶對歡迎하는 바이며 아직 그러한 交涉을 받은 일은 없다. 그러나 近間 이러한 氣運이 濃厚하여 가는 것만은 確實한데 우선 南朝鮮 政治要人이 먼저 會談해야 할 것이다.

問 民聯 參加資格은.

答 所謂 親日分子는 參加시키기 困難하고 政黨 背景으로나 個人으로 政治的으로 有能한 人士를 個人으로 參加시키고 政黨團體에 對하야 拘束시키거나 하는 일은 없을 것이다.

問 韓獨黨[1]과 民聯의 關係 如何.

答 極端을 除外한 모든 政黨團體는 統一된 步調를 같이 할 수 있을 것이다. 우리는 統一을 願하는 모든 政黨團體와 協力할 意思는 充分히 갖이고 있다. 그러나 아직 未結成 狀態임으로 積極的으로 參加 交涉을 하지는 않었다. 그리고 兩軍 撤退問題에 있어 撤退提案을 우리는 蘇聯提案이라고 支持하는 것이 않이라 美蘇共委가 두 번이나 좋은 結果를 맺지 못하고 休會로 드러간 現下 段階에 있어서 우리는 民族自主的 立場에서 맛당히 撤兵을 要求해야 될 것이라고 말하였다.

---

1 [편주] 韓獨黨:『釜山新聞』, 1947.10.31 자에는 民獨黨으로 되어 있음.

軍政의 延長建議는 浪說, 民聯 李克魯氏 談話

『民主衆報』, 1947.10.30.

【서울 二十九日 合同】

民聯 宣傳局長 李克魯氏는 二十九日 記者團과 會見하고 다음과 가튼 問答을 하엿다.

問 巷間에 中間政治指導層에서 南朝鮮 總選擧의 不當性을 指摘하고 軍政延長을 建議하겟다는 說이 잇는데 그 事實 如何.

答 本人으로서는 些細¹한 內容은 모르겟스나 그것은 虛說이며 中傷일 것이다.

問 立議官選代議員을 民意를 代表한 代議員이라고 보는가.

答 立議官選代議員은 自己 意思에 맛○² 사람을 選出한 것은 否定할 수 업는 事實이며 그들이 民意를 代表한 眞正한 代議員이라고 볼 수 업다.

---

1 [편쥐] 些細 : 사세(사소).
2 [편쥐] 문맥 상 '맞는'.

軍政延長建議, 虛說에 不過하다, 李克魯博士 談

『釜山新聞』, 1947.10.30

【서울 二十九日發 合同】

民聯 宣傳局長 李克魯氏는 二十九日 記者團과 會見하고 다음과 같은 問答을 하였다.

問 항간에 中間政治指導層에서 南北朝鮮 總選擧의 不當性을 指摘하고 군정延長을 建議하였다는 說이 있는데 그 事實 如何.

答 本人으로서는 些細한[1] 內容은 모르겠으나 그것은 虛說이며 中傷일 것이다.

問 立議官選代議員을 民意를 代表한 代議員이라고 보는가.

答 立議官選代議員은 自己 意思에 맛치는 사람을 選出한 것은 否定할 수 없는 事實이며 그들이 民意를 代表한 眞正한 代議員이라고 볼 수 없다.

---

1 [편주] 些細한 : 사세한(사소한).

統一 願하는 政黨과 協力, 民聯 宣傳局長 記者團會見 談

『釜山新聞』, 1947.10.31.

【서울發 ○通】民族自主聯盟 中央委員會 宣傳局長 李克魯氏는 二十九日 記者團과 會見하고 當面한 問題에 關하여 다음과 같이 말하였다. 南北政治人交涉…原則的으로는 贊成이나 우리는 이에 關하여 正式交涉을 받은 일이 없다. 그러나 그것을 推進하려면 우선 南朝鮮만이라도 政治人들의 統一이 必要하다. 兩軍撤退問題…우리는 이것이 蘇聯側 提案이라 하야 贊成하는 것은 물론 않습니다. 우리는 民族自主路線에서 이를 主張하는 것이다. 民族自主聯盟과 民獨黨과의 관계…民獨黨[1]이 民族自主聯盟의 主導的 役割을 하는 것은 事實이다. 그러나 兩極端을 除外한 모든 政黨團體는 統一的으로 步調를 같이 할 수 있다. 우리로서는 統一을 願하는 모든 政黨과 協力할 意思이다.

---

1 [편주] 民獨黨 : 민주독립당. 1947년 10월 19일에 결성한 중도파 정당(대표 홍명희).

教育朝鮮建設論

『신교육건설(新教育建設)』 1-2, 學生社, 1947.11, 10~13쪽.

[甲] 教育의 指導精神

1. 自主 精神의 涵養[1]

우리나라는 數千年의 긴 歷史를 가지고 倭政 三十六年을 除한 外에는 꾸준히 主權을 確保 繼續하여 왔다. 그 동안 大陸에 廣大한 領土를 차지하고 覇權을 競爭한 적도 있었고 優秀한 우리의 獨立 精神과 民族의 自負心은 길이 흘러 建國期에 다시 용소슴 치고 있다. 溫帶에 아름다운 三千里 江山이 있고 單一 겨레인 三千萬 同胞가 이곳에 엉키어 있다. 우리가 精神을 가다듬고 한 마음으로 나아가면 堂々한 獨立 國家로 世界에 比肩할 수 있음은 틀림 없다. 이러한 굳은 自負心과 自覺을 길러 줌이 教育의 第一步다.

2. 國際性의 理解

오늘의 世界는 通信의 迅速[2]과 交通의 便利와 物資의 交流로 한 나라 같이 되어 간다. 一國의 問題는 곧 世界에 影響을 주고 歐美의 情勢는 곧 우리 땅에 直接 關係가 있게 된다. 이러한 相關性을 잊고 流離된 孤立的 思想과 經營 方法으로는 到底히 發展하여 나갈 수 없는 것은 分明한 事實이다. 自立 自存 責任을 다하는 同時에 남의 權利와 存在를 尊重하고 認定하는 雅量과 態度가 必要하다. 이러한 人種 平等과 萬國 同等의 思想을 確立시켜야 한다.

3. 民主主義의 教育

現代는 特權者의 壓迫에 눌려 지낼 時代는 아니다. 協同과 相互扶助로 民主主義

---

1 [편쥐 涵養 : 함양.
2 [편쥐 迅速 : 신속.

的 生活을 하게 되었다. 君主政治 寡頭政治[3]는 舊世紀의 일이고 지금은 人民이 人民을 爲하여 最大 多數의 最大幸福을 實現하는 政治가 要求된다. 따라서 敎育에 있어서도 그 生活을 體得하게 하여 正當한 國民生活의 基礎를 만들어 주어야 한다. 우리는 本來 民主主義 性格을 가졌으며 그 生活 樣式을 좋아하는 民族이다. 檀君時代의 建國도 民衆의 推戴로 君主가 되었으며 新羅時代에 六村 村[10]長의 選擧라든지 主權者가 士林이나 民衆의 動向을 무섭게 여긴 것은 그 表示다.

4. 道義心의 涵養

知識과 才能은 칼이다. 칼을 잘 쓰면 活人刀가 되고 잘못 쓰면 殺人刀가 되는 것이다. 道義心이 없다하면 그 知識과 才能은 오히려 憂患이 되는 것이니 우리 社會에 第一 根本 되는 問題는 人格問題 良心問題 信義問題 一括하여 道義問題라고 생각한다. 正當한 人生觀과 世界觀과 自然觀을 가지게 하여 人類社會에 貢獻할 수 있는 信念과 良心을 助長하여야 한다. 우리 겨레는 自由와 道義를 爲하여는 生命을 草芥같이 여겼다.

5. 科學 敎育

科學의 振興은 國家 隆盛과 社會 幸福의 決定的 條件이다. 人工으로 벌서 有機物을 構成하는데 成功하였으며 原子의 利用에 到達하였으니 今日의 不能은 明白히 可能으로 變하여 科學 理法과 科學 利器의 利用은 將次 無限하고 奇想[4]以上이다. 우리의 物質 生活은 勿論이요 精神 生活에 있어서도 벌서 科學的 合理的 生活이 아니고는 안 될 때가 온 것이니 우리 生活은 全的으로 科學化하여야 된다. 우리의 創造力을 發揮하자. 天文臺 測雨器 潛水艦 活子 高麗磁器 等은 우리 祖先이 外國 文明에 關係없이 世界에 가장 앞서서 만들어 놓은 純全한 發明品의 뚜렷한 것이니 우리가 가진 發明力 創造力을 發揮시켜야 한다.

3　[편주] 寡頭政治 : 과두정치.
4　[편주] 奇想 : 기상(좀처럼 짐작할 수 없는 별난 생각).

6. 體育 發展

힘의 根源은 사람에게 있고 다시 그 根源은 健康에 있다. 體育振興과 死亡率의 減少를 나라마다 競爭함은 當然한 일이다. 完備된 衛生 施設과 充分한 榮養과 適切한 敎養을 준다 하면 우리 同胞의 體力은 그 文化的 創造的 素質과 아울러 어느 民族에게나 決코 뒤지지 아니할 것은 여러 惡條件임에 不拘하고 世界 競爭場에서 마라손 王의 稱呼를 받는 것으로 만도 充分히 證明하고 남을 것이다. 士氣의 振作과 國力隆興의 基本은 體力 增進에 있다.

7. 國家의 理想

隣國侵略 世界支配의 野慾은 國家 敗亡의 原因이 되며 人類의 禍根이 된다. 民族 素質을 極度로 向上 發揮시켜 한 民族國家로서 산 文化 單位로서 한 道義의 樂園으로서 世界 進運에 貢獻함이 우리 겨레 11 의 傳統的 國家的 理想이다. 質의 向上과 文化的 發展에 힘쓰자. 水平보다도 垂直이다. 한 나라에 여러 民族이 또는 한 民族이 여러 나라에 分離되어 있음은 希望的 存在라고 할 수는 없다. 우리 같이 單一民族 國家로 四千年의 빛난 歷史와 아름다운 江山에서 自然과 外敵을 번번히 잘 整理 驅逐하고 根氣 있게 獨自的 文化를 維持 發展시키어 온 民族은 반듯이 그리 많지는 않다. 우리의 素質은 優秀하며 우리의 피는 純潔하다. 크게 躍進할 때는 왔다.

[乙] 敎育의 組織運營

1. 義務敎育

民主主義 國家에서는 國民이 國家의 主人이며 國家를 經營하는 主體가 되고 國家 運營의 責任者가 된다. 特殊 階級만이 知識을 가지고 마음대로 支配하며 弄絡하고 人民은 오직 屈服하고 盲從하고 있어서는 人民의 幸福은 있을 수 없다. 人民은 國家의 主人이니 主人이 無知 無識하고 어찌 그 집이 興하기를 바라리오. 國家에서는 全國民에게 國民生活에 必要한 完全한 敎育을 責任지고 遂行하여 주어야 한다. 八年 乃至 十年의 義務敎育을 實施할 目標를 세우고 나가야 하겠다. 보라.

世界 各國의 義務教育 延長의 趨勢를 우리만 消極的 態度로 어찌 列國과 競爭 比肩할 수 있겠는가. 經濟力의 復興도 亦是 教育에 달렸은즉 教育과 産業은 서로 因果가 되는 것이니 百年의 大計를 爲하여 大觀 邁進하여야 할 것이다. 初等科 六年 乃至 八年을 終了한 後 高等 部門에 進學하려는 자는 中學에 들어가 繼續 工夫하려니와 早速히 實務에 나가려는 者에 對하여는 반드시 二年 乃至 三年의 實業科 教育을 課하여 職業 教育까지를 義務 年限으로 할 것이다. 이 簡易 實業教育은 國民學校에 併置하거나 또는 獨立校로 하거나 如何間 多數 開設의 必要가 있으며 또 義務 教育으로 할 것이다.

2. 中等 及 高等學校 專門學校

中學은 初等 教育의 延長으로 國家의 中堅을 養成하는 教育이니 一郡 一校쯤의 施設은 要求된다. 性質上 初等教育과의 連絡性을 重視하여 一貫 連絡되는 教育 內容으로 할 것이다. 中學은 四年 卒業으로 하고 其後는 大學에 갈 사람은 二年 乃至 三年의 高等學校에 가며 早速히 社會에 나갈 사람은 반드시 三年 乃至 四年의 專門學校에 가게 한다. 中學에 高等科 又는 專門部를 併置함도 無妨하[12]나 그 內容은 高等科는 學部와의 緊密한 連絡을 가지게 할 것이며 專門部는 職業 技術을 僞主할 것이다.

3. 大學教育

國民의 指導者를 養成하며 學術의 深奧한 理論과 그 廣汎 精緻[5]한 技術 方法을 教授하는 最高의 教育 機關으로 四年 乃至 七年의 年限으로 한다.

4. 天才教育과 國家教育의 保障

專門 及 大學의 教育을 받아 國家에 有功할 才質을 가지고 學資가 缺乏한 者에 對하여는 國家에서 教育費를 支出할 것이다. 그리하여야 人才를 活用하여 國家 隆盛을 期할 수 있는 까닭이다.

---

5 [편주] 精緻 : 정치(정교하고 치밀).

5. 教育者의 質的 向上과 優待

國家의 興亡의 根源은 教育의 如何에 달렸고 教育의 成否는 또 教育者에 달렸다. 그러므로 國家에서 가장 學識과 德行이 具備한 者를 教育界에 吸收하여야 할 것은 明瞭한 일이다. 그러므로 國家에서 그 生活을 保障하고 私生活로 오는 念慮가 없게 할 것이며 社會的으로 優待를 充分히 하여야 할 것은 當然한 일이다. [13]

딘 長官 歡迎談話ー愛國者 登用하라, 民聯 李克魯博士

『釜山新聞』, 1947.11.4.

『서울發 朝鮮』民族自主聯盟 宣傳局長 李克魯氏는 新任 軍政長官 "딘"少將을 歡迎하야 다음과 같이 말하엿다. 우리는 同長官에게 民族叛逆者 謀利輩 等에 對한 肅淸을 要請하지 않는다. 오히려 過去 祖國光復을 爲하여 鬪爭하여 온 愛國志士에게 그의 力量을 충分히 發揮할 수 있도록 많은 期待를 주기를 바란다. 이러한 人事의 登用은 곳 前記 民族叛逆者 等을 一掃하는 좋은 方策일 것이다.

時局과 나의 提案, 撤兵期日 明示한 印度 提案을 歡迎, 健民會 委員長 李克魯

『朝鮮中央日報』, 1947.11.5.

昨今의 國聯 朝鮮問題는 우리 弱小民族 同志인 印度 代表가 一大活躍을 演出하는 듯하니 實로 同病相憐의 友人이라 아니할 수 없다.

더욱히 그의 案은 今日로부터 九十日만에 選擧를 하고 또 九十日만에 撤兵을 시키도록 하자고 하니 우리는 이 案이 美蘇 其他 各國의 熱情的 支援下에서 通過決議되기를 希望하는 바이다.

이러한 때를 當하여 나는 우리 同胞들에게 다시 한 번 深思迅[1]考하기를 바라는 바이니 그것은 다른 것이 아니라 從來의 모든 構想의 根底에 暗流되어 있든 外勢依賴의 種根을 뽑아버리고 印度와 같은 弱小國家 同志들과 積極的 提携할 것을 覺悟하는 同時에 朝鮮의 問題는 畢竟 그의 提言과 같이 選擧 撤退의 順序로 나아가도록 國論을 統一시키기를 바라는 바이다.

蘇聯의 選擧 前 撤退案이나 美國의 選擧 結果를 보아서 撤退하자는 案 같은 것은 이 印度 代表의 案에 比하여 모다 그의을 失하였다고 할 것이다.

그 理由는 말할 것도 없거니와 大體로 印度와 같은 나라는 美蘇와 같이 朝鮮에 對하여 何等하고저하는 것도 없고 또한 將來에 있어서 그 무엇을 冀求[2]하는 것도 없이 가장 冷情하고 理智的이며 現實을 잘 把握할 것이라고 할 것이다.

---

1 [편쥐 迅 : '熟'의 오식.
2 [편쥐 冀求 : 기구(바라고 구함).

UN決定檢討는 當然, 民聯宣傳局長 李克魯氏 談

『朝鮮中央日報』, 1947.11.21.

二十日 民聯 宣傳局長 李克魯氏는 UN總會에서의 朝鮮問題決議에 對하야 다음과 같은 要旨의 談話를 發表하였다.

國際聯合이 朝鮮의 自主統一完成을 爲한 決議를 한 것은 매우 感謝한 일이다. 그러나 本決議에 우리 代表가 參席하지 않었으니만치 우리는 그 個々의 條項의 性質을 檢討하지 아니치 못할 것이며 따라서 그 朝鮮委員會가 果然 우리 民族의 統一 自主의 原則에 附合하게 措置[1]하는지 어찌하는지를 主意할 것이며 또 그러케 하도록 우리 民族自主 立場에서 이를 引導하여야 할 것이다.

---

1 [편주]措置 : 조치.

南北統一 不可能이라 假測키 싫다, 民聯 李克魯氏 談

『독립신문』, 1947.11.27.

民族自主聯盟 李克魯氏는 昨日 六日 定例記者會見席上에서 UN決議 南北要人會見 南韓選擧 等 問題에 關하야 다음과 같이 談話를 發表하였다.

南北會談은 民族自主的 立場에서 三八線을 그대로 두고 싶지 안는 以上 南北代表가 會合하여 統一政府樹立에 對하야 協議하는 것은 우리로서는 願하는 바이며 끝까지 努力하여야 할 것이고, 他力만 依賴할 것은 안이다.

一, 헬믹 代將의 臨時約憲保留는 統一政府樹立을 目標함으로 贊成한다.

一, UN決議案을 原則的으로 是認하되 우리 代表가 參加치 않은 以上 우리가 民族的 立場에서 嚴正히 檢討할 것은 勿論 萬一 自主意思에 背馳되는 境遇에는 어데까지 抗爭할 것이다. 그러나 南北統一政府樹立은 不可能하다는 假測下에 일하고 싶지 안타.

約憲保留에 贊意, 民聯 宣傳局長 談

『朝鮮中央日報』, 1947.11.27

民聯 宣傳局長 李克魯氏는 廿六日 다음과 같은 談話를 發表하였다.

南北統一을 目標로 한 本聯盟은 「헬믹」 代將의 南朝鮮臨時約憲保留에 對하야 贊意를 表한다.

單政陰謀粉碎하자, 當面問題 民聯 宣傳局長 談

『獨立新報』, 1947.12.4.

民聯 宣傳局長 李克魯氏는 三日 定例記者團會見席上에서 大要 다음과 같은 談話를 發表하였다.

一, 우리는 언제나 南北을 統一한 中央政府樹立과 南北統一의 總選擧를 主張한다. 그럼으로 世間에서 南朝鮮單獨政府 云々하는 名詞는 우리로서는 肯定할 수 없다.

二, 立議에서 可決한 「附日協力者 民族叛逆者 奸商輩에 對한 特別條例에 헬믹 代將이 認准을 拒否한 事實은 實로 奇怪한 處事라 않이 할 수 없다. 本聯盟은 헬믹 代將이 該法案의 認准을 拒否함으로써 우리 民族이 가장 憎惡하며 祖國社會의 發展을 阻害[1]하는 極少數의 親日派 民族叛逆者 奸商輩를 實質的으로 保護하게 되는 結果를 갖어온 것이며 美軍駐屯 目的은 全的으로 失敗할 憂慮가 있음을 指摘한다.

---

1 [편쥬] 阻害 : 조해('沮害(저해)'의 잘못).

UN決議協調, 民聯 宣傳局 談

『中央新聞』, 1947.12.4

民族自主聯盟 準委 宣傳局에서는 三日 우리는 南北을 通한 中央政府와 總選擧 實施를 主張하며 南朝鮮單政 云云은 認定할 수 업는 터이나 萬一 南朝鮮에 特別措置로서 形成되는 政府가 잇슬지라도 이것은 決코 單政이 안이라고 認定하며 우리는 U·N朝鮮委員團 對策委員會를 構成하야 U·N決議에 對하여서 積極的 協力을 하겟다.

統一政府樹立 主張, 民聯 談話

『朝鮮中央日報』, 1947.12.4.

民聯 宣傳局에서는 三日 다음 要旨의 談話를 發表하였다. 「우리는 南北을 統一한 中央政府樹立과 南北統一總選擧를 主張한다. 그러므로 世間에서 南朝鮮單獨政府 云云하는 名士들의 主張은 우리로서는 肯定할 수 없으며 世界史에서 그 例가 없을 만한 民族分裂의 怪異한 主張이다.」

(韓國民主黨 政治部長 張德秀氏 怪漢에 被殺) 民聯 李克魯氏 談

『東亞日報』, 1947.12.4.

　우리 민족은 아까운 인재 또 하나 잃었다. 이러한 민족상잔은 우리의 오천년의 광휘 있는 역사를 더럽히는 것으로 하로라도 속히 이런 행위는 박멸치 않으면 민족의 위기는 더욱더 심각해 질 것이다.

南北統一을 積極的 推進, 民聯 宣傳局長 談[1]

『民主衆報』, 1947.12.12.

『서울發 朝鮮』民族自主聯盟 準備委員會 宣傳局長 李克魯氏는 十日 記者團과 會見하고 同聯盟의 基本路線에 對하야 다음과 갓치 言及하엿다.

最近 世間에는 우리 民聯에 對하여 여러 가지 辱說이 만흐나 本聯盟의 基本 路線과 그 主張은 確固不動한 것임을 再强調한다. 南北統一政府樹立에 對한 本聯盟의 主張은 이미 累次 闡明한 바 잇거니와 UN委員團도 總會決議 그대로 南北을 通한 總選擧로 統一政府樹立을 爲하di 努力할 것을 우리는 確信하는 바이며 坯 本聯盟에도 그 積極 推進에 最善을 다할 것이다.

---

1   [편주]『釜山新聞』, 1947.12.12, 「統一政府樹立이 確固不動한 至上理念, 民聯 李克魯氏 記者團會見談」과 동일 내용.

(送舊迎新의 辞(下)) 混亂의 教訓

『自由新聞』, 1947.12.31.

　오늘로서 아조 저무러 가는 丁해년을 회고컨대 모든 것이 혼돈의 과거엿었고 특히 政界는 일○ 더한 혼돈의 정게엿섯다고 하겟다. 그러나 혼돈은 우리 민족으로서 맛당히 당할 정신의 혼돈이엇섯다. 예를 들면 열병환자가 어는 기간은 약효도 업시 열이 날대로 난 다음에서야 비로서 약효도 잇스며 열도 가라안는 격으로 우리가 당한 혼돈은 정당 간의 전선을 정비하고 정치 역량은 혼돈의 선풍 속에서 세련되고 훈련되여 장족의 진보를 보게끔 되엇다.

　여기에 혼돈 속에서 훈련되고 정리되여 진보를 본 우리의 정치역량은 戊子년을 마짐으로서 UN의원단의 래조를 게기로 완전독립 전취를 달성하지 안흐면 안될 것이다. 조선민족은 五천년의 장구한 국가생활을 하야 나리 잇든 점으로나 또한 우리의 실수로 타국의 지배를 밧든 四十년간에도 부단이 광복에 투쟁하든 점으로서나 또는 보○정치라는 혼돈을 타개하야 새로움을 창조해내는 점에서나 반다시 戊子년에는 정치적 역량의 발휘는 무한히 뻐더나갈 것인 동시에 양심적인 정쟁으로 조흔 정론의 결과를 매저 새로운 정치방향을 지향하야 독립전취의 목적을 달성할 수 잇다는 락관적 발족이 잇기를 바라는 바이다.

民聯의 新路線, 李克魯 代辨人 談

『大韓日報』, 1948.1.4

客年度 最終 新聞記者 定例會見日인 三十一日 民族자主聯盟 中央本部에서 同聯盟 重要幹部 參席下에 諸般 問題에 關하여 一問一答을 한 바 있었는데 李克魯 代辨人으로부터 民代 國議 等 民族陣營의 獨立路線에 合流할 用意 있다는 것을 暗示하여 다음과 같이 말하였다.

左右合作委員會의 發展的 解消와 함께 結成될 本聯盟은 民族의 自主獨立이라는 地上目標를 指向하고 있다. 그러므로 우리 앞에는 左도 右도 없는 것이며 따라서 民族을 爲한다는 行動에서 背馳되는 모-든 運動에 對하여서는 民族의 敵으로 보는 同時 우리의 敵이다.

南韓의 자律的 總選擧로 樹立하자는 政府가 南韓單政이 아닌 限 歡迎한다. UN 委員團이 來朝하여 南北總選擧 監視를 萬若 또 蘇聯이 拒否한다면 우리는 地域的 關係없이 南韓에 南北統一中央政府수立을 할 수 있는 것이다.

(UN委員団을 마지면서 그들에 보내는 朝鮮人民의 소리) 現狀調査에 不過, 民聯 李克魯 博士

『朝鮮中央日報』, 1948.1.10

一, 우리 民族은 自主的으로 獨立하여서 國際承認을 어더야 되는 것이다.

二, 蘇聯의 뽀이코트로 그들은 朝鮮의 現狀調査에 지나지 않는다.

三, 所謂 單政樹立說이 一部 賣國徒黨에서 부르짖어지고 있으나 이것은 亡國背族的인 것으로 보며 三千萬 民族은 一致團結하여 反對해야 한다. 그리고 先樹立後 撤退와 先撤退後 樹立說도 否認하는 바이며 나의 持論인 同時並行說을 主張한다.

四, 이러한 것은 問題가 되지 않는다.

統一 없이는 獨立 없다, 民族自主聯盟 談話를 發表

『獨立新報』, 1948.1.22

民族自主聯盟에서는 卄一日 定例記者團會見席上에서 「統一 없이는 獨立이 없다」는 要旨 다음과 같은 談話를 發表하였다.

「統一이 없이는 獨立이 없다」는 메논氏의 말은 朝鮮의 實情을 正確히 把握하고 우리 民族의 眞意를 適切히 表現한 同時에 國際決議의 朝鮮統一에 對한 任務에 忠實한 發言이다. 朝鮮獨立이 世界的으로 公約된 오늘날 우리의 友好國家들은 이 崇高한 使命에 應分의 努力이 있을 것을 믿거니와 朝鮮民族은 모름직이 內的 統一을 鞏固히 하야 從來의 모든 弊害를 是正하고 우리 「民聯」의 宣言과 같이 「朝鮮을 民主主義化할 뿐만 아니라 民主々義의 朝鮮化」라는 歷史的 發展過程을 嚴密히 分析하야 險難한 國際暗流를 果敢히 突破하며 民族自決의 基本 目的을 早日達成하여야 한다. 이 때 萬一 우리가 民族的 利害關係를 沒却하고 事大依存의 偏派行動을 持續한다면 國家將來에 大汚를 끼칠 것이다. 우리는 再三 猛省[1]하여야 할 것이다.

---

1 〔편주〕猛省 : 맹성(깊이 반성함).

事大思想 버리고 統一戰線 배풀자, 民聯 宣傳局長 談話

『釜山新聞』, 1948.1.24

『서울發 朝鮮』民族自主聯盟 宣傳局長은 二十一日 記者團과 會見席上에서 當面한 朝鮮問題에 言及하야 다음과 같이 말하였다. 統一이 없이는 獨立이 없다는 메논氏의 말은 朝鮮의 實情을 正確히 把握하고 우리 民族의 眞意를 適切히 表現한 同時에 國際決議의 朝鮮統一에 對한 충實한 發言이다. 朝鮮獨立이 世界的으로 約束된 오늘날 友好國家들은 이 崇高한 使命에 應分한 努力이 있을 것을 믿거니와 朝鮮民族은 모름지기 內的 統一을 鞏固히 하야 從來의 모든 弊害를 是正하고 民聯의 宣言과 같이 朝鮮을 民主々義化할 뿐 아니라 民主主義 朝鮮政府는 歷史的 發展過程을 嚴密히 分折[1]하야 險難한 國際暗流를 果敢히 突破하며 民族自決의 基本 目的을 束히 達成하여야 한다. 이 때 우리가 民族的 利害關係를 沒却하고 事大依存의 偏派行動을 持續한다면 國家將來에 大汚를 기칠 것이다.

---

1 [편주]折: '析(석)'의 오식.

外軍駐屯不願, 健民會委員長 談

『釜山新聞』, 1948.2.20.

『서울 二十日發 共立』朝鮮健民會 李克魯氏 十九日 要旨 다음과 같은 談話를 發表하였다. 우리 民族은 理念과 政策이 相反된 美蘇合意가 不可能하다면 一切 不干涉으로 各地 駐屯軍隊를 撤退하고 朝鮮民族으로 하여금 自主的 立場에서 自由로 하자. 우리 民族을 爲한 政府를 樹立하는 것만이 우리 民族의 完全解放이 된다는 것을 念頭하여 主張하는 바이다.

(三一節에 생각나는 愛國者들) 義兵의 李大將 正義感과 血鬪精神, 李克魯氏 談

『自由新聞』, 1948.3.1

해방 후 세 번째의 三·一절을 마지하는 오늘 우리나라는 아직도 완전통일자주독립을 못하고 국토는 양단된 체 잇는 때 나는 한국말년에 국내에서 의병들과 싸운 李鎭龍 義兵대장을 생각한다. 李鎭龍 의병대장은 황해도 출신으로 한국 시절에 왜놈들의 총칼에 굴치 안코 그 용맹함과 정의감을 가지고 조국 광복을 위하여 싸운 의사요 한일합방이 되자 만주로 건너가 독립군을 이르켜 가지고 압록강과 두만강 연역에서 왜병과 투쟁한 의사로 나 역시 의병의 한 사람으로 이 대장과 三년 동안 가치 지냇섯다. 李대장은 나중에 만주에서 일병에게 체포된 후 평양감옥에서 사형선고를 바덧든 것이다. 三·一운동은 이러한 血戰정신이 三·一운동을 이르켯다고 보며 조선민족은 정의를 위하여서는 자기 목슴[1]을 초개가치 여기는 정의의 민족이다. 그럼으로 여하한 위력이나 재력을 가지고도 이 정의감을 박멸할 수 업고 만일 이러한 독립정신을 가진 李장군이 오늘날 조선의 현상을 본다면 그 정의에 불타는 칼날을 뽀바[2] 올바른 조선을 세웟슬 것이다. 그럼으로 三·一절은 三천만 조선민족이 정의의 칼날을 빼는 날이다.

---

1 [편쥐 목슴: 목숨.
2 [편쥐 뽀바: 뽑아.

設問[1]

『民主朝鮮』4(二,三月合大號), 中央廳公報部輿論局政治教育課, 1948.3, 20·24·71쪽.

一, 三一運動 때 先生은 어데서 무엇을 하셨읍니까?[2]

二, 그때의 感激되시는 것 한 가지[3] [20]

一, 中國『오송』에 있는 同濟大學에 在學中이었읍니다. 三一運動으로 上海에 모이었든 獨立運動者를 協力하게 되었는데 特히 滿洲에서 親하게 지내던 獨立軍 首領 金東三氏와 그밖에 指導者로 申采浩氏 安昌浩氏 李東輝氏 朴殷植氏와 相從이 많았읍니다.

二, 朝鮮民族은 國家獨立을 아니하고는 살지 못하는 것을 깨달은 民 [24] (設問繼續)

族이다. 檀君建國 四千餘年에 처음 當한 亡國 苦痛이라 赤手空拳으로 萬歲를 불러 民族의 精神을 나타내는 것만도 犧牲을 覺悟하고 나온 正氣이다. [71]

1　[편쥐] 設問: 목차에는 "設問答"으로 되어 있음.
2　[편쥐] 三一運動 때 先生은 어데서 무엇을 하셨읍니까?: 목차에는 "先生은 三一運動 當時에 때 어데서 무었을 하셨읍니까?"로 되어 있음.
3　[편쥐] 그때의 感激되시는 것 한 가지 : 목차에는 "그때에 第一 感激되든 것 한 가지"로 되어 있음.

恨嘆調와 打罵¹의 말, 朝鮮語學會 李克魯氏 談

『獨立新報』, 1948.3.11.

　문세²의 「죽일 놈」이란 語句를 「조선어학회」 李克魯씨를 방문하여 물어보아 아래와 같이 해석하였다.

　우리말의 어감만으로만 「죽일 놈들이라」는 말을 ○³저본다면 경우에 따라 경중이 있감지만 이런 말은 우리가 대체로 가벼웁게 쓰는 말이다. 몹쓸 놈 할 때도 ─죽일 놈 할 수 있으며 조선 사람의 습관에선 꼭 죽인 대는 것이 않이라 욕지거리나 농(弄)하는 말로나 한탄(恨嘆)조로 많이 쓰는 말이다.

1　[편쥐 打罵 : 타매(더럽게 생각하고 경멸히 여겨 욕함).
2　[편쥐 장덕수 살해사건 등을 기회로 친일파들이 김구의 실각을 노려 김구가 "죽일 놈"이라는 욕설을 했다는 것을 트집 잡았다는 내용이 같은 지면 앞 기사(「兩側刑事事件을 利用, 政治的인 謀略露骨化」, 「金九氏 失脚 노리는 政治的 騷音의 合唱」)에 있음.
3　[편쥐 원본 탈자 되었으나 문맥 상 '따'.

(金九主席召喚과 輿論!) 미들 수 업다, 李克魯氏 談

『平和日報』, 1948.3.12

　김 주석은 일생을 조선독립에 바처오신 지도자로서 내외국인이 다 아는 바이다. 이러한 최고 영도적 입장에 계신 분으로서 이런 대의를 쩌난 편견적 지도를 하엿스리라고는 미더지지 안는다.

南北統一政府 위해 온 겨레가 밀고 나가자, 朝鮮語學會 理事·
健民會 々長 李克魯博士 談

『獨立新報』, 1948.3.31.

李克魯氏 談 한마듸로 환영한다. 우리는 해방 리후부터 左右합작○[1] 아울러 三八선을 없이 하는 南北합작을 병행하야 주장해온 것이다. 또 이는 民聯의 정신이요 이번 소식은 이에 완전히 부합된 소식인 만큼 큰 기대와 기쁨을 가지고 추진애 노력하겠다. 회담성공여부는 미리 말할 수 없으나 우리는 비상한 노력을 해야 된다. 이때야말로 전민중은 거국적으로 이를 추진할 필요가 있으며 南北통일정부를 수립해야 된다. 美쏘 양주둔 당국도 이 조선민족의 정신을 아러서 협력할 것을 ○[2]으며 바라는 바이다.

---

1 [편쥐] 문맥 상 '과'.
2 [편쥐] 원본 훼손되었으나 문맥 상 '믿'.

同族相殘招來, 寒心할 일이다, 李克魯氏 談

『獨立新報』, 1948.4.17

　향보단은 일제시대의 경방단과 같은 것으로 국민義勇隊의 성격과 빗슷[1]하다. 지긋지긋한 전쟁의 기억이 아직 사라지지 않은데 벌서 일제시대의 경방단과 같은 조직을 하는 것은 평화를 갈망하는 민중에게 전쟁기분을 이르켜 민심을 불안케 하는 것이다. 향토방위라고 하니 어떠한 敵을 가르키는지 공연이 국민이 서로 미워하야 동족상잔의 결과를 초래하기 쉬우며 세인이 말하는 북벌준비라고 볼 혐의가 없지 않다. 한심스러운 상태이다.

1　[편쥐 빗슷:'비슷'의 오식.

日本 再建과 民族의 進路

『朝鮮中央日報』, 1948.4.18.

一

第二次 世界大戰의 敗戰國인 日本은 慘酷하게도 滅亡狀態에 빠지었다. 이것은 그들의 自取之禍라 누구를 원망할 수도 없다. 俗談에 「慾心이 많으면 福을 건다」는 眞理가 있다. 日本民族은 너무도 慾心을 부리었다. 日本民族의 侵略史는 如實히 證明하고 있다. 三韓 以來로 朝鮮沿岸에서 끊임없는 海賊의 侵略은 朝鮮民族을 몹시 괴롭게 굴었다. 그리고 歷史上에 뚜렷한 大規模의 侵略은 壬辰倭亂의 八年 風塵으로 하여금 朝鮮國土를 赤地로 맨들었으며 近世의 日淸戰爭과 日露戰爭과의 勝利의 結果는 마침내 日韓合倂으로 國土를 强奪當하게 되어 朝鮮民族이 國家生活 四千餘年에 처음으로 統治權을 잃는 뼈아픈 事實이다.

이렇게 隣國을 侵略함은 朝鮮에만 아니라 中國에까지 뻐더 그리하여 마침내 滿洲事變이니 大東亞戰爭이니 하는 大戰亂을 일으키어 亞細亞大陸民과 太平洋 여러 島民들을 滅亡의 구렁에 빠지게 한 事實은 누구나 다 아는 最近史이다. 이런 海賊性의 侵略民族이 그 못된 버릇을 버리고 갑작이 善良한 民族이 되었을 리는 萬無하다. 모든 飛禽徒獸를 그 性能을 따라 다 잡아 부릴 줄 아는 人間은 짐승보다는 사람을 더 잡아 부릴 줄 아는 智識과 機能을 가지었다. 이런 智慧의 人間이 어찌 日本民族인들 잡아 부리지 아니하겠는가! 日本의 再建이란 自律的인 再生의 道보다는 他律的인 利用의 道일 것은 틀림없을 것이다. 이 利用物은 將次의 亞細亞大戰亂과 第三次世界大戰의 張本人이 될 것을 누구나 大膽하게 豫言할 수 있다.

二

　朝鮮民族이 日本民族에게 侵略을 當한 過去의 歷史를 거울삼아 未來를 단속하지 아니하면 아니 될 것이다. 이 단속이란 무엇인가. 養兵百萬의 武裝國家가 되자는 것이 아니라 民族的 良心과 自覺에서 마음의 武裝과 굳센 團結을 하여야 된다. 이 武裝이야말로 原子彈보다 센 것이다. 東西古今의 歷史는 證明하고 있다. 어느 한 나라가 다른 한 나라에게 征服을 當하고 또 아니 當하는 것은 그 國土의 大小나 그 國民의 多少에 달린 것이 아니라 그 國家의 社會制度와 國民의 道德과 知識과 技術과에 달린 것이다. 印度나 中國땅이나 사람이 적어서 저 모양이 된 것은 아니다. 列强의 侵略을 받아 舊態依然히 國家 또는 社會制度를 改革하지 못한 데 있는 것이다.

　우리 朝鮮民族의 處地는 經國의 道를 養兵에 둘 것이 아니라 養士에 둘 것이니 「養士 百名이 養兵 百萬을 당한다」는 標語를 나는 늘 쓰고 있다. 萬若 朝鮮民族이 世界的 大政治家 大學者 大藝術家를 모두 合하여 百名만 가지면 두말 할 것 없이 强한 民族이 될 것이다. 여기에 따라 그 民族은 良心있는 民族으로 마음의 武裝을 하게 될 것이다. 마음의 武裝이 있는 이런 사람을 나는 「健民」이라고 한다. 社會에는 賣國奴가 날 수 없을 것이니 언제나 强한 나라로 잘 살 수 있다.

　—끝—

自主獨立을 위하여 분투하자

安哲濟, 『雄辯學과 演說式辭指針』, 硏學社, 1949.3.20, 155쪽.

(南北 諸政黨 및 社會團體 대표자 연석회의)[1]

同志 여러분! 나는 이번 南北 회의에 참가하게 되었음을 平生의 기쁨으로 압니다.

나는 우리 民族은 確固한 政治 理念을 가졌으며 이 자리가 우리 民族의 政治 理念을 증명하는 것이라고 생각합니다.

우리 自主獨立을 위하여 많이 분투합시다. 이 회의는 반드시 성공하리라고 믿습니다.

---

1 [편쥐 남북연석회의 조선제정당·사회단체지도자협의회는 1948년 4월 27일과 30일에 진행되었다. 본 인사말은 1948년 4월 22일에 한 것인데, 사료(「李克魯氏 祝辭」, 『朝鮮中央日報』, 1948.4.25; 「自主統一에 邁進, 朝鮮民族의 政治理念確固, 李克魯氏 熱叫」, 『獨立新報』, 1948.4.25)마다 내용이 약간씩 차이난다. 『獨立新報』 기사가 정확하다고 판단됨.

金九氏 等 主席團에, 南北連席會議에 李克魯氏 祝辭

『漢城日報』, 1948.4.25.

▲李克魯氏 祝辭

同志 여러분 나는 이 會議에 參加하게 된 것을 한 平生의 榮光으로 생각합니다. 나는 우리 民族은 確固한 政治理念을 가졌으며 이 자리가 곧 우리 民族의 政治理念을 證明하는 것이라고 생각합니다. 우리의 自主的 統一政府樹立을 爲하여 같이 奮鬪합시다. (中略) 나는 이 會議는 成功을 爲하여 簡單히 所感을 말한 것입니단.[1]

---

1 [편쥐 단: '다'의 오식.

自主統一에 邁進, 朝鮮民族의 政治理念確固, 李克魯氏 熱叫

『獨立新報』, 1948.4.25.

　二十三日 저녁 平壤放送의 報道에 依하면 全朝鮮政黨社會團體連席會議의 第三
日인 二十二日의 會席에서 健民會 代表 李克魯氏는 다음과 같은 인사의 말을 하였
다 한다.

　同志 여러분! 나는 이 會議에 參加하게 되었음을 平生의 榮光으로 생각합니다.
나는 우리 民族은 確固한 政治理念을 가졌으며 이 자리가 곧 우리 民族의 政治理念
을 證明하는 것이라고 생각합니다. 우리의 自主的 統一政府樹立을 爲하야 같이 奮
鬪합시다. 나는 이 會議는 成功을 爲하야 簡單히 所感을 말씀한 것입니다.

李克魯氏 祝辭

『朝鮮中央日報』, 1948.4.25

別項 報道의 健民會 代表 李克魯氏의 人事 要旨는 다음과 같다.

同志 여러분! 나는 이 會議에 參加하게 된 것을 한 平生의 榮光으로 생각합니다. 나는 우리 民族은 確固한 政治理念을 가졌으며 이 자리가 곧 우리 民族의 政治理念을 證明하는 것이라고 생각합니다. 우리의 自主的 統一政府樹立을 爲하야 가치 奮鬪합시다. (中略) 나는 이 會議의 成功을 爲하야 簡單히 所感을 말씀한 것입니다. (컷 李克魯氏)

朝鮮 民族性과 民主政治

『開闢』 78, 開闢社, 1948.5, 13~15쪽.

一

우리 民族性을 말하기 전에 먼저 朝鮮의 地理性을 말할 필요가 있다. 예로부터 人傑은 地靈이라는 말이 있으니 이것은 무슨 風水 陰陽說을 믿는 말이 아니라 요 사이 말로 보아도 自然 環境說이 있다. 地理性은 곧 大陸과 海洋이며 高山과 平野 이며 春夏秋冬의 四節이며 溫度와 濕度와의 氣候이며 動植鑛物의 産物들이 그것 이다. 이제 朝鮮半島의 地理的 條件을 地球 위의 여러 나라의 그것에 比하여 볼 때 에 그 全體的 調和는 果然 地上天國이라고 하겠다. 가장 理想的인 樂園이다. 웨 그 러냐 하면 太平洋을 안고 亞細亞 大陸을 업은 半島라 水陸의 交通이 便하고 陸産 海産物이 具備 豊富하며 溫帶라 不寒不熱하고 山野와 河川이 均衡되어 燥하지도 아니하고 濕하지도 아니하며 거기에다가 또 山水의 아름다운 것이 調和되어 참 錦繡江山이라고 하겠다. 이렇게 너무나 좋은 땅이라 예로부터 大陸 民族의 侵略 과 海洋 民族의 侵略이 잦은 것도 偶然히 아니다. 그러나 朝鮮民族은 四千餘年의 守護의 歷史를 갖이고 幸福스럽게 살어오다가 한 때의 失手에서 처음으로 倭族에 게 統治權을 빼았긴 三十六年 동안의 生活이야말로 우리 겨레에게 큰 敎訓을 준 것이다.

二

朝鮮 民族性은 그 살고 있는 땅의 地理的 影響을 받아 多角的으로 調和되어 있 다. 剛柔와 文武를 兼全하였으며 國祖 檀君의 建國理念인 弘益人間의 博愛思想을 가지었으며 殺身成仁하는 大義俠心이 있으며 世宗大王 한글文字와 創造와 忠武公

의 거북船 發明과 高麗時代의 磁器와 活字의 發明 等과 近年에 여러 學者들의 各種 發明은 朝鮮民族의 創造力과 發明力이 豊富함을 如實히 證明하고 있다. 어찌 이 [13] 科學 方面뿐이랴. 宗敎 方面에서도 儒敎나 佛敎나 基督敎 등의 外來 宗敎를 맞아드리어서[1] 發展시킨 것은 더 말할 것도 없거니와 崔水雲先生의 天道敎 創道와 羅弘岩先生의 大宗敎[2] 重光은 우리 民族의 宗敎性을 잘 나타내고 있다. 藝術 方面을 볼지라도 江西古墳의 壁畫와 慶州 石窟庵의 佛像과 서울 파고다 公園의 石塔과 恩津彌勒佛이며 또 舊王官雅樂은 다 世界 文化의 큰 빛으로 朝鮮民族의 자랑이다.

朝鮮民族性 가운데 特別히 들어서 말할 것은 義憤心이 많고 殺身成仁하는 것이다. 이는 花郎의 精神이 예로부터 그대로 흘러 내려오는 까닭이다. 어떤 民族처럼 世界의 唯一한 老大民族으로 少數인 異民族 侵略 前의 말발굽에 國土를 함부로 짓밟게 바려두고 統治權을 내어 맡긴 채 數百年의 支配를 가다금 가다금 달게 받는 그런 正義感이 없는 個人 利己主義的 民族性과는 正反對性을 가진 朝鮮民族이다. 個人의 利害를 떠나서 純粹한 正義感의 行動을 하는 우리 民族이다. 最近世의 日帝 侵略 以來 일만 볼지라도 李儁, 安重根, 尹奉吉, 李奉昌, 白貞基 等 여러 義烈士가 있다. 우리 朝鮮民族性만은 優秀하다. 그러나 李朝五百年의 消極的 政策으로 政治를 하였기 때문에 民族이 病든 것만은 事實이다. 그럴지라도 이것이 不治의 重病은 아니다. 原狀 恢復만 되면 世界 弱小民族의 指導 役割을 할 것은 틀림없다. 이 弱小民族運動으로써 世界를 바루[3] 잡을 自信을 가지어야 한다.

最近의 體育界를 보아도 世界 舞臺에 登場하여 마라손으로부터 世界의 耳目을 놀라게 한 것은 朝鮮民族의 敏活과 堅忍持久[4]와 勇敢한 性格을 證明하며 무쇠骨格 돌筋肉의 剛健한 體質을 잘 알리어 주었다.

---

1 〔편쥐 맞야드리어서 : 맞아들여서.
2 〔편쥐 大宗敎 : '大倧敎'의 오식.
3 〔편쥐 바루 : 바로.
4 〔편쥐 堅忍持久 : 견인지구(끝까지 참고 견딤).

三

朝鮮民族은 國家生活의 始作이 民主主義로 되었다. 檀君이 太白山의 檀木下에 나리시니 國人이 推戴하여 임금님을 삼았다고 歷史에 쓰인 것만 보아도 잘 알 수 있는 일이다. 朝鮮 古代 大人의 會議를 想定하게 하는 大人市의 記錄이 山海經에 있고, 大餘[5]와 및 그 國統을 받은 高句麗, 百濟에는 모두 諸加의 評議로서 貴族인 여러 公民의 國政評議 있어 新羅本紀에 『郡公』의 文字로써 殘存한 바 있다. 新羅 建國이 六部 人民의 閼川岸上[6]의 會議에서 이루어진 露天 會議의 由來는 모든 學者가 잘 알거니와 이것도 新羅의 文獻이 古記錄을 자세히 傳하여 준 一端이오 上代 震方 諸國의 共通한 法俗이다. 그 會議가 後代까지 存續하였나니 [14] 漢字로는 誠이오 吏讀[7]로는 和白이다. 誠은 그 字義가 咸言으로 萬民이 모두 發言權이 있음이오. 和白은 『다사리』의 表義이니 方法으로서는 萬民이 『다사리』어 國政에 그 總意를 表明함이오. 目的으로서는 萬民을 모두 生存하도록 하는 萬民 共生의 理念을 表現함이니 政治理念이 본래 萬民이 다 말하고 大衆이 같이 살자는 民主主義的 指導原理에서 나온 것이다.

四

위에 보인 바 朝鮮民族은 처음부터 立國의 精神이 民主主義로 되었다. 그러므로 이제 우리가 建國을 하는 데도 民族 統一로 民主政治를 하지 아니하면 아니 될 것이다. 이에 議會制度를 세워서 萬民이 政治에 參與하게 하되 一定한 年齡의 男女는 選擧權과 被選擧權이 있어야 된다. 全國民이 各自가 누구나 政治에 參與할 수 있으되 代議員을 뽑아 보내어 間接으로 國政에 參與함은 民主主義 政治의 通則으로 되어 있다. 選擧와 被選擧와의 權은 國民이 參政하는 權을 뜻하는 것으로 國

---

5 [편주] 夫餘 : '扶餘'의 오기.
6 [편주] 閼川岸上 : 궐천안상(냇가의 높은 언덕).
7 [편주] 吏讀 : 이두.

民 權利의 가장 큰 것이다. 代議員을 뽑는 方法은 地域別과 政黨別과의 두 가지가 있다. 이 二種의 選出法을 論評하기로 하자. 地域別의 選擧法은 아직 政黨政治가 發達되지 못한 封建的안 幼稚한 國家에서만 있는 일이다. 政治理念이야 어떻게 되었거나 그 地方의 有力者인 個人에게 投票를 하게 되었다. 이와는 反對로 國民이 政治 啓蒙이 되어서 各 政黨의 政治理念을 안다면 個人 投票보다는 政黨 投票가 理想的이므로 西洋 文明國에서는 政黨 投票를 하게 되어 있다. 그 方法은 立候補한 여러 政黨 이름을 投票紙에 다 같이 박아서 놓은 거기에 自己의 理念의 맞은 政黨에 한 票를 질러준다. 그러므로 어느 政黨이 몇 票를 얻었다는 것만 開票한 뒤에 알뿐이오 어떤 個人이 나오는 것은 모른다. 各 政黨은 得票數에 따라 自己 政黨員 가운데 가장 政治 鬪爭力이 센 代議員을 選出하여 보낸다.

五.

우리나라에도 빨리 三八線이 없어지고 南北을 通한 統一 國家가 建設되어 政黨 投票가 實施되는 選擧 時期 그 때에라야 國政이 바루 잡힐 것이다. 이 時期를 促進 시키려면 文字 啓蒙과 政治 啓蒙을 同時 倂行하여 現代 國家의 國民된 道를 다하여야 된다. 그렇지 아니하면 幸福이 있을 수 없으니 뜻있는 선비는 두 주먹을 쥐고 부르지즈며[8] 피땀을 흘리면서 일할 때가 왔다. (끝) [15]

---

8 [편쥐] 부르지즈며 : 부르짖으며.

나의 獄中回想記

『刑政』 2-2, (財)治刑協會, 1948.5, 10~14쪽.

一. 日本 帝國主義 末期에 그들은 너무도 神經이 過敏하였다. 곧 第二次世界大戰 中의 일이다.

日本民族의 興亡盛衰가 決定되는 最後의 時間이라 그들은 思想犯을 여간 毒하게 다루지 않았다. 思想犯도 두 가지로 갈라 보았다. 하나는 民族主義者요 다른 하나는 共産社會主義者이었다. 이 두 主義者는 世界大戰이 끝나갈 때에 반드시 한 번 獨立運動을 일으켜 日本帝國主義를 打倒하겠다는 것은 알고 그것을 미리 막고 저 期會 있는 대로 罪를 읽어 獄中에 집어넣게 되었다.

나도 이 무서운 그물에 걸리지 아니할 수 없는 사람의 하나이었다. 때는 西紀 一九四二年 十月一日 새벽이었다. 咸南 警察部 警官은 京畿道警察部의 應援을 받아 서울 花洞에 있던 朝鮮語學會館을 襲擊하였다. 이 會館 아랫 層에서 자고 있던 나는 大門을 요란하게 치는 소리에 놀라 깨어서 나가 門을 열어 본즉 한 떼 刑事가 몰리어 들어와서 나를 다리고 二層의 事務室과 編纂室로 들어가서 먼저 會員의 名簿를 내어놓고 會員의 姓名, 住所를 적어가지고 한 떼는 四方으로 다른 同志들을 잡으러 흩어지고 한 떼는 남아서 朝鮮語大辭典, 原稿와 중요한 文書를 궤짝에 넣어 실리고 同伴하여간 나는 京畿道警察部留置場으로 들어가게 되었다. 이 날에 우리 會員 十數名은 잡히어 같이었다. 그 다음날 저녁차로 우리는 묶이어서 京城驛을 떠나 咸鏡道로 가게 되었다. 여러 사람은 洪原署로 바로 가고 나와 다른 두 분은 咸興警察署에 留置되어 取調를 받게 되었다. 여기에서 三週間 있다가 洪原署로 넘어가서 다른 同志들과 함께 十一個月 동안 取調를 받은 뒤에 一九四三年 九月十八日에 咸興刑務所로 가게 되었다.

이제부터 나의 獄中生活은 本格的으로 시작되었다.

二. 日帝時代의 警察機關이란 더구나 思想犯에 對[10]한 그것은 말할 수 없었다. 文字 그대로 죽이도 좋다는 것이며 죽지 아니하면 病身이라도 되어서 다시는

活動할 餘地가 없게 만드는 目的이었다. 그리하야 때리고 차고 굴리고 매어달고 물 먹이고 가진 惡刑을 다하였다. 내가 當한 程度로 말하면 맞아 쓸어져 全身에 피투성이가 되어 일어날 수 없는 것이 수십 차이며 매어달리어서 어깨죽지가 빠진 것이 十餘次이며 물을 먹어 假死하기 七八次이었다.

亂打로 말미암아 손발톱이 많이 빠졌으며 손가락이 모두 부러지어 손은 힘을 못 쓰게 되었다.

이런 惡刑도 惡刑이려니와 飢餓 生活에는 정말 녹아났다.

이러한 自體 矛盾의 無謀한 掩蔽策은 自手로 그들의 壽命을 催促한 內的인 原因의 하나라고 나는 믿는다. 그런 暴行이 甚하면 심할수록 當하는 이가 많으면 많을수록 그 對象이 意識을 가진 人間인 以上 더욱 强한 敵이 되며 더욱 많은 敵이 되기 때문이다.

大體로 眞理와 正道에서 벗어난 私邪로운 權力과 支配를 維持하는 手段은 언제나 結局은 殘忍한 暴壓뿐이다. 이러한 食人的 蠻行이라고도 할 日帝의 所謂 拷問은 人類社會가 일찍이 淸算했어야할 큰 犯罪었다.

三. 刑務所 안의 獨房生活은 처음에는 神仙生活로 느끼었다. 警察署 留置場에 나날이 들락날락 갈아드는 새 犯人中에는 가진 病身의 몸으로 들어오는 雜犯이 많다. 그들의 발을 끌어안고 病菌투성이 옷을 서로 몸에 대고 자던 그 不快한 生活에 比較하여 얼마나 깨끗하고 종용하며 또는 그 안의 設備가 警察署에 比較하면 一等 호텔에 든 느낌이 날 까닭이다. 飲食도 警察署보다는 量으로나 質로나 먹음직하게 주었다. 그러나 이것이 과연 우리 日常生活의 그것과 같이 넉넉하며 좋은 것이었던가. 아니다. 一般에 比하면 量이 三分의 一 못 된다. 곧 一般으로 보아 하루 한 끼를 먹고 사는 셈이라 이 生活이 한두 달이면 괜찮겠지만는 一年以上만 지내면 뼈에 가죽이 붙은 重病患者처럼 되고 만다. 같이 들어간 同志中 안타갑게도 이미 黃泉客이 된 두 분도 이 굶은 원인이 가장 많았으리라고 생각한다. 더구나 豫審에 있는 사람으로 作業場에 나가지도 못하고 鳥籠에 든 새처럼 밤낮 監房에만 들어 앉았으니, 부러운 것은 自由롭게 空中에 나는 새다. 그러나 監房 안에서라도 掌甲을 꿰에매는 일과 또는 讀書를 시키니 이것으로 迢日하는 것은 唯一한 樂이다. 나[11]는 여기에서 그들이 許諾하는 範圍의 書籍으로 語學 宗教, 實

業, 藝術方面의 책을 많이 읽게 되었다. 그리고 每日 靜坐時間에는 修養하는 標語와 文句를 지어서 속으로 읽으므로 精神과 肉體를 健全, 健康하게 하였다. 그 때에 읽던 것은 士道의 三要素인 感天至誠心, 研究專能力, 共榮大公德이다. 이 世上 사람은 다 이 三要素를 갖춘 「士」라는 人格者가 되어야 天下가 太平할 것을 主唱하며 祈願한 것이다. 그 다음에는 世念을 끊는 文句이니 그것은 無窮時空歷史空, 是非善惡皆自空, 人生徒勞空又空, 超越達觀我亦空, 또 그다음에는 하느님께 感謝를 드리는 祈禱文이니 그것은 從來水雲生, 何避獄中人, 幾度臨死境, 神助救命人, 如我得福者, 豈多此世人, 惟謝旣受恩, 將任天意人 그리고 끝으로 健康劑로 쓴 것은 心理와 生理와의 의[1] 直接關係를 생각하고, 保健은 食補와 藥補와 心補가 있는데 獄中에서 食補와 藥補와는 내 마음대로 못할 것이니 斷念하고 내 마음대로 할 수 있는 것은 心補이다. 쇳덩이 같은 굳은 마음으로 마음의 배를 불리어 마음의 살을 지게 한다는 것으로 마음이 주리지 아니하면 살 수 있다는 信念을 가진 것이다.

四. 善看守와 惡看守는 世上의 善惡을 그대로 그리어 내었다.

어느 看守는 言語動作이 端正하고 거실 때가 없으나 正反對로 至極히 惡한 看守가 있었으니 한번은 이런 일이 있었다. 한 週日에 한번식 시키는 沐浴할 때에 當한 일이다. 조고마한 沐浴가마의 물은 식을 대로 다 식은 땟물이었다. 여기에 들어가서 몸을 담그자마자 내 몸의 때를 씻기는커녕 남의 때를 되리어 내 몸에 올리어가지고 쫓기어 나온 까닭은 時間이 지내게 되었다는 것이다.

남의 때까지 몸에 올리어 가지고 監房을 들어온 나는 별수 없이 그 때를 便器에 문질러 떨어뜨리면서 手巾으로 몸을 닦고 있었다. 그것을 본 當番看守는 그냥 監房문 밖에 내어 세우고 몽둥이로 때리어서 四肢에 멍이 들고 살이 터지고 붓고 하여 三個月이나 고생을 하게 되었다. 時間이 지내어서 沐浴을 하다가 들어왔기 때문에 여기에서 몸으로 닦는 事情을 말하였는데도 불구하고 그런 惡毒한 行事를 하는 者도 있었다.

五. 공부에 熱心을 다하는 看守도 或 있었다. 어떤 看守는 自己와 當番時間을 利用하여 나의 監房 문 앞에 서서 講談을 請하여 듣는다. 그들은 여러 가지 問題를

---

1 [편쥐 의 : 중복 오기.

내어 談話도 듣고 또는 質疑, 應答식으로 공부한다.

勿論 이런 날에는 謝禮로 자기가 먹을 밥도 도[12]리어 주는 일이 있었다. 文字 그대로 아는 것은 힘이다. 人類는 縱으로나 橫으로나 알려고 努力해왔고 또 努力하고 있다. 이 努力의 度數는 곧, 文明의 尺度가 된다. 알려고 하는 데에서만 理想의 彼岸을 向하여 進步가 있고 發展이 있기 때문이다. 이러므로 知識人은 社會에서 國家에서 所重하다. 優待를 한다. 저 美國 같은 나라에서도 政治家들보다 學者들을 훨신 一般이 仰慕하고 있다. 이럼에도 不拘하고 日帝時代에는 良心的인 知識人보다 더한 賤待의 對象이 없었다. 勿論 더욱 植民地政策이였기는 하나 朝鮮의 良心的인 知識人이면 그야말로 늘 銃부리를 겨누고 있었던 셈이었다. 그 中에서 이렇게 奇特한 이를 만날 때 나는 정말 나를 잊고 이야기해 주었다. 나는 여기서 다시 強調한다. 앞날 朝鮮의 運命은 오직 知識人의 雙肩[2]에 있는 것이니 엇던 方面을 莫論하고 學者를 禮待하라. 世界的인 學者 없이 世界的인 朝鮮되기를 어찌 바라랴.

六. 朝鮮語學會事件에 檢擧된 同志로 咸興地方法院에 起訴되여 豫審에 回附된 十六名 가운데 앞에 말한 바와 같이 두 분은 원통하게도 作故하였고 두 분은 豫審 免許[3]되었다. 그리고 一九四五年 一月十六日에 判決言渡의 內容은 懲役 六年이 一人이요 三年半이 一人이요 二年이 二人이요 四年 執行猶豫가 六人이요 無罪가 一人이었다.

七. 갑자기 된 解放으로 우리는 再生의 人이 되었다. 그 中에 특히 記憶을 새롭게 하는 事實이 하나 있다. 바로 解放되던 해 四月 所謂 그들의 天長節이란 날 새벽녘이다. 갑자기 이방 저방 위층 아래층 할 것 없이 와당 통탕 야단이 나더니 看守服을 한 사람 몇몇이 監房門을 철그럭 열고 나오라는 것이다. 營門도 모르고 나갔더니 可謂 千餘名이 東쪽 西쪽 두 패를 갈리어 마당으로 나가더니 한 사람이 『朝鮮獨立萬歲』를 高唱한다. 모두 따라 부른다. 곧이어서 바로 獄內工場에서 火焰이 沖天한다. 瞬息間에 全燒되었다. 그리지 한 半時間이 지났을가 하여 所謂 憲兵 警備隊 警察隊 數百名이 拳銃 機關銃할 것 없이 어마어마하게 武裝을 하여 우리를

---

2   [편쥐] 雙肩 : 쌍견(두 어깨).
3   [편쥐] 免許 : '免訴(면소)'의 오기.

包圍하고 후려 본다. 이리하여 點心때야 거의 되어 난리는 鎭定되었다. 나중에 들은 바 雜犯 死刑囚 몇과 亦是 思想犯 몇이서 計劃 主謀하여 그 새벽 네 시쯤 하여 看守들의 武器들을 妙策으로 奪取하고 看守들은 모조리 監房에 처넣고 破獄하자던 것이 놓친 看守가 있어서 失敗하였다는 것 그들은 結局 죽을 처지에 있었을 뿐 아니라 당시 全朝鮮的으로 있었던 知 [13] 識人의 大虐殺 計劃까지 探知한 바로서 그처럼 大規模의 事端을 낼 수 있었다는 것 그로 말미아마 난리 통에 죽은 所謂 罪囚가 四五人 있었다는 것들을 알게 되었다.

이것은 가장 큰 衝動的 體驗의 하나인 동시에 그 森嚴한 우리 안에서도 團結한 大衆의 힘이란 그야말로 무서운 바 있음을 切實히 느낀 것이다.

이 일이 있은 뒤 約 넉 달 동안은 아조 죽엄을 覺悟한 삶이었다. 時々刻刻으로 綿密한 檢房이 施行되었을뿐 아니라 그 때마다 어느 때 銃殺시킬른지 모르니 그리 알라 威脅하는 것이었다.

實地가 그럴른지도 모른다. 이러다가 八·一五를 맞이하여 나의 忍辱忍苦의 四年間 修道를 마쳤다.

端的으로 나는 正義와 眞理를 爲한 治法과 監獄이 罪를 진정 싯을 수 있는 修道院 같은 機關이 되어 나타날 文明이 날이 오기를 熱望할 뿐이다. (끝) [14]

(本號特輯－神域三千里八道名山巡禮) 白頭山

『學生』2-7, 1930.7, 開闢社, 36~40쪽.

白頭山 가본 이야기를 하라고 하십닛가. 그러나 가본지도 오래고 내가 白頭山을 올라간 것도 滿洲 잇섯슬 때엿스닛가 지금 朝鮮에서 올라가는 것과는 그 路程 其他에 잇서서 사못 달를 것입니다.

그럼으로 學生 讀者 여러분에게 조곰이라도 더 參考가 되기 爲하야 白頭山에 對한 다른 어룬들의 이야기와 나의 經驗談을 合하야 간략하게 말슴하겟습니다.

白頭山은 南北千餘里 東西六百里(朝鮮 里數)에 쎄치는 一大 玄武岩 臺地上에 突起되여 잇습니다. 玄武岩 臺地라는 것은 玄武岩의 熔岩流로 된 高原으로 大略 水平에 갓가운 地表 [36] 面이 되여 잇는 것을 이르는 것입니다. 白頭山 四圍에 展開된 玄武岩 臺地는 一千米 乃至 二千米나 되는 놉히를 가지고 잇는데 이 臺地上에 隆起된 白頭山의 最高點은 東經百二十八度四分三十七秒 北緯四十一度五十九分二十八秒 高二千七百四十四米라고 합니다. 그러니짜 實上 白頭山 最高峰의 놉히는 高臺上에서 볼 것 가트면 얼마 놉지 안을 것입니다.

白頭山의 頂上 四邊은 아루카리 粗面岩으로 되어 잇는데 傾斜[1]가 몹시 急하야 險峻하기 짝 업습니다. 그러나 그 以下는 全部 輕石과 火山灰로 덥혀 잇스며 그 傾斜가 八度 乃至 十度 밧게 안됨으로 말을 타고라도 올라갈 수가 잇고 어린아이라도 올라갈 수가 잇습니다. 그리고 頂上에는 周圍 約三十里가 되는 谷壁이 잇고 그 안에는 물이 고이여 잇스니 이것은 卽 天池라는 못이올시다. 白頭山의 本體는 地文學上으로 말하면 아루카리 粗面岩으로 된 代表的 地狀 火山이엿다고 하며 더욱 아루카리 粗面岩은 岩石學上의 珍品으로 白頭山의 그것은 全世界에 다시 比類할 곳이 업다고 합니다. 또 한便 朝鮮은 量으로 잇서 世界 第一의 아루카리 岩石國이라고도 말할 수 잇다 합니다. 나는 岩石에 對하야 知識이 업슴으로 더 말슴할 수는 없스나 白頭山頂의 岩石이 岩石學者들에게 여러 가지로 硏究資料를 주고 잇다

---

1 [편쥐 傾斜 : 경사.

는 말을 들엇습니다.

白頭山은 朝鮮의 聖岳입니다. 그 옛날 神市는 이곳에 세웟섯다 하며 壇君 어룬께서도 이곳에 나리섯섯슬 것이라고 史家들은 말하고 잇습니다. 그리하고 누구나 白頭山을 우러러 볼 째 그 雄且大[2]하며 壯且嚴[3]한데 無限한 神祕와 崇嚴을 늣기게 되고 쏘 머리 숙이지 안을 수 업습니다.

白頭山을 올라갈 째에 첫재로 늣기는 것은 길의 平平함이요 그 다음은 天氣의 變化올시다. 百里 二百里 길을 平坦[4]하게 굽을텅[5] 굽을텅하야서 숨 갑분[6] 곳이라고는 頂上에 갓가운 곳 外에는 업습니다. 그리고 天氣는 금시에 비가 나리다 금시에 개이고 금시에 큰바람이 불다가도 금시에 쓰치고 금시에 깁흔 안개에 잠겻다가는 쏘 금시에 헤터지며[7] 하야 이로 말할 수 업시 變化가 無雙합니다. 내가 올라갈 째도 비도 맛낫고 바람도 마젓스며 쏘 안개에 길을 일코 몇 번이나 죽을 번한 冒險을 격것습니다. 한번 안개를 만나면 눈 압히 탁 맥히여[8] 단 한자 압히 보이지 아느며 猝寒이 猛襲하야 견듸기에도 어렵습니다.

쏘 한 가지는 天池의 神嚴함입니다. 바위를 부여잡고 간신히 頂上에 올라서서 一望無際한 검푸른 물을 굽어어 볼 째 그 神祕롭고 崇高함은 이로 말로 다 할 수가 업습니다. 多幸 내가 頂上에 잇슬 째는 날이 맑아서 天池와 아울러 四方을 完全히 바라보앗습니다. 연못의 끗은 아득하여 저 끗을 바로 바라보기 어렵게 넓으며 그 周圍에는 그 特殊한 빗갈을 가진 바위로된 斷崖로 들너 잇습니다. 그리고 쿵! 쿵! 하는 두렵게 큰소리가 쓴임업시 들입니다. 그 소리는 周圍의 바위가 싹기여 쩌러지는 소리인 것을 나중에 아랏습니다만은 그 째는 그 소리에서 더 두렵고 神祕함을 늣기엿습니다. 天池의 물은 어[37]름보다 더 차고 쏘 그 우에는 어름장이(음력 五月下旬이엿다) 쩌노는 것을 보앗습니다. 그리고 물은 용소숨[9]을 처서 잠시

2 [편쥐 雄且大 : 웅장하고도 큼.
3 [편쥐 씩씩하고도 위엄 있음.
4 [편쥐 平坦 : 평탄.
5 [편쥐 굽을텅 : 구불텅.
6 [편쥐 숨 갑분 : 숨 가쁜.
7 [편쥐 헤터지며 : 흩어지며.
8 [편쥐 맥히여 : 막히어.
9 [편쥐 용소숨 : 용솟음.

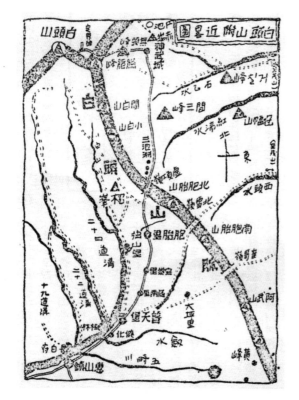

도 고요히 잇는 것 갓지 안습니다. 쏘 날이 몹시 치워서 오래 잇지를 못 하고 곳 나려왓습니다. 天池의 水面은 海拔 二千二百五十七米에 잇스며 水深도 水中生物도 모다 아지 못한다합니다.

白頭山은 대개 세 區域으로 난호아[10] 볼 수가 잇습니다. 卽 바위로 된 頂上部와 그 아래 浮石과 火山灰로 된 草野帶와 마즈막은 조금 아래를 들러 잇는 千古의 密林으로 싸힌 森林地帶올시다.

頂上部에는 바위와 어름 쏘는 눈外에는 다른 것을 못 보앗습니다. 어름과 눈은 山골창 응달진 데 뭉치여 잇는데 白頭山이라는 이름은 어름이나 눈이 山頂에 덥혀 잇다고 하야 그 이름이 잇는 것이 아니며 山이 히게 보이는 것은 바위의 빗갈[11]이 멀리서 보면 히게 보히는 것입니다. 그리고 쏘 한 가지 이야기해드릴 것은 鴨綠江물과 豆滿江 물이 一般으로 天池에서 흘러나오는 것으로 생각을 하나 事實은 中國 松花江外에는 直接 天池에서 흘러나오는 것은 업고 두 江물은 頂上에서 몃 十里식 쩌러저 잇는 곳에서 發源하고 잇습니다.

草野帶는 土質이 浮石가루와 火山灰로 되어 잇는데 짱이 몹시 푸석하며 메말릅니다. 여기에서는 군데군데 큰 샘이 이 솟는[12] 것을 볼 수가 잇스며 쏘 짱 미트로

10　[편쥐] 난호아: 나누어.
11　[편쥐] 빗갈: 빛깔.

흐르는 물소리도 들립니다. 그리고 여기서부터 森林地帶에 갓가운 곳까지 特有한 高山植物이 群生하고 잇습니다. 그 꼿들은 지금 쯤은 滿開가 되어 五色이 玲瓏할 것입니다. 생각만 하여도 여러분은 그 아름다움에 醉할 것입니다. 내가 갓슬 째는 꼿 피기에는 째가 일럿섯습니다.

이곳을 나려가면 草野 中에 灌木과 倭性木本이 듬성듬성 잇기 始作하야 一帶가 灌木으로 茂盛하야 잇스며 좀 더 나려가면 所謂 密林地帶가 되어버립니다. 密林地帶의 나무는 大槪 [38] 落葉松 싸위 針葉樹요 闊葉樹는 듬을읍니다.[13] 그리고 一般으로 濕氣가 만흐며 닛기[14] 고사리 싸위와 이름 노르는 잡풀로 덥혀 잇습니다. 한 울이 안보히게 쌕쌕한 숩풀이 가고 또 가도 꼿이 업시니 여 잇는 중에도 가다가는 넓은 草原이 잇고 멧 포기 나무가 공드려 길른 것처럼 군데군데 配列되여 잇서서 어쩐 公園이나 庭園과 가튼 곳도 잇고 또는 불에 타서 一帶가 줄거리만 남어 잇는 곳도 잇습니다.

山中에는 원체 山이 놉고 먹을 것이 업는 原因인지 猛獸가 듬을며 잇다고 하야도 곰이나 산도야지라고 합니다. 그러나 지금까지 猛獸에게 人命을 쌔앗긴 이가 업다고 합니다. 내가 올라갈 째는 산양쑨을 싸러 갓섯는데 頂上 갓가운 草野에 이르러서 곰을 한 마리 잡엇습니다.

朝鮮 편에서 白頭山을 올라가는 길은 豆滿江을 싸라 茂山에서 올라가는 길과 咸南 惠山鎭에서 鴨綠江을 씨고 올라가는 길이 알려저 잇습니다. 登山하기 조흔 째는 八月中下旬間으로 七月中旬에는 氷雪이 남어잇고 九月下旬이면 初雪이 나린다고 합니다. 個人으로는 勿論 가기 어렵고 적어도 十餘人이 作黨해 가야 하는데 반드시 案內者가 必要하답니다. 案內者는 싸로 잇는 것이 아니요 大槪 산양쑨인데 求하기가 어려우며 第一 便하게 가는 것은 咸鏡南道에서 每年 募集하는 登山隊에 參加하야 가는 것이라고 합니다.

쓰트로 들은 이야기에 싸라 惠山鎭에서 頂上까지 가는 路程을 이야기하여 들이고 이 頭序업는 이야기를 맛치겟습니다. 惠山鎭에서 頂上까지는 約 二百里(朝鮮

---

12 [편쥐] 이 솟는 : '솟는'의 오식.
13 [편쥐] 듬을읍니다. : 드뭅니다.
14 [편쥐] 닛기 : 이끼.

里數)로 路中에서 一週日 以上 露宿하게 됩니다. 그럼으로 登山할 때는 적어도 十日分 以上의 食糧과 防寒具와 炊事器具 露宿器具들이 必要합니다. 그리함으로 돈 잇는 이들은 말게다 실어 가지고 간다합니다. 惠山鎭을 써나 鴨綠江을 끼고 北으로 뚤린 길을 찾저 오른편으로 一大石壁을 끼고 왼편으로 江을 건너 中國 쌍을 건너보며 각금 각금 鴨綠江 名物 쎗목이 아니라는 것을 한눈 팔아보며 하로 종일 가서 普天堡라는 마을까지 와서 一泊한다고 합니다. 里數로 惠山鎭에서 五十里요 營林廠[15] 材木 作業의 要地로 제법 村다운 村이라고 합니다. 이곳만 하여도 벌서 山中이요 쏘 高地라 伏中이라도 밤이면 몹시 寒冷함을 늑십니다. 다시 이곳에서 써나 營林廠의 作業場 구경도 하며 靑林洞 運南洞을 지나 寶泰里에서 쉬이고 約 三十里 익갈나무[16] 森林 속으로 지나 胞胎山里라는 곳까지 와서 一泊한 後 虛項嶺을 올라 千古의 大森林인 白頭山 密林 속으로 드러갑니다. 胞胎山里는 普天堡에서 八十里되는 곳에 잇는데 白頭山 아래의 첫 洞里라고 합니다. 卽 여기서부터 頂上까지에는 人家라고는 하나도 업다고 합니다. 森林! 密林! 불탄 자리! 신나무叢林! 웅뎅이! 이런 속으로 가고 쏘 가기를 一百六十里라고 합니다. 路中에서 적어도 한번쯤은 野營을 하게 되며 森林 中間하야 三池라는 큰 못이 세 개가 잇다고 합니다. 三池라는 것은 본대 큰 江이 든 것이 白頭山이 爆發될 째 熔岩과 輕石 따위로 말미암아 江이 맥히고 쓴어저서 동강동강 되엿는데 [39] 그 중에 깁고 쏘 짜로 水源 잇는 것들은 남어서 못이 된 것이라고 합니다. 멀리 白頭山의 놉흔지 큰지 알 수도 업고 極히 平凡해 보히는 全身이 보히며 附近의 森林과 湖水가 어루러저서 最致가 퍽 조흐다고 합다.[17]

　森林은 無頭峰이라는 데 와서 끗이 나는데 여기서 最終의 野營을 하고 그 이튼날 새벽에 이러나서 풀밧을 헤치고 頂上까지 올라가 본다고 합니다. 大槪 野營은 無頭峰 以上에서는 氣溫과 바람의 關係로 어려움으로 이곳을 最終點으로 한다는 말을 들엇습니다. [40]

---

15 [편쥐] 營林廠 : 영림창.
16 [편쥐] 익갈나무 : 잎갈나무(이깔나무).
17 [편쥐] 합다 : '합니다'의 '니' 탈자.

滿洲王 張學良氏 會見記

『別乾坤』 5-11, 開闢社, 1930.12, 96~97쪽.[1]

吉敦線事件의 眞狀調査와 그 被害地 朝鮮同胞의 慰問次로 各 團體의 委任을 바든 新幹會의 代表로 내가 滿洲로 써나기는 一九三〇年 九月三十日이엿다. 그 날 午後 七時二十分 特急車로 國境을 넘어 安東·奉天·長春·吉林·蛟河·敦化 等地로 단니어 歸路에 다시 奉天에 들넛다. 그는 張作相氏와 張學良氏를 맛나고저 함이엿다.

十月十七日 午前 十時에 天道敎靑年黨 代表 金起田氏와 함께 吉林省 政府首席이요 東北邊防軍 駐吉副司令인 張作相씨를 맛나고저 奉天에 잇는 그의 公館으로 自動車를 몰앗지만은 쌔맛츰 잇지 안음으로 接待員은 우리에게 來日 午前 八時에 다시 오라는 約束을 하여줌으로 그냥 도라왓다.

約束대로 그 翌日 午前 八時에 다시 公館을 차젓다. 張氏는 每朝 早起하는 慣習이 잇서 일즉부터 乘馬이며 여러 가지 일을 본다고 한다. 對面하니 氏는 健壯한 肉體의 所有者이며 言行에 親切하고 威德이 兼全한 人格者로 보인다. 吉敦線事件과 滿洲의 朝鮮 사람 問題에 對하야 多少間 答이 잇은 後에 滿洲 問題이니 만큼 張學良氏를 만나려 한즉 요지음은 身病으로 面會하기가 어렵다고 한다. 그러나 自己(作相)가 午後에 學良氏를 맛나서 물어 보고 通知하야 주겠다고 하고 우리와 作別하엿다.

旅館으로 돌아온 後 다른 일로 나갓다 오니 張作相氏 公館으로부터 月曜 卽 十月二十日 午後 五時에 東北邊防軍 總司令長 官府에서 張學良氏 面會 約束 公函이 旅館으로 왓다. 그래서 月曜日을 기다려 面會 時間은 午後 五時임으로 時間을 억임 업시 自動車로 黃塵을 휘날니며 速力을 다하야 東北邊防軍 總司令長 官府로 向하엿다. 車가 멋는 대는 正門 압 넓은 마당이엿다. 먼저 와 잇는 自動車가 十餘臺가

---

1 [편쥐] 원문은 문단이 전혀 나뉘어 있지 않아서 읽기 어렵다. 독자의 이해를 돕기 위해 편자가 임의로 문단을 나누었음.

잇섯다. 金起田氏와 나는 바로 正門으로 들어설나니 그 門 압페는 三人式 二列 六人의 守衛軍이 잇섯다. 그들에게 入門許諾을 바든 뒤에 문을 들어서니 正門부터 그 안에 보이는 집은 모다 中國式 家屋이다.

門房(受付)에서 온 뜻을 말한 후 第一 應接室로 들어가니 선 듯 눈에 씌우는 것[96]은 壁上에 모신 一時 中國에 風雲을 일으키든 英傑 張作霖의 肖像이 威嚴을 나타내고 잇고 다른 壁에는 文武重要官吏의 牌가 부터 잇스며 房 一隅의 卓子에는 손님의 面會 順序를 짜러 次例次例로 名啣이 노혀 잇다. 얼는 살피니 우리의 名啣도 한자리를 차지하엿다. 그 房에는 나희 近六十 되여 보이는 肥大한 老人이 잇는대 그 老人은 四十餘年이나 官所에서 房을 직키고 잇다는 職務者로 忠實하야 보이는 好人이다. 中國式으로 連해 짜러주는 茶를 마시면서 老人과 심심찬케 이야기하고 한 三十分 지내니 나희 四十쯤 되여 보이는 다른 接待員이 들어와서 우리 名啣를 보더니 일곱 시로 約束한 것인데 通知가 잘못되엿다 하며 未安한 人事를 하고 기다려 달나 한다. 그러니 할 수 업시 우리는 두 시간이나 支離하게 기다리게 되엇다.

여섯시 四十分쯤 될 째에 中國 손님 두 사람이 들어온다. 그 째에 나희 四十쯤 된 그 接待員이 우리 두 사람과 막 들어온 그 中國 손님들과 함께 引導하야 第一 應接室로부터 第二 應接室로 옴기어 가게 되엿다. 쓸로 나려서 이번은 二人相對四人의 軍人이 지키고 잇는 中門을 거처 口字로 지은 中國式의 宏壯한 집마루를 돌아 岩石으로 自然을 模倣한 기우듬한 적은 石門을 들어가니 적은 庭園이다. 그 庭園 뒤에는 三層 洋屋이 巍然히 屹立하엿다. 一行은 그 洋屋 正門으로 들어가 마루에서 外套를 벗어 걸고 右便으로 돌아 나가 첫 방문을 두다리고 들어가니 그 應接室에는 아조 奢侈하게 자개 細工을 솜씨잇게 裝飾한 卓子와 椅子가 벌녀 잇다. 거긔에 먼저 들어안즌 손님 中에는 西洋人 三名이 잇어 房中에 잇는 자개 卓子를 中心으로 자개 椅子에 빗겨 안저 서로 談話하고 잇섯스며 우리 두 사람과 함께 들어온 두 中國人은 壁 엽헤 잇는 椅子에 안ㅅ게 되엿다. 茶를 먹으면서 조곰 기다리노라니 아마 七時가 되엿슬 쯤에 李先生, 金先生하고 우리를 부른 사람은 먼저 이 房으로 引導하야 온 사람이다.

우리는 그 房을 써나 右便으로 돌아 마조 잇는 房門의 布帳[2]을 들치고 들어가니 그 방이 곳 目的한 곳이다. 房 한편 모통이에는 큰 剝製의 虎皮가 잇서 그 방 空氣에 威風을 나타내는 듯하다. 안짜마자 引導하는 사람이 張學良氏와 갓치 들어와서 總司令이라고 嚴肅한 態度로 紹介한다. 外形으로 보아서는 張學良氏는 體小하고 弱한 선배로 보이고 中華民國 陸海空軍 副司令이나 東北邊防 軍總司令의 威嚴을 가진 武人으로는 보이지 아니한다. 그러나 얌전한 선배처럼 생겻든 그 父親 張作霖氏와 갓치 學良氏도 中原을 震動시키는 智略과 膽力과 勇氣가 잇어 보인다. 握手로 人事를 하고 안즌 뒤에 人事의 말이 긋나고 多少의 政談이 잇슨 後에 好奇心이 만은 張氏는 압에 노인내 名啣을 들고 朝鮮 發音으로 내 일홈³을 읽거보라 하며 自己가 쌀라 익기도⁴ 한다. 한 三十分 동안이나 이야기하고(此間 問答한 이약이⁵는 事情이 許치 안어 略함) 역시 握手로 作別의 人事를 마친 뒤에 面會室 문을 나서니 그 門 압 몃 間쯤 씌여 잇는 곳에 눈瞳子 빗치 나는 軍人의 立像이 그 門을 向하고 서 잇음을 보앗다. 漸漸 각가히⁶ 오고 보니 立像이 아니라 直立不動의 氣着姿勢를 한 참말 軍人이엇다.

오든 길을 다시 밟아 바로 正門을 나서니 灰色에 잠들은 黃婚의 街衢엔 電燈만 明滅하고 이섯다. 우리는 다시 自動車의 速力을 催促하엿다. [97]

제3장
여행기

2　[편쥐 布帳: 포장(베. 무명 등으로 만든 휘장).
3　[편쥐 일홈: 이름.
4　[편쥐 쌀라 익기도: 따라 읽기도.
5　[편쥐 이약이: 이야기.
6　[편쥐 각가히: 가까이.

(風雲 中의 巨物들) 總司令 張學良 會見——年前의 回想

『三千里』 3-11, 三千里社, 1931.11, 23~24쪽.

날마다 방울소리와 가치 요지즘[1] 서울 市內에 쑤리어 지는 新聞 號外를 보건대 張學良氏는 지금 北平에 안저서 東三省의 風雲에 對하야 무엇인가 焦燥하게 劃策하고 안젓는 중으로 오늘 아츰에는 더욱 自己의 心腹 顧維鈞까지 南京의 蔣介石에게 보내엇다고 한다.

지금에 생각나는 것은 내가 이 極東의 風雲兒를 처음 맛나 보기는 昨 十月月[2]二十日 夕陽이엇다.

만난 곳은 奉天의 東北邊防軍 司令長官府인데 나는 미리 參謀長 熙洽氏에 面會 紹介를 請하여 두엇슴으로 그곳에서 이날 夕陽에 맛나겟스니 와 달나는 正式 公武을 바더 들고 갓든 것이다.

自動車를 모라 櫛比雜踏한 奉天市街를 이리저리 도라서 司令長官府로 오니 門前에는 웬 來客이 그리 만흔지 自働車만 十餘臺가 노엿고 人力車 等은 無數하엿다.

正門 압혜는 正規兵 여섯 명이 총끗에 칼을 꼿고 森嚴하게 직히어 서서 出入하는 손님을 一々히 應待 訊問한다. 여기에서 東北軍의 軍規 嚴한 一端을 엿볼 수 잇섯다.

나는 參謀長의 紹介狀을 보이고 入門 許諾을 밧은 뒤 案內하는 대로 洋式으로 된 第一應接室로 드러섯다.

여기에는 固有한 悠然 南山見式의 長閑한 空氣가 업고, 至極히 緊張된 氣分이 흐른다. 奔走히 廊下로 지나가고 오는 23 軍服입은 土官의 態度라던지 連해 電話의 방울이 울니는 것이라던지 營前에는 말발굽 소리 요란히 나는 것이라던지, 어느 것이나 新時代의 雰圍氣 속에 살고 잇는 新制 軍隊의 空氣을 傳하지 안는 것이

---

1 [편쥐 요지즘 : '요즘'의 오식.
2 [편쥐 十月月 : '十月'의 오식.

업다.

　第一應接室의 나의 마즌 편에는 엇던 英國 外交官인지 米國 金融資本家인지 肥大한 洋人 셋이 안저 亦是 나와 가치 總司令이 나오기를 苦待하고 잇다.

　滿蒙을 싸고도는 英米系의 人物의 往來!—우리는 이 조고마한 事實 속에서 一年後 今番의 滿蒙大事變의 埋伏된 因子를 發見할 수 잇섯다.

　한참 잇다가 六十이나 되어 보이는 老翁이 「李先生」 하고 우리를 請하여 그 엽헤 잇는 짠 應待室로 案內하여 노코는 조곰 잇스면 總司令이 나오리라고 告한다. 그 房안은 猛虎의 겁질로 바닥을 쌀고 壁에는 父 張作霖의 肖像이 걸니어 잇다. 險素³한 裝飾이란 늣김을 준다.

　담배 한 대 피울 사이나 들엇슬가, 軍服한 參謀를 싸라 張學良氏는 나와서 은근히 答禮한다.

　그 刹那 그는 千軍萬馬를 불너 세우는 우락부락한 武將이라기 보다 草堂에서 孔孟을 읽다가 나올 듯한 溫柔한 貴公子로 印象 되엇다.

　내가 내엇든 名啣을 그는 집어 들고 날더러 朝鮮 말로 發音하라 하면서 破顔一笑 한다.

　우리가 交換한 談話의 內容은 滿洲에 잇서서 늘 迫害를 밧고 잇는 在滿朝鮮人에 對하야 엇더케 保護하여 줄 수 업겟느냐 하니싸 그는 保護하겟노라 하면서 邊防地方싸지, 外交員 가튼 분을 派遣하여 朝鮮人의 敎育, 朝鮮人의 農業, 朝鮮人의 生命財産을 保護하려고 案을 만들고 잇는 중이라 對答한다.

　나는 今番의 吉敦線事件에 對한 朝鮮內地 人士의 意思와 與論을 傳하엿더니 이미 이러난 事變은 엇절 수 업스나 압흐로는 善處하겟다는 말을 남기엇다. 그 밧게 交話는 여기에서 略하려 한다.

　約 三十分 後에 會見을 쏫마치고 靑年將校의 門박싸지 바래다주는 餞送을 바드며 回路에 오르니 벌서 奉天의 너른 市街에는 黃昏이 내려 덥힌 속에 이곳저곳에 電燈만 燦然하게 明滅하며 兵營門 안으로 서는 저녁 나팔소리 瀋陽城의 古色蒼然한 城廓을 울닌다.

―――――――
3　[편쥐 險素 : '儉素(검소)'의 오식.

나는 그때 吉敦線事件의 眞狀을 調査하는 同時에 그 被害地의 우리 同胞를 慰問하려, 新幹會와 在京 各 團體의 使命을 밧고 갓든 것이다.

　그는 이미 奉天의 根據를 일코 北平 一隅에서 東北을 眺望하고 잇다 하니 人世의 轉變을 누가 有常하다 할가. (끗) 24

白頭山 곰 산양

『新東亞』4-10, 新東亞社, 1934.10, 124~125쪽.

나는 나히[1] 二十前에 우연히 바람을 잡아서 滿洲벌판으로 다라났다. 그래서 거기에서 몇해동안 放浪生活을 하게 되매, 東西南北으로 돌아다니게 되었다. 그러던 다음에 때는 世界大戰中이다. 歐羅巴에는 大砲 소리가 天地를 움지기어 殺氣가 하늘에 뻗치었는데 나는 猛獸나 더우려 싸움을 한번 하야 볼가 하는 생각이 들었다.

西曆 一千九百十五年 여름에 西間島 撫松縣땅 白頭山 밑에서 十餘人 동무와 함끼[2] 산양군[3] 生活로 歲月을 보내게 되었다. 우리가 자리를 잡고 있는 대는 白頭山麓이요 松花江 上流인 原始森林 속에 조곰 開拓한 『중무리』[4]라는 二百餘戶가 사는 조선 사람의 새 마을이다. 여기로부터 一百五十里쯤 되는 白頭山 中턱에 산양막을 치고 여름동안에 산양을 하게 되었다. 길도 없는 原始森林 속으로 一百五十里나 되는 山으로 먹을 糧食과 그릇을 저올리기란 말하지 아니하야도 그 어려움을 누구라도 짐작할 것이다.

우리의 산양막은 白頭山 꼭지에서 三十里쯤 되는데 山골 瀑布水가 내려지르는 냇가이다. 산양막은 그냥 天막 같은 간단한 것으로는 아니 된다. 첫재는 여름이라도 눈과 어름이 쌓인 곳이라 추워서 견딜 수 없고 둘재는 메도야지[5]나 곰과 같은 猛獸가 두렵고 셋재는 산양한 물건으로 貴重한 熊膽이나 鹿茸 같은 것을 빼앗으려고 돌아다니는 馬賊떼가 出沒하는 까닭이다. 그래서 直徑이 約 一尺이라 되는 굴근 나무를 베어서 포개포개 쌓아서 지은 집이라야 된다. 만일 外敵이 덮친다면 그것을 의지하고 싸울 城柵이 되어야 한다.

내가 白頭山 마루에 울라선[6] 날은 陰曆五月二十八日이다. 이 山마루에써 맑은

---

1 [편쥐] 나히 : 나이.
2 [편쥐] 함끼 : 함께.
3 [편쥐] 산양군 : 사냥꾼.
4 [편쥐] 중무리 : 1937년 10월 기고글에는 "중모루"로 고쳐져 있음.
5 [편쥐] 메도야지 : 멧돼지.
6 [편쥐] 울라선 : '올라선'의 오기.

날세[7]를 얻기는 참 어려운 일이다. 날마다 새벽이면 天氣를 살핀다. 이날에는 뜻밖에 날세가 깨끗하기로 새벽밥을 지어 먹고 점심밥을 싸서 지고 [124] 산양군세 사람과 함끼 山마루를 바라보고 올라간다. 대개 한 時間쯤 가니 그러면 그렇지 白頭山 꼭지에 맑은 날이 쉬우랴 뜻밖에 西南으로부터 몰려 오는 구름과 안개는 마치 千兵萬馬가 닥치는 듯하더니 暫前동안에 山마루를 둘러싼다. 그러니 咫尺을 가릴 수가 없다. 그래서 數十年 白頭山 산양군으로 自己가 平素에 알고 있는 그 山골과 山峰을 찾을 수가 없게 되었다. 그러므로 사람이 잘 다니지 못하는 한 山골로 그릇 들었다. 여러 時間을 나무는 없고 짜튼 풀만 있는 땅을 밟고 가노라니. 이제는 山마루에서 한 五里쯤 되는 山골인데 내에는 어름과 눈이 쌓이었다. 보니 그 내바닥에 어름을 반길이나 파서 놓았다. 그것을 본 산양군들은 「옳다 오늘도 한 머리 잡았다」하더니 四方을 살핀다. 참말 西便으로 七十步쯤 되는 山비탈 눈우에 그 곰은 누어서 쉰다. 그것을 본 우리는 마치 敵兵을 보고 射擊을 準備하는드시 모두 내가에 나부시 엎드리어서 一齊히 총부리를 그 곰을 보고 겨누었다. 탕탕탕 몰방이야. 한 댓방을 맞더니 그때에야 비로소 궁둥이를 들고 부스럭이 이러난다. 소리를 霹靂같이 지르면서 굴러 나려온다. 그저 나려오는 놈을 『또 불 받아라』하더니 서너 방을 탕탕탕 놓는다. 곰은 그냥 굴러 나려 으더니 냇바닥 어름 우에 엎어진다. 鮮血은 白玉 같은 어름바닥을 물들인다. 짐승을 잡으면 먼저 山神에게 祈禱를 드리는 法이다. 그 中에 늙은 砲手 하나이 손을 비비면서 白頭山마님에게 感謝함을 드린 뒤에는 모두 허리에서 산양칼을 뺀다. 그 곰의 가죽을 벳기고 열(膽)을 띤 뒤에는 心臟에서 숫는 新鮮한 피를 돌려 앉어 마신다. 그러고는 젊은 砲手한 사람은 곰을 지고 산양막으로 도라갔다 그런 뒤에 여기에서부터는 砲手 두 사람과 함끼 山마루로 올라가기를 시작하였다. 여기부터는 山勢가 매우 險惡하고 풀도 없는 속돌(浮石)밭이다. 게다가 또 가다금 가다금 눈구덩이다. 그러니 참 발부치기가 어렵다. 한번만 失足하면 百尺 層巖絶壁에 떠러저 뼈도 못찾게 될 아질 아질한 거름이다. 五里나 기어서 山마루에 올라서니 長天一色의 天池가 눈 아래에 보인다. 문 듯 부끄럽고 두려운 마음이 생긴다. 곳 업드려 默禱한 뒤에 노래도

---

7 [편쥐] 날세 : 날씨.

부르고 詩도 읊으면서 天池에 다다라 塵世의 드러움을 씻고 懷抱를 푼 뒤에 거름을 돌리어 산양막으로 도라오니 길고 긴 여름날이 저물어졌다.

이 山마루에서 느낀 바가 있으니! 白頭山 精氣를 타고난 金太祖, 朝鮮太祖, 淸太祖……建國英雄이 얼마런고 하는 歷史的 懷古心이 생기었다. 그래서 二十靑春에 두려움이 없는 나는 감히 아래와 같은 詩를 지어 읊었다.

鬱積雄心如白山 全然磨釼卜 年間
秋天漸廻丹楓節 龍馬加鞭一出關
戒眼扁獗天下慓 釼光閃閃萬邦屛
先滅蠻夷平定後 掃淸世界凱歌還 [125]

諸氏冒險談

『新東亞』5-7, 新東亞社, 1935.7, 17·19~20쪽.

一, 貴下의 冒險談을 簡單히 한 두 個 들려주소서.

二, 여름을 어떻게 보내시렵니까.

三, 子女들에게 여름을 어떻게 利用하라고 勸하고 싶으십니까.

四, 夏期에 主意할 것 몇 가지를 말슴해 주소서. [17]

一, 冒險談

滿洲에서 몇 해 동안 放浪生活을 하다가 姜一秀란 친구와 함께 西比利亞로 向하던 때는 곧 歐洲大戰이 나던 해 大正三年 二月이다. 西間島에서 長春으로 나가는 길에 險惡한 泰嶺을 만났다. 그 嶺 밑에는 酒幕이 하나 있다. 거기에서 우리는 얼었던 몸을 녹여가지고 그 太寧으로 올라간다. 酒幕 문밖으로 나서니 中國사람 하나이 數十步 앞서 가면서 뒤를 도라보고 우리를 살펴본다. 우리는 그 前날에 벌서 그 地方에 盜賊이 出沒한다는 消息을 들었는지라. 그 行動이 盜賊의 偵探인 것을 짐작하였다. 그래서 우리는 어떻게 할까 하는 問題로 姜君과 잠간 서서 議論한다. 도라서 다른 길로 가자니 길이 매우 멀뿐더러 우리의 弱點을 보이는 것이니 그 盜賊놈들은 곧 우리를 追擊할 것이다. 그래서 우리는 沈船破釜[1]策으로 앞으로 나아갈 뿐이다. 앞서 가는 賊의 偵探에게 보이기를 拳銃에 彈丸을 잠이는 듯하고 그 拳銃을 손에 들고 옳은쪽[2] 포케트에 넣은 모양을 하고는 눈을 딱바루 뜨고는 쏜살같이 산 고개를 向하고 올라간다. 그때에 우리의 氣象은 一當百할 만한 것으로 보였을 것이다. 우리를 본 盜賊떼 數十名은 흩어져 나무밭 속으로 다라난다. 이것은

---

1 [편쥐] 沈船破釜策 : 침선파부("배를 가라앉히고 솥을 깬다), 필사의 각오로 결전함을 이르는 말.
2 [편쥐] 옳은쪽 : '오른쪽의 잘못.

「이 사람들은 손댈 수가 없으니 빨리 피하라」하는 偵探의 暗號報導가 있는 까닭이다. 그것을 본 우리는 더욱 勇氣를 내어 가지고 올라간다. 山고개를 당하[19]야 보니 十數人 行客의 짐을 떠러 놓았는데 그 中에는 어린아이를 다리고 가는 移舍꾼도 있다. 우리는 짐싸는 이 그 불상한 꼴은 참아 볼 수 없었다. 「얼른 짐을 싸가지고 이 자리를 떠나가라」하는 말을 우리는 이르고 잠깐 서서 기다린 뒤에 떠나서 앞길로 나아간다. 그곳에서 한 十里쯤 가니 이제는 깊은 살골이 닥친다. 여기에서 또 앞에서 당하던 꼴을 보게 되었다. 우리는 또 먼저와 같은 手段으로 그 難境을 또 無事히 突破하고 安全한 地帶에 나섰다.

二, 한글 講演會가 열린다면 도아드리고저 합니다.

三, 山水를 조차 다니면서 自然을 사귀며 直接 觀察로써 動植鑛物의 知識을 實際로 얻으라고 하겠습니다.

四, 여름은 病이 나기가 쉬운 철이니 特別히 飮食物을 主意할 것입니다. [20]

내가 좋아하는 山水

『新東亞』 5-8, 新東亞社, 1935.8, 18 · 21쪽.

一. 貴下의 좋아하시는 山水의 名과 그 情景

二. 땀과 싸우시든 經驗談 18

一. 나는 白頭山과 그 뫼마루에 있는 天池를 좋아합니다. 내가 이 山과 물을 구경한 때는 이제로 二十年前인 西曆 一九一五年 여름입니다. 이 山과 물은 金剛山과 같이 아름다운 美術品으로 보이는 것이 아니오 그 反對로 雄壯한 大自然의 尊嚴을 나타내는 것으로 느끼어지었습니다. 白頭山 마루 곧 天池의 못둑은 힌빛으로 된 浮石과 여름이라도 白雪이 쌓여 있으므로 며철 白頭로 보입니다. 天池는 周圍가 約八十里라 하는데 적은 못이 아니라 山위의 바다라고 하는 것이 옳습니다.

二. 나는 四五年來로 여름이면 朝鮮語學會의 後援으로 京鄉 各地에서 열린 夏期 한글講習會에 다니면서 聽講員과 함께 웃저고리를 벗어놓고 땀을 닦다가 못하여서 마시기도 하였습니다. 그러나 그것은 나에게 無限한 滿足을 주었습니다. 21

白頭山印象

『女性』1-4, 朝鮮日報社出版部, 1936.7, 18~19 · 22쪽.

나는 어릴 때부터 도망꾼으로 유명하였다. 마음에 불평이 차면, 가만이 집을 떠나서 이웃 마을에라도 몇일 숨었다가 나와야 속이 시원하였다. 이런 성미를 가질 사람이다. 한번은 조선을 떠나 버리어야 시원하겠다는 생각이 들어서 어린 청년으로 단보찜[1]을 싸서지고 홋몸[2]으로 압록강을 건너서 만주로 다라났다. 그래서 몇 해 동안에 만주 천지에서 이곳저곳 돌아다니면서 방랑생활을 하게 되었다. 그러면 다음에 때는 세계 큰 싸움이 벌어지었던 시절이다. 동편에서 서편에서 대포 소리는 천지를 움직이며 살기는 하늘 끝까지 뻗치었다. 이런 때는 젊은 이 마음을 공연히 들뜨게 한다. 그래서 나는 사나운 즘승[3]으로 더부러 싸움을 한번 하여 볼까 하는 생각이 들었다.

일천구백십오년 여름이다. 이제로부터 꼭 스물한해전 일이다. 그때에 나는 서간도 무송현(撫松縣) 땅 백두산 밑에서 여남은 사람 동무와 함께 산양꾼[4] 생활로 세월을 보내게 되었다. 우리가 자리를 잡고 있던 때는 멀리 백두산 밑이오 송화강(松花江) 상류인 하늘이 잘 아니 보이는 원시 삼림 나무밭 속에 새로 조곰 개척한 중무리[5] 하는 이십 여 호가 사는 조선 사람의 마을이다. 여기에서 일백오십 리 쯤 되는 백두산 중턱에 올라가서 산양막을 치고 여름 동안에 산양을 하게 되었다. 길도 없는 나무밭 속으로 그 먼 산길로 먹을 양식과 솥과 그릇을 사람의 등으로 저서 올리기란 퍽 힘이 들었다.

우리의 산양막이 있는 데는 백두산 마루에서 한 삼십 리쯤 되는 곳인데 고목이 울창하고 산꼴[6] 폭포물이 나려 지르는 맑은 시내까[7]이다. 여기에 산양막은 보통

---

1   [편쥐] 단보찜 : 단봇짐.
2   [편쥐] 홋몸 : 홑몸.
3   [편쥐] 즘승 : 짐승.
4   [편쥐] 산양꾼 : 사냥꾼.
5   [편쥐] 중무리 : 1937년 10월 기고글에는 "중모루"로 고쳐져 있음.
6   [편쥐] 산꼴 : 산골.

천막 따위는 아니 된다. 첫째는 여름이라도 눈과 어름이 쌓인 곳이라 추워서 견딜 수가 없고 둘째는 메도야지[8]나 곰과 같은 사나운 즘승이 두렵고, 셋째는 산양한 물건으로 값이 많은 곰열(웅담)이나 녹용 같은 것을 빼앗으려고 돌아다니는 마적 떼가 있는 까닭이다. 그래서 직경이 한자이나 넘는 굵은 나무를 비어서 포개 포개 쌓아서 튼튼하게 지은 집이라야 된다. 만일 마적 떼가 덮친다면 그 집을 의지하고 싸울만한 성이 되어야 한다.

내가 백두산 마루에 올라선 날은 일천구백십오년 음력 오[18]월 스무 여드레 날이다. 이 산마루에서 맑은 날세[9]를 얻기는 매우 어려운 일이다. 날마다 새벽이면 천기만 살핀다. 이 날에는 뜻밖에 날세가 깨끗하기에 새벽밥을 지어 먹고 점심밥을 싸서 지고 산양꾼 세 사람과 함께 산마루를 바라보고 올라간다. 한 시간쯤 가니 그러면 그렇지 백두산 꼭지에 맑은 날세가 쉬우랴, 뜻밖에 서남 편으로부터 몰려오는 구름 안개는 마치 천병만마가 닥치는 듯하더니 잠시 동안에 산마루를 둘러싼다. 그래서, 지척을 가릴 수가 없었다. 수십 년 백두산 산양꾼으로도 자기들이 평소에 알고 있는 그 산꼴 그 산봉을 찾을 수가 없게 되었다. 그러므로 사람이 잘 다니지 못하는 한 산꼴로 그릇 들어갔다. 여러 시간을 나무는 없고 짜른 풀만 있는 땅을 밟고 가노라니 이제는 산마루에서 한 오리쯤 되는 산꼴인데 시내 바닥에는 어름과 눈이 쌓이었다. 보니 그 내바닥에 어름을 반길이나 파서 놓은 곰의 작난이 있다. 그것을 본 우리는 「옳다, 오늘도 한 마리 잡았다」하고 사방을 살피었다. 참말 서편으로 칠십 보쯤 되는 산비탈 눈 위에 그 곰은 누어서 그것을 본 우리는 모두 내까에 나부시 엎드리어서 일제히 총부리를 그 곰만 보고 겨누었다. 탕탕탕 물방[10]이야! 한 대여섯방을 맞드니 그 곰은 벽력같은 소리를 지르면서 굴러 나려온다. 그저 나려 오는 놈을 「또 불 받아라」하고 서너 방을 탕탕 놓았다. 곰은 그냥 굴러 나려 와서 내바닥 어름 위에 엎어지었다. 산양꾼의 풍숙에 즘승을 잡으면 먼저 산신령에게 비는 법이다. 우리 가운데 늙은 포수 하나이

<hr/>

7　[편쥐] 시내까 : 시냇가.
8　[편쥐] 메도야지 : 멧돼지.
9　[편쥐] 날세 : '날씨'의 이북 방언.
10　[편쥐] 물방 : '몰방'의 오기.

손을 비비면서 백두산 마님에게 삼사함을 드린 뒤에는 모두 허리에서 산양칼을 빼었다. 그 곰의 가죽을 베끼고 열(膽)을 띤 뒤에는 심장에서 솟아나오는 신선한 피를 둘러앉어 마시었다. 그리고는 포수 한 사(二二頁에 계속) 19

(十九頁에서 계속)

람은 그 곰을 지고 산양막으로 돌아가고, 두 사람은 나와 함께 산마루로 올라가게 되었다. 여기에서부터는 산이 매우 협하고 풀과 나무도 없는 속돌(浮石)밭인데 가다금 눈구렁이[11]다. 그래서 밭을 부치기가 어렵다. 이런 험한 길을 기어서 오리쯤 되는 산마루에 올라서니 옛날부터 전하는 말에 둘레가 팔십 리나 된다는 바다와 같은 천지 못이 눈 아래에 보인다. 문득 부끄럽고 두려운 마음이 생기어서 곧 엎드려 기도를 드린 뒤에 못까[12]에 다다라 조화옹의 힘을 찬송하면서 자연의 경치를 구경하고 산양막으로 돌아왔다. -(끝)- 22

---

11 [편쥐 눈구렁이 : 눈구덩이.
12 [편쥐 못까 : 못가.

(名士들의 感化集) 死線突破의 最後一線

『朝光』 2-8, 朝鮮日報社出版部, 1937.8, 199~200쪽.

나는 내 半生에 있어서 死線을 突破한 때가 한두 번이 아닙니다. 그야말로 저승 길을 半쯤 가다가 도라온 일이 여러 번입니다. 그러나 俗談에 범에게 물려가도 정 신만 차리라는 말이 있지 안습니까? 죽을 번하다가도 필경은 死線을 突破하여 更 生의 길을 얻었읍니다.

벌서 七八年前일입니다. 歐美서 도라온 후 八個月 旅行計劃을 가지고 全鮮을 踏 破하든 때의 일입니다. 長津水力電氣를 求景가섰지요, 長津水力電氣는 構造로나 規模의 雄大로나 實로 굉장하옵디다. 赴戰江[1] 支流를 막어가지고 周圍 七八十里의 큰 湖水를 만든 후 山속으로 구멍을 뚤러 千丈絶壁으로 떠러트려가지고 그 水力 의 힘으로 電氣를 만드는 곳입니다. 나는 水口에서 배를 타고 저 便 赴戰江을 막은 堤防을 求景가게 되었읍니다. 그 배는 적은 뽀트로써 사공 두 명과 나와 또는 新興 서 中央日報支局을 하든 某氏의 네 사람이 타고 出發을 하게 되였지요.

그러나 그 날은 마침 風浪이 甚해서 배가 이리 기웃 저리 기웃하며 動搖가 甚하 지 안습니까? 그러나 우리는 고집을 부리며 如前히 難航을 繼續하였읍니다. 그러 자 水口에서 한 七里쯤 가서 배는 風浪에 물배감 같이 뱅뱅 돌드니 그만 물속으로 가라앉기 시작하는구려. 이제는 不可不 저승길을 가지 아니하면 아니 되게 되였 읍니다. 그러나 사람이란 죽기까지 그 죽는 刹那까지 精神을 차리지 아니하면 아 니 됩니다. 사공 두 명과 某氏는 처음에는 고함을 치드니 那終에는 「아이구」하고 그만 운명하는 소리를 하는구려. 참말 悲壯한 瞬間이었읍니다. 나는 정신을 밧삭 차린 후[199] 「정신 차리시오」

하고 소리를 버럭버럭 지르며 벼락 같이 배속에 있든 밀가루자루 其他 짐을 물 속에 동댕이를 쳤읍니다. 이 통에 그들도 정신을 차려서 배속에 있든 物件이란 物 件은 모다 물속으로 집어던졌지요. 이러고 보니 배에 짐이 없어서 배는 더 물속

---

1   [편쥐 赴戰江 : 부전강(함남 서부를 흐르는 장진강의 지류).

으로 갈아앉지 안습니다. 그 사이가 實로 극히 짧은 瞬間이었읍니다.

그 다음에는 머리에 썼든 麥稿帽子를 모다 벗어서 배속에 물을 모다 퍼내였읍니다. 이러고 보니 배는 여전히 물 우에 떠올읍니다. 겨우 死線을 突破한 셈이지오. 그 다음에는 네 사람이 손으로 노를 저어서 겨우 언덕으로 나왔읍니다. 實로 저승길을 半쯤 갔다가 도라온 셈입니다. 이에서 나는 한 가지 더 큰 教訓을 얻었읍니다. 萬若 그때에 나까지 精神을 잃었드면 네 사람은 물속에 빠저 죽었을 것입니다. 그러나 나만이라도 精神을 차린 까닭에 살아났지오.

그러니까 사람이란 어떤 境遇 어떤 死線에 當할지라도 落望하고 정신을 잃으면 아니됩니다. 危險한 風波를 만나거나 敵에게 死의 宣告를 당하거나 精神만 차리면 決코 죽지 안는다는 것을 나는 再三斷言합니다. 나는 滿洲에서도 米國에서도 또는 시베리아와 歐洲에서도 이런 境遇를 實地로 여러 번 當하고 更生하는 길을 찾었읍니다. (文責R記者) 200

(이긴 이야기) 빈주먹 하나로 도적을 쫓아

『少年』 1-6, 朝鮮日報社出版部, 1937.9, 34쪽.

이제로 스물 세해 전[1]인데 구라파의 큰 전쟁이 나던 때입니다. 만주(서간도)에서 시비리아로 걸어서 가던 길 가운데, 만주땅 한 높은 재에서 칼 든 도적 수십 명을 만났습니다.

이때에 나는 친구[2] 한 사람과 단 두 사람이 행장을 차리고 길을 가던 중입니다.

우리는 그 도적 떼의 정탐이 우리 앞에서 우리의 행동을 살피는 것을 보고는 곧 알아차리고 양복바지 주머니에 육혈포를 쥔 것 같이 한 손을 넣고 막 쏜살 같이 산 고개를 향하고 올라가니 거기에서 길가는 손님 십여 명을 떨던[3] 칼을 쥔 도적놈 수십 명은 우리를 보고 겁이 나서 나무밭 속으로 달아나버렸습니다.

---

1   [편쥐] 1914년 1월경의 일화.
2   [편쥐] 친구 : 강일수(독립군 양성 무관학교인 신흥강습소 제1기 졸업생).
3   [편쥐] 떨던 : 떨게 했던.

(死線을 넘어선 그 時節) 馬賊에게 死刑宣告를 當한 瞬間─白頭山에서
산양하다 부뜰리어

『朝光』 3-10, 朝鮮日報社出版部, 1937.10, 149~151쪽.

벌서 이십년前입니다. 나의 靑春의 한 페지를 눈물과 피로 물드린 感激의 이야
기입니다. 나는 歐洲大戰이 끝난 大正三年 여름에 白頭山에서 산양을 다녔읍니
다. 白頭山이라고 하면 여러분도 아다싶이[1] 여름 한 철이 아니면 너무도 치워서[2]
人跡이 끊어지는 곳이지마는 數千里에 亘한[3] 千古의 樹海는 참말 人跡未到의 神秘
地가 많습니다.

나는 同僚 아홉 사람과 함께 白頭山으로 산양을 갔지오. 白頭山 絶頂에서 約 四
十里되는 高原地帶에 산양幕을 쳤읍니다. 산양幕이라는 것은 千古에 한 번도 도
끼를 드려보지 못한 大樹林 속에 아름드리나무를 베여서 그대로 네 귀를 짜서 幕
을 치는 것입니다. 이 白頭山 地帶에는 첫재 猛獸가 많고 둘재 馬賊이 出沒하기 때
문에 幕을 든든히 치지 아니하면 그들의 襲擊을 언제 받는지 危險하기 짝이 없
는 까닭입니다. 이렇게 때문에 우리 一行은 산양幕을 튼튼이 지어놓고 番을 가라
가며 一個月동안이나 산양을 하였지오. 그동안에 別의別 苦生을 다하였읍니다.
첫재 양식이 없어서 곰의 고기만 먹다가 설사가 생겨서 죽을 번하고 또는 밤이면
燈불 하나 없는 幕 속에서 치위[4]와 떨며 많은 苦生을 하였구려. 이렇게 一個月 동
안이나 人跡未到의 大樹林 속에서 가진 苦難과 싸워가며 산양한 結果 우리는 二十
餘頭의 곰과 十餘頭의 사슴이[5]를 잡었읍니다. 곰 한 마리가 큰 소만큼 식이나 한
터이라 고기는 모다 포를 떠서 한짐식 해지고 값비싼 熊膽과 鹿茸은 보에 싸서 들
고 우리의 根據地인 撫松縣 「中모루」[6]로 돌아왔읍니다. [149]

---

1   [편쥐 아다싶이 : 알다시피.
2   [편쥐 치워서 : '추워서'의 경상도 방언.
3   [편쥐 亘한 : 긍한(뻗친).
4   [편쥐 치위 : 추위.
5   [편쥐 사슴이 : 사슴.
6   [편쥐 中모루 : '모루'는 꼭대기(峯)란 뜻의 '마루'와 같은 말이다. 그런데 1934년 10월 및 1936년 7월

李克魯氏

그러나 여기 한 가지 말하지 아니하면 아니 될 것은 馬賊의 行動입니다. 이 白頭山 樹林 地帶에는 산양軍과 阿片秘密栽培者가 있는데 馬賊은 不絶이 探偵을 보내여 이 산양軍과 아편栽培者를 探知하고 調査합니다. 馬賊들은 산양꾼을 發見하면 그들에게서 銃과 熊膽과 鹿茸을 掠奪[7]하고 阿片栽培者를 發見하면 그 阿片栽培品을 모다 奪取합니다. 馬賊들은 이리하여 그들의 生活을 維持하는 것입니다. 우리들도 어느듯 그들의 目標가 되고 말었습니다.

우리가 根據地에 돌아온 지 三日만에 거기서 約 三十里되는 西大嶺이라는 곳에서 情報가 왔는데 馬賊이 不日間 우리 「中모루」라는 곳을 襲擊한다는 것입니다. 이 所聞에 同僚 몇 사람은 銃을 가지고 逃亡하고 나는 그곳 書堂에서 얼마 前까지 訓長 노릇을 한터이라 訓長으로 行世하기로 決心하고 끝까지 버티었[150]읍니다. 아니나 달르리까? 그 다음날 午後 한시쯤 하여 馬賊은 三十餘名이 銃에 칼을 꿰어가지고 襲擊하였읍니다. 馬賊은 中모루를 襲擊하자마다 그 洞里에 있는 男子란 男子는 모다 捕縛하였읍니다. 그리하여 그 洞里 區長 집에 모다 끌어다 놓았읍니다. 大綱 事實을 調査한 結果 딴 사람은 모다 釋放하고 나와 내 同僚 네 사람은 팔과 어깨를 단단이 結縛한 後 나무에 달아매고 죽도록 따리고 또는 鐵杖을 불에 달워가지고[8] 발을 지지고 하였읍니다. 이리하여 우리는 全身에 피투성이가 되고 그만 半 남아 혀를 빼여 물게 되었읍니다. 이리하여 나와 내 同僚는 事實대로 이야기하고 땅속에 묻었든 銃까지 내여 주었

에 먼저 기고한 같은 내용의 지명은 "중무리"라고 되어 있다. 본고가 마지막 글이라서 "중모루"가 옳을 듯싶음.

7 [편쥐] 掠奪 : 약탈.
8 [편쥐] 달워가지고 : 달궈가지고

읍니다. 그러나 馬賊 頭目은 逃亡한 親舊들의 銃과 熊膽과 鹿茸을 내라고 더욱더욱 嚴罰하는구려. 이미 處分한 터이라 어찌할 수가 없었읍니다. 事實대로 이야기했더니 馬賊은 거짓말 하는 놈은 卽時 銃殺한다고 호통을 쳤읍니다. 그리고 나를 그 中에 頭目으로 알았든지 저놈을 먼저 銃殺하라고 命令하였읍니다. 馬賊 部下는 나를 끌고 개천 樹林 속으로 가는구려. 只今 생각하여두 實로 가슴이 두근거립니다. 馬賊은 銃에 彈丸을 재여 가지고 將次 나를 쏘랴고 하였읍니다. 참말 무서운 瞬間이었읍니다. 나는 정신을 밧작⁹ 차리고 나는 最後로 소리를 지르며 사람이 죽는 瞬間에 말 한마디야 못 들어줄 理가 없으니 내말 한마디만 들어달라고 고함을 쳤읍니다. 이 말을 馬賊 頭目이 듣고 그놈 무슨 말이 있는지 다시 끌어오라고 命令하였읍니다. 나는 頭目 앞에 끌려가서 最後의 悲壯한 表情과 목소리로

『당신이 내가 되고 내가 당신이 되었다고 그 境遇를 한번 바꾸어 생각해 보시오』하고 고함을 쳤읍니다.

『그래 무슨 소리냐?』

『당신이 내가 되었다면 이러한 死의 最後를 當하여 그 銃 몇 자루와 熊膽 얼마를 生命과 바꾸려 하겠소?』

하고 反問하였읍니다. 그랬더니 馬賊 頭目은 고개를 숙이고 暫間 말이 없더니 다시 나를 同僚 있는 나무로 갖다 달아매라고 命令하였읍니다. 그때야 나는 겨우 安心하였지오. 그리하여 午後 일곱 시가 되어 겨우 낡¹⁰에서 풀어놓았는데 精神이 없고 몸의 傷處는 퉁퉁 부어서 거위¹¹ 죽은 몸이 되었읍니다. 洞里 사람들이 도야지를 잡어서 그놈들을 上監 대접하듯 하는 바람에 나는 겨우 낡에서 나려와 무염¹² 한 목음¹³을 얻어먹고 그날 밤을 결박당한 채로 땅바닥에서 지내고 그곳 區長의 保證으로 그만 回生하는 몸이 되었읍니다. 생각하면 참말 氣마킨¹⁴ 瞬間에서 解放되었지오.
(끝) (文責記者) 151

---

9 [편주] 밧작 : 바짝.
10 [편주] 낡 : '나무'의 고어. '남그'는 나무의 평북 방언.
11 [편주] 거위 : '거의'의 잘못.
12 [편주] 무염 : 문맥 상 소금물이란 의미의 '물염'으로 여겨지나 정확한 단어는 확실치 않음.
13 [편주] 목음 : 한 모금.
14 [편주] 氣마킨 : 기막힌.

(一生에 잊지 못하는 感激의 이야기) 金剛勝景의 土窟

『女性』 4-3, 朝鮮日報社出版部, 1939.3, 27쪽.

世界一周의 旅行을 마친 뒤에 이어서 昭和四年 一月부터 八個月동안에 朝鮮十三道를 視察하는 目的으로 돌아다니게 되었다. 그래서 行程의 마즈막 달인 八月에는 金剛山을 구경하게 되었다. 天下名山인 金剛山이란 말은 어릴 때부터 많이 들었으나 順序가 뒤집히어 먼저 남의 이름난 山川을 구경하고 뒤에야 이 金剛山을 본다는 것이 主客의 先後는 바꾸이었을지라도 比較觀에 있어는 도리어 有利하게 되었다고 볼 수 있다.

나는 內外金剛과 海金剛을 두루두루 살피어 보았다. 어느 모를 뜨어 놓고 보나 天下에 第一 名山이다. 造化翁의 藝術的 偉大한 힘에 感激하였다.

한 구비의 물

한 봉오리의 山

한 덩이의 돌

한 가지의 나무

한 잎의 풀

한 송이의 꽃

또 노래하는 새!

어느 것이 藝術的이 아닌 것이 없다. 到底히 다른 땅에서는 볼 수 없는 名山이다. 支那 詩人의

願生高麗國 一見金剛山[1]

이란 詩는 偶然한 소리가 아니다. 내가 보던 山水 가운데는 가장 큰 感激을 준 것이 金剛山이었다.

이 神祕한 山川을 구경하는 가운데 宗敎的 信仰의 힘이 偉大한 것을 더욱 깊이 알게 되었다. 내가 九龍淵瀑布를 구경하던 때는 八月末이었다. 이때는 벌서 이곳에는

---

1 [편쥐願生高麗國 一見金剛山 : 원컨대 고려국에 태어나, 한번만이라도 금강산을 보았으면…….

여름이 물러가고 가을 기운이 들어왔다. 그래서 가을을 粉飾하는 丹楓이 여기저기 비쵰였다. 그러므로 이 瀑布가에 있는 여름 한철의 손님을 보고 賣店으로 지은 土幕 한 間은 벌서 主人이 떠난 빈집이 되고 말았다. 寂寞한 가을 山谷에 물소리 새소리만 듣고 혼자 경치에 醉하여 앉았다가 섰다가 四方을 두리번두리번 보고 있노라니 그 옆에 있는 土幕 안에서 인기척이 나는 것을 들었다. 그래서 그리고 가서 그 안을 드려다 보니 山神靈 같이 보이는 안 老人 한 분이 있다. 이 깊고 깊은 산곬속에 하늘에서 떨어지는 듯하는 瀑布水와 또 바다와 같이 푸르다 못해 검어진 못물은 大自然의 威力을 그대로 나타내고 있다. 獨行으로 이 九龍瀑布를 찾아간 나는 白晝에도 大自然의 威力에 눌리어 무시무시한 느낌이 생기었다. 그런데 七十餘歲의 老弱한 女人이 그런 곳에서 혼자 밤낮으로 지낸다는 것은 決코 普通 사람의 마음의 아닐 것은 환한 일이다. 그래서 나는 그 女老人에게 여러 가지를 물어보았다.

「당신은 어데 살으시오?」

「예 나는 咸鏡道 端川에 삽니다」

「혼자 오시었습니까?」

「예 나 혼자 왔습니다」

「이런 좋은 金剛山 구경을 老人이 혼자 오시었습니까?」

「예 경치구경만 온 것이 아니라 山祭佛供을 드리려왔습니다」

「山祭佛供은 왜 드리시오?」

「예, 내가 前生에 罪가 많아서 이 生에서 子息이 없고 또 男便도 몇 해 前에 죽었습니다. 그러니 부처님께 佛供이나 드리어서 極樂世界나 가도록 하여줍시사고 三七日동안 祈禱를 드리는 中인데 아직 닷새가 남았습니다」

「혼자 진지는 어떻게 하시오?」

「예, 쌀과 남미를 가지고 와서 지어 먹습니다」

「혼자 계시면 밤에 무섭지 아니합니까」

「아닙니다, 부처님을 믿으니까 무섭지 아니합니다」

이런 對答을 들은 나는 참 놀랍습니다. 참 고맙습니다 하고 인사를 한 뒤에 돌아서 九龍淵을 한 번 더 구경하고는 나리어 오게 되었다. 이 老人의 心境에 感激한 나는 언제나 宗敎的 信仰力의 偉大함을 알고 있다.

(三一運動의 追憶) 上海에서 留學生總務로

『朝光』 12-1, 朝鮮日報社出版部, 1946.3.25, 75쪽.

獨逸人 經營인 上海同濟大學 工科에 在學中이었었는데 上海 留學生 總務로 當時 獨立 運動이 活潑히 展開되자 各團體와 學生層 指導聯絡에 從事하였다.

特히 記憶되는 것은 露領·美洲를 비롯하여 各方面에서 集中된 革命鬪士들에 聯絡 協議가 가장 크고 많은 任務였으며 이분들 鬪士中에는 그前 나의 滿洲 滯留時의 師友들이 많았던 만큼 더더욱 일하는데 便宜가 많았었다.

그리고 한편으로는 滿洲方面에서 軍事學을 專攻하시던 분들이 모이어 軍隊口令을 創案 査定하는데 특히 金枓奉氏 尹琦燮氏 두 분과 勞力하였다. 이를테면 「氣着」을 「차려!」 等으로 하는 거였다.

現在 解放 朝鮮에 實行되고 있는 朝鮮語 口令은 大部分이 그대로이매 印象깊은 일이며 우리 三千萬 大衆이 그 口令에 따라 行動을 같이 하게 된 것은 참으로 感慨無量하다.

그 當時에 같이 活躍하시던 분 中 이미 故人되신 이 많으시다. 같이 질기지 못하심 실로 遺憾이다.

臨政의 先輩들 그 고초를 겪으시고 二十八年後에 意志와 身上이 아울러 健全하시어 自由로운 이 江山. 이 서울에 돌아오시어 만나 뵈는 것 반가웁기도 하려니와 실로 敬慕하여 마지않는 바이다.

마리산에 올라서

『한글』11-5, 한글社, 1946.11, 57쪽.

마리산에 올라서

서으로 황해 바다 하늘 바라니
제 몸을 잊을만큼 기운 피이네.
한배검 거룩하신 큰 덕 높으며
뉘 무리 억만 년을 감히 못 잊네.

登摩尼山
西望黃海天, 無我氣浩然
檀祖聖德高, 不忘億萬年
檀紀 4279年 開天節

朝鮮研武舘歌

『朝鮮日報』, 1932.4.27.

　朝鮮研武舘에서는 今番에 李克魯氏 作歌와 蔡東鮮氏 作曲으로 舘歌를 다음과 가티 發表하얏다.

一. 亞細亞 뭉킨기운 白頭山되고
　　太平洋 열린기승 東海가되네
　　싯업시 피고피는 무궁화동산
　　우리를 베러내는 朝鮮研武舘
二. 나날이 鍛鍊하는 우리의몸은
　　조흔힘 보람잇게 쓰려함일세
　　싯업시 닥거가는 우리마음은
　　强한者 억누르고 弱한者돕네
三. 너나가 이즐소냐 한깃발밋헤
　　나가자 호반길로 어서한길로
　　차려라 맘을차려 몸을차려라
　　불벼락 떨어저도 정신만차려.

한얼노래[1]

『大倧敎報』第三十二卷 四之三・四一卷首, 大倧敎總本司,[2] 康德八年[3] 七月五日, 5~8쪽.

三神의 거룩함

一, 거룩하신 한임님은
宇宙를 創造하시니
永遠無窮 日月星辰
빛난 世界 일우었네.

후렴, 그 恩惠가 하 크구나
노래 불러 感謝하세
그 사랑이 참 크구나
노래 불러 感謝하세.

二, 거룩하신 한웅님은
人間을 가르치시니
聰明하고 착하여서
온갖 福을 받고 있네.

三, 거룩하신 한검님은
萬民을 다스리시니
이 世上의 모든 秩序
한결 같이 어김 없네.

聖地 太白山

一, 上元 甲子 上ㅅ달 초사흘
太白山에 瑞氣 둘리니
한검님이 人間 爲하여
이 世上에 태여 나셨다.

山마루는 눈이 쌓이어
어느 때나 깨끗하도다
저와 같이 우리 마음도
純潔하게 가져 봅시다.

二, 山마루에 하늘못물은
바다 같이 크고 깊도다
저와 같이 우리 마음도
너그럽게 가져 봅시다.

松花江과 豆滿 鴨綠江
이 못물에 根源 두어서
끊임 없이 흘러 나가니
우리 믿음 끝이 없도다. 5

---

1 [편쥐] 목차와 내지에 없는 제목으로, 이듬해에 출판된 『곡조 한얼노래』(1942)를 참조해 편자가 붙였다. 원문에는 단지 「卷首」편 말미에 '附(부록)'로 최남선 작사 「開天歌」 1곡과 이극로 작사 한얼노래 8곡 총 9곡의 가사가 실려 있음.

2 [편쥐] 주소: 牡丹江省 寧安縣 東京城街 東區 第十九牌 三號.

3 [편쥐] 康德八年 : 서기 1941년.

한얼님의 도움

一,한검님의 眞偦大道
　이 世上에 빛이로다
　그 길 좇아 나아가면
　罪惡 없이 살으리라.
후렴,至誠으로 받들어라
　　한얼님이 느끼리라
　　제 힘 다해 일을 하라
　　한얼님이 도우리라.

二,믿는 마음 至極하면
　두려울 것 없으리라
　끊임 없이 하여 가면
　절로 功을 일우리라.

三,우리 목숨 태여 날제
　모두 살게 하시었다
　헛된 慾心 버리고서
　제 職分을 다하여라.

한길이 열림

一,한 사람 한 사람 받들어서
　大偦의 한길이 열려지고
　한 말씀 한 말씀 깨달아서
　한얼님 道理를 알게 된다.

二,한 가래 한 가래 파는 흙이
　泰山과 바다가 平地 되고
　한 거름 한 거름 걷는 발로
　千里나 萬里나 가게 된다.

三,한 방울 한 방울 지는 물이
　딴딴한 돌바닥 뚫어 내고
　한 돌림 한 돌님 쏧는 노가
　단단한 나무를 끊어 낸다.

四,한 바탕 한 바탕 까는 鐵路
　地球를 여러번 동여 놨고
　한 덩이 한 덩이 포개어서
　萬里의 長城을 높이 쌌다. [6]

아침 노래

一,어둔 밤을 점지하여
　편히 잘 때 주셨으니
　한임님의 큰 恩惠를
　맘껏 感謝 하옵니다.
　잠잘 때에 保護하사

저녁 노래

一,밝은 날을 점지하여
　일할 때를 주셨으니
　한임님의 큰 恩惠를
　맘껏 感謝 하옵니다.
　일할 때에 도우시사

健康하게 하셨으니
한웅님의 큰 恩惠를
맘껏 感謝 하옵니다.
二,그날 그날 當하여서
　제 할 일을 하게 되니
　한검님의 큰 恩惠를
　맘껏 感謝 하옵니다
三神님의 사랑으로
이런 恩惠 받게 되니
어느 곳에 어느 때나
우리 마음 기쁩니다.

힘을 내게 하셨으니
한웅님의 큰 恩惠를
맘껏 感謝 하옵니다.
二,그밤 그밤 當하여서
　편히 쉬고 자게 되니
　한검님의 큰 恩惠를
　맘껏 感謝 하옵니다.
三神님의 사랑으로
이런 恩惠 받게 되니
어느 곳에 어느 때나
우리 마음 기쁩니다. [7]

끼니때 노래

一,볕날 때 볕나고
　비올 때 비와서
　나물과 곡식이
　잘되게 합소서.
후렴,나날이 먹고 살
　　糧食을 주시니
　　한얼님 恩惠를
　　고마워 합니다.
二,모든 힘 다 써서
　제 할 일 하거든
　살림이 늘도록
　늘 도와 줍소서.
三,이 飮食 먹고서

三神만 믿음

一,흩어진 우리 精神
　한 점에 모여 들어
　외길로 파고 가면
　진리를 뚫어 낸다
후렴,한길로 마음 모아
　　三神만 꼭 믿으면
　　神靈이 通하여서
　　크나큰 힘이 난다.
二,흩어진 가는 햇살
　렌즈를 通過하어
　한 점에 모여 들면
　타도록 불이 난다
三,흩어진 南北極이

이 몸이 튼튼해　　　　꼭 같은 방향으로
맡은 일 또 다시　　　다 같이 整頓되면
잘하게 합소서.　　　쇠마다 磁力 난다. 8

한글노래

『朝鮮週報』4, 朝鮮週報社, 1945.11, 5쪽.

한글노래

李浣榮

세종임금 한글펴니
스믈 여듧글짜
사람마다 쉬배워서
쓰기도 편하다

살기에 주편우리여
한글 나라로
모든문화 그근본을
맑히려 갈꺼나

온세상에 모든글씨
견주어 보아라
조리있고 아름답기
우뜸이 되도다

오래동안 무친옥돌
갈고 닦아서
새빗나는 한글아태
꿀고루 뿌리세

한글노래

『白民』創刊號, 白民文化社, 1945.12, 30쪽.

한글을 배워서 건국에 헌신하자! ─ 한글 紀念日과 한글노래[1]

한글노래

李克魯 作詞

一, 세종임금 한글펴니

　스물 여덟 글자

　사람마다 쉬배워서

　쓰기도 편하다.

(후렴)

　슬기에 주린 무리

　이한글 나라로

　모든문화 그근본을

　밝히러 갈꺼나.

二, 온세상에 모든글씨

　견주어 보아라

　조리있고 아름답기

　으뜸이 되도다.

三, 오랫동안 묻힌옥돌

　갈고 닦아서

　새빛나는 하날아래

　골고루 뿌리세.

1　[편쥐] 이극로의 한글노래 가사 외 본문 제목과 내용은 편집부 글이지만 함께 실었음.

한글사수의 전투부대(戰鬪部隊) 조선어학회에서는 한글분포 기념날인 十월九일을 맞이하여 열시부터 부내 천도교 講堂에서 훈민정음 반포 제 四백九십九주년 기념식을 거행하였다. 일본제국주의의 야만적 탄압으로 四년간 중단되였다 해방 후 처음의 거식이니 많치 시간 전에 장내는 빈틈없이 초만원을 이루고, 식은 천지를 진동시키는 듯한 애국가의 합창으로부터 시작되였다. 이어서 장지영(張志暎) 씨가 훈민정음 서문을 엄숙히 봉독한 후 힌두루매기를 입은 리극로(李克魯) 간사장이 일짜로 다문 입에 강렬한 투혼을 빛이며 등장하여 열열한 식사를 하자 만뢰의 박수는 끈칠 쭐을 몰랐다. 다음 정인승(鄭寅承) 씨가 한글 기념일 탄생 유래를 력사적으로 설명한 후 권동진(權東鎭) 유억겸(兪億兼) 제씨의 축사가 있고 끝으로 단군만세를 고창하고 열한시반에 페식하였다. 이어서 함흥(咸興) 감옥에서 옥사하신 이윤재(李允宰) 한등(韓澄)[2] 량씨의 추모식을 거행하였는대 김윤경(金允經) 정진석(鄭鎭石) 량씨로브터 고인의 량력보고 최현배(崔鉉培)의 눈물겨운 추도사가 있고 마즈막으로 유족 대표 인사로써 오후 한시 식은 엄숙히 끝맡쳤다.

한글의 명절을 축하하기 위하야 조선어학회에서는 당일 아츰에 기념식을 거행한 후 동 오후 두시붙어 가두행진을 하였다.

부내 각 문화 단체 관계자 다수와 부내 남녀생도 수천 명이 수송국민학교에 몽이여 애국가 한글노래를 힘차게 제창한 후 가두로 출발하야 군정청 앞으로 나아가 남대문통을 거처 종로통으로 도라 세종대왕의 성업을 마음껏 축복하였다.

제4장
시가

---

2 [편쥐] 한등: '한징'의 오기.

한글노래

『女性文化』創刊號, 女性文化社, 1945.12, 36쪽.

漢陽의 가을

『解放記念詩集』, 中央文化協會, 1945.12.12, 18~19쪽.

一, 한강에 가을물이 깨끗이 흘러간다.

　기러기 줄을 지어 남국을 도라오니

　아마도 살기좋은 곳 이땅인가 하노라.

二, 남산에 단풍들어 나무ㅅ잎 아름답다. [18]

　씩씩한 청소년들 떼지어 올라가네.

　보아라 신흥조선의 남아인가 하노라.

三, 곳곳에 쌓인 것이 무배추 무텡이다.

　맛좋은 조선김치 뉘아니 즐기겠니

　세계에 자랑거리는 김치인가 하노라. [19]

獄中吟 ― 咸興監獄에서

『開闢』 73(復刊 新年號). 開闢社, 1946.1, 31쪽.

◇

從來水雲生。 何避獄中人。 幾度臨死境。 神助救命人。

如我得福者。 豈多此世人。 唯謝旣受恩。 將任天意人。 [1]

◇

忍苦編辭典。 士道盡義務。 此亦犯罪事。 終當始皇手。

放聲[2]欲痛哭。 奈何不自由。 深夜監房中。 獨臥只落淚。 [3]

◇

無窮時空歷史空。 是非善惡皆自空。 人生徒勞空又空。 超越達觀我亦空。 [4]

◇

新秋深夜虫聲亂。 獄中囚人寢不安。 稚子弱妻近如何。 責任所感心未安。 [5]

◇

其人犧牲一時事。 正義眞理永遠生。 欲求心身健康福。 多事緊張忘死生。 [6]

---

1   [편쥐][이극로 역] 본디 닥치는 대로 사는 이가 어찌 감옥살인들 피할 사람인가. 몇 번이나 죽을 뻔
    하였는데 하느님이 도와서 살아난 사람이다. 나와 같이 복을 받은 사람도 어찌 이 세상 사람에 그
    리 많겠는가. 오직 신에게서 이미 받은 은혜를 감사할 뿐이요, 장례 일은 하느님 뜻에 맡
    긴 사람이다.

2   [편쥐]『고투사십년』(1947)에는 "打胸(가슴을 치며)"로 고쳐져 있다. 그리고 2장은 3장으로 옮겨져
    있다.

3   [편쥐][이극로 역] 어려움을 참고 사전을 만듦은 선비의 도리에 의무를 다함이다. 이런 일이 또한
    죄가 되어서 마침내 진시황의 솜씨를 만났다. 소리를 질러 울고는 싶으나 어찌하느냐, 이것도 자유
    가 없다. 깊은 밤 감옥 방안에서 홀로 누워 눈물만 흘린다.

4   [편쥐][김태진 역] 무궁한 시공에 인간역사 공허하구나. 시비선악이 모두 다 공허하구나. 인생의 도
    로(헛된 노력)가 공허하고 또 공허하구나. (이를) 초월하고 달관하려 해도, 그러는 나 역시 공허하
    구나.

5   [편쥐][이극로 역] 새 가을 한밤중에 벌레소리가 시끄러워서, 옥 안에 갇힌 사람이 잠들지 못한다.
    어린 자식과 약한 아내는 요사이 어떤가. 책임을 느끼매 마음 편하지 못하다.

6   [편쥐][이극로 역] 그 사람의 죽음은 한 때 일이나, 정의와 진리만은 영원히 산다. 맘과 몸이 튼튼한
    복을 구하려거든 일이 많아서 생사를 잊어 버려라.

한글노래

『한글문화』 創刊號, 한글문화보급회, 1946.4, 35쪽.

한글노래

『臨時中等音樂敎本』, 中等音樂敎科書編纂委員會, 1946.5.1, 2쪽.

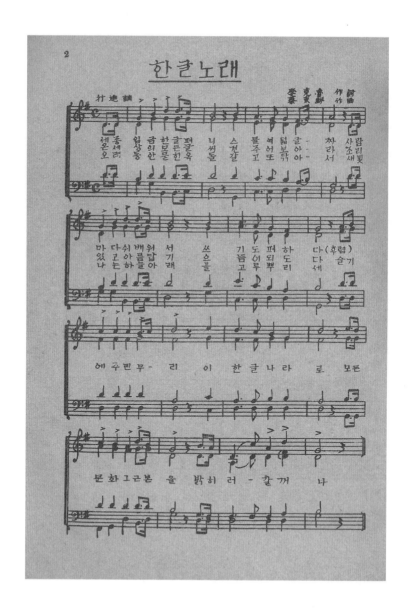

丁亥 除夕詩

『한글』13-1(통권 103호), 1948.2, 한글사, 71쪽.

1. 해달은 잘도 간다 　　　歲月如流
　　어느 덧 한그믐닐 　　　於焉大晦
　　머리엔 흰털 나고 　　　頭生白髮
　　얼굴엔 잔주름살 　　　面有細皺

2. 조선 일 위하여서 　　　爲我朝鮮
　　하느님 비나이다 　　　祈願上帝
　　몸만은 늙어져도 　　　身雖老去
　　맘만은 젊어 줍쇼 　　　心環少來

제4장
시가

한글노래

『東光新聞』, 1949.10.9.

日本 京都 金泰鳳 수신 편지

1932.4.4.

日本 京都市 上京區 烏丸今出川
大阪每日新聞 販賣店 出張所 內
金 泰 鳳[1] 님

朝鮮 京城府 水標町 四二
李 克 魯 봉투

　여러 번 주신 글월을 볼 때마다 님의 굳센 마음을 엿보게 됩니다. 모든 어려운[2] 고개를 넘어나가시는 님의 앞길에는 밝은 빛이 잇을 뿐이니 거긔에 사람다운 값이 잇는 것이올시다. 한때의 결심도 용한 것이지마는 그보다 그 결심을 한평생토록 꿋고[3] 나가는 것이 더욱 놀랍은[4] 일입니다. 무슨 일이나 끝까지 붓잡고[5] 나가야만 이룸이 잇는 것을 꼭 믿어야 합니다. 한평생을 두고두고 쓸 몸과 마음과 지식을 닦아 나갈 때니 아모쪼록 튼々한 몸으로 공부 잘하시며 더욱 높은 인격을 일우시기를 마음껏 빌고 바램니다. 1932.4.4. 서울. 리극로. 편지

영인 118쪽

1　[편쥐] 金泰鳳 : 부산 춘해병원 설립자이자 의사인 도생(道生) 김영소(金永韶, 1913~1992)의 본명.
2　[편쥐] 어련운 : 어려운.
3　[편쥐] 꿋고 : 끌고.
4　[편쥐] 놀랍은 : 놀라운.
5　[편쥐] 붓잡고 : 붙잡고.

(경남 의령) 정세 수신 편지

1937.1.9.

정세[1] 보게

겨울날이 추운 이때에 온 집안이 태평하기를 멀리 있어 빌고 바라네. 마산 수연이 혼인 때에 못 가본 것이 섭々하네. 세상일에 바쁘게 매여지내는 몸이라 먼 곳을 한번 찾아간다는 것은 뜻대로 되지 못하네. 음력 삼월에나 한번 나려 가고저 하네.

오늘 억세 남동생이(머심아) 낫기로 이제 통지하니 곧 출생계를 하여 주게. 난 때와 이름은 다음과 같음＝[대세(大世) 昭和十二年 一月九日 零時半(子時)에 京城府 鍾岩町 四十番地에서 나다.]

1937년 1월 9날. 서울

극로 아재 씀

영인 120쪽

---

1 [편쥐] 정세 : 李淨世(1896～1960), 큰조카(맏형 상로(祥魯)의 아들).

申性模 수신 편지

『朝鮮名士書翰大集』,[1] 明星出版社, 1940.5.10, 11~13쪽.

倫敦 있는 申性模兄에게

(英國 倫敦 航海大學 艦長 試驗에 入格된 當日에 發送한 申聖[2]模씨의 편지를 받고 回答한 글월)

朝鮮語學會 李克魯

少滄仁兄께,

오늘에야 兄의 반가운 글월을 받았읍니다. 有志者事竟成[3]은 兄을 가리킨 것입니다. 申性模 艦長 萬歲! 세 번을 부릅니다. 이 登龍門의 기쁜 消息을 여러 師友에게 곧 傳하겠습니다.

五大洋은 仁兄의 活動舞臺로 하느님께서 주시었으니 그 恩惠를 져버리지 마시고 自己 半生의 學得修鍊한 知識과 技術을 發揮하여 배와 바다에 對한 指導者가 되어 주시기를 바랍니다.

仁兄의 오늘의 成功이 있을 것을 世人은 기다리었습니다. 千辛萬苦 아니 粉骨碎身하드라도 自己의 세운 뜻을 貫徹하고야 마는 立志傳의 첫 페지를 차지할 이는 仁兄인가 생각합니다.

仁兄이 朝鮮을 떠나서 上海를 건느던 배 위에서 느낀 바 三面에 바다를 둔 땅에 사는 사람으로[11]서 어찌 배 타는 데 等閑하랴. 우리는 배타는 法과 바다의 學問을 배워야 된다고 힘차게 말씀하던 그 때도 벌서 二十七年 前입니다. 처음에 上海

---

1 [편주] 1948년 2월 10일에 재판 간행.
2 [편주] 聖 : '性'의 오식.
3 [편주] 有志者事竟成 : 유지자사경성(뜻이 있는 자는 일이 마침내 이루어진다).

商船學校로부터 南京海軍學校와 倫敦 航海大學까지 入學 그 자체가 모두 非凡하였으며 半生을 두고 모든 逆境을 突破하며 빈주먹으로 苦學의 길을 들어서 어려운 航海學을 專工하여 艦長의 자리에까지 이른 것은 누구나 敬服하지 아니하는 이가 없읍니다. 西曆 一九二七에 第가 仁兄의 親切한 招待를 받아 倫敦 航海大學 寄宿舍에서 一年동안 寢食을 같이할 때에 支那 海軍의 父인 薩鎭氷 元師의 手書 中에 본바 그가 얼마나 仁兄을 믿으며 사랑하는 줄을 잘 알았읍니다. 그의 信任과 寵愛는 決코 偶然이 아닐 것입니다. 知人之鑑이 있는 薩元師는 仁兄의 오늘의 成功이 있을 것을 미리 본 까닭입니다.

仁兄의 航海學과 航海術에 能한 것은 前年에 뉴욕에서 倫敦까지 英國銀行의 金塊 輪送 競爭에 成功한 것으로 世界的 航海家로 擅名되었읍니다. 그 때의 月桂冠이야 말로 申兄의 것이 아니라 東洋人의 月桂冠이었읍니다.

第는 歸鄕한제가 벌서 十年이요, 朝鮮語學會 자리를 定한 제가 벌서 十年이요, 또는 結婚한 제가 벌서 十年입니다. 이 過去 十年이란 것은 나의 試金期이었읍니다.

朝鮮語文의 科學化 곧 한글 綴字法統一案 作成, 標準語 査定, 外來語 表記法 作成, 語法整理[12] 等은 모두 朝鮮語 辭典 編纂의 基礎工作으로 여러 學者의 同心協力에서 거의 이루어지게 되었읍니다. 語彙蒐集과 註解도 착착 進行중입니다. 編纂完成은 아직 數年을 要합니다.

第의 家庭으로 말하면 벌서 三男 一女를 두었는데 長男 億世는 이제 小學校 二學年生입니다. 그 아래는 모두 어리어서 아직 學校에 다닐 나이가 못 되었읍니다.

歸鄕한지 十年인 오늘에 앉아서 過去의 近二十年間 나의 海外 生活을 追憶할 때에 仁兄의 心境을 나의 가슴 속에 그리는 듯합니다. 끝으로 맡음이 무겁고 앞길이 먼 兄體의 健康을 삼가 빕니다.

己卯[4] 二月 八日 서울에서 第 李克魯拜 [13]

---

4 [편쥐]己卯: 서기 1939년.

義本淨世(이정세) 수신 편지[1]

경상남도 의령군 지정면 두곡리

의본정세 앞

함흥부 일출정35

의본극로로부터 앞

지금부터 통신이 허가되었다.

나는 건강하다. 댁내 무사하기를 기원한다.

숙부 의본극로 뒤

영인 121쪽

---

1 [편쥐] 함흥형무소에서 보낸 엽서(1944.11.26 검인)

慶尙南道 宜寧郡 芝正面
　　　　杜谷里

義本淨世　殿
　　咸興府 日出町三五
　　義本克魯ヨリ 앞

今カラ通信ガ許可サレマシタ
私ハ健康デス。
宅內ノ無事ヲ祈願シマス。
　　　　叔父 義本克魯 뒤

朝鮮國內事情報告書

1947.9.1.

西曆一九四七年 九月一日

朝鮮健民會委員長 李克魯

웨드마이어[1]將軍 貴下

朝鮮國內事情報告書

제5장
편지와 엽서,
명함

一. 政治面

1. 民族分裂의 原因

美蘇 兩軍의 朝鮮 進駐와 함께 國內는 共産主義思想과 資本主義思想이 抬頭 露骨化한 것.

2. 民族分裂의 直接原因

莫府[2]三相決定의 眞意를 理解함으로써 支持하는 部類와 同決定의 信託이 朝鮮의 主權을 侵害하려하는 聯合國의 野慾이라 하여 이를 決死反對하는 部類가 서로 感情的□1□으로 對立하여 支持者를 左라 하고 反對者를 右라 하여 左右鬪爭이 激烈化한 것.

3. 南朝鮮의 現實

親日派, 民族叛逆者는 左右翼에 다―潛入하여 잇다. 그렇나 南朝鮮軍政은 이를

---

1   [편쥐] 웨드마이어 : 앨버트 코디 웨더마이어(A. C. Wedemeyer, 1897~1989). 1947년 8월 26일 미국 트루먼 대통령 특사로 방한했다. 본 문건은 미국 사절단 방한 시 남한 인사들이 웨더마이어 중장에게 보낸 편지 가운데 조선건민회 대표 이극로 명의로 보낸 보고서.
2   [편쥐] 莫府 : 막부(모스크바).

政治的으로 肅清하지 못한 것이 左翼의 政擊 焦點이 되어 있다. 따라서 親日派 民族叛逆者 附日協力者는 자기들을 除外 處斷하지 안이[3]하고 軍政을 攻擊 反對하는 左翼에 對하야 決死的인 對立鬪爭을 展開하였다. 이 鬪爭方法은 "信託反對"라고 하는 三十万 朝鮮人民의 愛國的 感情을 刺激하는 愛國 口號 아래 信託 支持하는 左翼은 賣國奴라하여 이를 反對하고 左翼은 右翼을 反動分子 親日派[2]叛逆者라하여 드디어 民族相殘의 慘劇이 벌어젓다. 이에 呼應하여 警察 亦是 日帝時代의 幹部 警官들이 大多數이기 까닭에 右翼과 協力하여 左翼 彈壓에 努力하고 있다. 이 左右翼의 對立的 中에 끼인 中間部類는 어떠한 환경과 처지에 있는가. 中間部類란 進步的 良心的 右翼과는 左翼을 말하는 것이다. 따라서 良心的 左翼과는 極左의 反動分子라 하여 미움을 받고 있고 良心的 右翼은 右翼의 分裂分子라하여 極右에게 미움을 받어 右는 中間을 左라 하고 左는 中間을 右라 하여 左右 挾攻을 받고 있다. 同時에 中間이란 朝鮮民族 大部分의 政治 思潮이나 배경이 없는 까닭에 確固한 勢力을 樹立하지 못하고 이 中間 路線의 領導者는 金奎[3]植 博士와 故 呂運亨氏이였다. 呂氏는 임이[4] 없고 金奎植 博士 한 분이 나머[5]있다. 이 中間 路線은 三相決定에 對한 聯合國의 好意를 理解함으로써 信託은 臨時政府 樹立 後에 論議하여 是々非々를 가리자는 見解로 美蘇共委의 成功을 기다리고 있다. 右翼은 이 見解의 態度를 機會主義라 하여 亦是 무서운 警察의 協力 아래 極右의 테로[6] 當하고 있다.

이와 같이 南朝鮮 美軍政이 確固한 機構改革 斷行을 遂行하지 못하고 良心的인 右翼과 左翼分子까지 테로와 彈壓을 當하는 것을 傍觀하고 있는 것과 같은 態度가 되이 그 結果는 南朝鮮 人民의 大部分이 極右分子만 除外하고 極左의 良心的인 民族主義者, 無政[4]府主義者들까지 反感을 가지고 美軍政의 失態를 指摘하게 되어 地方은 暴動의 危機에 直面하고 있다.

---

3 [편쥐] 안이 : 아니.
4 [편쥐] 임이 : 이미.
5 [편쥐] 나머 : 남아.
6 [편쥐] 테로 : 테러.

4. 軍政 施業에 對한 建議

(A)警察을 斷然 肅淸 改革할 것

(B)美蘇共委를 成功식힐 것

(C)美軍政을 直時 國務省 管轄로 移管할 것

(D)南朝鮮 普選을 保留하고 南北統一의 普選을 實施할 것

5. 結論

美蘇共委가 決裂하고 三八線이 이 狀態로 간다면 北鮮에는 右翼 革命 暴動이 이러날 것이요 南鮮에는 左翼 暴動이 이러날 것이라고 본다. 이는 南北 兩軍政 [5] 이 모다[7] 朝鮮의 實情에 適合하지 안이한[8] 또한 朝鮮人民의 意思를 無視하고 自己主義의 政治理念을 實現할라고 하는 矛盾에서 생긴 것이다.

南朝鮮 普選이 現狀態에서 實施한다 함은 美軍政이 故意로 朝鮮의 暴政과 反撥暴動의 씨를 뿌리려고 하는 것이다. 웨 그러야[9] 하면 良心的인 右翼과 左翼은 모다 極右의 테로에 戰々兢々하고 있는 한편 極右는 警察과 協力하야 親日派, 民族叛逆者의 金錢力과 地位을 利用하야 그들에 選擧 基盤을 樹立하고 있다. 普選에 結果는 極右에 政權이 될 것이며 極右에 執權은 朝鮮人民에 大部分의 意思에 反하는 것이며 또한 그 結果는 賢明하신 貴 [6] 將軍은 잘 짐작하실 것이라고 생각한다.

제5장
편지와 엽서,
명함

二. 文化面

政治面이 以上 陳述한 바와 같은 事態이기 까닭에 文化面 亦是 良心的 文筆家 藝術家는 彈壓과 테로를 當하여 活動基盤이 없는 文化人은 大部分 反動的으로 左로 흐르며 良心的인 作品 發表까지도 自由롭지 못하여 生活의 途가 暗膽할뿐더러 劇場 其他 文化人의 活動 地盤은 謀利輩의 手中에서 管轄雲龍 當하고 있다.

---

7 [편주] 모다: 모두.
8 [편주] 안이한: 아니한.
9 [편주] 웨 그러야: 왜 그러냐.

三. 經濟面

生産原料의 嚴格한 統制 配給과 함께 生産品의 系統的인 分配로 하야 多少間이라도 合理的인 運營方案을 ⑦ 取한다하면 生産도 增進하고 物價도 調節할 수 있을 것이다. 그러나 事實은 反對로 生産原料은 謀利輩 手中으로 生産品은 奸商輩 手中으로 入手되어 人民은 塗炭에 빠지고 그 增은 生産原料에 不足과 入手難으로 閉鎖을 하여 가는 現狀이다.

四. 結論

世界에서 가장 자랑하는 民主主義 政治理念이 南朝鮮 人民에게 實際에 있어서 그 優秀性을 認識식힘[10]으로해서 共産主義를 阻止할 수 있다. 彈壓과 武力으로써 進步되는 世界思潮에 逆行할 수는 없다. 따라서 가장 올은[11] 民主主義 政治가 朝鮮에 實施되기를 希望하며 自由로운 民主主義 政 ⑧ 治下에 發酵한 共産主義 運動은 民主主義者와 良心的인 左翼批判部隊들의 思想鬪爭과 實踐에 있다. 朝鮮은 共産主義에는 다 反對이다. 同時에 如斯한[12] 南朝鮮에 軍政이 民主主義라 하면 이렇한[13] 民主主義도 亦是 反對이다. 따라서 美蘇共委를 成功식혀 朝鮮政治은 朝鮮에게 맺겨[14]두면 朝鮮民族은 四千年來의 民族意識이 共産主義 國家함을 죽기보담 더 실혀[15]한다.

朝鮮民族은 朝鮮政治勢力이 「와싱톤」이나 莫府에 끌이어[16] 가지 안이하는 勢力이 形成될 때 朝鮮 獨立과 安定이 올 것시라고[17] 밋고[18] 있다. 이 安定性 있는 政治

---

10 [편쥐] 식힘 : 시킴.
11 [편쥐] 올은 : 옳은.
12 [편쥐] 如斯한 : 여사한(이와 같은).
13 [편쥐] 이렇한 : 이러한.
14 [편쥐] 맷겨두 : 맡겨.
15 [편쥐] 실혀 : 싫어.
16 [편쥐] 끌이어 : 끌려.
17 [편쥐] 것시라고 : 것이라고.

勢力이 所謂 中間이라고 하는 進步的 民族主義者들이다. [9]

---

18 [편주] 밋고: 믿고

朝鮮健民會 명함

1947.

(本社 新社屋 落成式과 各界祝辭) 過去蓄積된 經驗의 産物

『朝鮮日報』, 1935.7.6.

貴報가 落成記念을 擧行한다고요? 實로 致賀할 일입니다. 貴報는 過去에 잇서서 어느 新聞보담도 誕生邇來 十數年 동안을 가진 波瀾과 온갖 風霜을 격근 것은 萬人周知의 事實로서 今日의 慶事는 全혀 貴報 過去가 蓄積한 經驗의 賜物이 안인가 합니다. 一個人도 幼, 少年期에 苦生을 해야 末年에 훌륭한 人格을 完成하는 것과 同一한 意味에서 貴報의 今日을 생각하니 當然의 當然한 일인 同時 참으로 感慨無量합니다.

貴社 社屋이 인제는 그러틋 堅固한 盤石 우헤 버젓하게 섯스니 그 事業도 따라서 그와 마찬가지로 隆興해 갈 줄로 밋습니다. 그런데 한 가지 切實히 期待하는 바는 貴報가 朝鮮文으로 된 新聞인 만큼 朝鮮文化建設에 잇서서 實로 重大한 責任이 잇슬 줄 미드며 또 貴社社屋이 가장 整備된 現代文明을 象徵하는 科學的 그것이니만치 「한글」 綴字法에 잇서도 同一한 意味로서 整理해 주시기에 努力을 애끼지 말어주시기를 바라는 바입니다. 그리고 今後로도 貴報의 存在가 더욱 더욱 빗나기를 希望하는 바입니다.

(紙面 拡張에 対한 各界 讃辞) 刮目할 躍進

『朝鮮日報』, 1936.1.9.

　귀보가 지난 여름에 새 사옥을 굉장히 짓고 그 락성식을 거행할 때 중심으로 귀사의 발전을 기뻐할 압길을 빌엇드니 과연 그 후 얼마 안 되어 오늘날 또 열『페이지』에서 껑충뛰여 열두『페이지』로 지면을 확장하엿다니 귀보의 약진이란 글자 그대로 괄목할 만하다.

　귀지의 그런 발전은 즉 조선의 인문(人文)과 문화가 발달되고 향상된 것을 웅변으로 말하는 것인 동시 시세의 추이에 딸어 당연한 일이라고 생각한다. 압흐로도 꾸준히 노력해서 현재의 열배 백배 발전이 되기를 빌어 말지 안는다.

　(사진은 리극로 씨)

(第三回 全朝鮮 男女專門學校 卒業生 大懇親會 後記—開會辭와 來賓祝辭) 祝辭

『東亞日報』, 1936.2.16.[1]

祝辭 ···················· 李 克 魯 氏

여러분께 드릴 인사의 말슴은 여러분은 최고학부를 마치고 실사회로 나오시는 투사입니다.

이는 여러분의 기쁨만 아니라 우리 사회의 기쁨이외다. 여러분이 소학을 졸업한 후 七, 八년동안에 궁하여 중학과 전문을 마치게 된 것은 건강문제, 학비문제 기타 모든 문제가 순조로운 가운데에서 영예의 졸업을 마치고 이제는 사회 다방면으로 나아가서 활동을 하시게 되엇습니다.

실사회에 나설 때에 문제되는 것은 각자의 행위에 대한 판단이라고 생각합니다.

첫재 사회에 나아가서 무슨 행동을 할 때에 이기적(利己的)이냐 아니냐를 생각할 것.

둘재 개인에게는 해로우나 남에게 이로운가를 생각할 것.(利他的)

셋재 개인이 움직일 때에는 나도 이롭는 동시에 남도 이롭다는 것을(共存共榮) 생각할 것.

넷재 나의 행동으로 인하야 나도 망하고 남도 망한다는 것(共滅共亡) 등을 생각할 필요가 잇다고 생각합니다.

우리는 언제든지 이 네 가지를 생각하야 각자가 스스로 신중하게 행동히여야 합니다.

여러분 우리는 비상시에 처하여 잇습니다. 비상시라 하면 보통 때가 아니라는 것인네 우리는 인제든지 비상시에 처하여 잇으므로 이에 대한 처세하는 법은 평범한 생활로는 도저히 자긔의 앞길을 개척할 수 없다는 것이외다. 즉 보통적이

---

1 [편쥐]'제3회 전조선 남녀전문학교 졸업생 대간친회' 제1일 여자부 개최 시간은 1936.2.15. 오후 7시, 장소는 동아일보 대강당.

아니고 비상한 행동으로 나아가지 안흐면 도저히 남과 갏이 살아 갈 수가 없다는 것을 재삼 탐하는 바이외다. (…下略…)

(本社社屋新築落成及創刊滿四週年記念-各界名士의 祝辭) **높은 새집 빛이**
로다

『高麗時報』, 1937.4.1.

높은새집 솟앗으니
빛이로다 옛성터에
때마추어 눌리는종
끝이없이 들리여라

(學海) 머리말

『學海』創刊號, 學海社, 1937.12, 1쪽.

現代文明의 特色은 專門化하는 것이다. 이 專門化로 말미암아 知識이 깊어지며 精密하여 지는 것은 물론 좋다. 그러나 한 方面으로 치웃치게 되는 것만큼 個人으로 본다면 知識의 視角이 좁아서 全體의 關係를 모르는 페단이 크다. 그러므로 이 것을 막기 爲하여 文明 各國에서는 數百卷의 簡單한 常識叢書를 많이 낸다. 그러나 우리에게는 이러한 巨帙의 叢書도 大衆에게는 要求되기가 어렵다. 그것은 한 쪽으로는 나날이 生活과 여러 가지 일에 시달리어 지내는 形便에 讀書의 時間이 넉々지 못하며 다른 쪽으로는 그만한 書籍도 살만한 經濟力조차 許諾지 아니한 다. 이러한 우리에게는 百科全書式으로 된 常識短篇集이 무엇보다도 必要한 것은 두말 할 餘地가 없다.

그런데 이제까지 이런 標準으로된 책이 나오지 아니함을 遺憾으로 생각하던 中에 하루는 이 책 編輯하신 분이 찾아와서 그 오래동안 힘써 募集한 原稿를 보이 고 序文을 請하기에 반가운 뜻으로 살피어본 즉 여러 名士의 아름다운 글과 여러 方面의 材料로 그 精選된 內容이 넉넉히 뭇 사람에게 많은 常識을 드리게 될 것은 틀림이 없겠다. 그러므로 반가운 마음에서 붓대를 들어 삼가 몇 字를 적어드리는 바이다.

丁丑[1] 菊月[2]　　　서울에서

1　[편쥐] 丁丑 : 서기 1937년.
2　[편쥐] 菊月 : 국월(음력 9월).

(紙齡百號突破에 際하여 各界名士의 祝辭) **날래게 달리시라**

『高麗時報』, 1938.11.1.

첫호를 비롯하여
백호에 이럿거니
천호를 바라보고
날내게 달리시라

(날아다니는 사람들) 머리말

노양근, 『날아다니는 사람들』, 朝鮮紀念圖書出版舘, 1938.11.20.

머 리 말

아이들은 이 다음 사회의 임자입니다. 그러므로, 그들에게는 바랄 것이 많고 환한 빛이 있을 뿐입니다. 이제 사람이 장래를 위하여 힘쓰는 것은 곧 아이들을 위하는 것입니다. 굳세고 아름답고 훌륭한 아이를 만들려면 먼저 정신적 양식을 주어야 됩니다.

이야기란 것은, 참으로 그런 일이 있는 것도 있고, 또는 생각하여 새로 만드는 것도 있읍니다. 무엇이나 새로 만드는 것은 더 힘드는 일입니다.

그런데, 노양근 선생은 오래 동안 아이들 이야기를 새로 짓기에 땀을 흘리었읍니다. 그 끝에 이 귀중한 동화집이 세상에 나오게 되었읍니다.

이 책의 넉넉한 감과 아름다운 말은 아이들의 정신이 살찔 양식이 될 것은 틀림이 없읍니다.

이 동화집이 가는 곳에는 향기로운 풀과 아름다운 꽃이 쌓인 봄동산과 같이, 살아 움직이는 모든 생명의 세계가 이루어질 것입니다.

정축년[1] 벼 익는 가을에   서울에서 이 극 로 씀

부록(노양근, 오세억-이숙모 부부 사진) 영인 122쪽

---

1 [편쥐] 정축년 : 서기 1937년.

千이란 數字는 意義가 深重

『朝鮮日報』, 1938.1.25.

천문학적 수짜로서는 별 문제이지마는 우리 일반의 상식으로는 천(千)이라는 수(數)는 만흔 것을 의미하는 것이여서 그것을 기념할 의의(意義)가 잇는 것입니다. 더욱이 이번에 조선일보가 류천호에 달한 데 대하야는 지나간 오랜 세월에 만흔 노력과 신고가 잇슨 것을 생각할 수 잇습니다. 류천호에 이르기까지의 사원들의 노력도 크거니와 아프로 또 천을 더 거듭할 때까지 한층 더 분발하야 조선 사회에 만흔 리익이 끼처지기를 바랍니다.

제6장
서문/서평/
성명서/축사

新刊評 ─ 李熙昇 近著『歷代朝鮮文學精華』

『朝鮮日報』, 1938.5.5.

文化人으로서 母語의 文學에 常識을 가지어야 될 것은 긴 말을 팔 必要도 업다. 이제 우리는 一般으로 보아서 文學常識이 不足한 것은 事實이다. 이것은 여러 가지 原因이 잇겟지마는 그 中에 큰 原因의 하나는 그 常識을 어들만 한 適當한 책이 업는 것이다. 제 아무리 聰明한 사람이라도 바른 指導를 밧지 못하면 흔히 그른 길로 들기가 쉽고 또 마츰내 바른 길을 차자 갈지라도 얼마나 헛된 노력과 긴 歲月을 虛費한 뒤에 비로소 제 目的한 바에 達하게 될 것이다. 그러므로 우리는 모든 일에 指導者를 要求하게 된다. 그런 때 이제 朝鮮文學研究의 指導者는 곳 歷代朝鮮文學精華가 될 것이다.

우리는 모든 事物의 評價를 할 때에는 먼저 質과 量과의 關係를 살핀다. 이제 實例를 들면 문짝 가티[1] 크고 구들장 가티 두터운 길바닥에 까는 琉璃 한 장의 갑슨 單 멧 圓으로 論하지마는 이와 반대로 콩짜개만한 顯微鏡의 렌쓰 琉璃 한 조각에는 그 갑슬 멧 千圓으로 論하는 것이 잇다. 이와 다름이 업시 著書의 內容에 드러서도 評價를 하면 그러하다. 요사이 無責任한 書籍商의 商品으로 지어낸 책과 學者的 良心 또는 敎育者的 責任感으로 지어낸 책 그것과 견주어 본다면 內容價値에 잇서 比較의 問題부터 아니 될 것이다.

이제 讀後感을 論하게 된 歷代朝鮮文學精華는 그 이름과 가티 朝鮮文學의 여러 百年 동안에 洗鍊되어 온 가장 優雅한 材料를 採用한 精髓이다. 만흔 물건 가운데 멧 個를 가리어 낸다는 것은 如干한 鑑別力이 아니면 아니 되는 일이다. 글을 가리어 뽑는데 잇서서는 더욱 그러하다. 타고난 素質 만흔 讀書의 經驗이 아니면 不可能한 일이다. 이제 말하는 이 文學精華는 主로 專門學校의 朝鮮文學敎科書로서 編纂하면서도 一般 讀書家의 便宜도 充分히 考慮하엿다. 過去의 朝鮮文學作品 中에 小說 時調 歌謠 隨筆 飜譯物 等 가장 文學的 價値가 잇는 粹를 網羅한 것만큼 圓

───────
1 [편주] 가티 : 같이.

滿한 綜合的인 것이 特色이다. 그 다음에는 亂麻와 가티 어지럽게 된 綴字를 昭和八年[2] 十月에 頒布된 朝鮮語學會의 制定인 『한글마춤법통일안』의 綴法을 조차서 整理한 것이 책으로서 價値가 잇는 것이다. 敎材 排置에는 時代的으로 逆潮하야 近世 作品으로부터 漸次 中古 上古에 及하야 讀者의 古典讀解力의 漸進啓導主義를 取한 것이나 또 敎材 中에 難解의 語句를 必要하다고 認하는 境遇에는 註釋을 各 章末에 施한 것은 確實히 著者 李熙昇 先生의 多年 實驗敎育者의 經驗을 엿볼 수 잇다. 採用한 材料의 原典을 어느 한 가지에만 專依하지 아니하고 될 수 잇는 대로 數三 乃至 十數種을 相互對較하야 訛誤를 是正하야 그 完璧을 期한 것은 著者의 科學者의 態度와 學者的 良心으로 努力한 것이 그대로 나타나 보인다. 끄트로 한 말슴 할 것이 이 책의 깨끗한 印刷와 아름다운 製本은 著者의 精神을 爽快하게 하야 讀書의 能率을 돕는 것도 책으로서는 重要한 한 가지 特色이다.

定價一圓二十錢. 京城府光化門通光化門삘딍 人文社出版 振替 京城二八六三三番.

---

2 [편주] 昭和八年 : 서기 1933년.

INTRODUCTION

노양근, 『날아다니는 사람들』, 朝鮮紀念圖書出版館, 1938.11.20.

머리말

조선 아이들은 오늘날 여러 가지로 큰 어려움에 처해 있다. 조선의 아이들이 미래에 사회와 민족의 유일하고 진정한 기초가 된다는 사실은 모두 충분히 인정하고 있지만, 그들은 신체상 영양 상태와 훈련 그리고 발달에 있어서 뿐만 아니라 지적·정신적 성장에서도 제대로 돌봄을 받지 못하고 있는 것을 우리 모두는 인정해야 한다. 그들은 잘 먹고 있고 몸과 마음이 모두 건강하고 튼튼한가? 그들은 상상력, 호기심, 애정, 그리고 사랑이 가득해야 하는 그들만의 작은 세계에서 그지없이 행복한가? 지금 당장 우리가 전적으로 마련해 주어야 함에도 그들에 대한 실질적 보살핌이 부족해서 정말로 어린이를 사랑하는 이들은 거의 울음이 나올 지경이다.

이 점을 명심하고 볼 때 우리의 이야기 나라에서 유명한 권위자 중 한 분인 노양근 작가의 훌륭한 작품인 『날아다니는 사람들』은 최고의 것으로 평가를 받을 만하다. 그 작품을 통해 그의 광범위한 관심사, 소재에 대한 훌륭한 판단, 능숙한 표현 방법, 그리고 무엇보다도 아이들에 대한 사랑과 공부에 있어서의 인내심을 볼 수 있다. 이 작품은 쉽고, 평이하며, 시사하는 바가 많고 생각, 취향, 그리고 표현이 아름다워 흥미와 교훈 두 가지 면에서 훌륭한 이야기책이다. 이 책은 좋은 이야기에 굶주려 있는 오늘날 한국의 어린이들의 근본적인 요구 중 하나를 충족시켜 준다.

이 훌륭한 책은 황해도 해주의 오세억 선생이 친히 생각해 주시고 너그러움을 베풀어서 출판될 수 있었고, 비용은 그가 결혼비용으로 모아 둔 돈에서 "조선출판기념협회"에 아낌없이 후원해서 충당했다. 협회의 목적은 과거 같으면 허례허식에 낭비했던 재화를 이용해서 조선의 문화적 삶을 육성하는데 기여하고자 함과 이 재화를 재래의 기념 방식에 쓰지 않고 문학출판에 씀으로써 그 효과를 더욱 영속적이게 함에 있다.

이 책은 협회의 두 번째 출판물이고 오 씨에게는 그의 행복한 결혼을 기념해서 크게는 조선 어린이를 위해 특히 협회를 위해 큰일을 해주신 것에 대해 진심으로 축하한다.

박사 이극로

소화13년(1938) 7월 15일

유영인 역
영인 123쪽

제6장
서문/서평/
성명서/축사

나의 履歷書一半生記

『朝光』 4-10, 朝鮮日報社出版部, 1938.10, 74~75쪽.

一, 姓名 李克魯

二, 別號 고루 或 물불

三, 當年 明治二十九年[1] 八月二十八日(陰曆)生

四, 原籍＝慶尚南道 宜寧郡 芝正面 杜谷里

五, 現住 京城府 鍾岩町 四〇番地

六, 學歷 六歲에서 十六歲까지 鄕里인 杜谷里에서 私塾 斗

南齋에서 漢文을 읽다.

明治四十三年(1910) 春에서 同四十五年(1912) 春까지 慶尚南道 馬山府에 私立 昌信學校에서 修業하다.

大正元年(1912) 五月에서 九月까지 滿洲 奉天省 桓仁縣에 東昌學校內에 있던 漢語講習所에 修業하다.

大正五年(1916) 四月에 支那 上海에 獨逸人 經營인 同濟大學 豫科에 入學하여 大正九年(1920) 二月에 同科를 卒業하고, 同年 四月에 同校工科에 入學하여 一學期동안 修業하다.

大正十一年(1922) 四月에 獨逸伯林大學 哲學部 政治經濟科에 入學하여 昭和二年(1927) 五月에 同大學에서 哲學博士의 學位를 받다.

昭和二年(1927) 十一月에 英國倫敦大學 政治經濟學院[2]의 研究生이 되어 一學期동안 研究하다.

昭和三年(1928) 二月에 伯林大學 音聲學研究室의 研究生이 되어 一學期동안 研究하다.

1　[편주] 明治二十九年 : 1896년. 실제는 1893년. 이하 본문 내 괄호 안 서기년도는 편자가 기입.

2　[편주] 政治經濟學院 : 정치경제학부(政治經濟學部).

七, 經歷＝明治四十五年(1912) 五月에서 大正二年(1913) 十二月까지 滿洲 奉天省 桓仁縣에 東昌學校에서 敎員生活을 하다.

大正元年(1912) 七月에 支那 第二次革命이(討袁世凱) 南京에서 일어났을 때에 尹世茸氏의 同行이 되어 上海로 가서 一個月동안 머물다가 北京을 다니여서 다시 桓仁縣으로 도라오다.

大正二年(1913) 八月에 桓仁縣에서, 古蹟調査隊를 組織하여 引率하고 74 奉天省 輯安縣에 있는 高句麗 廣開土大王의 陵과 碑文을 조사하다.

大正三年(1914) 一月에 無錢徒步로 露京 페트로그라드行을 目的하고 姜一秀氏와 作伴하여 滿洲 通化縣을 떠나서 同年 三月에 西比利亞 치타市에 到着하야 이어 文允咸 農場에 雇傭이 되어 同年 十月까지 農夫生活을 하다 때에 마츰 歐洲大戰이 났으므로 外國人의 行動自由가 없게 되어 부득이 滿洲로 다시 도라오게 되다.

大正四年(1915) 一月에서 同年 五月까지 滿洲 撫松縣에 白山學校에서 敎員生活을 하다.

大正四年 六月에서 同年 八月까지 白頭山에서 獵夫生活을 하다.

大正九年(1920) 十月에 八達嶺에 萬里長城의 古蹟과 張家口에 蒙古市의 貿易市場을 視察하다.

大正十年(1921) 六月에 通譯의 任務로 李東輝氏의 同行이 되어 上海를 떠나 印度洋을 지나 同年 九月에 露京 모스크바에 到着하여 三個月동안 머물다가 翌年 一月에 伯林으로 도라가다. 이 途中에 南洋印度, 北亞弗利加, 南歐羅巴, 東歐羅巴, 等地의 帝國을 視察하다.

大正十二年(1923) 十月에 伯林大學에 朝鮮語科를 創設하고 朝鮮語講師로 囑託이 되다.

昭和二年(1927) 三月에 右囑託의 職을 辭任하다.

昭和二年 二月十日에 白耳義 서울 부뤼셀에서 열린 世界弱小民大會에 代表로 參席하다.

昭和三年(1929) 五月에 一個月동안은 佛蘭西 巴里大學 音聲學部 主任 페르노 敎授와 그의 助手 스라메크 博士의 要求에 應하야 巴里大學 音聲學 實驗室에서 朝鮮語音聲을 實驗하게 되다.

昭和三年 六月에서 同年 十二月까지 西歐及北亞美利加 帝國과 하와이 群島와 日本 內地를 視察하다.

昭和四年(1929) 一月에서 同年 八月까지 朝鮮十三道와 北間島를 視察하다.

昭和四年 十月에 京城에서 朝鮮語辭典編纂會를 組織하고 幹事長이 되다.

昭和五年(1930)부터 朝鮮語學會의 常務幹事가 되어 이제까지 오다.

昭和五年 九月에 滿洲 敦化事件에 對하여 朝鮮各團體聯盟 代表가 되어 在滿同胞 慰問兼滿洲當局訪問使로 派遣되다.

昭和十一年(1936) 八月에 滿洲國의 東京城 寧古塔 牧丹江을 視察하던 中에 特히 渤海國都이던 東京城에서 城址와 王陵을 調査하다.

以上

(昭和十三年(1938) 八月 現在) 75

(新世紀에 보내는 말) 일하면 기쁨이 있다

『新世紀』 2-4, 新世紀社, 1940.9, 64~65쪽.

獨逸哲學博士・朝鮮語學會 李克魯 64

여러 가지로 애쓰는 것이 우리로서는 마땅한 일일 것이요 평생 當하는 것이 괴롬이지만 무슨 事業을 莫論하고 괴롬을 물리친다는 前提下의 우리들의 일이라 하면, 亦是 그 속에는 기쁨도 包含되어 있겠지오. ─구준한 發展을 바랍니다. 65

李克魯氏

(大倧敎報) 祝辭

『大倧敎報』第三十二卷 四之三・四-卷首, 大倧敎總本司,[1] 康德八年[2] 七月五日, 1쪽.

　　東西古今을 勿論하고 人間은 文野의 別이 없이 信仰生活을 하는 것이 事實이다. 東方에는 檀君님이 大倧敎를 世上에 設한 제가 이미 四千數百年이 되어 億兆蒼生이 有形無形으로 이 大道를 밟고 살아오는 것이 昭然하다. 大敎가 때로는 隆盛하고 때로는 沈滯하였으나, 이에 大運이 돌아 다시 밝아진 제가 이미 三十餘年이 되었다. 이 重光 以來로 大敎의 發展을 爲하야 애쓰는 信徒의 誠力으로서 이 敎報를 發行하고 있다. 그 使命은 무겁고 크다! 다만 健全한 發展이 있기를 맘껏 빌어 마지 안는다.

　　開天四千三百九十七年[3] 上月吉日 李 克 魯

1　[편쥐 주소: 牧丹江省 寧安縣 東京城街 東區 第十九牌 三號.
2　[편쥐 康德八年 : 서기 1941년.
3　[편쥐 開天四千三百九十七年 : 서기 1940년. 뒤의 '상월길일'은 음력 초하루.

(卒業生에게 붙이는 말) 굳건한 信念을 가지도록 합시다

『朝光』 7-3, 朝鮮日報社出版部, 1941.3, 205쪽.

오랫동안 學校에서 指導를 받아오다가 별안간 解放이 되어 社會로 나가게 되면, 그만큼 生活에 自由같은 것을 느끼게 되므로, 자칫하면 誘惑에 걸리기 쉽습니다.

學校에서 지내듯 規律있게 生活 안하는 것은 아니겠지만, 그래도 監視나 保護가 자연히 疏忽이 되기 쉬우니까, 誘惑에 걸리기 쉬운 것입니다. 男學生도 그러하겠지만, 이것이 女學生인 境遇에는 더욱 甚한 것입니다.

그러니까 이제 校門을 나서는 사람으로서 제일 먼저 主意해야 될 것은, 굳건한 信念을 가질 것입니다. 自己의 마음을 항상 채쭉질하고, 그리고 언제나 바르게 군세게 이끌어나갈 굳건한 信念을 가져야 될 것입니다.

이 信念은 卽 自己의 將來를 내다보고, 그리고 自己의 人生이 目的하는 어느 一點으로 向한 信念이어야 합니다.

卒業을 했고, 또 僥倖 就職이 되었다고, 몸과 마음을 허술히 하여서 放心을 한다면 나중에 後悔할 일이 생기기 쉬운 것입다그.[1]

그리고 萬若 職業을 가지게 되거든 그것의 性質을 莫論하고 忠實해야 할 것은 말할 것도 없습니다. 自己는 언제나 國家의 一員으로서 일하고 있다는 것을 잊어서는 안 됩니다. 國家와 個人의 關係를, 社會에 나와서는 더욱 徹底히 認識하지 않으면 안 됩니다.

다음은 氣慨를 잃지 말라는 것입니다. 大槪 보면 學生쩍에는 元氣 旺盛하던 사람도, 고만 卒業을 하고 職業을 가지게 되면 昔日의 그 旺盛하던 氣質을 잃어버리게 되기가 일수입니다. 學校쩍에는 希望도 많고 野心도 많던 사람이, 정작 社會에 나와서는 萎縮되어버린다는 것은 섭섭한 일입니다.

學生쩍의 그 氣慨, 그 氣風이 社會에 나와서도 그대로 維持되었으면 합니다.

---

1 [편쥐 것입다그: '것입니다'의 활자 오식.

널리 펴는 말

『大倧敎報』37卷 4之3, 大倧敎總本司, 1945.秋期.

重光三十七年(開天四四〇二年) 秋期) [倧卅九]**¹**

[參考] 大倧敎總本司

大倧敎報 第三十七卷 四之三

머리ㅅ말

지난 3년 동안 停케 되었든 敎報를 다시 發行하는 이때에 一悲一喜의 우리 感想
은 무엇으로 形言하기 어렵소이다!

일직 天殿 建築을 籌備하던 일은 여러분도 다 記憶하시려니와, 그때 京城 語學
會에 계시던 李克魯 先生이 道兄께 보내○**²** 手札中에 「널리 펴는 말」의 原稿가 있
었는바, 이 手札을 日本 警官이 먼저 보게 되야 그 原稿를 寫眞으로 박아두고, 다
시 走狗輩를 시켜서 日文으로 번역하되 그 題目에는 「朝鮮獨立宣言書」라 쓰고, 그
辭意에는 '일어나라, 움직이라'를 '蜂起하야 暴動하자'로 고쳤는데 이것은 壬午敎
變이 發生된 端緖랍니다.

이제 左記한 原稿를 읽고서는 여러분은 응당 그들이 朝鮮社會에 實行하던 暴虐
無道한 奸策을 痛憤하는 생각이 저절로 서거푼**³** 웃음으로 變하여질 줄 압니다!!!

重光三十七年 乙酉 九月一日 李容兌

1　[편쥐 倧卅九 : 종39, 윤세복이 환국 후 교단 자료들을 정리하면서 자필로 쓴 일련번호.
2　[편쥐 '보내신'의 '신' 탈자.
3　[편쥐 서거푼 : '서글픈'.

널리 펴는 말

천운은 빙빙 돌아가는 것이라. 한 번 가고 다시 아니 오는 법이 없다. 날마다 낮이 가고 밤이 오고 밤이 가면 낮이 오며 또 춘하추동 四철은 해마다 돌아온다. 이와 같치 영원토록 돌아가고 돌아오는 법이 곧 한얼님의 떳떳한 이치다. 이런 순환하는 천리에서 인간 사회의 변천도 끊임없이 생긴다. 부자가 가난하여지고 가난한 사람이 부자가 되며 귀한 사람이 천하여지고 천한 사람이 귀하여진다.

동방에는 밝은 빛이 비치었다. 이는 곧 대종교가 다시 밝아진 것이다. 한동안 밤이 되어 지나던 대종교가 먼동이 튼제도 三十여년이 되었다. 아츰해ㅅ빛이 땅 위를 비치어 어둠을 물리치는 것과 같이 대종의 큰 빛이 캄캄한 우리에 앞길을 밝히어[4]준다.

어리석은 뭇사람은 제가 행하고도 모르며 또 모르고도 행한다. 직접으로는 만주 대륙과 조선 반도를 중심하여 여러 천만 사람이 대종교의 신앙을 저도 모르는 가운데 아니 믿는 사람이 없고 간접으로는 이웃 겨레들도 이 종교의 덕화를 받지 아니한 이가 없다.

三신이 점지하시므로 아이가 나며 三신이 도우시므로 아이가 자란다고 믿고 비는 일은 조선의 풍속으로 어데나 같다. 이 三신은 곧 한임, 한웅, 한검이시다. 황해도 九월산에는 三성사가 있고, 평양에는 숭령전이 있고, 강화도 마니산에는 제천단이 있다. 발해 시대에는 태백산에 보본단을 쌓고 해마다 제사를 지내었다. 이와 같이 三신을 믿고 받들어 섬기는 마음은 여러 천년 동안에 깊이 굳어졌다. 시대와 곳을 따라 종교의 이름은 바꾸이었으나 한얼님을 섬기고 근본을 갚아 사람의 도리를 지키는 교리만은 다름이 없고 변함이 없다.

종교는 믿는 마음으로만 되는 것이 아니다. 일정한 형식을 갖후어야 되며 또 형식은 존엄을 보전할 만한 체면을 잃지 아니하여야 된다. 사람의 이상은 소극적으로 지키는데 있는 것이 아니라, 적극적으로 나아가는데 있다. 그런데 이제 우리는 체면을 유지할 만한 천전과 교당도 가지지 못하였으며 또는 교회의 일군을

제6장
서문/서평/
성명서/축사

---

4   [편쥐] 밝히어 : 『대종교중광육십년사』에는 "비치어"로 고쳐짐.

길러낼 만한 교육 기관도 없다. 이는 우리에게 그만한 힘이 없는 것도 아니오, 성력이 아주 부족한 것도 아니다. 그동안에 모든 사정이 우리의 정성과 힘을 다 발휘할 기회를 얻지 못하였던 까닭이다.

그런데 이제는 때가 왔다. 우리는 모든 힘을 발휘하여 대교의 만년 대계를 세우고 나아가야 된다. 이 어찌 우연이랴. 오는 복을 받아드리지 아니하는 것도 큰 죄가 되는 것을 깊이 깨달아야 된다. 만나기 어려운 광명의 세계는 왔다. 반석 위에 천전과 교당을 짓자! 기름진 만주벌판에[5] 대종학원을 세워서 억센 일군을 길러내자! 우리에게는 오직 희망과 광명이 있을 뿐이다. 일어나라, 움직이라! 한배검이 도우신다.

(개천四三九九년 九월 五일)

---

5 [편취 만주벌판에 : 『대종교중광육십년사』에는 "에" 자가 탈자됨.

(本紙 創刊과 各界의 聲援) 公正한 言論 期待

『自由新聞』, 1945.10.6.

　大槪 新聞에는 두 가지 種類가 잇다. 하나는 어떤 政黨이나 어떤 機關에 所屬되는 所屬機關紙란 것이며 또 하나는 아모 黨에도 機關에도 所屬됨이 업시 自由로운 立場에서 公正한 報道를 使命으로 하는 新聞 이 두 種類가 잇다고 밋는다. 機關紙는 勿論 機關紙로서의 存在價値가 잇다. 그 政黨이나 機關의 精神과 主張을 宣傳하야 民衆에게 그 主張의 妥當性을 認識시켜서 民衆으로 하야금 自黨의 立場을 支持케 함에 잇서서 업지 못할 存在이다. 그것이 民心의 啓發과 政治的 役割에 크게 이바지하는 바를 否認하는 바는 아니다. 그러나 그것은 그 機關의 精神을 主觀的으로 發表하게 되고 또한 自己의 主張을 宣傳하기 위하야 아무래도 偏見的임을 免치 못할 것은 事實이다. ○○ 言論機關은 公正이 그 使命이다. 그럼으로 民衆은 後者 즉 아모 黨에도 機關에도 所屬됨이 업시 客觀的 立場에서 公正한 言論을 展開하는 不偏不黨한 首論機關에 期待하는 바가 크다.

(本誌 創刊과 各界의 激勵) 民族의 伴侶[1]가 되라

『民聲』1-1, 高麗文化史, 1945.12, 2쪽.

　　우리의 文字와 言語를 없이하여 그 民族性을 抹殺하려던 日本의 罪惡은 모든 罪
惡 中 가장 큰 罪惡일 것이다. 그러나 定義는 必勝하고야 마는 것이니 이제야 우리
民族은 그리고 우리 文化는 帝國主義 日本의 羈絆[2]에서 解放되여 燦爛한 햇빛을
맞게 되엿다. 이러한 새로운 歷史의 巨步에 발맞추어 今番 高麗文化社에서는 同志
를 糾合하여 新朝鮮文化建設을 目的하고 『民聲報』를 爲始해서 『어린이신문』其他
各種 圖書의 出版에 全力을 기우리게 된다는 것은 새날의 朝鮮을 위해 慶賀하여
마지않는 바이다.

　　特히 『民聲報』의 使命은 至大하다고 본다. 政治 經濟 文化 等 各 部門을 通하여
民衆의 좋은 伴侶가 되고 파이롯트가 되고 新文化 建設의 大動脈이 되기를 切望[3]
하여 마지않으며 또한 그렇게 되리라고 믿어 疑心치 않는다.

1　[편쥐 伴侶 : 반려.
2　[편쥐 羈絆 : 기반(굴레).
3　[편쥐 切望 : 절망(간절히 바람).

(婦人) (祝辭)婦人의 燈臺가 되라

『婦人』創刊號, 1946.4, 6쪽.

이제야 바야흐로 建國途上에 서있는 朝鮮은 解放은 되었건만 어수선하기만 하야 도모지 똑바로 일어날 줄 모른다. 그러나 朝鮮은 꼭 自由獨立이 되어야 하고 男女老少할 것 없이 一擧手一投足이 建國하는데 바르고 씩씩한 주추돌이 되어야 하겠다. 여기에 있어 新興朝鮮의 婦人에 使命이 큰 것은 두말할 것도 업거니와 新興國民의 어머니가 되는 것만큼 國民의 基礎的 指導者가 되어야 한다.

遺誌가 世上에 낫타나는 것은 곳 朝鮮의 어머니를 指導하는 燈臺가 되며 깨처주는 鍾이 될 줄로 안다. 따라서 앞으로 健全한 發展을 빌어마지 않으며 굳세게 끊임없이 事業을 끌고 나가는 데서 더욱 깁고 넓고 빛남이 잇기를 마음으로부터 願하는 바이다.

제6장
서문/서평/
성명서/축사

한얼의 첫걸음을 축복하며

『한얼』 創刊號, 부산 : 한얼몯음, 1946.5, 2쪽.

　조선의 있을 제 조선 겨레는 있었고 조선 겨레가 있을 제 조선의 얼은 있었다. 한얼에 삶이 조선 사람이며 한얼을 찾음이 또한 조선 사람의 사는 길이다. 지난 서른 여섯 해가 왜 분하고 서러웠다 하는가. 한얼을 빼앗김이 분하고 한얼에 못 살게 함이 서러웠던 것이다. 이제 쇠사슬이 끊어지고 스스로 설 수 있음이 얼마나 기쁘고 느꺼운가. 우리가 살고 찾아야 할 한얼을 마음껏 누리고 빛내자.

　한얼은 서울에만 있는 것이 아니고 제주도에만 있는 것도 아니다. 조선 사람이 있는 곳이면 어디나 언제나 있을 것이다.

　이제 영남 부산에서 잡지 『한얼』이 나옴을 들으매 참으로 기쁘고 반갑다. 그리고 그 앞이 기다려진다. 부디 부디 커 나가서 저 지리산과 같이 우뚜ㄱ 솟고 낙동강과 같이 길이 맑을 것을 빌며 첫걸음을 축복하노라.

(朝鮮健民會) 綱領及規約[1]

朝鮮健民會, 1946.6.16.

朝 鮮 健 民 會
綱 領

一, 우리는 民族意識을 昂揚하야 完全 自主獨立國家 建設을 期함.

一, 우리는 民主主義 原則에서 政界의 動向을 批判建議하야 忠實한 國民의 道를 지킴.

一, 우리는 民族文化의 向上을 圖하야 世界文化 發展에 貢獻함.

一, 우리는 生存權確保의 經濟均等 制度를 率先實踐함.

一, 우리는 同志의 總力量을 民衆啓蒙運動에 集中함.

規 約

第一條 本會는 朝鮮健民會라 稱함.

第二條 本會는 本會의 綱領을 實踐함으로써 目的함.

第三條 本會는 서울市에 두고 地方에는 支部를 둠.

第四條 本會는 本會綱領을 贊同하는 同志로 本會員의 推薦으로써 組織部의 承認을 經由하야 入會함.

第五條 本會員은 發言權 表決權 選擧權을 가짐.

第六條 本會에는 左記部署를 두고 地方支部는 此에 準함.

　　　(1) 任員 委員長 一人 副委員長 二人 委員 若干名 (其中 責任委員 若干名) 幹事 若干人.

제6장
서문/서평/
성명서/축사

1　[편쥐 ① 조선건민회는 1946년 6월 16일에 창설되었고(오후 1시 조선연무관에서 발기총회 거행), 임시사무소를 서울 수송동 46-5번지에 두었다. 고문 권동진·윤세복, 부위원장 이경석·윤치형이 맡았고, 회원 수는 약 400명으로 파악된다. 참고로 이극로의 조선건민회 명함 상에 주소는 서울 청진동 188번지로 적혀 있는데 이는 조선어학회 건물과 같다. 이극로가 회장으로 있던 한글문화보급회도 같은 주소지로 되어 있다. ② "綱領·及規約"은 편자가 임의로 붙인 자료 제목이다. 본 강령 및 규약은 결성대회 당일에 통과되었음.

(2) 部署 總務部 組織部 研究部 文化部 經濟部 体育部 宣傳部 財政部.

(3) 本會는 委員會에서 顧問及參與를 若干人 推戴함.

第七條 本會는 總會에서 委員 若干名을 選出하야 委員會를 組織하되 其中에서 委員長 一人 副委員長 二人 責任委員 若干名을 互選함. 幹事는 委員會에서 選任함.

第八條 委員長은 本會를 代表하며 會務를 總轄하고 副委員長은 委員長을 輔佐하며 委員長이 有故할 時에는 그를 代行함.

第九條 委員은 本會의 執行機關을 構成하고 責任委員은 各部署를 擔當함.

第十條 本會의 定期總會는 每年 一次 四月中에 開催하고 地方支部 代表를 召集出席케 함. 必要에 依하야 委員長이 臨時總會를 召集할 수 있음.

第十一條 總會의 職能은 左와 如함.

(1) 本部의 各部 報告接受及實踐方途 討議.

(2) 地方支部 建議事項 討議.

(3) 本會 規約의 改定補充.

(4) 委員의 選擧.

(5) 決算報告及豫算審議.

第十二條 本會總會는 在京會員數의 三分之一 以上이라야 開會할 수 있음.

第十三條 委員長의 任期는 三年 副委員長의 任期는 二年 委員은 一年으로 함.

第十四條 會員은 本會綱領及規約一切의 紀律를 道守할 義務가 있음.

第十五條 左記의 事項을 記한 者는 委員會 決議로 委員長이 除名을 宣告함.

(1) 本會의 名譽를 毁損한 者.

(2) 本會의 對하야 背信行爲를 犯한 者.

第十六條 會員은 本會의 諸問題를 各其 自由討論할 수 있으며 한번 決議한 後에는 一致實踐함.

附 則

第一條 本規約의 未備한 點은 委員會의 決議에 依하야 行함.

第二條 本規約은 宣布日붙어 施行함.

영인 124쪽

(朝鮮健民會) 聲明書

朝鮮健民會, 1946.6.20.

同一한 目的을 두고 그 目的에 到達하려는 方向에 있어 反感과 對立으로 말미암아 冷靜한 理性을 却切하고 드디어 뜻하지 아니한 骨肉鬪爭의 悲劇을 招來함은 그 是非와 理由가 何方이어든 이것은 다 우리 民族이 基本的 欲求에서 脫線된 行動이라 아니할 수 없다. 오늘날 우리 朝鮮의 國內現狀을 보면 民族의 至上 獨立의 大課題를 앞에 두고 날이 갈수록 憎惡와 對立만이 深刻하여 가니 이것이 果然 우리가 찾으려는 獨立의 길인지 國民은 다 함께 冷靜한 批判을 加하지 아니하면 아니 될 것이다. 오늘날 우리의 苦惱와 協力은 오즉 祖國獨立의 一點에만 傾注하여야 할 것임에도 不拘하고 今日의 國內의 모든 現實은 오히려 獨立의 障害와 破壞的 行動만 誘發하고 있으니 左右 分裂은 또다시 우리 祖國의 運命을 絶望의 奈落으로 밀고 들어가고 있다. 回顧하라 八 一五 以後 雨後竹筍格으로 藪立[1]한 數많은 政黨들이 各其 拍車에 又車[2]를 加하여 正反對의 路線을 달리고 있는 이 指向은 畢竟은 그 어느 곳에도 우리의 獨立은 찾을 수 없는 運命을 內包하고 있음에도 不拘하고 所謂 指導者들은 무엇으로써 이 事實을 國民에게 陰蔽하랴고 하는가? 國際함정에 墮落한 朝鮮民族의 進路는 卑法[3]한 事大主義와 漠然한 自我陶취에 빠져서 날뛰는 오늘날의 指導者들이 부르짖는 그것이 안이요 深刻한 苦惱와 永遠한 鬪爭이 우리에게 가로놓여 있는 것을 알지 아니하면 안 된다. 이 簡單하고도 至極히 單純한 眞理의 事實을 指導者들은 알고도 모른다면 그는 民族의 反逆者요 陰謀野慾의 化神 似而非 指導者라고 아니할 수 없다.

보라! 國家經濟의 現實과 將來를! 國民은 다만 指導者의 非良心的 指導로 말미암아 漠然한 獨立의 希望에만 날뛰며 暗膽한 政界의 動向에 눈이 어두어 生活安定

---

1 [편쥐] 藪立 : 수립.
2 [편쥐] 又車 : 拍車(박차).
3 [편쥐] 卑法 : 비법.

의 길을 밟지 못하고 있으니 朝鮮獨立의 消極的인 一面마저 根滅 弱化되랴 하는 一大危機에 逢着하고 있다. 現段階에 있는 우리 民族의 進路는 오즉 消極的이나마 健全한 國民生活의 基盤과 健全한 民族文化의 發展에 依한 強堅한 民族精神과 건康한 肉體 發達의 길 以外에는 아모 것도 없다는 것을 알어야 한다.

그럼에도 不拘하고 國土는 兩分되어 三八線의 障壁과 함끼 物資 涸渴[4]과 生産沒落은 國民生活과 民族精神에 一大 위협을 加하고 있다. 指導者는 이 國內의 實情을 冷靜히 把握하야 민족의 進路를 正當히 指導 明示함이 없이 오히려 國民으로 하여금 關心을 다만 막然한 政治的 問題에만 集中케 하고 生業을 離脫하고 冷靜한 批判과 判斷性이 없이 盲目的으로 無批判 無條件主義의 追從 亂黨을 誘導 發生케만 하고 있으니 理論과 實踐의 貧困에 處한 今日의 兩陣營은 混돈과 停滯를 아니 招來할 수 없으며 國際 對立의 今日, 自國의 不統一을 表明하야 外國의 干涉을 助長하는 길 밖에는 아모 것도 아니다. 指導者여! 注視하라. 今日의 朝鮮의 世界的 地位와 國際的 關係를 絶對的인 世界平和가 永遠히 이 地球에 確立되지 않는 限 이 나라의 對立이 그대로 소리 없이 잦아질 줄 아는가? 東洋의 발칸은 어데로 갈가. 朝鮮史의 興亡과 浮沈을 보매 그 어느 곳을 莫論하고 事大主義의 對立과 鬪爭이였으니 韓末의 事大黨은 三十六年 우리의 歷史를 中斷하고야 말지 않었든가. 今日의 堂堂한 理論家와 熱烈한 鬪士들이 그 누굴 믿고 누구를 못 믿어서 이 對立과 暗鬪의 修羅場인가. 寒心과 悲嘆을 禁치 못하는 바이다. 指導者들이여 三千萬 민족의 顚落[5]이 어데기에 主義와 主張의 暗鬪만 일삼으며 獨立 없는 이 나라에 무슨 政黨이 眞正한 민족精神과 愛國心을 忘却하고 名譽와 地位의 慾望에 사로잡히어 허덕거리고 있으니 日帝下의 壓迫과 苦痛을 生覺하고 先祖 先烈의 遺恨을 回想할 때 어찌 우리는 이 事態를 그대로만 둘 것인가? 歷史를 痛嘆하고 先祖를 咀呪[6]하던 오늘의 後孫들이 또다시 怨恨과 恥辱을 千秋에 남겨 두려 한다.

동포여 우리의 獨立은 永遠한 希望뿐 이제야 민족意識을 徹底히 昂揚하야 弱少민족의 奴隷的 根性을 박滅하고 億兆萬代 後孫들이 讚揚과 聖歌를 올릴 獨立祭壇

4　[편쥐 涸渴 : 학갈(고갈).
5　[편쥐 顚落 : 전락.
6　[편쥐 咀呪 : 저주.

의 산 祭物로 우리 三千萬의 피를 다 바칠 것이다. 보라 南에서 北에서 左에서 右에서 大衆을 잃고 홀로 춤추는 허수아비 산송장들을 우리는 爛爛하고도 良心的 革命鬪士와 함끼 그 周圍를 싸고 또는 似而非 政客 指導者 謀利輩 陰謀者 이 一團의 고름든 무리들을 警戒하려 한다. 指導者여! 愛國者! 靑年의 情熱과 純血이 있다면 建國의 蠹食者를 追放하고 大衆의 품안에 깊이 들러가 민족 精神의 革命을 다시 소리쳐 불러라 終局을 告하려는 鷄鳴은 울린다. 東明이 오기 前에 獨立門을 세워라. 非常하고 이 緊張한 이 歷史의 刹那에서 獨立을 바라보고 國民은 感激과 嚴肅으로 흐느끼고 있지 아니 하느냐. 祭文을 읽으랴는 指導者들이여 獨立壇을 裝飾하는 찬란한 祭物에 聖스러운 그 마음을 混濁케 말어라. 歷史는 또다시 反覆하려 하니 一切의 依賴心과 物慾을 박차고 민족運命의 開拓鍾을 울리자! 길은 뚜렷이 우리에게 비치니 朝鮮민족이 나아갈 路線은 獨斷과 誤解와 相爭을 버리고 南北 左右의 민족이 團合하야 우리의 歷史性과 민족性을 찾아서 偏見과 固執 없는 大雅量으로 민족自決의 獨步主義 永遠한 平和와 獨立魂을 驅歌하자!

이것이 곧 朝鮮민족의 基本路線이요 現段階에 있어 우리 민족에게 남은 단 하나의 活路이다. 事大主義 思想을 박滅하고 안으로 뭉치고 밖으로 協調하야 世界平和에 寄與하고 민족社會 國家의 新建設에 邁進하라.

檀紀四二七九年 六月 卄日[7]

朝鮮健民會

영인 125쪽

---

7 [편주] 檀紀四二七九年 六月 卄日 : 서기 1946년 6월 20일.

朝鮮健民會의 理念

安喆濟, 『雄辯學과 演說式辭指針』, 硏學社, 1949.3.20, 119~123쪽.

八, 一五 解放이 되자 나는 咸興 監獄을 나오게 되었읍니다. 解放된 조선은 感激과 기쁨과 興奮에 물 끓 듯하였고 독립만세의 우렁찬 群衆의 소리는 皮骨이 相接하여 들어누언 나의 病室의 窓門을 뒤흔드는 듯하였읍니다. 이 소리를 듣는 나도 感激에 넘쳐 남모르게 눈물을 흘리었읍니다. 그러나 그와 同時에 나는 우리 조선에 새로운 事態가 必然的으로 나타날 것을 짐작하고 앞으로 나의 할 일에 대하여 또다시 새로운 마음의 準備를 하(119)였던 것입니다.

내가 監獄에서 나왔다는 消息을 들은 많은 同志들은 나를 찾아와 慰勞와 激勵를 많이 하여 주시었고 또한 앞으로 우리의 할 일에 대하여 여러 가지로 좋은 말씀을 하여 주시었읍니다. 그러나 나는 同志들의 여러 가지 勸告를 懇曲하게 내 소견껏 말씀드려 만류를 하고 앞으로 展開될 國內 情勢는 우리에게 반드시 政黨 組織이 급한 일이 아니요, 祖國의 독립을 위하여 海內外의 그동안 苦生하고 애쓰시던 革命鬪士들의 建國 事業을 도와드리는 것이 國民된 道理라 하여 政治運動者 後援會를 組織하였던 것입니다.

그러자 國內는 美蘇의 두 세력이 밀어 들어오게 되고 國內의 左右 兩翼의 對立은 날로 深刻하여지는 것을 볼 때 나는 祖國의 獨立이 더욱 난관에 봉착하여 감을 알고 우리 同志들은 밤낮을 不拘하고 두 陣營을 다니면서 獨立을 위하여 行動 統一을 하자고 빌기도 하고 哀願도 해보았읍니다. 그러나 그 目的을 이루지 못하였으므로 別道理가 없어서 同志와 더불어 政治運動者後援會는 發展的 解散를 決定하고 여러 同志와 함께 朝鮮健民會를 組織한 것입니다.

그 때에 政黨을 組織하면 많은 돈과 큰 집을 주겠다고 하는 親舊들이 있었는데도 不拘하고 우리가 政黨 組織을 군이 사양하면서 朝鮮健民會를 왜 組織하였는가?

우리가 政黨을 싫어하는 것도 아니요, 政黨을 모르는 것도 아니요, 또한 政黨을 組織할 줄 몰라서 그런 것도 아(120)닙니다.

그러나 현재 우리의 處地는 우리 民族이 團結하여 나라를 찾는데 힘쓸 것뿐이요, 決코 나라도 서기 전에 政權 얻는 것을 目的하는 政黨 運動이 急務가 아닙니다. 그렇다고 하여서 우리가 政黨 不必要論을 말하는 것도 아닙니다.

우리의 보는 바로는 그 보다도 더욱 急한 問題는 우리 國家와 民族의 根本 問題를 解決하여가는 데 힘쓰는 것이 곧 民主獨立을 戰取하는 것이라고 생각하는 것입니다. 따라서 우리 健民會는 이 根本 問題를 하나씩 解決하여 가기 위하여 健民主義를 實踐 普及하여 三千萬 조선人民이 다 이 健民精神 健民主義를 實踐하는 同志가 되는 것을 目的하고 朝鮮健民會는 나온 것입니다.

그러므로 健民會의 國家 理念은 文化單位와 政治單位가 一致한 우리 조선으로서는 民主主義 原則에 立脚[1]한 單一民族 國家 社會主義의 建設이 朝鮮健民會의 國家 理念입니다.

다음은 健民會가 政治團體이냐? 社會團體이냐? 하는데 대하여 一般의 疑惑이 있는 듯한데 朝鮮健民會의 綱領은 健民會의 행동을 규정한 範疇[2]입니다.

따라서 우리는 本會 五大 綱領의 理念 밑에서 움직이고 있으니 첫째는 우리는 民族意識을 昂揚하여 完全 自主獨立 國家 建設을 期한다 하였으니 우리의 확고 불변한 國家 건설에 대한 自主性을 規定하였고, 둘째는 우리는 民主主義 原則에서 정계의 動向을 비판도 하고 건의도 하[121]여 人民의 道를 지킴이라 하였으니 이 第二條가 本會와 정치면의 관계를 명확하게 規定하여 놓았읍니다. 自古로 人民이 政治에 대한 인식이 없는 나라는 亡한 것입니다.

過去 三十六年 동안 우리나라를 빼앗긴 것도 우리 人民이 그만큼 못난 까닭이요, 政治에 대하여 인식이 없었기 때문입니다. 따라서 健民會는 國際情勢나 國內 情勢 等의 모든 政治面에 대하여 非常한 관심을 가지는 것이며 또한 人民은 政治를 두렵게 생각하거나 더럽게 생각하지 말고 政治에 밝고 政治에 가까이하여야 한다고 政治 계몽을 부르짖는 團體입니다.

그러므로 健民會는 國內 國外의 政治 動向을 비판하고 政治人의 하는 행동을 嚴正 감시하여 나라를 바로 잡고 貪官汚吏[3]를 제재하여 官紀를 紊亂ㅎ[4]게 하는 일이

---

1   [편주] 立脚 : 입각.
2   [편주] 範疇 : 범주.

없도록 하는 것이 民主主義 政治의 人民의 權利와 義務이니 이 權利와 義務를 充實히 지키는 것을 人民으로서 마땅히 하지 아니하면 안 될 國民의 道라는 것입니다.

따라서 健民會는 政治를 職業的으로 하는 職業的 政治人의 集團인 政黨이 아니요, 國民의 義務로서 義務的 政治 生活을 하여가는 社會團體인 동시에 정치 계몽 단체입니다. 우리는 하루 빨리 人民이 政治에 대한 인식을 바로 가지게 되어 三千萬 人民이 다 같이 義務的 政治 生活을 할 수 있는 데까지 敎育과 계몽을 통하여 人民의 質을 向上시켜야 할 것입니다.

朝鮮健民會의 性格은 超宗敎的 超黨派的 超階級的입니[122]다. 朝鮮健民會는 조선 사람이면 누구나 다 歡迎하여 맞아 드려 같이 손잡고 健民 生活을 하여 가자는 것입니다.

同胞 여러분! 우리는 나라 없는 서름과 苦痛을 얼마나 맛 보았읍니까. 이때에 우리는 두 눈을 번쩍 뜨고 精神을 차려 잃어버렸던 나라를 다시 찾아야 하겠읍니다. 그럼에도 不拘하고 아직도 잠을 깨지 못하는 사람들이 얼마나 이 땅에 가득히 차고 있습니까. 우리가 입으로는 獨立을 부르짖고 있으나 獨立을 戰取하는 實踐 行動面에 있어서 過誤를 犯한다면 그만큼 우리의 독립은 遲延[5]될 뿐만 아니라 愛國이 愛國이 되지 못하고 잘못하면 도리어 나라의 運命을 그르치게 하는 것입니다. 우리는 누구나 다 그날그날 自己의 한 行動을 批判 反省하여 自己의 良心을 살펴 나갑시다.

三千萬 同胞 여러분! 우리는 이 땅에 꽂힌 다른 나라의 國旗는 그만 두고 우리나라의 깃발 밑에 모여 健民會가 부르짖고 외치는 朝鮮健民主義의 進路에 굳게 團結하고 손잡고 나아갑시다!

同胞 여러분! 健民이 됩시다. 健民만 되면 우리 獨立은 저절로 옵니다. 우리나라의 坊坊曲曲에서 健民會를 組織합시다. 그리하며 健民會의 天地人의 三原色의 旗가 펄펄 날리는 아래에서 힘 있게 일하여 이 땅을 살려 나갑시다. [123]

---

3   [편주] 貪官汚吏 : 탐관오리.
4   [편주] ㅎ : '하'의 오식.
5   [편주] 遲延 : 지연.

無限한 實力의 培養

『國學』創刊號, 國學專門學校 學生會編輯部, 1946.6.30, 4쪽.

解放 後 여러 가지 新聞과 雜誌가 많이 世上에 나와 우리 社會文化生活에 多大한 貢獻을 할 것은 새삼스러히 云謂할 바 않으나 今番 學生들의 손으로 새로히 「國學」이란 雜誌가 나오게 된 것은 나로서 絶對한 期待를 갓이게 한다.

어느 時代를 勿論하고 强烈한 情熱을 갓인 젊은이의 힘에는 모-든 것이 對抗할 수 없는 것이다. 함을며[1] 不斷의 努力과 不屈의 奮魂을 갓이고 나아갈 적에 무엇인가 不可能한 일이 있으랴. 이러한 意味에서 旣成人들만이 글을 쓰고 雜誌를 編輯할 수 있다는 理는 없을 것이다. 한편으로 배우고 한편으로 實踐한다는데 無限한 實力이 培養되는 것이다.

우리의 말과 글 그리고 歷史와 地理 等의 朝鮮固有의 學問을 밝히여 여러 靑年學徒 밑 一般大衆에게 自를 바로 認識할 寶典이 될 「國學」이 靑年學徒의 손으로 된다는 것은 卽 現下靑年들의 其 意氣를 反映하는 것으로서 나는 크게 讚揚하야 마지않은 바이다.

앞으로 더욱 꾸준히 眞摯한 學究의 精神을 갓이고 今世代의 先鋒이 되고 나아가서는 國家百年之大計에 基礎를 닦아주기를 希願하며 特히 國學을 通하야 우리 文化生活의 光明을 비치워지기를 바라는 바이다.

제6장
서문/서평/
성명서/축사

---

1 [편쥐] 함을며 : 하물며.

大倧敎報의 續刊에 對하야

『敎報』記念號, 大倧敎總本司,[1] 檀紀四千二百七九年[2] 八月二十五日, 2~3쪽.

우리 大敎는 日本 帝國 壓迫으로 말미암아 서른여섯 해 동안 朝鮮 땅을 떠나지 아니할 수 없이 되었다. 우리 先宗師는 大敎를 등에 지시고 滿洲로 들어가서 그 땅에서 敎를 펴시게 되었다. 이어서 檀崖 道兄이 大敎의 큰 責任을 지신 뒤에 風波가 많은 滿洲에서 갖은 辱과 어려움을 當하시면서 敎를 펴어 오시던 가운데 마침내 日本의 支配를 받던 滿洲이라 所謂 大東亞 戰爭이 일어나자 大敎에 對한 彈壓은 極度에 미치게 되어 開天 四三九九年[3] 겨울에 大檢擧를 當하게 되었다. 結局 判決은 都司敎 尹世復 곧 檀崖 道兄은 無期懲役으로 그밖에 여러분은 十年 以上 以下의 무거운 刑罰로 되었다. 그리고 또 열 분의 獄死의 犧牲이 나게 되었으니 果然 大敎의 受難 時期라 아니할 수 없다.

天運은 돌아왔다. 朝鮮은 解放이 되었다. 여기에 따라 우리 大敎도 새로운 빛 ②을 얻어 活潑한 거름으로 나아가게 되었다. 解放의 종소리와 함끼 滿洲 牧丹江 監獄 門을 나서게 되신 檀崖 道兄은 近四十年 生離別의 눈물로 그리워하는 故國을 찾아 大倧敎 總本司를 등에 지고 돌아오시었다. 이것은 다 한배검의 사랑과 恩惠가 아니고 무엇일까.

우리 大敎가 이 땅에서 다시 일어서는 이때에 있어서 어찌 敎報 하나의 發行이 없으리오. 滿洲에서 내던 大倧敎報를 이제 다시 이어서 發行하여 우리 敎門의 일을 世上에 널리 알리는 機關誌로 내고저 하니 우리 大敎人은 함께 힘써 주기를 바라마지 아니하는 바이다. ③

---

1 [편쥐 주소: 漢城市 永樂町 二丁目 七番地.
2 [편쥐 檀紀四千二百七九年 : 서기 1946년.
3 [편쥐 四三九九年 : 서기 1942년.

(원본훈민정음풀이) 머리말

유열, 『원본 훈민정음 풀이』,[1] 조선어학회, 1947.8.15, 3~4쪽.

오랫동안 학계에 많은 문제를 알으켜 내려오던 『훈민정음』 원본은 단군기원 사천이백칠십삼년에 경상북도 의성 고을에서 드러나자, 그 소식이 곧 세상에 널리 알리어지고 크게 관심을 샀던 것이다. 그러나 이때는 마침 『일본제국주의』 말로라 그들의 미친 식민지 정책은 우리의 머리에서 조선말과, 글을 뽑아 버리려는, 극도의 동화정책이 행하여지고 있을 때이었다. 그런 정책에서 조선말을 연구 보급 발전시키는 『조선어 학회』를 그냥 둘 리가 없었다. 이 원본이 드러난 지 두 해 뒤인 사천 이백 칠십 오년 시월에 『조선어 학회』의 회원이 붙들려 영어(囹圄)의 생활을 하고, 회관은 문을 닫게 되었으므로, 이에 한 동안은 조선말 운동이 종막을 고하게 되었다. 그리하여 해방이 되기까지의 세 해 동안은 그야말로 암흑의 세계였다. 이 불행한 때에 어찌 『훈민정음』 원본을 밝히어 세상에 펼 수가 있었으리요. 드디어 천운은 돌아온지라, 조선의 해방으로 말미암아 이 한글도 또한 해방이 되었다. 세상이 글이야 많지마는 한글처럼 여러 학자들이 지성을 더하여 오랫동안 연구하고 과학적으로 새로 만든 것은 없다. 서양의 여러 자모 글자는 모두가 그림 글자에서 차차로 바뀌어 발달된 것이며, 중국은 수십 년 전에 겨우 뜻글자인 한문 글자의 변한 꼴에서 소리글자인 두음 자모를 만들어 내게 되었다. 이런 데 견주어 본다면 오백 년 전에 한글을 새로 만들었다는 것은 참으로 놀랄 일이 아닐 수 없다. 이처럼 훌륭한 문회[2]적 창조는 조선 민족의 자랑과 영[3]광일 뿐 아니라, 인류 문화의 큰 빛이 되는 것이다. 세종 임금처럼 애국적이며 평민적이며, 학구적인 인격자가 없었다. 이런 인격의 감화는 오백 년 뒤인 오늘에 와서 우리들이 잘 받아 누리고 있다. 그 정신만 받아 가지고 우리가 살아간다면 우리 민족 문화는 세계 어느 민족 문화와도 어깨를 겨눌 수가 있을 것이다. 우리에

제6장
서문/서평/
성명서/축사

---

1 [편쥐] 2판 간행 날짜는 1947.10.15.
2 [편쥐] 문회 : '문화'의 오기로 보임.

게 해방의 종이 울린 지 한 해 만에 올에는 한글 반포 오백 돌을 맞게 되었다. 이 뜻깊은 해에 이 원본을 민중에게 널리 알리고자, 까다로운 한문으로 된 것을 이제 우리말로 풀며, 또는 옛 말을 이젯말로 고치어 놓지 아니하면 그 때의 원본 그대로는 어떤 유식한 사람이라도 알아보기가 어렵게 되었거든 하물며 뭇 사람에 있어서랴. 이 점을 걱정하여 『부산대학』의 유열님이 원본 『훈민정음』을 이제 쓰는 우리말로 풀이하여 누구나 읽을 수 있도록 하였다. 이 뜻을 받아 우리 학회가 한글 오백 주년 기념의 한 사업으로서, 이 책을 세상에 널리 펴는 것은, 세종 임금님의 거룩하신 뜻을 새롭게 하고, 다시 우리 민족으로 하여금 스스로를 바로 알고 으젓한 태도로 꿋꿋이 살아 나가게 하고자 함에 있다. 바라건대 우리 민족은 이 책을 집집이 감추어 우리의 자랑을 알고 자신을 갖도록 하자. 짜른 몇 줄로나마 나의 기쁨과 감사를 표하여 머리말에 대신하는 바이다.

단군기원 사천 이백 칠십 구년[3]
한글날을 사흘 앞두고
이 극 노 [4]

---

3 [편쥐] 단군기원 사천 이백 칠십 구년 : 서기 1946년.

(古文新釋) 머리말

『古文新釋』, (株式會社)東邦文化社, 1947.12.30, 3~4쪽.[1]

문화는 한 때에 어디에서 뚝 떨어져서 생긴 것이 아니라 예로부터 뭇 사람의 끊임없는 노력이 쌓이며 변천에 변천을 거듭하여 마치 꿀벌의 여러 밀원에서 꿀물을 물어다 모아서 빚어낸 단 꿀처럼 긴 세월에 두고두고 이루어진 산물이다.

문화의 뿌리가 되는 말과 글도 찬 눈바람을 겪으며 여러 천년 동안 내려오면서 변천이 있는 것이므로 이제 사람이 옛사람의 말과 글을 누구나 저마다 알아낼 수는 없는 일이다.

옛말과 옛글은커녕 이젯말과 글도 남의 말과 글의 뜻과 느낌을 알아낸다는 것은 썩 어려운 일이다.

그러므로 고어와 고문은 마땅히 고어 학자와 고문 학자의 지식의 힘을 빌어야 비로소 알 길을 얻는 것이다.

위정 신 영철 동지는 일찍 조국이 외족의 유린을 받음을 통분히 여기어 광복 운동에 투신하는 한편 나랏말의 연구에 뜻을 세워 일본 제국주의 동화 정책의 미친 회오리바람이 몰아치는 시점에도 끄떡하지 않고 분투하다가 마침내 새해의 철창생활을 겪기에 이르렀었다.

그러나 그는 오히려 백절불굴의 용기로 불타는 초일념을 달성하기 위해 온갖 힘을 다하여 눈물겨운 연구의 손을 떼지 않았었다. 그리하여 해방 이후에 우리 국어 교육이 다시 살아난 오늘날 대학에서 국어과의 교편을 잡는 한편 또 "조선말 큰사전" 편찬의 붓대를 잡은 바쁜 겨를에 구고를 정리하여 이미 "고시조 신석"이란 책을 내어 만천하 학도들의 절판을 받은 바 있거니와 이번엔 다시 출판사의

---

1 [편쥐 본 「머리말」은 이극로의 월북으로 인해 재판본에서 삭제되었다. 신영철(申瑛澈)의 서문 「책을 내며」(7쪽)에 "끝으로 피눈물로 조선어 학회의 철성(鐵城) 사수(死守)한 우리 겨레의 소금이신 동정 이 극노(東正 李克魯) 박사께서 빛나는 구슬로 책 머리를 꾸며 주심은 더함없는 영광으로서 깊이 감사의 뜻을 올리는 바이다. 1946년 12월 3일, 조선어학회 창립 25주년 기념날, 회관 연구실에서, 위정 신 영 철 적음"이라는 사의가 표명되어 있음.

청을 따라 깊이 간직하였던 원고를 정리하여 "고문 신석"을 지었다.

이 책은 국어 국문 교육에나 또는 뭇 사람의 어문 생[3]활에 한 보전이 될 만한 옛글의 줄글이나 귀글을 이젯말과 글로 찬찬히 풀고 똑똑히 새기어서 누구나 한 번 펼치면 환하게 알 수 있도록 자세하게 꾸몄으니, 일찍 아무도 손대지 않은 이 국학의 수풀을 헤쳐 열은 그의 공을 크다 아니할 수 없다.

더구나 월인석보는 가장 어렵기로 유명하여 감히 손대는 이 없었던 것인데 지은이가 쾌도난마의 붓끝으로 이를 밝히어 놓았으니 이만치 친절하게 선비의 양심을 기울여 지은 책은 이것이 처음일 것이다.

우리말과 글이 해방되어 민족 문화가 다시 살아난 이때에 오로지 배우고자 하여도 좋은 책이 없고 알고자 하여도 마땅한 스승이 드물어 고민하던 많은 학도들은 이로써 구원의 샘줄을 찾았으며 이로써 밝은 빛을 바라보게 된 것이다.

나는 동지의 한 사람으로서 우리말과 글을 바로 잡기 위해 심혈을 경주하고 있는 맹장인 지은이 십년 노고의 결정체가 우리 어문학계에 큰 빛으로 나타난 것을 기뻐하며 이 책을 읽으매 더욱 반갑고도 고마워서 짧막한 고마워서 짧막한 글로써 이 역사적 출판에 대하여 축하의 뜻을 나타낸다.

바라건대 앞으로 더욱 여러 방면에 많은 노력의 열매가 있어 우리 민족이 국어에 대한 과학적 인식을 갖게 하며 나아가 민족 문화 및 인류 문명 발전의 위에 크나큰 기여 공헌이 있기를 충심으로 빌어 마지않는 바이다.

1946년 12월 1일

동정 이 극 로 씀[4]

(兒童敎育) 祝辭

『兒童敎育』1, 兒童敎育硏究會, 1947.1, 4~5쪽.

「兒童敎育」雜誌가 創刊됨에 對하여 먼저 感謝의 말씀을 드린다. 이제까지 兒童敎育을 爲하여 雜誌 하나이 없다는 것은 우리 敎育界의 한 부끄러움이 아니라 할 수 없다. 國家의 興亡盛衰가 兒童敎育에 直接 달린 以上 이 敎育問題를 材料 삼아 編輯한 雜誌 4 는 敎育家뿐 아니라 一般 國民이 다 子女의 敎養을 爲하여 希望하고 있는 것이다. 解放 朝鮮에 새로운 國民敎育은 劃期的 轉向이 있는 것만큼 指導 理念과 方法을 바로잡아 주지 아니하면 아니 될 것이다. 朝鮮 民族의 千年의 一運命이 오락가락하는 重大한 時期에 處한 우리는 第二世 國民에게 모든 希望을 두고 있다. 우리는 貴誌를 通하여 바르고 힘찬 國民을 만드는 指針과 燈台[1]를 만난 줄 안다. 그러므로 그 使命이 큰 것만큼 貴誌의 健全한 發展이 있기를 心祝하여 마지 아니한다. 5

제6장
서문/서평/
성명서/축사

---

1   [편주] 燈台 : 燈臺(등대).

(時調譯本) 머리말

金鐘湜, 『時調讀本』, ㈜同心社, 1947.6.25, 3쪽.

　시조는 조선민족의 고유한 문학이다. 그러나 이것은 잘 연구하여 그 짓는 법이나 알아보는 법을 밝히지 못한 것은 우리 학술계의 노력이 부족하였던 것을 그대로 나타낸 것이다.

　그런 가운데 해방이 되어 국학과 국민 예술을 장려하게 되고 또 시조 부르는 법을 많이 배우고 있다.

　그리하여 국민의 정서를 아름답게 하며 깨끗이 하여 평화스럽고 원만한 인간성을 이루고저 하는 빛이 보인다.

　이때에 마침 김종식님이 여러 해 동안 이 방면을 연구하여 이 시조에 대한 책을 내어주시니 이것으로써 누구나 시조 짓는 법과 알아보는 법을 잘 알게 되었다.

　참 반가워서 몇 말씀으로 지으신 이의 공로를 감사할 따름이다.

　단군기원 사이팔○년 사월 보름[1]
　고루 이 극 노 씀

1　[편쥐] 단군기원 사이팔○년 사월 보름 : 서기 1947년 4월 15일.

(東亞情報) 揮毫

『東亞情報』 創刊號, 東亞情報社, 1947.4, 4쪽.

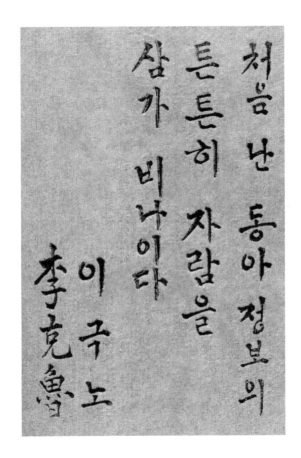

처음 난 동아 정보의
튼튼히 자람을
삼가 비나이다

이 극 노
李克魯

(新刊評) 읽고 느낌

『한글』 13-1, 한글사, 1948.2, 69쪽.

　　우리나라 말을 연구하는 데 한 밝은 햇불이 나타났다. 이것은 곧 유재헌님이 지으신 "국어 풀이씨 가름(國語用言分類)"이라는 책이다. 이 책을 읽어본즉 이제까지 없던 국어 연구의 새로운 노력의 결정이다. 그 내용을 본즉 풀이씨를 움직임씨(動詞)와는 어떻씨(形容詞)를 뺀 조선말뿐만 아니라 한자(漢字) 말과 다른 여러 외국말까지도 널리 많이 모아서 과학적 방법으로 잘 나누어서 그 말의 법칙을 보이어 누구라도 한 번 보면 곧 깨닫고 알아 볼 수 있게 되었다.

　　이 훌륭한 국어 연구의 선물이 우리 학계에 나오게 된 것은 우연이 아니다. 유재헌님의 열일곱 해 긴 세월에 끊임없이 힘써 일하신 결정체이다. 그 동안은 절로 태평 성세에 마음 놓고 조선말을 연구할 수 있던 때가 아니었고 조선말을 연구하는 사람은 죄인으로 다루던 무서운 동화 정책을 억지로 행하던 외정 말로이었다. 이러한 때에 조선말의 연구를 자기의 사명으로 알고 끊임없는 노력을 한 그 분은 단순히 한 과학자라고 말하기보다는 민족과 나라를 사랑하는 뜨거운 마음을 가진 성실하고 용감한 투사라고 하여야 옳다. 그러므로 이에 유님에게 대하여 공경하는 뜻을 나타내어 마지아니한다.

(世界偉人 世界富豪 成功實記) 머리말

『世界偉人 世界富豪 成功實記』, 1948.6.30.

「世界偉人, 世界富豪 成功實記」 이 책은 사람사람이 읽고 또 읽어야 할 좋은 修養書이다.

成功을 좋아하는 것은 사람마다 가진 마음이다. 그러나 누구든지 다 成功을 하는 것은 아니다.

「謀事在人 成事在天」 또는 「盡人事待天命」 이런 哲人의 말만 볼지라도 사람은 마땅히 제가 할 일을 다하고야 成功이 오는 法이다.

「失敗는 成功의 母이다」 이런 格言도 成功이란 것이 그리 쉽게 偶然히 오는 것이 아니라 몇 번 失敗를 거듭한 끝에 成功이 옴을 證言한 것이다.

成功은 百折不屈하는 精神과 誠心誠意로 勇敢하게 끊임없이 奮鬪努力한 열매이다.

成功實記는 東西古今에 各 方面의 成功의 代表的 人物을 紹介한 것만큼 實로 成功의 寶鑑이다. 新興朝鮮民族은 어느 方面이나 많은 成功이 있어야 될 이때에 이 책이 世上에 나온 것은 참 반가운 일이다. 그러므로 이제 몇 말씀의 感謝의 뜻을 나타낼 따름이다.

檀紀四二八一年 四月 三日

李 克 魯

제3부
기타 자료(타인 글)

—

정원택 1913년 일지

鄭元澤, 『志山外遊日誌』, 탐구당, 1983, 76~77쪽.

(癸丑)七月十八日　丹齋 申采浩先生과 金容俊이 靑島로부터 來到하였다.

七月十九日　洪性憙·金震이 歸國하고, 尹世茸·李克魯가 西間島로부터 來到하였다.

(…중략…)

七月二十五日 金容俊·李逸·安澄·郭林大·吉元·林超·申丹齋·尹世茸 諸氏를 旅泰樓로 초청하여 歡迎會를 開催하였다.

(…중략…) [76]

八月四日　李克魯·金三·尹英漢 三人이 北京으로 出發하였다. [77]

遠足會

『獨立(新聞)』第二十號, 1919.10.14.

政府와 靑年團에셔

(…중략…)

넘어서 十日 卽中國革命紀念日인 雙十節에는 靑年團의 主催로 在上海一般韓人
이 吳淞 方面에 遠足을 試하다. 同日 午前九時頃까지에 吳淞同濟醫工專門學校로 會
集한 人員이 約七十名이러라. 此外에 近卄名의 小學生이 잇다. 同校 在學 中의 李
克魯君의 接待로 茶를 供한 後 同校 運動場에서 運動할새 男女小學生의 競走가 喝
采를 受하다. 午後에는 同君의 引導로 海岸을 散步하며 砲臺를 眺望한 後 六時十分
發로 歸滬하다.

辛酉年 一月二十四日

李相龍, 『燕薊旅遊日記』.[1]

(신유년(1921) 1월)

24일 강세우[2] · 이극로 · 권승근[3] · 한진산[4] · 신단재[5] · 김천민[6] 여러 벗이 내방했다.

---

1 [편쥐 燕薊旅遊日記 : 연계여유일기. 석주 이상룡이 서간도에서 북경 유람차 1920년 12월 20일 출발해 1921년 1월 11일 북경에 도착, 4월 27일까지 친필로 기록한 일기. 이상룡, 안동독립운동기념관 편, 『국역 석주유고』 하, 경인문화사, 2008, 62쪽 참조.
2 [편쥐 강세우 : 본명은 강비호돌(1901~?), 함남 삼수 출신 의열단 창단 멤버.
3 [편쥐 권승근 : 하와이 대조선독립단 대표. 박용만의 최측근.
4 [편쥐 한진산 : 본명은 한흥교(韓興敎, 1885~1967), 부산 출신 의사로 중국 상해와 북경에서 동제사, 의열단 고문, 언론인 등으로 활약한 독립운동가.
5 [편쥐 신단재 : 단재 신채호(1880~1936).
6 [편쥐 김천민 : 1900년생. 평남 진남포 출신 오산학교 졸업생으로 1920년에 흥사단 가입.

獨逸哲學博士＝李克魯氏 歸國

『東亞日報』, 1928.10.28.

백림대학에서 교수 노릇

【故土 써난지 十年만에】

　본적을 경남 의성[1]군 지산면 사[2]곡동(宜寧郡 芝山面 社[3]谷洞)에 둔 리극로(李克魯)씨는 일천구백십이년에 당년 열일곱 살 되든 해에 고국을 떠나 동 이십일년까지 중국에 머물러 잇스면서 상해(上海)동지[4]대학(同志[5]大學) 예과를 우수한 성적으로 마치고 독일(獨逸)로 건너가 백린[6]대학(伯林大學) 정경과(政經科)에 입학하야 인류학(人類學)과 텰학(哲學)을 전공한 후 백림대학 조선어과(朝鮮語科)를 담임교수하야 가며 동이십칠년에 동대학을 졸업하고 텰학박사(p,H,D)의 학위를 어든 후 얼마 전에 동경(東京)에 와서 체재 중인데 씨는 일본을 시찰하고 다시 중국으로 가서 시찰한 후 조선으로 돌아와 어느 사업이든지 동족을 위하여 활동하리라는데 씨는 일반이 아는 것과 가티 백이의[7](白耳義)『부랏셀[8]』에서 열렷든 세계약소민족대회(世界弱小民族大會)에 조선대표로 만흔 열변을 토하야 조선의 특장을 발휘하든 씨이다. 그가 외유하든 중에 동 가명에는 부모가 구몰하고 우흐로 형 다섯 사람만 남어 실업에 종사하는 중이라는 바 씨는 왕방한 긔자에 대하야 『우리의 문화사(文化史)나 우리의 산물 기타로 보아서 양에 잇는 각국과 비교하야 중이상은 되리라고 미드며 우리의 장래는 락관된다』 운운하며 우리의 광채를 발휘하도록 노력할 빗을 보이엇다. 【동경】

1　[편쥐] 성 : '령'의 오식.
2　[편쥐] 사 : '두의 오식.
3　[편쥐] 社 : '杜'의 오식.
4　[편쥐] 지 : '제'의 오식.
5　[편쥐] 志 : '濟'의 오식.
6　[편쥐] 린 : '림'의 오식.
7　[편쥐] 백이의 : 벨기에.
8　[편쥐] 부랏셀 : 브뤼셀.

【사진은 리박사】

獨逸哲學博士 李克魯氏 歸鄕

『東亞日報』, 1929.1.7.

긔보＝동경(東京)에 체재 중이든 철학박사 리극로(李克魯)씨는 작년 십이월 이십사일에 동경을 출발하야 경도(京都) 내량(奈良) 대판(大阪) 신호(神戶) 팔번 (八幡) 등디의 공업상황(工業狀況)을 시찰하고 팔일 아츰 부산 입항의 련락선 덕 수환(德壽丸)으로 귀국한다더라【부산】

朝鮮最初의 經濟學博士, 재작년 이월에 백림대학 졸업, 錦衣還鄕한 李克魯氏

『朝鮮日報』, 1929.2.16.

독일백림대학을 졸업한 독일경제학박사(經濟學博士) 리극로(李克魯)씨는 일즉이 중국 상해와 북경에서 조선의 민족과 사회를 위하야 만흔 로력을 하다가 란마가티 헛터진 조선의 현상을 보고 크게 늣긴 바가 잇서서 가슴에 대지를 품고 독일로 건너가 바로 백림대학 경제학과에 립학하야 재작년 이월에 동대학 경제학과를 우등의 성적으로 졸업하고 구미 각국을 시찰하며 연구여행을 하다가 작년 말에 일본의 각도시의 상공업을 시찰하고 지난 십사일에 경성에 도착하야 방금 시내 전등려관에 두류하는 중인데 씨는 여러 해 만에 고국 쌍을 밟고 늣긴 바이 만코 생각하는 바가 만흐나 오즉 조선의 과거와 현재를 대조하야 격세의 감을 늣긴다 말하며 특히 일본의 상공업을 시찰하고는 만흔 한숨을 쉬엿다 하고 구주 각국에 잇는 조선동포의 학업은 놀날만큼 진보하엿고 그 생활은 일반이 아다십히 곤궁한 중이라 하며 금후에는 조선의 사회와 교육을 위하여 전심노력하겟다 하는 바 경성에 체재하기는 금후 일개월 간이라더라.

◇ 사진은 리극로 씨

李博士歡迎會 扶餘 水北亭서, 本報支局 發起로

『朝鮮日報』, 1929.5.28.

獨逸伯林大學에서 累年間 經濟學을 專攻하고 今春에 歸國한 李克魯博士가 去二十四日에 扶餘에 視察온 機會를 利用하야 本報支局 發起로써 去二十五日 午後 九時부터 扶餘 窺岩里 水北亭 樓上에서 當地 有志三十餘名이 會合하야 歡迎會를 開하고 氏의 十七年間 外國 風霜과 歐米經濟現狀 其他 朝鮮經濟의 將來 問題 等의 懇請을 듯고 同 十一時에 散會하엿다더라. (扶餘)

東京에서 申性模氏를 만나고

李晟煥, 『新人間』 42, 新人間社, 1929.12, 104~107쪽.

日本視察한 이악기[1]를 하라구요? 달 數로 三個月, 날 數로 滿二個月동안을 도라다닌 이약이를 ──이 드리기는 時間도 時間이러니와 爲先 貴誌에 실기는 紙面이 許치 못할 줄 암니다. 그中에 가장 貴誌에 紹介하기에 조타고 생각되는 일 하나를 골나서 이약이 하기로 합시다.

바로 九月 二十五日임니다. 나는 東京宗理院[2]에서 朴院長[3]과 閑談을하고 잇을 때에 偶然히 李克魯博士가 차저왓슴니다. 朴院長이 『이게 웬일이요. 朝鮮서 언제 쩌낫관대 아모 消息도 업시 이러케 오섯슴니까?』하고 무르니 李博士는 말하되 『申性模氏가 明日 橫濱港에 到着된다는 電報를 밧고 창황[4]이 왓슴니다.』라고 하얏슴니다. (…중략…) 104 (…중략…) 그 잇흔날 卽 九月二十六日 正午에 우리 一行은 몹시도 퍼붓는 가을비를 무릅쓰고 東京驛을 쩌나 橫濱埠頭에 이르럿슴니다. 埠頭에 다은 汽船에 올나 士官室에서 申氏와 相面하엿슴니다. (…중략…)

申氏가 橫濱을 쩌날 時間을 聽取한 뒤에 하로의 틈을 타서 東 105 京에 올나가 여러 同德의 歡迎에 酬應[5]하도록 되엿슴니다. 橫濱驛 食堂에 朴院長의 午餐이 잇고 東京와서는 내가 留宿하고 잇는 旅舘에서 李博士와 두 분이 하로밤 投宿하엿슴니다. 李氏와 申氏는 同鄕人인 同時에 外國留學 時에 辛酸한 風霜을 가티한 關係上 진실로 誼와 情이 누구보다도 두터운 사이로 보입디다. 하로 밤새도록 두 분은 겻방에서 소군소군 무슨 將來事를 策하는지……. (…중략…) 106 ×

九月二十七日 午后 五時부터 東京宗理院에는 在東京 道友 一般이 한자리에 모히여 申氏와 李博士의 感想談이 잇엇슴니다. (…후략…) 107

---

1 [편쥐] 이악기 : 이야기.
2 [편쥐] 東京宗理院 : 천도교 동경종리원. 주소는 東京府 巢鴨町 宮下一五八一.
3 [편쥐] 朴院長 : 박사직(朴思稷, 1887~1930).
4 [편쥐] 창황 : 미처 어찌할 사이 없이 매우 급작스러움.
5 [편쥐] 酬應 : 수응(요구에 응함).

讀書顧問

『東亞日報』, 1929.12.3.

●讀者 朝鮮語文法을 學習하랴고 합니다. 市內에 朝鮮語文法을 專門으로 學習할만한 機關이 잇습닛까. 쏘는 個人敎授라도 밧고 십혼데 잇다면 敎示하야 주시오(紅把洞生).

○記者 朝鮮語文法 專門敎授機關이 업습니다. 何如間 이 方面의 指導를 바드시려거든 京城 茶屋町 一一五 茶屋旅舘 內 李克魯氏에게 問議하십시오.

朝鮮語辭典編纂會 訪問記

―記者, 『新生』 2-12, 新生社, 1929.12, 4~5쪽.

十一月 十九日 찬비 뿌리는 날에 記者는 여러 날 벼르는 朝鮮語辭典編纂會를 찾아 京城市內 水標橋町 敎育協會로 向하였다. 該會의 많은 委員들과 一場에 같이 앉지 못하였음이 조고마한 遺憾이라고 하려니와 그러나 常務로 게신 李克魯·李允宰·申明均 諸氏만 보임으로도 記者의 訪問은 滿足한 成功을 할 수 있었다.

―禮辭略―

(記者) 먼저 朝鮮語辭典에 대한 歷史를 좀 알고 싶은데 簡單히 말슴해주실 수 있겠읍니까.

(李克魯氏) 네! 朝鮮語辭典의 歷史라고 할 만한 것이 別로히 없겠읍니다마는 대개 從來에 있은 朝鮮語辭典은 그것이 外國人이 朝鮮語를 배우기 위하여 만들어 진 것이요 朝鮮人인 朝鮮語를 배우기 위하여 만들어 진 것이 아닙니다.

(記者) 그렇겠읍니다. 그런데 辭典이라는 名色을 가진 것으로는 어느 것이 가장 오랜 것입니까.

(李克魯氏) 네 西洋人들이 朝鮮으로 건너와 朝鮮 사람에게 基督敎를 傳하자는 方便으로 編成된 辭典으로 둘이 있는데 西曆 一八八〇年(그러니까 지금으로붙어 한 五十年前)에 佛蘭西 宣敎師의 손으로 巴里에서 出版된 韓佛字典이라는 것이 그 하나요, 一八九〇年에 英國人[1] 언더우드氏의 손으로 日本 橫濱에서 出版된 韓英字典과 一八九七年에 英國人 宣敎師 께일氏의 손으로 역시 日本 橫濱에서 出版된 韓英字典이 또 그 하나입니다.

(記者) 그러면 朝鮮 안에서 出版된 것이라고는 어떠한 것이 있었읍니까?

(李克魯氏) 네 大正九年에 朝鮮에서 出版된 朝鮮總督府의 朝鮮語辭典이 있읍니다마는 이것도 日本人이 朝鮮語를 學習하기 爲하여 된 것뿐입니다.

(記者) 그러면 그와 같은 辭典들은 모두가 다른 民族이 朝鮮의 言語를 알기 위

---

1 [편쥐 英國人 : '米國人'의 착오

하여 만들어진 것이겠읍니다 그려!

(李允宰氏) 그렇습니다. 그렇기 때문에 그 辭典들은 朝鮮 사람을 爲한 것도 아닐뿐더러 言語文字 온갖 것이 다 統一되지도 못한 것입니다.

(記者) 그런데 朝鮮 사람의 손으로 된 것은 나타난 것이 없는만큼 자세히 모르겠읍니다마는 혹 거기에 대한 努力도 없었읍니까.

(李允宰氏) 웨요? 모든 周圍의 事情이 如意히 되지 못하는 우리 社會라 畢了의 美를 본 것은 없다 할지라도 거기에 대한 努力을 받힌 이야 없겠읍니까.

(申明均氏) 지금으로붙어 十七八年 前이나 되겠읍니다. 朝鮮廣文會에서 故周時絶²先生을 中心으로 하고 朝鮮語辭典編纂에 着手한 일이 있었읍니다.

(記者) 네! 그러면 그것이 朝鮮 사람의 손으로 編纂을 경영하든 嚆天³가 되겠읍니다 그려!

(李克魯氏) 그렇지오! 뿐만 아니라 純正한 意味의 朝鮮語辭典編纂運動의 最初胚胎라고도 할 것입니다. 그리고 그 다음으로는 光文會 事業을 繼續하여 努力하신 이로 權悳奎氏를 들겠읍니다. 또 그 以後에는 啓明俱樂部에서 約 二年間 그 事業의 進行이 있었는데 그 努力은 자못 적지 않다고 봅니다.

(記者) 그런데 또 現在에도 그 方面에 心血을 다하는 어른이 계시다는데요…….

(李克魯氏) 네 게십니다. 上海에 게신 金枓奉氏나 開城 게신 李常春氏 같은 이는 七八年間을 하로 같이 努力해오신 입니다.

(李允宰氏) 내가 辭典에 關한 일로 上海 金枓⁴氏를 가서 맞나 보기까지 하였읍니다마는 그의 學的 態度나 朝鮮語에 關한 丹誠은 가히 배움직 하였습니다. 그리고 그 語彙가 數萬을 突破한 것도 海外에서 多忙한 氏에게 있어서는 [4]여간한 일이 아니었읍니다.

(記者) 李常春氏에 對하여서는 新聞에서도 보았읍니다마는 그 原稿가 貴會에 와 있다 하시지요?

(申明均氏) 네 여기에 와 있읍니다. 九萬餘 語彙를 蒐集한 것은 斯界에 驚異가

---

2 [편쥐 故周時絶 : '周時經'의 오식.
3 [편쥐 嚆天 : '嚆矢(효시)'의 오식.
4 [편쥐 金枓 : '金枓奉'의 '奉' 탈자.

아닐 수 없읍니다.

(李克魯氏) 더구나 그것이 「가」行로부터 「하」行에까지 全部 整理까지 되어 온 것에는 넘우나 놀랐읍니다.

(記者) ─申明均氏가 끄어내어 보이어주시는 그 原稿보ㅅ다리를 앞에 놓고 果然 讚嘆하기를 말지 못하였다─

朝鮮語를 이만콤 사랑하시고 위하시는 분이 게신 것을 보니까 우리들의 文化가 다시금 남을 凌駕할 때도 不遠間에 있을 줄 믿습니다.

(申明均氏) 그렇습니다. 文化는 言語 우에서 建設되는 것이요 言語 우에서 成長되는 것이라 하여도 過言이 아닐 것입니다.

(李克魯氏) 高貴한 文化의 建設은 반듯이 價値있는 言語 곳 科學的으로 整理되고 또 統一된 言語를 必然的으로 要求하는 것이요 또한 그것은 한갓 理論만으로 成立되는 것이 아니요 權威있는 辭典의 編成이 있은 後에라야 企待될 것인 만큼 이제 이와 같은 辭典에 對한 努力이 現著히 나타난 것을 보아 우리 文化의 將來도 樂觀된다고 생각합니다.

(記者) 그렇겠읍니다. 辭典이라는 그것이 다만 한 개의 書冊이라는 點에 그 意義나 價値가 그치고마는 것이 아니라 한 民族의 文化를 縱橫으로 總括[5]한 文化의 寶庫가 되는 同時에 文化의 消長을 左右하는 것도 되는 만큼 그것을 크게 보지 않을 수가 없겠지오.

(李允宰氏) 그렇기 때문에 지금은 바야흐로 이 辭典의 價値에 對한 社會的 民衆的 認識이 絶對로 必要한 것입니다.

(申明均氏) 아직 우리에게 이것 하나이 完美히 일우어지지 못한만큼 朝鮮語란 것은 極度로 紊亂하게 되고 또 喪失하게 되었을 뿐 아니라 所謂 文化的 生活이란 것이 이닥지도 荒廢히 된 것입니다.

(記者) 그렇겠읍니다. 그 모든 것이 서로 적지 않은 關係를 맺고 있는 줄 압니다.

(李克魯氏) 네! 옳습니다. 世界的으로 落伍된 朝鮮民族의 更生을 爲한 서로는 文

---

5 [편쥐] 總括 : 총괄.

化의 向上과 普及을 急務로 삼지 않을 수 없는 바인즉 우리는 文化의 基礎인 言語의 統一과 整理를 急速히 하여야 할 것이요 그것을 爲하여 朝鮮語辭典이라는 것이 가장 切實히 要求되는 問題인 줄 생각합니다. 그러니 말하면 이러한 모든 것이 우리 編纂會 期成의 動機라고도 하겠읍니다.

(記者) 感謝합니다. 더구나 그러한 것은 一二個人의 單獨한 힘으로는 도저히 成就될 것이 아닌 만큼 貴會와 같은 것이 組織된 것은 참으로 意義있는 일인 줄 읇니다.

(申明均氏) 네! 그렇기 때문에 우리 會는 全民族的으로 網羅한 것입니다.

(記者) 그러면 앞으로 事業進行에 對하여서는 어떠한 順序를 밟으시려 하십니까.

(李克魯氏) 毋論 語彙蒐集을 제일 먼저 하여야 할 것입니다. 한데 아께[6]도 말한 바와 같이 開城 李常春氏가 자긔의 十年 積功인 것임에도 不拘하고 原稿 全部를 本會에 보내 주신 것이 있은 즉 그것이 큰 主位가 될 것도 같습니다.

(李允宰氏) 그리고 地方語, 外來語, 特殊語, 學術語, 古代語 等 一般에 밎여 長日의 努力을 거듭해야 할 것이니까 一時 一日에 그 詳細를 先論하기는 어렵습니다.

(記者) 그렇겠읍니다. 이 事業이 近日 우리 社會에 크나큰 刺戟을 준 것인만큼 이번 貴會의 事業은 끝내 그 成功을 얻어야만 할 것인 줄만 믿습니다.

(申明均氏) 하지만 이것이 民族的으로 權威있는 辭典이 되자면 責任者의 自期와 努力만으로 成功될 것이 아니요 江湖 同志들은 이 百年大計에 큰 聲援을 주시어야 할 것입니다.

(李克魯氏) 우리가 이 會를 지난 十月三十一日 訓民正音 頒布 第四百八十三回 紀念을 際하여 期成하고 이제 겨우 二十餘日을 지난 것뿐이니 앞으로 長久한 날이 남았읍니다마는 이 事業은 우리 社會全體가 協助함으로써 앞날의 美成이 있을 것입니다.

(記者) 우리 民族 全體를 爲하여 이 事業이 畢了하기까지 많은 健鬪를 빕니다. 그리고 오늘 이렇게 넘우나 긴 時間을 許諾해주서서 感謝합니다. [5]

---

6 [편쥐 아께 : 아까.

在滿同胞慰問次, 李克魯氏 今日 出發

『東亞日報』, 1930.9.30.

　길돈선 연안에 거주하는 조선동포 총살사건에 대하야 시내 각 단체에서 지난번 민중대회 기타를 열려다가 금지되어 그들 단체인 근우회, 로동총동맹, 농민총동맹, 형평사, 긔독청년회, 청년총동맹, 천도교청년당, 동 청년동맹, 불교청년회, 시천교청년동맹, 천도교 혁신청년동맹 등이 신간회에 위임햇슴으로 동회에서는 리극로박사(李克魯博士)를 파견하게 되어 삼십일 오후 일곱시발 렬차로 출발한다고 한다.

李克魯博士 歡迎會를 開催

『東亞日報』, 1930.10.29.

신간회 등 각 단체 주최로

【東大門外 常春園에서】

시내 신간회본부(新幹會本部)에서는 재만동포(在滿同胞)의 학살사건을 조사 겸 위문키 위하야 리긍로(李克魯)씨를 특파하얏든바 동씨는 동북변방총사령(東北邊防總司令) 장학량(張學良) 동부사령, 장작상(張作相) 참모장(參謀長), 히흡(熙洽) 참모처장(參謀處長), 조영승(趙榮陞)씨 등 중국동북변방 중요간부와 길림(吉林)과 봉천(奉天) 등지의 유력한 민간긔관 농무회(農務會) 상무회(商務會) 등을 력방하고 교섭을 하는 동시에 동포를 방문하여 위문의 중임을 마치고 지난 二十六日에 귀국하얏다 함은 긔보하얏거니와 동회에서는 동씨가 전긔와 가튼 중심을 마치고 무사히 돌아왓슴으로 금 二十八日 오후 五시에 동대문밧 상춘원(常春園)에서 환영회를 개최한다 한다.

이병기 1929·1930년 일기

李秉岐, 鄭炳昱·崔勝範 編,『가람일기』I, 新丘文化社, 1975, 332~333·338~34
2·350~351쪽.

1929년(己巳)

3/16(토) 맑다. 저녁 7시부터 중동학교(中東學校)에서 한글 횡서(橫書)에 대한
토의가 있었다. 출석원은 신명균(申明均), 최현배(崔鉉培), 양건식(梁建植), 장지
영(張志暎), 이재학(李在鶴), 신의린(申宜麟), 이세정(李世禎), 이원규(李源圭), 박
현식(朴顯植), 정열모(鄭烈模), 이상춘(李常春), 이극로(李克魯), 명이제(明以濟).
10시에 폐회. 332 4/7(일) 맑다. 구름 끼었다. 중동학교(中東學校)를 오전 10시에
가서 횡서(橫書) 문제를 가지고 토의한다고 오후 5시까지 있다가 돌아왔다. 모인
이는 이극로(李克魯), 최현배(崔鉉培), 이상춘(李常春), 신명균(申明均), 정열모
(鄭烈模). 333

10/31(목) 맑다. 9월 29일 가갸날. 오후 7시 조선교육협회관(朝鮮教育協會館)
에 가서 가갸날 기념회를 하고 다음에 조선 338 어사전 편찬회를 열었다. 내게도
위원(委員)이란 이름을 씌운다. 주간(主幹)은 이극로(李克魯), 이윤재(李允宰), 신
명균(申明均) 등이다. 339

12/24(화) 맑다. 천도교 기념강당에 가서 이극로(李克魯)군과 김공순(金恭淳)
양과의 결혼식을 보았다. 이 결혼식은 유진태(兪鎭泰)의 지도하에 신랑 신부는
고식(古式)복장하고 식장에 나와 서로 예배를 하고 서로 서약서를 낭독하고 신랑
신부 340 내력을 그 지인(知人)들이 나와 말하고, 전축과 축하문의장수를 보고하
고 파하였다. 이 식은 유진태 식(式)이라 가정하여 두자.

대개 지금들 행하는 혼례식이 몇가진가 들어보자. ①구식 ②야소교식 ③불교
식 ④천도교식 ⑤박승빈(朴勝彬)식(啓明俱樂部식)이 있으니, 이것까지 하면 6가
지나 된다. 이 외에도 또 몇 가지나 되나 될 것인가는 아직 미지수(未知數)다. 341

1930년(庚午)

1/5(일) 맑다. 교육협회(敎育協會)에 가서 조선어연구회에 참석하였다. 임원(任員) 개선을 하였다. 소위 간사(幹事)의 이름은 오늘에야 가지지 않게 되었다. 그 동안 여러 번 총회를 하려다 못하였다. 새로 난 간사는 장지영(張志暎), 이극로(李克魯), 최현배(崔鉉培)요, 한얼은 신명균(申明均)군의 「박승빈(朴勝彬)의 경음변호(更音辨護)」에 대한 이야기만 하다. 342

11/16(일) 맑다. 오전 10시 경성역에 갔다. 대합실마다 사람이 많이 모여 있다. 돌아다니며 보아도 아는 이는 없다. 정거장 앞마당에 나와서 따뜻한 볕을 쬐었다. 좋은 날이다. 주백산(周白山), 주왕산(周王山), 이종우(李鍾禹), 고군(高君)이 온다. 또 장지영(張志暎), 이극로(李克魯), 정열모(鄭烈模), 이중건(李重乾), 최현배(崔鉉培), 신명균(申明均)군이 온다. 일행이 거의 다 온 모양이다. 10시 반 평양행 차로서 수색(水色)역에 가 내렸다. 역을 나왔다. 나와 두어 사람밖에는 이 길이 모두 초행인 듯하다. 오던 철로(鐵路)를 넘어서 묘목 밭과 마을 앞을 지나 고개를 넘어 고택골 뒷산 위로 올라 주시경(周時經)선생의 묘를 찾아보고 절을 하였다. (…중략…) 350 12/13(토) 맑다. 조선교육협회관(朝鮮敎育協會館)인 조선어연구회(朝鮮語硏究會)를 가서 보았다. 오후 2시 반부터 7시까지 걸리었다. 이극로(李克魯)군의 박우천(朴宇天) 문법(文法)에 대하여 말이 있었고, 그 다음엔 단편적(斷片的) 문제로서 서로 다툴 뿐. 351

이병기 1931~1933 · 1935 · 1949년 일기

李秉岐, 鄭丙昱 · 崔勝範 編, 『가람일기』 II, 新丘文化社, 1976.4.15, 362 · 419 · 421 · 423 · 462 · 618쪽.

1931년(辛未)

1/6(화) 비 오다. 매헌(梅軒)을 찾아보고 조선교육협회관(朝鮮敎育協會館) 조선어편찬위원회(朝鮮語編纂委員會)에 갔었다. 규칙 개정(規則改正). 이극로(李克魯) **362** 군이 왔었다.

1932년(壬申)

12/16(금) 맑다. 양백화(梁白華)가 찾아오다. 이극로(李克魯)군이 찾아와 개성(開城) 가자는 말을 한다. (…중략…) **419**

1933년(癸酉)

1/4(수) 맑다. (…중략…) 철자법위원회는 오후 5시 폐회. 지난 12월 26일부터 오늘까지 10일간 회원은 18명. 애류(崔瀏), 신명균(申明均), 이극로(李克魯), 최현배(崔鉉培), 정열모(鄭烈模), 박현식(朴顯植), 이만규(李萬珪), 정인섭(鄭寅燮), 이탁(李鐸), 이갑(李鉀), 이상춘(李常春), 김선기(金善琪), 이희승(李熙昇), 김윤경(金允經), 이세정(李世禎), 이윤재(李允宰). (…중략…) **421**

1/29(일) 맑다. 픽 풀린다. (…중략…) 이극로(李克魯) 군이 오다. (…중략…) **423**

1935년(乙亥)

10/3(목) 맑다. 저녁에 소나기. 정지용(鄭芝溶) 군과 같이 동아일보사에 가서 청전(靑田), 청정(靑汀)소품전람회(小品展覽會)를 보다. 일본 화풍(畫風)이다. 동양화(東洋畵)로서 그렇잖고는 될 수 없을까. 이극로(李克魯)군과 청정(靑汀),[1] 이여성(李如星)을 만나보다. **462**

1949년(己丑)

11/18(금) 문리대(文理大)서 편지가 왔다. 어제 오전 중 시경찰국(市警察局) 사

---

1 [편주] 청정 : 이인성(李仁星, 1912~1950).

찰과(査察課) 검열계(檢閱係)로 출두하라는 통지가 왔다. 이 편지를 어제 저녁때야 받았다. 검열계로 가 보았다. 이북 문화인에게 보내는 메시지. 나는 이극로(李克魯)에게 해 달라는 부탁이다. 찾아뵙고 부탁할 말을 바빠서 못하고 이렇게 오시게 하여 퍽 피안하다고 한다.

11/20(일) 이극로(李克魯)께의 편지를 써 검열계(檢閱係)로 보냈다. (…중략…)

12/4(일) 시민관(市民館)으로 갔다. 종합예술제(綜合藝術祭) 마지막 날이다. 어떤 헌병이 친절히 인도하여 준다. 무대 뒤로 들어가니 아는 친구들이 있다. 김영랑(金永郎), 양주동(梁柱東), 김진섭(金晋燮), 이하윤(異河潤), 박종화(朴鍾和), 임학수(林學洙), 홍효민(洪曉民), 김동명(金東鳴)을 만났다. 내 차례는 이극로(李克魯)에게 메시지 낭독이다. 3천원을 준다. [618]

萬華鏡

編輯部, 『別乾坤』38, 開闢社, 1931.3, 27쪽.

各人各態! 萬人萬態! 어썬 모양이 街頭에 업겟소만은 눈에 씌우는 분들의 눈에 씌우는 모양을 여긔 모아보고 題曰 萬華鏡이라 하엿소. 萬華鏡이니 번뜻 번뜻 지나갈 쑨이라. 別로 解說업슴을 厚히 용서하여 주시요.

<u>고무신 안이면 안 신는 사람</u>

<u>朝鮮語辭典編纂會의 李克魯 博士</u>

街頭에서 본 人物(3) − 李克魯氏

編輯部, 『彗星』 1-9, 開闢社, 1931.12, 19쪽.

水標町 敎育協會 近處에 사는 사람들은 날마다 날마다 엇던 키 크고 몸집이 똥똥한 四十 內外의 壯年 男子가 툼툼한 옷에 고무신을 신고 큼직한 가방을 엽헤 미고 敎育協會 正門으로 出入하는 것을 볼 것이다. 그 男子를 잘 모르는 이는 엇던 시골의 村찍기가 서울에 왓다가 새 옷이 입고 십허서 古物商 洋服을 사 입고 구두도 밋처 사 신을 새 업시 고무신 그대로 敎育會 出入을 하는 줄로 誤解할 것이다. 그러나 알고 보면 그는 獨逸에 가서 經濟學 博士의 學位를 어더가지고 歸國하야 朝鮮語 辭典編纂에 熱中하는 李克魯氏다. 經濟의 觀念이 깁흔 氏는 朝鮮의 經濟策은 고무신으로부터—라는 듯이 朝鮮옷이나 洋服이나 고무신으로 불깃는다. 崔六堂의 미투리가 社會에 잣취를 감춘 뒤로는 氏의 고무신이 京城의 큰 名物인 듯.

물불 克魯氏 말

金泰鳳, 『海望文壇』, 1931.12.28, 1~11쪽.

一九三一. 一二. 二八. 물불 克魯氏 말

水標町 教育協會 門을 놓하니 물불 博士는 門을 열며 맞이한다.

그래 요새 엇지 되엿소.
學校엔 아직 그양[1] 단이지요. 工夫는 얻데요.[2]

그 當時 나는 市內 各 私立高普에 들려고 氏를 通하야 相議하엿스나 時機가 안님[3]을 理由로 다 拒絶 當코 不得已 靑年學校에 籍을 두고 잇섯든 것이다.

글세요. 그런대 요전부터 京都에 同伴가 잇서々 그리로 몇 번 片紙를 하여 본 結果 大○[4] 入來하면 될 듯하다 하기로 오날 저녁에 大邱로 갈가 싶음①니다.
그러하거던 두말 할 것 업시 가세요.
그런대 아직 大邱 나려가보고 日本서 確答이 오면 相議해서 後日 할가 싶습니다.
그러면 大邱 가보고 確答이 업다면 다부[5] 京城으로 온단 말이요.

氏는 조금 잇다가 또 다음과 가치

勿論 여기서 確實한 것을 보고 가면 좋기야 하지만 또 確乎[6]한 決心만 있다면

---

1   [편쥐] 그양 : 그냥.
2   [편쥐] 얻데요 : 어때요?
3   [편쥐] 안님 : 아님.
4   [편쥐] 원문 초서는 '禮'로 보이나, 문맥 상 '대충'이라는 뜻의 '大體'로 여겨진다.
5   [편쥐] 다부 : '도로'의 경상도 방언.
6   [편쥐] 確乎 : 확호(아주 든든하고 굳셈).

그것 머 그다지 問題되냐요. 世上万事가 다 지게 잇스니 [2] 確乎한 目標下에 굿 센 뜻만 가진다면 왜 안되겠소. 急작한 이 制度下에서야 어렵지만 그러나 거기 가 면 좀 덜할 것이니 百%의 誠心만을 붙인다면 왜 안 되겠소. 배와주는 곧[7]에서 배 우려고 뛰여드는대 왜 안 너주겠나요. 万若 내가 당신 處地 가트면 手續이니 무엇 이니 다 져 밑에 두고 덮어놓고 冊褓 싸가지고 그 敎室에 들어가겟소. 밀어내그던 다시 드러가고 해서 열을 이고 시므날이고 날마다 그래 해서 何如間 배우겟소. 그 러나 여기서는 그것도 어렵겟지만 [3] 그리고 이 制度下에서 工夫할 수 업스면 門 꼭 처닫고 制度를 벗어나 超越한 生活로 獨學하시오. 그래서 다르니[8] 보담 나으면 그것이 더 價値 잇는 잇[9]이 안이요.

그르고 十年이면 十年 딱 定해놓고 修養의 길에서 憤鬪하시오. 우리는 世上을 이래 보니라. 이 世上에서 順調로운 生活을 繼續하면 하는 그동안만은 無味乾燥한 아무 趣味업는 生活이라고 生覺합니다. 勿論 나의 말하는 바 人生의 趣味 그 自体 에 對한 主觀点이 말하는 나와 딴 사람 [4] 과는 相異가 있겟지만

스스로 몸을 逆流에 던저 남이 말하매

어렵다, 몯하겟다

고 하는 것을— 그리고 안되겟다 싶으든 것을 奮鬪하야 오직 나의 가진 赤誠과 不屈不撓의 彈力으로서 人生을 克服식히는 거기에 나의 말하는 바의 無限이 趣味 을 얻을 수 잇으며 이것이 人生 個人의 生存價値인가 합니다.

물론 이렇게 한번 逆流에 몸을 던저 보지 몯한 [5] 사람으로서는 이 趣味 如何 를 理解할 수 업지만 한번 逆境에 몸을 밫어 赤誠과 百折不屈의 탄력으로서 憤鬪 해보와 이 趣味—超凡常的 趣味를 깨닷게 된다면 참 그 趣味와 함게 無限한 自己 의 內在的 큰 힘의 存在에 對한 기쁨을 엇습니다. 그리고 이 天地에는 滿足을 구하 지 마시오. 自己 스사로[10] 滿足하기 역이는 거기에 滿足이라는 것을 얻을 수 잇뿐 이니까. 우리도 어느 때 만이 겪거본 일이지만 何如間 젊을 때 生覺에는 [6] 내가

---

7   [편쥐] 배와주는 곧 : 배워주는 곳.
8   [편쥐] 다르니 : 다른 이.
9   [편쥐] 잇 : '일'의 오기로 보임.
10 [편쥐] 스사로 : 스스로.

엇지 엇지 社會活動을 하면 이 世上을 내 마음대로 움직일 수도 잇는 것 갓고 해서 말은 希望과 抱負를 갓이고 왓습니다. 그러나 그것은 다 헛됨에 지나지 못하엿습니다. 社會活動의 가장 捷徑은 個人修養에 잇습니다. 當面한 個人을 克服치 못하는 사람이 社會에 나가면 或은 大衆에 석겨서 活動할 수 있으리라 生覺하겠지만 그것을 決코 그런 것이 안임니다. 社會라는 그 自體가 個人이 集合인만큼 個人 그것보다는 훨신 7 더 複雜하고 多端한 것입니다.

個人을 克服하지 못하고야

엇지 敢히 社會活動 第一條에

中樞人物을 姑捨하고 追從이라도 할 수 잇겟슴니까.

그는 到底히 저 殘忍한 邪徒[11]를 排除할 能力은 없을 것이워다.

오직

社會活動은

確乎한 覺悟와 8

굿센 意志下에

不撓의 慣鬪로서

個我를 克服하는

거기에서 出發함을 잇지 마시오.

. . .

京都 가면 學備[12]는?

이와 가치 물불氏의 談話가 繼續할 동안 나는 나의 心臟鼓動이 漸々 激하야짐을 늣것다.

苦學이지요.

이 말을 들은 것이 깁은[13] 듯이 博士는 9

---

11 [편쥐 邪徒 : 사도(간사한 무리).
12 [편쥐 學備 : '學業準備'의 의미 또는 '學費'의 오식.

그러라면
辛酸을 맞을 때에
그것을 甘露가치 역이고
終始一貫한 覺悟로
憤…憤鬪하시오.
이 世上에는
어려운 것은 업슴니다.
또 그 反面
쉬운 것도 업슴니다.

　그는 굿센 握手를 주엇다. 나는 말업시 그러나 힘차게 돌아왓다. 硏究室 앞 고
요한 뜰에서 나의게 준 물불氏의 말은 ⑩ 나의게 퍽 有益하엿다. 또한 未來에도
有益하리라.
　　於東島學時節記.[14] ⑪

13 [편주] 깁은: 기쁜.
14 [편주] 於東島學時節記: 일본에서 유학하던 시절에 씀.

朝鮮物産獎勵會 主催의 朝鮮經濟振興策 座談會記[1]

—記者,『實生活』3-3, 獎産社, 1932.3, 28・29・31쪽.

朝鮮經濟振興策座談會

出 席 人

經濟學博士 李克魯

經濟學碩士 李肯鍾

經濟學士 鮮于全

普專敎授 崔泰永

全朝鮮農民組合 李晟煥

京城商工協會 洪淳泌

中央日報社 柳光烈

獎産社 金鴻熙

京城紡織會社 李常雨

興一社 鄭日彰

서울고무工社 白泓均

建陽社 李鎭五

朝鮮物産獎勵會側

▲李鍾麟 ▲鄭世權 ▲金容瓘 ▲明濟世

　朝鮮物産獎勵會에서는 同會 創立九週年을 紀念하기 爲하야 지난 一月二十日 午後 七時半부터 朝鮮經濟振興策에 對한 座談會를 斯界의 權威와 研究家 諸氏의 參席下에 開催하엿든 바 그 座談會에의 出席 人士와 經濟振興策 設問及座談會의 內容 全部를 이에 紹介하려 한다.

　設問

1　[편주]「朝鮮經濟振興座談」(一・二),『東亞日報』, 1932.1.30~31과 동일.

제3부_ 기타 자료(타인 글)　749

一, 現下 朝鮮經濟振興策으로 무슨 方策이 이는가?

二, 우리 經濟는 農工商 中 먼저 엇던 것을 할 것인가?

三, 우리는 現下 工産品 中 무엇을 가장 專力할 것인가?

四, 全朝鮮商工業者의 團結을 圖謀하는 方策이 如何

五, 朝鮮物産에 對한 大衆的 持支를 엇는 方法이 如何 [28]

　▲李克魯 愛用에는 利害關係가 따러옴으로 結局은 根本的 問題로 歸着될 줄 알음니다. 그럼으로 價格은 低廉하며 品質은 良好하도록 하기 前에는 極難한 問題입니다. [29] ▲李克魯 우리는 根本問題를 떠나서 생각할 수 박게 업습니다. 우리 現下 事情으로는 一鬪一得主義를 가저야 하겠습니다. 至極히 적은 한 가지를 싸워서 그것을 엇게 되거든 또다른 것을 싸워 엇는다면 百번에는 百을 엇게 될 것이올시다. 大體로 보아서 同一 環境에 잇스면서도 其成功不成功이 잇는 것 가튼데 其不成功者에게는 아지 못할 무슨 缺陷이 잇는 까닭이올시다. 우리 朝鮮이 이처럼 窮乏하게된 것도 무슨 理由가 잇는 까닭입니다. 要컨대 우리 物産愛用心이 不足하고 其宣傳 方法이 不足한 것도 其理由의 하나입니다. [31]

第六官一紳士들의 體育熱

編輯部, 『東光』36, 東光社, 1932.8, 30쪽.

全朝鮮으로 體育熱이 퍼저나가는 影響을 받음인지 서울에는 紳士들 중에 體育熱이 勃興하야 수염을 버친 나리들이 운동복을 끼고 단니는 것을 볼 수 잇다. 壽松洞에 잇는 朝鮮演武舘에는 師範 李景錫氏의 指導下에 修鍊團이 組織되어 一回, 二回의 修鍊을 햇는데 거기 參加한 사람들은 朝鮮語辭典編纂會의 李克魯 博士, 金善琪 君을 위시하야 普專의 李寬求氏, 金賢準 博士, 玉선珍 敎授 等이며 野談家 金振九氏, 東方評論 主幹 白寬洙氏, 醫師 李甲秀氏, 獨逸哲學博士 安浩相氏 等等이라고.

그리고 中央體育研究所 特別班에는 前記 白寬洙, 李甲秀氏 外에 世專의 李容卨 敎授며 李如星, 洪鉐裕, 李晶來, 李一, 李軒永(徽文) 其他 諸氏가 徐相天氏의 指導下에 어려서 못배운 재주들을 배우고 잇다 한다.

李克魯

『朝鮮思想家總觀』, 三千里社, 1933.2, 65쪽.

李克魯

現任＝朝鮮語辭典編纂會 主幹, 學位 D,R

曾經＝一九二三年-一九二六年間 伯林大學 朝鮮語講師

學歷＝一九二〇年 中國 上海 同濟大學 豫科(獨逸人 經營)卒業, 一九二七年 獨逸 伯林大學 哲學部 政治科 卒業. 同年 英吉利 倫敦大學서 政治經濟를 研究

著書＝中國工業論(獨文), 朝鮮近世史(獨文)

曾遊足跡＝滿洲, 西伯利亞, 中國, 安南, 印度, 埃及, 伊太利, 瑞西, 獨逸, 露西亞, 발틱 海岸 諸邦, 和蘭, 白耳義, 佛蘭西, 英吉利, 愛蘭, 米國, 布哇, 東京

語學＝獨逸語, 英語, 漢語

◇慶南 宜寧 出生, 現住 京城市 高陽郡 崇仁面 鍾岩里 四〇

一八九六年生 卽三十八歲

秘中祕話 — 百人百話集

多言生, 『別乾坤』 9-1, 開闢社, 1934.1, 21쪽.

경제학박사 이극로 씨는 조선의 신경제정책은 고무신으로부터 라는 듯이 언제나 고무신만 신고 다닌다. 그러나 그 정책이 아즉 통제가 못되여 그 부인은 여전이 구두를 신고 다니더라고.

萬華鏡－李博士의 싹둑이 罰

編輯部, 『別乾坤』 9-2, 開闢社, 1934.2, 29쪽.

　이극로(李克魯) 박사는 남을 대해서도 여러 가지가 순직하고 텁텁하니만치 그의 가정에 잇서서도 역시 그럿케 지난다. 한번은 그의 부인이 싹둑이[1]를 한 쑥백이[2]를 그의 밥상에다 노왓더니 그가 그대로 한 쑥백이를 다 자시고는 맵고 짜고 해서 물을 작고[3] 마시엿다. 그의 부인이 그러는 것을 보고 하도 민망하야 여보 나도 밧분[4] 김에 큰 그릇을 그대로 노왓지만은 당신은 왜 그것을 그러케 다 자시고 물을 잡수시요 하니 그는 하는 말이 그러케 고맙게 만히 주는 것도 만이 먹지 안으면 미안할 쑨 아니라 먹다 남긴다면 내버리거나 그러치 안으면 남이 먹던 것을 먹게 되야 위생으로나 경제로 다 안 되엿기 째문에 억지로 다 먹엇다고 하엿다 한다. 하하하… 자긔가 그러케 만히 자시는 것은 위생과 경제가 잘 되는 줄로 안 모양이지.

1　[편쥐] 싹둑이 : 깍두기.
2　[편쥐] 쑥백이 : 뚝배기.
3　[편쥐] 작고 : 자꾸.
4　[편쥐] 밧분 : 바쁜.

各界人物漫畵展

編輯部, 『開闢』 新刊第一號, 開闢社, 1934.11, 123 · 127쪽.

123

各界人物漫畵展 說明

(一二三頁) …李克魯氏 (…후략…) 127

(設問) 夫君을 처음 뵈였을 때

李克魯氏 夫人 金恭淳,『女性』5-5, 朝光社, 1935.5, 41·44쪽.

設問(倒着順)

夫君을 처음 뵈였을 때

一, 어느 곳에서 만나섯습니까.

二, 어느 달 어느 때쯤 되십니까(그날 天氣는)

三, 그분은 어떤 옷을 입스섯습니까.

四, 처음 뵈올 때 그 분 表情은 어떠했읍니까.

五, 그분의 性味는 어떠리라 생각되섰읍니까.

六, 그분의 첫 말슴은 무어라고 하섰읍니까. [41]

李克魯氏 夫人 金恭淳

一, 京城府 橋北町 兄님宅.

二, 昭和四年 十月二十日 午後 七時 天氣 晴朗[1]

三, 灰色 洋服. 紫色 넥타이.

四, 점찮게 보였읍니다.

五, 嚴格하고 믿음性 있게 보였읍니다.

六, 오래동안 海外生活을 하다가 그립든 朝鮮에 오니 퍽 반갑다는 말씀을 하셨읍니다. [44]

---

1 [편주] 晴朗 : 청랑.

(글월) 이극로 박사에게

이근정, 『한글』 3-6, 朝鮮語學會, 1935.8, 8~9쪽.

이극로 박사에게

선생님, 이지음에 안녕하시오며, 한⑧글 운동에 얼마나 골몰하십니까?

지난 해 여름에는 그 더운 대도 불구하고 오백여리 원로에 일부러 우리 김천 (金泉)까지 오셔서, 힘껏 한글을 가르켜 주시와 많은 깨침을 얻었사오며, 고맙기 짝이 없습니다.

저는 지난해에 선생님에게 강습을 받은 자로서 김천읍에서도 좀 떨어져 있는 산촌 젊은이입니다. 이 궁벽한 산촌에 살고 조금도 아는 것이 없을망정, 외부의 자극을 받고, 또 느낀 바 있어 전부터 한글의 취미를 두고 한글에 관한 책도 사보고 삼사년 동안 김천에서 열린 한글강습회에도 가서 정성껏 듣고 배웠읍니다.

지난여름 강습회에서 이 선생님 말슴이 「한글은 우리의 보배다」, 「한글을 살려야 우리가 산다」, 「이 강습회는 사범학교다」라고들 하셨지요. 저는 이 말슴을 영원히 잊을 수 없읍니다. 「아아, 과연 그렇다」라고 느꼈읍니다. 그리하야 저도 선생님들의 뜻을 만분일이라도 보답하기 위하야 그럭저럭 얻은 그 짧은 지식을 가지고나마 아는 대로는 이 산촌에서, 몇 번이나 가르켜보았읍니다. 이곳은 책 살 돈조차 없는 빼마른 산촌이므로, 체면 없이도 몇 번이나 동아일보사로 조선일보사로 「한글원본」, 「한글공부」같은 책을 동냥 해다가 해마다 농한기를 이용하고 남의 집 사랑을 근근이 빌려서 사정사정으로 농민들을 모아 놓고 한글을 가르켜 나왔읍니다. 그중에는 한글이 무언지도 모르는 이도 있었고, 또 「우리 조선 진서 (眞書 卽 漢文)는 나삐두고 그까진 언내(諺文)는 웨?」하고 비웃는 이도 있어서 처음에는 도리어 애걸해가면서, 이들을 모아 놓고 가르켜 온 것이 지금에는 이 사람, 저 사람 없이 한글은 참 좋은 글이라고 합니다. 그리하야 한문이 우리 조선 진서가 아닌 것을 알고, 한글이 언내가 아니요, 당당한 우리 조선 글이란 것을 깨닫고, 또 좋은 글이란 것을 알고, 세종대왕까지 알게 되었읍니다. 한글에 대한 지식이 충분하지는 못할망정, 정신부터 개량되었으며, 한글에 재미를 붙여서, 퍽도 한글 쓰기를 좋아합니다. 그리하야 마을 소년들은 모아 앉으면, 한글 서취(書取)하기가 일이요, 간간이 그것을 가지고 끊으러 옵니다. 저는 이것을 퍽도 기쁘게 생각하며, 달달이 한글 잡지가 오면 그 내용을 이야기하여 줍니다. 또 더욱이 기쁜 것은 한글을 가르키는 바람에 마을 사람들이 마음이 내써서 올 가을에는 야학 집을 짓는다고 수십원 돈을 모아 놓고, 있읍니다. 이와 같이 차츰 깨어나고 있읍니다.

한글에 전심전력 노력하시는 선생님이시니까 이런 사정도 퍽 알고 싶을 것이므로 이와 같이 알으켜 드리는 것입니다. 참으로 오래동안 우리들의 문화가 쇠약해 오든 지음에 조선어학회가 생기고 이 학회 여러 선생님들이 총동원하시와 우리 문화를 갱생시키기에 희생적 노력을 해오는 것은 우리 조선에 큰 행복으로 생각합니다. 아무쪼록 한글을 살리고 조선을 살리는 날이 하루바삐 있어 주시옵소서.   오월 일일 김천 이근정 올림. [9]

正音紀念日에 對하야─李克魯氏의 錯覺을 警함

楊相殷,『正音』11, 朝鮮語學研究會, 1935.12, 26쪽.

正音誕生紀念日에 對하야 일즉브터 朝鮮語學研究會에서 公正한 判斷을 나려서 今年브터는 九月三十日에 紀念을 한 것이니 내가 여긔서 다시 贅言[1]할 必要는 업스나 去十月二十八日 밤에 「라듸오」 「시위치」를 트러노코 이스니 李克魯氏가 所謂 한글紀念日에 對한 講演을 하기로 귀를 기우린즉 譬喩[2]가 너무나 幼稚하야서 苦笑를 금티 못한 同時에 數萬 聽取者에게 惡影響을 끼칠 듯하야 간단한 한 말로서 李氏에게 묻고자 한다.

氏는 비유하야 말하되 만일 어린아이의 生日을 紀念할 쌔에 나키 前에 엇더케 紀念을 하느냐 하고 訓民正音이 九月에 誕生하고 날字가 未詳하니 만일 九月二十九日에 頒布하얏는데 九月一日에 紀念하면 나키도 전에 紀念한 것이니 즉 사람도 나키 전에 生日을 쇠는 것과 다름이 업다 한다. 이보다 더 유치한 말이 어데 이슬가. 다른 仔細한 말은 「正音」 雜誌에 잇는 듯하니 重言을 피하고 한말만 묻고자 한다. 李氏가 假令 九月一日 未時生이라 한다면 勿論 父母들이 生日을 紀念하야 줄 쌔에 아츰에 하야쓸 것이니 그러면 寅時쯤 될 것이매 結局 出生 前紀念이 안이고 무엇이며 쏘 李克魯氏의 祖父가 九月二十日 申時 作故하얏다 假定하면 勿論 나종 祭祀에는 九月二十日 子時가 안이면 丑時에 지낼 터이니 李氏의 말을 비러 말하면 죽기 前 祭祀가 안이고 무엇일가. 李氏만 單獨이 時間을 마촤서 生日도 紀念하고 祭祀도 時間 전에는 지내디 아니한다면 모르되 그러나 全朝鮮通例로 본다면 生日은 아츰에 式을 擧行하고 祭祀는 子時나 丑時에 行한다.

다시 한말 더 묻고자 한 것은 한글紀念日에 紀念을 몇 時에 하는가 알고 십다. 勿論 亥時에 式을 擧行할 터이디? 쌋닥하다가는 誕生 前에 紀念할가 무서우니까 腰折而已[3]로다.

十月二十九日

---

1 [편쥬] 贅言 : 췌언(쓸데없는 군더더기 말).

2 [편쥬] 譬喩 : 비유.

3 [편쥬] 腰折而已 : 요절이기(몹시 우스울 따름).

(私信公開) 李克魯氏에게(1935.12.18)

尹檀崖, 『朝光』 2-3, 朝鮮日報社出版部, 1936.3, 59쪽.

(尹檀崖先生은 지금 滿洲國 賓江省 寧安縣 本京城[1]에 잇는 大宗敎[2]總本司에서 重任을 가지고 계신 분입니다. 일즉 두 분이 露領에서 같이 지나다 分手하야 어느 덧 二十年間, 近日 처음으로 書信이 往復되엇는 바 이것이 그 첫 書信입니다.)

물불 아우님이시어! 이것이 마치 꿈결 같소이다. 이제 주신 글월을 읽게 되매 나도 아직 이 세상 사람인가 하는 느꺼운 눈물을 禁치 못하겠나이다.

新聞紙의 소개로 아우님이 伯林大學에서 한글 講座를 열고 講義를 하섰다는 것과 巴黎樂譜에 한글音符를 넣으섰다는 消息을 들었고 더구나 돌아오신 뒤에 여러 분 同志의 슬기와 힘을 合하야 이미 한글 統一案이 成功되고 더욱이 한글辭典의 編成을 앞두고 努力하시는 그 精誠과 功德을 기리나이다.

그러함에도 不拘하고 感謝나 祝賀를 올리지 못하였음은 不肖한 몸이 외람히 先宗師의 遺託을 받아서 重大한 職責을 더럽힌지 十數年 동안에 天地間一大 罪人으로 自處한 까닭입니다. 차라리 아무 말도 없음보다 이 붓을 들게 된 것이 더욱 未安하오니 千萬惠諒하소서.

한배님의 默契를 받은 뒤로 이제 한 三年間에 새로 얻은 敎育[3]가 五六千人에 達하고 새로 세은[4] 敎徒[5]가 또한 二十處가 되었거니와 아우님은 모름직이 우리 社會로 하여곰 우리들의 存在를 더욱 認識케 함에 힘써주시기를 바라나이다.

(中略) 마침 한보름 앓던 남아[6]에 눈이 둘리고 손이 떨려서 그만 적습니다.

乙亥年[7] 十二月十八日

1　[편쥐] 本京城: '東京城'의 오식.
2　[편쥐] 大宗敎: '大倧敎'의 오식.
3　[편쥐] 敎育: 뒤의 '敎徒'와 뒤바뀜.
4　[편쥐] 세은: 세운.
5　[편쥐] 敎徒: 앞의 '敎育'과 바뀐 것으로 보임. 문맥상 '敎堂'이 옳음.
6　[편쥐] 남아: '나마(=남짓)'의 오기로 보임.
7　[편쥐] 乙亥年: 서기 1935년.

玉에서 틔 골르기 縷心刻骨半生獻身, 한글標準語査定에는 으뜸 되는 殊勳者 朝鮮語辭典編纂에 血汗勞心

―記者, 『朝鮮日報』, 1937.1.1.

적어도 반년의 력사를 가진데다가 남달리 ○¹ 문화를 자랑하는 한 겨레로서 「고초장」이란 한 말을 가지고 「고초장」, 「고치장」, 「꼬초장」, 「꼬추장」, 「꼬치장」, 「당초장」, 「당꼬초장」, 「당꼬추장」, 「당꼬치장」, 「당가지장」, 「당까치장」, 「매운장」 등등……하고 혀끗 도라가는대로 소리 나오는 대로 열이면 열, 백이면 백사람 말로 글로 다 달리 쓴다는 것은 민족적 큰 부끄럼일 뿐만 아니라 모든 새 문화의 발전을 막고 해롭게 하는 장본이 되는 것인즉 이것을 "겹에서 홋으로―" 즉 혼란에서 통일로 뜨더 고치자! 하는 웨침의 물결을 타고 탄생된 것이 저 유명한 "한글"학자 리극로(李克魯) 씨 등의 조선어학회(朝鮮語學會)인 것이다.

「기역ㄱ 니은ㄴ 디긋ㄷ 리을ㄹ 미음ㅁ 비읍ㅂ 시옷ㅅ 이응ㅇ 지읒ㅈ 치읓ㅊ 키읔ㅋ 티읕ㅌ 피읖ㅍ 히읗ㅎ 아ㅏ 야ㅑ 어ㅓ 여ㅕ 오ㅗ 요ㅛ 우ㅜ 유ㅠ 으ㅡ 이ㅣ」

등 스물 넉자와 자모(字母)를 가지고 한글짜 한말마다 골르고 추리고 다시 뜨더마추고 매만지고 해서 뜻이 다코 불르기 조코 쓰기에 간단한 어여○² 말을 맨들기에 자고 먹는 것까지 이저버리고 머리를 써키는 리극로 씨는 너무나 유명하다.

눈보래 휘날리고 맵싸한 바람이 불어치는 치운 겨울날이언만 화동정 백이십구번지 그 회관 안―난로불도 업는 이층 차듸찬 마루방에서 케케무근 책들을 산더미가티 싸너코 섯다 안젓다하며 옥에서 틔 고르는 것과 마찬가지의 고심을 짜내고 잇는 씨는 우리의 가장 큰 존경의 대상이 안 되면 안 된다.

백림대학(伯林大學)의 「철학박사」(哲博)라는 학위까지 가진 씨가 어째서 아주 딴판길인 「한글」연구의 길을 밟엇는가? 리씨의 매력을 아는 사람들은 고개를 기우려 궁금○³게 생각할 것이다.

1　[편쥐] '녯(옛)'자로 보임.
2　[편쥐] 원문 판독이 어려운 상태나 문맥 상 '뿐'.

때는 벌서 깜아득한 멧 이야기로 도라가려는 임자(壬子)년 즉 리씨가 해외로 첫발자국을 드려노튼 일천구백십이년 서간도(西間島)를 가려고 "쨩크"[4]에 몸을 실코 압록강(鴨綠江)을 건너가다가 평안북도 창성(昌城)서 나려서 아침밥을 먹는데 씨가 고초장이 하도 먹고 시퍼 주인에게 청햇드니 무슨 뜻인지 못아러듯고 어리둥절하므로 가지각색 형용을 하다가 나종엔 입을 벌려 「하…하…」하고 매운 표정을 햇드니 그제에야 「오-"댕가지"장 말인가?」하고 내노튼단다. 여긔서 리씨는 「어째서 가튼 겨레로서 이토록 말이 달라서 의사를 통하기가 어려운가!」하고 한숨지면서 그 까닭을 곰곰 생각게 됏다 한다. 이것이 리씨와 오늘과 가튼 「한글」학자로서의 큰 그릇을 맨들게 한 첫째 긔틀이 된 것이다.

그 후 리씨가 환인현(桓仁縣)에 잇는 대종교(大宗敎)[5] 긔관인 동창학교(東昌學校)에서 교편을 잡고 잇슬 때 함께 잇든 교사들이며 일반학생들이 리씨더러 령남(嶺南) 사투리꾼이라고 놀려들 대는 통에 리씨는 분연해서 자긔들의 심하고 자긔의 말을 다시 인식 하기에 바랫든 한편 때마침 주시경(周時經) 씨의 수제자로 백연 김두봉(白淵 金枓奉) 씨와 가튼 문인인 고 김진[6](故 金振) 씨에게 알음을 바더 「한글」을 배흐기에 일심정력을 긔우럿섯스니 이것이 리씨에게는 「한글」 연구의 둘째 긔회가 됏든 것이다.

그 후 세월은 흘러서 리씨가 「한글」에 대한 눈이 겨우 띄울만해젓슬 때 즉 일천구백십구년에 상해(上海)서 김두봉 씨를 맛나 비로소 「한글」 연구의 제 길을 차저드럿스니 김씨는 리씨의 스승이 되는 동시 리씨의 오늘은 김씨의 힘에 긔대인 바가 크다 할 것이다.

---

3 [편쥐] 원문 판독이 어려운 상태나 문맥 상 '하'.
4 [편쥐] 쨩크 : 정크(junk), 중국 연해나 하천에서 사람이나 짐을 실어 나르던 배.
5 [편쥐] 大宗敎 : '大倧敎'의 오식.
6 [편쥐] 고 김진 : 김진의 본명은 김영숙이고 1952년에 타계하였으므로 '고인' 표현은 기자의 착오.

그것도 그러려니와 리씨가 우리글을 살려야만 되겟다는 즉 조선말에 대한 충성의 생각이 북도다 나가는 일천구백이십삼년 백림대학에서 조선말을 가르치든 때이엿스니 그 때 독일, 화란, 불란서 등 주장 세 나라 학생들이 조선말을 배흐려는 뜻을 말하므로 리씨는 그 대학총장에게 그 뜻을 옴겨가지고 아무 보수업시 한 독립된 「조선어학과」라는 것을 세우게 됏다 한다.

그러나 배흐든 학생들이 넘어도 철자법(綴字法)이 열 갈래 스무 갈래로 뒤둥대둥한데 긔이한 눈을 뜨고 「그대 나라말은 어째서 이다지 철자법이 통일 못됏는가? 사전이 업다니 참말인가?」 등등하고 질문이 언제나 떠나지 안흘 때마다 리씨는 「허허 이런 민족적 부끄러운 일이 어데 잇담!」하고 얼굴을 불히고 말문니 마혓다[7] 한다. 이런 얼굴에 침뱃는 듯한 부끄럼을 참어가면서 네해 동안을 꾸준히 가르치다가 일천구백이십팔년 귀국할 때 「뉴-욕」서 여러 동지들을 맛난 환영회를 바덧는데 그 자리에서 장덕수(張德秀) 씨가 「리군은 장차 귀국하면 뭣을 할런가?」하고 물을 때 리씨는 선뜻 「응 나는 코리앤 · 딕슌애리-를 맨들러 갑네」하고 대답햇다는 이야기만 가지고 봐도 씨의 결심이 그때부터 얼마나 구덧는지를 엿들 수 잇는 일이오 또 오늘의 성공은 당연한 일인 것이다. 말하자면 그때가 리씨의 「한글」에 대한 충성의 폭발긔 엿든 것이다.

......

......

이러케 씨가 이 땅을 열여섯해동안이라 떠낫다가 도라와서 이날에 이르기까지 무릇 스물다섯해동안에 「한글」을 위해서 바친 충성은 말할 것도 업고 귀국한 이후 아홉해 동안 「뉴-욕」서 친구들에게 맹약한 「코리앤 · 딕슌애리-」 완성의 장한 뜻을 실현키 위해서 그 준비로 맨드러내인 「한글 맞춤법 통일안」과 「사정(查定)한 조선어 표준말 모음」 두 책은 씨의 공적을 말하고도 남음이 잇다. 물론 이것이 이루어지기까지에는 씨와 뜻을 가치한 리윤재(李允宰) 정렬모(鄭烈模) 장지영(張志暎) 신명균(申明均) 최현배(崔鉉培) 방종현(方鍾鉉) 리병긔(李秉岐) 씨 등등 여러분의 합친 힘의 덕이어니와 리씨는 그 중에도 대표적이 될 것이다.

---

7 [편쥐] 마혓다 : '막혔다'의 오식.

그러타. 리씨의 이 장한 뜻과 갸륵한 생각은 조선말을 쓰는 우리 겨레가 다가티 우러러 본뜨지 안흐면 안 된다.

십년적공으로 지금까지 모혀진 십 수만 개의 어휘(語彙)가 활자로 화신어 되어서 「조선어대사전」이라는 호화스러운 명명을 밧고 우리들의 책상으로 름름한 자태를 나타내일 날도 눈아페 다 닥처온다!

寫眞은 漫畫化한 李克魯氏

(家庭太平記) 한글을 研究하시는 李克魯氏 家庭 — 妻子를 위해서는 犧
牲치 않겠다고 宣言

編輯部, 『女性』 2-2, 朝鮮日報社出版部, 1937.2, 42~43쪽.

『모레 수요일 아츰 열시에 시간이 잇겠습니다. 오시는 길은 동대문에서 청량
리로 가는 전차를 타시고 경마장 다음 정류소에서 영도사(永導寺) 가는 큰 길로
작구 오시다가 보성전문학교 앞을 지나고 숭인보통학교 앞을 더 지나서 수십 거
름 오시다가 왼편으로 들어가는 길로 들어서 바로 오시면 전등선 기둥이 있고 그
옆에 검은 판장으로 박은 집이 우리 집입니다. 그런데 전차에서 내려서도 오는
길이 사오십분은 걸닙니다.』

이것은 어느 날 내가 李克魯氏 宅을 방문하려는 마음에서 왕복 엽서 한 장을 보
내듸렸드니 반신엽서에 그 답으로 보내 주신 글말이다. 그리고 그 주소는 京城府
鍾岩町 四〇番地라고 적혀 있었다. 「종암정」! 처음 듯는 일홈이다. 또 李氏가 보
내 주신 엽서를 보아서 어지간히 먼 것이 짐작됨으로 나는 집을 여듧時 에 떠나
社 에도 안들니고 바로 孝子町에서 청량리행 차표를 찍었다.

전차에서 삼십분 걸어서 한 시간 십분 씨의 宅에 들어서니 아홉시 사십분이다.
무척 젊은 부인은 李氏의 부인인 듯 안방아랫목에 고마웁게 안내해주시고 李
氏 또한 먼 길을 일즉 와 주었다고 인사를 몃번 거듭하신다.

애기는 아드님과 따님 두 분인데 또 한 분이 오래지 않아서 탄생하신다고—.

「웨 이렇게 멀니 사십니까, 오면서 보니까, 경치는 퍽 좃습듸다만」

「네, 여기가 퍽 좃습니다. 오시면서 보섯것지만, 삼각산과 道峯이 멀니 병풍같
이 막어주고 그 안에 수목이 장성하고 강물이 그 사이를 흘너서 여름이면 遊興地
가 됩니다. 그렇나 저이들는 그래서 이곳을 차저온 것이 아니고 안해가 숭인보통
학교에 교원으로 잇는 까닭에 직업을 쪼차서 온 것입니다.」

「선생님은 매일 여기서 다니시기에 멀지 안습니까」

「하로에 왕복 한 시간 좀 더 걸니는 셈인데요, 시내 몬지 구덩이 길을 한 시간 이상을

것는다면 아주 피곤해질 것입니다마는 여기 다니는 길은 산보하기 좋은 길이라 운동 만될 뿐 아니라 아츰 저녁으로 그 길을 걸으면서 조용히 생각하는 것이 즐겁습니다.」

웃목 순대통보다 크지 못한 연통 달닌 적은 란로 우에서 주전자가 몹시 소리를 내는 바람에 이번엔 화제가 그리고 또 옴겨진다.

「저 란로가 퍽 덥습니다. 댁에서도 한번 사다 놓아 보십시오. 구멍탄 세 개만 넣어 두면 하로 종일 저렇게 덥습니다. 장작 오전어치를 부엌에 때서야 이렇게 덥게 지낼 수가 잇겠습니까. 부엌에 불을 더 때지 않구두, 저 것만 잇으면 덥게 지낼 수 잇습니다. 조선 가정에서도 다들 놓았으면 합니다.」 정말 방안은 안윽하다.

어느새 부인이 茶와 과자와 실과를 준비해다 앞에 놓고 먹으라고 권하신다. 모다 동그란 식탁에 둘너앉었다.

「인젠 안 선생님의 이야기를 듯겠습니다. 李先生님의 자랑이랑 흠이랑 많이 말슴해주십시오.」

부인은 얼골이 빨개지시며 곳 웃기만 하신다.

「어서 이야기해듸리리시오. 이렇게 멀니 오섯는데……내가 잇드라도 상관없으니 긔탄없이 흉을 보시오.」 부군의 [42] 말슴에도 부인은 역시 우스시기만 한다.

「결혼하신지 멫해나 되십니까.」

「만 칠년 됏나봐요.」

결혼하시기 전에 생각하섯든 것과 지금 생활과 어떴읍니까?」

「글세요. 어떠타고 하면 좋을가요.」

「바른대로 말하시오. 정 못하겠다면 내가 하든지……똑바른 대로 이야기한다면 결혼해서 처음에는 다른 여자들 같이 편한 생활을 못 하는 것이 불만해서 종종 불쾌한 얼골을 보이드니 한번 안처 놓고 선언을 딱 해 놓은 다음엔 그런 눈치를 보이지 않고 아모리 고생스러워도 혼자서 아무 말 없이 고스라니 해나감니다.」 이것은 부군 李克魯氏의 말슴이다.

「그 선언은 어떤 것입니까.」

「내가 아모리 못나서도 한 안해나 자식을 위해서 몸을 바칠 생각은 없으니 그리 알고 가정생활에 달닌 일은 무엇이나 그대가 혼자 마터하라고 말했읍니다. 자랑이 아니라 제가 아직 가정을 위해서 직업을 구해 본 일은 커냥 직업을 가젓으면 하는 생각도 가저본 일이 없읍니다. 그러니 제 안해의 괴롬이 여복[8]하겠읍니까마는 낫색 한번 그릇치는 일 없이 어려운 살님을 그 박봉으로 꾸려나감니다. 경제적 보조만 없는 게 아니라 몸이나 마음까지도 집에 잇는 시간이 얼마 없읍니다. 거저 이 집은 제 여관인 셈입니다. 아츰에 나가서 저녁 열두시나 한시가

돼야 들어오는 때가 예사니까 언제 살님이나 아이들한테 대해서 마음을 쓰게 되겠읍니까?」

「그러니까 선생님 같이 사회사업에 뜻을 두시는 분은 결혼을 하지 말어야 올치안겠읍니까」

「그렇지요, 가정적으로 봐서는 죄인이니까요. 저도 늘 그렇게 생각합니다. 천재나 그렇지 않으면 사회에 공헌하려는 사람은 결혼하지 안는 것이 좋다고…… 한 나라를 치드래도 그런 사람이 멧 안 될 것이니까 그 멧 사람 안 되는 것이 결혼하지 안는다고 해서 종족이 줄거나 하는 일은 업겟지요.」

부인께서 끝까지 아모 말슴도 없으시다가 나종에 무엇을 바라고 괴롬을 참으시느냐고 했드니 부군이 지금 계획하고 게신 朝鮮語綴字辭典이 잘 되어질 것을 밋고 기다린다고 말슴하신다. 李克魯氏는 오래동안 外國에서 배우시고 또 여러 나라를 많이 도라다니신 이로 누구보다 다른 나라의 사정을 잘 아시는 분이다. 그렇시면서도 내 말을 귀중이 역이고 내 말을 애끼는 마음에서 우리의 표준말사전을 맨드러 세상에 내놓려고 수년 동안 심혈을 다하시여 게시는 분이다.

-(끝)- 43

8　[편쥐 여복: '여북'의 잘못. 오죽.

朝鮮語辭典完成論 - 各國辭典編纂엔 國家援助가 莫大 ❻

崔鉉培, 『朝鮮日報』, 1937.5.16.

五, 結論-辭典完成은 우리의 義務

(…중략…) 그런한데 이와가튼 大事業인 辭典編纂을 經營하는 現在의 우리의 形便은 참 너무도 기가막힐만큼 貧弱하다. 아무 基金의 積立도 업이 다만 幾個丹誠 寒士의 犧牲的 努力으로 말미암아 進行하여 가는 터이다. 이러한 中에도 八個星霜을 꾸준히 繼續하여 왓스니, 그 고심과 노력을 짐작할 이는 짐작할 줄로 생각한다. 그 中에도 이 大事業을 一身에 獨擔하고 나아가는 李克魯氏의 萬難克服의 忍耐와 身家不顧의 赤誠이야말로 一身의 安逸과 一家의 利益에 汲汲한 現代人의 想像하기에도 어려울만한 것이 잇음을 여기에 特히 적어 敬意를 表하지 안홀 수 업는 바이다.

한글學者 李克魯氏 住宅, 石造山과 蓮못과 花壇 닭소리조차 閑暇한 田園味!

─記者, 『朝光』3-9, 朝鮮日報社出版部, 1937.9, 89~90쪽.

三角山과 道峰을 背景으로 하고 淸凉里의 松林을 前景으로 하여 宗岩里 一隅에 숨어있는 田園味 萬點의 住宅은 우리 한글運動을 爲하여 孜孜이 努力하시는 李克魯氏의 住宅이다. 板장으로 한 大門을 열고 드러가니 넓은 庭園에는 온갖 花草와 樹林이 가득하다.

몬저 大門 앞에서부터 키적은 횟양목을 심어 列과 길을 지어놓고 울타리 밑에는 杉나무를 가득히 심었다. 北쪽으로 鷄舍가 있어서 꾸꾸 하고 이 집의 閑暇터운 空氣를 흔들고 있다. 그리고 鷄舍 옆으로 大門을 向하여 三角形의 밭이 있는데 옥수수 도마토 부추 고초 열무 等이 靑靑이 심어 있다. 記者는 어느 시골 農家나 온 듯한 느낌을 가지며 다시금 밭을 돌려 뜰 앞으로 向하였다. 집은 비록 草家이나 文化式 改造를 하여 琉璃窓도 달고 마루에는 문을 드려 應接室을 만들었다.

눈을 돌려 뜰 앞을 바라보니 어데서 인지 奇石怪石을 주서다가 石造山을 만들고 새새이 나무와 꽃을 심었다. 그리고 한옆으로는 적은 蓮못이 있어서 금붕어 몇 마리가 때를 맞난 듯이 꼬리를 치며 놀고 있다. 다시 石造山과 蓮못을 빙둘너 花壇이 설계되었는데 따리아 채송화 봉선화 츄맆 무궁화 온갖 꽃을 가득히 심었다.

李氏의 말을 들어보면 石造山은 三年前 氏가 五日間이나 잠뱅이를 입고 지게를 지고 附近山으로 다니 [89] 며 怪石을 주서다가 만들었는데 家庭에서는 아주 大人氣여서 夫人과 애들에게 大稱讚을 받었다고 웃우신다. 그리고 蓮못과 花壇도 氏가 모다 自手만드신 것이라고 하신다.

記者는 李氏와 함께 발를 돌려 東쪽 편으로 몇 거름 나아가니 거기는 크다란 우물이 있다. 이 우물은 씨가 亦是 三日間이나 自作파시고 石담까지 한 우물이라고 하는데 氏는 무삼 勞働이나 곳잘 하신다고 壯談하시는 것이다.

그리고 우물 저편에는 約五十餘坪 되는 밭이 있는데 여기도 역시 온갖 菜蔬가 욱어저 있다. 氏는 언제나 김을 매고 물을 주고 붓도 두고-農作에도 相當한 技術

이 계시다고 뽐내신다.

더구나 菜田한 모퉁이에는 羊舍가 있는데 羊 三頭가 있어서 每日 羊乳를 八合가량 짜내여 온 집안이 滋味있게 먹는데 營養上 極히 좋다고 자랑하신다.

氏는 어데까지나 實踐的人이오 實行的人이기 때문에 羊舍 鷄舍를 모다 自手로 만들고 더구나 鷄舍의 鐵鋼까지 鐵絲를 사다가 自作그물을 떴다고 말슴하신다.

그리고 住宅의 琉璃窓과 門내는 것까지 모다 自作만들었는데 여간한 집쯤은 自作 지을 수 있다고 豪氣를 빼시는 데는 記者는 그만 感服하고 말었다. 家垈는 百三十坪가량 되고 온갖 채소는 自作自給하는데 언제나 市內에서 일을 하고 저녁에 三角山의 높은 봉우리를 바라보며 집으로 도라오는 滋味는 적지 않다고 한다. (끝) 90

寫眞은 李克魯氏 住宅

國防獻金・慰問金

『東亞日報』, 1937.10.29.

京城軍事後聯

(慰問金醵出者)

▲二圓 京城 朝鮮日日新聞社扱 ▲三圓五十錢 三坂通町會 ▲三十圓 花洞町三九 朝鮮語學會 代表 李克魯 (…후략…)

(우리 團体의 新年計劃) 한글運動과 朝鮮語辭典―朝鮮語學會의 飛躍的 事業

記者, 『朝光』 4-1, 朝鮮日報社出版部, 1938.1, 46~50쪽.

朝鮮語文의 發達을 위하여 孜孜히 努力하는 朝鮮語學會의 事業을 打診코저 記者
는 어느 날 市內 花洞町으로 同會를 찾게 되었다. 大門을 열고 二層으로 드러가니
入口에는 한글로

『일없는 사람은 드러오지 마시고 이야기는 간단히 하시오』

하는 文句가 붙었다. 時間을 至極히도 아끼시며 專務에 精進하시는 것을 짐작할
수가 있다. 記者는 門을 노크하고 來意를 말하였드니 李克魯氏가 마주 나오며

『어떻게 이렇게 오셨읍니까?』

하고 記者의 손을 잡어 준다.

『분주하시죠?』 46

『늘 그 모양이죠. 그래 滋味 어떠십니까?』

이렇게 人事 兼 말문을 열어 놓고

『朝鮮語辭典은 어찌되였읍니까?』

하고 정작 要點을 꺼내기 시작하였다.

『참 머라고 할까?……허허』

氏는 말을 머치고[1] 한참 웃드니

『글세요. 해마다 묻는 말이지만 그저 進捗 途中에 있다고 對答할 수밖에 없읍
니다』

하고 那終에는 말끝이 흐려진다.

『그럼 完成은 언제쯤이면 되겠읍니까?』

『그 말슴두 對答하기 어려운데……』

『그래도 어떤 豫定은 있겠죠』

『그저 말하자면 數年이라고 할까요. 그렇게 말슴드리면 無難하겠죠』

---

1 [편쥐] 머치고: 멈추고

事實 氏도 編纂이 맘대로 안 되는지 말끝이 흐려지며 明答을 避한다. 그러나 記者는 追窮을 머치지[2] 않고

『그래 編輯은 거의 되었읍니까?』

『아직 進行 中이죠. 지금 語彙에 註를 다는 中이고 專門用語를 整理하는 中입니다. 各 專門家들에게 用語를 付託하였드니 많이 드러왔읍니다』

하고 氏의 눈에는 어느덧 滿足한 웃음이 지나간다. 氏의 말을 들어보면 文學은 李光洙 音樂은 蔡東鮮 美術은 高羲東 植物은 李德鋒 外來語는 鄭寅燮 經濟는 李順鐸 社會科學은 白南薰 演藝는 徐恒錫 醫學은 李甲洙 哲學倫理는 安浩相氏 等 여러 專門學者들에게 맡겼는데 매우 成績이 좋다고 滿足해 하신다. 記者는 47 『辭典編纂 進行의 實相을 좀 뵈여주시렵니까?』

하고 그 秘庫를 보고저 하였다.

『좋습니다. 뵈여 드리죠』

하고 氏는 저편 房으로 가서 數十層이나 되는 카트函을 열어제친다. 이미 整理한 語彙만 하여도 數十萬語라고 한다. 그 카트는 옛날 某報에서 쓰다 버린 幸運券을 利用하였다고 하며 李氏는 웃으신다. 記者는 한 가지 카트를 떼여 보니

『하마 하웃 하얏……』

이렇게 적혀 있다.

『辭典編纂에 제일 어려운 것은 무엡니까』

하고 一問을 드렸드니

『몇 해를 두고 語彙를 調査했으나 每日 몇 十마디式 아직도 새것이 發見됩니다. 語彙調査가 얼마나 어려운 것을 알겠어요』

하고 입을 다시신다. 事實 至難한 일임에 틀림이 없다. 氏는 다시 카트를 꺼내여

『이것은 動詞語彙입니다』

하고 뵈여주는데

간다 갓다 가겟다……

하고 적혀 있다. 그리고 專門語彙라고 꺼내는데 李甲洙氏가 써온 醫學用語로 一例

---

2 [편쥐 머치지 : 멈추지.

를 보면

　의학—사람의 신체 질병 또는 치료에 관한 것을 硏究하는 學問인데 여러 가지 分科로 구별함.

　안질—눈에 생긴 병을 통트러 말함.[48]

하고 註解를 내였고 安浩相氏의 哲學註釋으로 一例를 보면

　良心—良心은 道德意識과 같음. 道德的 判斷을 해서 바름(正)과 착함을 찾고저 하며 명령하며 또 邪와 惡을 뉘우치며 물리치는 본래의 마음

　人生—사람의 이 世上의 있어서의 生存과 生涯.

　이렇게 註釋을 내였다. 이 數十萬語를 整理하고 註釋을 달고 하는 그 事業이야말로 여간 巨大한 事業이 아니다. 記者는

　『이 事業이 여간 어렵고 큰일이 아니구뇨?』

하고 嘆服했드니

　『어렵든 어째든 우리가 할 일이오 또는 죽기까지 해야하겠으니까요……』

　氏의 말슴은 매우 믿음성 있고 씩씩하다. 記者는 話題를 돌려

　『한글運動은 어찌되였읍니까?』

　『거위³ 統一이 된 셈이죠. 우리 한글 統一案을 各 新聞 雜誌에서 모다 採用하고 文人들이 使用하고 예수교 佛敎에서까지 使用하게 되였으니 成功한 셈입니다. 그러나 다음 問題가 남었죠』

　『그 다음 문제는 뭐입니까?』

　『좀 말슴하기 어려운데요』

　氏는 슬적 넘겨 버리시려 한다. 그러나 記者는 質問의 손을 놓지 않고

　『大槪 그 輪廓이라도 말슴한다면?……』[49]

　『글세요. 말하자면 外來語 統一 문제가 있죠. 萬國音聲記號와 한글의 關係와 또는 羅馬字를 統一하여야 하겠읍니다. 그 例를 하나 들자면 『倫敦』을 논돈. 론돈. 윤돈. 런던. 란던- 이렇게 各各 쓰게 되니 어디 말이 됩니까? 그리고 文法統一 문제도 있읍니다. 이것을 모다 完成하여야 語文運動을 完成한 셈입니다』하고 前途

3　[편쥐 거위 : 거의.

가 아직 遙遠하다는 듯이 말끝을 흐리신다. 氏의 말을 드러보면 한글運動을 시작한지 近十年에 문제도 많고 波瀾도 많았다고 한다. 甲이 하고 乙이 하고 丙이 할 수 있는 것이면 문제없지마는 이것은 全혀 統一문제니까 學者들의 고집을 統一하고 派別을 없애고 反對를 물리치고 하기에 實로 벼가 빠젓다고 한다. 學者는 自己의 眞理라고 믿는 意識을 죽음으로써 지키려 하기 때문에 學者들의 意見統一이란 여간 어려운 일이 아니라고 한숨을 쉬신다. 記者는 氏의 努力에 敬服하고 그곳을 떠나게 되였다. (끝) 50

朝鮮語辭典編纂과 그 經過報告書

K記者,『朝光』4-5, 朝鮮日報社出版部, 1938.5, 160~164쪽.

그 社會가 가지고 있는바 諸文化事業 中 가장 根本的이며 따라서 最高의 地位를 占領하고 있는 것은 그 社會의 言語統一問題가 아닐 수 없다. 言語, 따라서 文字가 統一되지 못한 社會에 있어서 우리는 高度의 文化를 到底히 바랄 수 없다. 이것은 우리가 눈을 들어 世界를 大觀할 때 너무나 明白히 證明할 수 있는 事實이다.

言語의 統一은 한 個의 槪念에 對하야 社會人에게 統一된 感情과 普遍的인 意思와 整備된 智識을 强要함이니 이것은 賀言을 要할바도 없이 그 社會의 綜合統一된 總意思를 만드러내는 唯一無二의 契機이며 따라서 文化向上에 없지 못할 가장 重要한 基礎工作이 아닐 수 없다.

文化道程에 寄與할 만한 權威있는 辭典하나 갖지 못한 우리가 이제 朝鮮語辭典編纂事業에 꾸준히 努力해 오는 朝鮮語學會를 찾어 難事 中 難事인 辭典編纂에 關한 說明과 感想을 들어보는 것도 결코 意味없는 노릇은 아니렀다. [160]

朝鮮語學會는 花洞에 있다. 來意를 傳하고 드러앉은 데가 即 應接室을 兼한 編輯室이다.

記者는 한발자욱을 드려 놓자마자 불연 듯 북받혀올라오는 暗淚[1]를 禁치 못하였으니 그것은 이 偉大한 事業에 從事하는 일터가 어찌 이리도 貧弱하느냐하는 生覺에서 부터였다.

編輯室은 二層이였다. 普通 房을 서너 개 合친 것만한 編輯室 한복판에는 봄이 찾어왔다는 듯이 조그만 스토-부가 가느다란 불길을 머금고 있다. 사방에 陳列된 語彙 카드函은 그래도 여기가 朝鮮語辭典編纂本部라는 것을 記者에게 속삭이여 준다.

大京城의 文化는 어데 있느냐? 鐘路네거리의 솟아 있는 摩天樓 속에 드러있느냐? 일미네-슌이 번쩍거리고 있는 네오街에 있으냐? 萬一 花洞 한 구석에서 가느

---

1 [편주] 暗淚 : 암루.

다랗게 숨 쉬고 있는 이 辭典編纂室 속에도 朝鮮의 文化가 숨어 있다고 생각할진 대 아아 너무나 不遇한 朝鮮의 學者들이다!

「해마다 찾아오는 記者 여러분에게 每番 같은 말슴을 엿줍지 않으면 안 되게 되어서 罪悚합니다. 온갖 難事 中에 辭典編纂—아니 특히 朝鮮語辭典編纂 事業도 한 목은 끼워야 할 것이지요. 辭典編纂 自體가 얼마나 어려운가는 世界의 著名한 辭典編纂 事業을 管見하여도 넉넉히 알 수가 있습니다」

하고 李克魯先生은 暖爐²까로 다가오면서 說明을 하신다.

英國最新英語辭典(A new Enuglish³ Dictionary on Historical Principles)(188 8∼1928)은 四十年 만에 完成 獨逸의 獨逸語辭典(Deutsches Wörterbuch)은 五十 年만에 完成.

米國의 웹스터大辭典(Websters Dictionary)은 二十八年만에 完成.

佛國의 最新佛語辭典은 五十年만에 完成.

「이처럼 어느 程度까지는 言語의 體系를 가진 나라에서도 辭典編纂이란 事業은 大端히 어렵습니다. 더구나 아직 아모런 體系도 갖이지 못한 말하자면 荒蕪地 그 대로 남어있는 우리의 言語를 ——이 體系的 卽 科學的으로 編纂하고저 할 때 大端 히 어렵지 않을 수 없지요」

「朝鮮語辭典編纂을 처음으로 着手한 사람은 누구입니까?」[161]

記者의 말이 떨어지자마자 李先生은 허허 웃으며

「面目없는 일입니다. 半世紀 前 外國 사람의 손으로 朝鮮語辭典이 編纂되였읍 니다. 西洋사람들은 宣敎의 手段으로 無文字民族의 言語를 라틴文字로 고쳐서 文 法을 만들고 字典을 꾸미어서 布敎한 일이 많지요. 물론 朝鮮에는 諺文이 있었으 니 만큼 所謂 無文字民族은 아니였으나 그들은 耶蘇敎를 傳道하기 爲하야 朝鮮語 를 學習할 目的으로 編成한 辭典이 數種 있읍니다. 西曆 一八八〇年에 佛國 宣敎師 의 손으로 巴里에서 出版된 韓佛辭典이 있고 一八九〇年에 米國人 宣敎師 언더우 드氏의 손으로 橫濱에서 出版된 韓英字典이 있고 一八九七年에 英國人 宣敎師 께 일氏의 손으로 역시 橫濱에서 出版된 韓英字典이 있지요. 그外 大正九年에 朝鮮總

---

2 [편주] 暖爐 : 난로.
3 [편주] Enuglish : 'English'의 오식.

督府에서 朝鮮語를 國語로 解釋한 朝鮮語辭典이란 것이 出版되었읍니다. 그러나 이것들은 죄다 朝鮮語를 學習하기 爲하여 編成된 辭典—卽 對譯辭典일 뿐이요 결코 朝鮮 사람이 朝鮮語를 배우기 위하여 編成된 것은 아니지요. 그러니 만치 言語와 文字에는 아모런 合理的 統一이 서지 못한 辭典입니다」

「그러면 朝鮮人으로는 지금까지 辭典編纂에 着手한 적은 없읍니까?」

「없을 리가 있겠읍니까. 있기는 있지요. 그러나 모다 事情이 있어서 中斷하였을 뿐이지요. 지금부터 二十餘年 前에 朝鮮廣文會에서 故 周時經氏와 金枓奉氏가 中心되여서 朝鮮語辭典編纂을 着手했지요. 이것이 아마 朝鮮人으로서는 辭典編纂을 着手한 嚆矢일 것입니다. 그러나 그 事業은 마침내 完成을 보지 못하고 中途에 中止되고 말었읍니다. 그 後 지금부터 約 七年 前입니다. 啓明俱樂部에서 一種의 附屬事業으로 朝鮮語辭典 編輯部를 두고 編輯員으로 崔南善, 鄭寅普, 林圭, 卞榮魯, 梁建植, 李允宰, 等 諸氏가 맡아해왔으나 겨우 二個年을 지나 出資者의 資金調達이 끊기므로 不得已 中止되고 말었지요. 그後에도 李常春氏, 金枓奉氏 같은 분이 個人으로 語彙를 蒐集한 적이 있으나 이런 일이 어찌 個人의 힘으로야 될 수 있읍니까」

「朝鮮語辭典編纂會는 언제부터 成立되었읍니까?」

「五年 前 즉 昭和五年 한글날(十月二十九日) 紀念式場에 有志 百餘人의 發起로 成立되었지요. 이 編纂會는 어느 한 機關의 附屬 事業이라든가 그런 것이 아니지요. 所謂 本格的 事業으로서 朝鮮社會 全體의 것이지요」 162

發起人으로 選出된 委員이 各 方面의 代表者들이라는 것만 보아도 이것이 社會 全體의 것임을 窺知[4]할 수가 있다. 卽—權悳奎, 金法麟, 金秉圭, 金尙昊, 金允經, 金轍斗, 明道奭, 方定煥, 白樂濬, 申明均, 安在鴻, 兪億兼, 尹炳浩, 李光洙, 李克魯, 李萬珪, 李秉岐, 李常春, 李順鐸, 李時穆, 李祐植, 李允宰, 李重乾, 李澄宰, 李熙昇, 張志暎, 鄭烈模, 鄭寅普, 曹晩植, 朱耀翰, 崔斗善, 崔鉉培 等 諸氏요 李祐植氏가 會長, 李克魯, 李重乾, 申明均, 崔鉉培, 李允宰 等 諸氏가 幹事로 選任되었다.

編輯事業은 그 이듬해부터 始作하야 約 五六年을 지내는 동안 豫想보다도 훨신

---

4 [편주] 窺知 : 규지(엿보아 앎).

좋은 成績을 보이고 있는데 朝鮮은 다른 나라와 달라서 語文의 整理統一이 되지 못하였음으로 무엇보다도 먼저 基礎工作인 綴字法, 標準語, 語法, 外國音表記法 等이 確立되여야 할 것이라 하며 여기 對해서 李先生은 다음과 같이 말한다.

「첫째로 問題가 되는 것은 言語文字形式 統一問題지요. 이 形式統一問題 가운데는 또 두 가지 問題가 있습니다. 하나는 말 自體의 統一問題, 즉 標準語統一問題가 그것입니다. 또 하나는 文字統一問題, 즉 綴字法統一問題입니다. 이 標準語統一과 綴字法統一은 純朝鮮語에 있어서만 問題가 되는 것이 아니라 요지음처럼 外國語가 많이 使用되고 있는 만큼 外來語에 있어서도 이 두 지[5] 問題가지 問題되는 것입니다. 卽 萬國音聲記號와 對照해서 標準外來語를 一定하야만 되지요」

李先生은 熱있는 語套[6]로 다시 繼續한다.

「다음에는 語法統一問題지요. 우리는 아직 確立된 單語를 갖이지 못했습니다. 槪念이 充分히 發達하지 못했으니까요. 그래서 辭典에 依한 單語를 標準으로 使用하지 않으면 안 되는데 이 問題는 아직 大部分이 成立되지 못했습니다. 더구나 學者들은 各[163]自의 品詞論을 主張固執하야 그 사이에 조금도 統一됨이 없는 것이 또한 困難한 點입니다」

以上과 같은 問題가 모다 完全히 解決되야만 비로소 朝鮮語辭典이 編成된다 하며 다음 內容問題에 들어가서

「註釋問題 말슴이지요. 이 註釋方針에는 두 가지로 나노여 있습니다. 卽 一般語彙에 關해서는 常務編纂委員을 두어서 蒐集하게 하는 一方 專門語彙에 關해서는 各 專門家에게 囑託依賴하여서 蒐集하기로 하였으며 또 特殊語, 즉 古語나 地方語 (사투리)나 그 외 여러 가지 隱語 같은 것은 夏期休暇에 歸鄕하는 各 中等學校 學生들에게 맡기어 地方語를 몰아오며 古書로부터 古語를 찾아냅니다」

「그러면 이번 朝鮮語學會에서 朝鮮語辭典編纂을 爲하야 動員시킨 總人數는 얼마나 되는가요?」

「한 三四十名 가량 되지요」

---

5   [편쥐 두 지: '두 가지'의 '가' 탈자.
6   [편쥐 語套: 어투.

「辭典編纂이 完成되기까지는 아직 얼마나 있으면 되겠읍니까?」

「그것은 맞나는 사람마다 궁금해 하는 質問인데 아직 數年을 더 努力해야만 될 것입니다. 아시는 바와 같이 이런 事業을 어찌 單時日에 成功할 수가 있읍니까? 語彙의 蒐集과 註解는 거이 마친 셈입니다. 이제로부터 남은 것은 修正과 整理가 있을 뿐이지요」

萬一 얼마라도 物質的 補助가 있었드라면 이 辭典編纂의 事業은 좀더 促進되지를 않았을가? 처음부터 이러타 할 物質의 힘을 갖이지 못한 이 훌륭한 事業에 對하야 江湖 一般의 有形無形의 聲援을 마음속으로 빌면서 그곳을 나왔다.

外國의 學者들은 그 努力하는 바 功勞에 對하야 一般社會로부터 精神的으로나 物質的으로나 적지 않은 報酬와 優待가 있거늘 우리 朝鮮의 學者들은 大體 무엇을 爲하야 그 침침한 방 한 구석에서 紙魚처럼 書籍과 카드 사이에 끼여 一生을 파묻으려는고?

「熱, 熱! 朝鮮의 文化를 끝없이 사랑하는 피끌는 熱이다!」

─(끝)─ 164

李克魯 先生의 講演 —『科學化한 朝鮮語文의 쌜리 아는 法』을 듣고서

韓洛奎, 『正音』28, 朝鮮語學研究會, 1939.1, 13~19쪽.

學問研究가 아직 幼稚한 時代에 잇서서는 論文 或은 著述에 對한 讀者의 批評眼
目이 充分히 具備되디 못한 까닭에 若干의 先覺者가 어쩌한 過誤를 犯하든디 淺薄
한 理論을 提唱하든디 讀者는 이것을 그냥 믿고 따라서 研究하는 者는 安當性잇는
學說을 提唱한드시 得意揚々하는 現象을 보게 된다. 그러나 研究가 漸々 進步되야
온즉 唯我獨尊格으로 意氣衝天의 氣勢를 올리든 學者들도 다시 한 번 自己批判을
하고 좀더 銳敏한 觀察을 하디 안는다면 共同研究者의 簇出[1]로 因한 恐怖 까닭에
大膽하게 나갈 수 업는 것이다. 따라서 여긔에는 學的 緊張과 周密[2]한 準備가 隨伴
하고 學的 貢獻이 생기는 것이다. 學問熱이 勃興한다는 것은 共同研究者가 만하감
을 意味하는 것이고 其 著書와 論文을 消化하게 되는 것을 意味하는 것이다. 論爭
이 學界에 생긴다는 것은 研究가 相當히 進步되고 共同研究者가 數만히 簇出된 然
後의 일인 것이다.

이와 가튼 것을 前提하고 우리는 朝鮮語學界를 다시 한 번 反省하야 보기로 하자.

朝鮮語에 對한 語學的 考察 聲音學的 研究 綴字法의 整理 모도가 未開地인 朝鮮
語學 部門에 비로서 開拓의 第一步를 내딮고 健實한 거름을 始作하랴는 現象은 우
리에게 깃븜을 提供하는 것이다. 쑨만 안이라 綴字法 整理에 잇서서는 朝鮮語學研
究會와 朝鮮語學會가 多年間 各自의 觀察의 相異에 依한 學的 論爭이 相當히 潑剌[3]
하게 展開된 것은 이것을 單純히 黨派의 現象으로 悲觀할 것이 決코 안이고 整理
를 위한 鬪爭임을 생각할 째 무엇보다도 우리는 깃버하야 마디 안는 바이다. 그
러나 우리는 兩會의 아름답디 못한 感情的 言辭의 羅列이 잇섯씀을 그냥 黙過할
수 업는 同時에 將次에는 그 가튼 論爭이 다시는 反[13]復티 안키를 바라디 안흘

---

1 [편쥐] 簇出 : 족출(떼를 지어 잇달아 생겨남).
2 [편쥐] 周密 : 주밀.
3 [편쥐] 潑剌 : 발자.

수 업고 오직 學的 論爭 뿐만이 잇기를 期待하디 안흘 수 업는 것이다.

이와 가튼 社會의 期待가 大端한 데도 不拘하고 二三年來 兩者의 硏究가 何等 進步가 업섯다는 것은 大端히 遺憾스러운 일이 안이라 할 수 없는 것이다. 이것은 決코 語學硏究하는 先生님들에게 보내는 謙遜티 못한 獨斷이 안이고 二十五日 普專學生會 硏究部 校內 講座의 演士로 招빙을 바다『科學化한 朝鮮語文의 빨리 아는 法』이라는 演題로 行한 李克魯先生의 講演은 不幸히 나에게 이와같이 失望을 던뎌준 것이다. 나는 참말로 幻滅의 悲哀를 늣기디 안흘 수 업서쓰니 그것은 李克魯先生에게 對한 一般 社會 人士의 期待와 囑望이 大端한 것이라는 것을 너머나 잘 알기 째문이다.

내가 講演을 듣기 前 쮜는 가슴을 움켜잡고 期待하고 잇든 것은 무엇이엿든가? 硬音記寫法 其他 一切에 關하야 좀더 學的 根據를 가지고 明確한 科學的 材料를 드러 說明하야 주시리라고 미덧든 것이다. 더욱히 三年 前에 李先生과 더브로 疑問點을 드러 質疑하고 首肯티 못하얏든 點은 이번 機會에 全部 푸러 버리고 싶다는 希望을 가젓기 째문에 남보다 一層 寂寞[4]한 感을 늣긴 것이다. 相當한 時間이 흘럿것만 朝鮮語學界는 進步가 업섯다는 結論을 어들 째의 나의 神經은 한업시 刺戟을 바닷고 이 붓을 아니 들디 못하게 되얏든 것이다.

먼저 李克魯先生의 硬音記寫에 관한 說明브터 檢討하야 보기로 하자. 先生의 說明은 이러하다. 卽『된音을 記寫하는데 過去에 잇서 된시옷 「ㅅ」과 雙書를 쓴 것이 事實이고 勿論 된시옷도 만히 써스나 雙書도 만히 쓴 것이 記錄에 나마 잇다. 짜라서 雙書를 쓰는 것은 絶對로 創造도 안이오 藝術家的 考案도 아모 것도 안이다. 더욱히 世界各國의 記寫例를 볼 째 된音을 씀에 全部 가튼 字들을 쓰는 것이 事實이다』하고 다른 問題로 너머가는 것이다.

나는 이 자리에서 쨜븐 時間에 만흔 說明을 하시려고 詳細한 說明을 못하시고 마는 것을 問題사마 무엇이라 論難함은 先生에게 對한 禮가 안인 듯싶다. 그러나 나는 以上과 가튼 簡單한 說明에 잇서々도 根本的으로 問題삼디 아니티 못할 것이 잇스니 이 일을 어찌하랴.

---

4 [편쥐 寂寞 : 적막.

硬音을 記寫하는데 雙書를 썼디만 「ㅅ」도 썼다는 觀察은 數年 前에 比하야 大端한 進步이라 아니할 수 업는 同時에 「ㅅ」을 썼다면 그것을 符號이라 承認하디 안홀 수 업는 運命에 逢着함은 統一을 爲한 前奏曲인 듯 시프니 어찌 깃브디 안홀 일이랴?

過去에 잇서 硬音은 雙書이라야 한다고 主張하는 나마지 古書를 變更하랴는 最後의 發惡까지 보혀 醜態⁵를 나타내고 一流의 演劇을 演出하든 時節에 比하면 그 얼마나 學⑭者的 良心을 가진 神聖한 態度이라 할 것이랴?

그러나 硬音記寫에 「ㅅ」도 使用하얏다는 消息은 이것이 처음이 안이엿고 中央 禮拜堂에서 崔鉉培先生의 講演에서 드를 수 잇섯든 나에게는 數年 前에 比하야 確然한 進步이라 斷定하기에는 若干의 躊躇를 必要로 하얏든 것이다. 卽問題는 一步 躍進하야 『짜』의 發音이 果然 崔先生의 말슴하심과 같이 『스짜』이냐? 혹은 朴勝彬 先生의 主張하심과 같이 그냥 『짜』이냐 하는데 歸着되는 것이다. 따라서 李克魯 先生은 우리에게 『짜』의 發音은 왜 『스짜』이라는 問題와 『까』의 發音은 왜 『그 짜』가 안이라는 二大 問題를 解決하야 주디 못한다면 發展이 잇섯다고 斷定할 수 업는 것이다. 도로혀 그가튼 說明을 듣디 못하고 나니 『짜』字의 發音이 『스짜』될 수 업다는 直覺的으로 發하는 常識的 斷案이 純朴한 惑亂 當하디 안흔 까닭에 좀 더 眞理를 捕促⁶하디 안핫나?하는 疑問을 가지게 되는 것이다.

쏘다시 問題를 돌려 생각하야 보기로 하자. 古書에 쓰힌 수만흔 雙書는 어쩌한 音을 가져쓰며 어쩌한 性質을 內包하야쓰며 어쩌한 歷史性을 表示하느냐 하는 問題에 朴先生은 對答하셔쓰니 雙書는 漢字의 音을 記寫하기 爲함이라 하고 朝鮮말에 쓰힌 硬音에 對하야는 詳細한 說明을 加하야 發表한 것이다. 그 뿐 안이라 그 證明으로써 世宗實錄과 飜譯老乞大朴通事 凡例에서 引用하야 妥當性을 主張하심은 世人의 共知하는 바이거늘 그 글을 닑는 者 首肯티 안홀 수 업는 것이 事實이거늘 여긔에는 왜 何等의 答辯이 업슬가? 李先生은 多年間 朝鮮語의 綴字整理를 爲하야 寢食을 닛고 努力하시는 精力家이라 듣고 잇스니 朴先生의 學說을 그리고 그 考證을 보디 못하야쓰리라고는 常識이 容恕티 안코 보섯디만 理解 못하시기 째문이라 하기에는 나의 先生에게 對한 仰慕心이 許諾⁷디 안는다. 다만 答辯과 反駁업

---

5   [편주] 醜態: 추태.
6   [편주] 捕促: '捕捉(포착)'의 오식.

습을 보고 異常視하디 안흘 수 업고 前에 比하야 發展업섯다고 坐다시 斷定하는 運命을 섭々히 생각하는 수 밧게 업다. 도리혀 數年 前 崔鉉培先生의 講演에서 드를 수 잇든 訓民正音의 論理的 解釋이 안이라 崔先生 獨特한 訓民正音의 精神 解釋으로 어든 바 結論이 若干 問題되디 안흘가 한다. 卽 先生은 말슴하시되 萬一 訓民正音을 漢字語音을 記寫하기 爲하야 創製하섯다면 我國之語音이 異乎中國하야 愚民이 不得伸其情者多矣라 云々의 精神에 反한다는 것이다. 그러나 이것도 單純한 感情的 解釋에 不過한 것이다. 當時의 文化狀態를 念頭에 두고 現時에 우리가 흔히 볼 수 잇는 平字나 假名에 잇서 ヴ字를 使用하게 된 原因을 究明한다면 漢字音을 記寫하기에 썻다는 것쯤은 생각키 困難한 問題가 안이다. 況[8] 古書에 쑤렷한 그 證據를 차즐 수 잇슴에랴.

우리는 벌서 單純히 抽象的으로 古書에 雙書가 쓰혀잇[15]다는 說明쑨으로 滿足할 수 업는 見識을 가졋고 좀더 具體的으로 一々히 反證하야 줄을 要求하게 되얏거든 그리고 이 要求를 充足바듬으로써 그동안의 發展을 깃버하야쓸 것이거늘! 아! 우리는 李克魯先生의 進步업슴을 恨歎하야야 올을 것인가? 朴勝彬先生 學說의 普遍妥當性을 가져쓸을 깃버하야야 할 것인가?

다음 問題로 너머가자. 硬音問題를 記寫하는데 世界各國 全部가 가튼 자 두 字를 쓴다는 말슴 先生은 例示는 하시디 안하스니 坐다시 崔鉉培先生의 例示를 問題 삼디 안흘 수 업슴이 遺憾이고 李先生에게 좀더 長時間을 提供하얏드라면 坐 가튼 例를 羅列하셔서 나를 失望케 하디나 안하쓸가 하는 杞憂와 좀더 眞理에 갓가온 例를 보혀 주셔쓸 것을 짜라서 가질 수 잇는 未來에 對한 希望이 나의 머리를 徘徊[9]한다. 何如間 先生이 例示를 하시디 안흔 것은 무엇보다도 多幸한 일이다. 나는 瞬間的이나마 憂鬱을 버서날 수 잇는 幸福을 깃브게 녁이면서 崔先生 例示에 붓을 돌려보기로 하자.

先生은 硬音記寫에 雙書가 妥當하다는 證明으로써 英語의 Little을 들고 獨語의 Jimmer[10]를 드럿든 것이다. 이것을 우리는 一時的 錯覺으로 因한 所以라 할 것이

7 [편쥐] 許諾 : 허락.
8 [편쥐] 況 : 황(하물며).
9 [편쥐] 徘徊 : 배회.

냐? 惡意滿々한 最後의 發惡이라 할 것이냐? 나는 先生이 t字나 m字에 硬音이 날수 업다는 것과 Little의 發音에 한 字는『싸일렌트』가 된다는 中學校 一年級 一學期 英語問題 씀은 能히 解得하리라고 미덧든 것이고 坯 只今도 亦是 믿고 잇는 까닭에 精神狀態를 疑心티 안흘 수 업는 것이다.

果然 그러타면 우리는 그 동안의 硏究成果를 드러볼 때 何等의 進步업다고 悲觀할 材料만을 提供한 것은 안이엿다. 나는 이 자리에서 數만흔 讀者에게 한 가지 깃븐 消息을 傳할 수 잇스니 遲々[11]한 硏究의 進度를 恨歎말고 앞날에 活潑한 發展을 期待하기로 하자.

卽 先生은 ㅎㅎ의 發音을 規定하야 가로대 獨逸語의 Ch와 같다 하시며 Auch 할째의 그 發音이 곳 ㅎㅎ와 같다고 하섯다. 果然 이것이야말로 學界의 明朗報가 안이고 무엇이랴?

朴先生의 일즉이 그 著書에 잇서 雙書는 準激音이라 規定짓는 同時에 ㄲ는 ㄱ와 ㅋ의 間音 坯는 ㄷ와 ㅌ의 間音이라 主張하시고 洪夢字 初發聲이라는 ㅎㅎ는 ㅎ의 激한 音이라 結論한 것은 벌서 十餘年 前 일이니 雙書 ㅎㅎ에 限하야 激한 音이라 說明하심은 비록 느즌 感이 업디 안흐나 우리는 李先生의 苦痛을 同情하면서 暫間만 기다려 보기로 하자. 李先生의 硏究年度가 기퍼감과 아올라 그러나 멀디 안흔 將來에 李先生의 참을 차즈랴는 誠意와 學者的 良心을 前提하는 限 우리는 깃븐 消息에 接할 수 잇스리라는 것을 斷言하야도 됴흘 줄 안다. [16]

그 다음 喉音問題는 어쩌케 되얏든가? 過去에 잇서 論爭된 喉音 中「ㅇ」에 關하야 坯한 깃븐 消息을 傳할 수 잇슴은 어찌 나 혼자만이 무릎을 치며 깃버할 일이랴.『ㅇ』는 不幸히 形狀이 零과 가튼 곳에서 皮相的 常識的 觀察을 하는 者는 勿論 所謂 學者들 頭腦까지도 混亂을 시켜 아와 ㅏ는 同一하다는 學者가 許多하야쓸 뿐 안이라 小學校 敎科書 첫 頁가『ㅏㅑㅓㅕ』로서 쓰히엿든 關係上 現在에도 그 殘滓를 無數히 볼 수 잇는 것이 率直한 現象이 안인가 한다. 따라서 朴先生은 凡字-必合而成音이라는 訓民正音의 規定을 드러 說明하신 것도 十餘年 前 일이 안인가 한다. 하여간 統一을 急務로 하는 現狀에 鑑하야 祝賀하며 마디 안는 바이다. 그러

---

10 [편주] Jimmer : 'Zimmer'의 착오로 보임.
11 [편주] 遲々 : 지지.

나 우리는 좀더 李先生에게 要求함은 大端한 無理가 잇섯든가?

李先生은 말슴하시되『밥이 밥을 밥에』할 때의 發音이『바비 바블 바베』와 같히 發音됨은 우엣 바팀이 아래로 나려온다고 하신다. 『ㅇ』가 벌서 零이 안이라 承認한 以上 一步 前進하야 從屬的 아行 音에 잇서 連發音上 그 같히 類似한 音을 發하게 된다는 朴先生의 說明에 贊同하실 수는 업서쓸가? 李先生은 아래로 나려 오는 法則을 連音法則이라 하시니 그 名稱에 잇서서 벌시 連發音을 承認한 感을 주니 引下法則이라 함이 可하디 안흘가? 名稱까지 건드림은 甚히 삼가야 할 바이니 그대로 두고 暫間 說明을 드러보자.

『連音法則은-하고 李先生은 語聲을 높이신다 名詞 아래에 토가 올 째에 限하야 토는 名詞에 比하야 그 資格이 不完全하고 自主獨立性이 업는 關係로 適用될 수 잇는 것이라. 同等資格이면 絶對로 不能한 것이다』라고 하시며 常識에 呼訴하신다. 다시 說明을 展開시켜『값이 값을 값에 에 잇서서는 갑시 갑슬 갑세가 됨이 當然하나 값아홉돈은 同等한 자격이니 어듸 敢히 나려 올 수 잇스랴 「ㅅ」은 不幸히 주거 버리는 수 밧게 업는 運命에 處한다』하시며 氣勢를 올린다.

이와 가튼 說明은 내가 처음 듣는 說明이 안이엿고 벌서 數年 前 일이니 神奇할 것도 업고 論難할 必要도 업겟디만 나의 疑問點을 드러 李克魯先生의 硏究室에 보내기로 하자.

우리는『밥이 밥을』할 때나『밥 아홉 그릇』할 때나 다 가튼 發音을 하게 되는 不幸을 가젓다. 나의 입은 連音法則에 順從티 안흐니 外科手術을 行하야야 할 것인가? 『값아홉돈』에 잇서서는 大端히 섭々하게『가바홉돈』과 같히 發音되니 이것은 何故[12]오? 묻노니 先生이여! 우리는 先生과 가튼 입을 所有티 못한 不具者입닛가? 不然이면 價格을 表示하는 名詞는 外國語는 몰르디만[13] 저거도[14] 朝鮮語에 잇서서는『값이』안이라『값인』緣故입닛가? 或 當突하게 말[17]슴 드림을 許하야 주신다면 連音法則은 矛盾을 包含한 破綻[15]을 招來할 危險性을 內包티 안하쓸

12　[편쥐] 何故 : 하고(무슨 까닭).
13　[편쥐] 몰르디만 : 모르지만.
14　[편쥐] 저거도 : 적어도.
15　[편쥐] 破綻 : 파탄.

가? 하고 反問하고 싶습니다.

이 以上 더 우리는 말할 必要를 늣기디 안는다. 李先生의 賢明한 頭腦를 믿기 째문에. 그러나 名詞의 助詞 間에는 連音法則이 그리고 名詞와 同等 品詞의 間에는 絶音法則이 支配한다는 말슴은 虛僞 以外의 아모 것도 안 되고 마라쓰니![16] 오- 나의 寂寞하고 섭々한 感情의 興奮됨이여.

나는 여기에 連結하야 雙바팀 問題를 取扱하야 버리고 말겟다. 『사람의 身體가 -하고 李先生은 說明을 始作하신다──一定한 有機體로써 길을 갈 째에 必要업디만 後日에 備置하기 爲하야 손과 입 等을 가진 것과 같이 文字 其 自體도 쏘한 組織體로써 『갑』하고 發音할 째는 「ㅅ」이 必要업디만 『값이 값을』할 째에 비로소 用途가 나딘다』는 것이다. 나는 이것을 『文字의 有機說』이라 命名하고 數言을 虛費하야 보자.

雙바팀은 英語의 Silent 制度와 같다는 說明이 아직 膨脹되고 잇는 現象임은 事實이나 全然 그 默音과는 달르다는 것을 우리는 알고 잇는 今日 佛蘭西語의 Liaison 制度와 같다는 말을 쏘한 듣고 잇다. 그러나 冷靜히 Silent나 Liaison의 關係를 考察할 째 絶對로 必要한 것은 안인 同時 大端한 不幸이라 하디 안흘 수 업다.

朝鮮語文에 Liaison 制度가 存在하얏든 것을 只今와서 整理한다는 말인디 업든 것을 科學化시키기 爲하야 創造한다는 說明인지 恒常 우리는 曖昧한 答辯을 듣고 잇슬 쑨이거니와 過去 在來에 잇섯다고 主張하시면 歷史를 欺瞞한 것임에 틀림업고 創造하신다면 先生의 冒頭에 말슴하신 藝術家的 考案이 안이라는 言明에 抵觸되고마니 이 이를 어찌할가? 다시 一步를 나가 先生의 말슴하신 바 『訓民正音은 神聖不可侵이 안이다』라는 命題를 承認하고 完全을 期하기 위하야 創造하셧다고 假定하면 科學化라 命名함보다는 助詞의 奴隷가 되기 爲한 文字의 惑亂化라고 할 수 밧게 업슴은 遺憾千萬이라 할 것이다. 『시, 슬, 세』라는 助詞를 承認하기가 힘이 들고 文字의 改造가 容易하다 하심은 都大體 凡人의 理解할 수 업는 곧에 徘徊하는 眞理라 할 것이다.

雙바팀은 이 以上 追窮하기를 中止하고 다시 喉音問題로 도라가자. ㅎ바팀은 果

---

16 [편쥐 마라쓰니 : 말았으니

然 無意味인가? 或은 成立될 수 잇는가의 問題! 여기에 잇서々도 나는 前日 論爭 以上의 學說을 드를 수 업서서니 重言復言 論할 必要를 늣기디 안코 오직 先生을 直接 待함으로써만 알 수 잇는 問題에 局限하야 몇 마디 저거 보랴 한다. ㅎ를 先生은 發音하야 『히읕』하고 부르신다. 勿論 便宜上 名稱에 不過함이오 凡字-必合而成音이니 무엇이라 論하리오마는 가字에 ㅎ바 [18] 팀을 하면 『갇』하고 發音될 念慮가 多分히 包含되야 나는 大端히 걱정스럽더니 先生은 드듸여 『가』하고 發音하시는 것이다. 『갇』의 發音과 『가』의 發音을 區別할 수 업는 나의 귀는 너머나 原始的이오 그것을 區別하기에는 아직 前途遼遠하고 몇 世紀를 要할 模樣이다. 오! 하나님 나에게도 그 能力을 쌜리 베푸러 社會發展에 反逆兒가 되디 안토록 하야줍시사!

　最後로 나는 表音文字의 表意化에 對한 精神을 明白히 알고 싶다. 先生은 講演 冒頭에 文字에는 表意文字와 表音文字가 잇다고 宣言하신 後 朝鮮文字는 表音文字라 斷定하시고 表音文字는 가장 簡便하고 科學的이라 言明하신 것을 二十分 前에 忘却하시고 表意化의 安當性을 主張하시니 低能兒들은 그 去就를 分別티 못하겠도다.

　先生의 表意化 例示를 暫間 보기로 하자. 낫(鎌) 낫(晝) 낫(顔) 等을 列擧하야 表意化하기 째문에 그리된 것 같히 煙幕을 치고 論理的 飛躍을 開始하셔서 쓰니 좋(好) 많(多) 等을 보라고 絶叫하시는 데는 쌉々 中樞가 刺戟될 뿐이라. 百步를 讓하야 『낫』하고 發音하는 名詞는 만흔 것이니 表意化 必要가 잇다 하드라도 오직 發音이 하나인 動詞나 形容詞에 잇서々는 무슨 表意化의 必要가 잇다는 말슴인디 알 길이 업고 낫(晝)하고 낫(低)은 어쩌케 區別하는가 하는 質問에는 그것은 表意化할 수 업다고 答辯하셔서쓰니 우리는 이것을 表意化運動의 悲鳴이라 取扱함보다는 眞理를 把握한 命題라 할 것이다. 卽 表音文字의 表意化의 無理性 暴露가 안이고 무엇이랴?

　아! 朝鮮語學界의 遲々한 進展을 恨歎하는 나의 붓은 李克魯先生의 私感을 激憤시키디나 안핫나 두렵도다. 내 무슨 前生의 宿怨이 잇서 先生과 더브러 싸호리오? 아니 어찌 붓을 드러 先生과 學術的 論爭을 敢行할 수 잇으리오? 다만 先生의 硏究 成果에 疑問잇슴을 披瀝[17]함에 不過하도다. 째마츰 極寒이라 先生의 思惟機關에 混亂업스시기를 祝願하며 붓을 놋는다. 一月 二十六日. [19]

---

17 [편쥐 披瀝: 피력.

동키호-테, 朝鮮의 騎士 李克魯氏, 悠然見南山, 世界遍歷 奇談도 가지가지

세상의 약자를 박해하는 악마를 퇴치하기 위하야 정의의 창을 들고 노피[1] 말 등에 올라안저 행진을 계속하는 공상의 기사(騎士)! 그는 똥·키호-테, 세계 불후의 명작 세르반테쓰, 의 똥·키호-테다. 그러나 불행히 이 땅의 기사가 아니요 기자인 나인지라 약자를 괴롭히는 악마 계울[2]을 퇴치하기 위하여 산초를 대동할 의용이 업서 차라리 세기의 불사신(不死神)적 용사를 차저 가기로 했다. 아직도 목덜미를 시끄럽게 기여도는 밉살스러운 하기에 몸을 떨면서 내 발은 북으로 북으로 여기는 화동정(花洞町)의 조선어학회(朝鮮語學會), 열 살부터 오늘까지 삼십여 년 동안 『미신가튼 자신』으로 세상에 두려울 것 업고 절대로 비판할 것 업고 내가 가는 길에 확실한 자신으로 살여온다는 조선의 기사 이극로(李克魯)씨의 방문을 뚜들겼다.

★……★

조선의 기사 조선의 똥·키호-테 이러케 씨를 불러서 실례됨이 업슬 일면의 진리가 잇스리라. 이 조선의 기사 이극로 씨의 삼십년 가까운 세계를 내 집으로 도라다니던 시절의 멋가지 이야기를 적어보리라.

우리 조선의 기사는 말을 아니하고 약대(駱駝)[3]를 탔다. 곳은 오천년 문화가 사막 우에 꽃피여던 애급 나일 강은 여전히 침묵 가운데 인류의 흥망성쇠를 말하건만 『카이로』『카이로』 이곳만은 오히려 오늘까지도 세계 뭇사람의 발을 모호하게 하는 곳이다.

약대를 탄 기사 정신적으로나 육체적으로나 한 번도 피로를 느끼지 아니한 기

---

1 [편쥐 노피 : 높이.
2 [편쥐 계울 : '겨울'의 경기 방언으로 보임.
3 [편쥐 약대(駱駝) : 낙타. 약대는 낙타과 동물을 통틀어 이르는 말.

사, 지식의 주머니를 펼처들고『카이로』고문화박물관(古文化博物館)에 드러갓다. 피라미트에서 집어내온 돌이 잇고 가지가지의 찬란한 애급문화가 한 곳에 위대한 웅변을 침묵으로써 대변하고 잇다.

약대는 다시 배로 되고 배는 다시 기차가 되고 곳은 영국 론돈 자연과학박물관으로 기사의 편력(遍歷)의 도성이 이에 이르럿다.

새!『주둥이 닷발 꼬리 닷발…』이런 새가 잇다는 조선 속담 말이 잇기는 하지만 진기한 일이로다. 몸집은 콩알만 하게 안 되는데 더 한층 놀라운 것은 부우리가 제 몸보다 열 곱절이나 크게 쭉 뻐더저 나온 새가 목전에 잇다. 기사, 이 아페[4] 이 적은 존재 아페 황홀하야 섯기가 여러 시간, 무엇에 감격되엿던고. 무엇에 도취되엿던고. 아하 생물은 생명을 위해서 발달되는 것이로구나(우연히도 그는 따-윈의 고국에 와 잇지 안는가) 제 생명을 보존하기에 적당하리만큼 모든 생리조직이 합리적으로 발달되는 것! 이 적은 새 한 마리에서 이 진리 하나를 발견하고 무한히 기뻐섯다. 그러나 이 새는 이 박물단에만 잇고 이 새에 감격하는 동방기사-자못 감회가 무한하엿슴도 당연햇스렷다.

★……★

지하에 금강(金剛)이 잇다. 가리라 가리라. 기사의 발이 여기까지 이르니 곳은 남아메리카의『그랜드·캐니온』! 평지가 함묵 나려안저 동서와 남북이 서로 사오십리씩이니 서울은 그 안에 두 곱 절은 드러안즈리라. 이 지하 금강에 잇는 강으로 내려가기는 자그만치 삼십 리길! 이곳으로 모어드는 세계의 탐승객은 대개가 말을 타고 또는 당나귀 등을 빌어가것만 기사 생각함이 잇서 태연히 여름 불벼틀[5] 마다 아니하고 것고 것고 또 거러서[6] 천하의 이 절승기승을 구경햇겟다. 천지조화의 무궁이란 이런 것이엿던가?

★……★

천하를 두루 도라 지금은 서울 한복판에 기사는 빗자루를 들던 손에 붓자루를 잡고 한 가닥 한 가닥의 말을 쪼아서 모은다.

---

4 [편쥐 아페 : 앞에.
5 [편쥐 불벼틀 : 불볕을.
6 [편쥐 것고 것고 또 거러서 : 걷고 걷고 또 걸어서.

기사 용하게 분서(焚書)의 나라 독일을 떠나온 지 십여 년 각고정려하야 기사
의 꿈은 거창한 『한글』의 세계를 완성하기에 여염이 업다.

봄을 기달리는 기사 오늘은 봄을 기달리며 뒷동산에 오르니 나물 캐는 아가씨
가 아니라 그러타고 똥·키호-테의 족하 『마리아』나 공상의 애인 『듈시네』[7]도 아
닌 일이 잇서 차저온 한 아가씨(崔玉禮 孃) 우직하고도 충성스러운 『산쵸』가 아
닌 지혜와 힘의 동지(鄭寅承 氏)가 좌우에 안저 바라보노니 유연히 바라보노니
남산이로다. 봄은 어디쯤 왓는고? 기사 태연히 안저 암만[8] 내다보고 잇다. 어디
밀까루 찟는 바람방아 아니 그 악마는 휘도라 가고 잇지 안느냐…

(사진 중앙이 이극로 씨)

---

7 [편쥐 듈시네 : 둘시네아.
8 [편쥐 암만 : 앞만.

路傍人物評—李克魯

南水月,『新世紀』5, 新世紀社, 1939.6, 91~92쪽.

灰色 두루마기에 灰色 經濟靴를 신으신 李克魯氏. 오늘도 安國町 네거리에서 헐어진 옛 東別宮 옆길로 向하야 奔走히 올라가시고 있다. 바루 옛 昭格署가 있던 곳에서 머지않은 좁다란 골목에 이 분을 기다리는 朝鮮語學會가 있기 때문이다. 李克魯氏! 그러면 朝鮮語學會를 聯想케 하며 朝鮮語學會하면 李克魯氏를 우리는 생각한다. 이만큼 그는 朝鮮語學會에 忠實한 從僕[1] 같은 일꾼이며 따라 朝鮮語學에 獻身的인 그다. 누구나 아다싶이 그의 灰色 經濟靴는 그의 魂이며 그의 精神이다. 남이 욕을 하든 남이 싫어하던 그는 내가 옳다 하는 바를 十年이 如一日 같이 實行하는 이[91]다. 누구는 말하되 語學에 있어 綴字를 云爲함은 學者가 아니라 한다. 그러나 이분은 只今 綴字를 몇 번씩 거듭 말씀하고 계시다. 어떻게 하면 自己네들이 가진 바 綴字法을 完全히 通[2]—시킬가 하는 熱있는 野望 같기도 하다.

우리는 李克魯氏를 尊敬하는 것보다 먼저 그의 百折不屈의 精神에 고개를 숙이고 만다. 일즉이 獨逸서 經濟學을 硏究하고 博士의 稱號까지 가지신 이분, 그는 웨 저런 方面이 틀린 語學 方面으로 올마오시었나. 여기에 그분에 사내다운 勇氣가 있으며 熱이 있는 것 같다. 한만이[3] 남에게 自己의 心情 말치 안는 그분이라니 감히 이 路傍記述者 어찌 써 알겠으리요. 남이 또 말하되 그분을 「소」라고 한다. 이 소란 말은 愚鈍하다는 意味에서 나온 것이 아니라 「소」같이 自己 힘을 아끼지 않고 努力한다는 點에서 나온 말일 것이다. 數十萬枚의 「카드」를 날마다 몇 枚씩 整理하고 또 記錄하여 一世를 외칠 辭典이 出刊되리라니 참말로 그는 「소」다. 「소」以上의 努力이 드렀었는지도 모른다.

南無阿彌陀佛 제발 당신의 恩德이 李克魯님에게서 經濟靴와 두루마기는 빼서 가지 마옵소서. 우리는 그것이 있기에 그를 좋아합니다. 그리고 그는 純眞한 熱情家입니다.[92]

---

1   [편쥐 從僕 : 종복(사내종).
2   [편쥐 通 : '統'의 잘못.
3   [편쥐 한만이 : 한만히(한가하게).

朝鮮文人協會創立 — 朝鮮文人協會 發起人氏名

『朝光』 5-10, 朝鮮日報社出版部, 1939.12, 226쪽.

朝鮮文人協會[1] 發起人氏名(無順)

李光洙 鄭芝溶 金東煥 金起林 崔載瑞

辛島驍 李泰俊 白　鐵 津田剛 林　和

林學洙 異河潤 金尙鎔 金　億 金東仁

金基鎭 金文輯 朴英熙 方仁根 金素雲

金炯元 朴泰遠 兪鎭午 咸大勳 李克魯

李箕永 鄭寅燮 金龍濟 田榮澤 趙容萬

寺田瑛 道田昌彌 安倍龍成(交涉中)

1　[편주] 1939년 10월에 결성된 친일 단체로, 초대 회장은 이광수. 참고로 이에 앞선 2월 6일 조선어학
　　회 임시총회 결의에 의해 2월 9일 자로 조선어학회는 전시동원 선전조직인 국민정신총동원연맹에
　　가맹되었음(「본회소식」, 『한글』 7-3, 조선어학회, 1939.3).

長安名士訪問印象記—朝鮮語學界의 先驅者 李克魯

沙雲山人, 『新世紀』 1-10, 新世紀社, 1939.12, 74쪽.

朝鮮語學 硏究에 온갖 努力을 다하는 氏는 座談會, 歡迎會 等 빠지는 곳이 없다. 얼른 보면 시골 區長 같이 두루마기에 고무신을 신고 다니는 모양은 氏가 獨逸留學生이라는 것을 누구나 생각하기 어려울 것이다. 花洞 朝鮮語學會에서 밤낮 孜孜, 努力하며 『朝鮮語辭典』 完成에 온갖 精力을 다하는 氏는 때로는 호떡까지 먹어 가며 그 事業을 繼續한다니 눈물겨운 일이 아닌가? 돈 한 푼 없이 西伯利亞를 跋涉[1]하고 또는 獨逸까지 가서 苦學을 한 사람이라면 그의 意志力과 그의 굳굳한 心性을 누구나 짐작할 것이다. 무엇이든지 하면 안 되는 것이 없고 또는 모든 것을 自己의 意志力으로 征服할 수 있다는 것이 그의 持論인 모양이다. 차림이나 이런 것은 생각지도 않고 사람이 하는 일이면 무엇이든지 한다는 實踐的 人物이다. 그래서 때로는 집에서 지게질도 하고 물통도 메고 집도 곤지고[2]—못하는 일이 없다고 하니 現代의 一大 奇人이 아닌가?

---

1 [편쥐 跋涉 : 발섭(산 넘고 물 건너 길을 감).
2 [편쥐 곤지고 : '고치고'의 잘못.

令夫人層 藝術 愛玩記

李克魯氏 夫人 金恭淳, 『三千里』 12-4, 三千里社, 1940.4, 133쪽.

우리 社會, 諸名士의 令夫人層은 어느 程度로 文學과 藝術을 玩賞[1]하고 계신가, 더구나 같은 女性들의 作品과 音樂과 舞踊을 즐기고 評價하고 계신가, 그를 알기 위해서 이제 서울 社會의 몇몇 분에게 이하 四個條를 물었습니다.

一, 先生께서는 朝鮮의 女流作家(예전의 許蘭雪軒, 黃眞伊 等 女士의 것이나 現代文壇의 것이나) 作品을 어떤 것들(作家及作品名)을 읽으셨읍니까.

二, 貴家庭에서는 子女에게 文學書類를 勸하여 읽히십니까.

三, 先生께서는 新聞에 連載하는 朝鮮小說을 어느 것을 읽고 게십니까.

四, 女優 文藝峯氏의 映畫, 舞姬 崔承喜氏의 舞踊, 音樂家 鄭勳模, 朴景嬉, 任祥姬 女士의 그 藝術을 듣고 보신 적이 있읍니까. 그리고 그 感想은.

花洞町 一二九ノ一 李克魯氏 夫人 金恭淳

一 歷代朝鮮女流詩歌選(申龜鉉 譯註) 中에 許蘭雪軒 黃眞伊 等의 것을 읽었읍니다.

二 아직 小學低級이기 때문에 읽을 程度에 미치지 못합니다.

三 東亞日報의 世紀의 딸, 朝鮮日報의 大地의 아들을 읽었읍니다.

四 文藝峯氏의 映畫와 任祥姬氏와 朴景嬉氏의 聲樂을 아직 듣고 본 일이 없고 崔承喜氏의 舞踊은 몇 해 前에 보았고 鄭勳模氏의 聲樂은 平壤女高에서 同級이였기 때문에 늘 들렀읍니다. 더구나 讀本을 浪讀하는 입분[2] 목소리는 只今까지 잇치지 않읍니다. 여러분이 貧弱한 朝鮮에서 活躍하시는 苦心에는 敬意를 表하오며 우리 女性界에 튼튼한 거름을 남겨 주시기를 바라오며 後輩를 爲하여 努力하여 주시기를 바랍니다.

---

1 [편쥐 玩賞 : 완상(즐겨 구경함).
2 [편쥐 입분 : 예쁜.

李克魯氏—孤高한 學者生活, 靑春과 戀愛도 모르시는 듯

李克魯博士 夫人 金恭淳, 『三千里』 12-6, 三千里社, 1940.6, 145 · 200쪽.

(長安社會客인 夫君들의 生活을 報告하는 書)

李克魯氏 : 孤高한 學者生活, 靑春과 戀愛도 모르시는 듯

어느 날이나 마찬가지인, 매우 單純한 生活임으로 報告할 材料가 없습니다. 집이 安岩町 있을 때에는 距離가 멀기 때문에 몇 일씩, 집에 안 돌아오시는 때도 있어서, 온 집안에 主人이라기 보다, 그 분은 우리 집에, 손님 비슷한 存在였습니다.

그러다가 이 집— 바로 語學會 아래층으로 옮아온 뒤로부터는, 家長이라는 느낌을 받게 됩니다. 그러더래도 그 분은 한 집의 家長으로서의 任務는 그다지 重要한 것이 아니고, 일을 해야 한다, 죽는 날까지 일을 하겠다는 생각에 沒頭해 있습니다.

아츰 아홉時부터 일을 시작하면 午後 다섯時에 맞이는 것이 語學會의 規正으로, 되어 있긴 하답니다마는 밤 늦게까지 내려 안오는 것이 普通입니다. 낮에 혹, 볼 일이 있어서 틈을 내었으면 밤, 時間을 利用해서 낮의 틈 낸 것을 補充해야 합니다. 一年 열두달이 다 가도 旅行 한번 못 갑니다. 아이들과 함께 벗꽃 때 昌慶苑에 가는 것이 우리 집엔 크다란 名節입니다. 모르는 사람들이 우리의 살림을 볼 때, 얼마나 싱겁고 얼마나 을스냥스러울지 모르겠습니다마는 모든 學者들의 生活이 다 그렇게 싱겁고 가난했으리라 알고 있음으로, 달게 받습니다.

그분이 하는 일 外에 생각하시는 것이란, 아츰 일을 시작하기 前에, 자리에서 일어나서의 五분이나 十分 사이에, 精神統一을 시키는 것입니다. 이것은 어떤 일이, 있더래도 아츰마다 빼지 않고 施行하시는데 그때마는, 일에 對한 것도 아조 念頭에서 없새 버리는 모양입니다. 그렇게 無味乾燥한 분이지만, 宇宙의 神祕라던지, 神의 存在라던지 이러한 데 對해서 생각하시는 것은 매우 즐겨하시는 바입니다. 그것 때문에 아츰이면, 먼동이 트기 시작하는가 부다 하면 일어나십니다.

하긴, 그 분의 말씀을 들으면 아츰에 일즉 일어나는 것은 어릴 때부터의 習慣이라 하지만, 時計 以上으로 일어나는 時間을 잘 마추십니다. 말하자면 너무 正確하지요, 그러기 때문에 어쩨다가 과거의 戀愛하든 이얘기 같은 것을 하시드래도 고지들려 안집니다. 그러면 그 분은 내

(二〇〇頁에 繼續) 145

(一四五頁에서 繼續)

가 自己의 말씀을, 信用하시 않는 것이 재미없든지, 내가 지금은, 이래도, 옛닐 獨逸留學時節에 獨逸處女와 지독한 戀愛를 했다고 하면서 嚴格한 表情까지 지으나, 내 생각엔 學生時節에도, 책상에만 붙어 있었을 것 같은 생각밖에는 나지 않습니다. 200

脫線된 매무새

李克魯氏 夫人 金恭淳, 『女性』 5-10, 朝鮮日報社出版部, 1940.10, 74~75쪽.

우리가 結婚한지가 十有二星霜이 되었읍니다. 人生으로서 十年이라하면 퍽도 길고 긴 歲月이라 하겠읍니다. 아시다싶이 克魯氏는 그동안 朝鮮語學會에서 辭典을 編纂하시고 저는 學校敎員 生活을 하고 있습니다. 그 十餘年 동안에 어린 것이 三男一女가 났습니다. 男女가 結婚하여 子女를 못 두면 밑졌다고 하는데 우리는 利子가 붙었으니 남긴 셈입니다.

克魯氏는 나의 한 女子의 男便으로 사랑한다고 생각하기보다 社會의 한 일군으로 尊敬하여 믿으며 앗깁니다. 그는 辭典을 始作한지 十餘年間 밥도 옷도 잠도 다 잊었읍니다. 하로에 한 끼도 잡숩고 두 끼도 잡숩는 때가 많고 아침을 점심으로 점심을 저녁으로 그저 辭典 辭典 하면서 단이시며 또한 硏究하는 것을 볼 때 그의 健康이 근심됩니다. 그러나 그는 健康體라 언제가 氣像이 씩씩합니다. 그는 初志를 變함없이 꾸준히 싸워가십니다. 오직 한 뜻을 세워가지고 한거름 한거름 앞으로 앞으로 그 일을 貫徹하시는 精力家입니다. 무슨 일이 닥치든지 自己 뜻을 꺾지 아니하는 사람입니다. 저고리 고름 하나 매실 줄 모르시고 다님 하나 번번히 칠 줄 모르는 사람입니다. 그저 自己가 只今 하시는 일 외에는 無關心이며 度外視하시는 生뿐이십니다. 結婚 以後에는 옷고름도 더러 매어 드셨지마는 只今은 저도 學校일로 奔走하여서 그런 일을 돌보아 드리지 못합니다. 或 宴會같은 것이 있어서 제가 없을 때에 가시게 되면 옷고름과 其他 準備는 다 어떻게 되었나 근심이 됩니다. 脫線된 그의 模樣이 눈에 나타납니다.

한번은 食母가 볼일이 있어서 電車를 탔더니 제가 가르친 卒業生이 웨 李 先生님께서는 그렇게 옷을 입고 다니시느냐 하면서 웃더라는 말을 들었읍니다. 이밖에 하도 우수운 이야기가 많지 [74] 마는 그것을 썼다가는 점잖을 때는 그 냥반의 人格에 關係됨으로 그만 두겠읍니다.

또 그는 詩도 꽤 잘 지으십니다. 그릇도 잘 만드십니다. 목수 일을 그럴듯하게 할 줄 아십니다. 또 지개질도 할 줄 아십니다. 우리가 東大門 밖 鐘岩町에서 살 때에는 터전이 퍽 넓었으므로 自己가 山에 올러가 돌을 저다가 山을 만들고 모래를 저다가 砂場도 만들었읍니다. 農事도 잘 지으시면 더구나 해마다 박을 심어 몇 십 통식 굳어서 박아지¹를 이웃에 모다 나누어주고 하였습니다. 우리 집에는 只今도 그 박아지가 걸려 있읍니다. 혹 제가 健康이 조치 못하야 어린 것을 다리고 밤에 애를 쓰면 그 분은 주무시지 아니하고 애들 벼개를 베여준다 이불을 덮어준다 오줌을 그녀준다하는 義務感이 있게 또는 人情美가 있게 서듭니다. 참으로 感激하게 않을 수 없읍니다. 獨身生活을 三十이 넘도록 하시고 더구나 海外生活을 거듭하여 쓸쓸한 生涯를 맛본 남편에게 溫和한 樂園에 조금 安定한 生活이 오기를 바랄 뿐입니다. [75]

---
1 [편쥐] 박아지 : 바가지.

(나의 初産記) 냉면 食傷

李克魯氏 夫人 金恭淳 女史, 『女性』 5-11, 朝鮮日報社出版部, 1940.11, 44쪽.

저이가 結婚한 다음에 첫설을 當하였을 때에 남편의 親舊에게서 年賀狀이 왔습니다. 그 그림 葉書에는 大門을 열고 들어오는 靑少年이 그리어 있었습니다. 그 葉書를 받자 우리도 아마 이렇게 잘 생기고 씩씩한 아들 아이를 얻을 것이라고 생각하였습니다. 그래 그 葉書를 벽에 부치어 놓고 아침 저녁으로 바라보고 생각하고 하였습니다. 그러자 結婚 후 이레 만에 妊娠을 하였습니다. 나는 前에부터 胎敎하는 것이 胎兒와 퍽 關係가 있다는 것을 關心하고 있었습니다. 다 옛 聖賢의 어머니의 胎敎를 보아도 妊娠 中에는 떡을 먹어도 形狀이 반듯한 것을 먹으며 자리도 골라 똑바로 앉으며 一般行動을 極히 嚴密이 하였다는 말을 들었습니다. 그러므로 나도 胎敎에 關하야 關心할 作을 하고 世界偉人傳을 읽으며 말을 操心하고 行實을 바로하며 雜念을 먹지 않도록 하며 더구나 新聞三面記事 等을 읽지 않았습니다. 食口가 단 둘이라 比較的 單純한 生活 中에서 언제나 귀여운 애기소리를 듣나는 반가운 期待 中에서 날을 보내며 豫定日을 그야말로 손곱아 기다렷습니다. 그리자 豫定日이 지내고 半個月이 지내도록 産氣가 없음므로 産科에는 數次 가 보았지마는 근심이 되어 다시 診察을 받으니 아직 一週日을 더 있어야 分娩하겠다는 말을 듣고 집에 돌아오는 途中 막 大門안 턱을 밟자 몸의 異狀한 느낌이 있었습니다. 次次 아퍼 못 견디며 자리에 눕게 되었습니다. 그때가 바로 零時를 알리는 싸이렌이 울리었습니다. 아마 김장 때라 김장하기에 며칠을 苦生하였드니 탈이 났는가 보다고 하였는데 배 아픈 氣味가 꼭 陣痛임에 틀림이 없으므로 用具 等을 準備해 놓고 형님을 모셔온 다음에 단둘이서 時間만 기다리고 있노라니 勤務가셨던 남편이 도라와 葡萄酒도 사오고 하였습니다. 初産이라 퍽 難産이였던 模樣입니다. 또 한가지는 내가 恒常 좋아하는 것이 平安道 胎生이라 冷麵이니까 형님은 빨리 冷麵 두 그릇을 主文하였습니다. 아이 나면 그런 飮食을 먹을 수 없으리라 생각하고 낳기 前에 먹어두어야 한다고 사왔기에 두 그릇을 다 먹었습니다. 몸은 아프고 하여 씹는 둥² 마는 둥 하여 먹었드니 果然 冷麪에 食傷이 되여 吐한다 야단 법석을 하였습니다. 그리 苦生하자 그 翌日 午前 三時半에 어린 아이의 우렁찬 소리가 들리었을 때에는 無我無中에도 男子요 女子요 男子라는 對答에 그때에 感激이 只今까지 잊혀지지 않습니다. 괴로움도 다 잊어버리고 남편은 잠자는 것도 다 잊어버리고 感謝의 沈默 中에 정한 장작을 가려쌓고 胎를 태우며 大門에 인줄³을 손수 꼬아 숯과 고초를 말었습니다. 胎를 태우면서 몇 時間 생각한 이름이 이 애는 이 세상에 가장 억세게 나갈 生命이라 하여 이름을 조선 말로 억세라 하고 한자로 億世라고 불렀습니다. 그 생긴 모양이 妊娠 前에 보던 그림 葉書 중의 少年과 같은 點이 많은 데에는 不可思議라 놀하지 않을 수 없습니다. 平安道에서는 첫아이는 대체로 親庭에 가서 나며 解産구원도 親庭어머니가 하는 것이 예가 되어 있는데 그 때 우리 머니⁴께서 事故가 생기어서 오시지 못하시고 産後에 많은 贈物을 상자에 가득 넣어서 보내주셨습니다. 그 애가 벌서 小學校 三學年이 되었고 우리가 생각하기에도 그리 둔물⁵이 아니고 더구나 自然의 勸⁶察力과 理學的 素質이 있는 듯하여 將來에 科學者가 되리라는 期待를 가지고 있습니다.

---

2 [편주] 둥: '둥'의 잘못.
3 [편주] 인줄: 因繩(금줄).
4 [편주] 머니: '어머니'의 '어' 탈자.
5 [편주] 둔물: 둔한 사람.
6 [편주] 勸: '觀(관)'의 오식.

우리집의 새生活

李克魯氏 令夫人 金恭亨, 『家庭之友』 39, 朝鮮金融聯合會, 1941.1, 13쪽.

사변[1] 제오년을 마지하는 이 째 우리 한 살님을 생각해 보드래도 전에는 오히려 호화스런 생활을 해왓다고 할 수 잇습니다. 이 분수에 넘치는 생활을 곳치는 것이 주부인 내 책임으로 집히 쌔닷고 무엇보다도 물자(物資)를 앗기며 리용에 힘쓰며 사지 안는 주의로써 나아갑니다.

새 물건을 살 경우에는 안사도 될 경우를 집히 생각하여 부득이한 경우가 아니면 안사도록 합니다. 전 갓흐면 옷과 신을 기워서 쓰면 붓그럽게 생각되는 관렴을 버리고 여러 곳을 수선하여 씁니다. 음식물도 갑싸고 영양 잇는 것을 틈 잇는 대로 이장 저장으로 골나 다니며 사는 것은 물론, 가정행사 갓흔 것도 간단히 형식을 갖추도록 합니다.

아해[2]들의 건강에도 만히 생각하여 틈 잇는 대로 동산과 야외로 산보를 갑니다. 그런 째에는 도보로 될 수 잇는 대로 타고 다니지 안토록 합니다. 아이들도 전 갓흐면 으레 전차를 탈 줄로 생각하든 것이 요새에는 반드시 거를 것으로 압니다. 그런 차비를 적으나마 각각 저금하도록 합니다. 이 비상시라는 긔회가 참으로 우리 생활의 새로운 인식과 정신을 고처 줍니다.

---

1   [편쥐 사변 : 지나사변, 중일전쟁(1937.7.7. 발발).
2   [편쥐 아해 : 아이.

二千萬이 愛國戰士로 銃後奉公을 義勇化, 臨戰對策協議會서 實踐決議

『每日申報』, 1941.8.26.

委員氏名[1]

李家軫鎬, 伊東致昊, 韓相龍, 佳山麟, 申興雨, 金思演, 瑞原鍾麟, 崔楠, 烏川僑源, 方應模, 李克魯, 趙基栞, 尹致暎, 金川聖, 任命宰, 元悳常, 張友植, 金東煥, 梧村升雨, 朴基孝, 李容愼, 李容高, 辛泰嶽, 崔斗善, 李鍾郁, 韓圭復, 菊山時權, 朴仁德, 夏山茂, 兪億兼, 李晟煥, 金若水, 天城活蘭, 朴興植, 李取[2]吉.

---

1 [편쥐] 임전대책협의회는 1941년 8월 삼천리 사장 김동환이 주동하여 중일전쟁 시국에 대해 협조 목적으로 만든 친일 단체다. 8월 25일 각계 인사 120명(「本社主催大座談會 臨戰對策協議會, 百二十人士가 府民館서에 會合」, 『三千里』13-11, 1941.11, 48~49쪽)이 초청되어 부민관 중강당에서 회의가 개최되었고, 김동환, 주요한 등 5명의 전형위원과 이극로 등 35명의 위원을 선정했다. 경기도 경찰부장이 경찰국장 등에게 전송한 첩보(「京高秘 第2397號, 臨戰對策協議會開催ニ關スル件」, 『思想ニ關スル情報』13, 昭和 16(1941).8.27)에 따르면, 이극로의 협의회 당일 발언은 아래와 같다.
이극로는 "정부가 임전대책으로서 어떠한 방침을 논의하고 있더라도, 당국의 방침에 순응해야 한다. 본 문제를 여기에서 단시간에 이야기한다 해서 별로 효과가 없을 것이라고 생각하여 전제하면, 선결문제는 유민(遊民), 부유계급, 여자의 박약한 경제적 지식을 어떻게 고칠 것인가의 문제다. 이들의 사회적 맹성(猛省)을 촉구하고 최저표준에 도달하는 것 이외에는 없다"고 말했다(李克魯ヨリ 政府ニ在リテハ臨戰對策ニ付如何ナル方針ヲ辯リ居レルヤ當局ノ方針ニ順應スヘキテアル本問題ヲ短時間此處テ話シタ處テ, 別ニ效果ハナイト思フト前提シ先決問題トシテ遊民, 富裕階級, 女子ノ經濟的智識ノ薄弱ナル點ヲ如何ニシテ改メルカト云フ問題テアル之等社會的ニ猛省ヲ促シ生活ノ最低標準ニ到達セシメル外ハナイ云々). 또한 그는 전쟁경비 동원을 위한 채권가두유격대 경성부 종로4정목대에 편성되었다. 참고로 만해 한용운이 학병 권유 연설을 한 이극로를 꾸짖었다는 일화(김관호 편, 「萬海가 남긴 逸話-물불, 더럽게 되었군」, 『韓龍雲全集』6, 신구문화사, 1973, 379~380쪽)는 정황 상 일리 있는 것 같지만, 시기가 맞지 않고 근거가 불분명하여 본고에 수록하지 않았음.
2 [편쥐] 丙의 오기.

二千萬 總力의 愛國運動 實踐에 歷史的 發足 昨日, **빛나는** 臨戰報國團 結成

『每日申報』, 1941.10.23.

▲評議員(無順)[1]

任興淳, 盧昌成, 李晶燮, 金本東進, 徐椿, 咸尙勳, 金昇福, 張勉, 金周益, 吳龍鐸, 趙基栞, 兪萬兼, 李鍾殷, 金泰錫, 崔奎東, 李秉奎, 閔奭鉉, 張騏植, 許憲, 李相協, 金明夏, 安寅植, 柳光烈, 李軒求, 趙東植, 李升雨, 蘇完奎, 張友植, 金光洙, 吳競善, 李鍾會, 朴彰緒, 孫弘遠, 梁柱三, 張錫元, 韓翼敎, 徐光高, 朴昌薰, 鄭求忠, 李駿烈, 鄭仁果, 金活蘭, 鄭春洙, 朴龍雲, 朴英熙, 趙大河, 鄭顯謨, 尹致暎, 李容高, 愼鏞項, 朴勝彬, 朴仁德, 任明宰, 白基昊, 金晟鎭, 梁在廈, 安鍾和, 玄濟明, 李淑鍾, 黃信德, 裵祥明, 毛允淑, 崔貞熙, 文在喆, 鄭雲用, 金星權, 成元慶, 松岡世宗, 李原漢復, 金鴻亮, 閔丙德, 金相殷, 李重甲, 閔泳殷, 金元根, 李鍾悳, 金山敬, 末永岡熙, 梁相鄕, 崔昇烈, 張炳善, 宋和植, 金信錫, 車南鎭, 金東準, 金璋泰, 李冕載, 金東元, 蔡弼近, 崔鼎默, 李熙迪, 姜利璜, 李泳贊, 韓林, 趙永禧, 南百祐, 李昌仁, 金山韶能, 尹錫弼, 徐相日, 徐丙朝, 申鈺, 朴浣, 朴熙道, 李覺鍾, 金基德, 喜多毅, <u>李克魯</u>.

---

1 [편쥐 조선임전보국단은 황민화사상 통일 및 태평양 전쟁 지원을 위해 임전대책협의회와 흥아보국단이 통합된 친일 단체로, 1941년 10월 22일 부민관 강당에서 최린(佳山麟) 단장 이하 600여명이 모여 결단식을 행했음. 평의원 선정자는 총 108명.

李克魯 外 3人 高等法院 判決文

高等法院刑事部, 高等法院, 1945.8.13.[1]

소화 20년(1945) 刑上第59號

判 決

本籍 慶南 宜寧郡 芝正面 杜谷里 827番地

住居 京城府 鍾路區 花洞町 139香地

朝鮮語學會 責任者, 著述業

李改メ 義本克魯(當50세)

(…중략…)

右 被告人 등에 대한 치안유지위반 피고 건에 대하여 소화 20년(1945) 1월 16일 함흥지방법원이 언도한 판결에 대하여 피고인 義本克魯, 동 月城鉉培, 동 木下熙昇, 동 華山寅承으로부터 각기 상고신립이 있었고 또한 同院 檢事正代理 坂本一郞으로부터 피고인 등에 대한 판결일부에 대하여 상고신립이 있었으므로 당원은 조선총독부 검사 依田克己의 의견을 청취하고 다음과 같이 판결한다.

主文

被告人 및 檢事의 上告를 모두 棄却한다.

理由

피고인 義本克魯, 동 華山寅承 변호인 丸山敬次郎 상고취지는 본건 어문운동은 민족독립운동의 일형태가 아닌데 원심은 민족고유의 어문의 정리 통일 보급을 기도하는 소위 『어문운동은 문화적 민족운동임과 동시에 가장 심모원려를 함축하는 민족 독립운동이다』라고 단정한 것이다. 소위 어문운동은 단순히 어떤 어문을 정리 통일하여 이것을 민중에 보급 철저하게 하는 극히 좁은 의미의 말하자면

---

1   [편주] 번역문은 「朝鮮語學會사건 日帝最終판결문 全文」(『동아일보』, 1982.9.6~9.8)을 인용하되 국가기록원의 판결문 원문을 대조하여 수정했음.

순문학적 교화운동이거나 거기까지는 이르지 않은 언어학적 교화운동에 불과하다. 단지 그것이 어떤 한 민족 간에 보급 철저하게 되는 경우에는 혹은 민족운동으로서의 성질을 인정할 수 있는 경우도 있을 수 있겠으나, 그러나 그것은 어디까지나 문학적 또는 언어학적 문화운동으로서 정치적 민족운동은 아니다. 널리 문화적 민족운동이라 하면 소위 정치 경제 사회 과학 종교적 민족운동도 포함하는 관념으로서 본건에 소위 어문운동의 범주를 초월하는 것이 되어 어문운동의 진정한 성질을 나타내는 것이 아니다. 따라서 어문운동은 어디까지나 순문학적 언어학적 교화운동 내지 언어의 순화운동이라고도 말할 수 있는 성질의 것이다.

이것을 조선어에 대하여 보건대 현재 조선어문은 모든 문화면 즉 정치 경제 사회 종교 과학 등의 전문화 면에서 거의 완전히 쫓겨난 편인데 이것은 결코 조선어문이 단순히 정리가 되어 있지 않다든지 또는 통일되어 있지 않다는 것이 아니고 조선에 있어서 정치 경제 사회 종교 과학 등의 모든 문화가 급속히 진전된 결과 조선어가 훨씬 뒤떨어져 남게 된 까닭이다. 조선어문이 아무리 이 여러 문화면을 뒤따라 가려해도 도저히 불가능한 것에 속한다. 이제 조선어문을 가지고 정치를 말하며 경제를 논하며 과학을 연구하며 사회를 말하는 것은 불가능하다. 이 현상은 우리가 조선인과 말하든지 또는 조선인끼리 말하는 회화를 듣든지 혹은 그들이 쓴 문장 논문 등을 보면 곧 알 수 있는 것으로 그들이 의논의 요점을 반드시 국어로 표현하는 까닭은 다름 아니라 전보된 문화를 말할 때 적절한 조선어가 없는 까닭이다. 이 현상은 이제 조선인 자신에 의해서 조선에 있어서 각종 문화면에 의하여 조선어가 어문의 불정리 불통일에 기인하는 것이 아니라 아무리 조선어문의 정리 통일을 도모할지라도 그것은 단지 종래 존재하는 조선어문의 정리통일을 모색하는 순문학적 연구 또는 과거의 고전 문학적 연구를 뜻할 뿐이며 나아가서 조선어족에 민족정신을 불어넣어 조선민족독립운동으로 진전시키는 것과 같은 기능은 없다. 조선어문운동에는 이제 이와 같은 능력은 없다. 만약 그래도 감히 이와 같은 것을 하려고 한다면 그것은 마치 연목구어 따위의 우행이라 아니할 수 없을 것이다. 이것이 본 변호인이 원판결에는 중대한 사실오인이 있다고 의심하게 된 현저한 이유의 1이다.

제2점 원심은 민족고유 어문의 소장(消長)은 그것으로 인하여 민족자체의 소장에 관계된다 하여 본건 피고인 등이 조선 독립을 위하여 方言의 標準語化, 문자의 통일 보급을 기도하였다고 단정하고 있으나 이것은 잘못이다. 민족고유의 어문의 소장이 그 민족 자체의 소장에 대하여 결정적 요인이라는 판정은 부당하다. 오히려 본말전도라고 생각된다. 본인이 보는바에 의하면 그와 반대로 민족자체의 소장이 그 민족고유의 어문의 소장에 관계된다고 생각한다. 즉 민족자체의 소장, 발전은 오직 그 민족의 정치 경제 과학 사회 종교 등 넓은 의미의 문화에 인한 것으로 단순한 어문정리 통일 보급 등은 민족의 소장발전의 원인이 아니라 오히려 그 결과에 불과하다. 예를 들면 고대 세계민족국가사상 찬란한 어문을 가진 나라는 支那 인도 희랍 등인데 이 여러 나라들은 찬란한 어문을 가졌기 때문에 민족국가가 번영한 것이 아니고 오히려 이 나라들의 정치 과학 사회 종교 등 소위 넓은 의미의 문화가 그 민족의 노력에 의하여 번영했기 때문에 좁은 의미의 문화라고 말할 수 있는 어문의 발달을 초래했던 것이다. 따라서 이 나라들이 몰락, 쇠퇴한 것은 그 국민의 타락, 태만에 인하여 정치적 사회적 경제적 국력을 잃고 민족의 쇠퇴를 초래한 까닭이지 결코 어문이 쇠퇴했기 때문에 국가가 망하게 된 것은 아니다. 현대문화국가로서 두각을 나타낸 영국 미국 伊太利 瑞西 등에 있어서 소위 어문은 지리멸렬이어서 예를 들면 英美語文에는 「라틴」민족의 어문이 錯綜되어 있으며 瑞西語文에는 獨佛語文이 혼용되며 伊太利語文도 「앵글로」민족의 어문이 혼인되어 있는 것과 같으며 오직 佛獨에 있어서 겨우 완비된 어문의 체제를 구비한 상태다.

그러면 우리 일본에 있어서는 어떤가를 말하면 일본어처럼 그 어문에 있어서 복잡하고 극히 난해한 것은 아직 그 유례를 볼 수 없다고 말한다. 明治시대 이후 소위 국문이라고 칭하는 것도 그 근원을 따지면 고유의 일본어문이 있고 한문印語文도 있고 또는 널리 印度若文이라는 점 등은 결코 우수하다고 하기 어렵다. 그래서 일본어문 또는 일본문자의 정리 통일문제는 明治·大正 때부터 현 大東亞戰爭에 이르는 직전까지 일본문부성의 두통거리였으며 또한 일본의 여론이었던 것은 실로 다툴 수 없는 사실이다. 그런데 어떤가. 우리 일본민족정신은 소위 일본정신으로서 투철 되어 어문의 소장 등에 하등의 관계도 없다. 이제 팽배하게 대동아전쟁 수행의 근저가 되어 있지 않는가. 소위 약소민족이 아무리 필사적으로 어문의 보지에 노력함과 함께 방언의 표준어화, 문자의 통일을 모색해도 독립운동이라고 보기는 어렵다는 것이 이유의 2다.

제3점 어문운동은 당연히 정치적 독립달성의 실력을 양성하는 것은 아니다. 생각건대 어문운동이 가령 민족고유문화의 쇠퇴를 방지하고 그 향상발전을 가져오고 더욱이 민족자체에 대한 반성적 의식을 가져오게 한다는 것은 이론적으로 수긍할 수 있으나 그것이 또한 당연히 이론적으로 민족의식을 배임하여 약소민족에게 독립의식을 생기게 하고 정치적독립달성의 실력을 양성하는 것이라고 단정할 수 없다. 어문운동이 민족고유문화를 연구하여 그 쇠퇴를 방지하여 향상 발전을 초래하며 민족적 반성의식을 갖게 한다. 그 민족적 반성의 결과 혹은 독립의욕이 생겨 정치적 독립달성의 실력을 양성하는 방책을 강구하게 된다 하더라도 그것은 별도의 문제다. 즉 민족의 자기반성의 결과 일민족 일국가 형성의 의욕이 생기게 되어 민족독립달성의 실력을 양성하게 되는 것이고 수민족 일국가 형성의 의욕이 생겼다면 수민족 일국가 형성을 이루게 된다 해도 이것은 민족적 자기반성의 결과 각기 그것을 좋다고 할 경우의 결론일 것이며 결코 어문운동 당연의 귀결은 아니다.

요컨대 어문운동은 단지 민족적 회고적 문학운동 즉 협의의 순문화적 운동에 지나지 않으며 단연코 민족적 정치독립운동은 아니다. 이것은 세계민족사가 가장 웅변적으로 증명하는 것으로 단순한 어문운동에 의하여 정치적 독립달성의 실력을 양성할 수 있게 되어 진실하게 독립국가가 된 여하한 민족도 존재하지 않았다.

단순한 어문운동 같은 것으로 정치적 독립달성의 실력을 양성하여 그 목적을 달성할 수 있다면 고대 支那문학을 연구하여 支那의 통일독립을 이루게 되고 「게르만」 고전을 연구하여 「게르만」 국가가 성립되고 희랍 「라틴」어를 연구하여 희랍 「로마」 제국이 다시 이루어진다는 따위와 비슷한 이야기가 아닌가. 만약 語文運動에 의하여 정치적 목적을 달성할 수 있다면 민족독립 같은 것은 어찌 쉬운 일이 아니겠는가. 세계약소민족이 되풀이하는 어문운동 같은 것이 그 독립달성에 대하여 관여, 공헌한 바가 얼마나 되겠는가. 본인은 그 말할 바를 알지 못하겠다. 이것이 본 변호인이 원 판결에 중대한 사실오인이 있었다고 의심할 만한 현저한 사유이며 이유 3이다.

제 4점 본건 朝鮮語學會는 조선의 독립을 목적으로 하는 결사가 아니다. 소화 6년(1934) 1월 10일 피고인 義本克魯, 동 月城鉉培, 동 木下熙昇 등이 종래 존재한 朝鮮語研究會를 개명하여 조선어학회라고 칭하는 단체로 만든 일이 있으나 그 조선어학회의 목적은 조선어문의 정리 통일을 이루는 데 있었지 조선독립과 같은 위법한 목적단체가 아니라는 것은 우 피고인 등이 예심 및 원심공판정에서 극력 공술한 바 있고 다만 경찰 및 검사정에서의 공술은 본건 기록에 기재된 것과 다른 점도 있으나 그것은 각 피고인 등이 원심공판정에서 이구동성으로 호소한 바와 같이 왜곡된 공술 또는 기재라고 할 수 있고 조선어학회가 조선독립을 목적으로 하는 결사라고 인정하는데 대한 증거로서는 그밖에 물적 증거로서 존재하는 아무 것도 없다. 그리고 가장 중요한 직접적 물정 증거로 사실인정의 자료로 채용되어야 할 조선어학회의 회칙인데 이 회칙에 의하면 어학회의 목적은 단순한 조선어문의 연구 통일과 같이 되어 있으나 실은 조선독립을 목적으로 한 것이 아닌가라는 질문에 대하여 義本克魯는『우리들의 목적행동은 회칙에 있는 그대로며 하등의 은밀 허구한 것이 아니며 그것은 과거 15년간 조선사회에 있어서 전반적으로 증명된 것으로서 나 자신 전적으로 학술적 연구로 終始一貫, 裏面運動을 획책한 일은 없었다』라고 공술하고 있으며 사실이 義本克魯의 공술한바 그대로다. 그런데 예심조서에 相被告人 李重華, 동 金山政平, 동 丁子泰鎭의 공술로서 朝鮮語學會가 조선독립을 목적으로 한다는 것 같은 기재는 있으나 원심에서 右相 被告人 3명이 각기 이것을 부인할 뿐만 아니라 조선어학회 당면의 취체관헌이었던 證人 齊賀七郎은 豫審廷에서의 증언으로『同友會 검거 당시 조선어학회가 일단 同友會 활동의 일익을 담당한 단체가 아닌가 생각하여 조사해 보았습니다만 그때 조선어학회에 대하여는 그중 일부 민족주의자도 있고 그 운동자체는 조선독립과 아무런 모순도 없고 해서 조선독립운동에도 이용될 수 있다고 생각했습니다만 회원 전원이 동우회처럼 조선독립을 인식하지 않고 또한 단체의 성격도 조선독립을 목적으로 한다고는 생각되지 않아 검거에 나서지 않았다』라고 공술하고 있으며 또한 증인 黑沼力彌의 증언도 대체로 같은 취지로『하등 불온한 점은 없다고 생각했다』는 공술을 하고 있다. 이상의 증인들은 당시 본건 어학회를 직접 취체 하는 책임담당 관헌당국자인 이상 본건 어학회가 조선독립의 목적이 있었나 없었나의 점에 대하여는 가장 유력한 증인이라고 할 수 있는데 과연 그렇다면 본건 조선어학회가 조선독립을 목적으로 한 결사라는 점에 대해서는 그 유력한 반대증거는 있어도 이것을 긍정할 아무런 증거도 없다고 말하는데 귀착된다. 이것이 본 변호인이 원심판결에 중대한 사실오인이 있다고 의심할 만한 현저한 사유가 있다고 하는 이유 4다.

제5점 본건 조선어학회는 원심이 인정한 바와 같은 어문운동의 이념을 가지고 표면상 문화운동의 가면 아래 조선어문운동 즉 조선독립의 목적 수행 행위를 한 것은 아니다. 원 판결은 조선어문운동자체는 표면상 합법적 문화운동이나 그 이면에 있어서 조선독립의 목적을 가진 비합법운동이다 라고 하고 있으나 어문운동의 관념 내지 이념이 민족의 정치적 독립운동의 일형태가 아니라는 것은 변호인이 상술한 바에 의하여 명백하므로 조선어문운동도 表裏一體 합법운동이라고 말할 수 있다. 즉 그 실체는 착잡한 조선어문의 정리 통일을 계획하여 이것을 조선민중에 보급시켜 이것에 의해서 조선고유의 바른 문학적 또는 언어학적 문화면을 소개하여 조선어문의 사용방법을 적정화시키는 데 있다. 이것은 현재 조선에 있어서 조선어의 사용이 허용되고 있는 한 당연히 허용되어야 할 것이며 조선민족의 정치적 독립을 목적으로 한다는 것과 같은 이념은 추호도 존재하지 않을 뿐만 아니라 본건 조선어문운동의 각종 구체적 사업(조선변전편찬표음식 조선어철자법통일안, 조선어표준어사정 발표, 외래어표기법통일안, 언문강습여훈민정음반포기념축하식의 거행, 정당한 기관지의 발행, 조선기념도서출판 등)을 보아도 명백한 바 있는데 변호인은 그중 가장 중요한 사업으로 편찬된 조선어사전으로는 大正年間 總督府 中樞院編纂 조선어사전 그리고 英美선교사 등이 편찬한 한영사전이 있는데 본건 조선어사전처럼 신철자법에 의해서 편찬된 것으로는 대정 9년(1919) 총독부편찬의 조선어사전이 있는데 본건 조선어사전은 대체로 우 총독부편찬의 조선어사전이 있는데 본건 조선어사전은 대체로 우 총독부편찬의 조선어사전을 본받아 편찬된 것임은 피고인 등의 공술과 같으며 그것이 민간편찬에 관계되는 점에 있어서 문학을 애호하는 민중의 시청을 집중시킨 데 불과하다.

조선어연구가이며 총독부 통역관인 田中德太郎 씨와 검사관 西村眞太郎씨 같은 인사들은 본건 사전의 완성을 열망하여 여러 가지로 도와주는 犬馬의 노고를 취하였다고 한다. 현재 사전 원본의 일부는 이미 총독부 당국의 검열을 필하였고 다른 일부는 본건 검거 때문에 수속 중 미검열로 되어 있는 것은 피고인 등의 공술과 같다.

오직 본건 사전에 수록된 어휘 약 15語 중 일부 말하자면 불온한 주석 내용을 가진 것이 있다는 것은 피고인 등이 인정하는바 이점은 아직 미완성물로서 다소 불온한 것이 있다 해도 본건 사전을 통하여 일관해서 조선민족주의적 사상이 통일된 것이 아닌 한 다소 편견이라는 비난을 면치 못할 것이나 이것으로 조선민족의 정치적 독립을 기도하는 것으로 단정하는 것은 속단이다. 본건 사전에 대한 증인 德山一의 예심정에서의 증언 중 사전의 주석내용 일부가 불온하며 검열관으로서는 실수가 있었다고 공술하였다 해도 이런 점이 있었다는 것은 피고인 등이 인정하는 바로 이것이 있기 때문에 사전의 편찬 전체가 조선독립의 목적수행쟁 위에서 나온 것이라고 단정할 수는 없다. 대저 단순한 자구의 주석은 사상의 표현이 아니다. 본건 조선어사전의 편찬은 다른 많은 사전편찬과 같이 단순히 어휘를 수록하여 그것을 주석한 것뿐이다. 따라서 그 주석내용이 사상적으로 불온한가 아닌가는 본건 증인 德山과 본건 피고인 등에 물어볼 것이 아니라, 자구의 주석은 어디까지나 자구의 주석이지 이것을 사상적으로 비평할 것이 아니다. 원심에서 재판장의 심문에 의해서 피고인 등이 다소 불온하다고 인정된 어휘, 예를 들면 왜자 같은 것은 일본을 경멸하는 표현이라고 생각하여 그와 같은 공술을 한 것 같은데 왜자는 일본의 고사기 이래 존재하는 문자로서 원래의 뜻은 결코 일본을 경멸한 것이 아니고 단순히 일본이라는 뜻, 景行天皇의 皇子였던 日本武命의 호칭을 보아도 명백하다. 또한 總督府 자체의 편찬 조선어사전에 있어서도 태극기란 어휘가 있는데 日章旗란 어휘는 없고 기타 대신 내각 등의 어휘에 있어서도 그 주석은 오로지 구한국제도에서 취한 사례를 보아도 사전의 편찬이 얼마나 어려운가. 그리고 피고인 등에는 불온사상이 없었다는 증좌로 사료된다. 이것이 본 변호인이 원판결에 중대한 사실 오인이 있었다고 의심할 만한 현저한 사유가 있다고 하는 이유의 5다.

제6점 그전에 피고인 등이 조선독립을 희망하고 있었다고 해서 본건도 역시 조선의 독립을 목적으로 한 수행행위라고 단정하는 것은 잘못이다. 피고인 등이 그전에 내심적으로 조선독립을 희망하고 있었다는 것은 피고인 등이 자인하는바다. 그러나 가령 본건 피고인 등이 내심적으로 조선의 독립을 희망하고 있었다고 해도 본건 조선어학회가 당연히 조선독립을 목적으로 하여 조직된 결사라고 단정할 수 없다. 독립의 목적은 직접적이어야 하며 단순히 희원한 것만으로는 불가하다. 본건은 어떤가. 조선독립을 목적으로 하는 결사 같은 냄새가 있을지 모르나 그렇다고 해서 본질적으로 조선독립의 목적을 가진 결사는 아니다. 예를 들어 피고인 義本克魯는 그 경력으로 보아 그전에 조선독립의 희망을 갖고 있었다는 것은 틀림없다. 그러나 그가 예심정에서 『나는 해외방랑생활에서 귀선 후 처를 얻어 심경에 변화가 와 가정생활 학구적 생활을 희망하게 되어 지금까지 견지해 온 조선독립사상은 완전히 청산하고 한 학자로서 사전편찬사업에 전념하기로 마음을 먹었습니다』라고 공술하여 그 심경을 피력한 바 있다. 이 공술은 솔직히 그대로 믿어도 좋다고 사료된다. 왜냐하면 만약 그가 귀선 후 여전히 민족주의자로서 독립운동자로서 본건 결사를 조직하여 본건 사업을 했다고 하면 이와 같은 얼빠진 공술은 그 체면상 할 수 없을 것으로 믿는다. 피고인 등의 조선독립의 냄새를 일층 더 세게 한 것은 소위 金枓奉事件이겠으나 金枓奉은 원래 조선어문의 권위자로서 그리고 義本克魯가 사사한 인물로서 이 사람을 초청하여 조선어문의 통일보급에 이용코자 한 것뿐이고 민족독립운동의 목적으로 한 것은 아니다. 어떤 사물이나 사실의 본질을 그 외형적 사상 내지 냄새에 의해서 판단하는 것은 위험한 일로 정당하지 않다. 본건은 치안유지법위반의 외형 내지 냄새로 인해서 일단 혐의를 받게 됐다 해도 그것은 단순히 혐의일 뿐 치안유지법위반행위 그 자체는 아니라고 확신한다. 전에 貴院에서 그의 소위 同友會事件은 공정한 재판에 의하여 무죄가 확정되었는데 본 변호인은 동우회사건과 본건을 비교하여 더욱더 그 확신을 깊이 하는 바이다. 현재 동우회사건을 적발한 종로경찰서의 당시의 취체관헌이었던 증인 齊賀七郎은 본건 조선어학회에는 위법성이 없다고 증언하고 있는 것은 전술한 바와 같다. 이와 같이 직접 취체관 자신이 본건 어학회는 하등 불온한 점이 없다고 하고 사회도 이것을 의심하지 않으며 본건 당사자인 피고인 등도 평온공연하게 10여년의 오랫동안 본건 사전편찬에 종사해 왔고 더욱이 조선총독부 자신이 사전편찬에 협력하여 그 검열을 하고 의심한 바 없는데 돌연 본건 어학회와 직접 하등의 취체상의 관계가 없는 장소에서 검거하여 이것을 유죄라고 한다면 세인은 이것을 가지고 민의에 어긋나는 일이라고 평할지 알 수 없다. 일본제국의 재판상의 위신상으로도 인민에게 이와 같은 감정을 풀지 않도록 하는 것이 긴요하다고 믿는다. 古語에 말하기를 『무고한 한 사람을 벌하는 것보다 백의 유죄를 놓치는 것이 낫다』라고 했는데 재판의 위신은 죄 있는 자가 반드시 벌을 받는다고 세인이 믿음으로써 완전함을 얻는 것으로 누구는 유죄가 되었지만 사실은 죄를 범하지 않았다는 느낌을 세인들이 가진다면 재판의 위신을 확보할 수 없다. 세인들이 벌주어야 한다고 인정할 때 단호히 벌주어야 법의 위신을 지킬 수 있다. 의심되는 것은 벌하지 않는다는 형사법상의 대원칙도 실로 여기에 그 근원이 있다. 민족주의사상을 품고 있기 때문에 곧 본건 범죄가 있다고 단정하는 것은 개과천선의 형사법상의 근본이념을 무시하는 것으로 국민들이 납득할 수 없게 된다. 이것이 본 변호인이 원 판결에 중대한 사실오인이 있다고 의심할 만한 현저한 사유가 있다고 하는 이유의 6이다.

제7점 본건 조선어학회는 민족주의진영에서 전연 불발의 지위를 차지하고 조선사상계를 풍미한 공산주의운동 앞에서 위축되어 하등의 하는 일 없이 혹은 자연 소멸되고 혹은 사교단체로서 겨우 목숨을 보유해온 민족주의 단체 사이에서 혼자서 민족주의의 아성을 사수해온 것으로 중시하게 되어 그 사업 註中 조선어사전편찬사업 같은 것은 曠古의 민족적 대사업으로 촉망되고 있다는 인정은 전혀 사업에 반한다. 현재 조선어학회는 민족주의단체 간에 있어서는 학자의 문학관계 사업단체로 민족주의 단체로서의 존재는 인정되지 않고 또한 조선민중 사이에 있어서 조선어문운동 내지 조선어사전편찬사업 같은 것은 오직 조선어의 학문적 연구 사업으로 인정된 점은 있다 해도 이것을 민족운동 특히 민족독립운동으로 인식된 사실은 추호도 없다. 이것은 조선어사전편찬사업에 모인 자금액 내지 기부자의 인원 등 재정난 및 사업 중단의 사실로 충분히 증명될 수 있다. 수명으로부터 그것도 10년이란 긴 기간에 겨우 2만여圓만을 모금했다는 이 사업이 광고의 민족적 대사업이라 함은 어떻게 수긍할 수 있겠는가. 이것이 본 변호인이 원 판결에 중대한 사실오인이 있다고 의심할 만한 현저한 사유가 있다고 하는 이유의 7이다.

　(…중략…)

여기에 그 이유를 개진하면 먼저 右 被告人 4명의 경력 및 사상동향에 대하여 생각건대 피고인 이극로는 어릴 때 서당에서 한문을 배워 사립 초등학교 고등과 1년을 마친 뒤, 열일곱 살 때 만주를 건너가서 통화성 환인현과 무송현 등지에서 교육을 받은 자로 만주 있을 때 당시 조선 사람 사이에 퍼져 있는 농후한 민족적·반일적 사상의 분위기에 물들어서 박은식·윤기섭·신채호와 같은 저명한 민족주의자와 접촉하여 그 교양 감화를 받았다. 또한 민족종교인 대종교에 입교하여 동교 간부 尹世復(현 동교 제3세 교주)의 교양을 받아 민족의식이 더욱더 치열해지고 조선의 독립을 열망하여 조선 독립 운동에 일생을 바쳐서 그 지도자가 될 것을 마음먹고 대정 4년(1925) 상해에 가서 독일인이 경영하는 동제대학에 입학하였다. 대정 9년(1920) 동 대학 본과 공과 1년을 중도 퇴학하고, 대정 10년(1921) 상해파 고려공산당 영수 李東輝가 伊市派 고려공산당 내의 분쟁을 해결하려고 국제공산당의 지시를 받기 위하여 러시아 수도에 가는데 그와 동행하여 그 기회에 독일에 들어갔다. 대정 11년(1922) 백림대학 철학부에 입학하여 공업 경제를 전공하는 한편, 인류학·언어학을 연구하여 소화 2년(1927) 철학박사의 학위를 얻어 동 대학을 졸업하고, 소화 4년(1929) 1월에 歸鮮했다. 백림대학 재학 중 소화 2년(1927) 白耳義 수도 「브뤼셀」에서 개최되었던 제1회 세계 약소민족 대회에 조선 대표로서 출석하여 총독정치의 즉시 중지를 절규하여 조선독립을 위하여 분투한 바 있고 귀선 도중 미국 「하와이」에서 조선독립운동의 거물 이승만, 서재필 등과 조선독립운동의 금후 방침에 대하여 의견을 교환하고 귀국 후는 민족종교로서 대종교와 몰래 관계를 가져 그 제4[2]세 교주의 촉망을 받은 바 있는 자다.

　(…중략…)

피고인 義本克魯, 동 月城鉉培, 동 木下熙昇은 각기 공판정에서 자기들은 지금에 와서 이미 완전히 민족의식을 청산하고 忠良한 臣民이 되어 있다고 공술하고

2　[편쥐 4 : '3(三)'의 착오

있으나 동 피고인 등은 지금도 가슴속 깊이 농후한 민족의식을 품고 있음을 알 수 있다.

이상 여러 사항을 종합하면 피고인 義本克魯, 동 月城鉉培, 동 木下熙昇, 동 華山寅承의 본건 범행은 실로 重大惡質이어서 조금도 동정할 만한 정상이 아닐 뿐만 아니라 본건은 10여년의 장기간에 걸쳐서 일반사회에 극히 심대한 악영향을 끼친 것이기 때문에 악화의 경향이 엿보이는 半島 現下의 사상정세에 비추어 일반 타계의 의미에서도 우 피고인 등을 엄벌에 처하는 필요가 있음을 통감하는 바로 當院이 우 피고인 4명에 대하여 언도한 전기 판결은 형의 양정이 너무 부당하다고 사료되는 현저한 사유가 있다 하여 上告하였다 하나 기록을 精査하고 犯精 기타 제반사정을 짐작하여도 原審의 양형이 잘못 되었다고 인정할 만한 현저한 사유를 인정할 수 없고 따라서 논지는 이유 없다.

(…중략…)

이상의 논지는 요컨대 원심이 採用하지 않은 자료를 기초로 하여 그 사실 인정에 잘못이 있다고 주장하는 것으로 원심의 自由心證에 의한 증거의 가치판단을 비난하는 것과 다름없다. 기록을 精査 검토했으나 원심의 사실인정에 중대한 잘못이 있다고 인정할 만한 현저한 사유를 인정할 수 없다. 論旨는 이유 없다. 따라서 戰時刑事特別法 제29조에 의하여 主文과 같이 판결한다.

소화 20년(1945) 8월 13일

高等法院刑事部
裁判長 朝鮮總督府 判事 齊藤榮治
朝鮮總督府 判事 藤本香藤
朝鮮總督府 判事 佐佐木日出男
朝鮮總督府 判事 三谷武司
朝鮮總督府 判事 寺川有三

李克魯氏

金鍾範·金東雲, 『解放前後의 朝鮮眞相 第二輯─獨立運動과 政黨及人物』, 朝鮮政經研究社, 1945.12.25, 200~201쪽.

李克魯氏(慶南 宜寧 出生 近五十歲)

少時에는 家貧하야 多年間 京城서 苦學하다가 一九二〇年에 上海同濟大學 豫科를 卒業하고 同年에 徒步로 獨逸까지 가서 一九二七年에 伯林大學 哲學部 政治科를 卒業한 후 다시 英國 倫敦大學에서 政治經濟를 硏究하야 學位D·R을 得하였고 獨文 著書도 數種이 있으며 世界二十餘個國을 視察하였고, 獨, 英, 中語에 能하다. [200] 그러나 李氏는 朝鮮語의 功勞者이다. 朝鮮語學會의 主幹으로 爾來 二十 數年間 苦鬪하였다. 그 貧窮한 家庭을 不顧하며 倭賊의 注目을 問題視치 않고 獻身하였다. 그러다가 마침내 有名한 朝鮮語學會事件으로 咸南에 잡혀가서 未決에 近四年 있다가 今春에 六年刑을 밧어서 服役中 八·一五日 後 釋放되였다.

朝鮮語學會는 李允宰, 崔鉉培, 李祐植, 李重華, 李仁 諸氏의 協力과 貢獻이 多한 結果 今日의 結實을 보게 되었다 하겠으나 李克魯 先生의 堅忍不拔의 健鬪의 結晶이라 할 것이다. 이 見地에서 李氏는 朝鮮을 爲하야 偉大한 存在이며 貢獻者란 讚辭를 아니 드릴 수 없다. 그러고 氏는 出獄 後 아즉 健康이 恢復되지 아니하였음에도 不拘하고 敎科書編纂 其他에 不眠不休로 그 宏壯한 精力을 發揮 中이며 全國政治運動者後援會의 委員長을 兼任中이다. [201]

한글普及講演, 李博士 嶺南巡廻

『漢城日報』, 1946.3.5.

조선어학회 간사장 이극로(李克魯) 박사는 부산 방면으로 강연차 지난 二十八일 서울을 떠낫다. 한글문화보급회 경남지부와 한글동지회의 초청을 밧어 다망한 연구실을 잠시 비이고 지방관찰과 시국 강연으로 二줄[1]일여를 여행할 터인데 특히 한글 보급에 큰 수확이 있슬 것으로 기대가 큰바 연 제[2]와 개최지는 다음과 같다.

一, 조선민족의 지도리념인 士道主義 二, 한글捷徑 三, 宗敎生活

三月二,三日 釜山 同五六日 馬山 同十二,三日 大邱

---

1 [편쥐 줄: '주'의 오식.
2 [편쥐 제 : 때.

大倧敎 第七回 總本司職員會(1946.3.26)

『大倧敎總本司職員會錄』.

開天四千四百二年 乙酉七月始

大倧敎總本司職員會錄

總本司

開天四千四百三年 丙戌二月三日(陽三月二十六日) 午前十時에 第七回總本司職員會(附協議會)를 南道本司 內에서 開하니 決議事項은 如左하다.

一, 總本司의 移轉은 二月二十八日에 公佈하기로 함.

一, 總本司 職員은 如左 改選함.

　總本司典理 正敎 金　準

　　　典範 尙敎 李顯翼

　　　典講 尙敎 李克魯

　　　贊理 知敎 姜鎔求

　　　仝　　知敎 尹泰宣

大倧敎 第十回 總本司職員會(1946.4.11)

『大倧敎總本司職員會錄』.

開天四千四百三年 丙戌三月十日(陽四月十一日) 午後三時에 第十回總本司職員會
(附協議會)를 本事務室에서 開하고 左記事項을 決議하다.

一, 總本司 看板은 「大倧敎總本司」로 揭付할 것.

一, 御天節 賀式에 擧行을 放送局과 各新聞社에 通知할 것.

一, 倧經翻譯은 倧學硏究會를 組織하야 一任할 것인데 그 會員은 如左選定하다.
李克魯 朴魯澈 申伯雨 李時說 安浩相

一, 施敎方針은 爲先 施敎文 五千部를 著印하는데 著作은 李克魯棣가, 印費(三萬
圓)은 藕泉[1]大兄이 擔任하기로 함.

一, 史話放送은 責任者를 高平棣로 選定하고 李克魯棣가 放送局에 交涉하기로 함.

一, 堂前에 佛像은 屋後에 安置하기로 함.

本日 午後五時에 閉會하다.

　　　總本司典理 金 準

　　　　　典範 李顯翼

　　　　　典講 李克魯

　　　　　贊理 尹泰宣

　　　經　閣奉宣 李源台

　　　南道本司宣理 鄭 寬

　　　　　協議員 藕泉大兄

　　　　　　　　 晴蓑大兄

1　[편주] 藕泉 : 조완구(1881~1954).

大倧敎 倧理硏究室 會議(1946.4.6)[1] 참석 기록

『硏究室日誌』, 大倧敎總本司, 1946.

月日	項目	事由
三.二一	倧學	開天四千四百三年「丙戌」三月 午后一時에 倧學硏究會를 創設하니 會 蘵泉大兄、李克魯、安浩相、李時說 申伯雨(主務) 朴魯撤
三.二三	視務	倧學硏究室의 主務 申伯雨樣가 事務를 開始하야
三.二七	會議	李源台樣가 司하야 倧理硏究 負 蘵泉大 先 李時說、申伯雨、李克魯、安浩相、朴魯 樣들이 午后七時에 會合하야 倧理硏究室 爲하야 常設 樣關을主 經閣直屬下 倧理
四.六	會議	經閣命意에依하야

1 [편쥐 1946.4.6 : 양력 1946.5.6.

教諭 第四三號 — 倧理研究室 職員 發佈(1946.4.8)¹

大倧教 都司教 尹世復, 『令諭存案』, 大倧教總本司.

고루 이극로 박사를 모시고

유열, 『한얼』 創刊號, 부산 : 한얼몯음, 1946.5, 43~47쪽.

우리말의 권위요 학자시라기보다도 우리 겨레의 지도자요 스승이신 고루 이 극로 박사를 부산에 모시게 된다는 말을 듣고 무척이도 기뻐했고 남 몰래 기다리 며 주최자인 "한글문화보급회"에 고마운 정을 느꼈다. 이월 중순 예정이 바뀌어 서 3월 초승으로 된다기에 퍼그나 안타까이 여겼다. 혁명의 기념절 「삼일 날」 드 디어 스승님은 오시었다. 그 날은 여진(旅塵)도 씻고 노독(路毒)도 푸시기 위하여 동래 온천으로 가시게 되어 조용히 못 뵈옵고 조리는 마음을 억지로 누르며 하루 를 보냈다. 삼월 초이틀 이 날도 "예술연맹" 주최의 "삼일 기념"의 "예술제전"이 있어 몸 뺄 틈이 없었다. 밤에는 밤대로 극장에서 "예술제"가 있어 초조한 마음으 로 막이 내리자 그 길로 달음질 쳐서 스승님이 계시는 "한글문화보급회" 위층으 로 갔다. 시간은 벌써 열시 하루 내 이야기하시고 사람 만나기에 피곤하실 줄 알 면서도 어리광 부리듯 억지로 만나 뵙기로 하였다. 방에 들어가니 한눈에 알아보 시고 침상에서 일어나시며 손을 잡아 주심에는 참으로 느꺼웠다. 그리고 지금부 터 다섯해 전이던가 스승님을 모시고 한 이레ㅅ동안 개성 박연폭포 구경하던 옛 생각이 머리에 돌아 잠시는 말도 막혔다. 저근 듯하여

◆ 정계(政界) 이야기
「얼마나 수고하오. 시골에서 큰ㅅ일하오」 스승님께서 먼저 말씀하시어 깜짝 놀라 정신을 가다듬었다.

「아닙니다. 저야 아무 하는 것 없이 게을만 부리고 있습니다. 스승님께서는 참 으로 우리 겨레를 위하여 얼마나 애 쓰십니까?」[43]

「글쎄 이 땅 겨레면 누구나 마찬가지 아니겠소. 일이 뜻대로 안 되니 애 탈 세 상이지」

민족 통일을 위하여 가진 애를 다 쓰시고 정치 운동자 후원회까지 만드시사 힘

쓰시었으나 끝내는 큰뜻 못 이루심이 얼마나 스승님의 마음을 괴롭혔을까 생각하니 고개가 숙여져 들기조차 못하겠다.

「몇몇의 정당 지도자들이 몹시도 얄밉고 쑥스러워 보입니다. 독립과 해방은 자기네 손으로 가져온 듯 덤비는 꼴 구렁이처럼 써늘합니다」

「돌은 인민이 들고 가재는 그들이 잡고」

「도시 정당판 아니 나중에는 집집마다 문패 대신 당호를 안 붙이련 지요. 하마 무당쯤은 나도 당이라 하고 덤빌찌 모르지요」

둘이는 서글픈 웃음을 숨기지 못했다.

「스승님께서는 다시 상아탑 연구실로 들어가시겠지요?」

「할 수 있소. 처음에는 맞춤ㅅ법 통일하던 성의와 용기로 달라들었으나 어디 뜻 같이 되어야지」

「하기는 안타까운 일입니다. 한글 맞춤ㅅ법은 삼천만 하나하나가 다 달랐는데도 한가지로 통일되었건만 크게 보면 몇 몇 안 되는 정당이 통일 안 되니까요?」

「모를 노릇이지」

너무 방안 공기가 어두워만 지므로 말머리를 바꾸었다.

◆ 한글과 조선어대사전 출판

「스승님 한글은 언제쯤 나오겠습니까?」

「온갖 신문 잡지들은 잘도 되어 나오는데 한글은 몹시도 힘드는 모양 어학회는 아직도 가시밭길만 걷고 있지」

「그러면 언제 될찌 모르겠습니까?」

「설마 곧 되겠지?」

「우리 말광은 아직 꿈도 못 꾸겠지요?」 44

「나오기야 나오지 어떤 일이 있더라도. 그러나 일제 시대의 내용이었던 만큼 많이 고치고 깁고 더해야겠으므로 할 일이 많아. 그러나 첫 권만은 올에 꼭 나오겠지」

◆ 사이ㅅ 띄어쓰기 한짜 처리 문제

「맞춤ㅅ법에 있어서 사이ㅅ 문제가 아직도 시끄러운데 재검토가 필요하지 않겠습니까?」

「문제는 문제야. 글짜다 사냥꾼이다. 모두 적잖은 일ㅅ거리지?」

「우선 맞춤법도 맞춤ㅅ법으로 될 것 같습니다?」

「그렇기도 하지」

「띄어쓰기도 허수로운 문제는 아닌가 봅니다」

「귀찮다면 귀찮은 일이지」

「먼저 조선어학회도 조선어 학회라 써야겠지요」

「그것도 그렇지. 조선 어학회라고는 쓸 수 없으니까」

「한짜의 처리는 어찌 하겠습니까? 한짜철폐를 하면 먼저 해결되어야 할 일인 것 같습니다.」

「아직 근본적 방침은 못 세웠지」

「이번에 나온 한글 첫걸음과 국어 교본에는 잠깐 실찌로 하였나 봅니다. 저도 소리대로 적을 것을 주장하고 싶습니다」

「아마 그렇게 될찌 모르지」

△ 조선말본의 통일―씨 가름(分詞分類) 문제

「어학회에서 정식으로 말본을 제정하시지 않으렵니까?」

「아직 손 못내고 있는 것이지. 또 한 가지는 어느 나라를 물론하고 말본만큼은 국정으로 통일하지 못하는 모양인 것 같더군」

「지금은 대개 최 현배 스승님의 우리말본과 김 두봉 스승님의 깁더조선말본이 가장 지침이 되고 있습니다」[45]

「그 둘이 가장 체계적으로 이루어졌지」

「그러나 말본에 있어서 가장 큰 문제의 한 가지는 씨 가름(品詞分類)」인데 스승님께서는 우리말의 씨를 어떻게 보십니까?」

「보기에 따라 말이 많을 문제지. 우선 한 가지는 잡음씨(指定詞) 같은 것은 따로 둘 필요가 없지」

「하긴 그럴 것 같습니다. 구태여 잡음씨를 독립시킨다면 있음씨(存在詞)를 두어 「있다 없다」는 따로 갈라야 될 겝니다」

「어쨌든 씨가름은 그 말의 본바탕에 꼭 맞아야 하니까」

「그렇겠지요. 그리고 저는 임자씨(体言)에 있어서 이름씨(名詞)와 대이름씨(代名詞)는 따로 가를 필요가 적은 것 같습니다. 외국어에 있어서는 그 뒤에 오는 풀이씨(術語)가 달라야 되지만 우리말에 있어서는 이름씨 대이름씨는 그다지 구별할 필요가 없는 것 같습니다」

「그것도 이치 있는 말이지」

벌써 열한시가 넘었다. 괴로우실 텐데 죄송하기 짝이 없다. 좀 더 가르침을 받고 싶으나 다음으로 미루기로 하고 일어서려 하니.

◆ 학교에서 쓰는 말들

「아니 한창 이야기가 재미져 가는데 왜 일어서?」

하시며서 잡으신다.

「너무 피곤하실 것 같아서」

「아직 괜찮소. 내야 뭐 혹시 통행시간이 어떻는지는 모르지만」

도리어 나를 걱정해 주신다. 그러면 비록 나중에 MP에게 잡히어서 하룻밤쯤 고생하더라도 좀 더 모시기로 하였다.

「학교 용어가 말썽이 많은데 더구나 현관(玄關) 낭하(廊下) 바께쓰 화상(靴箱)들」

「아니 언젠가 한얼몯음에서 좋은 말들을 찾고 만들지 않 46 았소. 들ㅅ간(玄關) 골마루(廊下) 들통(바께쓰) 신ㅅ장(靴箱)으로던가?」

「그렇지만 학무국에서는 왜식 한짜를 그냥 쓰지 않습니까?」

「아직 손대지 못하여 그랬겠지. 좋은 것이 있다면 얼마라도 쓰고 거기서 도리어 학무국을 움직이야지」

「그뿐 아닙니다. 지금까지 써 오던 이른바 「구구ㅅ대문」(九九表)도 한짜 폐지를 전제하여 순 우리말로 고쳐서 "곱셈표"라고 하여 「두둘은 넷」 「세다섯 열다섯」식으로 하여서 쓰고 있는데 도청 학무 당국에서는 서울서 아직 공문이 없으니 쓰지 말라는 모양인가 봅니다」

「그건 안 될 말이지. 낱낱이 지시를 받아야만 일한다면 자주독립은 바랄 수 없는 일이지. 더구나 빤한 이치를 모르고 공문만 기다린다면 되겠소. 교육도 좀 더 적극적이어야 할 것이요」

참으로 힘 있는 말씀 과연 지금까지 싸워 싸워오신 스승님의 말씀임을 느꼈다.

◆ 조선어학회 회원을 늘임

「어학회도 좀 더 문을 열어 회원을 늘이고 연구와 발표의 길을 주시는 것이 어떻겠습니까」

「우리도 많이 생각하고 있소. 지금 회칙도 고치고 있으며 머지않아 회원도 늘일 터이니 그때는 여기서도 좋은 분을 많이 맞아 들여야 할게요」

좀 더 말씀을 듣잡고 싶으나 시간이 너무 늦어 일어나지 않는 몸을 억지로 일으켰다.

「오늘은 괴로운신 데도 불구하고 많은 가르침을 받자왔습니다」

「자리가 되면 같이 잤으면」 기어코 일어나니

「그러면 밤늦은데 조심하시오. 그리고 한얼몰음과 배달학원의 더욱 빛나게 뻗어 나갈 것을 축복하오」

하시며 다정히 문 밖까지 나와 주신다. 감격과 흥분 속에 집으로 왔다. (끝) 47

朝鮮健民會 發足 李克魯氏 等 中心 昨日 結成

『中外新報』, 1946.6.17.

李克魯氏 等이 中心이 되여 旣成 政黨의 事大主義 政權慾 排擊과 民生問題 打開를 主唱하고 新出發하는 朝鮮健民會는 十六日 午後 二時 市內 長谷川町 研武舘에서 會員 二百餘名 㫣[1]集하에 同會 結成大會를 開催하였는데 會는 朴大南氏 司會로 始作되어 臨時議長 李克魯氏 主宰下에 經過報告 宣言 綱領 規定 通過 委員選擧가 있은 다음 李鍾模氏의 祝辭 財政問題 等을 討議하고 閉會하였는데 同會의 綱領과 委員 四十二名의 氏名은 아래와 같다.

◇綱領＝一, 우리는 民族意識을 昂揚하야 完全 自主獨立國家 建設을 期함.

一, 우리는 民主主義 原則에서 政界의 動向을 批判建議하야 忠實한 國民의 道를 지킴.

一, 우리는 民族文化의 向上을 圖하야 世界文化 發展에 貢獻함.

一, 우리는 生存權確保의 經濟均等 制度를 率先實踐함.

一, 우리는 同志의 總力量을 民衆啓蒙運動에 集中함.

◇委員氏名 委員長 李克魯 副委員長 李景錫 尹治衡 委員 (總務) 朴一來 權奇憲 (組織) 李潤安 尹계元 (硏究) 金형國 尹治衡 (文化) 朴大南 金昌한 (經濟) 채文植 金敬善 (體育) 최仁浩 (宣傳) 李鍾模 (財務) 朱한玉 外 二十六名.

---

1 [편주] 㫣 : '參(참)'의 오식.

國學講座

大倧敎倧經倧史編修委員會,『大倧敎重光六十年史』, 大倧敎總本司, 1971, 608쪽.

◎ 國學講座

1. 開天 4403年 丙戌(西紀 1946年) 7月 23日부터 10日間 中區 苧洞 2街 7番地 所在 總本司 天宮에서 夏期國學講座를 開催하여 國語·國史에 對한 知識普及과 時事 및 民族意識에 關한 啓蒙講座를 實施하였던바 當二百餘名의 男女聽講生이 이에 參加하였고 講師로는 다음과 같이 招聘되었다.

ㄱ) 國語: 李克魯, 李秉岐

ㄴ) 國史: 李瑄根, 朴魯澈

ㄷ) 科外: 曺成煥, 趙琬九, 趙素昂, 鄭寅普, 白南奎, 安在鴻, 申翼熙, 安浩相, 李範奭, 鄭烈模

政界要人錄―李克魯

金丞植 編, 『1947年 朝鮮年鑑』, 朝鮮通信社, 1946.12, 364쪽.

李克魯

慶南 宜寧 出生 五〇歲

一九二〇年 上海 同濟大學 豫科 卒 二七年 伯林大學 哲學部 政治科 卒 英國 倫敦大學에 政治經濟를 硏究 學位 D.R을 授與 歸國後 二十餘年間 朝鮮語學會 主幹으로 活躍 例의 語學會事件으로 咸興刑務所에 服役中 八,一五 出獄 現在 朝鮮語學會長 全國政治運動者後授會 委員長 朝鮮健民會長

人物短評【第十二回】朝鮮語學會會長 李克魯論

CIC生,『民聲』3-3, 高麗文化社, 1947.3, 6쪽.

新聞과 雜誌에 人物論이 있고 그것이『朝鮮』人物論이라면 이에 登場해 不足이 없는 분에 李克魯氏가 있다.

獨逸 最高學部 出身이라는 것은 아는 분들만의 일이나 朝鮮語學會를 말할 때 李克魯氏를 생각하지 않을 수 없고 李克魯氏를 생각할 때 朝鮮語學會를 말하지 않을 수 없다는 것도 決코 誇張[1]은 아닐 것이다.

더욱 獨逸서 敎鞭를 잡고 게실 때 朝鮮語 講義를 하셨고 그 때 切實이 느끼신 것을 契機로 하여서 朝鮮語辭典編纂을 企圖하셨고 그 後 歸國하여서는 全혀 이에『李克魯』를 傾注하셨다니 八·一五 前 그 有名한 광목 두루마기에 책보에 싼 原稿를 끼고서 거리로 나서 돌아다닌 일이라든가 또는 그로 因해 급기야는 倭警에 붙들려 囹圄의 生活을 免치 못하였던 것은 歷史에 남을 記事 中의 하나다.

이 모두가 朝鮮말을 爲함에서였고 朝鮮語辭典 出版를 爲하여서임을 생각할 때 政府 主席이야 누구가 되든 여기 李克魯氏를 잊어서는 안 되리라고 까지 생각함이 아첨이라고 말할 者는 없으리라.

人生 五十이 그리 簡單만 하지 않다 함은 누구나 首肯할 바이며 더구나 사나이한 平生, 그것도 殖民地 百姓으로서의 崎嶇[2]한 運命에서는 말할 나위 없겠다고 하겠으나 얼마나 唾棄[3]할 走狗들이 많았었는가를 回顧할 때, 이러한 氏에게 敬意가 감은 오히려 當然한 感情일 것이다.

그런 氏의 性格이라든가 人品이라든가가 或은 慶尙道産이라는 地理的인 條件에서 오는 것도 遠因의 하나라고 본다면 볼 수도 있겠지만 그 慶尙道의 좋은 面을 具備하였다는 데서 그 固執不通이란 것까지 가지고 있다는 點에서 氏가 산 것이

---

1 [편쥐] 誇張 : 과장.
2 [편쥐] 崎嶇 : 기구.
3 [편쥐] 唾棄 : 타기(침을 뱉듯이 버림).

나 아닐까 한다. 실상은 短評이라는 가벼운 欄이니 이 붓을 들기도 하였지만 筆者와의 面識이 두터운 것도 아니고 傳해 들은 知識이 앞을 서기는 하나 두 세 번 相面 時의 印象으로서는 失禮千萬이나 소를 생각게 하는 분이었다. 만나 뵈옵기 前의 豫備知識의 影響도 없지는 않았겠지만 사람이 말보다 몸으로 가까울 수 있고 가르침이 있고 傳함이 있다는 것은 三千萬 한다 해도 그리 많지는 못한 것을 생각할 때 八·一五 後 行보다는 말로 떠들기에만 成熟한 분들과는 相當한 距離를 두고 보지 않을 수 없다.

어쨌든 말이 아니라 몸으로 생각하고 몸으로 行하고 몸으로 가르치고 하는 분으로는 아직까지 李克魯氏 外에는 만나 뵈온 일이 없는 것은 筆者의 不幸의 하나다.

끝으로 三千萬이 苦待하고 氏를 비롯하여 語學會의 여러 先生들이 文字 그대로 心血을 傾注한 辭典이 하로 바삐 나오기를 바라며, 朝鮮語學會가 이른바 綴字法에만 붙들려 있지 말고 좀더 朝鮮語 全般에 關한 硏究 發表가 活潑하기를 바람으로써 敢히 走馬에 加鞭하였다. 所謂 第三黨運動 云云은 보람 없는 氏의 消耗에 돌아가지나 않을까 여겨져 자진 않는다.

(CIC生)

新刊紹介 ― 苦闘四十年(李克魯 著)

『東亞日報』, 1947.5.22.

[新刊紹介] ▲苦鬪四十年(李克魯 著) 定價四〇圓 乙酉文化社 發行

政界人名錄 ― 李克魯

金丞植 編,『1948年版 朝鮮年鑑』, 朝鮮通信社, 1947.12, 462쪽.

李克魯 慶南 宜寧 出生 五一歲

上海 同濟大學 豫科 卒業

二七年 伯林大學 哲學部 政治科 卒業

倫敦大學서 政治經濟研究學位 D・R을 授與

世界弱少民族大會 朝鮮代表로 參加

語學會 主幹으로 活躍

語學會事件으로 咸興刑務所에 服役中 八・一五 出獄

現在 朝鮮語學會 幹部, 健民會長, 民族自主聯盟 委員

회원소식 · 광고

조선어학회 편집부, 『한글』 13-1(103), 한글사, 1948.2, 75 · 78쪽.

[회 원 소 식]

★이 극노님…"조선어 음성학"을 아문각(雅文閣)에서 출판. [75]

東正 李克魯 博士 著

朝鮮語 音聲學 (洋裝上紙) 出版!

頒價120圓

★ 壓迫과 侮辱, 賤待와 苦難의 가시관을 쓴 채, 國語를 死守한 李博士 秘藏의 玉稿가 드디어 出版되었다.

內容은 李博士가 일찍 도이취(獨逸) 베르린 大學에서 硏究하신 貴重한 學的 勞作이며, 本社는 이 名著를 公刊하게 됨을 스스로 기뻐하는 바이다.

發行處 雅文閣 서울 公平洞 121 [78]

李克魯氏 平壤着

『獨立新報』, 1948.4.21.

南北會談에 個人 招請을 받은 健民會 委員長 李克魯氏와 隨員 四名은 十八日 서울을 出發하여 十九日 平壤에 無事 到着되었다고 한다.

洪命熹氏와 李克魯氏 殘留

『民主衆報』, 1948.5.8.

【서울 六日發 合同】南北要人會談에 參席한 南朝鮮側 代表 約 五百名은 지난 五日까지 거의 歸京하고 民聯 李克魯 崔東오 民獨 洪命熹 勤民 張建相 孫斗煥氏 等은 個人 事情으로 當分間 平壤에 殘溜하게 되엿다고 한다. 그리고 洪命熹는 孟山 親戚 邸에서 當分間 休養한 後에 歸京할 豫定이라 한다.

回顧錄

李耘虛, 『耘虛禪師語文集』, 東國譯經院, 1989, 430쪽.

檀紀四千二百四十六年[1] 癸丑 春 與春岳, 劍君, 中波, 迷津 作件, 往南滿 桓仁縣, 晤 白農 李元植, 白巖 尹世茸, 檀崖 尹世復, 金衡, 金東平, 李克魯 諸友, 在東昌學校 課學 生, 大倧敎에 歸依, 大東靑年黨에 加入.[2]

---

1 [편주] 檀紀四千二百四十六年 : 서기 1913년.
2 [편주] 李耘虛, 「나의 過去」(1969)(『耘虛禪師語文集』, 東國譯經院, 1989, 484쪽)는 약간 다르게 기술 되어 있다. "1913 二十二歲 봄에 承晦均‧金奎煥(宣川)‧金鎭浩(宣川)와 作件, 奉天省 桓仁縣에 가서 尹世茸‧尹世復‧李東廈氏들이 經營하는 東昌學校에서 敎員으로 勤務, 여름에 秘密結社인 大東靑年 黨에 加入하였다. 이때의 이름은 李時說이요, 호를 檀叢이라 하다."

半世紀의 證言(발췌)

李仁, 『半世紀의 證言』, 寶晉齋, 1974.3.30., 123~125, 129쪽.

三十五. 朝鮮語學會 事件의 전말

一九四一年 一〇月, 가을바람이 쌀쌀한 아침이었다. 古下(宋鎭禹)가 淸進洞 나의 집에 들어서자마자 『이제는 동저고리바람으로 나왔네. 愛山도 몸조심하소』하고 밑도 끝도 없는 말을 한다. (…중략…) 123

(…중략…)古下가 다녀간 며칠 후 이번에는 古陋(李克魯)가 아침 일찍 문을 두드린다. 古陋는 愛山 집에는 늘 來客이 많으므로 조용할 때 찾아왔다면서 『우리에게도 인제 닥쳐왔는데……』하고 서두를 꺼낸다.

『愛山, 희생이 없어야 할 것 아니요. 그것들(倭政)이 이제는 反省을 해야지. 그래야 우리 일이 편할 것이고 그 것들도 殘命이나마 붙어 있을 것인데……. 그것들이 大東亞共榮圈을 정말로 만들고 싶다면 우리나라를 포기해야지. 그래서 영토적 야심이 없다는 것을 내보이면 中・日전쟁의 마무리가 효과적이란 말야.』

내가 이 말을 받아 『글쎄, 그랬으면 오죽이나 좋을까 마는 누워서 떡을 먹으면 떡고물이 눈에 들어가는 법일세. 희생없이야 무엇이 되겠나』했더니 古陋는 말을 잇기를 『우리가 잠자코 있을 것이 아니라 서로 糾合해서 그것들에게 건의하고 또 전 세계에 廣布呼訴하면 어떠냐?』고 한다.

그러나 당시의 日帝는 한 조각 領土라도 더 확장할 욕심으로 中國을 말발굽 아래 짓밟아 非人道的, 鬼畜行動을 하고 있으니 말 한마디로 우리 땅을 포기할 까닭이 없다. 나는 하도 기가 막혀 古陋에게 그런 싱거운 소리를 입 밖에 내면 남들이 미쳤다 할 것이라고 핀잔했다. (…중략…) 124

그러나 사건을 꾸며대기로 마음먹은 日警이 그대로 물러설 리는 없다. 이번에는 朴英玉이 쓴 國語라는 말을 트집 잡아 朝鮮語를 國語라 가르친 교사를 탐색하니 丁泰鎭(一九〇三~一九五五)이 걸려들었다.

이때 丁泰鎭은 이미 一년 전에 학교를 사직하고 서울에서 朝鮮語學會 일을 보고 있었다. 洪原경찰서는 丁泰鎭을 연행한 뒤 刑事를 大擧 上京시켜 朝鮮語學會 사무실을 수색했다. 日警은 모두 書類 書籍은 물론이요, 애써 모은 원고까지 압수하였으나 꼬투리를 잡을 게 없자 古陋의 책상 앞에 있던 편지 한 통을 문제 삼았다. 이 편지는 滿洲의 渤海故都 東京省에서 尹世復이 보낸 것이었다. 尹世復은 檀君을 받들어 民族魂을 부식하자는 大倧敎를 일으켰다가 滿洲로 쫓겨나 있었는데 거기서 作詞했다는 檀君聖歌를 語學會로 보내 작곡 주선을 의뢰했던 것이다. 日警은 檀君聖歌를 가지고 朝鮮獨立을 하자는 것 아니냐고 들고 나오니 이해 一○월 一일에는 語學會의 李重華 張志暎 韓澄 李允宰 崔鉉培 李克魯 李熙昇 鄭寅承 權承昱 李錫麟 등 ——명을 일제 검거하여 洪原으로 끌고 갔다. [125]

三十六, 咸興서 유치장은 바로 地獄이었다.

(…전략…) 어느 날은 형사가 『李克魯와 함께 獨立建議를 日本會에 내기로 했다는데 사실이냐』고 물었다. 나는 그런 일 없다고 단호히 부인했다. 언젠가 그 비슷한 말을 古陋(李克魯)가 한 일이 있음은 앞서 말하였거니와 그는 이 일을 手帖에 적어 놓았던 것이다.

古陋는 무엇이든 手帖에 적어 두는 버릇이 있었던 모양인데 이것으로 해서 여러 사람이 겪은 고초가 막심했다. 그는 安島山과 점심을 같이 먹은 사실도 적어 놓았다. 심지어는 若嬰(金良洙)의 자제가 徽文學校 강당에서 결혼식을 올린 일과 식이 끝난 뒤 참석자 몇 사람이 함께 점심 먹은 일도 手帖에 기록을 했다.

日警은 이 手帖을 근거로 꼬치꼬치 캐묻는데 『점심을 먹으며 무슨 말을 하였느냐. 식당에서 나와서 어디로 갔느냐고』한다. 사실대로 『말한 것이 없다』고 하니 굵직한 고무 「호스」로 난장질을 하고 몸을 묶어 비틀어 댄다. 도대체 무엇 하러 手帖에 적는단 말인가. 나는 이 일로 한 열흘을 두고 닥달¹을 당하니 手帖이란 것은 지금도 지니지를 않는다. [129]

---

1 [편주] 닥달: 닦달.

국어운동 50년 — 朝鮮語學會시절⑤

정인승, 『全北新聞』, 1977.7.19.

(…전략…) 이러한 속에서 日人들의 주목과 감시는 날로 심해 갔다. 우리들이 일을 하던 花洞 129번지 조선어학회의 사무실에는 매일같이 日人형사가 드나들었다. 이들이 나타나면 비밀스러운 얘기도 할 수가 없고 회의를 할 수도 없어 딱 질색이었다. 그러면서도 내색은 못하고 담배도 권하고 부드러운 말로 농담도 걸면서 아첨을 해야 한다. 이들의 비위를 건드렸다가는 다 먹은 밥에 코 빠뜨릴 판이었다.

우리는 일이 끝날 때까지는 죽는 시늉이라도 하자고 결의하고 국방헌금을 내라 신사참배를 하라, 勤勞奉仕를 하라 등등 하라는 일도 많고 시키는 일도 많은 그들의 지시를 아무 군말 없이 다 따랐다.

그러는 한편 없는 돈에서 형사 부스러기 뿐 아니라 韓相龍·崔麟 등 親日派의 거두에게 교제의 길도 텄다.

구구하고 더러운 일이지만 이렇게 위, 아래로 매수를 해 놓아야 탈 없이 일을 해 나갈 것 같았다. 이 일은 李某[1]가 맡았다. 이처럼 인사를 다니는 일이 맨입으로 될 리가 없어 그렇지 않아도 부족한 예산에서 적지 않은 돈이 들어갔다.

(…중략…) 41년이 되자 원고는 아직 채 끝이 나지 않은 대로 정리가 된 첫 부분부터 인쇄에 들어갔다.

日人들에게서 인쇄허가를 얻어 내는 데에도 간이 다 녹을 정도의 애로를 겪었다. 李某가 매일같이 총독부를 드나들며 日人관리들에게 뒷구멍으로 돈을 드려밀고 갖은 아양을 다 떨었다.

그들도 나중에는 허가를 안 해 줄 도리가 없게 되자 총독부 학무국에서 우리들의 原稿를 샅샅이 지우고 고치고 해서는 빨강글씨투성이를 만들어서는 許可를 내주었다.

〈계속〉

---

1 [편쥐 이극로, 이하 동일.

李克魯先生 회고

金永韶, 『道生集』, 어쿼리언서적, 1992, 28 · 38쪽.

第二章 試錬

6. 工課中 號外

1932年 4月 29日 (…중략…) 滿洲事變 以後 日帝의 大陸侵攻이 强行繼續되어 거의 隔日로 號外는 發行되었다. 五月上旬 어느 날 級友 臺灣人 蘇景松君이 新聞配達을 그만두고 같이 工夫하자고 提議했다. 極히 便利한 位置에 自立할 수 있는 報酬를 얻고 있는 나는 이를 拒否했다. 첫째 理由는 내가 渡日後 李克魯先生이 보내신 葉書에 「苦學을 해본 사람만이 苦學의 貴한 精神과 그 情趣를 理解한다」는 말씀이었고, 둘째는 京都日日新聞 配達夫에서 越等히 收入이 나은 大阪每日新聞 配達夫 자리를 얻는데 三個月이 걸렸다는 經驗이다. (…중략…) (1987. 6. 31. 於山莊) 28

第三章 乾坤一擲

4. 禮訪과 密書

세브란스醫專 入學[1] 後 첫여름 放學에 歸省하니 아버님[2]은 「네가 성루 工課 中 몇몇 분은 月例로 尋訪하여 그 분들의 訓諭를 받는 것이 좋다」하시면서 呂運亨 · 李克魯 · 鄭寅普 · 尹致昊 네 분을 말씀하시었다. 그해 가을 香山(尹相泰氏 號)께서 上京하시어 나와 두 아들을 데리시고 徽文高普 뒷담에 接해 있는 夢陽先生 宅을 尋訪 우리들을 처음 인사케 하였다.

李克魯先生은 水標洞 語學會가 花洞으로 移舍하여 세브란스醫專 入學 直後 가

---

1 [편쥐] 入學 : 1934년.
2 [편쥐] 아버님 : 해악(海岳) 김광진(金光鎭, 1885~1940).

서 인사드렸다. 鄭寅普先生은 세브란스에 오셔서 東洋倫理를 講義하셨고 尹致昊先生은 南大門教會에서 첫 인사를 드렸다. 呂運亨先生과 李克魯先生은 한 學期에 一・二次 禮訪하여 아버님의 편지를 傳하면서 問安 드렸다. 이것은 新幹會가 解散된 以後의 일들이다. (…중략…) 1987. 6. 7. 記 [38]

공 안과에 찾아온 한글학자 이극로 선생

공병우, 『공병우 자서전 – 나는 내 식대로 살아왔다』, 대원사, 1989, 77~78쪽.

한글 이야기를 하자면 다시 또 일제 때로 돌아가야 한다.

내가 1938년에 서울 안국동에 개원한 공 안과는 우리나라 최초의 안과 개인 병원이었다. 앞에서 조금 밝힌 바 있지만, 어느 날 허름한 양복을 입은 중년 신사 한 분이 들어왔다. 안질이 있어서 왔다는 것이다. 치료를 받고 나서 그분은 이런 이야기 저런 이야기를 하다가 불쑥 우리글에 대한 말을 꺼내는 것이었다.

"우리 조선 민족이 갖고 있는 한글에 대해 관심 가져 본 일이 있습니까?"

"아직 없습니다."

솔직히 말해서 나는 검정시험에 필요한 일본글만 공부했지 소위 언문에 대해선 관심이 없었다. 그는 천천히 말했다.

"우리가 흔히 말하는 언문이란 글은 세계에서도 보기 드문 훌륭한 글인데, 일본 놈들이 이 글을 못 쓰도록 탄압을 하고 있죠. 아니, 일본 놈들만 그런 게 아니라, 우리 조선 사람들까지도 제 나라 글에 대해 대체로 무관심한 편이죠. 아니 한 술 더 떠 아예 한글은 글자가 아닌 것인 양 무시하는 식자들도 많습니다."

바로 나를 두고 하는 소리 같기만 했다. 물론 학교에서 배울 수 없었던 조선어였지만, 나는 그 때까지 전혀 관심을 가져 본 적이 없었다. 한글에 대해서 은밀히 깨우쳐 주는 사람이나, 교육자나, 친구나, 기관도 내 주변에는 77 없었다. 그 환자 덕분에 나는 뒤늦게나마 우리 한글을 알게 되었고 한글이 우수한 글이란 점도 깨닫게 되었다.

한글에 대한 그의 애정은 종교적 신앙처럼 뜨거웠다. 그렇게도 철저한 분이었기에 눈을 치료 받으러 와서 한글에 대해서 까막눈이던 안과 의사인 나의 눈을 뜨게 하고, 내 민족 문화를 바로 볼 수 있는 시력을 바로잡아 준 것이다.

그는 처음 보는 의사에게까지 한글을 전도할 수 있었던 신념에 가득 찬 그런 분이었다. 참으로 감탄하지 않을 수 없었다. 그것도 서슬이 시퍼런 일본 제국 치

하에서 '우리 조선 사람이 한글을 알아야만 우리 민족이 멸망하지 않는다'라고 태연하게 말할 수 있는 그런 분이었다. 지사적 인상이 풍기는 훌륭한 사상가 같았다. 그분은 자연스럽게 나에게 민족 정신을 불어넣어 준 것이다.

부끄러운 이야기지만, 그 때까지만 해도 나는 내 나라의 훌륭한 글을 배워야겠다는 생각조차 못하고, 하루하루를 바쁘게 살고 있었다.

1934년 1월 25일에 한글 맞춤법 통일안이 발표되었지만, 학자들이 계몽하는 시기였다. 가끔 신문에 문필가들이 이를 사용하겠다는 내용의 성명서를 내었으나 나는 예사로 보았다. 그리고 한글 맞춤법의 규칙이 어떻게 되어 있는지 몰랐고, 관심조차 갖지 않았던 것이다. 그런 내가 그렇게도 유식하고 민족정신이 투철한 한글학자를 만난 것을 하느님께 감사하고 있다.

내가 그 때 그분으로부터 그 같은 자극을 받지 못했다면 어쩌면 한글 타자기를 발명하지 못했을지도 모른다.

나는 해방이 되고 나서야 비로소 그분이 조선어학회 중진인 유명한 한글학자이자, 독일에서 공부하고 돌아온 저명한 이극로 박사란 사실을 알았다. [78]

고루 이극로 박사의 교훈[1](발췌)

박지홍,[2] 『한글문학』 22, 한글문학사, 1994, 14~21쪽(발췌).

〈일러두기〉—나는 8·15 해방을 맞은 '40년도 후반기에 그때 「조선어학회」 회장으로 계시던 고루 박사를 세 번이라 뵐 수 있는 영광을 얻었다. 처음 뵌 때는 '46년 8월이었다고 기억되는데 그 때는 부산에서 뵈었고, 두 번째는 '47년 8월(?)이었는데, 그때는 회장님 댁에서 뵈었으며, 마지막은 그 해 겨울이었는데, 이때도 역시 댁에서 몇 사람 속에 끼어서 함께 뵈었다. 이제 여기 그때그때들은 말씀을 적어서 다 같이 한 번 생각해 보고자 한다.

(1) 고루 박사의 큰 생각

8월의 어느 일요일이었다. 부산대학 국문과 류열 교수로부터 초량에 있는 자기 집으로 나와 달라는 전갈이 왔다. 그 무렵, 다 같이 경남 중등교원 양성소 국어과 강사를 지낸 바 있는 류 교수와 나는 가까운 사이였으므로, 나는 곧 달려갔다.

내가 류 교수 댁에 도착했을 때는 9시가 훨씬 넘어 있었는데, 안방에는 전형적인 농촌 노인 같은, 인자해 보이는 50대 노인 한 분이 앉아 계셨는데, 인사를 드리고 난 후에야 이 분이 왜정 때부터 말로만 듣고 사숙해 오던 고루 박사임을 [14] 알았다. 인사가 끝나자 류 교수는 내게 곧 일어서라고 하였고, 밖에 나가서야 나는 10시에 배달학원(류 교수가 경영하던 야간 중학) 교정에서 고루 박사의 강연이 있음을 알았다.

교정에는 꽤 많은 군중이 모여 있었는데, 이윽고 단상에 올라가신 고루 박사는 나지막한 목소리로 조용히 천천히 말씀을 끄집어내시더니, 미구에 말씀을 크게

---

1 [편쥐] '(1) 고루 박사의 큰 생각', '(2) 고루 박사의 식생활', '(3)고루 박사의 판단' 중 (1)만 발췌함.
2 [편쥐] 박지홍(1924~2011) : 경남 양산 출신 한글학회 이사·한글문학회 명예회원.

떨치기 시작했다.

"……여러분! 저 오륙도를 보십시오. 지금으로부터 약 3백 50년 전에 왜적은 아무런 이유도 없이 저 섬 앞으로 해서, 그들은 총과 칼을 가지고 이 부산을, 우리나라를 쳐들어와서 이 나라를 완전히 잿더미로 만들어 놓고 돌아갔으며, 그 때우리의 문화재는 거의 모조리 그들에 의하여 불타고 부서지고 말았던 것입니다. 그것이 임진왜란이었습니다. 그러나 그들은 그것으로 끝내지 않았습니다.

대한 제국 말기에는 군함에 대포를 실어 와서 역시 저 오륙도 앞으로 해서 이곳에 들어와서 이 부산을, 이 나라를 강제로 빼앗아 그들의 식민지로 삼았던 것입니다.

여러분! 정신을 꼭 차려야 합니다. 우리나라에 해방이 온 것은 사실입니다. 그러나 그들은 10년 후면, 이번에는 경제란 무기를 싣고 이 땅에 쳐들어와서 우리나라를 그들의 경제적 식민지로 만들고 말 것입니다. 부산에 계시는 여러분! 여러분은 저 오륙도를 볼 때마다 일본을 경계하고 살아가셔야 합니다. 아직 결코해방의 기쁨에만 들떠 있을 때가 아닙니다.……"

고루 박사의 강연은 한 30분 만에 끝났고, 말씀이 끝나자 청중은 물을 끼얹은듯 조용해졌으나, 그 누구도 '경제적 신민지'란 말의 참뜻을 아는 이는 없었던 것같고, 나도 그 중의 한 사람이었다.

그러나 이 날 들은 이 강연은 23살의 내게는 너무나도 충격적이어서 나는 지금도 고루 박사의 말씀을 이렇게 기억하고 있으며, 나는 그 후 이 말씀을 해석하고실행하는 데 많은 노력을 기울인 것만은 사실이다. -그리고 이 금쪽같은 고귀한말씀은, 오히려 오늘을 살아가는 우리 겨레에게 주는 소중한 교훈이 아닐까 생각된다.

그날, 우리는 고루 박사를 모시고 송도에서 해수욕을 즐기게 되었는데, 「영남국어학회(회장 류열)」의 회지 편집을 맡아 있던 나는, 박사님과 단독으로 대담할수 있는 기회를 가지게 되어, 우리 말글에 대해 평소에 의문을 가지고 있[15]던몇 가지 점을 여쭈어 보았다.

"선생님께서는 왜정 36년 동안에 우리 말 연구에 공이 큰 분은 어떤 분들이라고 생각하십니까?"

"일본 사람이기는 하나, 우리는 소창진평(小倉進平) 박사의 공을 잊을 수 없습니다. 꽤 많은 저서가 있지만, 그 중에서도 『향가급이두연구(鄕歌及び吏讀の研究)』를 낸 공은, 아주 크다고 하겠습니다. 그 때까지 우리는 아직 신라의 향가를 학술적으로 풀어낼 힘이 없었지요.

그러나 뭐니 뭐니 해도 최현배 선생의 공이 가장 크다고 하겠습니다. 최현배 선생도 꽤 많은 저서를 내었는데, 그 중에서도 『우리말본』을 낸 공은 아무도 부정하지 못할 것입니다. 「조선어학회」에서 낸 『한글맞춤법통일안』도 최현배 선생이 낸 이 문법이 그 토대가 되어 이루어진 것입니다.

다음으로 김윤경 선생의 『조선문자급어학사』지요. 이 책은 한말로 역작입니다. 이 책 속에는 우리 어학사에 나타나는 국어학에 관한 자료가 거의 빠짐없이 실려 있어, 후학에게 국어학사 연구의 길을 열어놓게 되었던 것입니다.

마지막으로 양주동 선생의 『조선고가연구―고가 연구』지요. 이 책은 실로 우리 민족의 체면을 세워준 거작입니다. 소창 박사의 향가에 대한 해독과 해설을 완전히 무너뜨리고 일본 민족의 콧대를 깎아내린 통쾌한 저서지요. 더구나 이 책은, 그 내용이 양이나 질이 모두 소창 박사의 연구와는 상대가 되는 것이 아니지요. 나는 우선 이 네 분의 공을 치하하고 싶습니다."

"선생님의 조선어학회 회장으로서의 포부에 대해서 한 말씀해주십시오"

"먼저 학술대를 몽고는 물론 만주의 변경에 학술대를 보내어 몽고말과 만주말을 연구하게 하고, 시베리아에도 보내어 퉁구스말을 연구하게 해야 하겠습니다. 우리는 그 사이 우리말글을 보존하고 보급하는 데도 힘이 부쳤습니다. 그래서 계통론에 대해서 손도 대지 못했습니다. 우선 이 일이 급합니다.

그리고 겨레의 한 사람으로서 말한다면, 에스페란토를 우리나라에 보급하고 싶습니다. 국제보조어인 이 말은 초등학교 5학년부터 가르치는 것이 좋겠습니다. 이는 안으로 세계의 모든 약소민족의 말을 지켜줄 것이며 나아가 세계의 모든 민족이 평화스럽게 살아가는 데 큰 도움이 되어줄 것입니다."

고루 박사의 말씀은 하나하나 정말 값진 교훈이었다. 그러나 우리 학회가 계통론에 대해서 눈을 뜨게 된 것은 '60년대 후반기에 들어서서부터였고, 에스페[16] 란토 교육 문제는 '70년도에 들어서서 싹트기 시작했으니 고루 박사의 깨우침이 얼마나 대단한 것이었는지 새삼 가슴에 되새겨진다.

'60년도 후반기부터 내가 에스페란토 보급에 열을 올리게 된 것도 생각하면 고루 박사의 이 가당찮은 말씀에 힘입은 바 컸다고 하겠다.

이날 밤에 류 교수 댁에서 영남국어학회 임원회가 열렸는데 이 자리에서 고루 박사는 다음과 같은 말씀으로 우리를 일깨워 주셨다.

"여러분! 흔히들 세계에는 강대 민족과 약소민족의 두 갈래의 민족이 살고 있다고 합니다. 그러나 우리 민족은 이 둘 중 어느 하나에도 속하지 않습니다. 우리 민족은 강소 민족입니다. 국토는 좁으나 민족성은 강한, 강소 민족입니다.

여러분! 세계 지도를 내어 놓고 들여다보십시오. 전 세계는 38선을 경계로 하여 자리 잡고 있는 나라들이, 모두 한때 세계를 영도하였습니다. 이번에는 우리 나라 차례가 분명합니다.

현재 우리나라에는 남으로 민주주의가 들어와 있고 북으론 사회주의가 들어와 있어 38선에서 크게 대진하고 있습니다. 그러나 슬기로운 우리 민족은 이를 극복해 낼 수 있습니다. 21세기까지 우리 민족은 남쪽에서는 민주주의를 완전히 소화하고 북쪽에서는 사회주의를 완전히 소화하여 각각 그 장점을 따서 21세기 초에는 우리나라에 정말 진정한 민주주의가 대두될 것입니다. 그때 나는 이미 이승 사람이 아닐 것입니다만 그때 여러분은 여러분의 눈으로 그 사회를 보게 될 것입니다. 여러분, 큰 희망을 가지고 살아가십시다."

고루 박사의 말씀은 여기서 끝났고, 우리는 모두 감격에 어려 멍히 앉아 있었다.

그러나 '90년대로 들어선 요사이 곰곰이 생각해 보니 고루 박사가 그 역사를 멀리 바라보시는 눈으로 우리에게 주신 깨우침이 나의 생각을 새삼 새롭게 해주는 바가 너무 커서, 멋모르고 보낸 지난 일이 그저 부끄럽기만 하다.

(…후략…) [17]

출처

제1부 단행본
『한얼노래』, 『고투40년』, 『실험도해 조선어음성학』, 『국어학논총』 : 조준희 소장

제2부 기고글
『조선일보』 : 조선일보 독자서비스센터
『학생신문』 : 국회도서관
『한글문화』 : 조준희 소장
『신생』, 『신세대』, 『장산』, 『조광』, 『조선물산장려회보』, 『중외정보』 : 연세대 학술정보원 국학자료실
『동광』, 『신교육건설』 : 고려대 중앙도서관 한적실
『나의 포부와 희망』 : 동국대 중앙도서관
『동아정보』, 『민성』, 『보육』, 『아동교육』, 『한글문화』 : 국립중앙도서관
『대종교보』 : 고려대 중앙도서관 한적실
『임시중등음악교본』 : 오영식 소장
『道生集』 : 조준희 소장
「이극로 편지」 : 이승철 소장
「조선국내사정보고서」 : NARA
『대종교보』 : 대종교총본사
『신세기』, 『한얼』 : 아단문고
「조선건민회 성명서」, 「조선건민회 강령 및 규약」 : 독립기념관
『고문신석』, 『시조독본』 : 조준희 소장
『군현필지』 : 흥사단

제3부 기타 자료
『연계여유일기』 : 고려대 중앙도서관 한적실
「물불 克魯氏 말」 : 춘해보건대 역사관
『대종교총본사직원회록』, 『연구실일지』, 『영유존안』 : 대종교총본사

사진
〈안상록〉, 〈안상록 – 이극로 일본 도쿄〉(1928), 〈안상훈 결혼식〉(1934) : 안경하 소장

〈제1회 무도강연회〉(1935), 〈좌우합작위원회〉(1947) : 몽양여운형기념관
〈대종교총본사환국기념〉(1946) : 대종교총본사
〈이극로 가족〉: 이승철 소장

Ⅰ. 단행본

1. 한얼노래

> 한뫼가 우뚝코 은택이 호대한 한배검이 비치신 이 때에
> 크시와 크신 덕 넓히고 기르는 나의 명동
>
> — 「명동학교 교가」

북간도 민족교육의 요람으로서 기독교 민족주의자 김약연이 설립했던 명동학교의 교가에는 한배검이라는 용어가 등장한다. 이는 국조 '단군'을 대종교단에서 순 한글로 부르는 종교 개념으로서, 대종교는 단군을 교조(敎祖)로 받들고 한민족 구심점으로서의 기치를 내걸어 청산리대첩 승전과 대한민국 임시정부, 조선어학회 활동으로 독립운동사에서 중요한 비중을 차지하였다.

대종교인들은 독립운동뿐만 아니라 한글운동, 개천절 국경일 제정, 민족교육 (홍익대, 단국대 설립), 의학, 예술 분야에도 공헌한 바가 적지 않았다. 기독교에서 대종교로 귀의한 주요 인사는 주시경을 위시하여 안재홍, 우덕순, 이동녕을 손꼽을 수 있으며, 기독교인으로서 대종교 사상에 적극 공감한 이는 안창호, 이동휘, 이승만과 같은 지사들이 있었다.

이러한 대종교단에는 개신교의 『찬송가』, 가톨릭의 『성가』에 해당하는 『한얼노래』(37곡)가 있다. 한얼노래란 "대종교의 정신을 나타내어 믿는 마음을 굳게 하며 사는 기운을 펴게 하는 거룩하고 아름다운 노래"[1]로 정의된다. 『한얼노래』 책

자는 1942년 6월 10일 만주 영안현 대종교총본사에서 한글 가사집 『한얼노래』와 악보가 달린 『곡조 한얼노래』라는 표제로서 각각 출판되었다. 서울 한성도서주식회사에서 4,000부가 인쇄되었고, 편집인은 이극로, 발행인은 안희제였다.

이극로의 「(한얼노래) 머리말」을 살펴보면, "돌아가신 스승님들이 지으신 것을 본을 받아, 새로 스물일곱장을 더 지어 보태어, 번호를 매지 아니한 얼노래 한 장을 빼고, 모두 설흔 여섯장으로 되었다"고 되어 있다.[2] 『한얼노래』의 조성은 번호가 없는 「얼노래」 한곡만 단조(g단조)이고, 나머지 36곡은 모두 장조로 돼 있다. 전곡을 도표화해 보면 〈표 1〉과 같다.

가사를 보면 이극로는 대종교의 교리 · 교사 · 의례를 모두 회통하고 있음이 나타난다.

교리로는 한얼님과 삼신(환인 · 환웅 · 단군)을 찬양했고(5 · 9 · 10 · 14장), 교사로는 민족 성지 백두산을 우러렀으며(7장), 의례로는 교인이 가져야 할 신앙심(12 · 15~26 · 29장)과 예식(27 · 28 · 30~36장)을 노래했다.

전체의 43%가 C장조 · G장조로 전반적으로 밝고 누구나 쉽게 따라 부를 수 있도록 친근감이 있다.

『한얼노래』 작곡가는 「머리말」에 "노래 곡조는 조선의 작곡가로 이름이 높은 여덟 분의 노력으로써 이루어진 것"이라고 기록돼 있으며, 지금까지 채동선(1901~1953) 한 명만 알려져 왔다.[3] 나머지 7인은 김성태(1910~2012), 박태준(1900~1986), 안기영(1900~1980), 이흥렬(1907~1980), 현제명(1902~1960), 홍난파(1898~1941) 등으로 사료된다.[4]

위의 「머리말」 작성 시점이 '1942년 3월 3일'임을 볼 때 이극로가 『한얼노래』

---

1   이극로, 「머리말」(1942.3.3), 『곡조 한얼노래』, 대종교총본사, 1942.
2   1935년에 필사본으로 간행된 『종례초략(倧禮抄畧)』에는 '노래몬이(가곡집)'가 실려 있는데, 여기에는 15곡·구체적으로 「얼노래(神歌)」, 「한풍류(天樂)」, 「세얼(三神歌)」, 「세마루(三宗歌)」, 「개천가(開天歌)」, 「어천가(御天歌)」, 「중광가(重光歌)」, 「가경가(嘉慶歌)」, 「경광가(景光歌)」, 「신혼가(新婚歌)」, 「추도가(追悼歌)」, 「기리움(讚頌歌)」, 「한울집(天宮歌)」, 「믿음의 즐검(樂天歌)」, 「나는 두렴없음(無畏歌)」이 수록되어 있다. 이 노래몬이는 1940년 활자 인쇄본 『종례초략』에도 그대로 실렸으나, 1942년에 이르러 「경광가」, 「신혼가」, 「추도가」, 「기리움」, 「나는 두렴없음」의 5곡을 제하고, 기존 10곡에다 이극로가 새로 작사한 27곡이 삽입되어 총 37곡의 『한얼노래』라는 새 제목으로 집성된 것이다.
3   대종교종경종사편수위원회, 『대종교중광육십년사』(이하는 『육십년사』), 대종교총본사, 1971, 448쪽.
4   이상만 음악평론가와 전화통화(2010.11.12).

<표 1> 한얼노래 구성

곡명	작사가	박자	조성	곡명	작사가	박자	조성
0. 얼노래(神歌)	미상	3/2	g단조	1. 한풍류(天樂)	나철	3/4	D장조
2. 세얼(三神歌)	나철	3/4	G장조	3. 세마루(三宗歌)	나철	4/4	E장조
4. 개천가(開天歌)	최남선	3/4	G장조	5. 삼신의거룩함	이극로	2/2	C장조
6. 어천가(御天歌)	나철	4/4	A장조	7. 성지 태백산	이극로	4/4	Bb장조
8. 중광가(重光歌)	나철	4/4	C장조	9. 한울집(天宮歌)	미상	6/8	Bb장조
10. 한얼님의 도움	이극로	4/4	G장조	11. 믿음의 즐거움(樂天歌)	미상	3/4	D장조
12. 죄를 벗음	이극로	4/4	Eb장조	13. 가경가(嘉慶歌)	서일	4/4	Bb장조
14. 삼신만 믿음	이극로	3/4	A장조	15. 희생은 발전과 광명	이극로	2/4	C장조
16. 한길이 열림	이극로	4/4	C장조	17. 사람 구실	이극로	4/4	Ab장조
18. 한결같은 마음	이극로	3/4	G장조	19. 힘을 부림	이극로	4/4	G장조
20. 사는 준비	이극로	3/4	Eb장조	21. 미리 마음	이극로	6/8	F장조
22. 대종은 세상의 소금	이극로	4/4	C장조	23. 사랑과 용서	이극로	3/4	G장조
24. 교만과 겸손	이극로	3/4	Ab장조	25. 봄이 왔네	이극로	6/8	G장조
26. 가을이 왔네	이극로	6/8	F장조	27. 아침 노래	이극로	6/8	G장조
28. 저녁 노래	이극로	4/4	Ab장조	29. 끼니 때 노래	이극로	4/4	F장조
30. 승임식의 노래	이극로	4/4	C장조	31. 상호식 노래	이극로	3/4	F장조
32. 영계식 노래	이극로	4/4	C장조	33. 조배식 노래	이극로	4/4	C장조
34. 혼례식 노래	이극로	6/8	A장조	35. 영결식 노래	이극로	3/4	Ab장조
36. 추도식 노래	이극로	3/4	F장조				

작사와 곡선별을 마치고서[5] 작곡을 의뢰한 시기는 1941년도로 유추된다. 불행히도 『한얼노래』가 간행된 직후인 1942년 10월 1일 이극로는 '조선어학회 사건'으로 검거되어 징역 6년을 선고받아 함흥형무소에 수감되었고, 조선어학회 간부 검거와 동시에 만주에서 대종교 박해로 교주 윤세복 외 20여 명의 임원들이 일경에 체포되어 10명이 순교한 사건(임오교변)마저 일어났다. 그럼에도 불구하고 천우신조로 광복을 맞이해 이극로 자택에 감춰 두었던 책자가 다시 세상에 나와 빛을 보게 되었다.

---

5 이극로 작사로서 공식 발표된 곡은 1940년 당시에 「三神의 거룩함」, 「聖地太白山」, 「한얼님의 도움」, 「한길이 열림」, 「아침 노래」, 「저녁 노래」, 「끼니 때 노래」, 「三神만 믿음」 8곡이었다(『대종교보』 32, 4지3·4, 대종교총본사, 1941.7.5, 5~8쪽).

翌年 壬午에 한얼노래 4千部를 京城에서 出版하였던바 同年 11月에 敎變이 일어나서 總司에 保管했던 一切 敎籍은 日警에게 押收되고, 한얼노래는 京城 花洞 居住 고루 李克魯 仁棣 宅에 隱藏하였다가 解放 後 總本司가 還國하여 다시 收拾하고 現用하기에 이른 것이다.[6]

국립중앙도서관에는 「한풍류」 등의 작곡가 김성태로 등록된 서류가 있다.[7] 홍난파가 천도교의 『천덕송』 대표 작곡가로 참여했다면,[8] 채동선과 김성태가 대종교의 『한얼노래』 작곡을 주도했다는 점이 주목된다. 1941년은 김성태가 보성전문학교 음악 강사로서 활동을 폭을 넓히고, 경성방송합창단 상임지휘자로 활약하던 시기다. 바이올리니스트, 작곡가, 사상가로서 민족정신을 실천한 음악가 채동선과 김성태의 사승 관계,[9] 그리고 이극로의 동지 허헌이 보성전문 교장을 역임했고, 동향인 안호상이 보성전문 교수로 재직했다는 연고 등에서 보성전문 강사 시절 신예작곡가로서 촉망받는 김성태의 『한얼노래』 작곡 참여는 자연스러웠으리라고 본다. 비밀리에 작업할 수밖에 없었던 시대 여건상, 민족운동의 선봉이었던 대종교에 일조한 사실만으로도 의의가 있다.

2. 실험도해 조선어음성학

이극로가 유럽에서 한글운동가가 되기로 결심한 뒤 관심을 가진 것은 음성학 분야였다. 1928년 1월 9일, 영국 런던을 떠나 독일 베를린으로 돌아와 3개월 간 프리드리히-빌헬름대학 음성학실험실(Phonetisches Laboratorium) 주임 프란츠 베틀로(Franz Wethlo, 1877~1960)의 지도를 받으며 음성학을 연구했다. 연구를 마치고 4월 25일 런던으로 되돌아갔다가 5월 1일 다시 프랑스 파리로 건너갔다.

음성학을 지도해준 2번째 인물은 체코슬로바키아 출신 에마누엘 슈라메크

---

6 『육십년사』, 447~448쪽.
7 제1곡 한풍류, 제4곡 개천가, 제7곡 성지태백산, 제8곡 중광가, 제14곡 삼신만 믿음, 제15곡 희생은 발전과 광명, 제17곡 사람구실, 제33곡 조배식노래.
8 변규백, 「신종교와 음악」, 『신종교연구』 7, 한국신종교학회, 2002, 65쪽.
9 김용환, 『김성태의 음악세계』, 한국예술종합학교 한국예술연구소, 1998, 12~13쪽.

(Emanuel Šrámek, 1881~1954) 박사로 1개월 간 프랑스 파리대학 음성학연구소 (L'Institut de Phonétique)에서 조선어 음성 실험을 같이 했다. 슈라메크에게서 얻은 음성학 지식은 귀국 후 조선어학회에서 활용되었다.

（…전략…） 내가 일찌기 베를린, 파리, 란던에서 여러 音聲學者로 더불어 朝鮮語 音聲을 論한 바 있었는데 그 中에도 特히 파리大學 音聲學 實驗室에서 西曆 一九二八年 봄에 一個月 동안 스라메크 敎授의 請으로 나는 朝鮮語 音聲의 實驗 對象이 되어서 每日 六時間씩 實驗室에 앉았던 일이 있다. 그 때에 쓰던 나의 人造 口蓋로써 發音 位置를 確定하는 材料와 또 카이모그라프(寫音機)로 實驗한 材料를 얻었다. 그리고 朝鮮語 學會에서 外來語 表記法 統一案을 내게 되어 그 成案 委員의 一人이 되매 더욱 朝鮮語音의 科學的 根據를 세우기에 게을을 수가 없었다. 그러나 아직 우리나라에는 音聲學 實驗室이 없는 것만큼 充分한 實驗을 하지 못한 것만은 遺憾이다.[10]

음성학에 관한 조언을 준 3번째 인물은 영국 런던의 대니얼 존스(Daniel Johns, 1881~1967)로, 이극로는 1928년 6월 12일 유니버시티 칼리지 런던(UCL)에 있는 존스를 찾아가 조선어음에 관한 논평을 많이 듣고 왔다. 음성학 실험의 선구적 경험과 유럽 인맥은 후에 김선기가 프랑스와 영국에 유학해 음성학을 전공하는 데 영향을 끼쳤다.

본서 제1장은 「실험 음성학의 기초」로, 1절에서 인조구개와 목청거울 등 실험에 필요한 장비를 설명하고, 2절에 기존 글 『한글』 1-2(2호)(1932.6)의 「말소리는 어디서 어떠케 나는가」를 싣고, 3~5절에서 악센트, 모음 발생의 理, 자음 발생의 理를 설명하면서 인조구개와 입안 단면도를 곁들였다.

제2장 「음의 상관성」은 『한글』 1-9(9호)(1933.8)의 「소리들이 만나면 어찌 되나—음의 호상관계」 및 『한글』 1-4(4호)(1932.9) 「조선말의 홋소리(조선어의 단음)」을 싣고, 부록으로 모음구형도와 선회운동기록계(Kymograph) 사진을 곁들였다. 이극로의 음성학에 관해서는 논문[11]이 여러 편 나왔으므로 자세한 분석은 생략한다.

10 이극로, 「머리말」, 『음성학』, 아문각, 1947, 1쪽.
11 이상억, 「李克魯(1947), 「實驗圖解 朝鮮語音聲學」」, 『주시경학보』 3, 주시경연구소, 1989; 이숙희,

3. 국어학논총

〈표2〉『국어학논총』의 구성

	발표 년도	투고자명	글명	발표지	비고
1	1935.1.	李克魯	조선말 임자씨의 토(1)	『한글』 3-1	
2	1935.2.	李克魯	조선말 임자씨의 토(2)	『한글』 3-2	『國語學論叢』 2-3에 수록
3	1935.4.	李克魯	조선말 임자씨의 토(3)	『한글』 3-4	
4	1932.1.	李克魯	조선말의 사투리	『東光』 1	『國語學論叢』 2-4에 수록
5	1932.7.	李克魯	中國은 表意文字에서 表音文字로	『한글』 1-3	『國語學論叢』 4-2 「중국은 뜻 글자에서 소리 글자로」로 수록
6	1932.10.	李克魯	訓民正音의 獨特한 聲音 觀察	『한글』 1-5	『國語學論叢』 1-1에 수록
7	1935.8.	李克魯	外來語 表記法에 對하야	『한글』 3-6	•『國語學論叢』 5-1 「외래어의 표기에 대하여」로 수록
8	1935.11.	李克魯	朝鮮語의 時間 表示法	『한글』 3-9	『國語學論叢』 2-2 「조선말의 시간 표싯법」으로 수록
9	1935.12.	李克魯	朝鮮語文整理運動의 今後	『한글』 3-10	•『國語學論叢』 4-1에 수록
10	1936.8.	李克魯	朝鮮語 單語 成立의 分界線	『한글』 4-2	•『國語學論叢』 2-1 「조선말 낱말 성립의 분계」로 수록
11	1937.6.	李克魯	言語의 起源說	『한글』 5-6	『國語學論叢』 3-1에 수록
12	1937.9.	李克魯	"·"의 音價에 對하여	『한글』 5-8	『國語學論叢』에 1-2 「'·'의 소리값에 대하여」로 수록
13	1937.11.	李克魯	짓말(態語)에 對하여	『한글』 5-10	『國語學論叢』 3-3에 수록
14	1937.12.	李克魯	動物界의 言語現象	『한글』 5-11	『國語學論叢』 3-4에 수록
15	1938.11.	李克魯	"訓民正音의", "中間 ㅅ", "表記法"	『한글』 6-10	『國語學論叢』 1-4 「훈민 정음의 '사이 ㅅ' 표깃법」으로 수록
16	1939.1.	李克魯	言語의 形態的 分類,	『한글』 7-1	『國語學論叢』 3-2에 수록
17	1940.10.	李克魯	핀란드 말의 音韻과 名詞의 格	『한글』 8-7	『國語學論叢』 4-3 「핀랜드말의 이름씨와 토」로 수록
18	1940.10.	고루	外來語 表記 統一難	『한글』 8-7	『國語學論叢』 5-2 「외래어 표기 통일의 까다로움」으로 수록
19	1941.1.	李克魯	"·"音價를 밝힘	『한글』 9-1	『國語學論叢』 1-3에 수록
20	1946.5.	李克魯	에스페란토와 民族語	『한글』 11-2	『國語學論叢』 4-4 「에스페란토와 민족말」로 수록

「우리말 소리갈(國語音聲學)에 대한 연구─주시경·김두봉·최현배·이극로를 중심으로」, 한림대 석사논문, 1999; 熊谷明泰, 「李克魯著『實驗図解 朝鮮語音聲學』(1949年 11月, 平壤)に對する若干の考察」, 『外國語學部紀要』8, 關西大學 外國語學部, 2013.

1935년 1월부터 1946년 5월까지 『한글』지에 기고한 글 19편과 『동광』에 기고한 글 1편 총 20편을 모아 단행본으로 엮은 것이다.

그러나 출판은 이극로가 남북연석회의 참석차 평양에 잔류한 1948년 4월 이후인 그해 11월 30일에 나왔다.

II. 기고글

1. 한글 관계 논설

한글 관계 기고글은 111편으로 신문에 45편, 잡지에 66편이 실렸다. 당시 3대 일간지인 『조선일보』에 17편, 『조선중앙일보』에 13편, 『동아일보』에 8편 순으로 기고했다. 전체 분량을 시기별로 보면 일제강점기에 96편(신문 39편, 잡지 57편)으로 집중되어 있고, 광복 이후 글은 15편 정도다. 참고로 음성학(소리갈) 연구 관련 글을 모아서 1947년 『실험도해 조선어음성학』으로 출판했고, 한글 연구 관련 주요 글을 모아서 1948년 『국어학논총』으로 출판했다.

국어학자로서 이극로는 이론적 측면에서 국어학의 통시론적 국어사뿐만 아니라, 다양한 공시론적 연구에도 관심을 보였다. 구체적으로 그가 남한에서 남긴 국어사는 13편(11.7%), 그리고 음운론은 24편(21.6%), 문법론은 7편(6.3%), 방언학은 3편(2.7%)이다.

첫째, 국어사 논설은 다음과 같다.

「朝鮮民族과 한글」, 『農民』 4-6, 1933.6.
「조선어학회의 발전」, 『한글』 3-6, 1935.7~8.
「한글 發達에 對한 回顧와 및 新展望－確乎한 그의 進展을 必期함(上)」, 『朝鮮中央日報』,

1936.1.1.

「한글 發達에 對한 回顧와 및 新展望—確乎한 그의 進展을 必期함(下)」,『朝鮮中央日報』, 1936.1.4.

「言語의 起源說」,『한글』5-6, 1937.6.

「(朝鮮學界總動員 夏期特別論文(16)) 한글發達史」,『朝鮮日報』, 1940.8.3.

「한글날을 맞으며」,『한글』11-1, 1945.10.9.

「한글에 바친 一生-桓山, 曉蒼을 悼함」,『朝鮮週報』4, 1945.11.

「朝鮮語學會의 苦鬪史」,『自由新聞』, 1946.10.9.

「한글 頒布 五百周年 記念日을 마즈며」,『學生新聞』, 1946.10.9.

「이미 세상을 떠난 朝鮮語學者들」,『京鄕新聞』, 1946.10.9.

「어문운동의 회고」,『한글문화』1, 1947.4.

「언어의 기원」,『중등국어교본』하—5·6학년 소용, 군정청문교부, 1947.5.17.

「(조선학계총동원 하기특별논문(16)) 한글발달사」에서 훈민정음 창제 전후 중세사를 간략히 다뤘고, 근대에서 주시경과 조선어학회의 계승, 그리고 일제의 탄압의 역사를 서술했다.

둘째, 음운론 논설은 이극로가 가장 주력했던 분야로 분석된다.

「한글整理는 어떻게 할가(十三)」,『朝鮮日報』, 1929.6.20.

「조선말 소리갈(朝鮮語音聲學)」,『新生』3-9, 1930.9.

「말소리는 어디서 어떠케 나는가」,『한글』1-2, 1932.6.

「조선말의 홋소리(朝鮮語의 單音)」,『한글』1-4, 1932.9.

「訓民正音의 獨特한 聲音 觀察」,『한글』1-5, 1932.10.

「소리들이 만나면 어찌 되나—音의 互相 關係」,『한글』1-9, 1933.8.

「二講—조선말소리(朝鮮語聲音)」,『한글』2-5, 1934.8.

「한글 바루 쓰고 바루 읽는 법(一)」,『朝鮮中央日報』, 1935.10.11.

「한글 바루 쓰고 바루 읽는 법(二)」,『朝鮮中央日報』, 1935.10.12.

「한글 바루 쓰고 바루 읽는 법(三)」,『朝鮮中央日報』, 1935.10.13.

「한글 바루 쓰고 바루 읽는 법(四)」,『朝鮮中央日報』, 1935.10.15.

「한글 바루 쓰고 바루 읽는 법(五)」, 『朝鮮中央日報』, 1935.10.16.

「한글 바루 쓰고 바루 읽는 법(完)」, 『朝鮮中央日報』, 1935.10.17.

「課外講義(一) 한글通俗講座」, 『朝鮮中央日報』, 1936.7.1.

「課外講義(二) 한글通俗講座」, 『朝鮮中央日報』, 1936.7.2.

「課外講義(三) 한글通俗講座」, 『朝鮮中央日報』, 1936.7.4.

「" · "의 音價에 對하여」, 『한글』 5-8, 1937.9.

「動物界의 言語現象」, 『한글』 5-11, 1937.12.

「한글 바루 아는 법」, 『批判』 6-5, 1938.5.

「한글 바루 아는 법(二)」, 『批判』 6-6, 1938.6.

「한글 바루 아는 법(三)」, 『批判』 6-7, 1938.7.

「"訓民正音의", "中間 ㅅ", "表記法"」, 『한글』 6-10, 1938.11.

「" · 音價를 밝힘」, 『한글』 9-1, 1941.1.

「「 · 」音價를 밝힘」, 『半島史話와 樂土滿洲』, 新京 : 滿鮮學海社, 1944.1.3.

셋째, 문법론 논설은 다음과 같다.

「조선말 임자씨의 토(1)」, 『한글』 3-1, 1935.1.

「조선말 임자씨의 토(2)」, 『한글』 3-2, 1935.2.

「조선말 임자씨의 토(3)」, 『한글』 3-4, 1935.4.

「朝鮮語의 時間 表示法」, 『한글』 3-9, 1935.11.

「課外講義(四) 한글通俗講座」, 『朝鮮中央日報』, 1936.7.5.

「課外講義(五) 한글通俗講座」, 『朝鮮中央日報』, 1936.7.9.

「朝鮮語 單語 成立의 分界線」, 『한글』 4-2, 1936.8.

넷째, 방언학 관련 글은 다음과 같다. 논설로 아래 「조선말의 사투리」가 유일할 정도로 비중이 적지만, 월북 후에는 반대로 방언론에 주력하는 차이를 보여 주목된다.

「조선말의 사투리」, 『東光』 29, 1932.1.

「質疑應答」, 『한글』 1-5, 1932.10.

「조선말의 사투리」, 『學海』 創刊號, 學海社, 1937.12.

덧붙여 고전문학 관련 글은 4편(3.6%)으로, 「용비어천가」 그리고 「송강가사」와 『임꺽정』에 대한 관심을 보인다. 「용비어천가」는 심도 있게 연구되었으나, 후자는 소개 선에서 그쳤다.

「訓民正音과 龍飛御天歌」, 『新東亞』 6-4, 1936.4.

「(讀書餘響—新秋燈下에 읽히고 싶은 書籍) 龍歌와 松江歌辭」, 『東亞日報』, 1937.9.4.

「語學的으로 본 「林巨正」은 朝鮮語鑛區의 노다지」, 『朝鮮日報』, 1937.12.8.

「訓民正音과 龍飛御天歌」, 『半島史話와 樂土滿洲』, 新京 : 滿鮮學海社, 1944.1.3.

이극로는 조선어학회를 이끌면서 실천적 측면에서 국어정책론의 외래어표기법·국어로마자표기법·국어음만국음성기호표기법을 비롯하여 한글맞춤법통일안 제정에 이르기까지 적지 않은 업적을 남겼다. 그리고 국어교육에도 관심을 보였다.

첫째, 국어정책론 논설은 46편(41.4%)으로 가장 많은 비중을 차지한다.

유럽에서 고국으로 돌아와 일제에 맞서 조선어사전 편찬 등 과업 완수를 향한 지도자로서의 능력과 진행 상황, 그리고 조선어연구회를 조직해 조선어학회와 「한글맞춤법통일안」에 대항하던 박승빈(1880~1943)과 대화 노력과 고뇌를 통해 인간적 면모도 엿볼 수 있다.

1929년 음력 9월 29일(양력 10월 31일), 483돌 한글날에 조선어사전편찬회 발기회를 열고, "인류의 행복은 문화의 향상을 통하여 증진되고, 문화 향상은 언어의 합리적 정리와 통일로 촉진된다. 그러므로 낙오된 조선 민족을 다시 살리려면 무엇보다도 언어를 정리하고 통일해야 하는데, 그것을 실현할 최선의 방책은 조선어사전의 편찬이다"라는 내용의 취지서가 발표되었다. 그 뒤 이극로가 가담하면서 위원 등 조직을 갖추고 '일반어, 전문어, 특수어(고어, 방언, 은어 등)'로 나누어 수

집한 어휘와 과거 성과물인『조선어사전』(조선총독부, 1920) 등에 수록되어 있는 어휘들을 수용하고, 각종 신문 · 잡지 · 소설 · 시집 및 고전 언해 · 역사 · 지리 · 관제, 기타 각 전문 방면의 문헌들에서 널리 캐고 뽑았으며, 방언은『한글』독자들과 방학 때 시골로 가는 학생들에게 의뢰하여 수집했다. 그 다음 편찬원들이 분담해서 주해를 해 나갔다. 1942년에 초고가 완성되어 인쇄 준비를 하던 중 조선어학회 사건이 터져 원고가 유실되고 학회 회원들이 고초를 겪고 2명이 고문으로 타계했다. 천우신조로 원고가 1945년 광복 직후 서울역에서 발견되었고 이를 바탕으로 1947년에 이름을『조선말큰사전』으로 바꾸어 을유문화사에서 1권을 간행했다.

「九萬語彙로 完成된 朝鮮語大辭典 登梓, 개성 리상춘씨의 칠년 로력, 修正만 하여 印刷한다」,『중외일보』, 1929.11.15.

「朝鮮語辭典과 朝鮮人」,『別乾坤』4-7, 1929.12.

「(한글研究家 諸氏의 感想과 提議―사백여든넷재돌을 맞으며) 知識과 物質로 援助하라」,『東亞日報』, 1930.11.19.

「標準文法과 標準辭典」,『朝鮮日報』, 1930.11.19.

「外來語의 淨化」,『東亞日報』, 1931.1.1.

「讀者 여러분께 보내는 名士 諸氏의 年頭感―年賀狀代身으로 原稿着順」,『別乾坤』36, 1931.1.

「(日集―時人時話) 朝鮮語辭典編纂」,『新東亞』1, 1931.11.

「交叉點」,『三千里』3-11, 1931.11.

「(한글綴字에 대한 新異論 檢討) 後日에 嚴正批判」,『東光』32, 1932.4.

「朝鮮語辭典編纂에 對하야」,『한글』1-1, 1932.5.

「內容發表는 保留, 신중한 태도로 하겟다는 朝鮮語學會 李克魯氏 談」,『朝鮮日報』, 1932.12.24.

「最終的 一致는 무엇보다 깃분 일」,『朝鮮日報』, 1933.1.6.

「(새 철자법 사용에 대한 각계 인사의 감상과 히망) 철자법 채용엔 물론 찬성입니다」,『東亞日報』, 1933.4.6.

「『한글』使用의 正確은 民族的 重大責任, 文筆從仕者 講習會을 大大的 計劃」,『朝鮮日報』, 1933.10.28.

「朝鮮語辭典編纂에 對하여」,『學燈』5, 1934.5.

「(社會人이 본 朝鮮言論界) 朝鮮新聞雜誌 長點短點, 新東亞 4-5.

「(한글날 第四百八十八回) 한글綴字法統一案 普及에 對하야」, 『東亞日報』, 1934.10.28.

「한글마춤법통일안解說－第五章・第六章・第七章・附錄」, 『한글』 2-8, 1934.11.

「한글運動」, 『新東亞』 5-1, 1935.1.

「朴勝彬氏에게, 合作交涉의 順末」, 『한글』 3-3, 1935.3.

「外來語 表記法에 對하야－六月 二十九日 朝鮮音聲學會 講演 要旨」, 『한글』 3-6, 1935.7・8.

「朝鮮語文整理運動의 今後」, 『朝鮮日報』, 1935.10.28.

「朝鮮語文整理運動의 今後」, 『한글』 3-10, 1935.12.

「朝鮮語文整理運動의 今後計劃」, 『新東亞』 6-1, 1936.1.

「辭典 編纂이 웨 어려운가?」, 『한글』 4-2, 1936.2.

「한글 所感」, 『中央』 4-3, 1936.3.

「朝鮮語文整理運動의 現狀」, 『四海公論』 2-5, 1936.5.

「"文筆方面에서 먼저 活用하기를", 大任을 完成한 後에 李克魯氏談」, 『朝鮮日報』, 1936.10.29.

「한글 統一運動의 社會的 意義」, 『朝光』 2-11, 1936.11.

「(한글記念四百九十週年) 標準語 發表에 際하야」, 『朝鮮日報』, 1936.11.1.

「外國辭典 못지 안케 內容의 充實을……, 朝鮮語學會 李克魯氏 談」, 『朝鮮日報』, 1937.5.2.

「標準語와 辭典」, 『한글』 5-7, 1937.7.

「完成途程의 朝鮮語辭典(上)」, 『東亞日報』, 1938.1.3.

「完成途程의 朝鮮語辭典」, 『東亞日報』, 1938.1.4.

「朝鮮語技術問題座談會」, 『朝鮮日報』, 1938.1.4.

「(越圈批判(3)) 朝鮮의 文學者일진댄 朝鮮말을 알라」, 『東亞日報』, 1938.5.24.

「辭典 註解難」, 『한글』 6-7, 1938.7.

「바른 글과 바른 말을 쓰라」, 『四海公論』 4-7, 1938.7.

「한글 바루 아는 법(完)－第三章 받침 알아보는 法과 새받침 一覽」, 『批判』 6-8, 1938.8.

「語文整理와 出版業」, 『博文』 1, 1938.10.

「地下의 周時經氏 기뻐하겟지요－朝鮮語學會 李克魯氏 談」, 『朝鮮日報』, 1939.1.18.

「한글은 한 時間에」, 『朝光』 5-2, 1939.2.

「(朝鮮語辭典 完成段階에! 一部, 出版許可申請) "하루라도 빨리", 語學會 李克魯氏 談」, 『朝

鮮日報』, 1940.3.8.

　「大方의 批判을, 朝鮮語學會 李克魯氏 談」, 『朝鮮日報』, 1940.6.8.

　「外來語 表記 統一難」, 『한글』 8-7, 1940.10.

　둘째, 국어교육론 관련 논설은 9편(8.1%)으로, 일제강점기에는 조선어 교육 폐지에 대한 우려의 목소리를, 해방 후에는 '한자 폐지'를 강조하였다.

　「朝鮮語 敎育 廢止에 대한 감상」(1935.1.23), 『한글』 13-1, 1948.2.

　「共學制度가 實施되면 朝鮮말은 없어진다」, 『朝鮮日報』, 1935.10.9.

　「建國과 文化提言－朝鮮文化와 한글(上)」, 『中央新聞』, 1945.11.1.

　「今後의 義務敎育－朝鮮文化와 한글(下)」, 『中央新聞』, 1945.11.2.

　「朝鮮語學會의 任務」, 『民衆朝鮮 創刊號』, 1945.11.

　「한자 폐지에 대하여」, 『한글문화』 1, 1946.3.

　「머리ㅅ말」, 『한글』 11-1, 1946.4.

　「專門學校의 國語 入學試驗에 對하여」, 『한글』 11-3, 1946.7.

　「漢字 廢止의 可否」, 『朝鮮日報』, 1947.4.2.

　끝으로, 외국어에 대한 논설은 5편(4.5%)으로 그의 관심은 중국어, 핀란드어, 미국 인디언어에서 에스페란토어에 이른다.

　「中國은 表意文字에서 表音文字로」, 『한글』 1-3, 1932.7.

　「짓말(態語)에 對하여」, 『한글』 5-10, 1937.11.

　「言語의 形態的 分類」, 『한글』 7-1, 1939.1.

　「핀란드 말의 音韻과 名詞의 格」, 『한글』 8-7, 1940.10.

　「에스페란토와 民族語」, 『한글』 11-2, 1946.5.

2. 기타 논설 외

한글 이외 주제 논설로 일제강점기 때 사회 문제 기고글, 설문, 좌담, 수필은 108편으로 신문에 17편(『동아일보』 9편), 잡지에 91편(『조광』 35편)이 실렸다.

광복 이후는 총 80편으로 신문에 61편, 잡지에 18편(『민성』 5편), 단행본에 1편이 실렸다. 이 무렵 한글 활동보다 정치 활동에 주력해 조선건민회 위원장(1946~1948), 민족자주연맹 선전국장(1947) 등 직책으로서 단독정부수립 반대, 미소 양군 철병 등 행보로 인해 정치 담화 기사가 많아졌다.

개인이나 가족 간 일화, 가훈(일제 강점기 : "우리보다 잘 사는 사람이 많은 것만 생각 말고, 우리보다도 더 못 사는 사람이 더 많은 것을 생각하고 언제나 마음에 만족을 가지라. 마음이 넉넉한 사람이 복 많은 사람이다", 「우리 가정 카드」, 『삼천리』 12-3, 1940, 광복 후 : "사도(감천 지성심, 연성 전능력, 공영 대공덕)", 「우리 집의 정훈」, 『보육』 1, 1946)이나 처세훈("어려운 것을 견딜 것, 남을 원망하지 말 것. 말이 적을 것", 「도세문답」, 『조광』 3-2, 1937)도 잘 정리되어 있다.

3. 여행기

49편으로 독일, 영국, 미국 등지의 해외여행 감회, 그리고 한국(백두산, 금강산, 마니산)과 만주, 중국 상하이 등지를 답사하고 감회를 정리한 것이다. 기행문 형식을 갖춘 1936년 「수륙20만리 주유기」, 『조광』 연재물에 여행 사진이 여러 컷 실려 있으나 1936년 「수륙20만리주유기」, 『조광』 연재물에 대부분 상태가 좋지 않아 알아볼 수 없는 아쉬움이 있다.

4. 시가

21편으로 한시와 「백두산」, 「낙동강」, 「한강노래」, 「함흥감옥에서」, 「진혼곡」 10

수는『고투40년』에, 나머지「조선연무관가」,「한얼노래」,「한글노래」,「한양의 가을」,「옥중음」,「정해 제석시」는『조선일보』,『대종교보』,『조선주보』,『해방기념시집』,『개벽』,『한글』등 신문과 잡지에 별개로 공개되었다.

5. 편지와 엽서, 명함

친필 편지와 엽서는 이극로가 김태봉(김영소), 이정세, 신성모에게 보낸 내용이다. 특히 조선어학회 사건 주모자로서 함흥형무소에서 보낸 당시 엽서는 처음 공개되는 것으로 매우 귀한 사료다.

그리고 1947년 8월 26일 미국 트루먼 대통령 특사로 방한한 앨버트 코디 웨더마이어(A. C. Wedemeyer, 1897~1989)에게 9월 1일자로 보낸「조선국내사정보고서」또한 처음 공개되는 자료다. 조선건민회 대표로서 이극로의 정치 인식을 좀더 명확히 알 수 있다는 점에서 중요한 문건이다. 동봉된 조선건민회 명함은 간결했던 유럽 명함과 달리 영문명과 사무실·자택 주소가 적혀 있다.

6. 서문·서평·성명서·축사

서문은『학해』,『대종교보』등 잡지, 그리고『날아다니는 사람들』,『원본 훈민정음 풀이』,『고문신석』,『시조독본』,『세계위인 세계부호 성공실기』등 지인들의 단행본에「머리말」을 맡았던 글이다.

서평은 이희승의『역대문학정화』와 유재헌의『국어 풀이씨 가름(國語用言分類)』에 대한 평가다. 후자는 이극로의 호인 '동정'으로 기고되어 그간 놓쳤던 내용이다.

성명서는 조선건민회 성명서와 강령 및 규약을 수록했다.

축사는『조선일보』,『자유신문』등 언론사,『신세기』,『대종교보』,『민성』,『부인』,『한얼』,『국학』,『아동교육』,『동아정보』등 잡지사에서 청탁한 내용이다.

이외에 1938년에 작성한 「이력서」가 있다.

진귀한 자료로 1936년에 쓴 이극로의 유필 "역내천(力乃天, 힘이 곧 하늘)"이 있다.[12] 유필이 수록된 서화집 『군현필지』는 안창호가 1935년 대전감옥에서 가출옥한 이듬해인 1936년에 서화 수집가 오봉빈(1893~?)이 안창호의 출옥 축하연을 위해 명사들의 서예와 서화 100점을 모은 것이다.[13] 이극로와 안창호 관계를 알려주는 다른 기록에서는 이극로가 가출옥한 안창호와 점심을 같이 먹었고 1936년 10월 28일 훈민정음 반포 제490회 기념식에 축사를 부탁해서 안창호는 "조선민족은 조상(祖先)으로부터 계승해온 모든 것을 잊어버리고 결국은 국가까지 잊어버렸다. 다만 조선어만을 보유하는 상태이므로, 이것의 보급 발달에 힘쓰지 않으면 아니 된다"고 연설했다.

「널리 펴는 말」에 대하여

'임오교변(壬午敎變)'은 임오년 곧 1942년 음력 11월 19일(양력 12월 26일) 만주 영안현(寧安縣) 동경성(東京城)에서 일경이 대종교를 탄압하기 위하여 사건을 날조, 교주 윤세복 이하 만주와 국내에 있던 교단 간부와 관계자 25명을 검거하고 모진 고문을 가하여 10명(강철구 · 권상익 · 김서종 · 나정련 · 나정문 · 안희제 · 오근태 · 이재유 · 이정 · 이창언)이 사망한 사건으로, 대종교에서 부르는 명칭이다.

임오교변 2개월에 앞서 국내에서는 조선어학회 사건이 발생하였다. 조선어학회 사건과 임오교변의 중심인물로서 대종교의 윤세복과 이극로가 겹친다. 그렇지만 두 사람을 동시에 주목하는 학자는 거의 없었다.

(1) 조선어학회 사건의 발단

1941년 「조선 사상범 예방 구금령」이 제정되면서 일경이 일제에 저항할 우려가 있는 한국인들을 자의적인 판단으로 구금할 수 있게 되었다. 1942년 여름방학 직후 함남 전진역(홍원군)에서 일경이 불심검문하여 박병엽을 체포하고 가택수색에서 조카인 함흥영생고등여학교 학생 박영옥(朴英玉)의 일기장에서 "오늘 국어

---

12 원본 이미지는 『이극로 전집』 Ⅲ - 고투사십년 화보로 이동.
13 윤경로, 「사진으로 본 도산의 행적과 활동(국내편)」, 『도산학연구』 16, 도산학회, 2017, 348쪽.

를 사용했다가 벌을 받았다"는 구절을 발견했고, "국어 곧 일본어를 썼다고 처벌을 했다니, 벌을 준 교사가 배일사상을 품은 것이 틀림없다"고 단정했으나, 학교는 국어(일어)상용을 철저히 행하고 있었고, 박영옥은 '조선어'를 사용했다 해서 처벌받은 것으로 확인되었다.

그러나 일경은 사건을 꾸미고자 조선어를 국어라 가르친 교사를 추궁하여 전 교사 정태진(丁泰鎭)임을 파악하였다. 이에 9월 5일 서울에서 사전 편찬을 하고 있는 정태진을 증인으로 소환해 취조하였다. 그런 다음 10월 1일부터 조선어학회 회원들을 체포하기 시작하였다.[14] 이인은 이극로의 꼼꼼한 메모 습관 때문에 일경에게 고초를 겪었던 회고를 남겼다.

> 어느 날 형사가 "李克魯와 함께 獨立建議를 日本會에 내기로 했다는데 사실이냐"고 물었다. 나는 그런 일 없다고 단호히 부인했다. 언젠가 그 비슷한 말을 古陋(李克魯)가 한 일이 있음은 앞서 말하였거니와 그는 이 일을 手帖에 적어 놓았던 것이다. 古陋는 무엇이든 手帖에 적어 두는 버릇이 있었던 모양인데, 이것으로 해서 여러 사람이 겪은 고초가 막심했다. 그는 安島山과 점심을 같이 먹은 사실도 적어 놓았다. 심지어는 若嬰(金良洙)의 자제가 徽文學校 강당에서 결혼식을 올린 일과 식이 끝난 뒤 참석자 몇 사람이 함께 점심 먹은 일도 手帖에 기록을 했다. 日警은 이 手帖을 근거로 꼬치꼬치 캐묻는데 "점심을 먹으며 무슨 말을 하였느냐. 식당에서 나와서 어디로 갔느냐" 한다. 사실대로 "말한 것이 없다"고 하니 굵직한 고무호스로 난장질을 하고 몸을 묶어 비틀어 댄다. 도대체 무엇 하러 手帖에 적는단 말인가. 나는 이 일로 한 열흘을 두고 닦달을 당하니, 手帖이란 것은 지금도 지니지를 않는다.[15]

일경은 조선어학회 사무실을 수색했으나 꼬투리를 잡을 게 없자 이극로의 책상 앞에 있던 만주 대종교총본사에서 윤세복이 보낸 편지 1통을 문제 삼았다. 대종교에서 작사한 '단군성가(檀君聖歌)'[16]를 어학회로 보내 작곡 주선을 의뢰하였고,

---

14 이인, 『반세기의 증언』, 명지대 출판부, 1974, 124~125쪽.
15 위의 책, 129쪽.
16 대종교에서는 교조 '단군'이 단군대황조에서 단군대황신을 거쳐 단군을 빼고 순우리말인 한배검

일경은 "'단군성가'를 가지고 조선독립을 하자는 것 아니냐"고 트집을 잡았다.

(2) 임오교변의 발단

그런데 만주에서는 1942년 음력 10월 3일 개천절 경하식에 각지의 중견 교우들이 회집하여 예식을 거행한 뒤 대종교 교당을 짓기 위한 천전건축주비회를 발족하였고, 소집된 천전건축주비사무협의회에 관할 일제 목단강성 고위 관리도 참석하여 격려하였다.[17]

그에 앞서 이극로는 9월 5일자로 천전과 교당을 짓자는 포고문 「널리 펴는 말」을 작성하여 선전에 일조하였다. 「널리 펴는 말」 작성일자에 음력, 양력 언급이 없으나 음력 10월 3일 개천절과 천전건축주비회 발족을 앞두고서 작성되었다고 보면 음력이 옳다. 음력 9월 5일은 양력 10월 14일이다. 여기서 문제가 생기는데 앞서 이극로를 비롯한 조선어학회 회원들이 체포된 시점은 양력 10월 1일이라서 체포 뒤 「널리 펴는 말」을 작성하는 것은 불가능하여 앞뒤 시기가 맞지 않는다.[18] 그렇다면 이극로가 원안을 미리 써서 만주로 보냈고, "(개천四三九九년 九월 五일)"로

또는 한배 단제(檀帝)로 극존칭 되었다. 따라서 단군이라는 호칭은 공식 표현이 아닌데다 '단군성가(檀君聖歌)'라는 곡은 존재하지 않는다, 이극로가 채동선, 김성태 등 국내 작곡가들에게 의뢰한 가사들은 37곡으로 구성된 대종교 성가(聖歌)인 「한얼노래」였고, 1942년(강덕 9년) 6월 10일 만주 대종교총본사 안희제 명의로 정식 출판(4천 부)했다. 이 책은 임오교변 직전 이극로 자택에 은밀히 숨겨 두었다가 광복 후 수습되었다.

17 윤세복은 만주국에 정식 허락을 맡았음에도 불구하고 검속된 사실에 분개하여 『복당서정(福堂抒情)』(1944) 제5편 제8장에 "教堂學園 許可받고 經典教報 發行하며, 省公署의 指示下에 天殿建築 籌備한다. 十二月 二十六日에 幹部級이 檢束돼"라는 시를 남긴 바 있었다.
그런데 1934년 1월 윤세복은 대종교 포교의 재기와 교세 확장을 위하여 하얼빈에 도착하여 관동군 특무기관장 오카다 다케마(岡田猛馬), 하얼빈총영사 사토 쇼시로(佐藤庄四郎) 등 일제에 협조하기로 하여 대종교 재만시교권 인허신청을 하고서 3월 2일에 하얼빈시 안평가(安平街)에 김서종(金書鍾, 1893~1943)을 총무원장으로 하는 하얼빈대종교선도회(大倧教宣道會)를 설치했다. 동년 6월 중순 총본사를 영안현 동경성으로 이전하고 9월 일본총영사의 포교 허가를 얻었기 때문에 교단 정보를 스스로 노출시킨 면도 없지 않다. 윤세복이 만주국과 타협한 점에 대해 광복 이후 대종교단에서 공식 간행된 『임오십현순교실록』에서 단산(旦山) 양세환(梁世煥)은 윤세복의 판단이 '근본적 착오'라고 평하며 "일시 화북으로 피난하여 십 수 년만 고행을 더 하였더라면……"이라며 아쉬움을 토로한 바 있었다(양세환, 「임오교변」, 『임오십현순교실록』, 대종교총본사, 1971, 16~17쪽). 임오교변 자체는 40년대 민족운동사에서 중요한 사건이지만, 대종교의 항일투쟁을 무비판적으로 평가하는데 주의를 요한다.

18 「널리 펴는 말」 시기 문제는 「일제강점기 정인섭의 친일활동과 성격」(『역사와 경계』 89, 2013)을 쓴 고헌 박상진 의사 증손 박중훈 선생님께서 편자에게 의견을 주신 것임을 밝힌다.

괄호 처리된 날짜는 뒤에 대종교단 측에서 기입한 것으로 판단된다. 한편, 음력 10월 3일은 양력 11월 2일로 이때는 이극로부터 김선기까지 조선어학회 회원 및 관계자 18명이 검거되는 상황이었고, 대종교단 측에서는 이를 모르고 있었던 것으로 보인다.

윤세복은 1924년 도사교에 오른 뒤 1934년 총본사를 동경성으로 옮기고, 1937년부터 발해성터가 위치한 곳에서 천진전(天眞殿) 건립을 추진하는 한편, 대종학원(大倧學園)을 설립하여 초·중등부를 운영하는 등 교세확장에 큰 진전을 보였다.

일경은 교단 내부에 교인을 가장한 밀정을 잠입시켜 교단 동향과 간부들의 언행을 일일이 정탐하였다. 이러한 상황 속에서 조선어학회의 이극로가 천진전 건립 관계로 윤세복에게 보낸 편지 속에 「널리 펴는 말」 원고를 발견했다. 일경은 이를 압수하여 제목을 「조선독립선언서」라고 바꾸고, 그 내용 중에 "일어나라, 움직이라"를 "봉기하야, 폭동하자"로 일역(日譯)하였다. 나아가 "대종교는 조선 고유의 신도(神道)를 중심으로 단군문화를 다시 발전시킨다는 기치 아래, 조선민중에게 조선정신을 배양하고 민족자결의식을 선전하는 교화단체이니만큼 조선독립이 그 최후목적이다"라며 치안유지법 위반죄로 윤세복은 무기징역형을 선고 받고, 나머지는 15년형에서 7년형을 선고 받고 복역하였다.

(3) 사료 문제

임오교변의 발단이 된 이극로의 「널리 펴는 말」은 1971년에 간행된 『대종교중 광육십년사』에 수록되었고, 1982년 박영석이 임오교변을 최초 연구하여 「大倧教의 民族意識과 抗日民族獨立運動－壬午敎變을 中心으로」(『건대사학』6, 건국대 사학회)[19]를 발표하면서 학계에 알려졌다.

윤세복 등이 1945년 8월 12일 목단강에 진격한 소련군에 의해 액하감옥에서 풀려나 8월 14일(음력 7월 7일) 총본사 부활을 선포하고, 9월 17일(음력 8월 12일) 목단강성 영안현 동경성가 동구 제15패 33호(牧丹江省 寧安縣 東京城街 東區 第十五牌 三十三號)에 총본사 간판을 걸고 교무를 집행하였다. 이 때 1945년 가을호(重光三十七

---

19 박영석, 『日帝下獨立運動史研究－滿洲·露領地域을 中心으로』, 일조각, 1984에 「大倧教의 壬午敎變 研究」로 변경 수록.

年(開天四四○二年) 秋期) 『대종교보(大倧敎報)』 第三十七卷 四之三호를 펴냈는데, 임오교변으로 인해 중단되었다가 3년 만에 다시 간행하는 의미가 있었다. 여기에 「널리 펴는 말」이 첫 순서에 게재되었고, 이용태의 머리말이 있다. 이용태 (1890~1964)는 충북 제천 출신으로 1939년 11월부터 1940년 8월, 1941년 5월부터 9월까지 북간도 영안현 대종교 총본사에서 윤세복과 기거를 함께 하며 경의원 참의로서 도사교를 보좌하여 교단 운영 및 활동에 관한 사항을 집행하고, 직원회에 출석하여 직원개선에 관한 사항을 협의 결정하였고, '교적간행회'의 총무 및 간사로서 각지에 출장하여 다수 교도로부터 교적간행에 관한 자금을 모집하였다가 임오교변에 수감된 뒤 생존한 인물이다. 임오교변 당사자가 소개하고, 윤세복이 직접 펴낸 자료라는 점에서 의의가 있다.

『대종교보』는 1946년 '환국기념호'만 소개된 적이 있었는데,[20] 만주 총본사에서 펴낸 1945년호는 알려지지 않았던 1차 사료다.[21] 1971년 『대종교중광육십년사』에 수록된 자료는 당시 표기법에 따라 다듬어졌고, 고친 글자나 탈자가 몇 군데 보인다. 내용은 크게 차이 나지 않지만, 앞으로 본 자료를 인용하는 것이 바람직하다.

III. 기타 자료(타인 글)

다른 사람이 이극로를 지목하고 비판한 글이 4편 전해 온다. 우선 조선어학회와 대립 관계에 있었던 조선어학연구회 기관지 『정음』에 양상은의 「正音紀念日에 對하야—李克魯氏의 錯覺을 警함」(『정음』 11, 1935.12), 한낙규의 「李克魯 先生의 講演『科學化한 朝鮮語文의 쌜리 아는 法』을 듣고서」(『정음』 28, 1939.1) 2편이 실렸

---

20 장세윤, 「『大倧敎 敎報』」, 『한국민족운동사연구』 19, 한국민족운동사학회, 1998.

21 조준희, 「(자료소개)이극로의 「미지의 한국」과 「널리 펴는 말」」, 『한국민족운동사학회』 88, 한국민족운동사학, 2016을 통해 학계에 처음 소개되었다.

다. 이외에 '다언생'이라는 필명으로 기고된 「秘中祕話—百人百話集」(『별건곤』 9-1, 1934.1)과 익명으로 기고된 「萬華鏡—李博士의 싹둑이 罰」(『별건곤』 9-2, 1934.2)" 2편의 가십 기사가 있다.

나머지 타인 기고·기사 중에서 위와 반대로 이극로를 긍정적으로 높이 평가한 경우는 기고글-「玉에서 틔 골르기 縷心刻骨半生獻身, 한글標準語査定에는 으뜸 되는 殊勳者 朝鮮語辭典編纂에 血汗勞心」(『조선일보』, 1937.1.1), 「동키호-테, 朝鮮의 騎士 李克魯氏, 悠然見南山, 世界遍歷 奇談도 가지가지」(『조선일보』, 1939.2.5), 남수월의 「路傍人物評—李克魯」(『신세기』 5, 1939.6), 사운산인의 「長安名士訪問印象記—朝鮮語學界의 先驅者 李克魯」(『신세기』 1-10, 1939.12) 외 다수다.

이극로의 행적을 간접적으로 확인할 수 있는 글로 무엇보다 석주 이상룡(1858~1932)의 일기인 『연계여유일기(燕薊旅遊日記)』에 강세우, 한흥교, 신채호 등 의열단 관계자와 함께 북경 거처를 방문한 행적이 의미 깊다. 그리고 부인 김공순의 기고 6편이 전한다. 다음 유럽 활동 시절에 관한 내용 — 이광수(러시아 치타 관련), 안호상(독일 유학 시절), 강세형(독일 유학 시절), 일제 감정기 행적-김태봉(=김영소), 공병우(타자기 개발의 은인), 이병기, 이인(조선어학회 사건 전말), 광복 이후 행적-유열(1946 부산 한글문화보급회 대담), 박지홍(1946년 부산 배달학원 강연)의 기고가 참조된다.

이승만의 지역감정 발언으로 발단되었던 하와이 '영남부인회' 사건(1928.9)에 관해 김원용(1959)과 서광운(1973)이 정리한 기록 내용도 흥미롭다.

광복 후 이극로의 대종교 활동

광복 후 서울에서 다시 개천절 행사가 열린 것은 1945년 양력 10월 3일 조선국민당 주최로 국민당본부(장교동 26번지) 회의실에서 안재홍 위원장을 중심으로 한 봉축식이고,[22] 그 다음 음력 10월 3일 곧 양력 11월 7일에 조선국술협회·단군전봉건회·대종교회 주최로 서울운동장에서 3만명이 모여 봉축식을 거행했다. 대

---

22 「檀君께 光復의 기쁨을, 國民黨의 開天節奉祝式」, 『민중일보』, 1945.10.7.

종교인 이극로가 대회장이었다.[23]

만주 대종교총본사 환국 이전에 공식적으로 1946년 1월 14일(양력 2월 15일) 서울 장교동 44번지에 대종교 남도본사가 부활되었으며, 이극로는 선강에 임명되었다. 2월 28일(양력 3월 31일) 총본사가 환국되면서 서울 중구 저동 2가 7번지에 교단이 통합되었다.

朴魯澈이 작성한 『研究室日誌』에 따르면, 1946년 3월 21일 오후 1시에 倧學研究會[24]를 창설하여 조완구, 이극로, 안호상, 이시열, 신백우, 박노철이 회원 및 주무를 맡았다. 3월 23일에는 倧學研究室 주무 신백우(1887~1961)가 사무를 개시하고, 4월 6일 조완구, 이시열, 신백우, 이극로, 안호상, 박노철 등이 오후 7시에 회합하여 종리 연구를 위한 상설기관으로 經閣 직속의 倧理研究室을 창립하기로 하고 그 규제와 행사에 대한 대강의 토의를 10시반 경 마쳤다.[25] 4월 8일, 제12회 총본사직원회의의 결의로써 「敎令」 제1호로 다음과 같은 「종리연구실 규제」를 발표하였다.

倧理研究室 規制

第一條 : 倧理研究室은 大倧敎理를 研究하는 機關이니 經閣에 直屬함

第二條 : 研究室의 職務는 如左함

　　　一 : 敎理를 研究할 것

　　　一 : 倧經을 繙譯할 것

　　　一 : 敎政을 檢討할 것

　　　一 : 儀禮를 審定할 것

第三條 : 研究室에 左開職員을 置함

　　　一 : 典修 一人

　　　一 : 贊修 若干人

23　「四十年만에 마지한 開天節, 昨日, 奉祝式을 嚴肅히 擧行」, 『중앙신문』, 1945.11.8.

24　1946년 3월 1일 처음 창립 시에는 6명으로 구성된 倧學研究會(倧學研究室)라고 했다가, 4월 8일 안호상을 제외한 5인만 공식 서임되고 倧理研究室로 이름이 바뀐 것으로 보인다.

25　『研究室日誌』(1946)(대종교총본사 소장본)

但, 贊修中에 常務一人을 互選함

第四條 : 研究室職員의 資格은 知敎以上으로 選任하고 或, 參敎로 補任도함

第五條 : 研究室職員은 總本司職員會의 公選으로 經閣에서 敍任하고 任免은 定期가 無함

第六條 : 研究室職員의 處務規例는 別定함

第七條 : 本規制는 必要로 認할 時에 改正함을 得함

第八條 : 本規制는 經閣의 裁可를 得하야 敎令으로 公佈施行함

같은 날 「敎諭」 제43호에 의하여, 종리연구실 직원에는 대표 격인 典修에 조완구(66세), 실무진인 贊修에 신백우(61세), 이시열(55세), 이극로(54세), 박노철(46세)을 서임하였다. 평균 연령은 56.4세였다. 같은 해 6월 8일에 정열모와 안호상이 추가로 임명되었고, 1948년에 이극로가 월북한 뒤 종리연구실 직원은 1949년 9월 19일자로 재편성되었는데, 조완구, 이시열, 정열모, 안호상이 재임되고, 역사에 밝은 정인보, 안재홍, 이원태 등이 신임되었다. 이를 도표화하면 〈표 3〉과 같다.

종리연구실 초기 직원의 성향을 보면, 조완구, 박노철, 안호상은 역사 계열, 이극로, 정열모는 어문 계열이다. 이시열의 역할은 구체적으로 드러나지 않지만, 나머지인 교리 부분에 관여했을 가능성이 크다. 종리연구실의 성과를 살펴보면, 우선 주요 경전인 『삼일신고』, 『신리대전』, 『신사기』, 『회삼경』을 국역·주해하였다.[26] 또한 1946년 6월에 연구실 명의로 작성된 「敎報草」는 두 달 뒤 8월 25일에 발행한 대종교 기관지인 『교보』 환국기념호의 내용과 일치함을 볼 때, 종리연구실에서 『교보』 발간의 성과를 이루었음도 드러난다.[27]

종리연구실 문건에 김교헌이 1923년에 펴낸 『神檀民史』의 범례가 필사되어 있는데, 조완구가 음력 7월 상순에 『신단민사』 「重板 序言」을 쓰고, 정열모가 1946년 9월 20일에 『신단민사』 재판을 발간하였다. 『신단민사』는 "단군 신교의 문화 속에서 생활하던 민족의 역사"라는 뜻으로, 통사 체계의 구성을 목적으로 한 민족사서다. 혈통적으로 한민족을 '신단 민족'이라는 단일 민족으로 체계화하고, 공간적으로 반도 역사 인식을 대륙으로 넓혀 요·금·청나라까지 민족사의 범주

---

26 『육십년사』, 766쪽.
27 『弘範·宗旨講演抄』(1946)(대종교총본사 소장본)

〈표3〉종리연구실 임원 명단

직책	교질	이름	임명일자	출신지
典修	司教	趙琬九		서울
贊修	尙教	李克魯		경남 의령
贊修	知教	李時說	1946.4.8	평북 정주
贊修	知教	申伯雨		충북 청원
贊修	知教	朴魯澈		충북 청주
贊修	尙教	鄭烈模	1946.6.8	충북 보은
贊修	知教	安浩相		경남 의령
典修	司教	趙琬九		서울
贊修	正教	鄭寅普		서울
贊修	正教	鄭烈模		충북 보은
贊修	尙教	安在鴻		경기 평택
贊修	尙教	安浩相	1949.9.19	경남 의령
贊修	尙教	李時說		평북 정주
贊修	尙教	李源台		경북 안동
贊修	知教	金一洙		충북 영동

에 포함하는 역사관이 반영되어 있다.

종리연구실은 이후 教理研究院(1960)에서 宣道院(1963)으로 개칭되었다가 대종교 교리 연구와 수도·수행 및 교육의 중추기관인 현 三一圜으로 발전했다.[28]

이극로의 행보에서 아쉬운 것은 1947년부터 조선어학회와 대종교 보다 정치활동에 주력했다는 점이다. 그는"정치에 있어는 선진미국과 같은 민주주의적 정책을 최고 이렴을 하되 경제면에 있어서는 쏘련의 사회주의 경제정책을 전폭 지지 실천시켜서 양자를 절충하야 조선을 재건하자는 것이 지상주의"(『부산신문』, 1947.8.19)라고 밝히고서 그 이념을 실천하는 데 주력했다. 현대사에서 이극로의 활동 비중도 적지 않으나, 정교분리를 따르는 대종교 교리에 맞지 않는 행동이었다. 그가 수감 시절 깨달음을 얻어 광복 후에도 수차 강조했던 이념인 '사도주의(士道三素)' 역시 대종교 사상과 연관이 없다. 여운형 암살(1947.7.19)의 여파나 남북

---

28 『육십년사』, 950~951쪽.

통일 주장 등 자주 통일국가를 위한 노력이 실패했고, 결국 남한에 있을 수 없는 처지에 이르렀다.

이극로가 북으로 간 뒤 그에 대한 평판은 적대적으로 바뀌었었으나, 이제는 시대가 바뀌었다. 조선어학회 한말글수호기념탑이 광화문에 섰고, 생가 주변 도로명이 그의 호를 따서 고루로로 바뀌었다. 대종교인으로서, 독립운동가로서, 한글학자로서 국내외에서 전개했던 그의 애국애족과 민족혼 수호 정신은 이극로 자신이 쓰고 말한 400편 글을 읽어보면 충분히 이해될 것이다.

끝으로 본서 연구에 인용했거나 도움이 된 참고문헌을 정리하는 것으로 맺음말에 갈음하고자 한다.

참고문헌

원 사료

노양근, 『날아다니는 사람들』, 朝鮮紀念圖書出版舘, 1938.
대한민국역사박물관 편, 『대한민국임시정부 독립신문(獨立新聞)』, 대한민국역사박물관, 2016.
모던일본사, 『일본잡지 모던일본과 조선 1940－영인 『모던일본』 조선판 1940년』, 어문학사, 2009.
아단문고 편, 『아단문고 미공개 자료 총서 2014－여성잡지』, 소명출판, 2014.
이광수, 『나의 告白』, 춘추사, 1948.
홍병철 편, 민속원, 2008.

단행본

고영근 외, 『이극로의 우리말글 연구와 민족운동』, 선인, 2010.
공병우, 『공병우 자서전－나는 내 식대로 살아왔다』, 대원사, 1989.
김영소, 『道生集』, 어퀘리언서적, 1992.
미쓰이 다카시, 임경화·고영진 역, 『식민지 조선의 언어 지배 구조－조선어 규범화 문제를 중심으로』,
    소명출판, 2013.
박지현·이훈상 편, 『해악 김광진 총서』 Ⅰ·Ⅱ, 춘해보건대 출판부, 2015.
안호상, 『한뫼 안호상 20세기회고록』, 민족문화출판사, 1996.
월운 편, 『転虛禪師語文集』, 동국역경원, 1989.
이대로, 『우리말글 독립운동의 발자취』, 지식산업사, 2008.
이승철, 「고루 이극로 박사님」, 『조선어학회 선열 추모 문집』, 한글학회, 2016.
이종무, 「고루 이극로 박사에 대한 회상」, 『얼음장 밑에서도 물은 흘러』, 한글학회, 1993.
이종수, 「한글과 함께 치열한 삶을 사신 이극로 선생님」, 『조선어학회 선열 추모 문집』, 한글학회, 2016.
일석이희승전집간행위원회, 『일석 이희승 전집』 7·9, 서울대 출판부, 2000.
장원석 기획, 『몽양 여운형 사진자료집』, (사)몽양여운형선생기념사업회, 몽양여운형생가·기념관, 2014.
정진숙, 『출판인 정진숙－을유문화사 창립자 정진숙의 출판 인생』, 을유문화사, 2007.
최경봉, 『우리말의 탄생』, 책과함께, 2005.
한글학회, 『한글학회100년사』, 한글학회, 2009.
허근욱, 『민족변호사 허헌』, 지혜네, 2001.
Frank Hoffmann, *Berlin Koreans and Pictured Koreans*, Praesens Verlag, 2015.

논문·칼럼

리의도, 「한글 노래의 변천사」, 『국어교육연구』 49, 국어교육학회, 2011.

박용규, 「일제시대 이극로의 민족운동 연구—한글운동을 중심으로」, 고려대 박사논문, 2009.

박중훈, 「일제강점기 정인섭의 친일활동과 성격」, 『역사와 경계』 89, 부산경남사학회, 2013.

박지홍, 「고루 이극로 박사의 교훈」, 『한글문학』 22, 한글문학사, 1994.

신용철, 「독일 유학생 이극로의 조선어 강좌 개설과 이광수의 『허생전』」, 『춘원연구학보』 5, 춘원연구학회, 2012.

오영식, 「『민성』(1945~1950) 총목차—해방기 대표 잡지 『민성』에 대하여」, 『근대서지』 11, 근대서지학회, 2015.

유성연, 「한글학자 이극로의 생애와 체육 활동」, 『한국체육학회지』 51-5, 한국체육학회, 2012.

윤경로, 「사진으로 본 도산의 행적과 활동(국내편)」, 『도산학연구』 16, 도산학회, 2017.

이근엽, 「이극로 선생과 조선어학회 수난(1)」, 『한글새소식』 462, 한글학회, 2011.

_____, 「이극로 선생과 조선어학회 수난(2)」, 『한글새소식』 463, 한글학회, 2011.

_____, 「이극로 선생과 조선어학회 수난(3)」, 『한글새소식』 464, 한글학회, 2011.

이숙희, 『우리말 소리갈(國語音聲學)에 대한 연구—주시경·김두봉·최현배·이극로를 중심으로』, 한림대 석사학위논문, 1999.

이순욱, 「광복기 부산 지역 한글운동과 『한얼』」, 『우리문학연구』 53, 우리문학회, 2017.

장신, 「조선어학회 사건의 발단과 민족서사의 탄생」, 『한국독립운동사연구』 53, 독립기념관 한국독립운동사연구소, 2016.

정용서, 「조선물산장려회의 기관지 발간」, 『근대서지』 5, 근대서지학회, 2012.

정재환, 「해방 후 조선어학회·한글학회 활동 연구(1945~1957년)」, 성균관대 박사논문, 2013.

조준희, 「이극로의 「미지의 한국」과 「널리 펴는 말」」, 『한국민족운동사학회』 88, 한국민족운동사학회, 2016.

최경봉, 「일제강점기 조선어학회 활동의 역사적 의미—『해방 전후사의 재인식』에 나타난 인식 태도를 비판하며」, 『민족문학사연구』 31, 민족문학사학회, 2006.

한정호, 「이극로의 '고투 40년' 문학살이 연구—시가(詩歌) 작품을 중심으로」, 『영주어문』 30, 영주어문학회, 2015.

熊谷明泰, 「李克魯著 『實驗圖解 朝鮮語音聲学』(1949年 11月, 平壤)に対する若干の考察」, 『外国語学部紀要』 8, 関西大学 外国語学部, 2013.

Sonja Häußler, "Fruhe Koreaner in Deutschland : 1893~1978) in Berlin", *KulturKorea*, Koreanisches Kulturzentrum, 2012.4.

이극로 연보

1898~1911 한학·신학문 수학

1893.8.28.(陰)	경남 의령군 지정면 두곡리 827번지에서 출생.
1898.	두남재에서 한학 수학.
1910.	마산 창신학교 입학.

1912~1921 중국·러시아 활동

1912.4.	서간도 행.
	회인현 동창학교 교원 재직.
1913.7.	윤세용과 상하이 행.
8.	고적답사대 인솔, 통화현 광개토대왕릉 참배.
1914.1.25.(1913.12.30.(陰))	유하현 행.
1.	유하현 신흥무관학교에서 이시영·윤기섭 만남.
1.28(1.3(陰))	강일수와 러시아 행. 치타 감자농장에서 7개월 간 일함.
10.	1차 세계대전 발발로 동창학교로 귀환. 신채호 만남.
1915.1.	동창학교 폐교 후 무송현 이주, 백산학교 교원 재직.
8.(6월 하순(陰))	마적 습격, 악형 받음.
겨울.	안동현 거쳐 상하이 이주.
1916.4.	상하이 동제대학 입학.
1919.	상하이 유학생회 총무. 김두봉과 한글 연구. 이범석 만남.
1920.2.	동제대학 예과 졸업.
4.	동제대학 공과 진학(자퇴).
가을	일시 귀국, 기미육영회 지원 받아 독일 유학 준비.
	상하이에서 김원봉 만남.
10.	베이징에서 이태준과 베를린 행(장가구에서 귀환).

1921~1928 유럽 유학

1921.4.19.	이승만 위임통치청원 성토문에 연서.
6.18.	이동휘와 박진순의 통역원(신채호 추천)으로 모스크바 행.
1922.1.	독일 베를린 행.
4.28.	독일 프리드리히-빌헬름대학 철학부 입학.
	유덕고려학우회 가입.
1923.10.12.	관동대지진 대(對)일본「한인학살」규탄서 작성(동참).
10.26.	재독한인대회 개최. 「한국 내 일본의 유혈 통치」(독어/영어/중국어) 전단지 배포.
10.	동양어학과에 조선어 강좌 개설, 3년간 강사 활동.
1924.	「중국의 농업 제도」(독어) 논문 기고.
1924.2.	『한국의 독립운동과 일본의 침략 정책』(독어) 출간.
1925.8.29.	포츠담 한인 국치기념식 참가.
1927.2.	벨기에 브뤼셀 국제피압박민족대회에 조선 대표단 단장으로 참가, 『한국의 문제』(독어/영어) 배포.
5.25.	「중국의 생사 공업」으로 박사 학위 취득, 학위수여식.
5.	『한국, 그리고 일본제국주의에 맞선 독립투쟁』(독어) 출간.
	한글 4호 활자 구비 및 「한 조선 지식인의 삶 한 장면」(독어) 기고.
6.6.	영국 런던 행(루드비히스하펜-메스-베르됭-파리 거쳐 6.15 도착).
11.23.	런던대학(LSE) 정치경제학부 입학.
1928.1.10.	독일 프리드리히-빌헬름대학 음성학실험실에서 음성학 연구.
3.	「미지의 한국」(독어) 기고.
5.	프랑스 파리에서 공진항의 조언 받고 '한글운동가'로 진로 결심.
5.	파리대학 음성학연구소 실험실에서 음성 실험(5.24 런던 행).
6.1.	영국-아일랜드-스코틀랜드 시찰(~6.12).
6.19.	미국 뉴욕 도착(6.13 런던 출발).
~10.2.	북미대륙 횡단(뉴욕→샌프란시스코)(8.29 하와이 행→9.4 도착).
10.12.	일본 시찰(10.1 일본 행→10.12 도착).

1929~1945 한글 운동

1929.1.	부산 도착.8개월 간 조선 13도와 북간도 시찰.
4.	조선어연구회 가입.
10.31.	조선어사전편찬회 위원장.
12.24.	김공순과 혼례. 서울시 성북구 종암동 40번지에 새살림.
1930.1.6.	조선어연구회 간사(~1931.1.10).
9.30~10.27.	길돈사건에 재만동포위문사 겸 만주당국교섭사로 파견.
12.13.	한글맞춤법통일안 제정 결의.
1931.	장남 억세 출생.
1.10.	조선어연구회를 '조선어학회'로 개명.
1.11.	조선어학회 초대 간사장(~1932.1.9).
1.24.	외래어 표기법 및 부수문제 협의회 책임위원.
9.	조선어학회 주최로 한글날 기념식 거행.
1932.1.10.	조선어학회 2~6대 간사(~1937.4).
5.1.	조선어학회 기관지『한글』복간.
1933.1.	조선연무관 이사.
3.	사전편찬비밀후원회 조직.
10.29.	『한글 맞춤법 통일안』 발표.
1934.	장녀 세영 출생.
7.	조선어 표준어 사정위원회 구성.
	조선과학지식보급회 이사.
1935.3.15.	조선기념도서출판관 이사.
4.24.	조선음성학회 창립 발기인.
1936.8.	옛 발해 수도 동경성 답사.
10.28.	『사정한 조선어 표준말 모음』 발표.
1937.1.9.	차남 대세 출생.
4.	조선어학회 7대 간사장.
9.	조선씨름협회 회장.
1939.3.	남 한세 출생.
1940.3.	사전 출판 허가 받음.

1941.1.15.	『외래어 표기법 통일안』 발간.
1942.6.10.	대종교 『한얼노래』 출간(37곡 중 27곡 작사).
8(陰)	대종교 「널리 펴는 말」 작성(※원문에는 (陰)9.5일자 덧붙여짐).
10.1.	조선어학회 사건으로 체포, 함흥형무소에서 복역.
1944.9.30.	예심 종결.
1945.1.16.	징역 6년 언도.
8.13.	상고 기각.
8.17.	출옥.
8.25.	조선어학회 간사장.
9.	국어 교과서 편찬위원회 위원.
	한자 폐지와 교과서 한글 전용안 관철.
	전국정치운동자후원회 교섭위원.
10.9.	「한글노래」 작사, 한글날 기념식 거행.
10.14.	조선국술협회 회장.
10.18.	조선독립운동사 편찬발기인회 발기인.
10.	조선어학회 국어강습회 사범부 참여.
11.7.	개천절 봉축식 겸 제1회 국술대회 대회장.
11.14.	조선교육심의회 분과위원회 위원.
12.30.	신탁통치반대 국민총동원위원회 중앙위원.

1946~1948 민족 운동

1946.	차녀 세덕 출생.
1.	통일정권촉성회 위원.
2.15(음력 1.14).	비상국민회의와 민주주의 민족전선 결성대회 탈퇴 성명.
	대종교 남도본사 선강
3.	조선정경학회 위원장.
3.31(음력 2.28).	대종교총본사 전강(~음력 4.24).
4.	조선국민체육장건설기성회 회장.
5.3.	국립도서관 옹호협의회 위원.
5.8.	인류학회 회장.

5.8(음력 4.8).	대종교 종리연구실 찬수.
5.24(음력 4.24).	대종교 경의원 참의.
6.16.	조선건민회 위원장.
7.28.	조선장학협회 회장.
9.14.	독일 유학생 간친회 발기인.
10.9.	한글반포2백주년기념식 준비위원장.
10.27.	대종교 개천절 경축식에서 축사.
12.15.	조선에스페란토학회 위원장.
1947.1.11.	조선문화학관 이사.
1.29.	조선민족독립전선 준비위원.
2.1.	『고투사십년』 출간(을유문화사).
2.2.	통일전선결성준비임시위원회 상임위원.
2.26.	민주주의독립전선 상무위원.
3.11.	서재필박사 환국환영준비위원회 부위원장.
3.25.	조선방언학회 위원.
5.28.	미소공동대책 각정당사회단체 협의회 부주석.
6.	좌우합작위원회 위원.
6.21.	국제철학회 발기인.
7.20.	몽양여운형선생 인민장장의위원회 위원.
10.8.	민족자주연맹 준비위원회 선전국장.
10.9.	『조선말 큰사전』 1권 출간(을유문화사).
10.19.	민주독립당 결당대회 임시의장.
10.25.	민주독립당 상무위원.
11.	화태(사할린)재류동포구출위원회 회장.
11.15.	『실험도해 조선어 음성학』 출간(아문각).
11.23.	서울외국어대학기성회성립총회 감사.
12.	민족자주연맹 집행부 부의장.
1948.2.24.	대종교 중광절 경하식 특별강연.
3.	한글문화보급회 위원장.
4.	조선건민회 대표로 남북연석회의 참석차 평양 행, 잔류.

1948~1978 북한 활동

1948.8.	최고인민회의 제1기 대의원, 상임위원회 부위원장.
9.	제1차 내각 무임소상.
10.	조선어문화연구회 위원장.
11.30.	『국어학논총』 출간(정음사).
1949.3.31.	학술지 『조선어 연구』 발행.
6.	조국통일민주주의전선 중앙위원회 중앙상무위원.
11.	과학원 후보원사.
11.15.	『실험도해 조선어 음성학』(조선어문연구회) 출간.
1952.10.	조선어 및 조선문학연구소장.
1953.12.22.	최고인민회의 상임위원회 부위원장.
1955.5.	헬싱키 세계평화회의 참석.
1956.2.	『조선어 소사전』 출간.
1957.8.	최고인민회의 제2기 대의원.
12.	조국통일민주전선 중앙위원회 상무위원.
1958.1.	조·소 친선협회 중앙위원회 상무위원.
1959.	『조선어 어음 패도 해설서』(교육도서출판사) 출간.
1961.3.	조국평화통일위원회 부위원장.
1962.7.	조선어 및 조선문학연구소 소장. 문화어 운동 주도.
10.	최고인민회의 제3기 대의원.
1964.12.	조국통일민주주의전선 의장.
1966.3.	『조선어 조 연구』 출간(사회과학원출판사).
6.	조국통일민주주의전선 중앙위원회 의장단.
1967.11.	최고인민회의 제4기 대의원.
1968.3.	조국전선 의장으로 재일 조선인 민족교육 관련 담화 발표.
1970.1.	조국평화통일위원회 위원장.
1971.1.	재북 가족들과 서신 왕래한 한국인 처벌 관련 담화 발표.
1972.12.	양강도 인민위원회 부위원장.
1973.	과학원 및 사회과학원 원사.
1978.9.13.	85세로 귀천. 평양 애국렬사릉에 안장.